Wolfgang Röd

Der Weg der Philosophie

Von den Anfängen bis ins
20. Jahrhundert

Zweiter Band

17. bis 20. Jahrhundert

W0077920

Verlag C.H. Beck

Die Deutsche Bibliothek– CIP-Einheitsaufnahme

Röd, Wolfgang:
Der Weg der Philosophie von den Anfängen bis ins 20. Jahrhundert /
Wolfgang Röd. – Überarb. Ausg. – München : Beck
Bd. 2. 17. bis 20. Jahrhundert. – 1. Aufl. – 2000
   (Beck'sche Reihe ; 1391)
   ISBN 3-406-45931-5

ISBN 3-406-45931-5

1. Auflage (dieser Ausgabe). 2000
Dieses Buch ist 1996 bei C.H. Beck als Leinenausgabe erschienen
und wurde für die Beck'sche Reihe überarbeitet.
Umschlagentwurf: +malsy, Bremen
© Verlag C.H. Beck oHG, München 1996
Satz: Kösel, Kempten
Druck und Bindung: C.H. Beck'sche Buchdruckerei, Nördlingen
Printed in Germany

www.beck.de

Vorwort

Der vorliegende zweite Band des «Wegs der Philosophie» schließt unmittelbar an den ersten an, dessen Einleitung für das gesamte Werk gilt, so daß hier nur kurz an die Absicht erinnert zu werden braucht, von der die Darstellung geleitet ist: Es geht darum, die Entwicklung der Philosophie in den großen Zügen so darzustellen, daß die wichtigen Schritte, die die Philosophie auf ihrem Wege durch die Jahrhunderte vollzogen hat, deutlich hervortreten. Weniger Wichtiges mußte demgegenüber in den Hintergrund treten. Wie jede Rekonstruktion erfolgt auch die vorliegende von einem bestimmten Standpunkt aus, der dem Leser nicht verborgen bleiben wird, wenn er darauf achtet, wie bestimmte philosophische Auffassungen beurteilt werden. Es handelt sich um eine kritizistische Position, die Ergebnis der Weiterentwicklung der Kantischen Transzendentalphilosophie ist und die der Autor in seinem Buch «Erfahrung und Reflexion. Theorien der Erfahrung in transzendentalphilosophischer Sicht» (München 1991) systematisch entwickelt hat. Nicht nur die Beurteilung philosophischer Ideen, sondern auch die Akzentsetzung und die Auswahl, die unweigerlich zu treffen war, ist durch diesen Standpunkt bedingt.

Für den Fall, daß der Name des einen oder anderen Philosophen vermißt werden oder der Eindruck entstehen sollte, bestimmte philosophische Auffassungen seien nicht ausführlich genug erörtert worden, kann auf die Bände der vom Verfasser herausgegebenen «Geschichte der Philosophie» (München 1976 ff.) verwiesen werden, die eine eingehendere Erörterung bieten und überdies auch die Sekundärliteratur ausführlicher berücksichtigen. Nachdrücklich sei aber betont, daß der «Weg der Philosophie» nicht nur ein Abriß des größeren, noch nicht abgeschlossenen Werkes ist, sondern eine durchaus eigenständige Darstellung zu sein beansprucht.

Wie bereits in der Einleitung gesagt, wird der Weg der Philosophie bis etwa zur Mitte des 20. Jahrhunderts verfolgt, was aber nicht ausschließt, daß manchen Entwicklungen auch über diese Grenze hinaus nachgegangen wird. Zur leichteren Orientierung wurden, wie schon im ersten Band, Querverweise angebracht, und zwar meist durch Angabe von Teil, Kapitel und Abschnitt; wo Teil bzw. Kapitel nicht genannt werden, bezieht sich ein Hinweis auf ein Kapitel desselben Teils bzw. einen Abschnitt desselben Kapitels.

Zu danken hat der Verfasser für die sorgfältige Betreuung durch den Verlag; namentlich ist er Herrn Dr. Stephan Meyer für die gründliche Durchsicht des Manuskripts zu Dank verpflichtet. Sein Dank gilt ferner Herrn Henning Moritz (Otto-von-Guericke-Universität Magdeburg), der den

Text mit großer Sachkenntnis gelesen und wichtige Vorschläge zur Verbesserung und Ergänzung gemacht sowie die Druckfahnen gewissenhaft kontrolliert hat. Schließlich dankt er seinen Innsbrucker Kollegen Reinhard Kleinknecht und Rainer Thurnher für die kritische Lektüre einzelner Teile des Manuskripts; ihre Vorschläge waren bei der endgültigen Textgestaltung sehr hilfreich.

Innsbruck, im Januar 1996   *Wolfgang Röd*

Inhalt

Fünfter Teil:
KANT UND DER DEUTSCHE IDEALISMUS

I. Die Philosophie Kants
Seite 139

II. Metaphysische und psychologische Deutungen des Kritizismus
Seite 182

III. Vom Kritizismus zum Idealismus
Seite 197

IV. Fichte
Seite 211

V. Schelling
Seite 228

VI. Hegel
Seite 245

VII. Schopenhauer
Seite 273

Sechster Teil:
DIE PHILOSOPHIE DES 19. JAHRHUNDERTS NACH DER KRISE DES IDEALISMUS

I. Die materialistische Umdeutung des Hegelianismus
Seite 293

II. Naturalistische und antinaturalistische Strömungen im 19. Jahrhundert
Seite 311

III. Der Neukantianismus
Seite 347

IV. Die Lebensphilosophie
Seite 371

Siebenter Teil:
DIE PHILOSOPHIE IN DER ERSTEN HÄLFTE DES 20. JAHRHUNDERTS

I. Weiterwirken älterer Strömungen
Seite 403

II. Die Phänomenologie
Seite 424

Nachwort
Seite 547

ANHANG

Werke in Auswahl
Seite 553

Einführungs- und Übersichtsliteratur in Auswahl
Seite 560

Anmerkungen
Seite 569

Zeittafel
Seite 625

Namenregister
Seite 629

Vierter Teil

DIE PHILOSOPHIE DER NEUZEIT VOR KANT

I.
Die Philosophie des 17. Jahrhunderts

Der Ordnung der Gründe folgen ...
(Descartes an Mersenne)

1. Descartes

a) Der Lebenslauf

Einer der Faktoren, die das neuzeitliche vom mittelalterlichen Denken unterscheiden – vermutlich sogar der wichtigste – war die moderne Naturwissenschaft, die Tatsachen erklärt, indem sie sie als Fälle mathematisch formulierter Gesetzmäßigkeiten betrachtet, und damit die Möglichkeit begründeter Vorhersagen von Ereignissen schafft. Descartes war der erste Philosoph, der bewußt auf die moderne Naturwissenschaft reagierte und damit zum wichtigsten Bahnbrecher der neuzeitlichen Philosophie wurde.[1]

René Descartes wurde 1596 in La Haye in der Touraine geboren, besuchte das Jesuiten-Kolleg von La Flèche, sah sich aber am Ende der Schulzeit enttäuscht: Die vielfältigen Kenntnisse, die ihm vermittelt worden waren, bildeten keinen systematischen Zusammenhang. Außerdem vermißte er den Gegenwartsbezug des Schulwissens: Kenntnisse sind unfruchtbar, wenn man «unwissend bleibt in dem, was in unserem Zeitalter geschieht».[2] Das gilt auch für die Philosophie. Daher wandte er sich von der traditionellen Gelehrsamkeit, einschließlich der Jurisprudenz, der er sich an der Universität Poitiers gewidmet hatte, ab, um «im großen Buche der Welt» zu lesen, wie er rückblickend schrieb. Um Lebenserfahrung zu sammeln, diente er zu Beginn des Dreißigjährigen Kriegs als Volontär im Heer Moritz' von Nassau in den Niederlanden und später im Heer der katholischen Liga in Süddeutschland. Im Spätherbst 1619 hatte er in der Nähe von Neuburg an der Donau in einer Novembernacht drei Träume, in denen er seine Berufung zum Wissenschaftler zu erfahren meinte. Von nun an führte er nur noch zum Schein sein bisheriges Leben weiter. «Ich gehe maskiert umher» schrieb er in sein Tagebuch. Spätestens nach der Schlacht auf dem Weißen Berge bei Prag quittierte er den Militärdienst, um sich auf das Studium der Mathematik und der mathematischen Physik, mit denen er sich schon in den Niederlanden zu beschäftigen begonnen hatte, konzentrieren zu können. Er unternahm Reisen und kehrte dann nach Paris zurück, wo eine zweite für sein weiteres Leben wichtige Begegnung stattfand: Er lernte 1627 den Kardinal Bérulle kennen, der ihm das Versprechen abnahm, sich der philosophischen Grundlegung der Wissenschaft zu widmen.

Da Descartes in Paris seiner wissenschaftlichen Arbeit nicht ungestört
nachgehen konnte, suchte er nach einem ruhigeren Aufenthaltsort und fand
ihn in den Niederlanden, wohin er 1629 übersiedelte. In den späten zwanziger Jahren entstand der unvollendete Entwurf eines methodologisch-er-
kenntnistheoretischen Werkes, der «Regeln zur Leitung des Geistes», und
wenig später eine nicht erhaltene kurze Abhandlung über Metaphysik.
Zugleich beschäftigte sich Descartes mit Mathematik und Physik: Er trug
entscheidend zur Entwicklung der analytischen Geometrie bei und leitete
unter anderem das Gesetz der Lichtbrechung ab. Eine systematische Darstellung seiner auf metaphysischen Grundlagen errichteten Naturphilosophie mit dem Titel «Die Welt oder Abhandlung über das Licht» von 1632
wagte er nicht zu veröffentlichen, weil sie der kopernikanischen Auffassung
folgte, derentwegen eben erst Galilei verurteilt wurden war. Erst 1637 ent-
schloß er sich auf Grund des Drängens von Freunden, ausgewählte Ergebnisse seiner Forschungen zu veröffentlichen, nämlich die «Geometrie», die
«Dioptrik» mit der Ableitung des Brechungsgesetzes und die «Meteore»,[2a]
wo er die Entstehung des Regenbogens erklärte. Diesen Untersuchungen
stellte er als Einleitung die «Abhandlung über die Methode» (Discours de la
méthode) voran, in der er im Rahmen einer Autobiographie die Grundzüge
nicht nur der wissenschaftlichen Methode, sondern auch der Moralphilosophie, der Metaphysik und der Kosmologie skizzierte.

Im vierten Teil des «Discours» werden die Umrisse der Cartesianischen
Metaphysik dargestellt, allerdings nur summarisch. Vier Jahre später folgte
die ausführlichere Erörterung der metaphysischen Grundgedanken in den
«Meditationen über die Erste Philosophie» (1641). Obwohl als Themen des
Werkes im Untertitel die Existenz Gottes und die Unsterblichkeit (bzw.
Unstofflichkeit) der Seele genannt werden, behandelt die Cartesianische
Metaphysik diese Fragen nicht um ihrer selbst willen; Descartes meinte
vielmehr, die Existenz Gottes und die Immaterialität des Ich beweisen zu
müssen, um zeigen zu können, daß der von Gott als wahrheitsfähig geschaffene menschliche Geist objektiv gültige wissenschaftliche Grundsätze
aufzustellen vermag. Die Bedeutung von Descartes' Metaphysik läßt sich
daher nur erfassen, wenn man auch ihre Konsequenzen für die Naturwissenschaft berücksichtigt, wie sie Descartes vor allem in den «Prinzipien der
Philosophie» (1644), seinem systematischem Hauptwerk, dargestellt hat.

Außer den physikalisch-kosmologischen Themen, die in den «Prinzipien»
abgehandelt wurden, erörterte Descartes in eigenen Schriften auch Probleme
der Physiologie und, in seinem letzten Werk, den «Leidenschaften der Seele»
(1649), der Psychologie. Mit dem Versuch, die Entstehung der Affekte wissenschaftlich zu erklären, leitete Descartes eine Entwicklung ein, die im
19. Jahrhundert zur Verselbständigung der Psychologie gegenüber der Philosophie führte. Im Jahre 1649 folgte er einer Einladung der schwedischen Kö-
nigin Christine, die er in seine Philosophie einführen sollte und von der er
hoffte, daß sie ihm die Mittel zur Ausführung geplanter Forschungen, für die

er Mitarbeiter benötigte, zur Verfügung stellen würde. Schon während des ersten Winters in Stockholm erkrankte Descartes an Lungenentzündung und erlag am 11. Februar 1650, erst vierundfünfzig Jahre alt, der Krankheit.

Descartes hat, wie kein anderer Denker des Jahrhunderts, der neuzeitlichen Philosophie den Weg bereitet. Dabei ist weniger an seine einzelwissenschaftlichen Leistungen zu denken, die bald durch die weitere Entwicklung überholt wurden, als an seine Metaphysik, die zwar nicht ausschließlich, aber doch zu einem wesentlichen Teil Theorie des Erkennens – namentlich des Erkennens im Sinne der mathematischen Naturwissenschaft – war und sich eben dadurch als durchaus modern erweist.

b) Der Ausgangspunkt des Cartesianischen Philosophierens

Die Entwicklung der modernen Philosophie im allgemeinen und die des Cartesianismus im besonderen läßt sich nur begreifen, wenn man beachtet, daß die Entstehung der mathematischen Naturwissenschaft für die Philosophie eine Herausforderung bedeutete, der diese sich nicht entziehen konnte. Das alte Ideal sicherer Wirklichkeitserkenntnis, das bereits verschiedenen Philosophen des Altertums vor Augen gestanden hatte, schien nun realisierbar geworden zu sein, da die Gesetze der mathematischen Naturwissenschaften, insbesondere der Physik und der Astronomie – z.B. das Galileische Gesetz des freien Falls oder das dritte Keplersche Gesetz, das besagt, daß sich die Quadrate der Umlaufzeiten von Planeten so verhalten wie die Kuben der großen Halbachsen ihrer Bahnen (siehe Bd. I, Teil III, Kap. I, 1 und Kap. III, 3) – für ebenso sicher gehalten wurden wie die Sätze der Mathematik. Die Forderung, Erklärungen mit Hilfe mathematisch formulierter Gesetzesaussagen vorzunehmen, hatte zur Folge, daß den Objekten der naturwissenschaftlichen Erkenntnis nur solche Eigenschaften zugeschrieben wurden, die sich mathematisch beschreiben ließen, d.h. Bestimmungen der Größe, der Form, der Masse, der Lage und der Bewegung. Alle anderen in der Anschauung gegebenen Eigenschaften, nämlich Farb-, Temperatur-, Ton-Qualitäten usw., galten als subjektiv; Eigenschaften wie das früher der Materie zugeschriebene Streben nach dem natürlichen Ort wurden als fiktiv betrachtet und als «okkulte Qualitäten» ausgeschaltet. Diesem Verdikt unterlag zunächst auch der Begriff der Kraft, der in der Cartesianischen Physik keine Rolle spielte.

Der Sieg der mathematischen Naturwissenschaft bedeutete die Auflösung des aristotelisch-scholastischen Weltbildes. Die Annahme, daß das Geschehen in der Natur von Zwecken gelenkt sei, wurde ebenso preisgegeben wie die Trennung von supra- und sublunarer Welt mit jeweils spezifischen Gesetzen. Die neue Naturwissenschaft beschränkte sich auf die Erforschung von Wirkursachen, wobei zunächst nur Druck und Stoß in Betracht gezogen wurden, was bedeutete, daß nur mechanistische Erklärungen zugelassen wurden.

Wenn der Naturwissenschaft zugestanden wurde, sichere Erkenntnis des Wesens der materiellen Wirklichkeit zu bieten, dann konnte es nicht mehr Aufgabe der Philosophie sein, diese Wirklichkeit zu erkennen. Diese Konsequenz wurde nicht sogleich mit voller Klarheit gezogen; da sie aber von der neuen Auffassung nicht zu trennen war, ließ sie sich auf die Dauer nicht umgehen. Die Entwicklung der Philosophie von Descartes über Kant bis zur kritischen Philosophie des 20. Jahrhunderts ist durch die Tendenz bestimmt, die sich bei Descartes ankündigende Auffassung immer deutlicher zur Geltung zu bringen. Wenn aber die Philosophie nicht mehr die Funktion hat, Zusammenhänge innerhalb der Welt zu erfassen, dann bleibt ihr nur die Aufgabe, auf die (alltägliche oder wissenschaftliche) Wirklichkeitserkenntnis zu reflektieren, d. h. nach deren Voraussetzungen, Reichweite und Sicherheitsgrad zu fragen.

Das Ziel, die Natur wissenschaftlich erklärbar und damit Naturvorgänge genau vorhersagbar zu machen, hängt bei Descartes mit dem Ideal der Naturbeherrschung zusammen, wie es schon Francis Bacon konzipiert hatte. Mit Bacon (siehe Teil III, Kap. III,4) war er überzeugt, daß die Wissenschaften der Sicherung und Erleichterung des menschlichen Daseins zu dienen hätten. Erhaltung der Gesundheit, Verlängerung des Lebens und Verselbständigung des Geistes gegenüber den Affekten hielt Descartes für letzte, nicht mehr in Frage zu stellende Zwecke. Im Verlauf der Jahre sah er jedoch immer klarer, daß sich die praktische Philosophie nicht auf diese Zwecke beschränken dürfe; als übergeordnetes Ziel betrachtete er die Einheit des menschlichen Geistes und der allgemeinen, in Gott fundierten Ordnung der Wirklichkeit.

c) Das Erkenntnis- und Wissenschaftsideal

Descartes war überzeugt, daß die Naturwissenschaft sichere Erkenntnis der Natur zu vermitteln habe, wie es am Beginn der «Regeln zur Leitung des Geistes» zum Ausdruck kommt: «Es muß das Ziel der wissenschaftlichen Bestrebungen sein, den Geist so zu lenken, daß er über alle sich ihm darbietenden Gegenstände begründete und wahre Urteile fällt.»[3] Demgemäß betonte er, «daß nur das vollkommen Erkannte, das nicht bezweifelt werden kann», Vertrauen verdient.[4] Mit der Forderung perfekten, d. h. prinzipiell nicht mehr verbesserungsbedürftigen Wissens folgte Descartes dem rationalistischen Erkenntnisideal; gleichzeitig bekannte er sich zu der für die rationalistische Philosophie charakteristischen Ansicht, daß eine Wissenschaft im Idealfall auf Grundsätzen (Axiomen) beruhe, die auf Grund ihrer Einsichtigkeit keiner Begründung bedürfen und aus denen alle anderen ihrer Sätze logisch folgen. In der Philosophie bilden die Grundsätze jedoch nicht den Ausgangspunkt, sondern sie werden auf dem Weg der Analyse gewonnen. Auch die empirischen Wissenschaften müssen sich der analytischen Methode bedienen, d. h. zu Gesetzesaussagen zurückgehen, mit deren

Hilfe Tatsachen erklärt werden können. Descartes hat den Unterschied zwischen logisch-mathematischer Begründung und realwissenschaftlicher Erklärung deutlich hervorgehoben: Kausalsätze werden nicht formuliert, um Wirkungen zu beweisen, sondern dazu, sie zu erklären.[5]

Die Prämissen wissenschaftlicher Erklärungen hat Descartes gelegentlich in deutlicher Vorwegnahme der heutigen Auffassung als «Annahmen» bezeichnet. Letzten Endes war er jedoch nicht bereit, den hypothetischen Charakter wissenschaftlicher Erklärungen bzw. Theorien uneingeschränkt anzuerkennen, sondern er hielt es für möglich, wenigstens die allgemeinsten Naturgesetze aus evidenten Prinzipien abzuleiten. Er räumte aber ein, daß bei der Erklärung bestimmter Tatsachen auf Erfahrungen zurückgegriffen werden muß. (Zum Beispiel meinte er, das Brechungsgesetz unabhängig von Erfahrungen formulieren zu können; der Brechungsindex von Medien kann aber, wie er sah, immer nur empirisch ermittelt werden.)

Da sich wissenschaftliche Theorien von mathematischen Kalkülen dadurch unterscheiden, daß sie mit dem Anspruch objektiver Gültigkeit verbunden sind, stellt sich die Frage, wie man wissen kann, daß sie mit der Wirklichkeit übereinstimmen. Diese Frage läßt sich nicht mehr mit den Mitteln der jeweiligen Wissenschaft beantworten, weshalb der Nachweis der objektiven Gültigkeit einer Realwissenschaft auf einer Ebene jenseits dieser Wissenschaft, nämlich auf der Ebene der Metaphysik (der «Ersten Philosophie», der «Prima Philosophia») geführt werden muß. Als Descartes, der sich zunächst als Mathematiker und Physiker betrachtete, dies erkannte, wurde er zum Philosophen bzw. zum Metaphysiker.

d) Grundgedanken der Metaphysik

Um absolut sicheres Wissen zu erlangen, muß man alles ausschalten, was auch nur im geringsten unsicher ist, so wie man, wenn man ein Gebäude auf sicheren Grund stellen will, Sand, Geröll und loses Erdreich wegräumen muß. Nur wenn es gelingt, alles Zweifelhafte, alle bloßen Annahmen und traditionsbedingten Überzeugungen auszuschließen, besteht Aussicht, Wahrheiten zu finden, die in keiner Weise mehr bezweifelt werden können. Zu diesem Zweck muß man alles nicht schlechthin Unbezweifelbare so behandeln, als ob es falsch wäre. Das bedeutet natürlich nicht, daß das Bezweifelte wirklich falsch sein muß, sondern nur, daß es bei der Grundlegung des Wissens ebenso unberücksichtigt zu bleiben hat wie offenkundig falsche Sätze. Der methodische Zweifel, wie dieses Verfahren heißt, betrifft nicht nur traditionelle Ansichten ohne hinreichende Begründung oder auf Gewohnheit beruhende Alltagsmeinungen, sondern auch wissenschaftliche Annahmen, wenn sie nicht hinlänglich begründet sind.

Offensichtlich wäre es aussichtslos, alle Meinungen einzeln daraufhin zu untersuchen, ob sie als gesichert gelten können oder nicht. Daher wählte Descartes einen anderen Weg: Er teilte die in Betracht kommenden Urteile in Klassen ein und fragte, ob die den Urteilsklassen zugrunde liegenden Prinzipien in Zweifel gezogen werden könnten. Die Grundeinteilung ist die in empirische und rein vernünftige Urteile. Empirische Urteile betreffen entweder die Eigenschaften von Dingen oder deren Dasein. Daß Urteile über Eigenschaften beobachteter Gegenstände nicht über jeden Zweifel erhaben sind, ist leicht einzusehen: Die Tatsache der Wahrnehmungstäuschungen zeigt, daß die Sinne uns bisweilen täuschen, «und es ist ein Gebot der Klugheit, niemals denen ganz zu trauen, die auch nur einmal uns getäuscht haben».[6] In diesem Sinne kann man sich z. B. leicht über die Gestalt entfernter Gegenstände täuschen; könnte es aber – fragt Descartes – auch eine Täuschung sein, daß ich jetzt hier bin, ein Stück Papier in der Hand halte usw.? Dies scheint auf den ersten Blick nicht möglich zu sein; dennoch kann auch am Dasein von Körpern, meinen Körper eingeschlossen, gezweifelt werden, wenn man sich vor Augen hält, daß man auch im Traume meint, unabhängig vom Bewußtsein bestehende Dinge vor sich zu haben, während es sich nur um Gegenstände der Phantasie handelt. Wenn es denkbar ist, daß die Inhalte der Wahrnehmung von derselben Art sind wie Trauminhalte, dann ist die Annahme nicht absurd, daß das Wahrgenommene ebenso bewußtseinsimmanent ist wie das Geträumte. In dieselbe Richtung weisen Überlegungen über Halluzinationen bzw. Wahnvorstellungen. Der natürliche Glaube, daß in der Wahrnehmung denkunabhängige Gegenstände erfaßt würden, ist zunächst in keiner Weise gerechtfertigt, da uns unmittelbar immer nur Bewußtseinsinhalte, namentlich Vorstellungsinhalte, bekannt sind, denen nicht mit Sicherheit zu entnehmen ist, ob ihnen wirkliche Dinge entsprechen oder nicht. Der natürliche Glaube an die Realität der Wahrnehmungsgegenstände läßt sich in Zweifel ziehen, da wir keinen unmittelbaren Zugang zu der angenommenen Wirklichkeit jenseits unserer Vorstellungen haben.

Auch wenn man einräumt, daß alle Urteile auf Grund von Wahrnehmungen zweifelhaft sind, scheint es unmöglich zu sein, an einfachen, rein vernünftigen Urteilen zu zweifeln. Daß $2 + 3 = 5$ ist, scheint unbezweifelbar zu sein. Dennoch war Descartes der Ansicht, daß sich auch Urteile dieser Art indirekt in Zweifel ziehen ließen, obwohl ihre Gewißheit in keiner Weise erschüttert werden kann. Ich könnte, wie Descartes meinte, von einem Gott so geschaffen worden sein, daß ich immer dann irre, wenn ich glaube, ganz sicher zu sein.[7] Ein solcher Gott wäre freilich kein gutes und wahrhaftiges Wesen, sondern ein böser Geist (genius malignus). Die Annahme eines solchen Betrüger-Gottes ist eingestandermaßen eine weit hergeholte spekulative Hypothese; solange aber nicht ausgeschlossen werden kann, daß ich von einem betrügerischen Geist abhänge, liegt der Schatten eines Verdachts auch auf den einfachsten Urteilen der reinen Vernunft.

Dem heutigen Leser dürfte es schwerfallen, Aussagen wie «$2 + 3 = 5$» als möglicherweise falsch zu betrachten. Wer die Bedeutung der Zahlzeichen, des Additions- und des Gleichheitszeichens kennt, kann an jener Aussage nicht zweifeln. Das muß auch Descartes klar gewesen sein; was also meinte er, wenn er auch in solchen Fällen den Zweifel als möglich bezeichnete? Um seine These zu verstehen, muß man sich vergegenwärtigen, daß im Rahmen seiner Philosophie Urteile immer Gegenstände betreffen, auch Urteile der reinen Vernunft (z.B. mathematische Urteile). Diese Gegenstände sind natürlich keine realen Dinge, sondern abstrakte Entitäten von der Art der Platonischen Ideen (z.B. «Dreieck im allgemeinen»), die Descartes «wahrhafte und unveränderliche Naturen» nannte. Wenn nun ein höchst mächtiges und verschlagenes Wesen mich so geschaffen hätte, daß mir Urteile der reinen Vernunft ganz sicher zu sein scheinen, ohne daß ihnen «wahrhafte und unveränderliche Naturen» entsprechen, dann wären die fraglichen Urteile falsch. Die Mathematik wäre dann sozusagen ein Traum, freilich kein Traum der Einbildungskraft, sondern ein Traum der Vernunft.

Damit scheint die Hoffnung, je sicheres Wissen zu erlangen, zunichte zu werden. Die bisherigen Zweifelsargumente erschöpfen jedoch nicht den ganzen Umfang möglicher Urteile, da bisher nur Urteile über – reale oder ideale – Gegenstände geprüft wurden, während Urteile über das Ich, das zweifelt, ausgeklammert blieben. Soll der Zweifel aber umfassend sein, dann muß er sich auch auf das zweifelnde Ich richten. Versuche ich jedoch zu bezweifeln, daß ich existiere, dann scheitert der Versuch: Daß ich, während ich zweifle, existiere, läßt sich nicht mehr bezweifeln, da ich nicht zweifeln könnte, wenn ich nicht existierte. Selbst ein Betrüger-Gott könnte nicht bewirken, daß ich mich in dem Urteil täusche, daß ich, der ich zweifle, bin. Der Satz «Ich denke, also bin ich» hält jedem Zweifel stand und kann daher als erstes Prinzip dienen.[8]

Die Wendung «Ich denke, also bin ich» dürfte der am gründlichsten diskutierte Satz der neueren Philosophie sein. Handelt es sich um einen Schluß, wie das «also» nahelegt? In diesem Fall müßte es mindestens eine Voraussetzung geben, und tatsächlich führt Descartes als eine solche den Satz an, daß man existieren müsse, um zu denken.[9] Der Schluß scheint dann lauten zu können: Wenn etwas denkt, dann existiert es; ich denke; also existiere ich. In diesem Fall erhebt sich aber die Frage, mit welchem Recht von der allgemeinen Voraussetzung Gebrauch gemacht wird. Unterliegt sie nicht ebenso wie die Grundsätze der Mathematik dem radikalen Zweifel? Nimmt man, um solche Fragen zu vermeiden, an, daß «Ich denke, also bin ich» ein Urteil ist, das unmittelbar einleuchtet, dann bleibt die Frage unbeantwortet, warum es Descartes von einer Prämisse abhängig gemacht hat. Wenn Descartes von Voraussetzungen ausgeht, die vom methodischen Zweifel ausgenommen bleiben, dann scheint er vorauszusetzen, was er beweisen will, nämlich daß es sicheres Wissen gibt, so daß seine Argumentation im Verdacht steht, zirkulär zu sein. Tatsächlich wurde der Vorwurf der Zirkularität schon von manchen seiner Zeitgenossen erhoben, und bis heute konnte er nicht vollständig entkräftet werden. Auch Versuche, mit den Mitteln der Sprachanalyse eine Klärung herbeizuführen, gehen am Problem des

Cogito vorbei. Wenn Descartes' erstes Prinzip auf eine Äußerung reduziert wird, die sich im sprachlichen Vollzug selbst bestätigt, dann wird übersehen, daß es bei Descartes nicht um sprachliches Verhalten geht, das mit den Mitteln der behavioristischen Psychologie zu beschreiben ist, sondern um eine Theorie der Erkenntnis realer und idealer Gegenstände.

Von einem Prinzip kann nur die Rede sein, wenn es auch Folgesätze gibt. Tatsächlich bildet Descartes' erstes Prinzip den Ausgangspunkt eines Gedankengangs, der zu weiteren grundlegenden philosophischen Sätzen führt. Descartes fragte, was das zweifelnde und zugleich zweifellos existierende Ich sei, und er antwortete: eine Substanz, und zwar eine denkende Substanz, d. h. eine Substanz, deren Wesen ausschließlich im Denken (d. h. im Bewußtsein) besteht. Diese Substanz erweist sich als endlich, weil nur ein endliches Wesen zweifeln kann. Vollständig muß der erste Grundsatz lauten: «Ich denke, also bin ich eine endliche denkende Substanz». Descartes ging es aber nicht in erster Linie um die Erkenntnis des substantiellen Ich, sondern um die Erkenntnis der objektiven Wirklichkeit, insbesondere um deren wissenschaftliche Erkenntnis.

Die allgemeinsten Sätze der mathematischen Naturwissenschaft sind zwar gewiß, aber Gewißheit allein genügt nicht, um die Wahrheit von Urteilen zu garantieren, da, wie gesagt, ein Betrüger-Gott uns beharrlich täuschen kann. Daher muß die Annahme eines betrügerischen Gottes widerlegt werden, und dies geschieht dadurch, daß die Existenz Gottes als eines wahrhaftigen, zur Täuschung unfähigen Wesens bewiesen wird. Da sich außer dem denkenden Ich nichts mit Gewißheit erkennen läßt, mußte Descartes bei seinem Versuch, die Existenz Gottes zu beweisen, an Bewußtseinsinhalte anknüpfen. In einem ersten Beweis ging er davon aus, daß sich unter unseren Vorstellungen die Idee eines absolut vollkommenen Wesens, d. h. Gottes, findet. Da diese Idee nicht durch Erfahrung gewonnen und nicht von der Einbildungskraft erzeugt werden kann, muß sie als eingeboren gelten und auf eine Ursache bezogen werden, die ebenso viel Vollkommenheit enthält wie sie, d. h. auf den in Wirklichkeit existierenden Gott als absolut vollkommenes Wesen.

Bei dieser Argumentation wird vorausgesetzt, daß die Idee Gottes klar und distinkt ist. Eine Vorstellung heißt «klar», wenn ihr Inhalt dem Geist gegenwärtig und offenkundig ist; andernfalls ist sie dunkel. Wenn sämtliche Bestandteile einer Vorstellung klar sind, ist sie distinkt (von «distinguere» = «unterscheiden»), weil ihr Inhalt präzis von den Inhalten anderer Vorstellungen unterschieden werden kann; ist dies nicht der Fall, heißt die Vorstellung «verworren» (idea confusa). Zum Beispiel sind die Wahrnehmungen zweier sehr genau gezeichneter Vielecke, z. B. eines regelmäßigen 99-Ecks und eines regelmäßigen 100-Ecks, bei angemessener Beleuchtung in einem für die Beobachtung günstigen Abstand klar. Vermutlich könnte ich aber nicht angeben, welches von ihnen die größere Zahl von Ecken hat. Definiere ich aber die Begriffe der beiden Vielecke mit Hilfe der Winkelsumme, dann wird die Abgrenzung völlig scharf, die Ideen sind distinkt. Neben der Einteilung der Vorstellungen in (1) dunkle, (2) klare, aber verworrene und (3) distinkte spielt bei Descartes die Einteilung unter dem Gesichtspunkt der Herkunft von Vorstellungen eine wichtige Rolle. Ideen können nämlich entweder aus den Sinnen stammen oder in der Einbildungskraft erzeugt werden, wobei ihre Bestandteile mindestens mittelbar ebenfalls den sinnlichen Wahrnehmungen zu verdanken sind; außerdem gibt es aber auch Ideen, die in keiner Weise auf Erfahrung beruhen, nämlich die eingeborenen Ideen. Ideen heißen «eingeboren», wenn sie prinzipiell unabhängig von Wahrnehmungen gebildet werden können; es handelt sich bei ihnen also nicht um etwas, das so angeboren ist wie z. B. die Rot-Grün-Blindheit.

Descartes hat sich nicht damit begnügt, Gott als Ursache der eingeborenen, distinkten Idee eines absolut vollkommenen Wesens zu erweisen, sondern (in der V. Meditation) noch einen zweiten Gottesbeweis geführt, der unabhängig von der Erfahrung, auch von der inneren Erfahrung des Vorhandenseins der Gottesidee im Bewußtsein, geführt wird und nur auf der Definition Gottes als absolut vollkommenes Wesen beruht: Wenn Gott ein Wesen ist, das alle Vollkommenheiten hat, und wenn die Existenz eine Vollkommenheit ist, dann kommt sie Gott zu, d. h. Gott existiert.

Hier scheint argumentiert zu werden, daß Gott existiere, weil er auf Grund seiner absoluten Vollkommenheit als existent gedacht werden müsse. Wäre das der Fall, enthielte der Gedankengang einen ungerechtfertigten Sprung vom Begriff zum Dasein Gottes. Tatsächlich hat Descartes einen solchen Fehler nicht begangen, da er sich darüber im klaren war, daß das Denken den Dingen keine Notwendigkeit auferlegt. Seine Argumentation ist differenzierter, und sie läßt sich nur verstehen, wenn man die platonistischen Voraussetzungen berücksichtigt, auf denen sie beruht.

Descartes nahm, wie alle von Plato abhängigen Philosophen, an, daß Erkenntnisse immer Erkenntnisse einer Art von Gegenständen seien, und erklärte in diesem Sinne: «Offenbar ist alles, was wahr ist, auch etwas».[10] Die Entitäten, die unseren distinkten Ideen entsprechen, sind die «wahrhaften und unveränderlichen Naturen», von denen oben die Rede war. Namentlich ist die Gottesidee das Abbild einer wahrhaften und unveränderlichen Natur. Berücksichtigt man dies, dann stellt sich der Beweisgang folgendermaßen dar: Ausgangspunkt ist die Voraussetzung, daß alles, von dem ich distinkt einsehe, daß es zur Natur eines Seienden gehört, diesem Seienden zugesprochen werden kann; sodann wird festgestellt, daß dem Begriff (der distinkten Idee) Gottes eine wahrhafte Natur entspricht, und erklärt, daß diese Natur die Bestimmung der Existenz einschließt (so wie die Natur des Dreiecks einschließt, daß die Winkelsumme von Dreiecken zwei Rechten gleich ist); hieraus folgt, daß Gott existiert.

Auch in dieser Form ist der Gottesbeweis anfechtbar, und tatsächlich wurde er, wie der erste, schon von Descartes' Zeitgenossen kritisiert. Man bezweifelte, daß «Existenz» als «Vollkommenheit», d. h. als eine (einfache und positive) Eigenschaft, die auf derselben Ebene liegt wie beliebige andere Eigenschaften, aufgefaßt werden könne. Außerdem wurde gefragt, ob der zugrunde liegende Gottesbegriff widerspruchsfrei sei, worauf Descartes nicht eingegangen war.[11]

Beiden Gottesbeweisen Descartes' liegt der Gedanke zugrunde, daß das Endliche nur vor dem Hintergrund des Unendlichen gedacht werden könne; wenn wir daher Endliches erfassen – und wir erfassen mindestens uns selbst als endliches, weil zweifelndes und begehrendes Wesen –, dann erfassen wir gleichzeitig auch das Unendliche; ja der Idee des Unendlichen kommt gegenüber allen Vorstellungen von Endlichem der Vorrang zu. Wie sollte ich begreifen, daß ich nicht vollkommen bin, wenn ich nicht über die Idee des Vollkommenen verfügte? Um Begriffe endlicher Dinge zu bilden, muß ich die Idee des Unendlichen in geeigneter Weise einschränken bzw. etwas von ihr «abschneiden», wie Descartes gelegentlich sagte.[12]

Was Descartes durch die Gottesbeweise erreichen wollte, hat er selbst klargemacht: Sie sollen die Beantwortung der Frage ermöglichen, «ob einige von den Dingen, deren Ideen in mir vorhanden sind, außer mir existieren».[13] Mindestens von der Gottesidee läßt sich zeigen, daß ihr ein vom Denken unabhängiges Wesen entspricht. Ist aber die Existenz Gottes bewiesen, dann läßt sich die Annahme eines göttlichen Betrügers, der mich auch in den evidentesten Urteilen täuscht, ausschließen und damit dem extremen Zweifel die Spitze nehmen. Entfällt die gekünstelte Annahme einer Täuschung durch einen Betrüger-Gott, dann wird das Vertrauen in die Evidenz von Urteilen, die auf Grund distinkter Ideen gefällt werden, wiederhergestellt. Wenn es unabhängig vom Bewußtsein Dinge gibt, dann darf ihnen alles zugeschrieben werden, von dem wir einsehen, daß es zu ihrem Wesen gehört.

An die Frage nach der Existenz und dem Wesen Gottes schließt sich die nach dem Wesen der Seele und der materiellen Dinge an. Nach Descartes ist die Seele ausschließlich als Denken (Bewußtsein), als denkende Substanz (res cogitans), und der Körper ausschließlich als Ausdehnung bzw. als ausgedehnte Substanz (res extensa) bestimmt. Der philosophische Begriff des Ich enthält demnach nichts, was zum Bereich des Leiblichen gehört. Daß wir Menschen mit Fleisch und Blut sind, läßt sich grundsätzlich bezweifeln, da der Glaube, körperlich zu existieren, eine Illusion, ein lebenslanger Traum sein könnte, so wie der unglückliche Lizentiat Vidriera bei Cervantes überzeugt war, aus Glas zu bestehen. Descartes zog die Konsequenz, daß das Ich immer denke, auch im traumlosen Schlaf, in der tiefsten Ohnmacht, ja selbst vor der Geburt. Wir wissen nur deshalb nichts von unserem vorgeburtlichen Denken, weil es keine Erinnerungsspuren hinterläßt.

So wie vom denkenden Ich alles Körperliche ausgeschlossen ist, so gehören nach Descartes zum materiellen Ding keine psychischen Eigenschaften; einzig quantitative Bestimmungen kommen ihm zu, nämlich Bestimmungen der Gestalt, der Größe und der Lage. Qualitäten wie Farbe,

Temperatur, Härte usw. dürfen materiellen Dingen daher nicht zugeschrieben werden. Ebensowenig kann etwas Körperlichem Bewußtsein zukommen. Tiere, die nach Descartes kein Bewußtsein haben, sind daher als komplizierte Mechanismen aufzufassen, deren Verhalten sich rein physikalisch erklären läßt. Zwischen dem Menschen und den Tieren, auch den am höchsten entwickelten, besteht nach Descartes ein unüberbrückbarer Abstand.

Da Descartes unter Berufung auf die göttliche Wahrheitsgarantie sagen zu können glaubte, daß alles, was wir auf Grund des Begriffs einer Sache einsehen, dieser Sache zugeschrieben werden darf, wenn eine solche Sache existiert, hielt er es auch für gerechtfertigt, evidente Sätze über Ausdehnungsverhältnisse und deren Änderungen auf ausgedehnte Dinge zu beziehen, vorausgesetzt, es gibt unabhängig von uns solche Dinge. Daß es unabhängig von unseren Vorstellungen eine Welt materieller Dinge gibt, darf aber nicht ohne Beweis angenommen werden; das Vorhandensein einer denkunabhängigen materiellen Außenwelt zu beweisen ist die letzte Aufgabe, die Descartes im Rahmen der metaphysischen Grundlegung in Angriff nahm.

Der gesuchte Beweis geht von der Tatsache aus, daß es Empfindungen (z.B. Schmerzen) gibt, und er soll zeigen, daß diese Tatsache ohne die Anerkennung einer unabhängig von uns bestehenden materiellen Wirklichkeit unbegreiflich wäre. Bei Vorstellungen von Dingen können wir nicht ausschließen, daß sie möglicherweise Erzeugnisse unserer Einbildungskraft sind; bei den Empfindungen verhält es sich seiner Ansicht nach anders: Wenn wir etwas empfinden, verhalten wir uns rein passiv, wir erleiden sie, wie wir z.B. einen Schmerz erleiden. Würde eingewandt, daß auch dies eine Täuschung sein könnte und wir möglicherweise in Wirklichkeit die Empfindungen, ohne es zu wissen, selbst erzeugen, dann läge eine unvermeidliche Täuschung vor, eine Illusion, die ihren Grund in unserer Natur hat; da die menschliche Natur aber von Gott geschaffen ist, wäre Gott mittelbar der Urheber dieser unentrinnbaren Illusion und somit ein Betrüger, im Widerspruch zu dem, was bereits bewiesen wurde.

Dieser Argumentation könnte entgegengehalten werden, daß die Tatsache von Empfindungstäuschungen durch die Erfahrung feststehe und durch spekulative Überlegungen nicht aus der Welt geschafft werden könne. Zum Beispiel liegt eine solche Täuschung im Falle des Phantomschmerzes nach Amputationen vor. Descartes hat mit einem solchen Einwand gerechnet und betont, daß bei seiner Beweisführung das normale Funktionieren des Organismus vorausgesetzt sei. Täuschungen wie der Phantomschmerz treten nur auf, wenn der Zusammenhang von Reiz, Reizleitung und Empfindung gestört ist. Nach einer Amputation werden die Nerven an einer Stelle gereizt, die normalerweise keine Eindrücke aufnimmt. Schließt man Ausnahmefälle aus, dann kann man nach Descartes auf die Zuverlässigkeit dessen vertrauen, was uns «die Natur» lehrt, namentlich daß es materielle Dinge außer uns gibt, von denen die Empfindungen hervorgerufen werden. Wird anerkannt, daß es unabhängig von unserem Bewußtsein ausgedehnte

Dinge gibt, dann steht die objektive Gültigkeit der Sätze der mathematischen Naturwissenschaft fest, und das Ziel der metaphysischen Grundlegung der (wissenschaftlichen) Erkenntnis ist erreicht.

e) Die Prinzipien der Naturphilosophie

Gestützt auf die Ergebnisse der Metaphysik konnte Descartes erklären, daß die Dinge in Wirklichkeit die Eigenschaften haben, die in der Geometrie untersucht werden. Diese Auffassung hat wichtige Konsequenzen: Wenn «Materie» und «Ausdehnung» gleichbedeutend sind, ist es sinnlos, von einer Ausdehnung ohne Materie zu reden: Ein vollkommen leerer Raum (ein Vakuum im metaphysischen Sinn) ist nach Descartes unmöglich.[14] Da die Ausdehnung, die das Wesen der Dinge ausmacht, ins unendliche teilbar ist, kann es keine kleinsten Materieteilchen (Atome) geben. Die Physik beschreibt nicht nur die Struktur von Körpern, d.h. die Anordnung ihrer Teile, sondern auch Änderungen von Lagebeziehungen, d.h. Bewegungen. Wir sagen, daß sich etwas bewegt, wenn es aus der Nachbarschaft eines Körpers in die eines anderen überführt wird. Infolgedessen kann von Bewegung nur in relativer Weise gesprochen werden, da kein Ding an sich in Ruhe oder in Bewegung ist, sondern nur in Abhängigkeit von dem jeweils gewählten Bezugspunkt als ruhend oder bewegt bezeichnet wird. Da die Bewegung nach Descartes nicht wesentlich zur Materie gehört, muß sie auf ein Prinzip jenseits der materiellen Wirklichkeit zurückgeführt werden, und als solches kommt nur Gott in Frage. Gott hat nicht nur die Materie geschaffen, sondern ihr auch eine gewisse Bewegungsmenge verliehen. Weil Gott seinen Schöpferwillen nicht ändert – dies ist wegen seiner Vollkommenheit ausgeschlossen –, hat das Quantum der ihr verliehenen Bewegung (d.h. der Gesamtbetrag des Impulses) als konstant zu gelten: Bewegung kann weder verlorengehen noch gewonnen werden, so daß jeder Körper seinen Bewegungszustand solange beibehält, als nicht andere Körper auf ihn einwirken. Diese Auffassung findet ihren Niederschlag im Trägheitsprinzip, das Descartes als erster klar formuliert hat.

Wenn es kein Vakuum gibt, können sich die an sich trägen Teile der Materie, denen Gott einen Bewegungsimpuls verliehen hat, nur in Form von Kreisläufen bewegen. Zum Beispiel erfolgt die Bewegung dreier Materieteile A, B und C so, daß A an die Stelle von B und B an die Stelle von C tritt, während C die Stelle einnimmt, an der sich zunächst A befunden hatte. Dies kann nicht anders sein, da nach Descartes ein bewegter Materieteil nicht in einen leeren Raum (den es voraussetzungsgemäß nicht gibt) ausweichen kann. Der von Gott ausgehende Bewegungsanstoß führt daher zur Bildung von Materiewirbeln, in deren Zentrum sich dichtere Materie konzentriert. Auch das Sonnensystem ist ein solcher Wirbel, dessen Mittelpunkt die Sonne ist und in dem sich Teilwirbel bildeten, deren Zentren die (zum Teil von Monden umgebenen) Planeten sind.

Zu den Naturgesetzen, die den Rahmen der Cartesianischen Physik bilden, gehören neben dem bereits erwähnten Trägheitsprinzip der Satz, nach dem Körper dazu tendieren, sich geradlinig fortzubewegen, sowie der Satz, daß beim Zusammenstoß von Körpern sich die Richtung ihrer Bewegung, nicht aber die Bewegungsmenge ändert. Aus diesen grundlegenden Gesetzen leitete Descartes speziellere Naturgesetze ab, die angeben, wie sich bewegte Körper beim Zusammenstoß verhalten. Auch die Stoßgesetze meinte Descartes unabhängig von Beobachtungen ableiten zu können. Hier zeigt sich in aller Deutlichkeit, daß es der Rationalist Descartes, anders als die Vertreter des Empirismus (z. B. John Locke; siehe Abschn. 5 b-c), prinzipiell für möglich hielt, unabhängig von der Erfahrung etwas von der Wirklichkeit zu erkennen.

Die Gesetze der Natur sind nach Descartes Gesetze im vollen Wortsinn, die von Gott der Natur vorgeschrieben wurden. Naturgesetze sind nach Descartes also nicht, wie nach empiristischer Ansicht, lediglich Aussagen über beobachtete Regelmäßigkeiten des Ereignisablaufs, sondern notwendige Prinzipien der Wirklichkeit selbst. Wer die Naturgesetze und ihre Folgerungen erkennt, erfaßt daher etwas vom Wesen der Wirklichkeit.

Die Prinzipien der Cartesianischen Physik bilden den Rahmen einer rein mechanistischen Naturauffassung, die darauf hinausläuft, alle Vorgänge auf Beziehungen von Druck und Stoß zurückzuführen. So erklärte Descartes zum Beispiel die Lichtbrechung aus der Bewegung von Teilchen einer feinen, nicht direkt wahrnehmbaren Materie. Aber auch organische Vorgänge haben seiner Ansicht nach grundsätzlich mechanischen Charakter. Diese Auffassung zeigt sich z. B. deutlich in Descartes' Theorie der Reizleitung in den Nerven: Reize werden durch den Zug der Nervenfasern zum Gehirn geleitet, während Willensimpulse durch den Druck der sogenannten Lebensgeister (spiritus animales), d. h. eines sehr feinen, aus den flüchtigsten Bestandteilen des Blutes gebildeten Stoffes in den Nervenröhrchen und den Zwischenräumen des Gehirns, übertragen werden.

f) Leib und Seele

Die scharfe Unterscheidung von ausgedehnter und bewußter Substanz bzw. von Materie und Geist hat zur Folge, daß Descartes nicht imstande war, das Verhältnis zwischen dem psychischen und dem physischen Aspekt der menschlichen Persönlichkeit befriedigend zu erklären. Daß gewisse psychische Vorgänge physischen Ereignissen oder Zuständen zugeordnet sind, ist nicht zu übersehen: Die Berührung mit einem heißen Gegenstand ruft eine Temperaturempfindung hervor, eine fiebrige Erkrankung kann den Gedankenablauf verändern usw.; umgekehrt lassen sich Bewegungen des Körpers willentlich herbeiführen, aber auch Gedanken können körperliche Veränderungen nach sich ziehen (z. B. kann die Vorstellung eines schrecklichen Geschehens einen frösteln machen). Die Annahme liegt daher nahe, daß Ge-

danken zu Ursachen körperlicher Vorgänge und umgekehrt Vorgänge im
Körper zu Ursachen psychischer Phänomene werden können. Eine solche
Verursachung läßt sich aber unter Descartes' Voraussetzungen nicht verständlich machen: Körper und Geist sind einander in allen Eigenschaften
entgegengesetzt, und wo Dinge keine gemeinsamen Eigenschaften haben,
kann zwischen ihnen keine Kausalbeziehung bestehen.

Descartes befand sich hier in einem offenkundigen Dilemma: Einerseits
wollte er der Erfahrung des Leib-Seele-Zusammenhangs Rechnung tragen,
andererseits machte seine Auffassung des Verhältnisses von Ausdehnung
und Bewußtsein eine befriedigende Erklärung dieses Zusammenhangs unmöglich. In dieser Lage griff er zu einer Verlegenheitslösung: Er nahm an,
daß die Wechselwirkung von Körper und Geist in einem einzigen Organ
vor sich gehe, nämlich in der Zirbeldrüse. Wenn z. B. eine willentliche
Handbewegung erfolgt, dann soll unter dem Eindruck des Willens die Zirbeldrüse so bewegt werden, daß durch ihre Bewegung die Lebensgeister
durch die Nerven zu bestimmten Muskeln gelenkt werden. Dieser Er-
klärungsversuch stellt jedoch keine befriedigende Lösung des Problems dar,
da die Zirbeldrüse Teil der ausgedehnten Wirklichkeit und daher von der
Seele wesentlich verschieden ist. Descartes' Theorie stößt hier an eine
Grenze, die im Rahmen der Cartesianischen Metaphysik nicht zu überwinden ist. Seine Nachfolger sahen sich daher gezwungen, zusätzliche metaphysische Annahmen einzuführen, um das Verhältnis von Leib und Seele
begreiflich zu machen. (Siehe Abschn. 3)

Descartes' Lehre vom Leib-Seele-Verhältnis und die Auffassung der Organismen als Automaten werden häufig als Symptome des Versagens des
naturwissenschaftlichen Denkens gegenüber der Aufgabe betrachtet, dem
Wesen der lebendigen Natur gerecht zu werden. Dazu ist zu sagen, daß sich
Descartes, indem er nur eine Verursachung durch Druck und Stoß zuließ,
zweifellos die Möglichkeit genommen hat, organische Zusammenhänge angemessen zu erklären; man muß aber auch bedenken. daß er sich zu dieser
Betrachtungsweise genötigt sah, weil er einer Naturauffassung entgegentreten zu müssen meinte, die mehr auf Phantasie als auf Beobachtung und Verstand beruhte. Daß er bei der Abwehr spekulativer Ansichten zu weit ging
und ein höchst einseitiges Wirklichkeitsverständnis entwickelte, läßt sich
nicht bestreiten; es wäre aber verfehlt, deshalb die Rolle, die seine Auffassung bei der Entwicklung der Wissenschaft und des wissenschaftlich-tech-
nischen Weltbildes der Neuzeit spielte, überwiegend negativ zu bewerten,
wie das gelegentlich in historisch kurzsichtiger Weise geschieht.

g) Theorie und Praxis

Die naturwissenschaftliche Erkenntnis war für Descartes nicht Selbstzweck, sondern wie für Fr. Bacon Mittel zur Erreichung praktischer Ziele.
Ihm ging es darum, den Anspruch zu begründen, daß die Menschen «Mei-

ster und Besitzer der Natur» zu sein hätten.[15] Die Orientierung an praktischen Zielen kommt klar zum Ausdruck, wenn er das System der Wissenschaften mit einem Baum vergleicht und betont, daß bei der Wissenschaft
wie bei einem Baum die Früchte nicht von den Wurzeln – der Metaphysik
– und nicht vom Stamm – der theoretischen Physik –, sondern nur von den
Zweigen, nämlich der Mechanik, der Anatomie bzw. Physiologie und der
Psychologie geerntet werden können. Die Früchte der Mechanik werden in
der Technik gepflückt, Anatomie und Physiologie werden in der Medizin
praktisch angewandt, und die Psychologie liefert die theoretischen Grundlagen der Moralphilosophie als «Technik» der Affektkontrolle.[16]

Das Ziel einer theoretisch so weit wie möglich gegen Risiken abgesicher-
ten Praxis läßt sich erst erreichen, wenn eine entsprechende Theorie zur
Verfügung steht. Um z. B. mit technischen Mitteln in das Naturgeschehen
eingreifen zu können, muß man dessen Gesetzmäßigkeiten kennen, d. h.
über entsprechende naturwissenschaftliche Theorien verfügen. Dies genügt
jedoch nicht, sondern man muß auch zeigen, daß solche Theorien als gesicherte Wahrheiten, d. h. als zutreffende Beschreibungen von Strukturen der
Wirklichkeit selbst, gelten können. Die letztere Frage kann nicht mehr mit
den Mitteln der Naturwissenschaft beantwortet werden, da keine Wissenschaft ihre eigene objektive Gültigkeit beweisen kann. Es bedarf also einer
Wissenschaft, die zeigt, daß die Aussagen der Naturwissenschaften von der
Wirklichkeit selbst gelten, nämlich der Metaphysik. Während aber naturwissenschaftliche Sätze unmittelbar praktisch angewandt werden können,
ist der Bezug der Metaphysik zur Praxis nur mittelbar: Sie hat die Aufgabe,
die Übereinstimmung naturwissenschaftlicher Sätze mit Strukturen der
Wirklichkeit und damit eine auf die Wissenschaft gestützte Praxis als möglich zu erweisen.

Aber auch wenn die theoretische Rechtfertigung einer an den Ergebnissen der Wissenschaften orientierten Praxis noch aussteht, muß man den Erfordernissen des Lebens genügen und Entscheidungen treffen, und zwar in
möglichst rationaler Weise. Will man sich auch unter Unsicherheit vernünftig verhalten, muß man Regeln beachten, die Descartes unter dem Titel der
provisorischen Moral zusammenfaßte. Diese Regeln fordern, sich an den
rechtlichen, moralischen und religiösen Normen seiner Umgebung bzw.
der vernünftigsten Mitmenschen zu orientieren, einmal gefällte Entscheidungen nicht ohne ausreichende objektive Gründe abzuändern und die
Wünsche der Wirklichkeit anzupassen, wenn diese nicht im Sinne unserer
Absichten geändert werden kann.[17] Diesen Regeln wird die Forderung
übergeordnet, sich der Ausbildung der Vernunft zu widmen, um in der Erkenntnis so weit wie möglich fortzuschreiten. In Descartes' provisorischer
Moral zeigt sich deutlich die intellektualistische Tendenz der Cartesianischen Philosophie: Die Vernunft ist zwar nicht um der reinen Erkenntnis
willen zu kultivieren, sondern als Mittel zur Verwirklichung praktischer
Ziele; aber nur sie – und nicht Instinkt, Trieb und Gefühl oder religiöser

Glaube –, gilt als das adäquate Mittel zur Bewältigung von Aufgaben der Praxis im weitesten Sinn.

Als Descartes die Maximen der provisorischen Moral formulierte, hatte er offenbar bereits eine Moral vor Augen, die nicht mehr nur provisorisch gelten sollte, die er aber zunächst noch nicht entwickeln konnte, weil die wissenschaftlichen Grundlagen, auf die sie gestellt werden sollte, noch nicht zur Verfügung standen. Um die Moralphilosophie als Wissenschaft zu begründen, bedarf es in erster Linie psychologischer Erkenntnisse, wie sie Descartes in seinem letzten Werk, den «Leidenschaften der Seele», vortrug, da das Ziel der Ethik in der Kontrolle der Leidenschaften durch die Vernunft besteht und man daher zunächst wissen muß, was Leidenschaften sind und wie sie zustande kommen. Unter einer Leidenschaft verstand Descartes eine Bewußtseinserscheinung, die von physischen Ursachen – Bewegungen der Lebensgeister – hervorgerufen, aber von uns nicht auf körperliche Vorgänge, sondern auf die Seele bezogen wird.[18] Wenn wir z. B. Zorn empfinden, glauben wir, die Erregung entspringe allein der Seele, während sie in Wirklichkeit durch Vorgänge im Organismus hervorgerufen wird. Wie die Leidenschaften entstehen, konnte Descartes zwar nur vermuten; aber daß er versucht hat, Erklärungen zu bieten, wo sonst meist nur Behauptungen aufgestellt wurden, war für die Entwicklung der Psychologie von größter Bedeutung. Wie er vorging, zeigt sein Versuch, begreiflich zu machen, warum wir in bestimmten Situationen staunen. Dies ist dann der Fall, wenn ein Eindruck für uns neu ist, d. h. wenn die Nerven in einer unüblichen Weise erregt werden. Das Staunen ist die bewußte Reaktion auf die ungewöhnliche Art, in der ein Eindruck erfolgt.

Hat man begriffen, wie Affekte zustande kommen und unter welchen Umständen sie verstärkt oder abgeschwächt werden, dann besteht Aussicht, sie gezielt beeinflussen und vor allem ihren Einfluß auf den Geist brechen zu können. «Tugend» bedeutet bei Descartes ein praktisches Verhalten unter der Leitung der Vernunft; wer entschlossen das tut, was er als richtig erkennt, und damit von der Freiheit des Willens rechten Gebrauch macht, ist tugendhaft. In der Gleichsetzung von Vernünftigkeit und Tugend kündigt sich bereits die Denkweise der Aufklärung an. Descartes war aber weit davon entfernt, einen ungerechtfertigten Vernunft-Optimismus zu vertreten. Er war sich der Tatsache bewußt, daß die irrationalen Kräfte der menschlichen Natur niemals ausgeschaltet werden können, ja daß dies gar nicht wünschenswert wäre, da sie als Handlungsantriebe unentbehrlich sind; ebenso war er sich darüber im klaren, daß der größte Teil der äußeren Umstände nicht vernünftig vorausberechnet werden kann, so daß die Aufgabe vernünftiger Lebensgestaltung als unerreichbares Fernziel betrachtet werden muß.

Ungeachtet dieser Einschränkungen war Descartes überzeugt, daß die Wirklichkeit selbst vernünftig sei und daß unser Handeln immer dann den Erfordernissen der Realität entspreche, wenn wir auf Grund vernünftiger

Erkenntnis handeln. Dieser Glaube an die Rationalität des Seins beruht auf der Annahme, daß die Formen der Dinge ebenso wie unsere distinkten Ideen von Gott als absolut vernünftigem Prinzip abhängen. Wenn die Dinge als solche vernünftig geordnet sind und wenn richtig zu handeln bedeutet, auf Grund vernünftiger Einsicht in die Ordnung der Dinge zu handeln, dann verspricht vernunftorientiertes Handeln optimale Ergebnisse.

Der grundlegende Gedanke, daß vernünftiges Handeln als Handeln im Einklang mit dem (an sich vernünftigen) Wesen der Wirklichkeit aufzufassen ist, entstammt offensichtlich der stoischen Tradition (siehe Teil I, Kap. V, Abschn. 3 d). Das Handeln auf Grund von Gefühl, Affekt, Trieb und Instinkt wird demgegenüber abgewertet, und diese Einstellung blieb im 17. und 18. Jahrhundert im großen und ganzen unangefochten, bis in der Romantik und später bei Nietzsche bzw. den Vertretern der Lebensphilosophie der Anspruch der Vernunft, allein zur Lenkung der Praxis berufen zu sein, in Frage gestellt wurde. Descartes war dagegen fest überzeugt, daß es gut und nützlich sei, vernünftig zu handeln; Handlungen heißen nicht vernünftig, weil sie positive Ergebnisse haben, sondern sie wirken sich positiv aus, weil sie vernünftig und daher wirklichkeitskonform sind.

Obwohl Descartes vom Baconschen Programm möglichst vollständiger Naturbeherrschung mit den Mitteln der angewandten Wissenschaft ausging, überwand er im Verlauf der Jahre dessen mit der Konzentration auf die Technik gegebene Einseitigkeit, indem er alle besonderen praktischen Zwecke der Aufgabe unterordnete, im Einklang mit der in Gott fundierten Ordnung der Gesamtwirklichkeit zu denken und zu handeln.

Der Glaube an die Vernünftigkeit der Realität ist der Grundgedanke des neuzeitlichen Rationalismus. Er ist nicht neu, sondern hat seine Wurzeln in der Antike, wie ein Blick auf das Denken der Pythagoreer und der Eleaten, der Platoniker, Aristoteliker und Stoiker zeigt; er beherrschte auch auf weite Strecken das christliche Denken der ausgehenden Antike und des Mittelalters. Obwohl aber der Cartesianische Rationalismus rückwärts mit dem metaphysischen Rationalismus der früheren Philosophie in Verbindung steht, trägt er doch zugleich ausgesprochen moderne Züge, auf die abschließend in aller Kürze hingewiesen werden soll.

Descartes wurde zu seiner Metaphysik durch die Frage geführt, wie es möglich sei, etwas von der denkunabhängigen Wirklichkeit zu erfassen, wenn dem Subjekt immer nur Vorstellungsinhalte unmittelbar bekannt sind. Die Antwort ergab sich ihm im Rahmen einer Theorie der Erfahrung, und die oben erwähnten Sätze über das Ich, über die materielle Wirklichkeit, über Gott und über das Verhältnis der endlichen Seienden zu Gott stellen sich als deren Bestandteile dar. Diese Sätze haben vom Standpunkt der heutigen kritischen Philosophie aus als Annahmen zu gelten, die der Beantwortung der Frage dienen, wie objektive Erkenntnis als möglich zu begreifen sei.[19] Descartes hat sie allerdings nicht als Annahmen erkannt, sondern in ihnen Urteile erblickt, die entweder evident sind oder aus evidenten Urteilen folgen und denen daher zeitlose Gültigkeit zukommt. Diese Ansicht wurde im Verlauf der Entwicklung der neuzeitlichen Philosophie überwunden, und zwar in zwei großen Schritten: Zunächst setzte sich die Auffassung durch, daß die Geltung philosophischer Grundsätze, in denen Bedingungen der Möglichkeit von Gegenstandserkenntnis ausgedrückt sind, nicht auf Evidenz, sondern auf ihrer Funktion innerhalb der Theorie der Erfahrung beruht; später kamen immer mehr Philosophen zu der Überzeugung, daß es nicht nur eine einzige Theorie der Erfahrung gibt, sondern daß mit mehreren möglichen solchen Theorien gerechnet werden muß, so daß sich auch die Grundsätze der Philosophie nicht ein für allemal formulieren lassen. Den ersten dieser Schritte hat Kant, den zweiten haben Vertreter verschiedener kritizistischer Richtungen im 20. Jahrhundert getan. Von dem Standpunkt aus betrachtet, der mit diesen Schritten erreicht wurde, besteht die Bedeutung der Cartesianischen Philosophie darin, die angedeutete Entwicklung eingeleitet zu haben. Das heißt nicht, daß Descartes' mathematische, naturwissenschaftliche und psychologische Leistungen geringzuachten wären; aber daß er als Vater der modernen Philosophie bezeichnet werden konnte, hat seinen Grund darin, daß seine Metaphysik, obwohl sie noch zum Teil mit dem Anspruch verbunden war, Erkenntnis allgemeiner Strukturen der Wirklichkeit zu sein, zugleich auch Theorie der Erfahrung war.

2. Antirationalistische Tendenzen im 17. Jahrhundert

a) Hobbes und Gassendi als Kritiker der «Meditationen»

Descartes' metaphysisches Hauptwerk, die «Meditationen», wurde mit einer Reihe von Einwänden zeitgenössischer Philosophen und Theologen sowie mit den Erwiderungen des Verfassers veröffentlicht. Unter den Opponenten befanden sich auch Thomas Hobbes und Pierre Gassendi, die wesentliche Voraussetzungen der rationalistischen Metaphysik angriffen und damit Anlaß zur Klärung von Grundfragen des Rationalismus gaben. Während Descartes, wie alle Rationalisten, an die Möglichkeit von Erkenntnissen glaubte, die prinzipiell von der Erfahrung unabhängig sind – die Gotteserkenntnis soll von dieser Art sein –, betonten die Kritiker die Abhängigkeit allen Wissens von der Erfahrung.

Die Verschiedenheit der Standpunkte zeigt sich bereits in Hobbes' Beurteilung von Descartes' erstem Prinzip. Daraus, daß ich denke, folgt nach Hobbes zwar, daß ich existiere, aber nur darum, weil jede Tätigkeit jemanden voraussetzt, der sie ausübt. Man kann daher ebensogut auch schließen: Ich gehe spazieren, also bin ich. Die Annahme, daß «Ich» auf ein rein geistiges Wesen hinweise, lehnte Hobbes ab, weil er es für möglich hielt, daß

das Bewußtsein auf gewissen Vorgängen im menschlichen Organismus beruht. Begründete Urteile über das Verhältnis von Geist und Körper sind
unmöglich, weil wir grundsätzlich nicht imstande sind, das Wesen der
Wirklichkeit, also auch das Wesen des Körpers, zu erkennen. Wenn wir vernünftig urteilen, drücken wir nicht eine Einsicht in die Natur der Dinge
aus, sondern wir verbinden Namen auf Grund ihrer konventionellen Bedeutungen. Wer z. B. urteilt, daß alle Dreiecke eine Winkelsumme von 180°
haben, stützt sich nicht auf die Einsicht in ein vorgebliches Wesen des Dreiecks, sondern auf die Bedeutung der Namen «Dreieck» und «Winkelsumme von 180°». Diese Namen werden auf Grund von Vorstellungen gebildet, die ihrerseits unmittelbar oder mittelbar der Erfahrung entspringen;
ihre genaue Bedeutung erhalten sie durch Übereinkunft der Angehörigen
einer Sprachgemeinschaft. Da es ohne Erfahrung keine Vorstellungen
(Ideen) gibt, haben wir nach Hobbes keine Idee von Gott, so daß die Cartesianischen Gottesbeweise als hinfällig zu gelten haben.[20] Damit sind die
Grundlagen der Cartesianischen Metaphysik in Frage gestellt. Nach Hobbes gibt es keine wahrhaften und unveränderlichen Naturen, deren Zusammenhang eine objektive vernünftige Ordnung bildete, und es gibt keine einsichtigen Urteile, in denen etwas von dieser Ordnung erfaßt würde. Hobbes hat allerdings die empiristischen und materialistischen Tendenzen, die
in seiner an Descartes geübten Kritik zutage treten, nicht konsequent zur
Geltung gebracht, so daß man ihn nicht ohne weiteres dem Empirismus,
und schon gar nicht dem Materialismus, zuordnen kann.

Zu den Kritikern der «Meditationen» gehörte auch Pierre Gassendi
(1592–1655), in dem die naturalistische Strömung der damaligen Zeit einen
wichtigen Vertreter fand, obwohl er der modernen Naturwissenschaft kein
tieferes Verständnis entgegenbrachte. Er war Geistlicher, lehrte zunächst
Philosophie in Aix en Provence, wurde Probst in Digne und schließlich
Professor der Mathematik in Paris. Bedeutung erlangte er, weil er die Philosophie Epikurs (siehe Teil I, Kap. V,2) mit ihrem atomistischen Materialismus wieder zur Geltung brachte.[21] Der Epikureismus hatte in der Renaissance, die verschiedene jahrhundertelang unterdrückte philosophische
Richtungen aufgriff, keine Wiederbelebung erfahren, offenbar weil der erklärte Materialismus, namentlich in der Ethik, immer noch auf starke Vorbehalte stieß. Inzwischen hatte sich aber die Annahme von Atomen in der
Physik und der Chemie als fruchtbar erwiesen,[22] so daß die Lehre Epikurs
unter diesem Gesichtspunkt auf Interesse stoßen mußte; außerdem erschien
sie manchen deshalb als attraktiv, weil sie die Möglichkeit bot, der aristotelischen Naturphilosophie entgegenzutreten.

Gassendis Einwände gegen Descartes weisen in die Richtung einer materialistischen und sensualistischen Auffassung, die bei ihm unverhohlener
zum Ausdruck kommt als bei Hobbes. Gassendi wendete sich entschieden
gegen die scharfe Trennung von Körper und Geist. Man kann seiner Ansicht nach nicht ausschließen, daß das Bewußtsein «gewissermaßen die

Blüte [d. h. der beste Teil]» der organischen Materie ist. Mit dieser Auffassung war die Annahme vernünftig einsehbarer «Wesenheiten» bzw. «wahrhafter Naturen» unvereinbar. Es gibt nach Gassendi nur konkrete materielle Dinge. Allgemeine Begriffe werden auf Grund von Sinneseindrücken durch Abstraktion gebildet und sind daher niemals eingeboren; sie entsprechen nicht genau den Dingen, deren Wahrnehmung ihre Bildung veranlaßt, sondern sie werden erst durch konventionelle Festlegung eindeutig. Infolgedessen gibt es auch keine ewigen Wahrheiten. Der Satz über die Winkelsumme des Dreiecks ist solange wahr, als wir die entsprechenden Begriffe in der üblichen Weise verwenden und sie auf reale Dreiecke beziehen.

Gassendi wies nicht nur einzelne naturphilosophische Auffassungen der Tradition, sondern das aristotelische Erkenntnisideal als solches zurück. Die Realwissenschaften enthalten, wie er meinte, keine notwendig wahren Sätze, sondern nur Hypothesen, von denen sich nicht definitiv feststellen läßt, ob sie wahr sind. Folgerichtig betrachtete Gassendi auch die Atomtheorie als hypothetisch, obwohl er offensichtlich mit ihr sympathisierte. In der Moralphilosophie schloß er sich der Ansicht Epikurs an, daß «gut» mit «lustbringend» bzw. «unlustvermeidend» zu identifizieren sei. Ausdrücklich verteidigte er Epikur gegen den Vorwurf, mit seiner praktischen Lehre der Unmoral Vorschub geleistet zu haben. Gassendi hat keine Schule begründet, aber er förderte die Entwicklung des empirischen Denkens und brach den Bann, der so lange auf dem Materialismus gelegen hatte.

b) Die Grundlagen von Hobbes' Philosophie

Thomas Hobbes, der oben nur als Kritiker des Cartesianismus betrachtet worden ist, wurde 1588 geboren, als sich die spanische Armada der englischen Küste näherte und das Land eine Invasion befürchten mußte. Auf die Angst, die auch seine Mutter angesichts dieser Gefahr empfand, führte er in der Rückschau seinen ängstlichen Charakter zurück: Meine Mutter gebar Zwillinge, wie er sagte: mich und die Angst. Tatsächlich spielte in seinem Denken die Angst vor dem Krieg, insbesondere vor dem Bürgerkrieg, eine wichtige Rolle, und in der Angst vor dem gewaltsamen Tod erblickte er einen Grundzug der menschlichen Natur. Um die Gefahr innerer Unruhen zu bannen, empfahl er, die staatliche Autorität möglichst stark zu machen. Nach Beendigung seines Hochschulstudiums war er als Hauslehrer tätig und konnte mit seinen Zöglingen Auslandsreisen unternehmen. Er hatte Kontakt zu Francis Bacon (siehe Teil III, Kap. III,4) und Herbert von Cherbury (siehe Teil III, Kap. II,2); in Paris fand er Zugang zum Kreis um Pater Mersenne, Descartes' philosophischem Mittelsmann in der französischen Hauptstadt. Als sich der Bürgerkrieg ankündigte, der zum Sturz des Hauses Stuart führen sollte, verfaßte er eine Schrift, in der er das absolute Recht des Souveräns zu begründen suchte, weil er überzeugt war, daß nur eine absolute Staatsgewalt die innere Ruhe gewährleisten könne. Diese Schrift hatte ebensowenig den gewünschten Erfolg wie das ähnlichen Themen gewidmete Werk «Über den Bürger» (1642), das in Frankreich entstand, wohin sich Hobbes zurückgezogen hatte.[23] Es handelte sich um den dritten Teil eines umfassenden philosophischen Werkes, dessen systematisch frühere Teile, «Die Lehre vom Körper» und «Die Lehre vom Menschen», aber erst Jahre später veröffentlicht wurden. Inzwischen war in England die Monarchie abgeschafft worden und Oliver Cromwell an die Macht gekommen. In seinem berühmtesten Werk, dem «Leviathan», berücksichtigte Hobbes die veränderte politische Situation in seiner Heimat, in die er bald danach zurückkehrte. Als das Cromwellsche Commonwealth zusammenbrach, sah er sich von seiten der Royalisten dem Vorwurf des Opportunismus ausgesetzt, konnte sich aber auf seine Beziehung zu König Karl II., den er in der Zeit des Exils unterrichtet hatte, verlassen; er erhielt sogar eine staatliche Pension. In den folgenden Jahren widmete er sich der Erörterung von Rechtsfragen, untersuchte die Vorgeschichte des Bürgerkriegs, verwikkelte sich aber auch in eine heftige theologische Kontroverse. Er starb 1679.

Wie Descartes war auch Hobbes von der modernen Naturwissenschaft beeindruckt. Durch Zufall soll er, bereits über vierzig Jahre alt, Euklids «Elemente» kennengelernt und von der geometrischen Methode so nachhaltig beeindruckt gewesen sein, daß er auch die Logik als eine Art Rechnen mit Begriffen auffaßte, ohne jedoch einen Logikkalkül schaffen zu können; dies zu leisten blieb Leibniz vorbehalten (siehe Abschn. 6c). Hobbes forderte, die Vorstellungen, die er als die unmittelbaren Gegenstände des Bewußtseins betrachtete, so lange zu zerlegen, bis man zu einfachen gedanklichen Elementen gelangt. Wenn man den einfachen Gedanken Namen zuordnet, kann man mit ihnen, wie mit den Symbolen der Algebra, «rechnen». Außer Nominaldefinitionen gibt es auch genetische Definitionen, die angeben, wie die definierte Sache entstanden oder als entstanden zu denken ist. Sie sind nach Hobbes besonders wichtig, weil er annahm, daß es philosophische Erkenntnis nur geben kann, wo sich Gegenstände begrifflich erzeugen lassen: «Wo keine [begriffliche] Erzeugung, da keine Philosophie.»[24] Eine genetische Definition liegt z.B. vor, wenn man «Kreis» als «Linie, die durch Bewegung eines Punktes mit konstantem Abstand von einem gegebenen Punkt erzeugt wird» bestimmt. Dabei kommt es nicht darauf an, wie Kreise faktisch entstehen, sondern nur darauf, daß man sie auf die angegebene Weise entstanden denken kann.[25] Unten wird zu zeigen sein, wie Hobbes den Staat genetisch definierte, indem er seine Entstehung gedanklich rekonstruierte.

Einfache Begriffe, die sich bei der Zergliederung der Vorstellungen von Dingen ergeben, sind «Größe», «Gestalt», «Bewegung», «Raum», «Zeit», «Ursache» und «Wirkung». Mit ihrer Hilfe werden Grundsätze formuliert, die für alle Körper gelten, z.B. das Trägheitsprinzip oder der Satz über die Gleichheit von Aktion und Reaktion. Diese Sätze sollen nicht nur für physikalische, sondern auch für organische Körper, schließlich auch für soziale

«Körper», d. h. für Staaten, gelten. Obwohl Hobbes die Rolle der Beobachtung im Erkenntnisprozeß so nachdrücklich hervorgehoben hat, daß er oft als Empirist bezeichnet wird, hielt er die allgemeinsten Prinzipien über Raum, Zeit, Bewegung usw. für erfahrungsunabhängig. In dieser Hinsicht stand er Descartes bzw. der rationalistischen Metaphysik näher, als die zeitgenössischen Diskussionen zunächst vermuten lassen.

In der Erkenntnislehre erblickte Hobbes eine Anwendung der allgemeinen Bewegungsgesetze auf Bewegungen im menschlichen Organismus, insbesondere in den Sinnesorganen und den Nerven. Das Leben führte er auf die Bewegung der «Lebensgeister» (spiritus animales) zurück, wobei «Geist» hier nicht im metaphysischen, sondern in dem Sinne zu verstehen ist, in dem von «Weingeist» (spiritus vini) gesprochen wird. (Siehe auch bei Descartes, Abschn. 1 e-f) Wenn vermittels der Sinnesorgane Reize aufgenommen werden, wirken von außen kommende Bewegungen auf die Lebensgeister ein und rufen eine Reaktion hervor, die bewußt erfahren wird, und zwar entweder als Vorstellung oder als Begehren. Wie aus Bewegungsverhältnissen, die prinzipiell physikalisch beschrieben werden können, bewußte Erlebnisse entstehen sollen, bleibt dabei ungeklärt.

Die Bewegung der Lebensgeister hat, wie jede Bewegung, die Tendenz, ihren Bewegungszustand beizubehalten. Unterliegt sie einem hemmenden Einfluß, erleben wir die Reaktion als Unlust, wird sie gefördert, entsteht das Gefühl der Lust. Je nachdem, ob etwas die vitale Bewegung fördert oder hemmt, wird es als Wert oder als Unwert erlebt und entweder begehrt oder abgelehnt.[26] Am heftigsten lehnen alle Lebewesen ab, was zum völligen Aufhören der Vitalbewegung, d. h. zum Tod, führt. Die Selbsterhaltung ist das alles beherrschende Ziel auch des menschlichen Strebens, das daher nach Hobbes stets egoistischen Charakter hat.

c) Hobbes' Staatsphilosophie

Auf der Grundlage dieser Theorie errichtete Hobbes seine Lehre von Recht und Staat. Um zu begreifen, worin das Recht bzw. die staatliche Rechtsordnung bestehen, ist es nötig, die Entstehung des Staates zu rekonstruieren. Damit ist nicht gemeint, daß man zu den historischen Anfängen von Staaten zurückzugehen habe – diese sind in den meisten Fällen nicht mehr zu ermitteln –, sondern es kommt darauf an, den Begriff des Staates mit Hilfe von Voraussetzungen zu konstruieren, die teils der allgemeinen Theorie der Bewegung, teils der Erfahrung entstammen. Durch Erfahrung wissen wir, daß Menschen nicht isoliert leben, sondern ihren Lebensraum mit anderen Menschen teilen; aus den allgemeinen Grundsätzen folgt, daß sie sich mit allen geeignet erscheinenden Mitteln im Dasein zu behaupten suchen: Der Mensch verhält sich gegenüber dem Menschen wie ein Wolf (homo homini lupus). In einem Zustand, in dem das egoistische Streben rechtlich nicht geregelt ist – im Naturzustand – ergeben sich unweigerlich

Konflikte, die bis zur Ausschaltung der Konkurrenten ausgetragen werden. Hobbes sprach von einem Krieg aller gegen alle.

Da der Mensch aber nicht blind seinem Selbsterhaltungstrieb folgt, sondern auch berechnet, wie er sein Dasein auf bestmögliche Weise sichern kann, gelangt er zu der Einsicht, daß die Aufrechterhaltung des Naturzustands nicht in seinem Interesse liegt, da es ohne staatliche Ordnung keine wirkliche und dauerhafte Sicherheit gibt. Zwar haben die Stärkeren gegenüber den Schwächeren Vorteile, aber sie können einer List oder einer Koalition der Schwachen zum Opfer fallen.[27] Angesichts der Nachteile des Naturzustandes liegt es nahe, nach besseren Lösungen Ausschau zu halten. Dabei bietet sich der wechselseitige Verzicht auf den Einsatz beliebiger Mittel zur Daseinssicherung als Ausweg an: Wenn alle einander versprechen, sich nicht zu töten, bedeutet das einen Gewinn an Sicherheit. Nun kann aber ein solches Versprechen leicht gebrochen werden, wenn nicht dafür gesorgt wird, daß alle es halten. Daher muß eine mit hinreichender Macht ausgestattete Instanz geschaffen werden, die die Einhaltung der Übereinkunft erzwingen kann. Hobbes meint sogar, sie müßte über absolute Macht verfügen. Die Übereinkunft heißt «Sozialvertrag», und die Instanz, die seine Einhaltung gewährleistet, wird «Souverän» genannt. Inhaber der souveränen Macht kann ein Individuum oder ein Parlament sein.

Die der Konstruktion zugrunde liegende Annahme, daß die Menschen ursprünglich nicht in sozialen und rechtlichen Beziehungen gestanden hätten, steht im Gegensatz zu der seit Aristoteles immer wieder vertretenen Auffassung des Menschen als eines von Natur aus sozialen Wesens. Die rechtlich-gesellschaftliche Ordnung hat nach Hobbes künstlichen Charakter; sie gilt als bloßes Mittel zur Wahrung der Interessen der Individuen. Da hinter den Interessen der einzelnen das Streben steht, sich so sicher wie möglich im Dasein zu behaupten, und da dieses Streben auf physikalische Gesetze zurückgeführt werden kann, läßt sich die Entstehung des Staates naturgesetzlich erklären: Der Staat als sozialer Körper gehorcht denselben Gesetzen wie die Körper im allgemeinen.

Wie die Vertreter der herkömmlichen Naturrechtslehre sprach auch Hobbes von einem natürlichen Recht, meinte aber nicht bestimmte, in der Natur des Menschen begründete Rechte, sondern die Tatsache, daß vor der Errichtung der staatlichen Rechtsordnung ein jeder entscheiden kann, welche Mittel er zu Erhaltung seines Daseins einsetzen will. Wenn Hobbes von einem natürlichen Recht spricht, ist lediglich gemeint, daß der Einsatz beliebiger Mittel zur Selbsterhaltung im Naturzustand kein Unrecht sein kann, und dies ergibt sich daraus, daß sich vor Errichtung einer Rechtsordnung von Recht und Unrecht nicht sprechen läßt.

Hobbes hat den naturalistischen Charakter seiner Staatslehre dadurch teilweise verdunkelt, daß er von natürlichen bzw. göttlichen Gesetzen sprach,[28] die Frieden gebieten,[29] die Achtung von Übereinkünften und Gleichachtung der Vertragspartner fordern usw.[30] Tatsächlich sind die sogenannten natürlichen Gesetze nicht Gesetze im eigentlichen Wortsinn, sondern Aussagen über Mittel, die zur Erhaltung des Daseins notwendig sind. Sie lassen sich daher ohne weiteres als Aussagen formulieren. «Verträge sind zu halten» besagt zum Beispiel: «Wenn man das Ziel des Sozialvertrags, nämlich die bestmögliche Sicherung des Daseins, erreichen will, dann empfiehlt sich die Einhaltung von Verträgen». Hier ist von einem Sollen nicht mehr die Rede; Hobbes wollte nicht Normen aufstellen, sondern lediglich Bedingungen angeben, die erfüllt sein müssen, wenn die Menschen in Sicherheit und Frieden leben wollen.

So wie der Staatsbürger sich den Gesetzen des Souveräns zu fügen hat, so hat dieser die Pflicht, die rechtliche Ordnung im Interesse der Individuen aufrechtzuerhalten, d. h. zweckmäßige Gesetze zu erlassen, ihre Durchsetzung durch Strafandrohung zu sichern und die Lasten angemessen zu verteilen. Keinesfalls kommt den Bürgern das Recht zu, den Souverän abzusetzen.[31] Haben sich die einzelnen erst einmal dem Souverän unterworfen, läßt sich dieser Akt nicht mehr rückgängig machen. Die Freiheit der Bürger besteht nicht in der Freiheit von den Staatsgesetzen, wie Hobbes betonte,[32] sondern darin, in Bereichen, in denen es keine gesetzlichen Regelungen gibt, nach Gutdünken entscheiden zu können. Wieviel Freiraum den Bürgern zu gewähren ist, hängt vom Interesse des Staates ab.

Die Berufung auf ein göttliches Recht hielt Hobbes für ungerechtfertigt: «Jedes menschliche Gesetz ist ein bürgerliches Gesetz.»[33] Er vertrat somit einen rechtspositivistischen Standpunkt, nach dem das Recht immer gesetztes Recht ist. Die Berufung auf ein «höheres» – göttliches oder in der Natur fundiertes – Recht bleibt leer; selbst wenn man überpositive Normen annimmt, muß man einräumen, daß sie zu interpretieren und durch Strafandrohungen anwendbar zu machen sind, und das kann nur durch die Staatsorgane geschehen, die positives Recht setzen. Die Staatsgewalt ist absolut, das heißt, sie ist keinem überstaatlichen Recht unterworfen.

Besondere Aufmerksamkeit widmete Hobbes dem Verhältnis von Staat und Kirche. Die Kirche darf unter keinen Umständen zu einem Staat im Staate werden, weil in diesem Fall die Staatseinheit aufgehoben und ein Bürgerkrieg heraufbeschworen würde. Der Staat ist der große Leviathan, dem sich die einzelnen wie die besonderen Gemeinschaften (namentlich die Kirche) vollständig unterzuordnen haben. Die Freiheit des Denkens und die Selbständigkeit des Gewissens bleiben von der staatlichen Gewalt zwar unberührt, aber nicht deshalb, weil sie als Werte anzuerkennen wären, sondern weil die staatlichen Organe keine Möglichkeit haben, das Denken zu kontrollieren; wo sich die innere Einstellung aber in Verhaltensweisen und Aktionen äußert, hat der Staat das Recht, einzugreifen.

Hobbes hat die Philosophie seines und des folgenden Jahrhunderts nachhaltig beeinflußt. Seine Forderung, die Logik als Addieren und Subtrahieren von Begriffen aufzufassen, förderte die Bemühungen um Mathematisierung der Logik, und seine Leugnung allgemeiner Wesenheiten stärkte die empiristischen Tendenzen der Epoche. Als besonders wirksam sollte sich seine Auffassung des Naturrechts erweisen, an die Spinoza (siehe Abschn. 4 g) und Chr. Thomasius (siehe Kap. II, 4 b) anknüpften; die Theorie des Sozialkontrakts, die er, eine bis in die Antike zurückreichende Tradition aufnehmend, wieder zur Geltung brachte, spielte in der Neuzeit eine wichtige Rolle: John Locke, J.-J. Rousseau und viele andere übernahmen sie, und auch im 20. Jahrhundert fand sie Vertreter.

Hobbes' Auffassungen riefen aber auch Widerspruch hervor. Bereits zu seiner Zeit wurden sie nicht nur von theologischer Seite, sondern auch von Mathematikern und Juristen heftig bekämpft. Vor allem seine Naturrechtslehre stieß auf Ablehnung, insbesondere in England, da sie die Rechtstradition vernachlässigte und auf die Konstruktion eines zeitlos gültigen Staatsmodells hinauslief. Seit der Zeit der Romantik richtete sich die Kritik gegen den mechanistischen Charakter seiner Staatslehre, der die Auffassung gegenübergestellt wurde, daß der Staat als eine Art Organismus zu betrachten sei. Noch im 20. Jahrhundert wurde da und dort die Ansicht vertreten, daß nur die historisch gewachsene Gemeinschaft, nicht aber die quasi-mechanisch funktionierende Gesellschaft den Titel eines wahren Staates verdiene. Im 17. und 18. war der Einfluß, den Hobbes als Staatsphilosoph ausübte, beträchtlich, und obwohl seine Staatslehre nicht aus dem systematischen Zusammenhang, in den sie eingebettet ist, herausgelöst werden kann, war doch sie es, die die Zeitgenossen und die Angehörigen der folgenden Generationen in erster Linie beeindruckte. Fragt man nach den tieferen philosophischen Gründen dieser Wirksamkeit, so ist erstens darauf hinzuweisen, daß Hobbes' Staatskonzeption auf einer säkularisierten, d. h. von theologischen Deutungen und von bestimmten Rechtstraditionen unabhängigen Naturrechtslehre beruhte und daher unterschiedlich gedeutet bzw. zur Rechtfertigung unterschiedlicher politischer Systeme verwendet werden konnte. So wurde sie von Spinoza und anderen zur Grundlage der Staatsideologie der Niederlande gemacht, obwohl hier, im Unterschied zum monarchischen England, republikanische Verhältnisse herrschten. Zweitens läßt sich die große Wirkung der Hobbesschen Staatslehre darauf zurückführen, daß ihre Methode der naturwissenschaftlichen Methode ähnlich sah, was in den Augen aller jener für sie sprach, die weniger der Philosophie, als vielmehr der Naturwissenschaft die Lösung der wichtigsten praktischen Probleme zutrauten. Auch die Annahme, daß die Menschen vor Abschluß des Sozialkontrakts sozial isoliert, sozusagen als gesellschaftliche Atome, gelebt hätten, kam der atomistischen Denkweise entgegen, die sich damals durchzusetzen begann.

d) Pascal

Zu den Kritikern des rationalistischen Erkenntnisideals gehört auch Blaise Pascal, dessen Opposition gegen den Rationalismus aber nicht, wie bei Gassendi und Hobbes, einer naturalistischen Einstellung entsprang, sondern religiös motiviert war. Pascal, 1623 in Clermont geboren und somit etwa eine Generation jünger als Descartes, Hobbes und Gassendi, war ein frühreifes Genie. Er leistete wichtige Beiträge zur Entwicklung der Naturwissenschaften und der Mathematik (z. B. in der Wahrscheinlichkeits- und Infinitesimalrechnung), wandte sich aber nach einem religiösen Erweckungserlebnis vom wissenschaftlichen Denken ab, um sich ganz der Verteidigung seines Glaubens zu widmen. So vertrat er in den «Provinzial-Briefen» (Briefen eines fiktiven Provinzials des Jesuiten-Ordens) die augustinistische, von Bischof Jansenius gelehrte und vom Theologen Antoine Arnauld und seinem Kreis im Pariser Kloster Port-Royal übernommene Auffassung der Gnade als eines unverdienten Gottesgeschenks und wandte sich einer mystischen Auffassung zu, die in seinen «Gedanken» («Pensées»), dem Entwurf einer großangelegten Apologie des Christentums, ihren Niederschlag fand.[34] Der rationalistischen Metaphysik warf er vor, nur einen «Gott der Philosophen», und nicht den Gott Abrahams, Isaaks und Jakobs zu kennen. Da die Philosophie unfähig ist, den Schritt zum biblischen Glauben zu tun, soll sie nach Pascal nicht nur der Religion untergeordnet, sondern zu deren Gunsten aufgegeben werden, wie er in den «Gedanken» forderte, die er in seinen letzten Lebensjahren, bereits schwer krank, niederschrieb; 1662 wurde er von seinen Leiden erlöst.[35] Nach seinem Tod fand man in seinem Rock, unter dem Futter eingenäht, ein Schriftstück auf Pergament, das sogenannte «Mémorial», in dem das Erweckungserlebnis von 1654 seinen Niederschlag gefunden hat; dort heißt es:

> «Gott Abrahams, Gott Isaaks, Gott Jakobs, nicht der Philosophen und der Gelehrten.
> Gewißheit. Gewißheit. Empfindung. Freude. Frieden. (...)
> Vergiß die Welt und alles, ausgenommen Gott. (...)
> Freude, Freude, Freude, Tränen der Freude. (...)
> Dies ist das ewige Leben, daß sie dich als einzigen wahren Gott erkennen und den, den du gesandt hast, Jesus Christus.
> Jesus Christus.
> Jesus Christus. (...)»

Pascal hat das rationalistische Erkenntnis- und Wissenschaftsideal in der Abhandlung «Der geometrische Geist» (um 1655) auch einer immanenten Kritik unterzogen.[36] Die «geometrische» (d. h. axiomatische) Methode wurde, außer in der Mathematik, in der Naturwissenschaft zur Geltung gebracht – sie liegt Galileis Ableitung der Bewegungsgesetze zugrunde[37] und leitete später Newtons Gedankengang in den «Mathematischen Prinzipien der Naturlehre» –, und sie wurde auch in der Philosophie angewandt. So hatte schon Descartes angedeutet, wie sich die wichtigsten Sätze der Metaphysik aus Definitionen und Axiomen deduzieren lassen – eine Möglichkeit, von der spätere Philosophen ausgiebig Gebrauch machen sollten.[38]

Pascal ging davon aus, daß in einem axiomatisch aufgebauten System von Sätzen kein undefinierter Begriff und keine unbewiesene Aussage vorkommen dürften. Da aber jeder Begriff mit Hilfe anderer Begriffe zu definieren ist, die ihrerseits nur mit Hilfe weiterer Begriffe definiert werden können, führt die Forderung, alle Begriffe eines Systems zu definieren, ins unendliche. Ähnlich verhält es sich mit der Forderung, alle Sätze eines Systems zu beweisen: Da ein Satz nur mit Hilfe anderer Sätze bewiesen werden kann, wird man im Fortgang des Beweisens zu immer weiteren Sätzen geführt, ohne je an ein Ende zu gelangen. Somit kann das Ideal einer Wissenschaft nach «geometrischer» Weise (more geometrico) gar nicht verwirklicht werden, da wir uns immer undefinierter Begriffe bedienen und auf unbewiesene Aussagen stützen müssen. Zwar gibt es nach Pascal Begriffe, deren Bedeutung so einfach und natürlich ist, daß die Gefahr der Mehrdeutigkeit praktisch nicht ins Gewicht fällt, und gewisse Aussagen sind so evident, daß ein Beweis nicht mehr nötig erscheint; grundsätzlich aber kann von «Wissenschaft» im strengen Sinn nur gesprochen werden, wo alle Begriffe definiert und alle Sätze bewiesen sind, und da diese Forderung unerfüllbar ist, kann es Wissenschaft im vorausgesetzten Sinn nicht geben. Angesichts dieser «Demütigung der Vernunft» forderte Pascal die Unterwerfung unter den Glauben; die Logik des Verstandes soll der «Logik des Herzens» untergeordnet werden. «Es ist gut, des sinnlosen Suchens nach der Wahrheit überdrüssig und müde, seine Arme nach dem Befreier auszustrecken», wie es in den «Gedanken» heißt.[39]

Der Glaube läßt sich durch vernünftige Überlegungen stützen, geht aber wesentlich über den Bereich der Vernunfterkenntnis hinaus. Nach Pascal «gibt es drei Mittel zu glauben: die Vernunft, die Gewohnheit, die Inspiration. Die christliche Religion, die allein die Vernunft hat, läßt die nicht als ihre wahren Kinder zu, die ohne Inspiration glauben; das heißt nicht, daß sie die Vernunft und die Gewohnheit ausschließt, im Gegenteil: man muß seinen Geist den Beweisen öffnen, sich durch die Gewohnheit in ihnen bestärken, aber man muß sich durch die Demütigungen den Inspirationen darbieten, die allein die wahre und heilbringende Wirkung erzeugen ...».[40]

In welchem Sinne rationale Überlegungen den Glauben fördern können, zeigt besonders deutlich das berühmte Argument der Wette, in dem die Entscheidung für oder gegen den Glauben an Gott mit einer Wette auf Kopf oder Adler einer Münze verglichen wird: «Die Vernunft kann hier nichts entscheiden: es ist ein unendliches Chaos da, das uns trennt. Wir spielen am äußersten Ende dieses unendlichen Chaos ein Spiel, bei dem die Vorder- oder Rückseite [einer in die Luft geworfenen Münze] nach oben zu liegen kommt. Was werden Sie wetten? Durch den Verstand können Sie sich weder für das eine noch für das andere entscheiden. Mit dem Verstand können Sie keines von beiden ausschließen.» Einem gewöhnlichen Spiel kann man ausweichen; angesichts der Frage, ob es einen Gott gibt oder nicht, läßt sich die Stellungnahme dagegen nicht vermeiden. «Da man

wählen muß, laßt uns sehen, was Sie am wenigsten angeht. Sie haben zweierlei zu verlieren: das Wahre und das Gute, und zweierlei einzusetzen: Ihre
Vernunft und Ihren Willen, Ihre Erkenntnis und Ihre Seligkeit; und Ihre
Natur muß sich vor zweierlei hüten: vor Irrtum und Unheil. Ihrem Verstande wird es ebensowenig schaden, wenn Sie das eine, wie wenn Sie das
andere wählen, da man unbedingt wählen muß. Nun wäre ein Punkt erle-
digt. Aber unsere Seligkeit? Wägen wir den Gewinn und den Verlust, und
das Kreuz [die vordere Seite der Münze] soll bedeuten, daß Gott ist. Schätzen wir diese beiden Möglichkeiten ab: wenn Sie gewinnen, gewinnen Sie
alles; wenn Sie verlieren, verlieren Sie nichts. Wetten Sie also ohne zu zö-
gern, daß er ist.»[41] Selbst wenn die Wahrscheinlichkeit, daß es Gott gibt,
sehr gering wäre, wäre es noch vernünftig, auf die Existenz Gottes zu wetten, weil der Gewinn – die ewige Seligkeit – unendlich groß ist, der eventu-
elle Verlust dagegen eine endliche Größe darstellt.

Daß der Mensch auf den Offenbarungsglauben angewiesen ist, hat seinen
Grund in der Schwäche des menschlichen Verstandes. Der Mensch ist
elend, obwohl in der Erkenntnis seines Elends eine gewisse Erhabenheit
liegt.[42] Aber diese Erhabenheit ist relativ: «Die ganze Würde des Menschen
liegt im Gedanken. Aber was ist dieser Gedanke? Wie dumm ist er!»[43] So
wie das menschliche Denken nur von geringem Wert ist, so ist der Mensch
selbst nichtig, und Pascal betonte nachdrücklich, daß ein endliches Wesen
wie der Mensch, verglichen mit dem Unendlichen, ein Nichts ist. Aus dem
Bewußtsein der Nichtigkeit erwächst die Demut als Voraussetzung dafür,
daß sich der Mensch der göttlichen Gnade zu öffnen vermag.

Bei Pascal führte die Distanzierung gegenüber der rationalistischen Philosophie zu einer mystischen Einstellung, durch die er in einen scharfen
Gegensatz zu den herrschenden philosophischen Richtungen der damaligen Zeit trat. Einfluß erlangten seine logischen Auffassungen, insbesondere im Kreis von Port-Royal: In der von Antoine Arnauld und Pierre
Nicole verfaßten «Kunst des Denkens» («L'art de penser», 1662) – der
sogenannten *Logik von Port-Royal* – wurden neben traditionellen logischen Lehren auch Gedanken Pascals und Descartes' zur Geltung
gebracht. Ähnlich verhält es sich mit der *Grammatik von Port-Royal.*[44]
Der Durchbruch zur modernen Logik erfolgte jedoch erst mit Leibnizens
Entwürfen von Logik-Kalkülen.

3. Die Weiterentwicklung des Cartesianismus

a) Der Anstoß zur Entstehung des Okkasionalismus

Descartes hatte einen schroffen Dualismus von Körper und Geist, von
ausgedehnten und bewußten Substanzen vertreten. Die mit dieser Position
verbundenen Schwierigkeiten waren jedoch so groß, daß bald nach ande-

ren Lösungen gesucht wurde. So nahm ein Schüler Descartes', Henri de Roy – latinisiert Regius – an, daß der Geist entweder etwas Stoffliches oder Erscheinungsweise einer stofflichen Substanz sei. Descartes distanzierte sich scharf von dieser Ansicht, weil er fürchtete, daß sie ihm selbst zugeschrieben werden könnte. Gegen Regius betonte er die Selbständigkeit des Bewußtseins gegenüber der Materie nachdrücklicher denn je: Kein Bewußtseinsinhalt, auch nicht die Wahrnehmung, wird durch materielle Vorgänge (wie Sinnesreize) hervorgerufen; der Reiz ist nicht die Ursache, sondern lediglich der Anlaß (occasio) für die Entstehung von Wahrnehmungsvorstellungen. Diese Auffassung wurde von verschiedenen Cartesianern aufgegriffen, die allgemein das, was gewöhnlich «Ursache» genannt wird, nicht mehr als Agens, sondern nur als Anlaß (occasio) jener Vorgänge betrachteten, die «Wirkung» genannt werden. Die eigentliche Wirkursache in allem Geschehen ist nach dieser Auffassung – dem Okkasionalismus – Gott.

Die Vertreter des Okkasionalismus meinten im Gegensatz zu Descartes, daß sich das Verhältnis von Leib und Seele nicht als Wechselwirkung auffassen lasse. Wenn Körper und Geist wesensverschiedene Substanzen sind, dann ist nicht zu begreifen, wie die von Descartes angenommene psychophysische Wechselwirkung möglich sein soll. Die Okkasionalisten suchten die Schwierigkeit zu überwinden, indem sie weder physische Vorgänge als Ursachen von psychischen noch umgekehrt psychische Vorgänge als Ursachen von physischen anerkannten, sondern annahmen, daß sie lediglich Gott veranlassen, entsprechende Vorgänge im jeweils anderen Bereich hervorzubringen. Wird z.B. auf die Hand ein starker Druck ausgeübt, so ist dieser Vorgang Anlaß für Gott, im Bewußtsein eine Empfindung des Drucks oder des Schmerzes zu erzeugen; will man die Hand in bestimmter Weise bewegen, dann ist der Willensakt Anlaß für Gott, die entsprechende Handbewegung hervorzurufen. Wenn wir meinen, unser Wille bewirke die Handbewegung, erliegen wir einer Täuschung, so wie das Kind in der Wiege sich täuschen würde, wenn es meinte, sein Weinen bewirke das Schaukeln der Wiege, während es in Wirklichkeit nur Anlaß dafür ist, daß die Mutter die Wiege in Bewegung setzt.

In dieser Form wirkt die okkasionalistische Theorie vermutlich alles andere als überzeugend, scheint sie doch auf die Annahme eines ständigen wunderbaren Eingreifens Gottes in das Verhältnis von Körper und Geist hinauszulaufen. Die Vertreter dieser Theorie hätten auf ein solches Bedenken antworten können, daß auch die Leib-Seele-Wechselwirkung als Wunder gelten müßte. Unter Berufung auf den Grundsatz «Wenn du nicht weißt, wie etwas geschieht, bewirkst du es auch nicht»[45] meinten sie, daß der Wille keine körperlichen Vorgänge hervorrufen könne, da wir nicht wissen, wie diese Vorgänge zustande kommen.

Die angedeutete Auffassung ist jedoch nicht die endgültige Form der okkasionalistischen Theorie; nach dem entwickelten Okkasionalismus hat

Gott physisches und psychisches Geschehen von vornherein so aufeinander
abgestimmt, daß sich Vorgänge in den beiden Bereichen entsprechen. Wenn
jemand z. B. seine Hand in bestimmter Weise bewegen will, dann erfolgt die
entsprechende Bewegung, weil Gott ein für allemal dem Willensakt diesen
körperlichen Vorgang zugeordnet hat. Körper und Geist verhalten sich wie
zwei Uhren, die so konstruiert sind, daß sie zu gleicher Zeit in gleicher
Weise schlagen. Dem psychischen Akt (und Analoges gilt für physische
Vorgänge) wurde von Gott gleichsam eine bestimmte Geltung verliehen, so
wie das Geld auf Grund obrigkeitlicher Festsetzung als Zahlungsmittel gilt,
nicht auf Grund seines Materialwertes.

Die Okkasionalisten beschränkten ihre Theorie nicht auf das Verhältnis
von Körper und Geist, sondern dehnten sie auf kausale Beziehungen überhaupt aus. Auch wenn ein bewegter Körper durch Stoß einen anderen Körper bewegt, ist er nach okkasionalistischer Ansicht nicht bewirkende Ursache der Bewegung, sondern nur deren Anlaß. Bewirkendes Agens ist auch
in diesem Fall Gott, und zwar nicht eigentlich durch direktes Eingreifen,
sondern weil er das in allen endlichen Dingen wirkende Prinzip ist.

b) Arnold Geulincx

Die bedeutendsten Vertreter der okkasionalistischen Lehre waren der
Flame Arnold Geulincx (1624–1669), der in Leyden lehrte, und Nicolas
Malebranche (1639–1715), der nach Descartes bedeutendste französische
Philosoph der Epoche.[46] Größeres Interesse verdient Geulincx, weil er
nicht nur, wie Malebranche, traditionelle – nämlich Cartesianische und Au-
gustinianische – Ansätze entfaltete, sondern eine Auffassung entwickelte,
die Gedanken Kants vorwegnahm.[47] Zwar war er insofern der Tradition einer im Dienst der Theologie stehenden Philosophie verpflichtet, als er sich
bemühte, durch die Konzentration aller Macht und Wirksamkeit in Gott
das Diesseits zugunsten des Jenseits abzuwerten;[48] aber gleichzeitig mutet
es durchaus modern an, wenn er die Dinge an sich für unerkennbar erklärt
und die Erfahrung auf die Welt der Erscheinungen einschränkt. Zugunsten
dieser Auffassung argumentierte er, daß Wahrnehmungsvorstellungen nicht
von bewußtseinsunabhängigen Dingen bewirkt sein können, da endlichen
Dingen keine Wirksamkeit zukommt. Damit ist die übliche realistische
Deutung der Wahrnehmungen als Wirkungen denkunabhängiger Dinge
hinfällig. Nach Geulincx ist es aber auch unmöglich, Kategorien des Verstandes auf Dinge, wie sie an sich sein mögen, zu beziehen. Begriffe wie
«Seiendes», «Substanz», «Wesenheit» usw. drücken Denkformen, nicht
Formen der Wirklichkeit an sich aus, und dasselbe gilt von den Begriffen
des Ganzen bzw. der Einheit. Ohne einen vereinheitlichenden Denkakt gibt
es nichts Einheitliches bzw. Ganzes. Ähnlich sollte etwa hundert Jahre später Kant, dessen Auffassung hier in gewisser Weise vorweggenommen wird,
die Dinge, die wir erfahren bzw. erkennen, als Erscheinungen bestimmen

und ihnen die unerkennbaren Dinge an sich gegenüberstellen (siehe Teil V, Kap. I, 3 d). Die kritische Einschränkung gilt bei Geulincx jedoch nur für die Erkenntnis der äußeren Wirklichkeit; das Wesen des Geistes soll sich in einer Art unmittelbarer Anschauung zweifelsfrei erkennen lassen. Ebenso wissen wir mit Sicherheit, daß unser Bewußtsein von Gott abhängt, ohne jedoch die Art dieser Abhängigkeit bestimmen zu können. Echtes (d. h. metaphysisches) Wissen gibt es nach Geulincx somit nur vom Ich und seinem Verhältnis zu Gott, nicht von der materiellen Wirklichkeit, mit der es die Naturwissenschaften zu tun haben. Hier zeigt sich eine entscheidende Differenz gegenüber Descartes, der zeigen wollte, daß naturwissenschaftliche Aussagen innerhalb gewisser Grenzen als wahr erwiesen werden können, während Geulincx der Ansicht war, daß sie stets den Charakter von Hypothesen hätten.

Geulincx ließ seine Philosophie in eine Ethik münden, in deren Mittelpunkt die Liebe zu Gott steht.[49] Da Gott absolute Vernunft ist, fällt die Gottesliebe mit der Liebe zur Vernunft als der Tugend im umfassenden Sinn zusammen. Von Tugenden in der Mehrzahl läßt sich nur insofern sprechen, als es verschiedene Aspekte der *einen* Tugend gibt. So lassen sich Fleiß, Gehorsam, Gerechtigkeit und Demut als Kardinaltugenden unterscheiden, ohne daß die Einheit der Tugend als solcher aufgehoben würde. Im Mittelpunkt von Geulincx' Ethik steht die Forderung, das Wollen auf jenen Bereich zu beschränken, in dem man etwas bewirken kann, und es entsprechend der absoluten Abhängigkeit des Menschen von Gott vollkommen dem Willen Gottes zu unterwerfen. Die Abhängigkeit des Endlichen vom Unendlichen betonte Geulincx so stark, daß das Endliche im Unendlichen aufzugehen droht: Wir sind, wie er sagt, aus Gott und gehören zu Gott, ja unser Geist ist gleichsam ein Teilchen Gottes.[50]

c) Nicolas Malebranche

Der zweite große Vertreter des Okkasionalismus war der französische Theologe Malebranche (1638–1715), der ebenso wie Geulincx bemüht war, das Endliche dem Unendlichen bzw. die Philosophie der Theologie unterzuordnen.[51] Auch bei ihm spielte das Leib-Seele-Problem eine wichtige Rolle. Wie Descartes hielt er Materie und Bewußtsein für wesensverschieden, lehnte aber, wie Geulincx, die Annahme einer Wechselwirkung von Leib und Seele ab. Der Zusammenhang zwischen geistigen und körperlichen Vorgängen beruht darauf, daß sie von Gott einander zugeordnet worden sind. Damit ließ er, wie vor ihm Geulincx, die Annahme fallen, daß Gott fallweise in das Geschehen eingreife und sozusagen ständig Wunder wirke. Was für das Verhältnis von Körper und Geist gilt, soll sich verallgemeinern lassen: Ereignisse bewirken niemals andere Ereignisse, sondern auf Grund der von Gott geschaffenen Ordnung der Wirklichkeit sind gewisse Ereignisse mit gewissen anderen gesetzmäßig verbunden.

Wenn Malebranche bestritt, daß endliche Vorgänge Wirkursachen sein könnten, wollte er das Bestehen kausaler Beziehungen zwischen Vorgängen nicht schlechthin leugnen. Von Ursachen und Wirkungen kann sinnvoll gesprochen werden, wenn gemeint ist, daß Erscheinungen bestimmter Art regelmäßig auf Erscheinungen einer anderen Art folgen (z.B. der Donner auf den Blitz). Endliches kann aber nichts bewirken; es gibt nur eine wirkende Ursache, nämlich die göttliche, die sich in allen Vorgängen im Bereich der Dinge äußert. Indem Malebranche dem Endlichen jegliche selbständige Kraft absprach, wertete er es ab – zur größeren Ehre Gottes.

Der Gedanke, daß alles Endliche ohnmächtig und alle Macht in Gott ist, spielt auch in Malebranches Erkenntnislehre eine Rolle. Wenn Dinge unfähig sind, etwas hervorzubringen, dann läßt sich auch nicht annehmen, daß Wahrnehmungsvorstellungen von materiellen Dingen auf Grund von Reizen hervorgebracht würden. Die Vorstellungen können aber auch nicht von der Seele erzeugt werden, da diese, als etwas Endliches, nichts hervorrufen kann. Wenn die Vorstellungen weder von Dingen noch von der Seele hervorgerufen sein können, dann bleibt nur übrig, sie auf Gott zurückzuführen. Gott hat die Ideen jedoch nicht der Seele eingepflanzt, sondern er läßt uns gewisse Ideen im göttlichen Geist schauen. Erkenntnis ist Ideenschau bzw. – da die Ideen im göttlichen Geiste sind – Gottesschau. Die Abwertung des Endlichen zugunsten des Unendlichen könnte nicht vollständiger sein: Endliche Wesen können nicht nur keine Wirkungen hervorbringen, sondern sie sind auch unfähig, Vorstellungen bzw. Begriffe zu bilden. Im Erkennen verhalten wir uns rein passiv; wir schauen die Wahrheit an, ohne eine eigene Aktivität zu entfalten. So wie Gott der Grund aller Bewegungen ist, so ist er auch der Grund des Erkennens. Einer göttlichen Wahrheitsgarantie wie bei Descartes bedarf es nach dieser Auffassung nicht, da die Wahrheit göttlich ist und vom Menschen in Gott geschaut wird. Von Gott haben wir ein unmittelbares (d.h. nicht durch eine Idee vermitteltes) Wissen auf Grund der Gottesschau; von der Existenz körperlicher Dinge wissen wir dagegen nur durch die Offenbarung, die uns lehrt, daß es eine von Gott geschaffene Welt gibt.

Wenn Wahrnehmungsvorstellungen nicht von Dingen der Außenwelt hervorgerufen sind, dann ist zu fragen, warum wir sie auf äußere Dinge beziehen. Auf diese Frage gab Malebranche eine psychologische Antwort, wie er überhaupt großes Interesse an der Psychologie hatte und zu den Wegbereitern dieser Wissenschaft zu zählen ist. Vorstellungen werden unter gewissen Umständen in den Raum projiziert, so daß der Eindruck entsteht, sie wären von äußeren Dingen verursacht. Da aber auch der Raum eine Idee ist, die wir in Gott schauen, gibt es keine unabhängige räumliche Außenwelt, sondern nur den endlichen Geist in Abhängigkeit vom unendlichen Geist Gottes.

Die Lehre von der Schau der Ideen in Gott, die Malebranches Abhängigkeit von Augustinus erkennen läßt (siehe Teil II, Kap. I,5), führt zu der

Frage, wie es überhaupt möglich ist, daß der endliche Geist Gott schaut. Wäre die Seele vollkommen von Gott getrennt, wäre die Gottesschau unbegreiflich. Daher nahm Malebranche an, daß alle endlichen Geister vom göttlichen Geist umfaßt werden. So wie der Raum alle räumlichen Gebilde enthält, so enthält Gott alle endlichen geistigen Wesen: Gott ist «der Ort der Geister».[52] Hier zeigt sich eine gewisse Tendenz zum Pantheismus, die noch dadurch verstärkt wird, daß Malebranche auch die Ausdehnung auf Gott zurückführte, der somit in gewissem Sinne selbst als ausgedehnt erscheint. Gott ist nicht nur der «Ort der Geister», sondern auch der «Ort der ausgedehnten Geschöpfe». Die Versicherung, daß es sich dabei um eine «intelligible» Ausdehnung handle, die nicht mit der realen verwechselt werden dürfe,[53] ist wenig hilfreich, da unklar bleibt, was eine Ausdehnung, die nicht wirklich Ausdehnung ist, sein soll.

Wesentliche Bereiche der Cartesianischen Philosophie wurden von Malebranche aufgegeben. Er wollte nicht mehr zeigen, daß die Grundsätze der mathematischen Naturwissenschaft objektiv gültig und daher praktisch anwendbar sind, sondern er bediente sich cartesianischer Voraussetzungen, um den religiösen Glauben zu stützen. Während Descartes der religiösen Tradition nur verbal Tribut gezollt hatte, meinte Malebranche, im Glauben die Lösung gewisser philosophischer Probleme zu finden. So berief er sich auf die Offenbarung, um begreiflich zu machen, daß der Geist vom Körper beeinflußt wird, obwohl er seinem Wesen nach höhersteht als dieser. Die partielle Abhängigkeit des Geistes vom Körper hielt er für eine Folge der Erbsünde, durch die der Geist unter den Einfluß der Materie geraten ist.

Malebranche hat sich nicht, wie Pascal, vom Rationalismus abgewendet, aber er hat ihn durch Unterordnung unter die Theologie relativiert, die jedoch bei ihm ihrerseits stark vom Rationalismus beeinflußt ist. Dies zeigt sich deutlich, wenn er den Wunderglauben mit der Begründung zurückweist, daß Gott nach allgemeinen Gesetzen wirke und daher individuelle Fälle nicht berücksichtigen könne. Auch die Gnade wird nach Malebranche nicht dem einzelnen Menschen zuteil, sondern der Menschheit. Gott will die Rettung der Menschen im allgemeinen und hat die zu diesem Zweck beste Weltordnung geschaffen; ob der einzelne von der göttlichen Gnade Gebrauch macht, hängt von seinem freien Willen ab, wie Malebranche im Gegensatz zum Augustinismus des jansenistischen Kreises von Port-Royal (siehe oben, Abschn. 2 d) lehrte. Angesichts solcher Auffassungen überrascht es nicht, daß Malebranche auf Widerspruch stieß und sich wiederholt veranlaßt sah, seine Position zu rechtfertigen. Für die Entwicklung der Philosophie im 18. Jahrhundert war es besonders wichtig, daß David Hume (siehe Kap. II, 2 b) sich vor allem auf Malebranche bezog, wenn er sich mit dem Rationalismus auseinandersetzte, und seine Auffassung als Gegenposition zu jener Art Metaphysik begriff, die er bei Malebranche fand.

4. Benedictus de Spinoza

a) Spinozas Leben

Benedictus (latinisiert aus portug. Bento) de Spinoza wurde als Nachkomme portugiesischer Juden 1632 in Amsterdam geboren, wo sich viele jüdische Emigranten aus Spanien und Portugal niedergelassen hatten, um der religiösen Verfolgung zu entgehen.[54] Die Niederlande zogen damals wegen der dort herrschenden relativ liberalen Verhältnisse viele jüdische Einwanderer an. Die Familie Spinoza betrieb ein Handelsunternehmen, in das auch der junge Bento eintrat, allerdings ohne im Kaufmannsberuf sein Lebensziel zu erblicken.[55] Früh schon hatte er Lateinunterricht genommen, um wissenschaftliche Literatur lesen zu können. Er erlernte das Schleifen optischer Linsen, vermutlich vor allem aus Interesse an der Optik. Nach dem Tod seines Vaters im Jahre 1654 geriet er in einen Konflikt mit der jüdischen Gemeinde und wurde 1656 exkommuniziert, worauf er sich aus dem Familienunternehmen zurückzog, um sich ganz der Wissenschaft und der Philosophie widmen zu können.

Spinoza war nicht der Einsiedler, als der er oft dargestellt wurde. So wie er sich als junger Mann praktischen Aufgaben durchaus gewachsen zeigte, so dachte er auch später nicht daran, sich gegenüber der Gesellschaft, in der er lebte, abzukapseln. Etwa zwei Jahre hielt er sich in Rijnsburg auf, wo er mit den Kollegianten, einer christlichen Gruppe ohne geistliche Hierarchie, in Verbindung stand und einen jungen Mann in die Cartesianische Philosophie einführte. Die Beschäftigung mit dem Cartesianismus fand in der Darstellung von «Descartes' Prinzipien auf geometrische Weise begründet» einen Niederschlag. Anschließend ging Spinoza nach Den Haag, wo er Zugang zu dem Kreis von Wirtschafts- und Staatstheoretikern fand, den der Staatsmann Jan de Witt um sich versammelt hatte. Wie andere Angehörige dieses Kreises unternahm er es, die republikanische Politik de Witts zu rechtfertigen. Diesem Ziel diente der «Theologisch-politische Traktat», der 1670 anonym erschien. In diesem Werk wird zugunsten der republikanischen Verfassung argumentiert und mit den Mitteln der kritischen Bibelexegese den religiösen Argumenten der Gegenseite der Boden entzogen. Das Werk, dessen Autor man bald identifizierte, wurde Ziel heftiger Angriffe. Die Situation spitzte sich zu, als de Witt gestürzt und von einer fanatisierten Menge ermordet wurde (1672). Die Veröffentlichung seines Hauptwerkes, der «Ethik, nach geometrischer Ordnung dargestellt», stellte Spinoza zurück, um seine politische Philosophie den geänderten Verhältnissen anzupassen, doch der «Politische Traktat», in dem er seine modifizierte Auffassung vortragen wollte, blieb unvollendet. 1677 starb Spinoza an der Lungentuberkulose; sein Hauptwerk wurde, zusammen mit anderen nachgelassenen Schriften – darunter die «Kurze Abhandlung über Gott, den Menschen und dessen Glückseligkeit» und der methodologische «Traktat über die Verbesserung des Verstandes» – gegen Ende desselben Jahres herausgegeben.[56]

b) Die geometrische Ordnung

Wie kein anderer Philosoph der Epoche war Spinoza von der «geometrischen Methode» beeindruckt, in deren Anwendung er, wie viele Zeitgenossen, den Grund der raschen Entwicklung der modernen Naturwissenschaft erblickte. Es mußte daher naheliegend erscheinen, sie auch in anderen Erkenntnisbereichen zur Geltung zu bringen, und Spinoza unternahm es, die Metaphysik «nach der Ordnung der Geometrie» darzustellen. Schon Descartes hatte angedeutet, wie dies geschehen könnte, jedoch erklärt, daß die «geometrische» Methode der Metaphysik nicht völlig angemessen sei. Spinoza war dagegen überzeugt, daß die Sätze der Metaphysik nach geometrischer Ordnung – ordine geometrico – abzuleiten seien. In der Rückschau muß man feststellen, daß Descartes richtiger gesehen hat. Bei Spinoza erschwert die «geometrische» Methode der Ableitung von Lehrsätzen (mitsamt den zugehörigen Korollarien und Scholien) aus Axiomen, Definitionen und Postulaten das Verständnis eher, als daß sie es erleichterte. Dazu kommt, daß Spinoza nicht konsequent bei der «geometrischen» Darstellungsweise geblieben ist, sondern sich immer wieder gezwungen sah, in Exkurse auszuweichen, was zeigt, daß die von ihm gewählte Methode an prinzipielle Grenzen stößt.

Die Frage, ob die Philosophie der «geometrischen» Methode zu unterwerfen sei, betrifft nicht nur die Eignung einer bestimmten Darstellungsweise, sondern das Grundanliegen der rationalistischen Metaphysik, nämlich die Rechtfertigung der Annahme erfahrungsunabhängiger Wirklichkeitserkenntnis. Mit der Forderung, die Philosophie «geometrisch», d. h. axiomatisch, aufzubauen, verbindet sich der Anspruch, unabhängig von der Erfahrung die Struktur der Wirklichkeit erkennen zu können. Wenn die Metaphysik ein System von Sätzen ist, das ausschließlich auf Definitionen und Axiomen (wie dem Kausalitätsprinzip) beruht, dann entspricht es in formaler Hinsicht einem logischen Kalkül; inhaltlich unterscheidet es sich jedoch wesentlich von einem solchen: Während von Kalkülen nur zu fordern ist, daß sie widerspruchsfrei und vollständig sind, soll sich die Metaphysik darüber hinaus auf die Wirklichkeit beziehen, und zwar ohne daß auf die Erfahrung rekurriert wird. Spinoza stand somit vor der Aufgabe, mit den Mitteln des axiomatischen Systems von bestimmten Begriffen zu zeigen, daß ihnen etwas in der Wirklichkeit entspricht. Die Ordnung der Begriffe auf der einen Seite und die Ordnung der Dinge auf der anderen sollten einander zugeordnet werden, und zwar ausschließlich mit Hilfe der zugrunde liegenden Definitionen und Axiome. An dieser Aufgabe mußten Spinoza und die anderen Vertreter der rationalistischen

Philosophie scheitern; durch die bloße Analyse von Begriffen, die definitorisch eingeführt werden, läßt sich niemals feststellen, ob diesen Begriffen reale Gegenstände entsprechen.[57]

c) Die Überwindung des Dualismus

Spinozas Philosophie unterscheidet sich vom Cartesianismus wie von der christlichen Philosophie des Mittelalters durch die Tendenz zur Aufhebung des Gegensatzes von Welt und Gott bzw. von Körper und Geist. Die christlich geprägte Philosophie war, wie auch der Platonismus, den sie absorbiert hatte, durch die Auffassung geprägt, daß Diesseits und Jenseits, Welt und Gott wesentlich voneinander getrennt seien. Der Welt der endlichen Dinge steht Gott als absolut unendliches Wesen so gegenüber, daß beide Bereiche als inkommensurabel erscheinen. Auch Descartes war dieser Auffassung verpflichtet, wie sich zeigt, wenn er erklärt, daß selbst dann, wenn man die Welt als unendlich betrachtet, ihre Unendlichkeit von anderer Art sei als die Unendlichkeit Gottes. Bei Descartes finden sich allerdings bereits Ansätze einer Auffassung, die die Aufhebung des Dualismus möglich macht: Wenn, wie Descartes annahm, nur Gott im vollen Wortsinn Substanz ist, dann verlieren alle landläufig als Substanzen bezeichneten Dinge ihre volle Selbständigkeit. Gleichzeitig war Descartes überzeugt, daß im Menschen etwas Unendliches wirke, nämlich der Wille, was impliziert, daß die Kraft, die wir «Wille» nennen, letzten Endes die Kraft des Unendlichen selbst ist, sofern es sich im Menschen äußert. An diese Auffassungen konnte Spinoza anknüpfen und sie konsequenter als Descartes entwickeln.

In bezug auf das Verhältnis von Materie (bzw. Ausdehnung) und Bewußtsein hielt Descartes jedoch an der dualistischen Auffassung fest, was zur Folge hatte, daß er die Einheit der menschlichen Person nicht mehr befriedigend erklären konnte. Spinoza ging in dieser Hinsicht entschieden über Descartes hinaus. Die Annahme, daß die Seele über die Zirbeldrüse mit dem Körper in Verbindung stehe (Kap. I, 1 f), war in seinen Augen unbrauchbar und befremdlich.[58] An die Stelle der Cartesianischen Theorie der psychophysischen Wechselwirkung setzte er den psychophysischen Identismus,[59] nach dem körperliche Ausdehnung und Bewußtsein als Aspekte einer sich einerseits als Materie, andererseits als Geist äußernden Realität gelten. Zum Beispiel sind das Wollen einer Handbewegung und diese Bewegung selbst nur zwei Seiten desselben Vorgangs, so daß der Willensakt nicht als Ursache der gewollten Bewegung aufgefaßt werden darf. Ebensowenig kann z. B. ein Eindruck auf der Netzhaut als Ursache der optischen Wahrnehmung gelten, sondern die Veränderungen im Sensorium und die bewußte Wahrnehmung verhalten sich wie verschiedene Aspekte derselben Realität. So wie eine konkav-konvexe Linse sich von einer Seite aus als konkav, von der anderen aus als konvex darstellt, so stellt sich die Wirklichkeit in der äußeren Wahrnehmung als ausgedehnt bzw. als materiell, in der Selbstwahrnehmung dagegen als geistig dar.

Die Deutung des psychophysischen Zusammenhangs ist nur ein Sonderfall einer umfassenden Konzeption, in deren Rahmen Spinoza den bei Descartes noch vorhandenen Dualismus von Welt und Gott zu überwinden suchte. Während Descartes die Natur als Ordnung der Dinge auf Gott als Grund bezog, identifizierte sie Spinoza mit Gott und wies damit die Idee eines jenseitigen Gottes zurück. «Gott» und «Natur» bedeuten (nach der Formel «Deus seu natura»[60]) dasselbe. Zwischen der Natur als Grund aller Erscheinungen – der *natura naturans* – und der Natur als dem Inbegriff der Erscheinungen – der *natura naturata* – besteht nur ein Unterschied des Aspekts. Die *Natura naturans* ist dasjenige, «was in sich ist und aus sich begriffen wird»; die *Natura naturata* umfaßt dagegen «alles, was aus der Notwendigkeit der Natur Gottes ... folgt». Nicht nur die Natur als Grund aller Dinge, sondern auch die Natur als deren Inbegriff ist göttlich, da es außerhalb Gottes nichts geben kann: «Alles, was ist, ist in Gott, und nichts kann ohne Gott sein oder begriffen werden»,[61] wie es in der «Ethica» heißt.

«Gott» definierte Spinoza mit Hilfe des Begriffs «Substanz»,[62] der etwas bedeutet, das nicht von anderem abhängt und dessen Begriff unabhängig von Begriffen anderer Wesen gebildet werden kann.[63] Da nur das Unendliche, d. h. eine Substanz mit unendlich vielen Attributen, vollkommen unabhängig sein und somit dem Begriff der Substanz entsprechen kann, muß die Substanz absolut unendlich sein. Da eine Mehrheit absolut unendlicher Substanzen undenkbar ist, kann es nur eine einzige Substanz geben.

«Attribut» bezeichnet bei Spinoza nicht beliebige Eigenschaften, sondern eine für einen Seinsbereich im allgemeinen geltende Bestimmung. Was Spinoza unter «Attribut» verstand, läßt sich am besten verstehen, wenn man von den Cartesianischen Begriffen «denkende Substanz» (res cogitans) und «ausgedehnte Substanz» (res extensa) ausgeht. An den Cartesianischen Sprachgebrauch anknüpfend, bezeichnete Spinoza anfänglich Ausdehnung und Denken als «Substanzen»;[64] als er diesen Ausdruck für die göttliche Substanz reservierte, führte er für das, was er zunächst «Substanz» – nämlich Ausdehnung und Bewußtsein – genannt hatte, die Bezeichnung «Attribut» ein.

Endliche – denkende oder ausgedehnte – Seiende lassen sich unter Spinozas Voraussetzungen nicht als Substanzen auffassen, da sie nicht in unabhängiger Weise existieren, sondern Manifestationen der Substanz unter einem ihrer Attribute sind; Spinoza bezeichnete sie als Modifikationen, Modi oder Affektionen der Substanz. So ist z. B. ein Würfel eine Modifikation – eine nähere Bestimmung – der Ausdehnung, die ihrerseits ein Attribut der Substanz ist, d. h. eine Weise, in der sich diese manifestiert; ähnlich sind Vorstellungen Modifikationen des Geistes, sofern dieser durch gewisse Vorstellungsinhalte bestimmt wird. Obwohl wir nur die beiden Attribute der Ausdehnung und des Geistes (des Denkens oder des Bewußtseins) kennen, müssen der göttlichen Substanz wegen ihrer absoluten Unendlichkeit unendlich viele Attribute zugeschrieben werden. Spinoza konnte jedoch nicht erklären, warum uns nur zwei Attribute bekannt sind; die Einschränkung unserer Erkenntnis auf diese Attribute ist ein Faktum, das sich im Rahmen der Spinozanischen Philosophie nicht mehr ableiten läßt. Der Anspruch, die Struktur der Wirklichkeit ausschließlich aus den Axiomen und Definitionen des Systems begreiflich machen zu können, stößt hier an eine prinzipielle Grenze.

In den ersten Lehrsätzen der «Ethik» wird gezeigt, daß es nicht mehr als eine Substanz geben könne; hieraus folgt aber nicht, daß die absolut unendliche Substanz existiert. Spinoza glaubte, die Existenzfrage mit Hilfe der Analyse des Substanzbegriffs, somit unabhängig von empirischen Prämissen, beantworten zu können, doch scheiterte sein Beweisversuch ebenso wie die verwandten Argumente Anselms von Canterbury (siehe Teil II, Kap. II,2 b) und Descartes' (siehe Abschn. 1 d), die ebenfalls darauf hinausliefen, aus dem Begriff eines absolut vollkommenen bzw. unendlichen Wesens dessen Realität ableiten zu können. Um das Beweisziel dennoch zu erreichen, führte Spinoza eine weitere Prämisse ein, ohne sie aber als unabhängige Voraussetzung zu kennzeichnen, nämlich den Satz, daß jede Wesenheit zur Verwirklichung tendiere. Bei einer absolut unendlichen Wesenheit kann diese Tendenz durch nichts gehemmt sein, weil es unabhängig von ihr nichts gibt; die Aktualisierungstendenz dieser Wesenheit setzt sich mit Notwendigkeit durch, das heißt, die absolut unendliche Substanz muß wirklich sein.

d) Die Begründung des Determinismus

Der als absolut unendliche Substanz aufgefaßte Gott kann kein persönliches Wesen sein, das überlegt und Entscheidungen auf Grund freier Wahl trifft; ein Gott, der willkürlich handelte, wäre nicht wahrer Gott. Bestünde Gottes Freiheit in dem Vermögen, zwischen verschiedenen Möglichkeiten zu wählen, dann wäre seine Freiheit beschränkt, weil er eines nicht könnte, nämlich *alle* Möglichkeiten verwirklichen. Die Annahme, daß Gott frei im Sinne der Willkürfreiheit sei, hebt somit die göttliche Allmacht auf. Wenn aber Gott nicht in dem Sinne frei ist, daß er zwischen Möglichkeiten wählt, dann muß anerkannt werden, daß er notwendig wirkt; er kann sich nicht anders manifestieren, als er es faktisch tut. Auch die Annahme einer objektiven, in Gott fundierten Zweckmäßigkeit ist nach Spinoza zurückzuweisen, da von «Zweckmäßigkeit» sinnvoll nur mit Bezug auf die menschliche Praxis gesprochen werden kann, so daß es unzulässig ist, der außermenschlichen Natur Zwecke zu unterstellen. Vollends absurd ist die Vorstellung, alles geschehe um des Menschen willen (wie Aristoteles gemeint hatte). Alles Geschehen ist wirkursächlich bedingt, für eine Zweckursächlichkeit bleibt in Spinozas System kein Platz.

Hinter diesen Überlegungen steht der Gedanke, daß Züge der subjektiven Erfahrung nicht auf die Natur übertragen werden dürfen. Das gilt auch für die Begriffe «gut» und «geordnet» (mit ihren Verneinungen). Etwas heißt «gut», wenn es dem Wohl des Menschen dient, oder «geordnet», wenn es leicht vorgestellt werden kann. Diese Begriffe werden sinnlos, wenn sie auf die Natur bezogen werden, so wie sie auch nicht von Gott ausgesagt werden dürfen, wenn Gott nicht vermenschlicht werden soll.[65] Die Naturerkenntnis muß daher wertfrei sein, und dies gilt auch für die Erkenntnis der Affekte, die nach Spinoza nicht moralisch bewertet werden dürfen. Sie unterliegen derselben Naturnotwendigkeit wie alle anderen Vorgänge, weshalb sie nicht zu preisen oder zu beklagen sind, sondern ebenso wertfrei betrachtet werden müssen wie geometrische Gebilde.[66]

e) Die Stufen der Erkenntnis

Im Alltag wie in den Wissenschaften wird angenommen, daß Erkenntnis möglich ist, d. h. daß Urteile unter Umständen mit der Wirklichkeit übereinstimmen; unter welchen Bedingungen Erkenntnis möglich ist, wird dagegen in der Regel nicht gefragt. Tatsächlich brauchen sich der Wissenschaftler wie der Mensch im Alltag diese Frage nicht zu stellen; der Philosoph kann ihr aber nicht ausweichen, ist sie doch eine der zentralen Fragen der Philosophie.

Spinoza hat die Frage nach den Bedingungen, unter denen Erkenntnis der Wirklichkeit als möglich begriffen werden kann, dahingehend beantwortet, daß Erkenntnis als Übereinstimmung der Ordnung der Ideen mit der Ordnung der Dinge voraussetzt, daß es ein gemeinsames Prinzip der beiden Ordnungen gibt, nämlich Gott als «Quell und Ursprung der Natur».[67] Unter dieser Voraussetzung gilt: «Die Ordnung und Verknüpfung der Ideen ist mit der Ordnung und Verknüpfung der Dinge identisch».[68]

Wenn nach der Wahrheit von Ideen gefragt wird, muß auf Ideen (als Denk*inhalte*, nicht als Denk*akte*) reflektiert, d. h. eine Idee der Idee gebildet werden. Dabei stößt man auf den Unterschied von Wahr und Falsch, der uns nicht bekannt sein könnte, wenn wir nicht immer schon über eine wahre Idee verfügten, nämlich die Idee Gottes. Wir haben, wie Spinoza betonte, ein Wissen von der Wahrheit, weil diese selbst sich uns offenbart.[69] Die Wahrheit ist ihr eigener Maßstab und zugleich der Maßstab des Falschen (veritas norma sui, et falsi est);[70] es bedarf daher keiner Wahrheitsgarantie von seiten Gottes, wie Descartes gemeint hatte.

Eine wahre Idee ist dadurch charakterisiert, daß sie in keiner Weise unvollständig ist; falsch ist eine Idee, wenn sie ein «verstümmeltes bzw. fragmentarisches Denken» ist.[71] Denken wir z. B. einen um den Durchmesser rotierenden Kreis, ohne den durch seine Bewegung erzeugten Körper – die Kugel – zu denken, dann haben wir eine unvollständige Idee gebildet, die falsch in dem von Spinoza zugrunde gelegten Sinne ist. Einfache Ideen sind immer wahr, da sie in keiner Weise unvollständig sein können, denn das Einfache wird entweder vom Denken getroffen, dann wird es vollständig erfaßt;

oder es wird verfehlt, dann wird es vollständig verfehlt, d. h. gar nicht gedacht. Aber auch die Idee des absoluten Ganzen der Wirklichkeit kann nicht
falsch sein, da sie vollkommen konkret, somit kein Abstraktionsbegriff ist,
der unter Umständen in fehlerhafter Weise gebildet sein könnte. Die Idee
Gottes als der Totalität des Seins (omne esse) gehört mit einem Wort nicht zu
jener Art von Begriffen, die falsch sein können; sie ist nach Spinoza notwendig wahr, und daher ist auch alles wahr, was aus ihr folgt.

Das Wissen von Gott und seinen Attributen ist nicht nur vom empirischen
Wissen zu unterscheiden, das immer nur Endliches und Bedingtes betrifft,
sondern auch vom Verstandeswissen, das Wissen auf Grund von Voraussetzungen ist; es ist unmittelbares nicht-empirisches Wissen und hat als solches
den Charakter vernünftiger Anschauung (scientia intuitiva). Es gibt somit
dreierlei Wissen: empirisches, verstandesmäßiges und intuitives Wissen. Empirisches Wissen haben wir nicht nur von einzelnen Beobachtungstatsachen,
sondern auch von allgemeinen Zusammenhängen, die wir induktiv erkennen, z. B. daß Feuer durch Wasser gelöscht wird, nicht aber durch Öl. Die
Verstandeserkenntnis ist im Unterschied zur Erfahrungserkenntnis Begreifen von Zusammenhängen auf Grund allgemeiner Prinzipien. So erkennen
wir rational, daß jeder Körper seinen Bewegungszustand beibehält, solange
keine Kraft auf ihn einwirkt.[72] Das intuitive Wissen hat im Gegensatz zur rationalen Erkenntnis, die auf Allgemeines gerichtet ist, etwas Singuläres zum
Inhalt, nämlich die Totalität des Seins, die einzig und konkret ist.

Die gelegentlich geäußerte Behauptung, Spinoza habe willkürlich behauptet, daß es intuitives Wissen gebe, und er sei außerstande gewesen,
diese Art des Wissens vom rationalen Wissen abzugrenzen, entspringt dem
empiristischen Mißverständnis nicht nur seiner, sondern der Metaphysik im
allgemeinen. Tatsächlich erfordert die Einzigkeit der Seinstotalität – der absolut unendlichen Substanz oder Gottes – eine einzigartige Erkenntnis,
nämlich ein Wissen, das unabhängig sowohl von Sinneswahrnehmungen als
auch von abstrakten Prinzipien ist. Darüber hinaus unterscheidet sich das
intuitive Wissen auch dadurch von der verstandesmäßigen Erkenntnis, daß
in ihm Wissender und Gewußtes eine Einheit bilden. Wer das Ganze des
Seins denkt, muß sich selbst als Teil dieses Ganzen denken, weil er sonst
nicht das Ganze gedacht hätte; und da er sich dem Ganzen zugehörig weiß,
identifiziert er sich mit ihm, er bejaht und liebt es. Die intuitive Erkenntnis
Gottes ist Vereinigung mit Gott bzw. Liebe zu Gott. Hier kommt die mystische Komponente von Spinozas Philosophie zum Vorschein, ohne deren
Berücksichtigung die Lehre vom vernünftig-intuitiven Wissen nicht zu verstehen ist.

f) Die Moralphilosophie

Obwohl Spinozas Hauptwerk den Titel «Ethik» trägt, werden erst in den
beiden letzten der fünf Teile Fragen der praktischen Philosophie behandelt;

im ersten Teil ist von Gott, im zweiten von der Erkenntnis die Rede, und im dritten Teil wird das affektive Seelenleben untersucht. Das Werk enthält somit ein philosophisches System, das in eine Philosophie der Praxis mündet, verstanden nicht als normative, sondern als beschreibende Disziplin. Spinoza wollte nicht Gebote und Verbote aufstellen oder begründen, sondern eine Theorie entwerfen, in deren Rahmen erklärt werden kann, daß die Menschen in bestimmter Weise werten und handeln. Von diesem Standpunkt aus erscheint es als verfehlt, Leidenschaften zu beweinen, zu verlachen, zu verachten oder zu verwünschen; die Aufgabe der Ethik kann vielmehr nur darin bestehen, das Wesen der Affekte zu erkennen und deren Verhältnis zur Vernunft zu bestimmen.[73]

Affekte haben es mit den Beziehungen zwischen dem Menschen und der außermenschlichen Wirklichkeit zu tun, in der sich der Mensch zu erhalten strebt. Er behauptet sich nach Spinoza um so besser im Dasein, je aktiver er ist, wobei nicht nur an physische, sondern zugleich an psychische Aktivität zu denken ist, da ja Körper und Geist nach Spinoza lediglich zwei Seiten ein und desselben Wesens sind. Wenn wir uns rational verhalten, sind wir aktiv, und wir sind passiv, wenn wir uns von Leidenschaften leiten lassen. Da der Mensch, wie alle Wesen, von Natur aus trachtet, sich im Dasein zu erhalten, d. h. tätig zu sein, trachtet er, möglichst unabhängig von Leidenschaften zu denken und zu handeln. Der Übergang von geringerer zu größerer psychophysischer Aktivität wird als Freude, der umgekehrte Übergang als Trauer erlebt. Daher ist jeder Fortschritt auf dem Wege der Vernunft von Freude begleitet.

Spinoza erhob nicht die Forderung, nach Aktivität, Rationalität und Leidenschaftskontrolle zu streben, sondern er stellte fest, daß ein solches Streben von Natur aus, d. h. auf Grund der Notwendigkeit der absolut unendlichen Substanz, vorhanden ist. Da die Substanz sich in allem Endlichen äußert, hat auch das Selbsterhaltungsstreben als Äußerung der Macht der Substanz und damit als gerechtfertigt zu gelten. «Gut» und «tugendhaft» sind bei Spinoza Synonyme für «nützlich», weshalb er sagen konnte: «Je mehr ein jeder strebt und imstande ist, das ihm Nützliche zu erreichen, d. h. sein Sein zu erhalten, um so mehr Tugend kommt ihm zu ...».[74] Maßstab des Nutzens, den Spinoza im Auge hatte, ist jedoch nicht der Lustgewinn, sondern der Zuwachs an Aktivität und Rationalität. Letztlich bemißt sich der Nutzen an der Erkenntnis des Zusammenhangs der Gesamtwirklichkeit und der Einsicht in die Zugehörigkeit des Menschen zur (göttlichen) Natur.

Auch die Idee der Freiheit findet in Spinozas Ethik ihren Platz, allerdings ebenfalls in einer von der herkömmlichen verschiedenen Bedeutung. Ein Wesen ist nach Spinoza frei, wenn es «allein aus der Notwendigkeit seiner Natur existiert und von sich allein zum Handeln bestimmt wird».[75] Offensichtlich kann kein endliches Wesen ausschließlich selbstbestimmt handeln, da es immer bis zu einem bestimmten Grade von anderem abhängt, weshalb auch der Mensch nicht ganz frei, d. h. nicht völlig unabhängig von den Lei-

denschaften sein kann; er ist aber um so freier (bzw. um so tugendhafter), je
vernünftiger er ist, d. h. je mehr er von der Wirklichkeit in rationaler oder
intuitiver Weise erkennt. Da nur Gott (die absolut unendliche Substanz)
vollkommen frei ist, kann sich der Mensch nur wirklich frei wissen, wenn
er sich mit Gott eins weiß, wie es in der intuitiven Erkenntnis der Fall ist.
Da die Erhebung zur Gotteserkenntnis bzw. zur Gottesliebe an den faktischen Abhängigkeitsverhältnissen nichts ändert, macht die Spekulation
praktische Bemühungen um den Abbau realer Einschränkungen der Freiheit (als Autonomie) nicht überflüssig; die Philosophie entbindet uns nicht
von der Pflicht, unsere Abhängigkeit von Leidenschaften, von der umge-
benden Natur, von anderen Menschen, von religiösen Institutionen und
despotischen Machthabern zu überwinden. Daß Spinoza keine weltflüch-
tige Einstellung nahelegen wollte, zeigt sich, wenn er schreibt: «Der freie
Mensch denkt an nichts weniger als an den Tod, und seine Weisheit besteht
nicht in der Betrachtung des Todes, sondern des Lebens.»[76] Da wir nicht
isoliert, sondern mit anderen zusammen leben, kommt es darauf an, eine
vernünftige Gemeinschaftsordnung zu schaffen, in der Freiheit möglich ist:
«Der von der Vernunft geleitete Mensch ist im Staate, wo er auf Grund gemeinsamer Beschlüsse lebt, freier als in der Einsamkeit, wo er nur sich
selbst gehorcht.»[77]

g) Die Staatslehre

Spinozas Rechts- und Staatslehre, die im «Theologisch-politischen Traktat»
und im vierten Teil der «Ethik» enthalten ist, kann als Versuch verstanden
werden, die Grundgedanken der Hobbesschen Staatsphilosophie (siehe Abschn. 2 c) aufzunehmen und sie der damaligen Situation der Niederlande
anzupassen. Wie Hobbes ging Spinoza davon aus, daß die Menschen im
Naturzustand keine rechtlichen Bindungen kannten und daß sie im Interesse optimaler Selbsterhaltung in einem Vertrag aller mit allen diesen
Zustand zugunsten der staatlichen Rechtsordnung aufgaben. Anders als
Hobbes sah Spinoza im Sozialkontrakt aber nicht so sehr einen Unter-
werfungsvertrag, als vielmehr einen Vereinigungsvertrag, der sich im Sinne
einer republikanischen Verfassung deuten läßt. Über Hobbes ging er auch
mit der Annahme hinaus, daß die einzelnen nicht nur zum Zweck der
Daseinserhaltung, sondern in der Erwartung eines Lebens in Freiheit in
den Staat eintreten. Die Idee der Freiheit, die im Mittelpunkt von Spinozas
Moralphilosophie steht, liegt somit auch seiner Staatslehre zugrunde.
    Spinoza war überzeugt, daß die Herrschaft der Vernunft über die Affekte
im Rahmen der staatlichen Rechtsordnung leichter zu verwirklichen ist als
außerhalb des Staates. Da der Staat dem einzelnen ein höheres Maß an Sicherheit gewährt, trägt er dazu bei, einen Affekt, der wie kein anderer das
Gemüt beunruhigt und die vernünftige Überlegung beeinträchtigt, mindestens abzuschwächen, nämlich die Furcht. Die gesetzliche Ordnung entla-

stet die Individuen von der Notwendigkeit, sich mit Gewalt gegen Konkurrenten zu behaupten, und setzt damit Energien frei, die der Entfaltung der menschlichen Anlagen dienstbar gemacht werden können. In diesem Sinne ist der Zweck des Staates die Verwirklichung der Freiheit,[78] obwohl auf Grund des Sozialkontrakts jeder das ursprüngliche natürliche Recht, beliebige Mittel zur Selbsterhaltung einzusetzen, aufgibt. Um diesem Zweck zu entsprechen, muß der Staat eine republikanische Verfassung haben, weil nur in einer Republik Freiheit als politische Autonomie möglich ist: Die Bürger einer Republik gehorchen nur Gesetzen, die sie sich selbst gegeben haben.[79] Mit dieser Auffassung nahm Spinoza eine Position vorweg, die im nächsten Jahrhundert zunächst Rousseau und später Kant vertreten sollten. (Siehe Kap. II, 5 b und Teil V, Kap. I, 7)

Die Idee der Freiheit findet ihren Niederschlag in besonderen Freiheitsrechten, wie dem Recht auf Gedanken- und Redefreiheit, dem Recht auf freie wissenschaftliche Betätigung und auf die Wahl des religiösen Bekenntnisses. Besonders nachdrücklich betonte Spinoza, der in dieser Hinsicht dem weltanschaulichen Liberalismus den Weg bereitete,[80] die Freiheit des religiösen Bekenntnisses, als deren Bedingung er die Trennung von Kirche und Staat betrachtete. Im Interesse einer liberalen Staatsauffassung trat er auch der theologischen Deutung des «Wortes Gottes» als einer Menge geoffenbarter Lehren entgegen; das Wort Gottes besteht seiner Ansicht nach vielmehr «in dem einfachen Begriff des göttlichen Geistes, wie er den Propheten offenbart wurde, was soviel bedeutet wie Gott von ganzer Seele gehorsam zu sein, indem man Gerechtigkeit und Liebe übt».[81] Im einzelnen finden sich bei Spinoza interessante Ansätze einer rationalistischen Bibelexegese, die in der Aufklärung – z.B. bei Hermann Samuel Reimarus (1694–1768) – ihre Fortsetzung fand.

Die zwangsrechtliche staatliche Ordnung ist nach Spinoza nur ein Notbehelf. Wären die Menschen durch und durch vernünftig, würden sie unmittelbar einsehen, was richtig ist, und nach dieser Einsicht handeln;[82] da sie aber immer bis zu einem gewissen Grade den Leidenschaften unterworfen bleiben, ist es nötig, sie durch Gesetze und Strafandrohungen zum richtigen Handeln zu zwingen. Ungeachtet dieser Einschätzung der menschlichen Natur hielt Spinoza am Ideal einer nicht bloß konventionellen Gemeinschaft fest. Aus den Grundsätzen seiner Metaphysik folgt, daß alles, was mit unserer Natur übereinstimmt, gut ist.[83] Da zur menschlichen Natur wesentlich die Vernunft gehört, stimmen die Menschen insofern überein, als sie vernünftig denken und handeln, während leidenschaftsunterworfene Menschen zueinander im Gegensatz stehen. Infolgedessen ist eine Gemeinschaft auf vernünftigen Grundlagen für einen jeden gut. Die innigste Gemeinschaft wird jene sein, die auf der höchsten Einsicht beruht, nämlich dem unmittelbaren Wissen von Gott und der in Gott gegründeten Einheit aller Wesen. Die Gotteserkenntnis bzw. Gottesliebe – beides ist ja nach Spinoza nicht zu trennen – entzweit die einzelnen nicht, wie es bei der

Liebe zu Endlichem der Fall sein kann, sondern stellt eine intime geistige Verbindung zwischen ihnen her, die Spinoza «Freundschaft» nannte. Zwar war er sich darüber im klaren, daß die Freundschaft nicht Grundlage des staatlichen Zusammenschlusses sein kann, aber er war überzeugt, daß eine auf Freundschaft beruhende Gemeinschaft einer auf Konvention begründeten Gesellschaft überlegen ist. Hegels Unterscheidung von bürgerlicher Gesellschaft und sittlichem Staat (siehe Teil V, Kap. VI, 5 b) ist hier bereits angelegt.

Obwohl Spinoza nicht als Cartesianer betrachtet zu werden pflegt, läßt sich seine Philosophie in entscheidenden Punkten als konsequente Entfaltung Cartesianischer Ansätze verstehen. So hatte schon Descartes die Ansicht vertreten, daß nur Gott im vollen Wortsinn Substanz sei, wie er auch in der Deutung von Ausdehnung und Bewußtsein als hauptsächlicher Attribute materieller bzw. geistiger Seiender Spinozas Lehre von den Attributen vorwegnahm. Die These, daß Begriffe endlicher Dinge durch partielle Negation der Idee des Unendlichen gebildet werden, findet sich ebenso bei Descartes wie die Kritik an Versuchen, Vorgänge aus einer vermeintlichen Zweckmäßigkeit der Natur zu verstehen. Selbst der Gedanke, daß die Natur (als umfassende Ordnung der Wirklichkeit) mit Gott identifiziert werden könne, klingt bei ihm schon an. Spinoza hat jedoch das Verdienst, die Cartesianischen Ansätze mit größter Folgerichtigkeit zur Geltung gebracht zu haben. Er modifizierte sie aber durch die Aufnahme Hobbesscher und neuplatonisch-mystischer Gedanken. Der Glaube, daß alle Wesen dem Göttlichen angehörten, daß die absolut unendliche Substanz in einer über das verstandesmäßige Erkennen hinausgehenden Weise erfaßt werden könne und daß die reine Vernunftanschauung zugleich Einswerden mit dem Geschauten sei, war Descartes fremd; er macht die Besonderheit der Spinozanischen Philosophie aus, und er ließ sie in den Augen vieler Späterer – z.B. Lessings (siehe Kap. II, 4c) und der nachkantischen Idealisten (siehe Teil V) – als attraktive Alternative zur theistischen bzw. deistischen Metaphysik erscheinen.

5. John Locke

a) *Biographische Hinweise*

Locke nimmt eine Zwischenstellung zwischen Rationalismus und Empirismus ein. Er war anfänglich von der traditionellen Naturrechtslehre und der rationalistischen Metaphysik beeinflußt, löste sich aber nach und nach von diesen Auffassungen und schlug immer deutlicher die Richtung der empiristischen Philosophie ein, ohne jedoch alle metaphysischen Ansichten preiszugeben, so daß er mit Recht als Semirationalist bezeichnet wurde. Locke wurde 1632 in Wrington (Somerset) geboren.[84] Wie Descartes und Spinoza war er kein Vertreter der akademischen Philosophie; er war nicht nur in einer Reihe von Einzelwissenschaften zu Hause, sondern er bewährte sich auch als Mann der Praxis. Die scholastische Philosophie, mit der er in Oxford in Berührung kam, befriedigte ihn nicht, weshalb er sich den Naturwissenschaften und der Medizin zuwandte. Bereitwillig ergriff er die Gelegenheit, als Gesandtschaftssekretär nach Deutschland zu reisen, und nahm danach das Angebot von Lord Ashley, dem späteren Grafen Shaftesbury, an, in dessen Familie als Arzt und Erzieher tätig zu werden; sein Zögling, Lord Ashleys Enkel Anthony Shaftesbury, wurde selbst ein einflußreicher Philosoph (siehe Kap. II,1 b). Da der alte Graf Shaftesbury politisch engagiert war, wurde auch Locke in die Politik verwickelt. In der Zeit, als die Stuart-Herrschaft sich ihrem Ende zuneigte, emigrierte er nach Frankreich und später in die Niederlande und kehrte erst nach der Revolution von 1688, mit der Wilhelm von Oranien zur Herrschaft gelangte, nach England zurück.

Locke, der zunächst politisch konservative Ideen vertrat,[85] wandelte sich bald zum Liberalen. Bereits in den sechziger Jahren verfaßte er einen «Versuch über Toleranz», dessen Gedanken in die berühmten «Toleranzbriefe» einflossen. Um 1670 begann er, sich mit erkenntnistheoretischen Fragen auseinanderzusetzen, zu denen Diskussionen im Hause Shaftesbury den Anstoß gaben.[86] Den Umstand, daß bei Diskussionen oft keine Einigung zu erzielen ist, führte Locke darauf zurück, daß die Voraussetzungen der kontroversen Standpunkte gewöhnlich nicht hinreichend geklärt sind. Diesem Mangel muß durch Präzisierung der Bedingungen, unter denen Ausdrücke sinnvoll gebraucht werden, abgeholfen werden. Die Erörterung des Charakters und des Ursprungs von Begriffen, der Rolle sprachlicher Zeichen und der Grenzen der Erkenntnis bildet den Inhalt seines «Versuchs über den menschlichen Verstand» (1690).[87]

Der praktischen Philosophie widmete Locke vor allem die «Zwei Abhandlungen über die Regierung»,[88] die zwar erst nach der Revolution erschienen und daher als deren nachträgliche Rechtfertigung gelesen werden konnten, die aber schon etwa zehn Jahre früher konzipiert wurden. Außerdem beschäftigte er sich mit Währungspolitik, Erziehung und Religionsphilosophie.[89] Nach der Revolution bekleidete er einen wichtigen Posten im Council for Trade and Plantations und zog sich, als er zu kränkeln begann, auf den Landsitz einer Bekannten in der Nähe Londons zurück, wo er 1704 starb.

Wie Descartes suchte auch Locke die Frage zu beantworten, innerhalb welcher Grenzen der mit naturwissenschaftlichen Sätzen – namentlich den Sätzen der Newtonschen Physik – verbundene Anspruch objektiver Gültigkeit gerechtfertigt werden kann. Dabei berief er sich jedoch nicht mehr auf Einsichten der reinen Vernunft, sondern beschränkte sich auf beobachtbare Zusammenhänge. Stärker als die Rationalisten betonte er die kritische Funktion der Philosophie und brachte kritische Auffassungen nicht nur im

Bereich der Erkenntnislehre, sondern auch in der politischen Philosophie und in der Religionsphilosophie zur Geltung. Durch die kritische Tendenz seines Denkens sowie durch seinen Einsatz für den politischen Liberalismus wurde er zu einem der wichtigsten Vorläufer der Aufklärung, ja manchmal wird er bereits als Aufklärer betrachtet.

b) Die Kritik am Rationalismus

Der Rationalismus, den Descartes, Spinoza und andere vertraten, wurde nicht nur von gewissen zeitgenössischen Philosophen, wie Hobbes oder Gassendi (siehe 2 a-b), angegriffen, sondern er wurde auch von manchen Naturwissenschaftlern abgelehnt, die Wirklichkeitserkenntnis aus reiner Vernunft für unmöglich hielten. So betonte Isaac Newton (1643–1727) in seinen «Mathematischen Prinzipien der Naturlehre» (1687),[90] daß sich Naturgesetze nur auf Grund von Erfahrung erkennen ließen;[91] sie sind nicht evidente Sätze, sondern Hypothesen, die ausgehend von Beobachtungen durch Verallgemeinerung zustande kommen. Newtons Zurückweisung von Hypothesen («hypotheses non fingo»[92]) betrifft nicht Hypothesen im allgemeinen, sondern nur Hypothesen, die spekulativen Charakter haben und denen eine Rolle in der Naturwissenschaft zugedacht wird. Die Zurückhaltung, die in bezug auf die Naturwissenschaft zu fordern ist, gilt nicht für die Weltanschauung, die nicht ohne metaphysisch-religiöse Annahmen auskommt. Newton war überzeugt, daß die Natur insgesamt von Gott geschaffen ist und von Gott abhängt, denn «die ganze, in bezug auf Zeit und Ort herrschende Verschiedenheit aller Dinge kann nur von dem Willen und der Weisheit eines notwendig existierenden Wesens herrühren.»[93] Wie die Platoniker von Cambridge, namentlich Henry Moore (1640–1687) und Ralph Cudworth (1617–1688), glaubte Newton, daß sich die in der Natur wirkenden Kräfte nicht auf Eigenschaften der Materie reduzieren lassen; die Mechanik liefert daher keine erschöpfende Beschreibung der Wirklichkeit.

Locke war mit Newton der Ansicht, daß Naturgesetze nicht rational einsichtige Sätze, sondern das Ergebnis induktiver Verallgemeinerung seien. Urteile über denkunabhängige Dinge beruhen, wie er überzeugt war, nicht auf vernünftiger Einsicht in das Wesen der Wirklichkeit und sind daher nicht notwendig wahr; sie hängen vielmehr stets unmittelbar oder mittelbar von Beobachtungen ab. Dieser Überzeugung gemäß eröffnete Locke sein erkenntnistheoretisches Werk mit einer Kritik der Lehre von den eingeborenen Ideen und erteilte damit der rationalistischen Erkenntnisauffassung von vornherein eine Absage. Gäbe es eingeborene Ideen und Grundsätze, müßten sie bei allen Menschen angetroffen werden, was offenbar nicht der Fall ist. Wären z.B. die Idee Gottes oder das Prinzip des ausgeschlossenen Widerspruchs eingeboren, dann müßten sie auch Kleinkindern, den Angehörigen von Primitivvölkern, Idioten usw. bekannt sein, während es in Wirklichkeit atheistische Kulturen gibt und Kindern die Gottesidee erst

vermittelt werden muß. Das Widerspruchsprinzip ist sogar nur einem kleinen Teil der Menschen, nämlich den Philosophen, geläufig. Auch wenn man
die Gegenbeispiele nicht für durchschlagend halten sollte, müßte man nach
Locke die Annahme eingeborener Ideen aus Gründen der Denkökonomie
aufgeben; sie ist überflüssig, weil sich alle Ideen befriedigend als Resultat
von Beobachtung und gedanklicher Verarbeitung von Beobachtungseindrücken erklären lassen.

Da Locke unterstellte, daß die eingeborenen Ideen, von denen die Vertreter des Rationalismus sprachen, bewußte Denkinhalte seien, hatte er bei
seiner Polemik leichtes Spiel, traf aber nicht die Auffassung der rationalistischen Philosophen, die keineswegs meinten, daß eingeborene Ideen ständig
im Bewußtsein vorhanden sein müßten; Ideen heißen vielmehr «eingeboren», wenn sie prinzipiell unabhängig von Beobachtungen gebildet werden
können. Das heißt weder, daß alle Menschen die fraglichen Ideen bilden
müssen, noch daß bei ihrer Bildung keine Beobachtungen im Spiele sein
dürfen, sondern nur, daß die Fähigkeit zur Bildung gewisser Ideen wesentlich zur menschlichen Vernunft gehört. Dies richtigzustellen machte sich
Leibniz zur Aufgabe (siehe Abschn. 6). Zweifellos wäre die Gefahr von
Mißverständnissen geringer gewesen, wenn die rationalistischen Metaphysiker den Ausdruck «eingeboren» vermieden hätten. Hätten sie lediglich erklärt, daß es Begriffe gebe, die nicht der Erfahrung entspringen, sondern gebildet werden, um Erfahrungen zu ordnen, wären sie einer Kritik wie der
Lockeschen nicht ausgesetzt gewesen. Tatsächlich ist in der späteren Philosophie sowie in der Wissenschaftstheorie unseres Jahrhunderts immer klarer geworden, daß es außer empirischen auch konstruierte Begriffe gibt, ja
daß ohne solche Begriffe wissenschaftliche Theorien nicht möglich sind.

c) Die Grundlegung der empiristischen Erkenntnistheorie

Wenn die Annahme eingeborener Ideen als hinfällig gilt, dann muß, wie
Locke folgerte, anerkannt werden, daß alle Ideen auf Beobachtung beruhen:
Vor aller Erfahrung gleicht der Geist einer unbeschriebenen Tafel (tabula
rasa). Einfache Ideen entspringen entweder der äußeren Wahrnehmung
(sensation) oder der Selbstbeobachtung (reflection) oder beiden Quellen. So
kennen wir den Raum durch Sensation, was Lust ist, wissen wir durch Reflexion, und die Zeit wird sowohl in der äußeren als auch in der inneren
Wahrnehmung erfahren. Zusammengesetzte Ideen beruhen dagegen immer
zum Teil auf einer Tätigkeit des Subjekts, das einfache Ideen kombiniert
und zur Grundlage von Abstraktion und Verallgemeinerung macht. Nach
Locke gibt es drei Arten zusammengesetzter Ideen, nämlich Ideen von Substanzen (wie «Gold»), von Modi (wie «Biegsamkeit») und von Beziehungen
(wie «Kausalität»). Unmittelbar sind dem Bewußtsein immer nur Vorstellungsinhalte («ideas») gegenwärtig. Die Vorstellung (idea) ist geradezu als
das definiert, worauf sich der Geist im Bewußtsein richtet.[94]

Die zentrale Frage der Lockeschen Erkenntnistheorie betrifft die «Realität» von Vorstellungen. Eine Vorstellung heißt «real», wenn ihr ein denkunabhäniger Gegenstand entspricht und sie mit diesem übereinstimmt. Bei einfachen Ideen steht die Realität außer Zweifel: Da sie von den Dingen durch Reize hervorgerufen werden, während wir uns passiv verhalten, sie also nicht verfälschen, müssen sie den Dingen entsprechen. Da die Entsprechung ihren Grund in der Ordnung der Natur hat und diese, als von Gott geschaffen, unveränderlich ist, darf angenommen werden, daß gleiche Vorstellungen immer von gleichen Dingen hervorgerufen werden. Hier zeigt sich eine auffallende Ähnlichkeit mit Descartes' Lehre vom wahrhaften, d. h. nicht täuschenden Gott. Die Entsprechung von Vorstellung und Ding braucht übrigens nicht als qualitative Ähnlichkeit aufgefaßt zu werden; es genügt, daß zwischen Ideen und Eigenschaften der Dinge eine eindeutige Beziehung besteht. Ähnlichkeit liegt nur bei den sogenannten primären Qualitäten vor, nämlich quantitativen Bestimmungen (wie Größe, Gestalt usw.); bei sekundären Qualitäten – wie Farben, Tönen, Temperaturqualitäten, Gerüchen – sind wir nur berechtigt, sie Eigenschaften des Objekts zuzuordnen, also etwa eine bestimmte Farbe auf eine bestimmte korpuskulare Struktur von Dingen zu beziehen, ohne zu behaupten, daß sie ihr ähnlich ist. Die Dinge selbst sind nicht farbig, warm oder kalt, tönend oder duftend; sie haben nur quantitative Bestimmungen, die im Subjekt Farb-, Temperatur-, Tonvorstellungen usw. hervorrufen.

Vorstellungen von Substanzen sind real, wenn die Bestimmungen des Dings ebenso zusammenhängen wie die Elemente der Vorstellung. Sie sind darüber hinaus adäquat, wenn nicht nur allen Teilen der Vorstellung Bestimmungen des Dings zugeordnet sind, sondern wenn allen Bestimmungen des Dings Elemente der Vorstellung entsprechen. Dingen, die unübersehbar viele Bestimmungen haben, wie es bei Substanzen (wie Schwefel, Gold usw.) der Fall ist, können keine adäquaten Vorstellungen entsprechen, da Vorstellungen immer nur eine beschränkte Anzahl von Elementen enthalten. Daher sind alle Substanz-Vorstellungen inadäquat. Hätten wir eine adäquate Vorstellung einer Substanz – z.B. von Gold –, müßten wir aus ihr alle ihre Eigenschaften ableiten können (z.B. das spezifische Gewicht von Gold). Dazu sind wir aber nicht imstande, da wir über das reale Wesen von Substanzen, nämlich die Anordnung ihrer Teilchen, nur Vermutungen anstellen können. Es ist zwar sinnvoll, über das Wesen von Substanzen zu sprechen – wie es in den Naturwissenschaften geschieht –, aber das ist immer nur in hypothetischer Weise möglich.

«Substanz» wird hier so verwendet wie in den Naturwissenschaften, z.B. in der Chemie, und diese Verwendungsweise ist legitim. Mit dem metaphysischen Begriff der Substanz wollte Locke dagegen nichts zu tun haben, da er ihn für eine Fiktion hielt. Wer annimmt, daß Eigenschaften von Dingen auf etwas – die Substanz (im ontologischen Sinne) – bezogen sein müßten, das sie gleichsam trägt, verhält sich ähnlich wie ein Inder, der glaubt, die

Erde bedürfe eines Trägers, als solchen einen riesigen Elefanten annimmt und von diesem erklärt, er stehe auf dem Rücken einer gewaltigen Schildkröte; die weitere Frage, was der Träger dieser Schildkröte sei, versetzt ihn in große Verlegenheit. Seine Situation gleicht nach Locke der Situation des Metaphysikers, der an substantielle Träger von Eigenschaften glaubt. Der entscheidende Einwand gegen die Annahme von so aufgefaßten Substanzen hängt mit Lockes Empirismus zusammen: Wenn Ausdrücke nur sinnvoll sind, wenn sie klare Vorstellungen bezeichnen und wenn Vorstellungen immer auf Beobachtungen zurückgehen, dann kann der Ausdruck «Substanz» nicht sinnvoll sein, da ihm keine auf einfache Ideen zurückführbare Vorstellung entspricht.

Wenn es Substanzen als Träger der veränderlichen Eigenschaften nicht gibt, dann läßt sich auch die Identität eines Dings in der Zeit nicht mit Hilfe des Substanzbegriffs erklären. Das gilt auch für die Identität der menschlichen Person. Die rationalistische Metaphysik hatte angenommen, daß die menschliche Seele bzw. der Geist etwas Substantielles sei, das zwar wechselnde Zustände hat, dessen Wesen aber gleichbleibt. Da Locke die Annahme einer beharrlichen geistigen Substanz zurückwies, mußte er die Tatsache, daß wir uns im Verlauf der Zeit als ein und dieselbe Person erfahren, unabhängig von jener Annahme begreiflich machen. Er nahm an, daß wir genau so weit *eine* Person sind, als wir uns in der Erinnerung als dieselben erfahren. Ich erinnere mich der Erlebnisse von gestern, vom Vorjahr usw. als *meiner* Erlebnisse, und in nichts anderem als in der Zurechnung von Erlebnissen zu einem zeitlich kontinuierlichen Bewußtsein besteht nach Locke die Einheit der Person.

Im dritten Buch des «Versuchs über den menschlichen Verstand» ging Locke auf die Beziehung von Vorstellungen und sprachlichen Zeichen ein, die, wie er betonte, nicht von Natur aus besteht, sondern von uns hergestellt wird.[95] Sie kann nach Locke nicht, wie die Verbindung von Dingen und einfachen Vorstellungen, als naturgegeben gelten. Besondere Beachtung verdienen allgemeine Namen (wie «Mensch»). Sie stehen nicht für eine allgemeine Wesenheit, sondern für eine allgemeine Vorstellung. Nach Locke gibt es also Allgemeines, aber nicht in Gestalt denkunabhängiger Wesenheiten, sondern nur in Form von allgemeinen Vorstellungen; er vertrat daher nicht eine nominalistische, sondern eine konzeptualistische Auffassung.

Die Sprache kann zur Quelle von Irrtümern werden. So besteht die Gefahr, daß wir auf die Sache beziehen, was nur von ihrer sprachlichen Bezeichnung gilt. Dieser Gefahr ist Aristoteles erlegen, wenn er die Kategorien als Formen der Dinge behandelte, anstatt sie als Formen der Sprache aufzufassen. Allgemein muß man sich hüten, Ausdrücke zu gebrauchen, die nicht auf klare Ideen bezogen sind.[96]

Trotz seiner Kritik an wichtigen rationalistischen Auffassungen stand Locke in mancher Hinsicht der rationalistischen Metaphysik noch recht nahe. So argumentierte er in offenkundiger Anlehnung an Descartes:

«Wenn ich an allem zweifle, läßt mich der Zweifel selbst meine eigene Existenz wahrnehmen und wird es nicht zulassen, daß ich daran zweifle. Denn wenn ich weiß, daß ich Schmerz empfinde, ist es evident, daß ich meine Existenz ebenso gewiß wahrnehme wie die Existenz des Schmerzes, den ich empfinde.»[97] Dieses Wissen ist «intuitiv»; es ist unmittelbar, d.h. nicht durch andere Vorstellungen vermittelt. Mittelbares sicheres Wissen können wir von Gott haben, nämlich durch Beweise, in denen von der Existenz endlicher Dinge auf eine erste Ursache geschlossen wird. Über jede andere Wirklichkeit können wir nur mit größerer oder geringerer Wahrscheinlichkeit sprechen; namentlich können wir nicht absolut sicher sein, daß es denkunabhängige Dinge gibt, die unseren Vorstellungen entsprechen.

Wenn die Existenz denkunabhängiger Dinge nicht bewiesen werden kann, dann beruht Lockes Erkenntnislehre, in deren Rahmen die einfachen Ideen der Sensation auf Reize von seiten materieller Dinge zurückgeführt werden, auf einer unbeweisbaren Annahme und kann daher grundsätzlich bezweifelt werden. Locke tat das zwar nicht, aber sein Ansatz machte einen solchen Zweifel möglich. Wenn wir unmittelbar nur von Vorstellungsinhalten wissen, dann können wir über Dinge «hinter» den Vorstellungen keine sicheren Urteile fällen. Tatsächlich hat wenig später George Berkeley (siehe Kap. II,2a), von Lockes Position ausgehend, die Existenz einer materiellen Außenwelt in Frage gestellt.

d) Die Philosophie des Staates und das Programm einer liberalen Politik

Als Rechts- und Staatsphilosoph setzte sich Locke für eine liberale Staatskonzeption ein, in deren Mittelpunkt die Ideen der Freiheit (insbesondere im weltanschaulichen und im ökonomischen Sinn), der Rechts- und Chancengleichheit sowie des Repräsentativsystems stehen. Den Rahmen der Staatslehre bildete bei Locke wie bei Hobbes die Lehre vom Sozialkontrakt. Wie Hobbes wollte Locke die Rechtsordnung durch Rekonstruktion ihrer Entstehung als verbindlich erweisen: Da im Urvertrag alle einzelnen der Rechtsordnung zugestimmt haben, sind sie verpflichtet, die Gesetze zu respektieren.

Der Zustand vor Abschluß des Sozialkontrakts heißt bei Locke wie bei Hobbes «Naturzustand»; anders als Hobbes nahm er jedoch an, daß schon im Naturzustand Rechte und Pflichten bestanden, die in der Natur fundiert sind und daher durch die staatliche Gesetzgebung nicht aufgehoben werden können. Im Naturzustand darf jeder seine Sicherheit bzw. seine naturrechtlichen Ansprüche selbst verteidigen und als Richter in eigener Sache auftreten. Wegen des Fehlens einer positiven Rechtsordnung ist dieser Zustand aber prekär, so daß die Vernunft nahelegt, ihn zu verlassen. Das geschieht durch einen Vertrag aller mit allen, in dem ein politischer Körper mit besonderen Befugnissen – namentlich mit gesetzgebender, vollziehender und richterlicher Gewalt – erzeugt wird. Während im Sozialkontrakt die exekutive und die richterliche Gewalt, die ursprünglich jedem einzelnen zukamen, auf den Staat und seine Organe übertragen werden, wird die naturrechtliche Freiheit nicht aufgegeben, sondern nur modifiziert. Frei zu sein heißt im Staate nicht mehr, alles tun zu dürfen, was das natürliche Gesetz nicht verbietet, sondern es bedeutet, nur jenen gehorchen zu müssen, die durch die Rechtsordnung zum Befehlen autorisiert sind.

Die legitime politische Gewalt ist an das allgemeine Wohl gebunden und kann daher nicht als absolut gelten. Handelt der Inhaber der Regierungsgewalt gegen das allgemeine Wohl oder setzt er sich über das Prinzip der Gewaltenteilung hinweg, dann verliert er seine Legitimation, weil er den Sozialkontrakt hinfällig macht und den Naturzustand wiederherstellt. Das Volk ist in einem solchen Falle berechtigt, die an die staatlichen Organe delegierte exekutive und legislative Gewalt wieder zurückzufordern.

Was Locke meinte, wenn er erklärte, daß es bereits vor dem Bestehen einer staatlichen Rechtsordnung bestimmte Rechte gebe, läßt sich besonders gut am Beispiel des Eigentumsrechts verdeutlichen. Er nahm an, daß die Erde ursprünglich allen Menschen gehörte, betrachtete aber den Übergang zum Privateigentum als gottgewollt, weil er die optimale Nutzung der vorhandenen Güter möglich macht. Die Aneignung erfolgt durch Bearbeitung, d.h. durch Verbindung der dem Menschen von Natur aus gehörenden Kraft mit dem Rohstoff. Weil im Arbeitsvorgang etwas dem Menschen Eigenes in das Arbeitsprodukt gelegt wird, geht dieses in das Eigentum des Arbeitenden über. Die Aneignung ist aber nicht unbeschränkt erlaubt; da sie im Interesse des Lebensunterhalts erfolgt, hat sie sich am Bedarf des Arbeitenden und seiner Familie zu orientieren. Vorratshaltung ist nur soweit zulässig, als keine Gefahr des Verderbs besteht. Der Erwerb von Privateigentum ist somit an gewisse Bedingungen geknüpft, die Locke jedoch nachträglich wieder außer Kraft setzte, indem er argumentierte, daß die Beschränkung der Aneignung auf Produkte der eigenen Arbeit durch die Einführung des Geldes hinfällig wird. Mit dem Übergang zur Geldwirtschaft wird der Einsatz fremder Arbeitskraft und damit eine beträchtliche Erweiterung der Produktion möglich. Gleichzeitig fällt die mit der Forderung, nicht über den eigenen Bedarf hinaus zu produzieren, errichtete Schranke: Wenn der Ertrag in Geld umgewandelt werden kann, besteht die Gefahr des Verderbs nicht mehr, so daß nichts gegen die Produktion von Gütern spricht, die nicht der Deckung des Bedarfs des Produzenten dienen. Locke kam es offenbar nicht darauf an, die Arbeit als einzigen Eigentumstitel zu erweisen, sondern darauf, die Produktion unter kapitalistischen Bedingungen zu rechtfertigen.

e) Grundgedanken der Religionsphilosophie

Locke war puritanisch erzogen worden, näherte sich aber in Oxford den Anglikanern. Da er keiner religiösen Richtung unbedingt verhaftet war,

vermochte er verschiedenen religiösen Richtungen Verständnis entgegenzu-
bringen, auch den sogenannten Dissenters. Die weltanschauliche Duldung
war in seinen Augen ein hohes Gut, wie seine Briefe über Toleranz erkennen lassen; lediglich den Atheisten soll die Duldung verweigert werden.

Angesichts der anhaltenden theologischen Kontroversen seiner Zeit, in
denen es mehr um die Unterschiede der christlichen Kirchen als um die
Einheit des Christentums ging, hielt Locke es für nötig, auf die allen Christen gemeinsamen Überzeugungen zurückzugehen und sie als den vernünftigen Kern der christlichen Lehre darzustellen. Zu diesem Zweck veröffentlichte er 1694 anonym das Werk «Die Vernünftigkeit des Christentums», in
dem er den Anspruch erhob, die christliche Religion allein aus der Heiligen
Schrift zu deuten.[98] Die religiösen Dogmen sollen daraufhin geprüft werden, ob sie frei von Widersprüchen sind und ob sie positive moralische
Konsequenzen haben. Da die theologischen Systeme einander offensichtlich widersprechen, muß zwischen Theologie und genuin religiöser Einstellung unterschieden und der Akzent auf die letztere gelegt werden. Mit dieser Forderung schlug Locke eine Richtung ein, der auch die Vertreter des
Deismus im Zeitalter der Aufklärung (siehe Kap. II,1 c) folgten. Die Bewertung religiöser Auffassungen im Licht ihrer praktischen Folgen wurde zu
einem Charakteristikum des Aufklärungsdenkens.

Lockes Bedeutung für die Entwicklung der Philosophie liegt nicht zuletzt darin, daß er, nachdrücklicher als seine Zeitgenossen, der Philosophie
die Aufgabe stellte, Erkenntnisansprüche kritisch zu prüfen. Seine Forderung, nur Urteile zuzulassen, die ausschließlich Erfahrungsbegriffe enthalten, weist in die Richtung des Empirismus, auch wenn Locke selbst sich
nicht strikt an diese Forderung hielt. Auch viele zeitgenössische Naturwissenschaftler schlossen sich ihr an, ohne sie in der wissenschaftlichen Praxis
zu beachten. Dies ist verständlich, weil entwickelte naturwissenschaftliche
Theorien stets Begriffe enthalten, die nicht der Erfahrung entstammen, sondern konstruiert werden, um Erfahrungen zu deuten. Dennoch hielten es
Berkeley oder Hume (siehe Kap.II, 2 a-b), die an Locke anknüpften, für
nötig, den empiristischen Ansatz noch konsequenter zur Geltung zu bringen. Locke stellt sich als Denker des Übergangs dar: Einerseits hat er sich
von rationalistischen bzw. allgemein von metaphysischen Ansichten nicht
vollständig gelöst, andererseits leitete er eine Entwicklung ein, die zu radikaleren empiristischen Auffassungen und schließlich zum Positivismus
führte. Aber auch der Kritizismus verdankt ihm wichtige Anstöße: Kant
sprach mit großer Achtung über den von dem «berühmten Locke» be-
schrittenen Weg zur Lösung des Erkenntnisproblems, obwohl er selbst eine
andere Richtung einschlug.

6. Gottfried Wilhelm Leibniz

a) Leben und Werk

Leibniz wird oft als der letzte Unversalgelehrte bezeichnet, den Europa hervorbrachte, und diese Ansicht hat viel für sich, tat sich Leibniz doch nicht nur als Philosoph, sondern auch als Jurist, Diplomat und Historiker, als Mathematiker und Physiker, als Geologe und Bergbauingenieur hervor, während später die Spezialisierung so weit getrieben wurde, daß ein einzelner kaum in mehr als einem Bereich des Wissens, allenfalls in zwei Bereichen als kompetent gelten konnte.

Geboren wurde Leibniz 1646 in Leipzig.[99] Er war so außerordentlich begabt, daß er bereits als Fünfzehnjähriger mit dem Studium der Philosophie und der Jurisprudenz beginnen konnte. 1667 wurde er zum Doktor der Rechte promoviert, schlug aber nicht die Hochschullaufbahn ein, sondern wurde Diplomat im Dienste des Mainzer Erzbischofs und Kurfürsten. Er ging in diplomatischer Mission nach Paris, wo er die Gelegenheit nutzte, um sich wissenschaftlich weiterzubilden und um Kontakte zu bedeutenden Gelehrten anzuknüpfen. 1676 wurde er Hof- und Kanzleirat in Hannover, wo seine juristischen und philosophischen Kenntnisse gefragt waren. Später übernahm er auch die Aufgabe, die Geschichte des Welfenhauses zu schreiben. Außerdem wurde ihm die Leitung der Wolfenbütteler Bibliothek anvertraut, und zu allem Überfluß hatte er sich um den Bergbau im Harz zu kümmern. Er regte die Gründung einer Akademie der Wissenschaften in Berlin an und wurde deren erster Präsident. Er bemühte sich um die Wiedervereinigung der christlichen Bekenntnisse, mußte aber einsehen, daß sich die Idee einer universalen Kirche unter den damaligen Umständen nicht verwirklichen ließ.

Obwohl Leibniz durch diese Pflichten stark in Anspruch genommen war – insbesondere die historischen Forschungen kosteten viel Zeit –, blieb ihm immer noch genügend Muße, um sich der Philosophie widmen zu können. Von seinen Arbeiten zur Metaphysik, zur Erkenntnislehre und zur Logik wurde zu seinen Lebzeiten allerdings nur weniges veröffentlicht, so das «Neue System der Natur», das im *Journal des savants* 1695 erschien, und die eher populäre «Theodizee» (1710), eine Auseinandersetzung mit der Frage, wie es in der von einem höchst gütigen, weisen und mächtigen Gott geschaffenen Welt das Übel geben könne. Mit Locke setzte er sich in den «Neuen Versuchen über den menschlichen Verstand» auseinander, hielt das Manuskript aber zurück, als Locke starb, weil er gegen einen Verstorbenen nicht polemisieren wollte. Erst ein halbes Jahrhundert später wurde dieses bedeutende Werk publiziert. Für Prinz Eugen schrieb Leibniz die «Prinzipien der Natur und der Gnade» (1714), eine Schrift, die sich thematisch eng mit der im selben Jahr verfaßten «Monadologie» berührt. 1716 starb Leibniz in Hannover.

Leibnizens philosophische Entwicklung verlief nicht bruchlos. Die aristotelische Spätscholastik, die er an der Universität kennenlernte, befriedigte ihn nicht. Wie er selbst berichtete,[100] erschien ihm während eines Spaziergangs im Rosental die herkömmliche Metaphysik als fragwürdig, weshalb er sich einer rein mechanistischen Auffassung der Wirklichkeit, wie sie Thomas Hobbes (siehe 2b-c) vertrat, zuwandte. Ende der sechziger Jahre vollzog er neuerlich eine philosophische Wende: Er gab die mechanistische Naturbetrachtung wieder auf und bekannte sich von nun an zu der Ansicht, daß zwar die Welt der Erscheinungen mechanischen Gesetzen gehorche, das Wesen der Wirklichkeit aber geistig und zweckbestimmt sei.

Während seines Pariser Aufenthalts und bei Besuchen in London war Leibniz klargeworden, daß seine mathematischen und naturwissenschaftlichen Kenntnisse unzureichend waren; in erstaunlich kurzer Zeit vermochte er aber nicht nur seine Wissenslücken zu schließen, sondern auch zu bahnbrechenden neuen Einsichten vorzudringen. Hier ist vor allem die Grundlegung der Infinitesimalrechnung zu nennen. Da Newton ebenfalls mit diesem Bereich der Mathematik beschäftigt war, konnte gegen Leibniz der Vorwurf erhoben werden, er habe sich fremde Erkenntnisse angeeignet. Tatsächlich gelangte Leibniz jedoch auf einem vom Newtonschen verschiedenen Wege zu der neuen mathematischen Disziplin, so daß der gegen ihn erhobene Plagiatsvorwurf unhaltbar ist.

Während Leibnizens und Newtons mathematische Bemühungen konvergierten, bestand zwischen ihren naturphilosophischen Auffassungen ein scharfer Gegensatz. Newton hielt den Raum für absolut, d.h. er nahm an, daß es den Raum auch ohne Dinge geben könne; Leibniz betrachtete dagegen den Raum als relativ: Er beruht seiner Ansicht nach auf Beziehungen zwischen Substanzen, so daß es keinen Raum gäbe, wenn keine Substanzen existierten. Newton nahm an, daß die Bewegung der Planeten im Sonnensystem zum Stillstand kommen müßte, wenn nicht Gott von Zeit zu Zeit in das Geschehen eingriffe; Leibniz meinte, daß eine solche Auffassung zur Zerstörung des wahren Gottesbegriffs führe. Newtons Standpunkt wurde von Samuel Clarke verfochten, der der Diskussion eine Wendung ins Theologische gab: Er warf Leibniz vor, die Freiheit Gottes zu leugnen und damit den wahren Gottesbegriff preiszugeben. Die Art, in der die Debatte geführt wurde, zeigt, wie groß damals noch die Rolle war, die theologische Vorstellungen in der Philosophie, auch in der Naturphilosophie, spielten.

Leibniz war nicht nur ein Geist von einer Weite, wie er in der Neuzeit wohl kein zweites Mal anzutreffen ist, sondern zugleich auch ein synthetischer Denker, der Anregungen von den verschiedensten philosophischen Richtungen aufnahm und verarbeitete. Anders als Descartes oder Spinoza verfügte er über ein ausgeprägtes geschichtliches Bewußtsein, das ihn befähigte, die Leistungen der klassischen griechischen Philosophie, aber auch die der Scholastik zu würdigen. Dagegen fiel sein Urteil über jüngere Philosophen oft ungerechtfertigt herb aus, z.B. über Descartes und Spinoza, von denen er sich mit allen Mitteln abzugrenzen suchte, obwohl nicht zu übersehen ist, wieviel er mit ihnen gemeinsam hatte. Für die deutsche Aufklärung – namentlich für die sogenannte Leibniz-Wolffsche Schule (siehe Kap. II,4 a) – spielte er eine ähnlich wichtige Rolle wie Locke für die Aufklärungsphilosophie in England und Frankreich.

b) Die Monadenlehre

Während Descartes angenommen hatte, daß die Wirklichkeit teils materiell, teils geistig sei, und Spinoza der Ansicht war, Materie und Bewußtsein seien nur verschiedene Aspekte einer weder materiellen noch geistigen Substanz, ist die Wirklichkeit nach Leibniz im Grunde geistig. Diese Auffassung – der Spiritualismus – wird in der Gegenwart kaum mehr vertreten; um sie würdigen zu können, ist es nötig, sich die Gründe zu vergegenwärtigen, die Leibniz zu ihr führten.

Leibniz lehnte Descartes' Identifikation von Materie und Ausdehnung mit der Begründung ab, daß Dinge nicht nur in geometrischen, sondern auch in physikalischen Beziehungen stehen, d.h. Wirkungen ausüben und erleiden. Da die Ausdehnung ins unendliche geteilt werden kann und da die Grenze der Teilung der Punkt ist, stellen sich unter Descartes' Voraussetzungen die Körper als Mengen geometrischer Punkte dar, so daß für Kräfte kein Platz mehr bleibt. Wenn es daher, wie Leibniz überzeugt war, unumgänglich ist, die Existenz von Kräften anzuerkennen, müssen die punktförmigen Elemente, aus denen die Körper bestehen, als nulldimensionale Kraftzentren, somit als substantielle Einheiten oder Monaden, begriffen werden.

Die Monaden können, da sie unausgedehnt sind, nicht quantitativ bestimmt sein und somit auch keine Teile haben; da sie aber irgendwelche Eigenschaften haben müssen, können diese nur Qualitäten sein: Die Substanzen, aus denen die materiellen Dinge bestehen, sind somit selbst nicht materiell. Die Monaden sind aber nicht nur als immateriell und in diesem Sinne als geistig zu denken, sondern auch als aktiv, ja als lebendig. Da nämlich die Monaden Kraftzentren sind, müssen in ihnen unaufhörlich Veränderungen vor sich gehen, da es keine Kraft ohne Wirkungen gibt. Die Veränderung muß ferner kontinuierlich sein, denn würde sich der Gesamtzustand einer Monade schlagartig ändern, würde sie aufhören, dieselbe Monade zu sein; deshalb muß es in ihr eine Mehrheit von Qualitäten geben, von denen einige sich ändern, andere gleichbleiben, so daß die Kontinuität der Monaden gewährleistet ist. Monaden sind Einheiten mannigfaltiger veränderlicher Eigenschaften, deren Identität in der Zeit nicht darauf beruht, daß sich etwas Reales – sozusagen ein Wirklichkeitsklötzchen – unverändert erhält, sondern darauf, daß die Form der Monade – das Gesetz, nach dem sie sich entwickelt – gleichbleibt.

Zur Anerkennung von Monaden gelangt man auch, wenn man nach den

Bedingungen fragt, unter denen etwas als Gegenstand erfahren wird. Wenn Gegenstände Einheiten mannigfaltiger Eigenschaften sind, dann muß es etwas geben, das die Einheit erzeugt, und dies kann, wie Leibniz zunächst annahm, nur der erkennende Geist sein: «Was aus mehrerem zusammengesetzt ist, ist eins nur durch den Geist ...»,[101] wie Leibniz erklärte. Der Geist kann Einheit nur schaffen, wenn er selbst eine Einheit, eine einfache Substanz, eine Monade ist. Ich selbst erkenne mich als Monade und kann daher den Begriff der Monade verwenden, um das Wesen der Wirklichkeit im allgemeinen zu begreifen. Die These, daß Erfahrungsgegenstände nur in Abhängigkeit vom Ich Einheiten sind, war aber nicht Leibnizens letztes Wort. Auch wenn man von anorganischen Dingen annehmen wollte, daß ihre Einheit ähnlich vom Ich erzeugt wird wie die Einheit einer Herde, stößt diese Deutung auf größte Bedenken, wenn man sie auf organische Gebilde bezieht. Die Einheit eines Lebewesens, das sich seinen Anlagen gemäß entwickelt und dessen Teile funktional verbunden sind, läßt sich schwerlich auf einen vereinheitlichenden Denkakt zurückführen. Deshalb nahm Leibniz in seiner Spätzeit an, daß es ein substantielles Band gebe, das die Teile eines Organismus verbindet und auf dem seine Identität in der Zeit beruht. Was aber von organischen Wesen gilt, läßt sich auch von körperlichen Dingen annehmen. Tatsächlich hat Leibniz seine Theorie des substantiellen Bandes verallgemeinert und sie auf die Einheit beliebiger materieller Gegenstände angewandt: «Wenn es außer den Monaden nichts Substantielles gäbe bzw. wenn die zusammengesetzten Dinge bloße [subjektive] Erscheinungen wären, wäre auch die Ausdehnung selbst bloß [subjektive] Erscheinung ...»[102]

Eine auf den ersten Blick höchst paradoxe These Leibnizens besagt, daß zwischen Monaden keine realen Beziehungen bestehen, d.h. daß sie aufeinander nicht im physikalischen Sinne einwirken können. Eine Monade könnte nur dadurch Veränderungen in einer anderen Monade hervorrufen, daß etwas von ihr auf diese überginge; dies ist jedoch ausgeschlossen, weil Monaden keine Teile haben: Eine Kraftwirkung in Form des Transports eines Teils der das Wesen der Monade ausmachenden Kraft auf eine andere Monade ist undenkbar. Monaden haben, wie Leibniz metaphorisch sagte, keine Fenster. Das heißt nicht, daß Beziehungen zwischen Monaden schlechthin geleugnet werden müßten. Leibniz wollte z.B. nicht bestreiten, daß die Seelenmonade mit den Monaden, die den Körper bilden, in Verbindung steht, ja er war überzeugt, daß alle Monaden des Universums untereinander verbunden sind, wenn auch nicht durch reale – insbesondere wirkursächliche –, sondern durch ideale Beziehungen. Ihr Zusammenhang besteht darin, daß Gott sie einander zugeordnet hat. Leibniz sprach von einer in Gott fundierten prästabilierten Harmonie, die alle Monaden umfaßt, so daß Änderungen in einer von ihnen von Änderungen in allen anderen Monaden begleitet werden. Diese Auffassung erinnert an den Okkasionalismus (siehe oben Abschn. 3), von dem sie sich jedoch dadurch unterscheidet, daß die endlichen Substanzen nicht, wie nach okkasionalistischer Ansicht, als rein passiv gelten; die Monaden haben den Charakter von Kräften. Da ihnen aber das Vermögen zu wirken nur in Abhängigkeit von Gott zukommt – sie sind Ausstrahlung der göttlichen Kraft –, ist der Unterschied zwischen der Leibnizschen und der okkasionalistischen Theorie in deren entwickelter Form nicht so groß wie Leibniz meinte.

Alle, und nicht etwa nur «benachbarte» Monaden, sind auf Grund der prästabilierten Harmonie aufeinander bezogen: Jede Monade ist gleichsam ein Spiegel des Alls, eine Welt im kleinen, ein Mikrokosmos. Dennoch wissen die endlichen Monaden, wenn sie überhaupt Bewußtsein haben, nur von einem Teil der Vorgänge im All. Um dies zu erklären, nahm Leibniz an, daß nur ein Teil der in endlichen Monaden wie der menschlichen Seele ablaufenden Prozesse von Bewußtsein begleitet ist, während ein anderer unbewußt bleibt. Manche Monaden sind völlig bewußtlos, ohne daß sie aufhörten, Spiegel des Alls zu sein. Mit der Annahme unbewußter seelischer Vorgänge ging Leibniz entschieden über die Cartesianische Auffassung hinaus, nach der das Wesen des Geistes im Denken bzw. im Bewußtsein besteht. Die von ihm vertretene Ansicht weist in die Richtung der Lehre vom Unbewußten bei den Romantikern, bei Schopenhauer und später bei Sigmund Freud (1856–1939) und anderen Vertretern der Tiefenpsychologie.

Änderungen des Zustands einer Monade nannte Leibniz «Perzeptionen» (was nicht mit «Wahrnehmung» übersetzt werden sollte, da man mit diesem Ausdruck nur bewußte Vorgänge zu bezeichnen pflegt); die von Bewußtsein begleiteten Zustandsänderungen heißen dagegen «Apperzeptionen». Je mehr Perzeptionen einer Monade apperzipiert werden, d. h. je größer der Anteil an bewußten Prozessen einer Monade ist, desto höher steht sie in der Stufenordnung der Wesen. Auf der untersten Stufe befinden sich die völlig bewußtlosen («nackten») Monaden; die höchste Stufe nimmt jene Monade ein, deren sämtliche Perzeptionen von Bewußtsein begleitet sind, nämlich Gott (die Urmonade). Dazwischen sind die im engeren Wortsinn als «Seelen» bezeichneten Monaden angesiedelt, wobei nicht nur an menschliche, sondern auch an Tier- und Pflanzenseelen zu denken ist. In einem weiten Wortsinn können alle Monaden «Seelen» heißen, so daß Leibniz sagen konnte, die Natur sei durchweg beseelt. In jedem Wassertropfen zeigt das Mikroskop eine unübersehbare Vielfalt von Lebewesen; die im Mikroskop sichtbaren Zellen, aus denen die Organismen bestehen, sind selbst Organismen, und auch wenn wir noch wesentlich weiter ins einzelne blicken könnten, würden wir nirgends völlig Unbelebtes bzw. Unbeseeltes finden.

Zugunsten der Annahme unbewußter seelischer Vorgänge sprechen auch Beobachtungen wie die, daß einem das Ticken einer Uhr nach einiger Zeit nicht mehr bewußt wird, daß man aber reagiert, wenn die Uhr stehenbleibt. Das zeigt, daß auch vorher Eindrücke aufgenommen wurden, die allerdings nicht im vollen Sinne unbewußt sind, sondern nur unbemerkt bleiben. Leibniz nannte sie «kleine Perzeptionen» und suchte mit ihrer Hilfe zu erklären, warum wir Entscheidungen auch in Situationen treffen können, in denen ein Gleichgewicht der Motive zu bestehen scheint, wir uns also in der Situation des sprichwörtlichen Esels des Buridanus befinden, der zwischen zwei gleich großen und gleich weit entfernten Heubündeln verhungern zu müssen scheint. Eine solche Situation tritt nach Leibniz nicht ein, weil es wegen des Einflusses der kleinen Perzeptionen immer ein Übergewicht auf der einen oder der anderen Seite gibt.

Wenn es Ideen gibt, die nicht bewußt sein müssen, dann läßt sich auch von eingeborenen Ideen reden, ohne daß sie als Inhalte des bewußten Denkens aufgefaßt werden müßten. Versteht man unter einer eingeborenen Idee eine Disposition des Geistes, die aktualisiert werden kann, aber nicht aktualisiert werden muß, dann wird den Einwänden, die Locke vorgetragen hatte, die Spitze genommen. Zum Beispiel spricht die Tatsache, daß die Gottesidee nicht bei allen Menschen vorhanden ist, nicht gegen die Annahme, daß sie im Geist aller Menschen angelegt und in diesem Sinne eingeboren sei. Man kann, wie es Leibniz auch tat, ohne weiteres einräumen, daß der Anstoß zur Aktualisierung eingeborener Ideen von der Erfahrung ausgehe, und dennoch daran festhalten, daß sich Ideen wie die Gottesidee, die Idee der Substanz, die Idee der Einheit usw. nicht auf Erfahrungseindrücke zurückführen lassen. Der Geist, wie er vor aller Erfahrung ist, kann, wie bei den Empiristen üblich, mit einer unbeschriebenen Tafel (tabula rasa) verglichen werden, solange man nicht übersieht, daß jede Tafel eine bestimmte Struktur hat, die die Zeichen, die der Griffel der Erfahrung auf ihr einritzt, beeinflußt. Der Satz: Nichts ist im Geiste, was nicht vorher in den Sinnen war, ist falsch; richtig muß es heißen: Nichts ist im Geiste, was nicht vorher in den Sinnen war, ausgenommen der Geist selbst (d. h. die eingeborenen Formen des Geistes).

Die Leibnizsche Monadenlehre hat zum Teil Konsequenzen, die schwer nachzuvollziehen sind. So ist es paradox, daß die räumlichen Verhältnisse der Erscheinungen ihren Grund in unräumlichen Verhältnissen der Monaden haben sollen. Leibniz nannte zwar den Raum ein wohlbegründetes Phänomen, aber der Grund, warum Unausgedehntes als ausgedehnt erscheint, ist nicht einsichtig. Paradox wirkt auch die These, daß es gleiche Substanzen nicht geben könne (wie das Prinzip der Identität des Ununterscheidbaren besagt): Wo kein Unterschied der Eigenschaften vorhanden ist, gibt es keine Mehrheit von Substanzen. Die Schwierigkeit entfällt, wenn man sich klarmacht, daß dieses Prinzip nur für Monaden gilt, die nicht räumlich bestimmt sind; es ist nicht auf materielle Dinge anzuwenden, die auch dann in der Mehrzahl vorhanden sein könnten, wenn sie in allen Eigenschaften übereinstimmen, jedoch in einem Zeitpunkt verschiedene Raumstellen einnehmen.

Oben wurde darauf hingewiesen, daß Leibniz forderte, die Physik habe außer Lagebeziehungen und deren Änderungen auch die Kräfte zu berücksichtigen, auf die diese Änderungen zu beziehen sind; sie ist mit einem

Wort als Dynamik, nicht nur als Kinematik aufzufassen. Mit der Einführung des physikalischen Kraftbegriffs, definiert als Produkt aus Masse und Beschleunigung, kann es aber nicht sein Bewenden haben; im Licht der Monadenlehre erweist es sich als notwendig, die Kraft im physikalischen Sinne auf eine Kraft im Sinne der Metaphysik zurückzuführen, nämlich auf die Kraft, die das Wesen der einfachen Substanzen konstituiert. Die Kräfte, von denen in der Naturwissenschaft die Rede ist, sind nach Leibniz abgeleitete Kräfte, in denen sich ursprüngliche, den Erscheinungen zugrunde liegende Kräfte äußern.

Die naturwissenschaftliche Betrachtungsweise ist in Leibnizens Augen auch insofern einseitig, als sie nur kausale Erklärungen zuläßt und die Zweckgerichtetheit von Vorgängen übersieht. Nach Leibniz schließen sich kausale und teleologische Betrachtungsweise jedoch nicht aus, sondern sie ergänzen sich. So verhält sich zum Beispiel ein Lichtstrahl beim Durchgang durch Medien verschiedener Dichte so, als ob er das Ziel verfolgte, seinen Weg in kürzester Zeit zurückzulegen. Die Lichtausbreitung läßt sich somit, wie es scheint, auch als zweckgerichtet auffassen. Da aber von Zwecken nur die Rede sein kann, wenn es Freiheit gibt, muß nach Leibniz dem Reich der kausal bestimmten Natur ein Reich der Freiheit entsprechen. Das heißt nicht, daß zwei getrennte Wirklichkeitsbereiche anzunehmen wären, sondern die beiden «Reiche» sind einander auf Grund prästabilierter Harmonie zugeordnete Aspekte der Wirklichkeit.

c) Die Prinzipien der Logik

In keinem Bereich der Philosophie ging Leibniz so entschieden über seine Vorgänger, namentlich auch über Descartes, hinaus, wie in der Logik. Anders als Descartes, der gemeint hatte, daß einfache Folgerungen intuitiv als richtig erfaßt würden, betonte Leibniz, daß die Ableitung von Sätzen auf Regeln beruhe, deren korrekte Anwendung unabhängig von inhaltlichen Überlegungen festgestellt werden könne, insbesondere dann, wenn es sich um Ableitungen innerhalb eines formalen Kalküls handelt. Tauchen Zweifel in bezug auf die Korrektheit einer Ableitung auf, braucht man nur den Stift zur Hand zu nehmen und zu «rechnen».[103] Damit wurde er zum Wegbereiter der modernen Auffassung der Logik, obwohl sein Beitrag zur Entwicklung dieser Disziplin zu seiner Zeit kaum beachtet wurde, wofür auch die Tatsache verantwortlich war, daß nur ein kleiner Teil seiner Arbeiten zur Logik veröffentlicht wurde.

Die Anwendung von Kalkülen auf konkrete Probleme erfordert die inhaltliche Deutung der in ihnen vorkommenden einfachen Zeichen, auf die sich alle komplexen Zeichen zurückführen lassen. Leibniz hoffte, die den einfachen Symbolen zuzuordnenden Begriffe vollständig auflisten und so ein Gedankenalphabet aufstellen zu können, aus dem sich alle zusammengesetzten Begriffe aufbauen lassen. Logik-Kalkül (calculus universalis), all-

gemeine Zeichenlehre (characteristica universalis) und Gedankenalphabet
hängen nach Leibnizens Auffassung der Logik eng zusammen.[104]

Als im 19. Jahrhundert, unabhängig von Leibniz, Logik-Kalküle entwickelt wurden, erkannte man seine Entwürfe als Vorwegnahmen der modernen Bemühungen. Manche Interpreten neigten sogar dazu, in ihm vor
allem den Logiker zu sehen und seiner Metaphysik nur den Charakter eines
Überbaus über den formalen Beziehungen der Logik zuzuschreiben.[105]
Eine solche Auffassung wird aber der Tatsache nicht gerecht, daß Logik
und Metaphysik bei Leibniz wechselseitig aufeinander bezogen sind. Leibnizens Logik ist kein bloßer Formalismus, der lediglich sekundär metaphysisch interpretiert wird, sondern sie ist wesentlich Lehre von den Beziehungen, die zwischen idealen Sachverhalten – den «Möglichkeiten» – bestehen.
Demgemäß haben die Grundsätze der Leibnizschen Philosophie sowohl
logischen als auch metaphysischen Charakter: Sie drücken einerseits Beziehungen zwischen Begriffen aus, andererseits beschreiben sie ideale Strukturen der Wirklichkeit.

Als oberste logisch-metaphysische Grundsätze betrachtete Leibniz den
Satz der Identität (A ist A) und den Satz vom hinreichenden Grunde. Nach
dem ersteren sind Urteile wahr, wenn Prädikat- und Subjektbegriff entweder ganz (wie im Satz «Rhomben sind Rhomben») oder teilweise identisch
sind (wie in dem Urteil «Rhomben – d.h. gleichseitige Parallelogramme –
sind Parallelogramme»). Urteile, die auf Grund des Identitätsprinzips wahr
sind, heißen Vernunftwahrheiten, weil sie unabhängig von Beobachtungen
(nämlich auf Grund der Beziehungen von Begriffen), somit rein vernünftig,
als wahr eingesehen werden können; sie sind, als «ewige Wahrheiten», zeitlos gültig.

Nach dem Satz vom hinreichenden Grunde gibt es für alles, was ist oder
geschieht, einen hinreichenden Grund (oder negativ ausgedrückt: nichts ist
oder geschieht ohne hinreichenden Grund). Dieser Satz liegt den Tatsachenwahrheiten zugrunde, d.h. Urteilen, die nicht allein auf Grund von
Begriffsbeziehungen als wahr erkannt werden, z.B. dem Urteil «Wasser sie-
det bei 100° C», dessen Wahrheit sich nicht durch Begriffsanalyse, sondern
nur auf Grund der Beobachtung von Tatsachen als wahr erkennen läßt.[106]
Der Unterschied von Vernunft- und Tatsachenwahrheiten besteht jedoch
nur für einen endlichen Intellekt, während vom Standpunkt Gottes aus alle
Wahrheiten Vernunftwahrheiten sind. Im göttlichen Geist gibt es nur vollkommene Begriffe, so daß Gott auf Grund der Begriffe von Seienden weiß,
was sie sind, tun und erleiden. Daß wir z.B. nur auf Grund von Erfahrung
wissen können, daß Alexander der Große bei Issus siegte, kommt daher,
daß wir keinen vollständigen Begriff Alexanders haben. An sich sind mit einem Wort alle Wahrheiten notwendig, auch wenn wir ihre Notwendigkeit
im besonderen Fall nicht einzusehen vermögen.

Die Sätze der Logik gelten nicht nur für die reale Welt, sondern für alle
möglichen Welten, d.h. für alle Zusammenhänge untereinander verträgli-

cher (kompossibler) Begriffe. Mögliche Welten haben insofern ein Sein, als sie von Gott gedacht werden: Ihr Sein ist Gedachtsein durch Gott, dessen Intellekt der Inbegriff der Möglichkeiten, das «Land der möglichen Realitäten»[107] bzw. die «Region der ewigen Wahrheiten» ist.[108] Die Welt, in der wir leben, ist real, weil sie von Gott aus der Menge der möglichen Welten ausgewählt und verwirklicht worden ist. Das geschieht nicht grundlos; Gott wählt vielmehr aus den möglichen Welten die beste aus, weil er als allweises, allgütiges und allmächtiges Wesen nur das Beste wollen kann. «Wenn Gott rechnet und sein Denken wirksam werden läßt, entsteht die Welt»,[109] wie Leibniz metaphorisch sagte. Im eigentlichen Sinne kann nicht davon die Rede sein, daß Gott rechnet, Vergleiche anstellt und eine Wahl trifft. Die Metapher deutet vielmehr an, daß die möglichen Welten verschieden vollkommen sind und daß sie um so mehr zur Verwirklichung streben, je vollkommener sie sind, weshalb die beste aller möglichen Welten realisiert sein muß. Wenn Leibniz von einer göttlichen Wahl sprach, dann verschleierte er den metaphysischen Zusammenhang.

Die Lehre von den möglichen Welten kann man sich durch folgende Überlegung veranschaulichen: Daß die materielle Welt im dreidimensionalen Raum existiert, ist nicht notwendig; wenn Räume mit vier, fünf usw. Dimensionen widerspruchsfrei denkbar sind, haben die entsprechenden Welten als möglich zu gelten. Ähnliche Überlegungen lassen sich in bezug auf physikalische Gesetze anstellen. Zum Beispiel erfolgt die Lichtausbreitung in der realen Welt so, daß die Lichtstrahlen (etwa bei der Lichtbrechung) den Weg nehmen, der die kürzeste Zeit erfordert; andere Gesetze der Lichtausbreitung und entsprechende andere Welten sind denkbar. Ob solche Modelle Leibnizens Intention entsprechen, muß allerdings offenbleiben.

d) *Philosophie und Religion*

Leibniz war zwar kein religiöser Denker von der Art eines Pascal, aber zwischen seiner Philosophie und der christlichen Theologie gibt es enge Verbindungen, wie sich zum Beispiel beim Theodizeeproblem mit aller Deutlichkeit zeigt. Wenn die Welt, der wir angehören, von Gott als die beste aller möglichen Welten erkannt und realisiert worden ist, dann scheint es angesichts der Tatsache, daß es das Übel gibt, einer Rechtfertigung Gottes zu bedürfen.[110] Versteht man unter «Gott» ein allmächtiges, allwissendes, allgütiges Wesen und erkennt man das Vorhandensein des Übels an, dann muß man entweder die Existenz Gottes leugnen, oder man muß eine Auffassung des Übels vertreten, die geeignet ist, das Problem zu entschärfen, wie es Leibniz tat, der zwischen dem metaphysischen, dem physischen und dem moralischen Übel unterschied, um von jeder Art des Übels zu zeigen, daß sie nicht zur Preisgabe des vorausgesetzten Gottesbegriffs zwinge. Das metaphysische Übel besteht in der Beschränktheit endlicher Wesen, d. h. darin, daß die Geschöpfe nicht Gott sind, und dieses «Übel» ließe sich

nur zusammen mit der gesamten Schöpfung aufheben. Das physische Übel
– Schmerz, Krankheit, Tod – ist nicht schlechthin negativ, sondern hat als
Motiv nützlicher Handlungen und als göttliches Erziehungsmittel eine positive Funktion. Das moralische Übel – die Sünde – ist gerechtfertigt, weil
es ohne das moralisch Böse auch das moralisch Gute nicht geben könnte.
Im einzelnen sind Leibnizens Argumente wenig überzeugend. Der Ansicht,
daß die Sünde des ersten Menschenpaares im Ganzen des Heilsplans nötig
war, weil es ohne sie nicht zur Erlösung durch Christus gekommen wäre,
läßt sich entgegenhalten, daß die Erlösung gar nicht nötig gewesen wäre,
wenn Adam und Eva nicht gesündigt hätten. Zugleich deutete Leibniz,
einer bis in die Antike zurückreichenden Tradition folgend, das Übel als
Privation, d. h. als Fehlen eines Gutes, das vorhanden sein sollte.

Das Problem der Sünde ist eng mit dem Problem der Freiheit verknüpft:
Nur wenn der Mensch frei ist, können ihm bestimmte Handlungen als
Sünde angerechnet werden; wäre dagegen alles, was er tut, notwendig, hätten moralische Bewertungen keinen Sinn. Leibniz scheint sich für die letztere Auffassung auszusprechen, wenn er erklärt: «Es bildet eines der Gesetze meines Systems der allgemeinen Harmonie, *daß die Gegenwart mit
der Zukunft schwanger geht*, und daß der alles Sehende auch in dem, was
ist, das erblickt, was sein wird ... Man darf also nicht bezweifeln, daß die
Wirkungen auf bestimmte Weise aus ihren Ursachen hervorgehen ...»[111]
Um dennoch von Freiheit sprechen zu können, schränkte er die Notwendigkeit auf das Geschehen in der geschaffenen Welt ein; das Dasein der Welt
betrachtete er dagegen nicht als notwendig, sondern führte es auf eine freie
Wahl Gottes zurück.[112] So ist der menschliche Wille in einer bestimmten Situation durch die Umstände eindeutig festgelegt; diese Umstände sind aber
nicht notwendig, da Gott eine andere mögliche Welt hätte verwirklichen
können, in der sie nicht bestehen. Offenbar ersetzte Leibniz die Frage nach
der Notwendigkeit des Wollens und Handelns durch die Frage nach der
Notwendigkeit des Daseins der Welt. Das ist aber nicht gerechtfertigt, denn
auch wenn die Welt anders wäre, als sie tatsächlich ist, heißt das nur, daß
unter Umständen andere Willensakte vollzogen würden, jedoch nicht, daß
sie freie Akte wären. Eine ähnliche Umdeutung liegt vor, wenn Leibniz
feststellt, daß auch dann, wenn der Satz «Unter den gegebenen Umständen
werde ich so und so entscheiden» wahr ist, keine notwendige Wahrheit vorliegt, weil die Negation des Satzes nicht widerspruchsvoll ist.[113] Hier tritt
an die Stelle der Frage nach der kausalen Notwendigkeit von Willensakten,
um die es beim Problem der Willensfreiheit allein geht, die Frage nach der
logischen Notwendigkeit von Aussagen über Willensakte, und dies ist ein
offenkundiges Quid pro quo. Der Ausweg, den Leibniz wählte, sieht so
sehr nach einer Ausflucht aus, daß man fragen muß, ob es ihm damit ernst
war. Der Gedanke, daß zwischen der exoterischen Darstellung von Leibnizens Philosophie und ihrem esoterischen Gehalt zu unterscheiden sei, ist
nicht von der Hand zu weisen. Leibniz könnte (wie schon Lessing vermu-

tete[114]) mit Rücksicht auf die Theologen seine wahre Überzeugung verschleiert haben, wenn er für einen größeren Kreis philosophischer Laien schrieb. Tatsächlich kann es unter den Bedingungen der rationalistischen Metaphysik Wahlfreiheit nicht geben, weder als Freiheit eines göttlichen Schöpfungsaktes noch als Freiheit des menschlichen Willens. Der Rationalismus kulminiert in der Idee einer umfassenden Ordnung der Wirklichkeit, in der alles durch Gründe und letztlich durch die Wesenheiten der Dinge eindeutig bestimmt ist, so daß auch das Wollen als eindeutig determiniert zu gelten hat.

Leibniz suchte auch in der Philosophie möglichst vielen traditionellen Auffassungen gerecht zu werden. Dies zeigt sich zum Beispiel darin, daß er in einer Zeit, in der die Ablehnung der mittelalterlichen Philosophie überwog, durchaus aufgeschlossen gegenüber gewissen scholastischen Lehren war, etwa gegenüber der Annahme substantieller Formen, die Leibniz zu aktualisieren suchte, oder gegenüber den logischen Bemühungen der Scholastiker. Anders als Descartes oder Locke unterstrich Leibniz die Bedeutung der formalen Logik für die Philosophie im allgemeinen und für die Metaphysik im besonderen. Wie wichtig seine Auffassungen für den späteren Weg der Philosophie waren, ersieht man daraus, daß sie nicht nur die deutsche Schulphilosophie in der ersten Hälfte des 18. Jahrhunderts entscheidend prägten, sondern auch im 19. Jahrhundert bei Johann Friedrich Herbart (siehe Teil V, Kap. II, 1) oder Bernard Bolzano (siehe Teil VI, Kap. II, 4a) eine Rolle spielten und auch im 20. Jahrhundert noch ernst genommen wurden, wie das Beispiel eines Denkers wie Heinrich Scholz (1884–1956) zeigt,[115] der als moderner Leibnizianer betrachtet werden darf.

II.

Das Zeitalter der Aufklärung

Es sind nicht alle frei,
die ihrer Ketten spotten.
(Lessing)

1. Der Charakter des Aufklärungsdenkens[1]

a) Zum Begriff der Aufklärung

Die Bedeutung von «Aufklärung» läßt sich nicht leicht bestimmen. Betrachtet man «Aufklärung» als Epochenbezeichnung, dann pflegt an das Denken des 18. Jahrhunderts gedacht zu werden. Gegen diese Ansicht spricht aber, daß z. B. John Locke (siehe Kap. I, 5), der als Vater der Aufklärung gilt, bereits 1704 starb und sich daher diesem Jahrhundert nicht mehr zuordnen läßt und daß sich gegen Ende des Jahrhunderts schon die Überwindung des typischen Aufklärungsdenkens abzeichnet, während aufklärerische Impulse nicht nur damals im Bereich der Ethnologie, der Pädagogik, des Rechts Einfluß erlangten, sondern auch noch das Denken während der ersten Jahrzehnte des 19. Jahrhunderts beeinflußten. Wie schwierig es ist, das Zeitalter der Aufklärung (l'époque des lumières) zeitlich befriedigend abzugrenzen, zeigt sich darin, daß in jüngerer Zeit durch die Einführung der Begriffe «Frühaufklärung» und «Spätaufklärung» die Übergänge zu den benachbarten Epochen fließend wurden. Nicht weniger problematisch ist der Versuch, «Aufklärung» als eine bestimmte Doktrin aufzufassen: Ein Bestand von Lehren, die allen Aufklärern gemeinsam gewesen wären, läßt sich nicht aufzeigen. Manche Aufklärungsphilosophen waren Rationalisten, andere Empiristen, manche bekannten sich zum (vernünftigen) Glauben an Gott, andere waren Atheisten, manche vertraten spiritualistische, andere materialistische Ansichten. Daher liegt es nahe, das Aufklärungsdenken durch gewisse Tendenzen zu charakterisieren, die es leiteten und die sich so gut wie bei allen seinen Vertretern finden.

Hier ist an erster Stelle die kritische Einstellung zu nennen, die darauf hinausläuft, alles in Frage zu stellen, was der rationalen Prüfung nicht standhielt, und es als Aberglaube oder Vorurteil abzuweisen. Die Kritik an Vorurteilen, abergläubischen Meinungen und Dogmen sollte dem Fanatismus entgegenwirken und die Toleranz fördern. Als ihr bevorzugtes Mittel galt die Zurückführung von Ansichten auf die ihnen zugrunde liegenden Interessen (z. B. die Zurückführung religiöser Überzeugungen auf die

Interessen einer Priesterschaft). Dem Aberglauben wurde das vernünftige Denken gegenübergestellt, dessen vollkommensten Ausdruck man in der Mathematik und in den Naturwissenschaften erblickte. Im Vordergrund stand dabei das Interesse an den reinen, nicht an den angewandten Wissenschaften, obwohl auch deren Bedeutung anerkannt wurde. Keinesfalls erblickte die Aufklärung in der Vernunft nur ein Mittel zur Erreichung praktischer Ziele; sie galt vielmehr in erster Linie als Vermögen, die Ordnung der Natur zu erfassen und ein Handeln im Einklang mit dieser Ordnung zu ermöglichen.

Da die meisten Vorurteile traditionell verankert sind, spielte in der Aufklärung auch die kritische Auseinandersetzung mit philosophischen, moralischen, theologischen, politischen und sozialen Traditionen eine wichtige Rolle. Bahnbrechend wirkte in dieser Hinsicht Pierre Bayle (1647–1706), der wegen der antidogmatischen Tendenz seines Denkens, wie sie in seinem «Dictionnaire Historique et Critique»[2] zum Ausdruck kommt, als einer der Wegbereiter der Aufklärung gelten kann.

Ein anderes Charakteristikum des Aufklärungsdenkens ist dessen emanzipatorische Tendenz, die mit der kritischen Einstellung Hand in Hand ging und sich sowohl im theoretischen als auch im praktischen Bereich auswirkte: Einerseits proklamierten die Aufklärer die Freiheit des Denkens, andererseits forderten sie die Autonomie des Individuums im sittlichen, politischen und ökonomischen Bereich. Diese Tendenz lief auf die Lösung von Bindungen hinaus, die die Gesellschaft des ausgehenden Mittelalters und der beginnenden Neuzeit geprägt hatten. In der Sicht der Aufklärung ist der Mensch nicht mehr an einen Pflichtenkatalog gebunden, der mit religiöser Weihe versehen ist; er betrachtet sich nicht mehr als Angehörigen eines Staatswesens, dessen Herrscher von Gottes Gnaden regiert; er hält die Zugehörigkeit zu einer Kirche nicht mehr für heilsnotwendig, und er fühlt sich nicht mehr ausgestoßen, wenn Kirche oder Staat mißbilligen, was er sagt, tut, schreibt. Da egoistisches Handeln nicht mehr als schlechthin verwerflich galt, konnte auch das ökonomische Handeln der ethischen oder religiösen Bewertung entzogen und ausschließlich vom Gesichtspunkt der Nützlichkeit aus beurteilt werden. Gestützt auf die Annahme, daß das Streben des einzelnen nach Vorteilen auch der Gemeinschaft den größtmöglichen Nutzen eintrage, wiesen die Vertreter der damaligen politischen Ökonomie Maßnahmen des Staates zur Lenkung der Wirtschaft prinzipiell zurück.

Mit einem einseitig hedonistischen Utilitarismus wollten sich jedoch die meisten Vertreter der Aufklärung nicht identifizieren. Neben dem Glück galten auch Freiheit und Entfaltung von Talenten als Werte, die in der menschlichen Natur begründet sind. Der Mensch strebt nach Ansicht der Aufklärer nicht nur naturnotwendig nach der Realisierung dieser Werte, sondern er hat auch das Recht dazu, so daß alles als Unrecht gilt, was dieses Streben beeinträchtigt. Diese Auffassung fand ihren deutlichsten Niederschlag in der Formulierung der Menschenrechte, auf die sich die Vertreter der Aufklärung in ihrem Kampf gegen politischen und weltanschaulichen Despotismus beriefen. Der Glaube an Werte, die ihren Grund in der (menschlichen) Natur haben, hat metaphysischen Charakter; er hängt mit der Annahme zusammen, daß die Wirklichkeit als solche vernünftig sei, wie schon die rationalistischen Metaphysiker des 17. Jahrhunderts gemeint hatten.

Der Glaube an eine vernünftige Ordnung der Wirklichkeit bildete die Basis des für das Aufklärungsdenken charakteristischen Optimismus, namentlich des optimistischen Glaubens an den kulturellen Fortschritt. Wenn das vernünftige Denken einer objektiven Ordnung zugeordnet ist, dann darf angenommen werden, daß der vernünftig urteilende und entsprechend handelnde Mensch im Einklang mit der Gesamtwirklichkeit steht. Die optimistische Überzeugung, daß der Mensch, der der Vernunft folgt, sich seiner Wesensbestimmung gemäß verhält und damit den Fortschritt der Menschheit fördert, erscheint unter diesen Voraussetzungen als legitim. Um die Mitte des 18. Jahrhunderts wurde der Fortschrittsoptimismus allerdings erstmals schwer erschüttert; das Erdbeben von Lissabon (1755) weckte Zweifel an der Zweckmäßigkeit der Natur, die den Glauben an die Zielstrebigkeit der Entwicklung nicht unberührt ließen.

Fragt man, was am Aufklärungsdenken neu ist, so wird man sagen müssen, daß weder die Inhalte noch die Methode der Philosophie des 18. Jhdts. neu waren, sondern daß lediglich neue Akzente gesetzt wurden.[3] Nach wie vor war jedoch die naturwissenschaftliche Methode das Vorbild der Philosophie, nun aber nicht mehr in Form der Galileischen oder Cartesianischen, sondern in Form der Newtonschen Physik. Aber obschon das Aufklärungsdenken inhaltlich von den Leistungen des 17. Jahrhunderts zehrte (wie am Ende des Zeitalters Condorcet bemerkte[4]), verschaffte es den Gedanken, die es übernahm, Wirkung in immer weiteren Kreisen und prägte damit die Kultur im allgemeinen in nachhaltiger, keineswegs auf die damalige Zeit beschränkter Weise.

b) Shaftesbury als Wegbereiter der Aufklärung

Wichtige ethische, religionsphilosophische und ästhetische Auffassungen des Aufklärungszeitalters wurden von einem Denker vorbereitet, der nicht als Aufklärer bezeichnet zu werden pflegt, der jedoch wichtige Motive der Aufklärung vorwegnahm und das Aufklärungsdenken stark beeinflußte, nämlich von Anthony Ashley Cooper, Earl of Shaftesbury (1671–1713). Shaftesbury war kein reiner Theoretiker, sondern ein philosophisch interessierter Mann der (politischen) Praxis. Er entstammte einer politisch einflußreichen Familie, wurde zeitweise von Locke erzogen (siehe Kap. I,5), wurde Mitglied des Unterhauses und später des Oberhauses.[5] Seine philosophische Ausstrahlung war, obwohl er keine Schule begründete, beträchtlich; auch in der Literatur wirkten manche seiner Gedanken weiter: Seine Betonung des Gefühls fand einen Niederschlag im Sentimentalismus, und sein Glaube an die ideale Ordnung der Wirklichkeit beeinflußte, durch Herder vermittelt, die deutsche Klassik.

Shaftesbury verteidigte das Recht auf Kritik und berief sich dabei auf den *common sense*, der in seinen Augen weit mehr als gesunder Hausverstand war, nämlich ein Sinn für das theoretisch Angemessene und das moralisch Richtige. Im Gegensatz zu den englischen und französischen Aufklärungsphilosophen vertrat er eine platonistische Auffassung, die nicht nur von Plato und den Platonikern der Antike, sondern auch vom Renaissance-Platonismus (siehe Teil III, Kap. I,2 a) und von den Cambridge Platonists (siehe Kap. I,5 b) beeinflußt war. Er betrachtete die Wirklichkeit als ein vernünftig geordnetes, zweckmäßiges und harmonisches Ganzes, in das alle Einzelwesen, somit auch der Mensch und sein Denken, eingebettet sind. Da er die harmonische Ordnung der Wirklichkeit für göttlich erklärte, wird die Annahme eines jenseitigen Gottes entbehrlich.

Mit dieser Auffassung hängt der für Shaftesburys Denken charakteristische philosophische Optimismus zusammen, d. h. der Glaube, daß die Wirklichkeit ein harmonisches Ganzes und als solches gut und schön sei. Die Idee der Harmonie, die im Mittelpunkt von Shaftesburys Ethik und Ästhetik steht, gilt jedoch nicht als Inhalt vernünftiger Erkenntnis, sondern primär des Gefühls, des «Herzens». Mit dieser Ansicht entfernte sich Shaftesbury von der rationalistischen Metaphysik und nahm eine Einstellung vorweg, die erst in der Romantik wieder zur Geltung kommen sollte.

In der Ethik spielt die Idee der Harmonie insofern eine Rolle, als es nach Shaftesbury das Ziel moralischer Bemühungen ist, die positiven Anlagen des menschlichen Geistes in ein harmonisches Verhältnis zu bringen und insbesondere ein Gleichgewicht von Eigeninteresse und Wohlwollen gegenüber anderen herbeizuführen. Wenn diese Harmonie ihrerseits gefühlsmäßig gebilligt wird, erreicht die Moral ihre Vollendung, weil der Mensch dann gern tut, was er tun soll. Das Ideal der «schönen Seele», das sich hier abzeichnet, sollte in der deutschen klassischen Literatur eine Rolle spielen. Die Ablehnung der rationalistischen Ethik zugunsten einer Ethik des moralischen Sinns (moral sense), nach der das sittlich Gute intuitiv erfaßt werden soll, entzieht dem Utilitarismus den Boden. Zur Moral-sense-Ethik bekannten sich unter Shaftesburys Einfluß auch Francis Hutcheson (1694–1746),[6] Joseph Butler (1692–1752)[7] und andere.[8]

Religion und Moral sind nach Shaftesbury im Grunde nicht verschieden, da beide in der positiven Einstellung gegenüber der Güte und Schönheit der Wirklichkeit bestehen. Eine Religion, in deren Mittelpunkt das gefühlte Gute und Schöne stehen, läßt sich offenbar nicht in Form von Lehrsätzen fixieren, so daß die Moralisierung bzw. Ästhetisierung der Religion auf die

Ablehnung des theologischen Dogmatismus hinausläuft. Nach Shaftesbury soll die Religion keinerlei Reglementierung von seiten einer Kirche oder des Staates unterworfen sein.

c) Die Deisten

Schon die Vertreter der rationalistischen Metaphysik hatten Gott nur solche Bestimmungen beigelegt, die den philosophischen und naturwissenschaftlichen Prinzipien nicht widersprachen. Dies hatte zur Folge, daß die Möglichkeit von Wundern, verstanden als Aufhebung von Naturgesetzen, bestritten wurde. Auch Locke billigte (wie vor ihm schon Herbert von Cherbury, siehe Teil III, Kap. II, Abschn. 2) den Glauben nur insoweit, als er vernünftigen Charakter hat (siehe Kap. I, 5 e). An derartige Auffassungen knüpften die Vertreter des Deismus an, die gegen den Atheismus betonten, daß die Existenz Gottes erkennbar sei, Gott aber, anders als die Theisten, alle dem menschlichen Erfahrungsbereich entnommenen (anthropomorphen) Züge absprachen. Gott galt ihnen zwar als Weltschöpfer, sie bestritten aber, daß er in das Weltgeschehen eingreifen und die menschlichen Geschicke lenken könne. Da sie auch die Annahme einer Offenbarung ablehnten, sprachen sie den Kirchen das Recht ab, sich auf geoffenbarte Wahrheiten zu berufen. Keineswegs wollten sie die Religion als solche verwerfen; sie bekannten sich vielmehr zu einer natürlichen Religion auf der Grundlage der natürlichen Sittlichkeit. Die Religion ist ihrer Ansicht nach genau so weit gerechtfertigt, als sie positive moralische Auswirkungen hat. Diese Auffassung war in der Zeit der Aufklärung weit verbreitet, ja sie spielt noch bei Kant und beim jungen Hegel eine Rolle. Vertreter dieser Richtung waren John Toland (gest. 1722), Anthony Collins (gest. 1729), Henry Viscount Bolingbroke (gest. 1751) und Matthew Tindal (gest. 1733), die sich als Schüler Lockes betrachteten. Sie glaubten an die Möglichkeit von Gottesbeweisen, wiesen aber alles als Aberglauben zurück, was über die philosophische Gotteserkenntnis hinausgeht. Typisch für den Deismus ist die Hochschätzung der Freiheit des Denkens: Der Begriff des Freidenkertums wurde von den Deisten, wenn schon nicht geprägt, so doch aufgenommen und in weiteren Kreisen bekannt gemacht.

Deistische Auffassungen breiteten sich, von England ausgehend, bald auch auf dem Kontinent aus, und zwar zunächst in Frankreich. Die Tatsache, daß die von den Kirchen vertretene Gottesauffassung von vielen für überholt gehalten wurde, zeigt, wie weit sich das Denken von der Einstellung des Mittelalters entfernt hatte. Aber auch die für die Philosophie des 17. Jahrhunderts charakteristischen Bemühungen, philosophische und theologische Lehren als verträglich erscheinen zu lassen, fanden im 18. Jahrhundert kaum mehr eine Fortsetzung. Die Philosophie emanzipierte sich immer mehr von der Theologie, der Dogmatismus und Irrationalismus vorgeworfen wurden.

Auf der Grundlage des Deismus wurden im Zeitalter der Aufklärung die auf das 17. Jahrhundert zurückgehenden Ansätze einer kritischen Bibelexegese weiterentwickelt. Schon Spinoza hatte die biblische Überlieferung einer kritischen Prüfung unterzogen, und was er in bezug auf das Alte Testament in Angriff genommen hatte, übertrugen andere auf die Evangelien. Hier ist der Hamburger Gymnasialprofessor Hermann Samuel Reimarus (1694–1768) – ein Vertreter der Idee einer natürlichen, auf Offenbarungen und Dogmen nicht angewiesenen Religion – zu nennen, der in seiner «Apologie oder Schutzschrift für die vernünftigen Verehrer Gottes» auf Widersprüche in den Evangelien hinwies.[9] Gotthold Ephraim Lessing publizierte zwischen 1774 und 1778 Teile des Werkes als «Fragmente eines Ungenannten», wobei er vorgab, das Manuskript in der von ihm geleiteten Wolfenbütteler Bibliothek gefunden zu haben. Die Veröffentlichung löste eine Debatte aus, in deren Verlauf Lessing in typisch deistischer Weise zwischen einem «wahren» Christentum und den historisch bedingten Darstellungen in den Evangelien unterschied. (Siehe auch 4 c)

Der Versuch, die Religion auf eine vernünftige Gottes- und Sittenlehre zu reduzieren, löste gegen Ende des 18. Jahrhunderts eine Gegenbewegung aus: In der Romantik, die der aufklärerischen Tendenz zur Rationalisierung im allgemeinen entgegentrat, wurde die rationalistische Verkürzung der Religion abgelehnt und die Eigenständigkeit des religiösen Glaubens betont.

2. Die Radikalisierung des Empirismus

Die Kritik, die Hobbes und Locke unter Berufung auf die Erfahrungswissenschaften an den herkömmlichen metaphysischen und erkenntnistheoretischen Auffassungen übten, erfuhr im 18. Jahrhundert eine Fortsetzung und Radikalisierung, vor allem durch Berkeley und Hume. Beim ersteren mündet die empiristische Erkenntniskritik in eine Rechtfertigung der Theologie, während der letztere dazu neigte, nicht nur die Metaphysik, sondern die traditionelle Philosophie als solche zugunsten einzelwissenschaftlicher Erklärungen aufzugeben.

a) Berkeleys Verbindung von Empirismus und religiöser Spekulation

Der irische Philosoph und Theologe George Berkeley, geboren 1685 im südirischen Kilkenny, gestorben während eines Besuchs in Oxford 1753,[10] pflegt der Tradition des Empirismus zugerechnet zu werden, von der ihn jedoch die moralisch-theologische Motivation seines Denkens trennt.[11] Wenn er von seinem philosophischen Hauptwerk – der «Abhandlung über die Prinzipien der menschlichen Erkenntnis»[12] – sagt, es verfolge den Zweck, «die Existenz und Eigenschaften Gottes, die Unsterblichkeit der Seele und die Verträglichkeit von Gottes Vorsehung mit der Freiheit des

Menschen zu beweisen, um die Menschen zum Studium der Religion und nützlicher Dinge zurückzuführen»,[13] so gibt er zu verstehen, daß seine Zielsetzung weit über den Bereich einer empiristischen Theorie der Erfahrung hinausgeht. Als Mitglied des Trinity College in Dublin, wo er später Theologie lehrte, empfing er die geistlichen Weihen; zwischen 1729 und 1731 hielt er sich als Missionar in Amerika auf, 1734 wurde er Bischof von Cloyne. Als Schriftsteller beschränkte er sich nicht auf philosophische und psychologische Themen, die er in seinen ersten Werken erörtert hatte (dem oben genannten Werk war eine psychologische Abhandlung mit dem Titel «Versuch einer neuen Theorie der Gesichtswahrnehmung»[14] vorausgegangen), sondern er beschäftigte sich auch mit weltanschaulich-religiösen, ökonomisch-politischen und medizinischen Fragen.

Als Erkenntnistheoretiker knüpfte Berkeley an Locke an, mit dem er annahm, daß Vorstellungen (ideas) auf äußerer oder innerer Erfahrung beruhen und daß wir nur von Vorstellungen, und nicht von Dingen, unmittelbar Kenntnis haben. Während Locke einfache Vorstellungen als Repräsentanten von Eigenschaften der Dinge aufgefaßt hatte, wies Berkeley die Annahme einer Repräsentation von Dingen durch Vorstellungen zurück, weil es seiner Ansicht nach keine einfachen Ideen gibt. So ist namentlich die Vorstellung des dreidimensionalen Raumes nicht einfach, sondern sie wird durch Verbindung von Seh- und Tasteindrücken vom Subjekt erzeugt. Berkeley bestritt, daß primäre (räumlich-quantitative) und sekundäre Qualitäten (wie Farben, Töne, Temperaturen) prinzipiell verschieden seien; wenn aber primäre und sekundäre Qualitäten im wesentlichen denselben Status haben, kann man nicht die ersteren – namentlich die räumlichen Bestimmungen – den Dingen selbst zuschreiben und die letzteren ins Subjekt verlegen. So, wie wir nicht berechtigt sind, die Dinge, wie sie unabhängig von ihrer Beziehung auf ein wahrnehmendes Subjekt sein mögen, für farbig zu halten, so dürfen wir auch nicht behaupten, daß sie an sich ausgedehnt seien. Wenn zugestanden wird, daß Farben, Töne usw. nur im Bewußtsein vorhanden sind, dann muß dasselbe für Ausdehnung, Größe und Gestalt gelten.

Auch wenn man einräumt, daß wir nicht wissen können, welche Eigenschaften die Dinge unabhängig von ihrer Beziehung zum Bewußtsein haben, scheint doch die Existenz bewußtseinsunabhängiger Dinge nicht bezweifelt werden zu können. Tatsächlich ist aber nach Berkeley die Annahme einer Welt selbständiger materieller Dinge unhaltbar, da wir nicht sagen können, was Dinge sein sollen, die keinerlei Eigenschaften haben. Ein Ding ohne Eigenschaften müßte in abstrakter Weise – als unbestimmtes x – gedacht werden, und abstrakte Vorstellungen gibt es nach Berkeley nicht.

Um Berkeleys Auffassung zu verstehen, muß man die Position berücksichtigen, die er in der Universalienfrage einnahm. John Locke hatte die Ansicht vertreten, daß es zwar keine allgemeinen Wesenheiten, wohl aber allgemeine Vorstellungen gebe, weil sich andernfalls nicht begreifen lasse, daß wir imstande sind, allgemeingültige Urteile zu fällen. Um z.B. urteilen zu können «Alle Dreiecke haben eine Winkelsumme von 180°», benötigen wir nach Locke den Begriff des Dreiecks im allgemeinen, also eine allgemeine Idee, unter die alle besonderen Dreiecke fallen. Berkeley hielt diese Annahme für falsch. Was immer wir vorstellen, ist nach seiner Überzeugung etwas Konkretes. Stellen wir z.B. ein Dreieck vor, dann kann es sich nur um ein spitzwinkliges oder rechtwinkliges oder stumpfwinkliges Dreieck handeln, nicht um ein Dreieck, das weder spitzwinklig, noch rechtwinklig, noch stumpfwinklig ist. Abstrakte Gegenstände (wie «Dreieck im allgemeinen») sind mit einem Wort unvorstellbar. Um zu erklären, wie wir allgemeingültige Urteile fällen können, genügt es, von konkreten Vorstellungen anzunehmen, daß sie alle Dinge der fraglichen Art vertreten. Um sagen zu können «Alle Dreiecke haben eine Winkelsumme von 180°», brauchen wir uns nur ein bestimmtes (etwa ein spitzwinkliges) Dreieck vorzustellen und es zum Repräsentanten beliebiger Dreiecke zu machen. Das geschieht so, daß wir nur jene seiner Bestimmungen beachten, die allen Dreiecken zukommen; ein Abstraktum «Dreieck» braucht nicht angenommen zu werden. Ebenso gibt es keine abstrakte Vorstellung «Ding», sondern nur Vorstellungen konkreter Dinge von bestimmter Größe, mit einer bestimmten Form, die so und so gefärbt sind, diese oder jene Oberflächenbeschaffenheiten haben usw., und solche Vorstellungen bestehen nur im Bewußtsein, ohne daß es möglich wäre, sie auf eine denkunabhängige materielle Wirklichkeit zu beziehen.

Die Behauptung, daß es keine materiellen Dinge gibt, ist im höchsten Grade paradox, sind wir doch überzeugt, in einer Welt zu leben, die bestanden hat, bevor es Menschen gab, und die bestehen wird, wenn die Menschheit zu existieren längst aufgehört hat. Das war auch Berkeley klar, und er bemühte sich, das Paradoxe seiner Auffassung abzuschwächen, ja seine Konzeption als die einzige darzustellen, die mit dem «gesunden Menschenverstand» im Einklang steht. Diesem Ziel dienen vor allem die «Drei Dialoge zwischen Hylas und Philonous», in denen Hylas (von griech. hyle = Materie) die Ansicht verteidigt, daß es denkunabhängige materielle Dinge gebe, während Philonous (wörtlich: Freund des Geistes) den entgegengesetzten Standpunkt vertritt. Berkeley betonte, daß er keineswegs die Realität von Dingen in Raum und Zeit bestreiten, sondern nur klarmachen wollte, was unter «Ding» verstanden werden muß, wenn dieser Ausdruck einen Sinn haben soll. Reale Dinge, deren Existenz vernünftigerweise nicht zu bestreiten ist, sind, wie er annehmen zu müssen glaubte, Vorstellungsinhalte, somit nichts jenseits der Vorstellungen Vorhandenes. Räumt man das ein, dann entfallen die Schwierigkeiten, die mit der Annahme bewußtseinsjenseitiger, unbekannter und unerkennbarer Dinge verbunden sind. Wenn Dinge als Vorstellungsinhalte aufgefaßt werden, dann sind sie genau das, als was sie erfahren werden, das heißt, die philosophische Auffassung deckt sich mit dem natürlichen Wirklichkeitsverständnis. Nur auf Grund der These, daß das Sein der Dinge (ihr *esse*) im Wahrgenommensein (*percipi*) besteht, läßt sich der erkenntnistheoretische Realismus rechtfertigen und zugleich der Materialismus, der die christliche Weltanschauung bedroht, widerlegen.

Die Gleichung von Sein und Wahrgenommensein gilt nur für das Sein von Dingen, nicht für das Sein des denkenden Geistes, das nicht im Wahrgenommenwerden, sondern im Wahrnehmen besteht. Nach Berkeley ist somit zwischen zwei Seinsweisen zu unterscheiden: der des denkenden Geistes und der seiner Denkinhalte. Im vollen Sinne wirklich ist der Geist; materielle Dinge sind nur insofern wirklich, als sie Inhalte eines Geistes sind. Das Wesen des Geistes besteht im Wollen, in der geistigen Aktivität: «Die Seele ist eigentlich Wille, und als dieser ist sie von den Ideen unterschieden», wie Berkeley notierte.[15]

Wegen des prinzipiellen Unterschieds zwischen den Ideen und dem Geist, der Ideen hat, konnte Berkeley nicht annehmen, daß das Selbstbewußtsein durch Ideen vermittelt ist. Da wir nichtsdestoweniger in der Reflexion von uns selbst als geistiger Aktivität wissen, kann der Begriff, den wir vom Geist haben, keine Idee, d. h. kein anschaulicher Bewußtseinsinhalt sein. Berkeley sah sich daher, über Locke hinausgehend, genötigt, Begriffe (notions), d. h. unanschauliche Vorstellungen, anzunehmen. Damit distanzierte er sich von der empiristischen These, daß alle Begriffe auf Beobachtungen beruhen. Beobachtungsunabhängige Begriffe haben wir nicht nur von unserem eigenen Geist, sondern von Geistern im allgemeinen, somit auch vom unendlichen Geist Gottes. Die Existenz anderer Geister, insbesondere Gottes, erkennen wir aber nicht unmittelbar, sondern auf dem Wege des Schließens. Daß Gott existiert, folgt daraus, daß es vom Ich unabhängige Vorstellungen gibt, die daher auf eine Ursache außerhalb des Ich bezogen werden müssen. Da materielle Dinge als Ursachen von Vorstellungen nicht in Betracht kommen – Berkeley lehnte ja die Annahme solche Dinge ab –, können Ding-Vorstellungen nur von einem geistigen Wesen hervorgerufen sein. Ihr Ursprung ist letzten Endes der göttliche Geist, auf den auch die Ordnung bzw. der Zusammenhang der Ding-Vorstellungen zurückgeht. Man darf Berkeley also nicht die Ansicht zuschreiben, daß es keine vom endlichen Bewußtsein unabhängige Wirklichkeit gebe; es gibt sie, doch sie ist nicht materiell, sondern geistig.

Berkeleys Metaphysik hat Konsequenzen für die Beurteilung der Naturwissenschaft: Da naturwissenschaftliche Theorien nicht als Versuche verstanden werden können, die Struktur einer denkunabhängigen materiellen Welt zu beschreiben, wies ihnen Berkeley die Funktion zu, Vorgänge zu erklären bzw. vorherzusagen. Auf Grund von begründeten Vorhersagen ist es möglich, gezielt in den Ereignisablauf einzugreifen. Da Theorien dieser Auffassung zufolge Instrumente zur Vorhersage und Beeinflussung von Vorgängen sind, wird die von Berkeley vertretene Auffassung «Instrumentalismus» genannt.

Berkeleys Anschauung läßt sich nicht so entkräften, wie es der Schriftsteller Samuel Johnson (1709–1784) angeblich versuchte, indem er, auf Berkeleys Ansicht angesprochen, mit dem Fuß einen Stein beiseitestieß und sagte: Ich widerlege das so! Berkeley setzte sich mit der ernstzunehmenden Frage auseinander, was dasjenige sei, was wir im Alltag und vor allem in der Naturwissenschaft «Materie» nennen. Er argumentierte überzeugend, daß mit diesem Ausdruck nicht etwas einfach Vorfindliches gemeint sein kann, das unabhängig von uns vorhanden wäre und bloß beschrieben zu werden brauchte. Hält man sich vor Augen, daß die Materie, von der die moderne Naturwissenschaft spricht, nicht das ist, wofür sie der Common sense hält, sondern daß der Materiebegriff eine theoretische Konstruktion darstellt, dann wird man Berkeleys Anschauung nicht mehr für so abwegig halten, wie es viele seiner Zeitgenossen taten. Berkeley sah richtig, daß Gegenstände nicht unabhängig von der Beziehung auf ein denkendes Subjekt erfahren werden können und daß auch eine von empiristischen Voraussetzungen ausgehende Theorie der Erfahrung nicht ohne metaphysische Annahmen auskommt. Will man solche Annahmen vermeiden, dann muß man die von Berkeley und den meisten früheren Philosophen vertretene Auffassung, daß die Philosophie gewisse Urteile als objektiv gültig zu erweisen habe, aufgeben und dem Erkenntnisproblem als Einzelwissenschaftler gegenübertreten, wie es David Hume mit äußerster Konsequenz tat.

b) Die Radikalisierung des Empirismus bei Hume

David Hume, geboren 1711 in Edinburgh und dort 1776 gestorben, nahm einen Standpunkt ein, der sich wesentlich von jenen Positionen unterscheidet, die Rationalisten und Empiristen vor ihm vertraten. Hatten diese versucht, Erkenntnisansprüche und sittliche Normen zu rechtfertigen, so sah Hume seine Aufgabe darin, die Tatsache, daß Vorstellungen und Urteile unter Umständen für objektiv gehalten werden und daß Normen als verbindlich gelten, mit wissenschaftlichen – näherhin mit psychologischen – Mitteln zu erklären. Sofern damit Fragen, die bisher im Rahmen der Philosophie bzw. der Metaphysik erörtert worden waren, an eine Einzelwissenschaft abgetreten wurden, führt der Schritt, den Hume vollzog, vom bisherigen Weg der Philosophie fort; dennoch hat seine Auffassung insofern positive Bedeutung für die weitere Entwicklung des philosophischen Denkens, als sie Spätere – in erster Linie Kant – dazu veranlaßte, die der Erkenntnislehre und der Ethik gestellten Aufgaben neu zu formulieren und nach neuen Mitteln ihrer Bewältigung zu suchen.

Die von Hume vollzogene Wende zeichnet sich schon in seinem Erstlingswerk, dem «Traktat über die menschliche Natur» (1739f.), ab. Das Buch erzielte nicht die Wirkung, mit der der Autor gerechnet hatte; es war, wie er sich rückblickend ausdrückte, sozusagen totgeboren aus der Druckerpresse gekommen. Hume führte den Mißerfolg auf die literarische Form des Werkes zurück und veröffentlichte dessen Gedanken später in mehreren Essays: 1748 erschien die «Untersuchung über den menschlichen Verstand», 1750 die «Untersuchung über die Prinzipien der Moral», die – wie auch die vorangegangenen «Essays Moral and Political» – den erhofften Erfolg hatten. Außerdem setzte er sich kritisch mit Religion und Theologie auseinander, wovon im Absatz (4) die Rede sein soll.[16] Humes Bemühungen um einen Lehrstuhl blieben vergeblich; er wurde zunächst Bibliothekar in Edinburgh, später Gesandtschaftssekretär und schließlich Unterstaatssekretär. Sein Ruhm bei den Zeitgenossen beruhte weniger auf seinen philosophischen Schriften, als vielmehr auf seiner «Geschichte Englands».

(1) Der Bruch mit der Erkenntnistheorie

In der Erkenntnistheorie vor Hume war es um die Frage gegangen, unter welchen Bedingungen wir annehmen dürfen, daß Perzeptionen von denkunabhängigen Dingen hervorgerufen sind. Von dieser Fragestellung distanzierte sich Hume, weil er die Annahme, daß gewisse Perzeptionen Wirkungen von Reizen seien, für unzulässig hielt. Zwar sprach auch er von Eindrücken (*impressions*), die den Vorstellungen (*ideas*) zugrunde liegen, wollte damit aber nicht suggerieren, daß es sich um Wirkungen von Reizen handle. Eindrücke und Vorstellungen sind nicht dadurch unterschieden, daß die einen durch Reize verursacht sind, die anderen nicht, sondern die Unterscheidung erfolgt ausschließlich mit Hilfe innerer Merkmale der Perzeptionen: Sind sie lebhaft und ausgeprägt, heißen sie «Eindrücke»; sind sie schwach und undeutlich, werden sie «Vorstellungen» («ideas») genannt.

Humes Einstellung gegenüber dem Erkenntnisproblem läßt sich durch einen Vergleich mit der Cartesianischen Position verdeutlichen.[17] Wo Descartes wegen des Auftretens von Sinnestäuschungen die Zuverlässigkeit der Sinneswahrnehmungen in Frage gestellt hatte, meinte Hume, daß die Gefahr von Täuschungen durch experimentelle Kontrolle weitgehend gebannt werden könne. Wo Descartes am Vorhandensein von Dingen gezweifelt hatte, um im weiteren Verlauf unter Berufung auf Gottes Wahrhaftigkeit zugunsten der Existenz und der Erkennbarkeit denkunabhängiger Dinge zu argumentieren, hielt Hume den Zweifel an der Realität der Außenwelt für theoretisch unüberwindlich und wies die Annahme, daß Ideen Dinge repräsentieren könnten, als sinnlos zurück, weil sie prinzipiell nicht überprüft werden kann. Um festzustellen, ob Vorstellungen Dinge repräsentieren, müßte man sie mit den Dingen vergleichen können; da uns aber nur Ideen, nicht jedoch Dinge «hinter» den Ideen bekannt sind, ist ein solcher Vergleich unmöglich.

Auch der Cartesianische Zweifel an der Gültigkeit mathematischer Sätze hat bei Hume eine Parallele, allerdings nur in seinem Frühwerk. Während Descartes den Zweifel an Sätzen wie «$2 + 3 = 5$» auf die Hypothese eines höchst mächtigen und verschlagenen Wesens gestützt hatte, das uns ständig täuschen könnte, argumentierte Hume mit der prinzipiellen Irrtumsanfälligkeit der Vernunft. Urteile sind niemals völlig sicher, sondern immer nur wahrscheinlich. Da auch ein Urteil, in dem wir den Wahrscheinlichkeitsgrad eines gegebenen Urteils feststellen, nur wahrscheinlich ist, müssen die beiden Wahrscheinlichkeiten multipliziert werden, und da sie kleiner als 1 sind, ergibt sich ein Wert, der kleiner als der Wahrscheinlichkeitswert jedes der beiden Urteile ist. Die Überlegung läßt sich so lange wiederholen, bis die ursprüngliche Wahrscheinlichkeit aufgezehrt ist.

Die Unsicherheit von Urteilen der Vernunft zeigt sich nach Hume auch darin, daß die Grundbegriffe der rationalsten Wissenschaft, nämlich der Mathematik, widersprüchlich sind, wie z.B. «Punkt», «Linie», «unendlich Kleines», «infinite Teilbarkeit» usw. Man kann dieser Schwierigkeit nur entgehen, wenn man mit Berkeley anerkennt, daß «Punkt», «Linie» usw. nicht etwas Abstraktes, sondern anschauliche Vorstellungsinhalte bedeuten. Unter «Punkt» ist z.B. eine sehr kleine, anschaulich vorstellbare Fläche – also etwas, das man zeichnen kann –, und nicht etwas Unausgedehntes zu verstehen. Diese Ansicht konnte begreiflicherweise die Mathematiker, die in den Sätzen ihrer Disziplin keine Tatsachenaussagen erblickten, nicht befriedigen. Kant bemerkte die Schwäche der Humeschen Auffassung und bezog deshalb die Grundbegriffe der Mathematik nicht mehr, wie Hume, auf Erfahrungen, sondern nahm an, daß sie vom Subjekt im Rahmen erfahrungsunabhängiger Anschauungs- und Denkformen erzeugt würden.

Die skeptischen Konsequenzen, zu denen Hume durch die angedeuteten Überlegungen geführt wurde, sind rein theoretisch und haben daher kaum Einfluß auf die Praxis. Zwar kann der extreme Skeptizismus schädlich werden, wenn er zur Lethargie und damit zur Vernachlässigung lebenswichtiger Aufgaben führt; aber im allgemeinen erweisen sich die Erfordernisse des Lebens als stärker: Man muß handeln und zum Zweck des Handelns manches glauben, auch wenn die Voraussetzungen des Glaubens nicht sicher begründet werden können. Die extreme Skepsis – der Pyrrhonismus[18] – wird somit nicht durch theoretische Überlegungen überwunden, sondern dadurch, daß man sich auf den Standpunkt der alltäglichen Praxis stellt und Aufgaben des Lebens in Angriff nimmt. Die natürlichen Instinkte, die dann wirksam werden, überwinden den übersteigerten Skeptizismus.

Der gemäßigte Skeptizismus, den Hume in Anspielung auf die Einstellung der Mittleren und Jüngeren Platonischen Akademie[19] den «akademischen» nannte, hat dagegen eine positive Funktion: Er wirkt dem Dogmatismus entgegen und veranlaßt zur Beschränkung auf jenen Bereich, in dem Erkenntnisse möglich und anwendbar sind, nämlich auf den Bereich der Erfahrungstatsachen und der alltäglichen Praxis. Außer den empirischen Wahrheiten, die *matters of fact* betreffen, gibt es nur wahre Urteile über begriffliche Beziehungen (*relations of ideas*). Während empirische Urteile (z.B. Naturgesetze) zwar Informationen über die Realität enthalten, aber nie vollkommen sicher sind, kommt Urteilen über Beziehungen zwischen

Begriffen (z. B. dem Pythagoreischen Lehrsatz) zwar Sicherheit zu, sie sagen aber nichts über Tatsachen aus. Da Hume die Alternative von Sicherheit bei gleichzeitiger Inhaltslosigkeit und Tatsachenhaltigkeit um den Preis prinzipieller Unsicherheit für vollständig hielt, sah er keinen Platz für die Metaphysik als Disziplin, die sichere Aussage über die Wirklichkeit zu machen beansprucht. Die metaphysikfeindliche Einstellung Humes kommt in den Schlußsätzen der «Untersuchung über den menschlichen Verstand» klar zum Ausdruck: «Überblicken wir mit unserer Überzeugung von diesen Prinzipien die Büchereien – welche Verwüstung müßten wir nicht anrichten? Nehmen wir irgendeinen Band, z. B. aus der Theologie oder der Schulmetaphysik, zur Hand, so sollten wir fragen: Enthält er irgendeinen abstrakten Schluß über Größe und Zahl? Nein. Enthält er irgendwelche empirischen Überlegungen über Tatsache und Existenz? Nein. Also ins Feuer damit; denn er kann nichts als Sophisterei und Täuschung enthalten.»[20]

Wenn die Überzeugung, daß sich bestimmte Vorstellungen bzw. Urteile auf denkunabhängige Dinge beziehen und sie unter Umständen korrekt abbilden, sich nicht begründen läßt, dann bedeutet dies das Scheitern der Erkenntnistheorie, der die Aufgabe zugewiesen worden war, den Anspruch objektiver Gültigkeit gewisser Begriffe und Urteile zu rechtfertigen. Wenn Begründungen im Bereich der Erkenntnis unmöglich sind, dann muß man sich ein bescheideneres Ziel stecken und versuchen, die Entstehung des Glaubens an die Objektivität von Vorstellungen zu erklären. Indem Hume diese Wende vollzog, ersetzte er die Erkenntnistheorie durch Erkenntnispsychologie. Anstatt den Versuch zu machen, eine Begründung für die Annahme der objektiven Gültigkeit gewisser Vorstellungen zu finden, ist nach Hume zu fragen, wie der Glaube, daß unseren Wahrnehmungsvorstellungen denkunabhängige Dinge entsprechen, entsteht. Hume deutete den Realitätsglauben (*belief*) als Folge der Lebhaftigkeit und Eindringlichkeit von Eindrücken oder als Folge von Assoziationen – d. h. von Verbindungen zwischen Perzeptionen auf Grund von Gewohnheit – zwischen Vorstellungen und Eindrücken. So glauben wir (um ein simples Beispiel zu konstruieren), daß jemand hinter der Tür steht, wenn wir es an ihr klopfen hören. Die Wahrnehmung des Klopfens beruht auf einem lebhaften Eindruck, die Vorstellung eines Klopfenden wird von der Einbildungskraft hinzugefügt. Weil wir aus Erfahrung wissen, daß das Klopfgeräusch in der Regel von jemandem stammt, der den Raum betreten will, sind die Vorstellungen des Klopfens und einer klopfenden Person aufs engste miteinander verknüpft. Auf Grund dieser Verknüpfung strahlt die Intensität des Eindrucks auf die Vorstellung aus und bewirkt, daß sich der Realitätsglaube auch auf diese bezieht. Unter Humes Bedingungen sind Realitätsbehauptungen daher nur mit Bezug auf Vorstellungen möglich, die einen Zusammenhang mit Beobachtungseindrücken haben, so daß etwas, das erfahrungsjenseitig ist, prinzipiell nicht als wirklich beurteilt werden kann. Der Gegensatz zur rationalistische Metaphysik könnte nicht größer sein: Während die Vertreter des Rationalismus meinten, mindestens die Existenz Gottes unabhängig von Erfahrungen beweisen zu können, kann es nach Hume unabhängig von der Erfahrung kein Urteil über Existenz geben. Alle Versuche, etwas Transzendentes (insbesondere Gott) zu erkennen, haben daher als verfehlt zu gelten.

Die Pointe von Humes Erörterung liegt in der These, daß «Existenz» nicht eine Bestimmung ist, die zu den übrigen Eigenschaften eines vorgestellten Gegenstands hinzutreten könnte. Der Inhalt des Vorgestellten ist derselbe, ob wir ihn für real halten oder bloß für eingebildet. «Existenz» bezeichnet keinen Eindruck und keine Vorstellung, sondern wir bringen im Existenzurteil lediglich unseren Glauben zum Ausdruck. Infolgedessen kann niemals durch Begriffsanalyse gezeigt werden, daß etwas existiert.

Die Annahme von Assoziationen spielt nicht nur bei der Erklärung des Zustandekommens des Realitätsglaubens eine Rolle, sondern sie dient auch der Erklärung des Dingbegriffs und des Begriffs der Kausalität. Dinge sind nach Hume auf Assoziation beruhende Vorstellungskomplexe, so wie er auch das, was «Ich» genannt wird, als relativ konstanten Komplex von Bewußtseinsinhalten – als «Bündel von Perzeptionen» – auffaßte. Die Annahme von Substanzen, die die verbundenen Eigenschaften von Dingen oder von Subjekten gleichsam tragen, hielt er für hinfällig.

Hume widersprach der rationalistischen Auffassung, daß Wirkungen durch Kräfte hervorgebracht würden. Daß die Annahme einer ursächlichen Kraft eine Fiktion ist, machte er mit Hilfe eines berühmt gewordenen Beispiels plausibel: Wenn eine ruhende Kugel durch eine bewegte angestoßen und in Bewegung versetzt wird, dann nehmen wir nur sukzessive Bewegungen wahr, keineswegs eine Kraft, die im Augenblick des Zusammenstoßes von einer Kugel auf die andere übertragen wird.[21] Weil es keinen Wahrnehmungseindruck gibt, der dem Ausdruck «Kraft» entspricht, hat dieser keinen Sinn. Wenn in der Physik von Kräften die Rede ist, dann handelt es sich um eine façon de parler; «Trägheitskraft» kann zum Beispiel nur die Erfahrungstatsache bedeuten, daß ein ruhender oder bewegter Körper stets in seinem jeweiligen Zustand verbleibt, solange nicht weitere Ursachen ins Spiel kommen.[22]

Die Idee der Kausalität beruht darauf, daß zwischen regelmäßig aufeinander folgenden Vorstellungen eine assoziative Verbindung entsteht, die zur Folge hat, daß aus Anlaß der Beobachtung des ersten Vorgangs die Vorstellung des anderen ins Bewußtsein tritt. Beobachtet man den früheren Vorgang, so wird auf Grund der Assoziation das Eintreten des späteren erwartet, und zwar nicht nur im besonderen Fall, sondern in allen gleichartigen Fällen. Die Notwendigkeit, die wir kausalen Zusammenhängen zuschreiben, ist nicht objektiv begründet, sondern beruht ebenfalls auf dem Mechanismus der Vorstellungsverknüpfung: Nach Hume gibt es keinen objektiv notwendigen Kausalzusammenhang, sondern die assoziative Verknüpfung

kausal gedeuteter Vorgänge wird als notwendig erlebt. Allgemeine Kausalsätze (bzw. Naturgesetze) werden nicht durch ein logisches Verfahren gewonnen, da ein Schluß von endlich vielen Fällen, die in der Vergangenheit
beobachtet wurden, auf alle (auch die zukünftigen) Fälle nur möglich wäre,
wenn wir sicher wüßten, daß die Form des Naturgeschehens dieselbe
bleibt; ein solches Wissen gibt es jedoch nicht: Die Verallgemeinerung
kommt nicht in rationaler Weise zustanden, das heißt, es gibt keine Induktion als logisches Verfahren.

Humes Deutung der Kausalität beruht auf der ontologischen Annahme,
daß Vorgänge zwar zusammen mit anderen (conjoined) auftreten, aber an
sich nicht mit ihnen verknüpft (connected) sein können.[23] Wenn daher
Gegenstände als verknüpft erfahren werden, dann kann die Verknüpfung
nur im Subjekt zustande kommen, und zwar durch psychische Mechanismen, wie sie in der Assoziationspsychologie untersucht werden. Indem
Hume die Beziehungen, in denen Erfahrungsgegenstände stehen, auf natürliche Faktoren wie den Trieb zur Verallgemeinerung, die Gewohnheit und
die instinktive Neigung, lebhaften Vorstellungen denkunabhängige Dinge
zuzuordnen, zurückführte, nahm er einen naturalistischen Standpunkt ein,
von dem aus sich die Probleme der traditionellen Philosophie, insbesondere
der Metaphysik, entweder verflüchtigen oder in naturwissenschaftliche
Probleme auflösen.

Mit der Leugnung an sich bestehender Zusammenhänge im Bereich der
Dinge knüpfte Hume an die Auffassungen Wilhelms von Ockham und
Nikolaus' von Oresme (siehe Teil II, Kap. IV, 1–2) an. Mit dem Versuch,
Erkenntnisphänomene auf Grund von Faktoren unterhalb der Ebene des
Verstandes zu erklären, distanzierte er sich vom Intellektualismus, der für
das Denken der Aufklärung typisch ist.

(2) Humes Auffassung der Ethik

Nicht nur in der Erkenntnislehre, sondern auch in der Ethik forderte
Hume, die Aufgabe der Begründung durch die Aufgabe der Erklärung mit
einzelwissenschaftlichen Mitteln zu ersetzen. Während in der älteren
Moralphilosophie gefragt worden war, wie sich sittliche Gebote und Verbote rechtfertigen ließen, wollte Hume mit den Mitteln der Psychologie
untersuchen, wie moralische Bewertungen zustande kommen. Um die Tatsache, daß allgemein zwischen «moralisch richtig» und «moralisch falsch»
unterschieden wird, begreiflich machen zu können, nahm er an, daß wir
unmittelbar alles Angenehme positiv, alles Unangenehme negativ bewerten.
Er lehnte es jedoch ab, Billigung und Mißbilligung ausschließlich auf Lust-
und Unlustgefühle zurückzuführen, weil in diesem Falle alle unsere Bewertungen egoistischen Charakter hätten, während wir unter Umständen auch
schätzen, was anderen angenehm ist. Um dieser Tatsache Rechnung zu tragen, muß außer dem egoistischen Streben nach Lust eine altruistische Tendenz angenommen werden, die Hume «Sympathie» oder «Menschlichkeit»,

gelegentlich auch «Gemeinschaftsgefühl» (fellow feeling) nannte. Die Sympathie beruht auf einer Art Gefühlsansteckung: Wir lassen uns von der Freude oder vom Leid anderer emotional ähnlich anstecken wie vom Gähnen eines Gesprächspartners. Hume suchte somit das Phänomen der Sympathie rein psychologisch zu erklären.

Um alle wesentlichen Züge moralischer Wertungen erklären zu können, muß darüber hinaus berücksichtigt werden, daß wir auch billigen, was nicht unmittelbar lustbetont ist, aber geeignet erscheint, eigene oder fremde Lustgefühle hervorzurufen. Die Billigung bezieht sich mit einem Wort auch auf die Mittel zur Herbeiführung jener Verhältnisse, die wir unmittelbar billigen. Da Mittel-Zweck-Beziehungen rational erkannt werden, muß in der Ethik auch die Rolle des Verstandes berücksichtigt werden. Der Verstand ist auch dafür verantwortlich, daß wir bei Wertungen von den konkreten Umständen absehen und allgemeine Werturteile formulieren können. Wir halten uneigennützige Hilfsbereitschaft für eine Tugend, unabhängig davon, ob diese Einstellung einem Freund oder einem Feind, einem vertrauten Nachbar oder einem Fernstehenden, einem Zeitgenossen oder einer Gestalt längst vergangener Zeiten zukommt; umgekehrt mißbilligen wir eigensüchtige Rücksichtslosigkeit auch bei Freunden oder Verwandten.

Ungeachtet seiner Überzeugung, daß sich moralische Vorschriften nicht begründen lassen, hielt Hume es für möglich, für eine bestimmte Moral zu optieren und sie auch anderen zu empfehlen. Er bekannte sich zu einer Moral der Gelassenheit in allen Lebenslagen, der Menschenfreundlichkeit und Milde. Auch die Fröhlichkeit ist eine positive Einstellung, weil sie die Erfüllung von Aufgaben erleichtert. Eine asketische Moral, die auf die Verneinung der Freuden des Daseins hinausläuft, lehnte er ab, weil sie im Gegensatz zum menschlichen Glücksstreben steht.

(3) Rechts- und Staatslehre

Der bisher behandelte Aspekt der Humeschen Ethik betrifft jene Tugenden, die Hume die «natürlichen» nannte, weil sie auf dem Streben nach dem Angenehmen und auf unmittelbarer Sympathie mit den Mitmenschen beruhen. So ist z.B. Hilfsbereitschaft eine natürliche Tugend, weil sie der Sympathie mit Hilfsbedürftigen entspringt. Im Gegensatz hierzu haben es der Respekt vor fremdem Eigentum, Vertragstreue und Rechtsgehorsam nicht direkt mit Sympathie zu tun und sind daher keine natürlichen Tugenden. Da es dennoch naheliegt, sie als Tugenden aufzufassen, bezeichnete sie Hume als «künstliche Tugenden». Sie beruhen außer auf dem egoistischen Streben nach Lust auch auf der Einsicht, daß das eigene Wohl und Wehe in gewissen Fällen vom Wohl und Wehe der Gemeinschaft abhängt, der man angehört. Da Handlungen im Interesse des Gemeinwohls auch Handlungen im Interesse des einzelnen sind, ist es vorteilhaft, die staatliche Ordnung zu respektieren und insbesondere das Privateigentum zu achten sowie vertragliche Vereinbarungen einzuhalten. Nützlichkeitsüberlegungen reichen aber nicht aus, um die genannten Einstellungen als Tugenden aufzufassen, da von «Tugend» immer nur in Verbindung mit Sympathie die Rede sein kann. Direkte Sympathie mit den Mitmenschen kommt allerdings bei Tugenden wie der Gerechtigkeit und der Treue nicht in Frage, weshalb es sich nur um indirekte Sympathie handeln kann, näherhin um Sympathie mit dem Allgemeinwohl. Diese Art von Sympathie ist allerdings nicht immer stark genug, um Verstöße gegen das Recht hintanzuhalten, weshalb durch Strafandrohungen eine zusätzliche Motivation geschaffen werden muß.

Versuche, die staatliche Rechtsordnung im Rahmen einer Theorie der Staatsentstehung als verbindlich zu erweisen, hielt Hume für verfehlt, da seiner Ansicht nach die historische Frage nach der Entstehung von Staaten nicht mit der psychologischen Frage, warum eine Rechtsordnung als verbindlich gilt, vermengt werden darf. Historisch betrachtet ist die Annahme, daß sich Staaten auf Grund einer Übereinkunft gebildet hätten, höchst unwahrscheinlich; viel plausibler ist die Annahme, daß die staatliche Autorität aus der militärischen hervorgegangen sei: Wenn ein Heerführer das im Krieg erworbene Ansehen auch in Friedenszeiten bewahren und seine Stellung durch Zwangsmaßnahmen gegen Widerstrebende und durch den Aufbau eines Beamtenapparates festigen konnte, entstand ein dauerhaftes Herrschaftssystem.[24]

Die Sozialkontraktslehre ist nicht nur wenig plausibel, sondern prinzipiell nicht geeignet, die Verbindlichkeit der Rechtsordnung befriedigend zu erklären. Selbst wenn es je einen solchen Kontrakt gegeben haben sollte, hätte er seine Gültigkeit längst verloren, da die Bedingungen, unter denen er abgeschlossen wurde, nicht mehr bestehen. Überdies ist zu bedenken, daß die Partner des angenommenen Kontraktes ihre Nachkommen nicht auf Dauer vertraglich hätten binden können.

Die staatliche Rechtsordnung und die Institutionen, die sie aufrechterhalten, bestehen nach Hume um der Individuen willen, und deshalb kann die staatliche Autorität nicht als absolut gelten. Niemals darf sie auf Kosten der Freiheit der einzelnen durchgesetzt werden. Unkontrollierte staatliche Macht ist gefährlich, aber auch die Freiheit kann nicht grenzenlos sein.[25] Mit dieser Auffassung, die für das klassische liberale Staatsdenken charakteristisch ist, verbindet sich bei Hume eine ausgesprochen antirevolutionäre Tendenz. Während Locke gemeint hatte, daß Revolutionen unter Umständen gerechtfertigt seien, lehnte Hume Versuche revolutionärer Veränderungen grundsätzlich ab, weil er, ähnlich wie Hobbes, nichts mehr fürchtete als die Anarchie. So wie Rousseaus «Contrat social» zur Bibel der Vertreter der radikalen Republik von 1792 wurde, so hätten sich Humes Schriften geeignet, dem Bonapartismus als ideologisches Fundament zu dienen.

(4) Die Religionskritik

Hinter Humes Kritik an der Religion[26] stand eine doppelte Absicht: Einerseits sollten aller Versuche, die Existenz Gottes zu demonstrieren, als hinfällig erwiesen werden, andererseits ging es darum, die Entstehung religiöser Vorstellungen psychologisch zu erklären. Der ersten Aufgabe sind die «Dialoge über natürliche Religion», der zweiten die «Naturgeschichte der Religion» gewidmet.

In den «Dialogen» spielt die Auseinandersetzung mit dem Gottesbeweis aus der Zweckmäßigkeit der Natur, auf den die Anhänger der Vernunftreligion besonderes Gewicht gelegt hatten, eine große Rolle. Gestützt auf die Annahme, daß Dinge, die offensichtlich einem Zweck dienen, einen Erzeuger haben müssen, wird im teleologischen Gottesbeweise von den vermeintlich zweckmäßigen Naturerscheinungen aus auf einen göttlichen Urheber der Natur geschlossen. Hume hat zu bedenken gegeben, daß diese Argumentation auf der Annahme einer Analogie zwischen Naturzusammenhängen und von Menschen erzeugten Zusammenhängen beruht und daß diese Annahme fragwürdig ist. In der Natur gibt es vieles, das keineswegs zweckmäßig zu sein scheint, weshalb es näherliegt, auf eine unvollkommene Ursache der Natur zu schließen. Da im übrigen die Natur nicht einheitlich ist, wäre es im Sinne der kritisierten Argumentation richtig, sie auf eine Vielheit von Gottheiten, und nicht einen einzigen Gott, zurückzuführen. Nicht einmal die Möglichkeit, daß der Grund der Natur materiell sei, läßt sich auf der Basis der fraglichen Argumentation ausschließen. Wie man die Dinge auch dreht und wendet – das von den Anhängern der Vernunftreligion erstrebte Beweisziel läßt sich nicht erreichen. Erschwerend kommt hinzu, daß sich das Theodizeeproblem – d. h. das Problem, wie es in einer von einem allmächtigen, höchst weisen und gütigen Gott geschaffenen Welt das Übel geben könne – im Rahmen der rationalen Theologie nicht befriedigend lösen läßt.[27]

Neben diesen inhaltlichen Einwänden brachte Hume auch ein formales Bedenken vor, das mit seiner Deutung der Kausalität zusammenhängt: Ursache-Wirkungs-Zusammenhänge beruhen auf Gewohnheit, und Gewohnheiten bilden sich, wenn Vorgänge regelmäßig aufeinanderfolgen. Nimmt man aber eine Weltentstehung an, dann denkt man an einen einmaligen Vorgang, nicht an den Fall einer möglichen Gesetzmäßigkeit. Infolgedessen kann die angenommene Weltentstehung gar nicht als Vorgang aufgefaßt werden, der sich auf eine Ursache beziehen läßt. Das bedeutet, daß nicht nur der teleologische, sondern auch der kosmologische Gottesbeweis als hinfällig zu gelten hat. Schließlich erweist sich auch der Versuch, die Existenz Gottes aus seinem Begriff zu erweisen – der sogenannte ontologische Beweis, den Anselm von Canterbury (siehe Teil II, Kap. II,2 b), Descartes (siehe Kap. I,1 d) und andere für schlüssig hielten –, als Fehlschlag. Daß Gott existiert, kann nicht durch Analyse des Gottesbegriffs erkannt werden, weil «Existenz» nicht zum Inhalt von Begriffen gehören kann; dieser Ausdruck bezeichnet keinen Vorstellungsinhalt, sondern nur eine bestimmte Einstellung in bezug auf Vorstellungsinhalte (eine Art Glauben, einen *belief*) (siehe Abschn. (1)).

Humes Kritik soll zeigen, daß Gott unerkennbar ist, nicht jedoch den Glauben an einen göttlichen Grund der Welt aufheben. Allerdings muß der Gottesglaube, wenn Gottes Dasein nicht vernünftig erkannt werden kann, auf vorvernünftige Motive zurückgeführt werden.[28] Er entspringt vor allem der Furcht vor Unglück, Not und Tod sowie der Hoffnung auf künftiges Glück.[29] Da die Menschen Leben und Tod, Gesundheit und Krankheit, Fülle und Mangel nicht empirisch erklären konnten, führten sie sie auf das Wirken von Gottheiten zurück und bemühten sich, deren Gunst zu gewinnen und deren Zorn zu vermeiden. Wenn an die Stelle der Annahme zahlreicher Götter der Gedanke eines einzigen Gottes tritt, ergibt sich eine Vereinfachung der Weltdeutung, aber auch eine Verarmung. Hume meinte, daß den monotheistischen Religionen jene Toleranz, durch die der Polytheismus gekennzeichnet war, fremd ist, auch die Toleranz gegenüber der Philosophie, die Hume für besonders wichtig hielt. Seine Sympathie galt einer indifferenten Einstellung, die gleich weit vom Aberglauben mit seinen oft schrecklichen Folgen wie vom theistischen Glauben mit seinen Verheißungen entfernt ist.

c) Die Common-Sense-Philosophie

Humes Auffassungen standen im Widerspruch zu manchen Überzeugungen des gesunden Menschenverstandes. Um den Gegensatz zwischen einer Philosophie, die zum radikalen Skeptizismus führt, und dem natürlichen realistischen Weltverständnis, wenn schon nicht gänzlich zu beseitigen, so doch zu mildern, distanzierte sich Thomas Reid (1710–1796), Professor in Aberdeen, später in Glasgow, unter Berufung auf den *Common sense* von manchen der Humeschen Auffassungen;[30] der von ihm gewiesenen Richtung folgte eine Reihe anderer schottischer Philosophen, so daß von der schottischen Common-sense-Philosophie gesprochen zu werden pflegt. Reid hielt die Annahme, daß wir unmittelbar nur Kenntnis von Vorstellungsinhalten (Ideen) haben, für unvereinbar mit dem Common-sense-Glauben, daß wir es in der Erfahrung mit Dingen, nicht mit Ideen von Dingen, zu tun haben. Die Annahme, daß unmittelbar nur Ideen erfahren werden – das «ideal system» – ist eine spekulative Hypothese, die nicht nur unbeweisbar, sondern auch bedenklich ist, da sie zum Skeptizismus führt.

Mit der Ablehnung der ideistischen Voraussetzung widersprach Reid einer Auffassung, die jahrhundertelang so gut wie unangefochten gegolten hatte. Die sich im späten Mittelalter durchsetzende Ansicht, daß die Vorstellung als unmittelbar bewußter Vorstellungsgegenstand zwischen dem Denken und dem Gegenstand vermittle, wurde in der Philosophie der Neuzeit bald als selbstverständlich betrachtet. Noch Schopenhauer hatte sie im Auge, wenn er von der *Welt als Vorstellung* sprach, und auch im 20. Jahrhundert wurde sie von vielen geteilt, obwohl sie immer seltener als evident betrachtet wurde.[31]

Common-Sense-Überzeugungen, die sich nicht ohne absurde Konsequenzen in Frage stellen lassen, liegen nach Reid auch der Induktion zugrunde. Um von einigen beobachteten Fällen auf alle Fälle der fraglichen Art (auch die zukünftigen) verallgemeinern zu können, muß man annehmen, daß die Form des Naturgeschehens gleich bleibt, und diese Annahme – das Induktionsprinzip – kann selbst nicht mehr als Ergebnis einer induktiven Verallgemeinerung aufgefaßt werden, wenn man nicht voraussetzen will, was erklärt werden soll. Hume hatte aus der Unmöglichkeit, das Induktionsprinzip zu begründen, skeptische Konsequenzen gezogen. Reid räumte ein, daß sich das Induktionsprinzip nicht rational rechtfertigen lasse, betonte jedoch gegen Hume, daß es deshalb nicht schlechthin ungerechtfertigt sei: Der Common Sense spricht zugunsten der Zuverlässigkeit naturwissenschaftlicher Erkenntnisse und daher auch zugunsten des Induktionsprinzips, auf dem sie beruhen.

Wenn Reid Humes skeptischen Konsequenzen dadurch zu entgehen suchte, daß er die von ihm in Frage gestellten Annahmen zu Überzeugungen des gesunden Menschenverstandes erklärte, dann handelt es sich nicht um einen überzeugenden Ausweg. Einerseits läßt sich nicht ein für allemal feststellen, wo die Grenzen des gesunden Menschenverstands – des Common Sense – verlaufen; andererseits können die Common-Sense-Urteile nicht allgemeingültig sein, da sie auf Anlagen des menschlichen Geistes beruhen, von denen wir nicht wissen, ob sie immer und überall gleich sind. Die Berufung auf den Common sense ist daher nicht geeignet, den Skeptizismus definitiv zu überwinden.

Noch deutlicher als bei Reid trat der subjektive Charakter des *Common Sense* bei James Beattie (1735–1803) zutage, der als wahr betrachtete, was wir auf Grund unserer Natur glauben müssen[32] – zum Beispiel, daß wir jetzt in einem Haus sind und daß das Haus wirklich ist. Da die Berufung auf den gesunden Menschenverstand nur allzu leicht als philosophischer Passepartout benutzt werden kann, war es gerechtfertigt, wenn Dugald Stewart (1753–1828) davor warnte, das Prinzip des Common Sense zu überspannen. Um Mißverständnisse hintanzuhalten, schlug er vor, anstatt von Common-sense-Prinzipien von Grundgesetzen des menschlichen Glaubens zu sprechen und als solche nur allgemeinste Voraussetzungen des natürlichen Weltbildes – z.B in bezug auf die Existenz materieller Dinge und die Gleichförmigkeit des Naturgeschehens – anzuerkennen. Bei William Hamilton (1788–1856) verband sich das Denken der schottischen Schule mit transzendentalphilosophischen Auffassungen und wurde in dieser Form von John Stuart Mill (siehe Teil VI, Kap. II, 1 b) scharf kritisiert. Die Common-sense-Philosophie erlosch jedoch nicht gänzlich, sondern fand im 20. Jahrhundert in George Edward Moore (siehe Teil VII, Kap. IV, 4a) einen Fortsetzer, der ausdrücklich an die schottische Tradition anknüpfte.

3. Die Aufklärung in Frankreich

a) Montesquieu

Die politische Aufklärung, die in manchen Staaten Europas (wie im Preußen Friedrichs d. Gr. und im Österreich Josefs II.) zum aufgeklärten Absolutismus führte, in anderen (namentlich in Frankreich) als Ferment revolutionärer Veränderungen wirkte, wurde – wenn man von Locke absieht – von niemandem so wirksam vertreten wie von Charles Louis Secondat, Baron de Montesquieu (geb. 1689 in der Nähe von Bordeaux, gest. 1755 in Paris), der zunächst Präsident des Parlaments von Bordeaux war, sich aber später ausschließlich der schriftstellerischen Tätigkeit widmete.[33] Aufsehen erregte er 1721 mit den «Persischen Briefen», in denen er einen Europa bereisenden Perser seine Eindrücke schildern läßt, um von vorgeblich neutraler Warte aus ein kritisches Bild der westlichen Welt zu entwerfen und zugunsten der republikanischen Staatsform zu plädieren. Der Religion wies Montesquieu die Aufgabe zu, die Menschen nicht nur Gott wohlgefällig, sondern auch glücklich zu machen. Um dieses Ziel zu erreichen, muß sie die Menschen veranlassen, die gesellschaftlichen Normen zu respektieren und die Pflichten gegenüber den Mitmenschen zu erfüllen. Als früher Vertreter der modernen, auf empirische Kausalerklärungen gerichteten Geschichtsschreibung erweist sich Montesquieu in den «Betrachtungen über die Ursachen der Größe und des Niedergangs der Römer» (1734). Sein Hauptwerk, «Der Geist der Gesetze» (1748), regte die politische Diskussion in ganz Europa nachhaltig an. In diesem Werk wollte Montesquieu zeigen, daß die staatliche Gesetzgebung von einem «Geist» getragen ist, der seinerseits teils durch die Natur der Dinge und des Menschen, teils durch die geographischen bzw. klimatischen Bedingungen eines Landes sowie durch dessen Traditionen bedingt ist. Wenn Montesquieu forderte, empirische Faktoren zur Erklärung der Besonderheiten von Verfassungen heranzuziehen, folgte er der von Aristoteles gewiesenen Richtung; gleichzeitig war er der naturrechtlichen, auf die Stoa zurückgehenden Tradition verpflichtet, wie deutlich wird, wenn er die grundlegenden gesellschaftlichen Gesetze aus der Natur des Menschen abzuleiten versucht. Auf stoische Einflüsse weist auch sein Glaube an eine allgemeine Vernunft hin, die als solche normativen Charakter haben soll: «Das Gesetz im allgemeinen ist die menschliche Vernunft, sofern sie alle Völker der Erde leitet, und die politischen und bürgerlichen Gesetze jeder Nation sollen nur besondere Fälle sein, auf die jene menschliche Vernunft angewendet wird.»[34]

Montesquieu setzte sich für eine freiheitliche politische Ordnung ein, wie er sie, mindestens in Ansätzen, in England beobachten zu können meinte, betonte aber, daß «Freiheit» nicht «Willkür» bedeute: «Die politische Freiheit besteht nicht darin, tun zu können, was man will. In einem Staate, das heißt, in einer gesetzlich geordneten Gesellschaft, kann die Freiheit nur darin bestehen, tun zu können, was man wollen soll ...»[35] Freiheit ist somit das Recht, alles tun zu können, was die Gesetze erlauben. Keine Verfassung garantiert an sich schon die Freiheit, auch nicht die Demokratie, wenn sie nicht den Charakter einer gemäßigten Verfassung hat. Als Mittel zur Vermeidung extremer Verfassungen empfahl er, wie Locke, die Trennung der höchsten Staatsgewalten. Mit dem Eintreten für die Idee der staatsbürgerlichen Freiheit bzw. mit der Ablehnung jeder Form des Totalitarismus bereitete Montesquieu dem politischen Liberalismus den Weg, so wie seine empirische Einstellung absoluten Geltungsansprüchen entgegenzuwirken geeignet war.

b) Voltaire

Der einflußreichste Vertreter der französischen Aufklärung dürfte François Marie Voltaire (1694–1778), der eigentlich Arouet hieß, gewesen sein, und zwar weniger auf Grund origineller Ideen als dank seiner Fähigkeit, Gedanken in eine höchst wirksame literarische Form zu kleiden. Er wurde 1694 in Paris geboren, wo er eine der besten Schulen des Landes besuchte und bald als Literat Beachtung fand. Wegen einer persönlichen Affäre wurde er verhaftet, konnte nach England fliehen und wurde dort zum Bewunderer der englischen politischen Verhältnisse, der Lockeschen Philosophie und der Newtonschen Physik. Nach seiner Rückkehr warb er in den «Briefen über die Engländer» für das, was er während seines Exils schätzen gelernt hatte.[36]

Anderthalb Jahrzehnte lebte Voltaire auf Schloß Cirey in der Champagne bei Madame du Châtelet in fruchtbarem Gedankenaustausch. Seine philosophischen Ansichten hielt er im «Metaphysischen Traktat» fest, der jedoch erst nach seinem Tod veröffentlicht wurde. Sie entsprachen keineswegs jener skeptischen und agnostischen Position, die er öffentlich vertrat. So erklärte er Gottesbeweise für möglich, obwohl sich, wie er meinte, nur die Existenz Gottes, nicht sein Wesen erkennen läßt. Da er aber überzeugt war, daß die gottgeschaffene Natur zweckmäßig eingerichtet sei, muß er doch eine gewisse Erkenntnis des göttlichen Wesens für möglich gehalten haben.

Die Religion beschränkte Voltaire im Geist des Deismus auf ihren moralischen Gehalt. Sie soll nicht Dogmen aufstellen – der Dogmatismus führt unweigerlich zum Fanatismus –, sondern die Menschen bessern. Wenn eine Kirche über diese Aufgabe hinausgeht und Macht auszuüben sucht, wird sie zum Feind der Menschheit. Gegen den religiösen Aberglauben bzw. gegen eine Aberglauben und Fanatismus fördernde Kirche richtete sich Voltaires bekannte Forderung, die infame Institution zu zermalmen.

In den frühen fünfziger Jahren hielt er sich in Potsdam auf, wo Friedrich der Große glücklich war, den berühmten Philosophen in seiner Umgebung zu haben. Durch verbotene Geldgeschäfte machte sich Voltaire jedoch mißliebig und mußte Preußen verlassen. Er zog sich in die Gegend von Genf zurück, später in das französische, aber nicht weit von Genf entfernte Ferney, von wo aus er in die literarischen und weltanschaulichen Debatten der Zeit eingriff und sich immer wieder für zu Unrecht Verfolgte einsetzte. Als 1755 Lissabon durch ein schweres Erdbeben verwüstet wurde, nahm er das Ereignis zum Anlaß, um in einem Gedicht dem Optimismus eine Absage zu erteilen. Die Meinung, daß die Welt die beste aller möglichen sei, schien ihm angesichts der Katastrophe, die die Zeitgenossen tief erschütterte, nicht mehr haltbar zu sein. Später suchte er in dem Roman «Candide» den metaphysischen Optimismus lächerlich zu machen. Der Titelheld des Werkes wird von seinem Lehrer in dem Glauben erzogen, in der besten aller möglichen Welten zu leben, und er hält an diesem Glauben lange Zeit fest, obwohl ihm Unglück über Unglück widerfährt und er erleben muß, wie auch die Menschen seiner Umgebung vom Schicksal heimgesucht werden. Erst nach schmerzlichen Erfahrungen sagt er sich von seiner optimistischen Einstellung los und wendet sich praktischen Aufgaben zu. Als sein früherer Lehrer versucht, das Gespräch wieder auf metaphysische Themen zu lenken, wehrt er mit der Aufforderung ab: «Bestellen wir unseren Garten!»

Voltaire repräsentiert den Typus des philosophierenden Literaten, dem es weniger um neue Einsichten, als vielmehr um die Umsetzung vorhandener Gedanken zum Zweck öffentlicher Wirkung geht und der sich nicht nur philosophischer Argumente, sondern auch der Mittel des Romans, des Schauspiels, der Satire, des Pamphlets bedient. Voltaire, der ein Meister des Stils und des Witzes war, beherrschte diese Mittel hervorragend. Durch seinen Kampf gegen weltanschauliche Intoleranz und sein Eintreten für Gerechtigkeit und Freiheit trug er zum Abbau des religiösen und politischen Absolutismus bei.

c) Diderot

Denis Diderot (geb. 1713 in Langres, gest. 1784 in Paris) spielte als Anreger und Vermittler aufklärerischer Ideen eine wichtige Rolle, unter anderem durch das Projekt der Encyclopédie, die er zunächst gemeinsam mit d'Alembert und später allen Widerständen zum Trotz – drei Monate saß er als Häftling in Vincennes, wo der denkwürdige Besuch Rousseaus stattfand (siehe Abschn. 5 b (1)) – allein herausgab, bis 1765 endlich der letzte Textband erschien. Diderot war ein erfolgreicher Schriftsteller, der Romane, Schauspiele, Kritiken und philosophische Abhandlungen verfaßte, darunter den «Brief über die Blinden» und die «Interpretation der Natur», ein Werk, das schon durch seinen Titel auf den Einfluß Francis Bacons (siehe Teil III, Kap. III, 4) hindeutet.[37] Diderot war jedoch kein Empirist im Sinne der

Abbildtheorie der Erkenntnis, sondern er war überzeugt, daß deutend über die bloße Beobachtung hinausgegangen werden muß, wenn die Natur erfahren werden soll. Die Annahmen, mit deren Hilfe wir Daten interpretieren, müssen allerdings mit Beobachtungen zusammenhängen, sie dürfen somit nicht spekulative Hypothesen sein. Regularitäten werden nicht durch induktive Verallgemeinerung gewonnen, sondern unter der Leitung eines Instinkts erraten bzw. erahnt. Wie stark die Art, in der wir Gegenstände erfahren, von der Einrichtung unserer Sinnesorgane abhängt, zeigte Diderot in den Untersuchungen über die Blinden und über die Taubstummen. Ein Blindgeborener vermag die optischen Erfahrungen eines Sehenden nicht nachzuerleben, und wenn fünf Menschen zusammenkämen, von denen einer nur sieht, ein anderer nur hört, ein dritter nur riecht, ein vierter nur schmeckt und ein fünfter nur über den Tastsinn verfügt, dann würden sie, wenn sie sich überhaupt verständigen könnten, nicht den Eindruck haben, in einer gemeinsamen Welt zu leben. Den Zweck der Wissenschaft, an deren ununterbrochenes Fortschreiten Diderot glaubte, erblickte er in der Naturbeherrschung zum Wohle der Menschheit.[38]

Diderot war in gewissem Sinne Materialist, da er alles Reale für materiell erklärte; da er aber unter «Materie» nicht das verstand, was die damaligen Physiker mit diesem Ausdruck meinten, handelt es sich nicht um Materialismus im landläufigen Sinn. Hätte die Materie nämlich nur die Eigenschaften, die in der Physik berücksichtigt werden, wäre es unbegreiflich, daß manche Körper lebendig, empfindungsfähig, ja denkfähig sind; um dies verständlich zu machen, muß man der Materie Lebendigkeit und Bewußtsein, mindestens in ersten Ansätzen, zuschreiben. Mit dieser Auffassung stand Diderot in der damaligen Zeit nicht allein; einige Naturwissenschaftler nahmen wie er an, daß die Materie nicht träge sei, sondern den Keim der Lebendigkeit in sich trage. Hinter dieser Ansicht steht Leibnizens Überzeugung, daß es in der Wirklichkeit nichts Totes gebe, vielmehr alles ins unendliche belebt bzw. beseelt sei. (Siehe Kap. I, 6 b) Gleichzeitig betonte Diderot, beeinflußt von dem Naturforscher George Louis Buffon (1707–1788), daß der Aspekt der Einheit in der Mannigfaltigkeit der Erscheinungen, namentlich der organischen, nicht auf mechanische Zusammenhänge reduzierbar sei.

Während Diderot auf der einen Seite den mechanistischen Materialismus zurückwies, lehnte er auf der anderen Seite die Annahme einer jenseitigen Wirklichkeit – namentlich die Annahme eines transzendenten Gottes – ab. Könnte man die Gottesidee ein für allemal aus dem menschlichen Denken vertilgen, so wäre dies sogar den Einsatz des Lebens wert. Die Natur als ganze für göttlich zu halten ist jedoch gerechtfertigt,[39] da sie geordnet und lebendig, ja beseelt ist. Diderot hütete sich jedoch, seine von Shaftesbury und Spinoza beeinflußte pantheistische Anschauung allzu deutlich auszusprechen.

Im Hinblick auf die Wirkungsgeschichte verdienen die ästhetischen Auffassungen, die Diderot zur Geltung brachte, besondere Beachtung. Obwohl er mit Shaftesbury das Schöne als Harmonie der Teile eines Ganzen bestimmte, wich er von ihm dadurch ab, daß er nicht an eine Harmonie der Wirklichkeit selbst, sondern – die Kantische Ansicht vorwegnehmend – an eine vom Subjekt erzeugte Ordnung dachte. Folgerichtig wies er die Annahme einer objektiven Norm des Schönen zurück. Einen Regelkanon, wie er in der damaligen Ästhetik galt, lehnte er ab und forderte, daß sich die Kunst nicht an vorgeblich vernünftigen Normen, sondern an der Natur orientieren solle. Die Fähigkeit zum natürlichen – d.h. von vernünftigen Überlegungen unabhängigen – künstlerischen Schaffen macht das Genie aus. Diderots Auffassung der Genialität als Vermögen, das nichts mit der Vernunft zu tun hat und dessen Wirken sich daher nicht rational begreifen läßt, bereitete den Geniekult der Sturm-und-Drang-Zeit und der Romantik vor.

Diderot wurde zunächst in Deutschland höher geschätzt als in Frankreich oder England; Lessing, Herder, Goethe, Schiller und Friedrich Schlegel hoben seine Leistungen hervor. Tatsächlich war er für die Literatur und Ästhetik bedeutender als für die Philosophie, wo er Eklektiker blieb.

d) Jean Lerond d'Alembert

Jean Lerond (le Rond) d'Alembert (1717–1783) war in erster Linie Mathematiker und Physiker – sein «Traité de dynamique» (1743) war für die Entwicklung der klassischen Physik von Bedeutung – und erst in zweiter Linie Philosoph. Mit Diderot verband ihn seine Tätigkeit als Herausgeber der «Encyclopédie», für die er die Einleitungsabhandlung schrieb.[40] Die Art, in der er im «Discours préliminaire» die Entwicklung von Philosophie und Wissenschaft rekonstruierte, ist für die Denkweise der Enzyklopädisten im allgemeinen typisch. Er warnte vor der Überschätzung der antiken Philosophie und erblickte im Mittelalter ein dunkles Zeitalter, in dem mit viel Scharfsinn nichtige Fragen erörtert wurden. Auch die Renaissance, die für die Entwicklung der Kunst so wichtig war, war in seinen Augen philosophisch und wissenschaftlich wenig ergiebig. Der Durchbruch zur neuen Philosophie erfolgte erst mit Francis Bacon, den d'Alembert besonders hoch schätzte, weil er die Notwendigkeit der Systematisierung betont und das Wissen auf praktische Ziele bezogen habe. Descartes würdigte d'Alembert als selbständigen und kritischen Denker, lehnte jedoch seine Metaphysik ab. Erst Locke hat seiner Ansicht nach die Philosophie zu dem gemacht, was zu sein sie bestimmt ist, nämlich zu einer experimentellen Naturwissenschaft der Seele. Leibniz schneidet dagegen im Vergleich mit Locke nicht gut ab.

Mit Locke war d'Alembert der Ansicht, daß alle Begriffe aus der Beobachtung entspringen. Sie werden auf Grund von Erfahrungsdaten vom Verstand mit Hilfe von Gedächtnis und Einbildungskraft (imagination) erzeugt. Das gilt auch für die allgemeinsten Begriffe der Mathematik, der Naturwissenschaft und der Philosophie. Auf die Annahme psychischer Grundvermögen stützte d'Alembert die Gliederung des Systems der Wissenschaften und Künste: Mit dem Verstand haben es Philosophie und Einzelwissenschaften zu tun, mit dem Gedächtnis die historischen Disziplinen und mit der Einbildungskraft die Künste.

In der Einleitung in die Enzyklopädie folgte d'Alembert unübersehbar der aufklärerischen Idee eines geradlinigen Fortschritts, verstanden als Prozeß zunehmender Rationalisierung bzw. Verwissenschaftlichung. Originalität hat d'Alembert für seine Auffassung nicht beansprucht, wie die wiederholte Berufung auf Bacon, Newton und Locke erkennen läßt.

e) Condillac und die Schule der Ideologen

Die von Descartes, Locke und fast allen anderen Philosophen des 17. und 18. Jahrhunderts vertretene Annahme, daß das unmittelbare Objekt des Bewußtseins ein Vorstellungsinhalt (eine Idee im psychologischen Sinne) sei – die ideistische Voraussetzung –, bildete die Grundlage eines erkenntnispsychologischen Programms, das zunächst von Etienne Bonnot de Condillac (1714–1780) konzipiert und in Angriff genommen, später von den Psychologen Charles Bonnet (1720–1793), George de Cabanis (1757–1808) und Antoine Destutt de Tracy (1754–1836)[41] weiterverfolgt wurde. Man bezeichnete sie als Ideologen, wobei «Ideologie» hier «Wissenschaft von den Ideen» bedeutet.

Condillac und seinen Nachfolgern ging es nicht um Erkenntnistheorie im engeren Sinne, das heißt, sie fragten nicht nach Kriterien der Objektivität von Vorstellungen, sondern nach der Art, in der Vorstellungen gebildet werden. Anders als Locke anerkannten sie keine selbständigen Ideen der inneren Wahrnehmung, sondern nahmen an, daß alle Ideen der äußeren Wahrnehmung entspringen. Von Lockes Auffassung unterscheidet sich Condillacs Sensualismus auch dadurch, daß er nicht auf die Annahme subjektiver Vermögen – wie des Vermögens der Abstraktion und der Kombination von Ideen – angewiesen ist; nach Condillac entstehen nicht nur die Denkinhalte, sondern auch die Denkfähigkeiten – wie das Erinnerungsvermögen, das Urteilsvermögen usw. – aus Eindrücken der äußeren Sinne.

Um darzustellen, wie sich Ideen und psychische Vermögen entwickeln, bediente sich Condillac der Fiktion einer Statue, die plötzlich lebendig wird und Reize aufzunehmen beginnt. In einem ersten Augenblick wären nur isolierte Empfindungen vorhanden, die noch nicht Gegenstandswahrnehmungen sind, so wie man z. B. einen Duft empfinden kann, ohne ihn auf ein duftendes Ding beziehen zu müssen. Empfindungen verschwinden nicht sogleich mit dem Aufhören des auslösenden Reizes, und dies ist der Ansatz zur Ausbildung des Gedächtnisses. Die Fähigkeit, Empfindungen im Gedächtnis zu speichern, macht es möglich, Beziehungen zwischen ihnen festzustellen, d. h. Urteile zu fällen. Die Empfindungen haben nicht nur eine bestimmte Intensität, sondern sie sind auch in bestimmter Weise emotional gefärbt, das heißt, sie werden als lust- oder unlustbetont erlebt. Lust und Unlust zeigen Bedürfnisse an und rufen Begehren bzw. Ablehnung hervor. Vollkommen neutrale Empfindungen gibt es nach Condillac nicht, weshalb das Vorstellen stets dazu tendiert, in Wollen und Handeln zu münden.

Condillac war kein Materialist, wie das Beispiel der zum Leben erweckten Statue vermuten lassen könnte, sondern er neigte dazu, die Empfindungen auf ein geistiges Ich zu beziehen. Dennoch stellt seine Theorie einen ersten Schritt in Richtung auf den Versuch dar, Bewußtseinsinhalte auf physiologische Zusammenhänge zurückzuführen, wie es seine Nachfolger ausdrücklich taten. Die prinzipielle Frage, wie physische Reize bewußte Empfindungen hervorrufen können, bleibt offen; daß äußere Eindrücke zu bewußten Vorstellungen führen, betrachteten Condillac und die Ideologen als Tatsache, die keiner Erklärung mehr bedarf.

f) Die Materialisten

Die bisher genannten Vertreter der Aufklärung gehören zu deren deistischem Flügel; daneben gab es aber auch einen atheistisch-materialistischen Flügel,[42] dessen Exponenten die schon von Locke als Möglichkeit ins Auge gefaßte Auffassung vertraten, daß das Bewußtsein Funktion des Körpers, und somit nicht Eigenschaft einer geistigen Substanz sei. Da es naheliegt, die radikale, nämlich materialistisch-atheistische Richtung der Aufklärung geschlossen zu behandeln, wird von der zeitlichen Ordnung abgesehen. Man darf also nicht meinen, die atheistische Richtung folge auf die deistische; vielmehr entwickelten sich die beiden Richtungen seit den vierziger Jahren des 18. Jahrhunderts parallel.[43]

Wie groß die Widerstände waren, auf die der Materialismus stieß, geht daraus hervor, daß Julien-Offray de la Mettrie (geb. 1709), der als erster Aufklärer ausdrücklich materialistische Auffassungen vertrat,[44] gezwungen war, Frankreich zu verlassen; er emigrierte in die Niederlande, wo er früher bei dem berühmten Hermannus Boerhaave, gest. 1738, Medizin studiert hatte, und, als er auch dort auf Schwierigkeiten stieß, nach Preußen. Er starb 1751 in Berlin. Sein berühmtestes Werk trägt den provozierenden Titel «Der Mensch eine Maschine».[45]

La Mettrie stellte den Materialismus als Konsequenz seiner empiristischen Erkenntnistheorie dar, der zufolge spekulative Annahmen, namentlich die Annahme geistiger Substanzen, unzulässig sind. Daß das Bewußtsein Begleiterscheinung materieller Prozesse sei, soll dagegen eine Erfahrungstatsache sein. So zeigt die Beobachtung, daß das Bewußtsein vom Zustand des Körpers abhängig ist: Krankheit und Fieber beeinflussen das Denken, Alkohol- und Drogengenuß verändern unser Verhalten, organische Störungen können zur Bewußtseinsspaltung oder zur Verblödung führen usw. Dies ist unübersehbar, während die Annahme einer Seelensubstanz keine Grundlage in der Erfahrung hat; sie ist darüber hinaus auch überflüssig, da alles, was mit ihrer Hilfe erklärt werden soll, auch ohne sie begreiflich gemacht werden kann.

Die materialistische Auffassung hat Konsequenzen für die Moral. «Gut» heißt nach La Mettrie, was mit Lust verbunden ist, und Lust zu erleben bzw. glücklich zu sein ist die natürliche Bestimmung des Menschen. Er bestritt nicht, daß es geistige Freuden gibt, war aber überzeugt, daß auch deren Grundlage die animalische Lust sei. Die Erziehung und das Recht haben die Funktion, das Luststreben der einzelnen in vernünftige Bahnen zu lenken und dafür zu sorgen, daß es sich für das Individuum oder die Gesellschaft nicht schädlich auswirkt. Obwohl also das Verhalten bestimmten Regeln unterworfen ist, wäre es abwegig, wenn man sich wegen irgendwelcher Regelverstöße Gewissensbisse machen wollte.

Bei La Mettrie zeigt sich, wie groß die Faszination war, die von der modernen Naturwissenschaft ausging. Schon in der Cartesianischen Psychologie hatten metaphysische Begriffe und spekulative Annahmen keine Rolle mehr gespielt; Descartes suchte namentlich die Entstehung der Affekte, darüber hinaus das Funktionieren des Organismus im allgemeinen, rein kausalgesetzlich zu erklären, aber er war weit davon entfernt, die Gegenstände der Naturwissenschaft für die einzige Wirklichkeit zu halten; die Tatsache des Bewußtseins verlangt, wie er überzeugt war, nach Anerkennung immaterieller Substanzen. La Mettrie übernahm die Cartesianische Auffassung der Organismen als Automaten, lehnte jedoch die Annahme geistiger Substanzen ab. Der Cartesianismus erscheint bei ihm gleichsam als halbiert und auf seinen naturalistischen Aspekt reduziert.

Angesichts des Erkenntnisproblems nahm La Mettrie insofern eine unkritische Einstellung ein, als er ohne Begründung voraussetzte, daß es unabhängig von uns eine Welt materieller Dinge gibt, von der Reize auf die Sinnesorgane ausgehen und dort Empfindungen hervorrufen. Ebenso hielt er es für selbstverständlich, daß wir die Dinge mit den Mitteln der Naturwissenschaft zu erkennen vermögen. Indem er und andere zeitgenössische Vertreter des Materialismus in der Metaphysik nichts anderes zu sehen vermochten als theologisch motivierte Spekulationen, vor denen die Menschen zu bewahren seien, beraubten sie sich der Möglichkeit, erkenntnismetaphysische Ansätze, wie sie sich bei Descartes, Spinoza oder Leibniz finden, angemessen zu würdigen.

Zum Materialismus bekannte sich auch Claude Henri Helvetius (1717–1771), der sich durch die Veröffentlichung des Buches «Über den Geist» (1758) um seine bequeme Stellung bei Hofe brachte. Der Titel des Werkes führt in die Irre: Helvetius sprach nicht vom Geist, sondern vertrat die These, daß es einen Geist (im herkömmlichen Wortsinn) nicht gebe. In den folgenden Jahren durchdachte er seine Auffassungen gründlicher und faßte sie unter dem Titel «Vom Menschen, seinen Fähigkeiten und seiner Erziehung» zusammen. Dieses Werk, das die Grundgedanken des früheren Buchs wiederholt, erschien jedoch erst ein Jahr nach seinem Tode.[46]

Nach Helvetius verhalten wir uns als erkennende Wesen rein passiv; wir rezipieren Sinneseindrücke und nehmen Beziehungen zwischen ihnen wahr. Das Urteil ist nichts anderes als der Ausdruck dieser «Wahrnehmung». Aufmerksamkeit, Ähnlichkeitsbewußtsein und Urteil sind lediglich verschiedene Aspekte der Sensibilität, also nicht geistige Leistungen. «Urteilen ist nur Empfinden», wie Helvetius pointiert sagte.[47] Mit der Empfindung verbindet sich stets ein Interesse, das den Ansatz der Wertungen bildet. Mit der Forderung, «die Sprache des Interesses» zu sprechen,[48] bekannte er sich zur Nützlichkeitsmoral, so daß er als Vorläufer des Utilitarismus (siehe Teil VI, Kap. II, 1 b (3)) gelten kann. Seiner Ansicht nach ist die Tatsache, daß die Menschen auf Grund von Interessen handeln, weder gut noch schlecht; zu bewerten ist nur das Verhältnis von Individual- und Gesellschaftsinteresse, und zwar so, daß ein Verhalten als gut beurteilt wird, wenn es im Einklang mit dem Interesse der Gesellschaft steht, und andernfalls als schlecht. Die Verantwortung für Verstöße gegen Recht und Moral liegt aber nicht beim einzelnen, sondern bei der Gesellschaft und ihrer Verfassung.

1770 erregte ein Werk mit dem Titel «System der Natur», das mit falschem Verfassernamen und falschem Erscheinungsort herauskam, großes Aufsehen, da es den materialistischen Standpunkt mit größter Konsequenz zur Geltung brachte. Als Verfasser wurde nach einigem Rätselraten Paul Heinrich Dietrich von Holbach (franz. Paul Henri Thiry d'Holbach, geb. 1723 bei Landau in der Pfalz, gest. 1789 in Paris) identifiziert, der damals bereits andere materialistisch-atheistische Schriften veröffentlicht hatte.[49] Er vertrat die Ansicht, daß alle Erscheinungen der Natur – den Menschen eingeschlossen – auf Bewegungen materieller Körper zurückgehen. Da er alle Bewegungen für eindeutig kausal determiniert hielt, bestritt er, daß es Zufall und freies Handeln gebe, und wies die Annahme von Zweckprinzipien zurück. Begriffe wie «Zweckmäßigkeit», «Ordnung» oder «Schönheit» bezeichnen nicht objektive Verhältnisse, sondern (wie schon Spinoza gemeint hatte) subjektive Vorstellungen, die unberechtigterweise auf die außermenschliche Wirklichkeit projiziert werden. Der Gottesvorstellung entspricht kein wirkliches Wesen. Gott anzubeten bedeutet daher, die Fiktionen des eigenen Gehirns anzubeten.

Obwohl der Materialismus manche beeindruckte, stieß er noch häufiger auf Ablehnung. Goethe sprach für viele, wenn er vom «System der Natur» feststellte: «Wir begriffen nicht, wie ein solches Buch gefährlich sein könnte. Es kam uns so grau, so cimmerisch, so totenhaft vor, daß wir Mühe hatten, seine Gegenwart auszuhalten, daß wir davor wie vor einem Gespenste schauderten.»[50] Die Annahme, daß der menschliche Geist wesentlich passiv sei und nur auf Eindrücke von seiten materieller Dinge reagiere, war in der Tat mit der Überzeugung unvereinbar, daß der Geist ein aktives, schöpferisches Prinzip sei, wie besonders nachdrücklich von Kant und den nachkantischen Idealisten betont wurde. Die Tradition des Materialismus wurde im späteren 19. Jahrhundert fortgesetzt, zum Beispiel von Ludwig Büchner (siehe Teil VI, Kap. II, 2a); zu ihr bekannten sich aber auch Friedrich Engels und die späteren Vertreter des Dialektischen Materialismus (siehe Teil VI, Kap. I, 3, und Teil VII, Kap. I, 2), die zwar die mechanistische Betrachtungsweise durch die dialektische ersetzten, an den materialistischen Grundgedanken jedoch festhielten.

g) Die Anfänge der politischen Ökonomie

Erste Ansätze einer wissenschaftlichen Ökonomie lassen sich im 17. Jahrhundert feststellen, namentlich bei William Petty (1623–1687), dem in seiner «Political Arithmetic» (1682) eine mathematische Darstellung ökonomischer Zusammenhänge vorschwebte, und bei William Temple (1628–1699). Einen weiteren Schritt in Richtung einer wissenschaftlichen Volkswirtschaftslehre taten im 18. Jahrhundert François Quesnais (1694–1774) und seine Schüler. Sie betonten die Bedeutung der von den früheren Theoretikern der Ökonomie vernachlässigten Landwirtschaft und deuteten den Bodenertrag als Geschenk, das die Natur dem Menschen macht. Die Hinwendung zur Natur (physis) als Grundlage der wirtschaftlichen Produktion, insbesondere zum Boden, kommt in der Bezeichnung dieser Richtung als «Physiokratie» zum Ausdruck.[51] Die Natur gewährt aber nur unter der Bedingung einen Ertrag, der die Aussaat um ein Vielfaches übertrifft, daß der Boden bearbeitet wird; ohne Arbeit und ohne Einsatz von Kapital bleibt er wertlos. Demgemäß betonten die Physiokraten nicht nur die Bedeutung der Arbeitskraft, sondern sie empfahlen kapitalistische Produktionsmethoden. Außerdem setzten sie sich für die einheitliche Besteuerung des Ertrags, die das Kapital nicht angreift, und für die Liberalisierung des Getreidehandels ein. Die Umsetzung des physiokratischen Programms in die Praxis führte dazu, daß immer häufiger Agrarunternehmer auf großen gepachteten Ländereien nach modernen Methoden wirtschafteten, während die Existenz der kleinbäuerlichen Anwesen gefährdet war.

Überholt wurde die physiokratische Theorie durch Adam Smith (1723–1790), der mit den «Untersuchungen über Natur und Ursprung des Wohlstands der Nationen» (1766)[52] das klassische Werk des Wirtschaftsliberalismus schuf. Er plädierte für ein System, das den Ausgleich der Interessen von Unternehmern und Verbrauchern zum Vorteil aller ermöglicht. Der Unternehmer handelt nicht als Wohltäter, sondern aus Eigeninteresse, aber die vernünftige Verfolgung wirtschaftlicher Interessen führt dazu, daß sich auf lange Sicht Vorteile für alle ergeben. Es ist so, als lenke eine unsichtbare Hand die egoistischen Handlungen in die Richtung des

Vorteils aller.[53] Hegels «List der Vernunft», die Individuen durch subjektive Motive veranlaßt, im Sinne des Weltgeistes zu handeln, ist hier vorweggenommen, allerdings beschränkt auf den ökonomischen Bereich. Freilich darf der Hinweis auf die «unsichtbare Hand» nicht wörtlich verstanden werden. Smith wollte nicht sagen, daß Gott in das Wirtschaftsgeschehen eingreife, sondern er dachte an rein ökonomische Zusammenhänge. Die Auffassung, daß sich das Zusammenwirken der individuellen Egoismen auf Dauer positiv auswirke, findet sich schon in Bernard de Mandevilles (1670–1733) «Bienenfabel»,[54] deren Pointe, nämlich daß Laster für die Volkswirtschaft vorteilhaft seien, Adam Smith jedoch für verfehlt hielt. Immerhin meinte auch er: «Indem jeder einzelne sein eigenes Interesse verfolgt, fördert er das der Gesellschaft wirksamer als wenn er es tatsächlich zu fördern beabsichtigte. Meines Wissens wurde von jenen, die vorgaben, für das Wohl der Allgemeinheit zu handeln, niemals viel Gutes getan.»[55]

Smith war nicht nur ein hervorragender Theoretiker der Ökonomie, sondern auch ein bedeutender Ethiker.[56] Wie Hume betrachtete er moralische Sätze nicht als Aussagen, sondern als Ausdruck von Wertungen, die auf Gefühlen beruhen und daher subjektiv sind. Die Annahme spezifisch moralischer Gefühle lehnte er ab und meinte, zur Erklärung moralischer Wertungen nur die Interessen der Individuen, ihre Sympathie mit Gefühlen anderer Menschen und die Fähigkeit zu Abstraktion und Verallgemeinerung heranziehen zu müssen. Weder in der Ethik noch in der Ökonomie wollte Smith Vorschriften aufstellen. In beiden Bereichen ist davon auszugehen, daß die Menschen trachten, gut bzw. glücklich zu leben; der Wissenschaft bleibt lediglich die Aufgabe, zu untersuchen, was sich im individuellen oder im sozialen Bereich als Mittel zu jenem Zweck eignet. Da sich nicht vorschreiben läßt, daß der Wohlstand der Nationen bzw. das Wohl der einzelnen als Ziele zu betrachten seien, können sie zugunsten anderer Ziele – zum Beispiel der Gerechtigkeit im Sinne der Gleichverteilung der Güter – zurückgewiesen werden, wie es tatsächlich schon im 18. Jahrhundert von seiten einiger Vertreter sozialistischer bzw. kommunistischer Ideen geschah. (Siehe Abschn. 6 b)

4. Die Aufklärung in Deutschland

Während sich die Entwicklung der Philosophie um so weniger im nationalen Rahmen darstellen läßt, je näher man der Gegenwart kommt, bestanden im 18. Jahrhundert noch so große Unterschiede zwischen den Kulturen der Völker, daß es gerechtfertigt, ja nötig ist, nationale Differenzierungen vorzunehmen. Die Aufklärung hatte in Deutschland einen anderen Charakter als in England und Frankreich, vor allem deshalb, weil hier einerseits die Spätscholastik noch längere Zeit nachwirkte und weil andererseits der

Cartesianismus kaum Einfluß erlangte. So war auch der Rationalismus in Deutschland ausgesprochen anticartesianisch, wie bei Leibniz deutlich zu sehen ist. Sowohl die Vertreter des Rationalismus in der Nachfolge Leibnizens, nämlich Wolff und seine Schüler, als auch die pietistisch eingestellten Vertreter des Anti-Rationalismus, wie Christian Thomasius und seine Nachfolger, standen viel stärker unter dem Einfluß von Religion und Theologie als die französischen Aufklärer. Außerdem spielte der Umstand eine Rolle, daß die Philosophie in Deutschland zunächst vor allem an den Universitäten beheimatet war, während die wichtigsten englischen und französischen Denker des Zeitalters außerhalb der Hochschulen wirkten. Die institutionelle Verankerung der philosophischen Forschung hatte zur Folge, daß der Stil der Philosophie zunächst akademisch blieb. Später gab es allerdings auch in Deutschland eine nicht-akademische Aufklärungsphilosophie, nämlich in der Generation der Mendelssohn, Nicolai und Lessing (siehe Abschn. c), die dazu übergingen, philosophische Gedanken in essayistischer Form vorzutragen.[57]

Die in Deutschland verbreiteten Vorbehalte gegenüber der von Descartes ausgehenden Richtung hingen auch mit dem Umstand zusammen, daß der Cartesianismus durchaus ahistorisch war. Demgegenüber betonten Leibniz und seine Nachfolger die historische Kontinuität des philosophischen Denkens, während Descartes geglaubt hatte, die Philosophie gleichsam von einem Nullpunkt aus neu beginnen zu können. Die Einsicht in die geschichtliche Bedingtheit des Denkens wirkte sich auch auf die Bewertung der Individualität aus: Während Descartes oder Spinoza nur am Allgemeinen interessiert waren, betonte Leibniz die Bedeutung des Individuums, der einmaligen und unverwechselbaren einzelnen Monade.

a) Wolff und seine Anhänger

Der einflußreichste Vertreter der Aufklärungsphilosophie in Deutschland war Christian Wolff, der nicht nur die philosophische Forschung und Lehre an den Universitäten prägte, sondern die Entwicklung der Philosophie im allgemeinen beeinflußte, bis mit Kant eine neue Auffassung zur Geltung kam, die die Leibniz-Wolffsche Schule zurückdrängte, ihrer Wirkung allerdings nicht mit einem Schlag ein Ende setzte.

Mit Wolff tritt ein neuer Typus des Hochschullehrers auf, nämlich der des angesehenen und gut dotierten Gelehrten, der weit über den akademischen Bereich hinaus Ansehen genießt. Bis dahin war die akademische Laufbahn wenig attraktiv, weshalb Spinoza einen Ruf an die Universität Heidelberg ablehnte und Leibniz die Hochschullaufbahn zugunsten einer diplomatischen Tätigkeit ausschlug.

Christian Wolff wurde 1679 in Breslau geboren. Er studierte Theologie, interessierte sich aber auch für Mathematik und Naturwissenschaften. 1707 wurde er Professor an der Universität Halle, einer Hochburg des Pietismus,

der dort vor allem durch Joachim Lange (1670–1744) und Christian Thomasius (siehe Abschn. b) vertreten war. Wolff geriet als von Leibniz beein-
flußter Anhänger des Rationalismus in einen gefährlichen Konflikt mit den
Pietisten, denen es gelang, Friedrich Wilhelm I. gegen den Philosophen auf-
zubringen. Man flüsterte dem König ein, Wolff lehre, ein Soldat könne
nicht anders, als vor dem Feinde zu fliehen, wenn die entsprechenden
Motive vorhanden seien. Dieser Hinweis auf praktische Konsequenzen des
rationalistischen Determinismus war hervorragend geeignet, den Solda-
tenkönig gegen die Wolffsche Philosophie einzunehmen. Wolff wurde unter
Androhung der Todesstrafe aus Preußen ausgewiesen. Er wandte sich nach
Marburg, wo er begeistert aufgenommen wurde; erst 1740 wurde er von
Friedrich dem Großen nach Halle zurückgeholt, wo er 1754 starb.

Wolff schuf das eindrucksvollste philosophische Gesamtwerk der Epoche. Zunächst in einer Reihe deutscher Schriften, später in umfangreicheren
lateinischen Werken behandelte er Logik, Metaphysik, Psychologie, Naturphilosophie, Ethik, Politik, Staatslehre, Anthropologie und Ökonomie.[58]
Sein lateinisches Werk über Naturrecht, das er Friedrich d. Gr. widmete,
umfaßt allein acht mächtige Bände. Wie kein anderer Philosoph der Zeit
hat Wolff schulbildend gewirkt. Der Wolffianer Alexander Gottlieb Baum-
garten (1714–1762), der noch Kant in dessen Frühzeit beeinflußte, war für
die Entwicklung der Ästhetik als philosophischer Disziplin wichtig, und
Johann Christoph Gottsched (1700–1766), ebenfalls ein Anhänger Wolffs,
brachte den Rationalismus in der Poetik zur Geltung.

Die Art, in der Wolff die Philosophie gliederte, wurde für längere Zeit
maßgeblich; sie läßt sich folgendermaßen darstellen.

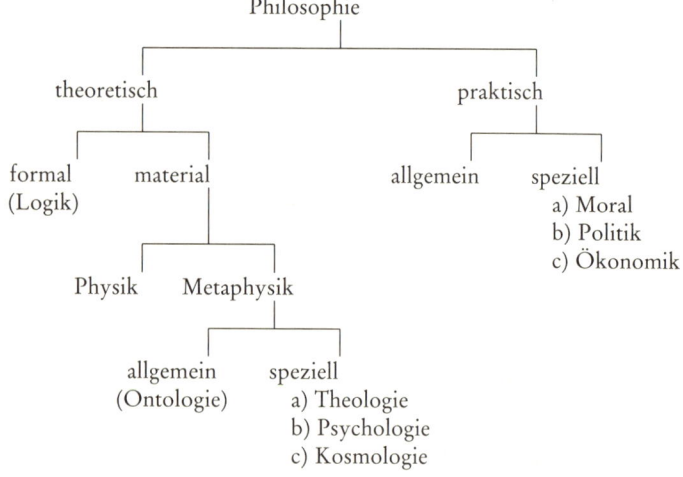

Die Grundlage der Metaphysik bildet die Ontologie, in der die für alle möglichen Seienden geltenden Grundsätze formuliert werden, nämlich der Satz der Identität, der Satz vom ausgeschlossenen Widerspruch und der Satz vom zureichenden Grunde, der auch auf das Verhältnis der möglichen Welten anzuwenden ist. Gott verwirklicht, wie schon Leibniz gelehrt hatte, die beste aller möglichen Welten, und zwar mit Notwendigkeit, weil der Satz vom Grunde auch für seine Wahl gilt. Von einer Wahl bzw. einer Entscheidung Gottes ist dabei nur in übertragenem Sinne die Rede; an sich ist die Verwirklichung der besten aller möglichen Welten notwendig. Könnten wir die mögliche Welt vollkommen überschauen – wozu natürlich ein endlicher Geist nicht imstande ist –, dann könnten wir nicht nur erkennen, welche Welt verwirklicht ist, sondern wir wüßten auch unabhängig von der Erfahrung von allem, was zu ihr gehört. Es bedurfte wohl dieser äußersten Steigerung des rationalistischen Anspruchs, um Kant nach einem neuen philosophischen Weg suchen zu lassen.

Mit Leibniz nahm Wolff an, daß die Wirklichkeit aus einfachen Substanzen bestehe; er nannte sie aber nicht «Monaden», weil seiner Ansicht nach nicht alle Substanzen, wie Leibniz gemeint hatte, Perzeptionen haben. Die menschliche Seele ist eine einfache Substanz, zu deren Wesen die Vorstellungskraft, d. h. die Fähigkeit, sich irgendwelcher Gegenstände bewußt zu werden, gehört. Die Gegenstandserfahrung besteht nach Wolff nicht im bloß passiven Aufnehmen von Eindrücken, sondern sie beruht auf einer Kraft, auf dem aktiven Vermögen des Geistes, eine Mannigfaltigkeit von Eindrücken zu einer Einheit zu verbinden. Diese Auffassung ist schon bei Leibniz vorbereitet, aber erst von den Vertretern des deutschen Idealismus wurde sie in ihrer ganzen Tragweite erfaßt.

Wie alle Rationalisten hielt Wolff den ontologischen Gottesbeweis für korrekt, d. h. den Schluß von der Möglichkeit Gottes als eines unendlich vollkommenen Wesens auf dessen Wirklichkeit. Um seine Argumentation zu verstehen, muß man seine Auffassung von «Möglichkeit» und «Existenz» berücksichtigen. Möglichkeiten sind nach Wolff etwas Objektives, nämlich Wesenheiten, die unabhängig von einem Subjekt bestehen, das etwas als möglich beurteilt. Möglichkeit ist also mehr als bloße Widerspruchsfreiheit; im widerspruchsfreien Denken spiegeln sich vielmehr die objektiven Möglichkeiten. Wenn man von etwas urteilt, daß es existiere, meint man nach Wolff, daß eine Möglichkeit besteht und daß diese Möglichkeit verwirklicht wurde. «Existenz» («Dasein») bedeutet dasjenige, was zur Möglichkeit hinzukommt, wenn sie verwirklicht ist. Die Existenz ist «Ergänzung der Möglichkeit» («Komplement der Wesenheit»). Da zum Wesen Gottes die Existenz gehört, folgt seine Wirklichkeit aus seiner Möglichkeit, das heißt, Gottes Existenz läßt sich unabhängig von irgendwelchen Erfahrungen behaupten, was im ontologischen Argument expliziert wird.

Wolffs Philosophie ließe sich nur angemessen würdigen, wenn alle ihre

Teile berücksichtigt würden, also auch die Naturphilosophie, die Psychologie, die Ethik, die Rechts- und Staatslehre usw., was auf beschränktem Raum nicht möglich ist. Später hat nur noch Hegel ein ähnlich umfassendes System geschaffen.

b) Philosophie unter dem Einfluß des Pietismus

Der Wolffsche Rationalismus stieß da und dort auf religiös motivierten Widerstand, da vom Standpunkt der christlichen Theologie aus eine Philosophie, die alles dem Satz vom zureichenden Grunde unterwarf und damit keinen Platz für Wahlfreiheit ließ, als unannehmbar erschien. Um an der Annahme von Freiheit festhalten zu können, setzten die Gegner des Rationalismus der Lehre vom Primat des Erkennens vor dem Wollen die Auffassung entgegen, daß der Wille vom Verstand prinzipiell unabhängig, ja ihm übergeordnet sei (Voluntarismus). Auch an der Auffassung, daß Wirklichkeitserkenntnis aus reiner Vernunft möglich sei, nahmen sie Anstoß, weil sie in ihr einen Ausdruck der Überschätzung der Vernunft erblickten. Demgegenüber betonten sie die Endlichkeit des menschlichen Geistes bzw. die Beschränktheit des Erkennens, die sich ihrer Ansicht nach darin äußert, daß unabhängig von den Sinnen Gegenstandserkenntnis nicht möglich ist. Der Empirismus, zu dem sie neigten, war keine rein erkenntnistheoretische Position, sondern hatte auch einen metaphysischen Aspekt.

Die antirationalistische Richtung der deutschen Schulphilosophie wurde von Christian Thomasius (1655–1728) begründet, der, wie Wolff, in Halle lehrte.[59] Interesse verdient nicht so sehr seine theoretische Philosophie, wie sie in der «Einleitung zur Vernunftlehre» und der «Ausübung der Vernunftlehre» (1691) dargestellt ist, als vielmehr seine praktische Philosophie, insbesondere die Rechtsphilosophie. Er bemühte sich zunächst nach dem Vorbild des großen Juristen Samuel Pufendorf (1632–1694) um eine axiomatische Darstellung des Naturrechts, distanzierte sich aber später von der «geometrischen» Form. In dem Maße, in dem er unter den Einfluß des Pietismus geriet, verstärkte sich seine antirationalistische Einstellung, was sich darin äußerte, daß er immer stärker zur Überordnung des Willens über den Verstand tendierte. Rechtssätze sind nach seiner Überzeugung Befehle, die einen Befehlenden erfordern, von dessen Willensakten abhängt, was Recht oder Unrecht ist. Der Wille folgt dem Selbsterhaltungsstreben, und was der Selbsterhaltung nützt, heißt «gut». Naturrechtliche Prinzipien haben den Charakter von Empfehlungen; erst die mit Strafandrohungen verbundenen Anordnungen der (durch einen ursprünglichen Vertrag geschaffenen) Staatsgewalt sind Gesetze im eigentlichen Sinn. Recht im engeren Wortsinn ist daher immer Zwangsrecht. Neben dem gesetzten Recht muß nach Thomasius allerdings auch die normative Funktion der Sitte berücksichtigt werden.[60]

Angesichts der Rolle, die pietistische Einflüsse in Thomasius' Denken spielten, drängt sich die Frage auf, ob er überhaupt als Aufklärer gelten könne. Die Antwort wird davon abhängen, wie man «Aufklärung» definiert. Hält man Intellektualismus, Wissenschaftsgläubigkeit und Distanz gegenüber der Offenbarungsreligion für wesentliche Merkmale des Aufklärungsdenkens, wird man Thomasius nicht als dessen Vertreter bezeichnen können; betrachtet man dagegen den Einsatz für die Geistesfreiheit und den kritischen Umgang mit der Tradition als wesentliche Merkmal der Aufklärung, dann kann ihr Thomasius ohne weiteres zugeordnet werden, protestierte er doch gegen die Unduldsamkeit der lutheranischen Theologie und beharrte, ungeachtet seiner Gläubigkeit, auf klarer Trennung von Theologie und Jurisprudenz. Er trat für eine moderne Strafprozeßordnung, insbesondere für die Abschaffung der Folter, ein und sah in den Hexenprozessen abergläubischen Unfug. Auch sein Bestreben, über den akademischen Bereich hinaus zu wirken, stimmt mit einer wichtigen Tendenz des Aufklärungszeitalters überein. Er hielt Vorlesungen in deutscher Sprache und schrieb zu einer Zeit, da Latein noch die Gelehrtensprache war, auch deutsche Bücher.

Der wichtigste Vertreter der pietistisch geprägten Philosophie nach Thomasius war der um zwei Generationen jüngere Christian August Crusius (1715–1775), der als Professor für Theologie und Philosophie in Leipzig lehrte. Da er erkannte, daß die antirationalistische Auffassung angemessen dargestellt werden mußte, wenn sie mit den Auffassungen der Wolffianer wirklich konkurrieren wollte, bemühte er sich stärker als seine Vorgänger um Präzision des Ausdrucks und um Genauigkeit der Beweisführung. Wie Thomasius war auch er überzeugt, daß wir nur erfahrbare, raum-zeitliche Dinge als real erkennen können. Seiner Ansicht nach ist «Empfindung ... derjenige Zustand unseres Verstandes, da wir etwas unmittelbar als existierend zu denken gezwungen sind ...»[61] Dagegen bedürfen wir, um ein Ding als existent zu erfahren, keines Begriffs seiner Wesenheit. Die Existenz erhält damit Vorrang vor der Wesenheit, in klarem Gegensatz zur rationalistischen Position. Die Annahme eingeborener Ideen hat Crusius entschieden zurückgewiesen. Anders als die Vertreter des Sensualismus betrachtete er den Geist nicht als wesentlich rezeptives Vermögen, sondern betonte seine Spontaneität, d.h. seine Fähigkeit, von sich aus tätig zu werden.

Dem rationalistischen Determinismus stellte Crusius das Bekenntnis zur Freiheit des Willens gegenüber. Motive beeinflussen zwar, wie er einräumte, den Willen, nötigen ihn aber nicht.[62] Diese Ansicht konnte er vertreten, weil er meinte, daß zwar natürliche Vorgänge, nicht aber geistige Akte eindeutig determiniert sind. Der Geist kann Ursache von Bewegungen sein, doch können wir nicht begreifen, wie er etwas bewegt; um etwas als wirklich anzuerkennen, braucht man jedoch nicht einzusehen, wie es geschieht. Auch aus moralischen Gründen hielt Crusius die Anerkennung der Willensfreiheit für nötig, weil es ohne Freiheit keine Zurechnung und keine moralische Verantwortung gibt.

Bei Thomasius und seinen Fortsetzern zeigt sich das Bemühen, eine philosophische Konzeption zu entwickeln, die nicht nur – wie es die rationalistischen Metaphysiker erstrebten – mit der Vernunftreligion, sondern mit der christlichen Religion verträglich ist. So könnte man schon in bezug auf die Angehörigen dieser Richtung sagen, es sei ihnen (wie später Kant) darum gegangen, das Wissen (teilweise) aufzuheben, um Platz für den Glauben zu bekommen.

c) Lessing

Gotthold Ephraim Lessing (1729–1781) war kein Philosoph im Schulsinn, sondern ein philosophierender Dichter und Schriftsteller, der für Toleranz, für die freie, nicht an Dogmen gebundene Forschung und (wie Diderot) für eine an der Natur orientierte Ästhetik eintrat, weshalb er den strengen klassizistischen Regelkanon ablehnte und die Künstler der Antike sowie vor allem Shakespeare als Vorbilder betrachtete. Für die ungehinderte Auseinandersetzung mit religiösen Überlieferungen trat er nicht nur in eigenen Schriften, sondern auch dadurch ein, daß er – ohne Namensnennung – Teile der von Hermann Samuel Reimarus (1694–1768) hinterlassenen «Apologie oder Schutzschrift für die vernünftigen Verehrer Gottes» in den «Beiträgen zur Geschichte und Literatur», die er als Bibliothekar der Wolfenbütteler Bibliothek herausgab, veröffentlichte. Die Schrift atmet den Geist des Deismus, der spürbar ist, wenn der Offenbarungscharakter der Evangelien bestritten wird. Die Fragmente riefen den Hamburger Pastor Goeze auf den Plan, mit dem sich Lessing in eine Kontroverse verwickelte. Im Verlauf der Auseinandersetzung schrieb Lessing die bekannten Sätze: «Wenn Gott in seiner Rechten alle Wahrheit und in seiner Linken den einzigen immer regen Trieb nach Wahrheit, obschon mit dem Zusatz, mich immer und ewig zu irren, verschlossen hielte und spräche zu mir: Wähle! ich fiele ihm mit Demut in seine Linke und sagte: Vater, gib! Die reine Wahrheit ist ja doch nur für Dich allein!»[63]

Lessings Idee der Toleranz kommt dichterisch in dem Schauspiel «Nathan der Weise» zum Ausdruck. In der Ring-Parabel ist von einem Vater die Rede, der einen Ring mit dem wunderbaren Vermögen besitzt, seinen Träger Gott und Menschen wohlgefällig zu machen, wenn er im Glauben an diese Kraft getragen wird. Da der Vater keinen seiner drei Söhne benachteiligen möchte, läßt er zwei Kopien des Rings anfertigen, die so gut gelingen, daß der Vater schließlich selbst nicht mehr erkennen kann, welches der echte Ring ist. Er gibt vor dem Sterben jedem der Söhne unter vier Augen einen Ring und tut jedesmal so, als wäre es der einzige. Nach dem Tode des Vaters merken die Söhne zu ihrer Verblüffung, daß jeder von ihnen mit einem Ring bedacht worden ist. Sie wenden sich an einen Richter, der rät, jeder der Brüder möge sich so verhalten, als trage er den echten Ring:

«Es strebe von euch jeder um die Wette,
Die Kraft des Steins in seinem Ring an Tag
Zu legen! komme dieser Kraft mit Sanftmut,
Mit herzlicher Verträglichkeit, mit Wohltun,
Mit innigster Ergebenheit in Gott,
Zu Hilf!»[64]

Die Ringe symbolisieren die großen monotheistischen Religionen, deren jede beansprucht, die wahre zu sein, ohne daß sich mit theoretischen Mitteln entscheiden ließe, welche den Vorzug verdient. Nach der Parabel kommt es aber nur darauf an, wie sich eine Religion auf das Verhalten ihrer Anhänger auswirkt; ihre «Wahrheit» besteht in ihren positiven moralischen Auswirkungen. Trotzdem vertrat Lessing keine radikal relativistische Einstellung, wie seine geschichtsphilosophische Schrift «Die Erziehung des Menschengeschlechts» (1780) zeigt. Er nahm an, daß sich die Menschheit auf ein moralisches Ziel hin entwickle. Die Religion des Alten Testaments bildete den ersten Schritt auf dem Weg zu diesem Ziel, die Religion des Neuen Testaments den zweiten, auf den aber eines Tages ein dritter, über das Christentum hinausführender Schritt folgen soll. Das Ende der Entwicklung wird erreicht, wenn sich die Menschen zu einer rein vernünftigen Religion bekennen. Die früheren Entwicklungsstufen sind jedoch im Zusammenhang der gesamten Geschichte unentbehrlich; die Entwicklung ist zwar über sie hinausgegangen, aber sie haben den Menschen zu Fortschritten verholfen, zu denen die bloße Vernunft erst viel später geführt hätte.

Wie weit es Lessing mit einer solchen theologischen Geschichtsdeutung ernst war, ist schwer zu entscheiden. Sie läßt sich jedenfalls kaum mit der Ansicht in Einklang bringen, die Lessing kurz vor seinem Tod gegenüber dem jungen Friedrich Heinrich Jacobi (siehe Teil V, Kap. III, 1–2) vertrat: «Die orthodoxen Begriffe von der Gottheit sind nicht mehr für mich. Hen kai pân! [Ein und alles] Ich weiß nichts anderes.» Ausdrücklich berief er sich auf Spinozas Auffassung, von der er meinte: «Es gibt keine andere Philosophie als die Philosophie des Spinoza.» Als Lessings Äußerungen bekannt wurden, lösten sie eine Debatte aus, die das geistige Klima Deutschlands veränderte. (Siehe Teil V, Kap. III, 1)[65]

Die Zuverlässigkeit von Jacobis Bericht wurde von Moses Mendelssohn bezweifelt. Jacobi veröffentlichte das Gespräch mit Lessing und die anschließende Kontroverse in der Schrift «Über die Lehre des Spinoza in Briefen an Moses Mendelssohn»(1785).[66] Mendelssohn versuchte in der Schrift «Moses Mendelssohn an die Freunde Lessings», den Verdacht des Spinozismus bzw. Pantheismus von Lessing abzuwenden, erlebte aber ihr Erscheinen nicht mehr.

Moses Mendelssohn (1729–1786) ist einer der interessantesten Vertreter aufgeklärten Denkens in Deutschland. Er wurde in Dessau geboren, kam als junger Mensch nach Berlin, betätigte sich dort zunächst als Hauslehrer,

später als Geschäftsmann und brachte es zu Ansehen und Wohlstand. Auch
als Schriftsteller wurde er geschätzt. Lessing hatte seine Persönlichkeit vor
Augen, als er den «Nathan» schrieb, und auch Kant achtete ihn sehr. Als die
Berliner Akademie die Preisfrage stellte «Ob die metaphysischen Wahrheiten derselben Evidenz fähig seien als die mathematischen», errang Mendelssohn mit seiner «Abhandlung über die Evidenz in metaphysischen Wissenschaften» (1764) den Preis, während Kant der Erfolg versagt blieb. Sein
Hauptwerk trägt den Titel «Morgenstunden oder Vorlesungen über das
Dasein Gottes» (1785), weil Mendelssohn, gesundheitlich angegriffen, in
seinen späteren Jahren nur noch in der Frühe konzentriert arbeiten
konnte.[67] Die Kantische Philosophie vermochte er nicht mehr angemessen
zu würdigen, weil er, der typische Popularphilosoph, deren Niveau nicht
erreichte. Im Vorbericht zu den «Morgenstunden» sprach er vom «alles zermalmenden Kant» und äußerte die Hoffnung, daß er «mit demselben Geiste wieder aufbauen wird, mit dem er niedergerissen hat». Er hielt bewußt
an der Metaphysik der ersten Jahrhunderthälfte fest, namentlich an den
Lehren von der substantiellen Seele und der erfahrungsunabhängigen Erkennbarkeit Gottes.

In Lessings Eintreten für Spinoza sah Mendelssohn den Ausdruck der
noblen Neigung, Auffassungen zu verteidigen, die zu Unrecht angegriffen
werden;[68] daß sich Lessing mit der Spinozanischen Philosophie identifiziert
haben könnte, hielt er für ausgeschlossen, offenbar weil er sie selbst als
falsch betrachtete. Man kann, wie er meinte, den Einzeldingen nicht, wie es
Spinoza tat, die Selbständigkeit absprechen und sie als bloße Modifikationen der Einen unendlichen Substanz auffassen. Jedenfalls hatte die Debatte,
unabhängig von den Fragen nach der Richtigkeit von Spinozas Philosophie
und nach Lessings metaphysischem Standpunkt, in formaler Hinsicht die
wichtige Folge, daß man von Spinoza nicht mehr «wie von einem toten
Hund» reden konnte. Der Bann, der so lange über dem Spinozismus gelegen hatte, war gebrochen. Zwar war Spinozas Philosophie auch früher nicht
wirkungslos gewesen, obwohl ihr Urheber meist nicht genannt wurde; nun
aber war es möglich, sich offen auf ihn zu beziehen. In der nachkantischen
idealistischen Philosophie spielte der Spinozismus eine Rolle, und der Pantheismus mancher Romantiker läßt sich als Weiterentwicklung vor allem
Spinozanischer Auffassungen verstehen.

Auf weitere deutsche Vertreter der Aufklärung soll hier nicht eingegangen werden, obwohl namentlich die sogenannten Popularphilosophen (von
der Art eines Mendelssohn) das geistige Klima nachhaltig beeinflußten;
ihre Bedeutung für die Entwicklung des philosophischen Denkens war aber
gering.

5. Gegner der Aufklärung

a) Giambattista Vico

Unter den Kritikern der Aufklärungsphilosophie verdient der Neapolitaner Giambattista Vico (1668–1744) schon allein deshalb besondere Beachtung, weil er bereits früh gegen die vorherrschende Tendenz des Zeitalters, sich an den Methoden und Ergebnissen der Naturwissenschaften zu orientieren, opponierte und für die Eigenständigkeit jener Disziplinen eintrat, die später als Geisteswissenschaften bezeichnet werden sollten. Seine «Neue Wissenschaft» (in erster Auflage 1725 erschienen[69]) steht im Gegensatz zur Hauptrichtung der Philosophie des 17. und 18. Jahrhunderts, weil sie der Tradition des humanistischen, durch Hochschätzung der philologisch-historischen Wissenschaften geprägten Denkens verpflichtet war.

Vico ging von einem Prinzip aus, das sich bereits bei den Nachfolgern Descartes' findet; es besagt, daß wir nur verstehen, was wir gemacht haben: Wahr sein und gemacht sein entsprechen einander (Verum et factum reciprocantur).[70] Gestützt auf das verum factum sprach Vico den Naturwissenschaften ein echtes Begreifen der von ihnen untersuchten Tatsachen ab, denn da die Natur nicht von uns, sondern von Gott gemacht ist, verfügt nur Gott, nicht aber der Mensch, über wahres Naturverständnis. Wo wir dagegen die Schöpfer der Erkenntnisinhalte sind, ist echtes Begreifen möglich. Das gilt z.B. für die Mathematik, deren Gebilde – Punkte, Geraden, Zahlen usw. – von uns denkend erzeugt werden; vor allem aber sind die Inhalte der geschichtlichen Welt von Menschen geschaffen und können daher auch verstanden werden. Die Gesetze der Geschichte haben ihren Grund in der Natur des menschlichen Geistes, der seinerseits ein Geschöpf Gottes ist. Auf Grund der Einsicht in den Zusammenhang von Geschichte, menschlichem Geist und Gott meinte Vico, die ideale Grundstruktur der historischen Entwicklung konstruieren zu können. Er nahm an, daß die Geschichte in Analogie zur Entfaltung des individuellen Geistes in Wahrnehmung, Einbildung und Vernunft drei große Phasen durchläuft: In einer ersten Phase beschränken sich die Menschen auf die Wahrnehmung des Lebensnotwendigen und Nützlichen; in einer zweiten schafft die Einbildungskraft ein poetisches Weltbild, in dem Sprache, Religion und Philosophie dichterischen Charakter haben. Erst in der dritten Entwicklungsphase wird die Vernunft, d.h. das begriffliche Denken, bestimmend. Diesen Entwicklungsphasen entsprechen verschiedene Herrschaftsformen: Die erste Phase, in der sich der Mensch von den Göttern abhängig fühlt, ist durch die Herrschaft der Priester (Theokratie) charakterisiert; in der zweiten Phase – der Zeit der Heroenverehrung –, herrschen aristokratische Verhältnisse; die letzte Phase, das Zeitalter des Menschen, ist schließlich republikanisch. Anders als die typischen Vertreter der Aufklärung glaubte Vico

jedoch nicht an einen stetigen Fortschritt; seiner Ansicht nach wird vielmehr jede aufsteigende Entwicklungslinie durch eine absteigende abgelöst:
Auf jeden corso folgt ein ricorso. Die Abfolge von Aufstieg und Niedergang glaubte Vico deutlich in der Entwicklung der Alten Welt zu sehen;
sein Anliegen war es, diesen Rhythmus auch in der neueren Geschichte
aufzuweisen.

Obwohl Vico eine Fülle historischen Materials verwertet hat, ging es
ihm nicht in erster Linie um empirische Forschung, sondern um die
Rekonstruktion eines idealen Musters, das der Geschichte zugrunde liegt.
Dieses Muster suchte er nicht den geschichtlichen Zusammenhängen abzu-
lesen, sondern er meinte es der Natur des gottgeschaffenen menschlichen
Geistes entnehmen und der Deutung der Geschichte zugrunde legen zu
können. Letzten Endes stammen daher die Gesetze, denen die Geschichte
gehorcht, von Gott, so daß Vicos Geschichtsphilosophie in eine Ge-
schichtstheologie mündet, die dem Geschichtsverständnis der Aufklärung
zuwiderläuft.

b) Rousseau als Kritiker des Intellektualismus

(1) Der Lebenslauf eines Unangepaßten

Obwohl Rousseau oft als Aufklärungsphilosoph betrachtet wird, ist nicht
zu übersehen, daß er in mancher Hinsicht bereits der Gegenaufklärung
zugehört, wie sich zum Beispiel zeigt, wenn er der Lehre von der Vorherrschaft des Verstandes das Bekenntnis zum Primat von Gefühl, Trieb und
Instinkt entgegensetzt. Obwohl er sich, ähnlich wie Descartes, auf die
Natur als Führerin im praktischen Bereich berief, meinte er nicht mehr jene
wesentlich vernünftige Naturordnung, auf die sich Descartes bezog; für ihn
ist «Natur» vielmehr ein Synonym für jene Kräfte unterhalb des Verstandes,
die, wie er meinte, das Verhalten zuverlässiger und richtiger steuern als
rationale Überlegungen. In diesem Sinne konnte er die Reflexion als unnatürlich und den meditierenden Menschen als verderbtes Tier bezeichnen.[71]
Einen Widerhall fand diese Auffassung in Goethes Versen:

> « ... ein Kerl, der spekuliert,
> Ist wie ein Tier, auf dürrer Heide
> Von einem bösen Geist im Kreis herumgeführt,
> Und rings umher liegt schöne grüne Weide.»[72]

Die Übereinstimmung ist nicht zufällig, da Rousseau den Sturm und
Drang beeinflußt und der Romantik vorgearbeitet hat, ja in gewissem
Sinne schon ein Romantiker war. Romantischer Geist ist zu spüren, wenn
er von der Erfahrung des Zusammenhangs des Geistes mit der Gesamtheit aller Wesen spricht und sie als ekstatisches Einheitserlebnis beschreibt:
«... ich dachte, vernünftelte, philosophierte nicht, mit einer Art von Wol-
lust fühlte ich, daß ich vom Gewicht der Welt erdrückt wurde, mit Ent-
zücken überließ ich mich der Unordnung dieser großen Gedanken, in der

Einbildung verlor ich mich gerne im leeren Raume, mein Herz, in den Schranken der Wesen eingeschlossen, fand sich darin eng, ich erstickte im Weltall, ich hätte gewünscht, mich ins Unendliche emporschwingen zu können ...»[73]

Jean-Jacques Rousseau wurde 1712 in Genf geboren, wo er ohne geregelte Erziehung aufwuchs.[74] Als Sechzehnjähriger verließ er seine Heimat und trat in einem Konvertitenhaus in Turin zum Katholizismus über. Die Dame, die ihm zu diesem Schritt geraten hatte, Frau de Warens, nahm ihn bei sich in Annecy und Chambéry (Savoyen) auf; sie übernahm zunächst die Rolle einer mütterlicher Freundin und später die einer Geliebten. 1742 übersiedelte Rousseau nach Paris, wo er sich schon zehn Jahre früher vorübergehend aufgehalten hatte. Er trat in Verbindung mit führenden Vertretern der französischen Aufklärung und verfaßte mehrere Artikel für die «Encyclopédie». Eine Wende in seinem Leben leitete der Erfolg ein, den er mit der Beantwortung der Preisfrage der Akademie von Dijon – nämlich ob Künste und Wissenschaften zur Verbesserung der Sitten beigetragen hätten – erzielte. Der Diskurs über die Künste und Wissenschaften, für den er den Preis erhielt, wurde 1750 veröffentlicht.[75] Die These, daß die wissenschaftlichen und technischen Fortschritte, weit davon entfernt, die Menschen besser gemacht zu haben, zum moralischen Niedergang geführt hätten, erregte verständliches Aufsehen. Rousseau berichtete, daß er die Antwort auf dem Weg zu dem in Vincennes inhaftierten Diderot auf Grund einer Erleuchtung gefunden habe; Diderot behauptete dagegen, er habe Rousseau geraten, nicht die von der Akademie offenbar erwartete optimistische Antwort zu geben, weil er nur durch eine paradoxe Stellungnahme auffallen könne. Tatsächlich erinnert Rousseaus Schilderung an die Darstellung, die der hl. Augustinus in den «Bekenntnissen» von seinem Erweckungserlebnis (siehe Teil II, Kap. I, 5 a) gegeben hatte, und schon diese dürfte einem bekannten literarischen Muster verpflichtet gewesen sein.

Mit einer anderen Preisschrift – der «Abhandlung über den Ursprung und die Grundlagen der Ungleichheit unter den Menschen» (1755) – errang er zwar nicht den Preis, erregte jedoch ähnlich großes Aufsehen wie mit der Schrift von 1750. Er fand Förderer, so daß er ohne Geldsorgen an den Werken arbeiten konnte, die zu Beginn der sechziger Jahre erschienen und in denen er den Höhepunkt seines literarischen Schaffens erreichte; es handelt sich um die Romane «Julie oder die neue Héloïse» (1761) und «Emile» sowie um das staatsphilosophische Werk «Der Gesellschaftsvertrag» (beide 1762). In der «Neuen Héloïse» kritisierte er Standesschranken als unnatürlich, die der Ehe gleichgestimmter Menschen im Wege stehen. Im «Emile» plädierte er für eine Erziehung, die die Anlagen des von Natur aus guten jungen Menschen fördert, ohne Zwang auszuüben. Im «Contrat social» schließlich entwickelte Rousseau das Konzept eines der Natur des Menschen als eines freien Wesens angemessenen Staates.

Der «Emile» enthält in seinem vierten Teil ein Glaubensbekenntnis, das einem Vikar aus Savoyen in den Mund gelegt ist und in dem der Gedanke einer im Gefühl wurzelnden Religion skizziert wird. Es wurde als so anstößig empfunden, daß gegen Rousseau Haftbefehl erging und er sich zur Flucht, zunächst in das damals preußische Neuenburg (Neuchâtel) und später nach England gezwungen sah. Er fand bei David Hume Aufnahme, doch litt es ihn nirgends lange: Sein krankhaftes Mißtrauen, das sich zum Verfolgungswahn steigerte, ließ ihn in den Menschen seiner Umgebung nur noch Feinde sehen.[76] Sein Argwohn richtete sich bald auch gegen Hume, dem er unterstellte, ihn nur nach England gelockt zu haben, um dort sein Ansehen um so sicherer ruinieren zu können. Es kam zum Bruch mit Hume, doch blieb Rousseau noch eine Zeitlang in England. Um sich zu rechtfertigen und um seine Gegner bloßzustellen, begann er mit der Niederschrift der «Bekenntnisse», verfügte aber, daß dieses Werk erst nach seinem Tod veröffentlicht werden sollte. Indem er seine Schwächen schonungslos schilderte, wollte er das von seinen Feinden gezeichnete Bild seines Charakters korrigieren. Die einleitenden Sätze des Werkes lauten: «Ich gehe an ein Unternehmen, das noch kein Beispiel hat, und das keinen Nachahmer finden wird. Ich will meinen Mitmenschen einen Menschen in aller Wahrheit der Natur zeigen, und dieser Mensch bin ich. | Ich allein. Ich empfinde mein Herz, und ich kenne die Menschen. Ich bin nicht so geschaffen wie irgendeiner von denen, die ich gesehen habe; ich wage zu sagen, daß ich nicht geschaffen bin wie einer von jenen, die leben ... | Ewiges Wesen, versammle um mich die unzählige Menge der mir ähnlichen Wesen; mögen sie meine Bekenntnisse hören, mögen sie über meine unwürdigen Handlungen seufzen, über mein Elend erröten. Möge jeder von ihnen seinerseits vor den Stufen Deines Thrones sein Herz mit derselben Offenheit offenbaren, und möge dann ein einziger sagen, wenn er es wagt: Ich war besser als dieser Mensch.»

1767 kehrte er nach Frankreich zurück und hielt sich, in dem beständigen Gefühl, verfolgt zu sein, an wechselnden Orten auf. 1770 wagte er die Rückkehr nach Paris. Entspannung fand er in der Musik und in der Beschäftigung mit der Botanik. Er setzte die Arbeit an den «Bekenntnissen» fort und verfaßte eine Rechtfertigungsschrift mit dem Titel «Rousseau als Richter von Jean-Jacques». Ein Zeugnis der Resignation, in die er schließlich verfiel, sind die «Träumereien eines einsamen Spaziergängers». 1778 starb Rousseau in Ermenonville nördlich von Paris, wohin er kurz vorher auf Einladung eines begüterten Adeligen gezogen war.[77] Einer der letzten Besucher war ein junger Bewunderer namens Maximilien Robespierre.

In seiner Jugend war Rousseau das, was man heute unter einem «Aussteiger» versteht. Als Erwachsener war er niemals vollständig in seine gesellschaftliche Umgebung integriert, da er sich den sozialen Normen nicht zu unterwerfen bereit war, und der alternde Rousseau war wegen der pathologischen Züge seiner Persönlichkeit dazu verurteilt, ein unglückliches und ruheloses Leben zu führen. Daß führende Aufklärer wie Voltaire, d'Alembert, Diderot, der Baron Grimm, der Ideen der französischen Aufklärung in Deutschland bekanntmachte, ihn scharf ablehnten, mag auch persönliche Gründe gehabt haben; das entscheidende Motiv der Entfremdung lag im philosophischen Bereich: Das Lebensgefühl, das sich bei Rousseau ankündigt, war so weit von der Einstellung der typischen Aufklärer entfernt, daß gegenseitiges Verstehen nicht zu erwarten war.

(2) Die Auffassung der Natur

Rousseaus Annahme, daß alles gut sei, was aus der Natur hervorgeht, läßt sich nur verstehen, wenn man sich vor Augen hält, daß «Natur» bei ihm nicht den Inbegriff der Dinge, sondern den Komplex vorrationaler wertsetzender Kräfte bedeutet, der nicht primär durch den Verstand, sondern durch das «Herz» erfaßt wird. Die Natur ist eine Macht, die zugleich normativen Charakter hat und der der Mensch nicht einfach unterworfen ist, sondern der er folgen *soll*. Die erfühlte Ordnung der Natur äußert sich im Gewissen; das positive Recht und die Erziehung sind Mittel, die natürliche Ordnung zu erhalten oder, wenn sie gestört ist, wiederherzustellen.

Mit der Berufung auf Gefühl, Trieb und Instinkt folgte Rousseau derselben antiintellektualistischen Richtung wie Hume. Während aber dieser das Zustandekommen von Überzeugungen und Wertungen mit psychologischen Mitteln zu erklären suchte, lag Rousseau die Einstellung des Wissenschaftlers fern; er erblickte in unkritischer Weise im unverfälschten Gefühl bzw. im «Herzen» den Wegweiser zu Wahrheit und Gerechtigkeit. Weil seiner Ansicht nach nur das ursprüngliche Empfinden die natürliche Ordnung zu erfassen vermag, wollte er alles bekämpfen, was seine Ursprünglichkeit aufhebt – sei es im persönlichen, sei es im gesellschaftlichen oder rechtlichen Bereich.

Wenn Rousseau von «Natur» spricht, geschieht das meist im Hinblick auf die menschliche Natur, die er nicht nur, wie Hobbes, durch egoistische Triebe, sondern ebenso ursprünglich auch durch altruistische Tendenzen wie Sympathie oder Mitleid bestimmt sah. Bei der Eigenliebe unterschied er zwischen naturgemäßer Selbstliebe (amour de soi) und naturwidriger Selbstsucht (amour propre). Nur die erstere ist zu billigen; die letztere läßt sich mit der Idee der Gerechtigkeit nicht vereinbaren, da sie darauf gerichtet ist, die eigenen auf Kosten fremder Interessen durchzusetzen. Wenn Rousseau von der Güte der menschlichen Natur spricht, meint er das Gleichgewicht von berechtigter Eigenliebe und Altruismus. Die von ihm geforderte Rückkehr zur Natur besteht in der Wiederherstellung dieses Gleichgewichtszustands, nicht in der Rückkehr zu einem Zustand, in dem die Menschen auf allen Vieren liefen, wie Voltaire boshaft unterstellte.

Rousseaus Auffassung der menschlichen Natur wäre nicht vollständig beschrieben, wenn nicht der Aspekt der Freiheit beachtet würde. «Freiheit» bedeutet bei Rousseau nicht sosehr die Willensfreiheit im herkömmlichen Sinn (als Freiheit der Entscheidung zwischen mehreren Motiven) oder die

Freiheit von Zwang, sondern die geistige, in der Immaterialität der Seele begründete, von der Sinnlichkeit prinzipiell unabhängige Spontaneität, durch die sich der Mensch vom Tier unterscheidet. So verstandene Freiheit kann es in der Welt der materiellen Dinge nicht geben; sie läßt sich nur als möglich begreifen, wenn auch eine geistige Wirklichkeit anerkannt wird.

Die ursprünglich gute Natur frei zur Entfaltung kommen zu lassen ist die Hauptaufgabe der Erziehung, die nach Rousseau nicht das Ziel verfolgen darf, dem jungen Menschen eine ihm fremde Form aufzuprägen, sondern die bei der Entfaltung der natürlichen Anlagen helfen bzw. Hindernisse der naturgemäßen Entwicklung des Charakters beseitigen soll. Mit dieser Auffassung der Erziehung hat Rousseau der modernen Pädagogik einen wichtigen Anstoß gegeben.

(3) Freiheit und Rechtsordnung

«Der Mensch wird frei geboren, und überall ist er in Ketten», heißt es am Beginn von Rousseaus staatsphilosophischem Hauptwerk.[78] Da die Freiheit zum Wesen des Menschen gehört, ist die Unfreiheit widernatürlich. Wenn der Mensch faktisch unfrei ist, müssen die Verhältnisse, die zum Verlust der natürlichen Freiheit führen, geändert werden. Dem im Grunde moralischen Ziel der Herstellung einer politischen Ordnung, die Freiheit möglich macht, dient Rousseaus Staatsphilosophie.

Der Verlust der ursprünglichen Freiheit ist nach Rousseau eine Folge der sozialen und rechtlichen Ungleichheit, die im Verlauf der gesellschaftlichen Entwicklung entstand. Anfänglich befanden sich die Menschen in einem weitgehend tierischen Zustand; erst mit dem Übergang zu einer primitiven gesellschaftlichen Ordnung mit einem einfachen Recht wurden die Voraussetzungen der Besitzgesellschaft geschaffen, in der sich im Verlauf der Zeit die Gegensätze zwischen Armen und Reichen, Machtlosen und Inhabern der Macht verschärften und schließlich jener allgemeine Krieg ausbrach, den Hobbes in den Naturzustand verlegt hatte. Rousseau meinte, daß die Menschen unter den Bedingungen einer primitiven Zivilisation ohne Privateigentum und ohne Technik glücklicher gelebt hätten als unter den Bedingungen einer entwickelten Gesellschaftsordnung auf der Grundlage des Privateigentums. «Der erste, der ein Grundstück einzäunte und es sich herausnahm zu sagen: Dies gehört mir, und der Leute fand, die einfältig genug waren, ihm zu glauben, war der wahre Begründer der bürgerlichen Gesellschaft», wie Rousseau zu Beginn des zweiten Teils der «Abhandlung über die Ungleichheit» schrieb.[79] Angesichts der Nachteile, die die gesellschaftliche Entwicklung mit sich brachte, tauchte der Gedanke auf, eine positive Rechtsordnung zu schaffen. Dies geschieht dadurch, daß alle sich untereinander vertraglich verpflichten, der staatlichen Autorität und ihren Anordnungen zu gehorchen, um durch teilweisen Verzicht auf individuelle Interessen Vorteile für alle zu erreichen. Tatsächlich war jedoch der Sozialkontrakt, wie Rousseau in der Abhandlung von 1755 meinte, kein Abkommen im Interesse aller, sondern er diente nur den Besitzenden und Mächtigen dazu, ihre usurpierte gesellschaftliche Macht zu legitimieren.

Die angedeutete Auffassung ist historisch-realistisch, wenigstens dem Anspruch nach; im Rahmen der rechtsphilosophischen Konstruktion des Staatsbegriffs im «Contrat social» stellte Rousseau dagegen den Sozialkontrakt als Akt der Erzeugung einer Rechtsordnung und zugleich als notwendiges Mittel zur Bewahrung der natürlichen menschlichen Freiheit dar. Wenn die Regierung gegen die Ziele handelt, derentwegen der Sozialkontrakt abgeschlossen wurde, geht sie ihrer Legitimation verlustig und kann vom souveränen Volk abgesetzt werden. Insbesondere ist die Despotie kein Rechtszustand, weil sie die Freiheit aufhebt, die im Sozialkontrakt gesichert werden soll. Mit dem Eintritt in den staatlichen Zustand wird allerdings die Freiheit modifiziert: An die Stelle der naturwüchsigen tritt die rechtliche Freiheit, die darin besteht, nur solchen Gesetzen Gehorsam zu schulden, die das Staatsvolk sich selbst gegeben hat. Politische Freiheit ist mit einem Wort nicht Gesetzlosigkeit, sondern im Gegenteil Bindung an Gesetze, allerdings nur an solche, die von der Gemeinschaft gebilligt wurden. Der Souverän ist nicht ein einzelner Inhaber der Staatsgewalt, sondern die rechtlich organisierte Gesamtheit der Staatsbürger.

Die Form des Staates wie die Entscheidungen im Staate sind, wie Rousseau betonte, stets am Maßstab des Gemeinwohls zu messen. Im Sozialkontrakt wird ein Allgemeinwille (volonté générale) erzeugt, der dem allgemeinen Interesse entspringt und durch den eine Menge erst zur Einheit eines Volkes wird. Da das Interesse der Gemeinschaft nicht im Gegensatz zum Interesse der einzelnen stehen kann, ist der allgemeine Wille irrtumsfrei,[80] vorausgesetzt, er ist hinreichend aufgeklärt. Die Regierung ist lediglich eine beauftragte Behörde, die vom Souverän – dem Volk – autorisiert und an die vom Volke bestätigten Gesetze gebunden ist. Rousseau sympathisierte mit der Idee einer direkten Demokratie, ohne jedoch zu übersehen, daß sie nur in kleinen Staatsgebilden wie in seiner Heimat Genf praktiziert werden kann.

Fragt man, wie sich unter Rousseaus Voraussetzungen ermitteln lasse, was Inhalt des allgemeinen Willens ist, dann zeigen sich beträchtliche Schwierigkeiten. Um festzustellen, was dem Gemeinwohl dient, muß man über Kenntnisse der gesellschaftlichen Zusammenhänge und über ein entwickeltes Urteilsvermögen verfügen – und beides ist nicht von jedermann zu erwarten. Daher könnte es naheliegend erscheinen, die Beurteilung einem Kreis kompetenter Personen vorzubehalten, d. h. den plebiszitären Republikanismus zugunsten des Repräsentativsystems aufzugeben.

Rousseau hat sich nicht eindeutig über den allgemeinen Willen geäußert: Bald scheint er ihn mit dem Willen aller einzelnen zu identifizieren, bald faßt er ihn als ideale Norm auf, die sich vom faktischen Wollen der einzelnen unterscheiden kann. Wenn das allgemeine Wohl unter Umständen nur von wenigen erkannt wird, dann könnte es sein, daß nur diese im Sinne des allgemeinen Willens handeln, ja im Grenzfall könnte er sogar nur in einem einzigen zur Geltung kommen. So verstanden, erweist sich die Lehre vom Allgemeinwillen als Mittel der ideologischen Rechtfertigung totalitärer Ansprüche. Es ist daher nicht überraschend, wenn Rousseaus Konzeption bei Verfechtern des Totalitarismus Anklang fand.

(4) Arbeit und Eigentum

Im Diskurs von 1755 suchte Rousseau auch die Entwicklung des Privateigentums zu rekonstruieren. Er ging davon aus, daß sich die Menschen im Naturzustand, d.h. auf der Stufe der Sammler und Jäger, nur aneigneten, was sie unmittelbar benötigten. Dieser Zustand wird verlassen, wenn es zur Aneignung von Grund und Boden kommt und wenn mit dem Einsatz von Werkzeugen aus Metall die Lebensverhältnisse revolutioniert werden. Die Stärksten sind bei der Aneignung im Vorteil; es entsteht «eine Art Eigentum» und, auf dessen Grundlage, eine patriarchalische Gesellschaftsordnung mit sozialer Über- und Unterordnung.

Bei der Entstehung der sozialen Ungleichheit spielt die Arbeitsteilung eine wichtige Rolle. Nach Rousseau soll aber die Arbeit nicht zur Ungleichheit und zur Einschränkung der Freiheit führen, sondern frei und unabhängig ausgeübt werden. Wenn diese Bedingung erfüllt ist, wird die Arbeit zu einer Pflicht, der sich der Mensch nicht entziehen darf und deren Erfüllung er sich nicht einmal mit Hilfe technischer Mittel erleichtern soll. Der Pflicht zur Arbeit entspricht ein Recht auf Arbeit, das die Regierung zu sichern hat. Rousseau verwarf den Einsatz von Maschinen, weil er Arbeitskräfte freisetzt und zur Landflucht sowie zu Preissteigerungen führt. Arbeit, die nicht dem Lebensunterhalt, sondern der Schaffung von Privateigentum dient, entzweit die Menschen durch die Konkurrenz und steht daher im Widerspruch zur sozialen Natur des Menschen. Natur und Vernunft würden niemals miteinander in Konflikt geraten, wenn die Menschen sich nicht künstliche Pflichten auferlegt hätten, die sie dann den natürlichen überordnen mußten.[81]

Rousseau hat aus seiner Kritik der Besitzgesellschaft keine revolutionären Konsequenzen gezogen. Weder dachte er an Enteignungen, noch schwebte ihm eine Nivellierung der Vermögen vor; er forderte lediglich, die Entstehung krasser Besitzunterschiede zu verhindern. Offensichtlich sympathisierte er mit überschaubaren Gemeinschaften, sei es mit der autarken ländlichen Familie (die in der «Neuen Héloïse» idealisiert wird), sei es mit einem Kleinstaat wie Korsika (im Entwurf einer Verfassung für dieses Land). Wenn Rousseau für patriarchalische Verhältnisse auf bäuerlicher Grundlage und für eine Wirtschaft ohne Geld oder mindestens mit sehr beschränktem Geldumlauf eintritt, dann erweist er sich als konservativer Theoretiker, der von vorkapitalistischen Verhältnissen träumt.

6. Die Philosophie und die sozialen bzw. politischen Veränderungen an der Wende vom 18. zum 19. Jahrhundert

a) Die aufklärerische Ideologie des Fortschritts

Obwohl der Fortschrittsoptimismus in der zweiten Hälfte des 18. Jahrhunderts nicht mehr ungebrochen war, spielte er im Denken der Epoche nach wie vor eine große Rolle. Das zeigt sich nirgends deutlicher als bei Jean-Antoine-Nicolas Caritat de Condorcet (1743–1794), der in seinem «Entwurf einer historischen Darstellung der Fortschritte des menschlichen Geistes»[82] die Entwicklung der menschlichen Kultur in Richtung auf immer vollständigere Erkenntnis und auf immer vollkommeneres Glück als Entsprechung der Entfaltung der Fähigkeiten des Subjekts darstellte. Der Fortschritt kann zeitweilig verlangsamt, nicht aber auf Dauer aufgehalten werden, und erst recht kann die Entwicklung nicht rückläufig werden.[83]

Condorcet war ein hochbegabter Mathematiker, der sich für soziale und politische Fragen interessierte und die Wahrscheinlichkeitsrechnung auf Fragen des Rechts, der Gesellschaft und insbesondere der Wirtschaft anwendete. 1789 schloß er sich den Revolutionären an und wurde Mitglied einer Kommission, die eine neue Verfassung ausarbeiten sollte. Der Nationalkonvent folgte dem Entwurf des Ausschusses nicht, wogegen Condorcet in einem Offenen Brief protestierte.[84] Das genügte, um ihn unter Anklage zu stellen und für vogelfrei zu erklären. Er tauchte unter und fand bei einer ihm bis dahin unbekannten Dame Unterschlupf. In seinem Versteck schrieb er, ungeachtet der ständigen Bedrohung und ohne auf eine Bibliothek zurückgreifen zu können, den «Entwurf», der ihn mehr als seine wissenschaftlichen Schriften berühmt machte. Mit Rücksicht auf seine Gastgeberin verließ er gegen deren Willen seine Unterkunft; in der Nähe von Paris wurde er aufgegriffen und festgenommen; am nächsten Morgen fand man ihn vergiftet in der Gefängniszelle.[85]

Im «Entwurf» wird nicht nur die bisherige Entwicklung der Kultur rekonstruiert, sondern auch versucht, die künftige Entwicklung vorherzubestimmen, die nach Condorcet durch die fortschreitende Rationalisierung aller Lebensbereiche charakterisiert sein wird. Die Tatsache, daß ökonomische Zusammenhänge mathematisch dargestellt werden können, veranlaßte ihn zu der Annahme, daß sich eines Tages nicht nur die wirtschaftliche, sondern auch die geistige Entwicklung der Menschheit planen lassen werde. Der aufklärerische Glaube an die Möglichkeit rationaler Planung hat wohl kaum je so deutlichen Ausdruck gefunden wie bei Condorcet, der sich auch durch das Vertrauen, daß die Rationalisierung aller Lebensbereiche das größtmögliche Glück des einzelnen wie der Gesellschaft bewirke, als typischer Vertreter des Rationalismus der Aufklärung erweist.

Vernunftglaube und Vernunftvertrauen wurden unter dem Eindruck der revolutionären Schrecken und des Scheiterns der revolutionären Utopien

schon in der Zeit erschüttert, als Condorcet den «Entwurf» schrieb; die
Theoretiker der Restauration erblickten in dem schrankenlosen Vertrauen
in die auf sich selbst gestellte, von allen traditionellen Bindungen und von
der Beziehung zu Gott gelöste Vernunft die Wurzel aller Übel der Revolu-
tionsepoche. Nach wie vor aber ließen sich manche den Glauben an die
Fähigkeit der Vernunft zur Gestaltung der gesellschaftlichen Verhältnisse
nicht nehmen; nicht nur bei den ersten Positivisten (siehe Teil VI, Kap. II,1),
sondern auch bei den frühen Anhängern des Sozialismus bzw. Kommunismus lebte der aufklärerische Fortschrittsoptimismus weiter.

b) Das Ideal einer neuen Gesellschaft auf der Grundlage des Aufklärungsprogramms

1789 erschien unter dem Titel «Was ist der dritte Stand?» eine sozialphilosophische Schrift, in der gefordert wurde, die Grundgedanken der Gesell-
schafts- und Rechtslehre, wie sie von den Theoretikern der Aufklärung
entwickelt worden waren, in die Praxis umzusetzen; Verfasser war Abbé
Emmanuel Joseph Siéyès (1746–1836). Auf die im Titel gestellte Frage antwortete er, der Dritte Stand stehe an sich für die ganze Nation, sei faktisch
jedoch nichts und wolle wenigstens etwas sein. Daß der Dritte Stand staats-
tragend sei, ergibt sich daraus, daß er die Rohstoffe gewinne, sie verarbeite,
die Fertigprodukte verteile und Dienstleistungen (von der Hausarbeit bis
zur wissenschaftlichen Forschung) erbringe.[86] Die privilegierten Stände
– Adel und (höhere) Geistlichkeit – sind dagegen nach Siéyès überflüssig.
Grundlage jeder Rechtsordnung sind nach Siéyès die Menschenrechte als
unveräußerliche, vom Staat zu respektierende Rechte der Individuen. Zu
ihnen gehört auch das Recht auf Privateigentum, das während der Französischen Revolution niemals angetastet wurde. Ebenso nachdrücklich
betonte er die naturrechtliche Gleichheit (als Gleichheit vor dem Gesetz,
nicht als Vermögensgleichheit) und die Freiheit.

Charakteristisch für die auf dem Höhepunkt der Französischen Revolution vorherrschende Auffassung ist der Katalog der Menschenrechte, den
Condorcet entwarf.[87] Die Menschenrechte, die die Grundlage jeder legiti-
men Verfassung bilden, betreffen Freiheit, Gleichheit, Sicherheit, Eigentum
und das Widerstandsrecht; ihnen zufolge darf jeder nach Belieben über
seine Güter, sein Kapital, seine Einkünfte verfügen und die von ihm gewählte Tätigkeit – Arbeit, Handel oder Produktion – frei ausüben. In der
Betonung des Eigentumsrechts wird besonders deutlich, daß die Französische Revolution vom Dritten Stand, vom Bürgertum, getragen war. Wo
sozialistische Ideen auftauchten, wurden sie unterdrückt. François-Noël
Babeuf, der ein egalitaristisches bzw. kommunistisches Programm vertrat
und eine Verschwörung inszenierte, wurde 1797 hingerichtet.

Babeuf knüpfte an sozialistische Ideen an, die in den Jahrzehnten vor
der Revolution von Morelly und Gabriel Bonnot de Mably (1709–1785),

Condillacs Stiefbruder, vertreten worden waren.[88] Morelly, dessen Vorname und Lebensdaten nicht bekannt sind, bezeichnete in seinem «Gesetzbuch der natürlichen Gesetze» (1755, anonym)[89] das Privateigentum als Pest der Gesellschaft, d. h. als Hauptursache der sozialen und politischen Mißstände seiner Zeit. Wäre nicht das Privateigentum eingeführt worden, «dann wäre die *natürliche Rechtschaffenheit* geblieben, die in der allgemeinen Weltordnung das Ergebnis einer unendlich weisen Anordnung ist, in der kein Wesen ohne zufällige Ursache der Bewegung und dem Dasein eines anderen schaden kann».[90] Auch Mably stützte seine Kritik am Privateigentum auf naturrechtliche Voraussetzungen. Offenbar beeinflußt von Rousseau, erklärte er den Gemeinbesitz für natürlich; die sozialen Übel der Zeit – Egoismus, mangelndes gesellschaftliches Engagement, schroffe Klassengegensätze – hielt er für Folgen der Einführung des Privateigentums.

Die damalige Diskussion über das Privateigentum[91] läßt erkennen, daß die Meinungsverschiedenheiten, die liberale und sozialistische Theoretiker trennten, damit zusammenhängen, daß von sozialistischer Seite die ökonomische Effizienz eines Wirtschaftssystems für zweitrangig erklärt wird, während sie vom Standpunkt der liberalen Ökonomie aus entscheidend ist. Ausschlaggebend für die Beurteilung sind nach sozialistischer Ansicht moralische Gesichtspunkte: Selbst wenn eine kommunistische Wirtschaft weniger produktiv sein sollte, hätte sie als überlegen zu gelten, weil sie der menschlichen Natur gemäß ist und infolgedessen zur Versittlichung der Menschen beizutragen vermag. Diese These ließ sich, da es keine kommunistischen Gesellschaften gab, nur mit Hilfe spekulativer Annahmen stützen, denen leicht widersprochen werden konnte. Erst im 20. Jahrhundert wurde das kommunistische Modell erprobt – mit einem Ergebnis, von dem sich die frühen Sozialisten keine Vorstellung machen konnten. Vor allem sahen sie nicht, daß eine sozialistische Wirtschaft zentrale Steuerung erfordert und daher zum Totalitarismus tendiert.

Sowohl die liberalen als auch die sozialistischen Gesellschaftsreformer planten auf der Grundlage der Naturrechtslehre Änderungen der sozialen Verhältnisse, ohne die historisch gewordenen Bedingungen angemessen zu berücksichtigen. Durch den Glauben, in rein rationaler Weise, somit ohne Rücksicht auf historische Bindungen, eine neue Ordnung konstruieren zu können, erweisen sie sich als typische Vertreter des Aufklärungsdenkens. Diese Blindheit gegenüber der Rolle geschichtlich gewordener Faktoren warfen ihnen die Theoretiker der Restauration vor, die die Rolle der Tradition in Philosophie, Politik, Moral und Recht betonten.

c) Die Reaktion auf die Französische Revolution: Die Traditionalisten;
   Saint-Simon

Die Französische Revolution wurde zwar von vielen europäischen Intellektuellen begrüßt, gleichzeitig wurde sie aber auch kritisiert, und zwar um so heftiger, je radikalere Züge sie annahm. Die Kritik richtete sich nicht nur auf ihre Auswirkungen, sondern auf ihre theoretischen Voraussetzungen, und in dieser Hinsicht ist sie für die Geschichte der Philosophie von Interesse. Die einseitig rationale Einstellung der Aufklärung wurde zwar schon vor 1789 da und dort in Frage gestellt, aber erst nach Ausbruch der Revolution als Gefahr gesehen. Die Einführung des Kults der Vernunft im November 1793 konnte als Bestätigung der Annahme verstanden werden, daß die Revolution Folge der Hybris des absolut autonomen Verstandes sei. Ein Gegengewicht schien nur im Offenbarungsglauben, in der christlichen Moral und allgemein in der abendländischen Tradition gefunden werden zu können.

In diesem Sinne hob der aus Irland stammende englische Publizist Edmund Burke (1729–1797) in seinen «Betrachtungen über die Französische Revolution» (1790) die Bedeutung von Traditionen hervor, in denen er den Niederschlag der Erfahrungen vieler Generationen erblickte. Die gesellschaftliche Ordnung ist nach Burke allmählich gewachsen und beruht daher nicht auf zufälliger Übereinkunft. Während Burke erst die Anfänge der Revolution vor Augen hatte, schrieb Joseph de Maistre (1753–1821) seine «Betrachtungen über Frankreich» (1794) bereits unter dem Eindruck des revolutionären Terrors. Auch bei ihm kommt die für die Gegenaufklärung typische Tendenz zur Geltung, das geschichtlich Gewordene dem rational Geplanten überzuordnen. In dem berühmten Werk «Über den Papst» (1817) unterstrich er die Bedeutung der katholischen Kirche für die Gesellschaft, sah sie aber an die Bedingung der Einheit gebunden. Einheitlich kann die Kirche aber nur sein, wenn ihre Verfassung monarchisch ist, d. h. wenn der Papst in allen wesentlichen Fragen als letzte Instanz anerkannt wird. De Maistre bekannte sich zur Lehre von der päpstlichen Unfehlbarkeit, die etwa ein halbes Jahrhundert später zum Dogma erklärt wurde. Eine verwandte Auffassung hatte schon 1802 Graf Chateaubriand (1768–1848) in seinem «Geist des Christentums» vertreten. Ähnlich sah Novalis (Friedrich von Hardenberg, 1772–1801) die religiös fundierte Einheit der Kultur, die das Mittelalter geprägt hatte, durch die Aufklärung, ja durch die Reformation, in Frage gestellt. In dem Fragment «Die Christenheit oder Europa» (entstanden 1799) setzte er seine Hoffnung in die Erneuerung der abendländischen Einheit. In verwandtem Geist forderte Joseph von Görres (1776–1848) eine Politik auf der Grundlage des Katholizismus.

Die Bezeichnung «Restauration» für die Jahre nach dem Wiener Kongreß (1815) ist dem Titel des Werkes «Die Restauration der Staatswissenschaften» (1816 ff.) von Karl Ludwig von Haller (1768–1854) entnommen, der für einen patriarchalischen, ständisch gegliederten Staat plädierte. Ähnliche Ideen vertrat Louis Gabriel Ambroise de Bonald (1754–1840). Ein anderer wichtiger Vertreter des restaurativen Denkens war Hugues Félicité Robert de La Mennais (später Lamennais, 1782–1854), der sich aber um 1830 liberalen Ideen zuwandte und sich für Gewissensfreiheit, Abschaffung der Zensur sowie nationale Selbstbestimmung aussprach. Er trat in Verbindung mit Görres und anderen Vertretern des deutschen Katholizismus wie Ignaz Döllinger (1799–1890), der das Dogma der päpstlichen Unfehlbarkeit ablehnte und exkommuniziert wurde. 1834 veröffentlichte Lamennais «Worte eines Gläubigen», in denen er sich gegen den Absolutismus im Staat wie in der Kirche wandte. Durch seine Bemühungen um eine Synthese christlicher und sozialistischer Ideen wurde er zu einem Vorkämpfer der christlich-sozialen Bewegung, gleichzeitig aber zu einem Kritiker der Kirche.

De Maistre, de Bonald und Lamennais vertraten, wie der italienische Traditionalist Vincenzo Gioberti (1801–1852), die Ansicht, daß die Sprache von Gott stamme und daher Trägerin von Traditionen sei, die göttlicher Herkunft sind. Das ist nicht so zu verstehen, als habe Gott den Menschen ein fertiges Vokabular zur Verfügung gestellt; die Traditionalisten führten vielmehr nur die Sprachfähigkeit auf Gott zurück. Da sie annahmen, daß das Denken von der Sprache abhängig sei, folgerten sie, daß die in der Sprache ursprünglich angelegten Strukturen auch das Denken prägen. Diese Strukturen werden in den allgemeinsten philosophischen Grundsätzen zum Ausdruck gebracht, so daß die wahre Philosophie als mittelbare Offenbarung Gottes zu gelten hat.

Zu den Kritikern von Aufklärung und Revolution läßt sich auch Claude-Henri de Rouvroy, Graf von Saint-Simon (1760–1825) zählen. Sein Leben verlief abenteuerlich. Er hatte sich am nordamerikanischen Freiheitskrieg beteiligt, war Abgeordneter der Konstituante, erzielte große Spekulationsgewinne, büßte aber sein Vermögen bald wieder ein, so daß er auf die Hilfe von Freunden und Gönnern angewiesen war. 1807 schrieb er eine «Einführung in die wissenschaftlichen Arbeiten des 19. Jahrhundert»; in der Zeit der Restauration erschienen unter anderem die Werke über «Die Reorganisation der europäischen Gesellschaft», «Die Industrie» und das dreibändige «Industrielle System». 1825 folgte die Schrift «Das neue Christentum».[92] Saint-Simons Lehren wurden im Kreis seiner Anhänger diskutiert und weiterentwickelt. Seine Gedanken regten Auguste Comte, seinen zeitweiligen Sekretär, zum Entwurf der Theorie von den Phasen der gesellschaftlich-kulturellen Entwicklung an. (Siehe Teil VI, Kap. II, 1 a (2))

Nach Saint-Simon sind in der Gesellschaft immer Keime des Neuen enthalten, die mit Restbeständen des Alten konkurrieren. In seiner eigenen Zeit meinte er als neuen, sich mit Notwendigkeit durchsetzenden Faktor die Idee einer Ordnung erkennen zu können, die durch die Verbindung der technisch-industriellen Kräfte mit einer neuen, wissenschaftlich geprägten Weltanschauung bestimmt ist. Die eben einsetzende Entwicklung in Richtung auf eine solche Ordnung verstand er als bisher letzten Schritt auf einem langen Wege, der vom Mittelalter als einer organischen, durch das Zusammenwirken aller Kräfte in einem einheitlichen weltanschaulichen Rahmen geprägten Epoche über die Zeit der Reformation, der Aufklärung

und der Revolution, in der die kritisch-destruktive Einstellung vor-
herrschte, zu der neuen organischen, konstruktiven Phase führt, die Saint-
Simon heraufkommen zu sehen glaubte.

Unter dem Eindruck der Lehren de Maistres und de Bonalds betonte
Saint-Simon nachdrücklich die Bedeutung der Tradition. Während die Vertreter der Aufklärung von einem kulturellen und politischen Neubeginn
träumten, war er sich der Abhängigkeit aller Veränderungen von historischen Faktoren bewußt: Das Neue kann nur im Einklang mit Tendenzen
entstehen, die bereits in der Gesellschaft wirksam sind. Als beherrschende
Faktoren seiner Zeit betrachtete er die Industrialisierung und das Bedürfnis
nach neuen Autoritäten. Als Träger der Autorität kommen seiner Ansicht
nach nur die Organisatoren der industriellen Produktion in Betracht, die
diese Funktion aber nur ausfüllen können, wenn eine entsprechende Ideologie zur Verfügung steht, die zu schaffen Aufgabe der Philosophen ist. Im
Mittelpunkt der neuen Weltanschauung – des «neuen Christentums» – soll
das Prinzip des Altruismus stehen, durch das der Egoismus der vorangegangenen Epoche überwunden wird.

Ob Saint-Simon ohne weiteres dem Sozialismus zugerechnet werden
kann, für den er gewöhnlich in Anspruch genommen wird, ist fraglich.
Zwar wollte er das Recht auf freie Verfügung über die Produktionsmittel
durch ein zentral zugewiesenes Nutzungsrecht ersetzt wissen, aber vom
Egalitarismus, wie er für die Theoretiker des Sozialismus charakteristisch
ist, war er weit entfernt. Das Privateigentum sollte nicht abgeschafft, sondern neu definiert werden, um schlecht genutzte Produktionsmittel einer
besseren Nutzung zuführen zu können. Mit den Vertretern des Sozialismus
teilte er aber die Überzeugung, daß die Planwirtschaft der Marktwirtschaft
überlegen sei. Folgerichtig erblickte er nicht in der Freiheit, sondern in der
Prosperität der Gesellschaft den höchsten Wert. Ein Philosoph im engeren
Sinne war Saint-Simon nicht, aber auch als Nationalökonomen wird man
ihn nicht bezeichnen können, weil seine Kenntnisse der Volkswirtschaft
allzu dürftig waren. Am ehesten wird man ihm gerecht, wenn man ihn
unter die Wegbereiter der Soziologie rechnet.

d) Die Entwicklung des Sozialismus von Fourier bis Proudhon[93]

Entschiedener als von Saint-Simon wurden sozialistische Ideen von Fourier, Owen und anderen vertreten, die, wie die Saint-Simonisten, die Gesellschaft reformieren wollten, jedoch in der Eigentumsfrage radikalere
Ansichten vertraten als diese. Sie traten für die Emanzipation bisher unter-
drückter sozialer Schichten und für die Emanzipation der Frauen ein,
waren gegenüber dem freien Markt voll Mißtrauen und plädierten für die
zentrale Steuerung der Wirtschaft. Mit der Forderung rationaler Planung
und Lenkung gesellschaftlicher, insbesondere ökonomischer Entwicklungen erweisen sie sich als Erben des aufklärerischen Rationalismus.

Der erste erklärte Sozialist der Zeit nach der Französischen Revolution war Charles Fourier (1772–1837), der die Abschaffung des Privateigentums forderte, allerdings nicht in Form der Verstaatlichung, sondern in Form der Vergenossenschaftlichung der Produktionsmittel. In der «Theorie der vier Bewegungen» (1808) entwickelte er ein Modell, nach dem die kleinste gesellschaftlich-wirtschaftliche Einheit, die sogenannte Phalanx (phalange), eine Genossenschaft sein soll, in der sich ein jeder nach seinen Anlagen und Fähigkeiten betätigt und von deren Erträgen er lebt. Die Mitglieder einer Phalanx sollen sich gegenseitig ergänzen, weshalb es nötig ist, daß sie unterschiedliche Charaktertypen repräsentieren. Da es nach Fourier 810 Charaktertypen gibt und da er meinte, daß in jeder Phalanx jeder Typus zweimal vertreten sein solle, hat eine Phalanx im Idealfall 1620 Mitglieder. In ihrem Rahmen sollen nicht nur ökonomische, sondern auch rechtliche und moralische Entscheidungen zentral gefällt werden. Innerhalb der Phalangen und zwischen ihnen soll es Konkurrenz geben, da der Wettbewerb als Ansporn der Tätigkeit unentbehrlich ist.

Die der genossenschaftlichen («sozietären») Produktions- und Lebensweise entsprechende Erziehung soll nicht an den Rahmen der Familie gebunden sein, sondern der Gemeinschaft übertragen werden und ohne Zwang auskommen. Dies ist nach Fourier möglich, wenn auf die Anlagen der Kinder Rücksicht genommen wird und wenn die Jungen und Mädchen gemäß ihren Fähigkeiten und Neigungen in geeigneten Gruppen (den «kleinen Horden» und «kleinen Banden») zu Gemeinschaftsaufgaben herangezogen werden. Der moderne Gedanke der antiautoritären Erziehung ist hier deutlich angelegt, und man darf annehmen, daß er mindestens mittelbar auf Fourier zurückgeht. Auch Fouriers Programm der sexuellen Emanzipation, nach dem die Ehe durch freie Partnerschaft ersetzt werden soll, erinnert an Auffassungen, die um 1968 propagiert wurden.

Den Rahmen von Fouriers sozialem Reformprogramm bildete eine geschichtsphilosophische Konzeption, nach der sich die Menschheit von einem völlig ungeordneten Ausgangszustand in Richtung auf immer ausgeprägtere Solidarität hin entwickelt, bis schließlich eine Zeit des Glücks anbricht, in der die Erde einem Paradies gleicht. Fourier glaubte aber nicht an einen unbegrenzten Fortschritt, ja nicht einmal an einen positiven Endzustand der Menschheitsentwicklung, sondern er war überzeugt, daß auf die aufsteigende eine absteigende Entwicklung folgt. Obwohl das reine Spekulation ist, nahm Fourier für seine Auffassung strenge Wissenschaftlichkeit in Anspruch. Die Verwendung wissenschaftlich klingender Begriffe kann jedoch über den phantastischen Charakter seiner Ideen nicht hinwegtäuschen, so daß es verständlich ist, wenn sein Sozialismus als «utopisch» bezeichnet wurde. Schärfer urteilten jene, die meinten, in seinem Namen, nämlich in dessen erster Silbe, sei eine gewisse Wahrheit enthalten: «Fou» heißt «Narr». Daß er mindestens ein Sonderling war, ist in der Tat nicht zu leugnen. So wartete er jahrelang ohne vernünftigen Grund in der Mittagszeit auf einen Förderer, von dem er sich die Finanzierung einer ersten Phalanx erhoffte. Heinrich Heine konnte Fourier in Paris beobachten: «... wie oft sah ich ihn in seinem grauen, abgeschabten Rocke längs den Pfeilern des Palais Royal hastig dahinschreiten, die beiden Rocktaschen schwer belastet, so daß aus der einen der Hals einer Flasche und aus der andern ein langes Brot hervorguckten». Heine wunderte sich, daß man einen Wohltäter der Menschheit wie Fourier darben lasse. In Deutschland wäre es ihm, wie er meinte, sicher anders ergangen, weil ihn dort die Regierung unter ihre besondere Obhut genommen und ihm lebenslänglich Kost und Quartier gewährt hätte.[94]

Verglichen mit Fouriers spekulativ-phantastischen Vorstellungen hat die von Robert Owen (1771–1858) vertretene Auffassung empirischen Charakter. Owen leitete einen Betrieb und sammelte dabei jene Erfahrungen, auf die er sein Programm einer genossenschaftlich organisierten Wirtschaft stützte. Wenn er für eine Verkürzung der Arbeitszeit eintrat, die Einführung einer Arbeitslosenversicherung empfahl, die Kinderarbeit ablehnte und für Interessenvertretungen der Arbeiter plädierte, erhob er realisierbare Forderungen. Ihm schwebte eine Gesellschaft ohne Klassen vor, in der die Produktionsfaktoren Arbeit, Boden und Kapital nicht zueinander im Gegensatz stehen und in der es weder Privateigentum noch Geld gibt. Da die moralischen Verhältnisse von sozialen Bedingungen abhängig sind, muß man die Umstände ändern, wenn man erreichen will, daß die Menschen sich anders verhalten. Owen war aber kein historischer Materialist, sondern glaubte an ein göttliches Gesetz, das die Grundlage der Gesellschaftsordnung bildet. Der herkömmlichen Religion stand er, der an eine natürliche Religion mit wesentlich moralischem Charakter glaubte, jedoch fern.

Den Anbruch der «neuen moralischen Welt» erwartete Owen für die nahe Zukunft, da er überzeugt war, daß die bestehende Gesellschaftsordnung unter ihren «Widersprüchen» – insbesondere dem Widerspruch zwischen wirtschaftlichen Möglichkeiten und faktischem Elend breiter Bevölkerungsschichten – zusammenbrechen müsse. Seine Hoffnungen erfüllten sich weder im großen noch im kleinen, da die von ihm vorhergesagte gesellschaftliche Entwicklung ausblieb und das Experiment einer Genossenschaft auf der Grundlage seiner Ideen mißglückte. Unter dem Eindruck dieses Fehlschlags kapselte er sich nach außen hin immer mehr ab und gab sich spiritistischen Grübeleien hin.

Eine Fortsetzung fand die sozialistische Strömung bei Pierre Joseph Proudhon (1809–1865), der eine Generation jünger war als die bisher genannten (und verschiedene andere, hier nicht berücksichtigten) sozialistischen Theoretiker. Obwohl er bereits im 19. Jahrhundert geboren wurde, ist es möglich, seine Auffassungen im Anschluß an die der älteren sozialistischen Theoretiker zu erörtern, weil sie die hier behandelte Traditionslinie fortsetzen.

In der Schrift «Was ist das Eigentum?» (Qu'est-ce que la propriété?) antwortete Proudhon auf die im Titel gestellte Frage: «Eigentum ist Diebstahl».[95] Er ging davon aus, daß es nur zwei Theorien zur Rechtfertigung des Privateigentums gebe: Nach der einen entsteht Eigentum durch Erstergreifung (Okkupation), nach der anderen durch Arbeit. In beiden Fällen wird vorausgesetzt, daß alle ein gleiches Recht hätten, eine Sache in Besitz zu nehmen oder sie sich durch Bearbeitung anzueignen. Die Gleichheit, die bei jeder Rechtfertigung von Privateigentum vorausgesetzt ist, wird aber durch die Aneignung aufgehoben, so daß der Rechtfertigungsversuch seine eigene Grundlage zerstört. «Das Eigentum ist unmöglich, weil es die Verneinung der Gleichheit ist.»[96] Wenn sich das Privateigentum nicht rechtfertigen läßt, dann ist es unrechtmäßig und in diesem Sinne «Diebstahl».

Einen Widerspruch erblickte Proudhon nicht nur in der Lehre vom Eigentum, sondern auch in den ökonomischen Auffassungen von Wert, Arbeit, Arbeitsteilung usw., wie er in seinem Hauptwerk, dem «System der ökonomischen Widersprüche oder Philosophie des Elends» (1846) ausführte. «Wert» gilt z.B. als widerspruchsvoll, weil dieser Ausdruck einerseits den Tauschwert, andererseits den Gebrauchswert bedeutet. Die Arbeitsteilung ist widersprüchlich, weil sie einerseits die Arbeit durch den Einsatz von Werkzeugen und Maschinen erleichtert, andererseits aber die Nachfrage nach Arbeitskräften reduziert und damit den Wert der Arbeit mindert. Solche und ähnliche «Widersprüche» sollen durch Synthesen überwunden werden, so wie nach Hegel (siehe Teil V, Kap. VI) der Gegensatz von These und Antithese durch eine Synthese aufgehoben wird. Proudhons Beispiele lassen erkennen, daß er, wie die Vertreter der Dialektik, gar nicht echte Widersprüche meinte, sondern lediglich unterschiedliche Aspekte oder einander entgegengesetzte Tendenzen von Entwicklungen. Der Ausdruck «Widerspruch» ist in diesem Zusammenhang irreführend.

Proudhon sprach sich für eine Gesellschaftsorganisation nach dem Modell einer Genossenschaft aus, die er «Mutualismus» nannte und von der er die Aufhebung des Gegensatzes von Privateigentum und Kollektiveigentum, von Kapitalismus und Kommunismus erwartete. Das Privateigentum wird verschwinden, wenn Geldgeschäfte unterbunden werden. Zu diesem Zweck soll ein zentrales Tauschinstitut errichtet werden, das Wertpapiere auf wirtschaftliche Werte ausstellt. Offenbar hat Proudhon «Kapital» mit «Geld» bzw. «Gold» gleichgesetzt und daher gemeint, durch das «papier social» (vergleichbar der Rentenmark nach dem ersten Weltkrieg) das Kapital abschaffen zu können. Die geplante *Banque d'échange* soll aber keine staatliche Einrichtung sein, da der Staat Zinsen erwirtschaften will und damit zum Ausbeuter wird. Nachdrücklich betonte Proudhon: «Nein, nein, ich will den Staat nicht, nicht einmal als Dienstleistungsunternehmen; ich weise die Regierung – auch die direkte – zurück; ich sehe in all diesen Einrichtungen nur Vorwände des Parasitismus und Schlupfwinkel für die Nichtstuer.»[97]

Proudhon glaubte an den Vorrang der Idee vor der Realität, weshalb er überzeugt war, daß es in erster Linie darauf ankomme, die gesellschaftlichen Zusammenhänge mit wissenschaftlichen Mitteln zu durchschauen, wenn die sozialen Verhältnisse geändert werden sollen. Einer Revolution bedarf es nicht. Gegen diese Auffassung protestierte Karl Marx (siehe Teil VI, Kap. I, 2) in einem Werk, dessen Titel den Titel von Proudhons Hauptwerk umkehrt: «Das Elend der Philosophie».

Seit Marx ist es üblich geworden, den Sozialismus des 18. und frühen 19. Jahrhundert als «utopisch» zu bezeichnen. So richtig das ist, so wenig darf übersehen werden, daß auch Marx, Engels und ihre Nachfolger einer Utopie nachhingen. Dennoch gibt es einen wichtigen Unterschied zwischen den sogenannten utopischen Sozialisten und den Marxisten: Während die ersteren dem Naturrechtsdenken der Aufklärung und dem Glauben an die wesentliche Vernünftigkeit des Menschen verpflichtet waren, setzten die letzteren auf die Zwangsläufigkeit ökonomisch bedingter Entwicklungen.

Die aus dem Geist der Aufklärung geborenen sozialistischen Ideen waren einerseits gesellschaftskritisch motiviert, andererseits sind sie in systematischer Hinsicht das Komplement jener Theorien, die auf der Grundlage der Lehre vom Sozialkontrakt das Privateigentum metaphysisch rechtfertigen sollten. Da die Rechtfertigungsversuche, wie sie z.B. Locke anstellte, nur eine oberflächliche Plausibilität besaßen, war es – wie oft bei Scheinargumenten – leicht, die Argumentation umzukehren. Ungeachtet der Gegensätzlichkeit der Thesen, um deren Begründung es ging, war aber die Position der Gegner des Privateigentums systematisch nicht stärker als die seiner Verfechter.

Fünfter Teil

KANT UND DER DEUTSCHE
IDEALISMUS

I.

Die Philosophie Kants[1]

Zwei Dinge erfüllen das Gemüt mit immer neuer
Bewunderung und Ehrfurcht, je öfter und anhaltender
sich das Nachdenken damit beschäftigt: der bestirnte
Himmel über mir und das moralische Gesetz in mir.
(Kant: Kritik der praktischen Vernunft)

1. Kant, Königsberger und Weltbürger

Immanuel Kant wurde am 22. April 1724 in Königsberg als Sohn eines
Handwerkers geboren und wuchs im Geist des Pietismus auf.[2] Sein Leben
verlief äußerlich undramatisch, seine geistige Entwicklung führte aber zu
einer epochemachenden Wende, deren Bedeutung kaum überschätzt werden kann. Er begann als naturwissenschaftlich interessierter Anhänger der
rationalistischen Philosophie, wurde später von empiristischen Gedanken,
wie er sie bei Locke, aber auch bei Crusius, fand, beeinflußt, fühlte sich
durch Humes skeptische Argumente herausgefordert und ließ schließlich
alle diese Auffassungen, die er teils als ungenügend, teils als einseitig
erkannte, hinter sich. Die von ihm begründete neue Philosophie – die
Transzendentalphilosophie – war zwar, wie alle großen Leistungen im philosophischen Bereich, in verschiedener Hinsicht durch frühere Gedanken
vorbereitet, doch diese älteren Ansätze kamen erst durch ihn voll zur Geltung, so daß er mit Recht die von ihm bewirkte «Umänderung der Denk-
art» mit der Revolutionierung des astronomischen Weltbildes in der frühen
Neuzeit verglich. Der Durchbruch zu der neuen Denkweise gelang ihm
jedoch erst recht spät: Die «Kritik der reinen Vernunft», mit der der Schritt
zur Transzendentalphilosophie erfolgte, erschien, als Kant sechsundfünfzig
Jahre alt war. Wäre er einige Jahre früher gestorben, wäre er, wie z. B. Crusius oder Lambert, heute wohl nur mehr den auf das 18. Jahrhundert spe-
zialisierten Forschern bekannt.

An der Universität Königsberg hörte Kant neben Philosophie auch
Theologie, Mathematik und Physik. Besonders regten ihn die Vorlesungen
Martin Knutzens (1713–1751) an, eines Wolffianers, der auch gute mathematische und physikalische Kenntnisse hatte. Kants frühe Arbeiten, z. B.
die «Gedanken von der wahren Schätzung der lebendigen Kräfte» (1747)
oder die «Allgemeine Naturgeschichte und Theorie des Himmels» (1755),
galten naturwissenschaftlichen Themen.[3] Erst in den sechziger Jahren ver-
schob sich der Schwerpunkt von Kants Veröffentlichungen von den Naturwissenschaften zur Philosophie. In rascher Folge entstanden «Der einzig

mögliche Beweisgrund zu einer Demonstration des Daseins Gottes» (1763, tatsächlich 1762), die «Beobachtungen über das Gefühl des Schönen und Erhabenen» (1764), die «Untersuchung über die Deutlichkeit der Grundsätze der natürlichen Theologie und der Moral» sowie die «Träume eines Geistersehers, erläutert durch Träume der Metaphysik» (1766). Bereits in dieser Phase von Kants Denkentwicklung ist die zunehmende Distanzierung gegenüber der rationalistischen Metaphysik festzustellen (siehe unten Abschn. 2).

1770 wurde Kant Ordinarius. Wie damals üblich, veröffentlichte er aus Anlaß der Ernennung eine Abhandlung (eine sogenannte Inaugural-Dissertation) über Form und Prinzipien der sinnlichen und der intelligiblen Welt («De mundi sensibilis atque intelligibilis forma et principiis»). In dieser Schrift sind bereits manche Gedanken enthalten, die für die kritische Philosophie charakteristisch sind, namentlich die These, daß Raum und Zeit nicht Formen der Dinge an sich, sondern subjektive Ordnungsschemata sind, die der Erfahrung anschaulicher Gegenstände zugrunde liegen. Die folgenden Jahre widmete Kant der Ausarbeitung des kritischen Ansatzes, die sich als schwieriger erwies, als Kant zunächst angenommen hatte. Die Aufgabe nahm seine Kraft während des «stillen Jahrzehnts» zwischen 1770 und 1780 fast ganz in Anspruch. 1781 erschien endlich das Werk, in dem Kants Schaffen seinen Höhepunkt erreichte: Die «Kritik der reinen Vernunft».

Einige Jahre später erklärte Kant, er habe die Ergebnisse seiner Arbeit in vier bis fünf Monaten niedergeschrieben.[4] Da die «Kritik» unmöglich in so kurzer Zeit verfaßt sein kann, bietet sich die Annahme an, daß Kant in der angegebenen Zeit einen Entwurf zu Papier brachte und in ihn Teilausarbeitungen einschob, die im Verlauf der vorangegangen Jahre, zum Teil sogar zu Beginn der siebziger Jahre, entstanden waren. Da seine Auffassungen in diesem Zeitraum Veränderungen unterworfen waren, ist es nicht verwunderlich, daß die «Kritik der reinen Vernunft» kein vollkommen einheitliches Werk ist und daher in recht unterschiedlicher Weise interpretiert werden konnte. Dennoch ist es eines der wichtigsten philosophischen Bücher überhaupt, da es, wie im Folgenden gezeigt werden soll, einen Wendepunkt in der Philosophie bedeutet. Hier sei nur vorwegnehmend festgestellt, daß es in der kritischen Philosophie nicht mehr darum geht, irgendwelche Gegenstände – auch nicht jenseitige Gegenstände – oder Gegenstandsbereiche zu erkennen, sondern darum, begreiflich zu machen, wie es überhaupt möglich ist, daß wir uns urteilend auf Gegenstände beziehen und beanspruchen können, etwas von ihnen zu erkennen. Die Transzendentalphilosophie verfolgt nicht das Ziel, etwas vom Wesen der Wirklichkeit oder von deren Struktur zu erfassen, sondern ihre Aufgabe besteht darin, auf die Beziehung zwischen dem erkennenden Ich und den Gegenständen zu reflektieren. Sie hat es, anders als die alltägliche oder die einzelwissenschaftliche Erfahrung, nicht mit Gegenständen, sondern mit den Bedingungen von Gegenstandserfahrung bzw. von Gegenstandserkenntnis zu tun.

Kant war mit der Art, in der er 1781 seine Auffassung vorgetragen hatte, offenbar selbst nicht völlig zufrieden, denn er sah sich schon 1783 veranlaßt, seine Konzeption in den «Prolegomena zu einer jeden künftigen Metaphysik, die als Wissenschaft wird auftreten können» zu verdeutlichen. Seine Absicht war, «manches dem Vortrage nach besser einzurichten, als es in der ersten Ausfertigung des Werks geschehen konnte».[5] Gleichzeitig wollte er eine andere Methode anwenden als in der «Kritik der reinen Vernunft», nämlich nicht mehr, wie in diesem Werk, die synthetische, sondern die analytische. Die Frage, worin Kants analytische oder regressive Methode besteht, wurde immer wieder diskutiert; sie läßt sich am plausibelsten dahingehend beantworten, daß die «Prolegomena» insofern analytisch sind, als in ihnen gefragt wird, mit welchem Recht wir Sätze der Mathematik und der Physik als Erkenntnisse betrachten; daß es mathematische und physikalische Erkenntnisse gibt, wird dabei vorausgesetzt. Diese Vorgangsweise entspricht der traditionellen Auffassung der Analyse (der regressiven Methode), nach der man «von dem, was gesucht wird, als ob es gegeben sei, ausgeht und zu den Bedingungen aufsteigt, unter denen es allein möglich» ist.[6] Die «Kritik der reinen Vernunft» ist dagegen unabhängig von der Voraussetzung, daß es gesicherte einzelwissenschaftliche Erkenntnisse gibt; hier ging Kant davon aus, daß wir Gegenstände im allgemeinen erfahren, und fragte nach den Bedingungen, unter denen Gegenstandserfahrung überhaupt als möglich begriffen werden kann. Auf diese Vorgangsweise bezieht sich der Ausdruck «synthetisch», der hier somit nicht mehr, wie in der älteren Methodologie, die axiomatische Darstellung – den *ordo geometricus* – bedeutet.

Die «Prolegomena» waren nicht Kants letztes Wort in der theoretischen Philosophie; 1787 kam die zweite Auflage der «Kritik der reinen Vernunft» heraus, die sich teilweise beträchtlich von der ersten Auflage unterscheidet. Inzwischen war bereits die «Grundlegung zur Metaphysik der Sitten» (1785) erschienen, in der die zentralen Gedanken einer der kritischen Philosophie angemessenen Ethik enthalten sind. 1788 folgte die «Kritik der praktischen Vernunft», und 1790 schloß Kant «das kritische Geschäft» mit der «Kritik der Urteilskraft» ab.

Da er der Kritik die Aufgabe zuwies, den Boden für eine neue – d. h. von der rationalistischen verschiedene – Metaphysik zu bereiten, entsprechen den beiden ersten Kritiken die «Metaphysischen Anfangsgründe der Naturwissenschaft» (1786) und die «Metaphysik der Sitten» (1796). Obwohl sich Kant bis zuletzt mit der Idee einer Metaphysik auf der Grundlage der Kritik auseinandersetzte, kommt ihm in erster Linie als kritischem Philosophen, nicht so sehr als Metaphysiker weltgeschichtliche Bedeutung zu. Wenn in Kants Metaphysik von *Gott*, *Welt* und *Seele* die Rede ist, dann sind nicht mehr Gegenstände möglicher Erkenntnis gemeint, sondern Ideen, d. h. Gedanken, deren wir im theoretischen und praktischen Zusammenhang bedürfen, die sich aber nicht mehr auf eine von unserem Denken

unabhängige Wirklichkeit beziehen lassen. Das Projekt einer Neubegrün-
dung der Metaphysik auf kritischen Grundlagen beschäftigte Kant so intensiv, daß es gerechtfertigt ist, ihn auch als Metaphysiker zu würdigen.[7] Er
selbst hat in der unvollendeten Preisschrift über die Fortschritte der Metaphysik[8] nicht nur seine eigene, sondern die Entwicklung der Philosophie
im allgemeinen als Weg zu einer Metaphysik auf moralischen Grundlagen
dargestellt.

Kant war, solange es seine Kräfte erlaubten, unermüdlich tätig. Da er
stets mit der Feder in der Hand dachte, entstanden bis kurz vor seinem
Tod Notizen, doch fiel es ihm mit der Zeit immer schwerer, seine Gedanken zu ordnen. Zunächst galten seine Bemühungen dem Übergang von
der Metaphysik zur Physik, wobei er die in den «Metaphysischen
Anfangsgründen» eingeschlagene Richtung fortzusetzen suchte. Später
kreiste sein Denken anhaltend um die Idee der Transzendentalphilosophie
als einer Metaphysik im Horizont des kritischen Ansatzes. Am 12.
Februar 1804 starb Kant in der Stadt, die er zeit seines Lebens kaum verlassen hatte. Der Name Königsbergs wird, ungeachtet der nach dem zweiten Weltkrieg vorgenommenen Umbenennung, in Verbindung mit Kant
stets lebendig bleiben.

2. Die sogenannte vorkritische Philosophie Kants

Während seine Habilitationsschrift («Nova dilucidatio») noch weitgehend
unselbständig war, stieß Kant in den sechziger Jahren immer deutlicher zu
einer selbständigen philosophischen Auffassung vor, ohne jedoch den
Standpunkt der kritischen Philosophie zu erreichen. In diesem – und nur in
diesem Sinne – pflegt man sein Denken während der sechziger Jahre «vor-
kritisch» zu nennen. Dieser Ausdruck bedeutet nicht, daß Kant in dieser
Zeit ein unkritischer Denker gewesen wäre, sondern lediglich, daß er noch
nicht den Standpunkt des Kritizismus bzw. der Transzendentalphilosophie
erreicht hatte.[9]

In der Schrift über den «Einzig möglichen Beweisgrund zu einer
Demonstration des Daseins Gottes» vertrat Kant die Ansicht, daß ein
Gottesbeweis möglich sei, obwohl er den ontologischen Beweis in seiner
auf Descartes zurückgehenden Form (siehe Teil IV, Kap. I, 1 d) mit der
Begründung verwarf, daß «Existenz» keine «Vollkommenheit» bzw. über-
haupt keine Eigenschaft in dem Sinne sei, in dem «Weisheit» oder «Güte»
Eigenschaften sind. Eigenschaften gehören zum Inhalt von Begriffen, wäh-
rend die Existenzbehauptung den Umfang eines Begriffs betrifft. So kann
man als Inhalt des Begriffs «gleichseitiges Dreieck» die Bestimmungen
«Vieleck» und «Winkelsumme von 180°» betrachten; fragt man dagegen,
ob gleichseitige Dreiecke existieren, geht es darum, ob etwas unter diesen
Begriff fällt bzw. ob sein Umfang nicht leer ist. Wenn die Verfechter des

ontologischen Gottesbeweises glaubten, durch Analyse des Inhalts des Gottesbegriffs zeigen zu können, daß der Umfang dieses Begriffs nicht leer ist – d. h., daß Gott existiert –, dann übersahen sie, daß die Existenzfrage grundsätzlich nicht auf der Ebene der Inhaltsanalyse entschieden werden kann und erlagen daher einem Mißverständnis. Obwohl der ontologische Gottesbeweis scheitert, hielt Kant aber einen Gottesbeweis für möglich, wie der Titel der Abhandlung andeutet. Seine Überlegung verläuft folgendermaßen: Wenn man zu denken versucht, daß nichts existiert, dann scheitert der Versuch, denn «denken» heißt immer «etwas denken». Das Gedachte muß nicht wirklich sein – wir können Unwirkliches denken, wie einen Zentauren –, aber es muß als Gedachtes doch möglich sein. Die Möglichkeit besteht darin, daß irgendwelche Inhalte miteinander widerspruchsfrei verbunden sind; letzten Endes läßt sich die Möglichkeit als Beziehung zwischen einfachen, somit nicht weiter analysierbaren Inhalten (den «Data der Möglichkeit») auffassen. Diese Data müssen existieren, wenn von «Möglichkeit» die Rede sein soll. Leugnet man, daß irgendetwas existiert, leugnet man auch die Existenz der einfachen Data und hebt alle Möglichkeit auf, so daß sich nichts mehr denken ließe, während doch davon ausgegangen wurde, daß wir etwas denken. Da der Versuch, alle Existenz aufzuheben, scheitert, muß anerkannt werden, daß etwas existiert.[10] Die Möglichkeiten müssen in etwas Wirklichem verankert sein, das aller Möglichkeit zugrunde liegt und nicht mehr aufgehoben werden kann, somit notwendig ist, d. h. in Gott, dessen Dasein somit bewiesen ist. Mit dem Glauben an die Beweisbarkeit eines notwendigen Grundes aller endlichen Wesen blieb Kant 1762 noch unübersehbar der rationalistischen Denkweise verhaftet.

Im «Versuch den Begriff der negativen Größen in die Weltweisheit einzuführen» (1763) stieß Kant zu der wichtigen Einsicht vor, daß zwischen logischem Grund und Realgrund (oder Ursache) unterschieden werden müsse. Die Vertreter der rationalistischen Metaphysik hatten diesen Unterschied vernachlässigt, wie sich in der ihnen geläufigen Wendung «Grund bzw. Ursache» (ratio sive causa) zeigt. Die rationalistische Auffassung beruht auf der Voraussetzung, daß zwei Vorgänge nur dann als «Ursache» und «Wirkung» bezeichnet werden dürften, wenn der Begriff der ersteren den Begriff der letzteren enthält. Das bedeutet, daß aus dem vollständigen Begriff der Ursache die Wirkung gefolgert werden kann, ohne daß man sich auf Beobachtungen zu stützen brauchte. Indem Kant eine scharfe Trennung zwischen der Grund-Folge-Beziehung und der Ursache-Wirkungs-Beziehung vornahm, trat er somit der rationalistischen These entgegen, daß es prinzipiell möglich sei, unabhängig von der Erfahrung – durch reine Vernunft – Kausalzusammenhänge zu erkennen. Da für die rationalistische Metaphysik der Anspruch wesentlich war, Züge der Wirklichkeit unabhängig von Beobachtungen erfassen zu können, bedeuteten Kants Überlegungen von 1763 einen Angriff auf diese Art von Metaphysik.

Mit dem Problem der Metaphysik, näherhin mit der Frage, welchen Grad von Gewißheit metaphysische Urteile haben, setzte sich Kant auch in der «Untersuchung über die Deutlichkeit der Grundsätze der natürlichen Theologie und der Moral» auseinander, und zwar von einem empirischen Standpunkt aus: «Ich werde ... sichere Erfahrungssätze und daraus gezogene unmittelbare Folgerungen den ganzen Inhalt meiner Abhandlung sein lassen»,[11] wie er erklärte. Die philosophische Methode ist von der mathematischen unterschieden, weil man in der Philosophie, anders als in der Mathematik, nicht von einer kleinen Anzahl von Grundbegriffen und Grundsätzen ausgehen kann, um nach dem Vorbild von Euklids «Elementen der Geometrie» (*more geometrico*) Lehrsätze abzuleiten, wie es z.B. Spinoza versucht hatte (siehe Teil IV, Kap. I, 4b). Mit der Ablehnung der für die rationalistische Metaphysik typischen Darstellungsform unterstrich Kant seine Distanz gegenüber der Tradition, aus der er hervorgegangen war. Anstatt an der Methode der Mathematik soll sich die Philosophie am Vorgehen der Physik orientieren: «Die echte Methode der Metaphysik ist mit derjenigen im Grunde einerlei, die *Newton* in die Naturwissenschaft einführte, und die daselbst von so nutzbaren Folgen war. Man soll, heißt es daselbst, durch sichere Erfahrungen, allenfalls mit Hilfe der Geometrie, die Regeln aufsuchen, nach welchen gewisse Erscheinungen der Natur vorgehen.»[12] Wenn aber zwischen Philosophie und Naturwissenschaft kein methodologischer Unterschied besteht, können die beiden Disziplinen nur durch ihre Gegenstandsbereiche unterschieden sein: Die Philosophie hat es mit den Erscheinungen des Bewußtseins zu tun, während die Naturwissenschaften äußere Erscheinungen untersuchen. Das scheint in die von Hume eingeschlagene Richtung zu weisen, doch wollte Kant im Gegensatz zu Hume philosophische Sätze nicht in Sätze der Psychologie übersetzen. Zwar war er sich um die Mitte der sechziger Jahre mit Hume in der Ablehnung der traditionellen Metaphysik einig, aber eine klare selbständige Auffassung der Metaphysik hatte er noch nicht entwickelt.

Einer verbreiteten Deutung zufolge kam Kant der Humeschen Position in den «Träumen eines Geistersehers, erläutert durch Träume der Metaphysik» (1766) am nächsten; bei genauerem Zusehen zeigt sich jedoch, daß er damals schon Auffassungen vertrat, die sich auch in seiner reifen Philosophie finden. Anlaß der Schrift waren Berichte über Emanuel Swedenborg (1688–1772), den «Erzgeisterseher unter allen Geistersehern», wie Kant ihn nannte.[13] Swedenborg soll über telepathische Fähigkeiten verfügt haben, und er beanspruchte, mit einem Geisterreich jenseits der Welt der Dinge in Verbindung zu stehen. Kant sah in diesem Anspruch ein Seitenstück zum Glauben der spekulativen Metaphysiker an die Erkennbarkeit einer transzendenten Realität. Ihm ging es aber nicht darum, die Metaphysik als solche zu überwinden; er räumte ein, in sie verliebt zu sein, ja er gestand ihr sogar einen gewissen Nutzen zu: Sie enthüllt zwar nicht verborgene Eigenschaften der Dinge, aber sie läßt erkennen, «ob die Aufgabe aus demjenigen, was man wissen kann, auch bestimmt sei und welches Verhältnis die Frage zu den Erfahrungsbegriffen habe, darauf sich alle unsre Urteile jederzeit stützen müssen. Insofern ist die Metaphysik eine Wissenschaft von den *Grenzen der menschlichen Vernunft*».[14]

Auch die Möglichkeit telepathischer Phänomene wollte Kant nicht in dogmatischer Weise leugnen, sondern er fragte, wie eine nicht durch Zusammenhänge der körperlichen Welt vermittelte Kommunikation zwischen Geistern begreiflich zu machen wäre. Die Annahme, daß es tatsächlich telepathische Erfahrungen gebe, genügt nicht; entscheidend ist, ob es eine Erklärung der behaupteten Tatsache gibt. Die vorgebliche Verbindung zwischen angenommenen geistigen Substanzen kann aber nach Kant in keiner Weise erklärt werden, und dies reicht aus, um sie in Frage zu stellen. Bemerkenswert ist vor allem, daß hier schon die für die kritische Philosophie typische Ansicht wirksam ist, daß wir Erkenntnis nur von etwas haben können, was mit Beobachtungen raum-zeitlicher Gegenstände zusammenhängt. Zum Glauben an rein geistige Wesen, namentlich an die menschliche Seele, können allenfalls moralische Gründe veranlassen, doch darf eine solche moralisch bedingte Überzeugung nicht als Erkenntnis betrachtet werden. Kants spätere Auffassung, daß die Erkenntnis auf den Bereich möglicher Erfahrung eingeschränkt sei und erfahrungsjenseitige Zusammenhänge nur als Gegenstände (vernünftigen) Glaubens gelten könnten, kündigt sich hier schon deutlich an.

Die Entwicklung der Kantischen Philosophie während der sechziger Jahre ist somit nicht nur dadurch gekennzeichnet, daß Kant wichtige rationalistische Thesen preisgab, sondern auch dadurch, daß er nach und nach zu Auffassungen vorstieß, die für die kritische Philosophie kennzeichnend sind, z.B. daß es keine prinzipiell von der Anschauung unabhängige Erkenntnis gebe, daß die Philosophie die Aufgabe habe, den Bereich des Erkennbaren gegenüber dem des Unerkennbaren abzugrenzen, daß wissenschaftliche Aussagen über Transzendentes unmöglich seien und daß von Gott und der Seele nur im Sinne von Inhalten eines vernünftigen, moralisch bedingten Glaubens gesprochen werden könne.

Damit hatte sich eine Menge geistigen Sprengstoffs angesammelt; es bedurfte nur noch des zündenden Funkens, um gleichsam das alte philosophische System zu sprengen. Dies geschah 1769 in einer Einsicht, die nicht nur die Haltlosigkeit der älteren («dogmatischen») Metaphysik in prinzipieller Weise sichtbar werden ließ, sondern zugleich den Horizont einer neuen philosophischen Position eröffnete. Kant sprach sehr allgemein von einem großen Licht, das ihm das Jahr 1769 gebracht habe,[15] jedoch ohne zu sagen, was sich ihm in diesem Licht zeigte. Man kann jedoch, gestützt auf gewisse Andeutungen Kants, vermuten, daß kosmologische Probleme im Spiele waren. Kant hatte im Zusammenhang mit den Fragen nach Anfang und Grenzen der Welt bemerkt, daß der Anspruch, einerseits die Anfangslosigkeit, andererseits die Notwendigkeit eines Anfangs der Welt bzw.

einerseits die räumliche Grenzenlosigkeit, andererseits die Begrenztheit des Kosmos beweisen zu können, jeweils auf gute Gründe gestützt ist, so daß eine Entscheidung zwischen den konkurrierenden Auffassung nicht möglich zu sein scheint, obwohl nur eine von ihnen richtig sein kann. Ein Ausweg aus dieser Situation läßt sich finden, wenn man annimmt, daß «Welt» gar keinen Gegenstand bezeichnet, der im Raum und in der Zeit existiert, sondern den ungegenständlichen Gedanken der Einheit raum-zeitlicher Gegenstände bedeutet. Fragen nach Anfang und Grenzen der Welt erweisen sich daher buchstäblich als gegenstandslos.

Wenn «Welt» – und ähnliches gilt für «Gott» und «Seele» – nicht als Gegenstand von der Art anschaulicher Gegenstände gelten kann, dann ist der rationalistische Versuch zurückzuweisen, die Inhalte der speziellen Metaphysik – Gott, Welt und Seele – so zu behandeln, als wären sie Dinge, die wie andere Dinge erkannt werden können. Gleichzeitig wurde Kant klar, daß der Raum (und Analoges gilt für die Zeit) weder ein Beziehungsgefüge zwischen Dingen noch eine für sich bestehende Quasi-Substanz, sondern ein subjektives Schema sei, mit dessen Hilfe das Ich Eindrücke ordnet und so raum-zeitliche Gegenstände der Anschauung erzeugt.

Diesen Standpunkt nahm Kant in der Inaugural-Dissertation von 1770 ein. Der Raum (der hier allein berücksichtigt werden soll) ist nicht sozusagen ein objektives Behältnis, in dem sich die Dinge befinden, wie Newton gemeint hatte; er ist aber auch keine verworrene Vorstellung, wie Leibniz angenommen hatte, nach dessen Ansicht der Raum die Art ist, in der die Beziehungen zwischen einfachen Substanzen sinnlich erscheinen. Würden nämlich räumliche Verhältnisse nur verworren vorgestellt, dann wäre nicht zu begreifen, wie die klaren und distinkten geometrischen Sätze auf Gegenstände der Anschauung angewendet werden können. Da dies faktisch geschieht, muß vorausgesetzt werden, daß anschauliche Zusammenhänge ebenso deutlich sind wie die Beziehungen, mit denen es die Geometrie als rationale Wissenschaft zu tun hat. Dies wiederum ist nur möglich, wenn angenommen wird, daß die räumlichen Gegenstände nicht durch eine unüberbrückbare Kluft von den Begriffen der Geometrie getrennt sind, wie es der Fall wäre, wenn sie unabhängig von unserem Denken existierten. Um begreiflich zu machen, wie es möglich ist, daß geometrische Sätze auf anschauliche Gegenstände angewendet werden, muß man daher annehmen, daß die Gegenstände Denkinhalte sind, die vom Subjekt nach jenem Schema erzeugt wurden, das auch der Geometrie zugrunde liegt, nämlich dem Ordnungsschema des Raumes. Dies ist gemeint, wenn die räumlichen Gegenstände als Erscheinungen bezeichnet werden (und Analoges gilt für zeitlich bestimmte Gegenstände). Da die räumlichen Gebilde nach denselben Prinzipien konstruiert sind, die den Axiomen der Geometrie zugrunde liegen, müssen diese Axiome und alles, was aus ihnen folgt (die geometrischen Lehrsätze) auf die Gegenstände (als Erscheinungen) angewendet werden können. Die interobjektive Allgemeingültigkeit geometrischer Sätze ist somit gesichert. Nimmt man außerdem an, daß die Art der raum-zeitlichen Anschauung bei allen Menschen dieselbe ist, kann auch die intersubjektive Allgemeingültigkeit dieser Sätze behauptet werden.

Mit dieser Auffassung ließ Kant nicht nur die Leibnizsche Ansicht vom verworrenen Charakter räumlicher Vorstellungen hinter sich, sondern er distanzierte sich auch von Hume, der in den Begriffen der Geometrie lediglich ungenaue Vorstellungen erblickt und deshalb die geometrischen Sätze für unsicher erklärt hatte. Dies war vom Standpunkt des Empirismus aus konsequent, für die Mathematiker jedoch nicht akzeptabel. Kant überwand die empiristische Einseitigkeit, indem er klarmachte, daß nicht alle Begriffe durch Abstraktion auf der Grundlage von Beobachtungen gebildet werden, sondern daß es auch Begriffe gibt, die im Denken erzeugt werden.

Gegenüber dem soeben angedeuteten Standpunkt wirkt es wie ein Rückfall in die Denkweise der älteren Metaphysik, wenn Kant in der Inauguraldissertation noch eine von der raum-zeitlichen Anschauung unabhängige Erkenntnis der Wirklichkeit selbst für möglich erklärte, wenn auch als symbolische – d. h. unanschauliche – Erkenntnis. Begriffe wie «Dasein», «Substanz», «Ursache» lassen sich auf Dinge an sich beziehen, weil sie nicht der Erfahrung entstammen, sondern ursprüngliche Formen des Geistes sind. Kant ist 1770 auf halbem Wege stehengeblieben, wenn er raum-zeitliche Bestimmungen der Erscheinung, Kategorien wie «Substanz» und «Ursache» aber dem An-sich der Dinge zuordnete. In den folgenden Jahren vollzog er die noch ausstehenden Schritte, die schließlich zu der Auffassung führten, daß Gegenstände unabhängig von der Beobachtung – aus reiner Vernunft – nicht erkannt werden könnten, so daß ein Wissen von den Dingen, wie sie an sich sein mögen, als ausgeschlossen erscheint.

Die Frage, wie sich Begriffe des Verstandes auf Dinge beziehen können, veranlaßte Kant zu einer Revision seiner Auffassung, die ihn zehn Jahre in Anspruch nahm. Anstatt, wie er zunächst geplant hatte, die Abhandlung von 1770 in erweiterter Fassung alsbald neu herausgeben zu können, schuf er ein Werk, das weit über die Inauguraldissertation hinausging, nämlich die «Kritik der reinen Vernunft».

3. Grundgedanken der Theorie der Erfahrung

a) Die Frage nach der Möglichkeit der Erkenntnis

In der «Kritik der reinen Vernunft» kennzeichnete Kant das Interesse der Vernunft durch drei berühmte Fragen: (1) Was kann ich wissen? (2) Was soll ich tun? (3) Was darf ich hoffen?[16]

Die Antwort auf die erste Frage, um die es hier zunächst allein geht, verlangt die Angabe der Bedingungen, unter denen Erkenntnis von Gegenständen – sei es in der alltäglichen Erfahrung, sei es in der mathematischen

Naturwissenschaft – als möglich begriffen werden kann, womit zugleich gezeigt wird, in welchen Bereichen Erkenntnis unmöglich ist, nämlich in der speziellen Metaphysik, d.h. der rationalen Theologie, Psychologie und Kosmologie. Die Frage nach den Bedingungen, unter denen die Erkenntnis von Gegenständen möglich ist, bestimmt die transzendentale Betrachtungsweise, «die sich nicht sowohl mit Gegenständen, sondern mit unserer Erkenntnisart von Gegenständen ... beschäftigt».[17]

Die Frage, ob bzw. wie Erkenntnis möglich sei, stellte sich Kant unter dem Eindruck des Humeschen Skeptizismus. Mit Hume war er zwar überzeugt, daß Urteile über bestimmte Tatsachen stets hypothetisch seien; da er aber sah, daß die Aufstellung von Hypothesen auf Voraussetzungen beruht, die selbst nicht mehr hypothetisch sind, hielt er im Gegensatz zu Hume allgemeingültige Urteile über Beziehungen zwischen Gegenständen für möglich. Wenn man z.B. angesichts der Tatsache, daß sich ein von der Sonne beschienener Stein erwärmt hat, annimmt, daß die Bestrahlung durch die Sonne Ursache der Erwärmung sei, dann setzt man voraus, daß Änderungen von Eigenschaften der Dinge immer von Ursachen abhängen bzw. daß Vorgänge in der Natur stets kausal bedingt sind. Ohne die Voraussetzung des Kausalitätsprinzips, nach dem es kein unverursachtes Geschehen gibt, könnte nicht nach der Ursache eines bestimmten Ereignisses gefragt werden; dieses Prinzip ist Bedingung dafür, daß wir Annahmen über konkrete Ursache-Wirkungs-Zusammenhänge machen können.[18]

Sätze wie das Prinzip der eindeutigen kausalen Bedingtheit aller Vorgänge können nicht das Ergebnis einer Verallgemeinerung aus Einzelbeobachtungen sein, weil sie ausnahmslos gelten, während bei induktiven Verallgemeinerungen Ausnahmen nicht ausgeschlossen werden können. Wer sagt «Alle Raben sind schwarz», hat die Erfahrung auf seiner Seite, aber er kann nicht ausschließen, daß es auch weiße Raben geben könnte. So brauchte vor der Entdeckung Australiens an dem Satz «Alle Schwäne sind weiß» nicht gezweifelt zu werden, obwohl auch damals schon nicht auszuschließen war, daß es auch Schwäne geben könnte, die nicht weiß sind. Daß es Urteile gibt, die – wie das Kausalitätsprinzip – streng allgemein gelten und die sich dennoch auf die Wirklichkeit (wenn auch nicht auf einzelne Tatsachen) beziehen, schien Kant unbestreitbar zu sein; er fragte daher nicht, *ob* es solche Urteile gibt, sondern nur, *wie sie möglich sind*.

Mit der Anerkennung streng allgemeingültiger und zugleich auf die Wirklichkeit bezogener Urteile wich Kant in einem entscheidenden Punkt von Hume ab, mit dem er in der Ablehnung der rationalistischen These übereinstimmte, daß Grundsätze (wie das Kausalitätsprinzip) auf Grund unmittelbarer Einsichtigkeit (Evidenz) gelten. Von Evidenz läßt sich nur reden, wo etwas anschaulich gegeben ist; bei Grundsätzen von der Art des Kausalitätsprinzips handelt es sich aber nicht um anschauliche, sondern um Verstandeswahrheiten, die als solche nicht evident sein können. Im Gegensatz zum Empirismus nahm Kant also an, daß es Urteile über die Wirklichkeit gibt, die nicht hypothetisch sind; im Unterschied zum Rationalismus führte er ihre Gültigkeit jedoch nicht auf Evidenz (und schon gar nicht auf ein vorgebliches Angeborensein) zurück, sondern darauf, daß sie Bedingungen ausdrücken, die notwendig sind, um die Erfahrung von Gegenständen begreiflich zu machen.

Kants Frage nach den Bedingungen der Möglichkeit von Gegenstandserfahrung ist von völlig anderer Art als Humes Frage nach der Erklärbarkeit von Aspekten der Erfahrung. Während Hume gemeint hatte, die Tatsache, daß wir Erscheinungen kausal verknüpfen, nur psychologisch erklären zu können (siehe Teil IV, Kap. II, 2 b (1)), hat Kants Erörterung der Rolle philosophischer Grundsätze nichts mit Psychologie zu tun. Hume hatte Kant zwar aus dem «dogmatischen Schlummer» aufgeweckt, indem er die rationalistische Metaphysik als hinfällig erwies; in positiver Hinsicht war aber die Humesche Alternative zum Rationalismus für Kant ebenso unannehmbar wie dieser. Daher mußte er einen neuen, vom empiristischen wie vom rationalistischen verschiedenen Weg zu finden suchen.

b) Die synthetischen Urteile a priori

Die Frage: Wie ist streng allgemeingültige Erkenntnis von Zusammenhängen der Wirklichkeit möglich? lautet in Kants Terminologie: Wie sind synthetische Urteile a priori möglich? Um diese Formulierung zu verstehen, muß man wissen, was die Ausdrücke «synthetisch» und «a priori» bedeuten.

«Synthetisch» heißt ein Urteil der Form *S ist P* (z.B. «Körper sind schwer»), wenn das Prädikat *P* nicht zur Definition des Subjektbegriffs *S* gehört oder aus ihr folgt; andernfalls ist das Urteil analytisch und das Prädikat läßt sich durch Analyse des Subjektbegriffs gewinnen. Weil in analytischen Urteilen – z.B. «Alle Körper sind ausgedehnt» – im Prädikat nichts ausgesagt wird, was nicht schon im Subjektbegriff enthalten wäre, erweitern sie unser Wissen nicht; sie sind bloße Erläuterungsurteile. Sofern z.B. zum Begriff des physikalischen Körpers die Ausdehnung gehört, vermittelt die Aussage, daß alle Körper ausgedehnt seien, keine Information über die Wirklichkeit, sondern erläutert lediglich die Bedeutung von «Körper».

Die Wahrheit analytischer Urteile beruht allein auf der Beziehung zwischen Subjektbegriff und Prädikat; sie läßt sich somit unabhängig von Beobachtungen – *a priori* – erkennen. Um festzustellen, ob ein synthetisches Urteil wie «Alle Paarhufer sind Wiederkäuer» wahr ist, genügt es dagegen nicht, Begriffe zu vergleichen, sondern es ist nötig, Beobachtungen heranzuziehen. Urteile, die nur auf Grund von Beobachtung als wahr erkannt werden können, heißen Urteile *a posteriori*.

Kant selbst hat sich nicht an die angedeutete Beschränkung auf Aussagen der Form *S ist P* gehalten, sondern die Frage, ob Sätze analytisch oder synthetisch seien, auch in bezug auf Imperative und auf Existentialsätze gestellt. Seine Auffassung ist inzwischen überholt; sie wurde durch einen

Sprachgebrauch ersetzt, dem zufolge Sätze «analytisch» heißen, wenn sie entweder aus logischen Gründen oder infolge der Bedeutungen der in ihnen vorkommenden inhaltlichen Ausdrücke wahr sind. Gelegentlich wurde im 20. Jahrhundert aber auch die Ansicht vertreten, daß die Unterscheidung von analytischen und synthetischen Sätzen unbrauchbar sei.

Im Rahmen der traditionellen Auffassung erhebt sich die Frage, ob synthetische Urteile stets a posteriori und analytische Urteile immer a priori seien, so daß Leibnizens Einteilung der (wahren) Urteile in Vernunft- und Tatsachenwahrheiten oder Humes Einteilung der Aussagen in solche über «relations of ideas» und solche über «matters of fact» als vollständig zu gelten hätte. Kant hat diese Ansicht abgelehnt und erklärt, daß es eine dritte Art von Urteilen – die synthetischen Urteile a priori – gebe, wie z. B. das Kausalitätsprinzip, das sich einerseits auf die Wirklichkeit bezieht und somit synthetisch ist, andererseits als streng allgemeingültiger Satz *a priori* gilt.

Die Einteilung der Urteile nach den Gesichtspunkten analytisch – synthetisch und a priori – a posteriori läßt sich schematisch so darstellen (wobei «+» andeutet, daß es Urteile der betreffenden Art gibt, «o» dagegen, daß es sie nicht gibt; «?» weist darauf hin, daß nach der Möglichkeit der Urteile der bestimmten Art zu fragen ist):

	analytisch	synthetisch
a priori	+	?
a posteriori	o	+

Von analytischen Urteilen a posteriori zu reden, hat keinen Sinn, da alle analytischen Urteile unabhängig von Beobachtungen gelten. Daß die allermeisten synthetischen Urteile nur a posteriori behauptet werden können, liegt auf der Hand; nach Kant verbinden sich mit ihnen keine erkenntnistheoretischen Schwierigkeiten, da ohne weiteres zu sehen ist, worauf sich die Verbindung von Subjektbegriff und Prädikat stützt, nämlich auf die Erfahrung. In einem empirischen Urteil wie «Raben sind schwarz» behaupten wir die Verbindung der beiden Begriffe auf Grund von Beobachtungen. Wenn es aber auch synthetische Urteile a priori gibt, dann läßt sich nicht so leicht angeben, wie sie möglich sind. Daß es solche Urteile gibt, stand zwar für Kant fest, so daß er die *quaestio facti* nicht erörtern zu müssen meinte; die Frage, wie sich derartige Urteile als berechtigt erweisen lassen – die *quaestio juris* – ist dagegen alles andere als trivial, weil zunächst nicht zu sehen ist, was uns berechtigt, Prädikat und Subjektbegriff in Urteilen zu verbinden, die weder auf Beobachtung beruhen noch bloße Beziehungen zwischen den Begriffen zum Ausdruck bringen. Was in synthetischen Urteilen a priori (wie «Alle Vorgänge sind kausal determiniert») die Rolle übernimmt, die in aposteriorischen Urteilen die Beobachtung spielt, ist aufklärungsbedürftig.

Kant wählte zunächst einfache mathematische Sätze als Beispiele synthetischer Urteile a priori, wie «7 + 5 = 12». Da «12» nicht in «7 + 5» enthalten ist, liegt kein analytisches Urteil vor. Gleichzeitig ist klar, daß es sich um ein allgemeingültiges Urteil handelt. Wir erreichen das Ergebnis, indem wir von der 7 aus um fünf Zählschritte weitergehen.[19] Wenn die Addition auf das Zählen zurückzuführen ist und wenn die Bedingung des Zählens – der sukzessiven Hinzufügung der Eins – die Zeit ist, dann ist ein Satz wie «7 + 5 = 12» keine reine Begriffswahrheit (kein analytisches Urteil), sondern er setzt eine Anschauung voraus, allerdings keine konkrete Anschauung, sondern die reine Anschauung der Zeit.

Analog verhält es sich mit geometrischen Urteilen. So ist der Satz «Die Gerade ist die kürzeste Verbindung zwischen zwei Punkten» synthetisch und a priori, weil im Begriff der Geraden das Prädikat «kürzeste Verbindung zwischen zwei Punkten» nicht enthalten ist. Um zu zeigen, daß geometrische Sätze keine reinen Begriffswahrheiten sind, dürfte das Urteil «Es gibt kein geradliniges Zweieck» als Beispiel geeigneter sein. Der Begriff eines geradlinigen Zweiecks enthält keinen Widerspruch, da in einer nichteuklidischen Geometrie, als deren Modell eine Kugeloberfläche dient, geradlinige Zweiecke möglich sind: Die Großkreise stellen die Geraden dar, und zwei solcher «Geraden» können eine Fläche einschließen.[20] Wenn wir dennoch urteilen, daß zwei gerade Linien kein Vieleck bilden können, ergibt sich die Unmöglichkeit somit nicht aus dem Verhältnis der Begriffe in diesem Urteil, sondern aus den Bedingungen des (euklidischen) Raumes,[21] die nach Kant in der reinen Raumanschauung enthalten sind. Die These, daß Urteile der Mathematik synthetisch seien, ist kontrovers; Kant hätte auf sie verzichten und sich auf den Standpunkt zurückziehen können, daß die Mathematik auf synthetischen Urteilen a priori über die Struktur von Raum und Zeit beruht, z.B. auf dem Urteil «Der Raum ist euklidisch».

Kant löste das Problem, wie Urteile der Geometrie, obwohl sie keine reinen Begriffswahrheiten sind, streng allgemein gelten können, mit Hilfe der Annahme, daß die euklidischen Axiome die Struktur des Raumes beschreiben und mitsamt ihren Folgesätzen für räumliche Gegenstände gelten, weil diese auf Grund der reinen Anschauung des Raumes konstruiert sind. Analog verhält es sich mit den Sätzen der Arithmetik, da die Zahlen im Rahmen der reinen Anschauung der Zeit konstruiert werden. Es verdient angemerkt zu werden, daß Kant mit der Auffassung der Gegenstände der Arithmetik und der Geometrie als konstruierter Gebilde eine Richtung einschlug, die von der intuitionistischen Mathematik des 20. Jahrhunderts fortgesetzt wurde.[22]

c) Anschauungen und Begriffe

Kants Beispiele lassen nicht nur erkennen, daß mathematische Urteile reine Anschauung voraussetzen, sondern auch, daß sie nicht auf Grund der

Anschauung allein aufgestellt werden können. Um etwa das Urteil «7 + 5 = 12» fällen zu können, muß man die von der Sieben ausgehenden fünf sukzessiven Zählschritte zusammenfassen, um sie als Gesamtheit zur Sieben hinzufügen zu können. Die Zusammenfassung ist eine Leistung des Verstandes, die Kant als «Synthesis» bezeichnete, ja der Verstand ist als Vermögen *definiert*, eine Mannigfaltigkeit zu einer Einheit zu verbinden.

Vielheit und Einheit sind Aspekte jeder gegenständlichen Erkenntnis bzw. Erfahrung. Wenn ich z. B. beobachte, daß ein von der Sonne beschienener Stein warm wird, und urteile: «Die Sonne erwärmt den Stein», dann verbinde ich mehrere anschauliche Eindrücke – des Sonnenscheins, der Dauer der Bestrahlung durch die Sonne, der Temperatur des Steins am Beginn und am Ende der Beobachtungsdauer – zur Einheit eines einzigen Vorgangs, nämlich der Erwärmung des Steins durch die Sonne. Die Einheit des Vorgangs wird in diesem Fall durch den Begriff der Ursache erzeugt, denn wenn von der Erwärmung durch die Sonne gesprochen wird, heißt das, daß die Sonne die Temperaturänderung des Steins verursacht. Ohne die Verknüpfung durch den Verstandesbegriff könnte ich nur sagen: Zunächst ist der Stein kalt, später ist er warm; ein Zusammenhang zwischen den beiden Zuständen bestünde nicht. Tatsächlich aber erfahren wir nicht isolierte sukzessive Zustände, sondern ganzheitliche Vorgänge auf Grund einer Synthesis des Verstandes.

Die Mannigfaltigkeit der Beobachtungsdaten, die der Verstand verbindet, entstammt der Beobachtung, die Kant auf Reize zurückführte. Den Reizen gegenüber verhalten wir uns aufnehmend (rezeptiv), doch gäbe es keine Erfahrung bzw. Erkenntnis von Gegenständen, wenn der menschliche Geist rein rezeptiv wäre; die Verbindung der Daten zur Einheit von Gegenständen bzw. von Vorgängen ist eine Aktivität, das heißt, der Geist ist zugleich ein spontanes Vermögen. Beides ist für die Erfahrung wesentlich: die Fähigkeit, Reize aufzunehmen (in Kants Worten: von Dingen an sich affiziert zu werden), und die Fähigkeit, die anschauliche Mannigfaltigkeit zu vereinheitlichen. Der Empirismus hatte einseitig nur die Rezeptivität des Geistes berücksichtigt; der Rationalismus hatte ebenso einseitig gemeint, es könne Wirklichkeitserkenntnis unabhängig von irgendwelchen anschaulichen Daten geben. Beide Auffassungen sind nach Kant verfehlt, enthalten aber auch etwas Richtiges: Der Empirismus betonte zutreffend, daß Gegenstandserfahrung ohne Beobachtungsdaten unmöglich sei; der Rationalismus sah richtig, daß an der Erfahrung von Gegenständen nicht-empirische Begriffe beteiligt sind. In diesem Sinne stellte Kant am Beginn der «Kritik der reinen Vernunft» fest: «Daß alle unsere Erkenntnis mit der Erfahrung anfange, daran ist gar kein Zweifel; denn wodurch sollte das Erkenntnisvermögen sonst zur Ausübung erweckt werden, geschähe es nicht durch Gegenstände, die unsere Sinne rühren ...» und er fügte hinzu: «Wenn aber gleich alle unsere Erkenntnis mit der Erfahrung anhebt, so entspringt sie darum doch nicht eben alle aus der Erfahrung.»[23] Jede Erfahrung erfordert sowohl Anschauung als auch Verstandesbegriffe, denn: «Der Verstand vermag nichts anzuschauen und die Sinne nichts zu denken.» Daher gilt: «Gedanken ohne Inhalt sind leer, Anschauungen ohne Begriffe sind blind.»[24]

Begriffe haben dadurch Bedeutung, daß sie sich auf Gegenstände beziehen;[25] ohne Anschauung können sie aber keinen Gegenstandsbezug haben.[26] Damit ist ein Bedeutungskriterium eingeführt: Begriffe haben nur Bedeutung, wenn sie (mindestens mittelbar) mit anschaulichen Inhalten zusammenhängen. Der Anspruch der rationalistischen Metaphysik, unabhängig von der Anschauung – d. h. aus reiner Vernunft – Wirklichkeitserkenntnis erlangen zu können, ist auf Grund dieses Kriteriums hinfällig. Hierauf weist der Titel «Kritik der reinen Vernunft» hin.

Wie schon Aristoteles versuchte auch Kant die Begriffe auf letzte Grundbegriffe, die Kategorien, zurückzuführen. Anders als Aristoteles wollte er sie aber systematisch ableiten, und den Leitfaden einer solchen Ableitung fand er in der damals üblichen Einteilung der Urteile. Weil im Urteil Begriffe verknüpft werden, kann man durch Absehen vom Inhalt des Urteils die reine Verknüpfungsform – die Kategorie – finden. Hier soll darauf verzichtet werden, die Kantische Urteils- und Kategorientafel darzustellen, zumal Kants Einteilung der Urteile vom heutigen Standpunkt aus nicht als korrekt gelten kann. Ein paar Beispiele dürften genügen.

Ein Urteil, in dem eine Bestimmung von einem Subjekt einfachhin (d. h. ohne Berücksichtigung der Beziehung zu anderen Urteilen) ausgesagt wird – z. B. «Der Stein ist warm» – heißt kategorisch. Sieht man davon ab, daß hier die bestimmten Begriffe «Stein» und «warm» miteinander verknüpft werden, und achtet lediglich auf die Verknüpfungsform, erhält man den Begriff von etwas, das der ausgesagten Bestimmung zugrunde liegt: der Substanz. Ähnlich hängt die Kategorie der Kausalität mit der Form des hypothetischen Urteils bzw. eines Wenn-dann-Satzes zusammen. Indem man vom Inhalt eines Urteils wie «Wenn ein Körper von der Sonne beschienen wird, dann wird er warm» absieht und nur auf die Form der Verknüpfung achtet, erhält man den Begriff eines Bedingungsverhältnisses: Wenn ein Vorgang A eintritt, folgt nach einer allgemeinen Regel der Vorgang B. Der zugrunde liegende Verknüpfungsbegriff ist die Kategorie der Kausalität.

Im einzelnen ist die Art, in der Kant von Urteilsformen zu Denkformen (Kategorien) übergeht, nicht durchweg überzeugend. So ist z. B. nicht einzusehen, wie man von der Form hypothetischer Urteile zu der Beziehung von Ursache und Wirkung gelangen soll, da Kausalurteile mehr enthalten als das logische Wenn-dann (die materiale Implikation der modernen Logik). Kant wußte das, denn er hatte schon in den sechziger Jahren gefordert, zwischen logischen und kausalen Wenn-dann-Beziehungen zu unterscheiden. Um so mehr ist zu bedauern, daß er sich auf eine weitergehende Erörterung der Kategorien nicht einließ, sondern erklärte: «Der Definitionen dieser Kategorien überhebe ich mich in dieser Abhandlung geflissentlich, ob ich gleich im Besitz derselben sein möchte.»[27]

Dennoch ist der Gedanke, an dem sich Kant bei der Ableitung der Kategorien orientierte, berechtigt. Er ging davon aus, daß jeder Erfahrungsgegenstand eine Mannigfaltigkeit von Bestimmungen hat und gleichzeitig doch *ein* Gegenstand ist. Wo aber eine Einheit in der Mannigfaltigkeit von Bestimmungen erfahren wird, liegt eine Leistung des Verstandes vor, näherhin ein Urteil, denn «Urteile sind .. Funktionen der Einheit unter unsern Vorstellungen».[28] Wir erfahren demnach einen Gegenstand nicht schon dadurch, daß wir ihn empfinden (z.B. auf ihn schauen), sondern an jeder Erfahrung ist stets der Verstand beteiligt. Das mag im ersten Augenblick paradox erscheinen, wird aber einleuchtend, wenn man sich klarmacht, daß die Erfahrung immer *bestimmte* Gegenstände betrifft; etwas ist aber dadurch bestimmt, daß es auf einen allgemeinen Begriff bezogen wird. Wenn ich z.B. eine Blume als Rose erfasse, dann deute ich sie als Fall einer Pflanzenart bzw. ich wende einen allgemeinen botanischen Begriff auf sie an. Kurz: Gegenstand ist etwas immer nur auf Grund von Deutungen, und die Deutung erfolgt in einem Urteil, in dem das Beurteilte unter einen Begriff gebracht wird. Weil die Erfahrung stets urteilsartig ist, konnte Kant beanspruchen, ausgehend von einer Einteilung der Urteilsformen eine Übersicht über die der Erfahrung zugrunde liegenden Verstandesbegriffe (die Kategorien) gewinnen zu können.

Mit der Aufstellung der Kategorientafel ist nur ein erster Schritt getan. In einem weiteren Schritt müssen die Kategorien auf eine Mannigfaltigkeit von Daten in Raum und Zeit, mindestens aber in der Zeit (der auch die unräumlichen psychischen Phänomene unterworfen sind), bezogen werden, wenn sie gegenständliche Bedeutung haben sollen. Umgekehrt gibt es keine Erfahrung ohne Vereinheitlichung des Mannigfaltigen durch den Verstand, und diese ist nur möglich, wenn die mannigfaltigen Inhalte einem einheitlichen Bewußtsein – der synthetischen Einheit der Apperzeption als Prinzip des Verstandesgebrauchs – angehören.

An den allgemeinen Nachweis, daß die Einheit des Bewußtseins (bzw. die Kategorien als Einheitsfunktionen) und die Mannigfaltigkeit zeitlicher Daten einander gegenseitig fordern – wie Kant in der sogenannten transzendentalen Deduktion der reinen Verstandesbegriffe zeigte[29] –, schließt sich die konkrete Erörterung des Verhältnisses zwischen den einzelnen Kategorien und Aspekten der Zeit an. Kant nannte die Zuordnung von Zeitaspekten zu reinen Verstandesbegriffen deren «Schematisierung», da die von der Einbildungskraft erzeugten Zeit-Strukturen «Schemata» heißen. So läßt sich der Begriff der Kausalität nur auf Gegenstände beziehen, wenn die als «Ursache» und «Wirkung» bezeichneten Erscheinungen nach einer Regel aufeinanderfolgen. Als Schema fungiert hier also eine bestimmte Zeit-Ordnung.

Sobald die Kategorien auf Gegenstände bezogen sind, können mit ihrer Hilfe Grundsätze formuliert werden, die die allgemeinsten Bedingungen möglicher Erfahrung ausdrücken. Sie besagen, daß etwas nur als Gegenstand erfahren werden kann, wenn es quantitativ bestimmt ist bzw. (als qualitativ bestimmt) einen Grad hat, der sich quantitativ ausdrücken läßt; wenn es ferner als beharrlich (als Substanz) gedacht wird, wenn seine Veränderungen kausal determiniert sind und untereinander in Wechselwirkung stehen. Gegenstände gelten als real, wenn sie entweder unmittelbar beobachtet werden können oder wenn ihre Vorstellungen mit Beobachtungsdaten auf Grund von Naturgesetzen zusammenhängen. Diese Grundsätze bilden den allgemeinen Rahmen naturwissenschaftlicher Theorien des 18. Jahrhunderts, vor allem der klassischen Physik, sind selbst aber nicht naturwissenschaftliche Sätze. Nach Kant handelt es sich bei ihnen um Grundsätze nicht nur der naturwissenschaftlichen Erfahrung, sondern der Erfahrung im allgemeinen, weil die Erfahrung im Alltag von gleicher Art (wenn auch nicht von gleicher Genauigkeit) ist wie die naturwissenschaftliche Erfahrung.

Kant hat sich anheischig gemacht, die Verstandesgrundsätze zu beweisen, wie wiederum nur anhand eines einzigen Beispiels, nämlich des Prinzips der kausalen Determination, gezeigt werden soll. Der Grundsatz «Alles, was geschieht (anhebt zu sein), setzt etwas voraus, worauf es nach einer Regel folgt»[30] gilt notwendig, weil sich nur mit seiner Hilfe die Unumkehrbarkeit der Zeit bzw. die Unumkehrbarkeit von Abläufen in der Zeit begreifen läßt. In manchen Fällen liegt es bei uns, in welcher Reihenfolge wir Erscheinungen wahrnehmen. Steht man z. B. so nahe an einer Hausfront, daß sie sich nicht als ganze überschauen läßt, kann man den Blick vom Fundament bis zum Dach oder umgekehrt, vom linken Flügel zum rechten oder umgekehrt wandern lassen. Anders verhält es sich, wenn man ein Stück Holz einen Fluß hinabtreiben sieht. Hier ist die Aufeinanderfolge der Wahrnehmungen unabhängig von uns. Der Unterschied gegenüber dem ersten Fall besteht darin, daß hier das Nacheinander der Wahrnehmungen einer objektiven Regel bzw. einem Kausalgesetz unterworfen ist.[31] Die Unumkehrbarkeit beruht letzten Endes auf dem Grundsatz der kausalen Determination. So wie die Ursache nicht nach der Wirkung sein kann, so kann ein späterer Augenblick des kausal gedeuteten Zeitablaufs nicht zu einem früheren werden. Der Zusammenhang der Wahrnehmungen hängt hier nicht mehr von uns ab, und das auf ihn bezogene Urteil ist objektiv gültig.

Bei Kants Argumentation fällt auf, daß sie ohne Berufung auf vorgebliche unmittelbare Einsichten der Vernunft auskommt: Urteile gelten nicht deshalb als Grundsätze, weil sie evident sind; sie werden vielmehr als Grundsätze anerkannt, weil sie unentbehrlich sind, wenn von der Erfahrung, die wir im Alltag wie in den Einzelwissenschaften machen, Rechenschaft gegeben werden soll.

Kant dachte stets an die Erfahrung von Dingen, die mittels der euklidischen Geometrie beschrieben werden können, in bezug auf die es absolute Gleichzeitigkeit gibt, deren Änderungen eindeutig kausal bestimmt sind und deren Gesamtmasse konstant bleibt. Diese Auffassung hat sich als geschichtlich bedingt erwiesen. Revidiert man den transzendentalphilosophischen Ansatz, indem man dem kategorialen Rahmen nur problematische Gültigkeit zuerkennt, so bleibt die These der Deutungsabhängigkeit aller Gegenstände von dieser Modifikation unberührt, da diese These auch Voraussetzung der modifizierten Konzeption ist.

Die Grundsätze des reinen Verstandes sind die eigentlichen synthetischen Urteile a priori. Sie hängen nicht von Beobachtungen ab, da sie die Bedingungen angeben, unter denen Beobachtung überhaupt möglich ist; sie sind auch keine analytischen Sätze, da sie etwas über die Wirklichkeit aussagen, und zwar über deren Form, nicht über besondere Tatsachen.

Die Ableitung der Kategorien aus den Urteilsformen, der Nachweis ihrer Unentbehrlichkeit, ihre Schematisierung und die Formulierung der Grundsätze des reinen Verstandes müssen in ihrem Zusammenhang gesehen werden, wenn die Bedeutung der einzelnen Schritte klarwerden soll; greift man einen dieser Schritte heraus und betrachtet ihn für sich allein, wie man es in letzter Zeit vor allem bei der Transzendentalen Deduktion getan hat, dann läuft man Gefahr, Probleme zu sehen, wo keine sind.

d) Erscheinungen und Dinge an sich

Wenn etwas nur dadurch zum Gegenstand der Erfahrung wird, daß es mit Hilfe der Anschauungsformen und der Kategorien bzw. im Rahmen der Grundsätze des reinen Verstandes gedeutet wird, dann heißt das, daß die Wirklichkeit, wie sie unabhängig von Deutungen sein mag, prinzipiell nicht erfahren oder erkannt werden kann. Mit Bezug auf die Wirklichkeit jenseits aller Deutungen sprach Kant von «Dingen an sich», während er die deutungsabhängigen Gegenstände «Erscheinungen» oder «Phänomene» nannte. Erscheinungen sind raum-zeitlich und kategorial gedeutete Gegenstände; umgekehrt lassen sich räumliche, zeitliche und kategoriale Beziehungen nur von Erscheinungen, und nicht von Dingen an sich, aussagen.

Kant hat die Erscheinungen manchmal als Vorstellungen, also als Bewußtseinsinhalte, bezeichnet. Dennoch wird man seiner Auffassung nicht gerecht, wenn man das Verhältnis von Erscheinungen und Dingen an sich mit dem Verhältnis von bewußtseinsimmanenten und unabhängig vom Bewußtsein bestehenden Gegenständen identifiziert. Ungeachtet seiner psychologisierenden Ausdrucksweise ist die Transzendentalphilosophie nicht Erkenntnispsychologie. Das Subjekt darf nicht als eine Art Apparat aufgefaßt werden, der einen vorgegebenen Stoff – die Eindrücke – in bestimmter Weise verarbeitet, indem er die Empfindungen zunächst raumzeitlich und anschließend durch Verstand und Vernunft formt; von der Vorstellung, daß der Geist in diesem Sinne eine «Formgebungsmanufaktur» sei,[32] wollte Kant nichts wissen.

Die angedeutete Auffassung stößt auf die Schwierigkeit, daß die Dinge an sich, obwohl sie unerkennbar sein sollen, doch als Ursachen der Empfindungen gelten. Schon zu Kants Lebzeiten hielt man diese Auffassung – die Lehre von der Affektion durch Dinge an sich – für widerspruchsvoll und meinte, daß sie zu einem Dilemma führe: Entweder man räumt ein, daß die Dinge an sich erkannt werden können, dann gibt es über den Bereich der Erscheinungen hinausgehende Erkenntnis, so daß Metaphysik im herkömmlichen Sinne nicht als unmöglich gelten kann; oder die Dinge an sich sind unerkennbar, dann kann man sie nicht als Ursachen der Empfindungen betrachten.

Kant beharrte darauf, daß eine Affektion durch Dinge an sich möglich sei, weil er zwar die herkömmliche realistische Auffassung der Erkenntnis als einer Art Abbildung ablehnte, aber an der Überzeugung festhielt, daß es eine vom Subjekt unabhängige Wirklichkeit gebe. Dies konnte er allerdings nur tun, weil er davon ausging, daß es eine von der Naturkausalität verschiedene Art der Verursachung gibt. Wenn angenommen wird, daß von der Sonne ausgehende Strahlen Veränderungen in der Netzhaut, im Gehirn und schließlich im Bewußtsein hervorrufen, dann gehören die Sonne, die Lichtstrahlen, die Vorgänge im Nervensystem und die Empfindungen dem Bereich der Phänomene an; wird aber ein Ding an sich als Ursache von Empfindungen bezeichnet, dann kann es sich nicht um eine kausale Beziehung zwischen Erscheinungen handeln. Will man hier trotzdem von «Kausalität» sprechen, dann kann dieser Ausdruck nicht mehr seinen gewöhnlichen Sinn haben, sondern er muß eine andersartige Kausalität bedeuten. *Wie* Dinge an sich das Subjekt beeinflussen, läßt sich freilich nicht mehr sagen; *daß* sie es tun, muß nach Kant angenommen werden, weil andernfalls die Erfahrung als eine Art Traum zu betrachten wäre.

Die Unterscheidung zwischen Dingen an sich und Erscheinungen hat Konsequenzen für die Auffassung der Wahrheit: Im Rahmen der Kantischen Theorie kann die Wahrheit eines Urteils nicht als dessen Übereinstimmung mit den Dingen an sich aufgefaßt werden, da uns die Dinge an sich unzugänglich sind. Das bedeutet jedoch nicht, daß Kant gezwungen gewesen wäre, die Korrespondenztheorie abzulehnen; er konnte sie vertreten, wenn er den Gegenstand, mit dem ein wahres Urteil übereinstimmt, als Erscheinung bestimmte. Tatsächlich hat Kant erklärt, daß er unter «Wahrheit» die «Übereinstimmung der Erkenntnis [d.h. des Urteils] mit ihrem Gegenstande» verstehe.[33]

Von einem Idealismus, wie ihn George Berkeley vertrat (siehe Teil IV, Kap. II, 2a), hat sich Kant nachdrücklich distanziert. Nach Berkeley sind die Gegenstände der Erfahrung Bewußtseinsinhalte, denen keine denkunabhängige räumliche Außenwelt entspricht. Kant bemerkte, daß es gar nicht möglich wäre, sich auf das Bewußtsein zu beziehen, wenn es keine Außenwelt gäbe, deren wir uns bewußt sind. Die realistische Einstellung läßt sich aber nur aufrechterhalten, wenn sie auf das Wissen, daß es eine denkunabhängige Wirklichkeit gibt, eingeschränkt wird; wie diese Wirklichkeit beschaffen ist, können wir grundsätzlich nicht erkennen. Die Einschränkung des Wissens auf prinzipiell erfahrbare Gegenstände ist in Kants Augen positiv, sofern sie Raum für den Glauben läßt: «Ich mußte ... das *Wissen* aufheben, um zum *Glauben* Platz zu bekommen», wie Kant in der Vorrede zur zweiten Auflage der «Kritik der reinen Vernunft» schrieb.

4. Das Scheitern der traditionellen Metaphysik: Antinomien und Paralogismen

Die rationalistische Metaphysik erhob den Anspruch, unabhängig von Erfahrungsdaten – durch reine Vernunft – etwas von der Wirklichkeit erkennen und namentlich notwendig wahre Aussagen über Anfang, Grenzen und Elemente der Welt, über die substantielle Seele und über Gott machen zu können. Kant ist diesem Anspruch entgegengetreten und erwies sich damit in den Augen vieler Zeitgenossen als destruktiver Geist, als Alleszertrümmerer. Tatsächlich bestritt er, daß wir berechtigt sind, den Ideen Gottes, der Seele und der Welt, die die Vernunft bilden kann, ja bilden muß, etwas Wirkliches zuzuordnen. Ideen im Sinne Kants sind Begriffe umfassender Ganzheiten: Das Ganze aller Dinge heißt «Welt», das Ganze aller Bewußtseinsinhalte trägt den Namen «Seele», das Ganze aller Vollkommenheiten wird «Gott» genannt. Diese Ganzheiten werden, ausgehend von der Erfahrung bedingter Tatsachen, als etwas Unbedingtes erschlossen. Da es z. B. ursächlich bedingte Vorgänge gibt und da deren Ursachen selbst wieder ursächlich bedingt sind, ergibt sich eine Reihe bedingter Wirkungen und Ursachen. Es scheint so, als müßte diese Reihe entweder ein erstes unbedingtes Glied haben oder als ganze unbedingt sein, so daß in jedem Fall etwas Unbedingtes anzuerkennen wäre. Der Schluß auf etwas Unbedingtes ist aber unzulässig, da sich von bedingten Erscheinungen immer nur auf andere bedingte Erscheinungen, und nicht auf ein Unbedingtes jenseits der Erscheinungen, schließen läßt.

Das Scheitern der Versuche, mit den Mitteln der reinen Vernunft zu Erkenntnissen zu gelangen, zeigt sich mit besonderer Deutlichkeit bei Fragen in bezug auf die Welt als Totalität der Dinge. Hier treten Widersprüche auf, die ein untrügliches Indiz der Falschheit der zugrunde liegenden Voraussetzungen sind. Versucht man zum Beispiel die Frage zu beantworten, ob die Welt einen Anfang gehabt habe oder nicht, dann stellt sich heraus, daß sowohl der Satz «Die Welt hat einen Anfang» als auch der Satz «Die Welt hat keinen Anfang» bewiesen werden können. Wenn aber ein Satz und sein Gegensatz beweisbar sind, liegt eine Antinomie vor, und mit Antinomien kann sich keine Wissenschaft abfinden, weil aus einem Widerspruch jede beliebige Aussage abgeleitet werden kann. Das hatte schon Aristoteles festgestellt, und im 20. Jahrhundert hat das Auftreten von Antinomien in der Mengenlehre Mathematiker und Logiker beunruhigt.

Zugunsten der These «Die Welt hat einen Anfang» argumentierte Kant folgendermaßen: Angenommen, die Welt hätte keinen Anfang, dann wäre in einem bestimmten Augenblick eine unendliche Folge von Zuständen der Dinge in der Welt verflossen. Das würde nach Kant heißen, daß die Menge dieser Zustände aktual unendlich ist, während «unendlich», wie er überzeugt war, nur «unbegrenzt vermehrbar» bedeuten kann (so wie die Folge der natürlichen Zahlen insofern unendlich ist, als sie sich über jede angebbare Zahl hinaus fortsetzen läßt). Also ist die Annahme einer vollendeten Unendlichkeit vergangener Augenblicke, somit auch die Annahme der Anfangslosigkeit der Welt falsch und ihr Gegenteil richtig, das heißt, die Welt hat einen Anfang.

Die Antithese «Die Welt hat keinen Anfang» wird ebenfalls indirekt bewiesen: Angenommen, die Welt hätte einen Anfang, dann müßte es eine Zeit vor der Weltentstehung gegeben haben, denn daß etwas angefangen habe, heißt, daß es vor einem bestimmten Zeitpunkt nicht existierte. Die Zeit vor der Weltentstehung wäre als Folge inhaltsloser Augenblicke zu denken, die sich als solche inhaltlich voneinander nicht unterscheiden können. Die Tatsache, daß die Welt in einem bestimmten Augenblick, und nicht in irgendeinem anderen, entstand, ist daher absolut zufällig und infolgedessen absolut unbegreiflich, denn wo es keine Gründe gibt, läßt sich nichts begreifen. Ist aber ein Anfang der Welt undenkbar, dann ist das Gegenteil der ursprünglichen Voraussetzung richtig und die Welt kann keinen Anfang haben.

Ähnlich läßt sich für und gegen die räumliche Begrenztheit der Welt, für und gegen die Einfachheit ihrer Bausteine, für und gegen die Möglichkeit von Freiheit in der Welt sowie für und gegen ein notwendiges Wesen als Teil oder Ursache der Welt argumentieren. Die Beweise der jeweiligen Thesen und Antithesen sind äußerst umstritten, und zweifellos läßt sich gegen Kants Argumentation vieles einwenden. Auch hier kommt es aber darauf an, den zugrunde liegenden Gedanken von den Einzelheiten seiner Durchführung zu unterscheiden. Hinter Kants Überlegungen steht die wichtige Einsicht, daß die Welt als Inbegriff aller konkreten Gegenstände selbst kein konkreter Gegenstand ist. Deshalb muß geprüft werden, ob Bestimmungen, die Gegenständen in der Welt beigelegt werden, auch der Welt selbst zukommen können. Von jedem besonderen Gegenstand kann sinnvoll gefragt werden, wodurch er begrenzt ist und wann er zu existieren begonnen hat; in bezug auf die Welt ist jedoch die Frage nach der räumlichen und zeitlichen Begrenzung verfehlt (so wie von der Menge der geraden Zahlen nicht gefragt werden kann, ob die Anzahl ihrer Elemente gerade sei). Wenn «Welt» keinen Gegenstand bezeichnet, dem räumliche, zeitliche oder ursächliche Bestimmungen beigelegt werden können, dann sind Alternativen wie «Die Welt ist entweder raum-zeitlich endlich oder unendlich» unvollständig, da übersehen wird, daß sie gar nicht räumlich und zeitlich bestimmt ist. Damit erweist sich die Antinomie als nur scheinbar;[34] in

Wirklichkeit gibt es zwischen These und Antithese einen Mittelweg, der aus der Schwierigkeit herausführt.

Derselbe Fehler liegt den Versuchen der herkömmlichen Metaphysik zugrunde, Aussagen über Gott und die Seele zu machen. Die Gottesbeweise sind nach Kant sämtlich hinfällig. Durch den Beweis aus der Zweckmäßigkeit, bei dem auf einen jenseitigen Grund der angenommenen Naturzweckmäßigkeit geschlossen wird, könnte bestenfalls ein Weltordner, nicht ein Weltschöpfer erschlossen werden. Versucht man diesen Mangel mit Hilfe des kosmologischen Beweises auszugleichen, bei dem von den erfahrbaren bedingten Dingen auf etwas Unbedingtes zurückgeschlossen wird, dann operiert man mit einem rein negativen Begriff, da «unbedingt» nur die Negation von «bedingt» ist; um aber die Existenz Gottes zu beweisen, bedürfte man eines positiven Begriffs. Einen solchen glaubte man im Begriff eines notwendigen Wesens finden zu können, d. h. eines Wesens, dessen Existenz aus seiner Wesenheit folgt: Die Existenz Gottes müßte im Begriff Gottes als eines allerrealsten Wesens schon enthalten sein. Der seit Anselm von Canterbury (siehe Teil II, Kap. II, 2 b) immer wieder unternommene Versuch, die Existenz Gottes aus seinem Begriff allein zu erschließen – der ontologische Gottesbeweis, wie Kant ihn nannte –, ist hinfällig, weil «Existenz» kein reales Prädikat ist (siehe oben Abschn. 2). Existenzbehauptungen haben nicht mit dem Inhalt, sondern nur mit dem Umfang von Begriffen zu tun. Wer z. B. sagt: «Regelmäßige Sechsecke existieren» (oder: «Es gibt regelmäßige Sechsecke»), behauptet, daß der Umfang des Begriffs «regelmäßiges Sechseck» nicht leer ist bzw. daß dieser Begriff auf Dinge (z. B. Bienenwaben) angewandt werden kann. Durch Analyse des Inhalts eines Begriffs (d. h. der Bestimmungen, mit deren Hilfe er definiert ist) kann man die Behauptung, daß etwas unter ihn fällt, niemals rechtfertigen. So mag man den Begriff von hundert Talern mit noch so vielen Merkmalen ausstatten, man wird dadurch die gedachten Taler doch nicht wirklich machen.[35]

Nicht besser ist es mit der rationalen Psychologie bestellt, die die Existenz, Geistigkeit und Unsterblichkeit der substantiellen Seele zu beweisen suchte. Ihren Grundgedanken erblickte Kant in der Annahme, daß die Einheit des Bewußtseins, auf die wir mit den Worten «Ich denke» hinweisen, ihren Grund in einer geistigen Substanz, der Seele, habe. Man schließt dabei so:

> Was nur als Subjekt gedacht werden kann, ist Substanz;
> «Ich» kann nur als Subjekt gedacht werden;
> also ist das Ich eine Substanz.[36]

Dies ist nach Kant ein Fehlschluß (Paralogismus), weil «Subjekt» in zwei verschiedenen Bedeutungen gebraucht wird. Im ersten Satz bedeutet dieser Ausdruck den «Träger» von Eigenschaften; im zweiten ist «Subjekt» aber der Gegenbegriff zu «Objekt», d. h. dasjenige, für welches es Gegenstände gibt. Fehlt aber ein eindeutiger Mittelbegriff, dann läßt sich kein Schluß ziehen.

Die Ideen *Gott*, *Welt* und *Seele* bilden die Themen jenes Teils der «Kritik der reinen Vernunft», den Kant *Transzendentale Dialektik* nannte.[37] Tatsächlich finden sich bei ihm verschiedene Aspekte des früheren dialektischen Denkens wieder. Bei den Sophisten bedeutete «Dialektik» die Kunst, einen Schein von Richtigkeit zu erzeugen, und bei Sokrates war die Dialektik der Weg zur Überwindung des Scheins. Auch die Transzendentale Dialektik hat es einerseits mit dem trügerischen Schein zu tun, der sich mit den Ideen verbindet, andererseits dient sie der Aufdeckung dieses Scheins. Außerdem knüpfte Kant an Platos Auffassung der Dialektik als Lehre von den Ideen an, verstand allerdings unter «Idee» nicht, wie Plato, an sich seiende Universalien, sondern eine Art von Begriffen der menschlichen Vernunft. Die Aristotelische Verwendung von «Dialektik» im Sinne von «Schlußlehre» findet in Kants Denken ebenfalls einen Niederschlag, sofern es auch Kants Transzendentale Dialektik mit Schlüssen zu tun hat, und zwar mit Schlüssen vom Bedingten auf das Unbedingte. Zugleich bereitete Kant die moderne Auffassung der Dialektik vor, nach der sich das dialektische Denken von einer These über deren Antithese zu einer Synthese bewegt. Kant dachte freilich nicht daran, die Antithetik, die sich in der rationalen Kosmologie zeigt, durch den Schritt zu Synthesen zu überwinden, sondern er suchte sie durch Elimination von Fehlern in den Voraussetzungen zu beseitigen. Aber mit der Auffassung, daß die Vernunft unvermeidlich zum Widerspruch von These und Antithese führe, gab er den späteren idealistischen Philosophen Anlaß zu der Lehre, daß die Vernunft imstande sein müsse, die Widersprüche, die sie hervorbringt, auch zu überwinden.

Kants Überzeugung, daß die Vernunft gleichsam naturnotwendig metaphysische Illusionen erzeuge, ist befremdlich. Zwar hat Kant gemeint, die Illusionen in bezug auf Gott, Welt und Seele dadurch entschärfen zu können, daß er forderte, die Ideen nur als Gedanken aufzufassen, die unserem Denken sozusagen die Richtung weisen – er sprach von ihrer regulativen Funktion –, aber an der Auffassung, daß diese Illusionen natürlicherweise entstehen, hielt er fest, vielleicht weil ihm die herkömmlichen metaphysischen Anschauungen so vertraut waren, daß er sie auf die menschliche Vernunft als solche zu beziehen geneigt war.

Bei Kant ist außerdem auch von einer anderen Rolle der Vernunft die Rede, die über die Auseinandersetzung mit der traditionellen Metaphysik hinausweist: Die Vernunft galt ihm als Vermögen, Erkenntnisse von Gegenständen zu immer umfassenderen Theorien zusammenzufassen und zu diesem Zweck geeignete Begriffe zu erschaffen. Die Verbindung von Galileis Erklärung des freien Falls und Keplers Formulierung der Gesetze der Planetenbewegung durch Newton wäre demgemäß als Leistung der Vernunft aufzufassen, die zu diesem Zweck den Begriff der Gravitation erzeugt. Die Funktion der Vernunft besteht, so gesehen, darin, einheitliche Zusammenhänge – Kant sprach von «projektierter Einheit»[38] – zu entwerfen. Während die Sinnlichkeit Gegenstände anschaulich vorstellt und der Verstand Tatsachen im Bereich der gegenständlichen Erscheinungen erklärt, verbindet die Vernunft einzelne Erklärungen zu Theorien bzw. speziellere zu immer allgemeineren Theorien. In diesem Sinne schrieb Kant in der Einleitung zur «Transzendentalen Dialektik»: «Alle unsere Erkenntnis hebt von den Sinnen an, geht von da zum Verstande und endigt bei der Vernunft, über welche nichts Höheres in uns angetroffen wird, den Stoff der Anschauung zu bearbeiten und unter die höchste Einheit des Denkens zu bringen.»[39]

5. Transzendentalphilosophie statt transzendenter Metaphysik

Die Kantische Kritik unterbindet nicht nur metaphysische Spekulationen von der Art, wie sie in der traditionellen Metaphysik anzutreffen sind, sondern sie führt auch zu einer positiven Bestimmung dessen, was Inhalt der menschlichen Erkenntnis sein kann, nämlich der Welt der Erscheinungen bzw. der Natur im Sinne der Transzendentalphilosophie. «Natur» bedeutet bei Kant nicht nur den Inbegriff aller Erscheinungen,[40] sondern ein dynamisches Ganzes, bei dem es sich nicht um ein Aggregat in Raum und Zeit, sondern um eine Einheit auf Grund von Gesetzen handelt.[41] So gesehen, stellt sich die Natur dar als «die Existenz der Dinge unter Gesetzen».[42] Zur Natur im umfassenden Sinn rechnete Kant die innere ebenso wie die äußere Natur, aber nur von der äußeren Natur gibt es seiner Ansicht nach wissenschaftliche Erkenntnis, weil nur sie mathematisch beschrieben werden kann.[43]

Die Gesetze, denen die Natur unterworfen ist, beruhen auf den raumzeitlichen Anschauungsformen und den Kategorien, d. h. auf Formen des menschlichen Denkens, so daß von «Natur» nicht unabhängig von Deutungen durch das Subjekt gesprochen werden kann. Im Alltag wie in den Einzelwissenschaften haben wir es immer mit der interpretierten – und in diesem Sinne vom Subjekt abhängigen – Wirklichkeit zu tun, niemals mit der Wirklichkeit, wie sie an sich sein mag. Daß die Erfahrungswirklichkeit durch Deutungen bedingt ist, besagt natürlich nicht, daß es von unseren Deutungen abhängt, ob dies oder jenes geschieht (z.B. der Stein durch die Sonne erwärmt wird oder daß elektrischer Strom eine Magnetnadel ablenkt), sondern lediglich, daß wir Vorgänge nicht erklären könnten, wenn wir nicht eine allgemeine Auffassung der Natur hätten, die den Rahmen aller speziellen Erklärungsversuche bildet. Es gäbe für uns keine Natur als erkennbare Wirklichkeit, wenn wir die verfügbaren Eindrücke nicht raum-zeitlich und kategorial interpretierten, um sie als Erfahrung lesen zu können.[44]

Die Transzendentalphilosophie setzt bei den fundamentalen Fragen an, die der Einzelwissenschaftler immer schon für beantwortet hält, nämlich: Was ist ein Ding, was heißt «wirklich» bzw. «real», wie läßt sich die Erfah-

rung realer Dinge begreiflich machen? Wenn Kant antwortete, daß etwas
«wirklich» genannt wird, wenn sein Begriff einer empirischen Theorie
angehört, dann bedeutet das, daß der Gegenstand der Erfahrung seiner
Form nach vom Subjekt konstituiert, d. h. theorieabhängig ist. Mit dieser
Auffassung ging er entscheidend über den Empirismus hinaus. Der Empirist spricht von realen Dingen, von Reizen, die von Dingen ausgehen, und
von Reaktionen des Subjekts auf diese Reize, ohne zu fragen, unter welchen
Bedingungen von einem realen Gegenstand überhaupt gesprochen werden
kann. Indem Kant nach einer Antwort auf diese Frage suchte, durchbrach
er die Grenze, die dem Empirismus gezogen ist. Seine Einsicht, daß die
Gegenstandserfahrung immer deutungsabhängig ist, hat sich in unserem
Jahrhundert mit der Einsicht in die historische Bedingtheit begrifflicher
Deutungsrahmen verbunden. Der Rahmen der klassischen Physik, von dem
Kant ausging, ist, wie wir inzwischen wissen, nicht der einzig mögliche.
Ungeachtet der Variabilität theoretischer Rahmen gilt aber, daß die Erfah-
rungswirklichkeit nichts einfach Vorfindliches ist, wie die Empiristen mein-
ten, sondern etwas, das wir uns in bestimmter Weise gedanklich zugänglich
machen. Unser Verhältnis zur Natur ist nicht rein passiv, obwohl es eine
rezeptive Komponente enthält, sondern es beruht wesentlich auf geistiger
Spontaneität.

Dem Reich der Natur als dem Ganzen der Erscheinungen steht das Reich
der Zwecke gegenüber, das zwar denkbar, aber nicht erkennbar ist.[45] Das
Reich der Zwecke bzw. der Freiheit kann in einem weiteren Wortsinn ebenfalls als «Natur» aufgefaßt werden, da auch in ihm Gesetze gelten, freilich
nicht mehr Gesetze der theoretischen, sondern Gesetze der praktischen
Vernunft.[46] Die praktische Seite der Kantischen Philosophie, die es mit
dem Reich der Freiheit zu tun hat, soll im folgenden Abschnitt dargestellt
werden.

6. Die Ethik der Pflicht

a) Kants Ethik in den sechziger Jahren

Kant, der als Ethiker der strengen, unbedingten Pflicht und Gegner jeder
Art von Gefühls- oder Neigungsmoral bekannt ist, hat noch um die Mitte
der sechziger Jahren gemeint, die Sittlichkeit auf «das Gefühl von der
Schönheit und der Würde der menschlichen Natur» gründen zu können.[47]
Zwar ist, wie Kant zu dieser Zeit meinte, Tugend ein Handeln nach
Grundsätzen, die desto erhabener sind, je allgemeineren Charakter sie
haben; aber es handelt sich bei ihnen nicht um spekulative Regeln, sondern
um «das Bewußtsein eines Gefühls, das in jedem Menschen lebt».[48] Kant
war also zu dieser Zeit noch weit von der strengen Pflichtethik entfernt, die
für seine kritische Philosophie kennzeichnend sein sollte. Der Einfluß der

britischen Ethik des moralischen Gefühls, wie sie z.B. Francis Hutcheson vertreten hat, ist unübersehbar, und möglicherweise spielte auch Humes Lehre von der Sympathie eine Rolle (siehe Teil IV, Kap. II, 2b), wenn Kant forderte, daß «die allgemeine Wohlgewogenheit gegen das menschliche Geschlecht» das Verhalten der Menschen bestimmen solle.[49] Er fügte allerdings hinzu, daß die moralische Sympathie der Unterstützung durch Ehrgefühl und Schamgefühl bedürfe.[50]

Die Berufung auf das sittliche Gefühl diente Kant dazu, sich von der rationalistischen Moralphilosophie, wie sie z.B. von Christian Wolff vertreten worden war (siehe Teil IV, Kap. II, 4a), zu distanzieren. Wenn die Vertreter des Rationalismus forderten: «Tue das Vollkommenste, das du ermöglichen kannst», dann stellten sie einen rein formalen Grundsatz auf, der als solcher inhaltlich unbestimmt bleibt. Demgegenüber meinte Kant, daß bestimmte moralische Gebote und Verbote immer ein Gefühl des Guten voraussetzen, das nicht weiter zergliedert werden kann. Dieses Gefühl hat etwas mit der ästhetischen Empfindung zu tun, sofern die gute Handlung als schön, die schlechte als häßlich empfunden wird: «Es ist eine unmittelbare Häßlichkeit in der Handlung, die dem Willen desjenigen, von dem unser Dasein und alles Gute herkommt, widerstreitet.»[51] Obwohl «die Unterscheidung des Guten und Bösen in den Handlungen und das Urteil über die sittliche Rechtmäßigkeit geradezu und ohne den Umschweif der Beweise von dem menschlichen Herzen durch dasjenige, was man Sentiment nennt, leicht und richtig erkannt werden kann», genügt es nicht, sich einfach auf das Gefühl zu berufen; die Grundlagen der Ethik müssen präzis angegeben werden, und in dieser Hinsicht beanspruchte Kant, über Shaftesbury, Hutcheson und Hume hinauszugehen.[52]

Die Berufung auf das sittliche Gefühl spielt auch in den «Träumen eines Geistersehers» (1766) eine Rolle, wo Kant überlegte, ob nicht das moralische Bewußtsein den Zugang zur Geisterwelt eröffnen könne. Er sprach von einer «geheimen Macht», die uns veranlaßt, das Wohl der Mitmenschen zu fördern, und die den eigennützigen Neigungen entgegenwirkt. Im sittlichen Bewußtsein äußert sich ein allgemeiner Wille, welcher der moralischen Einheit aller vernünftigen Wesen zugrunde liegt; es scheint auf eine Ursache bezogen werden zu müssen, die nur als geistig gedacht werden kann.[53] Die Annahme einer Geisterwelt läßt den Menschen gleichsam als Bürger zweier Welten erscheinen, der körperlichen und der geistigen Welt, so daß ein Leben nach dem physischen Tode, verstanden als Fortdauer der Seele, denkbar, obschon nicht beweisbar ist. Ein Geisterreich anzunehmen ist möglich; da es sich aber prinzipiell der Erfahrung entzieht, kann seine Existenz nicht bewiesen werden.

An der These, daß jenseits der Grenzen möglicher Erfahrung Erkenntnis unmöglich sei, hat Kant in der Folgezeit stets festgehalten, aber die Metaphysik nicht mehr, wie um die Mitte der sechziger Jahre, als «Erdichtung» bezeichnet, sondern die Idee einer jenseitigen Wirklichkeit auf dem Boden der Ethik gerechtfertigt: Gott und die geistige Seele lassen sich zwar nicht erkennen, aber ihre Existenz muß postuliert werden, wenn sinnvoll von moralischer Pflicht gesprochen werden soll (siehe Abschn. c).

Kant ging später auch dadurch entscheidend über die Position der sechziger Jahre hinaus, daß er Pflicht und Gefühl klar trennte und die Annahme eines allgemeinmenschlichen Gefühls durch die Auffassung ersetzte, daß die Allgemeinheit des sittlichen Sollens in der praktischen Vernunft begründet sei. Das entscheidende Motiv für die Preisgabe der älteren Auffassung war die Einsicht, daß streng allgemeine Sätze nicht durch Gefühle, die empirische Faktoren sind, bedingt sein können. So wie Kant im theoretischen Bereich die Ansicht vertrat, daß allgemeine und notwendige Urteile erfahrungsunabhängig sein müßten, so argumentierte er auch im praktischen Bereich, daß strikt allgemeine Sollenssätze – und daß es solche Sätze gebe, stand für ihn fest – nicht von empirischen Faktoren abhängig sein könnten.

Damit wurde die Ethik des moralischen Gefühls hinfällig. Da Kant die Rückkehr zur rationalistischen Ethik, die bestimmte Gebote und Verbote als vernünftig einsichtige Sätze dargestellt hatte, auf Grund der Kritik Humes für ausgeschlossen hielt, sah er nur den Ausweg, moralische Sätze wegen ihrer Allgemeingültigkeit als Vernunftgebote aufzufassen, sie aber wegen der Unhaltbarkeit des ethischen Rationalismus als rein formale Sätze zu interpretieren.

b) Der ethische Formalismus

Ähnlich wie in der Erkenntnislehre suchte Kant auch in der Ethik nach einem Weg, der die Gefahren des rationalistischen Dogmatismus wie des (Humeschen) Skeptizismus umgeht. In der theoretischen Philosophie wies er mit Hume die Annahme erfahrungsunabhängiger Erkenntnisse zurück, hielt aber Humes Leugnung streng allgemeingültiger Grundsätze für inakzeptabel. Auch in der Ethik folgte er Humes Kritik am Rationalismus, wenn er bestritt, daß es Imperative gebe, die auf Grund von Einsicht in moralische Sachverhalte gelten; er distanzierte sich aber von ihr, wenn er daran festhielt, daß die Moral im Kern vernünftig sei. Vor allem wich er von Hume dadurch ab, daß er der Moral nicht nur die Aufgabe stellte, die Tatsache moralischer Wertschätzungen zu erklären; die Ethik ist nach Kant eine begründende Disziplin, die allerdings nicht bestimmte Gebote und Verbote, sondern ein rein formales Sittengesetz zu begründen hat.

Kant wollte begreiflich machen, wie moralisches Sollen (sittliche Pflicht) möglich ist. Dabei ging er davon aus, daß der moralische Wert von Handlungen nicht von ihren Folgen abhängen kann, wie der Utilitarismus (bzw. der Konsequentialismus) meint, sondern nur von der die Handlung leitenden Gesinnung. In diesem Sinne erklärte er: «Es ist überall nichts in der Welt, ja überhaupt auch außer derselben zu denken möglich, was ohne Einschränkung für gut könne gehalten werden, als allein ein *guter Wille*.»[54] Die Glückseligkeit kann daher nicht das Maß des sittlich Guten sein, sondern nur die Pflicht als Verbindlichkeit, dem guten Willen, unter Umständen auch gegen äußere und innere Widerstände, zu folgen.

Pflichtgebote werden in Form unbedingter (kategorischer) Imperative ausgedrückt. Ihnen stehen Imperative gegenüber, die auf eine Bedingung bezogen sind und in Form von Wenn-dann-Sätzen ausgedrückt werden, zum Beispiel: Wenn Du Deine Gesundheit erhalten willst, dann verzichte auf das Rauchen! Bei den Imperativen dieser Art – den hypothetischen Imperativen – wird auf einen inhaltlichen Zweck (wie die Erhaltung der Gesundheit) Bezug genommen, der durch Triebe, Instinkte, Gefühle – durch «Neigungen» – bedingt ist.[55] Die Neigungen der Menschen stimmen jedoch nicht überein, und selbst wenn manche Neigungen bei allen Menschen faktisch dieselben wären, wäre die Übereinstimmung zufällig, so daß sie nicht Grundlage notwendiger Imperative sein könnte. Neigungsbedingte Gebote sind daher nicht allgemeingültig, während moralische Imperative keine Ausnahme zulassen. Würde z.B. gesagt: «Man soll zwar in der Regel nicht lügen, wenn aber ein besonders großer Vorteil winkt, darf man von der Regel abweichen», dann wäre das kein moralischer Satz. Weil hypothetische Imperative nicht streng allgemeingültig sind, sind sie nicht sittliche Gebote, sondern nur Regeln der Geschicklichkeit oder Ratschläge der Klugheit. Durch bloße Reflexion auf die Form sittlicher Gebote – nämlich auf ihre Allgemeingültigkeit – läßt sich somit erkennen, daß die Sittlichkeit nichts mit jenen empirischen Antrieben bzw. mit Interessen, die Kant «Neigungen» nannte, zu tun haben kann. In der Konzentration auf die Analyse der Form von Imperativen besteht der Formalismus, der als Charakteristikum der Kantischen Ethik gilt. Tatsächlich hat Kant auf die Frage, «ob nicht vielleicht der bloße Begriff eines kategorischen Imperativs auch die Formel desselben an die Hand gebe», eine bejahende Antwort gegeben.[56]

Wenn moralische Imperative nicht durch Interessen bedingt sind und wenn sie auch nicht aus Erkenntnissen folgen, dann erhebt sich die Frage, wie sie möglich sind.[57] Nach Kant beruht das sittliche Sollen darauf, daß die Form des Pflichtgebots als solche – seine Allgemeingültigkeit – zum Bestimmungsgrund des sittlichen Wollens wird. Dies ist eine Folge der Ausschaltung aller inhaltlichen Zwecke aus der Moral; sieht man von allem Inhalt ab, der nach Kant nur aus den Neigungen stammen kann, dann kommt nur die Form der Pflicht – ihre Notwendigkeit und Allgemeinheit – als Bestimmungsgrund des sittlichen Wollens in Betracht. Da das moralische Gesetz auf keine inhaltlichen Bedingungen eingeschränkt ist, «bleibt nichts, als die Allgemeinheit eines Gesetzes überhaupt übrig, welchem die Maxime der Handlung gemäß sein soll ...».[58]

Die Maxime, von der Kant hier spricht, ist der subjektive Beweggrund im Unterschied zum Gesetz als objektivem Sollen. Eine Maxime ist dann sittlich gut, wenn sie dem allgemeinen Gesetz entspricht und uneingeschränkt verallgemeinerungsfähig ist. Diesen Gedanken hat Kant in mehreren ähnlichen Formulierungen ausgedrückt, unter anderem in der folgenden: «Handle nur nach derjenigen Maxime, durch die du zugleich wollen kannst, daß sie ein allgemeines Gesetz werde.»[59] Diese Formel heißt der Kategorische Imperativ. Oben wurde gesagt, daß jeder sittliche Imperativ kategorisch sein müsse, hier wird von *dem* Kategorischen Imperativ gesprochen. Tatsächlich muß zwischen beiden Ausdrucksweisen unterschieden werden: Wenn vom Kategorischen Imperativ in der Einzahl die Rede ist, handelt es sich um ein Kriterium, dem jede Maxime genügen muß, wenn sie sittlich sein soll, nämlich das Kriterium der uneingeschränkten Verallgemeinerungsfähigkeit (Universalisierbarkeit). Kant wollte nicht sagen, daß jede Maxime als sittlich zu gelten habe, wenn sie sich widerspruchsfrei verallgemeinern lasse, denn offensichtlich gibt es viele universalisierbare Maximen, die dennoch nicht moralischen Charakter haben. (So führt die Verallgemeinerung der Rechtsregel im Straßenverkehr nicht zu einem Widerspruch und ist trotzdem kein moralisches Gebot.) Der Kategorische Imperativ ist kein Prinzip der Normbegründung, sondern ein Prinzip der Ausschaltung unsittlicher Maximen: Maximen können nicht moralisch sein, wenn beim Versuch, sie zu verallgemeinern, ein Widerspruch auftritt.

Kant hat dies durch eine Reihe von Beispielen erläutert. So konstruiert er den Fall eines Menschen, der Geld benötigt und ein Darlehen nur erhält, wenn er Rückzahlung innerhalb einer bestimmten Frist verspricht, obwohl er weiß, daß er zur fristgerechten Rückzahlung nicht imstande sein wird. In dieser Situation muß er sich fragen, was sich aus der Verallgemeinerung der Maxime «In einer Notlage darf wider besseres Wissen Rückzahlung versprochen werden» ergibt. Offenbar würde, wenn jeder so handelte, die Grundlage von Treu und Glauben zerstört; daher könnte auch der Mensch, von dem hier die Rede ist, mit seinem falschen Versprechen auf lange Sicht keinen Erfolg mehr haben. In solchen Fällen wird der Wille «sich selbst widerstreiten».[60] Dieser Widerstreit ist kein formaler Widerspruch, sondern er besteht darin, daß gewisse Strategien sich selbst aufheben, wenn sie allgemein werden.

Da sittliche Pflichtgebote unabhängig von Bedingungen gelten und in diesem Sinne unbedingt sind, dürfen sie nicht Mittel für etwas anderes betreffen, sondern letzte Zwecke bzw. «Zwecke an sich selbst».[61] Als unbedingter Zweck kommt nach Kant nur «die vernünftige Natur» (des Menschen oder eines anderen vernünftigen Wesens, wenn es ein solches gibt) in Betracht oder – wie Kant auch sagte – die «Menschheit» (im Sinne von «Mensch-Sein»). Im Hinblick hierauf ergibt sich eine weitere Formel des Kategorischen Imperativs, nämlich: «Handle so, daß du die Menschheit sowohl in deiner Person, als in der Person eines jeden andern jederzeit zugleich als Zweck, niemals bloß als Mittel brauchst.»[62] Der Mensch als freies Vernunftwesen hat einen Wert, der nicht durch einen Preis ausgedrückt werden kann, das heißt: er hat *Würde*. Kants Erörterung mündet in die Forderung, die Würde des Menschen unbedingt zu achten.

Die Menschen als vernünftige Wesen gehören einem Reich der Zwecke an und unterstehen moralischen Gesetzen, die ihnen nicht von einer äußeren Instanz auferlegt werden, sondern die sie sich selbst geben: Sie sind mit einem Wort autonom. Die Autonomie ist Bedingung der Sittlichkeit, weil sie Voraussetzung der Freiheit ist: Frei ist nicht, wer tut, was ihm beliebt, sondern wer selbstgegebenen Gesetzen gehorcht. Wer dagegen auf Grund von Gesetzen handelt, die von einem Machthaber, von «der Gesellschaft», von Gott gegeben sind, ist fremdbestimmt; er gehorcht, weil er auf Vorteile hofft oder mindestens gewisse Nachteile vermeiden möchte. Ohne sittlichen Wert ist auch ein Handeln, das zwar im Einklang mit dem Sittengesetz steht und daher nicht unsittlich ist, aber durch Neigungen motiviert ist. Nur Handlungen, die der Achtung vor dem Sittengesetz entspringen, sind moralisch wertvoll. Wenn jemand z.B. den Armen hilft, weil er dadurch sein soziales Ansehen zu heben hofft, handelt er zwar nicht schlecht – sein Handeln entspricht dem Pflichtgebot, Notleidenden zu helfen –, aber er handelt auch nicht sittlich gut, weil er nicht *aus* Pflicht, sondern nur der Pflicht *gemäß* handelt. Im besonderen Fall ist es oft schwer oder kaum möglich festzustellen, ob aus Pflicht gehandelt wurde; nur wenn alle Neigungen dem Pflichtgebot entgegenstehen, darf angenommen werden, daß unabhängig von Neigungen entschieden wurde. Kant wollte nicht sagen, daß nur ein Handeln gegen die Neigungen sittlichen Wert habe, sondern er meinte, daß man lediglich im Falle des Gegensatzes von Pflicht und Neigung sicher sein könne, daß *aus* Pflicht gehandelt wurde.

c) *Ethik und Metaphysik*

Kant begnügte sich nicht mit der Feststellung, daß nur ein autonomer Wille sittlichen Charakter haben könne, sondern er fragte, wie sich die Autonomie des Wollens begreiflich machen lasse. Den «Schlüssel zur Erklärung der Autonomie des Willens» fand er in der Idee der Freiheit.[63] Ein Wesen kann nur unter der Bedingung autonom sein, d.h. sich selbst Gesetze des sittlichen Handelns geben, daß es nicht durchgängig durch empirische Antriebe bestimmt ist, sondern die Fähigkeit hat, sich prinzipiell unabhängig von Faktoren der materiellen Wirklichkeit selbst zum Handeln zu bestimmen.

«Freiheit» bedeutet bei Kant nicht die Möglichkeit, willkürlich zwischen mehreren empirischen Motiven zu entscheiden, sondern die Unabhängigkeit von solchen Motiven. Eine freie Entscheidung ist keine unmotivierte Entscheidung, die als solche beliebig und zufällig wäre, sondern eine Entscheidung auf Grund rein vernünftiger Motive.[64] Da die Vernunft, im Gegensatz zu den Sinnen, stets Allgemeines denkt, kann ein vernünftiges Motiv nur ein allgemeines Prinzip sein, näherhin eine Regel, ein Gesetz im normativen Sinn. Die Vernunft erzeugt, unabhängig von empirischen Inhalten, den Gedanken der Pflicht und dieser Gedanke kann zum Motiv von Entscheidungen werden. Das Pflichtprinzip nötigt uns nicht, so oder so zu entscheiden, sondern es drückt einen Anspruch aus: Wir *sollen* dem Vernunftgebot gemäß handeln.

Damit erhebt sich die Frage, wie der Wille durch reine Vernunft motiviert werden kann. Verursachung von der Art jener Kausalität, von der in der «Kritik der reinen Vernunft» die Rede war, scheidet aus, weil in diesem Falle Freiheit ausgeschlossen wäre; es muß sich um eine Kausalität anderer Art, um Kausalität aus Freiheit, handeln, und daß es eine derartige Kausalität gibt, ist im Interesse der Sittlichkeit anzunehmen. Wie diese Kausalität zu bestimmen ist, bleibt allerdings offen, da die Kategorie der «Kausalität» nur Sinn hat, wenn sie auf Anschauungsbedingungen bezogen wird, was bei der angenommenen Kausalität aus Freiheit unmöglich ist. Die Annahme einer Kausalität aus Freiheit bedeutet einen ersten Schritt in das Gebiet der Metaphysik; mit den Postulaten der Existenz Gottes und der Unsterblichkeit der Seele erfolgen weitere Schritte in dieselbe Richtung.

Die Idee Gottes brachte Kant mit der Idee des höchsten Gutes als Verbindung von Tugend und Glückseligkeit in Zusammenhang. Daß jemand, der stets der Pflicht folgt, auf Dauer unglücklich sein sollte, hielt er für ausgeschlossen; es fragt sich aber, wie die Verbindung von Tugend und Glückseligkeit zu denken ist. Da keine Identität vorliegt und da das Glücksverlangen, wie Neigungen im allgemeinen, nicht die Tugend hervorbringen kann, muß die Tugend als Ursache der Glückseligkeit gelten. Dies läßt sich aber nur annehmen, wenn es eine von der Naturkausalität verschiedene Art der Verursachung gibt; nur dann kann angenommen werden, daß die Welt so eingerichtet ist, daß sich auf lange Sicht mit der Befolgung des Sittengesetzes ein «Analogon der Glückseligkeit», nämlich Selbstzufriedenheit, einstellt.[65] Die Ordnung der Wirklichkeit, in der das möglich ist, bedarf eines Grundes, und als solcher kommt nur Gott in Betracht. Gott ist im Interesse der Sittlichkeit zu postulieren. Ähnlich verhält es sich mit der Unsterblichkeit der Seele: Da zum höchsten Gut der Einklang des Willens mit dem moralischen Gesetz – die Heiligkeit – gehört, dieses Ziel aber in der Sinnenwelt nicht zu erreichen ist, muß ein ins unendliche gehender sittlicher Fortschritt, und somit eine Fortdauer des Selbst über den physischen Tod hinaus, gefordert werden. Die Themen der herkömmlichen Metaphysik kehren also bei Kant wieder, jedoch unter veränderten Vorzeichen: Gott und Seele gelten nicht mehr als Gegenstände möglicher Erkenntnis, sondern als Ideen, die von der Moral gefordert werden. In diesem Sinne kommt der praktischen Vernunft Vorrang vor der theoretischen zu.[66] Obwohl wir die Ideen Gott, Seele und Freiheit im Interesse der Moral bilden müssen, dürfen wir sie jedoch nicht als Begriffe realer Wesen auffassen: Die Ethik hebt die in der «Kritik der reinen Vernunft» gezogenen Erkenntnisgrenzen nicht auf. Wenn im ethischen Kontext von der «Realität» Gottes oder der Seele die Rede ist, dann ist lediglich die Unentbehrlichkeit dieser

Ideen für die Theorie der Moralität und ihre Bedeutung für die moralische Praxis gemeint. Im handschriftlichen Nachlaß aus seinen letzten Jahren heißt es höchst aufschlußreich, man dürfe nur von der Idee *Gott*, nicht von der Idee Gottes sprechen.[67] Im letzteren Falle würde Gott von seiner Idee unterschieden und die Möglichkeit eröffnet, Gott gegenüber der Gottesidee zu verselbständigen, was unter Kants Bedingungen ausgeschlossen ist. Wir sollen uns so verhalten, als ob es Gott gäbe und als ob die menschliche Seele eine unsterbliche Substanz sei; Gott als wirklich und die Seele als substantiell zu behaupten ist dagegen unzulässig. Die Grenze, die die Kritik dem Erkennen gezogen hat, wird somit respektiert; die Sätze der Kantischen Metaphysik sollen nicht als Erkenntnisse verstanden werden, sondern als Inhalte eines vernünftigen Glaubens, der es uns ermöglicht, uns in einem über die Grenzen der Erfahrung hinausgehenden Bereich zu orientieren.

Im einzelnen stößt die Kantische Moralphilosophie zweifellos auf starke Bedenken; nichtsdestoweniger ist anzuerkennen, daß Kant im Rahmen der Ethik einem Gedanken zur Geltung verholfen hat, der zu seinen epochemachenden Konzeptionen gerechnet werden muß, nämlich der Einsicht, daß auch metaphysische Begriffe – wie «Gott», «Seele», «Freiheit», «Unsterblichkeit» – auf eine Theorie zu relativieren sind, nämlich auf die Theorie der Moral: «Gott» oder «Seele» sind Begriffe, die außerhalb der Ethik keinen Sinn haben.

7. Recht und Staat, Geschichte und Politik

a) *Grundgedanken der Rechts- und Staatslehre*

Obwohl sich Sätze der Rechtslehre nach Kant nicht aus Sätzen der Ethik ableiten lassen, hängen Recht und Ethik insofern zusammen, als beide auf der Idee der Freiheit beruhen. Da die Freiheit zum Wesen der Person gehört, hieße es, den Menschen seiner Persönlichkeit zu berauben, wollte man ihm seine Freiheit nehmen oder deren Betätigung unmöglich machen bzw. einschränken. Deshalb muß die staatliche Rechtsordnung so gestaltet werden, daß Freiheit möglich ist. Das Recht ist das Mittel, die Freiheitsansprüche einer Mehrzahl koexistierender Personen zu harmonisieren. Weil es ohne Rechtsordnung kein Zusammenleben in Freiheit gibt, ist es moralisch geboten, eine Rechtsordnung zu schaffen, was aber nicht heißt, daß bestimmte Rechtsnormen moralisch begründet werden könnten.

Der Zusammenhang zwischen dem Recht und der Ethik wird deutlich, wenn man sich die dritte Formel des Kategorischen Imperativs vergegenwärtigt, die verbietet, den Menschen zum bloßen Mittel herabzusetzen, d. h. ihm seine Würde zu nehmen.[68] Die Würde beruht auf dem Prinzip der Autonomie, und zu dieser gehört die Möglichkeit, freie Entscheidungen in die Tat umzusetzen. Da dieses Recht allen zukommt, ergibt sich die Notwendigkeit der Koordinierung der Freiheitssphären mehrerer Personen durch das Recht. Im Begriff der Würde der menschlichen Person hängen Ethik und Recht zusammen: «Ein jeder Mensch hat rechtmäßigen Anspruch auf Achtung von seinen Nebenmenschen, und *wechselseitig* ist er dazu auch gegen jeden anderen verbunden.»[69]

Die Idee der Freiheit bildet auch die Grundlage der Staatsphilosophie. Das Prinzip der wechselseitigen Beschränkung der Freiheitssphären findet seinen Niederschlag in dem Gedanken eines ursprünglichen Kontrakts, in dem der Staat konstituiert wird. Im Sozialkontrakt geben die einzelnen – wie schon Rousseau ausgeführt hatte – ihre ursprüngliche Freiheit auf, gewinnen aber als Angehörige des Staates eine neuartige Freiheit, nämlich die rechtliche, durch die die «wilde, gesetzlose Freiheit» aufgehoben wird.[70] Der Vertrag, in dem ein einheitlicher Wille erzeugt wird, ist bei Kant nicht als historischer Vorgang verstanden; der Vertragsgedanke ist eine Idee, so wie der Gedanke Gottes eine Idee ist, der nichts Reales zuzuordnen ist; es handelt sich um ein Konstrukt, mit dessen Hilfe die Verbindlichkeit der staatlichen Rechtsordnung begreiflich gemacht werden soll. Die Rechtsordnung ist so aufzufassen, *als ob* sie durch Vertrag zustande gekommen wäre, d. h. als ob sie auf allgemeiner Zustimmung beruhte. Es geht mit anderen Worten darum, die Rechtsordnung so zu betrachten, als wäre sie dem Willen aller einzelnen entsprungen, so daß der Rechtsgehorsam als Gehorsam gegenüber selbstgegebenen Gesetzen aufgefaßt werden kann.

Die Idee einer Vereinigung der Willen aller in einem ursprünglichen Vertrag hat zur Folge, daß die Akte der gesetzgebenden Gewalt stets als Rechtens anzusehen sind. Nach dieser Auffassung steht nämlich die Staatsgewalt nicht dem Staatsvolk gegenüber, sondern ist mit ihm identisch. Wenn jemand etwas über einen anderen verfügt, ist es möglich, daß er ihm unrecht tut; was aber jemand über sich selbst beschließt, kann nicht Unrecht sein. «Also kann nur der übereinstimmende und vereinigte Wille aller, sofern ein jeder über alle und alle über einen jeden ebendasselbe beschließen, mithin nur der allgemein vereinigte Volkswille gesetzgebend sein.»[71] Dabei dachte Kant aber nicht an eine direkte Demokratie, sondern an das Repräsentativsystem.[72]

Sofern Kant ein ursprüngliches Recht annahm, das jeder bestimmten Rechtsordnung vorhergeht und diese erst zu legitimieren gestattet, knüpfte er wieder an die naturrechtliche Rechts- und Staatslehre an: Der Mensch ist nicht nur frei, sondern frei zu sein ist auch ein «angeborenes» Recht. Dies ist aber das einzige ursprüngliche Recht, und weil es rein formal ist, kann die Rechtsphilosophie nur formale Sätze enthalten. Anders als in der traditionellen Naturrechtslehre lassen sich unter Kants Voraussetzungen aus der Natur des Menschen keine konkreten Rechte und Pflichten ableiten. Wo Kant trotzdem beanspruchte, inhaltliche Rechtssätze – z.B. in bezug auf das Privateigentum – rechtfertigen zu können, wird seine Theorie bedenklich.

Die Abwendung vom empiristisch-naturalistischen Standpunkt Humes bedeutet auch die Abkehr vom Humeschen Individualismus. Kant ging nicht mehr (wie Hume, Locke und andere) von natürlichen Trieben der Individuen aus, sondern er berief sich auf die praktische Vernunft, die kein individuelles, sondern ein allgemeines Vermögen ist. Damit eröffnete er eine Richtung der Staatsphilosophie, nach der (wie bei Hegel; siehe Kap. VI, 5 a) die Rechtsordnung nicht auf Vereinbarungen egoistischer Individuen zurückzuführen, sondern als Äußerung einer vernünftigen Substanz zu deuten ist.

Kant hat sich nicht nur mit den allgemeinen philosophischen Grundlagen der Staatslehre, sondern auch mit dem Problem der Konkretisierung der staatsphilosophischen Grundsätze beschäftigt. Dies zeigt seine Schrift «Zum ewigen Frieden» (1795), in der er versuchte, die Grundlagen einer internationalen Ordnung zu entwerfen, wie sie im 20. Jahrhundert in Gestalt des Völkerbundes und der Vereinten Nationen Gestalt anzunehmen begann.

b) Philosophie der Geschichte

Kant betrachtete die Geschichte als Prozeß, der einem Plan der Natur folgt. Diesen Plan bezog er, wie aus der Schrift «Idee zu einer allgemeinen Geschichte in weltbürgerlicher Absicht» (1784) hervorgeht, letztlich auf die göttliche Vorsehung.[73] Da er dabei an die Entwicklung der menschlichen Gattung, nicht an die des Individuums dachte, faßte er das Ziel der Entwicklung nicht als Zustand des einzelnen Menschen, sondern als Zustand der Gattung auf, nämlich als vollständige Entfaltung aller Anlagen der menschlichen Natur. Diese Konzeption stellte er ausdrücklich der trostlosen Annahme einer absoluten Zufälligkeit des Geschehens entgegen.

Von einer naiven Geschichtsteleologie kann bei Kant aber nicht die Rede sein. Im Grunde beschränkt er sich darauf, die Geschichte so zu betrachten, als ob sie einen Zweck verfolge; weder hat er beansprucht, den Verlauf der Geschichte erkennen zu können, noch wollte er mit dem empirisch verfahrenden Historiker konkurrieren. Trotzdem ist die Idee eines Plans, welcher der Entwicklung der Menschheit zugrunde liegt, keine folgenlose Spekulation; indem sie die Fortschrittsbemühungen verstärkt, gewinnt sie Bedeutung für diese Entwicklung selbst. Auf Grund der Idee der Planmäßigkeit des Geschehens kann angenommen werden, daß die einzelnen, indem sie ihren persönlichen Absichten folgen, der Absicht der Natur dienen. Dies erinnert an die «unsichtbare Hand», die nach Adam Smith aus dem Egoismus der Individuen das Beste für die Allgemeinheit erwachsen läßt; gleichzeitig wird hier Hegels Gedanke vorweggenommen, daß sich der Weltgeist einer List bediene, um die Individuen in der Verfolgung ihrer besonderen Interessen den Zielen der Menschheit dienen zu lassen.

Die Frage nach dem Ziel der Geschichte wird durch die Frage nach deren

Ausgangspunkt ergänzt. Auch hier sind Kants Überlegungen hypothetisch und spekulativ, somit nicht mit dem Anspruch verbunden, empirische Historie zu sein.[74] Das zeigt sich schon in der Wahl des Ausgangspunkts: Kant nahm an, daß es zunächst ein einziges Paar erwachsener Menschen gegeben habe, wie es im biblischen Schöpfungsbericht heißt. Um erwachsene Menschen muß es sich handeln, weil sie sonst auf elterliche Hilfe angewiesen wären und somit nicht die ersten Menschen wären; ein Paar ist erforderlich, damit die Fortpflanzung möglich ist, und dieses Paar ist als einzig zu denken, weil andernfalls der Anfangszustand als kriegerisch vorgestellt werden müßte. Daß es sich hier nicht um eine realistische Beschreibung, sondern um eine gedankliche Konstruktion handelt, ist offenkundig. Kant nahm an, daß das Verhalten der Menschen zunächst weitgehend durch Instinkte bestimmt war, daß aber von allem Anfang an auch die Vernunft, wenigstens in Ansätzen, ihren Einfluß ausübte. Insbesondere ist die Fähigkeit wichtig, die Zukunft in Gedanken vorwegzunehmen und so die Beschränkung auf die Gegenwart zu überwinden. Damit eröffnet sich die Möglichkeit der Orientierung an entfernteren Zwecken, einschließlich der Möglichkeit, sich der eigenen Bestimmung gemäß zu entwickeln. Der letzte Schritt über den Naturzustand hinaus wird getan, wenn der Mensch sich selbst als Zweck der Natur betrachtet. Da nicht der einzelne als dieser Zweck gelten kann, sondern nur die Gattung, gelangte Kant zum Gedanken einer Gemeinschaft gleicher vernünftiger Wesen.

Besondere Bedeutung für die Entfaltung der menschlichen Anlagen kommt nach Kant der Konkurrenz im weitesten Wortsinn zu, der «ungeselligen Geselligkeit» der Menschen.[75] Weder der Hang zur Vergesellschaftung (die Sozialität) noch die Neigung zur Selbstbehauptung würden für sich allein zur Entstehung einer gesellschaftlichen Ordnung führen, sondern nur gemeinsam veranlassen diese Faktoren zur Errichtung einer rechtlich geordneten Gemeinschaft. Die Gesellschaft erfordert, wie oben ausgeführt, die wechselseitige Beschränkung der Freiheit aller einzelnen; indem eine entsprechende Ordnung geschaffen wird, wird die optimale Entfaltung aller Anlagen möglich. Da aber die Neigung der Menschen, ihre Freiheit auf Kosten anderer zur Geltung zu bringen, stark ist, bedarf es eines Herrn, der den Gehorsam notfalls erzwingt. Freilich ist der Herr von jener Neigung, die er bändigen soll, selbst nicht frei. Hier zeigt sich ein Dilemma, von dem Kant höchst realistisch meinte, daß es niemals vollständig überwunden werden könne. Der Grund der Schwierigkeit liegt in der menschlichen Natur: «aus so krummem Holze, als woraus der Mensch gemacht ist, kann nichts ganz Gerades gezimmert werden.»[76]

Die Idee des Weltbürgertums, zu der sich Kant bekannte, wurde von Friedrich Schiller (1759–1805) übernommen, der mit Kant überzeugt war, daß sich das Werk der Zivilisation, die Versittlichung des Menschen, im Rahmen eines einzigen Volkes oder einer einzigen Kultur nicht vollkommen bewältigen läßt. Wie er in seiner Jenaer Antrittsvorlesung im Mai 1789 betonte, ist es nötig, daß sich Völker und Kulturen gegenseitig befruchten, und den Weg zu diesem Ziel sah er bereits offen: «Die Schranken sind durchbrochen, welche Staaten und Nationen in feindseligem Egoismus absonderten. Alle denkenden Köpfe verknüpft jetzt ein weltbürgerliches Band ...»

8. Die Lehre vom Schönen und Zweckmäßigen

a) Die Naturzweckmäßigkeit

Die «Kritik der reinen Vernunft» und die «Kritik der praktischen Vernunft» beziehen sich auf zwei «Reiche», in denen verschiedene Prinzipien gelten: auf das Reich der Freiheit und auf das Reich der Natur. Umfaßt dieses nur Erscheinungen in Raum und Zeit, so ist jenes durch Beziehungen konstituiert, die unabhängig von Raum und Zeit bestehen; herrscht in diesem eindeutige kausale Determination, so soll es in jenem Kausalität aus Freiheit geben; wirkt in bezug auf Gegenstände der Natur die Vernunft nur regulativ, so hat sie in der Ethik eine konstitutive Funktion. Mit der Unterscheidung der beiden Reiche kann es aber nicht sein Bewenden haben: Da wir in der empirischen Welt sittlich handeln sollen, muß von den Prinzipien der Moral eine Brücke zu den Prinzipien der Natur geschlagen werden können. Dies ist die Aufgabe, die Kant der dritten Kritik – der «Kritik der Urteilskraft» – zugedacht hat.

Die Vermittlung zwischen der empirischen Welt und dem Reich der Freiheit wird mit Hilfe des Begriffs der Zweckmäßigkeit hergestellt. Wenn wir die Natur als zweckmäßig betrachten, schreiben wir ihr eine Ordnung zu, die sich nicht auf jene Ordnung zurückführen läßt, mit der es der Verstand (insbesondere als naturwissenschaftlich denkender Verstand) zu tun hat. Da die Zweckmäßigkeit auf einen Grund bezogen werden muß und da dieser Grund nur als geistig gedacht werden kann, beziehen wir die Natur in der teleologischen Betrachtungsweise auf das Reich der Zwecke, dessen Idee in der Ethik eine Rolle spielt, und letztlich auf Gott als Oberhaupt dieses Reiches. Indem die Naturbetrachtung und die Betrachtung der Pflicht zum selben Gedanken – der Idee Gottes – führen, wird die Kluft zwischen Natur und Freiheit, theoretischer und praktischer Vernunft, Wissen und Glauben überbrückt; die Lücke im System ist geschlossen. Der Kritik der Urteilskraft, die das leistet, entspricht aber keine metaphysische Theorie; sie unterscheidet sich in dieser Hinsicht von den beiden ersten Kritiken, auf deren Ergebnissen die Metaphysik der Natur und die Metaphysik der Sitten aufbauen.

Die Idee der Naturzweckmäßigkeit wird von der Urteilskraft erzeugt, deren Funktion einerseits darin besteht, das Besondere gegebenen Prinzipien unterzuordnen (in diesem Sinne wendet ein Richter, der einen bestimmten Tatbestand als Fall einer Gesetzesbestimmung auffaßt, die Urteilskraft an); andererseits faßte Kant sie als Vermögen auf, Begriffe zu erzeugen, unter die Tatsachen gebracht und damit gedeutet werden können. Im Hinblick auf die letztere Funktion sprach er von reflektierender Urteilskraft. Es handelt sich um die Fähigkeit des Geistes, das Mannigfaltige mit Hilfe konstruierter Begriffe zu vereinheitlichen und damit dem Verständnis zu erschließen. Anders als der Verstand ist die Urteilskraft nicht an den Rahmen der Kategorien gebunden, sondern sie erzeugt Zusammenhänge, die über kategoriale Beziehungen hinausgehen. Sie erweitert damit nicht den Bereich der Erkenntnis, doch kommt ihren Ideen eine heuristische Funktion zu, das heißt, sie dient der Suche nach Erkenntnissen, ohne selbst Erkenntnisse zu produzieren.

In der dritten Kritik hat Kant zunächst die Ästhetik und dann erst die Lehre von der Zweckmäßigkeit behandelt. Im Folgenden wird die Reihenfolge dieser Themen umgekehrt, weil der Grundgedanke der «Kritik der Urteilskraft» in den Überlegungen zur Teleologie deutlicher zutage tritt; zugunsten dieses Vorgehens spricht auch der Umstand, daß Kant sich mit dem Gedanken der Naturzweckmäßigkeit früher als mit den Ideen des Schönen und Erhabenen auseinandersetzte.

Wenn Kant von der Zweckmäßigkeit der Natur sprach, dachte er an das, was er innere Zweckmäßigkeit nannte, d. h. an Beziehungen der Abhängigkeit zwischen einem Organismus und seinen Teilen und der Teile untereinander. So können etwa die Blätter eines Baums ihre Funktion nur in Verbindung mit dem lebendigen Baum ausüben, und umgekehrt ist der Baum auf die Blätter angewiesen. Auf Zusammenhänge dieser Art bezog sich Kant, wenn er ein «organisiertes Produkt der Natur» als etwas bezeichnete, «in welchem alles Zweck und wechselseitig auch Mittel ist».[77] Zusammenhänge innerhalb eines Organismus, insbesondere die für Organismen typische Selbstregulation, lassen sich nicht mechanistisch erklären: «Ein organisiertes Wesen ist also nicht bloß Maschine; denn die hat lediglich *bewegende* Kraft; sondern es besitzt in sich *bildende* Kraft …».[78]

Die Idee eines Naturzwecks, die hier eine Rolle spielt, ist kein Verstandesbegriff (wie der Begriff der physikalischen Verursachung), sondern ein Begriff, den wir uns (durch die reflektierende Urteilskraft) schaffen, um einen Zusammenhang herzustellen, wo ein solcher nach den bekannten einzelwissenschaftlichen Gesetzen nicht festzustellen ist. Da die kausale Betrachtungsweise nicht ausreicht, um organische Vorgänge zu verstehen, müssen wir eine neue Idee erzeugen und die Organismen so betrachten, als ob sie zweckmäßig eingerichtet wären und als ob ihnen eine Absicht zugrunde läge bzw. als ob es Absichten der Natur selbst gäbe.[79] Keinesfalls darf jedoch behauptet werden, daß «die Natur» tatsächlich Absichten habe bzw. Zwecke verfolge, und erst recht läßt sich auf diese Weise nicht die Existenz eines Zwecke setzenden Wesens außerhalb der Natur (die Existenz Gottes) erkennen. Kant sprach von einer «Ahnung unserer Vernunft», auf

dem angedeuteten Wege über die Grenzen der Natur hinausgelangen zu
können, hielt es aber für unmöglich, diese Grenzen erkennend zu überschreiten.[80] Jene «Ahnung» ist nicht abwegig, weil die Dinge, mit denen es
die Naturwissenschaften zu tun haben, Erscheinungen sind und als solche
auf eine denkunabhängige Wirklichkeit bezogen werden müssen. Diese
Wirklichkeit kann als Grund der Natur unter Zweckprinzipien gedacht
werden. Mit der Einführung des Zweckgesichtspunktes wird aber die einzelwissenschaftliche Forschung nicht abgewertet; in ihrem Bereich ist sie
nicht nur gerechtfertigt, sondern hier gibt es zu ihr auch keine Alternative.
Nur wo die Methoden der Naturwissenschaft an eine Grenze stoßen, bieten sich Zweckgesichtspunkte an. Kant meinte zwar, daß wir nicht hoffen
dürften, die Entstehung eines Grashalms je erklären zu können; aber er
betonte auch, daß es keine endgültigen Erkenntnisgrenzen gebe; daß
gewisse Naturprodukte niemals mechanistisch erklärt werden können, läßt
sich nicht beweisen. Die Notwendigkeit, über die Grenze der naturwissenschaftlichen Erkenntnis hinauszugeben, ist also relativ auf den jeweiligen
Wissensstand; niemals aber wird sich alles mit den Mitteln der Naturwissenschaft begreifen lassen, so daß immer Anlaß besteht, Zusammenhänge
mit Hilfe der reflektierenden Urteilskraft zu konstruieren. Darüber hinaus
hat die Urteilskraft die Aufgabe, einzelwissenschaftliche Gesetze und
Theorien einer Ordnung zu unterwerfen, die der Wissenschaft in ihrem
jeweiligen Zustand unerreichbar ist.

b) Das Schöne und das Erhabene

Um zu verstehen, wie Schönheit und Zweckmäßigkeit zusammenhängen,
muß man wissen, was «schön» heißt. Wenn wir etwas «schön» nennen,
meinen wir, daß es uns gefällt, aber dieses Gefallen hat nach Kant weder
sinnlichen noch praktischen Charakter: Es geht nicht darum, daß etwas
Lustgefühle in uns weckt, und auch nicht darum, daß wir es als Mittel zu
einem vorgegebenen Zweck schätzen oder ein Interesse an seiner Verwirklichung haben. Da das Schöne unabhängig von der Möglichkeit des
Genießens und der Möglichkeit der Realisierung gefällt, ist das ästhetische
Wohlgefallen uninteressiert; es ist eine rein kontemplative Einstellung, die
frei von Begierden und Wünschen ist. Die ästhetische Beurteilung ist ferner
mit dem Anspruch der Allgemeingültigkeit verbunden: Wir beanspruchen,
daß alle ästhetisch Urteilenden so urteilen sollen wie wir. Schließlich
kommt der Beziehung zwischen Schönheit und Gefallen eine Art Notwendigkeit zu, die nicht durch Verallgemeinerung zustandegekommen sein
kann, aber auch nicht auf einer Beziehung zwischen Begriffen beruht und
deshalb von einem subjektiven Prinzip abhängen muß, das Kant im Gefühl
– nicht etwa im Begriff oder in der Erkenntnis – eines dem Erkenntnisstre-
ben angemessenen Verhältnisses der Erkenntniskräfte erblickte. Dieses Verhältnis wird als zweckmäßig empfunden, ohne daß es auf eine Absicht,

einen Zwecke setzenden Willen bezogen würde. Obwohl die Zweckmäßigkeit ein Verhältnis der psychischen Vermögen ist, wird sie auf den Gegenstand projiziert: «*Schönheit* ist die Form der *Zweckmäßigkeit* eines Gegenstandes, sofern sie *ohne Vorstellung eines Zwecks* an ihm wahrgenommen
wird.»[81] Das Schöne stellt sich als etwas dar, dessen Teile eine Ordnung aufweisen, die sich als zweckmäßig auffassen läßt, ohne daß ein äußerer Zweck
zugrunde läge. Da ästhetische Urteile unabhängig sind von jeglichem Interesse, d.h. von subjektiven bzw. privaten Faktoren, sind sie notwendig und
allgemein.

Die Schönheit läßt sich weder empirisch erklären, wie die Vertreter des
Empirismus glaubten, noch moralisch deuten, wie die Rationalisten meinten, die im Schönen die verworrene Vorstellung des Guten erblickten. Kant
betonte nachdrücklich die Selbständigkeit der Ästhetik gegenüber der
Ethik. Er glaubte zwar, wie die Theoretiker der Aufklärung, daß Kunst auf
Regeln angewiesen sei, dachte dabei aber nicht an vorgegebene Normen; es
ist das Genie, das autonom Regeln schafft. Im Schaffen des Genies findet
die Urteilskraft ihren höchsten Ausdruck, da hier nicht nur zu etwas
Gegebenem eine allgemeine Idee erzeugt, sondern für diese auch ein Ausdruck gefunden wird, der über den Begriff hinaus «viel Unnennbares hin-
zudenken läßt».[82] Dies vermag der geniale Künstler, weil er im Gebrauch
der Erkenntnisvermögen freier und origineller ist als unkünstlerische
Menschen.

Nicht nur das Schöne, auch das Erhabene gefällt rein für sich und wird in
Urteilen ausgedrückt, die weder empirisch noch analytisch wahr sind. Im
Unterschied zum Schönen bezeichnet «erhaben» etwas Formloses, das als
unbegrenzt erfahren wird. Das Erhabene beeindruckt durch seine Größe,
während das Schöne durch seine Form gefällt. Da aber das allzu Große als
zweckwidrig betrachtet wird, läßt es sich nicht positiv bewerten, so daß im
Grunde nicht der Gegenstand als erhaben bezeichnet wird, sondern das
Verhältnis des Subjekts zum Gegenstand. Angesichts des Übermächtigen
erfahren wir unsere Unterlegenheit unter die Natur, können uns aber
zugleich zum Gedanken der Überlegenheit des Geistes über die Natur
erheben und vermögen auf Grund der Einsicht in die Unabhängigkeit der
sittlich-vernünftigen Wesen von den Kräften der Natur Lust zu empfinden.
Genau genommen liegt die Erhabenheit nicht in Dingen der Natur, sondern
in unserem Gemüte;[83] wir erheben uns über die Natur, und diese Erhebung
ist die Wurzel der Erhabenheit. Die physiologische Deutung des Erhabenen, die Edmund Burke (1729–1797) in den «Philosophischen Untersuchungen über den Ursprung unserer Begriffe vom Schönen und Erhabenen» (Riga 1773; urspr. 1756) versucht hatte, indem er es mit einem die
Reinigung der Blutgefäße von Verstopfungen begleitenden Gefühl der
Ruhe in Verbindung mit Furcht und wohltätigem Schauer erklärte, ist
damit zurückgewiesen.

Kants Ästhetik hat nicht nur die deutsche Klassik beeinflußt, sondern

durch die Lehre vom Genie auch auf das Denken der Romantiker einge-
wirkt, die wie Kant in der Kunst ein naturhaftes Schaffen aus vorrationalen
Kräften des Geistes erblickten. Auch Schiller war von Kant beeinflußt, kritisierte aber seine Ästhetik, weil er sie für subjektivistisch hielt. Anders als
Kant bestimmte er das Schöne als das Vollkommene, dargestellt mit Freiheit. Ein Gegenstand ist nach Schiller vollkommen, wenn er dem objektiven, der Erscheinung zugrunde liegenden Vernunftbegriff angemessen ist;
er ist schön, wenn er einem von uns in die Erscheinung gelegten Begriff
entspricht.

Bei Kant besteht die Pointe der Als-ob-Betrachtung in der Anerkennung
der Rolle, die konstruierte Begriffe spielen – nicht nur in den Einzelwissenschaften, sondern auch in der Ethik, in der Ästhetik, in der Lehre von der
Zweckmäßigkeit der Natur. Diese Auffassung ergänzt die These von der
Deutungsabhängigkeit aller Gegenstände: Kant hat im Verlauf der Zeit
immer klarer gesehen, daß es nicht möglich ist, sich auf Kategorien und
Grundsätze des naturwissenschaftlichen Denkens als Deutungsrahmen zu
beschränken; wir müssen darüber hinaus auch Deutungen im moralischen
und ästhetischen Rahmen mitberücksichtigen.

Was in der «Kritik der Urteilskraft» über die Rolle der Einbildungskraft
gesagt wird, scheint sich verallgemeinern zu lassen. Nicht nur in der Natur-
teleologie spielen Beziehungen auf Grund konstruierter Begriffe eine Rolle,
sondern auch in der Theorie der Erfahrung und in der Theorie der Pflicht
erzeugen wir Begriffe, um mit ihrer Hilfe Erkenntnis- und Sollensan-
sprüche begreiflich zu machen. Wenn die Zusammenhänge, in deren Rahmen wir Deutungen vornehmen, von uns geschaffen sind, dann liegt es
allerdings nahe, über Kant hinausgehend, anzunehmen, daß es nicht nur
einen einzigen, sondern mehrere mögliche Deutungsrahmen gibt. Der von
Kant erhobene Anspruch, den allgemeinen Rahmen der Theorie der Erfahrung und der sittlichen Verpflichtung ein für allemal geschaffen zu haben,
kann daher nicht aufrechterhalten werden.

9. Die Religionsphilosophie

Kants Religionsphilosophie folgt der aufklärerischen Tendenz zur Reduktion der Religion auf vernünftige, moralisch bedingte Inhalte, geht aber
insofern wesentlich über das Denken der Aufklärung hinaus, als sie auf
transzendentalphilosophischen Grundlagen beruht.

Mit der Forderung, alle Vorstellungen aus der Religion auszuschließen,
die nicht moralisch bedeutsam sind, kehrt sich das traditionelle Verhältnis
von Religion und Moral um: Die Moralphilosophie setzt nach Kant nicht,
wie man lange geglaubt hat, die Religion voraus, sondern der zeitlos gültige
Kern der Religion hängt von der Ethik ab. Die Religion stellt keinen selbständigen Zugang zum Gottesglauben dar, sondern sie ist ein Komplement

der Moral und infolgedessen auf diese angewiesen. Im Sinne des Programms einer «moralischen Religion» forderte Kant nicht nur die Entmythologisierung der Religion – die populären religiösen Vorstellungen sollen «ihrer mystischen Hülle entkleidet» werden[84] –, sondern er bereitete jene Aufhebung der Religion in die Philosophie vor, die später Hegel konsequent durchführen sollte.

Kant veröffentlichte seine Gedanken zur Religionsphilosophie zunächst in der «Berlinischen Monatsschrift», später als Buch mit dem Titel «Die Religion innerhalb der Grenzen der bloßen Vernunft» (1793), und zwar zu einer Zeit, als nach Friedrichs d. Gr. Tod die Freiheit des religiösen Denkens eingeschränkt und die Zensur verschärft wurde. Die Veröffentlichung hatte eine Rüge durch König Friedrich Wilhelm II. zur Folge, die Kant veranlaßte, bis zum Tode des Königs in religionsphilosophischen Fragen Zurückhaltung zu üben.[85]

In welcher Weise Kant religiöse Vorstellungen moralisch umdeutete, zeigt seine Auffassung der Sünde bzw. des Bösen. Das Böse besteht nach Kant darin, daß das Sittengesetz unter dem Einfluß von Neigungen mißachtet und damit das richtige Verhältnis von vernünftigem Sittengesetz und sinnlichen Antrieben aufgehoben wird. Kant führte das Böse nicht einfach auf einen Trieb zurück, denn es setzt, wie das Gute, einen Akt der Freiheit voraus; er nahm vielmehr an, daß es einen in der Gebrechlichkeit der menschlichen Natur wurzelnden Hang zu der Verkehrung gibt, in der das Böse besteht: das radikal Böse,[86] das so heißt, weil es die Wurzel (radix) unmoralischer Maximen ist. Da sich dieser Hang äußert, sobald der Mensch von seiner Freiheit Gebrauch macht, kann man ihn «angeboren» und, als Folge einer nicht-empirischen Entscheidung, Ursünde nennen. Um eine vollständige Erklärung der Sünde bzw. des Bösen handelt es sich dabei nicht; das radikal Böse läßt sich nicht vollkommen begreifen, so wie auch unerforschlich bleibt, woher der in jedem Menschen vorhandene Keim des Guten kommt. Ähnlich wird die Lehre von Jesus als «Sohn Gottes» moralisch verstanden. Jesus gilt als Beispiel eines Gott wohlgefälligen Menschen, d. h. als Konkretisierung des Ideals des Guten. Daß der Sohn Gottes vom Himmel herabgekommen sei, bedeutet nichts anderes, als daß alle Menschen verpflichtet sind, sich zum Ideal der Vollkommenheit zu erheben. Der Glaube an Jesus als Sohn Gottes rechtfertigt sich ausschließlich im praktischen Verhalten des Gläubigen. Von der Erlösung durch den Sohn Gottes zu reden bedeutet nichts anderes, als daß eine beharrlich auf das Gute gerichtete Gesinnung angenommen wird, die mit der Lehre vom Hl. Geist gemeint ist. Die Lehre von der Trinität wird dem Wortlaut nach bewahrt, dem Inhalt nach aber tiefgreifend verändert.

Die Ethik bildet schließlich auch den Rahmen von Kants Auffassung der wahren Kirche, die er als einen Zusammenschluß gleichgesinnter Menschen mit dem Ziel deutete, dem Bösen erfolgreicher Widerstand zu leisten, als es das isolierte Individuum vermöchte. Ein solches ethisches Gemeinwesen existiert im Unterschied zum Staate nur in Gedanken; es ist eine Idee, die den Menschen veranlassen soll, sich so zu verhalten, *als ob* er Angehöriger einer sittlichen Gemeinschaft wäre. Die unsichtbare Kirche als Idee der Vereinigung aller Rechtschaffenen unter der Regierung Gottes soll der sichtbaren Kirche als Vorbild vorschweben und ihr die Richtung zur Einheit, zur Unabhängigkeit vom Aberglauben, zur Freiheit von hierarchischen Strukturen und zur Unveränderlichkeit ihrer Grundverfassung weisen.

Da die Ideen der bloßen Vernunft für große Teile des Volks unerreichbar sind, ist der Volksglaube nach Kant berechtigt, sofern er den Menschen die Lehren der Vernunftreligion in anschaulicher Form nahebringt; diese selbst ist konsequent auf die Ethik zu relativieren: «*Religion* ist (subjektiv betrachtet) das Erkenntnis aller unserer Pflichten als göttlicher Gebote.»[87] Vorstellungen und kultische Praktiken, die darüber hinausgehen, sind abzulehnen: «alles, was außer dem guten Lebenswandel der Mensch noch tun zu können vermeint, um Gott wohlgefällig zu werden, ist bloßer Religionswahn und Afterdienst Gottes.»[88] Den Primat der Praxis hat Kant auch in der späten Schrift über den «Streit der Fakultäten» (1798) zur Geltung gebracht, wo er betonte: «... alles kommt in der Religion aufs Tun an».[89] Wo keine Beziehung zur praktischen Vernunft vorliegt, sind Glaubenssätze gleichgültig.

Obwohl die angedeutete Auffassung Ansichten der Aufklärung nahesteht, enthält die Kantische Religionsphilosophie einen über die Grenzen des Aufklärungsdenkens hinausgehenden, für die weitere Entwicklung der Philosophie wichtigen Gedanken, nämlich die These, daß auch die Begriffe und Lehren der (christlichen) Religion nicht unabhängig vom Zusammenhang einer Theorie zu verstehen sind: Nicht nur von Gott, wie in der «Kritik der praktischen Vernunft» gezeigt wurde, sondern auch von Sünde und Erlösung, vom Sohn Gottes und der Trinität, vom Reich Gottes und von der Offenbarung kann nur im Rahmen einer (ethischen) Theorie gesprochen werden. So gesehen, stellt sich Kants Deutung der Religion als Anwendungsfall des Grundgedankens der Kritischen Philosophie dar. Die Revolutionierung der Philosophie, die Kant herbeiführte, besteht, allgemein gesprochen, darin, daß nicht nur die Grundbegriffe der Theorie der Erfahrung, sondern auch die zentralen Ideen der Ethik, der Ästhetik, der teleologischen Naturdeutung und der Religion als Konstrukte aufgefaßt werden, die zum Zweck der theoretischen und praktischen Orientierung geschaffen werden und denen keine an sich vorhandene Wirklichkeit zugeordnet werden kann.

Obwohl Kant manche seiner kritischen Gedanken in den auf das Erscheinen der «Kritik der reinen Vernunft» folgenden Jahren abgeschwächt hat – zum Beispiel ließ er später den zunächst abgelehnten Begriff des aktual Unendlichen wieder zu und nahm an, daß durch Kategorien auch unabhängig von der Anschauung etwas gedacht (wenn auch nicht erkannt) werden könne –, hat er den Grundgedanken der Transzendental-philosophie im Verlauf der Zeit verallgemeinert und radikalisiert: Worauf immer wir uns denkend beziehen, es handelt sich stets um etwas von uns Gedeutetes. Das Prinzip der Deutungsabhängigkeit, das Kant zunächst im Rahmen der Theorie der Erfahrung zur Geltung brachte, wird somit zum Prinzip der Philosophie im umfassenden Sinn, wie inzwischen immer klarer gesehen wird.[90]

II.

Metaphysische und
psychologische Deutungen
des Kritizismus

«… daß es seine [Kants] Schuld nicht sei, wenn man seine Philosophie mißbraucht und ihr zum Teil eine andere, ihrem Urheber
ganz unähnliche Gestalt gegeben».

(Herder: Humanitätsbriefe)

Kants Philosophie hat nicht nur die Fachleute, sondern, nachdem ihre
Grundgedanken in weiteren Kreisen bekannt geworden waren, die Gebildeten im allgemeinen zur Auseinandersetzung herausgefordert. Dabei war
es vor allem die Kritik an der herkömmlichen Metaphysik, die die Gemüter
erregte. Dies zeigt sich zum Beispiel bei Mendelssohn (siehe Teil IV,
Kap. II, 4 c), der Kant als «alles zermalmenden» Denker kennzeichnete und
damit die Intention der Transzendentalphilosophie, die keineswegs primär
destruktiv ist, gründlich verfehlte. Wenn schon ein mit Kant befreundeter
Philosoph der Versuchung erlag, die negative Seite des Kritizismus einseitig
zu betonen, dann ist es nicht erstaunlich, daß dies auch Laien taten. So faßte
Heinrich von Kleist (1777–1811) das, was er für das allgemeine Resultat der
«Kritik der reinen Vernunft» hielt, mit den Worten zusammen: «Wir können nicht entscheiden, ob das, was wir Wahrheit nennen, wahrhaft Wahrheit ist, oder ob es uns nur so scheint. Ist das letzte, so ist die Wahrheit, die
wir hier sammeln, nach dem Tode nicht mehr.» Angesichts dieses vermeintlichen Ergebnisses vermochte er dem Leben keinen Sinn mehr zu geben:
«Mein einziges, mein höchstes Ziel ist gesunken, und ich habe nun keines
mehr.»[1]

Angesichts der Schwierigkeit, den Kantianismus zu verstehen, ist es
begreiflich, daß er sich nur allmählich durchsetzte. Anhänger Kants gab es
zuerst in Königsberg, bald auch an anderen Universitäten, vor allem in Ber-
lin, Halle, Leipzig, Jena.[2] Auf Widerstand stieß der Kritizismus teils bei
Anhängern der Wolffschen Philosophie, teils bei Vertretern der christlichen
Religionen. Die Ansicht, daß der Kantianismus mit dem Katholizismus
nicht verträglich sei, führte schließlich dazu, daß die «Kritik der reinen
Vernunft» auf den kirchlichen Index der verbotenen Bücher gesetzt wurde.
Die eigentlichen Kantianer waren weitgehend unselbständig; wo Kants
Auffassungen von originellen Denkern aufgenommen wurden, erfuhren
sie sogleich eine Umgestaltung. Das geschah bei manchen in Form des
Versuchs einer Verbindung mit älteren philosophischen Positionen, wäh-

rend andere über den Kantianismus in Richtung auf den Idealismus hinauszugehen suchten.

1. Die Annäherung des Kritizismus an die traditionelle Metaphysik

Eine Umdeutung des Kantischen Ansatzes im Lichte der Leibnizschen
Metaphysik nahm Johann Friedrich Herbart (1776–1841) vor, der ab 1808
den Kantischen Lehrstuhl in Königsberg innehatte und 1833 einem Ruf
nach Göttingen folgte. Er war nicht nur Philosoph, sondern auch Psychologe und Pädagoge; in der Pädagogik wirkten seine (hier nicht zu behandelnden) Auffassungen sogar nachhaltiger als in der Philosophie. Von seinen philosophischen Werken sind vor allem zu beachten das «Lehrbuch zur
Einleitung in die Philosophie» (Königsberg 1813) und die «Hauptpunkte
der Metaphysik» (Göttingen 1806);[3] Herbarts Psychologie wird u. a. in dem
zweibändigen Werk «Psychologie als Wissenschaft, neu gegründet auf
Erfahrung, Metaphysik und Mathematik» (Königsberg 1824–1825) entwickelt.

a) Herbarts Metaphysik der Erfahrung

Die Aufgabe der (theoretischen) Philosophie bzw. der Metaphysik besteht
nach Herbart (ähnlich wie nach Kant) darin, die Erfahrung begreiflich zu
machen. Die Erkenntnis ist ein Faktum, das nach Deutung verlangt,[4] und
zwar in rein rationaler Weise: In der Philosophie geht es nicht um Glauben oder «Ahndung», sondern um begründetes Wissen. Auszugehen ist
vom Gegebenen – der Erscheinung – bzw. von der Beschreibung des
Gegebenen. Durch die Aufdeckung von Widersprüchen, die im Gegebenen enthalten sind, wird eine Denkbewegung in Gang gesetzt, die zur
Formulierung von Annahmen und mit deren Hilfe zum Begreifen des
Gegebenen führt.[5] Die von Herbart angenommenen Widersprüche weisen
über das Gegebene hinaus, weil die wahre Wirklichkeit nicht widerspruchsvoll sein kann; was Widersprüche enthält, kann nicht wahrhaft
wirklich sein und muß somit als Erscheinung betrachtet werden. In diesem Sinne forderte Herbart, die Begriffe von Erfahrungsgegenständen so
zu bearbeiten, daß die Widersprüche verschwinden.[6] Die «Bearbeitung»
besteht in der Formulierung von Annahmen über die Wirklichkeit «hinter» den Erscheinungen bzw. über das Wesen der Wirklichkeit mit dem
Ziel, die vermeintlich widersprüchlichen Erfahrungsgegenstände als bloße
Erscheinungen darzustellen.

Als «widerspruchsvoll» galt Herbart z. B. der Begriff des Dings, das als
eines zugleich aus einer Vielheit von Eigenschaften besteht. Um seine Auffassung plausibel zu machen, überlegte Herbart so: Wenn man etwa ein

Stück Gold als gelb und als schwer beurteilt, dann wird es, obwohl es eines sein soll, als Vielheit – als etwas Gelbes, etwas Schweres usw. – aufgefaßt. Sucht man dem Widerspruch dadurch zu entgehen, daß man den Grund der mannigfaltigen Eigenschaften in das Wesen des Goldes verlegt, dann betrachtet man dieses Wesen sowohl als Grund der gelben Farbe wie als Grund der Schwere; ein und dasselbe wird also zum Grund für Verschiedenes und somit selbst zu etwas Vielfältigem, so daß der Widerspruch bestehen bleibt. Er läßt sich nur vermeiden, wenn man die Vielheit ausschließlich auf die Erscheinung bezieht und das der Erscheinung zugrunde liegende wahrhaft Wirkliche – das «Reale» – als Einheit im vollen Wortsinn auffaßt. Die wahre Wirklichkeit ist als Mannigfaltigkeit von «Realen» zu denken, die keine Vielheit von Teilen enthalten, somit nicht mehr ausgedehnt sind und in dieser Hinsicht Leibnizens Monaden gleichen (siehe Teil IV, Kap. I, 6b). Die materiellen Dinge sind dagegen als Vielheiten Erscheinungen. Das Nebeneinander von Teilen besteht nur für unser Bewußtsein; nur einfache Substanzen sind im vollen Sinne real: Zwischen dem, was wahrhaft wirklich ist und jede Vielheit ausschließt, und dem, was nur gedacht wird (der erscheinenden Vielheit), muß daher streng unterschieden werden.[7] Die wahre Wirklichkeit hat nicht nur keine räumlichen, sondern auch keine zeitlichen Bestimmungen, sie kann nicht als vergangen oder als zukünftig aufgefaßt werden, ihr kommt keine Bewegung und kein Leben zu, sie schließt Gegensatz, Entstehen, Vergehen und Veränderung aus.

Herbarts Analysen erinnern an die Paradoxa des Eleaten Zeno (siehe Teil I, Kap. I, 6b), und zwar nicht nur formal, sondern auch im Hinblick auf die Zielsetzung, da sie darauf gerichtet sind, die Erfahrungswirklichkeit als Schein zu erweisen und von der nur im reinen Denken erfaßbaren wahren Wirklichkeit zu unterscheiden. Im Gegensatz zu Zeno nahm Herbart jedoch an, daß das wahrhaft Seiende nicht eines ist, sondern im Plural existiert. Während die Eleaten wahrhaft Seiendes und erscheinende Vielheit einander nur gegenüberstellten, ohne sie aufeinander beziehen zu können, wollte Herbart durch die Erscheinungen hindurch zur wahren Wirklichkeit vordringen: «Niemand wird glauben, daß gar nichts sei; denn es ist klar, daß alsdann auch nichts erscheinen würde. Was aber sei, soll aus dem gegebenen Schein ... erforscht werden.»[8] Dies drückt die Formel aus: «Wieviel Schein, soviel Hindeutung aufs Sein.»[9] Der Schein wird demnach nicht vom Subjekt erzeugt, sondern er ist durch die Wirklichkeit selbst bedingt.

Mit dieser Auffassung entfernte sich Herbart so weit von Kant, daß man seine Philosophie nicht mehr dem Kritizismus zurechnen kann. Während es Kant darum ging, begreiflich zu machen, wie wir uns mit Vorstellungen und Urteilen auf Objekte beziehen können, bemühte sich Herbart, vermittels der Bearbeitung der Begriffe zu einer erfahrungsjenseitigen immateriellen Wirklichkeit vorzudringen. Er fragte nicht nach Bedingungen der Möglichkeit von Gegenstandserfahrung auf seiten des Subjekts, sondern nach objektiven Bedingungen der phänomenalen Gegenstände. Die kritische

Frage, was «wirklich» bedeutet und unter welchen Bedingungen etwas als wirklich erfahren wird, hat er nicht gestellt. Deshalb blieb er in entscheidenden Punkten der rationalistischen Metaphysik verhaftet, die Kant durch die Vernunftkritik erschüttert hatte.

b) Grundgedanken von Herbarts Psychologie

Auch die Vielheit der Bewußtseinserscheinungen ist auf eine einfache Substanz – die Seele – zu beziehen. Die Tatsache, daß das Bewußtsein eine Einheit bildet und daß wir psychische Phänomene als die unseren erfahren (weshalb wir nicht sagen «es denkt», sondern «ich denke»), läßt sich nach Herbart nur begreifen, wenn unser Selbst als Substanz, als Seele, gedacht wird. Damit wird der Bereich der psychischen Phänomene überschritten, was in Herbarts Augen kein Mangel, sondern eine unvermeidliche Konsequenz unserer Bemühungen ist, die Tatsachen begreiflich zu machen. Da die empirische Grundlage der psychologischen Theorie schmal ist, bedarf es einer Ergänzung durch Annahmen über Gesetzmäßigkeiten und über erfahrungsjenseitige Zusammenhänge. Die «Methode der Beziehungen», wie Herbart sein Vorgehen nannte, ist das psychologische Seitenstück zur Bearbeitung der Begriffe in der Metaphysik.

Nach Herbarts Theorie des psychischen Geschehens reagiert die Seelensubstanz infolge des ihr eigenen Selbsterhaltungsstrebens auf äußere Einflüsse (oder Störungen), indem sie das gestörte Gleichgewicht wieder herzustellen sucht; ihre Reaktionen sind die Empfindungen, die nach Aufhören der Störung in Form von Vorstellungen weiterwirken. Die Vorstellungen können sich gegenseitig hemmen, einander ausschließen oder sich vereinigen, und zwar in gesetzmäßiger Weise, so daß das psychische Geschehen einer Art Mechanismus unterworfen und daher prinzipiell wissenschaftlich erklärbar ist. Geistige Vermögen, auf die sich noch Kant bezogen hatte, brauchen dabei nicht angenommen zu werden.

Dem psychischen Mechanismus sind nicht nur Vorstellungen, sondern alle psychischen Tätigkeiten unterworfen. Wenn mehrere Tätigkeiten einander hemmen, aber nicht vernichten, dann äußern sich die gehemmten Aktivitäten als Streben, das eine bestimmte Stärke hat. Der Hemmungsgrad läßt sich durch das Verhältnis der Stärke der beteiligten Faktoren – als Bruchzahl – ausdrücken, wobei die Hemmung dem umgekehrten Verhältnis ihrer Kräfte entspricht. Wird eine Vorstellung über ein bestimmtes Maß hinaus gehemmt, hört sie auf, bewußt zu sein; sie sinkt unter die Bewußtseinsschwelle, wie Herbart sagte, der diesen für die spätere Psychologie wichtigen Begriff prägte. Auch den einfachen Substanzen außerhalb der Seele kommt nach Herbart in Analogie zur Seele eine Selbsterhaltungstendenz zu, die sie veranlaßt, auf Störungen zu reagieren. Die «Realen» wirken aufeinander, sind also nicht fensterlos wie Leibnizens Monaden. Die menschliche Seele ist ein Glied dieses geistigen Kosmos.

Herbarts Auffassung schien die Aussicht auf eine Psychologie zu eröffnen, deren Gesetzmäßigkeiten sich mathematisch ausdrücken lassen. Theoretiker wie Ernst Heinrich Weber (1795–1878) und Gustav Theodor Fechner (1801–1887) griffen diesen Gedanken auf und suchten die Psychologie zu einer «Physik» des Seelenlebens zu machen (Psychophysik). Sie stützten sich dabei auf die Beobachtung, daß die Zunahme eines Reizes nur dann zu einer Änderung der Empfindung führt, wenn sie in einer bestimmten Relation zum Ausgangsreiz steht. Da sich dieses Verhältnis messen bzw. mathematisch ausdrücken läßt, meinte man, mittelbar auch Beziehungen zwischen Empfindungen und Vorstellungen mathematisch erfassen zu können.

Herbarts Denken wirkte schulbildend. Zu seinen Anhängern gehörten unter anderem Moritz Drobisch (1802–1896), Gustav Hartenstein (1808–1890) und Robert Zimmermann (1824–1898).[10] Vor allem in Österreich übte der Herbartianianismus als gemäßigt-kritische Alternative zum Kantianismus, der als weltanschaulich bedenklich galt, im zweiten Drittel des 19. Jahrhunderts beträchtlichen Einfluß aus.

2. Die psychologisch-anthropologische Deutung des Kritizismus

a) Die psychologische Auffassung der Kritik bei Fries

Obwohl es Kant nicht um eine Psychologie des Erkennens, sondern um eine transzendentallogische Theorie der Erkenntnis ging, verwendete er häufig psychologische Ausdrücke. So sprach er von psychischen Vermögen und von der Art, in der sie funktionieren, bezog sich auf Akte bzw. auf Handlungen des Gemüts und nannte Urteile «analytisch», wenn ihr Prädikat im Subjektsbegriff «gedacht» wird. Diese Terminologie machte es möglich, seine Theorie entgegen seiner Intention als Erkenntnispsychologie aufzufassen und zu versuchen, sie im Sinne eines konsequenten Psychologismus weiterzuentwickeln.

Mit besonderer Entschiedenheit wurde die psychologistische Version des Kritizismus von Jakob Friedrich Fries (1773–1843) vertreten, der zunächst außerordentlicher Professor in Heidelberg und später Ordinarius in Jena war. In der Zeit der Restauration nach 1815 geriet er in Schwierigkeiten, da er sich auf die Seite der Burschenschaften gestellt und am Wartburgfest teilgenommen hatte. Er verlor seine Professur und erhielt erst 1824 wieder die Lehrbefugnis, zunächst allerdings nur für Mathematik und Physik, 1825 auch für Philosophie. Sein Hauptwerk ist die «Neue oder anthropologische Kritik der Vernunft» (1807; 1828–1831),[11] deren Titel signalisiert, daß Fries zwar an Kants erste Kritik anknüpft, gleichzeitig aber einen vom Kantischen verschiedenen Weg einschlägt: Anders als Kant betrachtete er die Anthropologie, also eine Erfahrungswissenschaft, als Grundlage der Philosophie. Von der Psychologie, die nach Fries Teil der Anthropologie ist, erklärte er ausdrücklich: «Sie ist die wahre Grunduntersuchung aller Philosophie.»[12]

Seine Auffassung rechtfertigte Fries mit dem Argument, daß das Erkennen Vorstellungen voraussetze und daß deshalb im Interesse der Lösung des Erkenntnisproblems mit psychologischen Mitteln geklärt werden müsse, was «Vorstellung» heißt. Dabei ist zwischen der Vorstellung als psychischem Akt und dem Gegenstand der Vorstellung zu unterscheiden, der unter Umständen (wie z.B. in der Wahrnehmung) etwas Objektives ist. (Ähnliche Auffassungen vertraten später Brentano; siehe Teil VI, Kap. II, 4c, und Husserl; siehe Teil VII, Kap. II, 1) Daß wir uns erkennend auf die Wirklichkeit beziehen können, obwohl die Vorstellungen als Akte subjektiv sind, ist nach Fries eines der großen Rätsel der Philosophie. Dieses Rätsel läßt sich, wie er meinte, nicht dadurch lösen, daß man Vorstellungen auf Reize von seiten der Dinge zurückführt, da sich mit Hilfe kausaler Annahmen ebensowenig erklären läßt, was erkennen heißt, wie man einem Blindgeborenen im Rahmen einer kausalen Theorie die Kenntnis von Farben vermitteln kann; in beiden Fällen gibt es nur entweder ein unmittelbares oder gar kein Wissen. An die Stelle von Erklärungsversuchen mit Hilfe kausaler Modelle tritt bei Fries die Beobachtung und Beschreibung des Erfahrenen, wobei sich zeigt, «daß in der Empfindung von vorneherein ein Anschauen von etwas außer mir oder einer Tätigkeit in mir (je nachdem, ob es äußere oder innere Sinnesanschauung betrifft) enthalten sei, und daß die Vorstellung eines Gegenstands oder eines Objektiven nicht erst durch Reflexion oder sonst hinterher hinzugebracht werde, sondern schon gleich von Anfang an vollständig dabei sei».[13] Für verfehlt hielt Fries auch die Trennung von (aufnehmender) Sinnlichkeit und (selbsttätigem) Verstand; tatsächlich erkennen wir unseren Geist immer nur, sofern er tätig ist; sprechen wir davon, daß der Geist Eindrücke aufnehme, dann meinen wir, daß er zu einer bestimmten Tätigkeit veranlaßt werde (was aber nicht kausal verstanden werden soll).[14]

Wie verschiedene andere zeitgenössische Philosophen meinte auch Fries, daß unter Kants Bedingungen Reize nicht als Wirkungen der Dinge an sich aufgefaßt werden dürften, weil die Kategorie der Kausalität nur auf Erscheinungen, somit nicht auf Dinge an sich, angewandt werden könne. Diese Schwierigkeit scheint sich nur dadurch vermeiden zu lassen, daß man entweder hinter Kant zurückgeht und die Kategorie der Kausalität auch auf Dinge an sich bezieht oder daß man über Kant hinausgeht und die Annahme von Dingen an sich, die auf das Subjekt einwirken, fallen läßt. Diese Alternative ist aber nicht vollständig, da eine dritte Möglichkeit besteht: Man kann sich auf die Analyse der Bewußtseinsinhalte beschränken und die Frage nach bewußtseinsjenseitigen Ursachen von Vorstellungen unterdrücken. Diesen Weg hat Fries eingeschlagen.

Wahrnehmungen und Vorstellungen der Einbildungskraft unterscheiden sich nach Fries nicht dadurch, daß die ersteren durch denkunabhängige

Dinge verursacht sind, die letzteren dagegen nicht, sondern dadurch, daß Wahrnehmungsvorstellungen im Gegensatz zu bloßen Vorstellungen einen durchgängigen gesetzmäßigen Zusammenhang aufweisen: «Wir verifizieren immer nur Vorstellungen gegenseitig durcheinander, eine Anschauung durch die andere in dem ganzen Zusammenhang unserer Erfahrungen. Nur dieser Zusammenhang der Anschauungen und Erfahrungen untereinander zeigt uns im einzelnen Falle, ob wir es mit dem Sinn oder der bloßen Einbildung zu tun hatten.»[15] Folgerichtig gab er die Auffassung der Wahrheit als Übereinstimmung eines Urteils mit dem Gegenstand preis; Wahrheit besteht seiner Ansicht nach vielmehr in der Zugehörigkeit eines Urteils zum «Zusammenhang des Ganzen»,[16] also zu einem kohärenten System von Urteilen. Er bekannte sich mit einem Wort zur Kohärenzauffassung der Wahrheit, die jedoch keineswegs, wie er meinte, eine notwendige Folge des kritizistischen Ansatzes ist.

Die Psychologie soll nach Fries auch die Grundlage der philosophischen Prinzipienlehre bilden. Im Gegensatz zu Kant, der versucht hatte, die Grundsätze der Philosophie zu beweisen, lassen sich nach Fries die Prinzipien der Philosophie nur aufweisen. Diese Ansicht konnte er vertreten, weil er in den Grundsätzen «unmittelbare Erkenntnisse» erblickte, die in der Vernunft angelegt sind, so daß es möglich zu sein scheint, sie mit den Mitteln der Psychologie zu deutlichem Bewußtsein zu bringen. So soll sich z.B. das Kausalitätsprinzip in der Vernunft «aufweisen» lassen, und dieses Vorgehen nannte Fries reichlich irreführend «Deduzieren». Kant stand nach Fries unter dem Einfluß des «Vorurteils des Beweisens», das ihn veranlaßte, für alle Sätze Beweise zu fordern. Da jeder Beweis auf Voraussetzungen beruht, die auf Grund des genannten Vorurteils ihrerseits bewiesen werden müssen, ergibt sich ein Rückgang ins Unendliche. Versucht man dieser Konsequenz dadurch zu entgehen, daß man bestimmte Sätze ohne Begründung als Prinzipien akzeptiert, droht die Gefahr des Skeptizismus, da sich unbegründete bzw. als unbegründbar ausgegebene Sätze immer in Zweifel ziehen lassen.

Zu dieser an Kant geübten Kritik ist zu bemerken, daß in der Tat nicht sinnvoll gefordert werden kann, Sätze nur gelten zu lassen, wenn sie aus anderen Sätzen abgeleitet sind; diese Forderung Kant zuzuschreiben ist aber nicht gerechtfertigt. In der «Kritik der reinen Vernunft» werden Grundsätze wie das Kausalitätsprinzip nicht aus anderen Sätzen gefolgert, wie Fries, und in ähnlicher Weise Popper (siehe Teil VII, Kap.V, 4), behaupteten; sie werden vielmehr durch den Nachweis gerechtfertigt, daß ohne sie die Erfahrung nicht als möglich begriffen werden könne. Daher ergibt sich bei Kant kein Rückgang ins unendliche, so wie auch die Grundsätze der Transzendentalphilosophie nicht auf Grund vorgeblicher Evidenz gelten.

Da Fries in den Grundsätzen nicht Bedingungen erkannte, unter denen sich Erfahrung als möglich begreifen läßt, sah er sich genötigt, Erkenntnisse zu postulieren, die implizit in der Vernunft liegen und nur expliziert zu werden brauchen, um als Grundlage der Wissenschaft dienen zu können. Daß es sich hier um eine psychologische Variante der Platonischen Lehre von der Wiedererinnerung handelt, ist nicht zu übersehen und wird noch dadurch unterstrichen, daß Fries die Aktualisierung der «unmittelbaren Erkenntnisse» in Anlehnung an Platos Lehre von der Wiedererinnerung als «Wiederbewußtsein» bezeichnete.

Auf unmittelbaren Erkenntnissen bzw. auf «dunklen Vorstellungen» beruhen nach Fries die Grundsätze der Substantialität, der Kausalität und der Einheit des Bewußtseins. Die Bewußtseinseinheit verstand er nicht, wie Kant, als formale Einheit des *Ich denke*, sondern in der Art der vorkantischen Metaphysik als «Einheit des vernünftigen Geistes»:[17] «Unser Geist ist in der Einheit seines ganzen Lebens handelnde Vernunft, eine sich innerlich selbstbeherrschende verständige Willenskraft.»[18] «Dunkle Vorstellungen» liegen nach Fries auch dem Glauben an das Gute und Schöne, an eine ewige Ordnung aller Dinge und an das Göttliche zugrunde. Mit ihnen hat es der höhere Teil der Philosophie (als Lehre von den Ideen) zu tun. Fries unterschied den Glauben an die Ideen klar vom wissenschaftlichen Erkennen; seiner Ansicht nach muß sich «das Bewußtsein des Glaubens aller wissenschaftlichen, erklärenden Beurteilung der Dinge entgegensetzen und für sich eine andere Beurteilensweise, nämlich die Ahndung, fordern ... Diese höhere Betrachtungsweise ist die ästhetische, wiefern ihr die ästhetischen Grundgedanken der religiösen Überzeugungen zum Prinzip werden».[19] Nicht nur Ethik und Ästhetik sind philosophische Disziplinen, sondern auch die Religion gehört zur Philosophie, weil sie auf der Vernunft als Organ der «Ahndung» beruht und weil diese Vertrauen verdient. Auch im höheren Teil der Philosophie kommt der von Fries vertretene Psychologismus zur Geltung, sofern der Glaube mit der Organisation der Vernunft,[20] die Gegenstand psychologischer bzw. anthropologischer Untersuchungen ist, in Verbindung gebracht wird. Als Denk*akte* sind nämlich die Ideen Gegenstände der Psychologie, obwohl sie als Denk*inhalte* Gegenstände des vernünftigen Glaubens, und nicht der Psychologie oder irgendeiner anderen Einzelwissenschaft, sind.

Fries glaubte, gegenüber Kant einen entscheidenden Fortschritt erzielt zu haben, während er in der nachkantischen Philosophie, namentlich bei Schelling und Hegel, einen folgenschweren Rückschritt, nämlich die Hinwendung zu einem neuen Mystizismus, zu erkennen meinte. Der philosophische Fortschritt besteht nicht in der Erzeugung neuer Wahrheiten – die Wahrheit ist zeitlos und unwandelbar –, sondern in immer deutlicherer Vergegenwärtigung der Wahrheit durch tiefere Reflexion und immer weitergehende Abstraktion. Die Entwicklung der Philosophie ist allerdings nicht nur durch immanente Faktoren, sondern auch durch die Welt- und Lebensanschauungen der Völker bedingt, wie Fries in Anlehnung an die romantische Lehre vom Volksgeist erklärte. Ein jeder wächst in eine bestimmte Weltsicht hinein; der Philosoph darf es aber dabei nicht bewenden lassen, sondern er ist verpflichtet, seine Überzeugungen systematisch zu begründen.[21] Fries skizzierte in Abhängigkeit von den verschiedenen (naturalistischen, mythologischen, psychologisch-individualistischen, ethischen und religiösen) Weltansichten eine Typologie philosophischer Standpunkte, die ähnliche Versuche bei Dilthey (siehe Teil VI, Kap. IV, 2 b) und anderen vorwegnimmt. Er selbst bekannte sich zu einer Weltsicht, in der sich die wissenschaftliche Betrachtungsweise mit dem religiösen Glauben verbindet.

Fries war überzeugt, im Geiste Kants zu philosophieren, obwohl er in wesentlichen Punkten vom Kantischen Kritizismus abwich. Zwar stimmte er mit Kant insofern überein, als er wie dieser einerseits das Erkenntnisproblem lösen, andererseits zu einer idealen Ansicht der Wirklichkeit vordringen wollte; durch die Mittel, deren er sich bediente – die Berufung auf unmittelbare Erkenntnisse und auf Glaube und Ahndung –, wich er jedoch merklich vom Kantischen Kritizismus ab. Wenn er der Philosophie die Aufgabe zuwies, geglaubte Ideen im Rahmen einer religiös-ästhetischen Betrachtungsweise zu verkünden, dann erscheint es als fraglich, ob man sein Denken noch als *kritische* Philosophie bezeichnen kann. Für die weitere Entwicklung der Philosophie ist nicht so sehr seine Verteidigung einer idealen Weltansicht auf der Grundlage des Vernunftvertrauens, als vielmehr seine psychologisch-anthropologische Deutung des Kritizismus von Interesse, mit der er Auffassungen vorbereitete, wie sie sich später bei Helmholtz und im 20. Jahrhundert bei den Vertretern der evolutionistischen Erkenntnislehre finden. Wenn aber versucht wird, das Erkenntnisproblem mit den Mitteln einer Einzelwissenschaft – der Psychologie, der Anthropologie, der Evolutionstheorie – zu lösen, dann wird auf die philosophische Erörterung von Erkenntnisansprüchen, die über die Grenze des einzelwissenschaftlichen Denkens prinzipiell hinausgeht, verzichtet, und dies ist vom Standpunkt der Transzendentalphilosophie aus bedenklich.

b) Die Friessche Schule im 19. und 20. Jahrhundert

Bei den Angehörigen der Friesschen Schule fällt auf, daß sie sich viel strenger an die Auffassungen des Schulgründers hielten, als es bei den meisten anderen Schulen der Fall ist. Sie erblickten ihre Aufgabe vor allem darin, die von Fries vertretenen Lehren zu klären und an den allgemeinen Wissensfortschritt anzupassen.

Dies zeigt sich deutlich bei Ernst Friedrich Apelt (1812–1859), der in Jena lehrte und in seinen Schriften den Friesschen Standpunkt mit wenigen Korrekturen vertrat.[22] Wie Fries glaubte er an eine objektive Wahrheit, die in der Reflexion zu Bewußtsein zu bringen sei, und wie dieser orientierte er sich an der Form der Kantischen Philosophie. In seiner «Metaphysik» (Leipzig 1857) schloß er sich formal so eng an Kants «Kritik der reinen Vernunft» an, daß man fast von einer Paraphrase sprechen könnte, hätte

Apelt nicht zentrale Kantische Auffassungen radikal umgedeutet und z. B. die Begriffe und Grundsätze a priori als «dunkle Vorstellungen» aufgefaßt, die in der philosophischen Reflexion lediglich zu klarem Bewußtsein gebracht werden sollen. Den Ausdruck «Wiedererinnerung» betrachtete er zwar als Metapher, hielt aber den Kern der Wiedererinnerungslehre für berechtigt. Bei ihm setzt sich der Geist der herkömmlichen Metaphysik gegenüber der Einstellung der kritischen Philosophie, allen formalen Ähnlichkeiten zum Trotz, wieder durch.

Bei Apelt wird besonders deutlich, daß die unmittelbaren Erkenntnisse angenommen werden, um die Möglichkeit allgemeingültiger und notwendiger Sätze über die Wirklichkeit begreiflich zu machen. Stärker als Fries betonte er die Rolle der synthetischen Einheit, die er auf eine «spekulative Grundform» bezog, die der Verknüpfung von Begriffen ähnlich zugrunde liegen soll wie Raum und Zeit der Verknüpfung anschaulicher Vorstellungen. Die Kategorien sind die Weisen, in denen sich die Grundform äußert. Kant warf Apelt vor, sich nur auf das konzentriert zu haben, was sich in der Reflexion zeigt; deshalb habe er übersehen, «was verdeckt hinter dem Bewußtsein steht».[23] Die Synthesis des Verstandes, von der Kant sprach, ist nur eine Wiederholung der ursprünglichen Synthesis der Grundform, die als unmittelbare Erkenntnis in unserer Vernunft liegt. In ihr als der Einheit der geistigen Tätigkeit soll das Ganze der Erkenntnis enthalten sein, von dem wir bald die eine, bald die andere Seite herausheben.

Besonders eindringlich erörterte Apelt die Lehre von den Vernunft-Ideen *Gottheit, Freiheit, Unsterblichkeit*. Die Idee der Gottheit ist die Idee eines Vollkommenen, Unbeschränkten, Absoluten, die durch Aufhebung der Schranken der Gegenstandserfahrung gebildet wird. Ideen sind keine Hirngespinste, sondern ihnen muß etwas Wirkliches entsprechen, da die Vernunft die Wirklichkeit nicht erzeugt. Die Beschränktheit des menschlichen Geistes hat zwar Einfluß auf die Art, wie ich mir die Welt vorstelle, aber nicht darauf, wie die Welt ist.[24] Gott, Seele und Unsterblichkeit sind Inhalte des Glaubens als einer Art der Erkenntnis neben der Wissenschaft. Deshalb konnte Apelt sagen: «Wir entscheiden uns ... *für* den Glauben und *gegen* die Wissenschaft, zugleich aber auch dafür, daß der Glaube in unserer eigenen Brust geboren, und nicht von außen überliefert werde.»[25]

Andere Mitglieder der Friesschen Schule[26] im 19. Jahrhundert sind weitgehend vergessen. Im 20. Jahrhundert fand die Friessche Richtung in Leonard Nelson (geb. 1882, gest. 1927 in Göttingen) einen energischen Vertreter,[27] der ihr über den engeren Bereich der Philosophie hinaus Beachtung verschaffte. Obwohl Nelson nicht mehr der in diesem Kapitel behandelten Epoche angehört, darf er doch wegen der großen Nähe seiner Gedanken zu den Auffassungen des Schulgründers an dieser Stelle erwähnt werden. In den Grundauffassungen – der Annahme unmittelbarer Erkenntnisse und dem Aufruf zum Selbstvertrauen der Vernunft sowie in der Deutung der Philosophiegeschichte – stimmte er weitgehend mit Fries überein. Erwähnenswert ist seine kritische Einstellung gegenüber der Erkenntnistheorie,[28] auf die ein Blick geworfen werden soll.

Nach Nelson verfolgt die traditionelle Erkenntnistheorie das Ziel, die objektive Gültigkeit von Erkenntnissen zu begründen. Zu diesem Zweck benötigt sie ein Kriterium, das entweder selbst eine Erkenntnis ist oder nicht Erkenntnischarakter hat. Im ersteren Fall könnte es nur mit Hilfe des erkenntnistheoretischen Kriteriums als Erkenntnis ausgewiesen werden; wäre das Kriterium dagegen keine Erkenntnis, müßte es doch bekannt sein, das heißt, wir müßten erkennen, daß es sich um ein Wahrheitskriterium handelt. In beiden Fällen setzt man Erkenntnis, für die ein Kriterium gesucht wird, bereits voraus und nimmt somit als sicher in Anspruch, was erst gesichert werden soll.

Das Dilemma entspringt nach Nelson der Forderung, jede Erkenntnis zu begründen (entsprechend dem «Vorurteil des Beweisens», von dem Fries gesprochen hatte).[29] Diese Forderung hängt mit der Annahme zusammen, daß jede Erkenntnis ein Urteil sei, das mit Hilfe anderer Urteile bewiesen werden müsse. Unter dieser Voraussetzung ergibt sich ein unendlicher Regreß, so daß gar nichts als bewiesen gelten kann. Deshalb muß man, wie Nelson mit Fries meinte, Erkenntnisse annehmen, die ebenso unmittelbar sind wie Wahrnehmungen, aber im Unterschied zu diesen nicht anschaulichen Charakter haben. Diese unmittelbaren Erkenntnisse, die in der Regel nicht (oder nicht klar) bewußt sind, durch Reflexion, Zergliederung und Abstraktion zu klarem Bewußtsein zu bringen ist die Aufgabe der Philosophie. Daß es Erkenntnis als allgemeingültige Erkenntnis im Sinne des rationalistischen Erkenntnisideals gibt, setzte Nelson voraus; die Annahme unmittelbarer Erkenntnisse hat die Funktion, dieses Erkenntnisideal zu rechtfertigen.

Obwohl Fries und seine Nachfolger meinten, die letzten Wahrheiten *aufweisen* zu können, handelt es sich bei der Lehre von den unmittelbaren Erkenntnissen um eine spekulative Annahme zur Rechtfertigung des Ideals definitiv begründeten philosophischen Wissens. So gesehen, erweist sich die von Fries stammende Lehre als philosophischer Fundamentalismus, was deutlich wird, wenn Nelson erklärt, über die Tatsache der unmittelbaren Erkenntnis könne es keinen Streit geben. Wenn vom Selbstvertrauen der Vernunft als Vertrauen in die unbedingte Wahrheit der unmittelbaren Erkenntnisse die Rede ist, handelt es sich nur um eine Umschreibung der fundamentalistischen Grundposition, die viel stärker ist als die rationalistische Lehre von eingeborenen Begriffen, weil sie das Enthaltensein nicht nur von Begriffen, sondern von Erkenntnissen in der Vernunft behauptet.

Anregungen von seiten der Friesschen Schule nahm Karl R. Popper (1902–1994) auf, der aber von ihr abwich, wenn er die Annahme unmittelbarer Erkenntnisse, die keiner Prüfung mehr bedürfen, zurückwies und betonte, daß alle Tatsachenaussagen als revidierbar zu gelten hätten. Der Glaube an definitive inhaltliche Erkenntnisse, dem Nelson noch verpflich-

tet war, hat inzwischen, nicht zuletzt infolge von Poppers Kritik, seinen
Einfluß weitgehend verloren.[30] Die Friessche Schule hat aber auch über den
engeren Bereich der Philosophie hinaus gewirkt. So faßte der Religionspsy-
chologe Rudolf Otto (1869–1937) in Anlehnung an Fries das Heilige als
Kategorie a priori auf, die «im Geist selber als sein Ursprünglichstes angelegt ist».[31] Auch mit Fragen der Politik und der Erziehung haben sich die
Angehörigen der Schule beschäftigt, wie das Beispiel Nelsons zeigt, dessen
soziale Ideen noch in den siebziger Jahren des 20. Jahrhunderts bei Anhängern der deutschen Sozialdemokratie auf Interesse stießen.

Für die Friessche Schule ist das Bemühen um argumentative Eindeutigkeit charakteristisch, das auch da zur Geltung kommt, wo die Grenzen
möglicher Erfahrung überschritten, d. h. metaphysische Annahmen
gemacht werden. Mit der Betonung der Unentbehrlichkeit metaphysischer
Ideen traten Fries und seine Nachfolger dem Empirismus entgegen, dem sie
jedoch mit der Forderung entgegenkamen, die Philosophie auf Psychologie
bzw. Anthropologie zu stützen.

c) *Beneke als Vertreter des Psychologismus*

Die Tendenz zur Verbindung von philosophischer Theorie der Erfahrung
und psychologischer Analyse der Bewußtseinsvorgänge fand eine Fortsetzung bei Friedrich Eduard Beneke (1798–1854), der die spekulativen
Systeme eines Fichte oder Hegel entschieden ablehnte und ihnen einen
psychologistisch geprägten Kritizismus entgegensetzte. Mit Kant wies er
alle Ansprüche der spekulativen Metaphysik zurück, weshalb er auch Herbarts Lehre von den einfachen Substanzen verwarf; wie Herbart und Fries
erblickte er aber in der Psychologie die Grundlage der Philosophie und
warf Kant vor, mit seiner Annahme synthetischer Urteile a priori wider
Willen dem spekulativen Idealismus den Weg gebahnt zu haben. «Wahre
Wissenschaft» beruht nach Beneke ausschließlich auf der Erfahrung, letzten Endes auf der Erfahrung psychischer Inhalte; deshalb «muß sie unaus-
löschlich den Stempel derselben an sich tragen, und die höchste Grundlage der Seelenkenntnis wird die höchste Grundlage aller Wissenschaft
sein».[32] Als das eigentliche Anliegen der Kantischen Philosophie betrachtete Beneke das Bemühen, in der Selbstanschauung Aufschluß über das
Erkennbare zu finden.[33]

Beneke lehrte als Dozent zunächst in Berlin, später in Göttingen und
wurde bald nach Hegels Tod Extraordinarius in Berlin. Als er durch Freitod aus dem Leben geschieden war, schrieb Schopenhauer reichlich
zynisch: «Ich glaube, er hat es schließlich dem Empedokles gleichtun wollen und ist in Gott weiß welches Loch gesprungen, wo ihn der Teufel finden kann. Statt der ehernen Pantoffel wird wohl einmal die goldene Brille
ausgeworfen werden ...»[34] Um die Schärfe dieser Äußerung zu verstehen,
muß man wissen, daß Beneke zu Schopenhauers Ärger «Die Welt als Wille

und Vorstellung» sehr kritisch besprochen hatte. Beneke hat zahlreiche
Werke veröffentlicht, die aber nicht durchweg philosophischen Charakter
haben.[35]

Kants Kritik an der älteren Metaphysik billigte Beneke, bemängelte aber,
daß es in der «Kritik der reinen Vernunft», ungeachtet der Berücksichtigung psychischer Bedingungen der Erkenntnis, an einer konsequenten Entwicklung des psychologischen Ansatzes fehle. Dieses Versäumnis machte es
den nachkantischen Idealisten möglich, den von Kant bestrittenen
Anspruch zu erneuern, das Wesen der Wirklichkeit aus reiner Vernunft
erkennen zu können. Namentlich habe es Kant unterlassen, die von ihm
richtig festgestellte Aktivität des erkennenden Subjekts mit den Mitteln der
empirischen Psychologie zu beschreiben und zu erklären. Die von Kant
zugrunde gelegte Theorie der psychischen Vermögen lehnte Beneke ab, da
sie mit der wissenschaftlichen Methode unvereinbar ist. Annahmen über
Vermögen und deren Funktionsweise haben metaphysischen Charakter.
Man muß sich darauf beschränken, die Bewußtseinserscheinungen kausal
bzw. genetisch zu erklären. Dies läuft auf eine naturalistische Betrachtungsweise hinaus, doch war Beneke kein Materialist: Das Bewußtsein auf physiologische Vorgänge zu reduzieren lag ihm fern, da er überzeugt war, daß
die Erkenntnis des Psychischen Vorrang vor der Erkenntnis materieller
Dinge habe. Psychische Zustände sind unmittelbar bekannt, Physisches –
somit auch der menschliche Körper und seine Funktionen – kennen wir nur
durch Vermittlung von Vorstellungen und Urteilen.

Wenn Beneke Herbarts und Fries' Forderung, die Philosophie auf psychologische Grundlagen zu stellen, folgte und dabei in den Sog des Naturalismus geriet, schlug er eine Richtung ein, die nach dem «Zusammenbruch
des Idealismus» in den Augen zahlreicher Zeitgenossen attraktiv war. Seine
Einstellung ist innerhalb der von Kant ausgehenden Richtung die extreme
Gegenposition zum spekulativen Idealismus, wie ihn z. B. Hegel vertrat
(siehe Kap. VI). Auf Grund der Hinwendung zu empiristisch-psychologi-
stischen Auffassungen trat er bald in offenen Gegensatz zum Kantianismus,
wie sich z. B. zeigt, wenn er erklärte, daß alle Begriffe durch assoziative
Verschmelzung der Elemente anschaulicher Vorstellungen (was man unge-
nau als «Abstraktion» bezeichnet)[36] und allgemeine Sätze ausnahmslos
durch induktive Verallgemeinerung entstehen, so daß es streng allgemeingültige synthetische Sätze nicht geben könne.[37] Auch die moralische Gesinnung und die religiösen Anschauungen beruhen seiner Ansicht nach auf
seelischen Faktoren, die sich in sittlichen und religiösen Gefühlen äußern.[38]
Angesichts einer solchen Einstellung wird es verständlich, daß sich Otto
Liebmann 1865 zu der Feststellung veranlaßt sah, die psychologische Kant-
Deutung sei das schlimmste Mißverständnis, das dem Kritizismus wider-
fahren könne.[39]

3. Die sprachphilosophische Metakritik

Kants Philosophie war vollkommen unhistorisch: In ihr ging es nicht um geschichtliche Faktoren, die das Denken bedingen können, sondern um die formalen Strukturen des Denkens des Menschen schlechthin. Dieser Einstellung trat Herder entgegen, indem er die Abhängigkeit des Denkens von den Umständen der jeweiligen Entwicklungsphase der Menschheit hervorhob und namentlich auf die Bedeutung der Sprache für das Denken hinwies.

Johann Gottfried Herder wurde 1744 in Mohrungen (Ostpreußen) geboren, studierte in Königsberg, wo er in den sechziger Jahren auch den zwanzig Jahre älteren Kant hörte, Theologie und wurde 1776 Superintendent in Weimar, wo er 1803 starb. Seine Bedeutung für die Literatur des Sturm und Drangs und namentlich für den jungen Goethe, sein Glaube an eine ursprüngliche Poesie, wie sie sich im Volkslied äußert, sein Einfluß auf die Ausbildung des Nationalbewußtseins nicht nur der Deutschen, sondern auch der slawischen Völker gehören in den Bereich der Literaturgeschichte; für die Philosophiegeschichte ist er als Geschichtsphilosoph (namentlich durch die «Ideen zur Geschichte der Philosophie der Menschheit», 1793) und als Kritiker des Kantianismus von Interesse. So sehr er Kant als Person bewunderte – seine Würdigung in den «Briefen zur Beförderung der Humanität» läßt dies deutlich erkennen –, so kritisch äußerte er sich gegenüber der Kantischen Philosophie, die er in dem Werk «Verstand und Erfahrung. Eine Metakritik der Kritik der reinen Vernunft» (1799) heftig angriff. Er bestritt, daß es eine von der Erfahrung unabhängige Vernunft gebe, lehnte es ab, den Erscheinungen Dinge an sich gegenüberzustellen und betonte die Abhängigkeit des menschlichen Denkens, namentlich der Kategorien, von der Sprache. So bemerkenswert die sprachphilosophischen Überlegungen Herders auch sind – schon 1772 hatte er sich in der «Abhandlung über den Ursprung der Sprache» mit Sprachphilosophie beschäftigt und die Sprachentwicklung aus den natürlichen Fähigkeiten des Menschen, nämlich Sinnlichkeit, Ausdrucksbedürfnis und Verstand, rekonstruiert –, aufs ganze gesehen muß seine Metakritik als verfehlt gelten, da sie am Grundgedanken der Transzendentalphilosophie vorbeigeht, ganz zu schweigen von den gelegentlichen deplazierten Verunglimpfungen des an anderer Stelle so hoch gerühmten Philosophen. Herder bestritt, daß es synthetische Urteile a priori gebe, leugnete, daß Raum und Zeit reine Formen der Anschauung seien und bezweifelte die Angemessenheit der Kategorientafel. Da *denken* soviel bedeutet wie *innerlich sprechen*, und *sprechen* soviel wie *laut denken*,[40] lassen sich die Kategorien nur im Zusammenhang der konkreten, sprachlich artikulierten Erfahrung verstehen: «Menschlich sind diese Begriffe gedacht, in einer menschlichen Sprache ausgesprochen.»[41] Während die Ausführungen über Sinnlichkeit und Verstand empiristischen Auffassungen nahezustehen scheinen, vertrat Herder in bezug auf die Vernunft eine platonistische Ansicht. Das Wesen der Vernunft besteht, wie der Name andeutet, im Vernehmen, und vernommen wird das Allgemeine, das nach Herder unabhängig vom Denken besteht. Die Vernunft hat die Aufgabe, das Allgemeine im Besonderen und das Besondere im Allgemeinen zu erfassen,[42] und dies entspricht den Verhältnissen der Ausdrücke im Satze. Wegen der engen Verbindung von Vernunft und Sprache reicht die Vernunft so weit wie Sprache oder Zeichen im allgemeinen.[43]

Die Schärfe des in der «Metakritik» angeschlagenen Tons – z.B. ist von «transzendentalen Grillen» die Rede – ist nur zu verstehen, wenn man weiß, daß Herder sich durch Kants Rezension der beiden ersten Teile seiner «Ideen zur Philosophie der Geschichte der Menschheit» (Riga und Leipzig 1784ff.) tief gekränkt fühlte. Wenn Kant in bezug auf Herders Annahme einer fortschreitenden Entwicklung der geistigen Natur des Menschen meinte, es sei bedenklich, «das, *was man nicht begreift*, aus demjenigen erklären zu wollen, *was man noch weniger begreift*»,[44] dann konnte sich Herder tatsächlich verletzt fühlen. Außerdem spielte eine Rolle, daß er glaubte, gegen die in seinen Augen verderblichen religiösen und moralischen Folgen der Transzendentalphilosophie, die sich mit Reinhold und Fichte in Jena durchsetzte, opponieren zu müssen.[45] Trotzdem ist seine Polemik gegen Kant, die er in der zweibändigen «Kalligone» (1800) fortsetzte, weder sachlich noch moralisch zu rechtfertigen.

Bereits vor Herder hatte Kants Landsmann Johann Georg Hamann (1730–1788), mit dem Herder befreundet war, Kant zu kritisieren gesucht.[46] Er stand zunächst unter dem Einfluß der Aufklärung, wandte sich aber nach einem Erweckungserlebnis (1758) einer mystisch-religiösen Weltanschauung zu, die ihn zu einem Gegner der rationalen Philosophie werden ließ, ihn aber auch dem orthodoxen Christentum entfremdete. Gegen den zergliedernden Verstand setzte er eine ganzheitliche persönliche Erfahrung, in der die Gegensätze sich zur Einheit (coincidentia oppositorum) zusammenschließen. In einer kurz nach dem Erscheinen der «Kritik der reinen Vernunft» geschriebenen, aber erst 1800 veröffentlichten «Metakritik über den Purismus der reinen Vernunft»[47] wandte sich Hamann gegen Kants Unterscheidung von Anschauung und Begriff, weil er Sinnlichkeit und Verstand in der Sprache für verbunden hielt. Der Begriff der reinen Vernunft ist seiner Ansicht nach eine Abstraktion; Kant habe einen Aspekt der Erkenntnis isoliert und verselbständigt. Da die Vernunft stets an die Sprache gebunden bleibt und da die Sprache nicht unabhängig von geschichtlichen, gefühlsmäßigen, poetischen Faktoren ist, kann sie von diesen Faktoren nicht losgelöst (und in diesem Sinne nicht *rein*) sein. Wenn Kant die Erkenntnis auf reine Vernunft bezog, dann erlag er einem einseitigen Formalismus, einer mystischen Liebe zur Form, die das Gegenstück zu seiner gnostischen Verachtung des Inhalts war. Daß Kant in der ersten Kritik die Ansprüche der reinen Vernunft nicht rechtfertigte, sondern im Gegenteil zurückwies und betonte, daß Gedanken ohne Inhalt leer seien, ist Hamann nicht klargeworden. (Siehe Kap. I, 3 c)

III.

Vom Kritizismus zum Idealismus

(Immanuel Kant spricht:)
Zwanzig Begriffe wurden mir neulich diebisch entwendet,
Leicht sind sie kenntlich, es steht sauber mein I.K. darauf.
(Goethe: Xenien)

Verschiedene Philosophen in der Nachfolge Kants nahmen an den realistischen Aspekten der Kantischen Transzendentalphilosophie Anstoß; mit ihren Bemühungen, sie zu beseitigen, bereiteten sie den spekulativen Idealismus vor. Sie lehnten es ab, den Inhalt der Erfahrung auf Reize, die von einer unabhängig vom Bewußtsein bestehenden Wirklichkeit ausgehen, zurückzuführen, und sie vertraten die Ansicht, daß die Wirklichkeit an sich nicht, wie Kant gelehrt hatte, unerkennbar sei, sondern im Gegenteil von der Vernunft erfaßt werden könne, weil vernünftiges Denken und Sein gleichermaßen im Absoluten (Gott) fundiert seien. Mit dieser Einstellung verband sich gelegentlich der Gedanke, daß die Beziehung des Bewußtseins auf die Wirklichkeit nicht rationalen Charakter habe, sondern auf irrationalen Faktoren (wie Gefühl, Glaube oder Ahnung) beruhe. Was von den im Folgenden zu erörternden Philosophen als konsequentere Durchführung des transzendentalen Ansatzes verstanden wurde, erweist sich allerdings immer wieder als dessen Verfälschung, obwohl es ihnen in einzelnen Punkten gelang, transzendentalphilosophische Auffassungen zu vertiefen. Wirkungsgeschichtlich sind ihre Konzeptionen so bedeutend, daß sich weite Bereiche der späteren Philosophie ohne ihre Berücksichtigung nicht angemessen verstehen lassen.

1. Jacobi und der Spinozismusstreit

Der sogenannte Spinozismusstreit wurde, wie oben erwähnt (siehe Teil IV, Kap. II, 4c), von Friedrich Heinrich Jacobi (1743–1819) ausgelöst.[1] Seine als Initialzündung wirkende Schrift «Etwas, was Lessing gesagt hat» ist nicht vom spinozistischen Standpunkt aus geschrieben, sondern soll den Interessen des Theismus dienen, der nach Jacobi allein mit der Idee der Freiheit vereinbar ist, während der Spinozismus die menschliche Freiheit aufhebt. An Lessing hatte er sich 1780 in der Hoffnung gewandt, in seiner Ablehnung von Spinozas Determinismus bestärkt zu werden, wurde aber von Lessing wider Erwarten ermahnt, sich mit Spinozas Auffassung anzu-

freunden. Zugunsten seines Glaubens an die Freiheit führte Jacobi jedoch
nicht Beweise ins Treffen, sondern berief sich auf ein unmittelbares Gefühl,
das durch den Gedanken eines unpersönlichen Göttlichen nicht befriedigt
wird, weil die Vorstellung eines absichtslos wirkenden Weltgrundes unerträglich ist; es verlangt daher die Anerkennung eines persönlichen Gottes,
näherhin des Gottes, den das Christentum lehrt.

Spinozas Lehre charakterisierte Jacobi durch folgende Sätze:

«I. Allem Werden muß ein Sein, welches nicht geworden ist, zugrunde
liegen; allem Entstehenden etwas nicht Entstandenes; allem Veränderlichen
ein unveränderliches Ewiges.»

«II. Das *Werden* kann ebensowenig geworden sein oder angefangen
haben als das Sein; oder das Bestehende selbst, das ewig Unveränderliche,
das Beharrende im Wandelbaren, wenn es je, ohne Wandelbares, für sich
allein gewesen wäre, würde nie ein Werden hervorgebracht haben, weder in
sich noch außer sich, indem beides auf gleiche Weise ein Entstehen aus dem
Nichts voraussetzt.»[2]

Diese Kennzeichnung wird Spinoza nicht gerecht, da dieser nicht nach
der Hervorbringung «des Werdens», ja nicht einmal der Gesamtheit des
Gewordenen, gefragt hatte. Die von Jacobi aufgeworfene Frage sollte trotzdem bald bei Philosophen wie Schelling oder Hegel eine Rolle spielen, die
zu ergründen suchten, was das Absolute veranlaßt habe, aus sich herauszutreten und sich zur Mannigfaltigkeit der endlichen Dinge zu entfalten.
Diese Fragestellung ist neuplatonisch-mystisch, nicht aber spinozistisch; sie
wurde aber durch die Debatte über Spinoza, namentlich durch Jacobis Spi-
noza-Deutung, entscheidend angeregt. Daß Jacobi den Weg für eine pantheistische Philosophie bahnen half, ist paradox, wollte er doch gerade der
von Spinoza ausgehenden Gefahr des Pantheismus entgegentreten.

Der Streit über den Spinozismus zog Kreise. Herder, der sich auf seine
gemeinsam mit Goethe betriebenen Spinoza-Studien stützte, suchte in der
Schrift «Gott, einige Gespräche» (1787)[3] gegen Jacobi zu zeigen, daß ein
geläuterter Spinozismus nicht als Atheismus gelten müsse. Das Göttliche ist
nicht jenseits der Welt, sondern in ihr zu suchen, freilich nicht als statische
Substanz, sondern als Kraft, die in allen Dingen wirkt. Damit wird eine
Auffassung entwickelt, die sich bei verschiedenen romantischen Denkern
wiederfindet.

Herder stellte zwei Grundsätze auf, mit denen er auf die oben angeführten Sätze Jacobis zu antworten scheint:

«I. Das höchste Dasein hat seinen Geschöpfen das Höchste gegeben,
Wirklichkeit, Dasein.»[4]

«II. Die Gottheit, in der nur eine wesentliche Kraft ist, die wir Macht,
Weisheit und Güte nennen, konnte nichts hervorbringen, als was ein lebendiger Abdruck derselben, mithin selbst Kraft, Weisheit und Güte sei ...»[5]

Während Spinoza nach Jacobis Deutung das Werden auf einen ruhenden
Grund bezog, verlegte es Herder, die romantische Naturauffassung vor-

wegnehmend, in den Grund der Wirklichkeit selbst. Zugunsten der dynamischen Auffassung der Wirklichkeit berief er sich unter anderem auf die Naturkunde: «Gehen Sie die Wunder durch, die uns die Physiologie des menschlichen oder irgendeines tierischen Körpers herzählet, Sie sehen nichts als *ein Reich lebendiger Kräfte,* deren jede, an ihre Stelle gesetzt, Zusammenhang, Gestalt, Leben des Ganzen durch Wirkungen hervorbringt, deren jede aus der Natur ihres und des Wesens folgt, dem sie angehöret ... Was wir Materie nennen, ist also mehr oder minder selbst belebt; es ist ein Reich wirkender Kräfte, die nicht nur unseren Sinnen in der Erscheinung, sondern ihrer Natur und ihrer Verbindung nach ein Ganzes bilden.»[6] Mit seinem dynamischen Pantheismus entfernte sich Herder von der Transzendentalphilosophie, die eine objektivistische Metaphysik, wie sie Herder vorschwebte, ausschließt. Seine Hinwendung zu Spinoza (und Leibniz) bedeutete allerdings nicht vorbehaltlose Hinwendung zur rationalistischen Metaphysik, wie deutlich wird, wenn er vom Prinzip der Individuation erklärt, es liege «tiefer, als wohin unser Verstand, unsere Vernunft, unsere Phantasie reicht».[7]

Auch Kant sah sich veranlaßt, zur Kontroverse über den Spinozismus Stellung zu nehmen. In der Abhandlung «Was heißt, sich im Denken orientieren?» (1786) bemerkte er, Mendelssohn habe gemeint, Gottes Existenz und Wesen vernünftig einsehen zu können, während es sich doch nur um einen Glauben handelt, allerdings um einen vernünftigen, auf die Moral gestützten Glauben, mit dessen Hilfe wir uns in einem Bereich, der jenseits der Grenzen möglicher Erfahrung liegt, zurechtzufinden suchen. Wenn man aber, wie es Jacobi tat, den Vernunftglauben von der Moral löst und ihn auf das Gefühl stützt, läßt sich für Überzeugungen nicht mehr argumentieren, da dann dem Glauben nicht mehr objektive Gründe, sondern nur noch subjektive Gefühle zugrunde liegen. Die Transzendentalphilosophie entzieht dem Dogmatismus – somit auch dem Spinozismus – die Grundlagen und bietet doch metaphysische Orientierung durch den Vernunftglauben, der allerdings nie Erkenntnis werden kann. Mit diesen Überlegungen meinte Kant dem Vorwurf des Spinozismus, den er aus Äußerungen Jacobis herauszuhören meinte, hinreichend entgegengetreten zu sein.

Das Thema war aber noch Jahre später offensichtlich nicht erschöpft. 1811 veröffentlichte Jacobi die Schrift «Von den göttlichen Dingen und ihrer Offenbarung», in der er Schellings Identitätsphilosophie (siehe Kap. V, 4) als zweite Tochter der kritischen Philosophie (nach Fichtes Philosophie als der ersten Tochter) bezeichnete, sie mit dem Spinozismus in Verbindung brachte und Schelling die Auffassung zuschrieb, daß über der Natur nichts und die Natur allein alles sei. In seiner Entgegnung, die den Titel trägt: «Denkmal der Schrift von den göttlichen Dingen ... des Herrn Fr. H. Jacobi und der ihm in derselben gemachten Beschuldigung eines absichtlich täuschenden, Lüge redenden Atheismus» (1812), verwahrte sich

Schelling gegen die Gleichsetzung seiner Philosophie mit dem Spinozismus (bzw. Atheismus) und versicherte, daß nur eine Seite seiner Philosophie als spinozistisch gelten könne, nämlich jene, die sich auf die reale Wirklichkeit bezieht, während sich seine Lehre von der idealen Wirklichkeit von Spinozas Auffassung deutlich unterscheide. Man kann sich des Eindrucks nicht erwehren, daß Schelling nach Ausflüchten gesucht hat; gleichzeitig ging er zum Gegenangriff über und warf Jacobi vor, Vernunfthaß zu predigen und dem philosophischen Wissen den Krieg zu erklären. Demgegenüber hält er fest: «Philosophie ist nur solange wirklich Philosophie, als noch die Meinung oder Gewißheit übrig ist, daß sich durch sie über Dasein oder Nichtsein Gottes etwas wissenschaftlich ausmachen lasse.»[8] Mit dem Blick auf die Auswirkungen von Lessings Äußerung über Spinoza meinte Schelling: «Hätte Lessing vorhergesehen, daß dergleichen Gerede, das er im mündlichen Gespräch wohl eine Weile anhören konnte, jemals unter der Nation der Kepler und Leibnize sich für Philosophie geben oder auf Philosophie Einfluß gewinnen könne, ja sich eben durch die Anekdotenkrämerei von *seinem* Spinozismus eine Wichtigkeit geben würde, die es für sich nie erlangen konnte: er hätte sicher mit seinen Reden mehr an sich gehalten.»[9]

Damit unterschätzte er die Bedeutung der Auseinandersetzung, die immerhin zur Folge hatte, daß der Bann, der so lange über dem Spinozismus gelegen hatte, gebrochen wurde. Nachdem sich Lessing für Spinoza ausgesprochen hatte, ging es nicht mehr an, von ihm «wie von einem toten Hund» zu reden. Zwar hatte Spinozas Philosophie stets einen gewissen Einfluß ausgeübt, jedoch meist ohne daß ihr Urheber genannt worden wäre; nun aber war es möglich geworden, sich offen auf sie zu beziehen, ja sich zu ihr zu bekennen. Fichte kam mit dem Spinozismus in Berührung, Schellings Nähe zu Spinoza ist unübersehbar, und Hegel erklärte, wer nicht durch den Spinozismus hindurchgegangen sei, finde nicht den Zugang zur wahren Philosophie.

2. Jacobis Glaubensphilosophie

Noch wichtiger als die Rolle, die Jacobi im Spinozismusstreit spielte, ist der Anstoß zur Weiterentwicklung der Transzendentalphilosophie, den er durch die Formulierung eines in den Augen der Zeitgenossen zentralen Problems leistete. Der Versuch, das Verhältnis von Empfindungen zu den Dingen an sich zu bestimmen, führt seiner Ansicht nach in eine Aporie: Die Empfindungen können nicht durch Vorstellungen erzeugt sein, sie können aber auch nicht durch Reize von seiten der Dinge an sich verursacht werden, da sich die Kategorie der Kausalität – wie alle Kategorien – unter den Bedingungen der Kantischen Philosophie nicht auf Dinge an sich anwenden läßt. Aus dem Dilemma, daß man ohne die Annahme von Dingen an sich, die auf die Sinne einwirken, nicht in die kritische Philosophie hineinkommt, mit ihr aber nicht in ihr verbleiben kann, scheint es auf den ersten Blick keinen Ausweg zu geben.[10]

Angesichts dieser Schwierigkeit lag der Gedanke nahe, auf die Annahme eines von Dingen an sich ausgehenden Reizes (einer Affektion durch Dinge an sich) zu verzichten und die Vorstellungen von Dingen ausschließlich aus dem Ich abzuleiten, wie es zunächst Fichte, später Schopenhauer tat. Jacobi hat diese Richtung nicht eingeschlagen, sondern gemeint, wir dürften uns auf die natürliche Überzeugung, daß Vorstellungen von einer denkunabhängig bestehenden Außenwelt hervorgerufen würden, verlassen. Damit nahm er eine Einstellung ein, die an die Common-Sense-Philosophie (siehe Teil IV, Kap. II, 2c) erinnert. Überzeugungen, die sich nicht beweisen lassen, aber auch nicht bewiesen zu werden brauchen, nannte Jacobi «Glaube». Wenn eine Überzeugung wie die von der Existenz der Dinge an sich als Glaube charakterisiert wird, ist jedoch nicht jener Glaube gemeint, den Hume als rein subjektives Phänomen betrachtet hatte (zum «belief» bei Hume siehe Teil IV, Kap. II, 2b), sondern ein verläßlicher Glaube, der den Zugang zu einer weder direkt erkennbaren noch beweisbaren Wirklichkeit eröffnet.

Auf den so verstandenen Glauben berief sich Jacobi auch bei der Erörterung der Gottesfrage. Die Existenz Gottes ist seiner Ansicht nach unbeweisbar, da in einem Beweis etwas aus Bedingungen abgeleitet wird, Gott aber schlechthin unbedingt ist. (Jacobi übersah, daß in den Gottesbeweisen nach Bedingungen *des Urteils* «Gott existiert» gefragt wird, nicht nach Bedingungen der Existenz Gottes.) Der Glaube an das Dasein Gottes ist unmittelbar, so wie nach Jacobi auch die Verbindlichkeit des Sittengesetzes unmittelbar erfahren wird. Freilich erfassen wir nur, daß Gott, als das Unbedingte und Unvermittelte, ist: So gewiß es ist, daß ich bin, so gewiß ist Gott, wie Jacobi meint; *was* er ist, bleibt unserem Denken unzugänglich.[11]

Jacobi hat den (philosophischen) Glauben, den er auch als Vernunft-Anschauung oder als «objektives Gefühl» bezeichnete, metaphysisch als «die Abschattung des göttlichen Wissens und Wollens in dem endlichen Geiste des Menschen» gedeutet.[12] «Glaube» im Sinne Jacobis bedeutet somit Teilhabe am göttlichen Denken; da aber Gottes Dasein selbst nur Inhalt eines Glaubens ist, wird der Bereich des Glaubens nicht überschritten. Es handelt sich freilich um einen unaufhebbaren Glauben, der als Bedingung der metaphysischen Argumentation durch Argumente weder gestützt noch in Frage gestellt werden kann. Mit jemandem, der nicht an eine denkunabhängige Wirklichkeit, an die Freiheit, an Gott, das Wahre, Gute und Schöne glaubt, kann man nicht über Erkenntnis, Sittlichkeit, Ästhetik diskutieren. Die Glaubensphilosophie wird also gegen jede Kritik immunisiert, aber um einen hohen Preis: Sie kann zwar nicht kritisiert, aber auch nicht mehr begründet werden. Es ist bemerkenswert, daß Jacobi selbst einen Zusammenhang zwischen seiner Ansicht und der Friesschen Lehre von der Vernunft und dem ihr eigenen Selbstvertrauen (siehe Kap. II, 2a) sah. Mit der Annahme eines unmittelbaren Wissens (als Gewißheit, *daß etwas ist*) wich Jacobi nicht nur in einem einzelnen Punkt, sondern grundsätzlich von der kritischen Philosophie ab, für die es keine Unmittelbarkeit gibt, da ihr zufolge Tatsachen stets von Deutungen innerhalb eines theoretischen Rahmens abhängen. Schon Hegel sah die entscheidende Schwäche der Glaubensphilosophie darin, daß sich das, was sie als unmittelbares Wissen betrachtet, bei genauerer Prüfung als vermittelt erweist.[13]

Wenn man Jacobis Philosophie als «Glaubensphilosophie» bezeichnet, muß man beachten, daß auch da, wo von Gott die Rede ist, nicht ein Glaube im religiösen Sinne, sondern im Sinne eines gefühlsmäßigen Fürwahrhaltens gemeint ist. Allerdings betonte Jacobi auch, daß seine Philosophie persönlichen Charakter habe, wie es bei allen der Fall sei, «denen ihre Philosophie Religion ist».[14] Sein philosophisches Nachdenken sei niemals absichtslos, sondern stets auf das Ziel gerichtet gewesen, sich der Existenz Gottes zu vergewissern: «Ich wollte über *Etwas zu Verstande kommen, nämlich über die mir eingeborne Andacht zu einem unbekannten Gott»*,[15] und diese Zielsetzung entsprang einem ursprünglichen «Bedürfnis», wie Jacobi versicherte. Grundlage seiner Gewißheit ist das Gefühl bzw. ein besonderer Sinn für das Übersinnliche, den Jacobi auch «Vernunft» nannte.

Obwohl auch Kant von einem Vernunftglauben gesprochen hatte, meinte er doch etwas völlig anderes als Jacobi, nämlich einen moralisch motivierten Glauben, in dem das Geglaubte nicht als wirklich erkannt wird, während nach Jacobi der Glaube die Wahrheit des Geglaubten verbürgen soll. Kant hatte die Ideen als notwendige Begriffe der reinen Vernunft betrachtet, aber betont, daß ihnen nichts Wirkliches zugeordnet werden dürfe, wenn wir uns auch im moralischen Bereich so verhalten sollen, als ob den Ideen reale Wesen entsprächen; Jacobi hielt diese Auffassung für skandalös, weil sie seiner Ansicht nach die Metaphysik untergräbt und damit zum Nihilismus führt.

Auch Jacobis Beurteilung des Spinozismus hat mit seinen Glaubensüberzeugungen zu tun, namentlich mit dem Glauben an die Freiheit, dem der Spinozismus nicht Rechnung zu tragen vermag. Jacobi war überzeugt, «daß jeder, dem nicht das Freiheitsgefühl wie mir Gewalt antäte, von mir nicht überzeugt werden könne».[16] Das Gefühl, in wesentlichen Dingen frei zu sein, spricht für die Anerkennung eines persönlichen Gottes und gegen die Annahme eines unpersönlichen Absoluten von der Art der Spinozanischen Substanz.

Von seiten der Theologie deutete Friedrich Daniel Ernst Schleiermacher (1768–1834), Professor in Halle und Berlin, den Glauben als Gefühl, und zwar als «Gefühl der schlechthinnigen Abhängigkeit», das er als Gefühl der Abhängigkeit vom Absoluten verstand. Kant suchte er in Richtung auf eine realistische Erkenntnislehre zu korrigieren, mit Spinoza verband ihn seine pantheistische Sicht der Wirklichkeit.[17] Er übersetzte Plato und wurde durch seine «Hermeneutik» zu einem der Wegbereiter der Theorie der Geisteswissenschaften, die in Dilthey (siehe Teil VI, Kap. IV, 2) ihren bedeutendsten Vertreter finden sollte. Vom Standpunkt der Religion aus übte Hamann (siehe Kap. II, 3) Kritik an Jacobi. Er warf ihm vor, die Interessen des religiösen Glaubens den Ansprüchen der Vernunft unterzuordnen. Der Vernunftglaube, von dem Jacobi sprach, war in der Tat nicht jener Offenbarungsglaube, auf den es Hamann ankam und von dem er betonte, daß er vom Menschen unmittelbar erfahren werden müsse.

3. Maimons Auffassung der Transzendentalphilosophie

Wie groß der Schritt war, den Kant auf dem Wege der Philosophie getan hat, wird augenfällig, wenn man sich vergegenwärtigt, wie schwer es den Zeitgenossen und den Angehörigen der folgenden Generation fiel, der Bedeutung des kritischen Ansatzes gerecht zu werden. Man erkannte zwar, daß mit Kant eine neue Art des Denkens zur Geltung gekommen war, man begriff aber oft nicht, worin dieses Neue wirklich bestand. Deshalb glaubte man immer wieder, Kantische Gedanken mit traditionellen Auffassungen verbinden zu können und auf diese Weise einen Schritt über Kant hinaus zu tun. Dabei spielte einerseits die Leibnizsche Metaphysik eine wichtige Rolle, andererseits blieb für manche der Humesche Skeptizismus attraktiv.

Leibniz wurde schon von Johann August Eberhard (1739–1809) gegen Kant auszuspielen gesucht, was Kant veranlaßte, sich von einer derartigen Deutung in der Schrift «Über eine Entdeckung, nach der alle neue Kritik der reinen Vernunft durch eine ältere entbehrlich gemacht werden soll» (1790) zu distanzieren. Der Gedanke einer Synthese von Transzendentalphilosophie und Leibnizscher Metaphysik war aber auch für manche anderen attraktiv, z.B. für Maimon.

Salomon Maimon (1753–1800), der aus Litauen stammte und sich nach seinem Umzug nach Deutschland in den philosophischen Diskussionen erstaunlich rasch zurechtfand, hat in seinem «Versuch über die Transzendentalphilosophie»[18] an Kant angeknüpft, sich aber im Verlauf der Untersuchung deutlich von ihm abgesetzt. Einerseits war er der Ansicht, daß Kant eine vollständige Idee der Transzendentalphilosophie geliefert habe, an der anzuknüpfen sei;[19] andererseits aber entfernte er sich vom Kantischen Ansatz so weit, daß er kaum als Kantianer gelten kann. Bei genauerem Zusehen bleibt nur eine formale Übereinstimmung übrig: Maimon faßte, wie Kant, die Philosophie in ihrem Kern als Theorie der Erfahrung auf, das heißt, er stellte ihr die Aufgabe, begreiflich zu machen, wie wir etwas von Gegenständen wissen können. Obwohl er zunächst die Kantischen Unterscheidungen von Inhalt und Form der Erfahrung bzw. von Sinnlichkeit und Verstand aufnahm, gelangte er zu einer von der Kantischen völlig verschiedenen Auffassung der Anschauungs- und Verstandesformen. Begriffe und anschauliche Vorstellungen hielt er (in Anlehnung an Leibniz) nur für graduell verschieden, indem er die letzteren als undeutliche bzw. verworrene Begriffe auffaßte. Den Raum betrachtete er nicht als reine Form der äußeren Anschauung, sondern als unsere Art, Unterschiede zwischen Gegenständen zu erfassen. Raum und Zeit sind Bedingungen der Möglichkeit nicht der empirischen Gegenstände, sondern nur der sinnlichen Vorstellung von Unterschieden empirischer Gegenstände; daß wir sie dennoch als Bedingungen der Möglichkeit empirischer Objekte betrachten, beruht auf einer psychologisch zu erklärenden Täuschung.[20] Kategorien haben seiner Ansicht nach eine Bedeutung, die unabhängig von Anschauungsbedingungen ist.

Das Gegebene (die Empfindung) als Wirkung von Reizen zu betrachten hielt Maimon für völlig verfehlt und forderte daher, sich auf die Zergliederung der Bewußtseinsinhalte zu beschränken, d. h. keine Annahmen über Dinge «hinter» den Vorstellungen zu machen. Denkt man sich den Prozeß der Zergliederung als abgeschlossen, dann sind als deren Ergebnis einfache Elemente anzunehmen, die Maimon «Differentiale» nannte. Sie sind nicht als Wirkungen von Reizen zu verstehen, die von Dingen außerhalb des Bewußtseins ausgehen, und sie werden auch nicht bewußt erfahren, sondern sie werden nur gedacht, nämlich als Grenze der Vorstellungsanalyse. Sie sind daher nicht Erscheinungen, sondern gedachte Konstituentien der Erscheinungen, aus denen diese – gleichsam durch Integration – erzeugt werden. Der Inhalt der Erfahrung besteht nach Maimon nicht in gegebenen Empfindungen, sondern ist etwas Gedachtes; der Gegenstand ist durch die Gesetze bestimmt, nach denen er aus den Differentialen erzeugt zu denken ist. Das Vorbild liefert die mathematische Erkenntnis: Bei der Bestimmung von Gegenständen soll ähnlich vorgegangen werden wie z.B. bei der Bildung des Begriffs des Kreises, die so erfolgt, daß man sich den Kreis erzeugt denkt durch die Bewegung eines Punktes mit konstantem Abstand von einem gegebenen Punkt.

Nach Maimon haben wir es in der Erfahrung immer nur *mit Ideen von Dingen* zu tun: Die Gegenstände sind, wie er meinte, «bloße Ideen ...», die nur durch und in ihrer Wahrnehmung bestimmt (...) gedacht werden können».[21] Die Annahme an sich bestimmter Dinge «hinter» den Vorstellungen ist daher abzulehnen. Wenn wir es immer nur mit Bewußtseinsinhalten zu tun haben, dann erhebt sich die Frage, wie wir uns auf wirkliche Dinge beziehen können. Daß wir dies tun, läßt sich nicht bestreiten; mit welchem Recht wir es tun, ist jedoch klärungsbedürftig. Kant hat das Problem der objektiven Gültigkeit so gelöst, daß er Urteile für objektiv erklärte, wenn sie (als Erfahrungsurteile) den Charakter der Notwendigkeit haben, der bei bloßen Wahrnehmungsurteilen fehlt. Maimon schlug eine andere Richtung ein: Obwohl er mit Kant der Ansicht war, daß Urteile nicht deshalb objektiv sind, weil sie Dinge an sich beschreiben, meinte er im Gegensatz zu Kant, daß wir Urteile nicht auf Grund ihrer Notwendigkeit, sondern auf Grund ihrer Vollständigkeit auf etwas Reales beziehen: Die vollständige Vorstellung eines Dings ist dasselbe wie das Ding.[22]

Der menschliche Verstand verfügt nur über wenige vollständige Begriffe; insbesondere sind unsere Begriffe von Erfahrungsgegenständen niemals vollständig, weshalb Maimon die Ansicht vertrat, daß wir niemals sicheres Wissen von empirischen Dingen haben könnten. In dieser Hinsicht betrachtete er sich als Skeptiker in der Nachfolge Humes. Im unendlichen Verstand gibt es dagegen ausschließlich vollständige Begriffe, weshalb für Gott alles Gedachte wirklich ist. Das menschliche Denken ist objektiv, sofern es mit dem göttlichen übereinstimmt, wie Maimon im Einklang mit Leibniz erklärte.[23] Für Gott sind alle wahren Urteile analytisch, für den endlichen menschlichen Verstand sind Urteile über Erfahrungsgegenstände synthetisch.

Synthetische Urteile unterliegen der Bedingung, daß erstens das Subjekt des Urteils an sich und zweitens das Prädikat in Verbindung mit dem Subjekt ein möglicher Gegenstand sein muß.[24] Man kann z.B. nur urteilen, daß Planeten Satelliten haben, wenn Planeten möglich sind (d.h. der Begriff «Planet» keinen Widerspruch enthält), und wenn die Begriffe «Planet» und «Satelliten haben» widerspruchsfrei verbunden werden können. Dies drückte Maimon in einem Grundsatz aus, den er «Satz der Bestimmbarkeit» nannte und der besagt: Ein Urteil «a ist b» ist objektiv, wenn das durch b bestimmbare a an sich möglich und b als Bestimmung von a möglich ist und wir dies erkennen.[25] Vermutlich faßte Maimon die im Satz der Bestimmbarkeit ausgedrückte Bedingung nur als notwendige, nicht zugleich als hinreichende Bedingung der objektiven Gültigkeit von Urteilen auf; hätte er auch eine hinreichende Bedingung gemeint, hieße das, daß die Widerspruchsfreiheit von Begriffen und Begriffsverbindungen genüge, um deren objektive Gültigkeit zu behaupten. Tatsächlich ist aber nach Maimon die Objektivität, wie oben gesagt, an die Bedingung der Vollständigkeit der in einem Urteil enthaltenen Begriffe, nicht nur an deren Widerspruchsfreiheit, gebunden.

Maimons Ablehnung der Kantischen Lehre von den Erfahrungsurteilen hängt mit seiner Leugnung synthetischer Urteile a priori zusammen. Maimon bestritt nicht, daß synthetische Urteile manchmal notwendig gefällt werden, aber die Notwendigkeit ist in solchen Fällen bloß subjektiv. Bei synthetischen Urteilen werden Subjektbegriff und Prädikat stets durch die Einbildungskraft, niemals durch den Verstand verbunden. Synthetische Urteile sind daher stets hypothetisch. Da die Urteile der Einzelwissenschaften immer synthetisch sind, haben sie den Charakter von Annahmen, wie schon Hume gesehen hatte.

Wenn man die Annahme synthetischer Urteile a priori zurückweist, wird man unweigerlich von der Transzendentalphilosophie weg- und zu anderen Standpunkten hingeführt. So wandte sich Maimon, dessen Kritik sich gegen Kants nicht besonders glückliche Beispiele solcher Urteile (wie «7 + 5 = 12»; siehe Kap. I,3 b) richtete, teils der Leibnizschen, teils der Humeschen Position zu, in deren Sinn er Erkenntniszusammenhänge psychologisch zu erklären suchte.[26] Im einzelnen sind seine Ausführungen oft befremdlich,

wie auch seine Kant-Interpretation keineswegs immer überzeugt. Bemerkenswert ist jedenfalls seine Einsicht, daß die Möglichkeit von Erfahrung
auch anders als in der von Kant ins Auge gefaßten Weise begreiflich
gemacht werden kann. Die Marburger Neukantianer (siehe Teil VI,
Kap. III, 2) erblickten in seinem erfahrungsanalytischen Ansatz eine Vorwegnahme ihrer Betrachtungsweise; ihre Auffassung des Dings an sich als
Begriff eines vollständig bestimmten Gegenstands und ihr Operieren mit
Grenzbegriffen (von der Art der Maimonschen Differentiale) erinnert an
Gedanken Maimons.

4. Reinholds Systematisierung der Transzendentalphilosophie

Karl Leonhard Reinhold (geb. 1758 in Wien, gest. 1823 in Kiel) verdient
zunächst wegen seines Beitrags zur Verbreitung des Kantianismus Erwäh-
nung: Durch seine «Briefe über die Kantische Philosophie» (Leipzig
1790–1792) machte er Kant in weiteren Kreisen bekannt, stellte allerdings
seine Auffassungen in vereinfachter Form dar. Nach seiner Berufung an die
Universität Jena bereitete er dort der Transzendentalphilosophie den
Boden. Sodann ist er für die Entwicklung des nachkantischen Idealismus
wichtig, und zwar in zweifacher Hinsicht: Erstens lehnte er, wie Jacobi, die
Annahme ab, daß Dinge an sich Ursachen der Empfindungen seien, und
beschränkte sich auf die Analyse des Bewußtseins von Gegenständen, das
heißt, er verzichtete darauf, bewußtseinsunabhängige Faktoren der Erfahrung zur Erklärung der Erfahrung heranzuziehen; und zweitens forderte er,
die Philosophie auf einen obersten Grundsatz zu stützen, wie es z.B. Descartes getan hatte, der den Satz «Ich denke, also bin ich» als erstes philosophisches Prinzip betrachtete. Die Philosophie hat nach Reinhold die Aufgabe, aus dem Ich, d.h. aus der Struktur des Bewußtseins, die Gegenstandserfahrung systematisch begreiflich zu machen.[27] Damit schlug er einerseits
eine Richtung ein, die zum subjektiven Idealismus Fichtes führte, andererseits stellte er der Auffassung, daß die Philosophie wesentlich Kritik sei, die
Idee einer Philosophie als System gegenüber, die dann bei Hegel besonders
deutlich zur Geltung kam.

Reinholds wichtigster Beitrag für die weitere Entwicklung der Philosophie war der «Versuch einer neuen Theorie des menschlichen Vorstellungsvermögens».[28] Während Kant durch Analyse des Erkennens feststellen
wollte, was das Subjekt und was denkunabhängige Dinge zur Erkenntnis
beitragen, versuchte Reinhold, diese Frage allein mit Hilfe der Reflexion
aufs Subjekt zu beantworten: «Der Grund, auf welchem die neue Theorie
aufgeführt werden konnte und mußte, besteht allein aus dem bei allen Menschen nach einerlei Grundgesetzen wirkenden Bewußtsein, und dem, was
unmittelbar aus demselben erfolgt und von allen Denkenden wirklich eingeräumt wird.»[29]

Da das Erkennen das Vorhandensein von Vorstellungen voraussetzt, erfordert die Theorie der Erkenntnis nach Reinhold die Klärung des Begriffs der Vorstellung. Dabei zeigt sich, daß zu jeder Vorstellung eine doppelte Beziehung gehört, nämlich einerseits die Beziehung auf einen Gegenstand, andererseits die auf ein Subjekt (ein Ich): Ich (das Subjekt) stelle etwas (einen Gegenstand) vor. Ich, Vorstellung und Gegenstand hängen zusammen und lassen sich nur im Denken trennen. Gegenstände sind uns nur als vorgestellte Gegenstände gegenwärtig, und umgekehrt ist für unsere Vorstellungen der Gegenstandsbezug wesentlich. Reinhold hatte hier jenen Zug der Vorstellung vor Augen, den Franz v. Brentano (siehe Teil VI, Kap. II, 4c), einen älteren Sprachgebrauch aufgreifend, als Intentionalität bezeichnen sollte. Es handelt sich um die Tatsache, daß wir niemals vorstellen können, ohne *etwas* vorzustellen. Diesen Zusammenhang beschrieb Reinhold mit seinem «Satz des Bewußtseins», der ihm als oberster Grundsatz galt: «Die Vorstellung wird im Bewußtsein vom Vorgestellten und Vorstellenden unterschieden und auf beide bezogen.»[30] Dies läßt sich allerdings nur unter der Voraussetzung sagen, daß die Vorstellung selbst als eine Art Gegenstand erfaßt werden kann, und diese Voraussetzung ist keineswegs selbstverständlich. An der Vorstellung unterschied Reinhold Einheit und Mannigfaltigkeit, Form und Inhalt als allgemeinste Elemente. Unter der Spontaneität des Subjekts verstand er die Entsprechung des Einheitselements der Erfahrung, während dem Element der Mannigfaltigkeit die Rezeptivität zugeordnet ist. Reinholds Philosophie heißt *Elementarphilosophie,* weil sie Theorie der Elemente der Vorstellung ist.

Der Gegenstandsbezug, der zur Vorstellung als solcher gehört, läßt sich nicht bestreiten; ob der vorgestellte Gegenstand ausschließlich zur Vorstellung gehört oder ob er unabhängig von der Vorstellung besteht, ist eine andere Frage. Auch der Solipsist, der keine Wirklichkeit außerhalb des bewußten Selbst anerkennt, kann den der Vorstellung eigenen Gegenstandsbezug nicht leugnen; er versteht nur unter «Gegenstand» etwas anderes als der Realist, nämlich lediglich einen Inhalt des Bewußtseins. Reinhold traf angesichts dieser Alternative keine eindeutige Entscheidung, sondern scheint bald bewußtseinsunabhängige Dinge an sich als Ursachen der Vorstellungen angenommen, bald unter «Ding an sich» einen bloßen, aber notwendig zu bildenden Gedanken – als Gedanken eines unbestimmten X – verstanden zu haben. Schließlich ging er so weit, die Vorstellung des Dings an sich für widerspruchsvoll bzw. für ein Phantasieprodukt zu erklären, das in der Philosophie viel Unheil gestiftet habe.[31] Dies weist deutlich in die Richtung des subjektiven Idealismus, wie ihn wenig später Fichte vertreten sollte. Tatsächlich hat Reinhold Fichtes erste Schriften begeistert aufgenommen, weil er in ihnen eine Ansicht ausgesprochen fand, die in seinen Schriften bereits angelegt war.

Ähnlich wie das Ding an sich ist auch das Ich an sich kein erkennbarer

Gegenstand. Wenn wir eine Vorstellung unser selbst bilden, machen wir das Selbst zum Gegenstand einer Vorstellung, aber diese Vorstellung erfordert ihrerseits ein Subjekt, das als Subjekt des Reflexionsaktes nicht Gegenstand sein kann. Man kann die Reflexion beliebig oft erneuern, ohne daß sich das Subjekt des jeweils letzten Reflexionsaktes als etwas Gegenständliches fassen ließe. Mit dem prinzipiell nicht objektivierbaren Subjekt hat es Fichtes Lehre vom absoluten Ich zu tun (siehe Kap. IV,3).

5. Die skeptische Gegenposition

Gegen Reinhold und zugleich gegen Kant richtete sich ein anonymes Werk mit dem Titel «Aenesidemus oder Über die Fundamente der von dem Herrn Professor Reinhold in Jena gelieferten Elementar-Philosophie, nebst einer Verteidigung des Skeptizismus gegen die Anmaßungen der Vernunft-kritik» (1792), dessen Autor Gottlob Ernst Schulze (1761–1833) war (zur Unterscheidung von anderen Trägern des Namens auch Aenesidemus-Schulze genannt).

Reinholds Anspruch, die Sätze der Philosophie aus einem obersten Grundsatz ableiten zu können, läßt sich nach Schulze nicht aufrechterhalten. Ein solcher Grundsatz müßte auf Grund der Bedeutung der in ihm vorkommenden Ausdrücke als wahr erkannt werden können, was bei Reinholds «Satz des Bewußtseins» – «Die Vorstellung wird im Bewußtsein vom Vorgestellten und Vorstellenden unterschieden und auf beide bezogen» – nicht der Fall ist (er ist, modern ausgedrückt, kein analytisch-wahrer Satz). Wenn dieser Satz analytisch wahr sein sollte, müßten die Bedeutungen der in ihm vorkommenden Ausdrücke bestimmt sein, während sie in Wirklichkeit unbestimmt bleiben. Vorstellung und Vorgestelltes könnten sich zueinander verhalten wie Ursache und Wirkung, wie Substanz und Akzidenz, wie Form und Inhalt oder wie Zeichen und Bezeichnetes; solange nicht geklärt ist, um welche Art Beziehung es sich handelt, liegt kein «durch sich selbst bestimmter Satz» vor.[32] Da Schulze (wie Hume) davon ausging, daß Aussagesätze entweder analytisch oder empirisch sein müssen, hat der Satz des Bewußtseins, da er nicht analytisch ist, als empirischer Satz zu gelten. Als solcher kann er durch Erfahrung widerlegt werden, und tatsächlich gibt es nach Schulze Erfahrungen, die mit jenem Satz nicht vereinbar sind. Selbst wenn das nicht der Fall wäre, wäre der Satz, wie empirische Sätze im allgemeinen, eine Annahme, während er doch als Grundsatz verstanden wird und als solcher notwendig wahr sein müßte.

Was Schulze gegen Reinholds Satz des Bewußtseins vorbrachte, gilt für philosophische Sätze im allgemeinen: Sie können nicht als absolut wahr angesehen werden, wie die Vertreter des Dogmatismus meinen. Der Protest gegen den Unfehlbarkeitsanspruch der dogmatischen Philosophen ist das, was die «protestierende Philosophie» auszeichnet, der zufolge Wissen niemals endgültig, sondern stets verbesserungsfähig ist. Auch seine eigene Auffassung betrachtete Schulze als prinzipiell revidierbar.

Schulze bekannte sich zum Skeptizismus, worauf schon der Titel seines Werkes hinweist: Änesidem (siehe Teil I, Kap. V, 4a) war ein Vertreter der antiken Skepsis. Unter «Skeptizismus» ist hier eine antidogmatische Einstellung zu verstehen, näherhin die Überzeugung, «daß in der Philosophie weder über das Dasein und Nichtsein der Dinge an sich und ihrer Eigenschaften, noch auch über die Grenzen der menschlichen Erkenntniskräfte etwas nach unbestreitbar gewissen und allgemeingültigen Grundsätzen ausgemacht worden sei».[33] Da der Skeptizismus den Anspruch in Frage stellt, etwas definitiv erkennen zu können, darf der Skeptiker auch nicht beanspruchen, die Unerkennbarkeit der Dinge an sich ein für allemal festgestellt zu haben; er muß sich darauf beschränken, den Fehlschlag aller bisherigen Versuche, definitive Antworten zu finden, zu konstatieren.

Die Unhaltbarkeit des Anspruchs, gesicherte Wahrheit erreichen zu können, ergibt sich nach Schulze daraus, daß sich die Existenz von Dingen, mit denen wahre Urteile übereinstimmen sollen, nicht beweisen läßt. Zwar ist das Vorhandensein von Ding-Vorstellungen gewiß, von den Vorstellungen kann aber nicht auf Dinge hinter den Vorstellungen geschlossen werden; wir meinen zwar, es mit denkunabhängigen Dingen zu tun zu haben, doch diese Überzeugung beruht nicht auf einsichtigen Grundsätzen, sondern auf einem «dunklen Raisonnement», das uns so geläufig ist, daß wir sein Ergebnis für unbedingt wahr halten. Ähnlich verhält es sich mit der Annahme, daß allen Eigenschaften Substanzen zugrunde liegen; auch hier ist es nicht eine Einsicht, die uns veranlaßt, einen Träger der beobachteten Eigenschaften anzunehmen, sondern ein dunkles Gefühl. Obwohl der Skeptiker die Schlüsse auf denkunabhängige Ursachen von Vorstellungen oder auf Substanzen, die wahrgenommenen Eigenschaften zugrunde liegen, nicht für zwingend hält, erkennt er an, daß die entsprechende gefühlsmäßige Einstellung für das praktische Verhalten von größter Bedeutung ist. Diese Auffassung weist auf Hume zurück, an den Schulze ausdrücklich anknüpfte.

Die Kantische Annahme von Dingen an sich ist nach Schulze nicht nur unbeweisbar, sondern widerspruchsvoll. Wenn Kant einerseits die Anwendung der Kategorie von Ursache und Wirkung auf denkunabhängige Dinge verbot, andererseits aber annahm, daß alle Erkenntnis mit der Einwirkung denkunabhängiger Dinge auf unsere Sinne anfange, widersprach er der von ihm vorgenommenen Einschränkung der Kategorien auf den Bereich der Erscheinungen. Die Vernunftkritik «legt also ihren Spekulationen den Satz zugrunde, daß alle Erkenntnis durch die Wirksamkeit objektiver Gegenstände auf das Gemüt anfange, und bestreitet hinterher selbst die Wahrheit und Realität dieses Satzes».[34] Hume ist daher, wie Schulze meinte, durch Kant nicht widerlegt worden, vielmehr ist sein Skeptizismus der Transzendentalphilosophie überlegen.

Schulze stieß mit seinen skeptischen Einwänden, die er in der «Kritik der theoretischen Philosophie» (Hamburg 1801) wiederholte, auf großes Interesse. So dürfte Schopenhauers Kritik an der Kantischen Lehre vom Ding an sich auf den Einfluß Schulzes, dessen Vorlesungen er in Göttingen gehört hatte, zurückgehen. Obwohl aber die Auseinandersetzung mit dem Begriff des Dings an sich bei der Weiterentwicklung der Transzendentalphilosophie eine wichtige Rolle gespielt hat, berührte sie doch nicht den Kern der Kantischen Kritik, der in dem Gedanken besteht, daß die Philosophie weder rein vernünftige Einsicht in die Wirklichkeit an sich noch auf einzelwissenschaftliche Erkenntnisse reduzierbar sei, sondern nach Bedingungen zu fragen habe, unter denen sich die Erkenntnis von Gegenständen begreiflich machen lasse. Die Antwort, die Kant auf diese Frage im Rahmen seiner Theorie der Erfahrung gab, läßt sich in der These zusammenfassen, daß als Gegenstand nur gelten kann, was im Rahmen von Raum, Zeit und Kategorien gedeutet ist. Mit dieser Auffassung ließ Kant sowohl die rationalistische Metaphysik als auch den Humeschen Skeptizismus hinter sich. Wenn versucht wurde, seine Auffassung mit Ansichten der älteren Metaphysik zu verbinden, wie das Reinhold tat, oder ihn vom Humeschen Standpunkt aus zu korrigieren, wie es Schulze für angebracht hielt, dann zeigt das, wie wenig die Tragweite von Kants Revolutionierung der Philosophie zunächst verstanden worden war.

IV.

Fichte

Ich gleich Nicht-Ich – höchster Satz aller
Wissenschaft und Kunst.
(Novalis)

1. Leben und Werke[1]

Fichte wurde 1762 als Kind armer Leute in der Oberlausitz geboren,
konnte dank der Förderung durch einen reichen Gutsbesitzer die tradi-
tionsreiche Schule zu Pforta besuchen und anschließend in Jena und Leipzig Theologie studieren, worauf er eine Zeitlang als Hauslehrer sein Brot
verdiente. Sein philosophischer Ruhm setzte auf ebenso überraschende wie
ungewöhnliche Weise im Jahre 1791 ein, als der junge Mann den alternden
Kant, mit dessen Werken er sich bereits gründlich auseinandergesetzt hatte,
in Königsberg aufsuchte. Um sich dem großen alten Mann der damaligen
Philosophie zu empfehlen, verfaßte er in kurzer Zeit eine Schrift mit dem
Titel «Versuch einer Kritik aller Offenbarung», die auf Empfehlung Kants
gedruckt wurde, allerdings anonym. Man hielt sie für ein Werk Kants und
legte ihr entsprechendes Gewicht bei. Als sich herausstellte, daß es sich
beim Verfasser um einen bis dahin gänzlich Unbekannten handelte, war
dieser mit einem Schlag berühmt. Wahrscheinlich hat sich der Verleger den
Winkelzug einfallen lassen, um Aufsehen zu erregen; aber selbst wenn
Fichte eingeweiht gewesen sein sollte, kann man deshalb nicht seine
gesamte Philosophie als Schwindelunternehmen bezeichnen, wie das Popper tat.[2]

1794 wurde Fichte als Nachfolger Reinholds (siehe Kap. III, 4) nach Jena
berufen. Seine Schriften aus der Zeit seiner dortigen Lehrtätigkeit sind teils
der theoretischen Philosophie gewidmet – nämlich die «Grundlage der gesamten Wissenschaftslehre» (1794)[3] und der «Versuch einer neuen Darstellung der Wissenschaftslehre» (im «Philosophischen Journal» 1797–1798) –,
teils betreffen sie die praktische Philosophie, wie die «Grundlage des
Naturrechts» (1796) und das «System der Sittenlehre» (1798). Seine Lehrtätigkeit fand durch einen aufsehenerregenden Streitfall ein abruptes Ende.
Im Jahrgang 1798 des «Philosophischen Journals» hatte der Religionsphilo-
soph Friedrich Karl Forberg (1770–1848) die Existenz Gottes in Frage
gestellt, und Fichte hatte in seiner Eigenschaft als Mitherausgeber der Zeitschrift einleitend erklärt, daß er in vielem mit dem Verfasser übereinstimme,
in anderen Punkten aber von ihm abweiche. So lehnte er es ab, unter
«Gott» etwas Substantielles zu verstehen, bekannte sich jedoch zu der Auf-

fassung, daß Gott mit der moralischen Weltordnung identisch sei.[4] Ein jenseitiger Grund dieser Ordnung – ein transzendenter persönlicher Gott – braucht daher nicht angenommen zu werden. Man warf Fichte Atheismus vor, und die Regierung in Weimar erwog einen Verweis. Als Fichte von dieser Absicht erfuhr, drohte er, im Falle eines Verweises Jena zu verlassen. Als der Verweis tatsächlich ausgesprochen wurde, blieb ihm, da er sich so deutlich festgelegt hatte, nichts anderes übrig, als seinen Lehrstuhl zu räumen. Er ging nach Berlin, wo er Privatvorlesungen hielt und sich dem Ausbau seines philosophischen Systems widmete. Neben einer Reihe von Entwürfen der Wissenschaftslehre, in denen er um deren endgültige Form rang, entstanden in jenen Jahren das staatsphilosophische Werk «Der geschlossene Handelsstaat» (1800), die Schrift «Über die Bestimmung des Gelehrten» (1800), «Die Grundzüge des gegenwärtigen Zeitalters» (1804) und die «Anweisung zum seligen Leben» (1806).

In der Zeit nach der Niederlage Preußens bei Jena und Auerstädt (1806) hielt Fichte die «Reden an die deutsche Nation» (1808), die den Geist des Widerstands gegen Napoleon stärkten. Fichte hatte zunächst selbst unter dem Einfluß der Ideen der Französischen Revolution gestanden, wie insbesondere seine «Beiträge zur Berichtigung der Urteile des Publikums über die Französische Revolution» (1793, anonym) zeigen. Er verurteilte den Despotismus als Regime, das die Selbsttätigkeit der Menschen erstickt. Ziel jeder Rechtsordnung muß die Verwirklichung der Freiheit sein; ist eine Verfassung gegen dieses Ziel gerichtet, muß sie geändert werden, notfalls durch eine Revolution. Als Fichte erfahren mußte, daß Frankreich die Freiheit anderer Völker unterdrückte, wandte er sich gegen die von dort kommenden Einflüsse. In den «Reden» ging es ihm nicht nur um politische Freiheit, sondern um die Verbindung von politischer und sittlicher Freiheit. Freiheit ist Selbsttätigkeit im Sinne von Autonomie, nicht von Beliebigkeit. Frei in diesem Sinne kann nur ein geistiges Wesen sein, weil sich nur ein solches über die selbstsüchtigen Motive zu erheben und Begriffe zu bilden vermag, die nicht der Erfahrung entnommen, sondern Ideen für die Gestaltung der Wirklichkeit sind. Nur sofern sich der Mensch an Ideen orientiert, handelt er frei und ist im vollen Sinne Mensch; nur sofern er die Idee einer Ordnung anerkennt, der gemäß der Einzelne um des Ganzen willen handelt, kann er den Egoismus zugunsten der Bindung an die Gemeinschaft überwinden, wobei nicht nur an die natürliche, sondern auch an die höhere geistige Gemeinschaft zu denken ist, der der Mensch als Vernunftwesen angehört.[5] Da in den «Reden» die Nation als Teil des umfassenden Ganzen der geistigen, in ewigem Werden begriffenen Wirklichkeit gesehen wird, verbindet sich in ihnen der nationale Gedanke mit der Idee eines metaphysisch gedeuteten Kosmopolitismus.

Fichte betonte nachdrücklich die enge Verbindung von Kultur und Sprache. Sprache und Denken, namentlich das philosophische Denken, entstehen nicht zufällig, sondern haben ihren Grund in der menschlichen

Natur, insbesondere in deren nationaler Ausprägung. «Nicht eigentlich redet der Mensch, sondern in ihm redet die menschliche Natur», wie Fichte überzeugt war.[6] Er glaubte, daß ein Volk, bei dem sich die «lebendige Sprachkraft der Natur» ungebrochen auswirkt, jenen Völkern überlegen ist, die ihre ursprüngliche Sprache zugunsten einer fremden aufgegeben haben. Bei einer natürlich gewachsenen Sprache stehen die unanschaulichen Gedanken in lebendigen Beziehungen zu anschaulichen Bildern, während bei einer Sprache, die ein Volk von einem anderen übernommen hat, eine solche Beziehung nicht besteht. Der Ursprünglichkeit der deutschen Sprache verdankt insbesondere die deutsche Philosophie ihre Kraft. Nur einem Volk, das eine lebendige Sprache spricht, kann es ernst sein mit Religion und Philosophie. So war es den Deutschen vorbehalten, das Christentum durch die Reformation mit einem tieferen Inhalt zu erfüllen und sich in der Philosophie dem Übersinnlichen zu öffnen. Die deutsche Philosophie erfüllt einen Menschheitsauftrag, denn sie «geht aus von dem Einen, reinen, göttlichen Leben»;[7] sie glaubt «an ein absolut Erstes und Ursprüngliches im Menschen selber, an Freiheit, an unendliche Verbesserlichkeit, an ewiges Fortschreiten unseres Geschlechts».[8] Fichte hat den Ausdruck «deutsch» schließlich so weit gefaßt, daß er, über den deutschen Sprachraum hinausgehend, eine allgemeinmenschliche geistige Einstellung bedeutet. Er war daher, obwohl er die Bedeutung der Nation hervorhob, kein Nationalist, zumal seine nationale Gesinnung nicht aggressiv, sondern wesentlich defensiv war.

Schließlich wurde Fichte an die 1810 eröffnete Berliner Universität berufen, wo er, zusammen mit Humboldt, Schelling, Schleiermacher und anderen, den Charakter dieser Hochschule und damit mittelbar das deutsche Bildungswesen des 19. und zum Teil auch noch des 20. Jahrhunderts prägte. Als 1813 die Freiheitskriege begannen, meldete er sich als Freiwilliger, wurde aber nicht angenommen. Er starb 1814 am Typhus, mit dem ihn seine Frau, damals freiwillige Helferin in einem Lazarett, infiziert hatte.

2. Idealismus und Dogmatismus

In seiner Frühzeit war Fichte stark von Spinoza beeindruckt, mit dem er annahm, daß alles Geschehen, auch das geistige, eindeutig kausal determiniert sei, so daß sich von Freiheit nicht reden lasse. Später wandte er sich unter dem Eindruck der Kantischen Philosophie von diesem Standpunkt, den er «Dogmatismus» nannte, ab und dem Idealismus zu. Die Vertreter des Dogmatismus suchen die Erfahrung auf Einwirkungen von seiten der Dinge zurückzuführen, d. h., sie nehmen an, daß Vorstellungen und Urteile durch reale Tatsachen und Vorgänge bedingt bzw. geradezu Begleiterscheinungen materieller Prozesse sind und daher als ebenso kausalgesetzlich determiniert zu gelten haben wie diese. «Dogmatismus» heißt mit einem Wort «konsequenter Realismus». Der Idealismus, als Gegenposition zum Dogmatismus, leugnet dagegen eine denkunabhängige materielle Wirklichkeit und nimmt an, daß die gewöhnlich als real betrachteten Gegenstände vom denkenden Ich erzeugt sind.

Zugunsten des Realismus könnte ins Treffen geführt werden, daß die Gegenstandserkenntnis auf Daten (Empfindungen) angewiesen sei und daß diese Daten auf Reize von seiten denkunabhängiger Dinge zurückgeführt werden müßten. Fichte hielt diese Auffassung (wie Jacobi und Maimon; siehe Kap. III, 2–3) für verfehlt. Wenn man Reize annimmt, die von Dingen an sich ausgehen, betrachtet man diese als Ursachen, was nach Kant ausgeschlossen ist, da die Kausalität, wie alle Kategorien, nicht auf Dinge an sich angewandt werden kann. Die Kantische These der Subjektabhängigkeit der Erfahrungsinhalte läßt sich nach Fichte nur festhalten, wenn man sie konsequent vertritt und annimmt, daß die Gegenstände *ausschließlich* vom Ich abhängen, d.h. wenn man die Hypothese der Einwirkung von Dingen an sich auf das Ich fallenläßt. Das bedeutet, daß nicht nur die Form, sondern auch der Inhalt der Gegenstandserfahrung auf das Ich zu beziehen ist. Will man diese Konsequenz nicht ziehen, bleibt als Alternative nur der Dogmatismus, d.h. letztlich der Materialismus. Wir stehen also vor einem Entweder-Oder; ein mittlerer Weg, wie ihn Kant einschlug, indem er die Form der Gegenstände auf das Subjekt und deren inhaltliche Bestimmungen auf Einwirkungen von seiten der Dinge an sich bezog, ist nach Fichte nicht gangbar.

Wenn Fichte von Idealismus und Materialismus als den einzigen konsequenten Positionen sprach, wollte er nicht sagen, daß man ebensogut Materialist wie Idealist sein könne. Die Entscheidung fällt zugunsten des Idealismus, weil sich das Bewußtsein der Freiheit nur begreiflich machen läßt, wenn man sich auf den idealistischen Standpunkt stellt, während im Rahmen des Dogmatismus (bzw. Materialismus) nur streng determiniertes Geschehen als möglich gilt. Deshalb konnte Fichte erklären: «Was für eine Philosophie man wähle, hängt ... davon ab, was man für ein Mensch ist.»[9] Wer sich seiner Selbständigkeit und Unabhängigkeit von äußeren Dingen bewußt ist, wird den Idealismus als Philosophie der Freiheit wählen, wer sich nicht zum Bewußtsein der Freiheit und Selbständigkeit zu erheben vermag, bleibt Determinist. Von den Vertretern der letzteren Ansicht schrieb er: «Ihr Bild wird ihnen nur durch die Dinge, wie durch einen Spiegel, zugeworfen; werden ihnen diese entrissen, so geht ihr Selbst zugleich mit verloren; sie können um ihrer selbst willen den Glauben an die Selbständigkeit derselben nicht aufgeben: denn sie selbst bestehen nur mit jenem. Alles, was sie sind, sind sie wirklich durch die Außenwelt geworden. Wer in der Tat nur ein Produkt der Dinge ist, wird sich auch nie anders erblicken, und er wird recht haben, so lange er lediglich von sich und seinesgleichen redet.»[10] Hier scheint es so, als würde die Entscheidung auf Grund eines praktischen Interesses getroffen; tatsächlich aber ist sie theoretisch durch das Scheitern des Dogmatismus begründet, der nicht erklären kann, was er erklären will, nämlich die Tatsache, daß wir Bewußtsein haben. Wie Bewußtsein und Selbstbewußtsein möglich sind, vermag der Materialist nicht begreiflich zu machen, da sich die Innerlichkeit des Bewußtseins nicht aus Verhältnissen materieller Objekte erklären läßt.

3. Der Idealismus der Wissenschaftslehre

a) Grundgedanken der ersten Form der Wissenschaftslehre

Fichtes System gehört zum Schwierigsten, was in der Philosophie erdacht wurde, und zwar nicht nur auf Grund seiner Abstraktheit, sondern auch wegen der spröden Sprache, deren sich Fichte bediente. Die Tatsache, daß er immer neue Anläufe unternahm, um den Leser in sein Denken einzuführen, ja hineinzuzwingen, läßt erkennen, daß er sich der Schwierigkeit seines Unterfangens bewußt war.

Die Frage, wie die Erfahrung als möglich begriffen werden kann, ist die zentrale Frage der Philosophie oder, wie Fichte sagte, der Wissenschaftslehre. Fichte vermied den Namen «Philosophie» wegen seiner Mehrdeutigkeit. Um einem müßigen Wortstreit auszuweichen, gab er den Ausdruck «Philosophie» auf und ersetzte ihn durch «Wissenschaftslehre», um von dem Recht Gebrauch zu machen, einen neu geprägten Terminus nach eigenem Ermessen zu definieren.

Um Zugang zur Wissenschaftslehre zu finden, muß man auf das Ich reflektieren. In einer an ähnliche Wendungen bei Augustinus und Descartes erinnernden Weise forderte Fichte: «Merke auf dich selbst: kehre deinen Blick von allem, was dich umgibt, ab, und in dein Inneres.»[11] Beschränkt man sich auf das, was sich im Bewußtsein zeigt, dann stellen sich die gegenständlichen Inhalte als Vorstellungen dar. Fichte folgte somit der herkömmlichen Auffassung, daß uns unmittelbar nur Bewußtseinsinhalte, nicht Dinge außerhalb des Bewußtseins gegenwärtig sind, weshalb er erklären konnte: «Indem du irgendeines Gegenstandes – es sei derselbe die gegenüberstehende Wand – dir bewußt bist, bist du dir ... eigentlich deines Denkens dieser Wand bewußt ...»[12]

Bei den Vorstellungen lassen sich solche, die willentlich beeinflußt werden können (wie Phantasievorstellungen, die sich variieren lassen), von solchen unterscheiden, die nicht veränderlich und in diesem Sinne notwendig sind. Das System der Vorstellungen der zweiten Art heißt «Erfahrung». Die Wissenschaftslehre hat die Aufgabe, begreiflich zu machen, wie es Erfahrung im angegebenen Sinn geben könne, und ihre zentrale Frage lautet demgemäß: «Welches ist der Grund des Systems der vom Gefühle der Notwendigkeit begleiteten Vorstellungen?»[13]

Die Vertreter des Dogmatismus meinen, den Grund der Erfahrung in einer unabhängig vom Ich bestehenden (materiellen) Wirklichkeit finden zu können. Sie nehmen an, daß von dieser Wirklichkeit Reize auf die Sinnesorgane bzw. das Nervensystem ausgehen, die schließlich bewußte Empfindungen hervorrufen. Die Verbindung zwischen nervösen Prozessen und Empfindungen bleibt dabei jedoch ein Rätsel. So plausibel auch z.B. die Annahme ist, daß von einem Ding Lichtstrahlen ausgehen, ins Auge gelangen, in der Netzhaut auf die Sehzellen treffen und nervöse Vorgänge auslösen, die über den Sehnerv ins Großhirn gelangen, so unbegreiflich bleibt die Tatsache, daß es zu bewußten Empfindungen kommt. Die Lücke zwischen Dingen und Vorstellungen sucht der Dogmatismus zu überbrücken, bietet aber nach Fichte keine Erklärung. Deshalb ist er zugunsten des Idealismus aufzugeben, das heißt, der Grund der Erfahrung muß im Ich, in der Tätigkeit des Geistes gesucht werden. Dazu kommt, daß in der dogmatischen Theorie das Ding an sich lediglich angenommen wird und der Dogmatismus somit auf einer spekulativen Hypothese beruht, während wir uns unserer geistigen Tätigkeit unmittelbar bewußt sind: Der Idealismus stützt sich nicht auf eine Hypothese, sondern auf eine unbestreitbare Tatsache und ist auch in dieser Hinsicht dem Dogmatismus überlegen.

Die Selbsttätigkeit des Geistes erfassen wir nach Fichte in einer Anschauung, die nicht sinnlich, sondern intellektuell ist. Wenn Fichte im Gegensatz zu Kant eine intellektuelle Anschauung für möglich hielt, dachte er nicht an die Anschauung einer gegenständlichen Wirklichkeit, sondern an die Selbstanschauung des Geistes und seiner Spontaneität. Als Grund der Erfahrung ist der Geist allerdings nicht gegeben. Auch wenn wir die geistige Spontaneität, ohne die es keine Erfahrung gibt, gedanklich von den erfahrenen Inhalten trennen und für sich betrachten,[14] ist das Ich (die geistige Spontaneität) noch nicht als Grund der Erfahrung erfaßt. Als solcher stellt es sich erst im Rahmen einer Theorie dar, die Erfahrung als möglich begreifen läßt (d. h. im Rahmen der Wissenschaftslehre, die keine Tatsachenwissenschaft, sondern Wissenschaft vom Wissen ist). Im Rahmen dieser Theorie wird angenommen, daß das Ich Grund der Erfahrung sei; wenn aber das Ich als Grund der Erfahrung angenommen wird, um ein bestimmtes Erklärungsziel zu erreichen, dann ist es irreführend, wenn Fichte es als Objekt einer intellektuellen Anschauung darstellt.

Das Ich, das Fichte, ähnlich wie Reinhold, aber radikaler als dieser, zum ersten Prinzip der Theorie der Erfahrung machte, ist die Einheit des Bewußtseins, innerhalb deren Vorstellungen, namentlich Subjekt und Prädikat von Urteilen, miteinander verknüpft werden. Die Vorstellungsverknüpfung im Urteil muß nicht mit einer Behauptung über die Existenz des Beurteilten verbunden sein. Wer z.B. urteilt «Dreiecke haben eine Winkelsumme von 180°», behauptet nicht, daß es Dreiecke gibt, sondern daß Dreiecke, *wenn* es sie gibt, eine Winkelsumme von 180° haben. Das gilt auch für Tautologien: «A = A» besagt, daß A mit sich identisch ist, *wenn* es ein A gibt. Prädikat und Subjektbegriff können aber nur aufeinander bezogen werden, weil sie einem einheitlichen Bewußtsein – einem Ich – angehören, in dem die Beziehung hergestellt und behauptet («gesetzt») wird. Die Einheit des Ich ist Bedingung dafür, daß Subjektsbegriff und Prädikat von Urteilen verknüpft werden, und diese Einheit kann ausgedrückt werden durch «Ich = Ich». Hier handelt es sich nicht mehr, wie im Falle von «A = A», um einen verkappten Wenn-dann-Satz. Zu sagen «Wenn ich bin, dann bin ich mit mir identisch» hat keinen Sinn, denn das Ich (als einheitliches Bewußtsein) ist mit jedem Urteil gesetzt, und zwar unbedingt, nicht nur bedingterweise.

«Setzen» heißt hier so viel wie «als wirklich beurteilen». Fragt man, wer das Ich als wirklich beurteilt, so kann die Antwort offensichtlich nur lauten: das Ich. Dies hat Fichte durch die auf den ersten Blick befremdliche Wendung ausgedrückt: *Das Ich setzt sich selbst*, und diesen Satz bezeichnete er als ersten Grundsatz der Wissenschaftslehre. Dieser Satz kann nicht besagen, daß sich das Ich selbst hervorbringt, denn zu behaupten, etwas sei seine eigene Ursache, ist offensichtlich unsinnig; Fichte wollte vielmehr zum Ausdruck bringen, daß ohne die Voraussetzung des «Ich bin» keine Festsetzung in einem Urteil möglich ist. In diesem Sinne betonte er: «Es ist ... Erklärungsgrund aller Tatsachen des empirischen Bewußtseins, daß vor allem Setzen im Ich vorher das Ich selbst gesetzt sei.»[15]

Dabei darf das «vor» nicht im zeitlichen Sinne verstanden werden; es bezeichnet den Primat der Bedingung vor dem Bedingten, nicht etwas Früheres. Tatsächlich kann von einem Selbstbewußtsein nur im Zusammenhang mit dem Bewußtsein von Gegenständen die Rede sein. Umgekehrt gehört wesentlich zum Ich der Bezug auf Gegenstände: «So wie das Ich nur für sich selbst sei, entstehe ihm zugleich notwendig ein Sein außer ihm.»[16] Das drückt Fichtes zweiter Grundsatz aus: Das Ich setzt sich ein Nicht-Ich entgegen. Da der Gegenstand (das Nicht-Ich) aber nicht unabhängig vom Ich gedacht werden kann, muß in einem dritten Grundsatz diese Abhängigkeit anerkannt werden. Dies geschieht dadurch, daß die Entgegensetzung ins Ich verlegt und gesagt wird: Das Ich setzt sich *im Ich* ein Nicht-Ich entgegen. Hieraus folgt die gegenseitige Beschränkung von Ich und Gegenstand (Nicht-Ich): Das Ich ist durch den Gegenstand beschränkt bzw. bestimmt, und der Gegenstand ist durch das Ich beschränkt bzw. bestimmt.[17] Betrachtet man das Ich als bestimmt durch Gegenstände, handelt es sich um das erkennende Ich; betrachtet man das Ich als dasjenige, was Gegenstände bestimmt, wird das Ich als handelnd, als praktisch aufgefaßt. Die Wissenschaftslehre gliedert sich demgemäß in einen theoretischen und einen praktischen Teil.

Die Grundsätze, von denen bisher die Rede war, drücken Aspekte der geistigen Tätigkeit aus; in diesem Sinne beziehen sie sich auf «Tathandlungen», d. h. auf die Tätigkeit des menschlichen Geistes, die kein bestimmter psychischer Akt, sondern das ist, was in allen Akten zum Ausdruck kommt.

In Fichtes Grundsatzlehre ist der Ansatz der neuzeitlichen Dialektik von Setzung, Entgegensetzung und Aufhebung des Gegensatzes (These, Antithese und Synthese) enthalten. Da sich der erste Grundsatz auf die Setzung des Ich, der zweite auf die Setzung des Nicht-Ich bezieht, steht der letztere im Gegensatz zum ersteren; sie verhalten sich wie These und Antithese. Der Gegensatz wird relativiert, indem im dritten Grundsatz die Entgegensetzung des Nicht-Ich ins Ich verlegt wird. Der Satz «Das Ich setzt sich im Ich ein Nicht-Ich entgegen» drückt die Synthese der beiden ersten Grundsätze aus, so daß sich der bekannte dialektische Dreischritt ergibt, der die Grundfigur der nachkantischen Dialektik, wie sie sich z.B. bei Hegel findet, darstellt.[18] Kant hatte die Antithetik der reinen Vernunft als Zeichen verfehlter Fragestellungen – etwa in bezug auf die Alternative von räumlicher Begrenztheit oder Unbegrenztheit der Welt – betrachtet; im nachkantischen Idealismus setzte sich die Ansicht durch, daß die Vernunft fähig sein müsse, die Antithesen, zu denen sie führt, durch den Schritt zur Synthese zu überwinden.

In den ersten Grundsätzen der Wissenschaftslehre wird der Gedanke entfaltet, daß die Einheit des Ich aufgehoben würde, wenn sowohl das Ich als auch das Nicht-Ich unbedingt gesetzt wären; die Idee der Totalität des Ich verlangt daher die Relativierung der Setzung des Nicht-Ich, und dies geschieht dadurch, daß sie als Entgegensetzung *innerhalb* des Ich aufgefaßt wird, wobei sich Ich und Nicht-Ich gegenseitig beschränken. Erst mit dieser Synthese wird die Ebene des empirischen Bewußtseins erreicht. Das Ich, von dem wir in der Selbstbeobachtung wissen, ist stets auf Gegenstände bezogen und in dieser Hinsicht beschränkt, so wie umgekehrt etwas nur Gegenstand der Erfahrung sein kann, sofern es auf ein Ich bezogen ist.

Fichte begnügte sich nicht damit, die fundamentale Struktur des Gegenstandsbewußtseins in Form von Grundsätzen zu explizieren, sondern er erhob den Anspruch, einen obersten Grundsatz aufstellen und aus diesem alle anderen Sätze der Wissenschaftslehre ableiten zu können, was seinem Vorhaben entspricht, die Mannigfaltigkeit der Bewußtseinsinhalte aus dem Ich allein zu deduzieren, ohne auf empirisch Gegebenes Bezug zu nehmen. Wie soll aber aus dem Ich als reiner Einheit – «als schlechthin unbedingt und durch nichts Höheres bestimmbar»[19] – die Mannigfaltigkeit der Gegenstände, die hier und jetzt vorhanden sind, bestimmte Qualitäten (wie Farben) haben, von anderen Gegenständen verursacht wurden usw., hervorgehen? Dies ist ebenso unerklärlich wie der Hervorgang der mannigfaltigen Wesen aus dem Einen, von dem Plotin und die späteren Neuplatoniker (siehe Teil I, Kap. VI, 4 b–c) gesprochen hatten.

Von Vertretern der älteren Subjekt-Philosophie wie Descartes oder Leibniz unterscheidet sich Fichte dadurch, daß er das Ich nicht als Substanz begriff, sondern als reine Tätigkeit, die auf kein Substrat angewiesen ist. Auch was man Rezeptivität des Ich nennt, ist Ergebnis seiner Tätigkeit. Die

Kategorien sind Aspekte dieser Tätigkeit, somit nicht dem Denken vorge-
geben, sondern erst im Denken erzeugt. Indem sich das reine Ich ein Nicht-
Ich entgegensetzt, ergibt sich zum Beispiel die Kategorie der Negation.
Man muß also nicht wissen, was Negation ist, um von einem Nicht-Ich
sprechen zu können, sondern wir würden umgekehrt ohne das Entgegensetzen nicht über den Begriff der Negation verfügen. Das bedeutet, daß
nicht nur der Gegenstand, sondern auch die Form der Reflexion (wie die
Kategorie der Negation) durch die Spontaneität des menschlichen Geistes
hervorgebracht wird.[20]

Die geistige Tätigkeit des Ich ist zunächst inhaltlich völlig unbestimmt.
Da wir aber bestimmte Gegenstände erfahren, muß angegeben werden, was
das Ich veranlaßt, sich inhaltliche Bestimmungen zu geben, denn daß nach
Fichte der Anstoß hierzu nur aus dem Ich selbst kommen kann, ist nach
dem Gesagten klar. Die Frage, wie sich die geistige Aktivität als solche (das
«Ich an sich») als ein Ich erfahren kann, dem Gegenstände so gegenüberstehen, als wären sie außerhalb des Ich, läßt sich nur beantworten, wenn
gezeigt wird, warum sich die an sich unbeschränkte geistige Aktivität durch
die Setzung von Gegenständen selbst beschränkt. Wie es zu dieser Selbstbe-
schränkung kommt, läßt sich in der theoretischen Philosophie nicht
erklären. Fichte führte sie zunächst auf das Streben des Ich, sodann auf den
Trieb nach Ausfüllung der Leere des unbestimmten Bewußtseins, schließlich auf das Sehnen nach Bestimmung durch den Gegenstand zurück, ohne
jedoch das Moment der Gegenständlichkeit endgültig aus der Tätigkeit des
Ich begreiflich machen zu können. Dies gelingt erst mit Hilfe der praktischen Philosophie, nämlich durch Berufung auf die sittliche Forderung, die
Sphäre der Freiheit über alle gegebenen Schranken hinaus zu erweitern.
Diese Forderung ließe sich nicht erheben, wenn es nicht eine Grenze gäbe,
die zu überwinden wäre. Im Interesse der Sittlichkeit ist daher anzunehmen, daß sich das Ich Grenzen (in Form der Welt der ihm gegenüberste-
henden Gegenstände) setzt, um deren Überwindung es sich bemühen kann.
Den Schlüssel zur Lösung des Rätsels der Gegenstandserfahrung liefert
somit nicht mehr die theoretische, sondern die praktische Philosophie.
Fichte sprach ausdrücklich von der «Subordination der Theorie unter das
Praktische».[21]

Schon Kant hatte von einem Primat der Praxis gesprochen, allerdings nur
mit Bezug auf Ideen wie *Gott* oder *Unsterblichkeit*. Dies konnte er tun,
weil solche Ideen seiner Ansicht nach nur im Zusammenhang mit der Ethik
überhaupt «Realität» haben; niemals wäre es ihm eingefallen, auch das
Erkenntnisproblem unter Berufung auf ein praktisches Interesse lösen zu
wollen. Bei Fichte setzt sich die Tendenz durch, die Theorie zugunsten
außertheoretischer Faktoren abzuwerten; diese Tendenz äußert sich auch in
Jacobis Versuch, das Erkenntnisproblem unter Berufung auf das Gefühl zu
lösen, oder in Schellings Bemühen um Annäherung des Erkennens an das
ästhetische Erleben. Ob der mit dieser Auffassung verbundene Anspruch,

über Kant hinauszugehen, zu einem Fortschritt führt, muß jedoch bezweifelt werden.

Obwohl Fichte den idealistischen Ansatz mit äußerster Konsequenz zur
Geltung brachte, kam es ihm nicht in den Sinn zu bestreiten, daß die Dinge
der Welt als real erfahren werden. Tatsächlich hat kein Idealist die absurde
Behauptung aufgestellt, es gebe keine reale Welt. Im Rahmen des Idealismus wird die Realität der Dinge lediglich anders gedeutet als unter realistischen Bedingungen. Die Dinge werden nach Fichte allerdings nicht als real
erkannt, sondern als real *gefühlt*, genauer: Wir fühlen uns selbst als leidend,
und da wir das Leiden auf einen Grund beziehen, scheint es, als fühlten wir
denkunabhängige Dinge, während wir tatsächlich nur die Beschränktheit
unseres Strebens fühlen: «Lediglich durch die Beziehung des Gefühls auf
das Ich ... wird Realität für das Ich möglich, sowohl die des Ich, als die des
Nicht-Ich. Etwas, das lediglich durch die Beziehung eines Gefühls möglich
wird, ... wird geglaubt. An Realität überhaupt, sowohl die des Ich, als des
Nicht-Ich, findet lediglich ein Glaube statt,»[22] wie Fichte feststellt.

Fichtes Philosophie ist in ihrem Kern «Wissenschaft über die Erfahrung»,[23] das heißt, sie ist eine Theorie, mit deren Hilfe begreiflich gemacht
werden soll, wie Erfahrung als Bewußtsein von Gegenständen möglich ist.
Da Fichte diese Aufgabe lösen wollte, ohne Dinge an sich anzunehmen,
konnte er sich auf nichts vom Ich als spontaner geistiger Tätigkeit Verschiedenes beziehen. Der Begriff des Ich wird dabei allerdings so weit
gefaßt, daß das sich selber und die Natur setzende Ich aufhört, das individuelle Subjekt der Erkenntnis zu sein, und sich als überindividuelle Vernunft darstellt. Es war daher folgerichtig, wenn Fichte später nicht mehr
das Ich, sondern das Absolute bzw. Gott zum Ausgangspunkt der spekulativen Konstruktion machte.

b) Die Tendenz der späteren Wissenschaftslehre

Fichte wollte, ähnlich wie Kant, dem Vorwurf entgegentreten, er mache die
Welt der Gegenstände zu Inhalten des individuellen Bewußtseins. Während
aber Kant zugunsten der Anerkennung vom Bewußtsein unabhängiger
Dinge an sich argumentierte, schlug Fichte eine andere Richtung ein: Er
deutete das individuelle Ich und sein Wissen als Manifestation des Absolu-
ten (bzw. Gottes) als des wahren An-sich, das sich im Bewußtsein äußert
und im Bewußtsein die Dinge der Welt erschafft. Mit der Lehre vom
Ursprung aller Dinge und allen Wissens aus Gott setzte sich in Fichtes
Denken eine theologisierende Tendenz durch und verdrängte die frühere
Gleichsetzung von Gott und moralischer Weltordnung.[24]

Schon in der für eine weitere Leserschaft geschriebenen «Bestimmung des
Menschen» (1800) kündigt sich der Schritt von der Ich-Philosophie der
neunziger Jahre zur späteren Philosophie des Absoluten an. Lehnt man, wie
es Fichte tat, die Annahme eines Dings an sich ab, dann folgt, daß wir nur

von unseren Bewußtseinsinhalten wissen können und daß das Erkennen nicht als Abbilden unerkennbarer Dinge an sich aufgefaßt werden kann. Mit Hilfe des Satzes vom Grunde läßt sich eine Wirklichkeit außerhalb des Bewußtseins nicht erschließen, da dieser Satz eine subjektive Denkform ist und daher nicht über den Bereich des Denkens hinausführt. Das Bewußtsein stellt sich somit als Zusammenhang von Bildern bzw. von Vorstellungen dar, denen keine Wirklichkeit außerhalb des Bewußtseins entspricht. Da sich dieselben Gründe, die gegen die Annahme eines Dings an sich sprechen, auch gegen den Gedanken eines Ich an sich ins Treffen führen lassen, scheint es nur noch Vorstellungen, jedoch ohne Vorgestelltes und ohne Vorstellendes, geben zu können: «*Bilder* sind: sie sind das einzige, was da ist ...»[25]

Dieses für die Theorie unabweisbare Ergebnis ist unannehmbar, da wir genötigt sind, unseren Vorstellungen eine Bedeutung zu geben. Wir können zwar eine Realität jenseits der Vorstellungen nicht erschließen, wir *glauben* aber an sie, und dieser unaufhebbare Glaube an die Realität der Dinge hat praktischen Charakter: Er hat mit Interesse und Handeln bzw. mit Pflicht zu tun. Da z.B. Pflichten immer in bezug auf jemanden oder auf etwas bestehen, kann es sie nur geben, wenn außer meinen Vorstellungen etwas existiert. Da sich ferner die Pflicht nicht in erster Linie auf Ziele in der Welt richtet, sondern wesentlich auf die Freiheit bezogen ist, gehört der vernünftige Wille nicht mehr der Natur an; durch ihn ist der Mensch immer schon Angehöriger des ewigen Reiches der Freiheit, von dem her das Leben in der Welt erst seinen Sinn erhält.[26]

Wille bzw. Handeln sind aber nur vordergründig Wille und Handeln *des Ich*; im Grunde will und handelt *das Absolute*, das als unendlicher Wille die Welt erschafft, und zwar nicht als Menge unabhängig vom Ich bestehender Dinge, sondern als Gegenstände im Ich.[27] So wie Berkeley angenommen hatte, daß die Dinge nichts anderes seien als gottgeschaffene Vorstellungen bestimmter Art (siehe Teil IV, Kap. II, 2a), so ist nach Fichte das auf Gegenstände bezogene Wissen abhängig vom Absoluten als unendlichem Willen: «Jener ewige Wille ist also allerdings Weltschöpfer, so wie er es allein sein kann, und wie es allein einer Schöpfung bedarf: *in der endlichen Vernunft.* Diejenigen, welche ihn aus einer ewigen trägen Materie eine Welt bauen lassen, die dann auch nur träge und leblos sein könnte, wie durch menschliche Hände verfertigte Geräte – und kein ewiger Fortgang einer Entwickelung aus sich selbst, oder die es sich anmuten, das Hervorgehen eines materiellen Etwas aus dem Nichts zu denken, kennen weder die Welt, noch Ihn ... Nur die Vernunft ist; die unendliche an sich, die endliche in ihr und durch sie.»[28] Die Wirklichkeit ist demnach ein Reich von Geistern in Abhängigkeit vom Absoluten (von Gott). Am Ende der «Bestimmung des Menschen» heißt es: «Es verschwindet vor meinem Blicke und versinkt die Welt, die ich noch soeben bewunderte. In aller Fülle des Lebens, der Ordnung und des Gedeihens, welche ich in ihr schaue, ist sie doch nur der Vorhang, durch die (!) eine unendlich vollkommenere mir verdeckt wird, und der Keim, aus dem

diese sich entwickeln soll. Mein Glaube tritt hinter diesen Vorhang, und erwärmt und belebt diesen Keim. Er sieht nichts Bestimmtes, aber er erwartet
mehr, als er hienieden fassen kann, und je in der Zeit wird fassen können.»[29]

Nachdem Fichte das Ding an sich aus der Wissenschaftslehre verbannt
hatte, mußte er einsehen, daß sich ohne Anerkennung einer Wirklichkeit an
sich nicht begreiflich machen läßt, wie es Bewußtsein von Gegenständen
und wie es sittliche Verpflichtung geben kann. Deshalb war er genötigt, ein
An-sich anzunehmen, das nicht mehr Ding an sich, sondern Wille an sich,
Tätigkeit an sich sein soll. Wo Kant sich mit einem bloßen X begnügt hatte,
führte Fichte den Begriff eines Absoluten mit bestimmten Attributen ein
und schlug damit wieder die Richtung jener Metaphysik ein, die Kant hinter sich gelassen hatte.

Schon in den Fassungen der Wissenschaftslehre der neunziger Jahre zeigt
sich Fichtes Bestreben, über die Gegensätze von Subjekt und Objekt sowie
von Inhalt und Form der Erfahrung hinauszugehen. Er ließ sich dabei von
dem Gedanken leiten, daß es Erkenntnis (bzw. Wissen) nicht geben könnte,
wenn das Erkenntnisobjekt vom Subjekt schlechthin verschieden wäre. Um
erkennendes Ich und erkanntes Ding als verwandt betrachten zu können,
muß man, wie er meinte, annehmen, daß das Ding vom Ich hervorgebracht,
von ihm «gesetzt» sei. Die Einheit des Subjektiven und des Objektiven
kann nicht mehr empirisches Ich sein, so daß der Schritt zu ihrer Deutung
als eines Absoluten bzw. eines absoluten Wissens nicht mehr allzu groß
war. Das Absolute als Einheit von Subjektivem und Objektivem ist «das
letzte Band zwischen Subjekt und Objekt» und als solches «die Quelle alles
Wissens».[30]

Nach wie vor sprach Fichte von «Wissenschaftslehre», da es ihm, wie in
seiner früheren Philosophie, um die Beantwortung der Frage ging, wie Wissen als möglich begriffen werden könne. Die Antwort lautet auch jetzt: weil
Wissen und Gewußtes von gleicher Art sind. Die Gleichartigkeit wird nun
aber nicht mehr darauf zurückgeführt, daß das Ich die Gegenstände «setzt»,
sondern darauf, daß Denken und Sein Äußerungen des Absoluten sind. Wie
dünn die Luft in dem Bereich ist, in dem sich Fichtes Überlegungen abspie-
len, zeigt die Tatsache, daß er nicht mehr zu sagen vermochte, was jenes
reine Wissen ist, als das er das Absolute charakterisierte. Alles Sein ist nach
Fichte Wissen,[31] aber ein Wissen ohne etwas, das gewußt wird, somit ein
«Wissen von Nichts».[32] Damit werden die Grenzen, innerhalb deren sich
etwas aussagen läßt, weit überschritten. Fichte scheint das einzuräumen,
wenn er von einem «Begreifen des durchaus Unbegreiflichen, *als Unbegreiflichen*» spricht[33] oder erklärt: «Ich konstruiere ... ein durchaus nicht
zu Konstruierendes, mit dem guten Bewußtsein, daß es nicht zu konstruieren ist.»[34] Die Beantwortung der Frage, was reines Wissen sei, erfordert
«die Sicherzeugung der Unbegreiflichkeit».[35] Solche Wendungen sollen
zum Ausdruck bringen, daß das Absolute nicht im begrifflichen Denken,
sondern nur in einer unmittelbaren Anschauung zu erfassen ist. Es handelt

sich um eine Schau von der Art, die der Mystiker erstrebt und die er ausdrücken möchte, aber nicht ausdrücken kann. Angesichts des Absoluten hätte Fichte, wie die konsequenten Mystiker, schweigen müssen; er wollte aber über seine vermeintlich unmittelbare Einsicht reden und konnte dies, wie die Mystiker, nur mit Hilfe von Metaphern tun, z.B. der Licht-Metapher, die schon vom Neuplatonismus und von Pseudo-Dionysius Areopagita her bekannt ist. So bezeichnete er das Absolute als Licht ohne Leuchtendes, als Einheit ohne allen Unterschied, als «reines Entspringen durchaus aus Nichts».[36] Das Wissen des endlichen Ich ist nach dieser Ansicht «Reflex» oder «Widerschein» des Absoluten.

Im Mittelpunkt der Wissenschaftslehre steht die Frage, wie sich die Einheit zur Mannigfaltigkeit verhalte, sei es als Einheit des Ich, sei es als Einheit des göttlichen Geistes. Hatte Fichte zunächst die mannigfaltigen Gegenstände als Setzungen des Ich zu begreifen gesucht, so ging es in seiner späteren Philosophie um die Frage, wie sich Gott als das Eine und Absolute in der Vielheit der endlichen Seienden äußern könne. In der Wissenschaftslehre von 1804 wird die Aufgabe deutlich bezeichnet: Im Bewußtsein gibt es eine Mannigfaltigkeit von Bewußtseinsinhalten, und es kommt darauf an, einen Grund dieser Mannigfaltigkeit aufzuzeigen, «der alles jenes Mannigfaltige, so wie es in der Empirie vorkommt, erkläre».[37] Bezeichnet man das absolute Sein als Licht und das faktische Bewußtsein als Äußerung dieses Lichts, dann muß «aus dem Lichte die Erscheinung des Lichtes abgeleitet werden».[38] Auch in der kleinen Schrift «Die Wissenschaftslehre in ihrem allgemeinen Umrisse» (1810) wird von Gott als dem schlechthin durch sich seienden Einen ausgegangen, außer dem nichts Selbständiges sein kann. Um dennoch dem endlichen Wissen (dem endlichen Bewußtsein) ein Sein zuschreiben zu können, faßte es Fichte als «Bild» oder «Schema» Gottes auf; es ist «Gottes Sein außer seinem Sein».[39] Da das endliche Wissen im Unterschied zu Gott nicht Einheit, sondern Mannigfaltigkeit ist, sah er sich vor die Aufgabe gestellt, aus dem Begriff des Schemas göttlichen Lebens die raum-zeitliche Anschauung eines Ich (bzw. einer Vielheit von Subjekten) und das Denken abzuleiten.

Die Art, in der sich Fichte mit dem Problem des Verhältnisses von Einheit und Vielheit auseinandersetzte, erinnert an die Bemühungen der antiken Platoniker. Wie diese forderte Fichte zunächst den Rückgang von der Vielheit der empirischen Dinge zur absoluten Einheit, d.h. zur Einheit ohne jede Differenzierung. Im Hinblick auf die Aufgabe, alles Mannigfaltige zurückzuführen auf *Einheit*, konnte er sagen: «Wo noch irgend die Möglichkeit einer Unterscheidung deutlich oder stillschweigend eintritt, ist die Aufgabe nicht gelöst.»[40] Mit dem Rückgang zur absoluten Einheit kann es aber nicht sein Bewenden haben, sondern es ist nötig, auch die Art zu rekonstruieren, in der das Mannigfaltige aus dem Einen hervorgeht. An dieser Aufgabe ist Fichte ebenso gescheitert wie die Vertreter des Neuplatonismus. (Siehe Teil I, Kap. VI, 4d) In Gedanken läßt sich das Moment der

Einheit, das in jedem Gegenstand der Erfahrung der Vielheit seiner Bestimmungen korrespondiert, isolieren; macht man es aber zu einem Absoluten
und faßt es als an sich seiendes Prinzip der gesamten Wirklichkeit auf, dann
erhebt sich die Frage, wie es sich zur Mannigfaltigkeit endlicher Wesen ent-
äußern kann. Unter der Voraussetzung, daß das Absolute reine Einheit ist
und als solche auch nicht den geringsten Ansatz einer Differenz enthält,
gibt es keine überzeugende Antwort auf diese Frage. Fichtes unentwegtes
Ringen um eine Antwort macht nur die Vergeblichkeit seiner Bemühungen
deutlich.

Über der Kritik soll jedoch nicht vergessen werden, daß Fichte überzeugend die Versuche kritisierte, das Bewußtsein mit Hilfe von Annahmen
über materielle Vorgänge zu erklären. Er begnügte sich aber nicht mit der
Abwehr naturalistischer bzw. materialistischer Auffassungen, sondern verfiel in das entgegengesetzte Extrem. In der Absicht, die Selbständigkeit des
Bewußtseins so nachdrücklich wie möglich hervorzuheben, meinte er aus
dem reinen Wissen die Beziehung auf Wissensinhalte ableiten zu müssen.
Ein solches Unterfangen ist nicht nur zum Scheitern verurteilt, sondern es
ist auch dazu angetan, die Bewußtseinsphilosophie im allgemeinen zu dis-
kreditieren. Daß naturalistische Strömungen im 19. Jahrhundert so starken
Auftrieb erhielten, war auch eine Folge des Scheiterns von Auffassungen,
wie sie Fichte vertreten hatte.

4. Sittlichkeit und Recht

a) Grundgedanken der Moralphilosophie

Die zentrale Aufgabe der theoretischen Wissenschaftslehre, nämlich das Gegenstandsbewußtsein aus dem Ich allein, d. h. ohne die Annahme einer bewußtseinsunabhängigen Wirklichkeit, begreiflich zu machen, stößt auf die
Schwierigkeit, daß faktisch die Gegenstände als etwas vom Ich Unabhängiges erfahren werden. Zu sagen, daß sie das Ich sich entgegengesetzt, kann
nicht die ganze Antwort sein, weil offenbleibt, warum es das tut. Wenn das
Ich reine geistige Tätigkeit ist, dann muß erklärt werden, weshalb diese
Tätigkeit durch die Setzung von Gegenständen sich selbst beschränkt. Fichte suchte das Problem dadurch zu lösen, daß er das Ich als Streben charakterisierte und argumentierte, daß ein Streben nicht ohne ein Gegenstreben gedacht werden kann, das zu überwinden gesucht wird. Will man begreifen,
daß der Mensch aufgerufen ist, sich als freie Person zu verwirklichen, muß
man annehmen, daß es etwas gibt, an dem sich sein Freiheitsstreben zu bewähren hat. Der Anstoß, der zur Beschränkung der rein geistigen Tätigkeit
führt, entspringt dem sittlichen Bewußtsein. Da die Sittlichkeit gebietet, den
Freiheitsraum des Ich zu erweitern, muß eine Schranke angenommen werden, die im moralischen Handeln zu überwinden gesucht wird.

Die Freiheit besteht in der Unabhängigkeit von der Natur; das Ich ist frei, sofern es nicht mehr durch natürliche Faktoren bestimmt wird, sondern sich selbst bestimmt und in diesem Sinne selbsttätig ist. Von sich als geistiger Tätigkeit zu wissen heißt, sich als frei zu wissen. In diesem Sinne bezeichnete Fichte den für die menschliche Person wesentlichen Trieb zur Selbsttätigkeit (den «reinen Trieb») als Freiheitstrieb und formulierte als Prinzip der Sittlichkeit, «daß sie [nämlich die Intelligenz] ihre Freiheit nach dem Begriffe der Selbständigkeit, schlechthin ohne Ausnahme, bestimmen solle».[41] Nach Fichte handeln wir somit sittlich, wenn unser Handeln auf die Überwindung von Faktoren (wie den natürlichen Trieben) gerichtet ist, die unsere Freiheit einschränken. Sofern wir auf Grund von Trieben, Instinkten, Bedürfnissen, kurz: von «Neigungen» im Sinne Kants, handeln, ist das Handeln nicht sittlich. Hedonistische, eudämonistische oder utilitaristische Auffassungen werden damit zurückgewiesen.

Offenbar reicht aber die Forderung «Sei selbsttätig» bei sittlichen Entscheidungen nicht als Richtschnur aus, da im konkreten Fall stets auch bestimmte Handlungsmöglichkeiten zu bewerten sind. Nach Fichte sollen wir uns für jene Möglichkeit entscheiden, die am geeignetsten ist, uns von sinnlichen Neigungen unabhängig zu machen. Welche Möglichkeit das jeweils ist, sagt uns das Gewissen, das niemals irren kann und daher inappellabel ist. Nur wenn das Handeln vom Gewissen bzw. dem Bewußtsein der Pflicht geleitet wird, hat es sittlichen Charakter; macht man es von etwas anderem abhängig, dann verzichtet man auf seine Freiheit und damit auf die Möglichkeit, sittlich zu handeln.

So wie sich der Mensch in seinem sittlichen Streben der Natur als Schranke gegenübersieht, so muß er seine Entscheidungen mit Rücksicht auf die Tatsache fällen, daß es außer ihm andere moralische Wesen gibt, deren Anspruch auf Freiheit anzuerkennen ist. Das Freiheitsstreben eines jeden ist so zu beschränken, daß dem Freiheitsstreben der Mitmenschen Rechnung getragen wird. Letztes Ziel der sittlichen Bemühungen ist die Unterwerfung der Natur unter die Vernunft. Der Einzelne soll sich als Mittel zu diesem Ziel sehen: «Ich bin Werkzeug des Sittengesetzes in der Sinnenwelt.»[42] Der sittlich gute Mensch «will, daß die Vernunft, und nur sie in der Sinnenwelt herrsche».[43]

Dies gilt auch für die Gemeinschaft, sofern sie Gemeinschaft vernünftiger Wesen ist: In ihr sollen Vernunft bzw. Sittlichkeit herrschen. Da der Staat Mittel der Versittlichung des Menschen ist, sind die einzelnen verpflichtet, in die Gemeinschaft einzutreten und eine Rechtsordnung zu begründen.

b) Rechts- und Staatsphilosophie

Schon 1793 sprach Fichte von der Bindung der Rechtsordnung an die Sittlichkeit.[44] In diesem Sinne erklärte er Denk- und Redefreiheit deshalb für unveräußerliche Rechte, weil sie Voraussetzungen der sittlichen Persönlichkeit sind. Das Recht, frei zu denken und die Ergebnisse des Nachdenkens anderen mitzuteilen ist ebenso wie das Recht, geistige Anregungen aufzunehmen, Bedingung der Bildung und daher Bedingung der Entfaltung der sittlichen Persönlichkeit. Sollte dies unter Berufung auf die Greuel der Französischen Revolution für gefährlich erklärt werden, dann ist nach Fichte zu erwidern, daß diese Greuel nicht Folgen der Denkfreiheit, sondern Folgen der früheren geistigen Sklaverei seien. Die Revolution ist im Licht des Sittengesetzes zu beurteilen, das die Verwirklichung der Freiheit gebietet. Da der Mensch als Vernunftwesen nur dem Sittengesetz verpflichtet ist, darf er keinem Gesetz unterworfen werden, das ihm von außen auferlegt wird; nur Gesetze, denen er (im Sozialvertrag) zugestimmt hat und die er sich daher selbst gegeben hat, können verbindlich sein. Jede nicht auf der Zustimmung der Bürger beruhende Staatsgewalt ist despotisch, und der Kampf gegen den Despotismus, wie ihn die Revolution von 1789 einleitete, hat als moralisch gerechtfertigt zu gelten.

Die Idee der Freiheit, die in den frühen politischen Schriften anklingt, steht auch im Mittelpunkt der systematischen Werke zur Moral- und Rechtsphilosophie. In den «Reden an die deutsche Nation» (1808) geht es, wie oben angedeutet, letztlich ebenfalls um moralische Ziele, nämlich um die Versittlichung der Menschheit unter Leitung der Idee einer zeitlos gültigen sittlichen Weltordnung.

Die vertragliche Bindung im Sozialkontrakt kann nur äußere Handlungen betreffen, da sich niemand zum Eigentum eines anderen machen kann, wenn nicht die «Menschheit in ihm» vernichtet werden soll.[45] Fichte nahm, ähnlich wie Rousseau, an, daß der Mensch im Staate insofern frei bleibt, als er im Grunde nur sich selbst gehorcht, da er Gesetze befolgt, die auf der Zustimmung aller beruhen.

Mit Fichtes Eintreten für die Freiheit kontrastiert auffallend seine Forderung, die Menschen sozial und wirtschaftlich einem zentralistischen Regime zu unterwerfen. In dem Werk «Der geschlossene Handelsstaat. Ein philosophischer Entwurf als Anhang zur Rechtslehre und Probe einer künftig zu liefernden Politik» (1800) argumentierte Fichte, daß der Staat nicht nur in rechtlicher Hinsicht «geschlossen» sein müsse, da seine Einheit durch die Rechtsordnung bedingt sei, sondern auch in ökonomischer Hinsicht: Die Wirtschaft soll zentral gelenkt und die Gesellschaft ständisch gegliedert sein, nämlich in Produzenten, die Rohstoffe gewinnen, in die Rohstoffe verarbeitenden «Künstler» und in Kaufleute, die für den Austausch von Rohstoffen gegen Fertigwaren und von Waren gegen andere Waren zu sorgen haben. (In der «Rechtslehre» von 1812 sprach Fichte auch von Lohnarbeitern, die weder an die Landwirtschaft noch an das Handwerk gebunden und daher für andere Tätigkeiten – namentlich in der Industrie – verfügbar sind.[46])

Den Rahmen des ökonomischen Konzepts bildet die Rechts- und Staatslehre mit der Annahme eines Urvertrags, durch den erst rechtliche Beziehungen, somit auch das Eigentumsrecht, entstehen.[47] Der von Fichte verwendete Begriff des Eigentums ist denkbar weit. In der «Grundlage des Naturrechts» heißt es: «Leben zu können ist das absolute unveräußerliche Eigentum aller Menschen.»[48] Der Sozialkontrakt hat demgemäß den Sinn, allen Vertragspartnern die Möglichkeit zu geben, ihr Leben durch eine frei ausgeübte Tätigkeit zu erhalten. Zu diesem Zweck muß die Gesamtsphäre der freien Handlungen unter den Partnern des Sozialkontrakts so aufgeteilt werden, daß bestimmten Gruppen von Personen das ausschließliche Recht auf Ausübung einer bestimmten wirtschaftlichen Tätigkeit vorbehalten bleibt. Eigentum ist demnach kein Recht auf die Verfügung über Sachen, sondern ein Recht auf die Ausübung einer Tätigkeit.[49]

Im Interesse einer gerechten Eigentumsverteilung ist dem Staat ein Aufsichtsrecht zuzubilligen: Er hat dafür zu sorgen, daß es keine Müßiggänger und keine Armen gibt. Als Ziel betrachtete Fichte nicht in erster Linie die Steigerung der Produktion, sondern die Erhaltung oder Herstellung der gesellschaftlichen Gleichheit. Das Gerechtigkeitsideal erfordert möglichst gleichmäßige Güterverteilung. Die so verstandene Gerechtigkeit scheint aber nur auf Kosten der Freiheit herbeigeführt werden zu können: Die Einschränkungen der Freiheit, die Fichte im Interesse der Gerechtigkeit für nötig hielt, scheinen dem Sozialkontrakt zu widersprechen, der doch die Freiheit sichern soll. Fichte suchte der Schwierigkeit durch die Empfehlung auszuweichen, jedem nach Erfüllung seiner Pflichten soviel Freiheit einzuräumen, daß er sich selbstgewählten Zwecken widmen kann. Durch die Gewährung einer partiellen «Freiheit vom Staate»,[50] wird die Schwierigkeit aber nicht überwunden, weil es sich dabei nur um eine Ausnahme vom Zwang, nicht um dessen Aufhebung handelt.

Abstrakt formuliert, mag es plausibel sein, Freiheit als Gehorsam gegenüber gemeinsam beschlossenen Gesetzen aufzufassen; berücksichtigt man jedoch die konkreten Umstände – z.B. die unterschiedliche Leistungsbereitschaft der einzelnen oder den unterschiedlichen Wert ökonomischer Tätigkeiten –, dann erweist sich Fichtes Auffassung als praktisch unbrauchbar. Wenn ungeachtet der egalitaristischen und zentralistischen Tendenzen seines Gesellschaftsmodells noch von «Freiheit» gesprochen wird, dann verliert dieser Ausdruck, wie bei gewissen späteren Theoretikern des Sozialismus, seine gewöhnliche Bedeutung. Im übrigen zeigt Fichtes Sozialphilosophie, daß sozialistische Programme auch im Rahmen einer idealistischen Philosophie entwickelt werden können, wie man dies auch bei verschiedenen Vertretern des Neukantianismus im ausgehenden 19. und beginnenden 20. Jahrhundert beobachten kann.

V.

Schelling

Was kann der Mensch im Leben mehr gewinnen,
Als daß sich Gott-Natur ihm offenbare?
Wie sie das Feste läßt zu Geist verrinnen,
Wie sie das Geisterzeugte fest bewahre.
(Goethe: Weltanschauliche Gedichte)

1. Leben und Denkentwicklung

Kants Kritik an der herkömmlichen Metaphysik schien vielen zu weit zu
gehen, weshalb in verschiedener Weise versucht wurde, die spekulative Philosophie zu erneuern. Auf solche Versuche wurde in den vorangegangenen
Kapiteln hingewiesen; bei keinem Denker trat aber die spekulative Tendenz
so klar zutage wie bei Schelling, der in ebenso kühner wie anfechtbarer
Weise die Grenzen möglicher Erfahrung philosophierend zu überschreiten
suchte. Wenn je die Kennzeichnung der Metaphysik als Begriffsdichtung
gerechtfertigt war, dann in bezug auf Schelling, der im Gegensatz zum Kritizismus der Philosophie die Aufgabe zuwies, unabhängig von der Erfahrung Wesen und Form der Wirklichkeit zu bestimmen. Dabei suchte er die
Ich-Philosophie, wie er sie bei Fichte fand, im Rahmen eines pantheisti-
schen Weltbildes mit der spekulativen Naturphilosophie zu verschmelzen;
schließlich wandte er sich einer mystischen Denkweise zu, die eher religiösen als philosophischen Charakter hat.[1]

Friedrich Wilhelm Joseph Schelling wurde 1775 in Leonberg (Württem-
berg) als Sohn eines Pastors geboren. Bereits als Fünfzehnjähriger wurde er
ins Tübinger Stift aufgenommen, wo er von 1790 bis 1795 Theologie studierte. Hier kam der junge Schelling mit den Ideen der Aufklärung bzw. der
Französischen Revolution in Berührung und lernte die Kantische Philosophie kennen.[2] Mit Hölderlin und Hegel, die seine Kommilitonen waren,
verband ihn eine pantheistische Weltanschauung spinozistischer Art. Nach
dem Abschluß des Studiums strebte er kein geistliches Amt an, sondern
wurde Hauslehrer und wandte sich entschieden der Philosophie zu,
namentlich der Wissenschaftslehre Fichtes, deren Einfluß in seinen Schriften der Jahre 1795 bis 1797 deutlich zu erkennen ist. Schon 1797 kündigt
sich jedoch in den «Ideen zu einer Philosophie der Natur» eine Wende an.
Schelling war zu der Überzeugung gelangt, daß die Natur nicht nur als
Hervorbringung des Ich betrachtet werden dürfe, sondern daß sie in ihrer
Selbständigkeit gegenüber dem Ich anerkannt werden müsse. Daher
erblickte er in der Naturphilosophie einen von der Ich-Spekulation unab-

hängigen Teil der Philosophie. Seinen naturphilosophischen Überlegungen liegt die Überzeugung zugrunde, daß sich die Einheit der Organismen nicht auf einen vereinheitlichenden Akt des Denkens zurückführen lasse, sondern objektiven Charakter habe. Die 1797 eingeschlagene Richtung setzte er in den Schriften «Von der Weltseele, eine Hypothese der höheren Physik zur Erklärung des allgemeinen Organismus» (1798) und «Erster Entwurf eines Systems der Naturphilosophie» (1799) fort.

Schelling betrachtete Naturphilosophie und spekulative Ich-Philosophie nicht als getrennte Disziplinen, sondern nur als zwei Seiten der *einen* Philosophie, wie aus dem «System des transzendentalen Idealismus» von 1800 hervorgeht.[3] Als dieses Werk erschien, war Schelling bereits Professor in Jena. Dort gab er, zusammen mit Hegel, der seit 1801 in Jena Dozent war, 1802–1803 das «Kritische Journal der Philosophie» heraus.[4] Im Jenenser Romantikerkreis mit den Brüdern Schlegel, Schleiermacher, Novalis, Tieck und anderen lernte Schelling Karoline Schlegel kennen. Er und die um zwölf Jahre ältere Frau, die damals noch mit August Wilhelm Schlegel verheiratet war, fühlten sich so stark zueinander hingezogen, daß sich Karoline scheiden ließ, um Schelling zu heiraten. Als sie 1809 starb, bedeutete das einen tiefen Einschnitt in Schellings Leben und Schaffen.

In den ersten Jahren des neuen Jahrhunderts wandte sich Schelling der Auffassung zu, daß die ideale und die reale Wirklichkeit, das Denken und die Natur auf Gott als gemeinsamen Grund zu beziehen seien. Erste Zeugnisse dieser Auffassung sind die «Darstellung meines Systems» (1801) und der Dialog «Bruno oder über das natürliche und göttliche Prinzip der Dinge» (1802). 1803 folgte Schelling, dem Jena durch Anfeindungen verleidet war, einem Ruf nach Würzburg, 1806 ging er als Mitglied der Bayerischen Akademie der Wissenschaften nach München. Von dem katholischen Religionsphilosophen Franz v. Baader (1765–1841)[5] auf Jakob Böhme (siehe Teil III, Kap. II, 4) und andere Mystiker aufmerksam gemacht, wandte er sich verstärkt mystischen Gedanken zu, wie er sie z.B. in den «Philosophischen Untersuchungen über das Wesen der menschlichen Freiheit» (1809) in deutlicher Anlehnung an Böhme vortrug. Im Mittelpunkt stand dabei die Frage, wie sich, ausgehend von der absoluten Einheit, verständlich machen lasse, daß eine Vielheit von Wesen existiert; die Antwort suchte Schelling im Rahmen der Theosophie, namentlich mit Hilfe der Annahme eines dunklen Grundes in Gott, der ursprünglicher ist als der göttliche Geist und der zum Abfall der Wesen von Gott führt. 1820 nahm Schelling eine Professur in Erlangen an, wechselte jedoch schon 1827 an die Universität München. Sein Hauptinteresse galt jetzt dem Mythus und der Offenbarung, wobei der theologische Grundzug seines Denkens immer deutlicher zum Vorschein kam. Das Weltgeschehen im allgemeinen und die Geschichte im besonderen, einschließlich der Geschichte des religiösen Denkens, deutete er als Offenbarung Gottes, und zwar nicht eines unveränderlichen jenseitigen Gottes, sondern eines in der Geschichte der Welt und der Menschheit werdenden Gottes.

Nicht nur die Zeit der stürmischen Entwicklung idealistischer Konzeptionen im ausgehenden 18. und im beginnenden 19. Jahrhundert, sondern auch die Zeit der Vorherrschaft des Hegelschen Idealismus war vorüber, als der preußische König Friedrich Wilhelm IV. – der Romantiker auf dem Königsthron – Schelling 1841 nach Berlin rief, in der Hoffnung, er würde die Hegelianische Drachensaat vernichten und einer religiös ausgerichteten Philosophie zur Geltung verhelfen. Dieser Erwartung konnte der alternde Philosoph nicht mehr gerecht werden. Die ehemaligen Hegel-Schüler, die sich vom Idealismus abgewandt hatten, vermochten seinen Bemühungen um eine Versöhnung von Theologie, Philosophie und Wissenschaft nichts abzugewinnen, da sie mit der spekulativen Philosophie im allgemeinen gebrochen hatten. Friedrich Engels, der Schellings Vorlesungen hörte, verfolgte sie mit ironischer Distanz. Kierkegaard, der mit großen Erwartungen in Schellings Kolleg gekommen war, fühlte sich zunächst angesprochen, wandte sich aber bald von ihm und von der idealistischen Philosophie im allgemeinen ab. Schellings Bemühungen, seine frühere Philosophie, und darüber hinaus auch die Philosophie Hegels, die er als einseitig und in dieser Hinsicht als negativ charakterisierte, durch die Philosophie der Mythologie als «positive Philosophie» zu ergänzen, fanden keine Zustimmung, sondern lösten eher Befremden aus. Resigniert gab er seine Lehrtätigkeit auf. Während einer Erholungsreise starb er 1854 in Bad Ragaz in der Schweiz .

2. Von der Wissenschaftslehre zur Naturphilosophie

a) Die Ich-Philosophie

In der ersten Phase seiner philosophischen Entwicklung nahm Schelling den Standpunkt der Fichteschen Wissenschaftslehre ein und argumentierte in deren Geist, daß der Erfahrung der endlichen Dinge, deren jedes in mannigfaltiger Weise durch anderes bedingt ist, etwas Unbedingtes zugrunde liegen müsse, das kein Seiendes von der Art der Dinge sein und daher nur im Ich gefunden werden könne.[6] Das absolute Ich darf nicht mit dem empirischen Ich, das wir in der Selbstbeobachtung erfassen und mit dem es die Psychologie zu tun hat, verwechselt werden; es ist das, was aller Erfahrung zugrunde liegt, selbst aber nicht erfahren wird, ja grundsätzlich nicht erfahrbar ist. Es ist keine Substanz, sondern Prozeß, Tätigkeit, Streben nach Freiheit und hat somit wesentlich praktischen Charakter. Der Idealismus, der die Freiheit des Geistes betont, ist die Gegenposition des Dogmatismus (d. h. des Realismus bzw. des Naturalismus), der den Geist als Äußerung materieller Vorgänge zu begreifen sucht.

Außer Fichte hat den jungen Schelling auch Spinoza beeinflußt, mit dem er übereinstimmt, wenn er das Ich als «die einige [d. h. einzige] Substanz»[7] und als immanente Ursache all dessen, was ist, bzw. als Ursache seiner selbst bezeichnet. Die Übereinstimmung wird noch dadurch unterstrichen, daß sich Schelling einer auf Spinoza zurückgehenden Ausdrucksweise bedient und erklärt, alles, was ist, sei im Ich und außer dem Ich könne es nichts geben. Ähnlich hatte Spinoza mit Bezug auf die göttliche Substanz gesagt: «Alles, was ist, ist in Gott, und nichts kann ohne Gott sein oder begriffen werden.»[8] Tatsächlich beabsichtigte Schelling «ein Gegenstück zu Spinozas Ethik aufzustellen»;[9] wie Spinoza bezog er die gesamte Wirklichkeit auf ein Absolutes, bestimmte dieses jedoch nicht als Gott, sondern als absolutes Ich. Mit Spinoza verbindet ihn der Einheitsgedanke, nicht jedoch die Auffassung des Einheitsprinzips.

Schelling lehnte es ab, wie Spinoza oder Fichte von einem ersten Grundsatz auszugehen, weil er in der Festlegung auf abstrakte Grundsätze eine Gefahr für das freie schöpferische Denken erblickte. Dies zeigt, daß er kein Systemdenker wie Spinoza, Fichte oder Hegel war, sondern ein Denker, der die Wahrheit erschauen zu können meinte und sich berufen fühlte, sie zu verkünden. Dieser Charakter seiner Philosophie trat um so deutlicher zutage, je älter Schelling wurde.

Die Annahme eines Absoluten, das Grund der Erfahrung bedingter Tatsachen ist, hat Folgen für die Erkenntnislehre: Wenn das absolute Ich kein Ding ist, kann es auch nicht in der Weise erfaßt werden, in der wir Dinge erfahren, nämlich in Form der Unterordnung des Besonderen unter Begriffe und letztlich unter Verstandeskategorien; es kann nur Inhalt einer vom verstandesmäßigen Erkennen wesentlich verschiedenen Erkenntnis sein, die einerseits so unmittelbar ist wie die sinnliche Anschauung, andererseits vernünftigen Charakter hat. Eine Erkenntnis dieser Art heißt «intellektuelle Anschauung».

b) Die Erfahrung des organischen Lebens

Schelling ging bald über den Standpunkt der Wissenschaftslehre hinaus, weil er zu der Überzeugung gelangte, daß die Natur mehr sein müsse als nur eine Schranke der Tätigkeit des Ich, durch die es sich selbst beschränkt. Diese Ansicht läuft auf eine Abwertung der Natur zugunsten des Geistes hinaus, die Schelling nicht hinzunehmen bereit war. Der Anstoß zur Überwindung der Fichteschen Auffassung, wie sie sich bereits 1797 – in den «Ideen zu einer Philosophie der Natur» – ankündigte, ging von der Auseinandersetzung mit dem Problem der Organismen als zweckmäßiger Gebilde aus. Die Zweckmäßigkeit, die sich im Zusammenhang der Teile organischer Wesen zeigt, muß, wie Schelling überzeugt war, objektiven Charakter haben, d. h. unabhängig vom Subjekt sein: «Jede Organisation ist ... ein *Ganzes*; ihre *Einheit* liegt *in ihr* selbst, es hängt nicht von unsrer Willkür ab, sie als Eines oder als Vieles zu denken.»[10] Es ist zwar richtig, daß von Zweckmäßigkeit nur mit Bezug auf ein Zwecke setzendes Denken gesprochen werden kann, denn: «Aller Begriff von Zweckmäßigkeit kann

nur in einem Verstande entstehen ...»;[11] aber dieser Verstand kann im Falle
der Naturzweckmäßigkeit nicht das Denken des endlichen Geistes, sondern
nur das göttliche Denken sein, das sich sowohl in der Wirklichkeit als auch
im menschlichen Geist äußert und Grund der Übereinstimmung zwischen
der Form der organischen Wirklichkeit und der Form unseres Denkens ist.
Form und Materie, Ideales und Reales sind in der Wirklichkeit selbst unlösbar verbunden; die Natur steht dem Denken nicht als etwas Fremdes
gegenüber, sondern das Denken entdeckt in ihr etwas Verwandtes, da beide
aus derselben Wurzel hervorgehen.

Schellings Überlegung läßt sich so wiedergeben:

(1) Ohne einen Geist, der Relationen herstellt, gibt es keine Beziehungen,
wie schon Kant festgestellt hatte; daher gibt es unabhängig von einem Geist
auch keine Beziehung von Mitteln und Zwecken;

(2) im organischen Bereich bestehen aber Zweck-Mittel-Beziehungen, die
nicht vom menschlichen Geist erzeugt sind. Die Teile des Organismus
bilden, anders als die Elemente einer Menge, eine objektive zweckmäßige
Einheit;

(3) also weist die organische Natur auf einen Geist zurück, der nicht der
menschliche Geist ist. Es gibt somit ein geistiges Prinzip, das an sich der
Natur zugrunde liegt.

Gegen diese Überlegung läßt sich einwenden, daß zwar von äußeren
Zwecken irgendwelcher Vorgänge nur gesprochen werden kann, wenn es
einen Zwecke setzenden Geist gibt; die sogenannte Zweckmäßigkeit der
Organismen könnte aber darin bestehen, daß es sich um Selbstregulations-
systeme handelt, deren Funktionieren sich erklären läßt, ohne daß ein geistiges Prinzip angenommen zu werden braucht.

c) Die intellektuelle Anschauung

Die oben bereits kurz gestreifte Annahme, daß es außer der sinnlichen Anschauung auch eine Anschauung wesentlich anderer Art gebe, die unabhängig von Wahrnehmungen ist, jedoch wie diese nicht auf Schlüssen beruht, ja
nicht einmal begrifflichen Charakter hat, prägte Schellings philosophische
Einstellung nicht nur um die Mitte der neunziger Jahre, sondern auch in der
Folgezeit. Mit dieser Annahme trat Schelling Kants These entgegen, daß die
menschliche Anschauung stets sinnlich sei: Mindestens von uns selbst wissen
wir seiner Ansicht nach auf Grund rein geistiger Anschauung. Das Ich, von
dem wir in dieser Weise wissen, ist nicht primär theoretisches Bewußtsein,
sondern Wollen, absolute Tätigkeit. Nicht nur von uns selbst wissen wir
nach Schelling durch intellektuelle Anschauung, sondern auch von Gott als
absoluter geistiger Aktivität. Die Berufung auf eine vom rationalen Erkennen verschiedene Schau Gottes hat zur Folge, daß Gottesbeweise als überflüssig, ja als grundsätzlich verfehlt erscheinen; Schelling wunderte sich, daß
man das Bedürfnis hatte, die Existenz Gottes zu beweisen.[12] Hinter seiner

Auffassung stand die Annahme, daß Abstraktionen in der Philosophie keinen Platz hätten, da es im philosophischen Denken darauf ankomme, die Wirklichkeit unmittelbar [intellektuell] anzuschauen.

Die Gegenposition zu einer Philosophie auf der Grundlage der intellektuellen Anschauung ist die «Reflexionsphilosophie», «die nur auf Trennung ausgeht»; sie wird dem Wesen der Wirklichkeit nicht gerecht, «während die reine Anschauung oder vielmehr die schöpferische Einbildungskraft längst die symbolische Sprache erfand, die man nur auslegen darf, um zu finden, daß die Natur um so verständlicher zu uns spricht, je weniger wir über sie bloß reflektierend denken».[13] Diese Ansicht läuft darauf hinaus, der Philosophie den Charakter einer rationalen Disziplin abzusprechen. Es war daher folgerichtig, wenn Schelling seine Lehren später auf ästhetische und religiöse Erfahrungen zu stützen suchte. Von seinem Standpunkt aus werden in der Tat die Grenzen zwischen Philosophie und Kunst, zwischen Philosophie und Religion bedeutungslos.

Die Annahme, daß es eine intellektuelle Anschauung bzw. ein unmittelbares Ergreifen der Wirklichkeit – die «Ahndung» – gebe, machte Schelling unfähig, seine Auffassungen als spekulative Konstruktionen oder als kühne Extrapolationen über den Bereich möglicher Erfahrung hinaus zu verstehen. Schon Hegel lehnte die Annahme einer intellektuellen Anschauung ab, weil er eine von Begriffen unabhängige Erkenntnis für unmöglich hielt: Ohne die «Anstrengung des Begriffs» kann es philosophische Erkenntnis nicht geben. Auch vom Standpunkt des Kritizismus aus muß der Glaube an ein unmittelbares Erfassen der Wirklichkeit zurückgewiesen werden, weil als wirklich nur gelten kann, was innerhalb eines theoretischen Rahmens gedeutet und in diesem Sinne vermittelt ist. Lehnt man Schellings Annahme einer intellektuellen Anschauung ab, dann kann man philosophische Auffassungen auch nicht mehr als Inhalte einer unmittelbaren, definitive Wahrheit verbürgenden Schau betrachten. Räumt man ein, daß es keine unmittelbare Wahrheitsschau gibt, dann stellt sich der von Schelling eingeschlagene Weg als Irrweg dar; die grandiosen Aussichten, die er zu eröffnen versprach, erweisen sich als Illusionen.

3. Die spekulative Naturlehre

Schelling schwebte eine «höhere Physik» vor, die verständlich machen soll, wie sich der absolute Grund der Wirklichkeit in den Dingen äußert. Anders als Spinoza, der das Verhältnis zwischen dem Absoluten, seinen Attributen und unendlichen Modi als zeitlos betrachtete, nahm Schelling an, daß sich das Absolute in einem Prozeß der Selbstentäußerung zur Welt entfalte. Dieser Prozeß beginnt damit, daß im Absoluten selbst eine Polarisierung eintritt, die dann ihren Ausdruck in polaren Verhältnissen innerhalb der Natur findet. Nach Schelling ist es «ein erstes Prinzip einer philosophischen Naturlehre, *in der ganzen Natur auf Polarität und Dualismus auszugehen*».[14] Von Polarität kann aber nur mit Bezug auf eine ursprüngliche Einheit gesprochen werden. Hebt man die Einheit auf, dann wird die Wirklichkeit unverständlich. Grundlegend ist die Polarität von Geist und Natur, Idealem und Realem. So wie der negative und der positive Magnetpol zu ein und demselben Magnetfeld gehören, so lassen sich die Momente des Idealen und des Realen nur als Aspekte der Einen Wirklichkeit denken. Ohne Berücksichtigung des Idealen bliebe die Vielheit der Dinge ohne Zusammenhang; und ohne Beziehung auf die materielle Realität könnten die Ideen nicht verwirklicht sein. Um beiden Einseitigkeiten zu entgehen, muß man anerkennen, daß es keine vollkommen ungeistige Wirklichkeit gibt, sondern daß die materielle Natur immer schon ein geistiges Moment enthält, so wie es umgekehrt keinen völlig von der Materie losgelösten Geist geben kann. Auch die Bewegung läßt sich nicht ohne Polarität begreifen. Gäbe es nicht entgegengesetzte Kräfte, dann könnte es die lebendige Bewegung nicht geben; aber auch das polare Verhältnis der Kräfte wäre nicht möglich ohne umfassende Einheit: «Wo Erscheinungen sind, sind schon entgegengesetzte Kräfte. Die *Naturlehre* also setzt als unmittelbares Prinzip eine *allgemeine Duplizität*, und, um diese begreifen zu können, eine *allgemeine Identität* der Materie voraus. Weder das Prinzip absoluter Differenz noch das absoluter Identität ist das wahre; die Wahrheit liegt in der *Vereinigung beider*.»[15] So erfordert nach Schelling die Polarität von Anziehungs- und Abstoßungskraft ein die gegensätzlichen Kräfte zusammenhaltendes Band, als das er die Schwere identifizieren zu können meinte. Um wirken zu können, bedürfen die Kräfte eines Mediums, und als solches galt Schelling das Licht, das als zweite Potenz zur Schwere als erster Potenz der Natur hinzutritt. Schwere und Licht bilden ihrerseits einen polaren Gegensatz, der ein vermittelndes Band – ein Band zweiter Ordnung – erfordert, nämlich die Materie. Durch solche spekulative Überlegungen suchte Schelling schrittweise zu den Begriffen zu gelangen, von denen in der Naturwissenschaft die Rede ist; daß sein Versuch, die Naturwissenschaft auf spekulative Grundlagen zu stellen, erfolgreich war, kann man nicht sagen. Schelling ist es nicht gelungen, eine tragfähige Brücke zwischen Spekulation und Wissenschaft zu schlagen.

Der Gedanke der Einheit in der Polarität hat zwar die Naturforschung der damaligen Zeit da und dort angeregt und z.B. Örsted nach dessen eigener Aussage zu der Annahme veranlaßt, daß zwischen Elektrizität und Magnetismus – und darüber hinaus zwischen Naturkräften im allgemeinen – ein Zusammenhang bestehe;[16] dennoch liegen Schellings spekulative Überlegungen auf einer völlig anderen Ebene als die Theorien der Naturwissenschaft. Schelling bemühte sich nicht um naturwissenschaftliche Erklärungen von Tatsachen der Natur, sondern er beanspruchte, zu einem Verständnis des Wesens der Natur vordringen zu können. Während die Naturwissenschaft nach Gesetzmäßigkeiten des Zusammenhangs der

Erscheinungen, nach Regularitäten des Ereignisablaufs sucht, um das Einzelne als Fall von Invarianzen auffassen und damit erklären zu können, wollte Schelling zum Inneren der Natur vordringen. Was das heißt, kann man sich anhand eines Beispiels klarmachen: Die Bewegung frei fallender Körper wird durch das Galileische Fallgesetz beschrieben, nach dem der Fallweg dem Quadrat der Fallzeit proportional ist; die Fallbewegung wird durch das Newtonsche Gravitationsgesetz erklärt, das eine Beziehung zwischen dem Produkt der sich anziehenden Massen und dem Quadrat ihrer Entfernung aussagt; es wird aber nicht gefragt, was die Gravitation bzw. die Schwerkraft sei, wie ganz allgemein die Frage nach dem «Wesen» von Kräften nicht zu ihren Themen gehört. Schelling hielt dagegen die Beschränkung auf Verhältnisse im Bereich der Phänomene für unbefriedigend; er wollte den Schritt zu einer «höheren Physik» tun, die sich nicht damit begnügt, z.B. die Bewegung schwerer Körper zu beschreiben, sondern die fragt, was das Wesen der Schwere oder das Wesen des Lichts bzw. was letztlich das Wesen der Materie selbst sei. Dabei genügt es nicht, bestimmte Tatsachen oder Beziehungen zwischen Tatsachen zu untersuchen, sondern es ist nötig, die Natur ganzheitlich zu betrachten; nur so ist es möglich, sie zu *verstehen*. Das ganzheitliche Verstehen als Leistung nicht des Verstandes, sondern der schöpferischen Einbildungskraft kann nur in einer symbolischen, nicht in einer begrifflichen Sprache angemessen zum Ausdruck kommen. Mit seinem Versuch, die auf die Erforschung von Zusammenhängen zwischen Erscheinungen beschränkte Naturwissenschaft zugunsten der spekulativen Deutung von Phänomenen abzuwerten, stand Schelling in seiner Zeit nicht allein. Zugleich antizipierte er die Kritik am naturwissenschaftlich-technischen Weltbild, wie sie gegen Ende des 20. Jahrhunderts anzutreffen ist, jedoch mit dem Unterschied, daß seine Auffassung in einer spekulativen Metaphysik der Natur verankert war.

Den Anspruch, etwas vom Wesen der Wirklichkeit erfassen zu können, stützte Schelling auf die Annahme, daß Natur und Denken nur zwei Seiten ein und derselben Wirklichkeit seien: Die Natur steht seiner Ansicht nach dem Denken nicht als etwas vollkommen Fremdes gegenüber, sondern ist mit ihm auf Grund gemeinsamer Herkunft verbunden. Zusammenhänge in der Natur lassen sich somit unter Schellings Voraussetzungen nicht nur kausalgesetzlich erklären, sondern in der Weise verstehen, in der wir Äußerungen menschlichen Lebens – Worte, Mimik, Gesten usw. – verstehen können, wie Schelling ausdrücklich erklärte: «Solange ich selbst mit der Natur *identisch* bin, verstehe ich, was eine lebendige Natur ist, so gut, als ich mein eigenes Leben verstehe; begreife, wie dieses allgemeine Leben der Natur in den mannigfaltigen Formen, in stufenmäßigen Entwicklungen, in allmählichen Annäherungen zur Freiheit sich offenbaret; sobald ich aber mich und mit mir alles Ideale von der Natur trenne, bleibt mir nichts übrig als ein totes Objekt, und ich höre auf, zu begreifen, wie ein *Leben außer mir* möglich sei.»[17]

Die Entwicklung der Natur stellte sich Schelling als Folge von Stufen dar, beginnend mit dem Mechanismus über den Chemismus zum organischen und schließlich zum bewußten Leben. Diese Stufenfolge deutete er als sukzessive Entfaltung des Absoluten in der Wirklichkeit und vertrat damit eine Auffassung, die den Materialismus prinzipiell ausschließt. Auch wenn er davon sprach, daß sich das Leben aus der Materie entwickelt, vertrat er keine materialistische Auffassung, da er nicht jene Materie meinte, von der die Mechanik spricht, sondern eine Materie, in der schon der Keim der Lebendigkeit, ja der Geistigkeit liegt. Ebenso verfehlt wie der Materialismus ist die Annahme, daß es eine Lebenskraft gebe, die zur Materie äußerlich hinzutritt; eine solche Ansicht würde die Einheit der Natur aufheben, die nicht aufgehoben werden darf, wenn das Wesen der Wirklichkeit erkannt werden soll. Auch der Mensch gehört dem allgemeinen Entwicklungszusammenhang an, ja er ist das Ziel der Naturentwicklung, allerdings nicht im Sinne der natürlichen Evolution, sondern im Sinne einer auf Aktualisierung der Freiheit gerichteten Entwicklung.

Wenn das Wesen der Wirklichkeit in absoluter Tätigkeit besteht, d.h. wenn es an sich nur Prozesse, nicht Substanzen gibt, dann muß erklärt werden, warum sich die Naturdinge als etwas relativ Beständiges darstellen. Zu diesem Zweck nahm Schelling an, daß die schöpferische Aktivität der Natur gehemmt wird und infolgedessen an bestimmten Punkten zu einem relativen Stillstand kommt. Was wir als Ding erfahren, ist das Ergebnis dieser Hemmung. Die Dinge lassen sich Wirbeln vergleichen, die sich in einem Strome bilden und gleichzubleiben scheinen, während sie doch nur in einer in bestimmter Weise gehemmten Bewegung des Wassers bestehen. Die Hemmung des absoluten Werdens ist auch Bedingung der Erkennbarkeit von Gegenständen, da nichts erfahren werden könnte, wenn es nicht eine gewisse Beständigkeit gäbe. Über eine in ungehemmter, daher ungeheuer schneller Veränderung befindliche Wirklichkeit ließen sich keine Urteile fällen, weil sie uns entglitte, während wir urteilen. Nur auf Grund der Hemmung, die das Werden verlangsamt und da und dort scheinbar zum Stillstand kommen läßt, gibt es für uns erfahrbare Gegenstände. Nichtsdestoweniger ist die Natur wesentlich tätig, auch wo sie gehemmte Tätigkeit ist, und nur als Tätigkeit kann sie vom tätigen Geist des Menschen erfaßt werden.[18] Von einer Hemmung der absoluten Tätigkeit läßt sich im Rahmen der spekulativen Philosophie allerdings nur reden, wenn angenommen wird, daß dem Prinzip der Tätigkeit im Absoluten selbst ein hemmendes Prinzip gegenübertritt. Wie es zur ursprünglichen Entzweiung im Absoluten kommt, kann die Naturphilosophie nicht erklären; um diese Frage beantworten zu können, meinte Schelling später, den Schritt zur Theosophie tun zu müssen. (Eine verwandte Auffassung der Wirklichkeit hat im 20. Jahrhundert, beeinflußt von Schelling, Henri Bergson vertreten; siehe Teil VI, Kap. IV, 3 d.)

4. Die Identitätsphilosophie

Schellings naturphilosophische Spekulationen waren von dem Gedanken geleitet, daß der Unterschied zwischen materieller und geistiger Welt nur der Oberfläche der Wirklichkeit angehöre; der gemeinsame Grund, dessen Äußerungen ausgedehnte und bewußte Wirklichkeit sind, ist weder materiell noch geistig; in ihm fallen Subjekt und Objekt, Geist und Materie, Freiheit und Natur zusammen. Die Auffassung, daß sich das Absolute als Grund der Wirklichkeit gegenüber dem Unterschied von Idealität und Materialität indifferent verhalte, hat Schelling seit der Jahrhundertwende immer deutlicher vertreten; erstmals trug er ihn im «System des transzendentalen Idealismus» (1800) vor, einem Werk, in dem theoretische und praktische Philosophie, Philosophie der organischen Natur und Philosophie der Kunst zusammenhängend behandelt werden.[19] Da es Schelling darum ging, den Unterschied von Ich und Gegenstand, von freiem Wollen und Naturnotwendigkeit, von organischer Zweckmäßigkeit und mechanistischem Determinismus, von zwiespältiger Künstlerpersönlichkeit und Harmonie des Kunstwerks auf eine hinter den Gegensätzen verborgene Identität zurückzuführen, heißt sein hier erreichter Standpunkt «Identitätsphilosophie». Das gegenüber dem Unterschied von Bewußtsein und Ausdehnung gleichgültige Absolute soll sich, in Analogie zur Differenzierung des absoluten Ich in Subjekt und Objekt, einerseits zur idealen, andererseits zur realen Wirklichkeit entfalten. Dies zu zeigen ist Aufgabe einer «Geschichte des Bewußtseins»,[20] die aber nicht als geschichtliche Entwicklung in der Zeit, sondern als systematische Folge von Stufen aufzufassen ist.

Schellings Auffassung in der Zeit nach 1800 ist von dem Gedanken beherrscht, daß sich die Identität des Idealen und Realen nicht nur philosophisch, sondern auch mit den Mitteln der Kunst erfassen läßt. Wie die Philosophie hat es nach Schelling auch die Kunst mit dem Absoluten als Grund des Zusammenhangs von Bewußtem und Bewußtlosem zu tun. Während aber die Philosophie immer nur Sache der wenigen sein kann, wirkt die Kunst auf alle Menschen, da sie nicht an eine besondere geistige Einstellung – die intellektuelle Anschauung – gebunden ist, die im gewöhnlichen Bewußtsein gar nicht vorkommt; die ästhetische Anschauung ist, als objektiv gewordene intellektuelle Anschauung, allgemeinmenschlich, sie ist «allgemeines Organ der Philosophie». Die Philosophie berücksichtigt nur eine Seite der menschlichen Wirklichkeit, die Kunst dagegen den ganzen Menschen. Wenn aber die künstlerische Anschauung eine Weise der Erfahrung ist, dann muß das, was in ihr erfahren wird, als Kunstwerk gelten, wie Schelling ausdrücklich erklärt: «Was wir Natur nennen, ist ein Gedicht, das in geheimer wunderbarer Schrift verschlossen liegt.»[21] Folgerichtig forderte er die Poetisierung der Philosophie: «Wenn es nun aber die Kunst allein ist, welcher das, was der Philosoph nur subjektiv darzustellen vermag, mit allgemeiner Gültigkeit objektiv zu machen gelingen kann, so ist ... zu erwarten, daß die Philosophie, so wie sie in der Kindheit der Wissenschaft von der Poesie geboren und genährt worden ist, und mit ihr alle diejenigen Wissenschaften, welche durch sie der Vollkommenheit entgegengeführt werden, nach ihrer Vollendung als ebenso viel einzelne Ströme in den allgemeinen Ozean der Poesie zurückfließen, von welchem sie ausgegangen waren.»[22]

Ungeachtet der Annäherung der Philosophie an die Poesie griff Schelling 1801, nämlich in der «Darstellung meines Systems der Philosophie», auf eine Form der Darstellung zurück, die der poetischen schroff entgegengesetzt ist, nämlich die axiomatische, bei der aus Definitionen und Grundsätzen Folgesätze abgeleitet werden. Das Vorbild lieferte Spinozas «Ethik nach geometrischer Ordnung dargestellt» (siehe Teil IV, Kap. I, 4 b), und zwar nicht nur in formaler, sondern teilweise auch in inhaltlicher Hinsicht. Wo Spinoza von der einen, absolut unendlichen Substanz sprach, verwendete Schelling den Ausdruck «Vernunft», mit dem er etwas bezeichnete, das vor der Differenzierung der Wirklichkeit in Materie und Bewußtsein liegt. Die Vernunft ist «totale Indifferenz des Subjektiven und Objektiven»,[23] und so wie nach Spinoza außer der Substanz nichts sein kann, so heißt es bei Schelling: «Außer der Vernunft ist nichts, und in ihr ist alles.»[24] Wie Spinoza identifizierte auch Schelling die wahre Wirklichkeit mit der absoluten Unendlichkeit, so daß nichts Endliches als wahrhaft wirklich gelten kann. Endliche Wesen sind nur insofern real, als ihnen das Absolute zugrunde liegt. Während aber Spinoza vorausgesetzt hatte, daß sich das Wesen der Substanz in ihren Attributen (Ausdehnung und Bewußtsein) manifestiere, muß sich nach Schelling die absolute Identität in Subjekt und Objekt, in Bewußtsein und Materie differenzieren.

Subjekt und Objekt können sich, da sie im Grunde identisch und daher nicht qualitativ verschieden sind, nur in quantitativer Hinsicht unterscheiden, nämlich dadurch, daß in einer Art von Erscheinungen bald der materielle, bald der geistige Aspekt überwiegt. Nach Schelling gibt es somit nichts ausschließlich Materielles oder Ideelles, sondern nur überwiegend materielle oder überwiegend ideelle Erscheinungen. Während sich nach Spinoza die Substanz immer nur entweder in Dingen unter dem Attribut der Ausdehnung oder in Phänomenen unter dem Attribut des Bewußtseins manifestiert, ist nach Schelling in allen Dingen der materiellen Welt immer etwas Geistiges enthalten, und umgekehrt ist nichts Geistiges völlig unabhängig von der materiellen Realität. Im Verlauf der Entfaltung der Natur kommt in den ideellen Erscheinungen immer deutlicher das reelle (materielle) Moment zum Vorschein, und umgekehrt befreit sich das in den reellen Erscheinungen enthaltene geistige Moment immer mehr von der Bindung an die Materie. Bereits im Licht macht sich das Geistige, das in der schweren Masse noch nicht zutage tritt, bemerkbar, um dann im Magnetismus, in der Elektrizität und in den chemischen Vorgängen, schließlich im organischen Leben immer größere Selbständigkeit gegenüber den mechanischen Zusammenhängen zu erlangen. Im ideellen Bereich tritt die Abhängigkeit des Geistigen von der materiellen Wirklichkeit zunächst in der Moral, sodann deutlicher noch in der Kunst zutage, die darauf angewiesen ist, daß die künstlerische Idee in der materiellen Welt – im Kunstwerk – verwirklicht wird. Organismus und Kunstwerk sind die höchsten Erscheinungen, in die sich das Absolute entfaltet. Sie sind aber nicht nur als Potenzen im Absoluten angelegt, sondern sie verhalten sich auch in der Gesamtheit seiner Manifestationen zueinander komplementär: Die Natur als ganze ist der kunstvollste Organismus und das organischste Kunstwerk. In Schellings «Identitätsphilosophie» geht es darum, Ich-Philosophie (im Sinne von Fichtes Wissenschaftslehre) und Naturphilosophie als konvergierende Betrachtungsweisen, als zwei Seiten ein und derselben Philosophie, darzustellen. Daher beanspruchte Schelling nicht, eine neue philosophische Konzeption entwickelt zu haben, sondern meinte nur, von einem höheren Standpunkt aus verknüpft zu haben, was in seinen früheren Darstellungen bereits enthalten war.[25]

Obwohl Schelling seine Thesen zum Teil in quasi-mathematische Formeln kleidete, hat die Identitätsphilosophie nichts mit wissenschaftlichem Philosophieren zu tun, sondern ist neuplatonisch-mystischen Traditionen verpflichtet, was sich gelegentlich auch in der Terminologie zeigt. So bezeichnete Schelling in Anlehnung an die Trinitätsspekulation das Absolute auch als «Vater» und das Subjekt-Objekt als «Sohn».[26] Schellings naturphilosophische Überlegungen sind im einzelnen oft äußerst obskur, z.B. wenn es heißt: «In Ansehung des Ganzen repräsentiert die Pflanze (...) den Kohlen-, das Tier den Stickstoffpol. Das Tier ist also südlich, die Pflanze nördlich. In Ansehung des Einzelnen ist dieser Pol durch das männliche, jener durch das weibliche Geschlecht bezeichnet.»[27])

5. Theosophie und «positive Philosophie»

a) Werden der Welt als Werden Gottes

Schelling wollte Gott und Welt so denken, daß einerseits ihr Zusammenhang gewahrt bleibt, andererseits ein den Unterschied von Gott und Welt aufhebender Pantheismus vermieden wird. Zu diesem Zweck griff er auf theosophische Spekulationen, wie er sie bei Jakob Böhme (siehe Teil III, Kap. II, 4) fand, zurück. Das zentrale Problem, dem er sich gegenübersah und mit dem schon der Neuplatonismus gerungen hatte, betrifft den Hervorgang der endlichen Wirklichkeit aus Gott. Die Entstehung der Dinge kann nicht unabhängig von Gott erfolgen, weil außer oder vor Gott nichts ist; sie scheint aber auch nicht in Gott verlegt werden zu können, weil es in Gott als der absoluten Einheit nichts von ihm Verschiedenes geben kann.[28]

Schelling suchte in der «Philosophie der Religion» (1804) das Problem zunächst mit Hilfe der Annahme zu lösen, daß Gott sich seiner selbst bewußt werde und sich dabei als ein «anderes Absolutes» anschaue. Die Ideen des göttlichen Selbstbewußtseins lösen sich von Gott, sie verselbständigen sich ihm gegenüber und werden dadurch zur Wirklichkeit im Unterschied zu Gott. Da es sich um einen Abfall handelt, ist der Schritt vom Absoluten zur Wirklichkeit kein stetiger Übergang, sondern ein Sprung[29] – freilich nicht im Sinne eines zeitlichen Vorgangs, sondern eines ewigen Verhältnisses. Schelling war sich darüber im klaren, daß er keine Erklärung, sondern eine spekulative Deutung in Form einer mythischen Theo- und Kosmogonie zu bieten hatte. In den «Untersuchungen über das Wesen der menschlichen Freiheit» (1809)[30] ging er einen Schritt weiter und unterschied zwischen Gott und einem Grund in Gott, den er als dunklen Grund, als Urgrund oder Ungrund bezeichnete. Die Dinge haben ihren Grund in dem, «was in Gott selbst nicht *Er Selbst ist*, d. h. in dem, was Grund seiner Existenz ist».[31] In Anlehnung an Böhme sprach Schelling von der Sehnsucht des ewigen Einen, sich selbst zu gebären. Diese Sehnsucht ist ein vom Verstand nicht erleuchteter Wille, der von der Begierde nach Verstand erfüllt ist. Das Verstandlose ist «die unergreifliche Basis der Realität, der nie aufgehende Rest, das, was sich mit der größten Anstrengung nicht in Verstand auflösen läßt».[32] Unter dem Eindruck der Sehnsucht erzeugt sich in Gott eine Vorstellung, in der sich Gott selbst erblickt und die das erste ist, worin Gott verwirklicht ist; sie ist «der *in* Gott gezeugte Gott selbst»,[33] «das Wort» Gottes.

Wie die Bemühungen in der Spätantike und bei den Mystikern der Folgezeit, den Abstand zwischen der absoluten Einheit Gottes und der Vielheit der Wesen zu überbrücken, führten auch Schellings Versuche nicht zu einem überzeugenden oder auch nur halbwegs plausiblen Ergebnis. Dennoch ist Schellings Lehre vom dunklen Grund wirkungsgeschichtlich wichtig, weil sie als Absage an jede Form der rationalen Metaphysik zu verstehen ist: Der Grund der Wirklichkeit wird nicht mehr in einer höchsten Vernunft erblickt, sondern in einem vernunftlosen Streben, aus dem erst die göttliche Vernunft bzw. Gott als Geist hervorgeht. Versteht man unter Gott die höchste Vernunft, dann kann dem Hinweis auf das, was in Gott nicht Er selbst ist, ein gewisser Sinn gegeben werden: Der Grund der Wirklichkeit liegt in etwas, das ursprünglicher ist als die göttliche Vernunft. Während nach rationalistischer Ansicht die Wirklichkeit im allgemeinen, in die die Ordnung der Dinge wie die Ordnung der Begriffe eingebettet sind, vernünftig ist bzw. von einer höchsten Vernunft abhängt, geht nach Schelling die Wirklichkeit, einschließlich der Vernunft, aus einem unvernünftigen Grund hervor.[34]

Im gleichen spekulativen Rahmen erörterte Schelling auch das Problem des Bösen, und auch dabei zeigt sich, wie weit er sich von der rationalistischen Auffassung entfernt hatte. Anders als z.B. Leibniz, der die Realität des Bösen zu relativieren gesucht hatte (siehe Teil IV, Kap. I, 6d), hielt Schelling das Böse für vollkommen real. Auch im Menschen ist jenes dunkle Prinzip wirksam, das dem dunklen Grund in Gott entstammt und das die Oberhand gewinnt, wenn sich der Mensch kraft der Freiheit, die er Gott verdankt, für das Selbstsein im Gegensatz zu Gott entscheidet. Diese Entscheidung – der Abfall von der Einheit mit Gott – ist möglich, weil es Freiheit gibt, freilich nicht im Sinn von Zufall oder von Willkür, sondern in dem Sinne, in dem Spinoza, dem Schelling fast wörtlich folgt, von Freiheit sprach. Nach Schelling ist «frei ..., was nur den Gesetzen seines eigenen Wesens gemäß handelt und von nichts anderem weder in noch außer ihm bestimmt ist».[35] Demnach ist der Mensch frei, wenn er seinem Wesen gemäß handelt; was er seinem Wesen nach ist, hängt aber von einer Entscheidung ab, die mit der Verselbständigung der Wesen gegenüber Gott erfolgt. Der Mensch hat sich als so und so bestimmtes Wesen gewählt, aber es handelt sich nicht um eine Entscheidung in der Zeit, sondern um einen Akt, der, ebenso wie die Schöpfung, außerzeitlich ist. Daß der Mensch sein Handeln als determiniert betrachtet und sich dennoch verantwortlich weiß, kommt daher, daß er sein Wesen, aus dem die Handlungen (in Verbindung mit konkreten Motiven) notwendig hervorgehen, frei gewählt hat: «Die Tat, wodurch sein [des Menschen] Leben in der Zeit bestimmt ist, gehört selbst nicht der Zeit, sondern der Ewigkeit an; sie geht dem Leben auch nicht der Zeit nach voran, sondern durch die Zeit (unergriffen von ihr) hindurch als eine der Natur nach ewige Tat. Durch sie reicht das Leben des Menschen bis an den Anfang der Schöpfung; daher er durch sie auch außer dem Erschaffenen, frei und selbst ewiger Anfang ist.»[36]

Mit dieser schwer verständlichen Lehre knüpfte Schelling an Kants Unterscheidung von empirischem und intelligiblem Charakter an. Kant hatte angenommen, daß der Mensch nicht nur der empirischen Welt, sondern zugleich einem intelligiblen Reich angehöre, das nicht der Naturkausalität unterworfen ist, sondern in dem Kausalität aus Freiheit möglich ist. (Siehe Teil V, Kap. I, 6c) Sofern der Mensch Bürger des Reichs der Freiheit ist, eignet ihm ein intelligibler Charakter im Unterschied zum empirischen Charakter der raum-zeitlichen Wirklichkeit. Schelling knüpfte an diese Unterscheidung an, gab ihr aber durch die Annahme einer außerzeitlichen Wahl des moralischen Charakters eine spekulative Bedeutung, die Kant fern lag. Gegen die theosophische Weiterentwicklung der Kantischen Unterscheidung spricht allein schon der Umstand, daß sich nicht sagen läßt, was eine Wahl, eine Entscheidung, eine Tat, die nicht in der Zeit erfolgt, sein könnte.

In den Stuttgarter Privatvorlesungen von 1810 hat Schelling seine Gedanken über den sich selbst erschaffenden Gott ausgeführt. Gott ist nicht von Anfang an fertig, sondern das göttliche Leben beginnt mit einem Zustand der Bewußtlosigkeit; mit der Bewußtwerdung Gottes – der Überwindung der ursprünglichen Dunkelheit durch vernünftige Klarheit – scheiden sich in Gott das Dunkle und Bewußtlose (die Materie im spekulativen Sinne) vom Höheren oder Idealen, ohne daß beides jedoch auseinanderfiele, und diese Differenzierung in Gott ist der Ausgangspunkt der Weltschöpfung.[37] Bemerkenswert an den Vorträgen von 1810 ist die wiederholt herangezogene Analogie von Mensch und Gott: Im göttlichen wie im menschlichen Bereich besteht das Leben in der Bewußtwerdung; das höhere tritt dem niederen Bewußtsein, dem Irrationalen, gegenüber, ohne es aber vollkommen aufzuheben. Diese Analogie darf als Hinweis darauf verstanden werden, daß die theosophischen Spekulationen im Grunde Projektionen erkenntnismetaphysischer Zusammenhänge sind: Es handelt sich um das objektive Gegenstück zur Subjekt-Objekt-Dialektik, die Schelling in der ersten Phase seiner philosophischen Entwicklung konzipiert hatte.

b) Philosophie der Offenbarung

Schon 1809 kündigt sich die Hinwendung zur Geschichte an, die für Schellings Spätphilosophie charakteristisch ist.[38] Da Schelling die Weltwerdung als Wirklichwerden Gottes verstand, konnte er die Entwicklung des religiösen Bewußtseins als Aspekt dieses Prozesses und damit als Offenbarung Gottes im menschlichen Denken deuten. In der «Philosophie der Mythologie und der Offenbarung» wollte er der Tatsache Rechnung tragen, daß es Religion als historische Tatsache gibt und daß sie sich im Verlauf der Geschichte vom Mythus als natürlich sich erzeugender Religion zur Offenbarungsreligion entwickelt hat.[39] Im ersten Stadium dieser Entwicklung war das Bewußtsein des Menschen in natürlicher Weise mit Gott verbunden; in einem zweiten kam es zur Entfremdung von Mensch und Gott, und das dritte Stadium führt schließlich zur Überwindung dieser Entfremdung. Da Schelling diese Entwicklung für notwendig hielt, meinte er, daß keine ihrer Phasen übersprungen werden könne, so wie er auch überzeugt war, daß sich die späteren Stadien nicht ohne Berücksichtigung der früheren verstehen lassen. Besondere Bedeutung legte er der Mythologie bei, in der er den Schlüssel zum Verständnis nicht nur der Vergangenheit, sondern auch der Gegenwart gefunden zu haben glaubte; sie ist «für die Bestimmung des gegenwärtigen geistigen Zustandes der Menschheit ... ein notwendiges, nicht zu übergehendes, nicht auszuschließendes Moment».[40]

Schelling sprach von einer «natürlichen Religion», meinte aber nicht die traditionelle theologia rationalis, die ein Teil der speziellen Metaphysik ist, sondern er dachte, wenn er von natürlicher Religion sprach, an ein natürliches Vermögen, Gott zu «setzen», und zwar in einer von allem Denken und Wissen unabhängigen, das heißt vorrationalen Weise.[41] Offenbarung ist nach Schelling Enthüllung des göttlichen Lichts, das in verborgener Weise immer schon wirksam war. Sie besteht nicht in irgendwelchen Lehren, sondern im Sein und im Wirken, so wie nicht das, was Christus gesagt hat, für die Geschichte des religiösen Bewußtseins entscheidend ist, sondern das, was er war und tat.

Hinter der Forderung, die Religion und namentlich das Christentum als geschichtliche Wirklichkeit anzuerkennen, steht der Gedanke, daß die Wirklichkeit im allgemeinen in ihrer Selbständigkeit anzuerkennen und nicht aus allgemeinen Wesenszusammenhängen abzuleiten sei, wie die konsequenten Rationalisten, z.B. Christian Wolff (siehe Teil IV, Kap. II, 4a), aber auch Hegel, gemeint hatten. Gegen die Auflösung der Existenz in Wesensbeziehungen empört sich, wie Schelling sagte, «die außerlogische Natur der Existenz».[42] Wenn die Existenz nicht in logische Beziehungen aufgelöst werden kann, dann läßt sie sich auch nicht mit den Mitteln des begrifflichen Denkens erfassen; sie ist vor allem Denken und in diesem Sinne «unvordenklich».[43] Die «verzweiflungsvolle» Frage «warum ist überhaupt etwas? warum ist nicht nichts?» erweist sich als unbeantwortbar.[44] Das kann freilich nicht überraschen, da diese Frage, wörtlich verstanden, keinen Sinn hat. Ernst zu nehmen ist aber Schellings Absage an den Panlogismus, in den der konsequente Rationalismus mündet: Die Wirklichkeit ist mehr, als sich im rationalen Denken von ihr erfassen läßt; es bleibt stets ein Rest, der sich den Bemühungen um Rationalisierung entzieht.

Eine Philosophie, deren Aufgabe in der Erkenntnis von Wesensbeziehungen besteht, kann daher nicht die Philosophie überhaupt sein. Schelling bezeichnete sie als «negative Philosophie» und forderte, sie durch eine «positive Philosophie» zu ergänzen, die sich mit dem Problem der Existenz auseinandersetzt und die daher nicht mehr begriffliches Erkennen sein kann. Als negative Philosophie galt ihm nicht nur der Hegelianismus, sondern auch seine eigene frühere Philosophie, und zwar sowohl als Transzendental- wie als Naturphilosophie. Die positive Philosophie soll jedoch die negative nicht ersetzen, sondern sie nur ergänzen. Die negative Philosophie steigt (als *philosophia ascendens*) zur Idee Gottes auf, aber eben nur zu seiner Idee; die positive Philosophie steigt (als *philosophia descendens*) vom wirklichen, sich in der Geschichte offenbarenden Gott zur endlichen Wirklichkeit herab. Erst mit dem Schritt zur positiven Philosophie läßt sich die negative Philosophie als das erkennen, was sie sein soll, nämlich als ein Aspekt der Philosophie im umfassenden Sinne, der auf einen anderen – die positive Philosophie – bezogen werden muß.[45]

Der Schritt zur positiven Philosophie entspricht einem durch die konsequent zu Ende gedachte negative Philosophie erzeugten Bedürfnis und ist daher durch diese in gewisser Weise – allerdings nicht logisch – begründet; er erfolgt nicht unmittelbar, sondern vermittelt durch eine mystische Auffassung, nach der die wahre Wirklichkeit intuitiv erfahren werden kann. Die positive Philosophie stellt sich somit als Synthese von mystischem Empirismus und rationalistischer Wesensphilosophie dar, da sie wie jener ein positives Verständnis der Wirklichkeit enthält, aber wie diese «wissenschaftlich» zu sein beansprucht. Erhebt man sich zu einem allgemein-philosophischen Standpunkt, der den Gegensatz zwischen negativer und positiver Philosophie hinter sich läßt, dann verschwindet schließlich auch der

Schein zweier verschiedener Philosophien[46] und ihrer dialektischen Wechselbeziehung. Man muß allerdings durch die Dialektik hindurchgegangen
sein, um zur «historischen» Betrachtungsweise, zur «Einfalt der
Geschichte» zurückzufinden,[47] einem Ziel, das Schelling noch nicht als
erreicht betrachtete.

Mit dem Bekenntnis zur «historischen» Betrachtungsweise nahm Schelling eine Auffassung vorweg, wie sie Heidegger vertrat, wenn er der Philosophie die Aufgabe zuwies, zu vernehmen, was das Sein (oder – wie der
spätere Heidegger in Anlehnung an die Orthographie des frühen 19. Jahrhunderts schrieb – «das Seyn») uns zuspricht. Eröffnet wurde dieser Weg
durch Fichtes Lehre vom Primat der praktischen Vernunft, nicht nur (wie
bei Kant) in der Ethik, sondern auch in der theoretischen Philosophie; eine
Fortsetzung fand er mit der Forderung eines Primats der ästhetischen Vernunft, und er endete mit dem Versuch, das Verhältnis des Menschen zur
Wirklichkeit im allgemeinen und zu Gott im besonderen als unmittelbar
erlebte, nicht durch begriffliches Denken vermittelte Verbindung darzustellen. Der Glaube an die Möglichkeit unmittelbarer, auf Beobachtung, Verstand und Vernunft nicht angewiesener Vereinigung mit der Wirklichkeit
beruht aber auf einer Illusion, weil wir etwas nur als wirklich denken
können, sofern es im Rahmen einer empirischen Theorie gedeutet ist. Da
Schelling diese Einsicht Kants ignorierte, fühlte er sich genötigt, die philosophische zugunsten einer im weiten Wortsinn religiösen Denkweise
aufzugeben. Viele, die den Schritt zur Religion nicht mitvollziehen wollten,
unter dem Eindruck der angedeuteten Entwicklung aber das Vertrauen zur
Philosophie verloren hatten, wandten sich von ihr ab und der einzelwissenschaftlichen Forschung bzw. naturalistischen und positivistischen Auffassungen zu, die im zweiten Drittel des 19. Jahrhunderts besonders starken
Auftrieb erhielten.

VI.

Hegel

Versöhnung ist mitten im Streit, und
alles Getrennte findet sich wieder.
(Hölderlin: Hyperion)

1. Hegels Leben und Werke

Der rationalistische Anspruch, durch reine Vernunft, d. h. unabhängig von
Beobachtungen, Strukturen der Wirklichkeit erkennen zu können, war
zwar durch die Hume-Kantische Kritik schwer erschüttert, wurde jedoch
keineswegs allgemein aufgegeben; eine Reihe von Philosophen, die an Kant
anknüpften, den kritizistischen Standpunkt jedoch verkannten oder miß-
achteten, suchten jenen Anspruch erneut zur Geltung zu bringen. Dies tat
keiner so nachdrücklich und so wirksam wie Hegel, der sich nicht, wie
manche Romantiker, auf einen (philosophischen) Glauben oder aufs Gefühl
berief und der auch nicht beanspruchte, in einem Akt intellektueller
Anschauung das Absolute unmittelbar erfassen zu können, sondern nur
den Weg der vernünftigen Erkenntnis für gangbar hielt, diese Erkenntnis
allerdings scharf von der Verstandeserkenntnis, die im Alltag und in den
Einzelwissenschaften maßgeblich ist, abgrenzte. Der Verstand bildet
abstrakte Begriffe, die Ideen der Vernunft sind dagegen allgemeine Entitäten, die nicht vom Subjekt durch Verallgemeinerung besonderer Erfahrungen erzeugt, sondern an sich wirklich sind. Die so aufgefaßte Vernunft
entspricht dem intuitiven Wissen, das Spinoza vom rationalen Erkennen
unterschieden hatte (siehe Teil IV, Kap. I, 4e) oder dem Intellekt, der von
Nikolaus von Kues der Ratio gegenübergestellt worden war. (Siehe Teil III,
Kap. I, 2b) Die Vernunft ist Wissen des Absoluten, und zwar im Sinne
sowohl des Genetivus objectivus wie des Genetivus subjectivus: Das Absolute ist einerseits Inhalt der Vernunfterkenntnis, andererseits ist es das, was
erkennt. Die höchste Erkenntnis ist erreicht, wenn die Vernunft sich selbst
als das Absolute weiß. Das wahre Wissen ist somit Selbsterkenntnis des
Absoluten, das sich im endlichen Denken seiner selbst bewußt wird. Diese
Auffassung verbindet Hegels Philosophie mit der Mystik, freilich nicht
einer Mystik des Gefühls, der enthusiastischen Verzückung oder der «Ahndung», sondern einer Mystik, deren Ziel das durch Vernunftbegriffe vermittelte Wissen vom Absoluten ist.[1]

Georg Wilhelm Friedrich Hegel wurde 1770 in Stuttgart geboren.[2] Er
studierte 1788 bis 1793 als Stipendiat am Tübinger Stift Theologie und Philosophie und betätigte sich anschließend in Bern als Hauslehrer (1793 bis

1796). Mit seinen Studienkollegen Hölderlin und Schelling stand er in enger freundschaftlicher Verbindung und begeisterte sich wie diese zunächst für die Ideen der Französischen Revolution. Er setzte sich mit der Denkweise des Urchristentums und mit Kants Idee einer vernünftigen Religion auseinander und arbeitete an einem Leben Jesu. Auch historische und politische Themen beschäftigten ihn. 1801 habilitierte er sich in Jena, wo er mit seinem Jugendfreund Schelling das «Kritische Journal der Philosophie» (1802–1803) herausgab. Hegel behandelte in seinen Vorlesungen Gedanken der systematischen Philosophie, widmete sich aber auch der Philosophiehistorie und der Naturrechtslehre. 1805 wurde er außerordentlicher Professor. Nach der Niederlage Preußens bei Jena und Auerstädt erlebte er den Einzug Napoleons in Jena, der ihn beeindruckte, wie eine briefliche Äußerung aus dieser Zeit erkennen läßt: «Den Kaiser – diese Weltseele – sah ich durch die Stadt zum Rekognoszieren hinausreiten. Es ist in der Tat eine wundersame Empfindung, ein solches Individuum zu sehen, das hier, auf einen Punkt konzentriert, auf einem Pferde sitzend, über die Welt übergreift und sie beherrscht.»[3] Den Gedanken, daß die Geschichte die Entfaltung des Weltgeistes sei, der sich der Individuen als seiner Werkzeuge bedient, hat Hegel später in seiner Philosophie der Geschichte entwickelt und metaphysisch untermauert.

«Unter dem Donner der Kanonen der Schlacht von Jena» – wie sein Schüler Eduard Gans[4] sagte – vollendete Hegel sein erstes, 1807 erschienenes philosophisches Werk, die «Phänomenologie des Geistes». Obwohl er sich damit als einen der bedeutendsten Philosophen der Zeit ausgewiesen hatte, brach er seine akademische Laufbahn ab, da die politische Lage negative Auswirkungen auf die Lehr- und Forschungsbedingungen an den Universitäten hatte. Er wurde in Bamberg Redakteur (1807–1808), übernahm aber bald die Leitung des Nürnberger Gymnasiums, an dem er auch Philosophie lehrte und seinen Schülern offenbar viel abverlangte. In die Nürnberger Zeit fällt die Vollendung der «Wissenschaft der Logik», deren beide Bände 1812 und 1816 erschienen. Dieses Werk bildet die Grundlage des philosophischen Systems, über das Hegel nach seiner Berufung an die Universität Heidelberg (1816) las. Die Vorlesung erschien unter dem Titel «Enzyklopädie der philosophischen Wissenschaften im Grundrisse» (1817); sie wurde in späteren Auflagen erweitert und durch Zusätze der Herausgeber ergänzt.[5]

1818 folgte Hegel einem Ruf nach Berlin, wo er bis zu seinem Tode 1831 lehrte und weit über den Bereich der akademischen Philosophie hinaus wirkte. Das wichtigste Werk der Berliner Jahre sind die «Grundlinien der Philosophie des Rechts» (1821). Mehrere seiner Schüler, die die akademische Laufbahn eingeschlagen hatten, verstärkten die Wirkung seiner Philosophie, und auch im Ausland breitete sich Hegels Ruhm aus, unter anderem in Frankreich durch Victor Cousin (1792–1867), der auf die damalige französische Universitätsphilosophie großen Einfluß ausübte. Die politischen

Entwicklungen verfolgte Hegel aufmerksam. Als in Frankreich 1830 die Julirevolution ausbrach und Erschütterungen in anderen europäischen Ländern auslöste, beunruhigte ihn das sehr. Im Sommer 1831 verließ er wegen der in Berlin grassierenden Cholera seine Stadtwohnung. kehrte aber zu Beginn des Wintersemesters wieder zurück. Kurz darauf infizierte er sich und erlag der Seuche am 14. November 1831. Bereits im folgenden Jahr begann die «durch einen Verein von Freunden des Verewigten» veranstaltete Ausgabe seiner Werke (Berlin 1832–1845) zu erscheinen, die auch die zu Hegels Lebzeiten nicht veröffentlichten Vorlesungen enthielt.

Hegel wurde immer wieder als Reaktionär charakterisiert, der in der Zeit der Restauration nur allzu gern mit der staatlichen Macht kooperierte. Daß er die Verfassung des preußischen Staates bejahte, trifft zu, aber man muß bedenken, daß die Verfassung Preußens dank der Stein-Hardenbergschen Reformen eine Reihe durchaus fortschrittlicher Züge aufwies, so daß es nicht abwegig war, sie als – relativ – vernünftig zu betrachten, und mehr als relative Vernünftigkeit kann realen Verhältnissen von Hegels Standpunkt aus nicht zugeschrieben werden. Wenn auch, wie es in einem viel zitierten und viel mißdeuteten Satz der Vorrede zur «Philosophie des Rechts» heißt, das Wirkliche vernünftig und das Vernünftige wirklich ist, so läuft das nicht auf die Verewigung der bestehenden Verhältnisse hinaus, sondern läßt auch die Deutung zu, daß das nicht mehr Wirkliche aufhört vernünftig zu sein. Der Wandel der sozialen und politischen Bedingungen kann auf Grund jenes Satzes als Ablösung des relativ Vernünftigen durch Vernünftigeres aufgefaßt werden, so daß nicht das Beharren bei den bestehenden Verhältnissen, sondern deren Veränderung als vernünftig erscheint.

2. Hegels theologischer Ausgangspunkt

Hegel war, wie Fichte und Schelling, ursprünglich Theologe, und in gewissem Sinne ist er immer Theologe geblieben: Der «Aufhebung» der Theologie in die Philosophie entspricht die Theologisierung der Philosophie. Das Bemühen um eine Synthese von Philosophie und Theologie bestimmte Hegels Denken von Anfang an, wobei zunächst noch Motive des Aufklärungsdenkens eine Rolle spielten, die später unwirksam wurden. Der Einfluß der Aufklärung ist feststellbar, wenn Hegel in seinen Jugendschriften – besonders wichtig sind «Der Geist des Christentums und sein Schicksal» und «Das Leben Jesu»[6] – die Religion moralisch zu deuten suchte und das Reich Gottes, um das sein damaliges Denken anhaltend kreiste, als Reich des Guten auffaßte, d. h. als Reich, in dem allein Vernunft und Gesetz gebieten, bzw. als Gemeinschaft aller dem vernünftigen Sittengesetz folgenden Menschen. Der aufklärerischen Tendenz zur Reduktion der Religion auf Moral gemäß deutete Hegel den Inhalt der Botschaft Jesu als «Glauben

an das heilige Gesetz der Vernunft» und verstand den Heiligen Geist als
«Samen des Guten» im Menschen.

Gleichzeitig kündigt sich in den theologischen Jugendschriften auch
schon die Überwindung der rationalistischen Religionsphilosophie mit der
für sie charakteristischen scharfen Trennung von Endlichem und Unendlichem, von Mensch und Gott an. Hegel sah Endliches und Unendliches
als Momente einer Einheit, somit nicht durch einen Einzelnen – nämlich
Jesus – vermittelt, sondern als wesentlich zusammengehörig. Das Unendliche ist in allem Endlichen gegenwärtig, so daß vom Endlichen nur vor
dem Hintergrund des Unendlichen gesprochen werden kann. Umgekehrt
ist eine Idee des Unendlichen bzw. Göttlichen ungenügend, die nicht dessen Beziehung auf die endliche Wirklichkeit enthält.

Obwohl Hegel in Jesus nicht den in einem geschichtlichen Moment auftretenden Mittler zwischen Mensch und Gott erblickte, sah er in seiner
Lehre einen Faktor von welthistorischer Bedeutung, weil sie die lebendige
Einheit von Unendlichem und Endlichem zum Ausdruck bringt. Hinter
dem Titel «Sohn Gottes», den Jesus beanspruchte, steht der Gedanke, daß
jeder Mensch wesentlich Gott zugehörig ist. Wenn Jesus als Preis für den
Eintritt in das Reich Gottes die Lösung von der bestehenden gesellschaftlichen und religiösen Ordnung, insbesondere die Preisgabe familiärer Bindungen und den Verzicht auf Eigentum verlangte, trat er in Gegensatz zu
den wirklichen Verhältnissen und forderte deren Umgestaltung im Sinne
der Reich-Gottes-Idee, die aber nur nach und nach verwirklicht werden
konnte. Die vollkommene Umsetzung dieser Idee in die Wirklichkeit ist
das Ziel, durch das die Geschichte Sinn erhält. Hier kündigt sich in theologischer Einkleidung bereits die für Hegels Geschichtsphilosophie charakteristische Auffassung der Geschichte als Prozeß sukzessiver Verwirklichung
von Ideen an. Die Geschichte läßt sich nach dieser Ansicht nur verstehen,
wenn man die in ihr wirkenden geistigen Faktoren berücksichtigt, wobei
nicht an den Geist einzelner Menschen, sondern an den objektiven Geist
(siehe Abschn. 4b) gedacht ist. Hegel unterschied drei Phasen der Entwicklung des religiösen Bewußtseins, die durch die Art, in der das Verhältnis
von Endlichem und Unendlichem gesehen wird, bestimmt sind. In einer
ersten Phase, der die griechische Religion entspricht, wurde die Einheit von
Endlichem und Unendlichen gefühlsmäßig erlebt. In der zweiten Phase traten Endliches und Unendliches im menschlichen Bewußtsein auseinander,
so daß es nötig wurde, nach Möglichkeiten einer Vermittlung zu suchen,
wie es in der jüdischen Religion mit Hilfe des Gedankens geschah, daß
Gott den Menschen seinen Willen in Form von Gesetzen kundgetan habe.
Erst in der dritten Phase gelingt die Versöhnung von Mensch und Gott,
nämlich im Christentum, das mit der Lehre vom menschgewordenen Gott
alle Menschen als Kinder Gottes zu sehen lehrte.

In Hegels frühen theologischen Entwürfen sind bereits die Grundgedanken der dialektischen Philosophie angelegt, namentlich die Annahme, daß

die Vernunft im Unterschied zum analysierenden Verstand Ganzheiten erfasse, die nicht Konglomerate von Teilen, sondern Einheiten in der Mannigfaltigkeit ihrer Momente sind, analog den Organismen als funktionalen Einheiten. In diesem Sinne ist auch der Geist ein organisches Ganzes: Seine Teile sind voneinander verschieden (sie sind einander «entgegengesetzt»), zugleich gehören sie einer Einheit an, in der sie zusammenhängen. Auf dieses Verhältnis wies Hegel mit paradoxen Wendungen wie «Verbindung der Verbindung und der Nichtverbindung» oder «Verbindung der Synthesis und Antithesis» hin.[7] Die Auffassung der Gesamtwirklichkeit als Totalität, in der Endliches und Unendliches als Momente aufeinander bezogen sind, nannte Hegel, als er im Jahre 1800 daran ging, die Umrisse seines philosophischen Systems zu skizzieren, noch nicht «Vernunft», sondern «Religion», doch kündigt sich damals schon eine gewisse Verselbständigung der Philosophie gegenüber der Theologie an, da Hegel von «Geist» und von «Leben» (bzw. «Leben des Geistes») sprach, wo er früher «Gott» gesagt hatte.

Im Gegensatz zur Vernunft betrachtet der Verstand die Natur als Gesamtheit endlicher, selbständiger und vom Geist verschiedener Dinge, weil er Momente, die in der Wirklichkeit verbunden sind, in der Reflexion aus ihrem lebendigen Zusammenhang herauslöst und isoliert denkt. Der Unterschied von Verstand und Vernunft zeigt sich deutlich, wenn man die entsprechenden Unendlichkeitsbegriffe vergleicht. Für den Verstand ist die materielle, dem Geist gegenüberstehende Natur insofern unendlich, als sich die Aufzählung ihrer Teile niemals zu Ende bringen läßt. Hierauf wies Hegel mit dem Ausdruck «schlechte Unendlichkeit» hin und meinte, daß sie nur unendliche Endlichkeit sei. Die Vernunft bildet dagegen die Idee des positiv Unendlichen, die nicht Endlosigkeit, sondern Fülle des Seins ist.

Die Unterscheidung von Vernunft und Verstand ist auch in Hegels reifer Philosophie zentral, so wie sie ein Charakteristikum der dialektischen Philosophie im allgemeinen ist. Die Vernunft gilt den Vertretern der Dialektik als Vermögen, das Ganzheiten denkt, während der Verstand als Fähigkeit aufgefaßt wird, besondere Gegenstände zu erfassen bzw. zu erklären, ohne deren Zugehörigkeit zu dem jeweiligen Ganzen zu berücksichtigen. Das verstandesmäßige Denken wird damit der vernünftigen Einsicht untergeordnet, und da die wissenschaftliche Erkenntnis Sache des Verstandes, das spekulative Wissen dagegen Sache der Vernunft ist, läuft diese Auffassung auf die Abwertung der Einzelwissenschaft zugunsten der Spekulation hinaus. Vergegenwärtigt man sich die Entstehung dieser Ansicht in Hegels Frühzeit, dann wird deutlich, daß sie im Grunde theologisch motiviert war. Hegels Auffassung hatte zunächst zur Folge, daß die spekulative Philosophie innerhalb der damaligen Kultur stark aufgewertet wurde; im weiteren Verlauf führte sie jedoch zur Entfremdung von Naturwissenschaft und Philosophie bzw. zu einer antimetaphysischen Einstellung, wie sie namentlich für den Positivismus typisch war.

Das Modell der Dialektik von Gott und Welt ist das menschliche Bewußtsein als Einheit von Selbstbewußtsein und Gegenstandsbewußtsein. Im Gegensatz zu einer Philosophie, die meint, in der Reflexion auf das Bewußtsein zunächst das denkende Ich erfassen und, von diesem ausgehend, die Erkenntnis der Objekte als möglich erweisen zu können, betonte Hegel, daß das Subjekt niemals für sich allein, sondern immer nur als Moment der Erfahrung von Objekten erfaßt werden könne. Um von sich zu wissen, genügt es nicht, Augen und Ohren zu verschließen und sich auf sein Inneres zurückzuwenden, sondern man muß sich auf Gegenstände beziehen, um im Gegenstandsbewußtsein das Moment des Selbstbewußtseins finden zu können. So wie ein Subjekt nicht ohne Objekt und umgekehrt ein Objekt nicht ohne Subjekt gedacht werden kann, so lassen sich Gott und Welt nicht ohne Beziehung aufeinander denken. Gott ist kein Wesen, das selbstgenügsam existiert und auf Grund freien Entschlusses die Welt erschaffen hat, sondern die Beziehung auf die Welt ist für ihn ebenso wesentlich wie für das endliche Subjekt die Beziehung auf Gegenstände. Es braucht kaum eigens hervorgehoben zu werden, daß Hegel mit dem Anspruch, die Totalität der Wirklichkeit als Einheit von Endlichem und Unendlichem erfassen zu können, in klarem Gegensatz zur kritizistischen Auffassung stand, wandte er sich doch wieder jener Art von Spekulation zu, die Kant zu unterbinden gesucht hatte.

3. Die Phänomenologie des Geistes

a) Das Problem des Erkennens

Die Tendenz zur Distanzierung gegenüber dem Kantischen Kritizismus kommt in Hegels erstem Buch, der «Phänomenologie des Geistes» von 1807,[8] klar zum Ausdruck. Nach Hegel lehrt der Kritizismus, daß uns die (unerkennbaren) Dinge an sich nur im Medium der Anschauungs- und Denkformen erscheinen und daher selbst nicht erfaßt werden können.[9] Ausgehend von dieser Kennzeichnung, versuchte Hegel, die kritizistische Auffassung zu widerlegen. Er wies darauf hin, daß man vom Einfluß eines brechenden Mediums in der Optik – z.B. einer Linse – abstrahieren und auf das Ding, wie es direkt wahrgenommen werden würde, zurückschließen kann, daß sich aber von dem Ergebnis der «Brechung» der Reize durch Raum, Zeit und Kategorien grundsätzlich nicht absehen läßt, weil wir, anders als im Falle der Lichtbrechung, nicht wissen, wie sich die Dinge unabhängig von der «Brechung» durch Anschauungs- und Denkformen darstellen. Da Hegel den Sinn der Erkenntnisbemühungen im Erfassen der Dinge an sich erblickte, kam er zu dem Ergebnis, daß unter den Voraussetzungen des Kritizismus Erkenntnis nicht als möglich gelten könne. Ein ähnliches Resultat ergibt sich, wenn man die Anschauungs- und Denkformen als Instrumente auffaßt, mit deren Hilfe die Erscheinung geformt wird. Auch in diesem Falle gilt, daß man von der Formung nicht absehen und so einen Zugang zur Wirklichkeit an sich bahnen kann. Diese Kritik beruht auf der Annahme, daß «Erkennen» als «Erfassen der Wirklichkeit an sich» aufgefaßt werden müsse und auch von Kant so aufgefaßt worden sei. Kant hat aber das Erkennen nicht als Erfassen von Dingen an sich, sondern als zutreffendes Beurteilen von Erscheinungen bestimmt. Deshalb wird seine Konzeption von Hegels Einwänden nicht getroffen.

Auch Hegels allgemeinerer Einwand gegen die kritische Philosophie, daß der Versuch, das Erkenntnisvermögen zu prüfen, bevor man ans Erkennen geht, ebenso zum Scheitern verurteilt sei wie der Versuch, schwimmen zu lernen, bevor man ins Wasser steigt,[10] geht an der Kantischen Position vorbei. Von einer Prüfung des Erkenntnisvermögens vor allem Erkennen ist bei Kant nicht die Rede, da er die Erfahrung bzw. die (wissenschaftliche) Erkenntnis als Tatsache betrachtete und fragte, wie sie als möglich zu begreifen sei; die Unterstellung, er habe das Erkenntnisvermögen vor allem Erkennen prüfen wollen, beruht auf einem Mißverständnis, das zeigt, wie weit Hegel von Kant entfernt war.

Da Hegel überzeugt war, daß im Erkennen die Wirklichkeit ergriffen werde, mußte er annehmen, daß uns die Wirklichkeit selbst (das Absolute) prinzipiell zugänglich sei. Erkennen wäre nicht möglich, wenn nicht das Absolute «an und für sich schon bei uns wäre und sein wollte». In Anspielung auf das erwähnte Beispiel aus der Optik erklärte er: «... nicht das Brechen des Strahls, sondern der Strahl selbst, wodurch uns die Wahrheit berührt, ist das Erkennen».[11] Übereinstimmung des subjektiv gewissen Urteils mit der Wirklichkeit selbst (der objektiven Wahrheit) liegt, wie Hegel mit Descartes betonte, zweifellos vor im Wissen von uns selbst, weil hier das Gewußte mit dem Wissenden zusammenfällt: *Ich* weiß, daß *ich* bin, das heißt, das Bewußtsein erfaßt sich selbst so, wie es an sich ist. Ziel der Phänomenologie ist es, im Durchgang durch die Gestalten des Bewußtseins zu zeigen, daß nicht nur in der Selbsterkenntnis, sondern in der vernünftigen Erkenntnis im allgemeinen subjektive Gewißheit und objektive Wahrheit, Begriff und Wesenheit, Denken und Sein, zur Deckung kommen.

b) Die Gestalten des Bewußtseins

Die Gestalten des Bewußtseins, auf die in der Phänomenologie reflektiert wird, sind nicht beliebige Bewußtseinsphänomene, wie Urteile, Gefühle oder Willensakte, sondern «Weisen des Bewußtseins»[12] im Sinne von Erkenntnisweisen, vergleichbar den Stufen der Erkenntnis, die Plato unterschieden hatte (siehe Teil I, Kap. III, 3 e), oder den Denkweisen, von denen bei Spinoza die Rede war (siehe Teil IV, Kap. I, 4 e). Die Gestalten des Bewußtseins sollen nicht entfaltet werden, sondern sich vor dem Geist selbst entfalten, der dem Entfaltungsprozeß nur zuzusehen und ihn zu beschreiben braucht. Außerdem ist zu beachten, daß in der Phänomenologie nicht das gemeint ist, was landläufig Erkenntnis heißt – auch nicht die naturwissenschaftliche Erkenntnis –, sondern nur die metaphysische Erkenntnis. Es geht um das rein vernünftige Wissen, von dem Hegel annahm, daß es Manifestation des Absoluten im endlichen Bewußtsein sei. Wenn das endliche Subjekt dies einsieht, nimmt es teil an der Wahrheit des Absoluten bzw. in seinem Wissen erkennt das Absolute sich selbst.

Die von Hegel erörterten Weisen bzw. Gestalten des Bewußtseins sind (Gegenstands-)Bewußtsein, Selbstbewußtsein und Vernunft.

(1) Das Gegenstandsbewußtsein

Das Wissen von Gegenständen wird nach Hegel entweder als sinnliche Gewißheit oder als Wahrnehmung oder als Verstand gedeutet. «Sinnliche Gewißheit» nannte er die unmittelbare Anschauung konkreter Gegenstände in der Mannigfaltigkeit ihrer Eigenschaften. Hegel meinte eine Auffassung der Erfahrung, nach der diese im Aufnehmen konkreter Daten besteht. Gegen eine solche Auffassung spricht jedoch, daß sich das Konkrete nicht aussagen läßt, da Aussagen nur möglich sind, wo allgemeine Prädikate zur Verfügung stehen. Wir *meinen* zwar, den konkreten Gegenstand in der Fülle seiner Eigenschaften durch sinnliche Erfahrung erfassen zu können, tatsächlich erfassen wir aber nur, *daß* es einen Gegenstand gibt; *was* er ist, läßt sich auf Grund der sinnlichen Gewißheit nicht sagen, so daß sich der Inhalt der Erfahrung im Rahmen der fraglichen Auffassung als unaussprechlich erweist.

Wenn sich die Meinung, in der Erfahrung werde der Gegenstand durch die Sinne gleichsam abgebildet, als unhaltbar erweist, muß gefragt werden, was außer den Sinneseindrücken berücksichtigt werden muß, wenn man die Gegenstandserfahrung, die als Tatsache unbestreitbar ist, charakterisieren will. Die Antwort lautet, daß neben den konkreten Sinneseindrücken auch allgemeine Bestimmungen, auf die wir uns mit allgemeinen Prädikaten beziehen, in Betracht gezogen werden müssen. Schon die Feststellung, daß ein anschaulicher Gegenstand an einer bestimmten Raumstelle und zu einem bestimmten Zeitpunkt existiert, setzt etwas Allgemeines voraus, nämlich den Raum und die Zeit.[13] Wenn man von einem Gegenstand sagt, er existiere hier und jetzt, werden die konkreten Eindrücke in einen allgemeinen raum-zeitlichen Rahmen gestellt. Das Allgemeine ist gegenüber den Sinneseindrücken das Wahrere, weshalb die Erfahrung von Inhalten innerhalb eines Rahmens allgemeiner Bestimmungen bei Hegel «Wahrnehmung» – wörtlich zu verstehen als Aufnehmen des Wahren – heißt.

Die Erfahrung eines Gegenstands, z.B. eines Stücks Papier, wird nicht angemessen beschrieben, wenn man sagt, daß allgemeine Bestimmungen – wie «rechteckig», «weiß», «glatt» usw. – zu einer bestimmten Zeit in einem Raumteil zusammen angetroffen werden, da der Gegenstand darüber hinaus die *Einheit* dieser Bestimmungen ist. Dieser Tatsache scheint man nur auf zweierlei Weise Rechnung tragen zu können, nämlich indem man entweder annimmt, daß der Unterschied der Bestimmungen seinen Grund im Objekt habe und ihre Verbindung zur Einheit des Gegenstands eine Leistung des Subjekts sei, oder indem man annimmt, daß der Grund der Einheit im Objekt liege und daß sich die Bestimmungen nur für das erfahrende Subjekt als Vielheit darstellten. Hegel meinte jedoch, daß dieser Alternative eine falsche Fragestellung zugrunde liege: Er hielt es für verfehlt, zwischen der Vielheit der Bestimmungen und der Einheit des Gegenstands so zu unterscheiden, daß das eine dieser Momente auf die Seite des Objekts, das andere auf die Seite des Subjekts gestellt wird. Geht man so vor, dann zerstört man den Begriff des Dings, oder, wie Hegel sagt, im Begriff des Dings entsteht ein Widerspruch, an dem das Ding zugrunde geht. Dieser «Widerspruch» wird mit Hilfe der Annahme überwunden, daß die Mannigfaltigkeit der verschiedenen Bestimmungen des Dings Erscheinung einer Kraft sei, die das Wesen des Dings ausmacht und in der sowohl die Einheit des Dings wie seine unterschiedlichen Eigenschaften ihren Grund haben. Das Ding als Erscheinung einer Kraft aufzufassen ist Sache des Verstandes. Mit dem Schritt zum verstandesmäßigen Begreifen wird (nach der sinnlichen Gewißheit und der Wahrnehmung) eine weitere Gestalt des Bewußtseins erreicht.

Die Kraft, die nach dieser Auffassung das Wesen des Dings ausmacht, kann nicht isoliert gedacht werden, sondern ist in ihrem Zusammenhang mit anderen Kräften zu sehen. Keine Kraft kann wirken, ohne durch andere Kräfte angeregt zu sein. Hegel sprach von einem «Spiel der Kräfte», wobei z. B. an die Wechselwirkung gravitierender Massen gedacht werden kann. Die Kraft ist im Unterschied zu ihren Erscheinungen nicht beobachtbar oder wahrnehmbar. In diesem Sinne ist sie «übersinnlich»; sie kann – als das «Innere» des Dings – nicht sinnlich erfaßt, sondern nur durch den Verstand gedacht werden. Da Kräfte nach Gesetzen wirken, lassen sich die Erscheinungen als deren gesetzmäßige Wirkungen erklären. Erklärungen, wie sie insbesondere in den Einzelwissenschaften vorgenommen werden, sind nach Hegel jedoch nichtssagend, da sie darauf hinauslaufen, die Erscheinungen als Äußerungen von Kräften darzustellen, die nur wegen der fraglichen Erscheinungen überhaupt angenommen wurden. (Erklärt man zum Beispiel das Fallen von Körpern mit Hilfe des Begriffs der Schwerkraft, dann ist das nichtssagend, weil dieser Begriff auf Grund der Tatsache gebildet wurde, daß schwere Körper, denen kein Hindernis entgegensteht, fallen.)

Das Innere eines Dings ist nicht nur durch ein einziges Gesetz, sondern durch einen Zusammenhang von Gesetzen bestimmt, und dieses «Reich von Gesetzen» ist nicht nur Grund dafür, daß die Dinge so und so sind, sondern auch dafür, daß sie sich in gesetzmäßiger Weise verändern.

Das Resultat der Erörterung dieser Gestalt des Bewußtseins besteht in der Einsicht, daß vom Inneren der Dinge nur gesprochen werden kann, sofern es als Gegenstand des Verstandes betrachtet wird. Daher findet der Verstand, indem er die wahrnehmbaren Eigenschaften auf Kräfte im Inneren der Dinge zurückführt, in diesem gedachten Inneren nur sich selbst wieder; er führt im Erklären der Erscheinungen gleichsam ein Selbstgespräch. Das Subjekt wird auf sich selbst zurückverwiesen, das heißt, es wird sich seiner selbst bewußt.

(2) Das Selbstbewußtsein

Mit dem Schritt zum Selbstbewußtsein erfolgt der Übergang zu einer neuen Gestalt des Bewußtseins, in der die einseitige Konzentration auf das Gegenstandsbewußtsein überwunden ist. Das Gegenstandsbewußtsein läßt sich nicht aufheben, da wir von uns selbst nur vermittels des Wissens von Gegenständen wissen können. Obwohl in jeder Erfahrung das Bewußtsein vom Gegenstand und das Selbstbewußtsein aufeinander bezogen sind, bleiben sie doch unterschieden. Den Gegensatz dieser Momente strebt das Denken aufzuheben. Hegel bezeichnete das Streben nach der Vereinigung von selbstbewußtem Ich und Gegenstand als Begierde und meinte mit diesem Ausdruck die Tendenz zur Aufhebung der scheinbaren Selbständigkeit des Gegenstands. Auch wenn man die Abhängigkeit der Gegenstände vom Subjekt berücksichtigt, bleiben sie jedoch als Gegenstände etwas, das als bewußtseinsunabhängig erfahren wird. Obwohl somit der «Begierde» dauernde Befriedigung versagt bleibt, führt sie das Bewußtsein über seine individuelle Form hinaus: Das Bewußtsein, von dem die Dinge abhängig sein sollen, kann nicht mehr das individuelle Bewußtsein, das empirische Ich sein, dem sie sich ja als unabhängig gegeben darstellen; es kann nur überindividueller Geist sein, der die Vielheit bewußter bzw. selbstbewußter Wesen umfaßt. Im Geist sind Ich und Gegenstand, Ich und Wir verbunden. Mit der Erfassung dieser Einheit erreicht das Bewußtsein die Stufe der Vernunft.

Die Erklärung der Beziehung von eigenem und fremdem Selbstbewußtsein scheint auf den ersten Blick nur soziale bzw. geschichtliche Verhältnisse zu betreffen. Hegel sprach davon, daß das Selbstbewußtsein eines jeden darauf angewiesen sei, von einem anderen Selbstbewußtsein anerkannt zu werden. Wer die Anerkennung erringt, indem er angesichts äußerster Gefährdung standhält und damit Selbständigkeit erlangt, erweist sich als Herr; wer zurückweicht und wem daher die Anerkennung versagt bleibt, wird zum Knecht und muß in unselbständiger Weise arbeiten. Aber der Knecht erringt, ungeachtet seiner Abhängigkeit, eine Art der Herrschaft, die dem Herrn versagt ist. Während dieser nämlich nur vermittels der Arbeit des Knechts mit den Dingen zu tun hat, hat es der Knecht unmittelbar mit den Dingen zu tun, denen er eine neue Form gibt und die er daher in gewissem Sinne beherrscht. Der Herr erreicht sein Ziel, indem er durch die vom Knecht geleistete Arbeit in den Genuß der Dinge kommt; für den Knecht behalten die Dinge ihre Selbständigkeit, da er sie nur im Auftrag des Herrn bearbeitet, obwohl er sie in der Bearbeitung in gewisser Weise beherrscht. Der Herr findet somit zwar Anerkennung durch ein anderes Selbstbewußtsein, aber da dieses, als Bewußtsein eines Knechts, unselbständig ist, handelt es sich nicht um Anerkennung von seiten Gleicher: «Es ist dadurch ein einseitiges und ungleiches Anerkennen entstanden.»[14]

Hinter dieser Erörterung, die unmittelbar soziale Beziehungen betrifft, steht der allgemeine Gedanke, daß der Geist seine Selbständigkeit gegenüber der empirischen Abhängigkeit von der äußeren Welt zu behaupten strebt. Zugleich bezog Hegel die erörterten Positionen auf historische philosophische Richtungen. Die Selbständigkeit bzw. Freiheit des denkenden Bewußtseins bildet den wesentlichen Gehalt der stoischen Philosophie, so wie der Gedanke, daß die Gegenstände gegenüber dem freien Gedanken unwesentlich sind, den Kern des Skeptizismus darstellt: «Im Stoizismus ist das Selbstbewußtsein die einfache Freiheit seiner selbst; im Skeptizismus realisiert sie sich, vernichtet die andere Seite des bestimmten Daseins», wie Hegel zusammenfassend sagt.[15] Ein Denken, das die Gegenstände für unwesentlich erklärt, ist aber, als Denken des Unwesentlichen, selbst unwesentlich – so wie der Herr, der sich die Anerkennung erzwingt, nur von Knechten, nicht von seinesgleichen, anerkannt wird. Das Bewußtsein erweist sich unter den vorausgesetzten Bedingungen als unfähig, Denken und Gegenstand als Einheit gleichwertiger Momente zu erfassen, und ist daher unglückliches, in sich entzweites Bewußtsein.

Die Überwindung der Entzweiung wird erst möglich, wenn die Wirklichkeit als wesentlich vernünftig und daher mit dem vernünftigen Denken verbunden erkannt wird. Sobald das Subjekt einsieht, daß der Gegenstand im Grunde nichts ihm gegenüber Fremdes, sondern, wie es selbst, Geist ist, braucht es nicht mehr im Interesse seiner Selbständigkeit die Unselbständigkeit des Objekts zu behaupten. Das vernünftige Selbstbewußtsein «ist seiner selbst als der Realität gewiß», da es erkennt, «daß alle Wirklichkeit nichts anderes ist, als es»; das heißt, «sein Denken ist unmittelbar selbst die Wirklichkeit».[16] Das Wissen von der Einheit der subjektiven und objektiven Wirklichkeit im Absoluten ist «absolutes Wissen». Im Sinne dieses Wissens läßt sich sagen, daß der Geist, indem er die Dinge erkennt, nur sich selbst erkennt, da er im Grunde mit jenem Geist identisch ist, der sich in den Dingen äußert. Das eingangs angedeutete Ziel: zu zeigen, daß das (vernünftige) Wissen im allgemeinen ebenso wie das Wissen vom eigenen Ich durch Koinzidenz von subjektiver Gewißheit und objektiver Wahrheit charakterisiert sei, ist am Ende der «Phänomenologie» erreicht.

(3) Dialektik als Theoriendynamik

Die «Bewußtseinsgestalten» von denen Hegel sprach, lassen sich als Theorien der Erfahrung auffassen, d. h. als Theorien, in deren Rahmen begreiflich gemacht werden soll, wie Gegenstandserfahrung möglich ist. So wird unter dem Titel «Sinnliche Gewißheit» die Annahme erörtert, Erfahrung bestehe im Aufnehmen einfacher empirischer Daten, und unter dem Titel «Wahrnehmung» kommt die Ansicht zur Sprache, daß Erfahrung im Erfassen von Daten bestehe, die Fälle von Universalien sind. Interpretiert man die Ablösung von Bewußtseinsgestalten durch andere als wiederholten Ersatz einseitiger und daher inadäquater bzw. widerspruchsvoller Erfahrungstheorien durch angemessenere, dann lassen sich an diesem Prozeß bestimmte für Hegels Denken typische formale Züge aufweisen. Den Ausgangspunkt bildet eine primitive Theorie, von der gezeigt wird, daß sie widersprüchlich und infolgedessen unhaltbar ist. Sie muß daher durch eine bessere ersetzt werden. Wenn diese sich ihrerseits als widerspruchsvoll erweist, ist zu einer dritten überzugehen, und dieses Verfahren ist so lange fortzusetzen, bis eine Auffassung erreicht wird, die frei von Widersprüchen ist.

Ausgangspunkt der Theorienentwicklung ist der naive Empirismus des natürlichen Bewußtseins, für den die Überzeugung charakteristisch ist, daß die Gegenstände in der Fülle ihrer Eigenschaften in der sinnlichen Anschauung gleichsam abgebildet werden. Es zeigt sich, daß die auf sinnliche Beobachtung beschränkte Erfahrung nicht, wie die Vertreter der fraglichen Position meinen, die inhaltlich reichste, sondern die ärmste Erkenntnis ist. Auf Grund der Beobachtung weiß man nämlich nur, daß es Dinge gibt, während ihr konkreter Inhalt unaussprechlich bleibt. Zwischen dem Gemeinten und dem wirklich Gewußten besteht ein Widerspruch, der über die fragliche Theorie hinausführt. Die verbesserte Theorie, die an die Stelle der ersten tritt, trägt dem Umstand Rechnung, daß die Erfahrungsgegenstände einem Zusammenhang allgemeiner Bestimmungen angehören müssen, wenn über ihre Eigenschaften gesprochen werden soll. Damit erhebt sich die Frage, wie sich die Einheit des Dings zur Vielheit seiner Bestimmungen verhält. Wenn Einheit und Vielheit auf Subjekt und Objekt verteilt werden, zeigt sich wiederum ein Widerspruch, der durch den Übergang zu einer neuen Theorie der Erfahrung überwunden wird, die die Momente der Einheit des Dings und der Vielheit der Eigenschaften dadurch verbindet, daß sie als Äußerungen einer einheitlichen Kraft aufgefaßt werden.

Anstatt von Widersprüchen innerhalb einer Theorie kann man von einem antithetischen Verhältnis zweier Auffassungen sprechen, die sich als These und Antithese gegenüberstehen. Der Gegensatz von These und Antithese läßt sich auf der Ebene der jeweiligen Theorie nicht beseitigen; dies wird erst dadurch möglich, daß zu einer neuen Theorie übergegangen wird, die durch Berücksichtigung weiterer Aspekte der Gegenstandserfahrung Einseitigkeiten der früheren Theorien vermeidet und deren Widersprüche aufhebt. Sofern die neue Theorie von den früheren übernimmt, was nicht vom Widerspruch betroffen ist, bewahrt sie deren positive Elemente. Sie stellt sich als Synthese dar, in welcher der Gegensatz von These und Antithese aufgehoben ist, und zwar sowohl im Sinne der Beseitigung der Selbständigkeit der früheren Positionen («aufheben» als «tollere» im Sinne von «vernichten») als auch im Sinne des Bewahrens der in ihnen enthaltenen positi-

ven Inhalte («aufheben» als «conservare»). Da im Verlauf der Theorienentwicklung von der Erfahrung immer angemessener Rechenschaft gegeben
wird, kann von einer Erhebung des Denkens auf ein immer höheres Niveau
gesprochen werden («aufheben» als «levare»). Jede Synthese wird zu einer
neuen These, mit der ein weiterer dialektischer Dreischritt beginnt, mit
Ausnahme der letzten und umfassenden Synthese. In jener Theorie, die das
vernünftige Wissen als absolutes Wissen begreift, sind alle vorangegangenen
theoretischen Konzeptionen abschließend aufgehoben. Mit der umfassenden Synthese wird nach Hegel jenes Wahre erreicht, das das Ganze ist und
über das daher nicht mehr hinausgegangen werden kann.

Der Dialektik, die sich in der «Phänomenologie» abzeichnet, unterwarf
Hegel auch die philosophischen Kategorien. Die dialektische Kategorienlehre ist die «Wissenschaft der Logik».

4. Das System: Logik, Naturphilosophie,
Philosophie des Geistes

a) Die Wissenschaft der Logik

Die Logik ist der erste Teil von Hegels philosophischem System, dessen
weitere Teile die Naturphilosophie und die Philosophie des Geistes bilden.
Der Zusammenhang dieser Teile ergibt sich daraus, daß sie alle, wenn auch
in verschiedener Weise, von den Ideen handeln. In der Logik geht es um die
Ideen, wie sie gleichsam vor der Schöpfung der Welt im Geiste Gottes
waren; die Naturphilosophie behandelt die objektiv gewordenen Ideen als
bewußtlose Formen der Dinge, und die Philosophie des Geistes zeigt, wie
in den Lebewesen und insbesondere im Menschen die Idee sich aus der Bindung an die Materie löst und zum Bewußtsein ihrer selbst erhebt.[17]

Die Hegelsche Logik ist nicht Logik im gewöhnlichen Sinn, sondern
Lehre von den Formen des *Logos* als des absoluten Geistes und somit
Metaphysik. Sie beginnt mit jenem Begriff, der als einziger vom Ding ausgesagt werden kann, wenn es sinnlich erfaßt wird (siehe oben 3 b (1)), nämlich dem des *Seins*. Ausgehend von diesem Begriff wollte Hegel die Formen
des *Logos*, d.h. die Kategorien seiner Metaphysik, entwickeln.

«Sein» ist der allgemeinste Begriff, d.h. der Begriff mit dem weitesten Umfang, der wegen der Reziprozität von Begriffsumfang und -inhalt zugleich
der inhaltsärmste Begriff ist. Da er keine differenzierenden Merkmale enthält, ist er Begriff von nichts. Daher gilt nicht nur: Das Sein ist das Sein; sondern auch: Das Sein ist das Nichts (das Nichtsein). Dies ist ein Widerspruch,
und ein Widerspruch hebt sich auf. Im vorliegenden Fall erfolgt die Aufhebung durch den Übergang zum Begriff des Werdens, in dem «Sein» und
«Nichtsein» aufgehoben sind. Was hier gemeint ist, kann man sich folgendermaßen klarmachen: Angenommen, eine Eigenschaft eines Dings (z.B. die

Farbe eines Stücks Lackmuspapier) – sie möge A heißen – ändert sich innerhalb eines Zeitintervalls stetig. Dann ist das Ding am Anfang des Intervalls A, an seinem Ende B (somit nicht-A). Faßt man ein Teilintervall ins Auge, dann wird das Ding zu dessen Beginn nicht mehr die ursprüngliche Eigenschaft A, sondern eine von ihr verschiedene Eigenschaft A' haben; ähnlich wird es am Ende des Teilintervalls noch nicht B, sondern B' (bzw. nicht-A') sein. Denkt man sich nun das betrachtete Teilintervall verschwindend klein, dann geht es in einen Zeitpunkt über und die Eigenschaft A*, die es in diesem Augenblick hat, fällt mit nicht-A* zusammen. Das in stetiger Veränderung begriffene Ding wird in jedem Augenblick eine Eigenschaft haben und zugleich nicht haben, es wird etwas sein und nicht sein: Sein und Nichtsein fallen zusammen bzw. sie sind im Begriff des Werdens aufgehoben.

Die Kategorie des Werdens bildet ihrerseits den Ausgangspunkt der Ableitung weiterer Kategorien. Hegel wies darauf hin, daß das Ergebnis des Werdens in einem bestimmten Dasein besteht, und daß alles Daseiende eine bestimmte Quantität und bestimmte Qualitäten hat. Das antithetische Verhältnis dieser Begriffe wird in der Kategorie des Maßes, verstanden als Quantum einer Qualität, aufgehoben. Jedes Maß erfordert aber etwas, das gemessen wird, nämlich ein Ding als Einheit seiner vielfältigen Eigenschaften. Wie schon in der Phänomenologie unterschied Hegel auch in der Logik zwischen Wesen und Erscheinung des Dings, betonte aber zugleich ihre wechselseitige Abhängigkeit: Die Erscheinung ist das erscheinende Wesen, so wie das Wesen nicht unabhängig von seiner Erscheinung sein kann. Innen und Außen sind Aspekte des Dings, die aufeinander angewiesen sind; erst gemeinsam bilden sie die Wirklichkeit, die aber nicht angemessen erfaßt würde, wenn man das Allgemeine nur als reale Wesensform auffassen wollte. Das Allgemeine muß auch als etwas Ideelles bzw. als Einheit von Ideellem und Reellem verstanden werden, und als solches heißt es bei Hegel «Begriff». Der Begriff ist das Allgemeine, sofern es nicht nur Form der Dinge, sondern zugleich auch Form des Denkens ist; er ist somit Einheit des Subjektiven und des Objektiven. Bezieht man neben dem theoretischen auch den werthaften Aspekt der Wirklichkeit mit ein, so stellt sich der Begriff als Idee dar. In der umfassenden Idee, unter der alle besonderen Ideen enthalten sind – der absoluten Idee – kulminiert die Hegelsche Logik.

Die Begriffe, von denen in der «Logik» die Rede ist, sind nicht Begriffe im landläufigen Sinn, wie die Begriffe von Tier- oder Pflanzenarten, von Vielecken, von physikalischen Vorgängen usw., sondern Kategorien, die Hegel als Aspekte des *Logos* auffaßte. Die Kategorien kennzeichnen das Absolute, beginnend mit der Kategorie des Seins, sukzessive vollständiger, bis schließlich die Reihe der Bestimmungen mit der absoluten Idee zum Abschluß gelangt. Die Folge der Kategorien ist nach Hegel nicht Ergebnis einer Bewegung des individuellen Denkens, sondern ihrer Selbstbewegung.

Um zu verstehen, in welchem Sinne sich die Begriffe selbst bewegen, muß man sich vergegenwärtigen, daß Hegel in der Bestimmung eines

Begriffs die Negation dessen erblickte, was nicht unter diesen Begriff fällt, gemäß Spinozas Formel «Omnis determinatio est negatio» (Jede Bestimmung ist eine Verneinung). Demgemäß meinte Hegel, «Sein» lasse sich nur denken durch die Abgrenzung von «Nichtsein». Vom Begriff des Seins wird man daher notwendig zum Begriff des Nichtseins geführt, womit die Grenze zwischen den Begriffen überschritten und ihre Verschmelzung in der Synthese eingeleitet ist. Die Selbstbewegung des Begriffs ist letzten Endes Bewegung der absoluten Idee, die sich im philosophischen Denken äußert. In der (wahren) Philosophie denkt nicht der einzelne Philosoph, sondern das Absolute denkt im Philosophen. Die (wahre) Philosophie ist somit Offenbarung des Absoluten, Manifestation der absoluten Idee im endlichen Bewußtsein. Eine stärkere Rechtfertigung des Wahrheitsanspruchs einer Philosophie läßt sich schwerlich vorstellen; Hegels Auffassung läuft geradezu auf eine Apotheose seines Denkens hinaus: In der wahren Philosophie denkt nicht der Philosoph, sondern Gott.

Gegen die Dialektik im Sinne Hegels und der an Hegel anknüpfenden Vertreter des Dialektischen Materialismus wurden zahlreiche Einwände vorgebracht. Einer derselben betrifft die Ansicht, das Werden bzw. die werdende Wirklichkeit seien widerspruchsvoll, weil im Werden Sein und Nichtsein zusammenfallen. Hier muß gefragt werden, wie die Rede von den Augenblicken zu verstehen ist, in denen jeweils Sein und Nichtsein einer Eigenschaft zusammenkommen sollen. Bedeutet «Augenblick» einen kurzen Zeitabschnitt, dann sind die sich stetig ändernden Eigenschaften an seinem Anfang und an seinem Ende zeitlich getrennt, auch wenn ihr Unterschied noch so gering ist; meint man jedoch einen Zeit-Punkt, der nicht mehr zeitlich ausgedehnt ist, dann handelt es sich nur um die gedachte Grenze von Zeitabschnitten, nicht mehr um einen verschwindend kleinen Zeitabschnitt, so daß das angedeutete Argument zugunsten des Zusammenfallens von Sein und Nichtsein nicht mehr anwendbar ist. Diese Kritik trifft auch die Annahme, daß namentlich die soziale Wirklichkeit widerspruchsvoll sei, aus der Marx und die Anhänger der marxistischen Dialektik meinten folgern zu können, daß die bestehende Gesellschaftsordnung (nämlich die bürgerliche) an ihren Widersprüchen zugrundegehen müsse. Ein anderer schwerwiegender Einwand besagt, daß von Widersprüchen nur mit Bezug auf Aussagen, nicht mit Bezug auf Dinge und Eigenschaften die Rede sein kann. In der Wirklichkeit gibt es zwar entgegengesetzte Tendenzen, Spannungen, Konflikte usw.; dies als Widersprüchlichkeit zu bezeichnen ist jedoch ein Mißbrauch der Sprache.

b) Natur und geistige Welt

Die «Wissenschaft der Logik» hat es nach Hegel mit den Gedanken Gottes vor der Erschaffung der Welt zu tun.[18] Dies darf allerdings nicht wörtlich verstanden werden, da Hegel die Lehre von der Weltschöpfung im her-

kömmlichen Sinne ablehnte. (Siehe oben Abschn. 2) Das Absolute manifestiert sich notwendig in der Welt der endlichen Wesen, doch warum das so
ist, wird nicht deutlich, da sich Hegel über das Verhältnis von Idee und
Natur auffallend kurz und überdies nur in bildhaften Ausdrücken äußerte.
So schrieb er in der Enzyklopädie: «Die absolute *Freiheit* der Idee ... ist,
daß sie ... selbst sich *entschließt*, das Moment ihrer Besonderheit oder des
ersten Bestimmens und Andersseins, die unmittelbare Idee als ihren Widerschein, sich als *Natur frei aus sich zu entlassen*.»[19] Die Naturphilosophie
beginnt mit der knappen Feststellung: «Die Natur hat sich als die Idee in
der Form des *Andersseins* ergeben.»[20] Was die Ideen veranlaßt, aus dem
Absoluten herauszutreten, bleibt ungesagt. Hegel stand hier vor einer ähnlichen Schwierigkeit, wie sie sich bei den neuplatonischen Spekulationen
über die Emanation der Seinsbereiche unterhalb des Einen ergeben hatten
(siehe Teil I, Kap. VI, 4d); eine überzeugende Lösung konnte er ebensowenig anbieten wie die Neuplatoniker.

Innerhalb der Natur werden Stufen unterschieden, auf denen sich die
Idee nach und nach über die materielle Form erhebt. An eine naturalistische
Evolutionstheorie hat Hegel dabei nicht gedacht, denn er erklärte ausdrücklich, daß es sich nicht um einen natürlichen, sondern um einen ideellen Prozeß handle.[21] Im einzelnen unterschied er die Stufen der anorgani-
schen und der organischen Natur; innerhalb der letzteren stellte er dem
Pflanzen- das Tierreich gegenüber. Wenn sich die Idee so weit von der
Materie löst, daß Bewußtsein von etwas entsteht – und zwar zunächst sinnliches Bewußtsein –, kann von Subjektivität gesprochen werden. Der entsprechende Teil des Systems ist die Lehre vom subjektiven Geist, die einen
Teil der Philosophie des Geistes bildet. In ihr geht es um Themen der
Anthropologie, der Psychologie und der Phänomenologie.

Die Philosophie des Geistes erschöpft sich nicht in der Erörterung des
Bewußtseins, sondern sie bezieht den objektiven Geist ein, d. h. die Manifestationen der absoluten Idee in den Formen des Rechts, der Moralität und
der Sittlichkeit. Hegels Auffassung des objektiven Geistes läßt sich gut anhand der Rechtslehre veranschaulichen. Das Recht beruht auf geistigen Akten eines Gesetzgebers oder, wie beim Gewohnheitsrecht, vieler Menschen
in Gemeinschaft, hat aber eine eigene Art von Wirklichkeit, so daß es dem
Einzelnen als objektive Macht gegenübertritt. Es entspringt dem Geist,
wirkt aber als etwas Objektives. Hegel begnügte sich nicht mit dieser Sicht,
sondern gab dem Recht eine spekulative Deutung: Der Geist, der vermittels
rechtsetzender Akte von Individuen im Recht seinen Niederschlag findet, ist
letzten Endes die absolute Idee. Ähnliches gilt für Moralität und Sittlichkeit.

Das Verhältnis dieser Begriffe ist erklärungsbedürftig, da nach heutigem
Sprachgebrauch «Sittlichkeit» dasselbe bedeutet wie «Moralität». Hegel hat
zwischen beidem jedoch unterschieden und mit «Moral» eine Menge von
Vorschriften bezeichnet, während er mit «Sittlichkeit» die in moralisch und
rechtlich geordneten Gemeinschaft gelebten Verhaltensweisen meinte.

Recht, Moralität und Sittlichkeit *sind* Geist, werden aber gewöhnlich nicht *als* Geist *gewußt*. Mit der Einsicht, daß die Formen des objektiven Geistes ebenso wie die Formen des subjektiven vernünftigen Denkens Äußerungen des Absoluten sind, wird jene Stufe erreicht, die Hegel mit dem Ausdruck «absoluter Geist» bezeichnete. Der absolute Geist ist «das Wissen der absoluten Idee»,[22] wobei, wie oben bereits bemerkt, der Genetiv sowohl als subjektiver als auch als objektiver Genetiv zu verstehen ist: Die absolute Idee ist das, was gewußt wird, und zugleich das, was weiß. Im absoluten Geist weiß die absolute Idee sich als das Ganze, das sich im subjektiven Denken wie in der Realität manifestiert. Dieses Wissen wird erreicht in der Kunst, in der Religion und in der (wahren) Philosophie, aber jeweils in einem anderen Medium: In der Kunst ist dies die Anschauung, in der Religion die Vorstellung und in der Philosophie der Begriff.

Das Wesen der Kunst hat Hegel in den «Vorlesungen über die Ästhetik» ausführlich behandelt. Indem er das Schöne als sinnlich wahrnehmbare Äußerung des Absoluten bestimmte, zeigte er sich jener Tradition verbunden, die mit Plotin (siehe Teil I, Kap. VI, 4 b) begann. Seine Ästhetik gab der Kunstauffassung der zeitgenössischen Klassik den philosophisch klarsten Ausdruck und wies ihr zugleich einen Platz innerhalb des umfassendsten Systems zu, das in der Neuzeit geschaffen wurde. (Siehe hierzu auch Abschn. 6) Die Religionsphilosophie behandelte Hegel in den «Vorlesungen über die Philosophie der Religion», an denen sich wenig später die Diskussion über den spekulativen Idealismus entzünden sollte. Der Versuch, die Religion in die Absolute Philosophie «aufzuheben», d.h. ihren Inhalt im begrifflichen Denken zu bewahren, ihre Form jedoch abzustreifen, war in der Tat eine Herausforderung der traditionellen Theologie. Die Hegelsche Philosophie kennt zwar den Gedanken eines Göttlichen, aber nur als rein philosophische Idee. Hegel faßte die Offenbarung als Entfaltung der absoluten Idee im philosophischen Wissen auf, und nicht mehr als Mitteilung Gottes, die an Menschen ergangen ist und in heiligen Schriften ihren Niederschlag gefunden hat. Die Religion in die Philosophie aufzuheben heißt daher, sie in ihrer historisch gewachsenen Gestalt zu beseitigen. Was an der Religion wahr ist, wirkt in der Absoluten Philosophie weiter; was in der Philosophie keinen Platz mehr findet, gilt als überwunden.

Dieser Auffassung blieben die Vertreter der sogenannten Hegelschen Rechten verpflichtet. Da unter ihnen viele Theologen waren, beeinflußte die Hegelsche Konzeption auch das (evangelische) theologische Denken. Gegen die Auflösung der Religion in Philosophie erhob sich aber auch Widerspruch. Die Debatte über das Verhältnis von Theologie und Absoluter Philosophie leitete die Spaltung der Hegelschen Schule in einen konservativen und einen progressiven Flügel (die sogenannte Hegelsche Linke) ein. Den einen ging Hegel zu weit, weil sie von einer Aufhebung der Religion in die Philosophie nichts wissen wollten, den anderen ging er nicht weit genug, weil er das religiöse Denken mit der Philosophie ver-

söhnen, und nicht, wie es die linken Hegelianer forderten, radikal überwinden wollte. Diese letzteren wollten die zentralen Ideen der Religion
– Gott, Seele, Unsterblichkeit – nicht mehr im Rahmen der spekulativen
Metaphysik, sondern nur noch mit den Mitteln der Psychologie bzw. der
Anthropologie diskutieren, wie es besonders eindrucksvoll bei L. Feuerbach geschah (siehe Teil VI, Kap. I, 1b). Von dieser Position ist es nicht
mehr weit zu der Marxschen Ansicht, daß sich in der Religion die jeweiligen sozialen Verhältnisse spiegelten.

5. Rechts- und Staatsphilosophie

a) Wirklichkeit und Vernunft

Hegels Rechtsphilosophie[23] unterscheidet sich sowohl von der herkömmlichen Lehre vom übernatürlichen Ursprung des Staates (im Sinne des Got-
tesgnadentums) wie von der traditionellen Naturrechtslehre und von der
konventionalistischen Auffassung, nach der die Rechtsordnung durch eine
Übereinkunft von Individuen zustande kommt. Vor allem kam es Hegel
darauf an, sich gegenüber dem Versuch zu distanzieren, die staatliche
Rechtsordnung auf einen Sozialkontrakt zurückzuführen, weil er auf der
Voraussetzung beruht, daß die Gemeinschaft gegenüber den einzelnen
und ihren Interessen etwas Sekundäres sei. Nach der Sozialkontraktslehre
erschöpft sich die Aufgabe des Staates darin, einen gesetzlichen Rahmen zu
schaffen und zu garantieren, innerhalb dessen die einzelnen ihren Interessen
möglichst ungehindert nachgehen und sich insbesondere wirtschaftlich frei
entfalten können. Hegel sprach mit Bezug auf diese Konzeption von einem
Not-Staat, weil es sich um einen Notbehelf zur Vermeidung ruinöser Folgen eines sich frei entfaltenden Egoismus handelt. Auch Bemühungen um
eine moralische Rechtfertigung des Staates sind nach Hegel zum Scheitern
verurteilt, da moralische und rechtliche Vorschriften auf verschiedenen
Ebenen liegen. Daher ist die Ableitung der einen aus den anderen nicht
möglich. Angesichts der Unhaltbarkeit dieser Positionen sah Hegel nur die
Möglichkeit, das Recht als Lebensform im Bereich der Familie, der Gesellschaft und letztlich des Staates zu begreifen. In der Anerkennung der
geschichtlichen Bedingtheit des Rechts traf er sich mit der historischen
Schule, an deren Spitze Friedrich Karl v. Savigny (1779–1861) stand; im
Unterschied zu ihr blickte Hegel jedoch nicht in erster Linie auf empirische
Fakten, sondern auf die in der Geschichte wirksamen Ideen, vor allem auf
die Idee der Freiheit, die sich seiner Ansicht nach im Verlauf der Entwicklung immer deutlicher entfaltet. Daher hat seine Rechts- und Staatsphilosophie unübersehbar spekulativen Charakter: Sittlichkeit – somit auch Recht
und Moral – sind Äußerungen der sittlichen Substanz eines Staates bzw.
eines Volkes[24] und letzten Endes der absoluten Idee. Da Hegel in der Wirk-

lichkeit des Staates eine Manifestation des Absoluten erblickte, konnte er das Wirkliche für vernünftig und das Vernünftige für wirklich erklären.[25]

Der Satz: «Was vernünftig ist, das ist wirklich; und was wirklich ist, das ist vernünftig»[26] ist ebenso bekannt wie umstritten. Hegel wurde und wird häufig als konservativer, um nicht zu sagen: reaktionärer, Staatsphilosoph dargestellt, der die bestehenden Verhältnisse, namentlich im damaligen Preußen, wegen ihrer vorgeblichen Vernünftigkeit billigte und zu rechtfertigen suchte. Tatsächlich stand seine Auffassung mit den Prinzipien der preußischen Verfassung im Einklang, so daß es nicht verwunderlich ist, daß der für die Hochschulen zuständige Minister Altenstein lobend hervorhob, Hegel sei in seiner Rechtsphilosophie dem Dünkel entgegengetreten, daß man das Bestehende ohne entsprechende Einsicht verwerfen und willkürliche, inhaltsleere Ideale aufstellen dürfe.[27] Deshalb konnte mit einer gewissen Berechtigung von «der Wahlverwandtschaft und der inneren Zusammengehörigkeit des preußischen Staates und der Hegelschen Lehre» gesprochen werden.[28] Zweifellos billigte Hegel auch die gegen die republikanischen «Demagogen» gerichtete Politik. Eines der Opfer der damaligen Verfolgung, nämlich Fries (siehe Kap. II, 2), griff er in der Vorrede zur «Philosophie des Rechts» an, weil Fries erklärt hatte, in einem von echtem Gemeinschaftsgeist erfüllten Staat empfange das politische Leben seine Energien von unten, d. h. vom Volke.[29] Man darf aber auch nicht übersehen, daß Hegel niemals so weit ging wie Karl Ludwig von Haller, der den Staat und seine Bürger zum Eigentum des Fürsten erklärte. Schließlich darf auch nicht übersehen werden, daß das damalige Preußen nicht in dem Maß reaktionär war, wie es Hegels Kritiker oft unterstellten. Obwohl nach 1815 die versprochene Volksvertretung nicht eingerichtet worden war, wirkten die Impulse der Stein-Hardenbergschen Reformen weiter, so daß Hegels Ansicht, der preußische Staat sei (relativ) vernünftig, so abwegig nicht war.

Vor allem aber ist zu bedenken, daß das Wirkliche, das Hegel für vernünftig erklärte, gar nicht die zufällige Realität dieses oder jenes Dings bzw. dieses oder jenes politischen Gebildes war, sondern die den Erscheinungen zugrunde liegende geistige Wirklichkeit, namentlich der Volksgeist, der sich in der Staatsverfassung äußert, bzw. der Weltgeist, dessen Gang durch die Jahrhunderte die Geschichte ist. Da es Hegel darauf ankam, «in dem Scheine des Zeitlichen und Vorübergehenden ... das Ewige, das gegenwärtig ist, zu erkennen»,[30] darf man ihm nicht unterstellen, er habe ein bestimmtes, historisch bedingtes Staatswesen als Ziel der politischen Entwicklung darstellen wollen. Er war weit davon entfernt, «einen Staat, wie er sein soll», zu konstruieren. Ein Sollen, das dem Sein gegenübersteht, ist in seinen Augen eine Abstraktion ohne geschichtliche Wirksamkeit.

Im Mittelpunkt von Hegels Staatsphilosophie steht der Begriff der Freiheit, allerdings nicht im Sinne von Willkürfreiheit, denn Willkür ist nicht Freiheit. Der Einzelwille ist vielmehr frei, wenn er mit dem allgemeinen vernünftigen Willen übereinstimmt.[31] Das Gute besteht in der bewußten

Unterordnung des Einzelnen unter das Allgemeine.[32] Dies ist gemeint, wenn Hegel die wahre Freiheit als «die sich selbst bestimmende Allgemeinheit» bezeichnete.[33] Die Freiheit kommt der allgemeinen Vernunft zu, die sich ausschließlich selbst bestimmt: Nur wenn der Wille schlechthin bei sich selbst ist, ist er frei. Da das Verhältnis des Willens zum Allgemeinen mehr oder weniger eng sein kann, gibt es Grade der Freiheit. Auf der untersten Stufe steht jene Art von Freiheit, die vor allem Freiheit des Gebrauchs von Gütern ist und die dem Eigentumsrecht zugrunde liegt; eine höhere Stufe nimmt die moralische Freiheit ein; die höchste Stufe bildet die sich im Gemeinschaftsleben (in der Familie, der Gesellschaft, dem Staat) entfaltende Freiheit. Im vollen Sinn frei ist der Mensch erst im Staate, in dem der Geist verwirklicht ist: « … das Gesetz ist die Objektivität des Geistes und der Wille in seiner Wahrheit; und nur der Wille, der dem Gesetze gehorcht, ist frei: denn er gehorcht sich selbst, ist bei sich selbst und also frei».[34] Das erinnert an Rousseaus Auffassung der Freiheit (siehe Teil IV, Kap. II, 5 b (3)); Hegel dachte jedoch nicht an einen allgemeinen Willen, der durch den Zusammenschluß von Individuen erzeugt wird, weshalb er Rousseau vorwarf, die *volonté générale* nur als das (durch Vertrag zustande gekommene) Gemeinschaftliche der individuellen Willen aufgefaßt zu haben.[35]

Da Hegel die Grundlage des Rechts im allgemeinen, wesentlich freien Willen erblickte, konnte er das Rechtssystem als «Reich der verwirklichten Freiheit» bezeichnen:[36] Das Recht ist das «Dasein des freien Willens»;[37] und da er den Willen als Gegenwart des Unendlichen im Endlichen betrachtete, konnte er im Recht etwas Heiliges sehen. Seine Rechtsphilosophie mündet in eine Apotheose des Rechts, durch die nicht nur allgemeine Rechtsprinzipien, sondern auch recht spezielle rechtliche Beziehungen, wie das Eigentumsrecht, mit dem Nimbus der Heiligkeit versehen werden.

Wenn Hegel von der Positivität des Rechts spricht, berührt sich seine Lehre dem Wortlaut nach mit rechtspositivistischen Auffassungen, z.B. wenn er hervorhob, daß zum Recht stets die Geltung in einem Staate mit seinen historisch gewordenen Verhältnissen gehöre und daß Bestimmungen nötig seien, die die Verwirklichung der Rechtsnormen ermöglichen. Da seine Überlegungen jedoch in eine spekulative Deutung der staatlichen Rechtsordnung eingebettet sind, steht seine Rechtsauffassung in scharfem Gegensatz zu positivistischen Ansichten. Dies zeigt sich auch in Hegels Ablehnung des Relativismus: Rechtsordnungen sind zwar Ausdruck der jeweiligen sittlichen «Substanz» eines Volkes bzw. eines «Volksgeistes», wie Hegel ursprünglich sagte, aber diese Substanz äußert sich nicht zufällig, sondern nach allgemeinen und notwendigen Gesetzen.[38]

b) Familie, bürgerliche Gesellschaft, Staat

Die Familie beruht nach Hegel auf dem Bewußtsein der Zusammengehörigkeit der Familienmitglieder und deren gegenseitiger Liebe, so daß der einzelne sich nicht mehr als isolierte Person, sondern als Glied des Ganzen weiß. «Liebe heißt überhaupt das Bewußtsein meiner Einheit mit einem anderen, so daß ich für mich nicht isoliert bin, sondern mein Selbstbewußtsein nur als Aufgebung meines Fürsichseins gewinne, und durch das Mich-Wissen als der Einheit meiner mit dem anderen und des anderen mit mir.»[39] Sobald die Kinder herangewachsen sind, treten sie aus der Familie heraus, sie verselbständigen sich und stehen einander als besondere Personen mit eigenen Interessen gegenüber. Ihre Beziehungen sind nicht mehr durch die unmittelbare Empfindung der Zusammengehörigkeit, sondern durch zweckmäßige Regelungen zum Ausgleich ihrer Interessen geregelt. Die auf diese Weise entstandene Ordnung heißt «bürgerliche Gesellschaft». Wenn der Einklang der individuellen Interessen und des Gemeinschaftsinteresses nicht nur als unbeabsichtigte Folge zahlreicher egoistischer Handlungen zustande kommt, sondern auf dem Gemeinschaftsbewußtsein beruht, wird der für die bürgerliche Gesellschaft charakteristische Egoismus überwunden. Dies geschieht erst im Staat, dessen Zweck «das allgemeine Interesse als solches und darin als ihrer Substanz die Erhaltung der besonderen Interessen» ist.[40]

Familie, bürgerliche Gesellschaft und Staat unterscheiden sich somit durch die Art, in der sich die einzelnen zu einem Ganzen verbinden. Diese Verbindung beruht in der Familie auf dem Gefühl; in der bürgerlichen Gesellschaft ist sie das Ergebnis rationaler Überlegungen, bei denen die Interessen der Individuen das Primäre sind; im Staat hat die Gemeinschaft, wie in der Familie, Vorrang vor den einzelnen, aber nicht mehr auf Grund eines Gefühls, sondern kraft vernünftiger Einsicht. «Auf die Einheit der Allgemeinheit und Besonderheit im Staate kommt alles an», wie es in der «Philosophie des Rechts» heißt.[41] Leitend ist stets der Gedanke, daß der Staat «die Wirklichkeit der sittlichen Idee» ist, «der sittliche Geist als der *offenbare*, sich selbst deutliche, substantielle, der sich denkt und weiß und das, was er weiß, und insofern er es weiß, vollführt».[42]

Der vernünftige Staat ist nach Hegel ständisch gegliedert. Einem «substantiellen Stand», der von den Produkten des Bodens lebt, werden ein Stand des Gewerbes, der sich durch Verarbeitung von Rohstoffen ernährt, und ein allgemeiner Stand, der von der Arbeit zur Bedürfnisbefriedigung befreit ist, weil er die Interessen der Gesellschaft wahrzunehmen hat, gegenübergestellt. Zum letzteren gehören nicht nur die Beamten, sondern auch die Fürsten als Mitte des sozialen Systems. Philosophisch wird die Stellung des fürstlichen Standes dadurch gerechtfertigt, daß er das Familienprinzip und den Grundbesitz zur Basis hat und in diesem Sinne «Stand der natürlichen Sittlichkeit» ist; politisch erklärt sich seine Bedeutung aus seiner Unabhängigkeit vom Staatsvermögen und der Freiheit von den Unsicherheiten des Gewerbes. Deshalb ist sein Besitz unbedingt zu sichern. Der politische Einfluß der Fürsten soll in einem Oberhaus zur Geltung kommen, das als Gegengewicht gegen die Abgeordnetenkammer fungiert. Als

Gegengewicht zum staatlichen Zentralismus empfahl Hegel Selbstverwaltungsorganisationen im Bereich der Wirtschaft – die Korporationen –, von denen er sich die Eindämmung des individualistischen Egoismus erwartete. Ergeben sich nichtsdestoweniger Störungen des sozialen Gleichgewichts, soll die Regierung eingreifen, um einerseits zu verhindern, daß Menschen vollständig verarmen, und um andererseits sicherzustellen, daß alle Arbeitsfähigen auch wirklich arbeiten. Damit soll der Proletarisierung entgegengewirkt und verhindert werden, daß Rechts- und Ehrgefühl verlorengehen.

Der Gegensatz zwischen Hegels Staatsphilosophie und dem politischen und ökonomischen Liberalismus ist offensichtlich. An die Stelle des aufklärerischen Individualismus tritt bei Hegel der Gedanke, daß die einzelnen nur als Glieder der staatlichen Gemeinschaft «Wahrheit und Sittlichkeit» haben.[43] Sie verhalten sich im sittlichen Staat zueinander nicht mehr wie Vertragspartner, sondern wie Teile eines Organismus. Weder ist der Staat um der Bürger willen, noch sind die Bürger um des Staates willen da. Der Staat ist eine Ganzheit, in welche die einzelnen integriert sind, so daß sie, um sich als sittliche Persönlichkeiten entfalten zu können, ebenso auf den Staat angewiesen sind, wie dieser auf sie angewiesen ist.

6. Kunst, Religion und Geschichte

a) Die Kunst

Hegel sah im Kunstwerk, anknüpfend an Gedanken Kants, Schillers und Humboldts, aber zugleich über sie hinausgehend, nicht bloß den schönen Schein, sondern das «Scheinen der Idee» in sinnlich-wahrnehmbarer Gestalt, im Sinne jenes Scheinens, das dem Wesen der Wirklichkeit zugeordnet ist. Die Kunst schafft nicht Abbilder von Dingen, Lebewesen oder Personen, sondern drückt Ideen und damit die Einheit von Unendlichem und Endlichem aus, und zwar in sinnlicher Gestalt; sie ist Bewußtsein des Absoluten noch unterhalb der anschaulichen Vorstellung und erst recht unterhalb des allgemeinen Begriffs. Auf die Frage, wie sich das Kunstwerk von schönen Naturgebilden unterscheide, in denen ja ebenfalls Ideen erscheinen, antwortete Hegel, daß die Natur eine «harte Rinde» habe, die es dem Geist schwerer mache, zur Idee hindurchzudringen, während das Kunstwerk den Zugang zu ihr erleichtere.[44]

Da das Kunstwerk nicht Mittel zu einem von ihm verschiedenen Zweck ist, darf es nicht als Mittel des Vergnügens, der Erbauung, der Belehrung oder Besserung aufgefaßt werden; es hat seinen Zweck in sich selbst, der darin besteht, «die *Wahrheit* in Form der sinnlichen Kunstgestaltung zu enthüllen».[45] «Wahrheit» bedeutet hier die wahre Wirklichkeit (die Idee), nicht die Erkenntniswahrheit, da die Aufgabe der Kunst nicht in der

Erkenntnis oder in der Veranschaulichung von Erkenntnissen besteht, sondern in der Eröffnung eines eigenen, nicht erkenntnisartigen Zugangs zum Wesen der Wirklichkeit.

Hegel wollte nicht eine Deutung des Schönen zur Diskussion stellen, sondern er meinte, daß das Kunstwerk selbst auf etwas hinter der Erscheinung hindeutet. In diesem Sinne erklärte er, daß der Schein der Kunst «selbst durch sich hindurchdeutet und auf ein Geistiges, welches durch ihn soll zur Vorstellung kommen, an sich hinweist».[46] So wie in der Erkenntnis des Wesens von Dingen im Grunde der Geist sich selbst erkennt, so verhält es sich auch mit dem Erleben des Schönen: Das Kunstwerk ist nicht etwas gegenüber dem Geist Fremdes, sondern entäußerter, an sinnliche Formen gebundener Geist, so daß sich der Geist im Kunstwerk selbst zu betrachten vermag.

Die ästhetische Einstellung ist nicht unveränderlich, sondern läßt eine Entwicklung erkennen. In einer ersten Phase, nämlich in der Kunst des Alten Orients, insbesondere Ägyptens, wurde die Idee als etwas dem Gegenstand Fremdes betrachtet, das durch das Kunstwerk lediglich symbolisiert wird; der zweiten Phase entspricht die klassische Kunst der Antike, in der Gegenstand und Idee als Einheit gesehen wurden; diese Einheit löste sich in der «romantischen» Kunst, d. h. in der Kunst der christlichen Ära, wieder auf, weil die Harmonie von Geist und Sinnlichkeit zugunsten des Vorrangs des Geistigen preisgegeben wurde. Die Distanzierung gegenüber der sinnlichen Erscheinung führte zum Rückgang in die Innerlichkeit bzw. zur Vergeistigung. Das der geistigen Schönheit angemessene Medium ist die Poesie als Kunst, die an die Sprache, und damit an Vorstellungen, gebunden ist. Damit bahnt sich bereits der Übergang von der Kunst zur Religion an, für die charakteristisch ist, was sich in der Poesie ankündigt: In der Religion wird das Verhältnis von Endlichem und Unendlichem im Medium der Vorstellung erfaßt. Die Kunst büßt mit diesem Schritt etwas von ihrer ursprünglichen Bedeutung ein, da sie nun nicht mehr die einzige Form ist, in der die Verbindung von Endlichem und Unendlichem, von sinnlicher Gestalt und Idee ergriffen wird. Gleichzeitig gewinnt sie eine neue Freiheit, da sie der Phantasie viel freieren Lauf lassen kann. Vom Standpunkt der Absoluten Philosophie aus stellt sich jedoch die Kunst als etwas Vergangenes, als eine prinzipiell überwundene Stufe der Entfaltung des Geistes, dar: Sie hat «die echte Wahrheit und Lebendigkeit verloren»,[47] was sich auch in der Neigung der Künstler zeigt, das Kunstwerk in einer der Kunst nicht angemessenen Weise bewußt zum Gedankenausdruck zu machen.

b) Die Religion

In der Religion wird die Einheit von Endlichem und Unendlichem nicht mehr, wie in der Kunst, bloß dargestellt, sondern vorgestellt. Da sich diese Einheit nicht eigentlich anschauen läßt, kann es sich nur um die Anschauung von Symbolen handeln, die auf das Unendliche bezogen werden. In der Religion wird der geistige Grund der Wirklichkeit nicht begriffen, sondern in Metaphern angedeutet. Auf der höchsten Stufe der Religion, dem Christentum, drücken die religiösen Bilder philosophische Wahrheiten aus. So ist z.B. die Vorstellung der göttlichen Trinität von Vater, Sohn und Geist Symbol des Verhältnisses zwischen dem Unendlichen, seiner Entäußerung zur endlichen Wirklichkeit und der Vermittlung von Endlichem und Unendlichem. Mit dem Schritt zur Philosophie wird die symbolische Einkleidung des Gedankens hinfällig, so daß schon Hegel von einer Entmythologisierung des Christentums hätte sprechen können. Die Vorstellung eines Gottes, der sich in freier Wahl zur Weltschöpfung und zur Erlösung der Menschheit entschließt, läßt sich nicht aufrechterhalten. Gott wirkt notwendig; er ist nur in dem Sinne frei, daß er (wie schon Spinoza gesagt hatte) aus der Notwendigkeit allein seines eigenen Wesens handelt.[48]

Die Religion ist aber, über das Vorstellen Gottes hinaus, eine praktische Haltung: Die Einheit von Mensch und Gott wird in der Religion nicht nur gedacht, sondern zugleich gelebt, weshalb der Kultus und die Gemeinde, in der kultische Handlungen vollzogen werden, wesentlich zur Religion gehören. Mit dieser Auffassung trug Hegel auch dem emotionalen Aspekt der Religion Rechnung, lehnte es jedoch ab, die Religion auf das Gefühl zu reduzieren, wie es Friedrich Daniel Ernst Schleiermacher getan hatte, der ihr Wesen in dem vom Denken prinzipiell unabhängigen Gefühl der schlechthinnigen Abhängigkeit erblickte.[49] Bei Hegel spielt das Gefühl als Moment der Religion nur insofern eine Rolle, als es mit dem Denken in Form der Vorstellung verbunden ist; im Gefühl, namentlich im religiösen Gefühl, ist immer schon der Übergang zur Reflexion angelegt.[50]

Steht, wie bei den Griechen, das Gefühl der Einheit von Endlichem und Unendlichem im Vordergrund, dann hat die Religion subjektiven Charakter; wenn sie sich, wie im Judentum, dieses Verhältnis als Herrschaft eines von Gott gegebenen Gesetzes vorstellt, handelt es sich um objektive Religion. Im Christentum erblickte Hegel die Synthese von subjektiver und objektiver Religion, die Versöhnung von Mensch und Gott vermittels des Gedankens, daß die Schuld der Menschen durch Gott getilgt wird. Die Schuld, die die Versöhnung mit Gott notwendig macht, besteht in der Trennung des Menschen von Gott bzw. in der Verselbständigung des Endlichen gegenüber dem Unendlichen. Der Mensch findet zu Gott zurück, indem der Geist die Entfremdung überwindet und einsieht, daß die Religion Selbstbewußtsein Gottes ist: Das Wissen, das das endliche Bewußtsein von Gott hat, wird als Wissen Gottes von sich selbst erkannt. Ist diese Einsicht erreicht, dann ist Gott «nicht mehr ein Jenseits, ein Unbekanntes, denn er hat den Menschen kundgetan, was er ist, und nicht bloß in einer äußerlichen Geschichte, sondern im Bewußtsein».[51]

Begreiflicherweise wurde Hegels Religionsphilosophie sehr unterschiedlich aufgenommen. Bald sah man in ihr einen Versuch, von der Religion zu bewahren, was sich unter den Bedingungen der modernen Philosophie noch bewahren läßt; bald erblickte man in ihr einen Angriff auf die Religion im allgemeinen und auf das Christentum im besonderen. Ob man die Aufhebung der Religion in Philosophie als Zerstörung oder als Erhöhung der Religion versteht, hängt offenbar von dem Standpunkt ab, von dem aus geurteilt wird. Hält man die Selbständigkeit der Religion für wesentlich, wird man in Bemühungen um ihre Auflösung in Philosophie eine tödliche Gefahr erblicken; sieht man im Gehalt der Religion das Wesentliche, dann kann man dessen Aufhebung in die Absolute Philosophie bejahen. Tatsächlich wurde die Debatte mit der Auflösung der Hegelschen Schule gegenstandslos. Anstatt zu versuchen, die religiösen Vorstellungen in Vernunftideen zu übersetzen, bemühte man sich, sie psychologisch bzw. anthropologisch zu interpretieren, wie dies z.B. Ludwig Feuerbach unternahm. (Siehe Teil VI, Kap. I, 1 b)

c) Die Weltgeschichte

Von größter Bedeutung war auch Hegels Geschichtsphilosophie, die darauf hinauslief, die historische Entwicklung als notwendigen Prozeß darzustellen. Die Weltgeschichte hat es mit einem Geschehen zu tun, das vom Geist hervorgebracht ist. Sie läßt sich nach Hegel aus der Idee der Freiheit konstruieren, wobei sich drei große Entwicklungsphasen ergeben: In einer ersten ist nur einer frei, nämlich der orientalische Despot, der alle anderen als seine Knechte betrachtet; in der griechisch-römischen Antike sind einige frei, nämlich die Vollbürger, denen Halbfreie und Sklaven gegenüberstehen; erst in der christlich-germanischen Welt sind im Prinzip alle frei. Freiheit darf auch hier nicht als Willkürfreiheit verstanden werden, denn in diesem Sinne sind die Individuen keineswegs frei, da sie gleichsam Werkzeuge in der Hand des Weltgeistes sind. Solange sie den Zielen des Weltgeistes dienen, sind sie unüberwindlich; verlieren sie diese Funktion, sind sie im Grunde schon überwunden. Meist wissen die Individuen allerdings nicht, daß sie vom Weltgeist zu dessen Zwecken gebraucht werden; die «List der Vernunft» läßt sie meinen, ihren eigenen Interessen zu folgen, während sie dem Weltgeist dienen, der sich in der Weltgeschichte entfaltet.

Der Geschichte liegt nach Hegel ein überzeitlicher Gehalt zugrunde, der sich in der Zeit entfaltet: Beim Gang des Weltgeistes durch die Jahrhunderte ist jeder Schritt wesentlich, so daß sich das Geschehen nicht als Aufeinanderfolge zufälliger Ereignisse, sondern als notwendiges Fortschreiten zu immer klarerem Selbstbewußtsein des absoluten Geistes darstellt. Damit werden die historischen Erscheinungen spekulativ gerechtfertigt: Im Entstehen und Vergehen von Völkern, Staaten, Kulturen usw. manifestiert sich der Weltgeist, so daß sich die Weltgeschichte als Weltgericht begreifen läßt. Analoges gilt für die Geschichte der Philosophie, die als Offenbarung der absoluten Idee im philosophischen Denken einen vollkommen anderen

Rang erhält als bei älteren Philosophiehistorikern.[52] Das ausgeprägte philosophiehistorische Interesse des 19. Jahrhunderts ist zum großen Teil als Wirkung Hegelscher Anstöße zu begreifen.

Im Rahmen der philosophiegeschichtlichen Auffassung Hegels drückt jedes philosophische System, ungeachtet seiner Zeitgebundenheit, einen Aspekt der ewigen Wahrheit aus.[53] Im Grunde gibt es nur *eine* Philosophie, da es nur *eine* Vernunft gibt; aber so wie die Vernunft nur nach und nach bewußt wird, so entfaltet sich die Philosophie in einer Reihe von Stufen, die sich wie These, Antithese und Synthese zueinander verhalten. Da in jeder Synthese der positive Gehalt von These und Antithese aufgehoben ist, geht in der Geschichte der Philosophie keine einmal erreichte Wahrheit verloren. In gewissem Sinne sind alle echten philosophischen Systeme (jedoch nicht die philosophischen Moden) wahr, sofern sie jeweils eine Seite der Absoluten Philosophie enthalten; sie sind aber zugleich insofern falsch, als sie infolge ihrer Beschränktheit gewisse Seiten der vollen Wahrheit vermissen lassen. In der abschließenden Philosophie «muß alles, was zunächst als ein Vergangenes erscheint, aufbewahrt und enthalten – sie muß selbst ein Spiegel der ganzen Geschichte sein».[54] Wegen des dialektischen Zusammenhangs der verschiedenen Philosophien ist die Aufeinanderfolge der Systeme nicht zufällig, sondern vernünftig und notwendig.[55] Im einzelnen zeichnen sich in der Geschichte der Philosophie Stufen ab, die den Stufen, die die Kunst und die Religion durchlaufen haben, entsprechen. Dies ist keine zufällige Parallelität, sondern hat seinen Grund in der Tatsache, daß es sich in allen diesen Fällen um die Entwicklung ein und desselben Geistes handelt, der danach strebt, zum vollen Bewußtsein seiner selbst zu kommen.

7. Die geschichtliche Bedeutung des Hegelianismus

Hegel war so sehr Metaphysiker, daß er nicht mehr fähig war, dem Charakter des einzelwissenschaftlichen, namentlich des naturwissenschaftlichen, Denkens gerecht zu werden. Die Hegelsche Philosophie führte zur Geringschätzung der Erfahrung und der Erfahrungswissenschaften, da sie als «Wissenschaft» nur Erkenntnis aus reiner Vernunft gelten ließ. Hegel hat das metaphysische Wissen als apriorisches Wissen aufgefaßt und systematisch dargestellt; er hat es zwar nicht mehr in «geometrischer» Art (*more geometrico*) entfaltet, doch wurde die Dialektik zum Äquivalent der axiomatischen («geometrischen») Ableitungsform. Die Stringenz mathematischer Ableitungen wird dabei nicht erreicht, ja oft sind die dialektischen Zusammenhänge von vornherein mit dem Blick auf ein vorausgesetztes Ziel konstruiert. Die Reaktion auf die spekulative Abwertung der empirischen Disziplinen blieb nicht aus: Da diese Disziplinen im neunzehnten Jahrhundert beträchtliche Fortschritte machten, entwickelten ihre Vertreter ein immer ausgeprägteres Selbstbewußtsein, das häufig zur Geringschätzung der spekulativen Philosophie führte. Die Unfähigkeit der idealistischen Philosophen, dem naturwissenschaftlichen Denken gerecht zu werden, zog als Reaktion die Abkehr von dieser Art Philosophie, ja oft von jeder Philosophie nach sich. Politische Faktoren verstärkten diese Tendenz: Die konservativen Hegelianer wurden in einer Zeit des erstarkenden Liberalismus als Reaktionäre betrachtet, die Anhänger des revolutionären Flügels des Hegelianismus sahen sich durch das Scheitern der Revolution von 1848 um ihren Kredit gebracht. (Zu Rechts- und Linkshegelianismus siehe Teil VI, Kap. I, 1 a)

Dagegen verdankte die Entwicklung der Geisteswissenschaften der Hegelschen Philosophie wichtige Anstöße. Der Einsturz des metaphysischen Fundaments, auf das Hegel die Religionsphilosophie, die Rechtsphilosophie, die Ästhetik, die Geschichtsphilosophie und die Geschichte der Philosophie gestellt hatte, war auch insofern folgenschwer, als mit dem Zusammenbruch des (Hegelschen) Idealismus die spekulativen Grundlagen dieser Disziplinen verlorengingen, so daß sie nun den Charakter von Einzelwissenschaften annahmen. Geschichte, Soziologie, Rechtslehre usw. wollten aber den Anspruch der Wissenschaftlichkeit, den sie durch die Einbettung in das spekulative System Hegels erhalten hatten, nicht aufgeben; da sie nicht wissenschaftlich im Sinne der Physik, der Chemie usw. waren, erweiterten ihre Vertreter den Begriff der Wissenschaft und sprachen von «Geisteswissenschaften».

Sobald die metaphysischen Grundlagen jener Disziplinen, die Hegel in sein System einbezogen hatte, aufgegeben waren, wurde auch der mit ihnen verbundene Wahrheitsanspruch hinfällig; an die Stelle des Glaubens an die Möglichkeit endgültiger Erkenntnis trat ein historischer Relativismus, der vor allem für die Geisteswissenschaften charakteristisch wurde. Zwar hatte auch Hegel die Sittlichkeit, das Recht, die Religion, die Kunst auf geschichtliche Perioden bzw. auf Völker und deren «Geist» relativiert, zugleich aber absolute Ziele der Entwicklung angenommen, mit Bezug auf welche die konkreten geschichtlichen Erscheinungen als mehr oder weniger vollkommen bewertet werden konnten. Auf Grund der Idee einer absoluten Wahrheit war es auch möglich, den historischen Prozeß als Fortschritt zu deuten, ja als notwendigen Fortschritt. Diese Auffassung wird mit der Abkehr vom spekulativen Idealismus hinfällig.

Der Zusammenbruch des Idealismus war somit weit mehr als die Auflösung einer akademischen philosophischen Schule; er bedeutete eine Zäsur in der Entwicklung der Kultur, die nun nicht mehr vornehmlich metaphysisch geprägt war, sondern immer stärker unter den Einfluß naturalistischer Auffassungen geriet. Die Philosophie tendierte häufig dazu, sich an die Einzelwissenschaften anzulehnen oder sich als deren Methododenlehre zu verstehen. Diejenigen, die dies als unbefriedigend erkannten, wandten sich wieder zu Kant zurück, dessen Feststellung, daß nur der kritische Weg noch offen sei, angesichts des Scheiterns der idealistischen Metaphysik nun auch durch die geschichtliche Entwicklung gerechtfertigt erschien. Im ausgehenden 19. und beginnenden 20. Jahrhundert gab es zwar auch einen Neuhegelianismus (siehe Teil VII, Kap. I, 1), der aber, verglichen mit dem Neukantianismus, von geringerer Bedeutung war.

Nicht der metaphysische Gehalt, wohl aber die Form der Hegelschen Philosophie wirkte bei Marx, und noch stärker bei Engels, dem Begründer des Dialektischen Materialismus, weiter. Das Schema von These, Antithese und Synthese (bzw. von Position, Negation und Negation der Negation) wurde übernommen, aber von seinen idealistischen Voraussetzungen abgelöst und in materialistischem Sinne gedeutet. (Siehe Teil VI, Kap. I, 2–3) Von Marx, Engels und ihren Anhängern wurde Hegel als Vorläufer von Auffassungen dargestellt, die mit seinem Denken im Grunde nichts zu tun haben. Namentlich die Dialektik ist so wesentlich mit dem spekulativen Idealismus verbunden, daß sich mit der materialistischen Umdeutung nicht nur ihr Charakter ändert, sondern ihre Wurzeln abgeschnitten werden.[56] Wirkungsgeschichtlich hatte die Verbindung von Hegelscher und materialistischer Dialektik jedoch zur Folge, daß überall da, wo der Marxismus Einfluß hatte, Hegel starke Beachtung fand. Dagegen beschränkte sich die Hinwendung zu Hegel, die in den Ländern der westlichen Welt um die Mitte des 20. Jahrhunderts zu konstatieren war, im wesentlichen auf die Hegel-Philologie.

VII.

Schopenhauer

Es gibt nichts, das der Geist völlig ausdenken kann,
und so sind wir Lichter, die eigentlich nur sich
selbst erleuchten.

(Friedrich Hebbel)

1. Das Leben eines Außenseiters

Fichte, Schelling und Hegel fanden in ihrem jüngeren, 1788 in Danzig
geborenen Zeitgenossen Schopenhauer ihren leidenschaftlichsten Kritiker,
obwohl sein Denken dem nachkantischen Idealismus keineswegs so scharf
entgegengesetzt ist, wie man auf Grund seiner Polemik gegen die Genannten meinen möchte. Allerdings überwiegen die Unterschiede, weshalb der
Schüler von Schulze-Aenesidemus (siehe Kap. III, 5) und Bewunderer der
Aufklärungsphilosophie sowie Kants doch vor allem als Gegner des spekulativen Idealismus zu betrachten ist. Schopenhauer war in manchen seiner
Auffassungen der kritischen Philosophie verpflichtet und daher vor allem
gegen den Hegelschen Panlogismus immun. Durch seinen Glauben an die
Möglichkeit eines Zugangs zur Wirklichkeit an sich wich er jedoch in einem
wesentlichen Punkt von der kritischen Richtung ab. Indem er annahm, daß
das den erfahrbaren Erscheinungen zugrunde liegende An-sich zwar nicht
erkannt, jedoch in einer vom rationalen Denken verschiedenen Weise
erschaut werden könne, folgte er der romantischen Richtung einer sich auf
Intuition und Ahnung berufenden Philosophie. Sofern er aber gleichzeitig
forderte, über die nachkantischen Idealisten hinweg, wieder an gewisse
Kantische Auffassungen anzuknüpfen, wurde er zum Vorläufer des späteren Neukantianismus.

Schopenhauer sollte nach dem Willen des Vaters Kaufmann werden, kor-
rigierte aber nach des Vaters Tod den ihm vorgegebenen Lebensplan: Er
holte die Gymnasialbildung nach und studierte in Göttingen, später in
Berlin Naturwissenschaften und Philosophie. In Jena wurde er auf Grund
der Arbeit «Über die vierfache Wurzel des Satzes vom Grunde» 1813 zum
Doktor der Philosophie promoviert. Schon als Student lernte er die Kantische Vernunftkritik kennen, von der er nachhaltig beeinflußt wurde.
Großen Eindruck machte auf den jungen Mann die Bekanntschaft mit
Goethe, die seine nach dem Tode ihres Mannes in Weimar lebende Mutter
vermittelte. Schopenhauer bewunderte Goethe nicht nur als Dichter, sondern auch als Naturphilosophen, dessen Farbenlehre ihn so sehr beeindruckte, daß er sie, allerdings im Rahmen einer von der Goetheschen ver-

schiedenen Denkweise, in der Schrift «Über das Sehen und die Farben» (1816) verteidigte. 1818 erschien das Werk, das seinen Ruhm begründete: «Die Welt als Wille und Vorstellung», das allerdings zur Enttäuschung des Autors keine Beachtung fand. Auch als Dozent an der Berliner Universität, an der er 1820 die Lehrbefugnis erworben hatte, blieb ihm der Erfolg versagt, wofür sein Eigensinn verantwortlich war: Um Hegel Konkurrenz zu machen, setzte er seine Vorlesungen zur gleichen Zeit wie Hegel an – mit dem Ergebnis, daß sein Hörsaal weitgehend leer blieb und er seine Lehrtätigkeit bald einstellen mußte.

Als 1831 in Berlin die Cholera ausbrach, verließ Schopenhauer die Stadt und ließ sich in Frankfurt am Main nieder, wo er, ohne sich um eine akademische Position zu bemühen, bis zu seinem Tode als einzelgängerischer Junggeselle lebte. Jahrelang konnte es so scheinen, als sei er als Philosoph gescheitert, denn auch mit der naturphilosophischen Schrift «Über den Willen in der Natur» (1836) gelang ihm nicht der erhoffte Durchbruch. Erst die Tatsache, daß er 1839 – also als Fünfzigjähriger – für die Abhandlung «Über die Freiheit des menschlichen Willens» den Preis der Norwegischen Königlichen Sozietät der Wissenschaften erhielt, verschaffte ihm eine gewisse Beachtung. Eine andere ethische Untersuchung – die Schrift «Das Fundament der Moral» –, mit der er den Preis der Akademie von Kopenhagen zu erringen hoffte, wurde nicht ausgezeichnet. Er veröffentlichte beide Abhandlungen unter dem Titel «Die beiden Grundprobleme der Ethik» (1841). Daß sein Hauptwerk, um einen zweiten ergänzenden Band vermehrt, 1844 wieder aufgelegt wurde, war ein Zeichen des erwachenden Interesses an seiner Philosophie. In weiteren Kreisen der Gebildeten wurde er durch die beiden Bände der «Parerga und Paralipomena» (1851) bekannt.[1] Seinen späten Ruhm betrachtete er als wohlverdient; daß ihm der Durchbruch erst nach langer Wartezeit gelang, führte er auf die Böswilligkeit der Wortführer der akademischen Philosophie zurück. 1860 starb Schopenhauer in seiner Frankfurter Wohnung.

So spät Schopenhauer berühmt wurde, so lang hielt sein Ruhm an, vor allem in den Kreisen des gebildeten Bürgertums, während die akademische Philosophie ihm gegenüber meist distanziert blieb. Seine Wirkung hing vor allem damit zusammen, daß er nicht nur eine Erkenntnislehre, eine Metaphysik und eine Ethik, sondern auch eine Erlösungslehre anzubieten hatte, was ihm Anhänger zuführte, die nicht so sehr Erkenntnis, als vielmehr weltanschauliche Orientierung suchten. Vor allem jene, die den Kirchen bereits entfremdet waren, fanden in Schopenhauers Philosophie einen Weg der Lebensführung, den sie einschlagen konnten, ohne sich auf religiöse Traditionen oder Dogmen festlegen zu müssen.

Daß Schopenhauer Erlösung nicht von der Aktion, sondern von der Resignation, dem Verzicht auf Wollen erwartete, macht verständlich, daß seine Wirkung in einem Augenblick einsetzte, als viele Gebildete nach der gescheiterten Revolution von 1848 in vertiefter Innerlichkeit einen Ersatz für das ihnen verwehrte politische Engagement suchten. Schopenhauers distanzierte Einstellung gegenüber der Politik entsprach der resignativen Haltung dieser Kreise. Da Schopenhauer demokratische und sozialistische Tendenzen mißbilligte, lehnte er die Revolution von 1848 entschieden ab. Das Privateigentum betrachtete er als unantastbar, die Gleichberechtigung aller Menschen hielt er für illusorisch, da seiner Ansicht nach «die große Herde des Menschengeschlechts, stets und überall, notwendig der Führer bedarf».[2] Bezeichnet man das Volk als Souverän, dann muß hinzugefügt werden, daß es sich um einen ewig unmündigen Souverän handelt, der eines Vormunds bedarf. Dem Fortschrittsglauben gegenüber verhielt sich Schopenhauer skeptisch. Der Historie sprach er den Charakter einer Wissenschaft ab, weil sie keine allgemeinen Prinzipien kennt. Eine Philosophie der Geschichte wird man daher bei ihm vergeblich suchen, und auch in dieser Hinsicht unterscheidet er sich deutlich von Hegel, bei dem die Geschichtsphilosophie unlösbar mit den Grundgedanken des Systems verbunden ist. Für Schopenhauer war die Geschichte nicht Selbstoffenbarung eines Absoluten, sondern Ergebnis menschlichen Wollens und Handelns. Weil das äußere Geschehen der Oberfläche der Wirklichkeit angehört und mit deren wahrem Wesen nichts zu tun hat, kommt der Geschichte keine tiefere Bedeutung zu.

Schopenhauers Einfluß auf das Denken des gebildeten Bürgertums hing zweifellos auch mit dem Umstand zusammen, daß er über die Gabe verfügte, seine Gedanken in klarer, eindringlicher Sprache vorzutragen. Im Unterschied zu Hegel und manchem anderen Philosophen von Profession verfügte er über die Fähigkeit, seine Gedanken nicht nur klar, sondern geradezu fesselnd vorzutragen. Außerdem war seine Philosophie für viele deshalb attraktiv, weil sie zwar den Ergebnissen der Naturwissenschaften Rechnung trug, sie aber mit einer metaphysischen Gesamtdeutung der Wirklichkeit verband. Wer die Naturwissenschaften ernst nahm, aber den naturwissenschaftlichen Materialismus und den positivistischen Phänomenalismus ablehnte, fand in Schopenhauers Philosophie eine brauchbare Alternative zur Hegelschen Dialektik wie zur Schellingschen Mystik.

2. Kritizistische Ansätze

Mit Kant war Schopenhauer überzeugt, daß etwas nur Gegenstand der Erfahrung sein könne, wenn es raum-zeitlich und verstandesmäßig gedeutet ist: Kants Transzendentale Ästhetik, in der Raum und Zeit als Formen der reinen Anschauung dargestellt werden, ist unumstößlich wahr. Die Transzendentale Analytik hielt er dagegen für revisionsbedürftig. Die von Kant abgeleiteten Kategorien können, wie er meinte, mit einer Ausnahme nicht als gegenstandskonstitutive Denkformen gelten; sie sind in seinen

Augen gleichsam «blinde Fenster». Ausgenommen von diesem Verdikt ist die Kategorie der Kausalität, doch bedarf der Grundsatz der kausalen Determination allen Geschehens der Ergänzung, da die Ursache als Grund des Werdens nicht die einzige Art von Grund ist. Außer der Wirkursache als Grund des Werdens gibt es Gründe des Erkennens, des Seins und des Wollens. Der Satz vom Grunde, dem zufolge nichts ohne hinreichenden Grund ist, hat somit eine vierfache Wurzel, wie Schopenhauer schon in seiner Dissertation ausgeführt hatte.

Wenn alles, was den Formen der Anschauung und dem Satz vom Grunde als Form des Verstandes unterworfen ist, durch das Subjekt bedingt ist, können die angeschauten und beurteilten Gegenstände nicht Dinge an sich sein; sie sind Erscheinungen bzw., was für Schopenhauer dasselbe ist, Vorstellungen. Jenseits der Erscheinungen läßt sich nichts erkennen; Versuche, durch Schlüsse über die Grenzen der Erscheinung hinauszugelangen, sind zum Scheitern verurteilt. Wir können zwar, ja wir müssen unsere Vorstellungen auf Ursachen beziehen – zum Beispiel wird die Vorstellung einer Farbe auf ein reales Ding bezogen, das auf Grund seiner Beschaffenheit das Sonnenlicht in bestimmter Weise reflektiert, so daß optische Reize bestimmter Art ins Auge und weiter ins Sehzentrum des Gehirns gelangen –, aber da der Rückschluß auf diese Ursachen mit Hilfe des Kausalitätsprinzips erfolgt, das eine Denkform ist, ist das, was erschlossen wird, lediglich ein Gedanke, wie in ähnlicher Weise schon Aenesidemus-Schulze und Jacobi (siehe Kap. III) festgestellt hatten. Wir bleiben, solange wir die Wirklichkeit raum-zeitlich und kausal auffassen, unweigerlich in den Kreis der Phänomene eingeschlossen: Die Welt ist meine Vorstellung, und sonst nichts. Die Dinge sind in meinem Kopfe, wie Schopenhauer drastisch sagte, was allerdings nicht überzeugend ist, denn da auch der Kopf raum-zeitlich-kausal bestimmt ist, hat er ebenfalls als Vorstellung zu gelten. Damit Erfahrung von Gegenständen der Außenwelt zustandekommen kann, müssen die Empfindungen in den Raum projiziert werden; da aber der Raum eine subjektive Anschauungsform, und der Satz vom Grund, der die Projektion ermöglicht, eine Form des Verstandes ist, muß auch das Ergebnis der Projektion subjektiv, d. h. Phänomen, sein. Weil es ohne den Satz vom Grunde als Form des Intellekts keine Gegenstände der Anschauung gäbe, besteht die anschauliche Erfahrung nicht im bloßen Hinschauen oder im reinen Aufnehmen von Eindrücken, sondern sie beruht immer auf einer Leistung des Verstandes und ist somit intellektual.[3] Dies war schon Kants These; Schopenhauer hat jedoch das Verdienst, sie eingängiger als Kant vorgetragen zu haben.

Schopenhauer brachte die idealistische Auffassung auf die knappe Formel: Kein Objekt ohne Subjekt. Sie soll besagen, daß von einem Objekt unabhängig von einem Subjekt mit seinen Anschauungs- und Denkformen nicht gesprochen werden könne. Mit dieser Einsicht soll der «törichte Streit über die Realität der Außenwelt»[4] ein Ende finden, da er auf dem

Irrtum beruht, daß sich unsere Vorstellungen auf etwas beziehen, das sozusagen hinter den Erscheinungen liegt. Schopenhauer hat jedoch keinen konsequenten Phänomenalismus vertreten, sondern lediglich betont, daß das Ding an sich, an dessen Existenz er nicht zweifelte, nicht rational erfaßt werden könne; das heißt aber nicht, daß nicht in anderer Weise ein Zugang zur Wirklichkeit selbst gefunden werden könne. (Siehe unten Abschn. 3)

Im Zusammenhang mit der Erfahrungsanalyse setzte sich Schopenhauer auch mit der Frage nach dem Verhältnis von Wacherleben und Traum auseinander: Wenn alles, was wir wahrnehmen, Vorstellung (und somit «im Kopfe») ist, dann scheint das bewußte Leben nichts anderes als ein langer Traum zu sein, in den die kurzen Träume, die wir während des Schlafes haben, eingebettet sind. Obwohl wir praktisch in der Regel zuverlässig zwischen Wachen und Träumen unterscheiden können, tun wir das nicht unter dem Gesichtspunkt der Verursachung, das heißt, wir betrachten nicht als Wahrnehmung, was durch Dinge an sich hervorgerufen wird, und als Traum, was vom Ich erzeugt wird, sondern wir unterscheiden die beiden Erlebnisweisen auf Grund der größeren oder geringeren Kohärenz: Das Wacherleben ist zusammenhängend, an jedem neuen Morgen knüpfen wir an den Erlebniszusammenhang des vorhergegangenen Tages bzw. der vorangegangenen Lebensphase an; was wir im Traum erleben, ist unzusammenhängend, wirr, ein Traum findet meist keine Fortsetzung in einem folgenden: «Der *lange* Traum (das Leben) hat in sich durchgängigen Zusammenhang gemäß dem Satz vom Grunde, nicht aber mit den *kurzen* Träumen.»[5] Träumen und Wahrnehmungen ist aber gemeinsam, daß in ihnen nur Vorstellungsinhalte, also bewußtseinsimmanente Phänomene, erlebt werden. Die landläufige Ansicht, nach der in der Wahrnehmung, im Unterschied zum Traum, denkunabhängige Dinge erfaßt werden, beruht auf einer Illusion. Während das Alltagsdenken in dieser Täuschung befangen bleibt, haben Dichter immer wieder geahnt, daß das Leben ein Traum ist. So nannte Pindar den Menschen «eines Schattens Traum», und Shakespeare meinte, wir seien aus demselben Stoff wie die Träume.

Schopenhauer wollte die These, daß die Welt Vorstellung sei, nicht so verstanden wissen, als laufe sie auf die Leugnung der Realität der materiellen Welt hinaus; die Materie ist völlig real, nur bedeutet «materielle Realität» nicht Unabhängigkeit vom Denken. Materie ist, was in Raum und Zeit wirkt; Raum und Zeit sind Formen der Anschauung, und die Kausalität – die gemeint ist, wenn von «Wirken» gesprochen wird – ist eine Form des Verstandes, weshalb die Materie nicht unabhängig vom Subjekt sein kann. Gegen diese Ansicht scheint zu sprechen, daß doch das Bewußtsein von materiellen Vorgängen abhängt: Der Mensch ist kein reiner Geist, sondern ein zum Denken befähigter Organismus; Raum, Zeit und Kausalität sind, wie Schopenhauer sagte, «Gehirnfunktionen». Einerseits kann es unabhängig vom Subjekt kein Objekt geben, andererseits hängt aber das

Subjekt von Objekten ab. Schopenhauer mußte sich fragen, wie sich ein
Ausweg aus diesem Dilemma finden lasse. Seine Antwort folgte der Kantischen Auffassung: Die materiellen Dinge haben als Erscheinungen empirische Realität, sie stehen dem Subjekt als Gegenstände gegenüber; berücksichtigt man jedoch ihre Abhängigkeit von Raum, Zeit und Kausalität, dann
erweisen sie sich als abhängig vom Subjekt. In der unmittelbaren Erfahrung
stellen sie sich als real dar, in der philosophischen Reflexion erweisen sie
sich als ideal. Auch vom Subjekt wird in zweifachem Sinn gesprochen,
nämlich bald als empirischem Subjekt, das materiell und in mannigfacher
Weise durch materielle Faktoren (zunächst des Gehirns) bedingt ist, bald als
transzendentalem Subjekt, das im Rahmen von Anschauungs- und Denkformen die Welt der Erscheinungen erzeugt.

Die reine Materie, d. h. die Materie ohne alle Bestimmungen, ist absolut
unerkennbar; aber auch das reine Subjekt läßt sich, da es nicht im Raume
und in der Zeit ist, nicht erkennen. Dennoch müssen wir Subjekt und Materie denken, sozusagen als die Pole der Erfahrung, die sich gegenseitig
bedingen. Die Materie als das absolut Beharrliche ist die objektive Entsprechung der Zeitlosigkeit des reinen Subjekts. Das reine Subjekt und die reine
Materie, die selbst nicht erscheinen, sind Voraussetzungen der Erscheinungswirklichkeit; es handelt sich um Grenzbegriffe, ohne die wir die
Erfahrung nicht begreifen können, denen aber nichts Reales zugeordnet
werden darf. Dies hat Schopenhauer in einem Streitgespräch expliziert, das
er Subjekt und Objekt führen ließ. Auf die Feststellung des Subjekts: «Ich
bin, und außer mir ist nichts. Denn die Welt ist meine Vorstellung» entgeg-
net die Materie: «Vermessener Wahn! Ich, ich bin: und außer mir ist nichts.
Denn die Welt ist meine vorübergehende Form. Du bist ein bloßes Resultat
eines Teiles dieser Form und durchaus zufällig». Während die Materie ins
Treffen führt, daß das Bewußtsein erst in einer späten Phase der Weltent-
wicklung auftritt und nach relativ kurzer Zeit verschwunden sein wird,
beharrt das Subjekt darauf, daß es ohne Subjekt keine Zeit und daher auch
keine Entwicklung gäbe. Schließlich verständigen sich Materie und Subjekt,
indem sie ihre wechselseitige Abhängigkeit anerkennen: «So sind wir denn
unzertrennlich verknüpft, als notwendige Teile eines Ganzen, das uns beide
umfaßt und durch uns besteht. Nur ein Mißverständnis kann uns beide einander feindlich gegenüberstellen und dahin verleiten, daß eines des andern
Dasein bekämpft, mit welchem sein eigenes steht und fällt.»[6]

Das Ganze, das Subjekt und materielle Wirklichkeit umfaßt, ist die Welt
der Erscheinung, die auch die Welt der Vorstellung heißt. Wäre die Philosophie lediglich Theorie der rationalen Erfahrung, hätte es mit dem Satz
«Die Welt ist meine Vorstellung» sein Bewenden. Schopenhauer erblickte
jedoch in der Erfahrung bzw. der Erkenntnis ursächlich verbundener
Gegenstände in Raum und Zeit nur eine von zwei möglichen Weisen, sich
zum Sein zu verhalten; ihr steht eine andere gegenüber, die nicht mehr diskursiven, sondern intuitiven Charakter hat; ihr entspricht der zum soeben

angeführten komplementäre Satz «Die Welt ist Wille». Erst beide Sätze zusammen ergeben die Formel von Schopenhauers metaphysischer Auffassung: Die Welt ist Wille und Vorstellung. Im Rahmen dieser Ansicht ist es möglich, dem Realismus des natürlichen Außenweltbewußtseins gerecht zu werden. Obwohl die Frage: «Was ist diese anschauliche Welt noch außerdem, daß sie meine Vorstellung ist?»[7] in der Erkenntnislehre unbeantwortet bleibt, läßt sie sich beantworten, wenn man einräumt, daß es eine vom Erkennen verschiedene Art der Beziehung auf die Wirklichkeit gibt. Davon soll im folgenden Abschnitt die Rede sein.

Schopenhauer hat die Lehre vom Erscheinungscharakter der Gegenstände mit gewissen Auffassungen der indischen Philosophie in Zusammenhang gebracht, namentlich mit dem Gedanken, daß uns die wahre Wirklichkeit durch den Schleier der Maja verborgen sei. Das indische Denken hatte schon auf Herder, Wilhelm von Humboldt, Hegel und andere Eindruck gemacht, doch hat sich niemand so vorbehaltlos zu seinen Grundsätzen bekannt wie Schopenhauer, der in ihm den Kern seiner Lehre von der Erscheinungshaftigkeit aller Gegenstände wiederfand. Die Welt ist nach der Lehre der Veden «ein bestandloser, an sich wesenloser Schein, der optischen Illusion und dem Traume zu vergleichen, ein Schleier, der das menschliche Bewußtsein umfängt, ein Etwas, davon es gleich falsch und gleich wahr ist zu sagen, daß es sei, als daß es nicht sei».[8]

3. Der Wille als Ding an sich

Schopenhauer wollte zeigen, daß die Auffassung der Welt als einer Menge von Erscheinungen einseitig sei, und daher der Ergänzung durch die These bedürfe, daß die Welt nicht nur Erscheinung, sondern an sich etwas sei, das erscheint. Zwar bezieht sich nicht nur die äußere, sondern auch die innere Erfahrung stets auf Erscheinungen, wenn wir aber auf Willensakte achten, z.B. das Wollen einer Handbewegung, dann geht das, was wir erleben, nicht vollkommen in der Erfahrung von Erscheinungen auf. Dies zeigt sich darin, daß die gewollte Handbewegung nicht auf den Willensakt folgt wie irgendeine physikalische Wirkung auf ihre Ursache; sie wird vielmehr als unmittelbare Äußerung des Willens erfaßt. Sofern hier nicht mehr von einem Nacheinander gesprochen werden kann, liegt kein zeitlich bestimmter Zusammenhang vor, und daher kann es sich auch nicht um ein kausales Verhältnis handelt. Wo aber Anschauungs- und Denkformen keine Rolle mehr spielen, da hat man es nicht mehr mit Erscheinungen zu tun.

In der Erfahrung unserer Leiblichkeit zeigt sich eine Beziehung zur Wirklichkeit, die sich von der Beziehung auf beliebige andere Objekte unterscheidet. Obwohl auch unser Leib, sofern er dem Raume und der Zeit unterworfen ist, Erscheinung ist, verhalten wir uns zu ihm anders als zu gegenständlichen Erscheinungen, da wir ihn mit unserem Willen identifizie-

ren. Um diese Besonderheit auszudrücken, bezeichnete Schopenhauer den
Leib als *Objektität* des Willens, im Unterschied zur Objektivität der Dinge
als Vorstellungsinhalten.[9] Die Einheit von Wille und Leib wird unmittelbar
erfaßt bzw. gefühlt; es handelt sich um ein Wissen, das «in concreto jeder
unmittelbar, d. h. als Gefühl, besitzt».[10]

Schopenhauer glaubte nicht, daß wir im Erlebnis des Wollens geradezu
etwas Nicht-Phänomenales, also eine Wirklichkeit an sich, erfassen; er
meinte vorsichtiger, in der Erfahrung des eigenen Willens würde die
Anschauungsform der Zeit gleichsam durchscheinend, so daß wir wie
durch einen Schleier hindurch die Wirklichkeit an sich, wie sie unabhängig
von den Anschauungs- und Denkformen sein mag, erfassen könnten. Er
verglich das Ding an sich mit einer Festung, die allen direkten Angriffen
standhält, die sich aber einnehmen läßt, wenn man einen unterirdischen
Gang entdeckt, der in ihr Inneres führt.[11] Der Vergleich bringt zum Ausdruck, daß sich die Wirklichkeit an sich nicht im rationalen Denken, d. h.
unter den Bedingungen der menschlichen Anschauung und des Satzes vom
Grunde, erkennen läßt, daß sie sich aber einem Denken anderer (nämlich
intuitiver) Art erschließt. Die von jeglicher Deutung im Rahmen von
Raum, Zeit und Kausalität unabhängige Wirklichkeit nannte Schopenhauer
«Wille», meinte aber nicht das, was in der Psychologie so heißt, sondern
gab dem Ausdruck eine allgemeinere Bedeutung: Der Wille im metaphysischen Sinn ist eine bewußtlose Kraft, ein vernunft- und zielloser Drang, der
sich in der Natur wie im menschlichen Bewußtsein, namentlich im Wollen,
äußert. Da der menschliche Wille die uns vertrauteste Äußerung jener Kraft
ist, bezeichnete sie Schopenhauer als «Wille».

Die allen Erscheinungen zugrundeliegende Kraft – der «Wille» – ist nicht
Naturgesetzen unterworfen; Gesetze, wie sie in den Naturwissenschaften
formuliert werden, beschreiben vielmehr nur den Zusammenhang der
Willensäußerungen. Mit der Beschränkung der naturwissenschaftlichen
Betrachtungsweise auf den Zusammenhang der Erscheinungen wird ihre
Bedeutung relativiert: Das, was erscheint, wird ihr entzogen und zum
Thema einer von der rationalen wesentlich verschiedenen Art des Erfassens
erklärt. Das Ansich – der Wille – bleibt daher geheimnisvoll. Das gilt auch
für das menschliche Wollen: Durch die Erforschung der Motive läßt sich
nur begreiflich machen, warum der Wille in einem bestimmten Fall gerade
dies und nichts anderes will; daß überhaupt etwas gewollt wird, kann mit
Hilfe des Gesetzes der Motivation nicht begriffen werden: Der Wille als
solcher ist grundlos.[12] Jede einzelne Handlung erfolgt, unter Voraussetzung
eines bestimmten Charakters, auf Grund von Motiven; die ganze Reihe der
Handlungen ist aber nichts anderes als die Erscheinung des Willens, seine
Objektität.[13]

Die Wirklichkeit läßt sich somit von zwei Seiten aus betrachten, auf die
mit den Ausdrücken «Vorstellung» und «Wille» hingewiesen wird; die Welt
als Vorstellung ist erkennbar, die Welt als Wille nicht. «Mir ist von allen

Dingen ... nur *eine* Seite bekannt, die der Vorstellung: ihr inneres Wesen bleibt mir verschlossen und ein tiefes Geheimnis ...»,[14] wie Schopenhauer schrieb. Zu dieser Auffassung des Verhältnisses von Erscheinungswirklichkeit und An-sich («Wille») gelangte er nicht durch Analyse im Sinne der kritischen Philosophie, sondern durch eine Deutung, die er als «Auslegung» der Erfahrung charakterisierte. Daß er damit von Kant abwich, war ihm klar: «Kant lehrt, daß wir über die Erfahrung und ihre Möglichkeit hinaus nichts wissen können: ich gebe dies zu, behaupte jedoch, daß die Erfahrung selbst, in ihrer Gesamtheit, einer Auslegung fähig sei, und habe diese zu geben versucht, indem ich sie wie eine Schrift entzifferte ...»[15]

Die von Schopenhauer vertretene Auffassung ist nicht absurd. Man muß sich aber darüber im klaren sein, daß die geforderte Auslegung der Erfahrung im Grunde auf spekulativen Annahmen beruht, nicht, wie Schopenhauer meinte, auf einer unmittelbaren Schau.

Ausgehend von der Erfahrung unseres sich in leiblichen Vorgängen äußernden Willens können wir extrapolierend auch von anderen Wesen annehmen, daß sie einerseits vorgestellte Gegenstände, andererseits Äußerungen des Willens sind. Beweisen läßt sich die Identität von Wille und äußeren Erscheinungen ebensowenig wie die Identität von Wille und Leib. Geht man jedoch davon aus, daß die letztere erlebt wird, dann kann man tierische und pflanzliche Organismen, schließlich auch anorganische Erscheinungen in analoger Weise als Äußerungen des «Willens» deuten. Da zwischen der Organisation und dem Verhalten des Menschen und dem Verhalten höherer Tiere gewisse Ähnlichkeiten bestehen, läßt sich von den letzteren in Analogie zum Menschen annehmen, daß auch sie nicht nur der Welt als Vorstellung angehören, sondern Erscheinungsweisen des «Willens» (als universaler Kraft) sind; und was von höheren Tieren gilt, kann auf Tiere im allgemeinen, ja auch auf pflanzliche Organismen und schließlich auf die Welt der Dinge im allgemeinen übertragen werden. Was vom Standpunkt der Erkenntnislehre aus als Vorstellung zu betrachten ist, stellt sich in metaphysischer Sicht als Manifestation des «Willens» dar, wie Schopenhauer besonders detailliert in der Abhandlung «Über den Willen in der Natur» ausführte. Alles Wirkliche, d. h. alles, was wirkt – z. B. die Schwerkraft, der Magnetismus, die Elektrizität, der Wachstumstrieb der Pflanzen, die tierischen Triebe und schließlich das menschliche Wollen – ist Äußerung des Einen Willens; wo immer wir das Wirken von Naturkräften feststellen – im Fallen eines Steins, im Streben einer Pflanze, ihre Wurzeln immer tiefer in den Boden zu senken, in den auf Selbst- und Arterhaltung gerichteten Instinkten der Tiere und schließlich im reflektierten Wollen des Menschen –, äußert sich der «Wille».

In den Prinzipien, die den verschiedenen Stufen der Objektivierung des Willens zugrunde liegen, meinte Schopenhauer Platos Ideen wiederzuerkennen: «Jede allgemeine ursprüngliche Naturkraft ist also in ihrem innern Wesen nichts anderes als die Objektivation des Willens ...: wir nennen eine

jede solche Stufe eine ewige *Idee*, in Platos Sinn.»[16] Die Willensobjektiva-
tionen konkurrieren miteinander um den Raum und die Materie, so daß in
der Natur überall Streit herrscht und die Materie ständig ihre Form ändert.

Die Ideen sind allgemeine Prinzipien ohne individuelle Besonderheit;
von Individualität kann erst die Rede sein, wo Gegenstände in Raum und
Zeit vorliegen, d. h. im Bereich der vom Subjekt und seinem Bewußtsein
abhängigen Erscheinungen. Die Frage nach dem Grund der Aufspaltung
des Allgemeinen in eine Vielheit individueller Seiender – das seit langem
diskutierte Problem der Individuation (siehe z. B. Teil II, Kap. III, 1 c(2)) –
wird von Schopenhauer dahingehend beantwortet, daß es Individuen nur
für ein Bewußtsein gibt, das vermittels der subjektiven Anschauungsformen
Raum und Zeit erkennt. An sich existieren keine Individuen, sondern nur
der «Wille» und die Ideen als Formen seiner Manifestationen.

Nach Schopenhauer wird das Verhältnis zwischen dem Ansich (dem Willen) und den Erscheinungen, in denen sich das Ansich äußert, nicht
erkannt, sondern deutend «verstanden», und das Verstehen wird mit dem
Entziffern einer Geheimschrift verglichen,[17] ähnlich wie hundert Jahre
später Karl Jaspers der Metaphysik die Aufgabe zuwies, die Chiffreschrift
der Transzendenz zu entschlüsseln (siehe Teil VII, Kap. III, 3a). Wenn
aber metaphysische Auffassungen als Dechiffrierungsvorschläge zu gelten
haben, dann kann in bezug auf sie nicht der Anspruch definitiver Wahrheit
erhoben werden. Schopenhauer trug jedoch, obwohl er nicht beanspruchte,
die Erscheinungen im Lichte der Willensmetaphysik erkannt zu haben,
seine Deutungen in einem Ton vor, der den Eindruck hervorruft, er habe
endgültig wahre Deutungen gemeint. Nichtsdestoweniger ging er nicht so
weit wie Hegel, der beansprucht hatte, ein allumfassendes, definitiv gültiges
philosophisches System geschaffen zu haben; ihm war vielmehr klar, daß
sich nicht alle metaphysischen Fragen beantworten lassen. Warum z. B. der
«Wille» sich objektiviert, wird uns auf immer verborgen bleiben.

Schopenhauers theoretische Philosophie hat mehrere Facetten: Sie ist
einerseits an Kant orientierte Theorie der Erfahrung, andererseits ist sie in
einem von Kant weit entfernten Sinne Metaphysik in der Tradition des Platonismus, und sie mündet schließlich in eine Art Mystik. Den auf Kant
zurückgehenden Phänomenalismus deutete Schopenhauer, wie gesagt, anders als Kant in naturalistischer Weise, indem er annahm, daß die Erscheinungen durch Gehirnfunktionen bedingt seien. Die Dinge erscheinen uns
als räumlich, zeitlich und kausal geordnet, weil unser Gehirn sie uns in dieser Weise erfahren läßt. Sie gelten zugleich als Manifestationen eines wil-
lensartigen Weltgrundes, der sich vermittels allgemeiner Prinzipien – der
Ideen im Sinne Schopenhauers – verwirklicht. Wenn Schopenhauer die
raum-zeitlichen Dinge als Schatten einer wahren Wirklichkeit auffaßte,
knüpfte er unübersehbar an Plato an, und wenn er schließlich in allen
Erscheinungen Manifestationen jener Wirklichkeit erblickte, die er als Einheit vor der Aufspaltung in Subjekt und Objekt kennzeichnete, dann griff

er auf Grundgedanken aller Mystik zurück. Daß Schopenhauer bewußt die genannten drei Traditionslinien zu verknüpfen suchte, zeigt eine Notiz aus dem Jahre 1816: «Ich gestehe übrigens, daß ich nicht glaube, daß meine Lehre je hätte entstehen können, ehe die Upanischaden, Plato und Kant ihre Strahlen zugleich in eines Menschen Geist werfen konnten.»[18]

Schopenhauer bekannte sich zu einer Metaphysik, die mit einem neueren Ausdruck als induktive Metaphysik bezeichnet werden kann. Indem er forderte, die Interpretation der Erfahrung im ganzen auf naturwissenschaftliche Erkenntnisse zu stützen, trug er der Bedeutung der Naturwissenschaften Rechnung; gleichzeitig sprach er sich entschieden gegen den Naturalismus aus, der außer den Gegenständen der naturwissenschaftlichen Erkenntnis keine Wirklichkeit anerkennt, und bekannte sich zu einer Betrachtungsweise, die durch die äußere Schale der Natur hindurch zum Kern der Wirklichkeit vorzudringen sucht. Dies kann, wie er überzeugt war, nur auf dem Wege der Selbsterfahrung gelingen, denn: «Die letzten Grundgeheimnisse trägt der Mensch in seinem Innern, und dieses ist ihm am unmittelbarsten zugänglich; daher er nur hier den Schlüssel zum Rätsel der Welt zu finden und das Wesen aller Dinge an Einem Faden zu erfassen hoffen darf.»[19]

4. Das Gute, das Schöne und die Erlösung

a) Die Mitleidsethik

Nicht nur in der Lehre vom Erscheinungscharakter der Erfahrungsgegenstände, sondern auch in der Ethik knüpfte Schopenhauer an Kant an, und zwar an den Gedanken, daß die Sittlichkeit die Anerkennung eines Reichs der Freiheit, einer intelligiblen Wirklichkeit erfordere, die der Naturkausalität entzogen ist. Schelling hatte der Kantischen Unterscheidung von empirischem und intelligiblem Charakter eine spekulative Deutung gegeben (siehe Kap. V, 5), und an diese lehnte sich Schopenhauer an, wenn er erklärte, der Mensch sei nicht in dem frei, was er tut, wohl aber in bezug auf das, was er ist. Sein Charakter ist Ergebnis einer Wahl, die aller Zeit vorausliegt und daher nicht dem Kausalitätsprinzip unterworfen sein kann.

Im empirischen Bereich ist alles eindeutig kausal bestimmt, auch das Wollen, das dem jeweils stärksten Motiv folgt. Wenn zum Beispiel jemand während eines Spaziergangs zu sich sagt: Ich könnte jetzt in die weite Welt hinaus wandern, tatsächlich aber zu Frau und Kind heimkehrt, so ist die von ihm erwogene Möglichkeit rein abstrakt; hätte er ein hinreichendes Motiv, um fortzugehen, würde er es zwangsläufig tun, da aber ein solches Motiv fehlt, geht er wie gewohnt nach Hause. Es ist so, als sagte das Wasser in einer Pfütze – angenommen, es könnte sprechen –, es könne auch als Strom zum Meere fließen oder als Springbrunnen in die Höhe schießen.

Wasser kann dies, vorausgesetzt, es ist Wasser in einem Strom oder Wasser
in einem Springbrunnen; als Wasser einer Pfütze bleibt es aber in der fla-
chen Mulde im Boden, die es füllt. Der Glaube, es gebe Willensfreiheit,
beruht mit einem Wort auf einer Illusion. Frei zu sein heißt, tun zu können,
was man will, nicht wollen zu können, was man will. Versucht man, sich im
Sinne der herkömmlichen Auffassung einen freien Willen vorzustellen, so
bleibt einem der Verstand stehen, weil man etwas Undenkbares zu denken
versucht. Was immer wir begreifen, denken wir mit Hilfe des Satzes vom
Grunde; ein von Motiven unabhängiges und somit grundloses Wollen ist
unbegreiflich.[20] Die Freiheit, die im Bereich des Wollens nicht zu finden ist,
muß daher im Sein, d. h. im Charakter, gesucht werden, und den Weg dahin
weist das Gefühl der Verantwortlichkeit, das nur oberflächlich das Tun, im
Grunde aber den Charakter betrifft; die Tat ist nur Symptom des Charakters. «Da, wo die *Schuld* liegt, muß auch die *Verantwortlichkeit* liegen: und
da diese das alleinige Datum ist, welches auf moralische Freiheit zu
schließen berechtigt; so muß auch die *Freiheit* ebendaselbst liegen, also im
Charakter des Menschen.»[21] Für unseren intelligiblen, d. h. von Raum- und
Zeitbedingungen unabhängigen Charakter sind wir verantwortlich, und aus
ihm geht, in Verbindung mit den Motiven, notwendig das Tun hervor. Alles
kommt somit darauf an, was einer *ist*; was er *tut*, ergibt sich hieraus mit
Notwendigkeit.

Ungeachtet gewisser Übereinstimmungen mit Kant war Schopenhauer
als Ethiker kein Kantianer, vor allem weil es ihm, anders als Kant, nicht um
eine Ethik des Sollens bzw. der Pflicht ging. Während Kant nach der Form
und den Bedingungen der Pflicht fragte, lehnte Schopenhauer eine Ethik,
die Gebote aufstellen oder begründen soll, ab. Die Moralphilosophie hat
vielmehr, wie er meinte, die Aufgabe, «die in moralischer Hinsicht höchst
verschiedene Handlungsweise der Menschen zu deuten, zu erklären und auf
ihren letzten Grund zurückzuführen».[22] Auf diese Aufgabe weist das
Motto hin, das er seiner zweiten Preisschrift voranstellte: «Moral predigen
ist leicht, Moral begründen schwer» (wobei «begründen» hier offensichtlich
«erklären» bedeutet). Diese Auffassung vom Ziel der Ethik deckt sich in
formaler Hinsicht mit der von Hume vertretenen (siehe Teil IV, Kap. II,
2 b(2)), der Schopenhauer auch inhaltlich verpflichtet war, wenn er die
moralischen Wertungen auf der Grundlage teils egoistischer, teils altruistischer Triebe begreiflich zu machen suchte. Natürlicherweise gilt als wertvoll, was dem Egoismus des einzelnen entgegenkommt; als moralisch
wertvoll wird dagegen nur das uneigennützige Handeln angesehen. «Die
Abwesenheit aller egoistischen Motivation ist also *das Kriterium einer
Handlung von moralischem Wert.*»[23] Positiv ausgedrückt: Moralisch wertvoll sind altruistische Handlungen, d. h. Handlungen, die das Wohl anderer
bezwecken. Es fragt sich, wodurch solche Handlungen motiviert sein
können (denn daß sie ein Motiv haben müssen, steht fest); als Triebfeder
altruistischer Handlungen kommt nach Schopenhauer nur das Mitleid in

Betracht: «Dieses Mitleid ganz allein ist die wirkliche Basis aller *freien* Gerechtigkeit und aller *echten* Menschenliebe.»[24] Zugunsten dieser Auffassung führte Schopenhauer unter anderem an, daß man es am wenigsten verwerflich findet, den Fiskus zu übervorteilen; dies kommt daher, daß man mit ihm kein Mitleid haben kann.

Soweit scheint sich Schopenhauers Auffassung mit der Humeschen zu decken, lassen sich doch die Ausdrücke «Mitleid» und «Menschenliebe» als Entsprechungen von «sympathy» und «humanity» bei Hume auffassen. Achtet man aber auf seine Deutung des Mitleids, dann zeigt sich, wie weit er sich von Hume entfernt. Nach Schopenhauer kann nämlich das Wohl und Wehe der Mitmenschen nur unter der Bedingung Motiv des Handelns sein, daß man sich mit ihnen identisch weiß, und zwar nicht (wie bei Hume) infolge einer Gefühlsansteckung, sondern im Sinne wirklichen Einsseins. Indem wir uns mitleidend mit anderen Wesen eins wissen, ist das Mitleid «das große Mysterium der Ethik, ihr Urphänomen und der Grenzstein, über welchen hinaus nur noch die metaphysische Spekulation einen Schritt wagen kann».[25] Die Lösung des Rätsels bietet die metaphysische Lehre von der Individuation: Wenn die *eine* Wirklichkeit erst durch die Anschauungsformen Raum und Zeit sich als Vielheit individueller Seiender darstellt, dann gehört diese Vielheit nur der Erscheinungswirklichkeit an; fällt der Schleier der Maja, der im Mitleid zerreißt, weg, dann zeigt sich die Einheit aller Wesen. Die praktische und die theoretische Weisheit verbinden sich in dem Gedanken, daß wir im Geiste der indischen Weisheit zu allen Dingen sagen dürfen: «Das bist du selbst» *(Tat twam asi)*. Die Ethik erweist sich somit letzten Endes als praktische Mystik.

b) Grundgedanken der Ästhetik

Die Ideen als Prinzipien der Objektivierungsstufen des «Willens», die das «eigentlich Wesentliche der Welt» sind, können, da sie nicht den Anschauungsformen bzw. dem Satz vom Grunde unterworfen sind, nicht Gegenstand der Verstandeserkenntnis sein. Wir erfassen sie nicht in rationaler Weise, sondern in Akten reiner Kontemplation, deren Inhalt nicht die Wissenschaft, sondern nur die Kunst darzustellen vermag.[26] Das Subjekt der künstlerischen Schau ist nicht mehr das Individuum, sondern das Subjekt im allgemeinen, zu dem sich der Künstler erhebt, wenn er alle Bindungen an die besonderen Umstände abstreift. Die Fähigkeit, sich von den individuellen Bedingungen zu lösen, macht das Genie aus, das dafür mit einer Schwächung der auf das alltägliche Leben bezogenen Fähigkeiten bezahlt. In der ästhetischen Betrachtungsweise lassen sich demnach zwei Aspekte unterscheiden: «die Erkenntnis des Objekts, nicht als einzelnen Dings, sondern als Platonischer *Idee*, d. h. als beharrender Form dieser ganzen Gattung von Dingen; sodann das Selbstbewußtsein des Erkennenden, nicht als Individuums, sondern als *reinen, willenlosen Subjekts der Erkenntnis*».[27]

Kant hatte die Erfahrung des Schönen als interesseloses Wohlgefallen charakterisiert. Diese Auffassung griff Schopenhauer auf, gab ihr aber einen neuen Sinn: Solange das Denken von Bedürfnissen, somit vom Willen, bestimmt wird, verbindet es Ziele und Mittel nach dem Satz vom Grunde; richtet es sich dagegen auf die Idee, die nicht mehr durch den Satz vom Grunde bedingt ist, befreit es sich von der Bindung an Ziele des Willens. Interesselosigkeit heißt demgemäß «Befreiung vom Dienste des Willens ... und Erhöhung des Bewußtseins zum reinen, willenlosen, zeitlosen, von allen Relationen unabhängigen Subjekt des Erkennens».[28]

In den einzelnen Künsten stehen jeweils verschiedene Ideen im Vordergrund, die den einzelnen Stufen der Natur entsprechen. Die Architektur drückt die Schwere und Starrheit der anorganischen Materie aus, die Malerei macht die Ideen der lebendigen Natur sichtbar, die Dichtung hat es vor allem mit der Idee der Menschheit zu tun, und in der Musik, der Schopenhauer, wie viele Romantiker, eine Sonderstellung zuerkannte, kommt der Wille selbst zum Ausdruck. Indem Schopenhauer der Kunst die Aufgabe zuwies, das Allgemeine im Besonderen sichtbar werden zu lassen, befand er sich in Übereinstimmung mit der Auffassung der deutschen Klassik. Die Idee, die nach seiner Ansicht den Inhalt der ästhetischen Kontemplation bildet, ist, wie das Urphänomen bei Goethe, sowohl allgemein als auch anschaulich. Die Herkunft dieser Ansicht aus dem Neuplatonismus (siehe Teil I, Kap. VI, 4 b(4)) ist nicht zu übersehen. Weil es die Kunst mit etwas zu tun hat, das jenseits der Erfahrungswirklichkeit liegt, konnte Schopenhauer sagen: «Rein a posteriori und aus bloßer Erfahrung ist gar keine Erkenntnis des Schönen möglich.»[29]

Die ästhetische Kontemplation ist nicht Selbstzweck, sondern sie hat die Funktion, eine Entlastung vom Druck der Realität herbeizuführen, indem sie die «Geistesruhe des von allem Wollen und dadurch von aller Individualität und der aus ihr hervorgehenden Pein befreiten reinen Erkennens»[30] gewährt. Freilich ist die durch die Kunst bewirkte Enthebung von der Erscheinung nur vorübergehend; die endgültige Befreiung ist nur von der Ethik zu erwarten.

c) Die Erlösungslehre

Der «Wille» als Grund aller Kräfte und Erscheinungen ist kein Absolutes im Sinne Hegels,[31] da er nicht absolute Vernunft, sondern vollkommen vernunftlos, blind, ein irrationaler Drang ist. Er hat kein Ziel und kann daher auch keine Befriedigung in der Verwirklichung eines Zwecks finden. Als ewig unbefriedigtes Streben ist er ewiges Leiden und verlangt daher nach Erlösung. Der Intellekt ist lediglich ein Mittel, das den Weg zur Erlösung weist; auf der höchsten Stufe der Entwicklung hört er auf, den Bedürfnissen des Lebens zu dienen und wendet sich auf sich selbst zurück, um sein eigenes Wesen und das Wesen der Erscheinungswelt zu durchschauen. Er wird gleichsam zur Laterne, in deren Licht der Wille seiner selbst ansichtig wird und erkennt, daß er wesentlich Leiden ist, und zwar um so intensiveres Leiden, je höher die Lebenserscheinung ist, in der er sich äußert: «In der Pflanze ist noch keine Sensibilität, also kein Schmerz: ein gewiß sehr geringer Grad von beiden wohnt den untersten Tieren, den Infusorien und Radiarien ein: sogar in den Insekten ist die Fähigkeit zu empfinden und zu leiden noch beschränkt: erst mit dem vollkommenen Nervensystem der Wirbeltiere tritt sie in hohem Grade ein, und in immer höherem, je mehr die Intelligenz sich entwickelt.»[32]

Mit dieser Auffassung trat Schopenhauer dem metaphysischen Optimismus entgegen, wie er zum Beispiel von Leibniz vertreten worden war. Hatte Leibniz gelehrt, die Welt, in der wir leben, sei die beste aller möglichen Welten (siehe Teil IV, Kap. I, 6c), so erklärte sie Schopenhauer für die schlechteste aller möglichen Welten; wäre sie auch nur geringfügig schlechter, so könnte sie gar nicht mehr existieren. Mit dieser pessimistischen Auffassung schlägt nicht nur der rationalistische Optimismus in sein Gegenteil um, sondern in ihr manifestiert sich eine Änderung der philosophischen Grundeinstellung. Im Mittelpunkt der vorkantischen Metaphysik hatte der Gedanke gestanden, daß die Ordnung der Wirklichkeit als ganzer vernünftig sei bzw. einen vernünftigen Grund habe; mit der Lehre vom blinden, ziellosen Willen wird dieser Glaube aufgegeben. In der Wirklichkeit, wie sie an sich ist, findet sich keine Spur von Vernünftigkeit und von Wert. Die Preisgabe des Glaubens an eine vernünftige Weltordnung ist die eigentliche Wurzel des Pessimismus.

Wo es darum geht, das Leiden der Kreatur im allgemeinen und der Menschen im besonderen zu schildern, ist Schopenhauer am beredtesten. Angesichts seiner pessimistischen Haltung ist die Folgerung verständlich, daß ein Dasein, das sinnlos und qualvoll ist, verneint werden muß. Da die Bejahung des Lebens triebhaft ist und da sich im Selbsterhaltungstrieb der «Wille» äußert, muß der Wille negiert werden; das Wollen wenigstens eines Individuums müßte sich gegen sich selbst kehren, sich verleugnen, dem Weltrad in die Speichen greifen und es zum Stillstand bringen: Dann wäre die Kraft, die die Welt hervorbringt, aufgehoben und zusammen mit der Welt verschwände auch das Leiden der Geschöpfe. Der Zustand, der mit dieser vollkommenen Verneinung des Willens zum Leben einträte, die tiefe Stille, das Nichts, das der Absage an den Lebenswillen folgen soll und das Schopenhauer als «Nirwana» bezeichnete, läßt sich nicht mehr beschreiben. Unser Denken ist auf die Bedürfnisse des Lebens gerichtet und daher nicht geeignet, jenes absolute Aufhören jeden Triebs und jeden Wollens auch nur annähernd vorzustellen.

Das letzte Wort von Schopenhauers Philosophie heißt somit Erlösung vom Dasein. In dem Streben nach Erlösung stimmt sie mit den großen Menschheitsreligionen überein. Der von Schopenhauer gewiesene Weg ist aber offensichtlich nicht der vom Christentum gelehrte Heilsweg, obwohl er in der asketischen Tendenz mit ihm wie mit allen großen Religionen übereinstimmt. Angemessener als das jüdisch-christliche Denken ist den Europäern, wie Schopenhauer überzeugt war, die indische Religiosität.[33]

Die Forderung, den Willen zum Leben zu verneinen, darf nicht als Empfehlung zum Selbstmord verstanden werden. Schopenhauer hielt den Freitod nicht für ein geeignetes Mittel der Enthebung vom Willen, weil er nur die Folge enttäuschten Lebenswillens, somit immer noch vom Willen abhängig, ist. Der Todesgedanke spielte nach Schopenhauer in der Philosophie seit jeher eine wichtige Rolle: «Schwerlich ... würde, auch ohne den Tod, philosophiert werden»,[34] wie er meinte. Die Philosophie bietet auch den einzig wahren Trost angesichts des Todes, da sie lehrt, daß zwar das Einzelwesen verschwindet, die Urkraft, die es hervorbrachte, jedoch bestehen bleibt. «Das Sterben ist der Augenblick der Befreiung von der Einseitigkeit der Individualität, welche nicht den innersten Kern unsres Wesens ausmacht, vielmehr als eine Art Verirrung desselben zu denken ist: die wahre, ursprüngliche Freiheit tritt wieder ein.» Am besten stirbt, wer resigniert hat; von ihm sagte Schopenhauer: «Das Dasein, welches wir kennen, gibt er willig auf: was ihm stattdessen wird, ist in unsern Augen *nichts*; weil unser Dasein, auf jenes bezogen, *nichts* ist. Der buddhistische Glaube nennt jenes *Nirwana*, d. h. Erloschen.»[35]

5. Schopenhauers philosophiegeschichtliche Stellung

Versucht man Schopenhauers Philosophie historisch einzuordnen, dann darf man sich durch die häufigen Hinweise auf Kant nicht verleiten lassen, in ihr in erster Linie eine Weiterführung der Transzendentalphilosophie zu erblicken. Obwohl Schopenhauer Kantische Gedanken übernommen hat, ging es ihm, anders als Kant, um die inhaltliche Bestimmung der Wirklichkeit selbst, und in dieser Hinsicht ist er einerseits der vorkantischen Metaphysik, andererseits dem nachkantischen spekulativen Idealismus verpflichtet, dessen Vertreter er so leidenschaftlich bekämpfte. Der Abstand, der ihn von Kant trennt, zeigt sich in aller Deutlichkeit in der Auffassung der Philosophie als Theorie der Erfahrung. Bei Kant ging es darum, Bedingungen zu formulieren, unter denen Erfahrung als möglich begriffen werden kann; bei Schopenhauer ist die Philosophie insofern «Wissenschaft von der Erfahrung überhaupt»,[36] als sie die Zusammenhänge der erfahrbaren Dinge im Lichte des als «Wille» bestimmten An-sich zu interpretieren sucht. Damit erweist sich Schopenhauers Denken als Metaphysik von jener Art, die Kant für unmöglich erklärt hatte, obwohl er nicht eine Metaphysik als Wissenschaft vor Augen hatte, sondern eine deutende, schauende, ahnende Metaphysik. Schopenhauers Abkehr vom rationalen Philosophieren, die ihn mit der Romantik verbindet, hat zweifellos dazu beigetragen, die irrationalistischen Tendenzen, die im 19. und 20. Jahrhundert auftraten, zu verstärken.

Es fällt auf, daß Schopenhauer um so weniger argumentierte, je konkreter
er sich zu metaphysischen Fragen äußerte; an die Stelle der Argumente
treten dann immer häufiger bloße Behauptungen, Bilder, Vergleiche und
Appelle.

Schopenhauer stand in zweifacher Hinsicht im Gegensatz zum Ratio-
nalismus, indem er nämlich einerseits leugnete, daß die Wirklichkeit im
Grunde vernünftig sei, andererseits indem er bestritt, daß sie in rationaler
Weise erfaßt werden könne. Der Glaube an die Vernünftigkeit der Wirklichkeit war schon von Hume in Frage gestellt worden. Kant hatte diesen
Glauben nicht mehr erneuert, und Schelling hatte ausdrücklich die Wirklichkeit auf einen dunklen, d. h. nicht vernünftigen Grund bezogen. Die
Wirklichkeit ist aber nach Schopenhauer nicht nur nicht vernünftig, sondern sie kann auch nicht vernünftig erkannt werden. Der Gedanke, daß die
Wirklichkeit selbst nicht rational erfaßt, sondern geglaubt, geahnt, in einer
der ästhetischen Betrachtung verwandten Weise geschaut wird, war den
Romantikern vertraut. Indem auch Schopenhauer die Ansicht vertrat, daß
das Wesen der Wirklichkeit nicht durch den Verstand erfaßt werden kann,
trug er dazu bei, jenen Philosophen den Weg zu ebnen, denen es nicht mehr
um Erkennen, sondern um Schauen, nicht mehr um Begründen, sondern
um Verstehen, nicht mehr um Argumente, sondern um Appelle ging – von
Nietzsche, der unmittelbar an Schopenhauer anknüpfte, bis hin zu Heidegger und anderen Vertretern der Existenzphilosophie.

Eine philosophische Schule hat Schopenhauer nicht begründet. Am ehesten könnte man Eduard von Hartmann (1842–1906) als Schopenhaueria-
ner bezeichnen, der ähnlich wie Schopenhauer «spekulative Resultate nach
induktiv-naturwissenschaftlicher Methode» erstrebte.[37] Mit Schopenhauer
bestimmte er den Grund der Wirklichkeit als Willen, jedoch nicht ausschließlich als solchen, sondern zugleich (in Anlehnung an Hegel) als Vernunft, so daß er in Übereinstimmung mit Schopenhauer sagen konnte,
Wille und Vorstellung seien die Prinzipien der Philosophie, obwohl er der
Vorstellung einen anderen Stellenwert gab als dieser. Wie dieser betrachtete
auch Hartmann die Dinge und das empirische Ich nicht als an sich real: «die
Welt besteht nur in einer Summe von Tätigkeiten oder Willensakten des
Unbewußten, und das Ich besteht in einer anderen Summe von Tätigkeiten
oder Willensakten des Unbewußten».[38] Da dem bewußten Denken und den
Gegenständen dasselbe Unbewußte zugrunde liegt, sind sie im Grunde
gleichartig, so daß die Gegenstandserkenntnis als möglich begriffen werden
kann. Der Begriff des Unbewußten begann auch in der Psychologie eine
Rolle zu spielen, wo ihn Sigmund Freud (1856–1939) und Josef Breuer
(1842–1925) zunächst zum Zweck der Erklärung von Neurosen einführten.
Dies geschah unabhängig von Voraussetzungen der spekulativen Metaphysik, der noch Hartmann verpflichtet war. Die Freudsche Psychoanalyse
wirkte später auf gewisse philosophische Richtungen, namentlich auf den
Neomarxismus, zurück.

Von Schopenhauer sind Anregungen in verschiedene Richtungen ausgegangen. Unter seinem Einfluß wurde der junge Philologe Friedrich Nietzsche zum Philosophen. Auch in der Literatur stößt man immer wieder auf
Spuren Schopenhauerischer Gedanken. Richard Wagner (1813–1883) zeigte
sich von ihnen beeindruckt, Wilhelm Busch (1832–1908) wurde von
ihnen angezogen, die Dichter des Weltschmerzes – George Gordon
Byron (1788–1824), Michail J. Lermontov (1814–1841), Nikolaus Lenau
(1802–1850) und Giacomo Leopardi (1798–1837) – können als seine
Geistesverwandten gelten. Vor allem wirkte er auf jene Kreise außerhalb
des akademischen Bereichs, die sich auf der einen Seite mit der szientistischen Einstellung der Positivisten ebensowenig anfreunden konnten wie
mit dem Materialismus eines Engels oder dem Soziologismus eines Marx,
auf der anderen Seite aber auch der Hegelschen Dialektik ablehnend
gegenüberstanden. Schopenhauer bot eine Philosophie, die mit den Ergebnissen der verschiedenen Naturwissenschaften verträglich zu sein schien,
gleichzeitig aber auch dem Bedürfnis nach Metaphysik entgegenkam und
darüber hinaus eine praktische Perspektive eröffnete und mit der Erlösungslehre sogar einen Religionsersatz bereitstellte. Wenn Schopenhauer
die akademische Philosophie kaum beeinflußte, so erklärt sich dies aus dem
Umstand, daß er schon als Metaphysiker, vor allem aber als Heilsprediger,
Lehren verkündete, die er entweder unzureichend oder gar nicht begründete. Wo er klar argumentierte, nämlich in der Theorie der Erfahrung und
in der Auseinandersetzung mit Kant, blieb auch der Einfluß auf die profes-
sionelle Philosophie nicht aus. Namentlich seine Kant-Kritik bereitete dem
Neukantianismus der zweiten Jahrhunderthälfte den Weg. Die Rückbesin-
nung auf den Kritizismus setzte aber die Überwindung der unangemesse-
nen Kant-Auffassung voraus, wie sie im nachkantischen (namentlich im
Hegelschen) Idealismus verbreitet war. Die Ansicht, Kant habe den zum
Scheitern verurteilten Versuch unternommen, die Vernunft ihre eigene
Erkenntnisfähigkeit prüfen zu lassen, mußte der Einsicht weichen, daß die
Transzendentalphilosophie eine Theorie der (als Tatsache zugrunde geleg-
ten) Erfahrung sei.

Sechster Teil

DIE PHILOSOPHIE DES 19. JAHRHUNDERTS NACH DER KRISE DES IDEALISMUS

I.
Die materialistische Umdeutung des Hegelianismus

Ein neues Lied, ein besseres Lied,
O Freunde, will ich Euch dichten!
Wir wollen hier auf Erden schon
Das Himmelreich errichten.
(Heine: Deutschland, ein Wintermärchen)

1. Die Hegelsche Schule

a) Rechts- und Linkshegelianer

Nach Hegels Tod setzte innerhalb seiner Schule eine Entwicklung ein, die zur Ausbildung zweier Richtungen, einer konservativen und einer progressiven, führte. Während die Vertreter der ersteren – die Rechtshegelianer – dem absoluten Idealismus Hegels verpflichtet blieben, tendierten die Anhänger der zweiten Richtung – die Linkshegelianer – zu einer naturalistischen Umdeutung des Hegelianismus. Die Hegelsche Rechte erzielte keine wesentlichen Fortschritte über die Lehre Hegels hinaus, sondern war eher bestrebt, sie auszubauen, wobei die Schwerpunkte in der Religions- und der Rechtsphilosophie lagen.[1] Außerdem entstanden im Kreis der Rechtshegelianer bedeutende philosophiehistorische Arbeiten. Die Hegelsche Linke[2] modifizierte dagegen die Hegelsche Philosophie in wichtigen Punkten; sie entfernte sich immer weiter vom Hegelianismus, so daß es schon bei einem Denker in der Nachfolge Hegels wie Ludwig Feuerbach fraglich ist, ob man ihn überhaupt noch als Hegelianer bezeichnen kann, und mit Marx und Engels (siehe Abschn. 2 und 3) führte die Distanzierung gegenüber Hegel zu einer selbständigen Position, die bei Marx eher einzelwissenschaftlichen, namentlich soziologischen und ökonomischen, als philosophischen Charakter hatte.

Die Abspaltung der «Linken» wurde durch David Friedrich Strauß (1808–1874) ausgelöst, der in seinem «Leben Jesu» (2 Bände, Tübingen 1835 f.)[3] dem Evangelium den Offenbarungscharakter entschieden absprach. Strauß vertrat die Ansicht, daß die Evangelien, sieht man von den in ihnen enthaltenen historischen Berichten und den legendenartigen Passagen ab, als Mythen zu gelten hätten, d. h. als Erzählungen, die einen metaphysischen Gedanken in anschaulicher Gestalt darstellen. Mit dieser Auffassung stand er Hegel noch nahe, der im religiösen Bewußtsein des Menschen eine Selbstoffenbarung Gottes im anschaulichen Denken erblickt hatte. So hielt

Strauß z.B. den Bericht der Evangelien von der Geburt Gottes in einem Individuum für die anschauliche Einkleidung des Gedankens, daß in der menschlichen Natur Endliches und Unendliches verbunden seien. Die Menschheit ist der menschgewordene Gott; «sie ist das Kind der sichtbaren Mutter und des unsichtbaren Vaters: des Geistes und der Natur; sie ist der Wundertäter: sofern im Verlauf der Menschengeschichte der Geist sich immer vollständiger der Natur bemächtigt ..; sie ist der Sterbende, Auferstehende und gen Himmel Fahrende: sofern ihr aus der Negation ihrer Natürlichkeit immer höheres geistiges Leben, aus der Aufhebung ihrer Endlichkeit als persönlichen, nationalen und weltlichen Geistes ihre Einigkeit mit dem unendlichen Geiste des Himmels hervorgeht».[4] Von Hegel unterschied sich Strauß jedoch dadurch, daß er die Religionsphilosophie nicht mehr mit den fundamentalen christlichen Dogmen in Einklang bringen wollte, sondern den Mythus der Evangelien auf dieselbe Stufe stellte wie andere Mythen.

«Das Leben Jesu» löste eine heftige Kontroverse aus, in deren Verlauf es zur Spaltung der Hegelschen Schule kam. Gegen die konservativen Hegelianer polemisierte mit den Mitteln der Ironie Bruno Bauer (1809–1882). In der «Posaune des jüngsten Gerichts wider Hegel, den Atheisten und Antichristen» (Leipzig 1841) vertrat er die Ansicht, daß die Religionskritik nicht mit philosophischen, sondern ausschließlich mit historischen Mitteln zu betreiben sei. Seine Einstellung lief letztlich auf die Absage an die spekulative Philosophie im allgemeinen hinaus. Ähnlich wandte sich auch Strauß später von der Philosophie ab und der wissenschaftlichen Weltanschauung zu. In seinem Alterswerk «Der alte und der neue Glaube» (Leipzig 1872) fragte er: Sind wir noch Christen? und antwortete mit Nein; die Frage «Haben wir noch Religion?» läßt sich dagegen bejahen, wenn unter Religion das Gefühl verstanden wird, vom Universum abhängig zu sein. Die Welt begreifen wir, wie Strauß erklärte, rein naturalistisch, wobei die Evolutionslehre eine wichtige Rolle spielt. Deshalb können wir uns im Leben nicht mehr an der Religion, sondern nur mehr an der Wissenschaft orientieren. Straußens Abkehr nicht nur vom Hegelianismus, sondern von der Philosophie im allgemeinen, deren Funktion die Naturwissenschaft übernehmen soll, ist für die Situation der Philosophie im zweiten Drittel des 19. Jahrhunderts symptomatisch: Der Zusammenbruch des spekulativen Idealismus führte, wo der Kantische Kritizismus in Vergessenheit geraten war, zu naturalistischen bzw. materialistischen Positionen, die in den Augen ihrer Vertreter die Philosophie als überholt erscheinen ließen.

Von Hegel distanzierte sich auch Max Stirner (eigentlich Johann Caspar Schmidt, 1806–1856) in seinem provokanten Buch «Der Einzige und sein Eigentum» (Leipzig 1845). Er leugnete im Gegensatz zu Hegel den Vorrang des Allgemeinen vor dem Besonderen, um nur das konkrete Individuum und seine Interessen gelten zu lassen. Recht, Sittlichkeit, Staat, Gemeinschaft sind keine Wirklichkeiten, denen sich der Einzelne zu beugen hätte, sondern Fiktionen, mit deren Hilfe die Menschen gegängelt werden sollen. Wenn der Einzelne Eigentümer seiner selbst sein und seine Interessen voll ausleben will, muß er sich von der Bindung an jene scheinbar objektiven Mächte freimachen. Demgemäß verwarf Stirner auch die beherrschenden politischen Konzeptionen der Zeit, nämlich den Liberalismus und den Sozialismus. Im Gegensatz zu den sozialistischen Theoretikern seiner Zeit sah er im Sozialismus nicht einen Weg zur Befreiung des Einzelnen, sondern, so wie in allen Idealen, nur einen «Sparren», der das Denken hemmt. Sofern er zur Aufhebung aller Ordnungen, die dem Einzelnen mit dem Anspruch allgemeiner Gültigkeit gegenübertreten, aufrief, dachte er extrem individualistisch, ja anarchistisch. Obwohl er den Hegelianismus ablehnte, ging es ihm, wie Hegel, um die Überwindung von Entfremdungsphänomenen. Indem er allgemeine Ordnungen als Erzeugnisse des Einzelnen darzustellen und den Eindruck aufzuheben suchte, sie seien etwas vom Individuum Unabhängiges, folgte er der von Hegel gewiesenen Richtung. Während aber Hegels Lehre spekulativen Charakter hat und daher auf eine spekulative Überwindung der Entfremdung hinausläuft, suchte Stirner mit psychologischen bzw. anthropologischen Mitteln zu zeigen, daß die vermeintliche Selbständigkeit der allgemeinen Mächte eine Illusion des irregeleiteten menschlichen Denkens sei.

b) *Ludwig Feuerbach*

Der bedeutendste Vertreter der Hegelschen Linken war Ludwig Feuerbach (1804–1872), der, ebenso wie Strauß, an die Hegelsche Religionsphilosophie anknüpfte, ihre spekulative Grundlage aber in Frage stellte. Er begann als Theologe, wandte sich später unter Hegels Einfluß der Religionsphilosophie zu und endete als sensualistischer Analytiker des religiösen Bewußtseins. Obwohl ihm als Sohn eines berühmten Juristen und früh habilitiertem Dozenten die akademische Laufbahn offenzustehen schien, verbaute er sich durch die Veröffentlichung der Schrift «Gedanken über Tod und Unsterblichkeit» (1830) die Aussicht auf einen Lehrstuhl, da seine unverhohlene Ablehnung des Unsterblichkeitsglaubens als anstößig empfunden wurde. Als ihm klar wurde, daß er nicht auf eine Professur hoffen durfte, gab er 1832 seine Privatdozentur in Erlangen auf. Der Ertrag einer Fabrik, an der seine Frau Anteile hielt, ermöglichte ihm zunächst ein sorgenfreies Leben. Nach dem Zusammenbruch der Fabrik geriet er in Not und verbrachte die letzten Lebensjahre in bescheidensten Verhältnissen in der Nähe von Nürnberg.[5] Den Höhepunkt seines Schaffens bildet «Das Wesen des Christentums» (1841), in dem die Gedanken der christlichen Religion und Theologie anthropologisch gedeutet werden. Im Revolutionsjahr 1848/49 erhielt Feuerbach Gelegenheit, seine Auffassungen in Heidelberg vorzutragen; die «Vorlesungen über das Wesen der Religion» wurden 1851 veröffentlicht. Schließlich lieferte er in einem dritten religionsphilosophischen Werk, der «Theogonie nach den Quellen des klassischen, hebräischen und christlichen Altertums» (1857) reiches Quellenmaterial zur Stützung seiner Deutung. Daneben entstanden zahlreiche kleinere Arbeiten, deren berühmteste den Titel trägt «Das Geheimnis des Opfers oder Der Mensch ist, was er ißt» (Erstveröffentlichung 1866).[6]

Im Mittelpunkt von Feuerbachs Religionsphilosophie steht der Gedanke, daß sich in den Vorstellungen der Religion – z.B. in der Gottesidee oder im Unsterblichkeitsglauben – das Wesen des Menschen spiegle und daß die menschliche Natur nicht primär durch die Vernunft, sondern durch die Sinnlichkeit bestimmt sei. Während Hegel in den religiösen Vorstellungen den Keim vernünftiger Wahrheiten zu finden gemeint hatte, die nur von ihrer sinnlichen Einkleidung befreit werden müßten, um in ihrer Wahrheit erfaßt werden zu können, war Feuerbach überzeugt, daß die Religion wesentlich an die Sinnlichkeit gebunden sei, so daß von ihrer sinnlichen Form nicht abgesehen werden könne. So entspringt seiner Ansicht nach der Glaube an die Unsterblichkeit dem sinnlichen Bedürfnis nach Fortdauer unseres Daseins, und in der Gottesidee findet unser Wunsch nach Macht und Vollkommenheit seinen Ausdruck. Die religiösen Vorstellungen im allgemeinen haben ihren Grund in der Natur des Menschen, werden aber nicht als Züge dieser Natur erfahren, sondern auf ein fiktives Jenseits projiziert. Während Hegel versucht hatte, die Religion in die Philosophie aufzulösen, forderte Feuerbach, die Aussagen der Religion in Aussagen über das Wesen des Menschen zu übersetzen, d.h. Religion und Theologie in Anthropologie aufgehen zu lassen. Im Gegensatz zu Hegel lehnte Feuerbach die Auszeichnung des Christentums vor allen anderen Religionen ab, weil sie zur Vernachlässigung des allen Religionen Gemeinsamen führt.

Feuerbach suchte die Abhängigkeit der religiösen Vorstellungen vom Wesen des Menschen auch in bezug auf einzelne Lehren der christlichen Religion aufzuzeigen. So stellte sich ihm die Vorstellung der göttlichen Dreifaltigkeit als Ausdruck gewisser Züge der menschlichen Natur dar. Gott als Vater entspricht dem Denksubjekt, Gott als Sohn ist dem gefühlsmäßigen Bedürfnis zugeordnet, sich auf ein Du zu beziehen, und die in der Liebe begründete Gemeinschaft von Vater und Sohn findet ihren Ausdruck in der Vorstellung des Heiligen Geistes. Der Gedanke einer solchen Gemeinschaft verlangte nach Ergänzung durch eine weibliche Komponente, wie sie in der Lehre von der Gottesmutter Maria auch tatsächlich zur Geltung kam. In der Tat ist nicht einzusehen, «warum die Mutter etwas Unheiliges, d.i. Gottes Unwürdiges sein soll, wenn einmal Gott Vater und Sohn ist».[7] Im Rahmen der anthropologischen Deutung stellt sich die Gott zugeschriebene Unendlichkeit als die Unendlichkeit des menschlichen Verstandes dar, die zutage tritt, wenn von dessen Bindung an die Individualität und die Leiblichkeit abgesehen wird. In der Einheit Gottes soll sich die

Einheit des Verstandes spiegeln, und die Güte bzw. Vollkommenheit, die von Gott ausgesagt wird, stellt sich von Feuerbachs Standpunkt aus als das absolut gesetzte moralische Wesen des Menschen dar. Hinter der Lehre von der Menschwerdung Gottes sah Feuerbach die Idee der Gottwerdung des Menschen. In der Lehre, daß Gott aus Barmherzigkeit Mensch geworden sei, findet die These, daß «Gott» eine *menschliche* Idee sei, eine klare Bestätigung, denn ein barmherziger Gott ist ein menschlicher Gott.

In allen diesen Fällen zeigt sich, daß das religiöse Bewußtsein auf einer Illusion beruht, sofern als unabhängige Wirklichkeit betrachtet wird, was nur Projektion von Zügen der menschlicher Natur ist. Feuerbach sprach davon, daß im religiösen Denken Grund und Folge vertauscht würden: Der religiöse Mensch erblickt in Gott den Grund dafür, daß der Mensch Gott ähnlich werden kann; in Wirklichkeit ist die Göttlichkeit der menschlichen Natur Grund des Glaubens an einen jenseitigen Gott. Ähnlich ist die Menschwerdung des barmherzigen, die Menschen liebenden Gottes nicht der Grund dafür, daß sich der Mensch Gott nähern kann, sondern die Lehre von der Menschwerdung ist Folge der Göttlichkeit der menschlichen Natur. Sobald man erkennt, daß die religiösen Ideen ihren Grund in der menschlichen Natur haben, wird die mit ihnen verbundene Täuschung überwunden: «Die genetisch-kritische ... Methode philosophiert nicht über die Menschwerdung als ein *besonderes, stupendes* Mysterium wie die vom mystischen Schein verblendete Spekulation; sie zerstört vielmehr die Illusion, als stecke ein ganz besonderes Geheimnis dahinter, sie kritisiert das Dogma und reduziert es auf seine *natürlichen Elemente*, auf seinen inneren Ursprung ...»[8] Wenn Feuerbach erklärte: «Gott ist der Spiegel des Menschen»,[9] dann meinte er nicht diesen oder jenen Menschen, sondern die menschliche Gattung bzw. die menschliche Natur und gewisse ihrer Züge, die auf ein geglaubtes und erhofftes Jenseits projiziert werden: «Gott ist der ... in das gewisse, selige Ist verwandelte Optativ des menschlichen Herzens»,[10] wie Feuerbach mit einem eingängigen, der Grammatik entnommenen Vergleich sagte. Die Verwandlung der Wunschform in die Wirklichkeitsform ist möglich, weil das menschliche Bewußtsein entsprechend strukturiert ist: «Das höchste Gesetz des Gemüts ist die unmittelbare Einheit des Willens und der Tat, des Wunsches und der Wirklichkeit.»[11]

In die religiösen Vorstellungen geht auch eine moralische Komponente ein. Zum Beispiel steht hinter dem Gedanken von der Erlösung durch das Leiden Gottes die Überzeugung, daß Leiden für andere göttlich sei. Für das religiöse Bewußtsein wird durch das Leiden Gottes das menschliche Leiden verklärt und die menschliche Schwachheit geheilt; in Wirklichkeit ist der Glaube an die Heiligkeit des Leidens Grund der Lehre, daß Gott gelitten habe, um dem Menschen das Heil zu bringen.

Die Religion enthält insofern eine gewisse Wahrheit, als sich in ihr Züge der menschlichen Natur widerspiegeln. Der relativen Wahrheit der (anthropologisch gedeuteten) Religion stellte Feuerbach deren unwahres, «theologisches» Wesen gegenüber, das dadurch charakterisiert ist, daß Gott nicht mehr als Ausdruck der menschlichen Natur betrachtet, sondern als absolut jenseitiges, dem Menschen als fremde Macht gegenüberstehendes Wesen aufgefaßt wird. Zwar wird in der Religion Gott als vom Menschen verschieden betrachtet, aber dies geschieht unwillkürlich und ohne daß die Verbindung von Gott und Mensch verloren ginge. In der Theologie wird dagegen zwischen Gott und Mensch auf Grund von Reflexion und Argumenten unterschieden.[12] Der Gott der Theologie ist der von seinen anthropologischen Wurzeln losgelöste Gott. Aus dieser Entfremdung ergeben sich Widersprüche, durch welche die theologische Gotteslehre diskreditiert wird. So bemerkte Feuerbach: «Ein Gott, der sich nicht um uns kümmert, unsere Gebete nicht erhört, uns nicht sieht und liebt, ist kein Gott; es wird also die *Menschlichkeit* zum wesentlichen Prädikat Gottes gemacht; aber zugleich heißt es wieder: Ein Gott, der nicht für sich existiert, außer dem Menschen, über dem Menschen, als ein *anderes* Wesen, ist ein Phantom, es wird also die *Un- und Außermenschlichkeit* zum wesentlichen Prädikat der Gottheit gemacht.»[13] Vor allem die Gottesbeweise haben nach Feuerbach die Funktion, Gott als ein Wesen darzustellen, das unabhängig vom Menschen existiert. Da jedoch alle Gottesbeweise scheitern, wird im Zusammenhang mit ihnen die Unwahrheit der Theologie besonders augenfällig.

Feuerbach opponierte nicht nur gegen Hegels Religionsphilosophie, sondern gegen seine Philosophie im allgemeinen. Hegel vertrat, wie Feuerbach unterstrich, nicht *die* Philosophie, sondern *eine* Philosophie unter anderen, die von historischen Bedingungen abhängig und daher zeitbedingt war. Gleichzeitig distanzierte sich Feuerbach von Hegels idealistischer Auffassung des Seins. Hegel ging, wie er bemerkte, vom *Begriff* des Seins aus; demgegenüber forderte Feuerbach, mit dem Sein selbst, mit der sinnlich erfahrenen Wirklichkeit, zu beginnen. In diesem Sinn erklärte er die Philosophie zur «Wissenschaft der Wirklichkeit in ihrer Wahrheit und Totalität»,[14] namentlich zur Wissenschaft vom Wesen des Menschen als naturalistischer Anthropologie. In diesem Rahmen ordnete Feuerbach die Sinnlichkeit, d.h. die Empfindungen, die Neigungen und Triebe, der Vernunft über. Der Mensch ist in seinen Augen nicht in erster Linie ein vernünftiges, sondern ein empfindendes, fühlendes, strebendes Lebewesen. Der naturalistischen Anthropologie entspricht eine sensualistische Erkenntnistheorie, von deren Standpunkt aus rein vernünftige Erkenntnis als unmöglich erscheint und Wissen von Dingen nur auf Grund von Sinnesempfindungen zustande kommt. «*Wahrheit, Wirklichkeit, Sinnlichkeit* sind identisch», wie Feuerbach erklärte.[15]

Manche Aussagen Feuerbachs klingen geradezu materialistisch; ihnen stehen aber Äußerungen gegenüber, die sich mit dem landläufigen Materialismus nicht vereinbaren lassen. So betrachtete Feuerbach die Dinge, die uns die Wahrnehmung zeigt, nicht als Dinge an sich, sondern als Erscheinungen: «Die Menschen ... sehen in den Dingen nicht sie selbst, sondern nur ihre Einbildungen von ihnen, legen ihr eigenes Wesen in sie hinein ...»[16] Offenbar stand das Hegelsche Erbe, das Feuerbach nicht völlig verleugnen konnte, der Ausbildung einer konsequent materialistischen Anthropologie und Erkenntnistheorie entgegen. Das gilt z.B. für Feuerbachs Begriff einer allgemeinmenschlichen Natur, eines Wesens der menschlichen Gattung, der mit einem konsequenten Materialismus unvereinbar ist. Da in den religiösen Vorstellungen nicht Züge des Einzelmenschen, sondern der menschlichen Gattung zum Ausdruck kommen sollen, mußte Feuerbach deren Strukturen als reales Allgemeines auffassen und daher von der sensualistischen Position abgehen. «Sensualismus» ist bei ihm nicht klar definiert, sondern eher ein antiidealistischer Schlachtruf. Durch Opposition allein ergibt sich aber kein positiver philosophischer Standpunkt. Wenn Feuerbach glaubte, «die spekulative Philosophie nur *umkehren*» zu müssen, um «die unverhüllte, die pure, die blanke Wahrheit» zu erfassen,[17] so täuschte er sich. Seine Forderung, das, was bisher als Gegensatz der Philosophie galt, nämlich den Bereich des Menschlichen, der menschlichen Gefühle und Bedürfnisse, in die Philosophie aufzunehmen, blieb bloßes Programm. Er wirkte durch seine Kritik an der Religion bzw. an der Theologie und der von theologischen Auffassungen abhängigen spekulativen Philosophie; die «Philosophie der Zukunft», die ihm vorschwebte, hat er nicht zu schaffen vermocht.

Feuerbachs These, daß die Gegenstände des religiösen Bewußtseins das Ergebnis einer Entfremdung des menschlichen Wesens von sich selbst seien, hat auf Marx und Engels großen Eindruck gemacht und sie veranlaßt, in allgemeinerer, d.h. nicht mehr auf das religiöse Bewußtsein beschränkter Weise die Entfremdung des Menschen von sich selbst zum Thema der Philosophie zu machen.

2. Karl Marx

a) Leben und Werk

Marx war nicht nur Philosoph, sondern auch Theoretiker der Ökonomie, Soziologe und Politiker, ja er verdient eher wegen seiner Beiträge zur Entwicklung dieser Bereiche Interesse als auf Grund seiner philosophischen Auffassungen, die aber im vorliegenden Zusammenhang vor allem zu beachten sind.

Karl Marx, 1818 als Sohn wohlhabender Eltern in Trier geboren,[18] studierte Jura und Philosophie in Bonn und Berlin, wo er den Wortführer der historischen Rechtsschule, Friedrich Karl v. Savigny, und den Hegelianer Eduard Gans hörte; er schloß sich aber nicht den konservativen Hegel-

Schülern, sondern den Junghegelianern an und trat dem sogenannten Doktorklub bei, dem unter anderen Bruno Bauer und Max Stirner (siehe 1a) angehörten. Seine Absicht, die akademische Laufbahn einzuschlagen, gab er zugunsten einer journalistischen Tätigkeit bei der Rheinischen Zeitung (1842–1843) auf und betätigte sich nach seiner Ausweisung aus Preußen als Mitherausgeber der Deutsch-Französischen Jahrbücher (1844) in Paris. Er interessierte sich in diesen Jahren vor allem für die französischen und englischen Theoretiker der Ökonomie und wandte sich unter dem Eindruck der Schriften Saint-Simons, Fouriers, Owens und anderer Theoretiker des Sozialismus (siehe Teil IV, Kap. II, 6c-d) dem Kommunismus zu. Wichtig wurde für ihn die Bekanntschaft mit Engels, dessen «Umrisse zu einer Kritik der Nationalökonomie» (1844) ihn beeindruckten. Die Ergebnisse seiner Studien fanden einen Niederschlag in den Ökonomisch-philosophischen Manuskripten von 1844, die nicht zur Publikationsreife gediehen. Sie wurden erst 1932 veröffentlicht, beeinflußten dann aber die Entwicklung eines von der sowjetischen Orthodoxie unabhängigen Marxismus, da sie zeigten, daß der junge Marx in der Entwicklung der Gesellschaft noch keine naturgesetzliche Notwendigkeit am Werk gesehen hatte.

Aus Frankreich ausgewiesen, wich Marx nach Brüssel aus, und als ihn auch Belgien auswies, ging er über einige Zwischenstationen nach London, wo er bis zu seinem Tod im Jahre 1883 lebte. In den sechziger und siebziger Jahren spielte er eine führende Rolle im Generalrat der Internationalen Arbeiterassoziation (kurz «Internationale» genannt).

Die ökonomischen Probleme, denen sich Marx 1843–1844 zugewandt hatte, spielten in seinem Denken eine immer größere Rolle. 1857/58 entstanden die «Grundrisse der Kritik der politischen Ökonomie»,[19] deren Titel nicht von Marx stammt; einen Teil seiner Ergebnisse legte er in der Schrift «Zur Kritik der Politischen Ökonomie» (Berlin 1859) vor, aber erst 1867 erschien Band I von Marxens Hauptwerk «Das Kapital»; die Bände II und III sowie die «Theorien über den Mehrwert» wurden erst posthum von Engels veröffentlicht. In Zusammenarbeit mit Engels entstanden «Die heilige Familie oder Kritik der kritischen Kritik» (Frankfurt a.M. 1845) und die (zunächst nicht publizierte) Kampfschrift «Die deutsche Ideologie». 1848, als eine proletarische Revolution nicht mehr unmöglich zu sein schien, publizierten Marx und Engels das «Manifest der Kommunistischen Partei». Schon vorher hatte sich Marx kritisch mit Proudhon (siehe Teil IV, Kap. II, 6d) auseinandergesetzt: «Das Elend der Philosophie» erschien zunächst 1847 in französischer Sprache in Paris und Brüssel; eine deutsche Ausgabe kam erst 1885 heraus.

Im Verlauf seiner Entwicklung entfernte sich Marx nicht nur von seinen hegelianischen Anfängen, sondern von der Philosophie im herkömmlichen Sinne überhaupt, deren Platz Politische Ökonomie und Soziologie einnahmen. Gleichzeitig forderte er die Unterordnung der Theorie unter die revolutionäre Praxis und kritisierte selbst Feuerbach, der ihn nachhaltig beeinflußt hatte, wegen dessen Praxisferne: «Der Hauptmangel alles bisherigen Materialismus (den Feuerbachschen mit eingerechnet) ist, daß der Gegenstand, die Wirklichkeit, Sinnlichkeit, nur unter der Form des *Objekts oder der Anschauung* gefaßt wird; nicht aber als *sinnlich menschliche Tätigkeit, Praxis.*» Und die elfte, vielzitierte Feuerbach-These besagt: «Die Philosophen haben die Welt nur verschieden *interpretiert*, es kömmt drauf an, sie zu *verändern.*»

Der Marxsche Materialismus ist nicht in erster Linie eine Lehre vom Wesen der Wirklichkeit, sondern eine Auffassung des Verhältnisses von Denken und (sozialem) Sein, nach der Ideen – auch philosophische Ideen – von den jeweiligen gesellschaftlichen bzw. ökonomischen Faktoren abhängig sind bzw. sie widerspiegeln. Die Annahme, daß die Philosophie, ebenso wie das Recht, die Moral, die Ästhetik, die Theologie usw., nur den Überbau über der sozio-ökonomischen Basis bilden, charakterisiert den Historischen Materialismus, dessen Grundgedanken Marx nicht geschaffen, aber besonders nachdrücklich zur Geltung gebracht hat. Der Historische Materialismus spricht den Ideen jede ursprüngliche Wirksamkeit ab; es gibt ihm zufolge nur im materiellen Bereich echte Ursächlichkeit. Obwohl Ideen auf die gesellschaftlichen Verhältnisse zurückwirken können, sind sie ihrerseits durch materielle Faktoren bedingt, die somit letzten Endes allein alles bestimmen. Eine Denkweise, welche die Abhängigkeit der Ideen von materiellen Bedingungen leugnet und in den Ideen die eigentlichen Ursachen der gesellschaftlichen Entwicklung erblickt, heißt bei Marx «Ideologie». Die im Grunde metaphysische These vom Primat des (gesellschaftlichen) Seins vor dem Bewußtsein wurde von Marx nicht direkt begründet; offenbar schien sie ihm die einzige Alternative zu der in seinen Augen hinfälligen idealistischen Gegenposition zu sein. Da die idealistische Geschichtsphilosophie aber nur unter Voraussetzung der materialistischen These als unhaltbar betrachtet werden kann, handelt es sich nicht um eine wirkliche Begründung. Weitreichend sind die Folgen des Historischen Materialismus für das Verständnis der Philosophie. Da philosophische Gedanken nur als Bestandteile des ideologischen Überbaus über der sozio-ökonomischen Basis gesehen werden, können sie kein genuin philosophisches Interesse mehr beanspruchen. Da sie nicht mehr um ihrer selbst willen, sondern nur als Reflexe der jeweiligen materiellen Bedingungen erörtert werden, kommt es im Rahmen des Historischen Materialismus nur darauf an, das Auftreten philosophischer Gedanken in historisch-soziologischem Rahmen zu erklären. Der Historische Materialismus ist mit einem Wort konsequenter Soziologismus und als solcher ein Seitenstück zum Psychologismus, da er, wo der letztere philosophische Probleme in psychologische Fragen zu übersetzen sucht, deren Auflösung in die Soziologie proklamiert. Vom Standpunkt des Historischen Materialismus aus war es folgerichtig, daß sich Marx von der Philosophie ab- und der einzelwissenschaftlichen Forschung zuwandte.[20] Die Philosophie hat sich aber gegenüber allen Bemühungen, ihre Selbständigkeit aufzuheben, behauptet, auch gegenüber dem Historischen Materialismus. Da Soziologie und Nationalökonomie, wie alle Einzelwissenschaften, auf metaphysischen und erkenntnistheoretischen Voraussetzungen beruhen, ist es nicht möglich, die Metaphysik einfach hinter sich zu lassen, so wie sich die Veränderung der Wirklichkeit nicht unabhängig von jeder Interpretation planen läßt.

b) Das Ideal der kommunistischen Gesellschaft

Marx lehnte eine Gesellschaftsordnung auf der Grundlage des Privateigentums ab, weil er meinte, daß sie ungerecht sei und dem Menschen sein wahres Menschsein nehme. Unter den Bedingungen der Besitzgesellschaft bzw. des Kapitalismus entfremdet sich der Mensch von seinem Wesen; die kapitalistische Wirtschaft ist daher nach Marx inhuman, ja antihuman.[21] Mit seiner Kritik knüpfte Marx an Lockes Auffassung von der Entstehung des Privateigentums (siehe Teil IV, Kap. I, 5 d) an. Wie Locke betrachtete er die Arbeit als Vergegenständlichung von Arbeitskraft, betonte jedoch, über Locke hinausgehend, daß die Arbeit ein sozialer Prozeß und daher von den gesellschaftlichen Bedingungen abhängig sei. Obwohl prinzipiell das Arbeitsprodukt zur Gänze dem Arbeitenden zusteht, der seine Arbeitskraft in das Produkt legt, erhält der Arbeiter unter den Bedingungen der kapitalistischen Wirtschaft nur einen kleinen Teil des Arbeitserzeugnisses; der weitaus größere Teil verbleibt dem Besitzer der Produktionsmittel, dem industriellen Unternehmer, weil der Arbeiter seine Arbeitskraft als Ware zum Marktpreis verkaufen muß und damit den Anspruch auf das Arbeitsprodukt verliert: Das Produkt seiner Arbeit wird ihm entfremdet. Darüber hinaus wird der Arbeiter von der Arbeit entfremdet, weil er sie, als erzwungene Arbeit, nicht mehr bejahen kann, vielmehr durch sie physisch und psychisch geschädigt wird. Schließlich wird er sogar von seinem wahren Menschsein (seiner «Menschheit») entfremdet. Die Lebenstätigkeit ist für ihn kein für sich selbst erstrebenswertes Ziel mehr, sondern nur noch Mittel zum Zweck der Daseinserhaltung.

Um die Entfremdung zu überwinden, muß man die der Entfremdung zugrunde liegenden kapitalistischen Produktionsbedingungen abschaffen und insbesondere das Privateigentum an den Produktionsmitteln beseitigen. Marx dachte nicht an einen rohen Kommunismus, dem es nur auf gleiche Verteilung der Güter ankommt und dessen stärkstes Motiv der Neid ist, sondern an einen Sozialismus, der das individuelle Besitzstreben überwindet und den konkreten Menschen wieder mit der «Menschheit» und mit der Natur versöhnt; die sozialistische Gesellschaft stellt sich als «die vollendete Weseneinheit des Menschen mit der Natur, die wahre Resurrektion der Natur, der durchgeführte Naturalismus des Menschen und der durchgeführte Humanismus der Natur» dar.[22]

Die Natur, von der hier die Rede ist, ist nicht die Menge der vom Menschen unabhängigen Dinge, sondern die durch Arbeit geprägte Wirklichkeit, in der wegen des sozialen Charakters der Arbeit gesellschaftliche Verhältnisse ihren Niederschlag gefunden haben.[23] Das wird besonders deutlich, wenn man jene Teile der Natur betrachtet, die den Charakter von Waren haben. Die Ware ist in stofflicher Hinsicht ein Naturding, ihrer Form nach aber ein Produkt gesellschaftlicher Tätigkeit. Aber nicht nur die Ware, sondern die uns umgebende Welt im allgemeinen ist nach Marx durch den Menschen geprägt. Nur der durch die menschliche Arbeit bedingten Natur, nicht der Natur an sich, galt sein Interesse, denn «die *Natur*, abstrakt genommen, für sich, in der Trennung vom Menschen fixiert, ist für den Menschen *nichts*».[24] Die auf den Menschen bezogene Natur ist nicht ein für allemal bestimmt, sondern sie ist wandelbar, weil die gesellschaftlichen Verhältnisse, unter denen sie durch Arbeit geformt wird, sich ändern.

Das Verhältnis von Mensch und Natur ist dialektisch, sofern die Natur durch den Menschen, näherhin durch seine im Rahmen der Gesellschaft ausgeübte Tätigkeit, bedingt ist, die Natur aber umgekehrt auf den Menschen zurückwirkt. Diese Dialektik entspricht in formaler Hinsicht der Subjekt-Objekt-Dialektik im nachkantischen Idealismus, mit dem Unterschied, daß nicht an ein geistiges Subjekt gedacht ist, sondern an den Menschen als sinnliches, gegenständliches Wesen, d. h. als Teil der Natur. Wenn Marx die Beziehung zwischen dem Subjekt und der Natur als «Stoffwechsel», also als materielle Beziehung, charakterisierte, erhebt sich jedoch die Frage, ob eine solche Beziehung noch als genuin dialektisch gelten kann oder ob es nicht richtiger wäre, von einer Wechselwirkung zu sprechen.

Die Situation nach der Aufhebung der Entfremdung und der Beseitigung der Klassen stellte sich Marx in einer Weise vor, die an die Zukunftsvisionen mancher utopischer Sozialisten erinnert. Es soll keinen Zwang zur Arbeit mehr geben, so daß der Einzelne seine Fähigkeiten frei entfalten und sich jenen Tätigkeiten widmen kann, die seinen Neigungen entsprechen. Dennoch wird, wie Marx meinte, für die Befriedigung aller Bedürfnisse gesorgt sein. Weil alles Übel dem Privateigentum und dem Gegensatz zwischen einer besitzenden und einer besitzlosen Klasse entspringt – die bisherige Geschichte galt Marx und Engels als Geschichte von Klassenkämpfen –, wird es nach der Überwindung der Klassengesellschaft keine Ausbeutung des Menschen durch den Menschen und keine Konflikte mehr geben, die eine Staatsmacht erforderlich machen; der Staat wird daher absterben. Der Übergang zur klassenlosen sozialistischen Gesellschaft wird aber, wie es in der «Deutschen Ideologie» heißt, nicht gewaltlos vor sich gehen, sondern unter den Klängen der Marseillaise und Carmagnole mit obligatem Kanonendonner, wobei die Masse «das ›Selbstbewußtsein‹ vermittels der Laterne aufhebt».[25] Im «Manifest der Kommunistischen Partei» faßten Marx und Engels dagegen ökonomische und organisatorische Maßnahmen zur Verwirklichung des Sozialismus ins Auge, zum Beispiel die Vergesellschaftung von Grund und Boden, eine stark progressive Besteuerung und die Abschaffung des Erbrechts.

c) Grundgedanken der ökonomischen Theorie

Gemäß seiner Überzeugung, daß die ökonomische Theorie ein Mittel zur Revolutionierung der Gesellschaft sei, ging es Marx auch in seinem Hauptwerk nicht nur um die Erkenntnis der «Naturgesetze der kapitalistischen Produktion», sondern um die Anwendung dieser Erkenntnis zum Zweck der Überwindung des Kapitalismus durch den Sozialismus. Die im «Kapital» vorgetragenen Analysen beruhen auf der Annahme, daß es keine zeitlos gültigen sozialen Strukturen gebe, sondern daß die gesellschaftlichen und wirtschaftlichen Kategorien variabel seien. Eine Gesellschaftsform ist kein «fester Kristall»,[26] sondern muß als wandlungsfähiger und sich faktisch wandelnder Organismus begriffen werden. Die Historisierung der ökonomischen Kategorien bildet den Kern dessen, was mit Bezug auf das «Kapital» als dialektisch bezeichnet werden kann, wogegen die Subjek-Objekt-Dialektik keine nennenswerte Rolle spielt.

Im Mittelpunkt des ersten Bandes des «Kapitals» steht die Theorie des Mehrwerts. Um zu verstehen, was «Mehrwert» bedeutet, muß zunächst geklärt werden, was Wert (als Tauschwert) ist. Marx deutete den Wert als Erscheinungsform abstrakt begriffener menschlicher Arbeit, so daß er die Arbeit als wertbildende Substanz und zugleich als Wertmaß betrachten konnte. Der Wert einer Ware hängt von der im volkswirtschaftlichen Durchschnitt zu ihrer Erzeugung nötigen Arbeitszeit ab. Nur die Arbeit schafft Wert, nicht die Warenzirkulation und nicht das Kapital. Meist bleibt jedoch undurchschaut, daß die Wertverhältnisse im Grunde gesellschaftliche Verhältnisse sind; betrachtet man sie als rein objektive Verhältnisse zwischen Dingen, dann wird die Ware zu einer Art Fetisch, dem eine selbständige, vom Menschen unabhängige Realität zugeschrieben wird.

Im Hinblick auf die revolutionären Implikationen der Theorie kommt der Lehre vom Mehrwert eine entscheidende Rolle zu. Mehrwert ist die Differenz zwischen dem Wert der Arbeitskraft des Lohnarbeiters und dem Arbeitsertrag. Damit Mehrwert entstehen kann, muß die menschliche Arbeitskraft zu ihrem Marktwert gekauft werden können, und dies ist nur unter kapitalistischen Bedingungen der Fall. «Der Wert der Arbeitskraft und ihre Verwertung im Arbeitsprozeß sind ... zwei verschiedene Größen. Diese Wertdifferenz hatte der Kapitalist im Auge, als er die Arbeitskraft kaufte ... Was aber entschied, war der spezifische Gebrauchswert dieser Ware, Quelle von Wert zu sein und von mehr Wert, als sie selbst hat.»[27] Der Kapitalist begeht subjektiv kein Unrecht, denn er kauft die Ware Arbeitskraft zu ihrem Marktpreis; gleichzeitig aber eröffnet sich ihm die Möglichkeit, fremde Arbeitskraft auszubeuten, und in der Ausbeutung des Menschen durch den Menschen erblickte Marx ein objektives Unrecht, das es zu beseitigen gilt. Diesem Ziel dient die Theorie vom Mehrwert, indem sie zeigt, daß nur unter den Bedingungen der kapitalistischen Wirtschaft den Tauschgesetzen gemäß Mehrwert geschaffen und vom Kapitalisten angeeignet werden kann.

Im Rahmen der Mehrwerttheorie läßt sich zwar begreiflich machen, wie Geld in Kapital verwandelt wird, aber die ursprüngliche Entstehung von Kapital ist damit nicht aufgeklärt. Marx verwarf die Ansicht, daß Kapital auf Vorratsbildung bzw. auf Konsumverzicht beruhe, und betonte, daß die ursprüngliche Akkumulation ein gewaltsamer Prozeß gewesen sei, in dessen Verlauf erst eine besitzlose Klasse, das Proletariat, entstand. Mit zunehmender Akkumulation von Kapital wird das Proletariat vermehrt, die Verelendung der Lohnarbeiter schreitet fort. Weil es zu einem Überangebot an Arbeitskraft kommt, entsteht eine industrielle Reservearmee, die es den Kapitalisten erlaubt, den Lohnarbeitern nur soviel zu lassen, als zur Erhaltung ihrer selbst und ihrer Familien nötig ist.

Die von Marx vertretenen ökonomischen Auffassungen waren seit jeher umstritten. Hier soll nur an einige immer wieder vorgetragene Einwände erinnert werden: Gegen die Verelendungsthese wurde bemerkt, daß sich die wirtschaftliche Lage der Lohnarbeiter im Gegensatz zu Marxens Vorhersage im Verlauf der Zeit deutlich gebessert hat. In den wirtschaftlich fortgeschrittensten Ländern kam es nicht, wie Marx gemeint hatte, zur Errichtung einer kommunistischen Gesellschaftsordnung, wohl aber in einem ökonomisch rückständigen Land, nämlich in Rußland. Die Weltrevolution blieb aus, ja in den meisten kommunistischen Staaten wurde die sozialistisch-totalitäre Wirtschaftsform unter dem Eindruck von Mißerfolgen wieder aufgegeben. Noch wichtiger ist, daß die vom jungen Marx erträumte Emanzipation unter kommunistischen Bedingungen nicht erreicht wurde; vielmehr entwickelten sich im Zeichen des Marxismus-Leninismus-Stalinismus Systeme, die zur Beseitigung der äußeren und inneren Freiheit der Menschen führten. Vermutlich scheiterten die kommunistischen Herrschaftssysteme des 20. Jahrhunderts letztlich daran, daß sie die Freiheit in unerträglicher Weise einengten und damit positive Entwicklungen im Keim erstickten.

Will man den historischen Ort des Marxismus bestimmen, muß man beachten, daß er dem seit dem 19. Jahrhundert immer mehr erstarkenden Szientismus verpflichtet ist. Wie die Vertreter des Positivismus war auch Marx davon überzeugt, daß jene Philosophie, in deren Mittelpunkt die Metaphysik steht, den Einzelwissenschaften das Feld räumen müsse. Zugleich folgte der Marxismus dem modernen utilitaristischen Pragmatismus, indem er die wissenschaftliche Erkenntnis auf praktische Ziele bezog und in deren Licht bewertete. Von der Aufklärung übernahm Marx den Fortschrittsoptimismus, der sich in seinem Denken mit dem von Hegel ererbten Glauben an die Notwendigkeit historischer Entwicklungen verband. Anders als Hegel erblickte Marx in der Geschichte jedoch nicht mehr eine auf immer größere ideelle Freiheit gerichtete Entwicklung, sondern einen Prozeß fortschreitender gesellschaftlicher Emanzipation. Im Hintergrund seines Denkens standen praktisch-ethische, um nicht zu sagen religiöse Ideale.[28] Im Sinne des Historischen Materialismus hätte er in diesen Idealen abhängige Variable der sozio-ökonomischen Basis erblicken müssen; faktisch sprach er von ihnen wie von zeitlos gültigen Werten.

3. Friedrich Engels

a) Die Begründung des dialektischen Materialismus

Während Marx der wichtigste Wegbereiter des Historischen Materialismus war, hat Engels als Begründer des Dialektischen Materialismus zu gelten. Da er sich, anders als Marx, intensiv mit Problemen der Erkenntnislehre und der Ontologie auseinandersetzte, blieb er mit der Philosophie im traditionellen Sinne enger verbunden als Marx, in dessen Schatten er gewöhnlich steht. Seine Philosophie wirkt allerdings dilettantisch; sie beeinflußte Lenin und die von diesem geprägte Sowjetphilosophie, übte aber außerhalb des ehemaligen kommunistischen Ostblocks kaum Einfluß aus.

Friedrich Engels wurde 1820 in Barmen als Sohn eines Unternehmers geboren und zum Geschäftsmann ausgebildet.[29] Sein Interesse an sozialen Fragen veranlaßte ihn zum Studium der bekannten sozialistischen Theoretiker, aber anders als Marx kannte er die Situation der Industriearbeiter, da er während eines zweijährigen Aufenthalts in England (1842–1844) die Arbeitsbedingungen in der dortigen Industrie kennenlernte. Seine Beobachtungen faßte er in der Schrift «Die Lage der arbeitenden Klasse in England» zusammen.[30] Etwa gleichzeitig entstanden die «Umrisse zu einer Kritik der Nationalökonomie» (1844),[31] in denen er das System des Privateigentums kritisierte, weil es die menschliche Arbeitskraft zu einer Ware mache, deren Preis sich nach Angebot und Nachfrage richtet. Seine Auffassungen beeindruckten Marx; gemeinsam verfaßten Engels und Marx «Die heilige Familie oder Kritik der kritischen Kritik» (Frankfurt a.M. 1845) und «Die deutsche Ideologie» (Siehe Abschn. 2a) sowie im Revolutionsjahr 1848 das «Manifest der kommunistischen Partei».

Als die Hoffnung auf einen Erfolg der Revolution zerrann und die Aussicht auf eine kommunistische Umwälzung schwand, ging Engels zunächst nach Manchester, wo sein Vater eine Fabrik besaß, und später nach London. In England schrieb er das polemische Werk «Herrn Eugen Dührings Umwälzung der Wissenschaft» (1878, kurz meist als «Anti-Dühring» zitiert), in dem er die mit der seinen konkurrierende Gesellschaftslehre Dührings angriff. 1884 erschien die Untersuchung «Der Ursprung der Familie, des Privateigentums und des Staats», in der Engels zu zeigen suchte, daß es im Rahmen der mutterrechtlichen Großfamilie (der *gens*) einen ursprünglichen Kommunismus gegeben habe. Die Grundlage dieser

Untersuchungen wie der früher erschienenen Geschichte des deutschen Bauernkriegs (1850) bildet der Historische Materialismus, namentlich die These, daß das Bewußtsein lediglich Reflex der jeweiligen sozio-ökonomischen Verhältnisse sei.

In den siebziger und den ersten achtziger Jahren beschäftigte sich Engels auch mit Mathematik und verschiedenen Naturwissenschaften, in denen er dialektische Strukturen finden zu können meinte. Die im Zusammenhang mit diesen Studien entstandenen Entwürfe gediehen nicht zur Publikationsreife, da Engels die Arbeit an dem Werk zugunsten der Herausgabe der noch ausstehenden Bände von Marxens «Kapital» und der «Theorien über den Mehrwert» zurückstellte; sie wurden posthum unter dem Titel «Dialektik der Natur» veröffentlicht. 1895 starb Engels in London.

b) Erkenntnistheorie und Ontologie

Engels war, ähnlich wie Marx, von der Form der Hegelschen Philosophie beeindruckt, lehnte aber deren Inhalt ab. Wie schon die Linkshegelianer wollte er die Philosophie, die Hegel auf den Kopf gestellt hatte, wieder auf die Beine stellen, d. h. deren idealistischen Inhalt durch einen materialistischen ersetzen und zugleich die Dialektik als das Rationelle in Hegels Philosophie festhalten. An die Stelle von Hegels und Schellings Absolutem tritt die Materie, jedoch nicht als träge Masse, sondern als dynamisches Prinzip. Offensichtlich läßt sich jedoch die dialektische Form nicht von ihren idealistischen Grundlagen ablösen, ohne daß eine wesentliche Änderung ihres Charakters einträte.

Was wirklich ist, ist nach Engels materiell und umgekehrt, so daß von einer immateriellen Wirklichkeit nicht sinnvoll gesprochen werden kann. Da er zum Wesen der Materie auch die Bewegung rechnete, konnte er sagen: «Die Bewegung ist die Daseinsweise der Materie.»[32] Weil der Begriff der Bewegung in seinen Augen widerspruchsvoll ist,[33] enthält die bewegte Wirklichkeit Widersprüche, so daß jede Bestimmung durch die ihr entgegengesetzte «negiert» wird und die Aufhebung des Gegensatzes die Negation der ursprünglichen Negation bedeutet. Prozesse sind dadurch charakterisiert, daß quantitative Änderungen zum Auftreten neuer Eigenschaften führen. Zum Beispiel ändert sich der Aggregatzustand des Wassers in Abhängigkeit von der Änderung der Temperatur bei 0° und bei 100°. Auch die Chemie liefert Beispiele: Der qualitative Unterschied von Ameisensäure und Essigsäure beruht auf einem quantitativen Unterschied, sofern bei der letzteren ein CH_2-Molekül hinzukommt.[34]

Diese Zusammenhänge drückte Engels in Form von Grundgesetzen der Dialektik aus; es handelt sich um

1. das Gesetz des Umschlagens der Quantität in Qualität und umgekehrt;
2. das Gesetz von der Durchdringung der Gegensätze und
3. das Gesetz von der Negation der Negation.[35]

Die Lehre von der Widersprüchlichkeit der Wirklichkeit steht im Mittelpunkt der Naturdialektik. Ihre Grundlage bildet die Annahme, daß die Bewegung widerspruchsvoll sei. Diese Ansicht wird mit dem Argument gestützt, daß ein bewegter Körper in jedem Augenblick an einem bestimmten Ort ist und nicht an ihm ist, wie schon Zeno von Elea (siehe Teil I, Kap. I, 6b) gemeint hatte. Während aber Zeno argumentiert hatte, daß es keine wirkliche Bewegung geben könne, weil die Wirklichkeit widerspruchsfrei sein müsse, folgerte Engels umgekehrt, daß wegen der Widersprüchlichkeit der Bewegung die Wirklichkeit selbst widerspruchsvoll sei. Das Prinzip vom ausgeschlossenen Widerspruch soll daher nur im Bereich verstandesmäßiger Abstraktionen, nicht aber in der Wirklichkeit gelten; wird es, wie in der traditionellen Metaphysik (die im Dialektischen Materialismus gewöhnlich schlechthin «Metaphysik» heißt), als Prinzip der Wirklichkeit selbst aufgefaßt, gelangt man zu einer statischen Auffassung, die dem Wesen der Wirklichkeit nicht gerecht wird.[36] Auch die echten Begriffe sind nicht fest, sondern ihre Bedeutung ändert sich in Abhängigkeit von der Änderung der historischen Bedingungen. Wegen der vermeintlichen Elastizität der Begriffe postulierte Engels eine dialektische Logik, für die der Satz vom Widerspruch nicht mehr gültig sein soll. Eine solche Logik blieb ein bloßes Programm, das allerdings da und dort zum gedanklichen Prokrustesbett wurde. So wurde zum Beispiel in der ehemaligen DDR die logische Analyse der dialektischen Widersprüchlichkeitsthese mit politischen Mitteln unterbunden.

Bei seiner Suche nach Tatsachen, die die dialektischen Grundgesetze stützen, zog Engels sogar die Mathematik in Betracht, wo er z.B. in den imaginären Zahlen oder im Begriff des unendlich Kleinen Widersprüche zu sehen meinte. Ähnlich suchten auch spätere Vertreter des Dialektischen Materialismus in den Naturwissenschaften, in der Mathematik und in der Logik nach Bestätigungen ihrer Ansicht. Der Anspruch, die Grundgesetze der Dialektik induktiv bestätigen zu können, hat aber eine Konsequenz, die von den Vertretern des Dialektischen Materialismus nicht gesehen oder ignoriert wurde: Wenn die Gesetze der Dialektik das Ergebnis induktiver Verallgemeinerung wären, müßten sie als Hypothesen gelten; das konnten Engels und seine Nachfolger aber nicht zugeben, da sie jene vorgeblichen Gesetze als notwendig wahr betrachteten.

Die Grundgesetze der Dialektik bilden nicht nur den Rahmen aller natur- und gesellschaftswissenschaftlichen Theorien, sondern sie liegen auch der Erkenntnislehre zugrunde. Erkennen bedeutet nach Engels Abbilden einer an sich vorhandenen Wirklichkeit. Die Widerspiegelung kommt allerdings unter Umständen nur als Ergebnis mühsamer Erkenntnisarbeit, eventuell auch experimenteller Untersuchungen, zustande. Nicht nur Urteile über einzelne Tatsachen, sondern auch naturgesetzliche Aussagen sind wahr, sofern sie mit der Wirklichkeit übereinstimmen: Die subjektive Dialektik (als Form des Denkens) deckt sich mit der objektiven Dialektik (als Form der materiellen Wirklichkeit), weil das Denken Begleiterscheinung von Vorgängen im Gehirn und das Gehirn Teil der materiellen Wirklichkeit ist, so daß deren Gesetzmäßigkeiten auch für das Denken gelten. So wie Hegel gemeint hatte, daß Denk- und Gegenstandsformen übereinstimmen müßten, weil sich in beiden das Absolute manifestiert, so nahm Engels an, daß subjektive und objektive Dialektik infolge ihrer Abhängigkeit von der Materie notwendig im Einklang stehen. Die Funktion des Absoluten der früheren Metaphysik übernimmt somit bei Engels die Materie. Wie Hegel lehnte auch Engels den kritizistischen Standpunkt ab. Die Unterscheidung zwischen Phänomenen und einem ihnen zugrunde liegenden unerkennbaren Ding an sich ist in seinen Augen unhaltbar; wir erkennen, wenn auch niemals vollständig, die Materie, wie sie an sich ist.

c) Die Dialektik in der Geschichte

Nicht nur bei Engels, sondern auch bei Lenin und Stalin spielte das Fortschreiten in Form des dialektischen Dreischritts, wie es von Hegel bekannt ist, eine wichtige Rolle, wobei anstelle von «These», «Antithese» und «Synthese» meist (wie gelegentlich auch bei Hegel) von «Position», «Negation» und «Negation der Negation» gesprochen wurde. Mit Hilfe dieses Schemas deutete Engels nicht nur das Naturgeschehen, sondern auch die Geschichte. So unterschied er in der Entwicklung der Gesellschaft drei Phasen, die sich zueinander wie Position, Negation und Negation der Negation verhalten, nämlich den Urkommunismus, die Besitzgesellschaft und den modernen Kommunismus. Das ursprüngliche Gemeineigentum wurde durch das Privateigentum (insbesondere das Eigentum an Produktionsmitteln) aufgehoben, das heißt, der Urkommunismus wird durch den Übergang zur Besitzgesellschaft «negiert»; die Überwindung der Besitzgesellschaft durch Sozialisierung der Produktionsmittel im entwickelten Kommunismus stellt sich daher als «Negation der Negation» dar. Auch die Geschichte der Philosophie soll sich im Sinne des dialektischen Dreischritts deuten lassen. Der Materialismus der Aufklärung wird durch die idealistische Philosophie Hegels negiert, die ihrerseits durch den Dialektischen Materialismus – als Negation der Negation – negiert wird. Gleichzeitig enthält der Dialektische Materialismus die positiven Aspekte der früheren Positionen: Er denkt materialistisch, aber nicht mechanistisch, und er denkt dialektisch, aber nicht idealistisch.

Der Dialektische Materialismus ist ein umfassendes System, das Ontologie, Erkenntnistheorie, Methodologie und Geschichtsphilosophie umfaßt und eng mit soziologischen und ökonomischen Theorien verbunden ist, außerdem aber auch ein revolutionäres Programm enthält, das mit dem Anspruch vertreten wurde, wissenschaftlich begründet zu sein. Die große Wirkung, die der Dialektische Materialismus zeitweise ausübte, läßt sich nur begreifen, wenn man diesen Anspruch berücksichtigt, durch den sich der wissenschaftliche Sozialismus als Ideologie erweist. Versteht man unter einer Ideologie ein System von Sätzen, die zum Teil normativ sind, aber nicht als normative Sätze, sondern als Aussagen vorgetragen werden, dann hat die von Marx und Engels entwickelte Weltanschauung offenkundig den Charakter einer Ideologie: Sie enthält Forderungen, die als wahre, wissenschaftlich begründete Aussagen auftreten und daher kryptonormative Sätze sind. So wird nicht gesagt, daß der Kapitalismus durch den Kommunismus überwunden werden soll, obwohl für den Marxismus diese Forderung wesentlich ist; vielmehr wird behauptet, daß die kapitalistische Gesellschafts- und Wirtschaftsordnung mit naturgesetzlicher Notwendigkeit zusammenbrechen und ihrer «Negation», dem Kommunismus, weichen müsse, und dies wird mit Hilfe der Annahme «begründet», daß diese Gesellschaftsordnung «widerspruchsvoll» sei und an ihren Widersprüchen zugrunde gehen müsse. Weil die Widersprüchlichkeitsthese als a priori wahr galt, wurden die auf sie gestützten Prognosen nicht als Vermutungen, sondern als definitiv wahre Voraussagen dargestellt.[37] Die von Marx und Engels entwickelte Ideologie übte einen besonders weitreichenden Einfluß aus, weil sie als Staatsideologie der Sowjetunion, ihrer Satellitenländer und der mit ihr verbündeten Länder mit den Mitteln staatlicher Machtpolitik durchgesetzt wurde und während mehrerer Jahrzehnte einen großen Teil der Welt beherrschte. (Siehe auch Teil VII, Kap. I, 2)

In der Rückschau stellt sich die von den Linkshegelianern ausgehende, in den Historischen und Dialektischen Materialismus mündende Bewegung als Rückgriff auf Ideen dar, die in der Aufklärung, namentlich in deren linkem Flügel, entwickelt worden waren und die nun in hegelianische Denkformen gekleidet wurden, jedoch ohne den idealistischen Gehalt des Hegelianismus. Die für die fragliche Richtung charakteristische Tendenz zur Unterordnung der Theorie unter praktische Interessen und die für sie typische ideologiekritische Komponente lassen sich ebenso als Fortsetzung aufklärerischer Intentionen verstehen wie das Bemühen um die Verwissenschaftlichung der Philosophie. Durch den aufklärerischen Impuls, der in die Richtung einer rationalistisch-naturalistischen Philosophie weist, ist das Denken von Marx und Engels mit dem im folgenden Kapitel darzustellenden Comteschen Positivismus verbunden.

II.
Naturalistische und antinaturalistische Strömungen im 19. Jahrhundert

> Wenn einem Philosophen ein Licht aufgeht, ist's
> für den andern immer ein Schatten.
>
> *(Fr. Hebbel)*

1. Der ältere Positivismus

a) Auguste Comte

(1) Comte und die Anfänge des Positivismus

Der Positivismus ist eine philosophische Richtung, die beansprucht, konsequenter Empirismus zu sein, d. h. nur Sätze zuzulassen, die sich ausschließlich auf Beobachtungen stützen. Damit wird er zur Gegenposition jeder Art von metaphysischem Denken, das er im zweiten Drittel des 19. Jahrhunderts auch wirklich stark zurückzudrängen vermochte. Sein Erfolg erklärt sich aus dem Umstand, daß die Absage an das spekulative Denken und die Forderung, sich an der Methode und den Ergebnissen der Naturwissenschaften zu orientieren, viele Naturwissenschaftler beeindruckte, weil in ihren Augen die spekulative Naturphilosophie der Romantik unannehmbar war. Auffassungen, wie sie Schelling und verwandte Denker vertraten, hatten sich nicht nur weit von der naturwissenschaftlichen Denkweise entfernt, sondern sie liefen darauf hinaus, diese abzuwerten. Sie waren für die Vertreter der Naturwissenschaften um so weniger akzeptabel, als deren Selbstbewußtsein infolge der Fortschritte ihrer Disziplinen beträchtlich erstarkt war, so daß sie einer Gegenposition, wie es der antimetaphysische, antispekulative Positivismus war, aufgeschlossen gegenüberstanden. Weil sie in der spekulativen Metaphysik von der Art der Schellingschen die Metaphysik schlechthin erblickten, neigten sie dazu, das metaphysische Denken im allgemeinen zu verwerfen. Die positivistische Philosophie lieferte die dieser Einstellung angemessene Erkenntnistheorie und Methodenlehre.

Der Positivismus entstand in der ersten Hälfte des 19. Jahrhunderts als Fortsetzung älterer radikal empiristischer Auffassungen; er wurde in modifizierter Gestalt – als mittlerer Positivismus – zu einer einflußreichen philosophischen Richtung der zweiten Hälfte des 19. Jahrhunderts, und er entwickelte sich schließlich in der ersten Hälfte des 20. Jahrhunderts durch

die Übernahme der formalen Mittel der mathematischen Logik zum Neopositivismus. Der Name «Positivismus» als Bezeichnung eines radikalen,
sich auf den Bereich des «positiv Gegebenen» beschränkenden Empirismus,
geht auf Comte zurück.

Auguste Comte, 1798 in Montpellier geboren, studierte am Polytechni-
kum in Paris, war vorübergehend Sekretär Saint-Simons (siehe Teil IV,
Kap. II, 6 c), von dem er sich aber bald unabhängig machte, blieb jedoch
auf die Hilfe von Freunden und Förderern angewiesen, da seine Bemühungen um eine sichere berufliche Position keinen Erfolg hatten.[1] Zwischen 1830 und 1842 erschienen die Bände seines wichtigsten Werkes, des
«Lehrgangs der positiven Philosophie» (Cours de philosophie positive).[2]
Mitte der vierziger Jahre begegnete er, von seiner Gattin geschieden, einer
Frau, in der er eine Geistesverwandte erblickte. Die kurze Beziehung zu
ihr – sie starb schon 1846 – bewirkte eine einschneidende Wende seiner
geistigen Entwicklung: An die Stelle seiner früheren empiristischen Einstellung auf naturwissenschaftlicher Grundlage trat eine mystisch-religiöse
Haltung, die in seinem zweiten großen Werk, dem «System der positiven
Politik» (1851–1854), ihren Niederschlag fand. Comte gründete eine
positivistische Gesellschaft, die zu einer Art säkularer Kirche wurde, und
trat als Prophet einer neuen Religion der Menschheit und des Fortschritts
auf, deren Grundgedanken er im «Positivistischen Katechismus» (1852)
zusammenfaßte. Wegen seines Mystizismus entfremdete er sich von dem
zweiten großen Wegbereiter des Positivismus, John Stuart Mill (siehe
unten Abschn. b). Für die Entwicklung der Philosophie sind vor allem die
Werke vor der religiösen Wende wichtig. 1857 starb Comte in Paris.[3]

Comte interessierte sich für die Methode der Wissenschaften im allgemeinen und die Methode der Sozialwissenschaften im besonderen, die sich
zwar nicht der Sprache der Mathematik bedienen, nichtsdestoweniger aber
positive Wissenschaften sind. Eine Wissenschaft muß nicht mathematisiert
sein, aber es ist erforderlich, daß ihre Sätze keine anderen als Erfahrungsbegriffe enthalten. Wortverbindungen mit Ausdrücken, denen keine auf
Beobachtungen zurückführbaren Begriffe entsprechen, sind sinnlos. Die
einfachen Beobachtungsdaten, auf die der Positivismus zurückgehen will,
gelten als unmittelbar, d. h. als unabhängig von Deutungen, gegeben. Diese
Voraussetzungen werden von den Sozialwissenschaften ebenso erfüllt wie
von den Naturwissenschaften, da sie auf genauer Beobachtung der Tatsachen beruhen und die Feststellung allgemeiner Beziehungen zwischen
Tatsachen erlauben, so daß es möglich ist, das Auftreten künftiger Tatsachen vorherzusagen. Auf der Vorhersagbarkeit beruht die Möglichkeit, das
Geschehen zu beeinflussen.

Der Positivismus entstand zu einer Zeit, als der nachkantische Idealismus
seinen größten Einfluß ausübte, der Geist der Aufklärung aber noch wirksam war. Dieser Geist prägte, vermittelt durch Saint-Simon, auch Comtes
Denken. Dies zeigt sich klar in seinem «Plan der wissenschaftlichen Arbei-

ten, die zur Reorganisation der Gesellschaft nötig sind» (1822), der von der Überzeugung geleitet ist, daß gesellschaftliche Reformen nur auf der Grundlage der «positiven» Sozialwissenschaft, der Soziologie – der Ausdruck stammt von Comte – möglich sind. Theoretische Bemühungen sind nur gerechtfertigt, wenn sie sich praktisch anwenden lassen. Die Wissenschaft muß Ziele setzen und einen revolutionären Prozeß einleiten, der die destruktiven Tendenzen der vorangegangenen Epochen durch die Errichtung einer neuen Ordnung überwindet. An die Stelle der kritischen, auf Auflösung gewachsener Bindungen gerichteten Tendenzen der zu Ende gehenden Epoche soll eine konstruktive Einstellung treten, die die Grundlage einer «organischen», alle Kräfte koordinierenden gesellschaftlich-kulturellen Ordnung bildet. Da der gesellschaftliche Fortschritt auf theoretische Leistungen angewiesen ist, muß den Wissenschaftlern in Verbindung mit den Wirtschaftsführern die Möglichkeit gegeben werden, die soziale und politische Entwicklung zu steuern, und zwar nicht nur im staatlichen, sondern im europäischen Rahmen. Nur von den Trägern des positiven Geistes ist eine rationale, wissenschaftsorientierte und auf den Fortschritt gerichtete Umgestaltung der Gesellschaft zu erwarten.

(2) Die Stadien der Entwicklung der Menschheit und die Hierarchie der Wissenschaften

Comte unterschied in der Soziologie, in deren Geschichte er eine wichtige Rolle spielt, in Analogie zur Physik zwischen Statik und Dynamik. Der Statik wies er die Aufgabe zu, die der menschlichen Natur entspringenden Motive der Gesellschaftsbildung und die Struktur der Gesellschaft in einem bestimmten Zeitpunkt zu untersuchen; die Dynamik soll demgegenüber Gesetzmäßigkeiten der gesellschaftlichen Entwicklung feststellen. Die allgemeinste Gesetzmäßigkeit betrifft die Abfolge dreier Stadien der geistigen Entwicklung im individuellen und im kulturellen Sinne sowie der ihr entsprechenden Entwicklung der gesellschaftlichen Organisation. Comte ging vom Primat der geistigen Entwicklung aus, die seiner Ansicht nach die gesellschaftliche bzw. politische Entwicklung bestimmt, ohne daß er den Einfluß der sozialen Verhältnisse auf die Denkentwicklung schlechthin geleugnet hätte. In dieser Hinsicht bildet seine Auffassung den Gegenpol zur historisch-materialistischen, wie sie von Marx und Engels vertreten wurde. Das allgemeinste Gesetze der sozialen Dynamik, das Dreistadiengesetz, besagt, «daß jede unserer fundamentalen Auffassungen, jeder Zweig unseres Wissens, sukzessive drei verschiedene theoretische Zustände durchläuft: den theologischen oder fiktiven, den metaphysischen oder abstrakten und den wissenschaftlichen oder positiven Zustand».

Im theologischen Stadium machen die Menschen Annahmen über das wahre Wesen der Dinge und identifizieren es mit göttlichen Mächten. In den Erscheinungen sehen sie Wirkungen übernatürlicher Mächte, die willkürlich handeln, so daß begründete Vorhersagen nicht möglich sind; man kann nur versuchen, die Götter durch Opfer und Gebet gnädig zu stimmen. Das theologische Denken entwickelt sich vom Fetischismus über den Polytheismus zum Monotheismus, mit dessen Auftreten die Einbildungskraft zugunsten der Rolle des abstrakten Denkens zurückgedrängt wird und der Übergang zum metaphysischen Stadium einsetzt. Im metaphysischen Stadium treten an die Stelle übernatürlicher Agenten abstrakt gedachte Kräfte, die nicht jenseits der Erscheinungen angesiedelt sind, sondern in diese verlegt werden. Sowohl im theologischen als auch im metaphysischen Stadium gelten Erscheinungen als erklärt, sofern sie auf etwas bezogen werden, das selbst nicht mehr Erscheinung ist, sondern sich in den Erscheinungen äußert. Für beide Stadien ist der Anspruch typisch, zu absolut sicheren Erkenntnissen gelangen zu können. Diese Betrachtungsweise wird im dritten, dem positiven Stadium, überwunden, da nun die Erkenntnis auf die Feststellung von Zusammenhängen zwischen Erscheinungen beschränkt und somit nichts von ihnen Verschiedenes – Gründe der Phänomene oder Wesenheiten – mehr gesucht wird. Der Anspruch definitiven Wissens wird aufgegeben. Eine Erscheinung gilt als erklärt, wenn sie sich als Fall einer allgemeinen, aus den Erscheinungen durch Induktion gewonnenen Gesetzmäßigkeit darstellen läßt. So erklärt man die Bewegungen der Planeten, indem man sie dem Newtonschen Gesetz der Massenanziehung unterordnet. Nach dem Wesen der Massenanziehung wird nicht gefragt, sondern der Begriff der Massenanziehung gilt als vollständig durch Beziehungen zwischen Bewegungen von Massen definiert.

Die Entwicklung des individuellen Denkens verläuft analog: Wir alle sind in der Kindheit Theologen, in der Jugend Metaphysiker und als reife Menschen Positivisten. Das bedeutet, daß jemand, der noch als Erwachsener theologischen Gedanken nachhängt, geistig infantil, und jemand, der metaphysisch denkt, in der Pubertät stehengeblieben ist. Wenn Comte im «Discours sur l'esprit positif» die Metaphysik als «eine Art chronischer Krankheit» bezeichnet, kommt nicht nur die antimetaphysische Tendenz des Positivismus zum Vorschein, sondern auch der Glaube an dessen therapeutische Funktion: Er soll das Denken von der metaphysischen Krankheit heilen. Es fällt auf, daß Comte, wie die meisten späteren Positivisten, vor allem die spezielle Metaphysik im Auge hatte; von jener Metaphysik, die nach den allgemeinsten Bedingungen der Möglichkeit von Erkenntnis fragt, ist bei ihm nicht die Rede.

Den Stadien der intellektuellen Entwicklung entsprechen Stadien der Sozialentwicklung. Für das theologische Stadium sind die Verbindung von weltlicher und geistlicher Macht in Form der Priesterherrschaft (Theokratie) sowie die Vorherrschaft einer Kriegerkaste kennzeichnend. Im metaphysischen Stadium dominieren die Beamten bzw. die Juristen, und im positiven Stadium sollen die Experten aus Wissenschaft und Wirtschaft, gestützt auf die Macht des Proletariats, als Entscheidungsträger fungieren.

Eine zweite höchst allgemeine Gesetzmäßigkeit betrifft die Entwicklung des wissenschaftlichen Denkens. Nach Comte werden die Bereiche der Wirklichkeit nicht gleichzeitig wissenschaftlich durchdrungen; zunächst setzt sich wissenschaftliches Denken in der Astronomie bzw. in der Physik im allgemeinen – die Astronomie ist Physik der Himmelskörper – durch, sodann in der Chemie, später in der Physiologie und schließlich in der Soziologie, also jenem Bereich, den Comte selbst der wissenschaftlichen Betrachtungsweise erschlossen zu haben beanspruchte. Diese Entwicklung entspricht der Hierarchie der Wissenschaften, das heißt, die fundamentaleren, allgemeinere und einfachere Gesetze enthaltenden Disziplinen wurden früher zu positiven Wissenschaften als die spezielleren. Astronomie und Physik gingen voran, Chemie, Physiologie und Biologie (einschließlich der Psychologie) folgten, und die Soziologie ist eben erst im Begriffe, den Schritt zur Wissenschaftlichkeit zu tun.

(3) Die «positive» Religion

Nach der Hinwendung zum Mystizismus verstand Comte unter «Positivismus» nicht mehr in erster Linie eine an den Realwissenschaften orientierte Denkweise, sondern eine Art von Religion, allerdings eine Religion, bei der an die Stelle des jenseitigen Gottes die Menschheit als diesseitiges «Großes Wesen» (Grand Etre) tritt. Die Verehrung des Großen Wesens unterscheidet sich dadurch von der Gottesverehrung, daß der einzelne der Menschheit bedarf und daß diese umgekehrt auch auf unsere Dienste angewiesen ist. Wir schulden dem Großen Wesen Dank, da wir von den Leistungen der früheren Menschheit profitieren. Comte forderte, alle persönlichen Neigungen den Interessen der Menschheit unterzuordnen und sich zum Beispiel in der Produktion nicht am Marktwert der Produkte, sondern an den Zielen der Gemeinschaft, letzten Endes der Menschheit, zu orientieren. Die moralische Tendenz ist beim späteren Comte so ausgeprägt, daß ihm John Stuart Mill moralische Trunkenheit vorwerfen konnte.[4]

Das Grand Etre soll nach Comte Gegenstand eines öffentlichen Kultes sein, mit vierundachtzig Festen im Jahr, mit Weihen bei der Geburt, beim Beginn der Schulerziehung, bei der Berufswahl und beim Tode (der «Transformation» von der subjektiven zur objektiven Existenz im Gedenken der Menschheit). Die Menschen sollen dazu erzogen werden, im Fortleben in der Erinnerung der Mitmenschen einen hinreichenden Lohn ihres sozialen Einsatzes zu erblicken. Die Angehörigen der theoretischen Klasse – also die Wissenschaftler – bilden den positivistischen Klerus, der auch für die Erziehung zuständig ist und der nicht nur zur Erfüllung der sozialen Pflichten ermahnt, sondern auch Zwang ausüben kann, bis hin zur Exkommunikation. Daneben muß es eine starke zivile Gewalt geben, die in der Hand der Arbeitgeber als Funktionären der Allgemeinheit liegt. Jenes Ziel, zu dem die damaligen Sozialisten mit den Mitteln zentraler Steuerung gelangen wollten, hoffte Comte mit erzieherischen Mitteln zu erreichen.

In seiner Spätzeit distanzierte sich Comte von seinem früheren Szientismus bzw. vom Intellektualismus im allgemeinen. Nur wenn der Verstand dem «Herzen» untergeordnet wird, lassen sich die negativen Entwicklungen vermeiden, die früher infolge der intellektualistischen Einseitigkeit unvermeidlich waren. An die Stelle der Kritik soll ein an die Tradition gebundenes Denken treten. Die jungen Menschen sollen überlieferte Sätze lernen, ohne nach deren Beweis zu fragen. Die Hinwendung zum Mystizismus veranlaßte Comte sogar, mit dem Fetischismus zu sympathisieren, weil diese Form der Religion gefühlsmäßigen Charakter hat bzw. unabhängig von rationalen Faktoren ist. Er erklärte die Erde zum «Großen Fetisch» und wandte sich einer seltsamen Zahlenmystik zu.

Die positivistische Religion fand, diesen befremdlichen Zügen zum Trotz, da und dort Anhänger, ja in Brasilien spielten Positivisten zeitweise sogar eine politische Rolle: Sie waren 1889 maßgeblich am Sturz der Monarchie beteiligt.

b) John Stuart Mill

(1) Die Begründung des englischen Positivismus

Wie in Frankreich spielten auch in England Gedanken der Aufklärung bei der Entstehung des Positivismus eine Rolle, wobei vor allem an Einflüsse von seiten Humes (siehe Teil IV, Kap. II, 2 b) und der englischen bzw. französischen Assoziationspsychologie zu denken ist. Der Begründer der englischen Strömung des Positivismus war John Stuart Mill (geb. 1806 in London, gest. 1873 in Avignon). Er wurde von seinem Vater James Mill und dessen Freund Jeremy Bentham (siehe unten) im Geist der Nützlichkeitsmoral erzogen und von Comte beeinflußt. Auch die methodologischen Untersuchungen William Whewells (1794–1866) und die Ergebnisse der damaligen Psychologie und Volkswirtschaftslehre übten Einfluß auf seine philosophische Entwicklung aus. 1826 erschütterte eine psychische Krise seine bisherige Einstellung; er gab seinen ursprünglichen naiven Utilitarismus auf und entwickelte eine differenziertere Auffassung, die auch den Gesichtspunkt der sozialen Gerechtigkeit berücksichtigte. Gleichzeitig gelangte er zu einer angemesseneren Beurteilung der zeitgenössischen englischen Romantiker Samuel Taylor Coleridge (1772–1834) und Thomas Carlyle (1795–1881), deren gegenaufklärerischer Tendenz er zunächst scharf entgegengetreten war. In den dreißiger Jahren kam er mit den Ideen Saint-Simons in Berührung und ließ sich überzeugen, daß die Interessen der Individuen durch die gesellschaftlichen Interessen beschränkt werden müßten. Nichtsdestoweniger blieb er ein Liberaler, wie seine «Principles of Political Economy» (1848), und die berühmten Schriften «On Liberty» (1859) und «Utilitarianism» (1863) zeigen. Gegen den Mystizismus von Comtes späterer Philosophie polemisierte er ebenso wie gegen die damalige Common-Sense-Philosophie.[5]

Wie der Positivismus im allgemeinen war auch Mills Philosophie radikal empiristisch und antimetaphysisch. Insbesondere stand er im Gegensatz zum nachkantischen Idealismus, der auch in England Anhänger hatte. In den idealistischen Systemen erblickte Mill Konstruktionen, die den Tatsachen nicht entsprechen, ja sie vergewaltigen, wenn der Systemzusammenhang es verlangt. Mill forderte demgegenüber, daß die Philosophie sich an den wissenschaftlich erkannten Tatsachen und an den Methoden der Realwissenschaften orientieren solle. In dieser Hinsicht fühlte er sich Comte verbunden, von dem er sich jedoch durch seine Bemühungen um Klärung der logischen und methodologischen Grundlagen der Wissenschaften unterschied.

Mills wichtigstes philosophisches Werk ist das «System der deduktiven und induktiven Logik» («A System of Logic, Ratiocinative and Inductive», 1843), das klassische Werk des Psychologismus, d. h. der Lehre, daß die logischen Prinzipien psychologisch zu erklären seien. Nach psychologistischer Ansicht beruhen Verbindungen von Begriffen, auch im Falle der logischen Grundsätze (wie des Satzes vom ausgeschlossenen Widerspruch), auf Gewohnheit oder, in wissenschaftlicher Ausdrucksweise, auf Ideenassoziation. Logischen Ableitungen (in Form der Deduktion) kommt daher keine absolute Sicherheit zu; sie sind, wie alle von der Erfahrung abhängigen Erkenntnisse, hypothetisch. Während Mill die Schlußlogik abwertete, hob er die Bedeutung der induktiven Logik nachdrücklich hervor; die Formulierung einzelwissenschaftlicher Gesetzeshypothesen durch empirische Verallgemeinerung hielt er, im Gegensatz zur vermeintlich sterilen deduktiven Logik, für fruchtbar, da sie zur Erweiterung unseres Wissens führt. Mit dieser Auffassung knüpfte Mill an Gedanken an, die etwa zweihundert Jahre früher Francis Bacon geäußert hatte (siehe Teil III, Kap. III, 4). Es handelt sich um jene Position, die von Karl Popper als «Induktivismus» bezeichnet (siehe Teil VII, Kap. V, 4a–b) und ähnlich scharf kritisiert wurde wie der Psychologismus durch Husserl (siehe Teil VII, Kap. II, 1a).

Obwohl Mill nicht als wirklich origineller Denker gelten kann, haben seine Auffassungen die Entwicklung der «wissenschaftlichen», d. h. an den Realwissenschaften orientierten, Philosophie stark beeinflußt. Vor allem an die von ihm vertretene Richtung, und nicht so sehr an Comtes Position, knüpften die späteren Vertreter des Positivismus im 19. Jahrhundert an.

(2) Die Logik der Induktion

Mill vertrat, wie Hume und die späteren Positivisten, die Ansicht, daß allgemeine Sätze entweder auf Grund der Bedeutung der in ihnen vorkommenden Ausdrücke wahr sind und in diesem Fall nichts über die Wirklichkeit aussagen (Mill sprach von verbalen Sätzen), oder den Charakter von Tatsachenaussagen haben, die auf Verallgemeinerung beruhen und hypothetisch sind. Da die Fähigkeit, ausgehend von einer beschränkten Anzahl von Beobachtungen, Verallgemeinerungen vorzunehmen, im Rahmen der Assoziationspsychologie zu erklären ist, liefert die Psychologie den Schlüssel zum Verständnis allgemeiner Aussagen über die Wirklichkeit (der realen Sätze, wie Mill sagte).

Mills Hauptinteresse galt der Induktion als Weg zur Aufstellung von Kausalgesetzen, die Regularitäten des Ereignisablaufs ausdrücken: Nach Mill bedeutet «... der Ausdruck *Naturgesetz* ... nichts anderes als die Gleichförmigkeiten, die unter Naturphänomenen vorhanden sind ..., sobald sie auf ihren einfachsten Ausdruck zurückgeführt sind».[6] Mit Hilfe von Kausalgesetzen lassen sich Tatsachen erklären, d. h. als Fälle von Invarianzen des Zusammenhangs äußerer Phänomene auffassen. Da sich Kausalgesetze nicht auf etwas von den Erscheinungen Verschiedenes beziehen, besteht die Erklärung von Tatsachen nicht in der Entdeckung nicht-phänomenaler Gründe, sondern in ihrer Einordnung in den gesetzmäßigen Zusammenhang der Phänomene.

Mill stellte Richtlinien (Kanones) für die induktive Ermittlung kausaler Zusammenhänge auf, zum Beispiel: «Wenn ein Fall, in dem das zu erforschende Phänomen eintritt, und ein Fall, in dem es nicht eintritt, jeden Umstand bis auf einen gemein haben ...; so ist dieser Umstand, in dem beide Fälle voneinander abweichen, die Wirkung oder die Ursache oder ein unentbehrlicher Teil der Ursache des Phänomens.»[7] Auf die anderen der von Mill erörterten fünf Induktionsmethoden und die entsprechenden Kanones soll hier nicht eingegangen werden.

Die induktive Methode ist auch in den *moral sciences* (d. h. in der Psychologie, der Verhaltenslehre (Ethologie) und in den Sozialwissenschaften) anzuwenden, wo sie allerdings nicht zur Formulierung von exakten Gesetzen und Vorhersagen führt. Bei menschlichen Handlungen gibt es weder präzis formulierte Gesetze, noch lassen sich die Randbedingungen genau erfassen, weshalb sich nicht vorhersagen läßt, wie Menschen denken, fühlen und handeln werden; man muß sich hier mit Annäherungen begnügen.

In der Volkswirtschaftslehre wollte Mill den Fehler vermeiden, einen Produktionsfaktor einseitig auf Kosten aller anderen Faktoren in den Vordergrund zu stellen. Man darf weder die Arbeit *allein* (wie später Marx), noch das Kapital *allein* (wie die Merkantilisten), noch Grund und Boden *allein* (wie die Physiokraten) zur Erklärungsgrundlage machen, sondern muß alle drei Produktionsfaktoren berücksichtigen. Mills Begriff des Kapitals ist weit gefaßt: «Es gibt Leistungen, die die gegenwärtige von der vergangenen Arbeit und deren Ertrag erfordert. Was immer zu einem solchen Gebrauch bestimmt ist – nämlich der produktiven Arbeit die verschiedenen Erfordernisse zu verschaffen – ist *Kapital*.»[8] Der Profit des Kapitaleigentümers, d. h. der Überschuß der Produktion über die Vorschüsse, ist, als Entschädigung für den Verzicht auf unmittelbaren Konsum, als Kompensation des mit dem Kapitaleinsatz verbundenen Risikos sowie als Ausgleich für die unternehmerische Tätigkeit des Kapitalisten, gerechtfertigt, wie Mill in keineswegs origineller Weise sagte.[9]

Da das Eigentumsrecht konventionellen Charakter hat, hätten sich die Menschen nicht für das Privateigentum, sondern für das Gemeinschaftseigentum entscheiden können. In diesem Falle wäre die zentrale Lenkung der Wirtschaft unausweichlich gewesen, die zwar eine gerechte Verteilung der Güter und soziale Sicherheit ermöglicht hätte, aber um den Preis der Einschränkung der Freiheit. Der Sozialismus führt zur Nivellierung und muß sich daher über kurz oder lang wirtschaftlich nachteilig auswirken, ganz zu schweigen von der Verarmung des individuellen Lebens, die mit der Nivellierung einhergeht. Mill erblickte in der Freiheit einen so hohen Wert, daß er nicht bereit war, ihn ideologischen Zielsetzungen unterzuordnen. Er war aber weit davon entfernt, die liberale Wirtschaft und Gesellschaft für vollkommen zu halten. Man muß sich daher bemühen, Mängel der Gesellschaftsordnung zu beseitigen, nicht aber die auf dem Privateigentum beruhende Gesellschaftsordnung als solche aufzuheben. In Mills Denken trat die soziale Komponente im Verlauf der Zeit immer stärker hervor, so daß seine spätere Auffassung als Sozialliberalismus bezeichnet werden kann. In seiner Autobiographie meinte Mill, er habe als Demokrat, der dem Sozialismus fernstand, begonnen, und sich immer mehr dem Sozialismus genähert, ohne je das Ideal der Freiheit aufzugeben. Schon in der zweiten Auflage seiner «Politischen Ökonomie», die nach der Revolution von 1848 erschien, sind manche negativen Urteile über den Sozialismus abgeschwächt oder getilgt. Für einen konsequenten Sozialisten wie Marx blieb er jedoch, ungeachtet des ihm zugeschriebenen «geistlosen Synkretismus», stets ein Gegner.

Als Vertreter der induktiven Methode wurde gelegentlich auch der oben erwähnte William Whewell[10] dargestellt, der als hervorragender Wissenschaftshistoriker und scharfsinniger Methodologe die Bedeutung von Beobachtung und Experiment für die Forschung nachdrücklich betonte. Dennoch wird man ihm nicht gerecht, wenn man ihn als Induktivisten betrachtet, da er klar sah, daß etwas nur innerhalb eines theoretischen Rahmens als Tatsache erfahren werden kann und daß dieser Rahmen vom Subjekt geschaffen wird.

(3) Die Nützlichkeitsmoral

Utilitaristische Auffassungen spielten bereits in Humes Ethik eine wichtige Rolle, doch erst im 19. Jahrhundert wurden sie zu einem geschlossenen ethischen System ausgebaut, vor allem von Jeremy Bentham (1748–1832) und James Mill (1773–1836), die «gut» mit «nützlich» identifizierten und als nützlich betrachteten, was ein Höchstmaß an Glück erzeugt. Als Ziel des Handelns gilt dieser Ansicht nach «das größte Glück für die größte Zahl [von Menschen]». Bentham, auf den diese Formel zurückgeht, beanspruchte keine Originalität, sondern wollte sich publizistisch für eine Auffassung einsetzen, die er für die natürliche hielt. In seiner «Einführung in die Prinzipien der Moral und der Gesetzgebung»[11] charakterisierte er das Nützlichkeitsprinzip als «jenes Prinzip, das das größte Glück aller, deren

Interesse in Frage steht, als das richtige und eigentliche Ziel allen menschlichen Handelns bestimmt». Daß der Nutzen aller Tugend zugrunde liegt und daß sich unsere Wertungen letzten Endes an Lust und Unlust orientieren, hielt Bentham für evident. Die Möglichkeit einer anderen Moral, etwa auf der Grundlage der Pflicht oder des Vollkommenheitsideals, zog er überhaupt nicht in Betracht. Persönlich und philosophisch stand er James Mill nahe, der wie Bentham kein professioneller Philosoph war, aber genauer als dieser die psychologischen Voraussetzungen der Lustlehre untersuchte. Er war überzeugt, daß die Menschen nicht schon wegen der Erwartung vorteilhafter Folgen moralisch handeln, sondern daß es nötig sei, sie durch Lob und Tadel, durch Lohn und Strafe zum moralischen Handeln zu motivieren. Die Rolle moralischer Gefühle ist anzuerkennen, obwohl sie nicht angeboren, sondern erworben bzw. anerzogen sind.

John Stuart Mill dachte insofern differenzierter als sein Vater und Bentham, als er das Glück nicht mehr als direkt anzustrebendes Ziel betrachtete, sondern meinte, daß man sich bestimmte Zwecke setzen müsse und nur in deren Verwirklichung das Glück erreichen könne. Außerdem hielt er es für nötig, zwischen niederen und höheren Formen der Befriedigung zu unterscheiden und nach Gerechtigkeit (im Sinne angemessener Güterverteilung) zu streben. Das Quantum an Gütern innerhalb einer Gemeinschaft kann nicht den alleinigen Maßstab der Bewertung bilden, denn wenn die gesamte Gütermenge einigen wenigen oder im Grenzfall einem einzigen zufiele, während alle anderen leer ausgingen, wäre das nicht zu billigen; es kommt darauf an, möglichst viele an den Gütern teilhaben zu lassen. Umgekehrt ist die Forderung nach gleicher Verteilung der Güter abzulehnen, weil sie den Unterschied der Leistung außer acht läßt. Die moralische Bewertung orientiert sich aber nicht nur an den Gesichtspunkten des Nutzens und der Gerechtigkeit, da auch die Ideen der Freiheit, des Fortschritts, der Aktivität und der Selbstachtung in die moralische Bewertung eingehen.

Mill meinte, die Gültigkeit des utilitaristischen Prinzips beweisen zu können.[12] Er ging von der Tatsache aus, daß die Menschen den Wunsch nach Glück haben, und argumentierte, daß, was gewünscht wird, wünschbar sein muß – so wie das, was gesehen wird, sichtbar sein muß. Da er «wünschbar» mit «wünschenswert» identifizierte, meinte er folgern zu können, daß das Glück an sich wünschenswert und daher alles zu billigen sei, was dem Glück diene. Der fragwürdige Übergang von «wünschbar» zu «wünschenswert» wird im Englischen dadurch erleichtert, daß für beides «desirable» steht. Tatsächlich muß aber zwischen dem, was gewünscht werden *kann*, und dem, was gewünscht werden *soll*, genau unterschieden werden.

Obwohl der Utilitarismus in England und Nordamerika eine große Rolle spielte, gab es dort stets auch andere ethische Auffassungen, zum Beispiel Intuitionismus (siehe Teil VII, Kap. IV, 4 a) und Emotivismus (siehe Teil VII, Kap. V, 3 d); der Utilitarismus spielte aber stets eine besonders wichtige

Rolle, weshalb Mill als sein Wegbereiter nach wie vor Beachtung verdient.[13] Mit seiner Absicht, den Einfluß des Idealismus zu verringern, hatte er Erfolg, was aber nicht heißt, daß es im angelsächsischen Raum von nun an keine idealistischen Strömungen gegeben hätte.

(4) Die liberale Staatsauffassung

Mill gehört zu den Vertretern des klassischen politischen Liberalismus. Der manchmal gegen den Liberalismus erhobene Vorwurf, den Staat rein mechanistisch zu betrachten, ist jedoch in bezug auf ihn verfehlt, da er in den einschlägigen Werken – den «Betrachtungen über Repräsentativregierung» (1861) und der Schrift «Über Freiheit» – die Einseitigkeit der mechanistischen Auffassung klar hervorhob und kritisierte: Eine Verfassung darf, wie er betonte, nicht so betrachtet werden wie ein Dampfpflug oder eine Dreschmaschine.[14] Der Staat darf aber auch nicht als eine Art Organismus aufgefaßt werden, obwohl die Vertreter der historisch-organologischen Auffassung im Recht sind, wenn sie betonen, daß die geschichtlich gewordenen Verhältnisse zu berücksichtigen sind, wenn es darum geht, eine Verfassung zu schaffen, die vom Volk angenommen und getragen wird. Die staatliche Macht ist nicht bloß durch materielle Verhältnisse bedingt, sondern sie hängt wesentlich von ideellen Faktoren, den Meinungen, Gefühlen, Überzeugungen der Menschen, ab.[15]

Eine Regierung ist nach Mill gut, wenn sie nicht nur die Ordnung aufrechterhält und den wirtschaftlichen Fortschritt gewährleistet, sondern darüber hinaus auch die geistige Entwicklung fördert und die intellektuellen bzw. moralischen Fähigkeiten in der Gesellschaft zur Geltung kommen läßt.[16] In der Politik spielen also auch moralische Kriterien eine Rolle, letzten Endes der utilitaristische Gesichtspunkt der größten Glücksmenge. Namentlich ist die Demokratie dem Despotismus moralisch überlegen. Das Repräsentativsystem bietet die Möglichkeit, auch in Großstaaten die einzelnen vielfältig an der Verantwortung teilnehmen zu lassen. Da es die Einsatzbereitschaft und das Verantwortungsbewußtsein fördert, dient es in bestmöglicher Weise dem allgemeinen Wohl und dem Fortschritt.

Mill war kein blinder Bewunderer der Demokratie, sondern er sah auch deren Gefahren, wobei er sich auf Alexis de Tocqueville (1805–1859) stützte. Tocquevilles Werk «Über die Demokratie in Nordamerika» beeindruckte ihn, weil es die Demokratie erstmals als reale Staatsform, nicht als konstruierte Idee, analysierte.[17] Solange die Demokratie nicht realisiert war, konnte man die Volkssouveränität für absolut erklären; faktisch kann aber von einer Regierung des Volkes über sich selbst nicht die Rede sein.[18] Auch die Freiheit ist in der Demokratie nicht ohne weiteres gewährleistet, denn es gibt eine Tyrannei der Mehrheit, die ebenso gefährlich ist wie andere Formen des Machtmißbrauchs. Die soziale Tyrannei kann sogar viel schrecklicher sein als manche Formen politischer Unterdrückung, da man ihr schwerer entrinnen kann und da sie nachhaltiger ins Leben des Einzel-

nen, ja in seine Seele eingreift als äußerer Zwang. Eine weitere Gefahr liegt
in der Herrschaft des Mittelmaßes. Im Bereich der Kultur ist es verhängnis-
voll, wenn alles auf die Masse der Konsumenten zugeschnitten ist. Tyrannei
der Mehrheit und «Dogmatismus des gemeinen Menschenverstandes» sind
aber, wie Mill meinte, nicht Folgen der Demokratie, sondern der Massen-
gesellschaft. Sie zu bekämpfen heißt nicht, die Demokratie abzulehnen.

2. Naturalistische Strömungen

a) Materialismus unter dem Einfluß der Naturwissenschaften

Schon im 18. Jahrhundert gab es – vor allem in der französischen Aufklärungsphilosophie – materialistische Strömungen, deren Vertreter mehr
oder minder unverhohlen die Existenz geistiger Wesen leugneten und im
Seelen- oder Gottesglauben einen im Prinzip bereits überwundenen Irrtum
erblickten. Im 19. Jahrhundert nahm der Einfluß des Materialismus auf das
zeitgenössische Denken in dem Maße zu, in dem das naturwissenschaftliche
Weltbild vervollständigt wurde. In den Augen vieler Zeitgenossen sprachen
die Fortschritte in den Bereichen der Biologie, der Physiologie und der
Psychologie zugunsten der Ansicht, daß Lebens- und Bewußtseinsvorgänge
nichts mit seelischen Agentien zu tun hätten. Materialistische Auffassungen, wie sie bereits an der Wende vom 18. zum 19. Jahrhundert von den
Vertretern der sogenannten Ideologie (d.h. der Theorie der Entstehung
und Verbindung der Ideen; siehe Teil IV, Kap. II, 3 e) vertreten worden
waren, wurden aufgenommen und weiterentwickelt. Auch Assoziationspsychologie und Physiologie, die es möglich zu machen schienen, den
Zusammenhang der Vorstellungen auf physiologische Zusammenhänge
zurückzuführen, wurden zur Stützung der materialistischen Auffassung
herangezogen. Für die materialistische Strömung ist es typisch, daß der
Ausspruch von Pierre Jean Georges de Cabanis (1757–1808), Urin und
Nieren verhielten sich wie Bewußtsein und Gehirn, verschiedentlich aufgenommen und zur provokativen Abgrenzung gegenüber dem Mentalismus
verwendet wurde.

Während die materialistische Einstellung in England und Frankreich
meist auf den einzelwissenschaftlichen Bereich beschränkt blieb, trat sie in
Deutschland als allgemeine Weltanschauung auf und rief daher auch prinzipiellen Widerstand hervor. 1854 löste ein Vortrag des Physiologen
Rudolph Wagner (1805–1864) einen heftigen Streit um den Materialismus
aus. Wagner, dessen Einstellung schon aus früheren Zeitungsbeiträgen
bekannt war, erklärt die Seele für geistig und berief sich dabei auf eine
moralische Weltsicht, die er der wissenschaftlichen überordnete. Dem
widersprach noch im gleichen Jahr der Biologe Carl Vogt (1817–1895) in
der polemischen Schrift «Köhlerglaube und Wissenschaft», und Ludwig

Büchner (1824–1899) veröffentlichte, angeregt von Jacob Moleschotts (1822–1893) «Kreislauf des Lebens» (1852) als eindrucksvollstes Plädoyer zugunsten des Materialismus «Kraft und Stoff» (1855). Die Klarheit der Stellungnahme, die soliden wissenschaftlichen Kenntnisse, auf die sich Büchner stützte – er war Dozent an der Medizinischen Fakultät in Tübingen –, und nicht zuletzt die eindringliche, anschauliche Sprache verschafften dem Werk große Resonanz. Gegen den spekulativen Idealismus und den Spiritualismus forderte Büchner, sich an den Naturwissenschaften zu orientieren und alle Lebenserscheinungen, auch das Bewußtsein, mit Hilfe der bekannten Naturgesetze zu erklären. So wie Cabanis und Vogt das Bewußtsein als eine Sekretion des Gehirns aufgefaßt hatten, meinte auch Büchner: «Wie es keine Galle ohne Leber, wie es keinen Urin ohne Nieren gibt, so gibt es auch keinen Gedanken ohne Gehirn.»[19]

Die Vertreter des extremen Materialismus blieben jedoch in der Minderheit. Dies war nicht so sehr eine Wirkung der starken antimaterialistischen Tradition, sondern eine Folge der kritischen Überzeugung, daß das Wesen der Wirklichkeit selbst unerkennbar sei. Können wir die Wirklichkeit an sich nicht erkennen, dann läßt sich auch die Frage, ob die Dinge in ihrem Wesen materiell oder immateriell seien, grundsätzlich nicht entscheiden. Daher stellten sich viele Psychologen auf den Standpunkt, daß Bewußtseinserscheinungen zwar physiologischen Vorgängen zuzuordnen und von diesen her zu erklären seien, daß sie aber nicht auf solche Vorgänge reduziert werden könnten.

Verstärkt wurde die naturalistische Denkweise durch die Entwicklungstheorie, die zwar schon im 18. Jahrhundert vorbereitet wurde, sich aber erst im 19. Jahrhundert auf breiter Front durchsetzte. Die Tatsache, daß Fossilien Merkmale aufweisen, die von den Merkmalen rezenter Arten abweichen, war mit der lange Zeit herrschenden Lehre von der Konstanz der Arten nicht vereinbar. Die Katastrophentheorie, die dieser Tatsache mit der Annahme Rechnung zu tragen suchte, daß ältere Lebewesen durch globale Katastrophen vernichtet worden seien und daß Gott danach neue, von den älteren leicht abweichende Lebewesen geschaffen habe, ließ sich nicht mehr aufrechterhalten, als klarwurde, daß es solche Katastrophen nicht gegeben hat, geologische Prozesse vielmehr über lange Zeiträume hinweg kontinuierlich vonstatten gehen.

Der erste Vertreter einer wissenschaftlichen Evolutionstheorie war Jean-Baptiste de Lamarck (1744–1829), der das Auftreten neuer Eigenschaften durch die Annahme zu erklären suchte, daß sich die Individuen an die Umgebung anpaßten und daß sich die auf diese Weise erworbenen Eigenschaften vererbten. Organe entwickeln sich in Abhängigkeit von ihrem Gebrauch, dem auf die Bedingungen der Umgebung bezogene Bedürfnisse zugrunde liegen. Führen Veränderungen der Umgebung zu anderen Bedürfnissen bzw. zu intensiverem oder geringerem Gebrauch von Organen, dann werden diese stärker oder schwächer entwickelt. Die neuen

Eigenschaften werden der Nachkommenschaft weitergegeben, so daß sie nach und nach zu Merkmalen der Art werden.

Die moderne Gestalt der Evolutionstheorie schuf aber erst Charles Darwin (1809–1882), der die Annahme der Vererbung erworbener Eigenschaften fallenließ und in seinem bahnbrechenden Werk «On the Origin of Species» (1859) eine Theorie entwickelte, nach der die Artentwicklung durch das zufällige Auftreten kleiner Veränderungen (heute spricht man von «Mutationen») und durch Auslese im Kampf ums Dasein bedingt ist. Änderungen von Eigenschaften können entweder vorteilhaft oder nachteilig für den Träger dieser Eigenschaften sein. Erweisen sie sich im Kampf ums Dasein als nachteilig, wird das Individuum, das sie besitzt, seinen Konkurrenten unterlegen sein und kaum die Möglichkeit haben, sie an Nachkommen weiterzugeben; verschaffen sie ihm dagegen Vorteile, wächst seine Chance, sich im Dasein zu behaupten und sich im Kampf um den Sexualpartner durchzusetzen. Daher werden nach einiger Zeit vorteilhafte Eigenschaften bei allen Exemplaren einer Art anzutreffen sein.

Die Entwicklung stellt sich nach Darwins Theorie nicht als zielgerichteter Prozeß dar, sondern als rein kausal zu erklärender Vorgang. Von Naturzweckmäßigkeit oder gar von einem jenseitigen Lenker der Natur ist daher nicht mehr die Rede. Weil der Darwinismus die Evolution als quasi-mechanischen Ablauf begreift, stand er im Einklang mit dem damaligen naturalistischen Weltbild. Er schien nicht nur die Annahme entbehrlich zu machen, daß die Tier- und Pflanzenarten von Gott geschaffen seien, sondern hatte auch zur Folge, daß der Mensch die ihm seit langem zugewiesene Sonderstellung in der Natur verlor. Darwin selbst dehnte seine Theorie auf die Entwicklung der menschlichen Species aus, doch setzte sich der Gedanke, der Mensch von tierischen Vorfahren abstamme, nur allmählich durch.

Für die Verbreitung der Abstammungslehre setzte sich besonders energisch der Jenaer Professor für Zoologie Ernst Haeckel (1834–1919) ein. Sein populärwissenschaftliches Werk «Die Welträtsel. Gemeinverständliche Studien über monistische Philosophie» (Bonn 1899) fand weite Verbreitung. Haeckel bezog den Entwicklungsgedanken nicht nur auf die Artentstehung, sondern auf die Entstehung des Lebens im allgemeinen. Er begnügte sich nicht mit einer biologischen Theorie, sondern entwickelte eine pantheistische Weltanschauung, zu der auch eine Ethik der Nächsten-, Eigen- und Naturliebe gehört. Er nahm an, daß sich die organische Materie aus der anorganischen entwickelt habe, betrachtete die letztere aber nicht als schlechthin unbelebt bzw. unbeseelt. Den Dualismus von Geist und Materie hielt er für ebenso falsch wie den Methodendualismus, nach dem die materiellen und die psychischen Phänomene unterschiedlich zu erklären sind. Auf die Überzeugung, daß es nur eine Wirklichkeit unter einheitlichen Gesetzen gibt, weist der Name «Monismus» hin, den Haeckel zur Bezeichnung seiner Auffassung verwendete.

Zwei von Haeckels Thesen haben besonders heftige Auseinandersetzungen ausgelöst, nämlich die Lehre von der Abstammung des Menschen von tierischen, näherhin äffischen Vorfahren und die Annahme, daß die Embryonalentwicklung die Artentwicklung wiederhole. Noch vor Darwin schlug Haeckel vor, auch die Entstehung der menschlichen Species im Sinne der Evolutionstheorie zu deuten. Er sagte sogar die Auffindung urmenschlicher Reste in Südostasien voraus und prägte im vorhinein die Bezeichnung des vermuteten Urmenschen, nämlich «Pithecanthropus erectus». Durch seine Vermutung angeregt, unternahm der belgische Arzt Eugène Dubois 1891/92 eine Forschungsreise nach Java, die zu dem aufsehenerregenden Fund von Trinil führte. Haeckel meinte, daß Dubois das gesuchte «fehlende Glied» der Evolutionskette gefunden habe, und interpretierte den Fund als Bestätigung seiner Theorie – mit einem gewissen Recht, obwohl sich später herausstellte, daß es sich beim Pithecanthropus nicht um *das* fehlende Glied der Entwicklung von äffischen Vorfahren zum Menschen, sondern um eines der Glieder einer langen Entwicklungsreihe handelt.

Die These, daß Individual- und Artentwicklung (Onto- und Phylogenese) parallel verliefen – das sogenannte biogenetische Grundgesetz –, wurde ebenfalls heftig angegriffen und später modifiziert bzw. abgeschwächt. Obwohl sich beim Embryo z.B. zeitweise Schwimmhäute und Kiemenspalten finden, hat der menschliche Embryo natürlich von Anfang an *menschliche* Gene, die seine Entwicklung steuern.

Haeckels Ideen fanden in Kreisen der Gebildeten wie der Bildungshungrigen starke Resonanz, während sie von der Universitätsphilosophie mit Zurückhaltung aufgenommen wurden. Für ihre Verbreitung setzte sich der Monistenbund ein, dem u.a. Wilhelm Ostwald (1853–1932) und Friedrich Jodl (1849–1914) angehörten. Kritisiert wurde Haeckel von Anhängern der theistischen Metaphysik, wie Bernhard Bavink (1879–1947), und von Vertretern des Neovitalismus, wie Hans Driesch (1867–1941).

Sieht man von Unterschieden in Einzelauffassungen ab, dann kann man sagen, daß der Entwicklungsgedanke nicht nur so gut wie allgemein anerkannt ist, sondern daß er, weit über die Grenzen der Biologie hinaus, das Denken der neuesten Zeit geprägt hat. Die Annahme einer unveränderlichen menschlichen Natur ist fragwürdig geworden, und auch der Glaube an zeitlos gültige Denkformen ist erschüttert. Wenn man, wie es häufig geschieht, im Bewußtsein ein Entwicklungsprodukt erblickt, dann läßt sich in der Tat fragen, ob nicht auch die Bewußtseinsstrukturen, einschließlich der Anschauungs- und Denkformen, der Entwicklung unterworfen sind. So naheliegend eine solche Frage aber auch scheinen mag, so wenig selbstverständlich ist eine bejahende Antwort.

b) Spencers synthetische Philosophie

In der Philosophie brachte vor allem Herbert Spencer (1820–1903) das Entwicklungsprinzip zur Geltung. Als Philosoph war er, der ursprünglich als Eisenbahn-Ingenieur arbeitete und sich später als Journalist betätigte, Autodidakt. Seine Gesamtkonzeption ist in dem zehnbändigen «System der synthetischen Philosophie» (1862–1893) niedergelegt, das auf der Grundlage der «First Principles» die Prinzipien der Biologie, der Psychologie, der Soziologie und schließlich der Ethik behandelt.[20] Seine Philosophie nannte er «synthetisch», weil sie eine Zusammenschau der (naturwissenschaftlichen) Erkenntnisse unter allgemeinen Gesichtspunkten sein sollte, die über die Teilsynthesen der Einzelwissenschaften hinausgeht.[21]

Die Wirklichkeit ist nach Spencer eine Menge von Erscheinungen einer Kraft, die unzerstörbar ist und die als das gelten kann, was in der Metaphysik «das Absolute» genannt wurde. Diese Kraft ist unerkennbar; wir erkennen nur ihre Manifestationen. Der Begriff des Unerkennbaren (the Unknowable) tritt an die Stelle der Gottesidee. Theistische wie deistische und pantheistische Auffassungen sind gleichermaßen ungerechtfertigt; sie müssen einem konsequenten Agnostizismus weichen.

Die Wirklichkeit, die wir kennen, ist das Ergebnis einer Entwicklung, und sie entwickelt sich ständig weiter. Das allgemeinste Gesetz, nach dem Veränderungen vor sich gehen, besagt, daß alles Reale von einem relativ unbestimmten, homogenen zu einem relativ bestimmten und differenzierten Zustand übergeht, wobei das Einzelne zu übergeordneten Systemen zusammengefaßt wird (Integration) und gleichzeitig neue Beziehungen zwischen den individuellen Dingen entstehen (Differentiation). So entstand das Sonnensystem, indem eine diffuse Gasmasse zu einem Ganzen integriert und innerhalb desselben zu einzelnen Himmelskörpern differenziert wurde. Deutlicher kommt der Evolutionsgedanke in der Biologie und der Soziologie zur Geltung. Leben – auch das gesellschaftliche Leben – erfordert ständig erneuerte Anpassung der inneren an die äußeren Bedingungen, wobei die natürliche Auslese dafür sorgt, daß nur die Ergebnisse erfolgreicher Anpassung Bestand haben. Die Entwicklung im sozialen (überorganischen) Bereich läßt sich grundsätzlich in derselben Weise deuten wie die Entwicklung der Organismen: So wie ein Lebewesen ein System von Zellen ist, die unterschiedliche Funktionen haben und im Organismus aufeinander angewiesen sind, so sind in der Gesellschaft die Individuen zu einem Ganzen verbunden, in dem sie unterschiedliche Funktionen übernehmen.[22] Die Analogie zwischen Organismen und Gesellschaften ist aber nicht vollkommen: In der Gesellschaft gibt es keine Funktionen, die nur von bestimmten ihrer Angehörigen erfüllt werden könnten (so wie in einem Organismus gewisse Zellen nur Sekrete bilden, andere nur denken können), und es gibt kein soziales Sensorium. Spencer zog aus der Analogie von Staat und Organismus auch nicht die Konsequenz, daß die Interessen der einzelnen dem Gemeinschaftsinteresse geopfert werden sollen, sondern er sah im Sinne der liberalen Auffassung im Staate den Rahmen, innerhalb dessen jedes Individuum ein erfülltes Leben im Einklang mit dem erfüllten Leben aller anderen führen kann.[23] *Den*

Staat gibt es nicht, da der Ausdruck «Staat» je nach der Entwicklungsstufe Verschiedenes bedeutet, nämlich bald primitive Gemeinschaften, bald Kriegergesellschaften und bald Industriegesellschaften als höchste bisher in der Entwicklung erreichte Form. Je entwickelter ein Staat ist, desto weniger hat er die Aufgabe, die Bürger zu disziplinieren; im industriellen Staat wird darauf vertraut, daß sich die Individuen von sich aus und ohne Zwang an die Bedingungen des Gemeinschaftslebens anpassen. Je besser das gelingt, desto erfolgreicher ist eine soziale Ordnung in der Konkurrenz mit anderen gesellschaftlichen Systemen. (Spencer stand mit dem Versuch, soziale Verhältnisse im Licht von Darwins Evolutionstheorie zu erklären, nicht allein; der Sozialdarwinismus[24] spielte zeitweise eine beträchtliche Rolle.)

Auch in der Ethik brachte Spencer den Evolutionsgedanken zur Geltung. Da die Selbsterhaltung unter den Bedingungen des Faustrechts weniger gut gewährleistet ist als in einer rechtlich geordneten Gemeinschaft, verschafft der gesellschaftliche Zusammenschluß einen Auslesevorteil. Erst wenn der Kampf ums Dasein durch Kooperation ersetzt wird, entsteht die Ethik, und zwar zunächst in Abhängigkeit von Autoritäten, später in Form der Nützlichkeitsmoral. Die Ethik bindet das Glücksstreben an Bedingungen und stellt entsprechende Regeln auf, indem sie z.B. festlegt, daß Glück nicht auf Kosten der Mitmenschen erstrebt werden soll. Diese Regeln waren ursprünglich das Ergebnis von Verallgemeinerungen auf Grund von Erfahrungen, sie wurden aber im Verlauf der Zeit verinnerlicht, so daß sie der Einzelne als angeboren bzw. als Stimme des Gewissens erfährt. Mit der Verinnerlichung von Normen werden auch die Sanktionen interiorisiert und damit wirksamer: Während es unter Umständen möglich ist, von außen angedrohten Sanktionen zu entgehen, kann man sich der Sanktion des Gewissens niemals entziehen.

In der Erkenntnistheorie meinte Spencer mit Hilfe des Evolutionsgedankens die Diskussion zwischen Rationalisten und Empiristen definitiv entscheiden zu können. Wenn die Vertreter des Rationalismus annahmen, daß es eingeborene Grundsätze gebe, so hatten sie mit Bezug auf das individuelle Denken recht, da es für den Einzelnen tatsächliche Prinzipien gibt, die nicht von seiner Erfahrung abhängen. Aber auch die Vertreter des Empirismus sind im Recht, wenn sie annehmen, daß alle Begriffe und Grundsätze auf Erfahrung beruhen; dabei ist allerdings nicht an die Erfahrung eines einzelnen Individuums zu denken, sondern an Erfahrungen zahlreicher Generationen, die im Verlauf der Zeit erblich werden. Eine echte Synthese liegt hier jedoch nicht vor, da ein Apriori, das als Produkt der Evolution aufgefaßt wird, kein Apriori im Sinne des Rationalismus oder der Transzendentalphilosophie ist. Im Grunde handelt es sich bei Spencers Auffassung, wie bei der Evolutionistischen Erkenntnistheorie im 20. Jahrhundert, nicht um eine philosophische Theorie der Erkenntnis, sondern um Erkenntnisbiologie, d.h. um den Versuch, die Übereinstimmung von

Denk- und Wirklichkeitsstrukturen mit den Mitteln einer Einzelwissenschaft zu erklären.

Spencers synthetische Philosophie entsprach naturwissenschaftlich-positivistischen Überzeugungen des ausgehenden 19. und des beginnenden 20. Jahrhunderts, denen zufolge alles, was wir über die alltägliche Erfahrung hinaus von der Wirklichkeit wissen, den Einzelwissenschaften zu verdanken ist. Der Philosophie bleibt nach dieser Auffassung nur die Aufgabe, die Ergebnisse der einzelnen Wissenschaften zu einem einheitlichen Weltbild zu verbinden. Spencer kam aber auch der religiösen Tradition entgegen, wenn er am Gedanken eines Absoluten festhielt, allerdings mit der Einschränkung, daß es sich um etwas schlechthin Unerkennbares handle.

Von Spencer war der bedeutendste Vertreter des Positivismus in Italien, Roberto Ardigò (1828–1920), beeinflußt, der aber die Annahme eines «Unerkennbaren» zurückwies und einen konsequenten Phänomenenalismus vertrat.

3. Die spiritualistische Gegenbewegung

Auch nach dem Zusammenbruch des spekulativen, namentlich des Hegelianischen Idealismus beherrschten naturalistische bzw. materialistische Auffassungen keineswegs ausschließlich das Feld, sondern es gab nach wie vor spiritualistische Positionen, deren Vertreter an den herkömmlichen Vorstellungen einer geistigen Seele und eines persönlichen Gottes festhielten. Da sie sich nicht auf Hegel oder Schelling stützen wollten, griffen sie auf Gedanken der klassischen griechischen Philosophie, der Scholastik oder des neuzeitlichen Rationalismus zurück. Ihre Philosophie wirkt daher konservativ und eklektisch. Das gilt z. B. für Immanuel Hermann Fichte (1796–1879), den Sohn Johann Gottlieb Fichtes, der zu seiner Zeit berühmt und einflußreich war, heute aber nur noch den Fachleuten bekannt ist.[25] Mit Descartes hielt Fichte der Jüngere die Existenz des denkenden Ich für unbezweifelbar und meinte, daß mit dem Ich auch die Existenz von Gegenständen anerkannt sei, da wir nicht denken können, ohne Gegenstände zu denken. Das endliche Ich wird als etwas Bedingtes erfahren, und dies wäre nicht möglich, wenn wir nicht immer schon vom Unbedingten, d. h. von Gott, wüßten. Gott ist der Grund der Wesenheiten, weshalb es möglich ist, von den Wesenswahrheiten auf Gott als deren letztes Prinzip zurückzuschließen. Auf Grund dieser Ansicht konnte Fichte sagen: «All unser denkendes Erkennen, in Spekulation wie in Empirie, ist durchaus nur ein nachdenkendes Wiederbewußtsein jenes ursprünglichen, den Dingen eingepflanzten Begriffes, und nur dadurch werden sie uns erkennbar, durchdringlich unserem Denken, weil sie *urgedachte* sind vom göttlichen Geiste.»[26] Wenn aber alle Erkenntnis im Grunde Gotteserkenntnis ist, dann läßt sich die Philosophie nicht scharf von der Theologie abgrenzen.

Gegen den Materialismus machte Fichte geltend, daß Versuche, das Bewußtsein auf Vorgänge im Nervensystem zurückzuführen, darauf hinauslaufen, etwas, das uns unmittelbar bekannt ist, nämlich das Bewußtsein, aus etwas – nämlich der Materie – abzuleiten, das nur angenommen wird. «Materie» ist ein Begriff, der im Denken erzeugt wird und daher nichts vom Denken Unabhängiges bezeichnen kann.

Wie Fichte glaubte Christian Hermann Weiße (1801–1866) an die Konvergenz von Philosophie und spekulativer Theologie.[27] Ursprünglich von Hegel beeinflußt, bekannte er sich später gegen Hegel zum Theismus, d. h. zum Glauben an Gott als persönliches jenseitiges Wesen in der Einheit dreier göttlicher Personen. Weißes Denken mündete schließlich in Theologie bzw. in Mystik.

Ein Schüler Weißes war Rudolph Hermann Lotze (1817–1881). In dem dreibändigen Werk «Mikrokosmos» (Leipzig 1856–1864) entwickelte er nicht nur ein philosophisches System, sondern eine philosophische Weltanschauung, die den Bedürfnissen des Verstandes ebenso Rechnung tragen sollte wie dem Gefühl und daher neben rein theoretischen auch ästhetische, sittliche und religiöse Motive berücksichtigt. Neben dem Erkennen spielen in der Philosophie, wie Lotze sie verstand, auch Ahnung und Glaube eine wesentliche Rolle. Die Wirklichkeit selbst ist ein strukturiertes Ganzes, und seine Strukturprinzipien sind Wahrheiten, die nicht in der Weise realer Dinge *sind*, sondern *gelten*.[28] Sie bilden kein selbständiges Reich idealer Entitäten, wie mit ähnlicher Intention Bolzano und Frege lehrten, sondern sie sind, als Weisen des göttlichen Wirkens, von Gott als persönlichem Wesen abhängig. Im Rahmen dieser Weltsicht stellt sich die mechanistische Betrachtungsweise als einseitig dar; sie ist durch eine ideale Auffassung zu ergänzen, nach der die Dinge einem Zweckzusammenhang angehören.

Wenn man mit Lotze metaphysische Aussagen über die Wirklichkeit selbst für möglich hält und z. B. erklärt, daß alle Dinge Teile einer unendlichen Substanz seien,[29] muß man annehmen, daß es einen Zugang zu den Dingen an sich gibt. Da unter Lotzes Voraussetzungen eine Erkenntnis der Wirklichkeit an sich ausgeschlossen ist, muß angenommen werden, daß der Geist das An-sich in einer vom Erkennen verschiedenen Weise erfaßt. Tatsächlich sprach Lotze von «Erleben».[30] Worin dieses *Erleben* besteht, wird allerdings nicht klar.

Als Psychologe trat Lotze naturalistischen Auffassungen entgegen. Anders als Lange, der sich zu einer «Psychologie ohne Seele» bekannte,[31] hielt er in seiner «Medizinischen Psychologie» (1852) an der Annahme einer immateriellen Seele fest, ordnete aber die psychischen Phänomene physiologischen Vorgängen zu, um sie von diesen her bestimmen zu können. In dieser Hinsicht folgte er Gustav Theodor Fechner (1801–1887), dessen Vorlesungen er gehört hatte.

Fechner schwebte eine wissenschaftliche Psychologie – eine Psychophysik – vor, deren Grundgesetz er im Anschluß an Untersuchungen von

Ernst Heinrich Weber (1795–1878) – daher Weber-Fechnersches Gesetz – formulierte. Weber hatte experimentell festgestellt, daß ein neuer Eindruck von einem gegebenen quantitativ nur dann unterschieden wird, wenn die Zu- oder Abnahme einen bestimmten Schwellenwert erreicht. Je stärker ein Eindruck ist, desto größer muß daher der absolute Schwellenwert sein, bei dem ein Unterschied merklich wird. Fechner fand dafür die Formulierung, daß die Intensität der Empfindung dem Logarithmus der Stärke des Reizes proportional ist. Die Bedeutung dieses Gesetzes liegt darin, daß es die Möglichkeit eröffnet, Empfindungen, die direkt nicht gemessen werden können, durch Zuordnung zu meßbaren Reizen mittelbar der Messung zugänglich zu machen. Sobald aber psychische Inhalte quantitativ ausdrückbar werden, nähert sich die Psychologie der Physik an, sie wird – dem Anspruch nach – zur Psychophysik. Fechners «Elemente der Psychophysik» (1860) sind ein Meilenstein auf dem Weg der experimentellen Psychologie.[32]

Später wandte sich Fechner einer mystischen Auffassung zu, die sich ihm, wie er berichtete, im Leipziger Rosental erschloß, also an jenem Ort, an dem sich Leibniz von der scholastischen Annahme substantieller Formen ab- und der mechanistischen Betrachtungsweise zuwandte. Wenn Fechners Konversion wirklich an dieser Stelle erfolgte, dann bestand sie darin, den vom jungen Leibniz vollzogenen Schritt rückgängig zu machen. Die wissenschaftliche Sicht, nach der die Realität selbst keine Qualitäten – keine Farben, Töne, Gerüche usw. – hat, stellt sich Fechner als «Nachtansicht» dar; ihr steht die «Tagesansicht» gegenüber, die eine ganzheitliche Wirklichkeit qualitativ bestimmter, im Grunde geistiger, auf Gott bezogener Seiender zeigt. Zu dieser letzteren Sicht bekannte sich Fechner.[33] Es gibt ihr zufolge keine geistlose, tote Materie, sondern in allen Dingen äußert sich Gott. Nichts geht endgültig zugrunde, auch nicht der Mensch. Das geistige Wesen des Menschen überdauert den physischen Tod, der Beginn eines höheren Lebens ist.

In Frankreich vertrat François-Pierre Gonthier Maine de Biran (1766–1824) eine spiritualistische Philosophie. Im Gegensatz zu Condillac und seinen Nachfolgern erblickte er im Ich nicht ein primär rezeptives Vermögen, sondern (wie schon Leibniz) eine spontan wirkende Kraft (*effort*). Erst in Verbindung mit der Spontaneität des Ich führen Sinneseindrücke zu bewußten Erlebnissen. Da wir vom Ich nicht auf Grund von Sinneseindrücken wissen, läßt sich der Begriff des Ich nicht sensualistisch deuten, und ähnlich verhält es sich mit den Begriffen der Existenz, der Kraft, der Verursachung, die wir auf Grund der Reflexion auf unsere geistige Spontaneität bilden. Da diese Begriffe vorausgesetzt werden müssen, wenn die Erfahrung begriffen werden soll, können sie selber nicht auf Erfahrung beruhen: Der Sensualismus erweist sich als ungenügend.

Um den spontanen Charakter des Geistes zu erfassen, muß man hinter die Gewohnheiten zurückgehen, die sich im Verlauf des Lebens gebildet haben und die als Automatismen erscheinen lassen, was eigentlich Wirkung bewußter Tätigkeiten ist. Das gewohnheitsmäßig reagierende Individuum scheint ausschließlich von äußeren Reizen abhängig zu sein. Wenn die Vertreter des Sensualismus das Denken aus äußeren Einwirkungen erklären zu können meinten – Condillacs Vergleich der Person mit einer zum Leben erweckten Statue (siehe Teil IV, Kap. II, 3 e) illustriert diese Auffassung –, dann hatten sie den auf Grund von Gewohnheit quasi-mechanisch reagierenden Menschen vor Augen. In der Reflexion kann aber der Panzer der Gewohnheiten aufgebrochen und die auch der Gewohnheitsbildung zugrunde liegende Spontaneität wieder bewußtgemacht werden. Mit ähnlicher Intention sollten später Félix Ravaisson-Mollien (1813–1900), vor allem in seiner Abhandlung «Über die Gewohnheit» («De l'habitude», 1838), und Henri Bergson (siehe Teil VI, Kap. IV, 3) versuchen, hinter der mechanistisch gedeuteten Erfahrungswirklichkeit die meist verdeckten lebendigen Impulse sichtbar zu machen.

Maine de Biran nahm an, daß wir das Ich und seine aktiven Vermögen unmittelbar erkennen, so daß es sich ihm als eine Art Gegenstand darstellt, wenn auch nicht als Gegenstand der sinnlichen Wahrnehmung, sondern der Reflexion. Damit trat er in Gegensatz sowohl zu allen Formen des Idealismus wie zum Positivismus. Von der älteren Metaphysik unterschied er sich allerdings dadurch, daß er nicht beanspruchte, die Existenz Gottes und der Außenwelt beweisen zu können; sie können nur geglaubt werden. So glauben wir an die Existenz äußerer Dinge auf Grund der Erfahrung des Widerstands, auf den die Spontaneität des Wollens (der *effort*) stößt. In seiner Spätphilosophie begnügte sich Maine de Biran nicht mehr mit der Hervorhebung der Selbständigkeit des spontanen individuellen Ich, sondern er bezog das Selbstbewußtsein auf eine überindividuelle geistige Wirklichkeit und letztlich auf deren Grund, nämlich Gott. An dieser Wirklichkeit hat der Mensch Anteil; indem er sich bewußt mit ihr identifiziert, streift er die Bindungen an sein individuelles Dasein ab. Auch bei Maine de Biran nimmt die spiritualistische Philosophie somit religiöse Züge an.

Großen Einfluß auf die akademische Philosophie in Frankreich erlangte der Spiritualismus durch Victor Cousin (1792–1867), der nicht nur als Autor und Lehrer, sondern auch als Unterrichtsminister das geistige Milieu der Zeit prägte. Außer an Maine de Biran und anderen Vertretern des französischen Spiritualismus orientierte er sich an Schelling und Hegel, deren Gedanken er in Frankreich bekanntmachte. Für sich beanspruchte er keine Originalität, sondern schlug bewußt die Richtung des Eklektizismus ein. Von ihm, wie von den anderen der hier erwähnten spiritualistischen Denker, ist zu sagen, daß dem Einfluß, den sie zu ihrer Zeit hatten, keine ähnlich große Nachwirkung entspricht. Immerhin beeinflußten Gedanken Maine de Birans, verbunden mit Auffassungen Schellings, Félix Ravaisson, an den Henri Bergson anknüpfte. Bei den Vertretern des christlichen Personalismus im 20. Jahrhundert (z.B. bei Louis Lavelle oder René Le Senne) fand die spiritualistische Tradition eine Fortsetzung.

Auch in Italien gab es eine spiritualistische Strömung, deren wichtigste Repräsentanten Vincenzo Gioberti (1801–1852) und Antonio Rosmini Serbati (1797–1855) waren. Gioberti versuchte, die Lehre von der Schau der Wahrheiten in Gott mit der christlichen Schöpfungslehre zu verbinden, an die er sich als katholischer Priester gebunden fühlte. Dennoch sah er sich mit dem Vorwurf des Pantheismus konfrontiert. Für das Risorgimento wurde er durch eine Schrift bedeutsam, in der er für Italien die Führung im moralischen und politischen Bereich beanspruchte.[34] Rosmini, wie Gioberti katholischer Geistlicher, suchte an Kant anzuknüpfen, indem er, wie dieser, ein Apriori annahm, das jedoch nicht von der Art der Kantischen Kategorien sein sollte, nämlich die Idee des Seins. Diese Idee ist die allgemeinste, unseren Existentialsätzen zugrunde liegende Form; im Unterschied zu den Kantischen Kategorien soll sie aber keine Form des subjektiven Denkens, sondern eine objektive, von Gott stammende Form sein.[35] Wie bei Gioberti ist auch bei Rosmini die Philosophie nicht scharf gegenüber theologischen Spekulationen abgegrenzt.

4. Spiritualistische Kritik am Idealismus

a) Bernard Bolzano

Vom Standpunkt eines christlichen Platonismus bzw. Leibnizianismus aus setzte sich Bernhard Bolzano (1781–1848) einerseits mit dem Kantianismus und dem nachkantischen Idealismus, andererseits mit Materialismus und Naturalismus auseinander. Er war Priester und Professor für Religionslehre an der Philosophischen Fakultät der Universität seiner Geburtsstadt Prag, wurde aber wegen seiner in den Augen der staatlichen und der kirchlichen Obrigkeit allzu liberalen Auffassungen nach fünfzehnjähriger Lehrtätigkeit seines Amtes enthoben und mit einem zeitweiligen Publikationsverbot belegt. Bolzanos Überzeugung, daß der Glaube durch seine moralischen Konsequenzen, und nicht durch rationale Gründe zu rechtfertigen sei, galt in einer Zeit, als alle an die Aufklärung erinnernden Ansichten verdächtig waren, als anstößig. Dabei war Bolzanos Denken im Grunde durchaus traditionell geprägt; es war einerseits der Tradition der christlich geprägten Metaphysik, andererseits dem Rationalismus eines Leibniz und Herbart verpflichtet. Bei Bolzano fällt, wie bei Trendelenburg und Brentano (siehe Abschn. b u. c), auf, daß sie nicht neue Wege bahnen, sondern in der durch die ältere Metaphysik gewiesenen Richtung weitergehen wollten.

Bolzanos Bedeutung beruht nicht auf seiner monadologischen Metaphysik oder auf seiner Religionsphilosophie, sondern auf seinen wissenschaftsphilosophischen, logischen und mathematischen Untersuchungen.[36] In seiner «Wissenschaftslehre» (1837), die teils Logik, teils Erkenntnistheorie und teils Ontologie ist, vertrat er die Auffassung, daß von «Erkenntnis» nur unter der Voraussetzung gesprochen werden könne, daß es etwas gebe, das erkannt wird, nämlich Wahrheiten als selbständige Entitäten, als «Wahrheiten an sich». Sie müssen angenommen werden, weil die Wahrheit nicht auf ihren gedanklichen oder sprachlichen Ausdruck beschränkt werden kann, wie schon Leibniz betont hatte. Mit allen platonistisch eingestellten Philosophen war Bolzano überzeugt, daß Wahrheiten nicht vom Subjekt geschaffen, sondern gefunden werden.

Neben den wahren Sätzen an sich gibt es nach Bolzano auch falsche Sätze an sich. Sätze, ob wahr oder falsch, bestehen aus Vorstellungen an sich, die sich letzten Endes auf einfache Vorstellungen an sich zurückführen lassen, die den Inhalt (oder «Stoff») der Vorstellungsakte bilden.[37] Sie können in Bolzanos Terminologie nicht als *wirklich* bezeichnet werden,[38] da dieser Ausdruck für Gegenstände reserviert ist, die raum-zeitlich bestimmt sind und in Kausalzusammenhängen stehen, was bei idealen Entitäten nicht der Fall sein kann. Diese haben somit ein Sein, aber kein Dasein.

Während Vorstellungen an sich keinen Gegenstand zu haben brauchen, muß sich das Subjekt eines wahren Satzes an sich auf einen Gegenstand beziehen. Der Gegenstandsbezug einer Vorstellung wird durch die Existenzbehauptung (z.B. «Gott existiert» bzw. «Gott hat Dasein») ausgedrückt. «Dasein» (oder «Wirklichkeit») ist also als eine Beschaffenheit anzusehen[39] – allerdings nicht als Beschaffenheit eines Dings, sondern einer Vorstellung: «Gott existiert» bedeutet, daß es etwas gibt, das der Vorstellung «Gott» entspricht. Das ähnelt auffallend der Auffassung, die Kant in der Abhandlung über den «Einzig möglichen Beweisgrund zu einer Demonstration des Daseins Gottes» (siehe Teil V, Kap. I, 2) vertreten hat, so wie die Annahme von Wahrheiten und Vorstellungen an sich mit Leibnizens (und Kants) Lehre von den objektiv bestehenden «Möglichkeiten» übereinstimmt. Freges (siehe Teil VII, Kap. IV, 1) und Poppers (siehe ebda., Kap. V, 4c) Annahme eines «dritten Reichs» bzw. einer «Welt 3» sind derselben, letzten Endes platonistischen Tradition verpflichtet.

Mit der Annahme eines Reichs idealer Gegenstände trat Bolzano dem Naturalismus, der nur empirisch erkennbare Dinge anerkennt, entgegen. Gegen den Psychologismus betonte er, daß es Logik und Mathematik nicht mit Denkvorgängen, sondern mit Inhalten zu tun hätten, auf die sich diese Vorgänge beziehen, weshalb psychologische Erörterungen in der Logik keine Rolle spielen. Auch die kritizistische Einschränkung der Erkenntnis auf den Bereich der Phänomene wies er zurück, da er das Erkennen als Erfassen an sich seiender Wahrheiten betrachtete. In der Behauptung, daß die Dinge an sich unerkennbar seien, sah er den Ausdruck eines Skeptizismus, «der uns gerade dort zweifeln macht, wo es am nötigsten für uns wäre, nicht zu zweifeln».[40] Das gilt insbesondere für die Erkenntnis Gottes, der Seele und ihrer Unsterblichkeit. In der Einstellung zu Problemen der herkömmlichen speziellen Metaphysik zeigt sich deutlich der konservative Charakter von Bolzanos Denken. Er hielt an der Annahme fest, daß es Substanzen als Träger von Eigenschaften gebe, und schloß aus dem Vorhandensein zusammengesetzter Seiender auf die Existenz einfacher, unzerstörbarer Substanzen von der Art der Leibnizschen Monaden oder der Herbartschen «Realen». Da er die menschliche Seele als eine solche Substanz auffaßte, konnte er sie als unsterblich betrachten.

Während Bolzanos Metaphysik später kaum mehr beachtet wurde, beeinflußte seine Wissenschaftslehre manche Vertreter einer an der formalen Logik orientierten Philosophie, zum Beispiel Husserl, dessen Kritik des Psychologismus in der Grundintention mit Bolzanos Wissenschaftslehre übereinstimmt.

b) Trendelenburg

Adolf Trendelenburg (1802–1872), der als Professor in Berlin dem zunächst noch einflußreichen Hegelianismus entgegentrat, knüpfte, wie Bolzano, an ältere metaphysische Auffassungen an, um einerseits Positivismus und Materialismus, andererseits Transzendentalphilosophie und idealistische Dialektik zu kritisieren. Dabei stützte er sich im Unterschied zu Bolzano nicht auf die platonistische, sondern auf die aristotelische Tradition. Außer durch historische Arbeiten zu Aristoteles und einem Werk über «Naturrecht auf dem Grund der Ethik» (Berlin 1860) wirkte er durch seine «Logischen Untersuchungen», die in der Diskussion über die idealistische Dialektik eine Rolle spielten.[41] In den Jahrzehnten nach Hegels Tod verstärkte er durch seine Schriften und seine Lehre die anti-idealistische Richtung, wie unter anderem das Beispiel Franz Brentanos (siehe Abschn. c) zeigt.

Trendelenburg war von der «organischen Ansicht» der Wirklichkeit beeindruckt, die er bei Aristoteles fand. Die Gesamtwirklichkeit ist – wie ein einzelner Organismus, in dem alle Teile zweckmäßig aufeinander bezogen sind und zusammenwirken – ein zweckmäßiges, von Gott abhängiges Ganzes.[42] Den Ursprung der zweckmäßigen Ordnung der Wirklichkeit wie der Übereinstimmung von Denken und Sein (bzw. der Denkbewegung und der realen Bewegung) erblickte er in Gott, so daß die Möglichkeit objektiv gültiger Erkenntnis in Gott fundiert erscheint.

Hegels Versuch, aus dem Gedanken des reinen Seins die Fülle der Bestimmungen der Wirklichkeit hervorgehen zu lassen (siehe Teil V, Kap. VI, 4), hielt Trendelenburg für verfehlt. Begriffe können nicht als konkretes Allgemeines gelten, sondern sie werden, ausgehend von der Wahrnehmung anschaulicher Gegenstände, durch Abstraktion gebildet, und das, was Hegel die dialektische Bewegung des Gedankens nannte, besteht darin, daß Bestimmungen, von denen zunächst abgesehen wurde, nach und nach wieder berücksichtigt werden.[43] So ist der Begriff «Sein», mit dem die Hegelsche Logik beginnt, Ergebnis einer Abstraktion, und der Übergang zu «Werden», «Dasein», «Quantität», «Qualität» usw. kommt dadurch zustande, daß die

Abstraktion sukzessive rückgängig gemacht wird. Bei der Dialektik handelt es sich daher, wie Trendelenburg meinte, nur um eine subjektive Denkbewegung, nicht um die Entfaltung von Formen der Wirklichkeit selbst, und die Erkenntnis hat es nicht mit der Selbstbewegung des Begriffs, sondern mit den Schöpfergedanken Gottes zu tun, die im menschlichen Geist nachvollzogen werden: «Wenn das göttliche Denken schafft, so verhält sich das menschliche nur nachschaffend. Als nachschaffend setzt es das Sein voraus und die Wahrnehmung desselben; und es bleibt leer und unfruchtbar, wenn es nicht von der Anschauung empfängt.»[44]

c) Franz Brentano

Franz Brentano, geboren 1838 in Marienberg bei Boppard, war ein Neffe des Romantikers Clemens v. Brentano und ein Bruder Lujo Brentanos, der zu den sogenannten Kathedersozialisten – Wirtschaftstheoretikern an Universitäten, die sich für soziale Reformen einsetzten – gehörte. Brentano studierte Theologie und wurde Priester. Von Trendelenburg wurde er in die Aristotelische Philosophie eingeführt. Er lehrte zunächst in Würzburg, seit 1874 in Wien Philosophie. Um heiraten zu können, trat er aus der katholischen Kirche aus und verzichtete auf die österreichische Staatsangehörigkeit, worauf er seinen Lehrstuhl verlor. Er verließ Österreich und gab seiner Verbitterung in mehreren Zeitungsartikeln Ausdruck, in denen er die Lage der Philosophie in Österreich vor seiner Berufung nach Wien und seinen Einsatz zugunsten einer Belebung des philosophischen Denkens darstellte.[45] Der Dank, auf den er Anspruch zu haben glaubte, blieb aus. Tatsächlich gab er der Philosophie in seiner Wahlheimat wichtige Impulse. Nachdem er 1895 seine Lehrtätigkeit eingestellt hatte, lebte er in Italien; nach der Kriegserklärung Italiens an Österreich übersiedelte er nach Zürich, wo er 1917 starb.[46]

Brentano gründete eine Schule, die das philosophische Denken in Österreich in den ersten Jahrzehnten des 20. Jahrhunderts stark beeinflußte.[47] Für die weitere Entwicklung der Philosophie waren jedoch weniger seine engeren Schüler, wie Anton Marty (1847–1914), Oskar Kraus (1872–1942) oder Alexius von Meinong (siehe unten)[48] von Bedeutung, sondern vor allem ein Denker, der zwar von Brentano angeregt war, sich ihm gegenüber aber rasch verselbständigte, nämlich Edmund Husserl, der Begründer der Phänomenologie (siehe Teil VII, Kap. II, 1).

Wie Trendelenburg stützte sich Brentano auf gründliche Kenntnisse der Aristotelischen Philosophie;[49] er war mit der scholastischen Tradition vertraut, folgte aber in wichtigen Punkten Descartes, Locke und anderen Vertretern der vorkantischen Philosophie, während er die von Kant und den nachkantischen Idealisten eingeschlagene Richtung strikt ablehnte. Obwohl er in methodologischer und inhaltlicher Hinsicht dem Ideal der wissenschaftlichen Philosophie verpflichtet war, stand er dem Positivismus fern.

Die Philosophie soll sich seiner Ansicht nach am Vorgehen der Naturwissenschaften orientieren und auf einzelwissenschaftliche, namentlich psychologische, Erkenntnisse stützen. Gegen Positivismus und Naturalismus machten ihn sein Glaube an Gott, an die Weltschöpfung und an die Unsterblichkeit der Seele immun. Auch als Moralphilosoph wich er von der Linie der naturalistischen Ethik ab.[50] Die Geschichte der Philosophie rekonstruierte er im Rahmen eines Modells von Aufstieg und Niedergang innerhalb des antiken, mittelalterlichen und neuzeitlichen Denkens (siehe unten ausführlich).[51]

Nach Brentano hat es die Philosophie mit Vorstellungen, Urteilen und Schlüssen zu tun, also mit psychischen Akten, die Gegenstand der Psychologie sind, weshalb diese Wissenschaft, wie er überzeugt war, die Grundlage der Philosophie bilden muß. Dabei dachte er jedoch nicht an die genetischerklärende, sondern an die deskriptive Psychologie, die sich darauf beschränkt, Bewußtseinsphänomene zu beschreiben und zu klassifizieren, wie es in Brentanos Hauptwerk, der «Psychologie vom empirischen Standpunkt», geschieht.[52] Brentanos zentraler Gedanke betrifft den intentionalen Charakter der psychischen Akte, d. h. deren Beziehung auf (bewußtseinsimmanente) Gegenstände. Wir können nicht vorstellen, wahrnehmen, urteilen usw., ohne *etwas* vorzustellen, *etwas* wahrzunehmen, über *etwas* zu urteilen usw., das heißt, die Akte sind auf einen intentionalen Gegenstand gerichtet.

Die Lehre von der Intentionalität psychischer Akte ist allerdings nicht so unbestreitbar, wie Brentano meinte, und sie ist auch nicht frei von Schwierigkeiten. So läßt die Frage, was dieses *Etwas* sei, auf das sich die Akte richten sollen, nicht nur eine einzige Antwort zu, und Brentano selbst hat sie zu verschiedenen Zeiten unterschiedlich beantwortet. Anfänglich faßte er den intentionalen Gegenstand als gegenständlichen Inhalt des Bewußtseins, als bewußtseinsimmanentes Seiendes, auf[53] und sprach von dessen «mentaler (oder intentionaler) Inexistenz» (von «inexsistens» = «darin seiend», hier: im Bewußtsein bzw. im Akt seiend). Später distanzierte sich Brentano von dieser Auffassung und ließ nur die Akte, genauer: das Subjekt, das Akte vollzieht, als real gelten. (Wenn man sich z. B. Pegasus vorstellt, dann gibt es nach Brentanos späterer Auffassung nicht einen gedachten Pegasus im Bewußtsein, sondern es gibt den Akt des Pegasus-Vorstellens, richtiger: es gibt jemanden, der einen solchen Akt vollzieht.) Hinter dieser Ansicht steht die Annahme, daß nur Konkretes, nicht aber Allgemeines, wirklich sein kann. Sofern Vorstellungen oder Urteile Allgemeines betreffen, kann das, was vorgestellt bzw. beurteilt wird, nichts Wirkliches sein. Allgemeine Gegenstände bzw. Sachverhalte sind Fiktionen.

Brentano vermied durch die Ablehnung des «entitätenfingierenden Denkens» zwar die Probleme, die mit der Annahme abstrakter Gegenstände verbunden sind, sah sich dafür aber mit anderen Schwierigkeiten konfrontiert. Da er nach wie vor an der Annahme festhielt, daß Akte intentional seien, das, worauf sich die Akte richten sollen, aber nicht als real betrachtete, sah er sich gezwungen, die Intentionalität als Beziehung zu bestimmen, bei der es nur ein Beziehungsglied – nämlich das Subjekt – gibt; sie ist eine Beziehung, die sich auf nichts bezieht, somit ein Unding.

Brentanos Psychologie der Bewußtseinsakte hat die Konsequenz, daß die Annahme einer Außenwelt nicht bewiesen werden kann; sie läßt sich nur wahrscheinlich machen. Deshalb kann der Gedanke, daß nur das bewußte Ich existiert und die vorgestellten, wahrgenommenen, beurteilten, gefühlten und erstrebten Dinge kein von den entsprechenden Akten unabhängiges Dasein haben, nicht als absurd gelten. Urteile der äußeren Wahrnehmung sind, wie Brentano betonte, niemals einsichtig.

Im Rahmen der beschreibenden Psychologie entwickelte Brentano auch seine Auffassung der Wahrheit. Da er die herkömmliche Ansicht, der zufolge Urteile wahr sind, wenn sie mit dem Beurteilten Gegenstand übereinstimmen, als unhaltbar ansah,[54] bezeichnete er Urteile als wahr, wenn sie evident oder aus evidenten Urteilen abgleitet sind.[55] Was «Evidenz» bedeutet, läßt sich nicht in Form einer Definition angeben, da dieser Ausdruck eine vollkommen einfache Erlebnisqualität bezeichnet, die sich als solche nicht auf einfachere Bestimmungen zurückführen läßt. Man kann nur versuchen, anhand von Beispielen klarzumachen, was gemeint ist. (Man kann etwa jemand auffordern, sich das Urteil «1 + 1 = 2» zu vergegenwärtigen und den Versuch zu unternehmen, an seiner Wahrheit zu zweifeln. Wenn er erklärt, daß das vollkommen ausgeschlossen sei, hat er das erlebt, was mit «Evidenz» gemeint ist.)

Evidente Urteile gibt es nach Brentano nur im Bereich der inneren Wahrnehmung und bei einfachen Urteilen über die Beziehungen zwischen Begriffen. Im ersteren Falle ist das Vorliegen einer Tatsache evident (Brentano sprach von assertorischer Evidenz), im zweiten Falle wird geurteilt, daß Begriffe nicht anders als in bestimmter Weise verbunden werden können. Diese Auffassung läßt sich durch ein einfaches Beispiel illustrieren: Im Urteil «Die Winkelsumme des Dreiecks ist 180°» wird behauptet, daß sich die Begriffe «Dreieck» und «Winkelsumme ungleich 180°» nicht verbinden lassen, und die Unmöglichkeit ihrer Verbindung gilt als evident. Es scheint daher nicht nötig zu sein, eine Einsicht in das «Wesen» des Dreiecks anzunehmen, sondern man braucht nur die fraglichen Begriffe zu vergleichen und festzustellen, ob sie vereinbar sind oder nicht. Hier liegt jedoch der Einwand nahe, daß die behauptete Unvereinbarkeit möglicherweise von zufälligen Faktoren abhängt: Vielleicht kann nur ich die genannten Begriffe nicht miteinander vereinbaren, während es andere Menschen können, und vielleicht bin ich dazu auch nur im Augenblick außerstande und denke zu einem späteren Zeitpunkt anders. Will man sagen, daß die Unvereinbarkeit notwendig und allgemein besteht, dann kann man nicht umhin, allgemeine Sachverhalte als Gegenstände der Einsicht anzunehmen. Das haben Brentano-Schüler, wie Meinong (s. u.) und Husserl (siehe Teil VII, Kap. II, 1), gesehen und eine vom Lösungsvorschlag Brentanos abweichende Auffassung vertreten.

Die Berufung auf Evidenz ist aber auch aus einem anderen Grund problematisch. Wer sich auf den Standpunkt der Evidenz-Lehre stellt, muß angeben können, wie sich zwischen echter und scheinbarer Evidenz unterscheiden läßt. Erfahrungsgemäß wird vieles als evident behauptet, was sich später doch als falsch herausstellt. in welchem Falle man zu sagen pflegt, daß es sich um Scheinevidenz gehandelt habe. Wenn die Unterscheidung zwischen echter und scheinbarer Evidenz zuverlässig sein soll, muß man sie als evident auffassen, und dann erhebt sich wiederum die Frage, ob es sich nicht bloß um Scheinevidenz handle. Das Problem läßt sich nicht abschließend lösen, weil es kein objektives Kriterium der Evidenz gibt.[56]

So wie Brentano in der Erkenntnislehre «wahr» mit Hilfe von «evident» definierte, so bezog er in der Ethik «gut» auf die Richtigkeit emotionaler Akte: «Gut» heißt nach Brentano, was richtig geliebt, «schlecht», was richtig gehaßt wird (wobei «lieben» und «hassen» in dem sehr weiten Sinn von «emotional bejahen» bzw. «ablehnen» verwendet werden).[57] Daß manche emotionalen Akte «als richtig charakterisiert» sind,[58] hielt Brentano für unbestreitbar. Woran aber die richtige Liebe zu erkennen ist, bleibt offen; sie gibt sich nach Brentano unmittelbar als richtig zu erkennen. Das erinnert an Spinoza, der die Wahrheit als Norm ihrer selbst und des Falschen bezeichnete.

Wenn jemand behauptet, eine Wertung evident als richtig zu erfassen, dann ist es abwegig, mit ihm diskutieren zu wollen, da er jedem anders Wertenden die Richtigkeit seiner Wertung absprechen wird. Die Berufung auf «Evidenz» kann daher zu einem Dogmatismus in praktischen Angelegenheiten führen, der letzten Endes nichts anderes als absolut gesetzter Subjektivismus ist. Allerdings hat Brentano Evidenz nur für so allgemeine Prinzipien in Anspruch genommen, daß inhaltliche Wertungsprobleme gar nicht berührt werden, zum Beispiel für den Satz, daß ein Gut, das ein anderes als Teil enthält, vor diesem letzteren den Vorzug verdient.[59] Schon einer so weitgehend akzeptierten moralischen Norm wie dem Inzestverbot sprach er die Evidenz ab. Dennoch verbleibt er nicht im Bereich des rein Formalen, wenn er die Lust-Moral zurückweist und die höhere Befriedigung betont, die der geistigen Betätigung entspringt, oder wenn er fordert, alle positiven Anlagen des Menschen in harmonischer Weise zu entfalten. Letztlich ging es ihm darum, eine Ethik zu begründen, die unabhängig von metaphysischen Voraussetzungen ist. Tatsächlich aber hat die Annahme einer Evidenz, die Wahrheit des Urteils und Richtigkeit des Wertens verbürgen soll, metaphysischen Charakter.

Als Philosophiehistoriker vertrat Brentano die Ansicht, daß in der Geschichte des Denkens auf Phasen des Aufstiegs Phasen des Niedergangs folgen. Die aufsteigenden Phasen sind dadurch charakterisiert, daß das

Denken der Forderung der Wissenschaftlichkeit entspricht, d. h. daß theoretische Interessen im Vordergrund stehen und Probleme mit Hilfe einer naturgemäßen Methode zu lösen gesucht werden; wird diese Einstellung aufgegeben, dann setzt der Abstieg ein, wobei zunächst das theoretische Interesse geschwächt wird, so daß praktische Motive maßgeblich werden können, später eine skeptische Reaktion erfolgt und sich schließlich eine mystische Denkweise durchsetzt. Mit dem Schritt zum Mystizismus löst sich die Philosophie auf; sie wird erst wiederbelebt, wenn zum genuin philosophischen Denken zurückgegangen und eine neue Entwicklungsreihe eröffnet wird.

Diese vier Phasen wurden bisher dreimal durchlaufen: in der Antike, im Mittelalter und in der Neuzeit bis zur ersten Hälfte des 19. Jahrhunderts. Die folgende Übersicht stellt die Abläufe (mit Beschränkung auf das Wichtigste) dar:

	Altertum	Mittelalter	Neuzeit
1. Phase	Vorsokratiker, Plato, Aristoteles	Thomas v. Aquin Descartes	Bacon, Locke,
2. Phase	Hellenismus	Skotistische Philosophie	Aufklärung
3. Phase	Pyrrhoneer, Neuere Akademie	Nominalisten	Hume
4. Phase	Neuplatonismus	Mystik von Eckhart bis Nikolaus Cusanus	Kant u. seine Nachfolger

Einwände gegen diese Rekonstruktion lassen sich kaum abweisen, obwohl Brentano betonte, daß er nur den vorherrschenden Charakter des Denkens einer Zeit berücksichtigte und Ausnahmen sowie Überschneidungen der Phasen nicht ausschließen wollte.[60] Bemerkenswert ist die Konsequenz, die er für seine eigene Zeit ziehen zu können meinte: Er glaubte, am Beginn einer neuen aufsteigenden Entwicklung zu stehen.[61] Denkt man an die Anstöße, die ihm einerseits die Phänomenologie, andererseits die sich als wissenschaftlich verstehende neuere Philosophie verdanken, dann könnte es vom Standpunkt dieser Richtungen aus scheinen, als sei er mit seiner Einschätzung nicht völlig im Unrecht gewesen. Hält man sich jedoch vor Augen, daß sein Psychologismus auf scharfe Ablehnung stieß und daß die für sein Denken wesentlichen metaphysischen Ansätze keine Beachtung fanden, dann ist zu bezweifeln, daß die weitere Entwicklung in den wesentlichen Auffassungen der von ihm eingeschlagenen Richtung folgte.

Brentanos Schüler Alexius von Meinong (1853–1920) vertrat besonders konsequent die Lehre von den intentionalen Gegenständen, doch seine Philosophie läßt auch besonders deutlich deren Schwierigkeiten erkennen.[62] An die frühe Form von Brentanos Intentionalitätslehre anknüpfend, ordnete er den psychischen Akten Gegenstände zu, und zwar nicht nur den Vorstellungen, Annahmen und Urteilen, sondern auch den Gefühlen und Begehrungen. Im Unterschied zu den Objekten, auf die sich Vorstellungen beziehen, nannte er die Gegenstände, auf die sich Annahmen und Urteile richten, «Objektive». Die Gegenstände von Gefühlen heißen bei ihm «Dignitative» und die des Begehrens «Desiderative». Gegenstände lassen sich unabhängig von der Frage, ob sie existieren, betrachten, und im daseinsfreien Betrachten ihres Soseins ist es möglich, a priori wahre Urteile zu fällen. Dies gilt auch für Werturteile.

Die Annahme, daß wir nicht denken können, ohne Gegenstände irgendeiner Art zu denken, hat zur Folge, daß auch Gedanken von Unwirklichem (wie dem Pegasus), ja von Unmöglichem (wie «rundes Viereck») Gegenstände zuzuordnen sind. Zum Beispiel scheint im Urteil «Das runde Viereck ist unmöglich» über den Gegenstand «rundes Viereck» geurteilt zu werden. Russell hat darauf hingewiesen, daß sich unter dieser Voraussetzung Widersprüche ergeben, so daß sie unannehmbar ist; er hat auch gezeigt, wie diese Widersprüche entstehen und wie sie sich vermeiden lassen. (Siehe Teil VII, Kap. IV, 2 a) Wenn sich die Annahme von Urteilsgegenständen als hinfällig erweist, dann kann erst recht bezweifelt werden, daß es angebracht ist, Gefühlen und Begehrungen Gegenstände zuzuordnen, zumal ihre Annahme gegen das methodologische Sparsamkeitsprinzip verstößt. Brentano hatte recht, wenn er vor dem entitätenfingierenden Denken warnte.

d) Wilhelm Wundt

Die auf psychologische Grundlagen gestützte Philosophie erreichte mit Wundt (1832–1920), der einer der hervorragenden psychologischen Forscher der Zeit war, einen Höhepunkt. Wundt war Mediziner und hatte sich in Heidelberg für Physiologie habilitiert. 1874 erhielt er eine Professur für induktive Philosophie in Zürich, seit 1875 lehrte er in Leipzig, wo er das erste Institut für experimentelle Psychologie gründete. Neben zahlreichen Arbeiten zu psychologischen Themen veröffentlichte er eine Reihe philosophischer Werke.[63] Bahnbrechend war seine zehnbändige «Völkerpsychologie» (1897ff.)

Die Aufgabe der Philosophie erblickte Wundt in der «Zusammenfassung unserer Einzelerkenntnisse zu einer die Forderungen des Verstandes und die Bedürfnisse des Gemütes befriedigenden Welt- und Lebensanschauung», wie er am Anfang des «Systems der Philosophie» erklärte. Ausgehend von einzelwissenschaftlichen Erkenntnissen soll ein umfassender Zusammenhang des Wissens hergestellt werden. Wenn die Aufgabe der Philosophie darin besteht, einzelwissenschaftliche Erkenntnisse systematisch zu ordnen, dann kann es keine eigenständige philosophische Erkenntnis geben. Ethik, Ästhetik, Rechtsphilosophie usw. sind nicht Teildisziplinen der Philosophie, sondern gehören zur Psychologie.

In der Psychologie vertrat Wundt eine voluntaristische Auffassung. Ausgehend von der Annahme, daß die einzige uns unmittelbar bekannte Aktivität das Wollen sei, bezog er alle Bewußtseinsphänomene auf den Willen. Auch die Vorstellungen sind in seinen Augen Wirkungen von Willenstätigkeiten, so wie das Ich in reiner Tätigkeit aufgeht (Aktualismus) und daher nicht als Substanz aufgefaßt werden darf. Urteile über die Außenwelt sind immer hypothetisch, weil wir das Substrat, auf das wir die Empfindungen beziehen, nicht kennen.

Wundt bekannte sich zum Evolutionismus und vertrat die Auffassung, daß im Verlauf der Entwicklung Ganzheiten entstehen, die neue Eigenschaften haben, so daß von einer Höherentwicklung gesprochen werden kann. So erweist sich die Raum- und Zeit-Anschauung als Produkt einer schöpferischen Synthese, da sie Eigenschaften hat, die sich in den zugrunde liegenden Empfindungen nicht finden. Die Frage, wie sich Psychisches und Physisches in der menschlichen Person zueinander verhalten, beantwortete Wundt im Sinne des Parallelismus, dem zufolge psychische und körperliche Vorgänge einander zugeordnet sind, ohne daß eine Wechselwirkung zwischen ihnen angenommen werden müßte. Die geläufige Zuordnung der Naturwissenschaft zur äußeren und der Psychologie zur inneren Erfahrung lehnte Wundt ab. Die Psychologie ist, wie die Physik, die Chemie oder die Physiologie, eine experimentelle Wissenschaft. Auch die Völkerpsychologie hat empirischen Charakter, da sie sich auf die Beobachtung der Sprache, der Mythen und der Sitten von Völkern stützt.

Die Moral stellt sich im Rahmen der evolutionistischen Betrachtungsweise nicht mehr als zeitlos gültig, sondern als veränderlich dar. Wundt glaubte an den Fortschritt des moralischen Bewußtseins bzw. der geistigen Kultur im allgemeinen und bestimmte ihn als Annäherung an das Ziel möglichst freier Betätigung der geistigen Kräfte in einer die ganze Menschheit umfassenden Gemeinschaft.

Wundt hat vor allem für die Geschichte der Psychologie Bedeutung;[64] dennoch war er auch für das zeitgenössische philosophische Denken wichtig, da er die Verbindung der Philosophie mit der Naturwissenschaft betonte, zugleich aber den materialistischen und positivistischen Tendenzen der Epoche entgegentrat. Damit wurde er für verschiedene Philosophen des ausgehenden 19. und beginnenden 20. Jahrhunderts vorbildlich, die sich um eine Synthese von Philosophie und experimenteller Psychologie bemühten.

5. Der Positivismus um die Jahrhundertwende

Die positivistische Philosophie, zunächst in Frankreich und England entstanden, fand bald auch in anderen Ländern Vertreter. Manche von ihnen,
wie Ernst Mach und Richard Avenarius, konzentrierten sich auf methodologische bzw. wissenschaftstheoretische Untersuchungen und wiesen damit
dem positivistischen Denken eine neue Richtung. Deshalb ist es gerechtfertigt, sie einer eigenen Phase der Entwicklung des Positivismus zuzuordnen:
dem mittleren Positivismus, der vom älteren Positivismus eines Comte,
Mill und anderer zum Neupositivismus der Zeit zwischen den Weltkriegen
überleitet. Richard Avenarius (geb. 1843 in Paris, gest. 1896 in Zürich, wo
er eine Professur für induktive Philosophie innehatte) bezeichnete seine
Philosophie als Empiriokritizismus. Umfassend ist sie in seiner «Kritik der
reinen Erfahrung» (2 Bände, 1888 und 1890) dargestellt. Ernst Mach, der im
vorliegenden Zusammenhang den sogenannten mittleren Positivismus
repräsentieren soll, wurde 1838 in Mähren geboren, lehrte zunächst Mathematik in Graz, später Physik in Prag und wurde schließlich auf den neuge-
schaffenen Lehrstuhl für Philosophie mit besonderer Berücksichtigung der
Geschichte und Theorie der induktiven Wissenschaften an der Universität
Wien berufen. Er fühlte sich stets als Naturwissenschaftler, nicht als Philosophen im herkömmlichen Sinn. Sofern er seine Aufgabe darin sah, Fragen
zu klären, die sich in bezug auf die naturwissenschaftliche Erkenntnis stellen, war er ein Vorläufer der modernen Wissenschaftstheorie, von der er
sich unter anderem dadurch unterscheidet, daß er ohne formalisierte Sprache auskommen mußte. Sein Hauptwerk, «Die Analyse der Empfindungen» (Jena 1900 u.ö.), enthält die für seinen Standpunkt aufschlußreichen
«Antimetaphysischen Vorbemerkungen». Unter dem Titel «Erkenntnis und
Irrtum» (Leipzig 1905) veröffentlichte er eine Sammlung von Einzelunter-
suchungen. Der Wissenschaftsgeschiche sind «Die Mechanik in ihrer
Entwicklung» (Leipzig 1883 u.ö.) und «Die Prinzipien der Wärmelehre»
(Leipzig 1896) gewidmet. Mach starb 1916 in Haar bei München.

Wie wenig Mach Philosoph sein wollte, zeigt seine Äußerung im Vorwort der genannten Aufsatzsammlung: «Es gibt ... keine Machsche Philosophie, sondern höchstens eine naturwissenschaftliche Methodologie und
Erkenntnispsychologie.»[65] Tatsächlich hat Mach aber durchaus philosophische, zum Teil sogar metaphysische Auffassungen vertreten, wie sich zum
Beispiel zeigt, wenn er den Empfindungen, aus denen sowohl das Ich als
auch die Gegenstände aufgebaut sein sollen, ein selbständiges, nicht an ein
Subjekt gebundenes Sein zuschreibt.

Wie Locke und verschiedene andere Empiristen vertrat Mach eine reduk-
tionistische Auffassung, das heißt, er wollte die Erfahrungsinhalte, mit
denen wir es im Alltag oder in der Wissenschaft zu tun haben, auf einfache
Elemente zurückführen, nämlich auf Empfindungen (wie Farben, Tempera-

turen, Drücke usw.). Dinge sind nichts anderes als relativ beständige raum-zeitliche Komplexe von Empfindungen. Die Zusammenfassung der Elemente zu einem Komplex erfolgt aus Gründen der Denkökonomie, wobei offenbar nicht an eine bewußte Ökonomie zu denken ist, sondern an eine instinktive Tendenz zur gedanklichen Sparsamkeit. «Ding» ist mit einem Wort «ein Gedankensymbol für einen Empfindungskomplex von relativer Stabilität».[66]

Der Ausdruck «Empfindung» hat bei Mach eine von der üblichen abweichende Bedeutung: Er bezeichnet nicht Bewußtseinsinhalte, die von Dingen verursacht werden, denn wenn unter «Körper» ein Komplex von Empfindungen zu verstehen ist, dann lassen sich Empfindungen nicht als Wirkungen von Körpern verstehen: «Nicht die Körper erzeugen Empfindungen, sondern Elementenkomplexe (Empfindungskomplexe) bilden den Körper.»[67] Mach zog daher den Ausdruck «Element» dem Ausdruck «Empfindung» vor. Er betonte, daß nicht psychische Inhalte gemeint seien, sondern etwas, das gegenüber dem Unterschied von Physischem und Psychischem neutral ist. Je nachdem, ob die Elemente in Abhängigkeit vom Subjekt betrachtet werden oder nicht, stellen sie sich als psychisch oder als physisch dar. Zum Beispiel wird die Farbe gelb gewöhnlich als Eigenschaft von Dingen angesehen; achtet man jedoch darauf, daß sich die Farbwahrnehmung unter dem Einfluß von Medikamenten oder von Krankheiten ändern kann, bezieht man sie aufs Subjekt und faßt sie als psychischen Inhalt auf. Zwischen Physik und Physiologie besteht somit nur ein Unterschied der Perspektive. Mach nannte diese Auffassung «Monismus» und stellte sie dem Materialismus wie dem Spiritualismus gegenüber. Der Monismus ist dem Materialismus und dem Spiritualismus überlegen, da er deren Schwierigkeiten vermeidet. Der Materialist müßte den physikalischen Körpern Empfindungen zuschreiben, ist dazu aber nicht bereit; der Spiritualist vermag nicht zu erklären, woher die Festigkeit der angeblich vom Geist erschaffenen Körper kommt.

Wenn Dinge nichts anderes sind als Elementenkomplexe, dann muß der «ungeheuerliche» Gedanke eines Dings an sich fallengelassen werden. Er beruht auf einer Illusion: Weil man von einem Elementenkomplex in Gedanken jedes einzelne Element wegnehmen kann, meint man, alle Elemente entfernen zu können und dennoch etwas übrigzubehalten. Ebenso unbrauchbar wie der Begriff des Dings an sich ist nach Mach auch der Substanzbegriff, der auf der irrigen Annahme beruht, beständigere Eigenschaften seien wirklicher als flüchtige. Man meint, was dauerhaft zum Ding gehört, sei der «Träger» der übrigen Eigenschaften, der bleibende Kern des Dings oder seine «Substanz». Gibt es keine Substanzen, dann kann auch das Ich nicht als etwas Substantielles aufgefaßt werden. Was wir mit «Ich» meinen, ist ebenso ein Komplex relativ beharrlicher Elemente wie das, was wir «Ding» nennen. Es gibt (außer in krankhaften Zuständen) einen Komplex von Erinnerungen, Stimmungen, Gefühlen (hier ist

besonders an die sogenannten Gemeingefühle zu denken), der relativ dauerhaft ist bzw. sich nur kontinuierlich ändert, so daß er als etwas in der
Zeit Beharrliches aufgefaßt werden kann; auf diesen Komplex weisen wir
mit dem Ausdruck «ich» hin. Wenn das Ich ein Komplex von Empfindungen ist, dann darf es nicht für etwas gehalten werden, das Empfindungen hat.

Da nach Mach die Frage: Wer empfindet? keinen Sinn hat, kann das Ich
auch nicht als dasjenige gelten, was die Elemente zu Komplexen zusammenfaßt. Wenn Mach erklärte, Komplexe entstünden durch Zusammenfassung von Empfindungen, dann handelt es sich um eine Zusammenfassung
ohne etwas, das zusammenfaßt, bzw. um eine «ideelle denkökonomische
Einheit»[68] ohne Ökonomen. Die Komplexbildung erscheint als zufällig und
unbegreiflich. Auch der Tod muß unter Machs Voraussetzungen in unge-
wöhnlicher Weise aufgefaßt werden: Wenn das Ich nur eine ideelle denkökonomische Einheit ist,[69] dann muß der Tod als Auflösung dieser Einheit
verstanden werden. Das Ich überdauert den Tod nicht, aber es gibt Inhalte
von allgemeiner Bedeutung, die nach dem Tod des einzelnen in überper-
sönlicher Weise in der Wissenschaft, der Kunst, im sozialen Bereich usw.
weiterwirken können. Die Elemente selbst sind unvergänglich: Sie haben
bestanden, bevor sie in den Komplex «Ich» eingetreten sind, und sie bestehen weiter, wenn dieser Komplex sich auflöst. Sie sind, obwohl Mach sie
nicht so nannte, Substanzen im traditionellen Sinne. Die Theorie der Elemente hat, ungeachtet ihres antimetaphysischen Anstrichs, metaphysischen
Charakter.

Das Ökonomieprinzip kommt auch in den wissenschaftlichen Erkenntnisbemühungen zur Geltung. Um Erfahrungen zu ersparen, erzeugt man
gedankliche Nachbildungen von Tatsachen, die leichter zur Hand sind als
die Tatsachen, die sie vertreten.[70] Zum Beispiel macht die Kenntnis des Brechungsgesetzes es überflüssig, stets von neuem zu untersuchen, welchen
Weg das Licht beim Übergang von einem Medium in ein anderes von verschiedener Dichte nimmt, und sie ermöglicht außerdem die Antizipation
künftiger Brechungsvorgänge. Gesetze wie das Brechungsgesetz bestehen
nicht unabhängig vom Denken: «In der Natur gibt es kein Brechungs*gesetz*,
sondern nur verschiedene Fälle der Brechung. Das Brechungsgesetz ist eine
zusammenfassende konzentrierte Nachbildungsanweisung für *uns*, und
zwar *nur* bezüglich der geometrischen Seite der Tatsache.»[71] In Naturgesetzen wird gesagt: Wenn die Tatsache A genau den Begriffen M entspricht,
dann entspricht die Folge B genau den Begriffen N.[72] Die Annahme «Wenn
M, dann N» verliert niemals ihren hypothetischen Charakter. Obwohl
Gesetze lediglich subjektive Erwartungen ausdrücken, sind sie nicht wertlos, da sie sich vielfältig bewährt haben und täglich von neuem bewähren.
Hypothesen sind jedoch nur zulässig, wenn sie empirisch überprüft werden
können. «Wo weder eine Bestätigung noch eine Widerlegung ist, dort hat
die Wissenschaft nichts zu schaffen.»[73]

Was Mach von bestimmten Kausalgesetzen feststellte, gilt auch für das Kausalitätsprinzip: In Wirklichkeit gibt es keine Kausalität, da die Begriffe «Ursache» und «Wirkung» nur eine ökonomische Funktion haben. Die herkömmliche Kausalitätskonzeption, nach der «einer Dosis Ursache … eine Dosis Wirkung» folgt, bezeichnete er ironisch als «pharmazeutische Weltanschauung», die durch die funktionale Betrachtungsweise zu ersetzen ist.[74] Auch die wissenschaftliche Methode selbst ist im Licht der Denkökonomie zu beurteilen. Grundsätzlich können wissenschaftliche Resultate auch ohne Methode gefunden werden, aber wegen der Kürze des menschlichen Lebens empfiehlt es sich, methodisch vorzugehen, um mit dem geringsten Gedankenaufwand möglichst zahlreiche Ergebnisse zu erhalten.

Naturwissenschaftliche Theorien deutete Mach als Werkzeuge, mit deren Hilfe Tatsachen geordnet und vorhergesagt werden können. In diesem Sinne schrieb er: «Die Naturwissenschaft kann aufgefaßt werden als eine Art Instrumentensammlung zur gedanklichen Ergänzung irgendwelcher teilweise vorliegender Tatsachen oder zur möglichsten Einschränkung unserer Erwartungen in künftig sich darbietenden Fällen.»[75] Obwohl Mach Empirist war, sah er deutlich, daß nicht alle Begriffe der Erfahrung entspringen; manche Begriffe werden zum Zweck der Ordnung von Empfindungen «erfunden». Da es sich um bloße Hilfsvorstellungen handeln, muß man sich hüten, ihnen etwas Wirkliches zuzuordnen.[76] Die Wissenschaft kommt auch nicht ohne Annahmen aus, die über den Bereich des faktisch Beobachteten hinausgehen: «Alle Wissenschaft … muß zwar einerseits in dem Gebiet der Erfahrung bleiben, eilt aber doch andererseits der Erfahrung voraus, stets einer Bestätigung, aber auch Widerlegung gewärtig.»[77] Folgerichtig räumte er ein, daß auch seine Lehre von den «Weltelementen» nicht absolut gültig sei; er hielt sie jedoch für diejenige Auffassung, die angesichts des Standes der Wissenschaft mit dem geringsten Aufwand festgehalten werden kann und die daher die ökonomischste ist. Die Wissenschaft veranlaßt uns, in bestimmten Situationen nicht mehr Beliebiges zu erwarten; indem sie unsere Erwartungen (bzw. unsere Vorhersagen) in bestimmter Weise reguliert, erleichtert sie uns die Orientierung in der Welt und ermöglicht zielgerichtetes Handeln.

Mach folgte der für den Positivismus im allgemeinen typischen Tendenz zur Auflösung philosophischer in einzelwissenschaftliche Fragen, so daß es sich nicht nur um ein Bonmot handelte, wenn er erklärte, kein Philosoph zu sein. Mit seiner szientistischen Auffassung hat er wesentlich zur Entstehung jenes geistigen Klimas beigetragen, in dem später der Neopositivismus entstand. (Siehe Teil VII, Kap. V, 3)

Der Positivismus war um die Wende vom 19. zum 20. Jahrhundert eine einflußreiche philosophische Strömung, er war aber keineswegs unangefochten, sondern stand in Konkurrenz mit dem dialektischen Materialismus – Lenin griff den «Machismus» mit großer Heftigkeit an – und vor allem mit dem Kritizismus. Wenn heute positivistische Theoretiker, wie Mach, auf besonderes Interesse stoßen, dann erklärt sich das aus dem Erfolg des naturalistischen Ansatzes im weiteren Verlauf des 20. Jahrhunderts, während sich die im ausgehenden 19. und im beginnenden 20. Jahrhundert dominierende kritische Philosophie, der das folgende Kapitel gewidmet ist, als Schule nicht behaupten konnte.

III.

Der Neukantianismus

Also muß auf Kant zurückgegangen werden!
(Otto Liebmann: Kant und die Epigonen)

1. Die Rückwendung zu Kant

In der zweiten Hälfte des 19. Jahrhunderts kamen immer mehr Philosophen zu der Überzeugung, daß den materialistischen und positivistischen Tendenzen, die nach dem Zusammenbruch des Idealismus hervortraten, mit den Mitteln der spiritualistischen Metaphysik nicht angemessen entgegengetreten werden könne. Gegen den Spiritualismus sprach, daß er nur die konträre Gegenposition zum Materialismus war, da er wie dieser beanspruchte, die Wirklichkeit an sich erkennen zu können, das Wesen der Dinge jedoch in einer der materialistischen Auffassung entgegengesetzten Weise bestimmte; von ihm war daher eine prinzipielle Überwindung der für den Materialismus charakteristischen Einstellung nicht zu erwarten. Dazu kam, daß sich der Spiritualismus als unfähig erwiesen hatte, der Bedeutung der Naturwissenschaften und ihrer Methode gerecht zu werden. In dieser Situation lag es nahe, Materialisten wie Spiritualisten das Recht abzusprechen, Aussagen über Dinge an sich zu machen und mit Kant die Erkenntnis auf den Bereich der Erscheinungen einzuschränken. Nach verbreiteter Ansicht war auch der Positivismus abzulehnen, weil er die Erfahrung als bloßes Rezipieren unmittelbar gegebener Tatsachen ansah, während es nach kritizistischer Auffassung unabhängig von einem Deutungsrahmen keine Erfahrungsgegenstände gibt. Die von Kant begründete kritische Philosophie bot sich somit als Alternative sowohl zur spiritualistischen Spekulation als auch zum naturalistischen oder positivistischen Szientismus an.

In diesem Sinne ließ Otto Liebmann in dem glänzend geschriebenen Werk «Kant und die Epigonen» (1865) die verschiedenen Richtungen der zeitgenössischen Philosophie Revue passieren, zeigte deren Schwächen auf und schloß jedes Kapitel mit dem Refrain «Also muß auf Kant zurückgegangen werden». Der 1840 geborene Liebmann hatte in Jena, Leipzig und Halle studiert, wurde von Kuno Fischer auf die Bedeutung Kants hingewiesen und habilitierte sich im gleichen Jahr, in dem sein Buch «Kant und die Epigonen» erschien. 1872 wurde er Professor in Straßburg. Vier Jahre später erschien sein Hauptwerk «Zur Analysis der Wirklichkeit»; 1882 folgte er einem Ruf nach Jena, wo er im Jahre 1912 starb.[1]

Liebmann wollte die Philosophie Kants nicht einfach übernehmen, sondern sie so modifizieren, daß die Einwände, denen sie ausgesetzt war, hinfällig wurden. Vor allem betrachtete er, wie verschiedene Kritiker um 1800, die Annahme eines Dings an sich als unhaltbar. Nach Liebmann hatte Aenesidemus-Schulze mit seinen Einwänden gegen jene Annahme recht (siehe Teil V, Kap. III, 5), irrte aber, wenn er die Transzendentalphilosophie als solche für hinfällig erklärte. Man kann die von Kant gestellte Aufgabe in Angriff nehmen und die Erkenntnisformen analysieren, ohne sie auf einen Grund in Gestalt eines An-sich zu beziehen.[2] Allerdings sah sich Liebmann selbst später genötigt, eine bewußtseinsunabhängige Wirklichkeit anzunehmen, die er, ebenso wie Kant, für unerkennbar erklärte: «Ob die transzendente Anordnung der absolut-realen Welt, welche außerhalb unseres Bewußtseins liegt, mit unserer Raum-Anschauung übereinstimmt, ob sie ihr kommensurabel oder inkommensurabel ist, wissen wir nicht.»[3] Wir wissen nur, daß wir infolge der Beschaffenheit der absolut-realen Welt die empirischen Dinge raum-zeitlich so anschauen müssen, wie wir es faktisch tun. Da es nicht-euklidische Geometrien gibt, kann nach Liebmann die Tatsache, daß wir die Dinge im euklidischen Raum erfahren, nur von der Organisation unseres Anschauungsvermögens abhängen. Die Einsicht, daß es nicht *die* Geometrie, sondern mehrere mögliche Geometrien gibt, hat wichtige Konsequenzen: Der euklidischen Geometrie wird die zeitunabhängige Gültigkeit abgesprochen, das heißt, sie erweist sich als historisch bedingt. Tatsächlich war Liebmann überzeugt, daß die Philosophie die Aufgabe habe, das geschichtlich bedingte Kulturbewußtsein deutlich zu denken; wer sich der Kontinuität der Geschichte entzieht, ist für die Kultur verloren.

Liebmann war nicht der erste, der den Rückgang zur Position Kants forderte, aber er tat es so eindrucksvoll, daß er zum eigentlichen Begründer des Neukantianismus wurde.[4] Neben ihm ist Friedrich Albert Lange (1828–1875) zu nennen, der sich in Köln habilitierte, später als Gymnasiallehrer und Redakteur tätig war und schließlich als Professor in Zürich und Marburg lehrte, wo er zum Wegbereiter der wichtigsten Schule des Neukantianismus wurde.[5] Seine «Geschichte des Materialismus» (1866) wurde zu einem der verbreitetsten philosophischen Bücher der Zeit.[6]

Lange erkannte die Bedeutung der naturalistischen Betrachtungsweise in den Einzelwissenschaften vorbehaltlos an, hielt aber daran fest, daß die einzelwissenschaftliche Ebene nicht die einzige sei. Neben ihr gibt es eine andere Denkebene, nämlich die philosophische, die von der ersteren wesentlich verschieden ist. Auf der philosophischen Ebene stellt sich die erfahrene – physische und psychische – Wirklichkeit, die in den Einzelwissenschaften als gegeben betrachtet wird, als Erscheinung dar, wie Kant gezeigt hatte, so wie die Einheit des Bewußtseins nicht als Tatsache hingenommen und allenfalls empirisch zu erklären gesucht, sondern auf einen Akt der Synthesis bezogen wird. Obwohl sich Lange für eine naturwissenschaftliche Psychologie aussprach, wollte er die psychischen Phänomene nicht auf materielle Prozesse im Nervensystem zurückführen. Das Projekt einer «Psychologie ohne Seele»,[7] die psychische Erscheinungen auf körperliche Vorgänge bezieht und in erster Linie diese untersucht, ist zwar wegen der Unzuverlässigkeit der Selbstbeobachtung berechtigt; aber das Bewußtsein als solches ist irreduzibel. In diesem Sinne stellte Lange fest, «daß in der Empfindung außer und neben den … Nervenvorgängen *schwerlich etwas überhaupt zu suchen* ist; nur haben diese Vorgänge selbst noch eine ganz andere *Erscheinungsweise*, nämlich diejenige, welche das Individuum *Empfindung* nennt».[8] In der «Art, wie der äußere Naturvorgang zugleich ein *Inneres* ist für das denkende Subjekt» sah Lange den «Punkt, welcher die Grenzen des Naturerkennens überhaupt überschreitet».[9] Die Ableitung des Bewußtseins aus Funktionen der Materie ist daher nicht weniger mythisch als seine Zurückführung auf Vermögen der Seele. Lange kam dem Materialismus bzw. dem Naturalismus *methodologisch* so weit wie möglich entgegen, lehnte jedoch den Schritt zum Materialismus im metaphysischen Sinne entschieden ab. Der Naturwissenschaftler mag so vorgehen, als ob die Wirklichkeit durch und durch materiell wäre; der Philosoph, der nach den Bedingungen der Möglichkeit von Wirklichkeitserfahrung fragt, erkennt in der materialistischen Einstellung eine Betrachtungsweise, aus der keine Folgerungen in bezug auf das Wesen der Wirklichkeit abgeleitet werden dürfen. Kant, der dies klarmachte, hat damit die Naivität des Materialismus stärker erschüttert, als es je ein System des spekulativen Idealismus vermocht hätte.[10]

Wie Kant war Lange überzeugt, daß Metaphysik als Wissenschaft unmöglich sei, wollte aber das metaphysische Denken nicht schlechthin ausschalten; als eine mit der Dichtung verwandte Denkweise ist die Metaphysik gerechtfertigt, indem sie den Menschen über die materielle Wirklichkeit zu erheben vermag. Kant hat den Charakter der Metaphysik verkannt, da er nicht sah, «daß die ›intelligible Welt‹ eine *Welt der Dichtung* ist und daß gerade hierauf ihr Wert und ihre Würde beruht». Weit davon entfernt, ein bloßes Spiel der Phantasie zu sein, ist sie «eine notwendige und aus den innersten Lebenswurzeln der Gattung hervorbrechende Geburt des Geistes, der Quell alles Hohen und Heiligen und ein vollgültiges Gegengewicht gegen den Pessimismus, der aus dem einseitigen Weilen in der Wirklichkeit entspringt».[11] In der praktischen Philosophie, insbesondere der Sozialphilosophie, setzte sich Lange für die Verbesserung der Lage der Arbeiter ein,[12] forderte aber – anders als die Marxisten – keine Revolution, sondern erhoffte sich gerechtere Verhältnisse von einer neuen Einstellung der Individuen, namentlich von der Eindämmung des individualistischen Egoismus, auf die die Philosophie hinzuarbeiten habe.

Lange erlag der Versuchung, die raum-zeitliche Form der Anschauung auf unsere «psychophysische Einrichtung» zu beziehen.[13] Mit dieser Auffassung stand er nicht allein, hatten doch bereits Schopenhauer und Fries ähnliche Ansichten vertreten. In der zweiten Hälfte des 19. Jahrhunderts kam die physiologische Deutung des Apriori besonders klar bei Hermann v. Helmholtz (1821–1894) zur Geltung, der die von Kant aufgewiesenen apriorischen Formen als Funktionen des psychophysischen Subjekts auffaßte.[14] Heute findet Helmholtz weniger als Philosoph denn als Physiker, Chemiker und Physiologe Beachtung, als der er Bedeutendes leistete, zum Beispiel durch die Formulierung des Satzes von der Erhaltung der Energie.

Während Helmholtz die Bedingungen der Möglichkeit von Erfahrung, nach denen Kant gefragt hatte, als Funktionsweisen der Psyche bzw. des Nervensystems auffaßte, verstanden sie andere Philosophen in der Nachfolge Kants als Bedingungen im logischen Sinn: Ihrer Ansicht nach handelt es sich um Voraussetzungen, die notwendig sind, wenn die Tatsache der (wissenschaftlichen) Erfahrung begreiflich gemacht werden soll. Diese Auffassung, für die sich die Angehörigen der Marburger Richtung des Neukantianismus einsetzten, wurde Kant besser gerecht als die von Helmholtz und anderen vertretene Deutung.

2. Der Marburger Neukantianismus

Die Vertreter der sogenannten Marburger Richtung des Neukantianismus – Hermann Cohen, Paul Natorp und ihre Schüler[15] – sahen in der «Kritik der reinen Vernunft» eine Theorie der Erfahrung, d. h. einen Versuch, mit Hilfe geeigneter Annahmen die Tatsache, daß wir Gegenstände erfahren, begreiflich zu machen. Dabei ist nicht an eine psychologische oder gar physiologische Erklärung zu denken, sondern an eine logische Analyse, allerdings nicht im Sinne der formalen, sondern der transzendentalen Logik, wie sie Kant mit der transzendentalen Deduktion der Kategorien und der Formulierung von Grundsätzen des reinen Verstandes (siehe Teil V, Kap. I, 3) konzipiert hatte. Da die Marburger Neukantianer Erfahrung vor allem als naturwissenschaftliche Erfahrung auffaßten, ergab sich eine gewisse Einseitigkeit; die historische Erfahrung blieb zunächst unberücksichtigt, und von der Alltagserfahrung wurde angenommen, daß sie im wesentlichen von derselben Art sei wie die Erfahrung im Rahmen der Naturwissenschaften. Die Vertreter der Marburger Richtung wichen insofern von Kant ab, als sie die realistischen Elemente der Kantischen Erfahrungstheorie beseitigten und zu einer idealistischen Auffassung tendierten, nach der es keine vom Subjekt unabhängige Wirklichkeit an sich gibt und das Subjekt nicht auf Daten angewiesen ist. Damit provozierten sie den realistischen Gegenschlag, der mit der Rückwendung zur Ontologie im 20. Jahrhundert (siehe Teil VII, Kap. II) erfolgte. Obwohl die Angehörigen der Marburger Schule vor allem systematische Philosophen waren, leisteten sie auch wichtige Beiträge zur Geschichte der Philosophie.[16]

a) Hermann Cohen

Der einflußreichste Vertreter der Marburger Richtung des Neukantianismus war der 1842 in Coswig geborene Hermann Cohen, der seit 1876 als

Ordinarius in Marburg lehrte und 1918 in Berlin starb. Bereits sein Werk «Kants Theorie der Erfahrung» (Berlin 1871) läßt erkennen, daß es ihm darum ging, jene Elemente der Kantischen Philosophie auszuschalten, die er für metaphysisch hielt, insbesondere die Annahme denkunabhängiger Dinge an sich, die die Empfindungen verursachen sollen. Mit der Kantischen Moralphilosophie setzte er sich in dem Buch «Kants Begründung der Ethik» (Berlin 1877) auseinander. Seinen eigenen Standpunkt, den er in der Auseinandersetzung mit Kant gewonnen hatte, entwickelte er in den drei ebenso gewichtigen wie schwierigen Bänden seines «Systems der Philosophie» (Berlin 1902–1912), nämlich der «Logik der reinen Erkenntnis», der «Ethik des reinen Willens» und der «Ästhetik des reinen Gefühls».[17] Gemeinsamer Nenner aller Teile von Cohens Philosophie ist der konsequente, alle empirischen Elemente ausschließende Idealismus. Da er in der von Plato begründeten und von Kant weiterentwickelten Philosophie das Prinzip der deutschen Kultur erblickte, bekannte er sich entschieden zum Deutschtum, ohne seine Bindung an die jüdische Religion zu verleugnen. Den ersten Weltkrieg betrachtete er als Kampf zweier Kulturen, der idealistischen und der empiristisch-utilitaristischen, und nahm entschieden im Sinne der ersteren Stellung.

(1) Die Theorie der Erfahrung

Kant ging nach Cohen vom «Rätsel der Erfahrung» aus und sah in dessen Lösung die Hauptaufgabe seiner Philosophie. Während aber Kant die Lösung des Problems, d.h. die Beantwortung der Frage nach den Bedingungen der Möglichkeit der (wissenschaftlichen) Erfahrung, noch mit der Frage nach psychischen Vermögen verband, distanzierte sich Cohen vom psychologischen Aspekt der Kantischen Theorie und betonte deren «logische» Seite: Die Transzendentalphilosophie hat die Voraussetzungen zu klären, mit deren Hilfe die Erfahrung als möglich begriffen werden kann. Es geht nicht darum, auf die Art zu reflektieren, in der das Subjekt gemäß seinen Erkenntnisvermögen die Erfahrungsgegenstände erschafft, sondern darum, durch Analyse der Erfahrung festzustellen, was vorausgesetzt werden muß, wenn die Gegenstandserfahrung als möglich begriffen werden soll. Was dabei erfaßt wird, ist nicht die Funktionsweise psychischer Vermögen, sondern die Form der gegenständlichen Erscheinung. Die Erkenntnisformen – nämlich Raum, Zeit und Kategorien – sind also nicht Strukturen von Vermögen, die durch Reflexion auf das Bewußtsein zu erkennen wären, sondern Bedingungen, unter denen die Erfahrung als möglich begriffen werden kann, und als solche Bedingungen kommen nach Cohen nur gesetzesartige Prinzipien in Betracht, so daß allen Versuchen, die Formen der Erfahrung psychologisch oder gar physiologisch zu erklären, eine klare Absage erteilt wird.

Damit distanzierte sich Cohen auch von jenen psychologischen Elementen, die Kants Theorie der Erfahrung noch enthielt, um deren Kern um so deutlicher herauszuarbeiten. Nachdrücklich betonte er, daß es nach Kants entwickelter Theorie der Erfahrung unabhängig vom Verstand keine Anschauung von Gegenständen gebe. Man wird dieser Theorie nicht gerecht, wenn man annimmt, Gegenstände seien zunächst in der raum-zeitlichen Anschauung gegeben, worauf der Verstand Beziehungen zwischen ihnen herstelle (z.B. indem er die einen als Ursachen, die anderen als Wirkungen auffaßt). Demgegenüber betonte Cohen, daß Kant an wichtigen Stellen der ersten Kritik eine vom Verstand unabhängige Gegenstandsanschauung für unmöglich erklärt habe. Von Gegenstandserfahrung kann, wie auch Cohen überzeugt war, nur im Zusammenhang mit Kategorien des Verstandes gesprochen werden. Tatsächlich erfahren wir nicht isolierte Farben, Töne, Drücke in einem bloßen Neben- und Nacheinander, sondern *ein* Ding, das farbig, tönend usw. ist. Die Bestimmungen müssen zur Einheit des Dings zusammengefaßt sein, und diese Synthese leistet der Verstand, dessen Funktion in der Erzeugung der Einheit besteht. Dabei spielen Gesetze, in erster Linie Kausalgesetze, eine wesentliche Rolle. Gegenstände, so könnte man im Sinne Cohens, wenn auch nicht mit seinen Worten sagen, werden immer innerhalb eines theoretischen Rahmens erfahren, der vom Verstand entworfen wird; sie werden nicht vorgefunden, so daß sie nur beobachtet und allenfalls erklärt zu werden brauchten, sondern unabhängig von einem Deutungsrahmen gibt es nichts, das erfahren werden könnte.

Cohen begnügte sich nicht mit der Feststellung, daß unabhängig von Kategorien nichts als Gegenstand erfahren werden könne, sondern er lehnte auch die Annahme von Daten ab, die den Inhalt der Erfahrung bilden und auf Reizen von seiten der Dinge an sich beruhen. Wie verschiedene Vertreter des nachkantischen Idealismus forderte er, nicht von einer Einwirkung der Dinge auf das Ich, sondern nur von der Fähigkeit des Ich zu sprechen, sich aufnehmend zu verhalten. Nach irgendwelchen vom Subjekt unabhängigen Ursachen der Erfahrung – nach Dingen an sich, die den phänomenalen Gegenständen zugrunde liegen – braucht dann, wie er meinte, nicht mehr gefragt zu werden. Am Ausdruck «Ding an sich» kann jedoch festgehalten werden, wenn man ihn nicht auf etwas vom Denken Unabhängiges, sondern auf ein gedankliches Konstrukt bezieht, nämlich das, was jenseits der Grenze des Erkannten liegt und daher kein Gegenstand ist, was aber Ziel der Erkenntnisbemühungen ist. Faßt man «Ding an sich» als Ding im eigentlichen Wortsinn auf, d.h. als etwas, das gegeben ist oder auch nur gegeben werden könnte, dann wird man zum Opfer einer Illusion, vergleichbar der Täuschung, der kleine Kinder und manche höhere Tiere erliegen, wenn sie etwas, was sie in einem Spiegel sehen, hinter dem Spiegel vermuten. Die Annahme denkunabhängiger Dinge an sich entspringt nicht einer Einsicht, sondern dem Wunsch, einen festen Punkt zu erreichen, auf den das Wissen gestützt werden könnte.

Auch unter «Ich» darf nicht etwas Substantielles oder auch nur etwas Gegenständliches im allgemeinen verstanden werden. Wir müssen zwar ein

Subjekt der Erfahrung denken, aber nicht als Grund der Erfahrung, sondern, wie «Ding an sich», als deren Grenze. Der Bereich der Erfahrungsgegenstände ist sowohl auf der Seite des Objekts als auch auf der Seite des Subjekts von etwas begrenzt, das selbst nicht mehr als Gegenstand erfahren werden kann, aber als Grenze der Erfahrung gedacht werden muß. Die Erfahrung kann daher weder in objektiver noch in subjektiver Hinsicht in etwas Realem verankert sein: «Weder im eigenen Selbst, noch in der Welt der Dinge gibt es einen festen Punkt, an den das menschliche Wissen gehängt werden könnte.»[18]

Cohen hat seine in der Auseinandersetzung mit Kant entwickelte Auffassung später in der «Logik der reinen Erkenntnis» systematisch dargelegt. Die Erkenntnis heißt nach Cohen «rein», wenn sie nicht als empirischer Vorgang aufgefaßt wird und nicht empirische Inhalte betrifft. Das Denken, mit dem es die philosophische Analyse zu tun hat, ist kein Denk*vorgang*, sondern der Denk*inhalt*, näherhin die gedachte Form der Gegenständlichkeit. Wenn Cohen der Philosophie die Aufgabe zuwies, den Ursprung des Denkens bzw. seine Erzeugung zu klären, dann meinte er keinen realen Ursprung und keine reale Erzeugung, sondern die Prinzipien, mit deren Hilfe das Denken als möglich begriffen werden kann. Diese Prinzipien bilden daher einen idealen Ursprung, das heißt, die Voraussetzungen des Denkens sind im Denken selbst enthalten. Deshalb konnte Cohen sagen: «Das Denken darf keinen Ursprung haben außerhalb seiner selbst, wenn anders seine Reinheit uneingeschränkt und ungetrübt sein muß [soll?]. Das reine Denken in sich selbst und ausschließlich muß ausschließlich die reinen Erkenntnisse zur Erzeugung bringen.»[19] Man würde Cohen Unrecht tun, wenn man ihm die Absicht zuschriebe, empirische Gegenstände im Denken zu erzeugen; die «Erzeugung» betrifft nur die Verstandesprinzipien, die auch Kant in der Transzendentalen Analytik abzuleiten gesucht hatte. Aufschlußreich für seine Einstellung ist seine Überzeugung, daß sich die Ursprungsfrage in der Philosophie mit dem Problem des Ursprungs in der Infinitesimalrechnung vergleichen lasse;[20] in beiden Fällen wird mit etwas operiert, das nicht gegeben, sondern im Denken erzeugt ist.

Wie Kant leitete auch Cohen die Kategorien aus der Urteilstafel ab, allerdings in einer von Kant abweichenden Weise, setzte sich aber mit seiner Auffassung ebensowenig durch wie Kant. Ernst Cassirer (siehe Abschn. c) verzichtete schließlich darauf, eine als endgültig betrachtete Kategorientafel aufzustellen; er vertrat die Ansicht, daß Kategorien in Abhängigkeit von den Erkenntniszielen entwickelt würden und daß sie keineswegs die einzigen Formen der Gegenstandskonstitution seien.

Cohen wollte den Idealismus, den Plato begründet und Kant zu einem neuen Höhepunkt geführt hatte, erneuern und, über Kant hinausgehend, weiterentwickeln, um die Spontaneität des Geistes uneingeschränkt (d.h. unabhängig von empirischen Faktoren) zur Geltung zu bringen. Deshalb widersetzte er sich allen (materialistischen oder positivistischen) Versuchen, den Geist von etwas Nicht-Geistigem abhängig zu machen. Sein Anliegen war im Grunde ethischer Art: Der Geist sollte von allem befreit werden, was ihm fremd ist. Schon in der Erkenntnislehre spielt somit die Idee der Freiheit eine Rolle.

Cohen ging zwar, wie die Marburger Neukantianer im allgemeinen, von Kant aus, gelangte aber zu einer Auffassung, die in manchem den Ansichten der nachkantischen Idealisten entspricht. In dem Bestreben, das Ideal einer *reinen* Erkenntnis zu verwirklichen, schlug er die Richtung eines Idealismus ein, der die dem Kantischen Kritizismus eigene realistische Komponente negiert und der im Gegensatz zum alltäglichen Wirklichkeitsverständnis und zur Einstellung der meisten Naturwissenschaftler steht. Der einseitige Idealismus Cohens bzw. der Marburger Neukantianer im allgemeinen stieß auf den Widerstand von Philosophen, die (wie Nicolai Hartmann, siehe Teil VII, Kap. II, 2 b) dem Sein Vorrang vor dem Denken zuschrieben oder (wie Martin Heidegger, siehe Teil VII, Kap. III, 2) das als Grenzbegriff aufgefaßte Ich durch das konkrete menschliche Dasein in der Welt ersetzten.

(2) Ethik und Religionsphilosophie

Cohens Ethik hebt sich deutlich von anderen zeitgenössischen Konzeptionen ab. Nach Cohen ist die Ethik keine praktische Disziplin, sondern Theorie, nämlich Theorie des allgemeingültigen Sollens (und somit nicht Theorie des Handelns unter dem Einfluß von Trieb, Begehren und vitalem Streben). Sie kann infolgedessen nicht als angewandte Psychologie oder Anthropologie verstanden werden. Auch mit Reflexionen auf den Sinn des menschlichen Lebens hat die Ethik nichts zu tun, so wie sie auch keinen Einblick in das Wesen der Welt und des Menschen eröffnet. Weder lassen sich auf der Grundlage der Ethik die Existenz Gottes und die Unsterblichkeit der Seele postulieren, wie Kant gemeint hatte, noch wird im moralischen Bewußtsein die Einheit aller Wesen erfahren, wie es nach Schopenhauer der Fall sein soll.

Wenn die Ethik eine Theorie ist, dann muß es etwas geben, das mit ihrer Hilfe begreiflich gemacht wird, ein «Faktum», so wie in der Theorie der Erfahrung ein «Faktum», nämlich die Naturwissenschaft, als möglich begriffen wird. Das «Faktum», das die Ethik begreiflich machen soll, ist die Rechtswissenschaft. Recht und Ethik verhalten sich zueinander ähnlich wie Naturwissenschaft und Theorie der Erfahrung: Die Ethik ist die Theorie der dem Recht eigenen Verbindlichkeit. Nicht die subjektive Gesinnung, sondern das Handeln steht in ihrem Mittelpunkt: «Die Handlung ist das Leben des sittlichen Menschen.»[21] Subjekt rechtlicher Handlungen ist nicht das empirische Ich, sondern das Rechtssubjekt innerhalb der staatlichen Gemeinschaft; auch ihr Gegenstand ist nicht ein Naturding, sondern ein durch Rechtsakte erzeugtes Objekt. Daher konnte Cohen vom Menschen sagen: «Es ist nur Schein, daß er lediglich Individuum wäre; wenn er es ist, kann er es nur darin und dadurch sein, daß das Individuum vielmehr die Individuen sind.»[22]

In manchen wichtigen Punkten wich Cohen von Kant ab, wie sich z. B. zeigt, wenn er nicht der Idee der Pflicht, sondern der Idee der Freiheit die erste Stelle zuweist und meint, daß von Pflicht nur in der angewandten, nicht in der reinen Ethik die Rede sein könne. Die Freiheit wird bei Cohen jedoch nicht postuliert, sondern durch Analyse der Erfahrung gewonnen. So wie unsere Erkenntnisbemühungen im allgemeinen nie zum Abschluß gelangen, da wir immer nur einen Teil der Bestimmungen des Erkenntnisgegenstands erfassen können, so lassen sich auch die kausalen Bedingungen des Gegenstands nie vollständig bestimmen; stets bleibt etwas übrig, das wir nicht kausal erklären können und das sich uns daher als zufällig, und in diesem Sinne als frei, darstellt. Unabhängigkeit von kausaler Determination ist aber Freiheit nur im negativen Sinne; es ist nötig, die Freiheit auch positiv zu bestimmen als Fähigkeit, einen letzten Zweck zu setzen, d. h. einen Zweck, der nicht mehr Mittel für anderes ist.

Das reine Wollen, das im Mittelpunkt von Cohens Ethik steht, ist Wollen auf Grund des Sittengesetzes, d. h. nicht Wollen auf Grund empirischer Motive.[23] Die Idee des sittlich autonomen Menschen ist, wie Ideen im allgemeinen, nicht Begriff von etwas Wirklichem, sondern Gedanke eines Ziels, dem wir uns annähern, ohne es je erreichen zu können. Ideen haben, wie Cohen es ausdrückte, einen Geltungswert, aber keinen Realitätswert. Da ihnen keine Gegenstände entsprechen, darf auch kein Reich der Werte bzw. der Zwecke angenommen werden, in dem das Sollen verankert wäre. Es gibt keine Dinge an sich, die frei wären, sondern die Freiheit ist das wahre An-sich.

Wie Kant forderte auch Cohen, Entscheidungen an der Idee einer allgemeinen Gesetzgebung zu messen und nur dann als sittlich gelten zu lassen, wenn sie mit ihr im Einklang stehen. Die Ethik ist jedoch nach Cohen nicht rein formal, sondern bezieht sich auf ein inhaltlich bestimmtes Ziel, nämlich die Idee einer Gemeinschaft aller freien moralischen Wesen. Diese Idee hängt mit dem Sittengesetz zusammen, sofern dieses als Ausdruck einer Gesetzgebung aller frei wollenden Wesen – somit nicht einer Gruppe oder gar eines Einzelnen – zu verstehen ist. Die durch ein allgemeines Sollen verbundenen Individuen bilden eine Gemeinschaft, die nicht durch reale Verhältnisse, sondern durch reines sittliches Wollen konstituiert wird. Im Lichte der Idee einer solchen Gemeinschaft erweist sich jede individualistische Moral als ungenügend. Man kann im Sinne Cohens geradezu sagen, daß das Ziel der Ethik in der Überwindung des Individualismus bzw. in der Umwandlung des Menschen unter Leitung der Idee der Menschheit besteht.

Mit der Ethik hängt die Religion, wie sie Cohen verstand, eng zusammen. Da er eine selbständige religiöse Erfahrung für unmöglich hielt – sie kann weder auf dem Gefühl, noch auf dem Willen, noch auf mystischer Schau beruhen –, bleibt nur die Ethik als Grundlage der Religion. Die Zurückführbarkeit religiöser Auffassungen auf ethische Sätze ist geradezu das Kriterium ihrer Wahrheit. Die Idee Gottes ist nichts anderes als die Idee der vollkommenen Moralität. Diese Idee wird gebildet, weil sich der Mensch als mangelhaft und daher als vervollkommnungsbedürftig erkennt. Die Geburtsstätte der Religion ist somit die Erkenntnis der Schwäche und Sündhaftigkeit des Menschen, die durch Erhebung des Individuums ins Allgemeine der Menschheit, und nicht durch seine Vernichtung, überwunden werden soll. Die Religion steht nicht im Gegensatz zur Ethik, sondern dient ihrer Erweiterung, denn «bei der Ergänzung des Menschenbegriffs ... erweitert sich der Umfang der Ethik mit dem Inhalt der Religion».[24] Der Mensch ist nicht von Natur aus böse, wie sich darin zeigt, daß im Bewußtsein der Sündhaftigkeit und in der Sehnsucht nach Erlösung die Macht des Guten zutage tritt. Er bedarf nicht der Erlösung durch die göttliche Gnade, sondern er soll sich im sittlichen Handeln zu vervollkommnen suchen. Dies entspricht der Lehre des Judentums, nach der Gott nur die Bedeutung hat, den Sieg der sittlichen Bemühungen zu verbürgen; durch die christliche Ansicht, nach der Gott an den sittlichen Bemühungen des Menschen mitwirkt, wird dagegen die Transzendenz des Gottesbegriffs aufgehoben.

b) Paul Natorp

Der wichtigste Vertreter der Marburger Richtung des Neukantianismus neben Cohen war der 1854 geborene Paul Natorp, der sich mit der Arbeit «Descartes' Erkenntnistheorie» (Marburg 1882) habilitierte, 1893 in Marburg Ordinarius wurde und dort 1924 starb. Natorps Hauptwerk trägt den Titel «Die logischen Grundlagen der exakten Wissenschaften» (Leipzig 1910 u.ö.). In seinen philosophiehistorischen Arbeiten ging er der Vorgeschichte der Kritischen Philosophie nach. So suchte er in seiner Habilitationsschrift in der Cartesianischen Philosophie Ansätze der Transzendentalphilosophie aufzuzeigen, wie schon der Untertitel «Eine Studie zur Vorgeschichte des Kritizismus» andeutet. Auch in der Platonischen Philosophie hob er jene Züge hervor, die sie mit dem Kantischen Idealismus gemeinsam hat. Das Unbedingte, von dem Plato gesprochen hatte, faßte er als Denkgesetz auf, näherhin als Gesetz, welches die Richtung des Fortgangs der Erkenntnis ins unendliche bestimmt,[25] und deutete die Platonischen Ideen als gesetzesartige Prinzipien. Außerdem veröffentlichte er eine Reihe von Schriften zu psychologischen und pädagogischen Fragen. Während des ersten Weltkriegs entstand das zweibändige Werk «Deutscher Weltberuf» (Jena 1918). Aus dem Nachlaß wurde seine «Philosophische Systematik» herausgegeben.[26]

Wie Cohen lehnte es auch Natorp ab, von Dingen an sich als von etwas Vorhandenem zu sprechen; versteht man jedoch unter «Ding an sich» den allseitig bestimmten Gegenstand, dann ist dieser Ausdruck sinnvoll. Da die Erkenntnis immer nur gewisse Seiten des Gegenstands betrifft, können wir uns dem vollständig bestimmten Gegenstand – dem Ding an sich – nur annähern; er ist somit nichts Gegebenes, sondern etwas *Aufgegebenes*.

Ebenso wie der Gedanke eines vorhandenen Dings an sich wird auch die Annahme einer vom Verstand unabhängigen Anschauung hinfällig; an jeder Anschauung eines Gegenstands ist immer schon der urteilende, Einheit erzeugende Verstand beteiligt, der den Gegenstand des Wissens erschafft: Die Wissenschaften sind ein Wissen*schaffen*.[27] Auch die mathematische Erkenntnis beruht auf Leistungen des Verstandes und kann daher nicht als bloßes Anschauen aufgefaßt werden. Dies, und nicht die Zurückführung mathematischer Sätze auf Sätze der Logik im Sinne des Logizismus (siehe Teil VII, Kap. IV, 1–2), meinte Natorp, wenn er von der logischen Begründung der Mathematik sprach. Ginge die Mathematik in der Logik auf, dann müßte sie ihre eigenen Gesetze rechtfertigen; kein Verfahren kann aber eine Rechtfertigung seiner eigenen Prinzipien liefern. Die der Mathematik zugrunde liegende «Logik» ist Wissenschaft vom *Logos*, der den Sinn von Urteilen bildet, und nicht ein Logikkalkül, dessen Symbole und Axiome auf Festsetzungen beruhen.

Die Transzendentalphilosophie geht nach Natorp analytisch vor, das heißt, sie geht von Tatsachen aus und fragt nach deren Bedingungen. So wie z. B. die klassische Physik auf den Voraussetzungen beruht, daß der Raum euklidisch, die Zeit gleichförmig und alles Geschehen eindeutig kausal determiniert ist, so kann auch vom Faktum der (wissenschaftlichen) Erkenntnis im allgemeinen – oder richtiger, von deren «Fieri» (Werden), denn die Wissenschaft ist nicht eine fertige Tatsache, sondern in Entwicklung begriffen –, zu deren Voraussetzungen zurückgegangen werden. Die Prinzipien, zu denen man dabei gelangt, sind nicht evidente Axiome, sondern Sätze, die jene Gesetze des reinen Denkens ausdrücken, in deren Rahmen etwas erst als Gegenstand erfahren werden kann. Etwas erkennen heißt, es als dies oder jenes identifizieren, und dies geschieht dadurch, daß es von anderem unterschieden bzw. allgemein: zu anderem in Beziehung gesetzt wird. Der Inbegriff von in Beziehungen stehenden Inhalten ist uns nicht gegeben, sondern *aufgegeben*, das heißt, wir müssen ihn entwerfen. Dies ist nur möglich, wenn es eine ursprüngliche Einheit des Denkens, die «Ursprungseinheit», gibt. «Ursprung» bedeutet nicht einen Grundsatz, der als evident zugrunde gelegt wird, sondern «die geforderte letzte Einheit, nämlich Zusammenhangs-Einheit»,[28] die auf einer Synthesis beruht und im Urteil ausgedrückt wird. Natorp betrachtete, wie Kant, Quantität, Qualität, Relation und Modalität als Aspekte des Urteils und zugleich des beurteilten Gegenstands und betonte, daß «Relation» als «Funktion» aufzufassen sei. Funktionen dienen dazu, Naturgesetze zu formulieren; sie drücken das im Wechsel der Eigenschaften Gleichbleibende aus, das erst die Erkenntnis von Gegenständen ermöglicht. An die Stelle der Substanz als eines beharrlichen Seins tritt somit die gleichbleibende Form, die nichts Gegebenes, sondern etwas ist, das vorausgesetzt werden muß, wenn Gegenstände wissenschaftlich erkannt werden sollen.[29]

Je älter Natorp wurde, desto weiter entfernte er sich von Kant und desto stärker näherte er sich einer ganzheitlichen, außer theoretischer und praktischer Vernunft auch instinktives Streben, Trieb und Gefühl berücksichtigenden Betrachtungsweise. In der Vorlesung über Philosophische Systematik im Wintersemester 1920/21[30] forderte er, nicht nur von der Tatsache oder dem Werden der *Wissenschaft* zu sprechen, sondern das Werden des Lebens im ganzen zu bedenken. Wissenschaft, Kunst und Religion müssen «zur innigen *Einheit* eben des vollen Lebens» verbunden werden, wenn die einseitig auf die naturwissenschaftliche Erfahrung gerichtete Betrachtungsweise überwunden werden soll. Mit dieser Forderung folgte Natorp der in den ersten Jahrzehnten des 20. Jahrhunderts immer deutlicher zutage tretenden Tendenz, den Bereich des philosophischen Denkens über die Grenzen einer Theorie der Erfahrung hinaus zu erweitern. Hier ist in erster Linie an die Lebensphilosophie zu denken, deren Einfluß zu spüren ist, wenn er sich allem «irgendwie Gelebten» zuwandte und erklärte: «Es ist damit das endgültige Ja gesprochen zum *Leben* in seiner Ganzheit, auch bis in seine dunkelsten Abgründe.»[31] Dem Leben begegnen wir im «Glauben», d. h. in der unbedingten Zuversicht, die dem selbst Gelebten eignet. Er war sich darüber im klaren, daß er mit dieser Auffassung über «Kant und die Marburger Schule» hinausging.[32]

Neben der Lebensphilosophie beeinflußten auch die Hegelsche Dialektik und die Ontologie, wie sie Nicolai Hartmann verstand, Natorps Spätphilosophie. Welche Bedeutung er der Seinsfrage zumaß, zeigt sich, wenn er vom «Urrätsel des Daseins» spricht und es mit den Worten charakterisiert: «Was auch immer sich mir darstellt ..., tritt *für mich* heraus (existit); woraus denn? Aus dem an sich dennoch ungelösten, ganz unlöslichen Zusammenhang mit allem in dem schließlich einen, unzerstückelten und unzerstückelbaren *All*, um zu mir gleichsam zu sprechen, mir sich kundzugeben: Ich *bin*, ich bin *da*, und ich bin *dir*, bin *für dich* da.»[33] Angesichts solcher Äußerungen kann man kaum umhin, an die «Lichtung des Seins» zu denken, von der wenig später Heidegger sprechen sollte. Hatte sich Natorp früher vom Standpunkt des Kritizismus aus mit dem Rätsel der Erfahrung auseinandergesetzt, so ging es ihm nun um das Rätsel des Daseins. Dieser Änderung der Blickrichtung entspricht es, wenn an die Stelle der Frage nach dem «Ursprung» des Denkens die Frage nach dem «Urpunkt der Schöpfung» tritt. Dies alles läßt deutlich erkennen, daß die Marburger Schule des Neukantianismus nach dem Ende des ersten Weltkriegs im Begriffe war sich aufzulösen.

c) Ernst Cassirer

Unter den Angehörigen der zweiten Generation der Neukantianer Marburger Provenienz verdient vor allem Ernst Cassirer (1874–1945) Beachtung, der zunächst Jura, später Literatur und Philosophie studierte und von

Georg Simmel (siehe Kap. IV, 2 b) zum Kant-Studium angeregt wurde. Er machte sich mit Cohens Deutung der Kantischen Philosophie vertraut und habilitierte sich in Berlin, wurde 1919 Professor in Hamburg und emigrierte 1933 zunächst nach England, später nach Schweden; 1941 ging er in die Vereinigten Staaten, wo er 1945 starb.[34]

In seiner Dissertation setzte sich Cassirer mit «Descartes' Kritik der mathematischen und naturwissenschaftlichen Erkenntnis» (Marburg 1899) auseinander. Der Geschichte der Philosophie sind auch die große Monographie «Leibniz' System in seinen wissenschaftlichen Grundlagen» (Marburg 1902) und das dreibändige Werk «Das Erkenntnisproblem in der Philosophie und Wissenschaft der neueren Zeit» (Berlin 1906, 1907, 1920; vierter unvollendeter Band posthum 1957), ferner «Die Philosophie der Aufklärung» (Tübingen 1932) sowie zahlreiche Abhandlungen gewidmet. Nicht nur historischen, sondern zugleich systematischen Charakter hat die Untersuchung «Substanzbegriff und Funktionsbegriff (Berlin 1910). Cassirers systematische Konzeption ist in der dreibändigen «Philosophie der symbolischen Formen» (Berlin 1923, 1925, 1929) enthalten.[35] In seinen letzten Lebensjahren entstanden «An Essay on Man» (New Haven 1944) und «The Myth of the State» (New Haven 1946, posthum).

Cassirer verallgemeinerte den transzendentalphilosophischen Ansatz, indem er neben den Verstandesformen (Kategorien) auch Formen der sprachlichen, mythischen, religiösen und ästhetischen Wirklichkeitsgestaltung berücksichtigte. Die *symbolischen Formen* sind somit teils unanschauliche, teils aber auch anschauliche Deutungsschemata. Zugleich betrachtete er diese Formen nicht als zeitlos gültig, sondern als historisch bedingt. An dem transzendentalphilosophischen Gedanken, daß unabhängig von erfahrungsvorgängigen Formen nichts gegeben sein kann, hielt er fest; was wir erfahren, ist immer schon geformt. Die Formen bilden jedoch kein zeitlos gültiges System, sondern sind geschichtlich bedingt.

Den Wandel des kategorialen Rahmens der wissenschaftlichen Erkenntnis beleuchtete Cassirer anhand der Verdrängung des Substanzbegriffs durch den Funktionsbegriff. Der Vorrang der Kategorie der Substanz in der älteren Metaphysik hängt mit der Auffassung des Urteils in der traditionellen Logik zusammen, nach der Urteile der Form *S ist P* (z.B. *Sokrates ist weise*) fundamental sind. Diese Auffassung führte zur Vernachlässigung der Relationsurteile und ließ die Frage nach dem Verhältnis der Einzeldinge zur Art und der Arten zur Gattung als vordringlich erscheinen. Läßt man dagegen die Annahme fallen, daß die Erkenntnis in der Unterordnung des Besonderen unter abstrakte Artbegriffe besteht, dann verliert auch die Substanzkategorie ihre Bedeutung, und es wird möglich, die Rolle der Funktionskategorie anzuerkennen. Die Annahme, daß alle allgemeinen Begriffe auf Abstraktion beruhen, ist nach Cassirer unhaltbar. Um abstrahieren zu können, müssen Dinge verglichen werden, was nur möglich ist, wenn sie zunächst von einem allgemeinen Gesichtspunkt aus zueinander in Beziehung gesetzt worden sind. Um zum Beispiel den Begriff des Kegelschnitts zu bilden, muß man Kreise, Ellipsen, Parabeln und Hyperbeln vergleichen; dies kann man aber nur, wenn man sie als Kurven desselben Typus betrachtet. Die Abstraktion setzt mit einem Wort immer schon einen begrifflichen Zusammenhang, somit eine gedankliche Synthese, voraus. Auch die Beobachtung einzelner Tatsachen ist nach übereinstimmender neukantianischer Ansicht nur im Rahmen einer Theorie möglich. Man kann nur nach etwas suchen, wenn das Gesuchte der Art nach bereits bestimmt ist. (Wenn z.B. ein Naturwissenschaftler ins Mikroskop blickt, dann schaut er nicht aufs Geratewohl, sondern er sucht etwas Bestimmtes, z.B. Bakterien einer bestimmten Art.)

Eine wichtige Rolle spielt in Cassirers Philosophie das Problem der Bedeutung, das er schon bei Kant angelegt sah[36] und das in der damaligen Zeit auch Husserl erörterte. Husserls Analyse der bedeutungsverleihenden Akte ist nach Cassirer subjektiv, näherhin psychologisch; sie führt aber zu demselben Ergebnis wie die objektive transzendentallogische Analyse, sofern beide auf die Ablehnung der empiristischen Position hinauslaufen.[37]

Bedeutung hat etwas nur innerhalb eines Deutungsrahmens, der nicht nur durch allgemeine Begriffe, sondern durch symbolische Formen im allgemeinen gebildet wird. Ein wichtiges Mittel der Bedeutungskonstitution ist die Sprache, da durch Namen eine Mannigfaltigkeit sinnlicher Eindrücke zu einem (relativ) konstanten Gegenstand verbunden wird, ohne daß schon ein Begriff vorhanden sein müßte; die Identität des Namens antizipiert die Identität des Begriffs. Während es nach Kant keine vom Begriff völlig unabhängige Erfahrung geben kann, ist nach Cassirer der Begriff nur die letzte Stufe, zu der sich die Erkenntnis erhebt.[38] Obwohl Cassirer die Rolle der sprachlichen Formung bei der Entstehung der Erfahrungswirklichkeit nachdrücklich hervorhob, sah er in der Sprache nicht die einzige Form der Wirklichkeitsdeutung, wie es die Wortführer der linguistischen Wende in der Philosophie des 20. Jahrhunderts taten. (Siehe Teil. VII, Kap. IV, 3–4)

Eine analoge Funktion haben die Vorstellungen des Mythus, die, wie die geistigen Formen im allgemeinen, mit dem Inhalt zu einer Einheit verschmolzen sind. Der Mythus (als Vorstellung einer Welt von göttlichen oder dämonischen Kräften) darf daher nicht wie ein Schleier betrachtet werden, der eine unabhängig von mythischen Deutungen vorhandene Wirklichkeit verhüllt und den man nur wegzuziehen braucht, um diese Wirklichkeit unverfälscht sichtbar zu machen, sondern er konstituiert eine Wirklichkeit eigener Art.[39] Die Welt der Naturwissenschaft ist nicht die wahre, die im Mythus in bestimmter Weise gedeutet (oder mißdeutet) würde, sondern der Mythus schafft eine eigene Welt, die gegenüber der Welt der Naturwissenschaft durchaus selbständig ist. Dies läuft offenbar auf eine Relativierung der Weltbilder hinaus: Das Bild, das die Naturwissenschaft von der Welt schafft, ist nur eines von mehreren möglichen Bildern, deren keines den anderen prinzipiell überlegen ist.

Die Einbeziehung von Sprache, Mythus, Religion und Kunst in den Bereich der Transzendentalphilosophie machte es Cassirer auch möglich, dem Anspruch auf Eigenständigkeit der Geisteswissenschaften, der vor allem von Dilthey erhoben worden war, Rechnung zu tragen. Bei der Konzentration auf die Vielfalt der Erfahrung über die Grenzen der wissenschaftlichen Erkenntnis hinaus trat bei Cassirer aber die Frage in den Hintergrund, unter welchen Bedingungen etwas als Gegenstand *überhaupt* erfahren werden kann. Kant hatte gezeigt, daß von Erfahrung nur gesprochen werden kann, wenn eine Mannigfaltigkeit von Daten zur Einheit eines Gegenstands verbunden wird. Da Einheit die Grundfunktion des Verstandes ist, kann es somit unabhängig vom Verstand keine Gegenstandserfahrung geben. Dies muß für die mythische oder die ästhetische Erfahrung ebenso gelten wie für die wissenschaftliche Erkenntnis; auch wenn die Gegenstände des Mythus oder der Kunst von anderer Art sind als die Gegenstände der Erkenntnis, sind sie doch Gegenstände. Daher ist zunächst zu fragen, unter welchen Bedingungen sie überhaupt Gegenstände sein können; dann erst kann gefragt werden, worin ihre Eigentümlichkeit besteht.

Als Cassirer 1929 in Davos mit Heidegger diskutierte, brachte er seine Auffassung weniger eindrucksvoll zur Geltung als sein Kontrahent,[40] obwohl vom Standpunkt der Kritischen Philosophie aus eine wirksamere Argumentation möglich gewesen wäre. Cassirers Stärke war eher die ideengeschichtliche Verknüpfung kultureller Erscheinungen als die kritisch-systematische Analyse. Seine Hinwendung zur Geistesgeschichte macht, wie die Hinwendung des späten Natorp zur Seinsfrage, deutlich, daß der Marburger Neukantianismus im Begriffe war, sich aufzulösen. Die politischen Ereignisse des Jahres 1933 in Deutschland setzten dieser Richtung, die als «jüdisch» gebrandmarkt wurde, auch äußerlich ein Ende.

3. Die Südwestdeutsche Richtung des Neukantianismus

a) Wilhelm Windelband

Wie Kant und die Marburger Neukantianer faßten auch die Angehörigen der zweiten großen Schule des Neukantianismus, deren Schwerpunkte Heidelberg, Freiburg im Breisgau und Straßburg waren (daher «Südwestdeutsche Schule»), die Philosophie als Theorie des Wissens bzw. der Erfahrung auf, dachten dabei aber nicht in erster Linie an die naturwissenschaftliche, sondern an die geschichtliche Erfahrung. Der bedeutendste Vertreter des südwestdeutschen Neukantianismus war Wilhelm Windelband. Er wurde 1848 in Potsdam geboren, lehrte in Zürich, Straßburg und Heidelberg und starb dort 1915. Seine systematischen Auffassungen entwickelte er in der «Einleitung in die Philosophie» (Tübingen 1914, 1920), in den «Prinzipien der Logik» (Tübingen 1912; Bd. I der Enzyklopädie der philosophischen Wissenschaften) und in einer Reihe von Arbeiten, die gesammelt unter dem Titel «Präludien» (Freiburg 1884 u. ö.) erschienen. Berühmt ist seine Straßburger Rektoratsrede «Geschichte und Naturwissenschaft» (Straßburg 1894), auf die zurückzukommen sein wird. Hervorragendes leistete Windelband auch als Historiker der Philosophie. Sein «Lehrbuch der Geschichte der Philosophie» (erste Auflage 1892, danach zahlreiche, nach dem Tod des Autors von verschiedenen Herausgebern ergänzte Ausgaben) ist ein klassisches Werk der Philosophiegeschichte, in dem die Geschichte des philosophischen Denkens als Entfaltung konstanter Probleme dargestellt wird.[41]

Windelband war es darum zu tun, die transzendentale Betrachtungsweise auf die Geisteswissenschaften auszudehnen und damit die Transzendentalphilosophie vor naturwissenschaftlicher Einseitigkeit zu bewahren. Daß der Kantische Kritizismus die einzige dem neuzeitlichen Denken angemessene Auffassung sei, stand für ihn fest; er hielt es aber für nötig, die transzendentale Fragestellung auch auf die Erfahrung der Geschichte auszudehnen.[42]

Der Frage nach dem Verhältnis von Natur- und historischen Wissenschaften, die auch Wilhelm Dilthey beschäftigte (siehe Kap. IV, 2), ging Windelband in der Rede über «Geschichte und Naturwissenschaft» nach; er beantwortete sie dahingehend, daß die Wissenschaften einzuteilen seien in die Gesetzeswissenschaften (die nomothetischen Wissenschaften) und die Ereigniswissenschaften (die idiographischen Wissenschaften). Die letzteren sind nicht weniger wissenschaftlich als die ersteren, obwohl sie sich von ihnen methodologisch deutlich unterscheiden. Sie richten sich nämlich nicht auf etwas Allgemeines, namentlich nicht auf allgemeine Gesetzmäßigkeiten, sondern auf Individuelles in seiner Eigentümlichkeit (daher heißen sie «idiographisch», von griech. idios = privat, eigentümlich, individuell). Die Aufgabe der historischen Wissenschaften besteht darin, historische Gebilde in ihrer Eigenart und ihrem Eigenwert zu vergegenwärtigen. Gegen die übliche Einteilung in Natur- und Geisteswissenschaften wandte Windelband ein, daß sie von einem Unterschied der Sachbereiche ausgeht; dies ist unbefriedigend, da dieselbe Sache sowohl in ereigniswissenschaftlicher als auch in gesetzeswissenschaftlicher Weise betrachtet werden kann. So können psychische Phänomene bald als Fälle von Naturgesetzen, bald als Einzelerlebnisse betrachtet werden. Die Unterscheidung von nomothetischen und idiographischen Wissenschaften läßt sich aber auch als Unterscheidung zweier Methoden oder als Unterscheidung zweier Interessenrichtungen auffassen und ist als solche sicherlich berechtigt. Behält man dies im Auge, so kann die Feststellung, daß auch Historiker sich unter Umständen auf Naturgesetze berufen, kein Einwand sein. Wenn man z. B. die Französische Revolution als Folge wirtschaftlicher Krisen auffaßt, bezieht man sich mindestens implizit auf ökonomische Gesetzmäßigkeiten.

Den Historiker interessieren jedoch nicht diese Gesetzmäßigkeiten, sondern die Revolution von 1789 als einmaliges Ereignis. Umgekehrt hat es der Naturwissenschaftler unter Umständen mit individuellen Erscheinungen zu tun, z. B. mit der Supernova von 1054 im Sternbild des Stiers. Sein Interesse gilt aber letzten Endes nicht der einzelnen Sternexplosion, sondern den Gesetzmäßigkeiten, die bei Sternexplosionen eine Rolle spielen.

Das in den Ereigniswissenschaften leitende Interesse kann mit den Methoden der Naturwissenschaft, die auf Erklärungen mit Hilfe von Naturgesetzen hinauslaufen, nicht befriedigt werden. Allerdings ist auch nicht alles, was geschieht, Gegenstand des historischen Interesses, sondern nur das, was auf Grund vorausgesetzter Werte Bedeutung hat. Schon die Auswahl der historischen Fakten erfolgt unter allgemeinen Wertgesichtspunkten. Ereigniswissenschaftliche Urteile sind objektiv, weil die ihnen zugrunde liegenden Werte objektiv sind, und die Objektivität der Werte besteht darin, daß es ohne sie geschichtliche Erfahrung nicht geben könnte; sie sind, in Kants Terminologie, Bedingungen der Möglichkeit geschichtlicher Erfahrung. Weil die Werte nach Windelband übersubjektiven Charakter haben, läßt sich der historische Relativismus, in den die Hermeneutik mündet, vermeiden.

Den Werten schrieb Windelband eine Art Sein zu, das aber nicht als Sein realer Dinge verstanden werden darf; es besteht im «Gelten». Das Gelten der Werte wird als Sollen erfahren, und zwar nicht primär im individuellen, sondern in einem überindividuellen Bewußtsein, das Windelband «Normalbewußtsein» nannte. Diese Auffassung der Werte ist recht dunkel und dem Einwand ausgesetzt, daß die Werte mit ihrem Gelten nur die gedachte objektive Entsprechung zum subjektiv erfahrenen Sollen sind. Die Annahme an sich geltender Werte dient dem Zweck, Urteile der Ereigniswissenschaften als übersubjektiv gültig erscheinen zu lassen und steht daher im Verdacht, eine Ad-hoc-Annahme zu sein. Die Wertphilosophie wurde nichtsdestoweniger im 20. Jahrhundert systematisch ausgebaut, z. B. von Max Scheler oder Nicolai Hartmann (siehe Teil VII, Kap. II, 2), geriet aber später weitgehend in Vergessenheit.

Der Ausdruck «Wert» wurde von Windelband in einem sehr weiten Sinn verwendet, so daß er die Logik als Lehre vom Wert der Wahrheit, die Ethik als Lehre vom Wert der Gutheit und die Ästhetik als Lehre vom Wert der Schönheit bezeichnen konnte. Er bemühte sich zu zeigen, daß schon in Kants theoretischer Philosophie der Begriff der Norm wirksam gewesen sei: Kant hat die Kategorien als Regeln aufgefaßt, und das heißt seiner Ansicht nach: als Normen, nach denen wir im Erkennen verfahren *sollen*. Demgemäß besteht das Ergebnis der transzendentalen Analyse nach Windelband nicht in Sätzen, nach denen (vielleicht sogar notwendig) verfahren *wird*, sondern in Sätzen, nach denen verfahren werden *soll*. Es handelt sich um Wertvoraussetzungen, weshalb die von ihm begründete Schule als werttheoretische Richtung des Neukantianismus bezeichnet wird.

Die philosophische Lehre vom Wissen heißt bei Windelband «Logik».[43] Sie soll, ausgehend vom faktischen – vorwissenschaftlichen oder wissenschaftlichen – Erkennen die diesem zugrunde liegenden übersubjektiv gültigen Voraussetzungen zu Bewußtsein bringen. Im Geist der Transzendentalphilosophie faßte sie Windelband als Theorie der Erfahrung auf; wie die meisten Neukantianer dachte er dabei in erster Linie an die wissenschaftliche Erfahrung.[44] Windelbands Logik fand aber niemals jene Beachtung, auf die seine Theorie der Ereigniswissenschaften stieß.

b) Heinrich Rickert

Noch nachdrücklicher als Windelband betonte Heinrich Rickert die Wertbedingtheit der Erkenntnis. Rickert wurde 1863 in Danzig geboren, lehrte in Freiburg und (seit 1896) in Heidelberg, wo er 1936 starb. Seine Theorie der historischen Erkenntnis entwickelte er in dem Werk «Die Grenzen der naturwissenschaftlichen Begriffsbildung» (Tübingen und Leipzig 1902). Von seinem «System der Philosophie» ist nur Teil I: «Allgemeine Grundlegung» (Tübingen 1921) erschienen. Einen Überblick über die Hauptthemen seiner Philosophie – von der Methodologie über die Ontologie bis zur Anthropologie – bieten die «Grundprobleme der Philosophie» (Tübingen 1934).[45]

Wie sein Lehrer Windelband versuchte auch Rickert, die kritizistische Betrachtungsweise in den historischen Wissenschaften zur Geltung zu bringen. Abweichend von der üblichen gegenstandsorientierten Unterscheidung zwischen Natur- und Geisteswissenschaften ging er methodologisch vor, indem er die Naturwissenschaften durch ihre Konzentration auf Gesetzeserkenntnis charakterisierte und den historischen Wissenschaften die Richtung auf das im Licht von Werten gesehene Einzelne zuwies. Die Naturwissenschaften sind außerstande, die konkreten, individuellen Dinge zu begreifen; die Welt, in der wir leben, aus der unsere Freuden und Schmerzen stammen, entgeht ihnen. Nicht nur Persönlichkeiten sind mit naturwissenschaftlichen Mitteln nicht zu begreifen, sondern individuelle Erscheinungen im allgemeinen lassen sich mit den Mitteln der Naturwissenschaft nicht angemessen erfassen. Nur im unmittelbaren Leben, und nicht in der Wissenschaft, stehen wir mit der konkreten Wirklichkeit in Verbindung.[46]

Den Ausgangspunkt der philosophischen Reflexion bildet nach Rickert das Verhältnis des Menschen zur Wirklichkeit, die einerseits rational erkennbar, andererseits verstehbar ist, so daß der Bereich der Tatsachen vom Bereich der Sinngebilde unterschieden werden kann. Dieser Unterscheidung entspricht aber kein Unterschied in der Wirklichkeit, die nicht aus Realität und Sinn zusammengesetzt, sondern deren Einheit ist. Diese Einheit besteht zunächst im Subjekt, das sowohl mit der realen Welt als auch mit dem Reich der Sinngebilde in Beziehung steht. Die Einheit von

Realität und Sinn darf aber nicht auf das Subjekt beschränkt bleiben, sondern ist als Einheit von Wert und Wirklichkeit zu denken. Sie wird nicht erfahren oder erkannt, sondern angenommen, weil ohne sie das Erkenntnis- und Sinnstreben unmöglich wäre.

Die konsequente Werttheorie betrachtet Werte als Bedingungen nicht nur des historischen Verstehens, sondern des Erkennens im allgemeinen. Rickert suchte seine Ansicht ausgehend von der Tatsache des Urteilens zu begründen. Er meinte, daß wir uns im Urteil für einen Wahrheitswert entscheiden und faßte dies auf Grund eines seltsamen Verständnisses von «Wahrheitswert» als Wertung auf. Da das Werten seiner Ansicht nach darin besteht, daß wir uns auf Werte beziehen, muß deren Existenz als Bedingung der Möglichkeit von Urteilen bzw. von Erkenntnissen anerkannt werden. Darüber hinaus nahm er an, daß die Werte ein System bzw. eine einheitliche Seinssphäre bilden, die auf die Realität bezogen sein muß: Wert und Realität sind also nicht nur im Subjekt, sondern in der Wirklichkeit im allgemeinen miteinander verbunden. Über diese Seinssphäre können wir allerdings nur noch in symbolischer Sprache reden.

Rickert berief sich zugunsten seiner Konzeption auf Kants These vom Primat der Praxis, meinte aber etwas anderes als Kant. Während dieser nämlich an einen ethisch motivierten Vernunftglauben dachte, meinte Rickert den Primat der Werterkenntnis. Der Wertobjektivismus ist aber mit dem Kantischen Standpunkt nicht mehr zu vereinbaren, auch dann nicht, wenn man sich in erster Linie an Kants praktischer Philosophie orientiert, wie es Windelband und Rickert taten.

Die Philosophie der Südwestdeutschen Richtung des Neukantianismus, die außer von den Genannten auch von Emil Lask (geb. 1875, gefallen 1915) und Bruno Bauch (1877–1942) vertreten wurde, hat das Ende des Neukantianismus nicht überdauert.

4. Die realistische Richtung des Kritizismus

Ein recht eigenständiger Vertreter des Neukantianismus war Alois Riehl (geb. 1844 in Bozen, gest. 1924 in Neubabelsberg), der im Gegensatz zu den Marburgern an der kritisch-realistischen Deutung der Kantischen Erkenntnislehre festhielt. Obwohl man ihn deshalb gelegentlich in die Nähe des Positivismus rückte, ist die realistische Komponente seines Denkens nicht auf diesen, sondern auf den Einfluß des Herbartianismus zurückzuführen, der in Österreich bis etwa 1870 in Philosophie und Pädagogik eine wichtige Rolle spielte und auch den jungen Riehl beeinflußte.

Riehl habilitierte sich in Graz und wurde dort bald Professor. Bereits in dieser Zeit begann er sich dem Kritizismus zu nähern. Neben mehreren kleineren Arbeiten entstanden damals die beiden ersten Bände seines Hauptwerks «Der philosophische Kriticismus und seine Bedeutung für die positive Wissenschaft» (Teil I, Leipzig 1876, Teil II/1, 1879). 1882 folgte Riehl einem Ruf nach Freiburg im Breisgau, wo er die Nachfolge Windelbands antrat; es folgten Berufungen nach Kiel, nach Halle und schließlich nach Berlin (1905). Sein Vorgänger auf dem Berliner Lehrstuhl war Wilhelm Dilthey (siehe Kap. IV, 2), sein Nachfolger wurde der Dilthey-Schüler Eduard Spranger (1882–1963). Die Vorbereitung der zweiten Auflage seines Hauptwerkes in drei Bänden beschäftigte ihn anhaltend; die Bände II und III erschienen erst nach seinem Tod.[47]

Obwohl Riehl sich zum Kantischen Kritizismus bekannte, war er überzeugt, daß die Fortschritte der Naturwissenschaften dazu nötigten, gewisse Auffassungen Kants zu modifizieren. Kant habe nach den Bedingungen der Möglichkeit wissenschaftlicher Erkenntnis gefragt und dabei die Physik seiner Zeit vor Augen gehabt; da aber die Naturwissenschaften inzwischen entscheidende Fortschritte erzielt hätten, müsse die Kantische Frage auf die neue Form der wissenschaftlichen Erkenntnis bezogen werden.

Bei Kant fand Riehl eine Ambivalenz, die er überwinden wollte: Einerseits ist die Kantische Philosophie Theorie der Erfahrung, andererseits ist sie (praktisch fundierte) Metaphysik. Diese Metaphysik war in Riehls Augen inakzeptabel. Auch Kants Lehre vom Ding an sich hielt er für korrekturbedürftig, jedoch aus anderen Gründen als die nachkantischen Idealisten. Nach seiner Überzeugung dachte Kant nicht zu sehr, sondern zu wenig realistisch, da er das Ding an sich für schlechthin unerkennbar erklärte und sich damit die Möglichkeit nahm, es widerspruchsfrei als Grund der Erscheinungen aufzufassen, wie es nach Riehl unvermeidlich ist. Riehl verwarf einen Idealismus, der die denkunabhängige Wirklichkeit leugnet, wie er sich auch von einem Rationalismus distanzierte, der das Apriori als eingeboren auffaßt. Um den Unterschied zu dieser Position zu bezeichnen, bediente er sich gelegentlich des Ausdrucks «kritischer Rationalismus», was bereits in die Richtung der Popperschen Philosophie weist (siehe Teil VII, Kap. V, 4).

Nach Riehl müssen wir eine bewußtseinsjenseitige und denkunabhängige Wirklichkeit anerkennen, weil sonst nicht sinnvoll von Erkenntnis gesprochen werden könnte. «Erkennen» bedeutet für Riehl nämlich «Entdecken einer an sich vorhandenen Ordnung der Dinge»; die Bemühungen um Erkenntnis hätten keinen Sinn, wenn es nichts gäbe, das zu entdecken ist.[48] Es scheint, als würde hier mit der Definition von «Erkenntnis» schon die realistische Lösung vorweggenommen. Tatsächlich setzte Riehl (wie später Nicolai Hartmann; siehe Teil VII, Kap. II, 2b) voraus, daß das Bewußtsein wesentlich auf etwas vom Subjekt Verschiedenes bezogen ist. Leugnet man dies, verschreibt man sich einem Idealismus, für den die Wirklichkeit ein Traum ist, ja weniger als ein Traum, weil Träume immer einen realen Träumenden voraussetzen, während es für einen Idealismus, wie ihn seiner Ansicht nach die Marburger Neukantianer vertraten, nichts im üblichen Sinne Reales gibt.[49]

Die Gegenstände der Welt und das Subjekt sind Erscheinungen, aber in ihnen erscheint etwas, das der Erscheinung zugrunde liegt. Wenn das Ding an sich nicht schlechthin unerkennbar ist, kann es auch kategorial, namentlich kausal, bestimmt und als Ursache der Empfindungen aufgefaßt werden. Nicht nur die Existenz denkunabhängiger Dinge ist nach Riehl unbezweifelbar, sondern auch die Existenz der Mitmenschen, deren wir uns im Gefühl gewiß sind: «... die bloße Existenz altruistischer Gefühle in uns beweist die Existenz der Mitmenschen außer uns».[50] Damit erhält die Annahme einer denkunabhängigen Außenwelt eine zusätzliche Stütze: «Weil eine Mehrheit von Menschen existiert, deren Wahrnehmungen übereinstimmen, deren Gefühle sich ergänzen, deren Handlungen zusammenwirken, deshalb ist die Außenwelt real, nicht ideal, deshalb muß sie an sich und nicht bloß in der Vorstellung existieren.»[51]

Die Wirklichkeitserkenntnis erfordert stets Empfindungen, da nur durch sie die Verbindung zwischen unseren Begriffen bzw. Urteilen und der Realität zustande kommt. Während ohne Empfindungen nichts beurteilt und erklärt werden kann, lassen sich die Empfindungen selbst nicht mehr erklären; sie bedürfen auch keiner Erklärung, da an ihrer Beziehung zu den Dingen nicht gezweifelt werden kann: «Es ist unmöglich, sich einzubilden, zu empfinden»,[52] wie Riehl sagte. Die Empfindung entspricht dem Moment des Daseins, das nichts mit dem Inhalt von Begriffen zu tun hat: Das Dasein wird, streng genommen, nicht gedacht, sondern empfunden. Die Empfindungen liefern aber nicht nur den Anstoß zur Erkenntnis, sondern sie bilden auch deren Abschluß, indem sie die Verifikation unserer Annahmen ermöglichen.[53] Riehl faßte Experimente (wie Popper) als Versuche der Falsifikation von Annahmen auf, betrachtete aber (anders als Popper) das Scheitern von Falsifikationsversuchen schon als Verifikation.

Empfindung oder Wahrnehmung liefern noch keine Erfahrung bzw. Erkenntnis von Dingen; erst wenn Empfindungen vom Verstand geordnet werden, entstehen Erfahrungsgegenstände: «Erfahrung ist beurteilte, verstandene Wahrnehmung ... Das Denken ist eine Bedingung der Erfahrung, Erfahrung nicht ohne Denken möglich.»[54] Die kritische Philosophie ist Theorie der Erfahrung, die zu zeigen sucht, wie Objektivität möglich ist.[55]

Die Empfindungsdaten werden mit Hilfe von Begriffen geordnet, die nicht der Erfahrung entstammen und in diesem Sinne a priori sind. Diese Begriffe – die Kategorien – lassen sich durch Analyse des Begriffs der Erfahrung gewinnen und brauchen daher nicht als eingeborene Ideen oder als Funktionen psychischer Vermögen aufgefaßt zu werden. Besondere Bedeutung kommt den Begriffen der Substanz und der Kausalität zu. «Kausalität» ist nichts, was sich beobachten ließe, denn die Beobachtung zeigt immer nur ein Nacheinander – unter Umständen ein regelmäßiges Nacheinander –, aber keine Verursachung; Erfahrung ist aber nur möglich, wenn wir voraussetzen, daß jeder Vorgang eindeutig kausal determiniert ist, weil andernfalls der Satz, nach dem nichts ohne Grunde geschieht, verletzt wäre. Ähnlich verhält es sich mit dem Begriff der Substanz, der ebenfalls nichts Wahrnehmbares, sondern etwas bedeutet, das in allen Veränderungen als identisch *gedacht* wird. Da ohne die Prinzipien der Substantialität und der Kausalität Dinge mit Eigenschaften, deren Veränderungen durch vorhergehende Ereignisse bedingt sind, nicht erfahren werden könnten, diese Prinzipien aber nicht der Beobachtung, sondern dem Denken entspringen, ist der Empirismus hinfällig. Der Ablehnung des Empirismus entspricht Riehls Kritik am Induktivismus: Es gibt keine induktive Verallgemeinerung ohne ein Denken, das ihr die Richtung weist. Wissenschaftliche Entdeckungen kommen dadurch zustande, daß Ergebnisse in Gedanken vorweggenommen und die Vorwegnahmen empirisch bestätigt werden.[56]

Mit Kant unterschied Riehl scharf zwischen Philosophie und Realwissenschaften; während die letzteren Gegenstände zu erkennen suchen, geht es in der Philosophie um Bedingungen der Möglichkeit von Gegenstandserkenntnis, und das heißt nach Riehl, um die Bestimmung des Begriffs der Erkenntnis bzw. der Erfahrung. Die kritische Philosophie «verheißt uns weder, uns in die Weiten kosmischer Räume zu führen, noch uns einen Einblick in das Wesen der Natur zu eröffnen... Sie bereichert nicht den Inhalt unserer Kenntnisse; sie sucht Form und Wert der Erkenntnis als solcher zu bestimmen. Darum ist sie auch nicht eigentlich forschend, sondern beurteilend, das heißt eben kritisch».[57] Die Formen der Anschauung und des Verstandes lassen sich nicht direkt, sondern nur mittelbar erfassen, nämlich in der tatsächlichen Erfahrung bzw. in der Erkenntnis, vor allem in der naturwissenschaftlichen Erkenntnis, die somit, als deren bevorzugter Gegenstand, für die Philosophie besonders wichtig ist, ohne daß diese jedoch in der Naturwissenschaft aufginge.

Trotz der Unterscheidung der beiden Ebenen ließ sich Riehl auf Überlegungen ein, die nicht der Theorie der Erfahrung angehören, sondern metaphysisch sind. So stellte er die Frage nach dem Verhältnis von Körper und Bewußtsein und beantwortete sie in monistischem Sinne: Ein und dieselbe Wirklichkeit stellt sich bald als physisch, bald als psychisch dar, Physisches und Psychisches bilden aber keine selbständigen Wirklichkeitsbereiche. Daß die Vorgänge in der materiellen Welt mechanistisch erklärt werden, bedeutet nicht, daß die gesamte Wirklichkeit so zu erklären wäre. Ausdrücklich nahm Riehl das bewußte Geschehen vom Mechanismus aus. Sein «kritischer Monismus» steht im Gegensatz zum Materialismus wie zur Lehre von der Allbeseelung, wie sie von Theodor Fechner (siehe Kap. II, 3) vertreten worden war. Er kann als Vorwegnahme der Auffassung verstanden werden, die ein halbes Jahrhundert später von Bernhard Rensch vertreten wurde.[58]

Metaphysisch ist auch Riehls Lehre von der Freiheit. Zwar lehnte Riehl die Annahme der Willkürfreiheit ab, er erkannte jedoch die moralische Freiheit, d.h. die Unabhängigkeit der sittlichen Entscheidung von allen äußeren Instanzen, an. Die so verstandene Freiheit ist ebenso wie das Gute und Schöne ein Wert, durch den uns eine Aufgabe gestellt ist, ohne daß sie sich wissenschaftlich als richtig erweisen ließe. Es gibt nach Riehl keinen kategorischen Imperativ, der an uns wie das Kommando eines Unteroffiziers erginge: «Nicht Pflicht, Hingebung ist die Parole, aber Hingebung nicht an ein Transzendentes, sondern an das unser Eigen gewordene Allgemeine, die Menschheit im Menschen.»[59]

Mit der Anerkennung von Werten näherte sich Riehl der werttheoretischen Richtung eines Rickert, mit dem er in Verbindung stand. Auch der Lebensphilosophie gegenüber erwies er sich als aufgeschlossen, was sich in seinem Interesse an Nietzsches Denken äußerte. Er war der erste Vertreter der akademischen Philosophie, der sich mit Nietzsche ernsthaft auseinandersetzte. Er bekannte sich zu einer persönlichkeitsgebundenen Weltanschauung, die die Erkenntniskritik durch werthafte Orientierung ergänzt.

In diesem Kapitel konnten nur die wichtigsten Vertreter des Neukantianismus genannt werden, obwohl manche der hier nicht erwähnten – wie Hans Vaihinger (1852–1933) mit seiner «Philosophie des Als-Ob» (Berlin 1911 u.ö.) – auch heute noch Interesse verdienen. Auch die Kant-Interpretation der Neukantianer blieb unberücksichtigt, ohne daß deren Ergebnisse damit abgewertet werden sollen. Ein Interpret wie Erich Adickes (1866–1928) war weit mehr als ein bloßer Kant-Philologe, als der er gelegentlich bezeichnet wurde.

Nach dem ersten Weltkrieg verlor der Neukantianismus rasch an Einfluß. Man erklärte ihn für formalistisch und forderte die Hinwendung zu Sachproblemen, deren Lösung man sich von einer Wesensschau (wie in der Phänomenologie), von einer metaphysischen Intuition (wie in gewissen Richtungen der Lebensphilosophie), vom Vernehmen des Seins (wie in der Existenzphilosophie) oder von einem weltanschaulichen Glauben (wie in den verschiedenen Weltanschauungslehren der damaligen Zeit) erwartete. Der Einfluß des Kritizismus ging jedoch über den engeren Kreis der Neukantianer hinaus. Er ist z.B. bei Charles S. Peirce (siehe Teil VII, Kap. V, 1 a) festzustellen, allerdings in gänzlich anderem philosophischem Rahmen als bei Kant, und er machte sich immer wieder in der naturwissenschaftlichen Methodologie bemerkbar, z.B. bei Henri Poincaré (1854–1912), der – z.B. in «Science et hypothèse» (1902; deutsch: «Wissenschaft und Hypothese» (1904) – eine kritische Philosophie der Mathematik und der Naturwissenschaft entwickelte und in naturwissenschaftlichen Theorien lediglich Instrumente zum Zweck der Erklärung und Vorhersage von Tatsachen erblickte. Theorien haben stets hypothetischen Charakter und verlieren ihn auch dann nicht, wenn sie gut bestätigt sind. Auch die Grundsätze der Geometrie sind nicht notwendig wahr, sondern gelten auf Grund von Übereinkunft, so daß die Sätze der euklidischen Geometrie nicht Beschreibungen einer von uns unabhängigen Wirklichkeit sind, sondern sich vor den Sätzen anderer (nicht-euklidischer) Geometrien nur durch ihre größere Einfachheit auszeichnen. Ähnliche Auffassungen vertrat Pierre Duhem

(1861–1916), der auch ein hervorragender Wissenschaftshistoriker war. Später sind Wirkungen des Kritizismus bei Karl R. Popper festzustellen, und in der zweiten Hälfte des 20. Jahrhunderts näherten sich einige bedeutende Vertreter der sprachanalytischen Philosophie, wie Peter F. Strawson, Wilfrid Sellars und Hilary Putnam, kritizistischen Auffassungen. Der transzendentalphilosophische Gedanke, daß etwas nur auf Grund von Deutungen innerhalb eines theoretischen Rahmens Gegenstand der Erfahrung werden könne, spielt auch in der jüngsten Philosophie (z.B. unter dem Titel des Interpretationismus[60]) eine Rolle, so daß an der Lebendigkeit zentraler Gedanken der Transzendentalphilosophie nicht zu zweifeln ist.

IV.

Die Lebensphilosophie

Gott ist vom Schöpferstuhl gefallen
hinunter in die Donnerhallen
des Lebens und der Liebe.

(*Alfred Mombert*) ** 1872 † 1942*

*Dichter, zur Gruppe der Kosmiker,
Vorläufer des Expressionismus*

1. Nietzsche

Friedrich Wilhelm Nietzsche wurde am 15. Okt. 1844 als Sohn eines Pastors und einer Pastorentochter in Röcken bei Lützen geboren.[1] Der Vater wurde 1848 plötzlich gemütskrank und starb wenig später, worauf die Familie nach Naumburg übersiedelte. Der junge Nietzsche, der zunächst im Kreis von Mutter und Schwester, Großmutter und zwei Tanten aufwuchs, erhielt 1858 ein Stipendium für Pforta, der bedeutendsten Internatsschule der Region. Anschließend studierte er an den Universitäten Bonn und Leipzig Altphilologie, interessierte sich aber auch für Philosophie und Kunst. In philosophischer Hinsicht beeindruckte ihn vor allem Schopenhauer, in der Musik betrachtete er Richard Wagner als den alle überragenden Meister. 1869 wurde Nietzsche, kaum vierundzwanzigjährig, auf Empfehlung seines Lehrers Friedrich Ritschl (1806–1876) zum Extraordinarius in Basel ernannt, wo er bis 1878 lehrte. Schon 1879 mußte er sich aus Gesundheitsgründen vorzeitig in den Ruhestand versetzen lassen. In Basel stand er in Verbindung mit dem Kirchenhistoriker Franz Overbeck (1837–1905), der sich 1873 vom Christentum lossagte, und dem Historiker Jacob Burckhardt (1818–1897), den er verehrte, obwohl Burckhardt seine Begeisterung für Wagner nicht teilte und in seinem Denken den Ausdruck eines revolutionären Zeitalters sah. Von Basel aus besuchte Nietzsche häufig Richard und Cosima Wagner, die damals in Tribschen bei Luzern lebten.[2]

1872 erschien Nietzsches erstes Buch: «Die Geburt der Tragödie aus dem Geiste der Musik»,[3] das ihn bei vielen Philologen in Mißkredit brachte und das eine heftige Kontroverse auslöste. Richard Wagner und Cosima waren dagegen von der Schrift höchst angetan – verständlicherweise, handelte es sich doch um eine Huldigung an Wagner. In den Reaktionen auf die Veröffentlichung trat bereits jene Gegensätzlichkeit zutage, die sich später in bezug auf Nietzsche immer deutlicher zeigen sollte: Seine Gedanken wurden von philologischen und philosophischen Fachleuten meist abgelehnt oder ignoriert, fanden aber Anklang bei Laien, die in ihnen den Ausdruck einer neuen Weltanschauung erblickten. Zwischen 1873 und 1876 erschienen die «Unzeitgemäßen Betrachtungen», unter denen die Abhandlungen «Vom Nutzen und Nachteil der Historie für das Leben» und «Schopenhauer als Erzieher» philosophisch am interessantesten sind. 1878 trat, vor allem wegen weltanschaulicher Meinungsverschiedenheiten, aber wohl auch auf Grund unterschiedlicher ästhetischer Auffassungen, eine Entfremdung zwischen Nietzsche und Wagner ein. Nietzsche war im Begriffe, sich von seinen idealistischen Anfängen ab- und naturalistischen Auffassungen zuzuwenden, wie er sie bei dem Psychologen Paul Rée (1849–1901) fand.[4] Nietzsches naturalistische Denkweise kam klar zum Ausdruck in den 1878 und 1880 publizierten beiden Bänden des Werkes «Menschliches, Allzumenschliches», bald danach in der «Morgenröte» (1881) und der «Fröhlichen Wissenschaft» (1882). In diese Zeit fällt Nietzsches Bekanntschaft mit Lou von Salomé, um die er vergeblich warb und die später ein wichtiges Buch über Nietzsche schreiben sollte.[5] Zwischen 1883 und 1885 erschienen die vier Teile des «Zarathustra«, Teil IV allerdings als Privatdruck, da sich kein Verleger mehr fand. 1886 folgten «Jenseits von Gut und Böse. Vorspiel einer Philosophie der Zukunft» und «Zur Genealogie der Moral. Eine Streitschrift». Im Jahre 1888 entstanden «Der Fall Wagner. Ein Musikanten-Problem», «Ecce Homo. Wie man wird, was man ist» und «Der Antichrist. Fluch auf das Christentum». Diese Werke lassen bereits Nietzsches Geisteskrankheit ahnen, deren Anfänge allerdings weiter zurückliegen dürften.[6]

Seit der zweiten Hälfte der achtziger Jahre dachte Nietzsche an ein Hauptwerk, zu dem der «Zarathustra» gleichsam die «Vorhalle» bilden sollte.[7] Daß er einen klaren Plan vor Augen hatte, muß bezweifelt werden;[8] dennoch darf man davon ausgehen, daß er seine Philosophie in einem systematischen Werk metaphysisch begründen wollte.[9] Die im Zusammenhang mit diesem Plan entstandenen Notizen bilden das Material des von Nietzsches Schwester kompilierten Werkes «Der Wille zur Macht»; sie wurden erst in der zweiten Hälfte des 20. Jahrhunderts kritisch ediert und von Verfälschungen gereinigt.

Um die Jahreswende 1888/1889 brach Nietzsches Geisteskrankheit voll aus. Nietzsche lebte bis 1900 in geistiger Umnachtung, meist in familiärer Pflege; er starb am 25. August 1900 in Weimar. Die Frage nach der Natur seiner Krankheit wurde viel diskutiert. Wahrscheinlich handelte es sich um Progressive Paralyse infolge einer Syphilis-Infektion.[10]

Die Entwicklung von Nietzsches Denken verlief nicht bruchlos, sondern weist Zäsuren auf, die die Unterscheidung mehrerer Phasen nahelegen. Die erste Phase ist durch den Einfluß Schopenhauers und seiner spekulativen Metaphysik des Willens gekennzeichnet; in der zweiten distanzierte sich Nietzsche nicht nur von dieser, sondern von jeder Metaphysik und von der herkömmlichen Erkenntnistheorie, um sich einzelwissenschaftlichen, insbesondere psychologischen Auffassungen zuzuwenden, wie sie Hume, Condillac und die Anhänger der naturwissenschaftlichen Psychologie des 19. Jahrhunderts vertreten hatten; in der letzten Phase empfand er die historisch-psychologische Destruktion metaphysischer Probleme als ungenügend: Die Fragen nach dem Wesen der Wirklichkeit, nach der Form des

Weltgeschehens und nach dem Sinn des menschlichen Daseins – somit ausgesprochen metaphysische Fragen – gewannen wieder an Gewicht. Das
Bedürfnis nach Sinnfindung bzw. Sinngebung spielte in Nietzsches Denken
eine entscheidende Rolle; es veranlaßte ihn, der ständig mit der Krankheit
kämpfte und vom Gefühl durchdrungen war, dekadent zu sein, die Stärke
zu verherrlichen und die Überwindung der Dekadenz durch ein übermächtiges, neue Werte schaffendes Wollen zu proklamieren. Die Spannung zwischen dem, was Nietzsche war, und dem, was er sein wollte, ist in seinen
Werken ständig spürbar; ihr entspringt aber auch jene Leidenschaft, die aus
Nietzsches Schriften spricht und die ihre faszinierende Wirkung immer
wieder ausübt.

a) Philosophie der Kunst und der Geschichte

Nietzsche begann als Kulturphilosoph bzw. als Kulturkritiker, und der kul-
turkritische Impuls blieb in seinem Denken auch später wirksam. So ging es
ihm in der «Geburt der Tragödie» nicht nur um eine Deutung der antiken
Tragödie, sondern um die Auseinandersetzung mit Tendenzen der Kultur
des 19. Jahrhunderts. In der zeitgenössischen Kultur meinte er Symptome
der Dekadenz zu erkennen und erhoffte sich vom Musikdrama, wie es
Richard Wagner geschaffen hatte, eine kulturelle Erneuerung, weil er bei
Wagner eine schöpferische Kraft – ein dionysisches Element – am Werke
sah, die er bei anderen Künstlern der Zeit vermißte. Große Kunst entsteht
immer durch das Zusammenwirken zweier Faktoren, die Nietzsche mit den
Ausdrücken «dionysisch» und «apollinisch» bezeichnete. Das Dionysische
ist vitale Energie, die den Einzelnen sich selbst zugunsten der Einheit aller
Wesen vergessen läßt; sie führt, wenn sie ungehemmt zur Geltung kommt,
zu einem Zustand, der dem Rausch verwandt ist. Daher muß, wenn ein
Kunstwerk entstehen soll, die Macht des Dionysischen durch das apollinische Prinzip des Maßes, der Harmonie, der Form gebändigt werden. Aus
dem Zusammenwirken des Dionysischen und des Apollinischen entstand
die griechische Tragödie, und die neue tragische Kunst, die Nietzsche im
Entstehen begriffen sah, soll denselben Wurzeln entspringen.

Hinter der mit den Ausdrücken «dionysisch» und «apollinisch» bezeichneten Polarität steht Schopenhauers Unterscheidung von Ding an sich und
Erscheinung, der zufolge das An-sich blinder, zielloser Wille, d. h. unge-
formte Kraft ist, während die Welt der Erscheinung auf den Formen des
Raumes, der Zeit und der Kausalität beruht. Die Erscheinungswirklichkeit
ist einem Schleier zu vergleichen, der uns das An-sich verbirgt. (Siehe
Teil V, Kap. VII, 2–3) Nietzsche wich aber in einem wesentlichen Punkt
von Schopenhauer ab. Hatte dieser der Kunst die Funktion zugewiesen,
durch den Schein der vielfältigen konkreten Dinge hindurch die allgemeinen Formen der Erscheinung – die Ideen – und letztlich den Weltwillen
selbst zugänglich zu machen, so offenbart die Kunst nach Nietzsche nichts

vom Wesen der Wirklichkeit; sie hat im Gegenteil die Funktion, die Wirklichkeit, wie sie an sich ist, unserem Blick zu entziehen. Das An-sich ist, wie Nietzsche mit Schopenhauer meinte, absolut sinnlos. Da der Mensch im Bewußtsein vollkommener Sinnlosigkeit nicht zu leben vermöchte, bedarf es im Interesse des Lebens des Scheins, ja der Illusion einer geordneten, harmonischen, schönen Welt. Letzten Endes ist es der Weltgrund selbst, das Ur-Eine, das den lustvollen Schein braucht, um Erlösung von der inneren Gegensätzlichkeit, dem Schmerz, unter dem es leidet, zu finden. Die romantisch-mystische Deutung der Kunst, die hier noch anklingt, sollte bei Nietzsche allerdings bald einer psychologischen, ja physiologischen Auffassung der Funktion des Kunstwerks weichen. Daß das Leben nicht auf Wahrheit, sondern vielfach auf Täuschung angewiesen ist, hat Nietzsche aber auch später immer wieder betont und sich damit gegen jene bis zum Neuplatonismus zurückreichende Tradition gestellt, die der Kunst eine Art Wahrheit zuerkannte.

Die Griechen wußten nach Nietzsche von der Absurdität des Daseins, und aus diesem Wissen entsprang jener untergründige Pessimismus, den die klassizistische Deutung der Antike übersah und der nach Nietzsche berücksichtigt werden muß, wenn man die griechische Kunst verstehen will: «Der Grieche kannte und empfand die Schrecken und Entsetzlichkeiten des Daseins: um überhaupt leben zu können, mußte er vor sie hin die glänzende Traumgeburt der Olympischen stellen.»[11] Die heitere Welt der olympischen Götter, die apollinische Seite der Kultur im allgemeinen, ist nur Oberfläche; wer die Kunst der Griechen, ja wer wahre Kunst überhaupt verstehen will, muß hinter diese Oberfläche blicken. Den Gegenpol zur tragischen Haltung bildet der Intellektualismus; gelangt dieser in der Kunst zur Herrschaft, dann beginnt der Niedergang, der in der Antike mit Euripides, dem Zeitgenossen der griechischen Aufklärer – der Sophisten (siehe Teil I, Kap. II) und ihres Geistesverwandten Sokrates – einsetzt. Sokrates war in Nietzsches Augen der typische Intellektuelle, der sich nur noch von rationalen Überlegungen, und nicht mehr von seinen Instinkten, leiten läßt. Die instinktiven Antriebe traten bei Sokrates zugunsten des Intellekts in den Hintergrund; sie äußerten sich in jener inneren Stimme, die Sokrates das Daimonion nannte. In dem Umstand, daß er sich vom Daimonion meist von etwas zurückgehalten, und nur in Ausnahmefällen zu etwas gedrängt fühlte, zeigt sich, wie sehr sein Instinkt bereits geschwächt war. Auf seinem Intellektualismus beruhte sein Optimismus, der in der These von der Lehrbarkeit der Tugend zum Ausdruck kommt.[12]

Der Intellektualist ist überzeugt, «daß das Denken, an dem Leitfaden der Kausalität, bis in die tiefsten Abgründe des Seins reiche, und daß das Denken das Sein nicht nur zu erkennen, sondern sogar zu *korrigieren* imstande sei».[13] Nietzsche charakterisierte den Glauben an die Erkennbarkeit und Beherrschbarkeit der Wirklichkeit, der für die wissenschaftliche Einstellung charakteristisch ist, als eine Art Wahn, unter dessen Eindruck das wissenschaftliche Denken bis zu einem Punkt getrieben wird, an dem es nicht mehr weiterkann und daher in etwas anderes, nämlich in Kunst, umschlägt. Um das Dasein zu begreifen, sucht die Wissenschaft von den Erscheinungen auf deren vernünftigen Grund zurückzuschließen. Zugleich will sie es auf diese Weise rechtfertigen, denn wenn sich in den Erscheinungen ein vernünftiges Prinzip manifestiert, dann haben die Erscheinungen selbst als vernünftig zu gelten. Jeder solche Begründungs- und Rechtfertigungsversuch scheitert jedoch, da man, wie schon Schopenhauer erklärt hatte, mit Hilfe des begründenden Denkens niemals über den Bereich der Erscheinungen hinausgelangt, also nichts erreicht, das den Phänomenen zugrunde läge und in dessen Licht sie gerechtfertigt erscheinen könnten. Wo das rationale Denken scheitert, bietet sich der Mythus als Alternative an. Nietzsche wollte offensichtlich das wissenschaftlich-rationale Denken im allgemeinen kritisieren, kennzeichnete es dabei aber völlig inadäquat. Die Vertreter der Naturwissenschaften im 19. Jahrhundert wollten nämlich keineswegs, wie Nietzsche unterstellte, am Leitfaden der Kausalität die Tiefen des Seins ergründen, sondern sie sahen ihre Aufgabe darin, Regelmäßigkeiten im Bereich der Erscheinungen zu ermitteln und in Form von Gesetzeshypothesen auszudrücken. Achtet man aber nicht auf die irrigen Voraussetzungen von Nietzsches Kritik, sondern auf deren Wirkung, dann stellt sie sich als früher Schritt zu jenen wissenschaftskritischen Auffassungen dar, die im 20. Jahrhundert bald von lebens- und existenzphilosophischen, bald von ökologischen und bald von mystischen Standpunkten aus immer wieder vertreten wurden.

Später hat Nietzsche seine Wissenschaftsauffassung revidiert und angenommen, daß wissenschaftliche Erklärungen nur Erscheinungen betreffen. Von der Wissenschaft darf, wie er betonte, auch nicht mehr erwartet werden: Jemand, der (wie Newton) in der Wissenschaft ein Mittel erblickt, Gottes Weisheit besser zu verstehen, oder jemand, der (wie Voltaire) an ihren Nutzen für die Moral glaubt, irrt ebenso, wie jemand, der (wie Spinoza) in ihr einen Weg zur Selbstvergottung sieht.[14] Die nicht mehr auf etwas Transzendentes bezogene Wissenschaft – die *fröhliche Wissenschaft* – ist streng, rein und klar; wer ihre Atmosphäre gewohnt ist, wünscht sich nichts anderes. Auch sie beruht aber letzten Endes auf einem metaphysischen Glauben: dem Glauben an objektive Wahrheit. Im Hinblick hierauf gestand Nietzsche, «daß auch wir Erkennenden von heute, wir Gottlosen und Antimetaphysiker, auch unser Feuer noch von dem Brande nehmen, den ein jahrtausendealter Glaube entzündet hat, jener Christen-Glaube, der auch der Glaube Platos war, daß Gott die Wahrheit ist, daß die Wahrheit göttlich ist». Und er fügte hinzu: «Aber wie, wenn dies gerade immer mehr unglaubwürdig wird, wenn nichts sich mehr als göttlich erweist, es sei denn der Irrtum, die Blindheit, die Lüge – wenn Gott selbst sich als unsre längste Lüge erweist?»[15] Im Verlauf der Zeit stellte Nietzsche den Willen zur Wahrheit immer entschiedener in Frage und wertete gleichzeitig den Willen

zur Unwahrheit, zur Täuschung, zum lebenserhaltenden und lebensför-
dernden Irrtum auf. Wenn er sich trotzdem zur wissenschaftlichen Einstellung bekannte, dann dachte er in erster Linie an die psychologische
Betrachtungsweise, der er die Ideen der Metaphysik, der Moral und der
Religion unterwarf.

Auch hinsichtlich der Kunst trat an die Stelle der metaphysischen Deutung von 1872 später eine psychologische, ja physiologische Betrachtungsweise. Die Kunst hat nach Nietzsche etwas mit Zuständen zu tun, «in
denen wir eine *Verklärung und Fülle* in die Dinge legen und an ihnen dichten, bis sie unsere eigene Fülle und Lebenslust zurückspiegeln». Nietzsche
sprach ausdrücklich vom Geschlechtstrieb, vom Rausch, von der Grau-
samkeit, die zur ältesten Festfreude des Menschen gehören. In der Kunst
werden die Sphären erregt, in denen jene Lustzustände ihren Sitz haben.[16]
Daher ist es folgerichtig, wenn Nietzsche in seiner späteren Zeit seine
Ablehnung von Wagners Musik auf einen körperlichen Widerwillen
zurückführte. «Ästhetik ist ja nichts als eine angewandte Physiologie», wie
er pointiert erklärte.[17]

Die ästhetische Einstellung kann demnach nicht als interesseloses Wohlgefallen aufgefaßt werden, wie Kant gemeint hatte, sondern sie hängt im
Gegenteil mit vitalen Interessen zusammen. Im Hinblick auf die Abhängigkeit der Kunst von Interessen fragte Nietzsche rhetorisch: «was tut alle
Kunst? lobt sie nicht? verherrlicht sie nicht? wählt sie nicht aus? zieht sie
nicht hervor [vielleicht richtig: vor]? Mit dem allen *stärkt* oder *schwächt* sie
gewisse Wertschätzungen ... Ist dies nur ein Nebenbei? ein Zufall? Etwas,
bei dem der Instinkt des Künstlers gar nicht beteiligt wäre? Oder aber: ist
es nicht die Voraussetzung dazu, daß der Künstler *kann*?»[18]

Der bereits 1872 anklingende Gedanke, daß der Mensch auf den Schein,
die Illusion angewiesen ist, um leben zu können, blieb für Nietzsches Denken bestimmend. Wir erfassen die Wirklichkeit nicht so, wie sie an sich ist,
sondern so, wie sie sich auf Grund von Deutungen darstellt. Leitend für die
Deutung ist das Interesse des Lebens, das sich nicht nur auf Erhaltung, sondern auf Steigerung der einem Lebewesen eigenen Macht richtet.

Dieses Interesse leitete auch Nietzsches Bewertung der Geschichte in
der zweiten Unzeitgemäßen Betrachtung «Vom Nutzen und Nachteil der
Historie für das Leben». Das Leben bedarf der Historie, aber nicht jede Art
der Historie dient dem Leben. Herrscht in ihr einseitig die antiquarische
Einstellung, dann kann sie zum Hemmnis der Entwicklung werden, weil sie
dazu veranlaßt, alles Neue und Werdende abzulehnen. Als Gegengewicht
zu dieser rein bewahrenden Einstellung, für die das Alte als solches schon
das Gute ist, betrachtete Nietzsche die monumentale Historie, die der
Vergangenheit große, zur Nachahmung auffordernde Vorbilder entnimmt,
um sie dem gegenwärtig handelnden Menschen vor Augen zu stellen. Aber
auch diese Art der Historie darf nicht zur allein herrschenden werden, sondern es bedarf einer dritten Art, der kritischen, die die Macht des Vergan-

genen zergliedernd auflöst. In einer für sein gesamtes Denken typischen
Weise betonte Nietzsche, daß die historische Kritik nicht dem Ziel der
Gerechtigkeit verpflichtet ist, sondern daß sie auch ungerecht und ungnädig
urteilen muß, wenn das Leben dies erfordert. Alle drei Arten der Historie
haben ihre relative Berechtigung, und das Maß, in dem sie zur Geltung zu
bringen sind, hängt von den Bedürfnissen eines Volkes in einem bestimmten Zeitpunkt ab. Wird die Historie aber zur reinen Wissenschaft, die sich
von den Erfordernissen des Lebens unabhängig macht, dann wird sie zu
einer lebensfeindlichen Macht. Nietzsche sah seine Zeit an einem Übermaß
historischen Wissens ohne positive Bedeutung für das Leben leiden, und
hinter der übermäßigen Historisierung des Bewußtseins meinte er eine
Schwächung der menschlichen Persönlichkeit zu entdecken. Um leben zu
können, brauchen Einzelmenschen wie einzelne Völker lebensfördernde
Illusionen; wenn der kritische Geist alle Illusionen analysierend zerstört,
wird er zu einem lebensfeindlichen Faktor. Entgegenwirken kann man der
«historischen Krankheit» nur durch das Unhistorische – die Kunst des
Vergessens – und das Überhistorische, nämlich Kunst und Religion. In die
Jugend, die angesichts einer altgewordenen, epigonalen Kultur noch die
Kraft zur unhistorischen und künstlerischen Haltung hat, setzte Nietzsche
seine Hoffnung.

b) Nietzsche und die Metaphysik

Nachdem sich Nietzsche von der metaphysischen Auffassung, die in der
«Geburt der Tragödie» vorausgesetzt ist, abgewandt hatte, wurde er nicht
müde, die Metaphysik von verschiedenen Seiten her anzugreifen und für
hinfällig zu erklären. Dabei konzentrierte er sich auf die Lehren vom Ding
an sich, von Gott und einer in Gott fundierten vernünftigen Weltordnung
als «wahrer Wirklichkeit» sowie von der Substanz im allgemeinen und der
Seelensubstanz im besonderen. Die Metaphysik wollte er nicht mit den
Mitteln der immanenten Kritik – durch die Auseinandersetzung mit ihren
Argumenten –, sondern mit psychologischen Mitteln widerlegen, nämlich
durch die Rekonstruktion der Entstehung metaphysischer Vorstellungen.
Nietzsche sprach von einer «Chemie der Begriffe»,[19] mit deren Hilfe die
der Bildung metaphysischer Ideen zugrunde liegenden Triebe, Gefühle,
Wünsche ermittelt werden sollen. Nicht vernünftige Einsichten, sondern
irrationale Motive stehen dieser Ansicht nach hinter den Lehren der Metaphysiker, und in der Aufdeckung dieser Motive besteht die «historische»
(d. h. genetische) Metaphysikkritik, in der Nietzsche die zeitgemäße Art der
Auseinandersetzung mit der Metaphysik erblickte, wie z. B. deutlich wird,
wenn er in bezug auf das Gottesproblem sagt: «Ehemals suchte man zu
beweisen, daß es keinen Gott gebe – heute zeigt man, wie der Glaube, daß
es einen Gott gebe, *entstehen* konnte …; dadurch wird ein Gegenbeweis,
daß es keinen Gott gebe, überflüssig.»[20] Der Anspruch, von der Entstehung

einer Idee (etwa der Gottesidee) auf ihre objektive Gültigkeit schließen zu
können, ist allerdings ungerechtfertigt. Der Umstand, daß z.B. die Kepler-
schen Gesetze bei der Suche nach jener Harmonie der Sphären gefunden
wurden, an welche die Pythagoreer geglaubt hatten (siehe Teil I, Kap. I, 3),
spricht nicht gegen ihre Richtigkeit.

Ähnlich ging Nietzsche angesichts der Lehre vom Ding an sich vor: Um
die Annahme von Dingen, die gleichsam hinter den Erscheinungen stehen,
zu kritisieren, fragte er zunächst, wie der Begriff des Dings im allgemeinen
entsteht, und fand, daß er dem Bedürfnis nach etwas Festem und Dauer-
haftem entspringt, das der Vielfalt veränderlicher Erscheinungen zugrunde
liegt. Die Vorstellung des Dings wird von uns unter dem Einfluß praktischer Interessen zum Zweck der Ordnung von Daten geschaffen. Nach
Nietzsche kann daher nicht angenommen werden, daß es unabhängig von
unserem Denken Dinge gibt. Was vom Ausdruck «Ding» gilt, hat erst recht
vom Ausdruck «Ding an sich» zu gelten: er hat keinen objektiven Sinn,
sondern wird auf Grund irrationaler Motive gebildet, woraus Nietzsche
folgern zu können meinte, daß von einer Wirklichkeit an sich nicht sinnvoll
gesprochen werden kann. Mit dem Begriff des Dings an sich verliert offenbar auch der Gegenbegriff der Erscheinung seinen herkömmlichen Sinn.
Die Unterscheidung zwischen einer Welt der Phänomene und einer «hinter» ihr liegenden anderen Welt – einer Hinterwelt – wird hinfällig. Es gibt
nur die Welt, die wir erfahren und in der wir leben. Diese Welt ist eine
gedeutete Welt und daher abhängig von der Perspektive der Deutung. Der
«eigentliche Phänomenalismus und Perspektivismus» beruht nach Nietzsche darauf, «daß die Welt, deren wir uns bewußt werden können, nur eine
Oberflächen- und Zeichenwelt ist ..., daß mit allem Bewußtwerden eine
große gründliche Verderbnis, Fälschung, Veroberflächlichung und Genera-
lisation verbunden ist».[21]

Bei der Bildung fiktiver metaphysischer Ausdrücke spielt, wie besonders
deutlich beim Terminus «Substanz» zu sehen ist, die Sprache eine wichtige
Rolle. Wir lassen uns z.B. zu der Annahme verleiten, dem Subjekt einer
Aussage müsse etwas in der Realität – eine Substanz – entsprechen, und wir
glauben insbesondere, daß dem Denken eine denkende Substanz zugrunde
liege, weil uns die Grammatik nötigt, jedes Tun auf einen Täter zu beziehen. Sprachliche Strukturen spielen auch bei der Bildung der Gottesvorstellung eine Rolle, weshalb Nietzsche sagen konnte, wir würden Gott nicht
los, weil wir noch an die Grammatik glaubten.[22]

Wenn die Grundbegriffe der Metaphysik Erfindungen sind, erhebt sich
die Frage, zu welchem Zweck sie erfunden werden. Nietzsche meinte, sie
würden eingeführt, um die Zusammenhänge der Realität erklärbar und
damit prinzipiell beherrschbar zu machen. Um das Naturgeschehen beeinflussen zu können, müssen wir es erklären, und dies ist nur möglich, wenn
es konstante Größen gibt, wenn das Geschehen eine gewisse Regelmäßigkeit aufweist und wenn insbesondere gleichen Ursachen immer gleiche

Wirkungen entsprechen. Da es in Wirklichkeit keine Konstanz und keine Gleichförmigkeit gibt, müssen die Vorstellungen beharrlicher Dinge und allgemeiner Gesetzmäßigkeiten des Ereignisablaufs Fiktionen sein, die, wie gesagt, aus praktischen Gründen erzeugt werden. Man wird allerdings fragen müssen, wie solche Fiktionen auf lange Sicht nützlich sein können, wenn es nicht tatsächlich eine gewisse Beharrlichkeit, Regelmäßigkeit usw. gibt. Annahmen auf Grund von Begriffen, die im Gegensatz zur Wirklichkeit stehen, müßten über kurz oder lang das Scheitern der an ihnen ausgerichteten Praxis zur Folge haben.

Nietzsches Kritik an der Metaphysik erreicht mit der Absage an den Gottesglauben ihren Höhepunkt: «Gott ist tot», wie Nietzsche verkündete, oder genauer: «Der alte Gott ist tot». Hier ist nicht so sehr an die Hinfälligkeit der metaphysischen oder der Offenbarungstheologie zu denken, als vielmehr an das Verblassen einer auf der Gottesidee beruhenden Weltanschauung.

Ungeachtet der radikalen Absage an die Metaphysik hat Nietzsche in den achtziger Jahren den Versuch unternommen, eine metaphysische Wirklichkeitsauffassung zu entwickeln, deren Kristallisationskern die Idee der ewigen Wiederkehr war, nach der das Weltgeschehen ohne Anfang und Ende ist und unendlich viele Male zu den gleichen Zuständen führt. Die Welt, wie sie jetzt ist, war unendlich oft bereits vorhanden, und sie wird unendlich oft wieder in gleicher Weise realisiert sein. Der Gedanke der ewigen Wiederkehr des Gleichen scheint zunächst ein isolierter Einfall gewesen zu sein, den Nietzsche nach eigenem Zeugnis 1881 hatte;[23] in der Folge wurde er aber zum Angelpunkt einer Metaphysik, auf die im «Zarathustra» immer wieder angespielt wird und die Nietzsche, wie seine Aufzeichnungen aus der zweiten Hälfte der achtziger Jahre zeigen, systematisch zu begründen suchte.[24]

Erstmals wird die Annahme, daß das Weltgeschehen zyklisch sei, in der «Fröhlichen Wissenschaft» ausgesprochen: «Dieses Leben, wie du es jetzt lebst und gelebt hast, wirst du noch einmal und noch unzählige Male leben müssen ...»[25] Nietzsche sah, daß dieser Gedanke ambivalent ist: Wenn der Aspekt im Vordergrund steht, daß «das Nichts (das ‹Sinnlose›) ewig» ist, wirkt er deprimierend;[26] er kann aber auch dazu herausfordern, der Sinnlosigkeit der Welt zum Trotz das Leben anzuerkennen und das Schicksal zu bejahen. Nach Nietzsche ist die angemessene Antwort auf die Herausforderung durch den Wiederkunftsgedanken nicht der Nihilismus, sondern die unbedingte Bejahung des Lebens und des Schicksals, der *amor fati*. Wer diese Einstellung einnimmt, wird am Ende seiner Tage bereit sein zu sagen: «War das das Leben? Wohlan! Noch einmal!»[27]

Die Vorstellung eines zyklischen Weltprozesses war nicht neu, findet sie sich doch bereits in der Antike, z.B. bei den Stoikern, vermutlich schon bei Heraklit, und der Altphilologe Nietzsche wußte das.[28] Neu konnte für ihn nur die Überzeugung sein, in der Wiederkunftslehre das Mittel zur Überwindung des Nihilismus gefunden zu haben. Wegen der großen praktischen Bedeutung dieses Gedankens sah sich Nietzsche gedrängt, ihn zu begründen; da das nicht empirisch geschehen konnte, war der Schritt zur Metaphysik unabweisbar.

Nietzsche nahm an, daß die Wirklichkeit an sich eine endliche und konstante Menge von Kraftzentren sei, die sich mit den Monaden vergleichen lassen, von denen Leibniz gesprochen hatte. (Siehe Teil IV, Kap. I, 6 b) Da die Menge der Kraftzentren begrenzt ist, muß auch der Raum eine Grenze haben, während die Zeit als anfangs- und endlos gilt; von einer zyklischen Zeit zu reden hat dagegen keinen Sinn.[29] Weil es nur endlich viele Kraftzentren gibt, ist auch die Anzahl ihrer möglichen Kombinationen endlich; weil aber die Zeit unendlich ist, muß jede dieser (offenbar als gleich wahrscheinlich betrachteten) Kombinationen unendlich oft wiederkehren.[30]

Es ist bemerkenswert, daß Nietzsche, der die Metaphysik so beharrlich kritisiert hatte, selbst einen metaphysischen Begründungsversuch unternahm, und es ist noch bemerkenswerter, daß es sich um eine Metaphysik handelt, in der gewisse der von Nietzsche angegriffenen metaphysischen Auffassungen eine zentrale Rolle spielen. Die beharrlichen Kraftzentren sind, auch wenn Nietzsche sie nicht so nannte, Substanzen im Sinne der traditionellen, von Nietzsche vehement bekämpften Metaphysik, und der Wille (als Wille zur Macht), der das Wesen der Machtquanten ausmachen soll, entspricht dem Streben (appetitus), in dem Leibniz das Wesen der Monaden erblickte. Wenn Nietzsche das erfahrbare Geschehen insgesamt auf die konkurrierenden Machtwillen der Kraftzentren zurückführte bzw. in ihm die Äußerung von Verhältnissen jenseits der empirischen Wirklichkeit erblicken zu können meinte, dann traf er jene Unterscheidung von Erscheinung und An-sich, die er früher als haltlos bezeichnet hatte.

c) Der Nihilismus und seine Überwindung

Die Metaphysik, die Nietzsche konzipierte, soll die Überwindung des Nihilismus möglich machen. Die Überzeugung, zu diesem Zweck auf metaphysische Überlegungen zurückgreifen zu müssen, erklärt sich aus seiner Deutung des Nihilismus als Folge der Destruktion der rationalistischen Metaphysik, näherhin der Zerstörung des Glaubens an ewige Wahrheiten und Werte. Wenn der Mensch seinem Leben nur Sinn geben kann, wenn er an objektive Werte glaubt, und wenn dieser Glaube metaphysisch ist, dann kann der Nihilismus, der mit dem Zusammenbruch der alten Metaphysik eintrat, nur durch eine neue Metaphysik überwunden werden.

Die Auseinandersetzung mit dem Nihilismus kann als Leitmotiv von Nietzsches Denkens in den achtziger Jahren gelten. Nietzsche sah sich nicht nur als Beobachter bzw. als Interpret des Nihilismus, sondern auch als einen vom Nihilismus Betroffenen und unter ihm Leidenden, und er glaubte schließlich, zu seiner Überwindung berufen zu sein.

Der Nihilismus besteht in der Negation aller absoluten Wahrheiten und Werte, im «Glauben an die absolute *Wert*losigkeit, das heißt *Sinn*losigkeit».[31] Er ist somit die Folge der Aufhebung jener Annahmen, die für die theoretische und praktische Philosophie des Rationalismus zentral waren; er wird unvermeidlich, sobald die Idee einer vernünftigen bzw. werthaften, in Gott fundierten Ordnung der Wirklichkeit fragwürdig wird. Der Nihilismus ist aber nur unmittelbar Folge der Preisgabe des Glaubens an eine objektive Ordnung der Wahrheiten und Werte; mittelbar ist er die Wirkung einer psychischen und letztlich einer physischen Schwäche, auf die sich Nietzsche mit dem Ausdruck «Dekadenz» bezog. Psychologisch betrachtet, stellt sich der Nihilismus als Zustand dar, der eintritt, wenn die Suche nach Sinn vergeblich bleibt bzw. wenn man merkt, daß es das, wonach man gesucht hat, gar nicht gibt. Wenn man die Wirklichkeit mit Hilfe der Begriffe der Einheit, der Wahrheit, der Zweckmäßigkeit zu begreifen sucht und einsehen muß, daß es Einheit, Wahrheit und Zweck nicht gibt, wird der Gedanke der Wert- und Sinnlosigkeit der Welt unabweisbar. Physiologisch ist der Nihilismus Ausdruck jener Lähmung des Lebenswillens, die das Wesen der Dekadenz ausmacht: «Die nihilistische Bewegung ist nur der Ausdruck einer physiologischen *décadence*.»[32] Die Schwächung der Willenskraft äußert sich im Bedürfnis nach einem metaphysisch-religiösen Glauben, aber auch in der Mitleidsethik. Weil das Mitleid die Lebensenergie herabsetzt und in diesem Sinne lebensfeindlich ist, verstand Nietzsche die Mitleidsmoral – «das unheimlichste Symptom unsrer unheimlich gewordnen europäischen Kultur» – als Ausdruck des Nihilismus.[33]

Nietzsches Diagnose beruhte allerdings auf einem Mißverständnis. Mit der Feststellung, daß die metaphysische Annahme einer vernünftig geordneten Wirklichkeit in der damaligen Zeit meist als überholt betrachtet wurde, hatte er zwar recht; aber er irrte, wenn er glaubte, dies als erster erkannt zu haben. Daß er einen solchen Anspruch erhob, zeigt sich, wenn er betont: «Ich beschreibe, was kommt: die Heraufkunft des Nihilismus. Ich kann hier beschreiben, weil hier etwas Notwendiges sich begibt – die Zeichen davon sind überall, die *Augen* nur für diese Zeichen fehlen noch.»[34] In Wirklichkeit war die Distanzierung gegenüber einer Metaphysik der fraglichen Art längst im Gange, man denke nur an die Kritik, die Hume (siehe Teil IV, Kap. II, 2 b) und Kant (siehe Teil V, Kap. I, 4) an ihr geübt hatten. Nietzsche erschreckte der mit der Abkehr von der traditionellen Metaphysik verbundene Sinnverlust, ja er empfand die im Gang befindliche Entwicklung als Katastrophe. Dies zeigt, wie stark er selbst noch vom Bedürfnis nach einem objektiven, metaphysisch verankerten Sinn des Daseins geprägt war.

Nietzsche stand dem Nihilismus nicht als neutraler Diagnostiker gegenüber, sondern er sah sich selbst als sein Opfer. Weil er überzeugt war, den Nihilismus durchlitten zu haben wie kein anderer Mensch, hielt er sich für berufen, den Zeitgenossen die Augen für das Phänomen des Nihilismus zu öffnen; er sprach zu ihnen «als der erste vollkommene Nihilist Europas, der aber den Nihilismus selbst schon in sich zu Ende gelebt hat – der ihn hinter sich, unter sich, außer sich hat». Und er meinte, mit den Formeln *Wille zur Macht* und *Umwertung aller Werte* sei «eine *Gegenbewegung* zum Ausdruck gebracht, in Absicht auf Prinzip und Aufgabe: eine Bewegung, welche in irgend einer Zukunft jenen vollkommenen Nihilismus ablösen wird; welche ihn aber *voraussetzt*, logisch und psychologisch, welche schlechterdings nur *auf ihn* und *aus ihm* kommen kann. Denn warum ist die Heraufkunft des Nihilismus nunmehr *notwendig*? Weil unsere bisherigen Werte selbst es sind, die in ihm ihre letzte Folgerung ziehn; weil der Nihilismus die zu Ende gedachte Logik unserer großen Werte und Ideale ist, – weil wir den Nihilismus erst erleben müssen, um dahinter zu kommen, was eigentlich der *Wert* dieser ›*Werte*‹ war ... Wir haben, irgendwann, neue Werte nötig...»[35]

Nietzsches Überzeugung, daß es an ihm sei, den entscheidenden Schritt zur Überwindung des Nihilismus zu tun, erinnert an den Gedanken des stellvertretenden Leidens: Da er das äußerste Leiden am Nihilismus für die Bedingung seiner Überwindung hielt, und da die meisten, wie er annahm, den Nihilismus noch gar nicht wahrgenommen haben, also an ihm auch nicht leiden, zog er die Konsequenz, daß er, als der einzige Wissende, auch das Leiden am Nihilismus stellvertretend für alle auf sich nehmen müsse. Bei dieser Auffassung dürfte es sich um ein Echo von Schopenhauers Lehre handeln, daß ein einzelner, der den Willen zum Leben in sich vollständig unterdrückt, alle Menschen von der Last des Daseins zu erlösen vermöchte.

Wenn der Nihilismus die Folge eines Prozesses ist, in dessen Verlauf die Werte aufhören, gültig zu sein, dann kann er nur dadurch überwunden werden, daß ein neues Wertbewußtsein erzeugt wird. Da es nach Nietzsche streng genommen keine Werte, sondern nur subjektive Wertungen, d. h. Wertsetzungen in Form von Willensakten, gibt, erfordert die Überwindung des Nihilismus ein neues, starkes, ja übermächtiges Wollen. Die herkömmlichen Werte wurden hinfällig, weil das Wollen, von dem sie abhingen, nicht mehr stark genug war; sollen neue Werte geschaffen werden, bedarf es eines Wollens, das die traditionellen Wertungen durch andere ersetzt. In diesem Sinne forderte Nietzsche eine Umwertung aller Werte, durch die an die Stelle der Dekadenz-Werte, die einem geschwächten Willen entspringen und die sich vor allem mit dem Christentum durchgesetzt haben, Wertungen eines kräftigeren, gesunden Wollens treten. Ursprünglich galten Macht, Herrschaft, Stolz als gut; mit dem Christentum als Religion der Unterschicht, der Sklaven, setzte sich eine andersartige Moral, eine Sklavenmoral, durch, unter deren Bedingungen Schwäche, Unterwerfung, Demut, Mitleid als Tugenden gelten. Der Sklavenaufstand in der Moral muß rückgängig gemacht und das ursprüngliche Wertbewußtsein wieder zur Geltung gebracht werden.

Nietzsche stellte die neuen Werte offensichtlich als unbedingt gültig

dar,[36] obwohl er von der Subjektivität und Relativität aller Wertungen überzeugt war. Was er als psychologischer Analytiker der Moral konstatiert
hatte, spielte für ihn offenbar keine Rolle mehr, als er zum Moral-Propheten wurde. Sein «Immoralismus» besteht, so gesehen, nur in der Ablehnung
der herkömmlichen, nicht in der Ablehnung jeder Moral.

Nietzsche meinte, daß es nicht genüge, ein Wollen in abstracto zu fordern, wenn der Wille «Wende der Not»[37] sein soll; es ist nötig, dem Wollen
ein Ziel zu geben. Deshalb konzipierte Nietzsche die Idee des Übermenschen, an der sich die Menschen bei ihren Bemühungen um Höherentwicklung orientieren sollen: «Der Übermensch ist der Sinn der Erde. Euer Wille
sage: der Übermensch *sei* der Sinn der Erde!»[38] Der Willensakt, in dem
die Idee des Übermenschen bejaht wird, hat die Funktion der Sinngebung:
«Ich will die Menschen den Sinn des Seins lehren: welcher ist der Übermensch ...»,[39] läßt Nietzsche seinen Zarathustra sagen. Er begnügte sich
jedoch nicht damit, diese Idee als Orientierungspunkt für das Wollen darzustellen, sondern er empfahl die Züchtung des Übermenschen. Damit
wird die Aufgabe von der Ebene der Sinngebung auf die biologische Ebene
verlagert und um ihre ursprüngliche Bedeutung gebracht.[40]

Die Erschaffung neuer Werte ist eine übermenschliche Aufgabe. Da die
Menschen früher den Sinn ihres Lebens in der Übereinstimmung mit dem
Willen Gottes fanden, kann das Dasein nach dem Tode Gottes nur dadurch
einen Sinn erhalten, daß der Mensch in die Rolle des wertesetzenden Gottes
eintritt. Die Menschen im allgemeinen sind aber dazu nicht fähig, da sie
weder die Gefahr des Nihilismus noch den Ausweg aus ihm sehen; deshalb
hielt es Nietzsche für notwendig, selbst die Rolle des Schöpfers der neuen
Werte und des neuen Sinns wahrzunehmen. Der Gedanke, mit der Umwertung aller Werte jene Funktion zu übernehmen, die früher Gott zugeschrieben worden war, ist somit eine Konsequenz der fundamentalen Voraussetzungen von Nietzsches Philosophie; daß sich mit dieser Konsequenz der
Schritt zur wahnhaften Selbstvergottung verband, läßt sich dagegen nur als
pathologisches Phänomen verstehen.

Die Tendenz zur Selbstvergottung ist zu ahnen, wenn Nietzsche schreibt:
«Und wieviele neue Götter sind noch möglich! Mir selber, in dem der religiöse, das heißt gott*bildende* Instinkt mitunter zur Unzeit lebendig wird:
wie anders, wie verschieden hat sich mir jedesmal das Göttliche offenbart!»[41] In «Ecce homo» schloß er den Abschnitt «Warum ich ein Schicksal
bin» mit den Worten: «*Dionysos gegen den Gekreuzigten.*» Zu Beginn des
Jahres 1889 unterzeichnete er Briefe als «der Gekreuzigte» oder «Dionysos» und schrieb an Burckhardt: «... zuletzt wäre ich viel lieber Basler Professor als Gott; aber ich habe es nicht gewagt, meinen Privat-Egoismus so
weit zu treiben, um seinetwegen die Schaffung der Welt zu unterlassen.» Er
schlage auf den Straßen Turins «hier und da jemandem auf die Schulter und
sage: *siamo contenti? son dio, ho fatto questa caricatura* [Sind wir zufrieden?
Ich bin Gott, ich habe diese Karikatur geschaffen]...»[42]

Nietzsche hat den Nihilismus nicht überwunden, sondern ist an ihm zerbrochen. Dennoch hat er das Denken der Folgezeit so nachhaltig beeinflußt wie kaum ein anderer Philosoph seiner Zeit. Dies erklärt sich einerseits aus der Resonanz, die seine Kulturkritik fand, andererseits aus seinem Anti-Intellektualismus, der einer spätromantischen Grundströmung der Epoche entsprach. Es fällt jedoch auf, daß seine Auffassungen stets nur selektiv aufgenommen wurden. Manche sahen in Nietzsche den Verkünder des Willens zur Macht, der die Werte einer ausgezeichneten Rasse verherrlicht und dem Führergedanken Vorschub leistet.[43] Andere ließen sich von seiner Kritik an der Religion, insbesondere am Christentum, beeindrucken oder fühlten sich von ihr zur Auseinandersetzung herausgefordert.[44] Nach dem zweiten Weltkrieg neigte man dazu, in Nietzsche vor allem den Kritiker einer rationalisierten, einseitig an Nützlichkeitsüberlegungen orientierten Gesellschaft zu sehen.[45] So wie aber jene, die Nietzsche für den völkischen Gedanken in Anspruch zu nehmen suchten, übersahen, daß er den engstirnigen Nationalismus und den Antisemitismus ablehnte, so setzte man sich nach der Abkehr von der national orientierten Nietzsche-Rezeption über die antidemokratische Tendenz von Nietzsches Philosophie hinweg, obwohl sie kaum zu übersehen ist. Nietzsches elitäres Denken und seine Kritik am Egalitarismus stehen im Gegensatz zu einer starken Strömung der zweiten Hälfte des 20. Jahrhunderts und werden daher von jenen ignoriert, die nicht den Befürworter einer Aristokratie des Geistes, sondern den Gegner der dogmatischen Philosophie, der idealistischen, theologisch motivierten Spekulation, des Glaubens an ewige Wahrheiten und Werte hören wollen.

Nietzsche hat wohl vor allem als Kritiker der Kultur seiner Zeit Bedeutung. Er war ein sensibler Diagnostiker der zeitgenössischen geistigen Strömungen, und er erkannte oft klarsichtig Entwicklungen, die sich eben erst anbahnten. Wo es um zentrale philosophische Fragen geht, ließ er häufig die erforderliche begriffliche Präzision und die Eindeutigkeit des Urteils vermissen. Deshalb konnte seine Philosophie nicht nur in Einzelfragen, sondern als ganze in unterschiedlicher, ja gegensätzlicher Weise gedeutet werden. Zum Beispiel erblickte Heidegger in ihr die Vollendung der abendländischen Metaphysik,[46] während sie vom Standpunkt des Marxismus aus als Symptom der kapitalistisch-imperialistischen Gesellschaft verstanden wurde, die darauf angewiesen sein soll, den Einfluß des rationalen Denkens auszuschalten.[47]

Fragt man nach dem Verhältnis von Nietzsches Denken zu jener Art Philosophie, der Plato und Aristoteles, Descartes und Leibniz, Kant und Hegel, die Positivisten und die Phänomenologen verpflichtet waren, dann muß man sagen, daß sie dieser Art Philosophie nicht zuzurechnen ist: Sie ist nicht dem Ideal der objektiven Wahrheit verpflichtet, und sie stützt sich nicht auf rationale Argumente, sondern sie hat einen höchst persönlichen, subjektiven Charakter, sie ist eher Bekenntnis als Erkenntnis. Bei Nietzsche geht es nicht so sehr um *die* Wahrheit, als vielmehr um *seine* Wahrheit.

Daher bedeutet, wenn man von Nietzsches Philosophie spricht, der Name «Philosophie» etwas anderes als in der erwähnten großen philosophischen Tradition.

2. Diltheys hermeneutische Philosophie

a) Dilthey und die Tradition der Hermeneutik

Seit dem 17. Jahrhundert betrachteten es viele Philosophen als ihre Aufgabe, sich mit dem Erkenntnisanspruch, den Voraussetzungen und Methoden der Wissenschaften auseinanderzusetzen, wobei zunächst nur an die Naturwissenschaften gedacht wurde. Erst seit dem 19. Jahrhundert richtete sich die Aufmerksamkeit auch auf die historischen Wissenschaften und ihre Methode, die Hermeneutik. In der zweiten Hälfte des 19. Jahrhunderts begann dann die Hermeneutik, die zunächst eine Kunst der Auslegung biblischer und juristischer Texte war, auch in der Philosophie eine Rolle zu spielen, nämlich als Methode der Erkenntnis von Individuellem.

Um eine Kunst der Auslegung hatte man sich schon sehr früh bemüht. So gab es bereits in der Antike Richtlinien für die Deutung von Texten, insbesondere wo es um den Sinn von Mythen ging, von denen gefragt wurde, inwieweit sie metaphorisch zu interpretieren seien. Besondere Bedeutung erlangte die Hermeneutik als Kunstlehre von der Auslegung biblischer Texte, denen man neben dem buchstäblichen auch einen übertragenen (symbolischen) Sinn beilegte. Um der Gefahr willkürlicher Deutungen entgegenzuwirken, formulierte man Regeln, mit deren Hilfe zulässige von unzulässigen Interpretationen abgegrenzt werden sollten. Ein anderer Anstoß zur Ausbildung der Hermeneutik ging von der Jurisprudenz aus, zu deren Aufgaben es gehörte, ältere Rechtsnormen so zu interpretieren, daß sie sich auf veränderte Bedingungen anwenden ließen. Schließlich wurde die Hermeneutik zur Kunst der philologischen Auslegung poetischer, philosophischer und historischer Texte der Antike. Repräsentanten der philologischen Hermeneutik waren der Theologe und Plato-Übersetzer Friedrich Daniel Ernst Schleiermacher (1768–1834) sowie die Altphilologen Friedrich August Wolf (1759–1824) und Georg Anton Friedrich Ast (1778–1841). Seit der zweiten Hälfte des 19. Jahrhunderts entwickelte sich die Hermeneutik von einer Kunstlehre der Interpretation zu einer Theorie der Disziplinen, die interpretierend vorgehen, insbesondere der historischen Wissenschaften. Herkömmlicherweise hatte die Historie nicht als Wissenschaft gegolten, da sie nicht allgemeine Grundsätze und Gesetze aufstellt, sondern sich mit individuellen Erscheinungen wie Persönlichkeiten, geschichtlichen Ereignissen, Epochen des Geschichtsverlaufs, Stilen usw. beschäftigt. Nach und nach setzte sich die Auffassung durch, daß auch diese Disziplinen – die «Geisteswissenschaften» – als Wissenschaften zu gelten hätten, allerdings als Wissenschaften, die sich wesentlich von den Naturwissenschaften unterscheiden. Während es in den Naturwissenschaften darum geht, Gesetzesannahmen zu formulieren, um mit ihrer Hilfe Tatsachen zu erklären und künftige Ereignisse vorherzusagen, besteht die Aufgabe der Geisteswissenschaften nicht in der Erklärung, sondern in der Deutung und im Verstehen von Zusammenhängen. (Zur Auffassung des Verstehens siehe unten Abschn. b) Damit wurde der Begriff der Wissenschaft über seine bisherige Bedeutung hinaus erweitert, wurde aber zugleich mehrdeutig, da man annahm, daß zwischen natur- und geisteswissenschaftlicher Erkenntnis ein wesentlicher Unterschied bestehe. (Zu diesem Unterschied siehe auch Kap. III, 3)

Die überragende Gestalt der hermeneutischen Philosophie im 19. und frühen 20. Jahrhundert ist Wilhelm Dilthey (1833–1911), der in Basel, Kiel, Breslau und Berlin lehrte. Er schuf eine Theorie der Geisteswissenschaften, in Zusammenhang mit welcher er Fragen der beschreibenden Psychologie erörterte, und widmete sich Themen der Geistes- und Philosophiegeschichte, mit denen er sich in einer auch heute noch beeindruckenden Weise auseinandersetzte. Mit dem zuerst genannten Problembereich beschäftigte er sich unter anderem in der «Einleitung in die Geisteswissenschaften» (1883) und im «Aufbau der geschichtlichen Welt in den Geisteswissenschaften» (1910). Der Psychologie sind gewidmet die «Ideen über eine beschreibende und zergliedernde Psychologie» (1894) und «Die Typen der Weltanschauung» (1911).[48] Von seinen geistesgeschichtlichen Werken seien genannt «Das Erlebnis und die Dichtung» (1905), «Das Leben Schleiermachers» und «Die Jugendgeschichte Hegels». Verschiedene Einzelabhandlungen zur Geschichte der Philosophie wurden in den Gesammelten Schriften in thematischer Anordnung herausgegeben.

Dilthey knüpfte an die traditionelle Hermeneutik an, ging aber zugleich entscheidend über sie hinaus, indem er ihre Aufgabe nicht auf das Verstehen überlieferter Texte beschränkte, sondern auch Kunst, Recht, Religion usw. zu ihrem Gegenstand machte. Noch wichtiger war, daß er eine Theorie entwickelte, in deren Rahmen das Verstehen erklärt wird, nämlich als Nacherleben des Erlebniszusammenhangs, der irgendwelchen Äußerungen zugrunde liegt. Später ergänzte er diese Auffassung durch die Annahme, daß es das Verstehen auch mit Zusammenhängen des objektiven Geistes zu tun habe. Vorbereitet wurde die Lehre vom Verstehen durch die romantische Annahme, daß Erscheinungen der Natur wie der Geschichte eine Art Sprache bilden, in der sich das Absolute äußert, so daß Natur- und Geschichtsverstehen als Entschlüsseln von Symbolen aufgefaßt werden konnte. Dilthey, der die Spekulation ebenso entschieden ablehnte wie die Positivisten, konnte Erscheinungen nicht mehr als Manifestationen eines Absoluten betrachten; da er aber, wie die Romantiker, meinte, daß sich in ihnen etwas ausdrückt – nämlich «das Leben» –, konnte er an der Forderung festhalten, sie nicht nur naturwissenschaftlich zu erklären, sondern deutend zu verstehen.

Die Theorie der Geisteswissenschaften ist bei Dilthey Teil der Philosophie des Lebens. Das liegt bei dem als Nacherleben aufgefaßten Verstehen auf der Hand, gilt aber auch für das Verstehen im Sinn der Einbeziehung einzelner Erscheinungen in objektiv-geistige Zusammenhänge, da sich in diesen nach Dilthey ebenfalls menschliches Leben ausdrückt. Fragt man, was hier unter «Leben» verstanden wird, so fällt die Antwort nicht leicht, da Dilthey diesen Ausdruck nicht definiert hat, wie auch andere Vertreter der Lebensphilosophie den Begriff, der dieser philosophischen Richtung den Namen gab, nicht präzisiert haben. Immerhin kann man sich auf dem Weg der Negation der Bedeutung dieses Ausdrucks annähern und etwa hervorheben, daß er einen Aspekt der menschlichen Person bedeutet, der sich nicht begrifflich bestimmen und daher auch nicht zum Gegenstand wissenschaftlicher Erkenntnis machen läßt, jedoch Grundlage allen Denkens und Erkennens ist. Begriffe und Urteile gehen aus «dem Leben», d. h. aus vorrationalen Schichten der Person wie dem Fühlen, Wollen, Ahnen hervor und sind durch Zurückführung auf sie zu verstehen. Da es unmöglich ist, hinter das Leben zurückzugehen, ist das Leben etwas Letztes, das nicht mehr erklärt werden kann. Es entzieht sich daher dem begrifflichen Denken und kann nur in unmittelbarer Weise erfaßt werden. Das so verstandene Leben weist Züge auf, die von den Romantikern dem Absoluten beigelegt worden waren: Das «Leben» ist das säkularisierte Absolute. Im Vergleich mit dem Verstehen des Lebens kommt dem begrifflich-argumentierenden Denken der Einzelwissenschaften und der Metaphysik nur untergeordnete Bedeutung zu, da es nur Regularitäten in der Welt zu erfassen vermag, nicht aber deren Sinn, der sich erst erschließt, wenn die Erscheinungen in Lebenszusammenhänge eingebettet und als Ausdruck des sich ständig wandelnden Lebens verstanden werden. Da es nach Dilthey keine ewigen Wahrheiten und Werte gibt, muß das Fürwahrhalten und Werten auf das Leben relativiert und damit historisiert werden. Die Leugnung überzeitlich gültiger Maßstäbe zugunsten eines historischen Relativismus hat in einer bestimmten Richtung der Philosophie des 20. Jahrhunderts ihre Spuren hinterlassen: Wenn Edmund Husserl die Naturwissenschaften auf die Lebenswelt relativierte oder Martin Heidegger die Geschichtlichkeit allen Erkennens betonte (siehe Teil VII, Kap. II–III), so folgten sie der angedeuteten Tendenz.

b) Die Lehre vom Verstehen

Das Verstehen wird von Dilthey, wie angedeutet, dem Begreifen bzw. Erklären als der Methode der Naturwissenschaften gegenübergestellt. Dem soll aber kein Unterschied zweier einander ausschließender Gegenstandsbereiche entsprechen, da ein und derselbe Vorgang unter Umständen sowohl erklärt als auch verstanden werden kann. (Wenn z. B. jemand einen Text in die Schreibmaschine tippt, kann man das Zustandekommen der Schrift als

Ergebnis von mechanischen Vorgängen in der Maschine und physiologischen Zusammenhängen im Körper des Schreibenden erklären; um aber zu verstehen, was niedergeschrieben wird, muß man die Bewußtseinsvorgänge im Schreibenden nacherleben bzw. nachvollziehen. Dabei stellt sich der Schreibvorgang als Ausdruck eines bestimmten Erlebens dar, und das Verstehen besteht im Nacherleben dieses Erlebens. Dazu werden wir imstande sein, wenn wir die Situation des Schreibenden kennen, wenn wir aus seinen Äußerungen wissen, zu welchem Zweck er schreibt usw. Während die Erklärung der Vorgänge in der Schreibmaschine die Kenntnis mechanischer Gesetze voraussetzt, beruht das Verstehen nicht auf Gesetzeserkenntnis, sondern auf der Fähigkeit, auf Grund von Lebensäußerungen individuelle Erlebnisse in individueller Weise nachzuvollziehen.)

Wenn das Verstehen als Nacherleben, also als psychischer Vorgang, aufgefaßt wird, dann scheint die Theorie des Verstehens in die Psychologie zu gehören. Tatsächlich hat Dilthey dies so gesehen, jedoch nicht an eine naturwissenschaftliche, sondern an eine beschreibende Psychologie gedacht. Die naturwissenschaftliche Psychologie, die Bewußtseinsvorgänge dadurch erklärt, daß sie sie auf einfache Elemente (z.B. auf Empfindungsdaten) zurückführt und deren Verbindung zu Komplexen assoziationspsychologisch begreift, wird nach Dilthey der Eigenart des Verstehens nicht gerecht, weil sie den ganzheitlichen Aspekt des Erlebens und Nacherlebens vernachlässigt. Daher kommt für die Hermeneutik nur eine Psychologie in Betracht, die den ganzheitlichen Charakter von Erlebnissen berücksichtigt, also nicht gleichsam atomisierend vorgeht, sondern den Vorrang des Erlebniszusammenhangs vor den Einzelerscheinungen anerkennt. Eine solche ganzheitliche Einstellung ist für die beschreibende bzw. verstehende Psychologie charakteristisch, die Dilthey forderte und die von den Vertretern der Gestaltpsychologie – Christian v. Ehrenfels (1859–1932), Wolfgang Köhler (1887–1967) und anderen – ausgebaut wurde. Dilthey leugnete nicht, daß auch in der erklärenden Psychologie psychische Zusammenhänge eine Rolle spielen, aber er betonte, daß es sich lediglich um angenommene oder erschlossene Zusammenhänge handelt. In der beschreibenden Psychologie geht es um einen unmittelbar erlebten Zusammenhang, «welcher ursprünglich und immer als das Leben selbst gegeben ist».[49]

Vom Standpunkt der beschreibenden Psychologie aus läßt sich das Verstehen, d. h. das nacherlebende Deuten, als Einbeziehung des zu deutenden Inhalts in einen ganzheitlichen Erlebniszusammenhang auffassen, der im Bewußtsein des Verstehenden schon besteht und in gewisser Weise mit dem nachzuerlebenden Zusammenhang übereinstimmt. Wer nicht über Erfahrungen verfügt, die von gleicher Art wie die zu verstehenden Erlebnisse sind, ist zum nacherlebenden Verstehen nicht imstande. Gäbe es jemanden, der, wie der junge Bursche im Märchen «Von einem, der auszog, das Gruseln zu lernen», noch nie Angst gefühlt hätte, so könnte er das Verhalten von Menschen unter dem Einfluß von Angst nicht verstehen. Das Verste-

hen ist, wie in der Hermeneutik betont wird, auf ein Vorverständnis angewiesen. Das Vorverständnis beruht aber seinerseits auf Verstehensakten, so
daß sich eine Art Zirkularität ergibt: Das Verstehen einzelner Erscheinungen setzt ein Vorverständnis voraus, das auf Akten des Verstehens einzelner
Erscheinungen beruht: «Wir müssen aus den Teilen das Ganze aufbauen,
und in dem Ganzen muß doch das Moment liegen, durch welches Bedeutung zugeteilt wird und das sonach dem Teil seine Stellung zuweist.»[50]
Diese Wechselbedingtheit von ganzheitlichem Vorverständnis und Verständnis einzelner Erscheinungen wird als «hermeneutischer Zirkel»
bezeichnet. Ein logischer Zirkel liegt hier allerdings nicht vor, da der
Zusammenhang nicht aus den Einzelheiten gefolgert wird. Man nimmt vielmehr versuchsweise an, daß ein entsprechender Zusammenhang besteht,
um dem Einzelnen dadurch Sinn zu verleihen, daß man es als Moment dieses Zusammenhangs auffaßt. So wird z.B. einem Satz, der einen mehrdeuti-
gen Ausdruck enthält, vermutungsweise ein Sinn unterstellt; erlaubt diese
Annahme eine befriedigende Deutung des fraglichen Satzes durch Einbeziehung in einen größeren Textzusammenhang, dann kann sie akzeptiert
werden. (Der Satz der Bibel «Eher geht ein Kamel durch ein Nadelöhr als
ein Reicher in das Himmelreich» mutet dem Leser zu, den Umfang eines
Kamels zum Durchmesser eines Nadelöhrs in Beziehung zu setzen. Das
Mißverhältnis ist so kraß, daß man einen Übersetzungsfehler vermuten
kann. Tatsächlich ergibt sich eine bessere Deutung, wenn man annimmt,
daß im griechischen Text nicht «kamelos» (Kamel), sondern «kamilos»
(Strick) gestanden habe. Das Bild ist immer noch drastisch, aber in sich
stimmig.) Unter Umständen genügt es nicht, den Kontext des Satzes zu
berücksichtigen, sondern man muß größere Textpassagen einbeziehen,
eventuell auch den Zusammenhang des Gesamtwerks und darüber hinaus
Charakteristika der literarischen Gattung, der es zugehört, und Umstände
der Biographie seines Urhebers. Im übrigen bietet das Textverstehen nur
ein besonders naheliegendes Beispiel, das nicht von der Tatsache ablenken
darf, daß Dilthey von Verstehen in viel allgemeinerem Sinne sprach: Verstehen ist die Art, in der wir Lebensäußerungen im allgemeinen erfassen; das
Verstehen sprachlicher Äußerungen ist ein Spezialfall des Verstehens,
obschon ein besonders wichtiger.

Später gelangte Dilthey zu der Überzeugung, daß es nicht genüge, das
Verstehen als Nacherleben von subjektiven Erlebniszusammenhängen zu
bestimmen, sondern daß es nötig sei, auch objektive Zusammenhänge
– Zusammenhänge des objektiven Geistes – zu berücksichtigen. Unter dem
«objektiven Geist» verstand er das objektiv gewordene Ergebnis geistiger
Akte, wie es z.B. beim Recht der Fall ist, wo Akte der Rechtssetzung zur
Ausbildung eines Systems führten, das dem Einzelnen als objektive Wirklichkeit gegenübertritt. Welche Rolle der Begriff des objektiven Geistes in
der Theorie des Verstehens spielt, läßt sich z.B. klarmachen, wenn man an
das Verstehen eines Gerichtsurteils denkt. Hier genügt es nicht, die Erleb-

nisse des Richters, der das Urteil fällte, nachzulerleben, sondern hier müssen Beziehungen zwischen dem Urteil und einschlägigen Gesetzesparagraphen, darüber hinaus das gesamte Rechtssystem, berücksichtigt werden, also ein Bereich des objektiven Geistes. Daß die Gesetze nicht unabhängig von den Intentionen des Gesetzgebers angewendet werden können, liegt auf der Hand; was der Gesetzgeber beabsichtigte, läßt sich nur in der Art des (versuchsweisen) Nachvollziehens seiner Überlegungen verstehen: Das Verstehen hat einen subjektiven und einen objektiven Aspekt, die beide berücksichtigt werden müssen, wenn das Verstehen angemessen charakterisiert werden soll.

Der Ausdruck «objektiver Geist» geht auf Hegel zurück. Während aber Hegel im objektiven Geist, zu dem er Recht, Moral und Sittlichkeit rechnete (siehe Teil V, Kap. VI, 4 b), ein Moment des Absoluten erblickte, faßte ihn Dilthey rein empirisch auf, indem er ihn als Niederschlag von Lebenserfahrungen betrachtete, allerdings nicht so sehr von Erfahrungen des Einzelnen, als vielmehr von kollektiven Erfahrungen. Gestalten des objektiven Geistes sind, wie es Dilthey ausdrückte, «Schöpfungen gemeinsamen Lebens». Um sich klarzumachen, wie solche Erfahrungen ihren Niederschlag in Regeln der Lebensführung, in Werturteilen, in Zwecksetzungen usw. finden, kann man an eine bestimmte Berufsgruppe in einem bestimmten Land denken, in der sich gewisse Vorstellungen über die Funktion des Berufs in der Gesellschaft, bestimmte Forderungen hinsichtlich der Qualifikation, Standards in bezug auf die zu erbringenden Leistungen usw. herausbilden. Es handelt sich um eine Lebensform, und als Inbegriff von Lebensformen, wie Gemeinschaftsordnung, Lebensstil, Recht, Kunst, Sprache, Sitte, Religion und Philosophie usw. faßte Dilthey den objektiven Geist auf. Dilthey bezog ihn auf «das Leben in seiner Totalität», zu dem «Erlebnis, Verstehen, historischer Lebenszusammenhang, Macht des Irrationalen ...» gehören.[51] Da der objektive Geist geschichtlich bedingt ist, hat auch das Verstehen geschichtlichen Charakter. Die Hermeneutik ist historischer Relativismus, nicht nur bei Dilthey, sondern in allen ihren Spielarten.

Die Bemühungen um Aufwertung der Geisteswissenschaften hatten zur Folge, daß von den Vertretern der Hermeneutik bzw. der Lebensphilosophie die Bedeutung der Naturwissenschaften in Frage gestellt wurde. Dies geschah z.B. mit dem Argument, daß sie die Wirklichkeit nur abstrakt zu begreifen und mittels hypothetischer Voraussetzungen zu erklären vermöchten, während den Geisteswissenschaften die Fähigkeit zugeschrieben wurde, Lebensäußerungen in concreto zu erfassen. In diesem Sinne meinte Dilthey vom Verhältnis der Natur- und der Geisteswissenschaften: «Dort also Abstraktion, hier umgekehrt Zurückübersetzen in die volle ganze Lebendigkeit durch eine Art von Transposition. Dort werden für die Individuation hypothetische Erklärungsgründe aufgesucht, und hier werden in der Lebendigkeit die Ursachen derselben erfahren.»[52] Das naturwissenschaftliche Denken beruht auf der Voraussetzung, daß Dinge und Beziehungen zwischen Dingen (insbesondere Regularitäten des Ereignisablaufs) meßbar und mathematisch ausdrückbar sind; die Welt rein quantitativ bestimmter Dinge, mit denen es die Naturwissenschaften zu tun haben, ist aber nicht ursprünglich, sondern wird vom Verstand erzeugt. Dilthey bestritt nicht, daß auch in den Geisteswissenschaften Erklärungen eine Rolle spielen und daß in ihnen, wie in den Naturwissenschaften, verglichen, analysiert und synthetisiert wird; dennoch bleibt der Unterschied der beiden Arten von Wissenschaften bestehen, da es in den Geisteswissenschaften um das Verstehen konkreter Lebensäußerungen, in den Naturwissenschaften um das Begreifen abstrakter Gesetzmäßigkeiten gehe. In der geisteswissenschaftlichen Einstellung werden nicht Gegenstände gedanklich konstruiert, sondern konkrete Lebenszusammenhänge nachvollzogen und «von innen» erfaßt.[53] Der Unterschied zeigt sich auch darin, daß nur die geisteswissenschaftliche Erfahrung auf das erfahrende Ich zurückwirkt: Im Verstehen kommt es dadurch zu einer Umformung des Selbst, daß Elemente eines fremden Erlebniszusammenhangs in den Zusammenhang des eigenen Erlebens aufgenommen werden und dieses damit modifiziert wird. Wer z.B eine Dichtung verstanden hat, erfährt eine Bereicherung seines Erlebens; wer dagegen einen Vorgang durch Unterordnung unter Gesetzesannahmen erklärt, erwirbt Wissen, bleibt von ihm aber in seinem innersten Selbst unberührt.

Der hermeneutische Ansatz hat auch Konsequenzen für die Auffassung des Wissens. In ausdrücklichem Gegensatz zur herkömmlichen Erkenntnistheorie, in deren Mittelpunkt ein abstrakter Begriff des Subjekts steht, bezog Dilthey das Verstehen auf den konkreten, nicht nur begrifflich denkenden, sondern fühlenden, wollenden und handelnden Menschen, der den Gegenständen unter geschichtlichen Bedingungen gegenübersteht. Von diesem Standpunkt aus erweisen sich alle Versuche, die Existenz einer denkunabhängigen Außenwelt zu beweisen, als hinfällig; daß es Dinge jenseits unseres Bewußtseins gibt, wird uns nicht in rationaler Weise, sondern durch das Erlebnis des Widerstands gewiß, wie Dilthey, ähnlich wie Maine de Biran (siehe Kap. II, 3), meinte.

Die relativistische Tendenz der Hermeneutik kam auch in der Auseinandersetzung mit der Metaphysik zur Geltung. Dilthey machte die metaphysischen Grundkonzeptionen – nämlich Naturalismus (oder Materialismus), objektiven und subjektiven Idealismus – zum Thema des Verstehens. Er nahm an, daß sie Ausdruck verschiedener Weltanschauungen seien und bezog die weltanschaulichen Grundhaltungen auf Charaktertypen bzw. das sie kennzeichnende Verhältnis der theoretischen, emotional-wertenden und willensmäßig-praktischen Komponenten der Persönlichkeit.[54] Da diese Komponenten in jedem Charakter enthalten sind, lassen sich die für die verschiedenen Charaktere typischen Erlebnisweisen nacherleben und daher die entsprechenden Weltanschauungen und die entsprechenden metaphysischen Systeme sowie die von ihnen abhängigen erkenntnistheoretischen und ethischen Ansichten verstehen.

Zur Zielsetzung der Hermeneutik ist zu bemerken, daß sie nicht darin besteht, metaphysische, erkenntnistheoretische und ethische Auffassungen unter dem Gesichtspunkt der Wahrheit oder Falschheit zu beurteilen, sondern darin, sie psychologisch als Ausdruck bestimmter Charakterstrukturen zu deuten. Das heißt, daß man einem metaphysischen System gegenüber eine ähnliche Einstellung einzunehmen hat wie gegenüber einem Epos oder einer Symphonie. So wie von einem Kunstwerk nicht gefragt werden kann, ob es wahr oder falsch (im eigentlichen Sinne) sei, so ist es vom Standpunkt der Hermeneutik aus verfehlt, die Wahrheitsfrage in bezug auf metaphysische Auffassungen zu stellen. Die Beschränkung auf das Verstehen bedeutet den Verzicht auf die kritische Frage nach der Berechtigung metaphysischer Thesen. Infolgedessen ist die Hermeneutik keine Methode der Philosophie, sondern eine historisch-psychologische Betrachtungsweise, die in der Geschichte, namentlich in der Geistesgeschichte, zur Geltung kommt. In der Philosophiehistorie erweist sich die hermeneutische Betrachtungsweise als unbefriedigend, weil ihr zufolge der spezifische philosophische Wahrheitsanspruch als illusorisch zu gelten hat.

Dilthey hatte eine Reihe bedeutender Schüler. Georg Misch (1878–1965) folgte in seiner «Geschichte der Autobiographie (Band I, 1907) der von Dilthey gewiesenen Richtung; Theodor Litt (1880–1962) verband in Werken wie «Individuum und Gemeinschaft» (1919, 3. A. 1927), «Erkenntnis und Leben» (1923) oder der «Einleitung in die Philosophie» (1933) Hegelsche Auffassungen mit lebensphilosophischen Ansichten; Eduard Spranger (1882–1963) leistete mit dem Werk «Lebensformen» (1914 u. ö.) einen wichtigen Beitrag zur Theorie des Verstehens und machte die verstehende Psychologie für die Pädagogik fruchtbar («Psychologie des Jugendalters», 1924). Der Lebensphilosophie ist auch Georg Simmel (1858–1918) zuzurechnen, der aber nicht zur Dilthey-Schule gehörte. Seine Auffassung brachte er auf die Formeln: «Leben ist Mehr-Leben» und «Leben ist Mehr-als-Leben».[55] Das heißt: dem Leben ist die Tendenz zur Steigerung der Lebensintensität eigen, aber das Leben erschöpft sich nicht in organischen Prozessen, sondern hat eine über sie hinausreichende Dimension.

In der Soziologie nahm Max Weber (1864–1920), der mit seinem Hauptwerk «Wirtschaft und Gesellschaft» (1921, posthum) das bürgerliche Gegenstück zu Marxens «Kapital» geschaffen hat, einen Standpunkt ein, der sich teilweise mit dem von Dilthey vertretenen deckt. Die Gegenstände der Soziologie sind nach Weber historische Individuen, denen auf Grund von Wertungen Kulturbedeutung zukommt. Da Erklärungen auf Grund allgemeiner Gesetze dieser Bedeutung nicht gerecht werden, muß in den historischen Disziplinen auf Erklärungsversuche verzichtet werden. «Die Kausalfrage ist, wo es sich um die *Individualität* einer Erscheinung handelt, nicht eine Frage nach *Gesetzen*, sondern nach konkreten kausalen *Zusammenhängen* …: sie ist eine *Zuordnungsfrage*.»[56] Weber leugnete nicht, daß allgemeine Gesetze in der Soziologie eine Rolle spielen; er meinte jedoch,

daß sie immer nur Mittel, niemals Zweck der sozialwissenschaftlichen Forschung sein könnten. Wie Dilthey stellte auch er dem Erklären das Verstehen gegenüber und betonte im Hinblick auf die sozialpsychologische
Forschung: «Wir werden durch sie, von der Kenntnis der einzelnen Institutionen ausgehend, deren Kulturbedeutung in steigendem Maße geistig
verstehen lernen, nicht aber die Institutionen aus psychologischen Gesetzen
deduzieren oder aus psychologischen Elementarerscheinungen *erklären*
wollen.»[57] Die Deutung erfolgt in einem Rahmen, den wir, gestützt auf
kausalgesetzliche und Zweck-Mittel-Zusammenhänge, konstruieren, um
anzugeben, welche Beziehungen als realisierbar zu gelten haben. Dieser
konstruierte Deutungsrahmen heißt «Idealtypus»; von ihm erklärte Weber:
«Dieses Gedankenbild vereinigt bestimmte Beziehungen und Vorgänge
des historischen Lebens zu einem in sich widerspruchslosen Kosmos
gedachter Zusammenhänge. Inhaltlich trägt diese Konstruktion den Charakter einer *Utopie* an sich, die durch *gedankliche* Steigerung bestimmter
Elemente der Wirklichkeit gewonnen ist.»[58] Ein Idealtypus dient dazu, die
Eigenart von Zusammenhängen zu veranschaulichen und verständlich zu
machen.

3. Bergsons lebensphilosophischer Ansatz

Eine von der Diltheyschen deutlich unterschiedene Richtung der Lebensphilosophie vertrat Henri Bergson, dessen Denken im Unterschied zu
Diltheys Einstellung neuromantische Züge aufweist. Tatsächlich besteht
zwischen Bergsons Lebensphilosophie und der Philosophie Schellings eine
Verbindung, da Bergson von Félix Ravaisson-Mollier (1813–1900) beeinflußt war, der Schelling noch persönlich kannte. Die bei Bergson festzustel-
lende Tendenz zur Abwertung des Verstandes verrät ebenso romantischen
Geist wie die Annahme einer überrationalen Schau, in der sich das Wesen
der Wirklichkeit erschließen soll. Mit allen Vertretern der Lebensphilosophie teilte Bergson die Überzeugung, daß sich die Wirklichkeit selbst dem
verstandesmäßigen Erkennen entziehe, ja daß der Verstand den Zugang zur
Wirklichkeit verstelle.

Henri Bergson wurde 1859 in Paris geboren. Er unterrichtete zunächst
an Lyzeen in der Provinz und wirkte später am Collège de France. Seine
Herkunft von der Psychologie ist vor allem in seinen frühen Schriften deutlich zu sehen, zum Beispiel im «Versuch über die unmittelbaren Gegebenheiten des Bewußtseins» (1889).[59] Auch in «Materie und Gedächtnis»
(1896) und «Das Lachen» (1899) dominiert die psychologische Betrachtungsweise. Im Verlauf der Zeit wurde er immer mehr zum Metaphysiker.
In der «Einführung in die Metaphysik» (1903) sind seine metaphysischen
Grundgedanken knapp zusammengefaßt. In dem Werk «Schöpferische Entwicklung» (1907) suchte Bergson nach einer Alternative zum Darwinismus,

und in seinem letzten Buch «Die beiden Quellen der Moral und der Religion» (1932) trug er seine moral- und religionsphilosophischen Auffassungen vor. Außerdem veröffentlichte er zahlreiche Aufsätze zu verschiedenen psychologischen und philosophischen Fragen. 1927 wurden die literarischen Qualitäten seiner Werke durch die Verleihung des Nobelpreises gewürdigt. Bergson starb 1941 in Paris.

Bergsons philosophische Auffassungen wandelten sich im Verlauf der Zeit. In einer ersten Phase standen erkenntniskritische Fragen in psychologischer Formulierung im Mittelpunkt seines Interesses (siehe Abschn. a); in einer zweiten Phase wandte sich Bergson einer Auffassung zu, nach der die Dinge gegenüber dem Gegensatz von psychisch und physisch indifferente Bilder sind (siehe Abschn. b). Mit der Annahme einer von Wahrnehmungs- und Verstandeserkenntnissen unabhängigen Intuition, in der das Wesen der Wirklichkeit zugänglich sein soll, tat er entschieden den Schritt zur Metaphysik einer als Leben charakterisierten Wirklichkeit (siehe Abschn. c); auf metaphysischen Grundlagen beruhen seine Auffassungen der Evolution (Abschn. d), der Ethik und der Religion, mit denen er sich unübersehbar der Mystik näherte (Abschn. e).

a) Raum-zeitliches Geschehen und Dauer

Die naturwissenschaftliche Psychologie, unter deren Einfluß Bergson anfänglich selbst stand, sucht Vorstellungszusammenhänge mit Hilfe des Assoziationsgesetzes zu erklären und psychische Phänomene letzten Endes auf physiologische Zustände und Vorgänge zurückzuführen. Dabei wird von den Annahmen ausgegangen, daß es Elemente des Psychischen gibt, die voneinander unabhängig sind und sich nur sekundär zu Komplexen verbinden, und daß die psychischen Phänomene eine bestimmte Stärke haben, die sich prinzipiell messen läßt. Beide Annahmen wies Bergson, nachdem er die naturalistische Einstellung hinter sich gelassen hatte, zurück. Wir erfahren nicht isolierte Bewußtseinsinhalte, sondern einen Bewußtseinsstrom, aus dem wir unter Umständen nachträglich einzelne Bestandteile gedanklich herausheben. Alles Feste und Diskrete gehört der Oberfläche an; je tiefer wir in den Bewußtseinsstrom hinabblicken, desto ganzheitlicher und fließender zeigt sich uns das innere Geschehen.

Nicht nur die Annahme beständiger Bewußtseinselemente, sondern auch die Meinung, daß Bewußtseinsinhalte eine Stärke hätten, ist irrig. An sich kommen dem Bewußtsein, wie die unmittelbare Erfahrung zeigt, nur qualitative Bestimmungen zu; als quantitativ bestimmt stellen sie sich nur dar, wenn man sie räumlich deutet und damit verfälscht. Hier zeigt sich bereits die für Bergson typische Unterscheidung zwischen einer rein qualitativ bestimmten Wirklichkeit, die Inhalt des unmittelbaren Erlebens ist, und einer mit Hilfe quantitativer Begriffe gedeuteten Wirklichkeit, die der Verstand zu praktischen Zwecken konstruiert.

Der Unterschied zwischen der Wirklichkeit selbst und der verstandesmäßig gedeuteten Wirklichkeit betrifft auch die Zeit. In der Physik wird die Zeit unter dem Bild einer Linie gedacht, deren Punkte die sukzessiven Augenblicke repräsentieren, und damit meßbar bzw. mathematisch ausdrückbar gemacht. Als Maß der so aufgefaßten Zeit dienen gleichförmige Bewegungen, z.B. die Bewegung der Gestirne oder die Bewegung eines Pendels. Sofern die Zeit auf gleichförmige Bewegungen bezogen wird, erscheint sie selbst als gleichförmig, so daß es möglich wird, sie in Abschnitte zu teilen, die einander gleichgesetzt werden können. Die unmittelbar erlebte Zeit verfließt dagegen nicht gleichförmig, sie besteht nicht aus quantitativ gleichen Einheiten und sie läßt sich nicht mathematisch beschreiben. Während unter Voraussetzung der quantitativ aufgefaßten Zeit Ereignisse, die nicht mehr gegenwärtig sind, aufhören, real zu sein, ragen nach dem Befund des unmittelbaren Zeiterlebens vergangene Ereignisse in die Gegenwart hinein und beeinflussen das aktuale Erleben: Sie dauern eine Zeitlang an. Wenn man z.B. wiederholte Male Töne gleicher Art hört, so ändert sich die Ton-Wahrnehmung mit der Zeit (der Ton kann unangenehm oder gar unerträglich werden). Dies zeigt, daß der Ton nicht nur in einem Moment gegenwärtig ist und in jedem neuen Moment unabhängig vom vorangegangenen Erleben von neuem erfahren wird, sondern daß die vorangegangene Wahrnehmung in die gegenwärtige eingeht und in ihr bewahrt bleibt. Die erlebte Zeit ist, wie Bergson es ausdrückt, nicht eine Aufeinanderfolge getrennter Augenblicke, sondern Dauer (*durée*).

Die Auffassung der Zeit als Dauer macht es möglich, von Freiheit zu reden, während die physikalische Zeitauffassung unweigerlich zum Determinismus führt. Unter «Freiheit» verstand Bergson nicht ein Vermögen der willkürlichen Entscheidung für beliebige Möglichkeiten. Der Glaube an die Willkürfreiheit ist eine Illusion, die dadurch zustande kommt, daß man den Entscheidungsprozeß mit Hilfe eines räumlichen Bildes denkt. Sobald der Vorstellungsverlauf wie ein Weg mit Gabelungen vorgestellt wird, scheint die Annahme plausibel, daß man sich für diese oder jene Richtung entscheiden und unter Umständen zum Gabelungspunkt zurückkehren und eine andere Wahl treffen kann. Tatsächlich ist aber ein Entscheidungsprozeß kein Weg, der sich aus einzelnen Etappen zusammensetzt, sondern ein ganzheitliches Geschehen. Die Annahme, daß man dem Wollen an einem bestimmten Punkt eine beliebige Richtung geben könne, erweist sich als Illusion. Aber auch der Determinismus, der jegliche Freiheit leugnet, ist abzulehnen, weil er auf einer rein mechanistischen Auffassung des Bewußtseins beruht. Wenn von der rationalen Verformung mittels räumlicher Symbole abgesehen wird, erweist sich das Bewußtsein als frei in einem von Willkür wesentlich verschiedenen Sinne. Frei im positiven Sinn sind Entscheidungen, hinter denen die ganze Persönlichkeit des Handelnden steht. Das freie Handeln ist ein ganzheitliches Geschehen, das nichts mit einer Wahl zwischen vermeintlich selbständigen Motiven unter dem Gesichtspunkt ihrer vermeintlichen Stärke zu tun hat. Der Preis des Versuchs, das Problem der Freiheit auf eine Ebene zu verlagern, auf welcher der Gegensatz von Determinismus und Indeterminismus keine Rolle spielt, ist allerdings eine Umdeutung von «Freiheit», die auf die Preisgabe des herkömmlichen Sinns des Ausdrucks hinausläuft.

Bergsons Auffassung hat Folgen für die Bewertung des naturwissenschaftlichen Denkens: Wenn die Naturwissenschaften ihre Gegenstände dem euklidischen Raum und der gleichförmigen Zeit unterwerfen, haben sie es nicht mit der lebendigen Wirklichkeit, sondern mit einer Konstruktion zu tun, die dazu dient, die Dinge berechenbar und damit technisch verfügbar zu machen. Der Verstand als Organ des wissenschaftlichen Denkens ist ein Instrument der Naturbeherrschung.

b) Denken in Bildern und bildloses Denken

Wenn Bergson zwischen dem Inhalt des unmittelbaren Erlebens und dem Gegenstand als Ergebnis rationaler Konstruktion unterschied, dann scheint das auf die Unterscheidung von materieller und geistiger Wirklichkeit hinauszulaufen. Auf Grund der Gegenüberstellung von unräumlichem Bewußtsein und raum-zeitlicher Materie im allgemeinen erhebt sich dann die speziellere Frage, wie sich Bewußtsein und menschlicher Körper zueinander verhalten. Um einer dualistischen Antwort, die zunächst naheliegend erscheint, auszuweichen, erklärte Bergson in «Materie und Bewußtsein» den Unterschied von physisch und psychisch für abgeleitet; ursprünglich nehmen wir nicht materielle Dinge wahr, sondern Bilder. Was wir «Ding» nennen, ist nichts anderes als ein Bild bestimmter Art. Auch unser Leib, somit auch das Gehirn, ist ein solches Bild. Die Bilder sind – ähnlich wie die Empfindungen, von denen Ernst Mach sprach (siehe Kap. II, 5) – gegenüber dem Unterschied von Subjekt und Objekt, von Innen und Außen, neutral; erst im Verlauf der Erfahrung werden gewisse Bilder auf das eigene Ich, gewisse andere auf Körper der Außenwelt bezogen. Der Gegensatz von Ich und Welt beruht somit auf dem Unterschied zweier Deutungen der Bilder.[60] Weil das Psychische ebensowenig selbständige Realität hat wie das Physische, hat es keinen Sinn, Psychisches auf Physisches (und umgekehrt) reduzieren zu wollen: Materialismus und Spiritualismus sind gleichermaßen hinfällig. Der Unterschied von Subjekt und Objekt verschwindet allerdings in der *reinen* Wahrnehmung, die keine Dauer hat, unabhängig von der Erinnerung und daher auf die Gegenwart beschränkt ist.

Die faktische Wahrnehmung hängt nach Bergson immer mit Erinnerungen und Bedürfnissen zusammen, so daß sie stets auf Vergangenes und Zukünftiges bezogen und auf Ziele gerichtet ist; sie tendiert dazu, in Handlungen zu münden, ja sie enthält ansatzweise schon die Handlung und hat daher wesentlich praktischen Charakter. Das Bewußtsein ist gegenüber dem

Handeln sekundär; es tritt auf, wenn ein Bewegungsimpuls nicht unmittelbar, sondern durch Vermittlung des Gehirns wirksam wird. In diesem Fall schieben sich zwischen Reiz und Reaktion bewußte Wahrnehmungen, denen unter Umständen verschiedene Handlungsmöglichkeiten entsprechen, so daß eine Wahlsituation entsteht. Der Unterscheidung von reiner und faktischer, d. h. bedürfnisbedingter Wahrnehmung entspricht der Unterschied zweier Arten des Gedächtnisses: eines intellektuellen, von körperlichen Eindrücken unabhängigen, und eines sensomotorischen Gedächtnisses, wie es z. B. beim Auswendiglernen auftritt. Nur das letztere läßt sich physiologisch erklären. Gäbe es kein anderes als das physiologisch bedingte Gedächtnis, dann würden wir stets rein mechanisch auf Reize reagieren, während unser Verhalten in Wirklichkeit nicht in Reiz-Reaktion-Zusammenhängen aufgeht. Das zeigt, daß die naturalistische Betrachtungsweise der Natur des Menschen nicht angemessen ist.

c) Intuition als Wesenserkenntnis

Bergson begnügte sich nicht damit, unter der Oberfläche des rational geformten, in deutlich unterschiedene Teile gegliederten Bewußtseins eine im Fluß befindliche, ganzheitliche Tiefenschicht aufzuzeigen, sondern er wollte auch hinter der Oberfläche der Natur als Inbegriff raum-zeitlich bestimmter und kausal verbundener Dinge die tiefere Wirklichkeit des Lebens sichtbar machen. Der Erfahrung von Gegenständen, die vermittels (räumlicher) Symbole und unter der Leitung praktischer Bedürfnisse konstituiert sind, stellte er ein Wissen gegenüber, das im unmittelbaren, von Bedürfnissen und bedürfnisbedingten Deutungen unabhängigen Erfassen der lebendigen Wirklichkeit selbst bestehen soll: *die Intuition.* Im intuitiven Wissen erfassen wir, wie er meinte, einerseits das lebendige, kontinuierlich strömende Bewußtsein unter der sozusagen verfestigten Oberfläche der rational gedeuteten Bewußtseinsoberfläche, andererseits das Wesen der äußeren Wirklichkeit hinter den quantitativ bestimmten, der Raum-Zeit unterworfenen Erscheinungen. Die Wirklichkeit an sich ist nicht quantitativ, sondern ausschließlich qualitativ bestimmt, sie ist «innerlich vibrierende Qualität». Wenn Bergson das Wesen der Materie in Schwingungen erblickte, scheint er Auffassungen der modernen Physik, insbesondere der Wellenmechanik, vorwegzunehmen;[61] tatsächlich handelt es sich aber eher um ein spätes Echo der romantischen Naturphilosophie.

Auf Grund von Intuition erkennen wir, daß die raum-zeitlich-kausal geordneten Erscheinungen nicht die wahre Wirklichkeit sind. Hinter der Welt voneinander unterschiedener, relativ beharrlicher und kausal aufeinander bezogener Dinge, die uns der Verstand zeigt, läßt sie uns eine lebendige, einheitliche, rein qualitativ bestimmte Wirklichkeit sehen, die Wirklichkeit des Lebens.

Die auf Intuition beruhende Metaphysik ist nach Bergson kein System

von Sätzen, sondern eine Einstellung, die im Gegensatz steht zur alltäglichen wie zur naturwissenschaftlichen Einstellung. Von der so verstandenen
Metaphysik betonte Bergson: «Die Aufgabe des Philosophen beschränkt
sich ... darauf, zu einer gewissen geistigen Anstrengung anzuregen, zu
deren Verhinderung bei den meisten Menschen die für das Leben nützlich-
sten geistigen Gewohnheiten tendieren.»[62]

d) Die metaphysische Entwicklungslehre

Auch Bergsons Überlegungen zur Evolutionstheorie, die er in der «Schöpferischen Entwicklung» vortrug, laufen auf eine Kritik am einseitig-natur-
wissenschaftlichen Weltbild hinaus. Die Vertreter des Lamarckismus und
des Darwinismus deuten die Entwicklung als notwendig bestimmtes, prinzipiell mechanistisch erklärbares Geschehen; sie sind daher unfähig, das
Auftreten neuer Lebensformen befriedigend zu erklären. Aber auch die
Anhänger des Neo-Vitalismus irren, wenn sie behaupten, die Entwicklung
sei durch Zwecke gesteuert. Der Begriff des Zwecks entstammt dem
Bereich des menschlichen Handelns; überträgt man ihn auf die außermenschliche Natur, wird das Naturgeschehen in unerlaubter Weise anthro-
pomorph gedeutet. Der mechanistischen wie der vitalistischen Auffassung
stellte Bergson die These gegenüber, daß der Entwicklung der Arten eine
Lebensschwungkraft (*élan vital*) zugrunde liege, die nicht nach Naturgesetzen wirkt und die keinem Plan folgt. Einen deutlichen Begriff des *élan vital*
hat Bergson nicht entwickelt. Wenn er meinte, daß die naturwissenschaftlichen Theorien der Evolution keine vollständige Erklärung der Entwicklung
bieten, kann man ihm folgen; wenn er aber an die Stelle einer wissenschaftlichen Erklärung der Artentstehung die Annahme einer Lebenskraft setzt,
ohne klar zu sagen, worum es sich handelt, enttäuscht er die Erwartungen,
die er mit seiner Kritik am Darwinismus weckte. Eine überzeugende Alternative zur naturwissenschaftlichen Evolutionstheorie hat er nicht zu schaffen vermocht.

Die Entwicklung des Lebens ist nach Bergson nicht als linearer Prozeß,
sondern als Mannigfaltigkeit divergierender Entwicklungslinien, die von
einem einzigen Punkt ihren Ausgang nehmen, vorzustellen. Da die Lebenskraft nicht alle Möglichkeiten gleichzeitig verwirklichen konnte, kam es zu
einer Differenzierung, zunächst zwischen Pflanzen und Tieren, sodann
innerhalb des Tierreichs in instinktgeleitete und intelligente Lebewesen, vor
allem die Menschen. Zugunsten eines gemeinsamen Ursprungs von Pflanzen und Tieren spricht die Tatsache, daß die Pflanzen der Luft Stickstoff
entnehmen und Sauerstoff abgeben, die Tiere umgekehrt Sauerstoff aufnehmen und Stickstoff abgeben, so daß pflanzliches und tierisches Leben
wechselseitig voneinander abhängig sind. Tiere, deren Verhalten von Instinkten bestimmt ist, reagieren in der Regel zuverlässig auf Veränderungen
in ihrer Umgebung; ihre Reaktionen erfolgen jedoch zwangsläufig, sobald

die entsprechenden Auslöser vorhanden sind. Der Intellekt führt viel weniger zuverlässig zu sicheren Reaktionen, dafür ist ihm jene Flexibilität eigen, die Voraussetzung des Lernens ist. Obwohl Bergson die verschiedenen in der Evolution realisierten Möglichkeiten als gleichwertig betrachtete und das instinktgeleitete Leben nicht nur als eine niedrigere Stufe der Entwicklung hin zum Intellekt darstellen wollte, sah er doch in der teilweisen Befreiung, die der Intellekt mit der Überwindung von Bindungen an reale Faktoren der Welt herbeiführt, den Sinn der Evolution.

An Ideen Bergsons knüpfte Pierre Teilhard de Chardin (1881–1955) an, um sie mit Ideen der christlichen Heilsgeschichte zu verbinden. Die Entwicklung des Kosmos soll zu einem «Punkt Omega» führen, in dem die Vereinigung der endlichen Wesen mit Gott erfolgt.[63]

e) Moral- und Religionsphilosophie

Der Unterschied von Verstand und Intuition spielt auch in Bergsons Ethik eine Rolle. Dem Verstand entspricht eine Ethik, die moralische Normen soziologisch erklärt, indem sie sie auf Instinkt und sozial bedingte Gewohnheiten zurückführt. Das Gewissen stellt sich von diesem Standpunkt aus als Ergebnis der Verinnerlichung des sozialen Drucks dar, mit dem gewohnheitsbedingte Regeln für den Einzelnen verbunden sind. Die gesellschaftliche Gruppe, innerhalb deren sich Verhaltensregeln entwickeln, kann einen kleineren oder größeren Umfang haben, von der Familie über die Sippe und den Stamm zum Volk oder einer Völkergruppe; sie ist aber immer eine klar umrissene Gruppe. Der auf bestimmte soziale Gemeinschaften bezogenen Moral steht eine andere gegenüber, die nicht mehr auf beschränkte Gemeinschaften, sondern auf die umfassende Gemeinschaft aller Menschen bezogen ist. Während alle konkreten Gruppen geschlossen sind, hat die Menschheit keine festen Grenzen und ist in diesem Sinne offen. Als Angehöriger der Menschheit ist man nicht dem Zwang einer bestimmten Gruppe unterworfen, so daß das moralische Verhalten auch nicht als Übereinstimmung mit sozial bedingten Gewohnheiten aufgefaßt werden kann. Die offene Menschheitsmoral besteht nicht in sozialen Geboten und Verboten, sondern sie bezweckt ein Handeln unter dem Eindruck von Idealen und Vorbildern. Gewisse Verhaltensweisen werden von moralisch schöpferischen Menschen intuitiv als moralisch wertvoll erfaßt und in einer Weise vorgelebt, daß andere Menschen sie zu übernehmen suchen. Eine solche Moral läßt sich nicht auf feste Regeln bringen und ist in diesem Sinne offen. Bergson wollte jedoch nicht für einen moralischen Relativismus plädieren, sondern er sprach sich für Tugenden wie Opferbereitschaft, Selbstlosigkeit und Barmherzigkeit aus. Mit diesen Tugenden erhebt sich der Mensch über das von individuellen oder gesellschaftlichen Interessen geleitete Verhalten. Die dynamische Moral ist allerdings niemals in reiner Form verwirklicht, da der einzelne sich nicht völlig von den sozialen Bedingungen lösen kann, unter denen er lebt; die tatsächliche Moral enthält immer sowohl Elemente der statischen wie der dynamischen Moral.

Ähnlich wie es eine sozial bedingte Moral gibt, existiert auch eine Religion, die mit gesellschaftlichen Interessen zusammenhängt und die Funktion hat, den sozialen Zusammenhalt zu stärken sowie Traditionen zu begründen oder zu festigen. Sie hat insofern Bedeutung für die individuelle Lebensbewältigung, als sie Tröstung gewährt und depressive Zustände überwinden hilft. Von dieser statischen ist die dynamische Religion zu unterscheiden, die Bergson als Erhebung des Geistes über die Beschränkungen der Individualität und als Streben nach Verbindung mit der Einheit des Lebens beschrieb. Von ihr meinte er, daß sie, ähnlich wie die dynamische Moral, niemals rein verwirklicht sei. In einer für seine Metaphysik des Lebens typischen Weise identifizierte er die Gottesidee mit der Idee der lebendigen All-Einheit. Gott ist nicht Gegenstand rationalen Erkennens, sondern der Intuition, die beim späten Bergson zu einer Art mystischer Schau wird. Gott erfassen heißt, mit ihm eins werden. Von diesem Standpunkt aus deutete Bergson schließlich auch den *élan vital* als Ausdruck der göttlichen Liebe, so daß er in der Natur im allgemeinen eine Manifestation Gottes erblicken konnte.

Siebenter Teil

DIE PHILOSOPHIE IN DER ERSTEN HÄLFTE DES 20. JAHRHUNDERTS

I.
Weiterwirken älterer Strömungen

Weh dir, daß du ein Enkel bist!
(Goethe: Faust I)

Neben dem Kritizismus – vor allem, aber nicht nur in Form des Neukantianismus –, der Lebensphilosophie, dem Positivismus, deren Weiterwirken
in den ersten Jahrzehnten des 20. Jahrhunderts bereits in den vorangegangenen Kapiteln dargestellt wurde, kamen nach der Jahrhundertwende auch
Strömungen zur Geltung, die Auffassungen des 19. Jahrhunderts fortsetzten
und von denen im Folgenden Neoidealismus, Marxismus und Neuscholastik berücksichtigt werden sollen.

1. Neohegelianismus

a) Der Hegelianismus in England

Zu einer Zeit, als der Hegelianismus in Deutschland kaum mehr Anhänger
hatte, gelangte er in England, Amerika und Italien zu beträchtlicher Wirkung. Die Tatsache, daß im ausgehenden 18. und beginnenden 19. Jahrhundert der spekulative Idealismus in den angelsächsischen Ländern eine nicht
unbedeutende Rolle spielte, widerlegt die landläufige Meinung, daß Empirismus und angelsächsische Philosophie im wesentlichen deckungsgleich
seien. Gegen diese Meinung spricht ja bereits die Tatsache, daß es in England auch früher starke nicht-empiristische Strömungen gegeben hatte, z.B.
im 17. Jahrhundert den Platonismus von Cambridge; im 18. Jahrhundert
brachte Shaftesbury platonistische Auffassungen zur Geltung (siehe Teil IV,
Kap. II, 1 b), und Berkeley (siehe Teil IV, Kap. II, 2 a) war mindestens
ebenso sehr Idealist wie Empirist. Im 19. Jahrhundert opponierten Romantiker wie Samuel Taylor Coleridge (1772–1834) und Thomas Carlyle
(1795–1881) gegen den szientistischen Empirismus bzw. Sensualismus der
Aufklärer und Positivisten.

Im letzten Drittel des 19. Jahrhunderts knüpften Autoren wie Thomas
Hill Green (1836–1882) und Edward Caird (1835–1908) an den deutschen
Idealismus an, um dem zeitgenössischen Empirismus entgegenzutreten. An
der Wende vom 19. zum 20. Jahrhundert verarbeitete Francis Herbert
Bradley (1846–1924) idealistische, namentlich Hegelsche Gedanken zu
einem geschlossenen philosophischen System. In Anlehnung an Bradley

behandelte Bernard Bosanquet (1848–1923) Fragen der Erkenntnislehre, der Ethik, der Ästhetik, der Religions- und der Staatsphilosophie. Noch Bertrand Russell war in seiner Jugend vom spekulativen Idealismus beeinflußt.[1] In den Vereinigten Staaten, wo Ralph Waldo Emerson (1803–1882) in seinen «Transzendentalismus» Gedanken des deutschen Idealismus aufgenommen hatte, war die bedeutendste Gestalt des Hegelianismus Josiah Royce (1855–1916).[2]

Wenn die neoidealistische Phase der neueren anglo-amerikanischen Philosophie weitgehend in Vergessenheit geraten ist, dann zeigt das, wie gründlich der Umschwung war, den Bertrand Russell und George E. Moore zu Beginn des 20. Jahrhunderts einleiteten. (Siehe Kap. IV, 2 und 4a) An die Stelle von Kritizismus und Idealismus traten Positivismus und Naturalismus, und so wie vor hundert Jahren die deutsche Philosophie stark in den angelsächsischen Raum ausstrahlte, so ist heute weltweit der Einfluß von Positivismus und sprachanalytischer Philosophie übermächtig.

Die idealistische Richtung der englischen Philosophie soll im Folgenden nicht in ihrer ganzen Breite, sondern exemplarisch anhand von Bradleys Philosophie charakterisiert werden; dies ist möglich, da Bradley als deren bedeutendster Vertreter gilt.[3]

Francis Herbert Bradley (1846–1924), Fellow des Merton College in Oxford, vertrat in seinem Hauptwerk «Appearance and Reality» (1893, 1897 u. ö.) einen Idealismus, in dem sich Hegelsche mit Kantischen Ansichten verbinden. Mit Kant unterschied er zwischen Erscheinung und Wirklichkeit, relativierte aber mit Hegel diesen Unterschied, indem er Erscheinung und An-sich als Momente eines einheitlichen Zusammenhangs auffaßte. Da in den Erscheinungen die Wirklichkeit an sich erscheint, kann diese nicht als unerkennbar gelten. Daß die Gegenstände der Erfahrung nicht die Wirklichkeit selbst, sondern Erscheinungen sind, ergibt sich nach Bradley daraus, daß die Welt der materiellen Dinge in Raum und Zeit Widersprüche enthält und daher nicht im vollen Wortsinn wirklich sein kann. So läßt sich der Raum nicht widerspruchsfrei denken, da er entweder eine Substanz sein oder aus Beziehungen bestehen muß, jedoch weder in dem einen noch in dem anderen Sinn begriffen werden kann. Wäre der Raum etwas Substantielles, müßte er ein abgeschlossenes, begrenztes Ganzes sein. Ein Raum kann aber nur durch etwas Räumliches begrenzt sein, so daß der Raum als solcher nicht als begrenzt, also auch nicht als Substanz, gedacht werden kann. Nimmt man dagegen an, daß der Raum aus Beziehungen besteht, dann muß man Seiende voraussetzen, zwischen denen die den Raum konstituierenden Beziehungen bestehen. Da aber unräumliche Seiende nicht in räumlichen Beziehungen stehen können, müssen räumliche Seiende als Träger der fraglichen Beziehungen angenommen werden. Was räumlich ist, läßt sich aber gedanklich ins unendliche teilen, so daß man niemals zu letzten Termini gelangt. «Die Termini sind wesentlich für die Relation, und die Termini existieren nicht», wie Bradley erklärte.[4] Die

Argumentation erinnert an Herbarts Versuch, die Gegenstandserfahrung als widerspruchsvoll zu erweisen. (Siehe Teil V, Kap. II, 1 a) In ähnlicher Weise suchte Bradley zu zeigen, daß die Begriffe der Zeit, der Kausalität und der Substantialität Widersprüche enthalten. Begriffe wie «Substanz» oder «Kausalität» sind lediglich Mittel, mit deren Hilfe Züge der Erscheinungswelt begreiflich gemacht werden sollen; wegen ihrer vorgeblichen Widersprüchlichkeit dürfen sie nicht auf die Wirklichkeit selbst bezogen werden.

Bradleys Bemühungen, die Welt der Erscheinungen als widerspruchsvoll darzustellen, sollen dazu veranlassen, über den Bereich der Phänomene hinauszugehen und eine jenseits der Erscheinungen liegende Realität anzuerkennen. Seine Argumentation stößt aber auf Bedenken. Wenn es Widersprüchliches nicht geben kann, dann könnte es auch keine Erscheinungen geben, wenn diese, wie Bradley meinte, widerspruchsvoll wären.[5] Tatsächlich hat er aber betont, daß es Erscheinungen gibt und daß sie daher zur Wirklichkeit gehören.[6] Außerdem stößt seine Ansicht auf die Schwierigkeit, daß sich in ihrem Rahmen das Verhältnis von Erscheinung und wahrer Wirklichkeit nicht konkret bestimmen läßt. Die Erscheinung soll einerseits zur Wirklichkeit gehören, die sich in ihr äußert, andererseits soll sie wegen ihrer vorgeblichen Widersprüchlichkeit von der Wirklichkeit selbst unterschieden werden. Kurz: Wenn in den Erscheinungen die wahre, von Widersprüchen freie Wirklichkeit (ultimate reality) erscheint, dann bleibt rätselhaft, warum sie in widerspruchsvoller Weise erscheint. Da das Absolute mindestens so reich an Bestimmungen sein muß wie die Erscheinung, hat Bradley gemeint, ausgehend von Zügen der Erscheinung auf die absolute Wirklichkeit zurückschließen zu können. So nahm er an, daß das Absolute bewußt (sentient) bzw. geistig sei, da die Erscheinungen bewußt erfahren werden. Mit demselben Recht könnte man aber, ausgehend von der behaupteten Widersprüchlichkeit der Erscheinungen, auf die Widersprüchlichkeit der Wirklichkeit im absoluten Sinne schließen, was Bradley jedoch ablehnte.

Der Idee der Wirklichkeit als Totalität gebührt nach Bradley der Vorrang vor den Begriffen besonderer Realitäten. Die Gegenstände werden als besondere nur erfaßt, weil wir sie gedanklich von der Wirklichkeit als ganzer unterscheiden, während sie an sich von ihr nicht getrennt sind. Es gibt nicht nur keine isolierten Dinge, sondern auch das Verhältnis von Subjekt und Objekt ist in die Ganzheit der Wirklichkeit selbst aufzuheben. Daher sind auch Fühlen und Gefühltes, Begehren und Begehrtes, Denken und Gedachtes nicht an sich getrennt. Dies läuft darauf hinaus, daß die Gegenstände der Erfahrung von gleicher Art sind wie das erfahrende Subjekt; da dieses geistig ist, muß es auch die Wirklichkeit sein, so daß sich Tatsachen unabhängig vom Geist grundsätzlich nicht erkennen lassen. Mit dieser Auffassung vom Absoluten als Grund von Denken und Sein wird der mit unseren Urteilen verbundene Wahrheitsanspruch gerechtfertigt. Außerdem bildet die Idee des Absoluten auch die Grundlage der Ethik und der Ästhetik.

Weil die Wirklichkeit eine Ganzheit ist, kann sie auch nur in einem ganz-heitlichen Denken erfaßt werden. Ein wahres Urteil stellt sich nur bei ober-flächlicher Betrachtung als Behauptung über eine einzelne Tatsache dar; im Grunde betrifft es immer die Wirklichkeit als ganze. (Zum Beispiel muß das Urteil «Parallele haben keinen Schnittpunkt» in vollständiger Formulierung lauten: «Die Wirklichkeit insgesamt ist derart, daß Parallelen keinen Schnittpunkt haben».) Die Wahrheit eines Urteils kann daher nicht als Übereinstimmung mit der beurteilten Tatsache aufgefaßt werden, wie die Vertreter der Korrespondenzkonzeption meinen; vielmehr hat im Sinne der Kohärenzauffassung ein Urteil als wahr zu gelten, wenn es einem wider-spruchsfreien System von Urteilen angehört. Daher ist die Wahrheit eines Urteils auf ein System von Urteilen zu relativieren. Als absolut wahr lassen sich Urteile nur mit Bezug auf ein allumfassendes System von Urteilen bestimmen, das der Totalität der Wirklichkeit entspricht. Für Bradley, wie für Hegel, ist die Wahrheit das Ganze.

Wie Hegel und andere Vertreter der dialektischen Philosophie suchte auch Bradley die Bedeutung der formalen Logik auf der Grundlage des Widerspruchsprinzips zu relativieren. Der Satz vom ausgeschlossenen Widerspruch ist seiner Ansicht nach nur gültig, wenn wir die Dinge abstrakt betrachten und annehmen, daß es vollständig voneinander getrennte Dinge gibt. Wenn die Wirklichkeit selbst aber nicht aus selbstän-digen Dingen zusammengesetzt ist, dann gilt für sie der Satz vom Wider-spruch nicht.[7] Die Wirklichkeit als ganzheitlicher Zusammenhang, aus dem Einzelnes nur im abstrahierenden Denken herausgelöst werden kann, kann in einem Denken, das der herkömmlichen Logik gehorcht, nicht erfaßt werden. Bradley erklärte die logischen Prinzipien wie den Satz vom Wider-spruch oder den Satz vom ausgeschlossenen Dritten nicht für schlechthin unanwendbar, sondern er vertrat nur die Ansicht, daß seine Gültigkeit auf den Bereich der abstrakt gedachten Objekte beschränkt sei. An eine von der formalen verschiedene dialektische Logik hat Bradley, anders als die Vertre-ter der materialistischen Dialektik, nicht gedacht.

Auch in anderer Hinsicht war Bradley vorsichtiger als andere Vertreter des Idealismus. So beanspruchte er nicht, den Inhalt der Erkenntnis aus dem Bewußtsein ableiten zu können, wie das etwa J. G. Fichte versucht hatte. Er ging vielmehr davon aus, daß wir das Material der Erkenntnis den Sinnen verdanken. Da der Inhalt der Erfahrung nicht durch reine Vernunft antizipiert werden kann, enthält die Erfahrung ein irrationales Moment, das sich nicht spekulativ aufheben läßt. Das heißt nicht, daß es unabhängig vom Subjekt Tatsachen gebe, die einfach zur Kenntnis zu neh-men wären; Tatsachen entstehen vielmehr durch Konstruktion und Syste-matisierung auf der Grundlage der Empfindungen, so wie die Angemes-senheit unserer Konstruktionen und Systematisierungen nur auf Grund von Empfindungen überprüft werden kann.[8] Mit dieser Auffassung knüpfte Bradley offensichtlich an die kritische Philosophie Kants an, doch überwiegen aufs ganze gesehen die Hegelianischen Einflüsse. Hegelianisch ist vor allem die These, daß der Horizont, innerhalb dessen Tatsachen erfahren werden, letztlich die Totalität der Wirklichkeit ist. Mit dem endlichen Gegenstand ist stets etwas gegenwärtig, das ihn transzendiert. Dies gilt schon für die einfache Wahrnehmung, in der sich die jenseits des Wahrgenommenen liegende Wirklichkeit in dem Gefühl der Ergänzungsbedürftigkeit ankündigt, und die Dialektik ist jenes Denken, das der Forderung nach Ergänzung durch die Idee der Totalität der Wirklichkeit zu genügen sucht. In diesem Sinne schrieb Bradley: «Der Gegensatz zwischen dem Realen in dem fragmentarischen Charakter, in dem es der Geist besitzt, und der wahren Wirklichkeit, die im Geiste gefühlt wird, ist die Bewegungsursache jener Unruhe, die den dialektischen Prozeß in Gang bringt.»[9]

b) Der Hegelianismus in Italien

In keinem anderen Land erlebte die idealistische Philosophie eine so kräftige Neubelebung wie in Italien, wo sich schon um die Mitte des 19. Jahrhunderts mehrere Philosophen dem Hegelianismus angeschlossen hatten. Da die Vertreter dieser Richtung bestrebt waren, den Idealismus als Ergebnis einer Weiterentwicklung von Gedanken der italienischen Renaissance-Philosophie zu deuten, meinten sie, freilich in wenig plausibler Weise, die Übernahme Kantischer, Fichtescher und vor allem Hegelscher Ideen als deren Heimholung in ihr Herkunftsland auffassen zu können. Seinen Höhepunkt erreichte der Idealismus mit Croce und Gentile, die ihn nicht nur in der Philosophie, sondern darüber hinaus (wie Croce) in der Literaturkritik und in der Geschichtsschreibung, aber auch (wie Gentile) in der Pädagogik zur Geltung brachten.

(1) Croce

Benedetto Croce (1866–1952) hatte niemals eine akademische Position inne, sondern wirkte als Schriftsteller und war am Ende sowohl des ersten und als auch des zweiten Weltkriegs zeitweise Mitglied der Regierung. In seinen ersten Veröffentlichungen setzte er sich vor allem mit Fragen der Ästhetik und der Literaturkritik auseinander, und auch später galt sein Interesse in besonderem Maße der Kultur- und Literturkritik sowie der ästhetischen und historischen Analyse. Im weiteren Verlauf stellte er seine Auffassungen in den Rahmen eines Systems, das Ästhetik und Logik, Ethik und Ökonomik umfaßte.[10] Mit Hegel setzte er sich in der Schrift «Lebendiges und Totes in Hegels Philosophie»[11] auseinander. In dem geschichtsphilosophischen Werk «Die Geschichte als Gedanke und Tat»[12] deutete er die historische Entwicklung als immer vollständigere Realisierung der Idee der Freiheit. Zusammen mit Gentile schuf er sich mit der Zeitschrift «La Critica» (seit 1903) ein weithin vernehmbares Sprachrohr.

Wie Hegel erblickte Croce in allen Erscheinungen Manifestationen des absoluten Geistes, den er nicht als Wesen jenseits des Geschehens verstanden wissen wollte, sondern als dessen immanentes Prinzip. Das Absolute darf daher nicht statisch, sondern muß als durch und durch geschichtlich gedacht werden. Dies drückt die Bezeichnung *absoluter Historizismus* aus, die Croce für seine Philosophie prägte. Dem Geschehen liegen aber allgemeine Strukturen zugrunde, die Aspekte des absoluten Geistes sind und denen «wahre» oder «reine» Begriffe entsprechen, die nicht mit den vom Verstand durch Abstraktion erzeugten alltäglichen oder einzelwissenschaftlichen Begriffen, die Pseudobegriffe sind, verwechselt werden dürfen.

Croce unterschied Stufen des absoluten Geistes mit spezifischen, nicht auf andere Stufen transponierbaren Begriffen, die in partikuläre und allgemeine bzw. in theoretische und praktische einzuteilen sind. Der ersten theoretischen Stufe entsprechen besondere, der zweiten allgemeine Gegenstände; analog wird der ersten praktischen Stufe ein Wollen besonderer, der zweiten ein Wollen allgemeiner Ziele zugeordnet. Wenn sich der Geist theoretisch auf Individuelles richtet, handelt es sich um bildhafte Anschauung (wie in der Kunst); wenn er sich auf Allgemeines bezieht, ist er begrifflich erkennender Geist. Als praktischer richtet sich der Geist (im Wollen) entweder auf bestimmte Ziele unter dem Gesichtspunkt des Nutzens oder auf allgemeine vernünftige Ziele unter dem Gesichtspunkt des Guten. Die erste Haltung liegt der Ökonomie, aber auch dem Recht und der Staatslehre zugrunde, die zweite ist der Grund der Ethik. Das moralische Wollen ist auf die Freiheit (als Attribut des absoluten Geistes) gerichtet, also nicht, wie das ökonomische Handeln, auf konkrete Güter.

Zwischen den Stufen des Geistes bestehen einerseits prinzipielle Unterschiede, die die Übertragung von Begriffen einer Stufe auf eine andere ausschließen, andererseits sind die jeweils früheren Bedingungen der späteren, aber nicht umgekehrt. So ist nach Croce die ästhetische Anschauung unabhängig von begrifflicher Erkenntnis sowie von moralischen und utilitaristischen Gesichtspunkten. Die Ästhetik ist daher als selbständige Domäne des Denkens anzuerkennen, was auf einen l'art-pour-l'art-Standpunkt hinausläuft. Die Anschauung hat als solche poetischen bzw. lyrischen Charakter; sie ist unabhängig vom Verstand und seinen Begriffen und unabhängig von moralischen und Nützlichkeitsüberlegungen. Die zentralen Begriffe der Ästhetik, nämlich *schön* und *häßlich*, lassen sich nicht auf Begriffe anderer Stufen des Geistes (wahr/falsch, nützlich/schädlich, gut/böse) zurückführen: Bei einem Kunstwerk darf nicht nach seiner Wahrheit, seinem Nutzen, seinem moralischen Wert gefragt werden.

Die Kunst ist nach Croce nicht Nachahmung der Natur oder Gefühlsäußerung, sondern eine Art des Erkennens, nämlich ein Erfassen ohne Begriffe. Sofern in der Kunst Eindrücke durch einen Ausdruck zu einer Einheit verbunden und damit objektiviert werden, hat sie eine befreiende Funktion. Die ästhetische Anschauung darf auch nicht mit der Wahrnehmung oder der Empfindung verwechselt werden, da sie nicht rezeptiv ist, sondern wesentlich die Funktion hat, etwas auszudrücken. Ein unkünstlerischer Mensch, der lediglich passiv wahrnimmt, und ein Künstler müssen daher in einer bestimmten Situation nicht dieselbe Anschauung haben, da der Künstler *sieht*, wo der andere nur empfindet, und *ausdrückt*, wo der Nicht-Künstler nur registriert. Die expressive Anschauung *ist* die Kunst.[13] Allerdings gibt es nach Croce keinen absolut unkünstlerischen Menschen; der Unterschied zwischen alltäglicher und künstlerischer Anschauungsweise ist lediglich graduell.

So wie die Kunst wesentlich Anschauung und die Anschauung ein Erkennen ohne Begriffe ist, so ist die Wissenschaft wesentlich begriffliche Erkenntnis: «Die Wissenschaft, die wahre Wissenschaft, die nicht Anschauung, sondern Begriff, nicht Individualität, sondern Universalität ist, kann nur die Wissenschaft des Geistes oder dessen sein, was es in der Wirklichkeit an Universalem gibt, nämlich Philosophie.»[14] Der Ausdruck «Wissenschaft» wird hier, wie bei Hegel, der Philosophie vorbehalten; auf die Naturwissenschaften ist er nur im uneigentlichen Sinne anwendbar. Die durch Abstraktion gebildeten Begriffe des alltäglichen und einzelwissenschaftlichen Denkens (wie «Haus» oder «freier Fall») sind «Fiktionen», deren man sich bedient, um Erscheinungen zu ordnen. In bezug auf Abstraktionsbegriffe ist der Nominalismus im Recht: Ihnen entspricht nichts Allgemeines in der Wirklichkeit; die reinen Begriffe (wie «Existenz», «Quantität», «Qualität», «Schönheit», «Zweckmäßigkeit») sind dagegen begriffsrealistisch aufzufassen, d. h. als reales Allgemeines. Sie sind Formen des absoluten Geistes, der das wahrhaft Wirkliche ist, während das Individuum nichts anderes ist als die Manifestation des Geistes in einem vorübergehenden Augenblick.[15] Den reinen Begriffen kommt gegenüber den Abstraktionsbegriffen der Primat zu, weil die letzteren sich nur mit Hilfe der ersteren bilden lassen.[16] Gäbe es aber keine Anschauung und keine auf Anschauung bezogene Sprache, dann könnten auch die reinen Begriffe nicht gebildet werden.

So wie der Begriff die Anschauung voraussetzt, so setzt die praktische Aktivität die Theorie voraus,[17] doch ist in beiden Fällen das Bedingungsverhältnis nicht wechselseitig. Das Kriterium der Wahrheit kann daher nicht der Praxis entnommen werden, wie der Pragmatismus (siehe Kap. V, 1) meint. Die Erkenntnis ist somit unabhängig von praktischen Beziehungen, umgekehrt gibt es jedoch keine von der Erkenntnis unabhängige Praxis.

Die Ethik ist auf allgemeine Ziele gerichtetes Wollen, das die Einheit von Denken und Wollen, von Leben und Freiheit erstrebt. Der sittliche Mensch bejaht nicht in erster Linie sein Selbst, sondern den allgemeinen Geist, der sich in allem Einzelnen äußert, und sucht dessen möglichst vollständige Verwirklichung im Besonderen zu fördern. Sofern der Mensch im Sinne dieses Ziels handelt, lebt er sein volles Leben und bringt seinen Herzschlag in Einklang mit dem Herzschlag des Alls.[18] Von diesem Standpunkt aus lehnte Croce eine auf inhaltliche Ziele gerichtete Moral wie den Utilitarismus ab. Die Nützlichkeitsmoral orientiert sich ebenso wie eine Moral, die moralische Forderungen als Gebote Gottes deutet, an besonderen Gesichtspunkten, nicht, wie es Croces Ethik entspricht, an allgemeingültigen Prinzipien. Auch die formalistische Ethik des Kategorischen Imperativs (siehe Teil V, Kap. I, 6b) hielt Croce für unzulänglich, weil sie darauf angewiesen ist, ihre formalen Prinzipien inhaltlich auszufüllen, und dies nur mit Hilfe von Nützlichkeitsüberlegungen zu leisten vermag.[19] Kurz: Das moralische Wollen setzt das ökonomische voraus, so wie die Praxis das theoretische Erkennen voraussetzt, und innerhalb des theoretischen Bereichs ist wiederum das begriffliche Erkennen durch die Anschauung bedingt. Umgekehrt setzt die Anschauung nicht begriffliche, verstandesmäßige Erkenntnisse voraus, und die Theorie ist prinzipiell unabhängig von der Praxis: Die jeweils frühere Form ist unabhängig von der späteren, aber nicht umgekehrt.[20] Da diese Gliederung nach Croce vollständig ist, findet die Religion in Croces System keinen Platz.

Damit zeichnet sich bereits die Auffassung der Dialektik ab, die Croce der Hegelschen Dialektik gegenüberstellte. Das Verhältnis von These und Antithese, von dem Hegel ausging, besteht nach Croce nur zwischen Begriffen derselben Stufe. Die Dialektik der Gegensätze (dialettica degli opposti) hat daher nur einen beschränkten Anwendungsbereich; von ihr ist die Stufen-Dialektik (dialettica dei distinti) zu unterscheiden, die das Verhältnis von Ästhetik, Logik, Ökonomik und Ethik betrifft. Diese Dialektik besteht darin, daß der Geist von der Anschauung ausgeht und über die Stufen des Begriffs, des Wollens besonderer und des Wollens allgemeiner Ziele wieder zur Anschauung zurückkehrt. Dies ist kein leerer Kreislauf, da das auf den früheren Stufen Gewonnene bewahrt wird, so daß die Anschauung, zu der der Geist zurückkehrt, gehaltvoller ist als die Anschauung, von der er ausging, und Analoges gilt für die anderen Stufen des Geistes. Im Durchgang durch diese Stufen vollzieht der Geist somit gleichsam eine Spiralbewegung: Er kehrt immer wieder zu den bereits durchlaufenen Positionen zurück, aber jeweils auf höherem Niveau. Die Stufen des geistigen Prozesses lassen sich, um im Bilde zu bleiben, mit Stufen einer Wendeltreppe vergleichen.

Croces Philosophie des Geistes ist spekulative Metaphysik, in deren Rahmen sich die Wirklichkeit als geistig darstellt, und da der Geist Leben ist, muß die Wirklichkeit als lebendig begriffen werden. Wie alles Lebendige differenziert sie sich in sich selbst;[21] sie ist in ständiger Veränderung begriffen und in diesem Sinne geschichtlich. Sie hat den Charakter eines Prozesses, näherhin eines kontinuierlichen Fortschreitens, nicht weil eine gütige Vorsehung den Rückschritt verhinderte, sondern weil das Werden Entfaltung des Absoluten ist und daher keine negative Macht, kein objektives Böses kennt. Da das, was wir böse nennen, unwirklich ist, ist das Wirkliche wesentlich vernünftig, wie schon Hegel erklärt hatte.

Auch die Entwicklung im menschlichen Bereich beruht nicht auf dem Wirken von Individuen, sondern ist das Werk des allgemeinen Geistes, das nicht vollendet ist und nie vollendet sein wird: Die Entwicklung ist unendlich.[22] Die Geschichte hat es daher nicht mit isolierten Einzelheiten zu tun, da das Einzelne stets mit dem Geist und seinen Formen als dem Allgemeinen verbunden ist. Sofern die Historie ein allgemeines (logisches) Element enthält, hat sie wesentlich philosophischen Charakter, so wie umgekehrt das begriffliche Denken immer auf die unter geschichtlichen Bedingungen stehende Anschauung angewiesen ist: Philosophie und Geschichte sind untrennbar verbunden. Croce hat die Historisierung der Philosophie proklamiert und die Auflösung der Philosophie in Philosophiegeschichte als deren einzig mögliche Ehrenrettung betrachtet.

Die Entwicklung der Philosophie ist auch in Italien über den absoluten Idealismus hinausgegangen, der nicht zuletzt deshalb als unzulänglich betrachtet wurde, weil er die Einzelwissenschaften in anachronistischer Weise der Philosophie unterordnete und ihre Begriffe als Pseudobegriffe bzw. ihre Theorien als Pseudoerkenntnisse auffaßte. Zwar hatte Croce recht, wenn er sich gegen die naturalistische Reduktion philosophischer Fragen auf einzelwissenschaftliche Probleme wandte, aber er setzte die Naturwissenschaften unter Berufung auf eine Philosophie herab, die beansprucht, das Wesen der Wirklichkeit aus reiner Vernunft erkennen zu können. Eine solche Ansicht war zu Croces Zeit bereits durch die Auffassung überholt, daß die Philosophie nicht die Wirklichkeit zu erkennen, sondern die Bedingungen zu analysieren habe, unter denen Wirklichkeitserkenntnis im Alltag oder in den Einzelwissenschaften möglich ist.

(2) Giovanni Gentile

Giovanni Gentile war zweifellos der spekulativste aller italienischen Philosophen; zugleich war er in der Zeit zwischen den Weltkriegen auch der einflußreichste, da er sich dem Faschismus angeschlossen hatte und als dessen Repräsentant auftreten konnte. In der zweiten Hälfte des 20. Jahrhunderts fand er jedoch zusehends weniger Beachtung. Gentile wurde 1875 in Sizilien geboren, lehrte in Palermo, Pisa und Rom, war nach der Machtergreifung der Faschisten einige Jahre Unterrrichtsminister und wurde zum Senator auf Lebenszeit ernannt. Im Frühling 1944 wurde er in seiner Florentiner Villa ermordet.

Obwohl Gentile stark von Hegel beeinflußt war und dies auch betonte, kann man ihn nicht ohne weiteres als Hegelianer bezeichnen. In wichtigen Punkten distanzierte er sich ausdrücklich von Hegel. So lehnte er die Hegelsche Dialektik ab, weil sie in seinen Augen eine Logik der Denkinhalte, und nicht, wie die wahre Dialektik, eine Logik des Denkens in seinem Vollzug war.[23] Mit Hegel erblickte er jedoch in der Dialektik eine Art des Denkens, die nicht dem Satz vom ausgeschlossenen Widerspruch unterworfen ist. Die Logik auf der Grundlage des Widerspruchsprinzips gilt für die vom Ich gesetzten Gegenstände, nicht für das tätige Ich, das die Gegenstände und deren Formen erzeugt.

Die einzige Wirklichkeit, die der konsequente Idealismus anerkennt, ist die Wirklichkeit des Denkens, und zwar nicht des Denkens im Sinne der Psychologie, sondern des Denkens als eines reinen Akts des Ich. Das Ich ist kein Seiendes und kein Zustand eines Seienden, somit keine geistige Substanz; es ist durch und durch Prozeß, reine Aktualität,[24] das heißt Tätigkeit ohne etwas, das tätig ist; es ist das Ich, das sich, wie Fichte gesagt hatte, selbst setzt. Streng genommen *ist* der Geist nicht, da «Geist» und «Sein» einander ausschließen. Die geistige Tätigkeit ist schaffend, sie erschafft sich selbst und ihre Gegenstände. Die objektive Wirklichkeit entsteht nach Gentile, wie nach Fichte, durch die Selbstbegrenzung der geistigen Tätigkeit; alles, was ist, ist Erzeugnis der Denktätigkeit, und unabhängig von dieser Tätigkeit läßt sich nichts denken und kann es nichts geben. Was der Geist erzeugt, ist in ihm, auch das, was er als Äußeres setzt,[25] denn Raum und Zeit bestehen nicht unabhängig von uns, sondern sind Formen des transzendentalen Ich, so daß Gentile sagen konnte: «Alles ist in uns, wir sind somit alles.»[26]

Dies wäre absurd, wenn das Ich, von dem hier die Rede ist, das endliche menschliche Ich wäre; Gentile meinte aber nicht dieses, sondern das transzendentale Ich bzw. den absoluten Geist, der die einzige und umfassende Wirklichkeit ist.[27] Dies einsichtig zu machen ist Aufgabe der spekulativen Philosophie, die zeigen soll, daß die Subjektivität, in der sich der Geist in unreflektierter Weise selbst empfindet, wie die Objektivität, auf die wir uns im Alltag und in den Naturwissenschaften beziehen, im absoluten Geist als Subjekt-Objekt aufgehoben sind. Vom Standpunkt des Absoluten aus erweisen sich die Objekte als abhängig von der Tätigkeit des Geistes; sie stellen sich somit nicht mehr als etwas dem Geist gegenüber Fremdes dar. Auch die Ideen dürfen dem sich vollziehenden Denken nicht als gegenständliche Inhalte gegenübergestellt werden, sondern sie sind auf die reine Denktätigkeit zu beziehen: «Wäre die Idee nicht der Akt selbst, in dem die Idee sich erkennt, dann bliebe etwas außerhalb seiner bestehen, und der Idealismus wäre daher nicht mehr absolut.»[28] Mit dieser Auffassung wollte Gentile, wie er ausdrücklich erklärte, die von Fichte der Philosophie als Wissenschaftslehre gestellte Aufgabe lösen.

Die Auflösung alles Seienden in den Vollzug des Denkens betrifft nicht nur die Natur, sondern auch die Mitmenschen und Gott. Die Mehrheit menschlicher Personen besteht nur kraft des Ich, allerdings nicht des endlichen, sondern des transzendentalen Ich, und ebenso ist Gott kein Wesen außerhalb des Geistes. Ähnlich lösen sich für den konsequenten Idealismus (als «Aktualismus») Kunst, Recht und Moral in Tätigkeiten des Geistes auf. Das Kunstwerk ist eine freie Schöpfung des sich in persönlicher Weise äußernden Ich, und das Recht hat seinen Grund in einem Denken, das als Wollen sein eigenes Gesetz ist. Schließlich wird auch die Pädagogik auf die Aktualitätsphilosophie bezogen, ja mit dieser identifiziert, da ihre wesentliche Aufgabe darin bestehen soll, den Menschen zum Bewußtsein des sich in allem Besonderen äußernden Geistes zu führen.

Der Einfluß des spekulativen Idealismus in Italien der ersten Hälfte des 20. Jahrhunderts war so groß, daß andere philosophische Richtungen ihm gegenüber in den Hintergrund traten. So spielte der Positivismus in Italien eine geringere Rolle als im deutschen und erst recht als im französischen oder angelsächsischen Raum. Der lebensphilosophische Historismus wurde nicht rezipiert, was zur Folge hatte, daß auch die Existenzphilosophie kaum Fuß fassen konnte, sieht man von einigen wenigen Vertretern dieser Richtung (wie Nicola Abbagnano) ab. Gentile trat den ersten Äußerungen existentialistischen Denkens mit der Macht seiner Autorität scharf entgegen. Inzwischen ist nicht nur in Italien, sondern weltweit eine so weitgehende Abwendung vom Idealismus Fichtescher oder Hegelscher Provenienz erfolgt, daß Gedanken wie die eben angedeuteten fast wie erratische Blöcke in der philosophischen Landschaft des 20. Jahrhunderts wirken. Der Idealismus, wie ihn die hier behandelten Philosophen vertraten, mußte das Feld entweder positivistisch-analytischen oder kritizistischen Richtungen räumen. Die Hegel-Renaissance, von der um die Mitte des 20. Jahrhunderts die Rede war, verdiente diesen Namen nicht; es ging nicht um eine Erneuerung des Hegelianismus, sondern um eine Belebung der Hegel-Forschung. Dennoch hat der Neuhegelianismus Spuren hinterlassen, allerdings weniger in der systematischen Philosophie, als vielmehr in der Philosophiehistorie, die er stark anregte. Das Interesse an der Geschichte der Philosophie ist in jenen Ländern besonders groß, in denen der Idealismus die stärkste Wirkung ausgeübt hatte.

2. Marxismus im 20. Jahrhundert

a) Marxismus-Leninismus

(1) Lenin

Im 20. Jahrhundert gewannen die von Marx und Engels entwickelten philosophischen, soziologischen, ökonomischen und politischen Auffassungen mit dem Sieg des Bolschewismus in Rußland ungeahnten Einfluß. Während sich der Sozialismus in Mittel- und Westeuropa dem demokratisch-parlamentarischen System anpaßte und vom dogmatischen Historischen und Dialektischen Materialismus Distanz zu gewinnen suchte – dies erstrebten die sogenannten Revisionisten, wie Eduard Bernstein (1850–1932), Karl Kautsky (1854–1938) und andere, die kritizistische und positivistische Auffassungen übernahmen –, behauptete sich bei den Vertretern des bolschewistischen Flügels der russischen Sozialisten die orthodoxe Doktrin.[29] Wichtigster Vertreter des sowjetischen Histo-Diamat war Vladimir Iljitsch Uljanov, genannt Lenin.

Lenin wurde 1870 in Simbirsk geboren, wurde Rechtsanwalt, trat mit Georgij V. Plechanov (1857–1918) und anderen Revolutionären in Verbindung und wurde wegen politischer Agitation für mehrere Jahre nach Sibirien verbannt. Von 1900 bis 1905 und von 1907 bis zur Oktoberrevolution lebte er in Mittel- und Westeuropa. Sein wichtigstes philosophisches Werk, «Materialismus und Empiriokritizismus» (1909), diente einem polemischen Zweck: Es sollte Bemühungen entgegentreten, das sozialistische Programm mit Auffassungen Ernst Machs (siehe Teil VI, Kap. II, 5) zu verbinden. Dieses aggressive Werk, in dem Lenin vor allem an Engels anknüpfte, galt jahrzehntelang als Grundtext der Sowjetphilosophie. 1917 veröffentlichte er die Schrift «Der Imperialismus als höchstes Stadium des Kapitalismus», deren Titel eine zentrale These des Leninismus ausspricht. 1917 gelangte er mit Hilfe der Mittelmächte, die sich von seinem Auftreten eine Beendigung des Kriegs im Osten versprachen, nach Petersburg. In den sogenannten Aprilthesen forderte er außenpolitisch Frieden um jeden Preis; innenpolitisch verlangte er die Aufteilung des Großgrundbesitzes unter die Bauern und die Errichtung des Rätesystems («Alle Macht den Räten»). Im Herbst 1917 rissen die Bolschewiken die Macht an sich und machten der kurzen, etwa ein halbes Jahr dauernden demokratischen Phase in der Geschichte Rußlands ein Ende. Die Masse der Bauern vertraute dem Versprechen einer Landreform, nicht ahnend, daß die Kollektivierung der Landwirtschaft bevorstand; auch das Rätesystem wurde bald zugunsten der Herrschaft der kommunistischen Partei ausgehöhlt. 1924 ist Lenin gestorben.

Lenin erweiterte die marxistische Kritik am Kapitalismus durch die Kritik am Imperialismus als dem letzten Stadium der gesellschaftlichen Entwicklung vor dem erwarteten Sieg des Kommunismus. Nach Lenin ist der Imperialismus das monopolistische Stadium des Kapitalismus, das durch die Konzentration der Produktion auf hohem Niveau, durch die Aneignung der Rohstoffquellen von seiten der Monopolisten, durch Kapitalkonzentration bei wenigen großen Banken, durch Kapitalexport und Kolonialismus gekennzeichnet ist. Der monopolistische Kapitalismus stellt gegenüber dem früheren Kapitalismus insofern eine eigene Entwicklungsstufe dar, als er durch die Schaffung von Monopolen die Marktgesetze, namentlich die freie Konkurrenz, außer Kraft setzt. Da er in seiner höchsten Form als staatsmonopolistischer Imperialismus die äußerste Konzentration wirtschaftlicher und politischer Macht darstellt, ist es nur nötig, die Verfügungsgewalt über die Monopole der Bourgeoisie zu entziehen und dem Proletariat zu übergeben, um den Übergang zum Kommunismus herbeizuführen. In diesem Sinne sprach Lenin davon, daß der staatsmonopolistische Kapitalismus den Kommunismus vorbereitet. Lenins Ziel war es, diesen Übergang zunächst in Rußland und später weltweit herbeizuführen. Seine philosophischen Untersuchungen dienten letzten Endes diesem Ziel, so wie seiner Ansicht nach die Philosophie im allgemeinen politischen Zwecken unterzuordnen ist.

Der Dialektische Materialismus, den Lenin vertrat, ist ontologisch als Materialismus und erkenntnistheoretisch als Realismus bestimmt. Lenin nahm an, daß es eine vom Bewußtsein unabhängige Wirklichkeit gebe und daß diese materiell sei. Unter «Materie» verstand er jedoch nicht das, was in der Physik mit diesem Ausdruck bezeichnet wird. Der physikalische Begriff der Materie ist vom jeweiligen Erkenntnisstand abhängig, weshalb er z.B. unter den Bedingungen der Quantenphysik nicht dasselbe bedeutet wie in der klassischen Physik; bei Lenin ist «Materie» ein viel allgemeinerer Begriff, der allerdings so inhaltsarm ist, daß er nicht mehr zu bedeuten scheint als die denkunabhängige, durch die Kategorien der Kausalität und der Wechselwirkung bestimmte Wirklichkeit in Raum und Zeit. Eine Definition von «Materie» zu verlangen hielt er für abwegig; man kann nur sagen, daß der Materie der Vorrang vor dem Geist zukommt.[30] Der Materialismus betrachtet «als das Primäre die Natur, die Materie, das Physische, die Außenwelt ... und Bewußtsein, Geist, Empfindung ... als das Sekundäre».[31] Die Welt ist anfangslos, weshalb die Frage nach ihrer Entstehung (namentlich ihrer Schöpfung) nicht gestellt werden kann. Die allgemeinsten Gesetze, die in der Wirklichkeit (und in Abhängigkeit von ihr im Denken) gelten, sind die Grundgesetze der Dialektik, die (wie bei Engels; siehe Teil VI, Kap. I, 3 b) die Durchdringung der Gegensätze, den Umschlag der Quantität in Qualität und die Negation der Negation betreffen.

In der Erkenntnistheorie folgte Lenin der von Engels vertretenen Deutung der Erkenntnis als Widerspiegelung. Da er die materielle Wirklichkeit als wesentlich bewegt betrachtete, konnte er in «Materialismus und Empiriokritizismus» die Entwicklung des menschlichen Bewußtseins als Widerspiegelung der sich ewig bewegenden Materie erklären. Zugang zur Wirklichkeit haben wir nur durch die Empfindungen; wir erkennen aber nicht Empfindungen, sondern mit deren Hilfe die Wirklichkeit selbst, freilich nicht in adäquater Weise. Obwohl die Erkenntnis der Realität faktisch relativ ist, läßt sich nach Lenin von absoluter Wahrheit sprechen: Sie ist das Ziel, auf das sich alle unsere Bemühungen um Erkenntnis richten. In diesem Sinne erklärte er: «Das menschliche Denken ist seiner Natur nach fähig, uns die absolute Wahrheit, die eine Summe von relativen Wahrheiten ist, zu geben, und gibt sie uns auch. Jede Stufe der Entwicklung der Wissenschaft fügt dieser Summe der absoluten Wahrheit neue Körnchen hinzu; aber die Grenzen der Wahrheit jedes wissenschaftlichen Satzes sind relativ und können durch die weitere Entwicklung des Wissens entweder weiter oder enger gezogen werden.»[32] Von absoluter Wahrheit meinte Lenin sprechen zu können, weil er an die Einheit des Seins als materieller Wirklichkeit glaubte und einerseits die Nervenprozesse bzw. das von ihnen abhängige Bewußtsein, andererseits die äußere Natur als Gegenstand der Erkenntnis auf sie bezog. Wenn Denken und Sein denselben Gesetzen unterworfen sind, ist der Gedanke ihrer vollkommenen Übereinstimmung in der absoluten Wahrheit sinnvoll.

Unter den Bedingungen des Dialektischen Materialismus heißt ein Urteil wahr, wenn es die beurteilte Realität korrekt widerspiegelt. Als Wahrheitskriterium gilt die praktische Bewährung, und das heißt, daß eine Annahme dann als Widerspiegelung realer Zusammenhänge zu betrachten ist, wenn sie brauchbare Erklärungen und Vorhersagen liefert. Hier zeigt sich die pragmatistische Komponente von Lenins Erkenntnislehre. Praktische Gründe sprechen nach Lenin auch für den erkenntnistheoretischen Realismus: Der Idealismus lähmt nämlich, indem er die Außenwelt für Schein erklärt, die Aktivität, insbesondere die revolutionäre Aktivität, und verringert daher die Aussicht auf Verbesserung der sozialen Verhältnisse, so daß sich der Realismus im Hinblick auf das revolutionäre Programm als überlegen erweist. Die subjektiv-idealistische Auffassung, nach der die Erfahrungsgegenstände nur Vorstellungsinhalte sind und die Welt, die wir kennen, nur im Bewußtsein existiert, so daß nur das eigene Bewußtsein als real gelten kann (Solipsismus), meinte Lenin bei Berkeley (siehe Teil IV, Kap. II, 2 a) zu finden. Da er überzeugt war, daß die Position Machs und der von ihm abhängigen russischen «Machisten» mit dem Standpunkt Berkeleys im Grunde identisch sei, ist sie denselben Einwänden ausgesetzt wie der Idealismus Berkeleys. Sie ist mit der Einstellung der Menschen im Alltag und der Wissenschaftler unvereinbar; umgekehrt erweist sich der Realismus als gerechtfertigt, weil er, und nur er, der Einstellung des praktisch tätigen Menschen angemessen ist.

Der pragmatistische Zug von Lenins Denkens äußert sich auch in der Forderung, die Philosophie dem Prinzip der Parteilichkeit zu unterwerfen. Dieses Prinzip besagt, daß es in der Philosophie nicht auf reine, sondern auf praxisbezogene Theorie ankomme, nämlich auf eine Theorie, die den Interessen der Arbeiterklasse und der sie repräsentierenden kommunistischen Partei dient. Diese Parteilichkeit hatte Lenin 1909 zur Feder greifen lassen, um im Interesse der Partei die «Machisten» zu bekämpfen.

Im Zusammenhang mit seinen Hegel-Studien, die ihren Niederschlag in den «Philosophischen Heften» fanden, führte Lenin die Dialektik als Dreischritt von Position, Negation und Negation der Negation auf die Auffassung zurück, daß die Wirklichkeit ein sich ständig entwickelndes Ganzes sei, das nur mit Hilfe «elastischer» Begriffe erfaßt werden könne: «Allseitige universelle Elastizität der Begriffe, Elastizität, die bis zur Identität der Gegensätze geht – das ist das Wesentliche.»[33]

Sowohl Lenins Materialismus als auch seine Erkenntnislehre hängen von Voraussetzungen ab, die offensichtlich metaphysischen Charakter haben. Die Annahme einer denkunabhängigen materiellen Außenwelt ist ebenso metaphysisch wie die Deutung der Empfindungen als Wirkungen materieller Dinge und die These, daß die Verbindung zwischen uns und der äußeren Realität durch die Empfindungen zustande kommt; sie sind alles andere als selbstverständlich und dürfen daher der kritischen Diskussion nicht entzogen werden. Ähnlich verhält es sich mit der Bedeutung von Ausdrücken

wie «Existenz» oder «Wirklichkeit», die Lenin so verwendete, als wären sie
von vornherein klar, was nicht der Fall ist. Klärungsbedürftig ist auch der
Begriff der Abbildung. Auch wenn er nicht im Sinne qualitativer Ähnlichkeit, sondern im Sinne eindeutiger Zuordnung verwendet wird, müßte festgestellt werden, ob eine Beziehung zwischen Vorstellungen und Gegenständen bzw. Eigenschaften von Gegenständen oder eine Beziehung zwischen
Urteilen und Tatsachen gemeint ist. Wenn ferner wahre Urteile etwas Wirkliches abbilden, dann scheinen allgemeinen wahren Urteilen allgemeine
Gegenstände (Universalien) zugeordnet werden zu müssen. Es scheint also
etwas als wirklich anerkannt werden zu müssen, das nicht materiell ist, im
Gegensatz zu Lenins ausdrücklich vertretener Auffassung. Läßt man sich
auf derartige Fragen ein, dann erweist sich das Problem der Erkenntnis als
wesentlich komplizierter als es von Lenin dargestellt wurde. Lenin hat sich
auf solche Fragen nicht eingelassen, was verständlich ist, wenn man
bedenkt, daß er kein professioneller Philosoph und auch kein reiner Theoretiker war oder sein wollte, sondern ein Mann der politischen Praxis. Als
solcher hat er Geschichte gemacht; in der Philosophiegeschichte kommt
ihm, ungeachtet der Verherrlichung durch die ehemalige Sowjetphilosophie, keine erstrangige Rolle zu.

(2) Lukács

György (Georg v.) Lukács (geb. 1885 in Budapest, gest. ebenda 1971) war
ein politisch engagierter, vielseitig gebildeter Intellektueller. Nach dem
ersten Weltkrieg war er als Volkskommissar Mitglied der kurzlebigen kommunistischen Regierung, emigrierte nach deren Sturz nach Moskau, später
nach Berlin und erhielt 1945 in Budapest eine Professur, die er 1958 verlor,
weil er sich den Aufständischen von 1956 angeschlossen hatte. Für die Entwicklung der marxistischen Philosophie im allgemeinen wurde vor allem
das Buch «Geschichte und Klassenbewußtsein» (Berlin 1923) wichtig.[34] In
seinem Alterswerk «Ontologie des gesellschaftlichen Seins» (Neuwied und
Berlin 1973) knüpfte er wieder an die Tradition des Dialektischen Materialismus an. Nachhaltig beeinflußte er die marxistische Ästhetik.[35]
    In «Geschichte und Klassenbewußtsein» ging Lukács, anders als die
orthodoxen Vertreter des Marxismus-Leninismus, die in der Dialektik vor
allem eine Dialektik der Natur sahen, auf das Verhältnis von Subjekt und
Objekt zurück, das im Mittelpunkt der idealistischen Dialektik stand.
«Subjekt» bedeutet dabei jedoch nicht das individuelle Ich, sondern das
Klassenbewußtsein, näherhin das Bewußtsein des Proletariats. Das dialektische Denken hat es mit Totalitäten zu tun, d.h. mit Ganzheiten, die nicht
aus selbständigen Teilen zusammengesetzt sind, sondern an denen
Momente unterschieden werden können, die sich in Wirklichkeit nicht von
der jeweiligen Ganzheit trennen lassen. Subjekt und Objekt sind solche
Momente, und die Totalität, der sie angehörigen, ist die gesellschaftliche
Klasse. Die Dialektik ist aber nicht reine Theorie, sondern sie hat prakti-

schen Charakter. Das heißt nicht nur, daß sie praktische Verhältnisse zu untersuchen hat, sondern auch und vor allem, daß sie praktische Ziele verfolgt; für sie ist «*das Verändern der Wirklichkeit* das Zentralproblem».[36]

Die gesellschaftlichen Ganzheiten, mit denen es die Dialektik nach Lukács zu tun hat, sind variablen historischen Bedingungen unterworfen und daher veränderlich; daher ändern sich auch die Denkformen, die einem bestimmten Zustand der Gesellschaft entsprechen, so daß es keine zeitlos gültigen Kategorien gibt. Die Arbeiterklasse ist insofern «Subjekt», als sie die Klasse ist, die sich ihrer Rolle bewußt ist und die gesellschaftlichen Bedingungen ihrer Entstehung und ihrer gegenwärtigen Lage erkennt. Da eine solche Erkenntnis offensichtlich nicht bei allen Angehörigen des Proletariats vorhanden ist, meinte Lukács, daß sie der Partei des Proletariats als der «Trägerin des Klassenbewußtseins des Proletariats» vorbehalten sei.[37] Denkt man in dieser Richtung weiter, ist es naheliegend, nicht die gesamte Partei, sondern deren Führungskader, im Grenzfall vielleicht einen einzigen Führer, als Träger des Klassenbewußtseins zu betrachten. Hier zeigt sich eine ähnliche Problematik wie bei Rousseau, dessen Allgemeinwille ebenfalls nicht mit dem gemeinsamen Wollen aller zusammenfällt, sondern von jenen repräsentiert wird, die das wahre Wohl der Gesellschaft erkennen.

Die Annahme, daß der kommunistischen Partei eine ausgezeichnete Rolle zukomme, hängt mit Lukács' allgemeinen Voraussetzungen eng zusammen. Da es kein reales kollektives Bewußtsein gibt, kann das Proletariat nicht im eigentlichen Sinne Subjekt sein; der Ausdruck «Klassenbewußtsein» bezeichnet vielmehr die Art, in der Menschen als Angehörige einer Klasse auf bestimmte Bedingungen *reagieren würden, wenn sie vernünftig wären*, d. h. wenn sie angemessen und zweckmäßig handelten. Um zu erkennen, was das Klassenbewußtsein ausmacht, ist nicht auf tatsächliche Gedanken und Willensakte Bezug zu nehmen, sondern man muß ermitteln, was Menschen unter bestimmten Bedingungen denken und wollen würden, wenn sie ihre Lage durchschauen könnten, und dies festzustellen ist Aufgabe der Partei des Proletariats.

Die Vertreter der dialektischen Philosophie gingen seit Hegel stets von einem Gegensatz zwischen dialektischem und einzelwissenschaftlichem Denken aus. Bei Lukács verschieben sich die Akzente: Er stellte nicht die Dialektik der Wissenschaft, sondern die dialektische der «bürgerlichen» Wissenschaft gegenüber, der er vorwarf, unter Berufung auf das Ideal der Exaktheit Tatsachen als isolierte Gegebenheiten darzustellen und ihre Abhängigkeit von größeren, insbesondere von gesellschaftlichen Zusammenhängen zu übersehen. Demgegenüber betrachtet das dialektische Denken das Einzelne als Moment eines größeren Ganzen und berücksichtigt zugleich dessen Abhängigkeit vom Bewußtsein (insbesondere vom Klassenbewußtsein). Die Tatsachen, die im Erkennen abgebildet werden sollen, sind nicht unabhängig vom Klassenbewußtsein vorhanden, sondern durch den jeweiligen Zustand der Gesellschaft bedingt.

Mit dem genuinen Marxismus läßt sich die Deutung des Klassenbewußtseins als Subjekt schwerlich in Einklang bringen, hatte doch Marx gegen Proudhon eingewandt, daß er eine neue, absonderliche Vernunft erfunden habe, «die Vernunft der Gesellschaft als Person».[38] Vermutlich hätte Marx Lukács' Annahme eines Bewußtseins des Proletariats, das Subjekt sein soll, in gleicher Weise beurteilt.

Ähnlich starke Wirkung wie Lukács übte in Italien Antonio Gramsci (1891–1937) aus, der sich an Lenin orientierte, seine Hoffnungen aber nicht in das Proletariat allein, sondern in eine Allianz aus Proletariern und Intellektuellen setzte.[39] Von den französischen Marxisten sei Henri Lefèbvre (1901–1979) erwähnt, der sich in seinen Werken – insbesondere in «Le matérialisme dialectique» (1939) und «Logique formelle, logique dialectique» (1947, 1969) – gegen die Dogmatisierung der Dialektik aussprach und der formalen Logik eine relative Bedeutung zubilligte. Größeren Einfluß als die parteigebundenen Vertreter des Marxismus-Leninismus erlangten auf längere Sicht parteipolitisch unabhängige Marxisten, die sich für eine den modernen gesellschaftlichen Bedingungen angemessene Weiterentwicklung des Marxismus einsetzten.

b) Der Neomarxismus

In der Zeit zwischen den beiden Weltkriegen war der unorthodoxe Marxismus, philosophisch gesehen, eine Randerscheinung. Die Vertreter der akademischen Philosophie nahmen ihn meist nicht ernst, die orthodoxen Marxisten hielten ihn für Ketzerei und betrachteten ihn als Rückfall in den utopischen Sozialismus, über den Marx und Engels hinausgegangen waren.[40] Besonders deutlich trat das utopische Element bei Ernst Bloch (1885–1977) zutage, der die emanzipatorischen Züge des Marxismus hervorhob («Vom Geist der Utopie», 1918) und in dem 1938 in der Emigration begonnenen dreibändigen Werk «Das Prinzip Hoffnung» (Berlin 1954ff. bzw. in zwei Teilen Frankfurt a.M. 1959) den Marxismus mit der allgemeinmenschlichen Tendenz zum Überschreiten des Gegenwärtigen und seiner Bedingungen in Verbindung brachte.[41] Auf Probleme der Soziologie konzentrierten sich die Mitglieder des Frankfurter «Instituts für Sozialforschung», namentlich Max Horkheimer (1895–1973)[42] und Theodor W.(Wiesengrund) Adorno (1903–1969)[43]. Nach ihrer durch die nationalsozialistische Machtergreifung erzwungenen Emigration setzten sie ihre am Marxismus orientierte Auseinandersetzung mit der bürgerlichen Gesellschaft im New Yorker «Institute of Social Research» fort. Nach dem zweiten Weltkrieg kehrten Bloch, Horkheimer und Adorno nach Deutschland zurück und beeinflußten, ebenso wie der in Kalifornien lehrende Herbert Marcuse (1898–1979), während der sechziger und siebziger Jahre in einer noch kurze Zeit vorher nicht vorhersehbaren Weise das Denken der jungen, gegen die sozialen und politischen Verhältnisse protestierenden Generation. Diese Entwicklung liegt aber jen-

seits der Grenzen, die der vorliegenden Darstellung gezogen sind; hier soll
nur ein Buch berücksichtigt werden, das wie kaum ein anderes ein Schlag-
licht auf die Situation gegen Ende des zweiten Weltkriegs wirft und gleichzeitig wichtige Themen der späteren Diskussionen vorwegnimmt.

1944 veröffentlichten Adorno und Horkheimer in New York den Essay
«Dialektik der Aufklärung», der 1947 auch in Amsterdam erschien. Die
Abhandlung fand im Verlauf der Jahre immer stärkere Beachtung,[44] offenbar deshalb, weil die in ihr enthaltenen Gedanken auf eine anti-aufkläreri-
sche Stimmung auf seiten vieler Leser stießen, die in ihr ausgesprochen fanden, was sie dachten. «Aufklärung» bedeutet für die Autoren des Werkes
eine Denkweise, die durch das Bemühen um konsequente Rationalisierung,
um Entmythologisierung, um Mathematisierung und umfassende Systematisierung des Wissens mit den Mitteln einer formalisierten Sprache gekennzeichnet ist. Für das Aufklärungsdenken sind Worte nur noch Zeichen,
nicht mehr Symbole, die, wie im mythischen Denken, eine Verbindung
zwischen dem symbolischen Bild und der abgebildeten Wirklichkeit herstellen. Damit wird der wissenschaftliche vom ästhetischen Bereich abgegrenzt und zugleich die Kunst mit dem ihr zugrunde liegenden Prinzip der
Nachahmung abgewertet. Gleichzeitig grenzt sich die Aufklärung gegenüber dem Glauben ab, dessen Wahrheitsanspruch bestritten und der zum
Mittel der Massenbeeinflussung durch die Aufgeklärten wird. Diese Tendenzen sind Ausdruck einer Einstellung, die durch Überordnung des zum
Instrument der Naturbeherrschung gemachten Verstandes über die
Anschauung charakterisiert ist. Der Preis, der für diese Rationalisierung zu
entrichten ist, besteht im Verzicht auf Reflexion, auf das Denken des Denkens und somit auf die Metaphysik.

Dem rationalistischen Denken der Aufklärung steht der Mythus gegenüber, der die Wirklichkeit als Einheit erfaßt und alles mit allem verbunden
sieht. Die im Mythus erfahrene Einheit geht verloren, sobald den vertrauten Erscheinungen unter dem Einfluß der Angst vor dem Unbekannten ein
prinzipiell erkennbares erfahrungsjenseitiges Wesen gegenübergestellt wird,
durch dessen Erkenntnis die Angst überwunden werden soll. Für Horkheimers und Adornos Standpunkt ist es aufschlußreich, daß das Erkennt-
nisstreben auf irrationale Antriebe, namentlich auf das Streben nach Überwindung der Angst, zurückgeführt wird. Letzten Endes wird die rationale
Einstellung aber nicht individualpsychologisch, sondern – im Sinne des
Historischen Materialismus – soziologisch erklärt. So wird der Glaube an
die Allgemeingültigkeit gewisser Sätze zurückgeführt auf die Allgemeinver-
bindlichkeit der Anordnungen, durch die Herrschaft ausgeübt wird. Da die
Wissenschaft auf Naturbeherrschung abzielt, wird das wissenschaftliche
Denken im allgemeinen als Substrat von Herrschaft aufgefaßt; und im
deduktiven Denken erblickten Horkheimer und Adorno einen Ausdruck
gesellschaftlichen Zwangs. Der Zwang, sich selbst zu erhalten, führt dazu,
daß man sich dem Zwang der logischen Gesetze unterwirft.

In der Aufklärung ist eine Dialektik am Werk, die bewirkt, daß die gegen den Mythus gerichtete Rationalität schließlich selbst zum Mythus wird: Die Aufklärung wollte den Mythus bzw. jede Art des Glaubens als Vorurteil bloßstellen; da sie aber selbst auf einem Glauben beruht, nämlich auf dem Glauben an die uneingeschränkte Zuständigkeit der Vernunft in allen Lebensbereichen, bleibt sie jenem Denken verhaftet, das sie überwinden wollte. Auch im Verhältnis von mythisch-anschaulichem und rational-wissenschaftlichem Denken konstatierten die Autoren eine Dialektik, die der Dialektik von Herrschaft und Knechtschaft bei Hegel (siehe Teil V, Kap. VI, 3 b (2)) entspricht. Der Verstand wird, indem er zur Herrschaft gelangt, zunehmend auf technische, organisatorische und administrative Aufgaben beschränkt, bis schließlich die damit herbeigeführte Verarmung des Intellekts, der nur mehr kalkuliert, in die Barbarei und damit in die Irrationalität mündet. Diese Entwicklung ist nicht unvermeidlich, da die Entfremdung durchschaut und das Einverständnis mit den bestehenden Verhältnissen aufgekündigt werden kann. Die Absage an die «herrschaftliche Wissenschaft», die das Wesen der Natur verkennt, vermag der ursprünglichen Natur wieder zur Geltung zu verhelfen. Wie Marx schwebte auch Horkheimer und Adorno die Wiederherstellung der natürlichen Verhältnisse vor; während sie Marx aber von der Überwindung des Kapitalismus erwartet hatte, wollten Horkheimer und Adorno sie mit der Absage an das wissenschaftliche Denken bzw. an die Rationalität im allgemeinen erreichen.

Trotz solcher Unterschiede läßt sich nicht übersehen, daß die «Dialektik der Aufklärung» dem Historischen Materialismus verpflichtet ist, wird doch die Entwicklung zur Aufklärung hin, innerhalb des Aufklärungsdenkens und über dieses hinaus in Abhängigkeit von gesellschaftlichen Verhältnissen gesehen. Nicht nur einzelne Ideen werden als Projektionen sozialer Bedingungen aufgefaßt, sondern auch das rationale Denken als solches. Mit der Tradition der dialektischen Philosophie ist das Werk durch die Annahme verbunden, daß die als «Aufklärung» bezeichnete Denkweise widerspruchsvoll und daher zu überwinden sei. Die «Widersprüchlichkeit» des Aufklärungsdenkens wird darin erblickt, daß es in der Verfolgung ihrer Ziele deren Gegenteil bewirkt. Die Aufklärung will befreien und führt zur Sklaverei; sie will die Natur dem Menschen unterwerfen und führt zur Unterwerfung des Menschen unter ein System, das zum Zweck größtmöglicher Naturbeherrschung geschaffen worden ist; sie will Rationalität und führt in den Irrationalismus.

Die antirationalistische Tendenz der «Dialektik der Aufklärung» fand in einer Zeit, in der die wissenschaftliche Rationalität, die Technik und die Industriegesellschaft zunehmend auf Bedenken stießen, starken Widerhall. In dem Buch kommt jener Zweifel am Sinn des technischen Fortschritts zum Ausdruck, der schon in der Lebens- und der Existenzphilosophie angeklungen war; es trug aber auch selbst dazu bei, daß die Fortschrittsskepsis in der zweiten Hälfte des 20. Jahrhunderts dominierend wurde. Weil man vor allem auf die Wirkung dieses Buches achtete, wurde übersehen, daß die Argumentation in der «Dialektik der Aufklärung» oft unscharf, ja zweideutig, und das metaphysische Fundament unsicher ist. Horkheimers und Adornos Position heißt nicht deshalb *Kritische Theorie*, weil sie der Tradition der kritischen Philosophie verpflichtet gewesen wäre, sondern weil sie soziale und politische Verhältnisse kritisierte.

3. Die Neuscholastik

Die im letzten Drittel des 19. Jahrhunderts feststellbare Tendenz, an Strömungen der Vergangenheit anzuknüpfen, kam nicht nur im Neukantianismus, im Neuhegelianismus, im Neomarxismus usw. zum Ausdruck, sondern auch in der unter dem Namen Neuscholastik bekannten Rückbesinnung auf die großen scholastischen Lehrgebäude, wie sie Thomas von Aquin, Johannes Duns Scotus und Francisco Suárez geschaffen hatten.[45] Eine besondere Rolle spielte dabei der Thomismus, weil ihn Leo XIII. in der Enzyklika *Aeterni Patris* (1879) für die Ausbildung der Theologen verbindlich machte. Vorbereitet wurde die Rückwendung zur Scholastik durch theologisch geprägte Philosophen wie Jaime Balmes (1810–1848) und Joseph Kleutgen (1811–1883). Bahnbrechend wirkte Désiré Kardinal Mercier (1851–1926) in Löwen, dem es darum ging, die thomistische Tradition mit solchen Gedanken des modernen Denkens zu verbinden, die mit ihr verträglich waren. Ein anderer bedeutender Vertreter dieser Richtung war Jacques Maritain (1882–1973). Eine Brücke vom Thomismus zur Transzendentalphilosophie wollte Joseph Maréchal (1878–1944) schlagen, der damit der Neuscholastik eine neue Perspektive eröffnete.[46]

Gleichzeitig entstanden im Kreis der Neuscholastiker historische Untersuchungen, die Licht auf das mittelalterliche Denken warfen. Neben Clemens Baeumker (1853–1924) und Martin Grabmann (1875–1949) ist hier Etienne Gilson (1884–1978) zu nennen, der die Bedeutung der mittelalterlichen Philosophie und das Weiterwirken gewisser ihrer Gedanken in der Neuzeit unterstrich. Er analysierte die Rolle des Begriffspaars «Sein» und «Wesenheit» in einem weiten historischen Rahmen[47] und suchte den Cartesianischen Anspruch auf Originalität zu relativieren.[48] Die Lehrbücher von Konstantin Gutberlet (1837–1928) oder Alfons Lehmen (1847–1910) dienten der schulmäßigen Vermittlung neuscholastischen Denkens. Allen Vertretern der neuscholastischen Richtung ist die antimaterialistische und antinaturalistische Einstellung, die realistische Auffassung der Erkenntnis, der Glaube an die Möglichkeit der Metaphysik und die Überzeugung vom Vorrang der Seinsformen vor den Denkformen gemeinsam. In diesem Rahmen wurde auch eine mit der katholischen Sittenlehre übereinstimmende Ethik entwickelt, z. B. von Victor Cathrein (1845–1931). In der Pädagogik wurde die katholische Weltanschauung von Otto Willmann (1839–1920) zur Geltung gebracht.

Die Bemühungen, Auffassungen mittelalterlicher Kirchenlehrer mit dem modernen Denken in Einklang zu bringen, erwiesen sich vor allem im Hinblick auf das naturwissenschaftliche Weltbild als schwierig. Eine mit den Ergebnissen der modernen Naturwissenschaft verträgliche Naturphilosophie auf der Grundlage der Unterscheidung von Stoff und Form (Hylomorphismus) und der Akt-Potenz-Lehre zu entwickeln war ein aussichtsloses Unterfangen, das schließlich aufgegeben wurde.

Die christliche Philosophie dieses Zeitraums ging nicht in der Neuscholastik auf. So orientierte sich Joseph Geyser (1869–1948)[49] nicht mehr an der mittelalterlichen Scholastik, sondern an Brentanos und Husserls Lehre von der Intentionalität der psychischen Akte und von der Evidenz als Wahrheitskriterium. Er vertrat eine realistische Auffassung, nach der Kausalität, Zeit und (mit Einschränkungen) Raum als Bestimmungen der denkunabhängigen Wirklichkeit zu gelten haben. Auch spiritualistische Auffassungen in der Nachfolge von Maine de Biran oder Rosmini (siehe Teil VI, Kap. II, 3) spielten zeitweise eine Rolle, z.B. bei René LeSenne (1882–1954) oder Louis Lavelle (1883–1951). Von Bedeutung war auch die Auseinandersetzung mit der modernistischen Theologie, wie sie in Frankreich Alfred Loisy (1857–1940) und in Deutschland Hermann Schell (1850–1906) vertraten, die jedoch in die Geschichte der Theologie, nicht in die der Philosophie gehört.

II.

Die Phänomenologie

Man suche nur nichts hinter den Phänomenen;
sie selbst sind die Lehre.

(Goethe)

1. Husserl

Die von Husserl begründete Phänomenologie gehört zu den wichtigsten philosophischen Richtungen des 20. Jahrhunderts. Ihr Name deutet auf den von Husserl erhobenen Anspruch hin, in den Phänomenen allgemeine Wesenheiten erschauen und, gestützt auf die Wesensschau, notwendige und streng allgemeine Erkenntnisse gewinnen zu können. In dieser Hinsicht folgt sie der von Plato (siehe Teil I, Kap. III, 3) und den Vertretern des neuzeitlichen Rationalismus (siehe Teil IV, Kap. I) gewiesenen Richtung. Husserls Position änderte sich aber im Verlauf der Zeit so tiefgreifend, daß der Ausdruck «Phänomenologie» schon mit Bezug auf Husserl mehrere, obwohl untereinander verwandte Bedeutungen hat; erst recht wird er nicht eindeutig gebraucht, wenn er auch auf die Denkweise anderer Vertreter der von Husserl begründeten Richtung bezogen wird.

Edmund Husserl wurde 1859 in Proßnitz (Mähren) geboren; lehrte als Professor in Göttingen und, von 1916 bis 1928, in Freiburg, wo er, als Jude bereits in einer prekären Situation, 1938 starb. Ursprünglich von der psychologistischen Auffassung der Logik beeinflußt, wandte er sich unter dem Eindruck von Freges Philosophie der Logik und Mathematik (siehe Kap. IV, 1) vom Psychologismus ab und wurde in den «Logischen Untersuchungen» (1900f.) zum entschiedenen Gegner dieser Auffassung.[1] In den «Ideen zu einer reinen Phänomenologie und phänomenologischen Philosophie» (1913) verband Husserl seine von Brentano beeinflußte frühere Auffassung mit Gedanken der Transzendentalphilosophie, der auch die «Formale und transzendentale Logik» (1929) und die «Cartesianischen Meditationen» (1932) verpflichtet sind. Das zuletzt genannte Werk läßt erkennen, in welch engem Verhältnis Husserl zu Descartes stand. Man könnte sich versucht fühlen, seine Philosophie geradezu als Neocartesianismus zu bezeichnen, zumal Descartes nach Husserls bemerkenswerter Interpretation der wichtigste Wegbereiter des Transzendentalismus vor Kant war. Gegen Ende seines Lebens vollzog Husserl, vermutlich unter dem Eindruck von Heideggers Analyse des menschlichen Daseins als In-der-Welt-sein, mit der Abhandlung «Die Krisis der europäischen Wissenschaften und die transzendentale Phänomenologie», eine neuerliche Wendung.[2] Sein Interesse galt nun nicht mehr den idealen Strukturen der Wirklichkeit, sondern der Lebenswelt, von der wir bei der Konstruktion dieser Strukturen ausgehen, ohne uns je vollständig von ihr lösen zu können.

Obwohl Husserl eine Reihe bedeutender Philosophen beeinflußt hat, kann schwerlich von einer Schule Husserls gesprochen werden, weil Denker wie Max Scheler, Nicolai Hartmann oder Martin Heidegger, obwohl sie sich zur Phänomenologie bekannten, mit diesem Ausdruck recht Verschiedenes und jedenfalls nicht das meinten, was Husserl vorgeschwebt hatte.

a) Die Kritik am Psychologismus

In seinem ersten phänomenologischen Werk, den «Logischen Untersuchungen», setzte sich Husserl kritisch mit dem Psychologismus in der Logik auseinander, d. h. mit dem Versuch, die logischen Gesetze – z. B. das Prinzip vom ausgeschlossenen Widerspruch – auf psychische Zusammenhänge zurückzuführen und damit die Logik zu einem Teilbereich der Psychologie zu machen. Der Psychologismus wurde z. B. von John Stuart Mill (siehe Teil VI, Kap. II, 1 b (1)) vertreten, der aus der Voraussetzung, daß logische Sätze auf psychologischen beruhen, die Konsequenz zog, daß sie, wie die Sätze der Psychologie, Hypothesen seien. Demgegenüber betonte Husserl, daß die Sätze der Logik (wie Sätze der Mathematik) keine empirischen Sätze, also keine Hypothesen sind; sie kommen nicht, wie die Naturgesetze, zu denen die Gesetze der Psychologie gehören, durch Induktion zustande, sondern sie werden unabhängig von der Erfahrung als wahr eingesehen. Daher lehnte Husserl die psychologische Auffassung ab, zumal sich die Notwendigkeit logischer Gesetze nicht auf den Mechanismus der Vorstellungsverbindung (Assoziation) zurückführen läßt.[3] Die Forderung, eine Erklärung dieser Notwendigkeit zu suchen, ist berechtigt; man kann ihr aber nicht durch psychologische Annahmen, sondern nur dadurch genügen, daß man allgemeine Wesensstrukturen anerkennt, mit denen die Prinzipien der Logik übereinstimmen. Ein Urteil ist wahr, wenn volle Übereinstimmung zwischen dem im Urteil Gemeinten und dem Gegebenen besteht; ein allgemeines Urteil muß daher mit einem gegebenen Allgemeinen (einer Wesenheit oder einem *Eidos*) übereinstimmen. Etwas Allgemeines kann selbstverständlich nicht so gegeben sein wie ein konkreter Gegenstand, der sich sinnlich anschauen läßt; da es jedoch Inhalt einer Anschauung sein muß, kann es sich nur um geistige Anschauung, um Wesensschau, handeln. Die «Sachen», denen sich die Philosophie, nachdem sie sich allzu lange auf die Frage nach den Bedingungen der Möglichkeit der *Erkenntnis* von Sachen konzentriert hatte, wieder zuwenden soll, sind die Inhalte der Wesensschau, die idealen Sachverhalte. Die Aufgabe der Phänomenologie besteht darin, in den Phänomenen die allgemeinen Sachverhalte als Gegenstände intellektueller Anschauung sichtbar werden zu lassen.[4]

Um die Wesensschau zu ermöglichen, bedarf es der phänomenologischen Reduktion, bei der nicht nur von den Umständen der bestimmten, auf Konkretes gerichteten Akte, sondern auch davon abgesehen wird, daß der Gegenstand als etwas Reales, unabhängig von mir Vorhandenes gilt: Dies alles muß «eingeklammert» werden, das heißt, die Urteilsbehauptung ist zurückzuhalten, worauf Husserl mit dem von den antiken Skeptikern her bekannten Ausdruck «epoché» (siehe Teil I, Kap. V, 4a) hinwies. Übrig bleibt das *eidos* (die Wesenheit), weshalb Husserl von eidetischer Reduktion sprach. (So kann ich, wenn ich auf das Blatt Papier vor mir blicke, davon absehen, daß es sich um ein Ding aus einem bestimmten Material, von einer bestimmten Größe, mit einer bestimmten Farbe usw. handelt, aber auch davon, daß ich es für real halte, um mich auf die Form der Rechteckigkeit zu konzentrieren. Über das Wesen *Rechteck* lassen sich dann Aussagen machen, die nicht mehr Tatsachenaussagen sind, sondern apriorische Wahrheiten, z.B. daß die Diagonalen im Rechteck gleich lang sind. Hier wird nicht eine Verallgemeinerung auf Grund vielfältiger Beobachtungen vorgenommen, sondern das Phänomen wird zum Anlaß für die evidente Einsicht in einen allgemeinen Sachverhalt.)

Die Grundlage von Husserls Auffassung bildet die von Brentano erneuerte Lehre von der Intentionalität des Bewußtseins, der zufolge Vorstellungen, Urteile usw. auf etwas (als Gegenstand im weiten Wortsinn) gerichtet sind: Wir können nicht vorstellen, ohne etwas vorzustellen, und wir können nicht urteilen, ohne etwas zu beurteilen. Nimmt man (mit Husserl, aber abweichend vom späteren Brentano) an, daß es auch allgemeine Vorstellungen (z.B. die Vorstellung des Rechtecks im allgemeinen) gibt, dann sind diesen Vorstellungen allgemeine «Gegenstände» (ideale Sachverhalte, Wesenheiten, eídē) zuzuordnen.

Wenn die Logik auf Einsichten in Wesensbeziehungen beruht, dann ist sie eine theoretische Wissenschaft, und nicht eine praktische Disziplin, die – als Kunstlehre – Regeln des korrekten Schließens aufstellt. Zweifellos dienen die logischen Gesetze auch als solche Regeln, jedoch nur sekundär; in erster Linie sind sie Urteile über ideale Beziehungen im Bereich der Wesenheiten. Die Logik ist eine Wissenschaft, die es mit dem Zusammenhang idealer Sachverhalte zu tun hat, nicht mit dem Zusammenhang der psychischen Akte, in denen die Sachverhalte gedacht werden.[5] Handelt es sich um Erkenntnis im vollen Wortsinn, nämlich um evidente Erkenntnis, dann ist uns der Sachverhalt gegeben, und zwar als das, was er ist bzw. als was er im Urteil gemeint ist.

b) Das Ideal einer streng wissenschaftlichen Philosophie

Husserl war überzeugt, daß es endgültige und vollkommene, somit weder verbesserungs- noch ergänzungsbedürftige Erkenntnis gebe und daß sie allein Erkenntnis im eigentliche Sinne sei. Damit bekannte er sich zum rationalistischen Erkenntnisideal, wie mit besonderer Deutlichkeit aus seiner Abhandlung «Philosophie als strenge Wissenschaft» (1910) hervorgeht. Die Grundlage dieses Ideals ist die Unterscheidung von Denken (griech.: nóesis) und Gedachtem (griech.: nóema) bzw. von Erkenntnisakt und Erkenntnisinhalt. Die Denkakte, in denen wir etwas erkennen – z.B. den Pythagoreischen Lehrsatz –, sind subjektiv und daher von zufälligen Umständen abhängig. Wir sind im Denken manchmal mehr, manchmal weniger konzentriert, der Erkenntnisvollzug fällt manchmal leichter, manchmal schwerer, und während dem einen der Beweis des Lehrsatzes Mühe macht, ergibt er sich dem anderen fast mühelos. Von allen diesen Unterschieden ist jedoch das, was erkannt wird, unabhängig; der Pythagoreische Lehrsatz ist wahr für den rasch wie für den langsam Begreifenden, ja er bleibt wahr, auch wenn niemand ihn einsieht.

Mit dem rationalistischen Erkenntnisideal verbindet sich bei Husserl das rationalistische Wissenschaftsideal, nach dem eine Wissenschaft – auch die Philosophie als Wissenschaft – ein abgeschlossenes systematisches Ganzes bildet. Da die Einheit einer Wissenschaft durch die Einheit des Begründungszusammenhangs bedingt ist, konnte Husserl die wissenschaftliche Erkenntnis als «Erkenntnis aus dem Grunde» bestimmen.[6] Eine Begründung liegt nicht nur vor, wenn Sätze korrekt aus wahren Prämissen abgeleitet sind, sondern sie besteht letzten Endes in der Einsicht in Wesenszusammenhänge als dem eigentlichen Grund des Wissens. Wissen im vollen Wortsinn liegt nur vor, wo ein Urteil mit Evidenz gefällt wird, und Evidenz stellt sich dann ein, wenn das im Urteil Gemeinte vollkommen erreicht ist. Indem die Philosophie diesen Anspruch aufrechterhält, vertritt sie «den unverlierbaren Anspruch der Menschheit auf reine und absolute Erkenntnis»,[7] wie ihn zuletzt Hegel erhoben hatte, dem sich Husserl in dieser Hinsicht verbunden fühlte.

Wer den Anspruch definitiver Wahrheit aufgibt und sich von der Idee einer wissenschaftlichen Philosophie abwendet, fällt dem Relativismus bzw. Skeptizismus zum Opfer. Vom Standpunkt der strengen philosophischen Wissenschaft aus sind alle (von Husserl unter dem Titel «Naturalismus» zusammengefaßten) subjektivistischen und relativistischen Positionen abzulehnen. Ihren Kern erblickte er in der Ansicht, daß uns die Natur einfach gegeben sei. Gegen den Naturalismus spricht, daß unter seinen Bedingungen die Tatsache, daß wir Gegenstände erfahren können, zu einem unlösbaren Rätsel wird. Relativistische Konsequenzen haben auch der Historismus und die Weltanschauungsphilosophie, weshalb sie Husserl ebenso zurückwies wie den Naturalismus. Allen diesen Richtungen gegenüber erklärte er: «Die Wissenschaft vom Radikalen muß auch in ihrem Verfahren radikal sein ... Vor allem darf sie nicht ruhen, bis sie ihre absolut klaren Anfänge ... gewonnen hat.»[8] Husserl hat das von ihm aufgestellte Ideal einer strengen Wissenschaft in der Philosophie nicht verwirklicht, wozu allerdings die Abhandlung von 1910 gar nicht die Möglichkeit bot. Aber auch später blieb die konkrete philosophische Theoriebildung immer hinter Husserls programmatischen Entwürfen zurück.

Die Entscheidung in der Auseinandersetzung mit dem Naturalismus ist nach Husserl schon gefallen, «möge auch die Flutwelle des Positivismus und des ihn im Relativismus überbietenden Pragmatismus noch weiter steigen».[9] Wie unzutreffend diese Diagnose war, zeigt die weitere Entwicklung der Philosophie, die überwiegend in die von Husserl kritisierte Richtung ging.

Angesichts der naturalistischen Gegenposition, die nur empirische Aussagen gelten läßt, konnte Husserl bloß auf die Möglichkeit der Wesenseinsicht verweisen und jemandem, der diese Möglichkeit bestritt, Ideenblindheit attestieren. So wie wenig später Wittgenstein (siehe Kap. IV, 3 a) bekannte sich auch Husserl zum Ideal einer im wesentlichen beschreibenden Philosophie. Von einer philosophischen Tätigkeit läßt sich nur insofern sprechen, als das Reich der Wahrheit mit den Mitteln der phänomenologischen Methode unserer Einsicht geöffnet werden muß. Husserl beanspruchte, die Wesenheit als solche, unabhängig von theoretischen Deutungen und daher völlig unverfälscht, erschauen zu können. Wenn er die Phänomenologie als Theorie bezeichnete, so verstand er diesen Ausdruck gemäß seiner ursprünglichen Bedeutung als «Schau». Von der so verstandenen Theorie unterschied er die «bloße Theorie» als subjektive Deutung. Die Theorie im letzteren Sinn hatte er vor Augen, wenn er erklärte: «Evidente Gegebenheiten sind geduldig, sie lassen die Theorien über sich hinwegreden.»[10] Angesichts der erschauten Wesenheiten bleibt der Philosophie nur die Aufgabe, das evident Erschaute wiederzugeben, wobei «Evidenz» nicht einen Erlebnischarakter (etwa ein Gefühl, in bestimmter Weise urteilen zu müssen), sondern Einsicht in Sachverhalte, somit nicht subjektive, sondern objektive Evidenz bedeutet.

Der Glaube an die Möglichkeit definitiver philosophischer Erkenntnis findet sich auch beim späteren Husserl. In den zwanziger Jahren forderte er eine Erste Philosophie (im Sinne der traditionellen *Philosophia Prima*), in der «die notwendige und echte Idee einer universalen Wissenschafts-Lehre verwirklicht» sein sollte;[11] um 1930 versuchte er, im Rückgang zu einer vor allem Urteilen liegenden (vorprädikativen) Kenntnis, die er «doxa» nannte, zu einer unmittelbaren, deutungsfreien Erfahrung vorzudringen,[12] und Mitte der dreißiger Jahre ordnete er die Philosophie allen objektiv gerichteten Wissenschaften mit der Begründung über, daß sie «letztbegründend» sei.[13] Gegen Ende seines Lebens wurde Husserl aber am Ideal endgültiger und vollkommener Wahrheit irre. Im Sommer 1935 notierte er: «*Philosophie als Wissenschaft*, als ernstliche, strenge, ja apodiktisch strenge Wissenschaft – der Traum ist ausgeträumt.»[14]

c) Die Hinwendung zur Transzendentalphilosophie

Husserls Hinwendung zur Transzendentalphilosophie kündigte sich schon Jahre vor dem Erscheinen der «Ideen» in den Vorlesungen über «Die Idee der Phänomenologie» an,[15] in denen die eidetische Reduktion durch weitere

Reduktionsschritte ergänzt wird. In einem ersten Schritt der phänomenologischen Reduktion wird, wie in Descartes' methodischem Zweifel, von den gedachten Gegenständen zu den evident gegebenen Denkakten zurückgegangen und von allem Bewußtseinsjenseitigen abgesehen, um das Wesen des Gedachten zu isolieren. In einem zweiten Schritt erfolgt der Rückgang vom Denken zum Subjekt als demjenigen, für das und durch das Gegenstände gegeben sein können. Das Subjekt wird hier als Gegenpol zu aller Objektivität betrachtet, nicht als Ich, das in der Reflexion erfahren werden kann. Das Objektive – die Welt, die Objekte der Mathematik, Gott, aber auch das Ich der Psychologie – bleibt *als Objektives* dahingestellt. Der dritte Schritt führt zu der Einsicht, daß alle Gegenstände durch das Subjekt konstituiert sind. Die Art, in der etwas Gegenstand ist – z. B. als Gegenstand der Wahrnehmung, der Erinnerung, der Phantasie usw. – erweist sich als abhängig von der Struktur der Erlebnisse, in denen sie gegeben sind. Es genügt somit nicht, auf die Gegenstände zu schauen, sondern es ist nötig, die Art ihrer Konstitution aufzuklären. Schon hier zeigt sich, daß Husserl, ungeachtet seines antipsychologistischen Programms, die psychologische Einstellung nicht völlig überwunden hat. Die Konstitution der Gegenstände durch das Subjekt erfolgt seiner Ansicht nach durch psychische Akte bzw. Erlebnisse. Dieser psychologistische Rest in seinem Denken weist auf den Einfluß Brentanos (siehe Teil VI, Kap. II, 4 c) zurück, von dem er sich nicht völlig freizumachen vermochte.

Die Verbindung von Phänomenologie und Transzendentalphilosophie charakterisiert Husserls Position in den «Ideen zu einer reinen Phänomenologie und phänomenologischen Philosophie» (1913). Husserl erstrebte eine Synthese zwischen der Lehre von der Wesensschau (der «Ideation») und der Annahme, daß Gegenstände im allgemeinen vom Subjekt abhängig seien. Als Gegenstände kommen aber nicht nur Dinge in Betracht, sondern auch ideale Gebilde, wie Zahlen. Natürlicherweise halten wir zwar die Welt der Dinge für die einzige und glauben, daß die Dinge unabhängig von uns real sind. Nach Ausschaltung der «Thesis der natürlichen Einstellung» erkennt man jedoch, daß es außer der Welt, mit der wir es im Alltag und in den Naturwissenschaften zu tun haben, auch andere Welten gibt, zum Beispiel die Welt der Mathematik. Gemeinsam ist den verschiedenen «Welten» das Ich, das sie denkt, und weil das Ich sie in unterschiedlicher Art denkt, sind diese «Welten» verschieden. Die besonderen «Welten» sind eingebettet in die «Welt überhaupt», die dem reinen Bewußtsein zugeordnet ist. Nach Husserl hat das Bewußtsein Vorrang vor dem gegenständlichen Sein; die Phänomenologie als transzendentale Bewußtseinsforschung hat es mit dem die Welt konstituierenden Bewußtsein zu tun. Für die Gegenstände aller «Welten» gilt das phänomenologische «Prinzip der Prinzipien», das besagt, «daß jede originär gebende Anschauung eine Rechtsquelle der Erkenntnis sei»,[16] und das nicht nur für die sinnliche Anschauung, sondern auch für die Anschauung von Wesenheiten gültig ist.

Wirklich im absoluten Sinne ist das Bewußtsein, während Gegenstände nur in Abhängigkeit vom Bewußtsein existieren. Daher ist es widerspruchsvoll, wenn von einer absoluten Realität von Gegenständen gesprochen wird. Um einzusehen, daß Gegenstände nur als Inhalte intentionaler Akte erfahren werden können, bedarf es einer Reduktion, die über die in den «Logischen Untersuchungen» geforderte, auf die Isolation des Wesens gerichtete (eidetische) Reduktion hinausgeht und die die Funktion hat, Wesenheiten nicht mehr als gegeben, sondern als konstituiert zu erweisen. Die vermeintlich bewußtseinsjenseitigen Gegenstände stellen sich auf Grund dieser (transzendentalen) Reduktion als Entsprechungen intentionaler Akte des Ich dar. Dieser Zusammenhang soll in der transzendentalen Phänomenologie nicht konstruiert, sondern erschaut werden; die Phänomenologie hat das Feld der Sinngebung der «schauenden Forschung» zugänglich zu machen, um den Ursprung der Sinngebung im reinen Ich sichtbar werden zu lassen;[17] sie ist nach Husserl «eine *rein deskriptive,* das Feld des transzendental reinen Bewußtseins durchforschende Disziplin».[18]

Husserl betonte, daß das reine Bewußtsein, zu dem in der transzendentalen Reduktion zurückgegangen wird, nicht mit dem Bewußtsein im Sinne der Psychologie verwechselt werden darf, aber er erklärte gleichzeitig, daß sich die phänomenologische Methode «durchaus in Akten der Reflexion» bewege.[19] Ähnlich zweideutig sind seine Äußerungen über das reine Ich, von dem er einerseits betonte, daß es an und für sich unbeschreiblich sei, zugleich aber meinte, daß es Anlaß für Beschreibungen biete, da die Weisen, in denen es in verschiedenen Erlebnisarten erlebendes Ich ist, erfaßt werden könnten.

Eine besondere Schwierigkeit, mit der sich die transzendentale Phänomenologie konfrontiert sieht, besteht im Außenweltproblem. Wenn Husserl davon ausgeht, daß die Gegenständlichkeit von konstituierenden Leistungen des Ich abhänge, scheint er nicht mehr von einer denkunabhängigen Außenwelt sprechen zu können. Unter seinen Voraussetzungen scheint daher die Konsequenz des Solipsismus (d. h. der These, daß nur das eigene Ich als wirklich gelten könne) unvermeidlich zu sein. Obwohl er sich bemühte, dieser Konsequenz zu entgehen, gelang es ihm nicht, den Solipsismus-Vorwurf überzeugend zu entkräften.

In den Vorlesungen über «Erste Philosophie» (1923/24) vertrat Husserl die Ansicht, daß der Übergang zur transzendentalen Betrachtungsweise durch das Ideal perfekter Erkenntnis bedingt sei, weil «eine absolut sich rechtfertigende Wissenschaft gemäß dem Ideal letzter Evidenz eo ipso Transzendentalphilosophie sein müßte».[20] Als «Prinzip aller Prinzipien» gilt nun das «Ich bin». In der «Formalen und transzendentalen Logik» von 1929 und in den «Cartesianischen Meditationen» wird der Standpunkt der Subjektphilosophie bekräftigt. Husserl bekannte sich zum Cartesianischen Ansatz, beanspruchte aber, ihn im Gegensatz zu Descartes konsequent durchgeführt zu haben. Descartes faßte die Objektivität als Leistung des Subjekts auf und war als Vertreter eines transzendentalen Subjektivismus Wegbereiter der Transzendentalphilosophie, verfehlte allerdings den eigentlichen Sinn seiner Entdeckung,[21] weil er nicht sah, daß es Wirklichkeit nur für ein Ich gibt,[22] sondern meinte, im Ich «ein kleines Endchen Wirklichkeit» gerettet zu haben. Weil Descartes die mit dem methodischen Zweifel angebahnte Epoché, d. h. die Zurückhaltung der Stellungnahme zur objektiven Welt, nicht weit genug trieb, wurde ihm nicht klar, daß es Gegenstände nur für ein Ich geben kann bzw. daß etwas nur realer Gegenstand ist, wenn es einem Zusammenhang von Erfahrungen angehört. Dieser Kontext ist allerdings kein abgeschlossenes, sondern ein offenes System möglicher Erfahrungen.

Obwohl Husserl mit der Kennzeichnung seiner Auffassung als «transzendental» einen Zusammenhang zwischen seiner Philosophie und der Kantischen andeutete, wich er mit der Annahme eines Primats des Bewußtseins vor dem Gegenstand von Kant und der genuinen Transzendentalphilosophie ab, nach der Gegenstands- und Selbstbewußtsein so miteinander verbunden sind, daß von einem Primat des letzteren nicht gesprochen werden kann. Wir können uns, wie Kant betont hat, nicht auf uns selbst beziehen, ohne uns auf Gegenstände zu beziehen. Die Kantische Transzendentalphilosophie ist mit einem Wort nicht, wie die Husserlsche, Bewußtseinsforschung, so daß in ihrem Rahmen auch die Gegenstandskonstitution nicht auf sinnverleihende Akte zurückgeführt werden kann, wie Husserl forderte. Vollends ausgeschlossen ist vom Kantischen Standpunkt aus die Annahme, daß die Art, in denen Gegenstände konstituiert werden, erschaut werden soll. Wenn die Akte erschaut werden können, müssen sie eine Art von Gegenständen sein, so daß die Konstitution als objektiver Vorgang erscheint. Tatsächlich ist nach Husserl die Phänomenologie «*deskriptive* Wesenslehre der transzendental reinen Erlebnisse».[23] Der von Husserl gegen Descartes gerichtete Vorwurf, das Ich wie einen Gegenstand behandelt zu haben, fällt auf ihn selbst zurück. Die Phänomenologie tendiert zur Psychologisierung der Transzendentalphilosophie und läuft daher Gefahr, den Unterschied zwischen Philosophie und Psychologie aus den Augen zu verlieren.

d) Die Philosophie der Lebenswelt

In den dreißiger Jahren – Heideggers Analyse des menschlichen Daseins als In-der-Welt-Sein lenkte bereits die Aufmerksamkeit auf eine neue Auffassung von Phänomenologie – nahm Husserl eine bemerkenswerte Modifikation seiner früheren Lehre vor: Die idealen Strukturen, die sich in der Wesensschau zeigen sollen, betrachtete er nicht mehr als Gegebenheiten und deutete sie auch nicht mehr als Ergebnisse geistiger Leistungen des transzendentalen Ich, sondern er faßte sie nun als Resultat von Idealisierungen auf, deren Ausgangspunkt und unaufhebbarer Hintergrund die Welt der alltäglichen theoretischen und praktischen Erfahrung – die Lebenswelt – ist. In der Abhandlung über «Die Krisis der europäischen Wissenschaft» skizzierte Husserl nicht nur die wesentlichen Idealisierungsschritte, die das naturwissenschaftliche Weltbild der Neuzeit ergaben, sondern er deutete auch an, wie hinter die Idealisierung zu einer ursprünglicheren Welt und der ihr entsprechenden ursprünglicheren Erfahrung zurückgegangen werden könne. Das ist nicht ohne weiteres möglich, da die Lebenswelt durchsetzt ist von Deutungen, die uns als solche meist nicht mehr bewußt sind. Weil der lebensweltliche Sinn der Wirklichkeit durch das Ergebnis der Idealisierungen verdeckt ist, erscheint uns die Welt sinnlos, und im Gefühl der Sinnlosigkeit wurzelt das von Husserl konstatierte Krisenbewußtsein.

Die Krise, von der Husserl sprach, ist nicht eine interne Krise der Wissenschaft, deren Grundlagen ebensowenig in Frage zu stellen sind wie ihre Erfolge, sondern sie betrifft das Verhältnis des Menschen zur Wissenschaft; sie besteht darin, daß der Mensch nicht mehr sieht, was die Wissenschaft für sein Dasein bedeutet. Auf diese Frage gibt die moderne Wissenschaft keine Antwort, ja sie weist Fragen, die für ein echtes Menschsein entscheidend sind, allgemein zurück, weil sie sich ausschließlich mit der objektiven Wirklichkeit beschäftigt. In dieser Situation fällt der Philosophie die Aufgabe zu, die Welt der Wissenschaft als konstruiertes Gebilde verstehen zu lassen und damit auf das Subjekt zurückzugehen, das die Welt konstituiert. Nur der Transzendentalismus kann die einseitige Dominanz des naturwissenschaftlichen Objektivismus verhindern. Eine skeptische oder relativistische Philosophie kann dagegen diese Aufgabe nicht übernehmen.

Nach Husserl steht das Ich, zusammen mit anderen Subjekten, im Horizont der zunächst passiv hingenommenen Welt, innerhalb dessen es sich im Deuten, Bewerten, Entwerfen von Vorhaben und Verwirklichen von Zwecken aktiv verhält. Dabei wandeln sich die Weisen des Weltbewußtseins ständig. Dies läßt an Heideggers Beschreibung des In-der-Welt-Seins denken. Husserl bezog jedoch die Welt nicht auf das konkrete menschliche Dasein, sondern auf die weltkonstituierende Subjektivität, so daß sich die Welt «als Gebilde einer universal letztfungierenden Subjektivität» darstellt.[24] In kritischer Abgrenzung gegenüber Kant suchte Husserl seine Auffassung der Transzendentalphilosophie als diejenige darzustellen, von der bei der Überwindung der Krise auszugehen ist. Wenn er bemängelt, daß Kants Evidenzen nicht faßbar seien und die von ihm angenommenen Leistungen des Subjekts im dunkeln blieben, so unterstellt er Kant einen Psychologismus, der dem Geist der wahren Transzendentalphilosophie fremd ist.

Den transzendentalen Standpunkt wollte Husserl auch in seiner Spätzeit nicht aufgeben. Die Lebenswelt, von der die naturwissenschaftliche Idealisierung ausgeht und auf die sie zurückzubeziehen ist, wird zwar in der Erfahrung vorgefunden, erweist sich in der philosophischen Reflexion aber als abhängig von konstituierenden Leistungen des Ich, die erst nachträglich zu Bewußtsein gebracht und zum Thema der Erörterung gemacht werden können. In der Reflexion stellt sich die Erfahrungswelt als Horizont von Dingen, Werten, Zielen, Werken usw. dar, der erst durch die in aller Erfahrung wirksamen geistigen Funktionen Sinn und Geltung erhält.

Husserl vollzog den Übergang von einer platonistisch gefärbten zur transzendentalen Phänomenologie und stellte diese schließlich in einen lebensweltlichen Rahmen; dennoch konnte er die objektivistische Auffassung, nach der uns Gegenstände gegeben (und nicht vom Subjekt konstituiert) sind, nicht vollständig hinter sich lassen. Zwar galt ihm nach seiner Hinwendung zur Transzendentalphilosophie die Sphäre der Wesenheiten nicht mehr als gegeben, sondern als abhängig von Akten des Ich, aber im Ich und seinen Akten erblickte er etwas Gegebenes. Daß er das Ich «transzendental» nannte, kann nicht darüber hinwegtäuschen, daß es in seinen Augen etwas Beobachtbares ist. Diese Einstellung ist auch für seine transzendentalpsychologischen Untersuchungen charakteristisch. So suchte er z.B. zu zeigen, wie der Begriff des Raums auf der Grundlage der erfahrenen Ausbreitung des Seh- und Tastfeldes in Verbindung mit der (einem Muskelsinn zugeschriebenen) Empfindung körperlicher Eigenbewegungen (Kinästhesie) konstituiert wird.[25] Dabei ist nicht zu übersehen, daß nicht die Räumlichkeit als solche konstituiert wird, sondern die entwickelte Raumvorstellung, wobei mit der Extension von Inhalten und mit der Erfahrung von Eigenbewegungen Räumlichkeit (allerdings nicht räumliche Extension im eigentlichen Sinn) schon vorausgesetzt ist. Ähnlich erörterte er die Konstitution zeitlicher Objekte bzw. der Zeit als solcher, indem er von der erlebten Gegenwart ausging und deutlich machte, daß sie nicht punktuell ist, sondern bereits zeitlichen Charakter hat: Zum *Jetzt* gehört ein «Zeithof», innerhalb dessen das Erlebte noch festgehalten (Retention) und Zukünftiges vorweggenommen wird (Protention). Nach Husserl «sind die Zeiten, Zeitbestimmungen, Zeitverhältnisse selbst gegeben».[26] Auch hier scheint der entwickelte Begriff der Zeit von einer ursprünglichen Zeiterfahrung abgeleitet zu werden, die nur zur Kenntnis genommen zu werden braucht. So ist nach Husserl allgemein anzunehmen, daß der verstandesmäßigen Konstitution von Gegenständen immer schon eine «passive Synthesis» zugrunde liegt. Diese Annahme dient dazu, die Genese der gegenständlichen Welt in einem Bereich beginnen zu lassen, der unterhalb der entwickelten Wahrnehmung und des Verstandes liegt. Dabei spielen schließlich reine Phänomene eine Rolle, die nur zur Kenntnis zu nehmen sind. Wenn es richtig ist, daß die Philosophie im 19. und 20. Jahrhundert sich immer deutlicher von einer Theorie der Wirklichkeit zu einer Theorie der Wirklichkeitserkenntnis gewandelt hat, dann ist festzustellen, daß die Phänomenologie dieser Richtung nicht gefolgt ist.

Husserl ordnete sein Denken noch der großen philosophischen Tradition zu, die vor allem von Descartes und Kant bestimmt war. Dazu waren die meisten Späteren nicht mehr bereit oder imstande. Heidegger proklamierte das Ende der Metaphysik (siehe Kap. III, 2 d), die linguistische Wende führte zur Abkehr von der früheren mentalistisch orientierten Philosophie (siehe Kap. IV), und vielfach machte sich die Tendenz bemerkbar, die philosophische Prinzipientheorie zugunsten realwissenschaftlicher Erklärungen aufzugeben. Angesichts dieser Entwicklungen verdient Husserls Idee einer transzendentalphilosophischen Ersten Philosophie, ungeachtet aller inhaltlichen Bedenken, immer noch Beachtung.

2. Phänomenologie nach Husserl

Die phänomenologische Wende zum Objekt bedeutete in erster Linie eine Abkehr vom Primat der Erkenntnistheorie und Methodologie, wie er für die verschiedenen Strömungen des Kritizismus kennzeichnend war. Vorbereitet wurde diese Wende durch Brentano, Lotze und andere im Gegensatz zum Transzendentalismus stehende Philosophen. Die Forderung, nicht nur ständig Linsen zu schleifen, sondern sie auch zum Sehen zu benutzen (Lotze) fand ihre Entsprechung in der Devise «Zurück zu den Sachen». Da aber der Ausdruck «Sache» nicht eindeutig ist, konnte diese Devise in unterschiedlicher Weise verstanden werden. Tatsächlich wurden auch Werte (z.B. von Scheler) oder das Wesen der Wirklichkeit an sich (z.B. von N. Hartmann) als «Sachen» betrachtet. Ungeachtet der Differenzen in der inhaltlichen Auffassung war jedoch allen von Brentano und vom frühen Husserl beeinflußten Autoren die Ablehnung der von Kant ausgehenden kritischen Philosophie gemeinsam.

Unter dem Einfluß von Husserls phänomenologischer Betrachtungsweise standen Alexander Pfänder (1870–1941), Dietrich v. Hildebrand (1899–1977) und Hedwig Conrad-Martius (1888–1966), deren Arbeitsschwerpunkte Ontologie und Naturphilosophie waren, sowie Roman Ingarden (1895–1970), der wichtige Arbeiten zum Außenweltproblem («Der Streit um die Existenz der Welt») und zur Ästhetik («Das literarische Kunstwerk») vorlegte. Ihnen ist gemeinsam, daß sie Husserls Hinwendung zur Transzendentalphilosophie nicht mitvollzogen. Eigene Wege, die über Husserls Standpunkt hinausführten, schlugen Scheler und Nicolai Hartmann ein, auf die im folgenden Abschnitt eingegangen wird; Heidegger, der ebenfalls der Phänomenologie verpflichtet war, wird dagegen im Zusammenhang der Existenzphilosophie behandelt. (Siehe Kap. III, 2)

Außerhalb Deutschlands hat die Phänomenologie vor allem in Frankreich Anhänger gefunden, z.B. den frühen Sartre, dessen Abhandlung über «Die Transzendenz des Ego» (1933) den Einfluß Husserls erkennen läßt. Die Phänomenologie wurde aber in Frankreich in durchaus selbständiger Weise weiterentwickelt.

a) Schelers phänomenologische Philosophie

Der seinerzeit berühmteste Vertreter der Phänomenologie neben Husserl war Scheler, dessen Philosophie eine Zeitlang größtes Interesse fand, nach der Mitte des 20. Jahrhunderts aber auf immer geringeres Interesse stieß.

Max Scheler, geb. 1874 in München, Professor in Köln und Frankfurt am Main und dort 1928 verstorben, behandelte in seinem ebenso umfangreichen wie vielfältigen Werk Themen der Erkenntnislehre, der Ethik, der Psychologie, der Wissenssoziologie, der Religionsphilosophie, der Anthropologie und der Metaphysik.[27] Der protestantisch erzogene Scheler konvertierte zum Katholizismus,[28] bekannte sich aber schließlich zu einem Pantheismus, den er nicht im Sinne der Verweltlichung Gottes, sondern der Vergöttlichung der Welt verstanden wissen wollte. Die Phänomenologie stellt sich bei ihm nicht als jenes mühsame Verfahren zur Ablösung des Wesentlichen vom Zufälligen dar, als das es von Husserl verstanden worden war, sondern eher als ein Schauen, das den Blick für eine Wirklichkeit hinter den physischen und psychischen Phänomenen eröffnet. Abweichend von Husserl schrieb Scheler auch dem Gefühl Erkenntnisbedeutung zu: Im Fühlen werden Werte erfaßt, und dies soll unmittelbar, d. h. ohne Vermittlung von Vorstellungen, geschehen. Scheler wurde berühmt durch das Werk «Wesen und Formen der Sympathie» (Bonn 1923; erste Auflage 1913 unter dem Titel «Zur Phänomenologie und Theorie der Sympathiegefühle und von Liebe und Haß»). Der Kantischen Moralphilosophie erteilte er in dem Werk «Der Formalismus in der Ethik und die materiale Wertethik» (1913/1916) eine Absage und erörterte wertphilosophische Fragen unter dem Titel «Vom Umsturz der Werte» (1919). Metaphysischen bzw. religionsphilosophischen Fragen ist «Vom Ewigen im Menschen» (1921) gewidmet; in der Untersuchung «Die Wissensformen und die Gesellschaft» (1926) legte Scheler seine Wissenssoziologie vor und in der Schrift «Die Stellung des Menschen im Kosmos» (1928) entwickelte er die Grundzüge seiner Anthropologie.

Scheler beanspruchte, nicht eine Schulphilosophie, sondern eine Sachphilosophie geschaffen zu haben, die von der Annahme des Primats des Seins vor dem Erkennen geprägt ist und Subjektivismus, Empirismus und Relativismus überwindet.[29] Den meisten zeitgenössischen Strömungen der Philosophie stand er kritisch gegenüber. So sah er in Jaspers und Spengler, dessen «Untergang des Abendlandes» (2 Bände, 1918 und 1922)[30] damals größtes Aufsehen erregte,[31] nur Vertreter einer Weltanschauungslehre, der er, im Gegensatz zu seiner eigenen Philosophie, keine objektive, in der Einsicht in Ideen fundierte Wahrheit zubilligte. Neukantianismus und Neuhegelianismus waren in seinen Augen eine Art akademischer Scholastik, vom Positivismus meinte er, daß er bereits im Rückgang begriffen sei, und von Lotze, Wundt und Fechner (zu diesen siehe Teil VI, Kap. II, 3) stellte er fest, daß sie nur noch geringe Wirkung ausübten. Die marxistische Soziologie befindet sich nach Scheler in einer Krise. Der Pragmatismus sieht zwar richtig, daß das Verhältnis des Menschen zur Welt primär praktischen Charakter hat, er ist aber einseitig, da er nicht bemerkt, daß es auch von praktischen Faktoren unabhängiges Wissen gibt. Husserl billigte er dagegen zu, zu einer neuen philosophischen Einstellung vorgedrungen zu sein. Auch die religiöse Bewegung der Zeit, die z. B. in Rudolf Ottos Werk «Das Heilige» (1917) (siehe Teil V, Kap. II, 2 b) einen Niederschlag gefunden hat, nahm er ernst. Seine Philosophie wurde zu seiner Zeit stark beachtet, zumal sie auch in den weltanschaulich-religiösen Auseinandersetzungen eine Rolle spielte; ihr Einfluß war jedoch nicht von Dauer. In den Jahren nach dem Zweiten Weltkrieg belebte sich das Interesse an seinem Denken noch einmal, ließ dann aber rasch nach.

Scheler war einer der wichtigsten Vertreter der Wertethik, d. h. einer Ethik auf der Grundlage der Annahme, daß Werte eine Art Sein hätten und daß sie in evidenter Weise erfaßt werden könnten.[32] Werte betrachtete er nicht als Gegenstände vernünftiger Einsicht, sondern als Inhalte des Fühlens. Die als Wertlehre aufgefaßte Ethik steht im Gegensatz zur Kantischen, der Scheler Formalismus vorwarf; Kants Ethik des Kategorischen Imperativs ist in Schelers Augen verfehlt, weil sie das Gefühl aus der Moral verbannt. Dagegen knüpfte er ausdrücklich an Pascals Lehre von einer Ordnung des Herzens (ordre du coeur) und an Lotzes Annahme von Werten an, die ein Sein, aber nicht, wie konkrete Dinge, Realität haben (siehe Teil VI, Kap. II, 3).[33] Das Gefühl erschließt nicht nur einzelne Werte, sondern auch die Wertordnung, deren objektiver Charakter eine zuverlässige Orientierung in moralischen Entscheidungen ermöglicht, ja Scheler sprach von einem «Apriorismus des Emotionalen»[34] und schrieb dem Fühlen einen eigenen apriorischen Gehalt zu. Mit der Annahme objektiver Werte, die evident erfaßbar sein sollen, ging Scheler auch über Franz Brentano (siehe Teil VI, Kap. II, 4 c) hinaus, an dessen Intentionalitätslehre er anknüpfte. Während Brentano als Wert betrachtete, was Inhalt richtigen Liebens ist, betrachtete Scheler die Liebe dann als richtig, wenn sie sich auf einen objektiven Wert bezieht: Die Evidenz betrifft nach Brentano die Richtigkeit des Aktes, nach Scheler den Inhalt emotionaler Akte. Die Werterfahrung ist nach Scheler sogar ursprünglicher als die Dingerfahrung, von der er meinte, daß sie niemals vollkommen wertfrei sei. Die Werte bilden eine Hierarchie, auf deren unterster Stufe die Werte des sinnlich Angenehmen stehen; der nächsthöheren Stufe gehören die vitalen Werte an, denen wiederum die geistigen und die religiösen Werte übergeordnet sind.

Werttheorie und werttheoretische (axiologische) Ethik haben im Anschluß an Scheler eine Zeitlang viel Beachtung gefunden. Später ist es um die Werttheorie still geworden, da sich in der Folgezeit das Interesse entweder dem Utilitarismus oder (wie bei den Neopositivisten) metaethischen Untersuchungen zuwandte.

Als Erkenntnistheoretiker nahm Scheler einen kritisch-realistischen Standpunkt ein. Die Realität der denkunabhängigen Außenwelt wird, wie er im Anschluß an Dilthey (siehe Teil VI, Kap. IV, 2 b) meinte, im Widerstandserlebnis erfahren, wir erkennen aber immer nur die Form der Dinge, nicht deren Dasein. Unter der Erkenntnis verstand er Teilhabe des Subjekts am Objekt, und zwar an seinem Sosein, seiner Form, nicht an seinem

Dasein. Die Form eines Gegenstands kann ins Subjekt aufgenommen werden, ohne daß das Objekt aufhörte, unabhängig von uns dazusein. Diese Auffassung setzt voraus, daß Sosein und Dasein von Dingen trennbar sind; leugnet man das, ergeben sich unüberwindliche Schwierigkeiten. Nimmt man nämlich an, daß der erkannte Gegenstand nicht nur seinem Sosein, sondern auch seinem Dasein nach im Subjekt sei, gelangt man zum subjektiven Idealismus, der in den Solipsismus mündet; geht man umgekehrt davon aus, daß der Gegenstand in seinem Dasein und Sosein unabhängig vom Subjekt existiere, dann ergibt sich unter Voraussetzung der Untrennbarkeit von Dasein und Sosein seine Unerkennbarkeit, und der Skeptizismus wird unausweichlich.

Auf Grund der Annahme, daß es ein unmittelbares theoretisches und emotionales Erfassen gebe, gelangte Scheler zu der Überzeugung, daß auch Gott unmittelbar erschaut wird, und zwar nicht als ruhendes jenseitiges Sein, sondern als Werden, das sich in den endlichen Wesen, somit auch im Menschen, verwirklicht. Im Grunde ist die Gottesschau Selbstanschauung Gottes: Gott erfaßt sich im menschlichen Denken selbst, wie Scheler in mystisch-romantischer Weise meinte. Weil er annahm, daß auch die Philosophie Gott in einer über alles vernünftige Erkennen hinausgehenden Weise unmittelbar erschaut, konnte er davon sprechen, daß Metaphysik und Religion konvergieren: Der unpersönlich gedachte Gott der Philosophie ist identisch mit dem empfundenen Gott des religiösen Bewußtseins; religiöse und philosophische Gottesauffassungen sind komplementär.

Mit seinem Werk «Die Wissensformen und die Gesellschaft» (Leipzig 1926) wurde Scheler zu einem der Begründer der Wissenssoziologie. Wie Marx und Engels und im 20. Jahrhundert Karl Mannheim (1893–1947)[35] vertrat er die Auffassung, daß das Wissen teilweise durch soziale Verhältnisse bedingt sei. Nachdrücklich betonte er, daß es durch soziale Verhältnisse nicht ausschließlich – wie der Soziologismus meint –, sondern lediglich *mit*bedingt sei.[36] So betrachtete er z.B. den Idealismus als Oberklassenideologie, während er Realismus und Materialismus als Haltung der Unterklasse deutete. Mit dem soziologistischen Relativismus, wie ihn Marx und Engels vertreten hatten, wollte er aber nichts zu tun haben. Die sozialen Bedingungen müssen zwar berücksichtigt werden, wenn man verstehen will, warum diese oder jene Auffassungen bevorzugt werden; die Wahrheit oder Falschheit von Auffassungen ist aber von materialen Bedingungen unabhängig. Ähnlich forderte Scheler einerseits, der Verschiedenheit der sich entwickelnden Denkstrukturen von Menschen und Kulturen Rechnung zu tragen, andererseits hielt er aber daran fest, daß in der «Wesenslehre vom menschlichen Geiste» das gemeinsame Wesen aller Menschen erfaßt werde. Daher bleibt die Weltanschauungsanalyse so lange unzulänglich, als sie sich nicht mit sachlichen, objektiven Einsichten verbindet. Subjektive Elemente spielen zweifellos in unseren Erkenntnisbemühungen eine Rolle; Ziel ist aber stets die objektive Wahrheit. Im Gegensatz zum Histo-

rischen Materialismus betrachtete Scheler das Denken nicht als Widerspiegelung sozialer Verhältnisse, sondern er sah umgekehrt in den Formen der
Gesellschaft den Niederschlag von Formen des Wissens.

Scheler unterschied Herrschaftswissen, Wesens- bzw. Bildungswissen,
das auf rein theoretischer Schau beruht, und als höchste Form das Heilswissen, in dem die Inhalte der Religion, namentlich das Heilige, erfaßt werden. Das Herrschafts- oder Leistungswissen liegt den von vornherein auf
Anwendung bezogenen Naturwissenschaften zugrunde; es dient dem Ziel,
die Natur als mechanischen Zusammenhang zu begreifen, weil sie nur unter
dieser Bedingung «praktisch beherrschbar und lenkbar durch ein herr-
schaftswilliges Lebewesen ist».[37] Nicht alles Wissen ist jedoch von Willens-
zielen abhängig, sondern es gibt auch rein theoretisches Wesenswissen und
schließlich religiöses Heilswissen.

Scheler war von der Notwendigkeit von Eliten überzeugt, obwohl er mit
dem Soziologen Vilfredo Pareto (1848–1923) annahm, daß es eine «Zirku-
lation der Eliten» gebe,[38] daß also im Verlauf der Geschichte immer neue
Eliten entstehen. Er hoffte, daß eine neue Elite der Weimarer Republik, in
der er ein «Gerüst der Not» erblickte, den notwendigen geistigen Gehalt
geben werde.[39] Dabei dachte er nicht primär an eine politische oder ökonomische, sondern an eine philosophische Elite, deren Angehörige sich ihrer
Verbindung mit dem Weltgrund bewußt sind und durch die Unterordnung
des Leistungs- und Bildungswissens unter das Heilswissen dem Ideal des
«Allmenschen» nahekommen. Von einer solchen, Platos Philosophen-
Königen verwandten Elite erhoffte er sich den Ausgleich der Klassen-, Ras-
sen- und Kulturgegensätze.

Auch zur philosophischen Anthropologie leistete Scheler einen Beitrag. In
der Abhandlung «Die Stellung des Menschen im Kosmos»[40] hob er hervor,
daß sich der Mensch, wenn er (wie der Pragmatismus meint) nichts anderes
wäre als Homo faber, nicht wesentlich vom Tier unterscheiden würde.
Tatsächlich überragt er das Tier jedoch durch seine Fähigkeit, metaphysische Ideen zu bilden und sich in Beziehung zum Weltgrund zu setzen.
Diese Fähigkeit kann nicht als Ergebnis der Evolution aufgefaßt werden, sondern ist als Manifestation des Grundes der Wirklichkeit selbst zu begreifen.

Als geistiges Wesen geht der Mensch nicht in der Welt auf, sondern er *hat*
Welt, er bezieht sich auf Gegenstände, ohne selbst ein Gegenstand zu sein.
Der Geist ist reine Aktualität, das heißt, sein Sein besteht ausschließlich im
Vollzug seiner Akte.[41] Zugleich partizipiert er an der überindividuellen gei-
stigen Wirklichkeit, da er erkennend an den Wesenheiten, liebend an den
Werten und wollend am Reich der Zwecke teilhat. Der Geist ist nicht nur
durch Welt- und Selbstbewußtsein, sondern wesentlich auch durch das
Gottesbewußtsein bestimmt, und diese drei Bewußtseinsrichtungen bilden
eine unauflösliche Einheit.[42] Er öffnet sich gegenüber dem Absoluten, zu
dem ihm die Ideen den Zugang ermöglichen, indem er in einem asketischen
Akt den Lebensdrang und damit die Bindung an die Realität aufhebt. Das

Tier muß zur Realität immer «Ja» sagen; nur der Mensch ist der «Nein-sagenkönner», der ewige Protestant gegen die Wirklichkeit.[43]

Nach Scheler besteht zwar ein Unterschied zwischen Leben und Geist, jedoch kein unüberbrückbarer Gegensatz. Der Geist steht, als Vermögen der Ideenschau, einerseits im Gegensatz zum primitiven gefühlsmäßigen Drang, zu Instinkt und assoziativem Gedächtnis, andererseits unterscheidet er sich von der praktischen Intelligenz; er ist «ein allem und jedem Leben überhaupt, auch dem Leben im Menschen entgegengesetztes Prinzip»[44] und daher «*außerhalb* alles dessen, was wir ›Leben‹ im weitesten Sinne nennen können». Trotzdem ist er kein lebensfeindliches Prinzip, wie etwa gleichzeitig Ludwig Klages (1872–1956) in seinem seinerzeit stark beachteten Werk «Der Geist als Widersacher der Seele» (3 Bände, 1929–1932) meinte. Scheler war aber kein Vertreter des Spiritualismus, weil er im Geist keine selbständige Macht erblickte, sondern – offenbar unter dem Einfluß der Tiefenpsychologie Sigmund Freuds (1856–1939) und anderer – annahm, daß der Geist seine Energie den Trieben verdankt. Die Kraft nicht nur des menschlichen, sondern auch des göttlichen Geistes kommt aus vorrationalen Tiefen; im Weltprozeß durchdringen sich Geist und Triebkraft. Wenn das Göttliche an sich keine Macht hat, ist die Annahme einer Weltschöpfung unhaltbar; erst im Weltprozeß, insbesondere in der Verwirklichung im menschlichen Geist, gelangt Gott zur Wirksamkeit.

Schelers Anthropologie beruht auf hochspekulativen Voraussetzungen, die sich jedoch von den Gedanken der herkömmlichen metaphysischen Spekulation durch ihren anti-intellektualistischen Charakter unterscheiden: Nicht durch den Verstand, sondern durch die geistige Schau, das unmittelbare Erleben, soll sich der Geist mit dem Absoluten verbinden.

Die Berufung auf eine unmittelbare Schau bei Scheler und anderen ist in zweifacher Hinsicht bedenklich: Einmal beruht sie auf der fragwürdigen Annahme, daß etwas unabhängig von Deutungen erfaßt werden könne, zum anderen ist sie dazu angetan, Überzeugungen als endgültig darzustellen, die lediglich subjektiven Charakter haben. Dies zeigt sich deutlich, wenn Scheler Ansichten, die von den seinen abwichen, als Zeichen geistiger Blindheit (z.B. von Wertblindheit) hinstellte. Die Möglichkeit, Einwände unter Berufung auf ein vorgebliches Schauen oder Erleben abwehren zu können, ohne argumentieren zu müssen, ist keine Stärke von Positionen wie der Schelerschen, sondern macht sie im Gegenteil fragwürdig: Auffassungen, die so gegen Kritik abgeschirmt sind, daß sie mit Argumenten nicht angegriffen werden können, lassen sich auch nicht argumentativ begründen und sind daher methodologisch suspekt.

b) N. Hartmann

Nicolai Hartmann (1882–1950), Professor in Marburg, Köln, Berlin und Göttingen, stand, obwohl er kein Vertreter der Phänomenologie im engeren

Sinne war, mit ihr in Verbindung, sofern er mit Husserl der Philosophie die Aufgabe stellte, Phänomene zu analysieren. Im Sinne der «Wende zum Objekt» rückte er vom Marburger Neukantianismus ab und nahm eine realistisch-idealistische Position ein, die nicht mehr als Erkenntniskritik, sondern als Erkenntnismetaphysik auftrat. Dieser Ansatz liegt schon seinem Werk «Grundzüge einer Metaphysik der Erkenntnis» (1921) zugrunde; er wurde in einer Reihe weiterer umfangreicher Werke ausgeführt, nämlich: «Ethik» (1925), «Zur Grundlegung der Ontologie» (1935), «Möglichkeit und Wirklichkeit» (1938), «Der Aufbau der realen Welt» (1940), «Das Problem des geistigen Seins» (1949) und «Philosophie der Natur» (1950). Hartmann war auch ein hervorragender Philosophiehistoriker, wie unter anderem das zweibändige Werk «Die Philosophie des Deutschen Idealismus» (1923 und 1929) zeigt.[45]

(1) Die Metaphysik der Erkenntnis

Hartmann, der eine neue ontologische Fundierung der Philosophie erstrebte, konzentrierte sich auch in der Erkenntnislehre auf die ontologischen Voraussetzungen des Erkennens. Das Verhältnis von Subjekt und Objekt, das mit «Erkenntnis» oder «Erfahrung» gemeint wird, ist ein Rätsel, das sich mit den Mitteln der Anthropologie nicht lösen läßt, weil man das Wesen des Menschen nur begreifen kann, wenn man die grundlegenden Beziehungen zwischen Mensch und Welt kennt. Dies wiederum ist nur möglich, wenn man die Mensch und Dinge umfassende Wirklichkeit berücksichtigt, was Sache der Ontologie ist. Dabei ist nicht an die herkömmliche Ontologie gedacht, die von Stoff und Form der Seienden, von Potenz und Akt und von substantiellen Formen handelt, sondern an eine neue Ontologie, die nicht mehr zwischen Ding und Prozeß unterscheidet und die wesensverschiedene Wirklichkeitsschichten anerkennt. Eine Metaphysik auf der Grundlage eines einzigen Prinzips hielt Hartmann für unmöglich.[46] An die Stelle einer Philosophie als Systemdenken soll eine Philosophie treten, die wesentlich Problemdenken ist. Deshalb distanzierte sich Hartmann von Kant, sofern dieser Systemdenker war, erkannte aber seine Bedeutung als Problemdenker an.

Hartmann war wie Husserl überzeugt, daß die Erkenntnislehre mit der Analyse von Phänomenen zu beginnen habe, nahm aber keine Wesensschau von der Art der Husserlschen in Anspruch. Nicht durch Wesensschau, sondern durch Analyse von Schwierigkeiten, die mit dem Erkenntnisproblem verbunden sind, wollte er zu den metaphysischen Fundamenten des Erkenntnisphänomens vordringen. Da Hartmann eine dem metaphysischen Aspekt der Erkenntnis gerecht werdende «Phänomenologie der Erkenntnis» vermißte, machte er es sich zur Aufgabe, sie zu entwerfen.[47]

Anders als Kant, der gemeint hatte, daß die Ontologie der Analytik des reinen Verstandes weichen müsse,[48] war Hartmann der Ansicht, daß wir von der Tatsache der Erfahrung nur Rechenschaft geben können, wenn die ontologische Fundierung der Erfahrung berücksichtigt wird. Kant selbst ging, wie Hartmann meinte, ungeachtet seiner Absage an die Ontologie, von ontologischen Voraussetzungen aus, mißdeutete sie aber im Sinne des transzendentalen Idealismus; vor allem irrte er, wenn er das Apriori als etwas Subjektives betrachtete, während es nach Hartmann auf der Einsicht in Beziehungen der Wirklichkeit beruht. Die Prinzipien, die Kant auf das Subjekt bezog, sind nach Hartmann Seinsprinzipien.[49] Daher stellte sich ihm auch das Verhältnis von Ding an sich und Erscheinung anders dar als Kant: «Es ist ... unmöglich, daß Erscheinungen allein ohne Ding an sich erkannt werden; entweder werden beide erkannt, oder beide sind unerkennbar.»[50] Im Erkennen beziehen wir uns immer schon auf etwas vom Subjekt Unabhängiges, aber neben dem Erkennen gibt es auch andere Akte, in denen das Subjekt in Beziehung zu bewußtseinsjenseitigen Objekten tritt; der Mensch ist nicht nur Erkennender, sondern auch Wollender, Handelnder usw., das heißt, neben dem theoretischen ist auch der praktische Wirklichkeitsbezug anzuerkennen.

Zwischen «Ding» und «Objekt» (bzw. «Gegenstand») ist nach Hartmann genau zu unterscheiden. Obwohl Dinge nicht deshalb real heißen, weil sie wahrgenommen oder gedacht sind, werden sie erst dadurch zu Objekten, daß sie zum Subjekt in Beziehung treten («objiziert werden»). Die Beziehung von Ding und Bewußtsein läßt sich in zweifacher Art verstehen: Entweder tritt das Subjekt im Erkennen aus sich heraus, um das Ding zu ergreifen, oder von den Dingen gehen Wirkungen auf das Subjekt aus, durch die sie sich zu erkennen geben. Beides bleibt aber unbegreiflich. Das Denken gerät bei dem Versuch, Erkenntnis als möglich zu begreifen, in eine ausweglose Situation (in eine Aporie).[51] Die Erkenntnis ist ein Rätsel, das sich vernünftig nicht vollständig lösen läßt. Gerade dadurch erweist sich das Erkenntnisproblem als metaphysisch, denn metaphysische Probleme sind nach Hartmann dadurch charakterisiert, daß sie einerseits unabweisbar, andererseits niemals vollständig lösbar sind. Umgekehrt sind daher lösbare Probleme keine Probleme der Metaphysik.

In eine Aporie führt auch die Erörterung des Wahrheitsproblems. Wahrheit als Übereinstimmung von Vorstellung und Ding könnte nur festgestellt werden, wenn sich die Vorstellung mit dem Ding vergleichen ließe, was unmöglich ist, weil wir nie das Ding selbst, sondern immer nur seine Wirkungen im Bewußtsein kennen. Hartmann meinte nicht, wie manche Neukantianer, daß die Annahme einer denkunabhängigen Wirklichkeit aufzugeben sei, sondern er sah in der Aporie einen Hinweis auf die Unbegreiflichkeit der Erkenntnisbeziehung. Die Möglichkeit, Wahrheit nicht als Übereinstimmung von Denken und Wirklichkeit aufzufassen, scheint er nicht ernstlich in Betracht gezogen zu haben. In eine Aporie mündet auch die Erörterung der apriorischen Erkenntnis. Daß wir *vor* der Erfahrung etwas vom Gegenstand wissen können, betrachtete er als unbezweifelbar; wie dies möglich ist, hielt er jedoch für unbegreiflich. Die Alternative, syn-

thetische Urteil a priori nicht als Wissen von Gegenständen, sondern als
Sätze aufzufassen, mit deren Hilfe Gegenstandserkenntnis als möglich
begriffen werden kann, ließ er unberücksichtigt. Auf Bedenken stößt
schließlich auch die Aporie des Problembewußtseins,[52] d. h. des Bewußtseins, in dem sich etwas ankündigt, das noch nicht zum Objekt geworden
ist, aber im Fortgang der Forschung Objekt werden kann. Das Nichtge-
wußte (das Transobjektive) wird in gewisser Weise doch gewußt. Wenn das
Problembewußtsein tatsächlich als Botschaft aufgefaßt werden müßte, die
vom Objekt ausgeht und uns auf die Spur neuer Erkenntnis führt, dann
würde es sich freilich um etwas Geheimnisvolles handeln. Anstatt hier von
einem Geheimnis zu reden, ist es viel plausibler, im Problembewußtsein
Annahmen über noch unbekannte Zusammenhänge zu sehen, die sich auf
Grund einer Theorie im Zusammenhang mit bestimmten Beobachtungen
ergeben und die sich unter Umständen als brauchbar erweisen.

Hartmanns Überlegungen laufen auf die These hinaus, daß der Gegenstand immer mehr ist als das, was er in der Erkenntnisbeziehung ist. Es gibt
etwas, das jenseits der erkannten Gegenstände liegt (das Transobjektive),
das aber erkannt werden kann und tatsächlich sukzessive besser erkannt
wird.[53] Schließlich gibt es, wie Hartmann überzeugt war, auch einen Wirk-
lichkeitsbereich, der wesentlich unerkennbar (transintelligibel) ist, so daß
die Grenze der Erkennbarkeit nicht mit der Grenze der Wirklichkeit
zusammenfällt. Die Aporien lassen sich überwinden, wenn man berücksichtigt, daß Subjekt und Objekt als Glieder eines umfassenden Seinszu-
sammenhangs in mannigfachen realen Beziehungen zueinander stehen. Nur
wenn man Subjekt und Objekt verselbständigt, ist man gezwungen, sie
nachträglich zueinander in Relation zu setzen, was nicht gelingen kann.

(2) Die Kategorienlehre

In Hartmanns Ontologie spielt die Lehre von den Kategorien eine wichtige
Rolle, obwohl «Kategorie» bei ihm nicht dasselbe bedeutet wie bei Aristoteles, und erst recht nicht dasselbe wie bei Kant. Auf Grund seiner realistischen Position nahm Hartmann an, daß es nicht nur Kategorien des Denkens, sondern auch Kategorien des Seins gebe. Erkenntnis besteht darin,
daß Denk- und Seinskategorien sich decken, doch kommt diese Deckung
nicht ohne weiteres, sondern oft erst durch mühsame gedankliche Arbeit
zustande; sie ist auch meist nur partielle Deckung, da wir zwar etwas vom
Wesen der Wirklichkeit, nicht aber die gesamte Wirklichkeit erfassen können. Die Seinskategorien gliederte Hartmann in allgemeine und schichten-
spezifische. Während die ersteren für alles Wirkliche gelten, lassen sich die
letzteren nur auf eine bestimmte Schicht der Wirklichkeit – den anorganischen, organischen, seelischen oder geistigen Bereich – beziehen. Zum Beispiel ist die Kategorie der Selbstregulation der anorganischen Welt fremd;
sie spielt erst im organischen Bereich eine Rolle, und Kategorien, die an den
Raum gebunden sind, lassen sich nicht auf den seelischen Bereich anwen-

den. Die für den seelischen Bereich charakteristische Privatheit des Bewußtseins besteht nicht mehr im Bereich des objektiven Geistes (des Bereichs der Sprache, des Rechts, der Sitte, Moral, Religion, Kunst, der Technik und der Gemeinschaftsbildung).[54] Erst in der Gemeinschaft und durch die Teilhabe am objektiven Geist wird das Subjekt zur Person, d.h. zu einem sittlich verantwortlichen Wesen. Die höheren Seinsschichten sind stets getragen von den niederen, auf die sie in jeweils verschiedener Weise bezogen sind. Zum Beispiel setzt das seelische Leben das organische und dieses die anorganische Natur voraus, aber während das Organische Elemente der anorganischen Natur als Bausteine enthält, ist das seelische Leben nicht aus organischen Gebilden aufgebaut. Wegen der Abhängigkeit von den niederen Schichten sind die höheren in gewissem Sinne die jeweils schwächeren; da in ihnen aber Neues auftritt, sind sie in dieser Hinsicht den sie tragenden Schichten überlegen. Auf Grund ihrer relativen Selbständigkeit eröffnen sie einen gewissen Raum der Freiheit.

(3) Die Ethik

Hartmann hat eine Ethik konzipiert, die, wie die Schelersche, phänomenologische Wertethik ist. Werte haben auch nach Hartmann eine Art Sein, und sie können erschaut bzw. im Gefühl erfaßt werden, wobei nicht klar ist, wie sich Schauen und Fühlen zueinander verhalten. Die Wertschau ist eine besondere Art der Idealerkenntnis (der Wesensschau), im Unterschied zu dieser aber kein rein theoretischer, sondern ein emotionaler Akt, der allerdings auch einen Erkenntnisgehalt hat: Um wertend Stellung nehmen zu können, muß man dasjenige kennen, zu dem man Stellung nimmt, und man muß wissen, warum die Stellungnahme erfolgt. Die emotionale Komponente ist jedoch die entscheidende, weil sie Werte als Forderungen erfahren läßt, während rein theoretische Einsichten niemals den Charakter von Geboten haben.

Von Hartmanns Standpunkt aus läßt sich begreiflich machen, warum es nicht *die* Moral, sondern Moralen im Plural gibt. In jeder Moral wird nämlich nur ein Teil des Wertreichs erfaßt, und da in verschiedenen Moralen verschiedene Teile des Wertreichs zugänglich werden, braucht an der Vielheit moralischer Positionen nicht Anstoß genommen zu werden. Die Differenzen moralischer Standpunkte sprechen nicht gegen die Moral als solche, sondern sie sind eine Folge unserer Art, Aspekte des Wertreichs zu erfassen. Der Bereich der erfaßten Werte kann sich ändern, aber einem Gewinn auf der einen Seite entspricht immer ein Verlust auf der anderen, so daß, wie es scheint, auf eine definitive Moral nicht zu hoffen ist.

So wie sich in der Ontologie höhere von niedrigeren Seinsschichten abheben, so ist in der Ethik zwischen niedrigeren und höheren Werten zu unterscheiden, ohne daß einer höheren Seinsschicht ohne weiteres ein höherer Wertes entsprechen müßte. Sittlich relevantes Handeln beruht stets auf einer Entscheidung zwischen mehreren Werten; eine Entscheidung ist moralisch gut, wenn sie zugunsten des jeweils höheren Wertes gefällt wird. Hartmann räumte jedoch ein, daß das Verhältnis der Werte nicht immer genau zu bestimmen ist. Man darf auch nicht meinen, daß höhere sittliche Werte unbedingt Vorrang vor niederen – z.B. den Vitalwerten – hätten. So kann etwa der Anspruch auf Erhaltung des eigenen Lebens Vorrang gegenüber dem Gebot der Nächstenliebe haben. Der Konflikt kann gelöst werden, wenn man zwischen negativen und positiven sittlichen Forderungen unterscheidet: Niedere Werte sollen nicht verletzt werden, höhere Werte wollen realisiert sein.

Die Kantische Ethik des Kategorischen Imperativs lehnte Hartmann, ähnlich wie Scheler, zugunsten einer materialen Wertethik ab. Eine Handlung ist nicht moralisch gut, weil wir durch sie besser werden wollen, sondern sie ist gut, wenn sie sich auf einen objektiven Wert als Ziel richtet. Auf die Frage, wie wir wissen, daß es ansichseiende Werte gibt, antwortete Hartmann, daß es ohne solche Werte kein Gewissen geben könnte; da am Vorhandensein des Gewissens nicht zu zweifeln ist, muß auch das Ansichsein von Werten anerkannt werden. Bei dieser Argumentation wird deutlich, daß Hartmann objektive Werte annehmen zu müssen glaubte, um der Tatsache des sittlichen Bewußtseins Rechnung tragen zu können. Obwohl es sich offensichtlich um eine Annahme handelt, sprach er von einer apriorischen Einsicht und zieh in der für alle intuitionistischen Richtungen typischen Weise die Vertreter der entgegengesetzten Auffassung der Wertblindheit.

Besondere Aufmerksamkeit widmete Hartmann dem Freiheitsproblem. Wenn alle Entscheidungen ausschließlich kausalgesetzlich determiniert wären, könnte von Sittlichkeit nicht gesprochen werden. Freiheit kann sich aber nicht in der Unabhängigkeit von empirischen Bedingungen erschöpfen, sondern sie muß darüber hinaus auch Unabhängigkeit gegenüber den Werten und gegenüber Gott sein, denn wären die Entscheidungen durch Werte oder durch Gott eindeutig festgelegt, dann wären sie notwendig und könnten weder sittlich gut noch schlecht sein. Es fragt sich mit einem Wort, wie Freiheit möglich sein kann, wenn eine durchgängige seins- und sollensgesetzliche Determination besteht.[55] Die Schwierigkeit verschwindet nach Hartmann, wenn man anerkennt, daß es oberhalb der Determination durch Seinsgesetze (wie der Naturkausalität) und durch Sollensgesetze noch eine höhere Form der Determination gibt, nämlich die personale, die über den Gesetzen steht und daher Freiheit bedeutet.

Hartmann, Scheler und andere Vertreter der nachhusserlschen Phänomenologie standen, anders als der spätere Husserl, der Transzendentalphilosophie distanziert gegenüber. Es ging ihnen nicht mehr darum, Bedingungen zu formulieren, unter denen die Erkenntnis von Gegenständen als möglich begriffen werden kann, sondern sie wollten Gegenstände erkennen, allerdings nicht konkrete raum-zeitliche Gegenstände, sondern abstrakte oder erfahrungsjenseitige Gegenstände. Damit erneuerten sie die Denkweise der vorkantischen Philosophie, und zugleich kamen sie dem starken metaphysischen Bedürfnis entgegen, das sich im ausgehenden 19. und beginnenden 20. Jahrhundert bemerkbar machte. Das Interesse an der Metaphysik ist auch bei verschiedenen anderen Autoren zu konstatieren, die nicht den Rang eines Hartmann hatten, aber zeitweise stark beachtet wurden, weil sie, wie Rudolf Steiner (1861–1925), Hermann Graf Keyserling (1880–1950) oder Ludwig Klages (1872–1952), mit prophetischem Anspruch auftraten, oder weil sie, wie Peter Wust (1884–1940), der vom christlichen Standpunkt aus die «Auferstehung der Metaphysik» (Leipzig 1920) verkündete, eine Verbindung zwischen philosophischen und religiösen Ideen herstellten. Auch vom Standpunkt der Naturwissenschaften aus wurde versucht, eine Brücke zur Metaphysik zu schlagen, z. B. von Hans Driesch (1867–1941), der nicht nur in der Biologie den Vitalismus wieder zur Geltung brachte, sondern auch auf der Grundlage der Naturphilosophie eine spekulative Metaphysik konzipierte.[56]

Die objektivistische metaphysische Richtung der damaligen Zeit hatte in Nicolai Hartmann ihren bedeutendsten Vertreter, dessen Glaube an ein unabhängig vom Menschen bestehendes Reich der Werte selbst Scheler nicht mehr teilen wollte. Obwohl Hartmanns Philosophie durch die Tendenz zur Systematisierung beeindruckt, vermochte sie die weitere Entwicklung des Denkens nicht zu prägen. Dies hängt vor allem damit zusammen, daß sie mit der kritischen Richtung des philosophischen Denkens im 20. Jahrhunderts nicht zu vereinbaren war. Hartmann versuchte, die von Kant eingeleitete Wende von einer Theorie der Wirklichkeit zu einer Theorie der Wirklichkeitserkenntnis rückgängig zu machen. Dies ist ihm jedoch nicht gelungen: Der Versuch einer Erneuerung der Ontologie fand in der von Hartmann für einzig richtig gehaltenen Art keine Fortsetzung. Nach der Mitte des 20. Jahrhunderts wandten sich jene, die sich von der spekulativen Philosophie angezogen fühlten, eher Hegel als Hartmann zu, zumal der Hegelianismus wegen seines historischen Zusammenhangs mit dem Marxismus vorübergehend an Aktualität gewann.

Allgemein ist festzustellen, daß sich die «Wende zum Objekt» auf weitere Sicht kaum positiv auswirkte, weil sie die Frage überging, unter welchen Bedingungen etwas für uns überhaupt zum Objekt werden kann. Husserl erkannte, daß diese Frage nicht zu umgehen ist, aber die bedeutendsten späteren Vertreter der Phänomenologie folgten ihm in diesem Punkte nicht, sondern blieben einer objektivistischen Betrachtungsweise verhaftet, bei der die Gefahr besteht, daß die Berufung auf eine vorgebliche Schau an die Stelle von Argumenten tritt.

III.

Die Existenzphilosophie

Wir ordnens. Es zerfällt.
Wir ordnens wieder und zerfallen selbst.
(Rainer Maria Rilke)

1. Kierkegaard als Vorläufer der Existenzphilosophie

Søren Kierkegaard, der dem 19. Jahrhundert angehörte, an dieser Stelle zu behandeln verstößt gegen die chronologische Ordnung, läßt sich aber damit rechtfertigen, daß seine volle philosophische Wirkung erst im 20. Jahrhundert, als er von den Vertretern der Existenzphilosophie[1] als wichtigster Vorläufer entdeckt wurde, einsetzte. Kierkegaard wurde 1813 in Kopenhagen geboren, wo er, von einigen kurzen Unterbrechungen abgesehen, sein ganzes Leben verbrachte, und dort starb er 1855. Er studierte Theologie, hatte aber niemals ein kirchliches Amt inne. Das hegelianisch geprägte Denken seiner Lehrer befriedigte ihn nicht, so wie er den Hegelianismus im allgemeinen wegen seiner Tendenz zur Rationalisierung der Religion mißbilligte. In den vierziger Jahren hielt er sich zweimal in Berlin auf, wo er Schelling hörte, ohne daß er dauerhaft von ihm angezogen gewesen wäre. Er war voll innerer Spannungen und von Konflikten belastet, deren Anlässe bei anderen Charakteren belanglos geblieben wären, bei ihm jedoch eine tragische Entwicklung auslösten: Der Bericht des Vaters von seinem kindlichen Hader mit Gott, ein gelöstes Verlöbnis, Verunglimpfungen in einer satirischen Zeitschrift, all dies erschütterte ihn schwer. Sein literarisches Schaffen war auch durch das Bestreben motiviert, diese ihn im Innersten bewegenden Ereignisse aufzuarbeiten. Seine intellektuellen Erfahrungen veranlaßten ihn, den Schritt von der ethischen Einstellung, wie sie dem Denken der Aufklärung und Kants entsprach, zu einer Religiosität auf der Grundlage einer nicht primär rationalen Entscheidung zu vollziehen und dem Anspruch einer vernunftorientierten Philosophie und Theologie auf Allgemeingültigkeit das Bekenntnis zu einer persönlich erlebten Wahrheit gegenüberzustellen. Dieser Einstellung entsprang seine Opposition gegen die Kirche, der er Verrat am Christentum vorwarf. Da er überzeugt war, daß es in der Religion um den Einzelnen und sein ewiges Heil geht, lehnte er philosophische und theologische Systeme, die im Rahmen ihrer Begriffe und Grundsätze das konkrete Dasein nicht zu erfassen vermögen, als religiös bedeutungslos ab.

Aufsehen erregte Kierkegaard erstmals mit dem Werk «Entweder – Oder»

(1843), in dem er nicht nur eine von der Sinnlichkeit bestimmte, sondern auch eine rein an der Moral mit ihren allgemeinen Prinzipien orientierte Einstellung verwarf. Seine philosophischen Ansichten sind am deutlichsten in den «Philosophischen Brocken» (1844) mitsamt der «Abschließenden unwissenschaftlichen Nachschrift» und in der Schrift «Der Begriff Angst» (1844) ausgesprochen; seine religiösen Überzeugungen kommen besonders klar in der «Krankheit zum Tode» (1849) und in der «Einübung im Christentum» (1850) zum Ausdruck, um von anderen Schriften zu schweigen, die Kierkegaard in erstaunlich kurzer Zeit veröffentlichte.[2] Wenn er versicherte: «Ich habe nichts als mein Leben, und das setze ich stracks aufs Spiel, jedesmal daß eine Schwierigkeit sich zeigt»,[3] so ist das keineswegs eine leere Phrase.

Wie Kierkegaard gegenüber der herkömmlichen Philosophie eingestellt war, zeigt seine Beurteilung jenes Zweifels, den z.B. Descartes (siehe Teil IV, Kap. I, 1d) als Methode zur Geltung brachte.[4] Wenn das philosophische Denken erst mit dem Zweifel begänne, dann wäre nur das neuzeitliche, mit dem Zweifel einsetzende Denken wirklich Philosophie und durch die Forderung, mit dem radikalen Zweifel zu beginnen, von der älteren Philosophie wesentlich unterschieden, so daß der Übergang zu ihm einen Sprung erfordern würde. Tatsächlich aber schließen sich Zweifel und Philosophie aus: Geht der Zweifel der Philosophie voraus, dann gehört er nicht zur Philosophie, macht aber, als radikaler Zweifel, den Zugang zu ihr unmöglich; ist er ein Element der Philosophie, dann zerstört er sie von innen heraus, weil er die Gewißheit, die herkömmlicher Ansicht nach mit philosophischen Sätzen verbunden ist, aufhebt.

Kierkegaard war allerdings nicht der Ansicht, daß die Philosophie vollkommene Gewißheit beanspruchen könne. Gäbe es eine absolute Philosophie als Inbegriff der ewigen Wahrheiten, dann wären die einzelnen philosophischen Positionen nur deren Momente, und die Geschichte der Philosophie wäre als Entfaltung der einen und ewigen Philosophie aufzufassen. Das endliche Denken kann aber die absolute und umfassende Wahrheit niemals erreichen, so daß sich das Besondere auch nicht als ihr Moment begreifen läßt. Erblickt man im Einzelnen nur die Erscheinung des Ewigen, dann heißt das, «das gegenwärtige Seiende mit dem Gedanken der Ewigkeit töten».[5] Hegels Versuch, das Besondere in das Absolute aufzuheben, wird damit zurückgewiesen und die Selbständigkeit des Individuellen betont. Weil Kierkegaard das Individuelle über das Allgemeine stellte, lehnte er eine Denkweise ab, die nur das Allgemeine als wahrhaft wirklich anerkennt; ihm ging es nicht um ewige Wahrheiten, sondern um Wahrheiten, die die Entscheidungen des Einzelnen beeinflussen und sein Leben verändern. Philosophische Überzeugungen im Sinne Kierkegaards lassen den Menschen nicht unberührt; sie verwandeln ihn und haben, modern gesprochen, existentielle Bedeutung.

Demgemäß wollte Kierkegaard auch in seiner Erörterung des Zweifels nicht in erster Linie die Bedeutung des Satzes «An allem ist zu zweifeln» ermitteln, sondern es ging ihm um die Auswirkungen dieser Forderung im Leben des Einzelnen. So wies er darauf hin, daß der Zweifel das Verhältnis des Schülers zum Lehrer verändert, denn wer an den Worten des Lehrers zweifelt, erhebt sich über ihn, während er doch als Schüler der Autorität des Lehrers vertrauen soll. Umgekehrt macht der Lehrer den Schüler, indem er ihn zum Zweifeln ermutigt, geistig unabhängig; er läßt ihn eigenverantwortlich denken und bewirkt, daß er aufhört, Schüler zu sein. Die Erörterung des Zweifels führt Kierkegaard schließlich zum Gedanken der Verzweiflung: Hat der Zweifel den ganzen Geist erfaßt und gelingt es dem Zweifelnden nicht, ihn zu überwinden, dann «verzweifelt er, sein Leben ist verspielt, seine Jugend ist dahingegangen mit diesen Überlegungen, das Leben hat keinen Sinn für ihn bekommen, und alles das ist die Schuld der Philosophie».[6]

In den «Philosophischen Brocken» wird jener Philosophie, die vermittels des methodischen Zweifels zu einer zeitlos gültigen Wahrheit vordringen möchte, eine Denkweise gegenübergestellt, bei der es in erster Linie um die in einem bestimmten Augenblick getroffene persönliche Entscheidung geht. Während nach platonistischer Ansicht der Lehrer nur zur Wiedererinnerung an ewige Wahrheiten anregt, ist nach der von Kierkegaard vertretenen christlichen Auffassung nur derjenige ein wahrer Lehrer, der dem Schüler die Möglichkeit der Wahl und damit der Umkehr bzw. der Bekehrung gibt; er ist gar nicht mehr Lehrer im gewöhnlichen Sinn, sondern Erlöser.[7]

Kierkegaard stellte die religiöse Existenz der sinnlichen («ästhetischen») und der ethischen Lebensweise gegenüber. Nach «Entweder – Oder» ist die «ästhetische» Daseinsweise dadurch charakterisiert, daß der Mensch unmittelbar den sinnlichen Antrieben folgt, im Genußleben aufgeht und alles dem Genuß Abträgliche – wie den Gedanken an den Tod – verdrängt. Diese Haltung wird überwunden, wenn der durch die Angst auf sich zurückgeworfene Mensch sich der Alternative von Gut und Böse bewußt wird und sein Leben an allgemeinen moralischen Prinzipien ausrichtet. Der Übergang zur ethischen Daseinsweise erfolgt nicht stetig, sondern durch einen Sprung, d. h. durch einen radikalen, willentlich herbeigeführten Bruch mit der bisherigen Einstellung. Ein weiterer Sprung ist nötig, um von der ethischen zur religiösen Existenz überzugehen und sich nicht mehr an vernünftig begründeten Grundsätzen zu orientieren, sondern als Einzelner sich Gott anzuvertrauen. Dabei muß das Paradox in Kauf genommen werden, daß der Mensch nur dadurch zu seinem eigentlichen Selbst findet, daß er seine Abhängigkeit von Gott anerkennt.

Das Paradox gehört wesentlich zur Religion, namentlich zur christlichen. So ist es paradox, daß Gott Mensch geworden ist und am Kreuz gestorben ist. Die paradoxen Lehren der Religion haben ihren tiefsten Grund im Verhältnis von Mensch und Gott: Gott ist einerseits vom Menschen absolut verschieden, andererseits ist der Mensch durch Christus Gott nahe. In Christus ist das paradoxe Verhältnis von Endlichem und Unendlichem in einer Person konzentriert: Christus ist Gott und zugleich Mensch.[8] Paradox ist das Verhältnis des Menschen zu Gott auch im Hinblick auf die

Möglichkeit, von Gott zu wissen. Einerseits sind Gott und Mensch wesentlich verschieden, so daß ein Wissen von Gott nicht möglich zu sein scheint; andererseits beanspruchen wir, von Gott zu wissen, und dies ist nur möglich, wenn wir von ihm nicht absolut verschieden sind.[9] Im höchsten Maße paradox ist es, etwas denken zu wollen, das sich dem Denken prinzipiell entzieht. Aber gerade weil das Paradox ein Ärgernis für den Verstand ist, fordert es zum Glauben heraus. Mit dem Begriff des Paradoxons hängt der des Ärgernisses zusammen. Wer nur auf das Paradox des Gott-Menschen Christus starrt, ohne an Christus zu glauben, nimmt ebenso an ihm Anstoß, wie jemand, der die gott-menschliche Natur Christi leugnet.[10]

Der religiöse Charakter von Kierkegaards Denken, der in solchen Überlegungen zutage tritt, äußert sich auch in der Deutung der Verzweiflung als geistiger Krankheit zum Tode. Die Verzweiflung besteht darin, daß das Verhältnis des Menschen zu Gott zu einem Mißverhältnis wird. Der Mensch ist ein endliches, zeitliches Wesen, das auf das Unendliche, Ewige bezogen ist. Sofern sich der Mensch dieses Verhältnisses bewußt ist, ist er ein Selbst. Die Verzweiflung entsteht, wenn der Mensch entweder sein Selbst lossein will oder versucht, in völliger Unabhängigkeit vom Unendlichen ein Selbst zu sein. Die Verzweiflung wird überwunden, wenn sich «das Selbst durchsichtig in der Macht [gründet], welche es gesetzt hat»,[11] das heißt: wenn es sich in Gott gründet.[12] Vom Standpunkt der Philosophie aus ist bemerkenswert, daß sich unter diesen Voraussetzungen das idealistische Denken als Form der Verzweiflung darstellt, sei es, daß angenommen wird, das Ich setze sich selbst, sei es, daß das Selbst als Äußerung des Absoluten betrachtet und damit seiner Selbständigkeit beraubt wird. Darüber hinaus ist die gesamte neuzeitliche Philosophie, nicht nur der nachkantische Idealismus, in Kierkegaards Augen Heidentum; für besonders gefährlich hielt er aber jene Philosophie, die, obwohl im Kern heidnisch, den Eindruck erweckt, sie sei christlich.[13] Hier ist vor allem an Hegel zu denken, dessen Versuch, die Religion in Philosophie aufzuheben, in Kierkegaards Augen besonders anstößig war.

Die paradoxe, leidenschaftlich ergriffene Wahrheit ist subjektiv, ja «die Wahrheit ist die Subjektivität», wie Kierkegaard sagte.[14] Da er sich kritisch über die Wahrheit als Übereinstimmung von Denken und Wirklichkeit äußerte, scheint es, als suche er nach einer Alternative zur Korrespondenzauffassung der Wahrheit. Plausibler ist jedoch die Annahme, daß er nur zwischen gleichgültigen Wahrheiten und Wahrheiten, für die man sich innerlich engagiert, unterscheiden wollte. Zugunsten dieser Deutung spricht zum Beispiel, daß Kierkegaard erklärte: «Alles wesentliche Erkennen betrifft die Existenz; oder: nur das Erkennen, dessen Beziehung zur Existenz wesentlich ist, ist wesentliches Erkennen. Das Erkennen, das nicht nach innen gewandt in der Reflexion der Innerlichkeit die Existenz betrifft, ist wesentlich betrachtet zufälliges Erkennen, sein Grad und Umfang ist wesentlich betrachtet gleichgültig.»[15]

Kierkegaard kann schwerlich gemeint haben, daß etwas subjektiv wahr sein könne, ohne objektiv wahr zu sein. Gäbe es zum Beispiel Gott nicht, dann wäre der Glaube an Gottes Existenz illusorisch; ihn subjektiv wahr zu nennen, weil er das Leben des Glaubenden prägt, wäre in diesem Falle ein Mißbrauch des Ausdrucks «wahr». Daher darf man annehmen, daß für Kierkegaard die objektive Wahrheit Bedingung der subjektiven ist. Verhält es sich so, dann kann aber die Frage nach dem Wesen der Wahrheit im objektiven Sinne nicht nebensächlich sein. Am ehesten wird man Kierkegaard gerecht, wenn man das, was er «subjektive Wahrheit» nannte, als religiösen, das menschliche Verhalten entscheidend prägenden Glauben auffaßt. In die Richtung dieser Auffassung weist Kierkegaards Bemerkung: «Objektiv wird ... darauf reflektiert, daß es der wahre Gott ist [den man denkt]; subjektiv darauf, daß sich das Individuum *so* zu einem Etwas verhält, daß sein Verhältnis in Wahrheit ein Gottes-Verhältnis wird.»[16] Kierkegaard suchte nicht den Gott der Philosophen, der Gegenstand von Gottesbeweisen ist, sondern, wie Pascal (siehe Teil IV, Kap. I, 2 d), den Gott Abrahams, Isaaks und Jakobs, den Gott, der seinen Sohn in die Welt geschickt hat, um die Menschen zu erlösen. Wer einen Beweis zugunsten der Existenz des Gottes der Philosophen akzeptiert, braucht sein Leben nicht zu ändern; wer zum paradoxen Glauben an einen menschgewordenen, leidenden Gott bereit ist, kann in seinem tiefsten Selbst von diesem Glauben nicht unberührt bleiben. Da es Kierkegaard in erster Linie um das Verhältnis des Menschen zu Gott ging, war sein Denken wesentlich theologisch geprägt, allerdings nicht im Sinne einer dogmatischen Theologie, sondern im Sinne der Umgestaltung des ganzen Menschen auf der Grundlage des Gottesglaubens. Heidegger hatte daher recht, wenn er in Kierkegaard vor allem einen religiösen, nicht einen philosophischen Autor sah.

Fragt man nach Kierkegaards Stellung in der Philosophie des 19. und 20. Jahrhunderts, so ist festzustellen, daß sein Denken nicht auf eine Umbildung der Philosophie, wie sie Descartes, Kant oder Hegel vertreten hatten, hinauslief, sondern auf einen Bruch mit der durch die Genannten repräsentierten Tradition. Wenn man es noch «Philosophie» nennen will, muß man sich darüber im klaren sein, daß man dann diesen Ausdruck in neuer Bedeutung verwendet. Der Charakter seines Denkens tritt besonders deutlich zutage, wenn man auf Kierkegaards Bewertung des Paradoxen achtet. Während sich zum Beispiel Zeno von Elea bemühte, die Paradoxa, die er konstruiert hatte, zu überwinden, womit er zum Begründer der formalen Logik wurde (siehe Teil I, Kap. I, 6 b), und während die moderne Philosophie der Mathematik alles daran setzte, die Paradoxien des Unendlichen aufzuklären, sah Kierkegaard im Paradox etwas Positives, sofern es nämlich dazu herausfordert, sich für einen Glaubensgehalt so zu entscheiden, daß er für das Denken, Fühlen und Handeln des Menschen maßgeblich wird. Das Paradox führt den Menschen auf sich selbst, auf seine Wahl und somit auf seine Verantwortung zurück. Kierkegaard ging es nicht um die rationale Überwindung von Paradoxien, sondern darum, mit Hilfe des Paradoxons die Rationalität in ihre Schranken zu weisen. Damit zeigt sich bei ihm dieselbe Tendenz, die auch die Lebens- und die Existenzphilosophie beherrscht.

Wenn Kierkegaard als Vorläufer der Existenzphilosophie bezeichnet wird, dann ist vor allem an seine Ablehnung des Essentialismus zu denken, d. h. an die Zurückweisung der Annahme, daß es allgemeine Wesenheiten gibt und daß sie das wahrhaft Wirkliche sind. Kierkegaard ging es dagegen um das konkrete Dasein im Unterschied zur Wesenheit, um die Existenz im Unterschied zur Essenz, und daher opponierte er gegen Versuche wie den Hegelschen, das Dasein mit Hilfe allgemeiner Begriffe zu erfassen. Mit der Annahme eines Vorrangs des konkreten Daseins, der Existenz, nahm Kierkegaard die Einstellung der Existenzphilosophie vorweg, die in ähnlicher Weise den «Vorrang der ›existentia‹ vor der essentia» betonen sollte.[17] Der Gegensatz, in dem die Existenzphilosophie zur Wesensphilosophie (von der Art des Hegelianismus oder der Husserlschen Phänomenologie) steht, ist somit schon bei Kierkegaard angelegt, der in dieser Hinsicht auch mit Feuerbach (siehe Teil VI, Kap. I, 1 b), Nietzsche (siehe Teil VI, Kap. IV, 1) oder den Vertretern des hermeneutischen Denkens, die das Individuelle für unbegreiflich und zum Inhalt eines nicht-rationalen Verstehens erklärten (siehe Teil VI, Kap. IV, 2), verglichen werden kann. Man wird allerdings fragen müssen, ob sich etwas Individuelles unabhängig von allgemeinen Beziehungen als existent beurteilen läßt oder ob nicht vielmehr etwas nur dann als existent erfahren werden kann, wenn es im Zusammenhang allgemeiner Attribute seinem Wesen nach bereits bestimmt ist.

Die Vertreter der Existenzphilosophie folgen Kierkegaard in der Auszeichnung der Existenz vor der Essenz und in seinem Wahrheitssubjektivismus; keineswegs alle übernahmen jedoch sein radikales Christentum. Der betont areligiöse existenzphilosophische Personalismus wirkt daher wie die säkularisierte Form von Kierkegaards Denken. Zwar gab es auch einen christlichen Existentialismus, aber dessen philosophische Wirkung blieb gering.

2. Martin Heidegger

Der bedeutendste und zugleich umstrittenste Vertreter der Existenzphilosophie war Martin Heidegger (geb. 1889 in Meßkirch, gest. 1976 in Freiburg im Breisgau),[18] der als Professor in Marburg (seit 1923) und Freiburg (1928–1945) lehrte und mit «Sein und Zeit» (1927) ein Werk schuf, das, obwohl Fragment, die Entwicklung der Philosophie während der folgenden Jahrzehnte so nachhaltig beeinflußte wie kaum ein anderes. 1929 folgten «Kant und das Problem der Metaphysik», in dem Heideggers Gegensatz zum damals bereits an Wirkung verlierenden Neukantianismus deutlich zutage trat, die Freiburger Antrittsvorlesung «Was ist Metaphysik?» und die Abhandlung «Vom Wesen des Grundes». Im Jahre 1933 wurde Heidegger Rektor der Universität Freiburg; in seiner Rektoratsrede über «Die Selbstbehauptung der deutschen Universität» (Breslau o.J. [1933]) wird seine Nähe zum Nationalsozialismus sichtbar, auf den er eine Zeitlang Einfluß nehmen zu können hoffte. Anfang der vierziger Jahre erschienen «Platons Lehre von der Wahrheit» (1942) und «Vom Wesen der Wahrheit» (1943). Seit der Mitte der dreißiger Jahre interpretierte er Hölderlin, dem er mehrere Aufsätze widmete. Nach dem Kriegsende seines Amtes enthoben und mit Lehrverbot belegt, pflegte er um so mehr seine Kontakte zu französischen Philosophen, die seinem Denken starke Resonanz verschaffen sollten. 1947 erschien der Brief «Über den Humanismus», in dem Heidegger seine Auffassung vom Existentialismus Sartres abgrenzte. Hier wird auch deutlich, daß Heideggers Philosophie inzwischen aus einer Philosophie der Existenz zu einer Philosophie des Seins geworden war, deren weitere Entfaltung aber jenseits der dieser Darstellung gezogenen Grenze liegt. 1950 veröffentlichte Heidegger unter dem Titel «Holzwege» eine Reihe von Arbeiten. 1953 erschien die «Einführung in die Metaphysik», es folgten «Der Satz vom Grund» (1957), «Unterwegs zur Sprache», «Nietzsche» (2 Bände, 1961, enthaltend die in den dreißiger und vierziger Jahren gehaltenen Vorlesungen über Nietzsche) und «Die Frage nach dem Ding. Zu Kants Lehre von den transzendentalen Grundsätzen» (1962, enthaltend eine Vorlesung aus der Mitte der dreißiger Jahre). Verschiedene Arbeiten erschienen gesammelt in den Bänden «Vorträge und Aufsätze» (1954) und «Wegmarken» (1967). Obwohl es sich hier nicht um eine vollständige Liste handelt, darf gesagt werden, daß das zu Lebzeiten veröffentlichte Oeuvre Heideggers im Verhältnis zu seiner Wirkung quantitativ nicht imposant ist; erst die Gesamtausgabe läßt den ganzen Umfang von Heideggers Schaffen erkennen.[19]

Heidegger wollte, formal ähnlich wie Brentano (siehe Teil VI, Kap. II, 4c) und Husserl (siehe Kap. II, 1), jedoch in inhaltlicher Hinsicht anders als sie, die vom Neukantianismus zurückgewiesene und von der Lebensphilosophie vernachlässigte Seinsfrage wieder zur Geltung bringen, ließ aber unter dem Eindruck des lebensphilosophischen Historismus (siehe Teil VI, Kap. IV, 2) den Anspruch fallen, von geschichtlichen Bedingungen unabhängige Grundsätze über das Sein aufzustellen; in seinem Hauptwerk betrachtete er das Seinsverstehen als geschichtlich bedingt, und in seiner späteren Philosophie sah er in der Geschichte geradezu das Geschick des Seins.

a) Die Phänomenologie des Daseins

Heideggers Hauptwerk «Sein und Zeit», erstmals veröffentlicht im «Jahrbuch für Philosophie und phänomenologische Forschung» (Band VIII, 1927), ist insofern der Phänomenologie verpflichtet, als es deren Forderung

«Zu den Sachen» übernimmt.[20] Allerdings soll die phänomenologische
Methode bei Heidegger nicht mehr, wie bei seinem Lehrer Husserl, zur
Einsicht in allgemeine Wesenheiten führen, sondern den Zugang zum Verstehen des konkreten menschlichen Daseins eröffnen. Das heißt nicht, daß
sich die Phänomenologie auf die Beschreibung von Phänomenen, die sich
unmittelbar zeigen, zu beschränken hätte; sie will vielmehr Zusammenhänge sichtbar machen, in denen Phänomene stehen, die aber gewöhnlich
nicht beachtet werden. Thema der phänomenologischen Betrachtungsweise
ist das, «was sich zunächst und zumeist gerade *nicht* zeigt ...», aber zugleich
etwas ist, was wesenhaft zu dem, was sich zunächst und zumeist zeigt,
gehört, so zwar, daß es seinen Sinn und Grund ausmacht».[21] In «Sein und
Zeit» geht es nicht darum, einzelne Seiende oder Arten von Seienden darzustellen, sondern darum, das *Sein des Seienden* zu erfassen, das über der
Beschäftigung mit den einzelnen Seienden meist vergessen wird. Da sich die
Frage nach dem Sein nicht durch Analyse des Begriffs «Sein» beantworten
läßt – eine Definition von «Sein» ist, wie Heidegger sah, unmöglich –, muß
die Suche nach einer Antwort bei jenem Seienden ansetzen, das nach dem
Sinn von Sein fragt und dies nicht könnte, wenn es nicht schon ein impli-
zites Wissen von ihm hätte. Dieses Seiende ist der Mensch – Heidegger reservierte für ihn den Ausdruck «Dasein» –, und die Philosophie hat das dem
(menschlichen) Dasein eigene Seinsverständnis zu explizieren; indem sie die
Bedingungen ermittelt, unter denen wir uns auf Seiendes beziehen können,
ist sie «existenziale Analytik». Die allgemeinsten Ergebnisse von Heideggers Daseinsanalyse sollen im folgenden skizziert werden, wobei nur die
wichtigsten philosophischen Aspekte berücksichtigt werden können.

Adressat der Frage nach dem Sinn von Sein ist nicht ein Bewußtsein im
allgemeinen, nicht ein transzendentales Ich, sondern der Mensch, der als in
gewisser Weise gestimmtes, handelndes, vorstellendes Wesen in der Welt ist
und sich nicht nur auf Dinge und Mitmenschen, sondern auch auf sich
selbst bezieht. Die Art, in der sich das Dasein in der Welt befindet, macht
seine Befindlichkeit aus, der die Gestimmtheit des Daseins entspricht. In
seiner Gestimmtheit erschließen sich dem (menschlichen) Dasein die Welt,
das Dasein von Mitmenschen und die eigene Existenz, sofern es Dinge
besorgt, sich um andere und um sich selbst sorgt. Das, womit wir besor-
gend umgehen, ist nicht einfach vorhanden, sondern zuhanden; es ist
Zeug in dem Sinne, in dem wir von Werkzeug sprechen: Wir bedienen uns
seiner, um gewisse Ziele zu erreichen. Unser Verhalten zu den Dingen hat
somit primär praktischen Charakter, die rein theoretische Haltung ist
sekundär.

Das Dasein ist In-der-Welt-sein, sofern der Mensch sich immer schon in
der Welt vorfindet und nicht erst zu beweisen braucht, daß es eine Außenwelt gibt. Es ist in der Welt, ohne zu wissen, woher es kommt und wohin
es geht; es ist in die Welt geworfen. Zugleich entwirft es sich auf Möglichkeiten hin, es antizipiert Zukünftiges und ist sich, wie Heidegger sagt, vor-

weg. Der Mensch weiß weder, warum er in dieser bestimmten Weise in der Welt ist, noch erkennt er im Entwurf der Zukunft eine Notwendigkeit, und dies meinte Heidegger, wenn er von der Faktizität des Daseins sprach. Die Faktizität ist aber nicht «die Tatsächlichkeit des factum brutum eines Vorhandenen», sondern «ein in die Existenz aufgenommener, wenngleich zunächst abgedrängter Seinscharakter des Daseins»,[22] mit der die Ungeborgenheit des Daseins zusammenhängt. Das in keiner objektiven Ordnung und in keinem göttlichen Plan geborgene Dasein ängstigt sich, und in der Angst offenbart sich ihm sein Sein als Hineingehaltensein ins Nichts.

Die Welt wird nach Heidegger nicht auf Grund rationaler Überlegungen erkannt, sondern in der Stimmung «entdeckt». Diese Auffassung spielt in Heideggers Existenzanalyse eine entscheidende Rolle, da sie auf eine von der herkömmlichen verschiedene Bestimmung des Verhältnisses von Mensch und Welt hinausläuft. Während zum Beispiel Descartes vom Vorhandensein der Empfindungen auf die Existenz denkunabhängiger Dinge schloß und damit das Wissen von der Außenwelt als Ergebnis diskursiven Denkens darstellte, verlegte Heidegger den Weltbezug auf eine Ebene, die nicht nur unterhalb des diskursiven Denkens, sondern unterhalb des theoretischen Bewußtseins liegt; es handelt sich nicht um eine Erkenntnis oder auch nur um bloße Kenntnis, sondern um ein Verhältnis, das keine epistemische Beziehung ist.[23] Da die Stimmung, in der nach Heidegger die Welt entdeckt wird, auch kein Gefühl ist, kann sie nicht als intentionales Bewußtseinsphänomen aufgefaßt werden. Darin liegt ihre Besonderheit, durch die sie sich von anderen psychischen Phänomenen unterscheidet und für Heidegger interessant wird. Brentano, der die Lehre von der Intentionalität der Bewußtseinsphänomene erneuerte, hatte die Stimmungen vernachlässigt und angenommen, daß psychische Erscheinungen ohne Ausnahme auf einen Gegenstand bezogen seien. Heidegger verlegte den Weltbezug gerade darum auf die Ebene der Stimmungen, weil Stimmungen nicht intentional sind. Während im Vorstellen, Urteilen oder Fühlen stets der Akt vom Gegenstand, auf den er sich richtet, zu unterscheiden ist, entfällt dieser Unterschied bei den Stimmungen: Die Stimmung und das in ihr «Erschlossene» bilden eine Einheit. Die Welt ist in der Stimmung gegenwärtig, ohne daß ihre Realität bewiesen zu werden brauchte. Daher konnte Heidegger im Anschluß an Kant das Außenweltproblem als einen Skandal der Philosophie bezeichnen. Man kann jedoch fragen, ob nicht doch ein Gegenstandsbezug ins Spiel kommt, wenn gesagt wird, daß in der Stimmung etwas entdeckt werde. Zum Entdecken scheint ebenso etwas zu gehören, das entdeckt wird, wie zum Vorstellen etwas gehört, das vorgestellt ist. Daher muß erwogen werden, ob das, was Heidegger über die Funktion der Stimmungen ausführte, nicht als Annahme aufzufassen ist, die das Verhältnis des Daseins zu den Seienden in der Welt als vorrationale, ja als vortheoretische Beziehung erscheinen lassen soll. Auch das, was Heidegger «Verstehen» nannte, hängt mit Befindlichkeit und Stimmung zusammen und ist mit dem In-der-Welt-sein des Daseins unauflöslich verbunden: «Befindlichkeit hat je ihr Verständnis ... Verstehen ist immer gestimmtes.»[24] Von einem Sein läßt sich unabhängig vom Verstehen nicht reden: «Sein kann ... unbegriffen sein, aber es ist nie völlig unverstanden.»[25] Weil die Welt vom deutenden Verstehen abhängig ist, ist sie *je meine* Welt. Die durch mein Verstehen bedingte Welt hört mit mir zu bestehen auf. Auch hier liegt der Vergleich mit der Transzendentalphilosophie nahe, die ebenfalls annimmt, daß die Welt der Erscheinungen vom Subjekt abhängig ist, allerdings nicht von einem in Befindlichkeit und Stimmung wurzelnden Verstehen, sondern im urteilenden – und in diesem Sinne rationalen – Deuten von Daten.

Die existenzialen Strukturen des In-der-Welt-seins, des Sich-vorweg-seins, der Geworfenheit sind in der Sorge verbunden. Da die Sorge und der zeitliche Charakter des Daseins zusammenhängen, ist nur von der Analyse der Sorgestruktur des Daseins Aufschluß über die Zeit zu erwarten. Wenn Heidegger davon sprach, daß der Mensch in der Sorge um sein eigenes Sein auf sich selbst bezogen ist, meinte er allerdings nicht, wie z.B. Descartes, eine Reflexion als Rückwendung von den Objekten zum denkenden Ich, da auch der Bezug auf das Selbst in der Sorge kein rationaler Akt ist.

Das (menschliche) Dasein ist kein gegebenes innerweltliches Seiendes, es ist nichts *Vorhandenes* (Dingliches, Substantielles), sondern etwas, das sein *kann*; es entscheidet selbst über sein Sein, sei es, daß es sich abhängig macht von Verhältnissen der Welt und so lebt, wie «man» lebt, sei es, daß es sich für Selbständigkeit und Eigenverantwortlichkeit entscheidet und damit zur Eigentlichkeit seiner Existenz findet. Die Unvermeidlichkeit einer solchen Entscheidung wird in der Angst erlebt. Angst ist etwas anderes als Furcht; während wir uns vor bestimmten Dingen fürchten, bezieht sich die Angst nicht auf etwas Bestimmtes, sondern auf das In-der-Welt-sein, das zum Sein des Daseins gehört. Die Angst ist nicht nur Angst vor der Welt, vor dem In-der-Welt-sein, sondern auch Angst um das In-der-Welt-sein. Die Angst nimmt dem Menschen die Möglichkeit, sich aus der Welt und ihren Verhältnissen zu verstehen; sie macht offenbar, daß der Mensch das eigentliche Dasein in freier Wahl ergreift oder verfehlt. In der Angst wird der Halt durch Dinge und Mitmenschen fragwürdig, so daß der Mensch auf sich selbst zurückgeworfen, aus dem Verfallensein an das Man zurückgeholt und zum eigentlichen Existieren befähigt wird. Sie ist jene Stimmung, in der wir uns dem Nichts gegenübergestellt sehen, in der sich das Dasein als «Hineingehaltenheit in das Nichts» erfährt.[26] Der Angst kommt eine besondere Rolle zu, weil sie, anders als die übrigen Stimmungen, z.B. die Langeweile, nicht nur das Seiende im ganzen offenbart – auch die Langeweile faßt alle Dinge, Menschen und einen selbst in einer merkwürdigen Gleichgültigkeit zu einer Einheit zusammen –, sondern darüber hinaus das Nichts, das andere Stimmungen verbergen, offenbart.[27]

Heideggers Äußerungen über das Nichts haben häufig besonderen

Anstoß erregt. So wurde ihm, weil er «Nichts» substantivisch gebrauchte, von neopositivistischer Seite vorgeworfen, er lasse sich von der Grammatik irreführen.[28] Anstatt zum Beispiel zu sagen, das Nichts nichte, hätte er formulieren müssen: «Es gibt nichts, von dem gilt, daß es nichtet». «Nichts» dürfe nämlich nicht als Name, sondern müsse als Operator (näherhin als negierter Existenzquantor) verwendet werden. (Siehe Kap. V, 3 b) Man tut Heidegger aber Unrecht, wenn man ihm unterstellt, er habe vom Nichts wie von einem Seienden gesprochen, denn dies hat er selbst ausdrücklich als verfehlt bezeichnet. Das Nichts wird in der Angst nicht wie eine Art Gegenstand erfaßt;[29] wir erfahren vielmehr die Nichtigkeit des Seienden im ganzen und gehen damit zugleich über es hinaus und tun im «Hinausfragen über das Seiende»[30] den Schritt zur Metaphysik, doch ohne daß die Endlichkeit in Richtung auf Gott oder ein Absolutes überschritten würde.

So wie wir in der Angst vor das Nichts gestellt sind, so ist im Gedanken des Todes die Grenze gegenwärtig, die dem Dasein gezogen ist. Der Tod ist nach Heidegger nicht das Ende einer Zeitstrecke, an welcher der Mensch irgendwann anlangt, sondern er prägt das Dasein in jedem Augenblick und geht daher den Menschen ständig an. Durch die gedankliche Vorwegnahme des Todes – das *Vorlaufen zum Tode* – vermag der Mensch sein Leben zu einer Ganzheit zusammenzuschließen. Solange es etwas gibt, das noch nicht ist, aber sein kann, ist das Dasein keine Ganzheit; solange man den Tod nur als etwas betrachtet, das einmal eintritt und dem Leben ein Ende setzt, bleibt er eine Möglichkeit jenseits des Lebens. Erst wenn man ihn ins Dasein hereinnimmt, wird dieses als ein Ganzes faßbar; der Mensch befreit sich von der Nichtigkeit der alltäglichen Verhältnisse und findet zur eigentlichen Existenz.[31]

Der Aufruf zum Selbstsein, zum eigentlichen Existieren, heißt bei Heidegger «Gewissen». Solange der Mensch dem *Man* verfallen ist, erscheint ihm das Gewissen als eine fremde Stimme, da dem *Man* das Selbstsein fremd ist. Dies ändert sich, wenn wir uns zu unserer Schuld bekennen, die ihren Grund darin hat, daß wir frei über unser Sein entscheiden, unser Dasein ganz aus uns begründen sollen, dies aber wegen der Faktizität des Daseins nie in vollkommener Weise können. Im Hören der Stimme des Gewissens und im Entwurf auf das eigene Schuldigsein besteht die *Entschlossenheit*, zu der wir aufgerufen sind. Deshalb wäre es verfehlt, wenn gefragt würde, wozu sich der Mensch im einzelnen entschließen soll: «Es wäre ein völliges Mißverstehen des Phänomens der Entschlossenheit, wollte man meinen, es sei lediglich ein aufnehmendes Zugreifen gegenüber vorgelegten und anempfohlenen Möglichkeiten.»[32]

Der gemeinsame Nenner der angedeuteten Charaktere des menschlichen Daseins ist die Zeitlichkeit mit den Modi der Vergangenheit, Gegenwart und Zukunft. Nach Heidegger ist nicht die Zukunft Bedingung des Vorlaufens zum Tode, sondern es gibt umgekehrt Zukunft, weil der Mensch zum Tode vorlaufen kann. Ähnlich verhält es sich mit den anderen Zeitmodi:

Sofern der Mensch auf sich nimmt, was er immer schon ist (im Sinne der Geworfenheit), gibt es für ihn Vergangenheit (Gewesenheit), und in der Übernahme der Schuld eröffnet sich die Gegenwart. Hier geht es offensichtlich um die Art, in der die Zeit erlebt wird, nicht um das Nacheinander von Vorgängen. Bei Heidegger stehen nicht Fragen nach der Struktur der Zeit, in der die Ereignisse ablaufen, sondern Fragen nach dem Zeiterleben im Zusammenhang mit den Existenzialien im Vordergrund. Schließlich mündet die Analyse der Zeitlichkeit in den Gedanken der Endlichkeit des menschlichen Daseins, verstanden als Endlichkeit, die nicht Gegenpol oder Einschränkung der Unendlichkeit, sondern Endlichkeit schlechthin ist.

Heidegger hat seine Analysen in «Sein und Zeit» als ontologisch bezeichnet und von der ontischen Betrachtungsweise abgegrenzt, die Seiendes betrifft, während es die Ontologie mit Bedingungen zu tun hat, unter denen der Bezug auf Seiendes verständlich wird. Dies entspricht formal Kants Unterscheidung von Gegenstandserfahrung und Ermittlung der Bedingungen von Gegenstandserfahrung. Die Bedingungen der Möglichkeit von Erfahrung sind bei Kant jedoch Prinzipien der Erkenntnis, nicht Prinzipien des Seins von Seienden, und fallen daher nicht in den Bereich der Ontologie. Nach transzendentalphilosophischer Ansicht hat es die Frage nach den Bedingungen der Möglichkeit von Gegenstandserfahrung nicht – wie bei Heidegger – mit Bestimmungen des menschlichen Daseins (z.B. mit irgendwelchen «Vermögen») zu tun, sondern mit einem theoretischen Rahmen, der zu dem Zweck entworfen wird, Erfahrung als möglich zu begreifen. Heidegger hat sich jedoch nicht nur von der Auffassung der Philosophie als Theorie der Erfahrung ab- und ihrer Deutung als Ontologie zugewandt, sondern er distanzierte sich von jeder Art Philosophie, die Urteile beweisen oder argumentativ rechtfertigen will, ja er stellte das logische Denken als solches in Frage. In der Auseinandersetzung mit der Frage nach dem Nichts und dem Sein wird, wie er meinte, die Macht des Verstandes, d. h. die Herrschaft der Logik in der Philosophie, gebrochen. «Die Idee der ›Logik‹ selbst löst sich auf im Wirbel eines ursprünglicheren Fragens.»[33] Das Mißtrauen gegenüber dem argumentativen Denken ist eine Konstante seiner Philosophie, die in seiner Spätzeit womöglich noch deutlicher zutage trat als in «Sein und Zeit».

b) Die Umdeutung der Kantischen Philosophie

Heidegger hat sich intensiv mit Kant auseinandergesetzt,[34] teils, um sich von ihm zu distanzieren, teils, um ihn so zu interpretieren, daß er als Vorläufer der Existenzialanalytik erscheinen konnte. Durchweg ablehnend verhielt er sich dagegen zum Neukantianismus, dem er vorwarf, die Philosophie auf eine Theorie der naturwissenschaftlichen Erkenntnis zu reduzieren (vgl. die Davoser Disputation im Jahre 1929 mit Ernst Cassirer;[35] zu diesem siehe Teil VI, Kap. III, 2c). Das entspreche nicht der Intention Kants, der nicht in erster Linie Erkenntnistheoretiker, sondern Metaphysiker, näherhin Ontologe gewesen sei, wie Heidegger in seinem Kant-Buch von 1929 betonte. Er wußte zwar, daß sich Kant ausdrücklich von der Ontologie distanziert hatte,[36] aber er meinte, daß die hinter Kants Frage nach der Möglichkeit der Metaphysik als übersinnlicher Erkenntnis stehende Frage nach der Möglichkeit der Erkenntnis von Seiendem überhaupt ontologischen Charakter habe.[37] In den Naturwissenschaften wird Seiendes innerhalb eines bestimmten Seinsbereichs erkannt. Eine solche Erkenntnis, die Heidegger «ontisch» nannte, setzt einen «Seinsplan» (was einer regionalen Ontologie im Sinne Husserls entspricht) voraus, durch den der jeweilige Seinsbereich (z.B. der Bereich der Lebewesen, mit dem es die Biologie zu tun hat) abgesteckt wird. Um die (ontische) Erkenntnis von Seienden verständlich zu machen, muß man den zugrunde liegenden Seinsplan verstehen, und das ist Aufgabe der Ontologie. Die ontologische Erkenntnis ist Bedingung der ontischen, da sie die Seinsstrukturen betrifft, die der Erkenntnis von Seiendem zugrunde liegen. Kants Auffassung ist nach Heidegger durch die Einsicht charakterisiert, daß nicht alle Erkenntnis ontisch ist bzw. daß ontische Erkenntnis nur auf Grund ontologischer Erkenntnis möglich wird. Wie weit er sich, trotz formaler Übereinstimmungen, dabei von Kant entfernte, zeigt seine These, daß in der ontologischen Erkenntnis die Seinsverfassung des Seienden bzw. des Wesens der Vernunft *enthüllt* werde. Kant hatte aber nicht nach der Seinsverfassung des Subjekts, sondern nach den Bedingungen gefragt, unter denen Seiendes (als Gegenstand) erfahren werden kann. Kants Philosophie war mit einem Wort nicht Ontologie, sondern – wie besonders nachdrücklich von den Marburger Vertretern des Neukantianismus (siehe Teil VI, Kap. III, 2) festgestellt worden war – Theorie der Erfahrung.

Charakteristisch für Heideggers Kant-Interpretation ist auch die Art, in der das Verhältnis von Anschauung und Denken dargestellt wird. Heidegger vertrat die Ansicht, daß bei Kant die Anschauung Vorrang vor dem Verstand habe, wie es seiner Auffassung entsprach; man muß sich, wie er sagte, «einhämmern: Erkennen ist primär Anschauen».[38] Er bestritt nicht, daß Anschauung und Verstand aufeinander angewiesen sind, aber er hielt daran fest, «daß die Anschauung das eigentliche Wesen der Erkenntnis ausmacht».[39] Mit Kant erblickte er in der Tatsache, daß das menschliche Erkennen auf anschaulich Gegebenes angewiesen ist, ein Zeichen der Endlichkeit; wenn er jedoch erklärte, Erkenntnis von Seiendem sei nur möglich, wenn es ein vor allem Empfangen von Eindrücken liegendes Erkennen des Seins gebe,[40] dann vertrat er eine mit der Kantischen unverträgliche Ansicht. Die Tendenz zur Unterordnung des Verstandes unter die Anschauung äußert sich in der einseitigen Betonung der Rolle der transzendentalen Einbildungskraft und des Schematismus. Damit setzte er sich über Kants These hinweg, daß nicht nur die Anschauung von Gegenständen, sondern die Zeitanschauung als solche, vom Verstand abhängig sei.

Besonderen Nachdruck legte Heidegger auf Kants flüchtige Bemerkungen über eine gemeinsame Wurzel von Anschauung und Verstand, die es möglicherweise gibt, die uns jedoch unbekannt ist.[41] Ließe sich diese gemeinsame Wurzel finden, dann scheint es, als könne das Wesen von Anschauung und Verstand aus dem Wesen des Menschen abgeleitet werden, und eben dies hielt Heidegger für nötig. Kant hat in einer Vorlesung zur Logik erklärt, die Fragen, was wir wissen können, was wir tun sollen und was wir hoffen dürfen, liefen letztlich auf die Frage hinaus: Was ist der Mensch?[42] Heidegger hielt diesen von Kant nicht näher erläuterten Hinweis für wesentlich und meinte, Kants Philosophie lasse sich heute nur in Form einer philosophischen Anthropologie wiederaufnehmen,[43] die allerdings nicht das sein sollte, was Scheler (siehe Kap. II, 2 a) und andere unter diesem Titel behandelt hatten. Heidegger dachte nicht an eine Anthropologie, die die Stellung des Menschen im Kosmos bestimmt, sondern an einen «Rückgang zum tragenden Grund der Möglichkeit dessen, was in seiner Wesensverfassung gesucht wird»,[44] letztlich zum menschlichen Dasein und seinen Existenzialien. Tatsächlich konnte sich die Philosophische Anthropologie, wie sie neben Scheler von Helmuth Plessner (1892–1985)[45] und Arnold Gehlen (1904–1976)[46] vertreten wurde, auf die Dauer nicht behaupten.

Wenn Heidegger meinte, Kant habe sich an jenem Begriff des Dings orientiert, den die moderne Naturwissenschaft entwickelte,[47] so mag das in einzelnen Punkten zutreffen, wird aber dem Umstand nicht gerecht, daß Kants Grundfrage lautete, wie der Gegenstand als Einheit in der Vielheit seiner Eigenschaften begriffen werden könne. Allgemein darf daher festgestellt werden, daß der Abstand zwischen der Kantischen Theorie der Erfahrung, der zufolge der Gegenstand Ergebnis einer Deutung im Rahmen der Kategorien ist, und der Heideggerschen Fundamentalontologie, in der der Weltbezug im Licht von Existenzialien (wie Sorge, Gestimmtsein, Verstehen usw.) gesehen wird, wohl zu groß ist, als daß er ein sympathetisches Verstehen zuließe. Daher wird man von Heideggers Kant-Interpretationen sagen können, was auch für seine Auseinandersetzung mit anderen Denkern gilt, nämlich daß sie aufschlußreicher für sein eigenes Denken als für die von ihm interpretierten Gedanken sind.

Der Unterschied zwischen Heideggers Hermeneutik des Daseins und der Transzendentalphilosophie ist im Grunde methodologischer Art. Heidegger bekannte sich zur phänomenologischen Betrachtungsweise, deren Ziel es ist, das, «was sich zeigt, so wie es sich von ihm selbst her zeigt, von ihm selbst her sehen [zu] lassen».[48] Dabei geht es um die «Aufdeckung» der Grundstrukturen des Daseins,[49] d.h. der Existenzialien, und um deren Beschreibung. Kant formulierte dagegen Annahmen und suchte sie durch Argumente zu stützen. So begründete er die Annahme reiner Anschauungs- und Denkformen, indem er zeigte, daß ohne sie die Tatsache der Gegenstandserkenntnis unbegreiflich wäre. Daher ist es ein Mißverständnis, wenn Heidegger meinte, die Formen der Anschauung, von denen Kant sprach, müßten sich «zeigen».[50] Kants Aussagen über Raum, Zeit und Kategorien als Bedingungen der Möglichkeit von Erfahrung sind von prinzipiell anderer Art als z.B. Heideggers Aussage, daß die Welt in der Stimmung erschlossen werde: Kant hat für seine These Gründe angeführt, Heidegger hat dagegen seine Meinung nicht begründet, sondern mit dem Anspruch vorgetragen, etwas auszudrücken, das sich von sich her – somit unabhängig von jeder Theorie – zeigt.

c) Das politische Engagement

Die Tatsache, daß Heidegger dem Nationalsozialismus verbunden war, ist unbestritten; umstritten ist lediglich, wie lange diese Verbindung bestand.[51] Jedenfalls ließ er 1933 in seiner Rede aus Anlaß der Übernahme des Rektorats der Freiburger Universität keinen Zweifel daran, daß er im Nationalsozialismus «die junge und jüngste Kraft des Volkes, die über uns schon hinweggreift», erblickte und die Herrlichkeit und Größe seines Aufbruchs bewunderte.[52] Der Nationalsozialismus sollte die bestimmende Kraft auch der Entwicklung der Universität sein, die er nach dem Prinzip von Führung und Gefolgschaft reformiert wissen wollte. Nicht der reinen Theorie sollte sich die Universität widmen, sondern einer Theorie, die «höchste Verwirklichung echter Praxis» ist.[53] Diese Auffassung der Theorie galt nach Heidegger am Anfang der europäischen Philosophie, und sie soll wieder zur Geltung gebracht werden.

Die akademische Freiheit hat an der Universität, wie sie Heidegger vorschwebte, keinen Platz mehr, da sie «vorwiegend Unbekümmertheit, Beliebigkeit der Absichten und Neigungen, Ungebundenheit im Tun und Lassen» ist.[54] An ihre Stelle sollen «Bindung und Dienst» treten, nämlich Arbeitsdienst in der Bindung an die Volksgemeinschaft, Wehrdienst in der Bindung an die Ehre und das Geschick der Nation im Verhältnis zu anderen Nationen und Wissensdienst in der Bindung an den Auftrag des deutschen Volkes. Die Wissenschaft darf gegenüber Volk und Staat nicht isoliert werden: «Das mithandelnde Wissen um das Volk, das sich bereithaltende Wissen um das Geschick des Staates schaffen in eins mit dem Wissen um den geistigen Auftrag erst das ursprüngliche und volle Wesen der Wissenschaft ...»[55] Wenn Heidegger von «Geist» sprach, meinte er nicht leeren Scharfsinn, verstandesmäßige Zergliederung oder den Weltgeist, sondern «die wissende Entschlossenheit zum Wesen des Seins». Die Blut-und-Boden-Lehre klingt an, wenn er sagt: «... die geistige Welt eines Volkes ist ... die Macht der tiefsten Bewahrung seiner erd- und bluthaften Kräfte als Macht der innersten Erregung und weitesten Erschütterung seines Daseins.»[56] Hinter der geistigen Kraft des Volkes steht die geistige Kraft des Abendlandes. Heidegger rechnete mit der Möglichkeit, daß diese Kraft versagen könnte; angesichts dieser Möglichkeit hängt alles davon ab, «ob wir als geschichtlich-geistiges Volk uns selbst noch und wieder wollen – oder ob wir uns nicht mehr wollen».[57]

1966 bekannte sich Heidegger zurückblickend zu wesentlichen Gedanken seiner Rektoratsrede und betonte, daß es ihm vor allem darum gegangen sei, die Aufspaltung des Wissens in unverbundene Teildisziplinen zu überwinden und die Politisierung der Universität zu verhindern.[58]

Obwohl nicht zu leugnen ist, daß Heidegger die Universität dem Führerprinzip unterwerfen wollte, darf man doch nicht übersehen, daß er gleichzeitig forderte, die Führung an allgemeine Pflichten zu binden. Nach Heidegger ist «das Entscheidende im Führen ... nicht das bloße Vorangehen, sondern die Kraft zum Alleingehenkönnen, nicht aus Eigensinn und Herrschgelüste, sondern kraft einer tiefsten Bestimmung und weitesten Verpflichtung».[59] In aller Deutlichkeit erteilte er der Forderung blinder Gefolgschaft eine Absage: «Alle Führung muß der Gefolgschaft die Eigenkraft zugestehen. Jedes Folgen aber trägt in sich den Widerstand. Dieser Wesensgegensatz im Führen und Folgen darf weder verwischt, noch gar ausgelöscht werden.»[60]

Später hat Heidegger gemeint, die Philosophie könne niemals unmittelbar praktisch (somit auch politisch) wirksam werden. Selbst die Möglichkeit mittelbarer Beeinflussung der Entwicklung der technischen Zivilisation, deren angemessene politische Form noch nicht gefunden ist, beurteilte er skeptisch. Menschliches Sinnen und Trachten kann nichts verändern, sondern: «Nur noch ein Gott kann uns retten.» Wir können nur durch ein Denken, das nicht Denken von der Art der herkömmlichen Philosophie ist, vorbereiten «für die Erscheinung des Gottes oder für die Abwesenheit des Gottes im Untergang».[61]

Heideggers Verhältnis zur Politik ist durch die Tradition konservativ-nationalen Denkens bestimmt, die in der Zeit zwischen den Weltkriegen eine beachtliche Rolle spielte.[62] Dieses Denken darf nicht mit der nationalsozialistischen Ideologie verwechselt werden, obwohl es in manchen Fällen eine positive Haltung gegenüber dem Nationalsozialismus begünstigte. Es war charakterisiert durch tiefe Enttäuschung angesichts der faktischen politischen Verhältnisse und durch die Überzeugung, daß eine Wende zum Besseren nicht von Veränderungen im Detail, sondern nur von einer radikalen Umkehr zu erwarten sei. Wer, wie die nationalsozialistischen Führer, eine solche radikale Wende in Aussicht stellte, konnte als Heilsbringer erscheinen. Heideggers Einstellung dürfte teilweise durch diese Tradition geprägt worden sein, wie sich darin zeigt, daß er nach seiner Abkehr vom Nationalsozialismus seine Hoffnungen auf «einen Gott» richtete, der allein uns noch retten kann.

d) Die Richtung der «Kehre»

Ähnlich wie Schelling, der mit einer Ich-Philosophie begann und als Denker des Seins endete, gab auch Heidegger die in «Sein und Zeit» vertretene Auffassung, daß das menschliche Dasein den Horizont des Seinsverständnisses entwerfe, zugunsten der These vom Primat des Seins preis. Im Sinne dieser «Kehre» stellte er dem Denken die Aufgabe, den Zuspruch des Seins zu vernehmen. Demgemäß erhielt die ontologische Differenz von Seiendem und Sein, von der er früher mit Bezug auf das Sein des Seienden gesprochen hatte, in seiner späteren Zeit einen neuen Akzent: Das Sein scheint nun als etwas aufgefaßt zu werden, das jenseits des Seienden liegt.

Der späte Heidegger verstand das philosophische Denken als Denken des Seins, und zwar einerseits im Sinne des Genetivus objectivus – es ist das, was gedacht wird –, andererseits im Sinne des Genetivus subjectivus, d. h. als das, was denkt. Die abendländische Metaphysik, die das Denken von Plato und Aristoteles bis Nietzsche beherrschte, hat sich, wie er meinte, stets auf das Seiende konzentriert und darüber das Sein selbst vergessen. Demgemäß kreise das Denken, das der Geborgenheit des Seins verlustig gegangen war, nur mehr um sich selbst. Diese Einstellung charakterisiert den traditionellen Humanismus, von dem sich Heidegger mit dem Blick auf Sartre 1947 in einem Brief an Jean Beaufret abgrenzte,[63] um für einen neuen Humanismus einzutreten, «der die Menschheit des Menschen aus der Nähe zum Sein denkt».[64] Der Mensch ist nach dieser Sicht nicht mehr Herr, sondern Hirte des Seins. Als Wanderer in die Nachbarschaft des Seins hört er auf das Sein, öffnet sich ihm und sucht ihm zu entsprechen. Obwohl dies sehr nach säkularisierter Religion klingt, war Heidegger daran gelegen, eine theologische Deutung fernzuhalten: Das Sein ist, wie er betonte, weder Gott noch Weltgrund.

Die Metaphysik, die es nur mit dem Seienden als solchem (griech. *on*) und dem höchsten Seienden (nämlich Gott, griech. *theós*) zu tun hat und das Sein selbst vergißt, ist Onto-theo-logie. Die Geschichte dieser Metaphysik ist nach Heidegger abgeschlossen; an ihre Stelle soll ein Denken treten, das sich der Seinsvergessenheit bewußt wird und sich dem Sein öffnet, um seinen Zuspruch vernehmen zu können. Zwischen der Seinsvergessenheit und der Annahme, daß alles, was wir erfassen, vermittels der Vorstellung erfaßt wird, besteht nach Heidegger ein Zusammenhang: «Die Metaphysik denkt, insofern sie stets nur das Seiende als das Seiende vorstellt, nicht an das Sein selbst.»[65] Das vorstellende Denken hat rationalen Charakter, und die Rationalität mündet in die Metaphysik: Sofern der Mensch ein vernünftiges Wesen (animal rationale) ist, ist er auch ein metaphysisches Wesen (animal metaphysicum). Das kann nur heißen, daß die geforderte Überwindung der Metaphysik die Absage an die Rationalität voraussetzt. An die Stelle des verstandesmäßigen Denkens soll ein Denken anderer Art treten, «ein vom Sein selbst ereignetes und darum dem Sein höriges Denken».[66]

Während Heidegger in «Sein und Zeit» davon gesprochen hatte, daß Tatsachen im Rahmen von Entwürfen des (menschlichen) Daseins verstanden würden, meinte er nach der «Kehre», daß sich das Sein uns öffnen müsse, wenn etwas erfahren bzw. erkannt werden soll. Daß uns etwas (als Gegenstand) präsent ist, setzt voraus, daß es unverborgen ist.[67] Nach Heidegger ist die Wahrheit nicht primär Übereinstimmung von Urteil und beurteiltem Gegenstand, sondern Unverborgenheit, wie er das griechische *alétheia* übersetzte. Tatsächlich enthält das griechische Wort eine Wurzel, die «verbergen» bedeutet: «alethés» heißt jemand, der nichts verbergen will und der in diesem Sinne wahrhaftig ist. Da hier die subjektive Offenheit des Sprechenden, nicht die Offenbarkeit des Seins gemeint ist, ist Heideggers Berufung auf ein vermeintliches frühgriechisches Verständnis der Wahrheit, an das er anzuknüpfen meinte, nicht gerechtfertigt.

Heideggers eigene Wahrheitsauffassung, die natürlich von dieser historischen Deutung unberührt bleibt, steht im Gegensatz zu jeder Auffassung, nach der Wahrheit richtiges Vorstellen ist. Die Zeit, als man glaubte, die Welt nur im Abbild erfassen zu können – die Zeit des «Weltbildes» – ist vorüber.[68] Demgegenüber betonte er, daß erst auf Grund der Offenheit des Seins, der «Lichtung», Seiendes erfaßt werden kann, weil sich das Sein gelichtet haben muß, wenn Seiendes sichtbar werden soll. Heidegger drückte sich öfter so aus, als meine er eine Auffassung von Wahrheit, die an die Stelle der älteren Auffassung, nach der die Wahrheit in der Übereinstimmung von Urteil und Beurteiltem besteht, treten solle. Das ist mißverständlich, und Heidegger hat das später selbst eingeräumt.[69] Von der Wahrheit des Urteils zu reden ist berechtigt, aber Urteilswahrheit kann es nur auf Grund der Offenbarkeit des Seins geben. Der Lichtung des Seins entspricht die Offenheit der Existenz gegenüber dem Sein: «der Mensch ist dasjenige Seiende, dessen Sein durch das offenstehende Innestehen in der Unverborgenheit des Seins, vom Sein her, im Sein ausgezeichnet ist.»[70] In diesem Sinne ist die Existenz ekstatisch, sie ist Ek-sistenz, und weil sie dies ist, gibt es Bewußtsein, wie Heidegger im Gegensatz zur Bewußtseinsphilosophie erklärte.

Nach Heidegger läßt sich mit einem Wort die Erfahrung nur unter der Voraussetzung als möglich begreiflich, daß sich im Denken das Sein manifestiere. Diese Auffassung steht in scharfem Gegensatz zu allen subjektivistischen Theorien der Erfahrung.[71] Offensichtlich handelt es sich aber um eine Annahme, die dazu dient, das Erfahrungsbewußtsein begreiflich zu machen, und diese Annahme ist nicht die einzig mögliche.

Die Geschichte des Denkens stellt sich in dieser Sicht als Seinsgeschick, d. h. als etwas dar, das uns vom Sein geschickt wird. Das Dasein kann sich dem Menschen offenbaren, sich ihm aber auch entziehen. Im Zustand der Seinsferne, den Heidegger als Zustand seiner eigenen Zeit betrachtete, kann man nur darauf warten, daß das Sein wieder zum Menschen spricht. Zur Seinsferne gehört auch, daß an die Stelle des Seinsdenkens die naturwissenschaftlich-technische Einstellung getreten ist, der Heidegger den Titel des Denkens absprach: «Die Wissenschaft denkt nicht», wie er provozierend formulierte.[72] Dieser Zustand ist aber nicht Folge einer vom Menschen verschuldeten Fehlentwicklung, sondern hängt damit zusammen, daß sich das Sein dem Menschen entzieht. Die planetarische Herrschaft der Technik (als

«Gestell») gehört zum Seinsgeschick. Ob je wieder eine Einstellung erreicht werden kann, für die es das Heilige und den Gott gibt, erscheint fraglich. Heidegger beanspruchte nicht, einen Weg weisen zu können; da er überzeugt war, daß das Denken überfordert wäre, wenn es praktische Anweisungen geben sollte, schien ihm nur das Schweigen zu bleiben.

Das Denken als Vernehmen des Seins erscheint bei Heidegger unübersehbar in die Nähe der Dichtung gerückt. Namentlich Hölderlin galt ihm als zukunftsweisender Denker. Demgemäß wertete er das argumentative Denken ab, wie besonders deutlich wird, wenn er Nietzsches Argumente zugunsten der ewigen Wiederkehr als belanglos beiseiteschob.[73]

Die Abwertung von Naturwissenschaft und Technik, von Logik und Rationalität im allgemeinen mag verständlich sein, wenn man sie als Reaktion auf eine einseitig mathematisch und naturwissenschaftlich orientierte Philosophie versteht und ihr die Rolle eines Korrektivs zubilligt; dennoch bleibt die Abwertung des argumentativen Denkens und der formalen Logik bedenklich, weil mit ihr die Philosophie zu sein aufhört, was sie seit ihren Anfängen war, ohne daß klar würde, was an ihre Stelle treten soll. Ähnlich verhält es sich mit der Betonung der Geschichtlichkeit: Als Protest gegen den dogmatischen Glauben an absolute Wahrheiten mag sie gerechtfertigt sein; wird der Relativismus der Geschichtlichkeit jedoch absolut vertreten, läuft er auf die Preisgabe jenes Wahrheitsanspruchs hinaus, der Philosophie und Wissenschaft seit jeher geprägt hat. Zweifellos sind viele wissenschaftlichen und philosophischen Auffassungen zeitbedingt, aber Philosophie und Wissenschaft wollen letzten Endes doch Wahrheiten gewinnen, die nicht an die Bedingungen dieser oder jener Zeit gebunden sind.

Wenn bei Heidegger von «Sein» die Rede ist, fällt nicht nur auf, daß diesem Ausdruck keine bestimmte Bedeutung gegeben wird,[74] sondern auch, daß die Aussagen über das Sein, den «Zuspruch» des Seins, die «Lichtung» usw. nicht mehr begründet werden. Entgegen Heideggers Ansicht liegt es jedoch nahe, sie als Annahmen zu betrachten, zu denen Alternativen denkbar sind. Das Vertrauen in das, was sich vermeintlich von sich aus zeigt, ist ein Erbe der Phänomenologie und des Historismus; wenn aber phänomenologische Schau und Verstehen an die Stelle des argumentativen Denkens treten, wird eine Richtung eingeschlagen, die von allen rational geprägten Philosophien fortführt. Der Gegensatz zwischen einem auf Verstehen gerichteten und einem sich um Begründungen bemühenden Denken, zwischen Hermeneutik und kritischer Philosophie (z.B. dem Kritischen Rationalismus), prägte die philosophische Situation im 20. Jahrhundert auf weite Strecken. Eine Entscheidung zugunsten der einen oder der anderen dieser Auffassungen läßt sich nicht in Form eines Beweises herbeiführen, doch spricht gegen eine Philosophie, die es mit der Berufung auf eine vorgebliche Schau sein Bewenden haben läßt, daß sie über keine Kriterien der Richtigkeit der Schau verfügt und daher auch jemandem, der anderes zu schauen meint, nichts entgegenzusetzen vermag.

3. Karl Jaspers

Der neben Heidegger bedeutendste Vertreter der deutschen Existenzphilosophie war Karl Jaspers (1883–1969). Er studierte in Heidelberg zunächst Medizin, näherhin Psychiatrie. Mit seiner «Allgemeinen Psychopathologie» (1913) erwarb er die Lehrbefugnis. Sein nächstes Buch, die «Psychologie der Weltanschauungen» (1919), trug ihm 1921 einen Ruf auf einen philosophischen Lehrstuhl an der Universität Heidelberg ein, wo er bis 1948 lehrte, mit einer Unterbrechung in den Jahren 1937 bis 1945, als er wegen seiner Ehe mit einer Jüdin politisch verfemt war. Von 1948 bis 1961 hatte er einen Lehrstuhl an der Universität Basel inne. In Basel starb er im Jahre 1969. Von seinen zahlreichen Werken seien hier nur die dreibändige «Philosophie» (1932), «Von der Wahrheit. Philosophische Logik» (1947) und «Die großen Philosophen» (1957) genannt. Verschiedenen Denkern der Vergangenheit widmete er klar geschriebene, auf das Wesentliche konzentrierte Monographien. Seine Geschichtsphilosophie stellte er in dem Werk «Vom Ursprung und Ziel der Geschichte» (1949) dar. Zu Zeitfragen nahm er bereits 1931 in dem Göschenbändchen «Die geistige Situation der Zeit» und nach 1945 in einer Reihe von Veröffentlichungen, z.B. zur Schuldfrage, Stellung.[75]

Wie Heidegger stand auch Jaspers unter dem Einfluß des lebensphilosophischen Historismus und des Kierkegaardschen Existenzpathos, er knüpfte aber auch an Kant an, dessen Denken er mit der Auffassung der Existenzphilosophie zu verbinden suchte. Verglichen mit Heideggers Denken ist seine Philosophie leichter zugänglich, was einen Teil der großen Wirkung erklärt, die sie vor allem in den späten vierziger und in den fünfziger Jahren ausübte. Später nahm das Interesse an ihr rasch ab.

a) Welt, Existenz und Transzendenz

Die drei Teile von Jaspers' systematischem Hauptwerk, das lapidar «Philosophie» heißt, nämlich «Philosophische Weltorientierung», «Existenzerhellung» und «Metaphysik», sind offenbar den Ideen *Welt, Seele* und *Gott* zugeordnet, die nach Christian Wolff oder Kant die Themen der speziellen Metaphysik bilden. So wie Kant es für unzulässig erklärt hatte, den Ideen bestimmte Gegenstände zuzuordnen, so lehnte es Jaspers ab, die Welt (im philosophischen, nicht etwa im astronomischen Sinne), die menschliche Existenz und die Transzendenz als etwas Erkennbares zu betrachten. Die Philosophie kann nur einen Beitrag zur Orientierung in der Welt, zur Erhellung der Existenz und zur Öffnung gegenüber der Transzendenz leisten. Sie kann in diesen Bereichen nichts beweisen. Zwingende Gewißheit, wie sie nach Jaspers naturwissenschaftlichen Theorien zukommt, kann und will die Philosophie daher nicht beanspruchen. Die von Jaspers immer wieder aufgestellte Behauptung, die Vertreter der Naturwissenschaften beanspruchten für ihre Sätze zwingende Gewißheit, beruht offensichtlich auf einem Mißverständnis der modernen Methodologie.

Die Welt als ein absolutes Ganzes läßt sich nicht erfassen. Wenn das Erkennen von Zusammenhängen der Welt die Grenzen, auf die es stößt, überwindet, zeigen sich sogleich neue Grenzen, und wenn man diese überschreitet, stößt man wiederum auf neue usw. Das Ganze bleibt Idee: «Die Weisen der Unendlichkeit in der Wirklichkeit des Geistes sind die *Ideen*.»[76] Behandelt man die Ideen so, als wären sie Begriffe von Gegenständen, dann treten Antinomien auf, wie Jaspers in deutlicher Anlehnung an Kant meinte. In der Formulierung der Antinomien bleibt er allerdings an Klarheit weit hinter Kant zurück.[77] Ähnlich wie Kant schrieb auch Jaspers der Idee eine regulative Funktion – als Antrieb und Grenze – zu, jedoch nicht der Idee der Unendlichkeit, sondern der Idee *als* Unendlichkeit. Der Erkenntnisprozeß ist unabschließbar, nicht nur in den Naturwissenschaften, sondern auch in den Geisteswissenschaften, wo man sich mit der Unendlichkeit der geistigen Produktivität konfrontiert sieht.

Wie Kant, der gezeigt hatte, daß die Argumente zugunsten der Substantialität des Ich Scheinbeweise sind, lehnte auch Jaspers die substantialistische Auffassung des Ich ab. Zugleich unterschied er aber mehrere Bedeutungen des Selbst, nämlich als Dasein, als Bewußtsein überhaupt, als Geist und als Existenz. *Dasein* kommt der Person im empirisch-biologischen Sinne zu; das *Bewußtsein überhaupt* ist jener Aspekt des Selbst, der der Erkenntnis allgemeiner logischer Strukturen entspricht; *Geist* ist dagegen kein formales, sondern ein inhaltlich bestimmtes Denken, das die Mannigfaltigkeit der individuellen und gemeinschaftlichen Erfahrungen vereinigt. Nach Jaspers ist «der Mensch ... nie ein nur formales Ich des Verstandes und nie nur Dasein als Vitalität, sondern er ist Träger eines Gehalts, der entweder in dem Dunkel einer primitiven Gemeinschaft bewahrt oder durch eine *geistige*, bewußt werdende und nie zureichend gewußte Ganzheit verwirklicht wird».[78] Diese Ganzheit ist Idee; sie scheint durch das bestimmt zu sein, was Dilthey als objektiven Geist bezeichnet hat. Die *Existenz* schließlich ist das wahre Menschsein, das in Freiheit gewählt und (wie bei Kierkegaard) nur in einem Sprung erreicht werden kann.

Der Sprung zur wahren Existenz wird durch die Erschütterung in Grenzsituationen möglich. Angesichts des Todes, im Leiden, im Kampf, im Scheitern, in der Erfahrung von Schuld wird das Dasein als fragwürdig erkannt; die geläufigen, gewöhnlich Halt bietenden Auffassungen – die weltanschaulichen und institutionellen «Gehäuse» – werden aufgebrochen, der Mensch wird auf sich selbst, auf seine Innerlichkeit, zurückgeworfen. Hier gewinnt er sein eigentliches Selbst, die Existenz im prägnanten Wortsinn: «Grenzsituationen erfahren und existieren ist dasselbe.»[79] Die Erfahrung der Grenze macht einsam, da jede Grenzsituation unverwechselbar ist; der Mensch findet sich in einer Lage, in der er sich durch einen anderen nicht vertreten lassen kann. Die Einsamkeit der Grenzsituation ist aber nicht endgültig, sondern sie schafft eine Einstellung, mit der der einzelne in neuer Weise wieder an die Aufgaben der Welt herantreten kann.

Die Erfahrung der Existenz in Grenzsituationen ist nicht Erkenntnis, sondern «denkende Erhellung»; sie ist unverwechselbar und daher von einem «situationslosen Wissen» prinzipiell verschieden. Sie bleibt auch nicht auf den theoretischen Bereich beschränkt, sondern verlangt nach einem «Sprung», in dem mögliche zur wirklichen Existenz wird. Drei Stufen des Aufstiegs zum eigentlichen Selbstsein zeichnen sich somit ab: Auf die Vereinsamung gegenüber den Dingen, die Gegenstände des objektiven Wissens sein können, folgt die Erfahrung der Existenz in Grenzsituationen und schließlich der Übergang von der möglichen zur wirklichen Existenz.

Der Weg zum eigentlichen Selbstsein, der über die vorübergehende Vereinsamung führt, bleibt einseitig, wenn nicht auch der komplementäre Weg der Kommunikation mit anderen beschritten wird. Jaspers war überzeugt, daß «Existenz sich nur in Kommunikation verwirklicht».[80] Kommunikation kann in verschiedener Weise zustande kommen, nämlich als naives Miteinander, als bewußte Gegenüberstellung, als Gemeinschaft auf Grund der Idee eines Ganzen und als existentielle Kommunikation. In der bewußten Unterscheidung von anderen ist das Selbst Bewußtsein überhaupt, und vermutlich dachte Jaspers hier an den gesellschaftlichen Zusammenschluß auf Grund zweckrationaler Überlegung, wie er z. B. Hobbes (siehe Teil IV, Kap. I, 2 c) vor Augen stand. Dem steht bei Jaspers (wie bei Hegel oder Ferdinand Tönnies[81]) die ganzheitliche Gemeinschaft gegenüber: «Die Gemeinschaft in der Idee eines Ganzen ... bringt mich erstmalig in eine *gehaltvolle* Kommunikation.»[82] Aber auch hier wird eine «absolute Nähe» des eigenen und des anderen Selbst nicht erreicht; dies geschieht erst in der existentiellen Kommunikation, in der Ichsein und Mit-dem-Anderen-Sein aufs engste verbunden sind. Diese Art der Kommunikation ist durch Offenheit, Hilfsbereitschaft, Solidarität, Liebe, unter Umständen auch durch liebenden Kampf charakterisiert; sie «stellt in Frage, macht schwer, fordert, ergreift aus möglicher Existenz die andere mögliche Existenz».[83] Echte Kommunikation schließt die Bereitschaft ein, den anderen und seine Auffassungen ernst zu nehmen, und steht somit im Gegensatz zum Dogmatismus, insbesondere zum philosophischen Dogmatismus. An die Stelle des Verhältnisses von dogmatischem Lehrer und unselbständigem Schüler soll gemeinsames Philosophieren (das Symphilosophieren) treten, in dem eine existentielle Berührung erfolgt. Jaspers erklärte geradezu: «Wesentliche, das Sein treffende Wahrheit entspringt nur in der Kommunikation.»[84] Das dialogische Philosophieren, wie es Jaspers vorschwebte, zielt nicht auf fixierte Wissensgehalte ab, sondern ist «Appellieren an die Existenz» und «Beschwören der Transzendenz».[85] Wenn alle herkömmlichen Wahrheiten und Werte in Frage gestellt werden, erweist sich die Kommunikation als letzter Halt.

Bereits in der Weltorientierung und in der Existenzerhellung spielt der Gesichtspunkt der Transzendenz eine Rolle, vor allem da, wo die Existenz als Geschenk des Seins verstanden wird. Die Metaphysik hat es mit jenem Transzendieren zu tun, in dem Tatsachen als Chiffren des transzendenten Seins gesehen werden. In diesem Sinne ist Metaphysik Deuten der Chiffreschrift des Daseins. Die Chiffre «ist für existentielles Bewußtsein die einzige Form, in der ihm Transzendenz aufgeht, Zeichen, daß der Existenz die Transzendenz zwar verborgen, aber nicht verschwunden ist».[86] Das Sein, auf das die Chiffren verweisen, ist absolute Einheit, in welcher der Unterschied von Denken und Sein, von Subjekt und Objekt, von Sein und Sollen verschwunden ist. Daß es überhaupt Chiffren gibt, ist unbegreiflich, drängt sich uns aber im Scheitern auf, z.B. im Scheitern des Denkens in Antinomien, im Mißlingen der Selbstverwirklichung, in der Vergeblichkeit des Freiheitsstrebens. Nach Jaspers ist «Scheitern ... der umspannende Grund allen Chiffre-Seins».[87] Man muß durch tief in die Persönlichkeit eingreifende Erfahrungen erschüttert sein, um im Diesseitigen einen Hinweis auf etwas Jenseitiges erblicken zu können. Als Beispiel bietet sich das Erlebnis einer religiösen Erweckung an, die sich oft unter dem Eindruck persönlicher Erschütterungen einstellt. Man *glaubt* dann, in bestimmten Ereignissen Hinweise auf das Jenseits zu sehen, aber diesem Glauben fehlt die objektive Beglaubigung; auch was der Glaubende für eine jenseitige Bestätigung hält, ist nur geglaubte Bestätigung.

Die Behauptung, daß philosophisches Denken an die Erfahrung von Grenzsituationen und an die existentielle Kommunikation gebunden sei, mag, wie öfter gesagt wurde, mit persönlichen Erfahrungen des Philosophen zu tun haben; überzeugend ist sie jedoch nicht. Blickt man etwa auf die Biographie Kants, so fällt es schwer, Grenzsituationen oder Situationen existentieller Kommunikation zu finden, es sei denn, man spreche von solchen Situationen in so allgemeiner Bedeutung, daß kaum jemand zu finden ist, der sie nicht erfahren hätte. Es mag Persönlichkeiten geben, die nur in der Kommunikation ihre tiefsten Einsichten gewinnen, aber es gibt sicher auch andere Persönlichkeiten, die sich an Augustins Mahnung orientieren: Gehe in dich selbst zurück, im Inneren des Menschen wohnt die Wahrheit.

In Band I seiner «Philosophischen Logik»: «Von der Wahrheit» (1947), von der kein weiterer Band erschienen ist,[88] hat Jaspers Welt, Selbst und Gott als Weisen des Einen Umgreifenden bezeichnet und seine Lehre Periechontologie genannt (von griech. periéchein = umfassen, umgreifen). Einerseits sprach er von dem Umgreifenden, das das Sein ist, und zwar als Welt oder als Transzendenz (Gott), andererseits vom Umgreifenden, das wir sind, nämlich als Dasein, Bewußtsein überhaupt oder Geist. Zwischen *Welt* und *Bewußtsein* besteht eine Beziehung, die der Subjekt-Objekt-Beziehung entspricht, obwohl «Welt» kein Objekt bezeichnet. In beiden Fällen handelt es sich um korrelative Begriffe: «Welt» und «Bewußtsein» sind, ebenso wie «Subjekt» und «Objekt», wechselseitig voneinander abhängig; zugleich ist ihre Wechselbeziehung nur auf Grund einer umfassenden Einheit denkbar – der Transzendenz als des Umgreifenden, das das Sein selbst ist.[89] Da diese Einheit durch die Vernunft erfaßt wird, konnte Jaspers die Vernunft als das Band bezeichnen, das die Weisen des Umgreifenden verbindet. Die Idee einer absolut umfassenden Einheit nahm in seinem späteren Denken einen wichtigen Platz ein: Jaspers wollte die Subjekt-Objekt-Spaltung hinter sich lassen und über das Verhältnis von Bewußtsein und Welt hinausdenken. Da aber Erkennen stets Erkennen von Objekten ist, kann das, was jenseits der Subjekt-Objekt-Spaltung ist, nicht erkannt werden, ja es fragt sich, ob es sich überhaupt denken läßt; Jaspers selbst betonte, daß man vom schlechthin Umgreifenden nur sagen könne, was es nicht sei, und auch solche negativen Aussagen über das Umgreifende dürften nicht wörtlich verstanden werden. Es fällt auf, daß Jaspers in bezug auf die Transzendenz Ausdrücke wie «spürbar» und «fühlbar» gebrauchte, die ebenso vage wie unverbindlich sind.

b) Der philosophische Glaube

Die Lehre vom Umgreifenden hat mit der rationalen Theologie die Idee der Transzendenz gemein, ist aber nicht auf Gottesbeweise angewiesen.[90] Trotzdem gestand Jaspers den Gottesbeweisen eine gewisse Bedeutung zu. Einerseits ist zwar, wie er meinte, ein bewiesener Gott kein Gott, andererseits räumte er ein, daß die Gottesbeweise in neuer Art angeeignet werden könnten. Weil sie eine Vergewisserung des Glaubens und damit eine Veränderung im Leben des Menschen bewirken, ist es nicht gerechtfertigt, wenn der Gott der Philosophen von der Religion verachtet wird.

Zwischen dem philosophischen Glauben und der Religion zog Jaspers eine scharfe Trennlinie. Während die Religionsgemeinschaften durch einen gemeinsamen Kultus zusammengehalten werden und an die Vermittlung mit dem Jenseits durch Propheten glauben, ist dem philosophischen Glauben der Kultus und die Annahme einer Sonderstellung gewisser Menschen gegenüber Gott fremd. Vor allem unterscheiden sich die beiden Bereiche dadurch, daß religiöse Lehren – im Gegensatz zur Philosophie, die wesentlich offen ist –, fixiert sind. Gegenüber dem dogmatischen Ausschließlichkeitsanspruch von Religionen kann man sich nicht gleichgültig verhalten, da Offenbarungslehren oft Mittel sind, um die Menschen zu ängstigen und um ihnen ihre Selbständigkeit zu nehmen. Im übrigen ist der philosophische Glaube nicht irrational, sondern mit dem vernünftigen Wissen durchaus verträglich. Er enthält aber gleichzeitig das Bewußtsein der Begrenztheit allen Wissens und die Einsicht in die Erscheinungshaftigkeit der objektiven Wirklichkeit. Er bietet keinen Trost und verspricht keinen festen Halt.

Hinter dem Gedanken eines philosophischen Glaubens steht die Idee der Freiheit, die in Jaspers' Denken eine wichtige Funktion hat. Das Freiheitspostulat veranlaßte ihn, jedes Wissen abzuwerten, das durch den Anspruch zwingender Gewißheit gekennzeichnet ist, und alle Auffassungen abzulehnen, die den Menschen von der Verantwortung für das, was er ist, zu entlasten scheinen. Der Mensch ist frei, sofern er sich im Verlauf seines Lebens und im Rahmen der geschichtlich vorgegebenen Möglichkeiten selbst schafft. Ginge er in der Transzendenz auf, dann gäbe es keine Freiheit; Freiheit wäre aber auch unmöglich, wenn die Naturnotwendigkeit ausschließlich herrschte.[91] Tatsächlich ist der Mensch weder absolut frei noch absolut naturbedingt, sondern relativ frei. Dies zeigt, daß er mit der Natur zusammenhängt, aber nicht in ihr aufgeht; als relativ freies Wesen ist der Mensch innerhalb der Grenzen seiner Freiheit verantwortlich.

Jaspers' philosophischer Glaube wirkt wie das Ergebnis einer Säkularisation der traditionellen Religiosität: Die unbedingte Sicherheit eines Offenbarungsglaubens ist ihm fremd, aber Gott ist für ihn nicht tot. Als Gott der Philosophen lebt er unter dem Namen «Transzendenz» weiter, nicht als erkannter, sondern als vernünftig geglaubter Gott.

4. Jean-Paul Sartre

In Frankreich wandte sich Jean-Paul Sartre (1905–1980) der Existenzphilosophie zu und begründete zugleich den Existentialismus als kulturelle Strömung, die bald zu einer Mode wurde. Sartre studierte 1933–1934 während eines Deutschland-Aufenthaltes Husserls Phänomenologie. Diese Studien fanden einen ersten Niederschlag in der Abhandlung «Die Transzendenz des Ego» («La transcendance de l'Ego», 1936).[92] In seinem Hauptwerk «Das Sein und das Nichts» (1943) wirkt der phänomenologische Impuls, nunmehr unter dem Einfluß Heideggers, weiter, verbindet sich aber mit hegelianischen Gedanken, wie sie damals in Frankreich von Alexandre Kojève (1900–1968) und Jean Hyppolite (1907–1968) mit dem Blick auf ihr Weiterwirken bei Marx zur Geltung gebracht wurden. Sartre schrieb außerdem Romane («Der Ekel», 1938), Erzählungen («Die Mauer», 1939) und Dramen (unter anderem «Die Fliegen», 1943, und «Bei geschlossenen Türen», 1945), in denen sein politisches Engagement – er hatte sich der Résistance angeschlossen und näherte sich immer mehr dem Marxismus – deutlich zum Ausdruck kommt. Seit Beginn der fünfziger Jahre kooperierte er mit der kommunistischen Partei, distanzierte sich aber von ihr, als die Sowjetunion die ungarische Unabhängigkeitsbewegung gewaltsam unterdrückte. Den marxistischen Standpunkt gab er jedoch nicht auf; in der «Kritik der dialektischen Vernunft» (1960) vertrat er einen unorthodoxen, einige Motive seiner früheren Position in modifizierter Form einbeziehenden Marxismus.[93]

In seinem Werk «Das Sein und das Nichts» bekannte sich Sartre, ähnlich wie Heidegger in «Sein und Zeit», zur phänomenologischen Betrachtungsweise. Auch nach Sartre ist das Phänomen dasjenige, was sich selbst in absoluter – d. h. von Deutungen unabhängiger – Weise zeigt. Anders als Heidegger war er aber überzeugt, daß sich von Erscheinungen nur reden läßt, wenn etwas angenommen wird, das erscheint, nämlich ein An-sich, auf das sich das Bewußtsein intentional richtet, das aber nicht vom Bewußtsein erzeugt ist. Die Phänomene gehen somit nicht darin auf, Vorstellungen eines Subjekts zu sein, sondern sie verweisen auf ein transphänomenales Sein. Den Rückschluß von der Intentionalität des Bewußtseins – d. h. der Beziehung des Subjekts zu phänomenalen Gegenständen – auf etwas, das die Phänomene transzendiert, bezeichnete Sartre als «ontologisches Argument», was darauf hinweist, daß er in ihm den Kern von Descartes' apriorischem Gottesbeweis (siehe Teil IV, Kap. I, 1 d) erblickte, der es ebenfalls mit der Transzendenz des Bewußtseins zu tun hat: Auch für Descartes ist das Bewußtsein durch die Phänomene auf ein Sein bezogen, das nicht im Bewußtsein aufgeht.

Das bewußte Ich, das sich auf Gegenstände und gleichzeitig auf sich selbst bezieht, bezeichnete Sartre in Anlehnung an Hegel als «Für-sich» und stellte es dem «An-sich» gegenüber, dem die für das Bewußtsein wesentliche Selbstbezüglichkeit fehlt. Das Ich geht jedoch ebensowenig in der Reflexion auf, wie sich das Gegenstandsbewußtsein in der Beziehung auf intentionale Gegenstände erschöpft. In diesem Sinne stellte Sartre dem Cartesianischen, auf der Reflexion beruhenden *Cogito* ein «präreflexives» *Cogito* gegenüber, von dem wir in einer Weise wissen, die nicht Erkenntnischarakter hat.

Die ontologischen Annahmen über das Verhältnis von Für-sich und An-sich, von reflexivem und präreflexivem Ich gehören offenbar einer Theorie an, mit deren Hilfe die Erfahrung als möglich begriffen werden soll. Im Rahmen dieser Theorie stellt sich auch der Gegensatz von Sein und Nichts als Beziehung dar, die erst im Bewußtsein erzeugt wird, also nicht objektiven Charakter hat. Die Wirklichkeit an sich ist durch und durch positiv; in ihr gibt es keine Negation, kein Nichts. Erst wenn das Ich sich etwas gegenüberstellt, das von ihm verschieden ist, wird das Moment der Negativität erzeugt, wie in ähnlicher Weise schon Fichte gemeint hatte (siehe Teil V, Kap. IV, 3 a). Das Bewußtsein richtet sich auf etwas, das es *nicht* ist, es bezieht sich auf Zukünftiges, das *noch nicht* ist, und auf Vergangenes, das *nicht mehr* ist. Auf diese Beziehungen, die wesentlich zum Bewußtsein gehören, wies Sartre mit paradox klingenden Wendungen hin: Das Ich ist, was es nicht ist, und es ist nicht, was es ist (nämlich was es an sich ist). Durch das Ich geht ein «Riß»; in ihm ist die bruchlose Einheit des Ansichseins «genichtet».

In der Möglichkeit des nichtenden Bruchs mit der Welt besteht die Freiheit, der der Mensch nicht entrinnen kann; weil er stets jenseits dessen existiert, was er ist, ist er zur Freiheit verurteilt.[94] Weil das Ich nicht einfach *ist*, sondern sich *macht* bzw. *wählt*, bedeuten, ein Ich (ein Für-sich) zu sein und frei zu sein dasselbe.[95] Das Ich ist nicht vorhanden, um sich sekundär auf Zwecke hin zu entwerfen, sondern es *ist* Entwurf (oder Ent-wurf, pro-jet, wie Sartre schreibt).

Der ursprüngliche Entwurf, in dem sich das Ich zu dem macht, was es ist, ist absolut frei, weil er nicht durch Motive determiniert sein kann, die unabhängig von ihm vorhanden wären. Gegenwärtige Tatsachen, vergangene Ereignisse und Zukunftserwartungen erhalten Bedeutung als Motive erst auf Grund eines Entwurfs bzw. auf Grund letzter Zwecke, die das Ich entworfen hat, und deshalb kann der Entwurf selbst nicht mehr durch Motive bedingt sein. Daher konnte Sartre sagen: «Die Setzung meiner letzten Zwecke kennzeichnet ... mein Sein und ist eins mit dem ursprünglichen Hervorbrechen der Freiheit, die meine ist. Und dieses Hervorbrechen ist eine *Existenz*, es hat nichts von einem Wesen oder der Eigenschaft des Seins, das zusammen mit einer Idee erzeugt würde.»[96] Aber auch auf die menschliche Natur läßt sich der Entwurf nicht zurückführen, weil es keine fertige Natur des Menschen gibt. Die Existenz ist nicht durch einen Zusammenhang von Wesenheiten bestimmt, wie die Vertreter des Rationalismus angenommen hatten – man denke an Chr. Wolff, der die Existenz als Komplement der Essenz auffaßte (siehe Teil IV, Kap. II, 4a). Daher läßt sich die Existenz nicht durch Begriffe erfassen, sie ist unbegreiflich. Das gilt auch für die menschliche Existenz. Wenn es aber unmöglich ist, den freien Entwurf zu erklären bzw. zu rechtfertigen, dann hat er als absolut zufällig zu gelten; er ist sinnlos, absurd.

In seinem zweiten großen philosophischen Werk, der «Kritik der dialektischen Vernunft», distanzierte sich Sartre vom Existentialismus, den er nun für unbrauchbar erklärte, weil er den Idealismus mit idealistischen Mitteln zu überwinden sucht. Der Idealismus läßt sich aber, wie Sartre 1960 meinte, nur auf der Basis des Historischen Materialismus erfolgreich bekämpfen. Mit Marx, der seiner Ansicht nach die bisher letzte philosophisch schöpferische Phase der Philosophie eingeleitet hat, betonte Sartre den wesentlich praktischen Charakter der Philosophie, ja er ging so weit, wie die Vertreter des Leninismus-Stalinismus das philosophische Denken zur sozialen und politischen Waffe zu erklären.[97] Er sah klar, daß der Marxismus erstarrt war, und führte seine Stagnation darauf zurück, daß über der Praxis die Theorie vernachlässigt wurde; soll er weiterentwickelt werden, muß man die Naturdialektik à la Engels oder Lenin hinter sich lassen und die Spontaneität des Bewußtseins anerkennen, namentlich seine Fähigkeit, Tatsachen im Rahmen ganzheitlicher Zusammenhänge («totalisierend») zu deuten. Das heißt konkret, daß die ökonomische bzw. soziologische Betrachtungsweise mit der psychologischen bzw. der psychoanalytischen verbunden werden soll. Mit dieser Forderung stand Sartre nicht allein; Bemühungen um eine Synthese von Marxismus und Psychoanalyse finden sich auch bei manchen anderen Neomarxisten der sechziger und siebziger Jahre des 20. Jahrhunderts.

Aufschlußreich für Sartres Position in der «Kritik der dialektischen Vernunft» ist, daß an die Stelle des «Nichtens», von dem 1943 die Rede war, die Negation im Sinne der materialistischen Dialektik tritt (zu dieser siehe z. B. Teil VI, Kap. I, 3 b), insbesondere im Sinne der praktischen Negation gegebener sozialer Verhältnisse. Ähnlich tiefgreifend ändert sich die Verwendung des Ausdrucks «Entwurf». Zwar meinte Sartre auch 1960, daß die Praxis einen Entwurf voraussetze, durch den ein Bereich von Möglichkeiten eröffnet wird, er betonte jedoch die Bedingtheit jedes Entwurfs durch die jeweiligen geschichtlich-sozialen Verhältnisse, ohne allerdings im Bewußtsein der Individuen einen unselbständigen Reflex materieller Zusammenhänge zu erblicken. Die Gesellschaft und ihre Entwicklung lassen sich nicht verstehen, wenn man die Rolle der Individuen und ihrer Absichten außer acht läßt. Ungeachtet dieser Konzession an die Bewußtseinsphilosophie bedeutet Sartres Hinwendung zur marxistischen Dialektik einen Bruch mit seiner früheren Position, der allerdings nicht hinreichte, seine Philosophie für die kommunistische Partei akzeptabel zu machen.

In einer gewissen Nähe zur Existenzphilosophie stand Albert Camus (1913–1960), der mit seiner Überzeugung von der Absurdität der Wirklichkeit und seinem Eingehen auf den Einzelnen, der sich gegen die bestehenden Verhältnisse auflehnt, der existentialistischen Einstellung entgegenkam.[98] Auch in Italien gab es Anhänger der Existenzphilosophie, deren bekanntester Nicola Abbagnano (1901–1990) war. Von einem betont christlichen Standpunkt aus näherte sich der Existenzphilosophie Peter Wust (1884–1940), der den antimetaphysischen Tendenzen der damaligen Zeit in dem Werk «Die Auferstehung der Metaphysik» (1920) entgegentrat. Im Bereich der Theologie finden sich Motive der Existenzphilosophie bei Rudolf Bultmann (1884–1976), Karl Barth (1886–1968), Romano Guardini (1185–1968), Gabriel Marcel (1889–1973) oder Karl Rahner (1904–1984), um nur einige Namen zu nennen.

Nach 1960 ging der Einfluß der Existenzphilosophie rasch zurück, doch war damit die Auseinandersetzung mit ihren Vertretern, namentlich mit Heidegger, keineswegs beendet; die Zeit der Breitenwirkung existenzphilosophischer Gedanken scheint jedoch vorüber zu sein. Die mittelbare Wirkung, die Heidegger später auf manche französischen Autoren der sogenannten achtundsechziger Generation ausgeübt hat,[99] dürfte schwerlich jenem neuen Denken entsprechen, auf das er hoffte.

IV.

Die Anfänge der
Analytischen Philosophie

Scharfsinn ist ein Vergrößerungs-Glas.
(Georg Christoph Lichtenberg)

1. G. Frege

Seit Leibniz gibt es eine Logik, die sich in wesentlichen Zügen von der herkömmlichen (aristotelischen) Logik unterscheidet, nämlich eine Logik als Kalkül (Siehe Teil IV, Kap. I, 6c).[1] Die Philosophie hat von dieser neuen Logik jedoch zunächst kaum Gebrauch gemacht, bis im 20. Jahrhundert Theoretiker wie Bertrand Russell, Alfred N. Whitehead und Ludwig Wittgenstein daran gingen, sie zur Lösung philosophischer Probleme einzusetzen, ja zur Grundlage der Philosophie überhaupt zu machen. Den Weg hatte ihnen der Jenenser Extraordinarius Gottlob Frege (1848–1925) gebahnt, der in seiner «Begriffsschrift» (1879) eine Formalisierung der Logik vorgenommen und durch konsequente Anwendung der Quantifizierung (d.h. durch Bindung von Variablen einer Satzfunktion durch die Zeichen für «alle» und «es gibt») die von Leibniz nicht bewältigten Schwierigkeiten überwunden hatte. In den «Grundlagen der Arithmetik» (1884) und in den beiden Bänden der «Grundgesetze der Arithmetik» (1893 und 1903) unternahm Frege den Versuch, die Arithmetik auf die Grundlage der Logik zu stellen. Die philosophische Tragweite seiner Auffassung zeigt sich besonders deutlich in den Abhandlungen «Über Sinn und Bedeutung» (1892) und «Der Gedanke» (1918).[2]

Die These, daß sich die Mathematik auf die Logik zurückführen lasse (der «Logizismus») steht im Gegensatz zu Kants Ansicht, daß die Mathematik prinzipiell von der Logik unterschieden sei, weil sie, im Gegensatz zu dieser, synthetische Urteile a priori enthalte. Diese Auffassung ergab sich aus der Annahme, daß wir Zahlen in der reinen Anschauung der Zeit konstruieren. (Siehe Teil V, Kap. I, 3 b) Nach Frege sind dagegen die Sätze der Mathematik von der Anschauung unabhängig, weshalb er sie als analytische Sätze auffassen konnte. Als jedoch Bertrand Russell (siehe Abschn. 2 b) zeigte, daß unter Freges Voraussetzungen Widersprüche auftreten, distanzierte sich Frege vom logizistischen Programm und erwog, die Mathematik, wie es Kant getan hatte, mit der Anschauung in Verbindung zu bringen. Russells Vorschlag, die Voraussetzungen so abzuändern, daß keine Widersprüche mehr auftreten, hat ihn nicht befriedigt.[3]

Großen Einfluß übten Freges Untersuchungen über Sinn und Bedeutung aus.[4] Unter «Sinn» verstand Frege den Inhalt eines Begriffs, unter «Bedeutung» die Gegenstände, auf die sich Begriffe beziehen (wofür heute meist «Referenz», d. h. Gegenstandsbezug, gesagt wird). So hatte z. B. John St. Mill (siehe Teil VI, Kap. II, 1 b) in ähnlicher Weise zwischen der Konnotation und der Denotation von Ausdrücken unterschieden, aber Frege erörterte diesen Unterschied viel genauer als Mill, so daß das Problem der Bedeutung viel deutlicher zutage trat als früher. Wenn, wie Frege meinte, außer der Beziehung sprachlicher Ausdrücke auf die durch sie bezeichneten Gegenstände auch deren Sinn berücksichtigt werden muß, kann die Logik kein bloßes Spiel mit Symbolen sein.

Zur Unterscheidung von «Sinn» und «Bedeutung» veranlaßt der Umstand, daß verschiedene Ausdrücke verschiedenen Sinn haben, aber dasselbe bedeuten können. So ist der Sinn von «Morgenstern» nicht der Sinn von «Abendstern», beide Ausdrücke bedeuten aber dasselbe, nämlich den Planeten Venus. Ein anderes Beispiel, mit dessen Hilfe Frege das Verhältnis von Sinn und Bedeutung illustriert, ist das folgende: Wenn man die Geraden, welche die Ecken eines Dreiecks mit den Mitten der Gegenseiten verbinden, mit «a», «b» und «c» bezeichnet, dann ist der Sinn der Ausdrücke «Schnittpunkt von a und b» und «Schnittpunkt von b und c» verschieden, sie bedeuten aber denselben Punkt. Ähnlich hatte schon Leibniz darauf hingewiesen, daß «Dreieck» und «Dreiseit» sinnverschieden sind, aber dasselbe geometrische Gebilde bedeuten. Frege betonte, daß mit dem Sinn eines Namens dessen Bedeutung nicht gegeben ist, da in gewissen Fällen Namen zwar einen Sinn haben, ohne daß es etwas gäbe, was sie bedeuteten; wenn Namen sich überhaupt auf etwas beziehen, drücken sie einen Sinn aus und sie bezeichnen eine Bedeutung. Ausdrücke mit derselben Bedeutung können verschiedenen Sinn haben, und sinngleiche Ausdrücke können sich mit verschiedenen Vorstellungen verbinden, doch sind Unterschiede auf seiten der Vorstellung für die Logik unwichtig. Das Auseinanderklaffen von Sinn und Bedeutung ist für unpräzise Sprachen (namentlich für die Alltagssprache) charakteristisch; eine logisch präzise Sprache muß so beschaffen sein, daß bedeutungsgleiche Ausdrücke auch sinngleich sind. Das Verhältnis von Bedeutung, Sinn und Vorstellung läßt sich mit dem Verhältnis zwischen einem Objekt, dessen reellem Bild im Fernrohr und dem Bild auf der Netzhaut des Betrachters vergleichen: «Das Bild im Fernrohr ist zwar nur einseitig; es ist abhängig vom Standorte; aber es ist doch objektiv, insofern es mehreren Beobachtern dienen kann... Von den Netzhautbildern aber würde jeder doch sein eigenes haben.»[5] So wie das Bild im Fernrohr von mehreren Beobachtern wahrgenommen werden kann, so kann derselbe Sinn in verschiedenen psychischen Akten erfaßt werden.

Frege war es darum zu tun, die Logik klar von der Psychologie abzugrenzen, mit der sie manche Logiker des 19. Jahrhunderts (wie z. B. John St. Mill) in Verbindung gebracht hatten. Deshalb betonte er nachdrücklich, daß der Sinn eines Ausdrucks nicht mit der Vorstellung verwechselt werden dürfe, die sich mit dem Ausdruck verbindet. Während nämlich die Vorstellung an ein Subjekt gebunden ist, kann der Sinn Eigentum vieler Subjekte sein; selbst bei demselben Subjekt kann sich derselbe Sinn eines Ausdrucks zu verschiedenen Zeiten mit verschiedenen Vorstellungen verbinden. Die mit Ausdrücken assoziierten Vorstellungen spielen in der Logik keine Rolle, wie Frege den Anhängern der psychologistischen Auffassung entgegenhielt.

Bemerkenswert ist Freges Feststellung, daß nicht alles, was wie ein Eigenname aussieht, auch als ein solcher gelten darf. So scheint «Der Wille des Volkes» ein Eigenname zu sein, ist es aber in Wirklichkeit nicht, weil es so etwas wie den Volkswillen nicht gibt. Dagegen ist der Ausdruck «Die Quadratwurzel aus 4, die kleiner ist als 0» zulässig, weil es diese Wurzel gibt. Ein mit Hilfe des bestimmten Artikels im Singular gebildeter zusammengesetzter Eigenname – eine sogenannte Kennzeichnung – ist zulässig, «wenn ein Gegenstand und nur ein einziger unter den Begriff fällt».[6] Die hier angedeutete Auffassung nimmt Russells Theorie der Kennzeichnungen (siehe 2a) vorweg. Im Anschluß an Frege warnte später B. Russell davor, Ausdrücke, die nur scheinbar Eigennamen sind, wie echte Eigennamen zu behandeln.

Nicht nur bei Namen, sondern auch bei Behauptungssätzen ist nach Frege zwischen Sinn und Bedeutung zu unterscheiden. Den Sinn eines Satzes nannte er «Gedanke», meinte aber nicht einen Denkvorgang,[7] «sondern dessen objektiven Inhalt, der fähig ist, gemeinsames Eigentum von vielen zu sein».[8] Der so verstandene Gedanke kann zwar in Denkakten erfaßt werden, er ist aber unabhängig davon, ob er gedacht wird oder nicht. Die Bedeutung eines Satzes ist, wie Frege in paradox anmutender Weise sagte, sein Wahrheitswert (*das Wahre* oder *das Falsche*).

Der Gedanke ist das, was eigentlich wahr genannt wird, nicht die faktische Aussage, in der ein Gedanke ausgedrückt wird. Der Gedanke – zum Beispiel daß die Sonne aufgegangen ist – muß von der entsprechenden Tatsache unterschieden werden. Während nämlich die aufgegangene Sonne sichtbar ist, ist der Gedanke, daß sie aufgegangen ist, nichts Wahrnehmbares, nichts Anschauliches, nichts Konkretes. Um ein Urteil fällen zu können (z.B. zu behaupten, daß die Sonne aufgegangen ist), muß der entsprechende Gedanke gefaßt worden sein, und das Urteil besteht in der Anerkennung der Wahrheit des Gedankens. Eine Tatsache ist «ein Gedanke, der wahr ist».[9] Freges «Gedanke» dürfte somit dem entsprechen, was Wittgenstein später «Sachverhalt» nannte; siehe 3b (1). Bei den «Gedanken» handelt es sich um ideale Entitäten, deren Verwandtschaft mit Leibnizens «Möglichkeiten» kaum zu übersehen ist.

Gedanken im Sinne Freges dürfen nicht mit Vorstellungen (oder Bewußtseinsinhalten im allgemeinen) verwechselt werden. Vorstellungen gehören einem bestimmten Subjekt und sind durch dieses bedingt; Gedanken sind dagegen insofern objektiv, als sie von mehreren Subjekten gefaßt werden können und wahr bleiben, auch wenn niemand sie faßt. Deshalb ordnete sie Frege einem Seinsbereich zu, der neben dem Reich der Natur und dem Reich des Bewußtseins ein drittes Reich bildet. Dieses Reich der (objektiven) Gedanken entspricht dem Land der ewigen Wahrheiten, von dem Leibniz sprach, oder dem Bereich der Sätze an sich, den Bolzano annahm, und es deckt sich im wesentlichen mit der *Welt 3*, die Popper postulierte (zu letzterem siehe Kap. V, 4 b).

Die Annahme eines «dritten Reiches» hat erkenntnistheoretische Bedeutung, da sie die Überwindung des Solipsismus ermöglicht. Nur die Anerkennung der Selbständigkeit der Gedanken macht es nach Frege möglich, über den Bereich der Vorstellungen hinauszugehen und Mitmenschen und materielle Dinge als real zu betrachten. Wir schließen von Sinneseindrücken auf reale Dinge als Ursachen der Reize, indem wir auf die Eindrücke das Kausalitätsprinzip anwenden. Da dieses Prinzip ein «Gedanke» ist, kann ohne die Anerkennung objektiver «Gedanken» nicht von den Bewußtseinsinhalten auf Dinge, die ihnen zugrunde liegen, geschlossen werden, und ähnlich verhält es sich mit der Anerkennung der Realität anderer menschlicher Subjekte. Die «Gedanken» selbst sind zweifellos nicht in der Weise wirklich wie materielle Dinge. Dennoch kommt ihnen nach Frege eine Wirklichkeit besonderer Art zu: Sie können wirksam werden, wenn sie von einem Ich gefaßt werden und in seinem Bewußtsein Veränderungen hervorrufen, die unter Umständen zu Handlungen bzw. zur Beeinflussung materieller Dinge führen.

Mit der Unterscheidung zwischen «Gedanken» und Vorstellungen distanzierte sich Frege vom Psychologismus, dem verschiedene Logiker der damaligen Zeit verpflichtet waren, unter anderen auch der frühe Edmund Husserl (siehe Kap. II, 1), der unter dem Einfluß Freges seine psychologistische Einstellung aufgab. Frege meinte dem Psychologismus nur dadurch entgegentreten zu können, daß er «Gedanken» bzw. Wahrheiten als etwas Objektives, dem Denken Vorgegebenes und von diesem lediglich zu Fassendes darstellte und betonte, daß der Denkende die Gedanken nicht schafft; er «muß sie nehmen, wie sie sind».[10] Freges Ansicht läuft darauf hinaus, daß wir die «Gedanken» nicht *haben*, sondern sie nur fassen, nämlich als etwas, das vom Bewußtsein unabhängig ist. Diese Ansicht deckt sich mit der rationalistischen Lehre von den wahrhaften und unveränderlichen Naturen bzw. von den ewigen Wahrheiten (siehe z.B. Teil IV, Kap. I, 1 d und 6 c), die der erkennende Geist nicht schafft, sondern lediglich entdeckt. In dieser Hinsicht dachte Frege durchaus konservativ. Auch seine Auffassung von der grundlegenden Rolle der Logik ist nicht neu, sondern wurde von Leibniz vorbereitet. Frege verhalf, auf die Philosophie vor Kant zurückgreifend, der von Leibniz ausgehenden Richtung wieder zur Geltung und beeinflußte dadurch eine starke Strömung der Philosophie des 20. Jahrhunderts. Obwohl er vor allem als Vertreter der mathematischen Logik und der Semantik Beachtung gefunden hat, weist sein Denken auch einen erkenntnistheoretischen Aspekt auf. Vor allem da, wo es nicht um die Gesetze der Logik, sondern um die Herausarbeitung dieser Gesetze geht, berührte er Fragen der Erkenntnislehre, die nicht in Form von Beweisen beantwortet werden können; sie gehen über die Grenzen der mathematischen Logik hinaus und haben genuin philosophischen Charakter.[11]

2. B. Russell

Bertrand Russell (1872–1970) war einer der wichtigsten Wegbereiter der Analytischen Philosophie, und zwar ihrer formalsprachlichen, auf die mathematische Logik gestützten Variante. Als Logiker stand er in der auf Leibniz zurückgehenden, in neuerer Zeit vor allem von George Boole (1815–1864), Ernst Schröder (1841–1902), Gottlob Frege (siehe Abschn. 1) und Giuseppe Peano (1858–1932) repräsentierten Logik-Tradition; als Erkenntnistheoretiker war er besonders von Hume (siehe Teil IV, Kap. II, 2 b) und John Stuart Mill (siehe Teil VI, Kap. II, 1 b) beeinflußt, deren Werke ihn von seiner ursprünglichen idealistischen (namentlich von Bradley geprägten) Position abbrachten. An der Annahme allgemeiner Entitäten (Universalien) hielt er zunächst fest, und auch als er sie später fallenließ, behielt er gewisse metaphysische Auffassungen bei, namentlich die Überzeugung, daß es unabhängig vom Subjekt eine raum-zeitliche Außenwelt gebe.

Russells erstes systematisches Werk waren die «Principles of Mathematics» (1903), die nicht, wie der Titel nahelegt, rein mathematischen Charakter haben, sondern auch philosophische Fragen behandeln. Mit den «Principia Mathematica» (3 Bände, 1910–1913) schuf er zusammen mit Alfred North Whitehead (1861–1947) ein Standardwerk der mathematischen Logik. 1912 stellte er seine philosophischen Auffassungen, die damals noch teilweise platonistisch beeinflußt waren, in den «Problemen der Philosophie»[12] dar. Bald danach entwickelte er eine Auffassung, die er als Logischen Atomismus bezeichnete (vgl. «The Philosophy of Logical Atomism», 1918[13]; siehe auch Abschn. b). Ludwig Wittgenstein, der sich 1912–1913 in Cambridge aufhielt, nahm diesen Ansatz auf (siehe Abschn. 3), trug aber auch seinerseits zu seiner Entwicklung bei, wie Russell hervorhob.[14] Russell legte seine spätere philosophische Konzeption in einer Reihe von Werken vor, die überwiegend erkenntnistheoretischen Charakter haben.[15] Wittgensteins Hinwendung zur philosophischen Analyse im Rahmen der Alltagssprache lehnte er ab. In dem Werk «My Philosophical Development» (1959)[16] bot er einen zusammenfassenden Rückblick auf den von ihm zurückgelegten Weg. In seinen letzten Lebensjahren schrieb er eine dreibändige Autobiographie.[17] Der Geschichte der Philosophie widmete Russell «A Critical Exposition of the Philosophy of Leibniz» (1900) und «A History of Western Philosophy» (1946).[18] Das erste der beiden Werke ist eine gründliche, die Logik in den Mittelpunkt stellende Interpretation der Leibnizschen Philosophie, das zweite weist neben lesenswerten Teilen (z.B. über Leibniz) auch recht oberflächlich-saloppe, manchmal eher witzige als erhellende Passagen auf (wie die Darstellung des nachkantischen Idealismus). Schließlich setzte sich Russell in einer Reihe von Büchern für liberale Positionen in Politik, Erziehung, Moral und Religion ein.

In politischer Hinsicht schwamm er immer wieder gegen den Strom der herrschenden Meinung. So bekannte er sich während des ersten Weltkriegs zum Pazifismus und kam deswegen gegen Kriegsende sogar ins Gefängnis. Nach dem Krieg wandte er sich vorübergehend dem Kommunismus zu, doch endete seine philokommunistische Phase mit seinem Besuch der Sowjetunion. In den sechziger Jahren engagierte er sich für die damalige Friedensbewegung.

a) Empirismus und Platonismus

Nach seiner Abkehr vom spekulativen Idealismus entwickelte Russell eine empiristische Erkenntnistheorie mit realistischen, teilweise sogar platonistischen Zügen.[19] In Anlehnung an Moore (siehe Abschn. 4) nahm er an, daß wir ein unmittelbares, deutungsfreies, nicht mit Hypothesen verbundenes Wissen von Sinnesdaten hätten. Wie die älteren Empiristen, die in den einfachen Ideen die Grundlage aller Gewißheit erblickt hatten, betrachtete er die Erfahrung von Sinnesdaten (Farbflecken, Geräusche usw.) als vollkommen gewiß, während es seiner Ansicht nach in bezug auf die Existenz materieller Dinge kein zuverlässiges Wissen gibt. Wir beziehen zwar die Sinnesdaten instinktiv auf materielle Dinge, aber Schlüsse von den Sinnesdaten auf Dinge, die sie verursachen, sind niemals zwingend. Die Annahme denkunabhängiger Dinge ist zwar höchst plausibel – z.B. erklärt sie, warum sich verschiedene Personen, ungeachtet der durch die Perspektive bedingten Unterschiede ihrer Wahrnehmungen auf denselben Gegenstand beziehen können –, aber die Ansicht, daß es außerhalb des Bewußtseins keine Welt materieller Dinge gebe (der Solipsismus) ist nicht widerspruchsvoll. Zugunsten des erkenntnistheoretischen Realismus spricht zwar, daß er die Erfahrung auf einfachere Weise erklärt als der Idealismus, er ist aber nicht beweisbar. Einen Idealismus, wie er ihn bei Berkeley fand (siehe Teil IV, Kap. II, 2 a), lehnte Russell jedoch ab: Dinge sind nicht Bewußtseinsinhalte. Aus der Tatsache, daß die Wahrnehmung ein geistiger Akt ist, folgt nicht, daß auch der wahrgenommene Gegenstand geistig sein müsse, so daß es möglich ist, die Wahrnehmung von Dingen als Beziehung zwischen dem Bewußtsein und bewußtseinsunabhängigen Dingen aufzufassen.[20] Obwohl das, was wir unmittelbar kennen, lediglich im Bewußtsein ist, heißt das nach Russell nicht, daß es keine Wirklichkeit außerhalb des Bewußtseins gibt. Wer behauptet, materielle Dinge existierten lediglich in unserem Bewußtsein, müßte auch zugestehen, daß Personen, an die wir uns erinnern, nur in unserem Gedächtnis anwesend sind. Die natürliche Überzeugung vom Vorhandensein denkunabhängiger Dinge ist jedoch nicht beweisbar; sie beruht, wie schon Hume angenommen hatte, auf einer Art Instinkt. Von diesem Standpunkt aus erklärte Russell: «Alle Erkenntnis ... muß auf unseren instinktiven Überzeugungen aufbauen, und wenn man diese verwirft, bleibt einfach nichts übrig.»[21] Instinktabhängige Überzeugungen sind nicht unerschütterlich; wenn sie stärkeren Überzeugungen widersprechen, sind sie abzuändern. Nach Russell ist es Aufgabe der Philosophie, die Überzeugungen zu ordnen und zu prüfen, welche von ihnen beim Auftreten von Widersprüchen zu modifizieren oder fallenzulassen sind.

Wenn wir nur von subjektiven (bzw. privaten) Sinnesdaten unmittelbar wissen, erhebt sich die Frage, wie wir uns auf Dinge als etwas Objektives beziehen können. Nach Russell geschieht dies dadurch, daß wir die Dinge als dasjenige kennzeichnen, was dieses oder jenes Sinnesdatum verursacht. Das Wissen von Dingen ist nicht ein unmittelbares Kennen, sondern ein mittelbares Erkennen auf Grund von Kennzeichnungen, mit deren Hilfe wir über den Bereich des unmittelbar Gegebenen (der Sinnesdaten) hinausgehen können: Das Ding ist das, was den Daten zugrunde liegt.

Kennzeichnungen (definite descriptions) sind Ausdrücke, die mit dem bestimmten Artikel oder der Wendung «Dasjenige x, das die Eigenschaft so und so hat» beginnen, z.B. «Der Dichter der Ilias» oder «Derjenige, der sich als erster beworben hat». Bei der Verwendung von Kennzeichnungen ist vorausgesetzt, daß es genau ein der Kennzeichnung entsprechendes Ding (bzw. eine solche Person) gibt. Würden zwei oder mehr Bewerbungen gleichzeitig eingehen, hätte es keinen Sinn, von demjenigen zu sprechen, der sich als erster beworben hat; und stünde jemand auf dem Standpunkt der Homeridentheorie, nach der die Ilias das Werk einer Mehrzahl von Dichtern ist, dann wäre es falsch, von dem Dichter der Ilias zu sprechen.

Auf die Notwendigkeit einer logischen Analyse von Kennzeichnungen wurde Russell im Zusammenhang der Auseinandersetzung mit Meinong (siehe Teil VI, Kap. II, 4c) aufmerksam. Nach Russells zusammenfassender Darstellung argumentierte Meinong: «weil man Sätze bilden könne, deren logisches Subjekt z.B. ›der goldene Berg‹ sei (der nicht existiert), müsse es Dinge geben, von denen man dann unter anderem sagen könne, daß sie nicht existierten, und deshalb müsse ›der goldene Berg‹ irgendwie auf schattenhafte Weise in einer Welt der platonischen Wesenheiten ›subsistieren‹ – andernfalls könnte der Satz ›Der goldene Berg existiert nicht‹ unmöglich eine sinnvolle Aussage sein».[22] Der «Gegenstand» *goldener Berg* ist zwar nicht real, er hat aber nichtsdestoweniger eine Art Sein, da wir, wenn wir den goldenen Berg denken und ein Urteil über ihn fällen, doch *etwas* denken bzw. beurteilen. Betrachtet man die Wortverbindung «Der goldene Berg» als Eigennamen, der einen Gegenstand bezeichnet, dann hat das zur Folge, daß sie nicht nur als grammatikalisches, sondern auch als logisches Subjekt einer Aussage fungieren kann. Die Situation verschärft sich, wenn man widerspruchsvolle Ausdrücke wie «Das runde Quadrat» ins Auge faßt: Sowohl «Das runde Quadrat ist rund» als auch «Das runde Quadrat ist viereckig, d. h. nicht rund» scheinen dann wahre Sätze zu sein. Wenn aber ein Satz und seine Negation als wahr behauptet werden, liegt ein Verstoß gegen das Prinzip vom ausgeschlossenen Widerspruch vor, und die Logik droht zusammenzubrechen.

Solche Konsequenzen lassen sich vermeiden, wenn man Aussagen wie die über das runde Quadrat so umformuliert, daß an der Stelle des Satzsubjekts keine Kennzeichnung mehr steht. Russell hat zur Veranschaulichung das folgende Beispiel gewählt: «Der gegenwärtige König von Frankreich ist kahl» ist falsch, weil es gegenwärtig keinen König von Frankreich gibt. Aus demselben Grund ist aber auch die Negation des Satzes, nämlich «Der gegenwärtige König von Frankreich ist nicht kahl», falsch. Wenn ein Satz und seine Negation falsch sind, ist das Prinzip vom ausgeschlossenen Widerspruch verletzt und die Logik in Frage gestellt. Die Schwierigkeit verschwindet, wenn man die Wortverbindung «Der gegenwärtige König von Frankreich» nicht mehr wie einen Eigennamen behandelt und den fraglichen Satz folgendermaßen umformuliert: «Es gibt jemanden, der gegenwärtig König von Frankreich und kahl ist, und alle, die gegenwärtig König von Frankreich und kahl sind, sind mit ihm identisch». (Der zweite, umständlich wirkende Teil der Aussage drückt aus, daß es nicht mehr als eine solche Person gibt.) Dieser Satz ist falsch, weil es gegenwärtig keinen König von Frankreich gibt; negiert man ihn, indem man sagt «Es gibt niemanden, der gegenwärtig König von Frankreich und kahl ist», dann erhält man einen wahren Satz und das Prinzip vom ausgeschlossenen Widerspruch wird nicht verletzt; die Gefahr, die der Logik zu drohen schien, ist abgewendet.[23] Ebenso muß mit dem Satz «Das runde Quadrat ist rund» verfahren werden; bei der Formulierung «Es gibt etwas, das rund und quadratisch ist ...» erweckt das Satzsubjekt nicht mehr den Eindruck, ein Eigenname zu sein, so daß die Versuchung, einen durch es benannten Gegenstand zu fingieren, nicht mehr besteht. Auch bei allgemeinen Sätzen wie «Der Mensch ist sterblich» ist zwischen grammatikalischem und logischem Subjekt zu unterscheiden. Nur im grammatikalischen Sinne ist «Mensch» hier Subjekt; logisch korrekt muß es heißen: «Für alle x gilt: wenn x Mensch ist, dann ist x sterblich». Hier wird klar, daß «Mensch» nicht als Name eines Universale «Mensch» aufgefaßt zu werden braucht. In diesen Fällen geht es darum, Ausdrücke, die scheinbar wie Namen verwendet werden können, klar von Namen zu unterscheiden.

Kennzeichnungen ermöglichen die Erweiterung des Erkenntnisbereichs über das unmittelbar Bekannte – die Sinnesdaten – hinaus, da man sich mit ihrer Hilfe auf Dinge, nicht nur auf Sinnesdaten, beziehen kann. Zugleich wird mit der Theorie der Kennzeichnungen der empiristischen Forderung Rechnung getragen, daß alle inhaltlich bestimmten Ausdrücke einer Aussage (also nicht die logischen Ausdrücke wie das Negationszeichen) auf

Gegebenes zurückführbar sein müßten, da die Bestandteile der Kennzeichnungen nach Russell auf unmittelbar Bekanntes bezogen sein müssen: «*Jeder Satz, den wir verstehen können, muß vollständig aus Bestandteilen zusammengesetzt sein, die uns bekannt sind.*»[24]

Die Sinnesdaten liefern zwar das Material unserer Vorstellungen von Dingen, die Dingvorstellung wird aber von uns konstruiert. Dies wird deutlich, wenn man auf das Merkmal der (relativen) Konstanz achtet, das zur Vorstellung des Dings gehört. Ein Ding wird als dasjenige gekennzeichnet, was in einem bestimmten Augenblick diese oder jene Eigenschaften und in einem anderen Augenblick bestimmte andere Eigenschaften hat; seine Konstanz kann aber nicht, wie in der älteren Metaphysik, mit Hilfe der Kategorie der Substanz begriffen werden. Da wir immer nur die von einem Ding hervorgerufenen Sinnesdaten kennen, können wir es nicht als Substanz erkennen; wenn wir von einem Ding sagen, es sei innerhalb einer bestimmten Zeit gleich, dann meinen wir vielmehr, daß die Erscheinungen, die wir auf es beziehen, in bestimmter Weise zusammenhängen, indem sie sich entweder nicht merklich oder nur kontinuierlich ändern. Der Begriff des gleichbleibenden Dings bezieht sich nicht auf etwas Bekanntes, sondern er ist das Ergebnis einer gedanklichen Konstruktion; er ist in gewissem Sinne eine Fiktion.

Mit der empiristischen Auffassung der Dingerfahrung verband Russell eine platonistische Theorie der Allgemeinbegriffe, die mit dem Empirismus merkwürdig kontrastiert. Russell hielt noch 1912 die Annahme von Universalien für unumgänglich. Abweichend von Hume oder J. St. Mill ging er davon aus, daß es beobachtungsunabhängige wahre Allsätze gebe, z. B. das Prinzip des ausgeschlossenen Widerspruchs. Solche apriorischen Sätze beziehen sich auf Relationen, die ein Sein haben, das von anderer Art ist als das Sein materieller Dinge in Raum und Zeit oder das Sein von Bewußtseinsinhalten. Nicht alle Begriffe lassen sich als Abstraktionsbegriffe auffassen, weil die Abstraktion den Vergleich ähnlicher Dinge voraussetzt, so daß mindestens «Ähnlichkeit» als Allgemeinbegriff anerkannt werden muß, der vor aller Abstraktion verfügbar ist. Begriffe von Relationen sind für Begriffe im allgemeinen grundlegend, und analog kommt auch Relationsaussagen der Vorrang vor prädikativen Aussagen zu. Die herkömmliche Metaphysik hat das nach Russell verkannt und Aussagen der Form «S ist P» für grundlegend gehalten. Dies ist der Grund, warum sie in einer Ontologie der Substanzen befangen blieb, während sich auf der Basis der modernen mathematischen Logik eine Ontologie der Relationen anbietet.

Die für Russells Auffassung um 1910 charakteristische Verbindung von empiristischer Theorie der Sinnesdaten und platonistischer Theorie der Universalien wird verständlich, wenn man sich vor Augen hält, daß beide Theorien auf einer gemeinsamen allgemeinen Prämisse beruhen, nämlich auf der Annahme, daß es ein Wissen auf Grund rein passiver Kenntnisnahme gibt. Ein solches Wissen haben wir nach Russell nicht nur von Sinnesdaten, sondern auch von Universalien. Der gemeinsame Nenner von Sinnesdatentheorie und platonistischer Theorie der Universalien ist mit einem Wort die Annahme, daß Sinnesdaten und Universalien etwas sind, das lediglich zur Kenntnis genommen zu werden braucht. Die Auffassung steht im Gegensatz zur transzendentalphilosophischen These, daß nichts einfach gegeben, sondern alles Erfahrbare von Deutungen abhängig ist. Russell hat seine platonistische Auffassung der Universalien später aufgegeben. Die jüngere Analytische Philosophie hat aber auch den anderen Pfeiler von Russells damaliger Philosophie, die Annahme von Sinnesdaten, umgestoßen und sich damit in entscheidenden Punkten von einem ihrer wichtigsten Wegbereiter entfernt.

b) Logischer Atomismus

Auf Russells Leistungen im Bereich der mathematischen Logik ist hier nicht im einzelnen einzugehen, doch soll wenigstens kurz auf die Rolle hingewiesen werden, die das Antinomienproblem bei ihm spielte. Antinomien in der Mengenlehre hatten bereits die Mathematiker Georg Cantor und Cesare Burali-Forti entdeckt. Russell konstruierte eine Antinomie, indem er von der Einteilung der Mengen in solche, die sich nicht selbst als Element enthalten – die normalen Mengen – (z.B. die Menge der Kontinente; diese Menge enthält sich nicht selbst als Element), und in solche, die sich selbst als Element enthalten (z.B. die Menge aller Mengen mit mehr als zwei Elementen; da es mehr als zwei solche Mengen gibt, enthält jene Menge sich selbst als Element), ausging. Bildet man nun die Menge aller normalen Mengen – sie möge «R» heißen –, dann ist eine Menge x genau dann ein Element von R, wenn sie eine normale ist, d.h. sich nicht selbst als Element enthält: x ist Element von R genau dann, wenn x nicht Element von x ist. Das gilt auch für R: R ist in R genau dann enthalten, wenn R nicht in R enthalten ist. Nimmt man an, daß R sich selbst als Element enthält, dann kann R sich nicht enthalten, und nimmt man an, daß R sich nicht als Element enthält, dann muß R sich selbst enthalten. Dieser Widerspruch hat Frege, den Russell von seinen Überlegungen unterrichtete, stark verunsichert.[25] (Bekannt ist die folgende scherzhafte Einkleidung der Antinomie: In einem Dorf gibt es einen Barbier, der alle Dorfbewohner, die sich nicht selbst rasieren, – und nur sie – rasiert. Wie verhält es sich nun mit dem Barbier selbst? Da er ein Dorfbewohner ist, rasiert er sich selbst, wenn er sich nicht selbst rasiert; da er aber nur diejenigen rasiert, die sich nicht selbst rasieren, rasiert er sich nicht selbst.)

Das Auftreten von Widersprüchen in einer Disziplin ist fatal, weil es dazu führt, daß Beliebiges abgeleitet werden kann. Will man die Mengenlehre retten, muß man die Antinomien eliminieren. Russell schlug vor, von einer Typenfolge auszugehen, wobei dem untersten Typus individuelle Gegenstände, dem folgenden Mengen von Individuen, dem nächsten Mengen von Mengen usw. entsprechen. Setzt man fest, daß etwas nur unter der Bedingung Element einer Menge sein könne, daß die Menge zum nächsthöheren logischen Typus gehört, dann kann von keiner Menge mehr gesagt werden, daß sie sich selbst als Element enthalte oder nicht enthalte. Der Begriff einer Menge aller Mengen, die sich nicht selbst enthalten, kann im Rahmen der Typentheorie nicht mehr gebildet werden. Daß die Logik die Mittel zur Überwindung einer mathematischen Schwierigkeit bereitstellt, bestärkte Russell in seiner Überzeugung, daß sich die Arithmetik (und mit ihr die Mathematik im allgemeinen) auf die Logik zurückführen lasse. Auf diese (von Frege stammende) Auffassung – den sogenannten Logizismus – bezog sich Russell, wenn er rückblickend feststellte, die Aufgabe der «Principia» habe im Nachweis bestanden, «daß die gesamte reine Mathematik aus rein logischen Prämissen ableitbar ist und alle in ihr auftretenden Grundbegriffe sich rein logisch definieren lassen».[26]

Andere Auswege aus der damals intensiv diskutierten Grundlagenkrise der Mathematik suchten die Intuitionisten, die unter Berufung auf Kant in der Mathematik nur Begriffe zuließen, die sich konstruieren lassen, und die Formalisten, die in der Mathematik ein formalen Regeln folgendes Spiel mit inhaltlich undefinierten Symbolen erblickten. Russell hielt die formalistische Auffassung für unbefriedigend: Da er von der Richtigkeit seiner Logik überzeugt war, sah er in der Logik mehr als nur ein System von Formeln auf der Grundlage konventionell festgesetzter Axiome. Die Grundlage dieser Überzeugung bildet der Logische Atomismus mit seiner Annahme einer Entsprechung von Atomaussagen und Tatsachen.[27]

Russell bezeichnete die seiner Logik entsprechende ontologische Auffassung als Logischen Atomismus, um einerseits auf den logischen Ausgangspunkt dieser Position, andererseits auf deren Gegensatz zum Monismus hinzuweisen. Nach monistischer Ansicht ist die Wirklichkeit eine Einheit, innerhalb deren einzelne Gegenstände nur durch rein gedankliche Unterscheidungen herausgehoben werden können. Für Vertreter des Monismus (wie Spinoza, Leibniz oder Hegel) gibt es nur innere, d. h. zum Wesen eines Gegenstands gehörende Beziehungen; ein Einzelding ist durch die Gesamtheit der Beziehungen bestimmt, in denen es zu allen anderen Dingen der Welt steht; umgekehrt könnte man auf Grund des vollständigen Begriffs eines Gegenstands alle seine vergangenen, gegenwärtigen und zukünftigen Bestimmungen erkennen. Demgegenüber nahm Russell an, daß es eine Vielheit von Tatsachen gebe, die zueinander in Beziehung treten können, ohne daß ihr Wesen durch diese Beziehungen konstituiert würde. Die Beziehungen sind mit einem Wort nicht innerliche bzw. wesentliche, sondern äußerliche bzw. zufällige. Russells Konzeption ist daher pluralistisch.

Bei dieser Auffassung ging er davon aus, daß Sätze in komplexe und einfache (Molekular- und Atomsätze) einzuteilen sind, wobei die komplexen Sätze mit Hilfe logischer Zeichen wie «und», «oder», «wenn, dann» usw. aus einfachen zusammengesetzt werden. (Zum Beispiel ist der Satz «Wenn

der Luftdruck fällt, dann regnet es» aus den einfachen Sätzen «Der Luftdruck fällt» und «Es regnet» mittels «wenn, dann» zusammengesetzt.) Nur
die Atomsätze, nicht aber die Molekularsätze, beziehen sich auf Tatsachen.
Die Wirklichkeit besteht nach Russell aus Individuen, die durch Eigennamen bezeichnet werden, und aus atomaren Tatsachen. (Zu Wittgensteins
verwandter Auffassung siehe Abschn. 3.) Die atomaren Tatsachen werden
nicht durch das Denken geschaffen, sondern bestehen unabhängig von ihm.

Die Philosophie hat nach Russell die Aufgabe, allgemein akzeptierte,
aber unpräzise Tatsachen zu analysieren, um zu etwas zu gelangen, das sich
präzis darstellen läßt. In diesem Sinne sprach er vom «Übergang von diesen
offenkundigen, unklaren und unbestimmten Dingen, die wir nicht bezweifeln, zu präzisen, klaren und bestimmten Dingen, die wir durch Reflexion
und Analyse in den unklaren Dingen finden, von denen wir ausgegangen
sind und die sozusagen die wirkliche Wahrheit darstellen, von der die
unklaren Dinge nur Schatten sind».[28] Die Ergebnisse der Präzisierung dürfen nicht als vollkommen sicher betrachtet werden, und in diesem Sinne ist
Descartes' Forderung zuzustimmen, daß alle Überzeugungen dem Zweifel
zu unterwerfen seien; seine Hoffnung, durch den Zweifel zu absoluter
Gewißheit zu gelangen, war jedoch ungerechtfertigt, denn: «Der Wunsch
nach völliger Gewißheit ist einer jener Fallstricke, über die wir immer wieder stolpern.»[29]

Russell hat klar gesehen, daß sich Probleme der Philosophie im Unterschied zu naturwissenschaftlichen Problemen meist nicht in der Sprache der
mathematischen Logik formulieren lassen. Das bedeutet nicht, daß sie nicht
ernst zu nehmen wären; sie liefern vielmehr Anstöße zu weiteren wissenschaftlichen Bemühungen: «Die Philosophie ist der Teil der Wissenschaft,
über den man im gegenwärtigen Augenblick nichts weiß und daher nur
Ansichten äußert.»[30] Der Erkenntnisfortschritt besteht darin, daß philosophische Fragen in wissenschaftliche verwandelt werden. Sobald das gelungen ist, werden sie philosophisch uninteressant, «weil für die meisten an der
Philosophie Interessierten der Reiz der Philosophie in der Freiheit der Spekulation und in der Möglichkeit liegt, mit Hypothesen spielen zu können
… Das ist so lange eine wertvolle Tätigkeit, bis man herausgefunden hat,
was wahr *ist*.»[31]

c) Russells spätere Philosophie

Seit den zwanziger Jahren beschäftigte sich Russell nach eigenem Zeugnis
vor allem mit erkenntnistheoretischen Problemen auf der Grundlage von
Psychologie und Sprachphilosophie. Dabei standen die Fragen nach der
Bedeutung sprachlicher Ausdrücke und nach der Wahrheit, die Russell als
Entsprechung von Aussagen und Tatsachen begriff, im Vordergrund. Die
auf der herkömmlichen Bewußtseinsphilosophie beruhende Sinnesdatentheorie, die er früher vertreten hatte, gab Russell auf, weil er unter dem Ein-

druck des Behaviorismus die Annahme von Inhalten eines bewußten Subjekts als bedenklich betrachtete. Ebenso hielt er die Unterscheidung von
Empfindungsvorgang (sensation) und Empfindungsinhalt (sense-datum)
für abwegig. Die Empfindung (z. B. die Empfindung eines Farbflecks) ist
nichts anderes als der empfundene Gegenstand (z. B. ein Farbfleck), der zur
Welt der Physik gehört. Damit entfällt die Notwendigkeit, die Kenntnis
von Gegenständen auf bewußte Akte des Wissens zu beziehen. Russell
ging allerdings nicht so weit wie die dogmatischen Behavioristen – allen
voran John Broadus Watson (1878–1958)[32] –, Begriffe wie «Bewußtsein»,
«Bewußtseinszustand», «Bewußtseinsinhalt» usw. gänzlich zu verbannen;
er hielt es aber für richtig, sich der behavioristischen Betrachtungsweise als
Methode zu bedienen. Der methodische Behaviorismus veranlaßte ihn (wie
William James, Ernst Mach und andere), die dualistische Auffassung des
Verhältnisses von Geist und Materie zu verwerfen; an ihre Stelle sollte der
«neutrale Monismus» treten, d. h. die Ansicht, daß die Wirklichkeit weder
materiell noch geistig sei, sondern sich nur je nach dem gewählten Gesichtspunkt bald als materiell und bald als geistig betrachten lasse. Diese Auffassung befriedigte ihn aber nicht auf die Dauer. Im übrigen vertrat er niemals
die Meinung, daß sich das Wahrnehmen vollständig auf physische Reaktionen oder Dispositionen zu Reaktionen reduzieren lasse; wir sind fähig,
Vorgänge zu bemerken (to notice) bzw. ihrer gewahrzuwerden, und in diesem Sinne haben wir Bewußtsein. Wenn Russell jedoch die Bedeutung eines
Wortes durch das Verhalten erklärt, mit dem gewöhnlich auf es reagiert
wird, folgt er der behavioristischen Richtung.

Der Einfluß des Behaviorismus zeigt sich auch in der Auffassung der
Wahrheit. Wahr heißen, wie Russell meinte, nicht in erster Linie Aussagen
und auch nicht Propositionen, die Bolzanos *Sätzen an sich* entsprechen,
sondern die Überzeugungen, die in Aussagen ausgedrückt werden.[33] Da er
unter «Überzeugung» (belief) nicht einen psychischen Zustand des Fürwahrhaltens, sondern einen nicht notwendig in Worten ausgedrückten psychophysischen Zustand und unter «Proposition» eine Verhaltensdisposi-
tion verstand,[34] stand er dem Behaviorismus offensichtlich näher als der
Bewußtseinsphilosophie (dem Mentalismus). In diesem Sinne bezeichnete
er Bejahen, Fürwahrhalten, Bezweifeln usw. als propositionale Einstellungen.

Rückblickend meinte Russell, seine Denkentwicklung sei «ein schrittwei-
ses Distanzieren von Pythagoras» gewesen.[35] Tatsächlich gab er die pytha-
goreisch-platonische Annahme, daß die Gegenstände mathematischer
Urteile eine Art Sein hätten, ebenso auf wie den Dualismus von Körper
und Bewußtsein. Gewisse seiner Ansichten blieben jedoch unverändert,
namentlich die Überzeugung, daß es denkunabhängige Tatsachen gebe und
daß die Wahrheit in einer Beziehung zwischen Aussagen und Tatsachen
bestehe. Auch die Überzeugung, daß der Mensch im Universum eine unbedeutende Rolle spiele, gehörte nach seinem eigenen Zeugnis zu den Kon-

stanten seines Denkens. Schließlich erkannte er aber an, daß der menschliche Gesichtspunkt nicht in allen Fällen ausgeschaltet werden darf. Er erachtete es als die erste Pflicht des Philosophen, «einerseits aus sich einen Spiegel zu machen, dessen Bild nicht über das Unvermeidliche hinaus verzerrt ist, andererseits aber auch die Verzerrungen zu registrieren, die eine unumgängliche Konsequenz der menschlichen Natur sind.»[36] Dies läuft auf die Absage an den Glauben hinaus, daß der Mensch (wenigstens partiell) die Wirklichkeit so erkennen könne, wie sie sich nach theistischer Ansicht dem Geist Gottes darstellt. Obwohl wir das Ziel vollkommener Erkenntnis niemals erreichen können, müssen wir uns bemühen, ihm näherzukommen.

Der spätere Russell war einer der bekanntesten Philosophen des 20. Jahrhunderts, aber sein Einfluß auf die Analytische Philosophie, die er mit seinen Arbeiten aus den beiden ersten Dezennien des Jahrhunderts nachhaltig geprägt hatte, nahm zusehends ab. Dies hing zunächst damit zusammen, daß er an gewissen metaphysischen Ansichten (z.B. am Realismus) festhielt, die von den Neopositivisten abgelehnt wurden; später stand seiner Wirkung der Umstand entgegen, daß sich die Anhänger der sprachanalytischen Philosophie unter dem Eindruck von Wittgensteins «Logischen Untersuchungen» (siehe Abschn. 4b) von seiner Position immer weiter entfernten. Abgesehen von der Wirkungsgeschichte darf aber wohl gesagt werden, daß die Vorzüge einer an der mathematischen Logik orientierten Philosophie in Russells Werk besonders deutlich zu erkennen sind; allerdings treten in ihm auch die Beschränkungen, denen eine Philosophie dieser Art unterliegt, besonders klar zutage.

Dem analytischen Ansatz im theoretischen Bereich entspricht bei Russell ein betont aufklärerischer Impuls im Bereich der Praxis, wo es nicht mehr um Wahrheit und Beweis, sondern um Appell und Überredung geht. Russell war sich darüber im klaren, daß seine ethischen Überzeugungen nicht bewiesen werden können; er bekannte sich aber zu ihnen und suchte sie zu propagieren. Leitend war die emanzipatorische Tendenz, weltanschaulichen, politischen und traditionellen Zwang nach Möglichkeit zu überwinden oder mindestens zu reduzieren. So plädierte Russell für eine offenere Sexualmoral und für eine Erziehung, die auf ungerechtfertigten Zwang verzichtet, aber keineswegs jede pädagogische Leitung ausschließt. Russell wurde «ein Philosoph ohne Philosophie» genannt,[37] weil er kein geschlossenes philosophisches System entwickelte und dies auch nicht erstrebte. Tatsächlich liegt die Stärke der von ihm geförderten Denkweise vor allem in der Analyse von Einzelproblemen, nicht so sehr in der systematischen Zusammenschau. Dennoch war er mehr als manche späteren Vertreter der Analytischen Philosophie bestrebt, die von ihm erörterten Fragen in einen größeren, auch metaphysische Annahmen einschließenden Kontext einzubetten.

3. L. Wittgensteins Philosophie im «Tractatus»

Wittgenstein ist einer der einflußreichsten Philosophen des 20. Jahrhunderts, und zwar in zweifacher Hinsicht: In einer ersten Phase seiner Denkentwicklung schuf er, in engem Kontakt mit Russell, eine Philosophie auf der Grundlage der mathematischen Logik, die das Denken der Neopositivisten (siehe Kap. V,3) nachhaltig beeinflußte; in seiner späteren Zeit brachte er eine Denkweise zur Geltung, die nicht mehr die mathematische Logik zur Grundlage hatte, sondern in der Alltagssprache formuliert war und den Einfluß des Pragmatismus erkennen läßt. Mit seiner späteren Philosophie eröffnete er eine Richtung der Analytischen Philosophie, die in der zweiten Hälfte des 20. Jahrhunderts eine wichtige Rolle spielen sollte. In diesem Abschnitt wird nur der erste, für Wittgensteins frühere Einstellung charakterstische Aspekt behandelt, während seine spätere Auffassung in Abschnitt 4 erörtert werden soll.

Wittgensteins Leben verlief nicht geradlinig, sondern weist tiefe Einschnitte auf.[38] Ludwig Wittgenstein wurde 1889 in Wien geboren und wuchs in einem großbürgerlichen Elternhaus auf. Auf Wunsch des Vaters wählte er ein technisches Studium, dem er sich in Berlin und Manchester widmete. Sein Interesse an der mathematischen Logik führte ihn nach Jena zu Frege. 1912–1913 hielt er sich (wohl auf Empfehlung Freges) in Cambridge auf und wurde dort zum Gesprächspartner Russells und Moores. Anschließend zog er sich nach Norwegen zurück, um sich dort ungestört seinen logischen Untersuchungen zu widmen. Im ersten Weltkrieg diente er als Freiwilliger im österreichischen Heer und geriet 1918 in italienische Kriegsgefangenschaft. Sobald es die Umstände erlaubten, nahm er Verbindung mit Russell auf und übergab ihm das Manuskript des Werkes, an dem er auch während des Krieges gearbeitet hatte, der «Logisch-philosophischen Untersuchung». Unter diesem Titel erschien es zunächst im XIV. Band der Annalen der Naturphilosophie (1921), bald danach mit englischer Übersetzung und einer Einleitung von Russell als «Tractatus logico-philosophicus» (1922). Dieses Buch sollte das einzige bleiben, das er selbst veröffentlichte.

Wittgenstein war überzeugt, im «Tractatus» zur definitiven philosophischen Wahrheit vorgedrungen zu sein: «Ich bin ... der Meinung, die Probleme im wesentlichen gelöst zu haben», wie er im Vorwort erklärte. Er zog daraus die Konsequenz, daß er seine Lebensaufgabe außerhalb der Philosophie zu suchen habe. Da er auf sein väterliches Erbe verzichtet hatte, beschloß er, seinen Lebensunterhalt als Volksschullehrer zu verdienen, scheiterte aber in der Praxis. Während der zwanziger Jahre trat er in Verbindung mit Schlick und Angehörigen des Wiener Kreises (siehe Kap. V, 2), ohne jedoch an deren Zusammenkünften teilzunehmen. Dennoch beeinflußten gewisse – keineswegs alle – Gedanken des «Tractatus» das Denken Schlicks und seines Kreises nachhaltig.

Schon während seiner Zeit als Volksschullehrer wandte sich Wittgenstein wieder philosophischen Fragen zu, was zeigt, daß er nicht mehr überzeugt war, die endgültigen Lösungen aller Probleme gefunden zu haben. 1929 kehrte er nach Cambridge zurück und hielt dort Vorlesungen, deren Gedanken im «Blauen Buch», im «Braunen Buch» und in den «Bemerkungen über die Grundlagen der Mathematik» festgehalten sind. 1939 wurde er auf den Lehrstuhl berufen, den Moore innegehabt hatte, schränkte aber 1942 seine Vorlesungen zugunsten von Tätigkeiten im Hilfsdienst, u.a. als Krankenpfleger, ein. Das Werk, an dem er damals und bis in seine letzte Lebenszeit arbeitete und dem er 1947 seine Professur opferte – die «Philosophischen Untersuchungen» – sollte unvollendet bleiben.[39] Wittgenstein starb 1951 in Cambridge.

a) Die Auffassung der Philosophie

Kant hatte erklärt, daß man nicht die Philosophie, sondern nur das Philosophieren lehren könne. Ähnlich betonte Wittgenstein, daß die Philosophie eine Art Tätigkeit sei. Er nahm aber insofern einen radikaleren Standpunkt ein als Kant, als er nicht wie dieser meinte, zu philosophischen Erkenntnissen gelangen zu können, sondern den Zweck der Philosophie allein in der Klärung von Gedanken erblickte: «Die Philosophie ist keine Lehre, sondern eine Tätigkeit ... Das Resultat der Philosophie sind nicht ‹philosophische Sätze›, sondern das Klarwerden von Sätzen» (T 4.112),[40] wie es im «Tractatus» heißt. Diese Auffassung berührt sich insofern mit der Ansicht Kants, als auch sie auf die Unterscheidung von philosophischer und gegenständlicher Erkenntnis hinausläuft und die letztere (soweit sie nicht vorwissenschaftlichen Charakter hat) den Einzelwissenschaften zuweist. Die Philosophie ist nach Wittgenstein keine Naturwissenschaft: «Das Wort ›Philosophie‹ muß etwas bedeuten, was über oder unter, aber nicht neben den Naturwissenschaften steht.» (T 4.111) Anders als die Vertreter der Transzendentalphilosophie wollte Wittgenstein jedoch nicht Bedingungen formulieren, unter denen die Erkenntnis von Gegenständen als möglich begriffen werden kann, sondern «Gedanken, die sonst gleichsam trübe und verschwommen sind, klarmachen und scharf abgrenzen». (T 4.112) Da er nur Tatsachenaussagen für sinnvoll hielt, forderte er, «nichts zu sagen, als was sich sagen läßt, also Sätze der Naturwissenschaft – also etwas, was mit Philosophie nichts zu tun hat» (T 6.53). Philosophische Sätze können daher nicht sinnvoll sein, und Wittgenstein zögerte nicht, dieses Verdikt auch in bezug auf die Sätze des «Tractatus» zur Geltung zu bringen: «Meine Sätze erläutern dadurch, daß sie der, welcher mich versteht, am Ende als unsinnig erkennt.» Daher lautet Wittgensteins Fazit: «Wovon man nicht sprechen kann, darüber muß man schweigen.» (T 6.54)

Wittgenstein vertrat zwar die Ansicht, daß nur wissenschaftliche Sätze sinnvoll seien, aber er wollte die Augen nicht vor dem verschließen, was sich der wissenschaftlichen Erkenntnis entzieht: das Unaussprechliche bzw. das Mystische, das sich lediglich zeigt: «Es gibt allerdings Unaussprechliches. Dies *zeigt* sich, es ist das Mystische.» (T 6.522) Wir stehen der Wirklichkeit nicht nur als Wissenschaftler gegenüber, sondern auch als Menschen, die ethisch handeln und religiös empfinden. Jene Interpreten, die Wittgensteins Nähe zur Mystik betonen, können sich auch auf eine briefliche Äußerung berufen, in der es heißt, der «Tractatus» bestehe aus zwei Teilen: «aus dem, der hier vorliegt, und aus alledem, was ich *nicht* geschrieben habe. Und gerade dieser zweite Teil ist der wichtige. Es wird nämlich das Ethische durch mein Buch gleichsam von innen her begrenzt; und ich bin überzeugt, daß es *streng, nur so* zu begrenzen ist».[41] (Vgl. auch T 4.114)

Das Ethische, auf das hier hingewiesen wird, ist keine ethische Theorie. Wittgenstein hielt eine Ethik als Theorie für unmöglich, weil es seiner Ansicht nach keine moralischen Sätze gibt. Das, was er als das Ethische bezeichnete, hat mit dem Staunen über die Existenz der Welt zu tun, das zum Beispiel gemeint ist, wenn jemand sagt: «Wie merkwürdig, daß die Welt besteht».[42] Im Hinblick auf diese besondere, nicht in sinnvolle Sätze zu kleidende Erfahrung meinte Wittgenstein nachvollziehen zu können, was Heidegger unter «Angst» verstand.[43] Der Mensch rennt gegen die Grenzen der Sprache an, und dabei kündigt sich etwas an, das in der Sprache nicht angemessen ausgedrückt werden kann, nämlich das, was der Theist meint, wenn er sagt, die Welt sei von Gott geschaffen. Ähnlich entspricht das Gefühl, absolut sicher zu sein, im Innersten von nichts Äußerlichem mehr betroffen werden zu können bzw. in Gottes Hand zu sein. Erfahrungen wie die angedeuteten haben nichts mit irgendwelchen Tatsachen in der Welt zu tun; in ethischen Erfahrungen, z.B. in der Erfahrung eines absoluten Wertes, beziehen wir uns auf etwas, das jenseits der Grenzen sinnvollen Sprechens liegt, weshalb solche Erfahrungen nicht nur faktisch, sondern prinzipiell unaussprechlich sind. Der hier zum Vorschein kommende mystische Aspekt von Wittgensteins Denken wurde von den Neopositivisten ignoriert; sie konzentrierten sich auf jene Teile des «Tractatus», in denen es um die Ausschaltung alles dessen geht, was sich im Licht von Wittgensteins Bedeutungstheorie als sinnlos erweist.

Der Distanzierung gegenüber einer Philosophie, die etwas lehrt, entspricht die Hinwendung zu einer rein beschreibenden Betrachtungsweise, der Wittgenstein auch später verpflichtet blieb und die sich bemerkbar macht, wenn er z.B. betonte, die Philosophie stelle alles bloß hin, ohne etwas zu erklären;[44] sie lasse alles, wie es ist.[45] Die Forderung, unabhängig von jeglicher Theorie rein beschreibend vorzugehen, hat sich allerdings als fragwürdig erwiesen, da sich weitgehend die Auffassung durchgesetzt hat, daß etwas, das beschrieben werden soll, schon in irgendeiner Weise gedeutet sein muß, und daß auch der Rahmen, innerhalb dessen die Deutung erfolgt, nicht einfach vorgefunden, sondern von uns geschaffen wird.

b) Grundgedanken des «Tractatus»

(1) Tatsachen, Sachverhalte und Gegenstände

Wittgenstein ging von jener Gestalt der Logik aus, die er bei Frege und Russell kennenlernte. Sie bildete den Hintergrund einer Ontologie, die zu Beginn des «Tractatus» skizziert wird – leider nicht so klar, daß eine eindeutige Auslegung möglich wäre. Schon die ersten Sätze des «Tractatus» stellen die Interpreten vor eine schwierige, vielleicht sogar unlösbare Aufgabe; sie lauten: «Die Welt ist alles, was der Fall ist. Die Welt ist die Gesamtheit der Tatsachen, nicht der Dinge. Die Welt ist durch die Tatsachen bestimmt und dadurch, daß es *alle* Tatsachen sind. Denn die Gesamtheit der Tatsachen bestimmt, was der Fall ist, und auch, was alles nicht der Fall ist. Die Tatsachen im logischen Raum sind die Welt. Die Welt zerfällt in Tatsachen.» (T 1–1.2)[46] Da die in diesen lapidaren Aussagen verwendeten zentralen Begriffe nicht definiert sind, ist der Spielraum möglicher Deutungen bei Wittgenstein größer als bei den meisten anderen großen Philosophen. Auf diesen Umstand wurde in der Literatur zwar immer wieder hingewiesen, es fällt aber auf, daß er kaum zum Anlaß einer Kritik an Wittgenstein gemacht wurde.

Mit der These, daß die Welt die Gesamtheit der Tatsachen sei, brach Wittgenstein mit der landläufigen Auffassung der Welt als All der Dinge. Auf die Frage, was eine Tatsache sei, antwortete er: «das Bestehen von Sachverhalten» (T 2), und auf die weitere Frage, was ein Sachverhalt sei, lautet seine Antwort: «eine Verbindung von Gegenständen (Sachen, Dingen)». (T 2.01) Damit wird das Problem auf den Begriff des Gegenstands verschoben, auf den zurückzukommen ist. Was zunächst den Sachverhalt betrifft, so darf angenommen werden, daß er dem entspricht, was traditionellerweise als «Urteilsinhalt» bezeichnet wurde. (Z. B. ist der im Urteilsakt «Opium wirkt einschläfernd» behauptete Sachverhalt «daß Opium einschläfernd wirkt».) Wittgenstein könnte sich an der Auffassung des von Brentano und Husserl beeinflußten Psychologen Carl Stumpf (1848–1936) orientiert haben, der in seinem Werk «Erscheinungen und psychische Funktionen» (1907) die Korrelate der Urteilsakte als «Sachverhalte» bezeichnete. Wittgenstein wich nur insofern von dieser Auffassung ab, als er Sachverhalte als Entsprechungen von Sätzen, nicht von Urteilen, auffaßte. Sachverhalte können bestehen (d. h. aktualisiert sein) oder nicht; im ersteren Falle heißen sie «Tatsachen», im letzteren handelt es sich um nicht aktualisierte Sachverhalte. Allerdings drückte sich Wittgenstein gelegentlich auch so aus, als bestünden die Tatsachen aus Sachverhalten und diese aus Gegenständen (T 4.2211). So verstand ihn auch Bertrand Russell, wenn er in der Einführung zum «Tractatus» schrieb, eine Tatsache, die keine Tatsachen mehr als Teile enthält, heiße bei Wittgenstein «Sachverhalt».

Vor besonders große Schwierigkeiten sehen sich die Interpreten gestellt, wenn es um den Ausdruck «Gegenstand» geht. Da dieser Begriff mit Wittgensteins Bedeutungstheorie zusammenhängt, bietet sich als Ausgangspunkt der Interpretation der Unterschied von *Sinn* und *Bedeutung* an, den Wittgenstein anders als Frege bestimmte: Von Sinn sprach er mit Bezug auf Sätze, von Bedeutung mit Bezug auf Namen. Die Bedeutung von Namen besteht in ihrem Gegenstandsbezug, der Sinn von Sätzen besteht in ihrem Bezug zu Sachverhalten. (Vgl. T 4.2: «Der Sinn des Satzes ist seine Übereinstimmung und Nichtübereinstimmung mit den Möglichkeiten des Bestehens und Nichtbestehens der Sachverhalte.») Der Sinn komplexer Sätze hängt vom Sinn der einfachen Sätze (der Elementarsätze) ab, durch deren Verknüpfung mittels Junktoren sie gebildet sind. (Zum Beispiel ist der Sinn des Satzes «Wenn Hans kommt, bleibt Grete daheim» durch den Sinn der mittels «wenn ... dann» verknüpften Teilsätze «Hans kommt» und «Grete bleibt daheim» gegeben, und deren Sinn hängt davon ab, daß die in ihnen verwendeten Namen Bedeutung haben, d.h. sich auf etwas beziehen.) Der Wahrheitswert eines zusammengesetzten Satzes ist als Funktion der Wahrheitswerte der Elementarsätze darzustellen (T 5), und nur den einfachen (keine Verknüpfungszeichen mehr enthaltenden) Sätzen entspricht etwas in der Wirklichkeit, nämlich Tatsachen: Der einfache [wahre] Satz (der Elementarsatz) ist ein Bild der Wirklichkeit. (T 4.01) Die Elementarsätze sind insofern einfach, als sie nicht wieder in Sätze zerlegt werden können, sie haben aber, als Verkettungen von Namen (T 4.22), eine Struktur, die der Struktur von Tatsachen entsprechen kann. So ist die einem gedruckten Satz «aRb» entsprechende syntaktische Tatsache (z.B. daß «a» links von «b» steht) ein Bild der Wirklichkeit, wenn es eine Tatsache «a-in-Relation-R-zu-B» gibt. (Z.B. ist «a > b» Bild der Tatsache, daß a größer als b ist.)

Läßt sich ein sprachlicher Ausdruck so darstellen, daß in ihm nur elementare Sätze und logische Verknüpfungszeichen vorkommen, dann ist er sinnvoll; der Sinn elementarer Sätze kann aber, eben weil sie elementar sind (d.h. keine Verknüpfungszeichen mehr enthalten), nicht mehr in dieser Weise bestimmt werden, sondern er besteht darin, daß die Namen, die in ihnen enthalten sind, etwas bedeuten, nämlich Gegenstände: «Der Name bedeutet den Gegenstand.» (T 3.203) Die Namen, von denen Wittgenstein sprach, sind nicht Namen im landläufigen Sinn (wie «Hans» und «Grete» im obigen, nur der ersten Annäherung dienenden Beispiel), sondern einfache Zeichen, wie er ausdrücklich erklärt: «Die im Satz angewandten einfachen Zeichen heißen Namen.» (T 3.202) Gegenstand ist nach Wittgenstein das, was einem Namen entspricht: «Der Name bedeutet den Gegenstand. Der Gegenstand ist seine Bedeutung.» (T 3.203) Da die Namen einfach sind, müssen es auch die Gegenstände sein (T 2.02), weshalb der Ausdruck «Gegenstand» bei Wittgenstein nicht den Sinn haben kann, den er im Alltag hat, sind doch Gegenstände im Alltagssinn niemals einfach, und dasselbe gilt von Gegenständen im Sinne der Physik.

Zur Annahme von «Gegenständen» gelangt man auf rein formalem Wege: Es muß, wie Wittgenstein in Übereinstimmung mit Leibniz argumentierte, Einfaches geben, weil es Zusammengesetztes gibt. Er nahm an, «daß die Idee des *Einfachen* in der des Komplexen und in der Idee der Analyse bereits enthalten liegt, so zwar, daß wir ganz absehend von irgendwelchen Beispielen einfacher Gegenstände oder von Sätzen, in welchen von solchen die Rede ist, zu dieser Idee kommen und die Existenz der einfachen Gegenstände als eine logische Notwendigkeit – a priori – einsehen.»[47] In dieselbe Richtung weist es, wenn er auf die Frage nach Beispielen für einfache Gegenstände antwortete, es gehöre nicht zu den Aufgaben der Logik, zu entscheiden, ob dieses oder jenes Ding ein einfaches oder komplexes Ding sei.[48]

Offensichtlich entsprechen die Gegenstände nicht Eigennamen wie «Homer» oder «α Centauri», da menschliche Personen oder Gestirne nicht einfach sind. Man könnte daher erwägen, ob nicht Entitäten von der Art der Leibnizschen Monaden (siehe Teil IV, Kap. I, 6 b) gemeint sein könnten. Gegen eine solche Deutung spricht aber, daß Wittgenstein auch abstrakte Gegenstände (wie «Röte») als (einfache) Gegenstände betrachtet zu haben scheint. Er könnte ähnlich überlegt haben wie Kant, der Begriffen «Möglichkeiten» zuordnete, sofern deren Bestimmungen untereinander verträglich sind. So entspricht dem Begriff «feuriger Körper» eine Möglichkeit, wenn zwischen den Bestimmungen «feurig» und «körperlich» kein Widerspruch besteht. «Körper» bezieht sich ebenfalls auf eine Möglichkeit, weil sich «Ausdehnung», «Undurchdringlichkeit» und was sonst noch zum Begriff des Körpers gehören mag, widerspruchsfrei verbinden lassen. Die Bedeutung unzusammengesetzter Begriffe (z. B. «Ausdehnung», falls dieser Begriff einfach ist) kann aber nicht mehr in der Beziehung auf eine Möglichkeit bestehen, da Möglichkeiten voraussetzungsgemäß zusammengesetzt sind; sie kann nur als Beziehung auf etwas Wirkliches (z. B. die Ausdehnung selbst) als «Materiale der Möglichkeit» aufgefaßt werden.[49] Kants «Möglichkeiten» entsprechen Wittgensteins «Sachverhalten», und was Kant «Materiale der Möglichkeit» nannte, könnte das sein, was bei Wittgenstein «Gegenstand» heißt. Wie Wittgenstein hätte auch Kant sagen können: «Wenn Röte, Rundheit und Süße nicht existierten, dann könnten wir sie uns nicht vorstellen.»[50]

Obwohl offenbleiben muß, ob «Gegenstand» bei Wittgenstein einfache besondere Seiende oder einfache allgemeine Wesen bedeutet, kann doch festgestellt werden, daß das, was er die Substanz der Welt nannte, nichts Empirisches ist; die Annahme von Gegenständen ergibt sich vielmehr aus Wittgensteins Auffassung des Satzes und seines Sinns, so daß die im «Tractatus» enthaltene Auffassung ein klares Beispiel einer auf logischen Grundlagen errichteten Theorie ist.

(2) Die Bildtheorie des Satzes

Von sinnvollen empirischen Sätzen läßt sich fragen, ob sie wahr sind, d. h. ob es sich so verhält, wie in ihnen zum Ausdruck gebracht wird bzw. ob sie

Bilder von Tatsachen sind. Sätze, wie die logischen Tautologien, die unter allen Umständen wahr sind, sagen dagegen nichts über die Wirklichkeit aus können daher nicht Bilder sein. Nach Wittgenstein sind nur die Elementarsätze, nicht komplexe Sätze oder Namen, Bilder der Wirklichkeit, und was sie abbilden, sind Tatsachen. Sätze (bzw. die entsprechenden syntaktischen Beziehungen) sind ihrerseits Tatsachen, und zwar Tatsachen, die als Modelle oder «Bilder» anderer Tatsachen fungieren: «Das Bild ist eine Tatsache» (T 2.141) bzw. «Das Bild ist ein Modell der Wirklichkeit» (T 2.12), wie Wittgenstein erklärte. Wie jede Tatsache hat der Satz eine Struktur, und wenn diese Struktur der Struktur der Tatsache, auf die er sich bezieht, entspricht, bildet er die Tatsache ab: «Die abbildende Beziehung besteht aus den Zuordnungen der Elemente des Bildes und der Sachen.» (T 2.1514) Die Sätze können nur Bilder von Tatsachen sein, wenn sie mit diesen etwas gemeinsam haben, und dies ist die Form der Abbildung. (T 2.16–2.17)

Hier ist nicht, wie im Falle eines Porträts, an eine Abbildung im Sinne qualitativer Ähnlichkeit zu denken, sondern an eine eindeutige Zuordnung wie in der Notenschrift, durch die Töne so abgebildet werden, daß von den Notenzeichen zu den Tönen und umgekehrt übergegangen werden kann. (T 4.014) Noten bilden zwar Töne ab, nicht aber die Beziehung, die zwischen ihnen und den Tönen besteht. Ebenso verhält es sich mit Sätzen: Sie bilden Tatsachen ab, aber sie sagen nichts über die Abbildbeziehung aus; daß ein Satz etwas abbildet, kann in ihm nicht mehr gesagt werden, sondern es zeigt sich. Die These, daß kein Satz über sich selbst und über die für ihn wesentliche Abbildbeziehung sprechen kann, hat Wittgenstein nachdrücklich vertreten: «Der Satz kann die gesamte Wirklichkeit darstellen, aber er kann nicht das darstellen, was er mit der Wirklichkeit gemein haben muß, um sie darstellen zu können – die logische Form. Um die logische Form darstellen zu können, müßten wir uns mit dem Satz außerhalb der Logik aufstellen können, das heißt außerhalb der Welt.» (T 4.12) Die Feststellung, daß das Bild die Abbildbeziehung, die es nicht abbilden kann, nur «aufweisen» oder «zeigen» könne, hat zur Folge, daß sich über einen zentralen Punkt der Theorie nicht mehr reden läßt, denn was gezeigt werden kann, läßt sich, wie Wittgenstein betonte, nicht aussagen. (T 4.1212) Diese Konsequenz ist unvermeidlich, wenn das Denken darauf beschränkt wird, Tatsachen abzubilden, weil es dann ein Denken als Reflexion, namentlich als Reflexion auf das Verhältnis von Bildern und abgebildeten Tatsachen, nicht geben kann.

Wenn es möglich wäre, die Welt durch einen umfassenden komplexen Satz zu beschreiben, der aus einfachen, durch ein einziges Verknüpfungszeichen (den Shefferschen Junktor) verbundenen Elementarsätzen besteht, dann wäre dieser Satz unter der Bedingung wahr, daß alle seine Teilsätze Bilder von Tatsachen sind bzw. die einfachen Gegenstände sich so verhalten wie die Namen im Elementarsatz. In diesem Falle gilt: «Die Gesamtheit der wahren Sätze ist die Weltbeschreibung.» (T 4.26)[51] Die Welt ist das, worüber dieser umfassende Satz spricht, und da dessen elementaren Teilsätzen Tatsachen entsprechen, bedeutet «Welt» die Gesamtheit der Tatsachen, d. h. der bestehenden Sachverhalte als Verbindungen einfacher Gegenstände.

Wittgenstein vertrat, wie Russell oder die Angehörigen des Wiener Kreises, eine empiristische Auffassung: Er nahm an, daß Sätze wahr sind, wenn die Sachverhalte, die sie ausdrücken, tatsächlich bestehen, und ob dies der Fall ist, muß durch Beobachtung festgestellt werden. Was aber als Tatsache in Betracht kommt, ergibt sich aus der Form der Gegenstände, die erkennen läßt, welche Tatsachen möglich sind, jedoch nicht, welche Tatsachen es wirklich gibt.

(3) Ich, Sprache und Welt

Im «Tractatus» behandelte Wittgenstein auch die Begriffe «Ich» und «Welt», die traditionellerweise in der Metaphysik erörtert werden. Das Ich, von dem er sprach, ist allerdings nicht eine geistige Substanz oder das Ich der Subjektphilosophie (etwa das *Ego* des Cartesianismus), aber auch nicht das Ich der Psychologie. «Ich» ist vielmehr ein Grenzbegriff, wie Wittgenstein ausdrücklich feststellt: «Das philosophische Ich ist … die Grenze – nicht ein Teil der Welt.» (T 5.641) Infolgedessen gibt es auch das Ich nicht in dem Sinne, in dem es Tatsachen in der Welt gibt. (T 5.631) Das Ich, von dem in der Philosophie die Rede ist, ist nicht der Mensch, nicht sein Körper oder seine Seele, sondern der Gegenbegriff zu «Welt»: «Das Ich … schrumpft zum ausdehnungslosen Punkt zusammen, und es bleibt die ihm koordinierte Realität.» (T 5.64) Da nach Wittgenstein die Grenzen meiner Sprache die Grenzen meiner Welt sind (T 5.6), ist die Welt im philosophischen Sinn stets *meine* Welt.

Die angedeutete Auffassung erinnert an die Deutung von «Ich» (oder «Subjekt») als Grenzbegriff bei den Marburger Neukantianianern (siehe Teil VI, Kap. III, 2), und dies ist nicht die einzige Übereinstimmung zwischen Wittgenstein und dem Kritizismus. Wenn Wittgenstein davon sprach, daß wir die Realität mit Hilfe eines Netzwerks von Sätzen beschreiben und daß das Ergebnis der Beschreibung von der Form des Netzwerks abhänge – gleichsam von der Weite oder Enge seiner Maschen –, dann scheint er dasselbe zu meinen wie die Anhänger des Kritizismus, wenn sie erklärten, daß die Erscheinungen von einem kategorialen Rahmen abhingen. Die Parallelität reicht sogar noch weiter: So wie die Transzendentalphilosophie nicht über Eigenschaften oder Beziehungen bestimmter Dinge spricht – dies zu tun ist Aufgabe der Realwissenschaften –, so betreffen nach Wittgenstein Aussagen über das Kausalitätsprinzip als Bestandteil des Netzwerks nicht das, was mit Hilfe des Netzwerks beschrieben wird, sondern nur das Netz. (T 6.35) In kantianischer Sprache könnte man sagen, das Kausalitätsprinzip diene nicht der Erkenntnis besonderer Tatsachen, sondern es drücke eine Bedingung von Tatsachenerkenntnis aus.

Über diesen Ähnlichkeiten dürfen aber die Unterschiede nicht übersehen

werden. So war Wittgenstein nicht der Meinung, daß Erscheinungen durch
Kategorien wie «Kausalität» konstituiert würden oder daß das Kausalitätsprinzip eine Bedingung der Möglichkeit von Erfahrung ausdrücke,
sondern er erblickte in ihm nur den Ausdruck der allgemeinen Form von
Kausalgesetzen. Ähnlich verhält es sich seiner Ansicht nach mit Erhal-
tungssätzen, dem Satz von der Kontinuität des Naturgeschehens, dem Satz
vom kleinsten Aufwand und ähnlichen Sätzen: Sie betreffen nicht Inhalte
der Erkenntnis, sondern die Form naturwissenschaftlicher Sätze. Das Kausalitätsprinzip zum Beispiel besagt nichts anderes, als daß es Naturgesetze
gibt, und dies läßt sich im Grunde nicht sinnvoll sagen, sondern es zeigt
sich. (T 6.36) Überdies gelten nach Wittgenstein das Kausalitätsprinzip und
verwandte Sätze nicht a priori, sondern sie beruhen auf Denkgewohnheiten,
weshalb er erklären konnte: «Der Glaube an den Kausalnexus ist der *Aberglaube*.» (T 5.1361) Im übrigen rechnete Wittgenstein, anders als Kant,
nicht mit einem einzigen Netz von Begriffen und Grundsätzen; er
bemerkte, daß es verschiedene solche Netze geben könne bzw. daß sich die
Realität nicht nur in einer Weise beschreiben lasse. Die Newtonsche
Mechanik ist ein solches Netz, nicht-klassische Mechaniken stellen andere
Netze dar.

Wittgenstein kann, ungeachtet gewisser Konvergenzen zwischen Ideen
des «Tractatus» und kantianischen Auffassungen, vor allem deshalb nicht
als Transzendentalphilosoph gelten, weil ihm der Gedanke fremd war, daß
wir eine Mannigfaltigkeit nur erfahren können, wenn sie vom Subjekt als
Einheit gedeutet wird. Die Sprache kann die einheitsstiftende Funktion
nicht übernehmen, weil die Sätze bereits als Einheiten (als Verkettungen)
vorliegen; sie sind Tatsachen, die zu anderen Tatsachen in Beziehung stehen. Indem Wittgenstein nach Beziehungen zwischen Tatsachen, aber nicht
nach den Bedingungen fragte, unter denen es Tatsachen für uns gibt, blieb
er der von Hume geprägten naturalistischen Tradition verhaftet. Die bei
ihm feststellbaren kantianischen Einflüsse, die er wohl vor allem seiner
Schopenhauer-Lektüre verdankte, gehören nicht zum Kern seiner Philosophie. Später gab er den Standpunkt, den er im «Tractatus» vertrat, auf, da
ihm die Annahme, daß Sätze Bilder von Tatsachen seien, als unhaltbar
erschien. Ebenso ließ er die für seine Auffassung von 1921 charakteristische
Annahme fallen, daß die Bedeutung von Namen in deren Gegenstandsbezug bestehe. Auf seine spätere Philosophie wird unten (Abschn. 4 b) eingegangen. Zunächst soll ein Blick auf G. E. Moore und seine Art der Analyse
geworfen werden, die wegen der Orientierung am Common Sense von der
bisher erörterten Richtung des analytischen Denkens deutlich abweicht.

4. Philosophische Analyse im Rahmen der Alltagssprache

a) G.E. Moore

George Edward Moore (1973–1958) war neben Russell der wichtigste Wegbereiter der Analytischen Philosophie, bediente sich aber nicht einer formalisierten Sprache als Mittel der Analyse, wie es Russell häufig tat; die «logische Analyse», wie er sie verstand, vollzieht sich im Rahmen der Alltagssprache.[52] Im Vordergrund stand bei ihm die Kritik traditioneller philosophischer, insbesondere idealistischer Auffassungen, die damals in England von Bradley und anderen (siehe Kap. I, 1 a) vertreten wurden und die Moore in «The Refutation of Idealism» (1903) und «A Defence of Common Sense» (1925)[53] angriff. Seine Ablehnung ist durchaus verständlich, wenn man an den zeitgenössischen Neohegelianismus denkt; sie sollte aber die idealistische Philosophie im allgemeinen, auch den Kritizismus in der Nachfolge Kants treffen. Fragen nach dem Grund der Wirklichkeit oder nach Bedingungen der Möglichkeit von Wirklichkeitserfahrung spielen bei ihm und in der von ihm geprägten philosophischen Richtung keine Rolle; er konzentrierte sich auf Einzelprobleme, die er Stück für Stück analysierte. Diese Einstellung hat innerhalb der sprachanalytischen Richtung Schule gemacht, und sie hat darüber hinaus das philosophische Denken des späteren 20. Jahrhunderts nachhaltig beeinflußt.

In der Auseinandersetzung mit dem Idealismus[54] kritisierte Moore Auffassungen, wie sie Berkeley (siehe Teil IV, Kap. II, 2 a) und Bradley (siehe Kap. I, 3 a) vertreten hatten. Den idealistischen Thesen setzte er Überzeugungen des Common Sense entgegen, namentlich den für die natürliche Einstellung charakteristischen Glauben an die Realität der Außenwelt. Zum Beispiel spricht in seinen Augen der gesunde Menschenverstand gegen die von Bradley vertretene Ansicht, daß die zeitlich bestimmten Dinge nicht wahrhaft wirklich sein könnten, weil die Zeit widerspruchsvoll sei.

Die idealistische Ansicht, nach der das Sein von Gegenständen in ihrem Wahrgenommensein – im Sinne von Berkeleys Gleichsetzung von *esse* und *percipi* – besteht, scheitert nach Moore an der Tatsache, daß zwischen Empfindungsvorgang und Empfindungsinhalt ein unaufhebbarer Unterschied besteht. Das Bewußtsein ist immer Bewußtsein von etwas, das selbst nicht Bewußtsein ist. So wird in einer Blau-Empfindung etwas Blaues empfunden, und das Blau, dessen wir uns bewußt sind, darf nicht mit dem Bewußtsein von etwas Blauem verwechselt werden. Obwohl eine Blau-Empfindung zu haben nicht heißt, eines geistigen Bildes bewußt zu sein, kann doch zwischen dem Bewußtsein und dem, was bewußt ist – z.B. dem empfundenen Blau – unterschieden werden. Zwar scheint sich uns das Bewußtsein zu entziehen, wenn wir auf es reflektieren, aber der Unterschied von Bewußtsein und Bewußtem bleibt bestehen.[55] Die von den Vertretern der her-

kömmlichen Erkenntnistheorie erörterte Frage, wie etwas Bewußtseinsjen-
seitiges erfaßt werden könne, hielt Moore für verfehlt. Zwar sind nach
Moore nicht Dinge der Außenwelt, sondern nicht weiter analysierbare Sinnesdaten, also Farb-, Gestalt-, Toneindrücke usw. im Bewußtsein präsent,
aber deren Beziehung zu den Dingen ist unbezweifelbar.

Die Annahme, daß uns unmittelbar Sinnesdaten gegeben seien, entspricht
jedoch schwerlich dem Common Sense, der durch den Glauben an die Realität von Dingen, nicht von Sinnesdaten charakterisiert ist. Außerdem ist zu
fragen, ob die Sinnesdatentheorie mit der realistischen Position, um deren
Verteidigung es Moore ging, verträglich ist: Die These, daß Sinnesdaten von
realen Dingen hervorgerufen würden, läßt sich nur rechtfertigen, wenn es
ein über die Sinnesdaten hinausgehendes Wissen gibt. Schließlich ist zu
bedenken, daß die Berufung auf den Common Sense im allgemeinen problematisch ist, weil nicht feststeht, was als Common-Sense-Überzeugung
gelten soll. Man braucht sich nur zu erinnern, daß sich auch Berkeley für
seine der Mooreschen diametral entgegengesetzte Ansicht (siehe Teil IV,
Kap. II, 2a) auf den Common Sense berufen hat. Man darf auch nicht so
tun, als wäre auf Grund des Common Sense von vornherein klar, was «Realität» heißt; der Sinn dieses Begriffs ergibt sich erst auf Grund der Analyse,
freilich einer Analyse von anderer Art als die von Moore durchgeführte.

Als Beispiel der Art, in der Moore Begriffe und Sätze analysierte, kann
seine Erörterung des Ausdrucks «Existenz» dienen.[56] Moore wollte zeigen,
daß «existiert» ein Prädikat eigener Art ist und nicht mit beliebigen anderen
Prädikaten auf eine Stufe gestellt werden kann. Zu diesem Zweck verglich
er die Aussagen «Zahme Tiger knurren» und «Zahme Tiger existieren». Die
erste dieser Aussagen ist entweder aufzufassen als «Alle zahmen Tiger
knurren» oder als «Manche zahmen Tiger knurren», und beide Aussagen
sind sinnvoll (was nicht heißt, daß sie wahr sind). Expliziert man die Aussage über die Existenz zahmer Tiger in ähnlicher Weise, ergeben sich die
Aussagen «Alle zahmen Tiger existieren» und «Manche zahmen Tiger existieren». Die letztere hat Sinn, wenn sie besagt, daß es einige zahme Tiger
gibt; was aber soll es heißen, wenn alle zahmen Tiger als existent behauptet
werden? Eine solche Feststellung ist sicherlich mindestens befremdlich. Ein
ähnliches Resultat ergibt sich bei der Explikation der negativen Aussage
«Zahme Tiger existieren nicht». Hier verbietet sich eine Explikation im
Sinne von «Manche zahmen Tiger existieren nicht».

Die von Moore praktizierte Art der Analyse mündet in die Feststellung,
daß «existiert» kein Prädikat wie andere Prädikate ist. Es liegt aber nahe zu
fragen, warum dieses Prädikat eine Sonderstellung einnimmt. Eine Antwort
hat Kant gegeben, wenn er darauf hinwies, daß «Existenz» nicht zum Inhalt
eines Begriffs gehöre, sondern auf den Begriffsumfang zu beziehen sei: Die
Existenzbehauptung besagt, daß der Umfang eines Begriffs nicht leer ist.
Wer von etwas sagt, es existiere, bezieht sich demnach nicht auf ein Ding
(oder auf Dinge), sondern auf den Begriff einer Art Dinge. (Siehe Teil V,

Kap. I, 2) Diese Auffassung hat B. Bolzano (siehe Teil VI, Kap. II, 4 a) übernommen, als er die Aussage «A existiert» deutete als «Der Begriff von A hat
Gegenständlichkeit». Mit dieser Explikation von «Existenz» kann es aber
nicht sein Bewenden haben, sondern man muß zu der philosophisch ent-
scheidenden Frage übergehen, unter welchen Bedingungen etwas als exi-
stent behauptet wird. Auch auf diese Frage hat Kant eine Antwort gegeben:
Wir sagen von etwas, daß es existiert, wenn sein Begriff wesentlich einer
Theorie angehört, deren Konsequenzen empirisch überprüfbar sind. Die
Erörterung des Sinns von Existentialurteilen kann sich daher nicht in der
Sprachanalyse erschöpfen, so wichtig diese auch sein mag.

In der Moralphilosophie, der Moore zwei Werke widmete – nämlich
«Principia Ethica» (1903) und «Ethics» (1912)[57] –, kommt die Methode der
logischen Analyse ebenfalls zur Geltung, insbesondere in bezug auf die
fundamentale ethische Kategorie des Guten. Nach Moore ist der Begriff des
Guten undefinierbar, weil er einfach und somit nicht auf einfachere Bestimmungen zurückführbar ist: «Der entscheidende Sinn von ›Definition‹ ist
derjenige, wonach eine Definition feststellt, welches die Teile sind, die
unveränderlich ein bestimmtes Ganzes bilden, und in diesem Sinne entzieht
sich ›gut‹ jeglicher Definition, da es einfach ist und keine Teile hat.»[58] Versucht man, «gut» mit Hilfe außermoralischer Begriffe zu definieren – z.B.
als «lustbringend» –, dann begeht man einen Fehler; da dieser Versuch
typisch für den Naturalismus ist, heißt er «naturalistischer Fehler» (natura-
listic fallacy, was hier nicht mit «naturalistischer Fehlschluß» wiederzugeben ist, da kein Schluß vorliegt). Mit «gut» verhält es sich wie mit der
Farbqualität «rot», die sich ebenfalls nicht auf andere Qualitäten zurückführen und daher auch nicht mit Bezug auf sie definieren läßt. Zwar kann
man «rot» als die Farbe kennzeichnen, die einer elektromagnetischen Strah-
lung von der Wellenlänge von ungefähr 700 Nanometer entspricht, aber ein
Blindgeborener wird, auch wenn er die physikalische Theorie der Farben
kennt, keine Ahnung haben, worin Farbqualitäten bestehen. Dies kann man
nur durch unmittelbare Anschauung von Farben wissen, und ähnlich verhält es sich nach Moore mit «gut», obwohl in diesem Fall keine sinnliche
Anschauung in Betracht kommt: Auch wenn man zwischen «gut» und
gewissen physiologischen Vorgängen eine eindeutige Beziehung herstellen
könnte, würde die Kenntnis der letzteren nicht zur Kenntnis des Wesens
des Guten führen. Demgemäß erklärte Moore von der Ethik: «es gibt einen
einfachen, undefinierbaren, nicht analysierbaren Gegenstand des Denkens,
auf den hin sie umrissen werden muß. Wie wir diesen einzigartigen Gegenstand nennen, ist gleichgültig, solange wir klar erkennen, was er ist und daß
er von anderen Gegenständen verschieden ist.»[59] Die unmittelbare Intuition
des Guten braucht allerdings nicht für Werte im allgemeinen, sondern nur
für letzte Werte in Anspruch genommen zu werden; Wert im abgeleiteten
Sinn ist etwas, das Mittel zur Verwirklichung letzter Werte ist.

Von der Frage «Was ist ›gut‹?» muß die Frage unterschieden werden:

«Welche Dinge sind gut?» Um die zweite Frage zu beantworten, bediente sich Moore der «Methode absoluter Isolierung», bei der Dinge ins Auge gefaßt werden, die, wenn sie von allen anderen getrennt wären, dennoch als gut gelten würden.[60] Wenn in der Ethik von einem Ding gesagt wird, es sei an sich gut, so heißt das nach Moore, «es wäre eine gute Sache, wenn das fragliche Ding existierte, auch wenn es ganz allein ohne weitere Begleiterscheinungen oder Folgen existierte.»[61] Mit Hilfe der Methode der Isolierung erkennt man zum Beispiel, daß etwas, das bloß Mittel zum Guten ist, für sich selbst keinen Wert hat. Moore kam zu dem Ergebnis, daß nur zwei Dinge an sich gut sind, nämlich gewisse Freuden des geselligen Umgangs und der Genuß schöner Gegenstände.

Die Annahme einer Wert-Intuition ist dazu angetan, den Anspruch der Endgültigkeit moralischer Urteile zu rechtfertigen und damit dem Relativismus der naturalistischen Ethik (wie sie Hume vertreten hatte; siehe Teil IV, Kap. II, 2 b (2)) zu entgehen, ohne daß man sich auf Begründungsversuche rationalistischer Art einlassen müßte. Die Berufung auf moralische Intuition ist aber ein Ausweg, der in der Ethik auf ebenso große Bedenken stößt wie die Berufung auf Evidenz in der Erkenntnislehre. Sowohl Moores Erkenntnislehre als auch seine Ethik beruhen auf der Annahme, daß etwas unmittelbar gegeben sein und angeschaut werden könne, nämlich die Sinnesdaten in der Erkenntnislehre und die Qualitäten «gut» und «schlecht» in der Ethik. In beiden Fällen steht die Annahme, daß etwas unmittelbar erfaßt werden könne, im Gegensatz zu der inzwischen weitgehend akzeptierten These, daß Inhalte der Anschauung immer von Deutungen abhängig sind.

Die Hinwendung zu Problemen der Sprache (der *linguistic turn*) beeinflußte im weiteren Verlauf den Stil der Philosophie im allgemeinen: Von nun an macht sich ein stärkeres Bemühen um Eindeutigkeit des Ausdrucks bemerkbar; die rhapsodische Schreibweise, die in manchen Werken der Zeit um die Jahrhundertwende die Gedanken eher verschleierte als klärte, trat vielfach, obschon nicht immer, zugunsten einer nüchterneren, auf Präzision abzielenden Darstellungsart in den Hintergrund. In dieser Hinsicht haben sich Moores und Russells Bemühungen um begriffliche Klarheit und argumentative Deutlichkeit zweifellos positiv ausgewirkt. Freilich war mit der Konzentration auf die sprachliche Form einzelner Auffassungen auch die Gefahr verbunden, die systematischen und historischen Zusammenhänge, in denen die analysierten Einzelfragen standen, für nebensächlich zu halten.

b) Wittgensteins «Philosophische Untersuchungen»

Nachdem Wittgenstein erkannt hatte, daß mit dem «Tractatus» keineswegs alle Probleme gelöst waren, wandte er sich wieder philosophischen Fragen zu und begann sich selbstkritisch mit seinen früheren Auffassungen auseinanderzusetzen. Im Verlauf der Jahre entwickelte er eine Konzeption, die in entscheidenden Punkten über seine frühere Position hinausging. Einzelne Schritte dieser Entwicklung lassen sich heute den Entwürfen der damaligen Zeit[62] ablesen. Das Werk, in dem die Arbeit der dreißiger und vierziger Jahre ihren Niederschlag finden sollte, vermochte Wittgenstein nicht mehr zu vollenden; der vorhandene Text – die «Philosophischen Untersuchungen» – erschien zwei Jahre nach seinem Tod.

(1) Die neue Theorie der Bedeutung

Im «Tractatus» spielte die Annahme eine entscheidende Rolle, daß die Bedeutung von Namen in ihrer Beziehung auf Gegenstände besteht. Als Wittgenstein an dieser Annahme zu zweifeln begann, weil er sah, daß Namen auch unabhängig von einem Namensträger Bedeutung haben können, wurde eine Revision seines Standpunktes unumgänglich. Er entwickelte eine neue Theorie der Bedeutung, in deren Rahmen Aussagen nicht mehr als Bilder von Tatsachen aufgefaßt werden. Wird aber die Bildtheorie des Satzes aufgegeben, dann braucht auch nicht mehr angenommen zu werden, daß sich über die Beziehung zwischen Sätzen und Tatsachen nicht sprechen lasse.

Die Bedeutung eines Ausdruck zu kennen heißt nach der neuen Auffassung in den meisten, jedoch nicht in allen Fällen (vgl. PU § 43),[63] die Regeln seines korrekten Gebrauchs innerhalb von «Sprachspielen» zu kennen. Ein Sprachspiel ist ein von Regeln geleitetes System, dessen Regeln jedoch – im Gegensatz zu den Regeln eines logischen oder mathematischen Kalküls – meist nicht ausdrücklich formuliert sind. Das sprachliche Verhalten funktioniert nicht nach expliziten Regeln, sondern es ist anerzogen bzw. andressiert. Die entsprechende Konditionierung erfolgt innerhalb einer Sprachgemeinschaft, die sich auf Regeln festgelegt hat, und zwar nicht durch ausdrückliche Konvention, sondern durch die Entwicklung bestimmter Sprachformen (als Lebensformen). Daher lassen sich die Regeln von Sprachspielen nur an der Art ablesen, in der das Sprachspiel funktioniert. Die Aufgabe der Philosophie, wie sie der spätere Wittgenstein sah, besteht im wesentlichen in der Beschreibung von Sprachspielen; es kommt darauf an, unvoreingenommen «zu sehen, wie es sich verhält». (PU § 79) Ähnlich wie in seiner früheren Phase meinte Wittgenstein auch in seiner späteren Zeit, daß die Philosophie nicht den Charakter einer Theorie habe, sondern deskriptiv vorgehen müsse: «Die Philosophie darf den tatsächlichen Gebrauch der Sprache in keiner Weise antasten, sie kann ihn am Ende nur beschreiben.» (PU § 124) Die Sprache, um deren Gebrauch es jetzt geht, ist allerdings die Alltagssprache, nicht mehr, wie im «Tractatus», die Sprache der mathematischen Logik.

Auf die Frage «Was ist die Beziehung zwischen Namen und Benanntem?» antwortete Wittgenstein nun: «Schau auf das Sprachspiel (...), dort ist zu sehen, worin diese Beziehung etwa besteht.» (PU § 37) Während nach dem «Tractatus» die Bedeutung von Namen in ihrer Beziehung auf Gegenstände besteht, hängt nach den «Philosophischen Untersuchungen» die Bedeutung sprachlicher Ausdrücke allein von ihrer Rolle in einem Sprachspiel ab, so wie die Position eines Beamten durch seine Funktion bestimmt ist.[64] Man kennt die Stellung eines Beamten, wenn man weiß, welche Kompetenzen er hat, und ähnlich kennt man die Bedeutung eines Wortes, wenn man seinen Gebrauch in der Sprache kennt. (PU §43) Die Analogie von Sprachspiel und Kalkül beruht darauf, daß in beiden Fällen die Bedeutung der Ausdrücke von den Regeln des jeweiligen Systems abhängt. Im Falle der Sprachspiele muß aber auch der praktisch-soziale Aspekt der Sprache berücksichtigt werden: Das Sprechen einer Sprache ist nach Wittgenstein Teil einer Tätigkeit im Zusammenhang sozial geprägter Lebensformen.

Zugunsten seiner Auffassung der Bedeutung verwies Wittgenstein auf die Art, in der Kleinkinder sprechen lernen. Offensichtlich lernen sie das Sprechen nicht so, wie jemand, ausgehend von seiner Muttersprache, eine Fremdsprache erlernt. In diesem Fall beherrscht der Lernende bereits eine Sprache und muß lediglich lernen, den Wörtern der eigenen Sprache die der fremden zuzuordnen. Dem Kleinkind kann dagegen der richtige – d. h. in der Sprachgemeinschaft übliche – Gebrauch von Ausdrücken nur andressiert werden; es wird «abgerichtet», in bestimmten Situationen in bestimmter Weise sprachlich zu reagieren.

(2) Die Kritik an Mentalismus und Essentialismus

Wittgensteins Auffassung hat die wichtige Konsequenz, daß die Bedeutung von Ausdrücken nicht mehr mit Akten in Verbindung gebracht werden muß, in denen das Subjekt etwas meint. Damit wird einer Bedeutungstheorie, wie sie z. B. Husserl vertrat (siehe Kap. II, 1 b), eine entschiedene Absage erteilt. Nach Husserl haben Begriffe dadurch Bedeutung, daß sie sich intentional auf eine evident gegebene Gegenständlichkeit beziehen.[65] Wittgenstein kam dagegen nicht nur ohne die (platonistische) Voraussetzung idealer Gegenstände aus, sondern er benötigte auch nicht mehr die in seinen Augen haltlose Annahme bedeutungsverleihender Akte. Diese Annahme ist, wie die Lehre von den intentionalen Akten im allgemeinen, seiner Ansicht nach nicht nur entbehrlich, sondern sie ist grundsätzlich nicht aufrechtzuerhalten; sie ist ein «Traum unserer Sprache» (PU §358), weil sich über psychische Akte – also auch über Akte des Meinens – nicht sinnvoll sprechen läßt.

Die herkömmliche (mentalistische) Meinung, daß sich nicht nur Dinge in Raum und Zeit, sondern auch Bewußtseinserscheinungen beobachten und beschreiben lassen, hielt Wittgenstein für verfehlt: Über psychische Phänomene, die nur dem jeweiligen Subjekt direkt bekannt sein und in diesem Sinne privaten Charakter haben sollen, kann nicht gesprochen werden. Eine Sprache, mit deren Hilfe wir private Zustände und Vorgänge beschreiben könnten, müßte nämlich, wie Wittgenstein meinte, eine private Sprache sein, d. h. eine Sprache, die nur dem jeweiligen Individuum zugänglich ist. Eine solche Sprache kann es jedoch seiner Ansicht nach nicht geben, weil jede Sprache auf intersubjektiv kontrollierbaren Regeln beruht und weil eine solche Kontrolle bei einer privaten Sprache unmöglich ist. Angenommen, jemand wollte das Auftreten einer bestimmten Empfindung in einem Tagebuch mittels des Zeichens «E» vermerken. Es scheint, als ließe sich die Bedeutung von «E» festlegen, indem man sich auf die fragliche Empfindung konzentriert und sich die Beziehung zwischen E und der Empfindung einprägt, so daß man sich in der Folge *richtig* an diese Beziehung erinnern kann. Diese Auffassung ist aber unhaltbar, denn da kein Kriterium der Richtigkeit zur Verfügung steht, kann von «richtiger Erinnerung» nicht geredet werden. (PU § 258) Wenn man jedoch feststellt, daß mit einer bestimmten Empfindung regelmäßig eine Erhöhung des Blutdrucks verbunden ist, dann kann man auf Grund der Empfindung die Erhöhung des Blutdrucks feststellen, ohne daß es darauf ankommt, ob man die Empfindung richtig bezeichnet hat. (PU § 270) Hier wird auf Aspekte des beobachtbaren Verhaltens (die meßbare Höhe des Blutdrucks) Bezug genommen, so daß sich Kriterien für die Richtigkeit des Zeichengebrauchs angeben lassen, was im früheren Fall nicht möglich war.

Wittgensteins Äußerungen weisen in die Richtung des Behaviorismus, d.h. der Ansicht, daß Aussagen über Bewußtseinsinhalte durch Aussagen über beobachtbares Verhalten oder über Dispositionen zu solchem Verhalten zu ersetzen seien. Wenn wir sagen «Ich habe Schmerzen», «Ich erinnere mich», «Ich verstehe dies oder jenes», beziehen wir uns nach Wittgenstein nicht auf innere Zustände (wie Schmerzempfindungen) oder innere Vorgänge (wie Akte des Erinnerns oder des Verstehens), sondern auf Aspekte des Verhaltens, namentlich des sprachlichen Verhaltens als einer «Lebensform». Da Wittgenstein Aussagen der eben angeführten Art als sinnvoll betrachtete, wenn sie nicht als Aussagen über private Vorgänge oder Zustände verstanden werden, erklärte er, nicht im Sinne der Leugnung psychischer Erscheinungen Behaviorist zu sein; er hielt aber daran fest, daß es unmöglich sei, über psychische Phänomene in mentalistischer Weise zu sprechen. Auf die Frage: «Bist du nicht doch ein verkappter Behaviorist? Sagst du nicht doch, im Grunde, daß alles Fiktion ist, außer dem menschlichen Benehmen?» antwortete er: «Wenn ich von einer Fiktion rede, dann von einer *grammatischen* Fiktion.» (PU § 307) Seine Überlegungen scheinen darauf hinauszulaufen, den metaphysischen Behaviorismus, der psychische Inhalte schlechtweg leugnet, durch einen linguistischen Behaviorismus zu ersetzen, dem zufolge über Bewußtseinsvorgänge unabhängig vom Verhalten nicht gesprochen werden kann. Da sich die beiden Arten des Behaviorismus in den praktischen Konsequenzen nicht unterscheiden, hatte Wittgensteins Spätphilosophie eine Verstärkung der behavioristischen Tendenzen im Denken des 20. Jahrhunderts zur Folge.

Ähnlich wie über die Annahme von Akten des Meinens urteilte Wittgenstein auch über die herkömmliche Lehre vom Verstehen. Gegen die

Ansicht, daß Verstehen in einem psychischen Akt bestehe, gab er zu bedenken, daß sich ein solcher Akt nicht feststellen lasse: «Wir versuchen ..., den
seelischen Vorgang des Verstehens ... zu erfassen. Aber das gelingt nicht.
Oder richtiger gesagt: es kommt gar nicht zu einem wirklichen Versuch.»
(PU § 153) Dies hat seinen Grund nicht darin, daß sich das Verstehen
gleichsam hinter anderen psychischen Zuständen versteckte, sondern darin,
daß wir uns durch eine falsch gestellte Frage irreführen lassen. Daher forderte Wittgenstein, sich der verfehlten Fragestellung zu entziehen: «Denk
doch einmal gar nicht an das Verstehen als ›seelischen Vorgang‹! – Denn *das*
ist die Redeweise, die dich verwirrt ...» (PU § 154)

Wenn die Bedeutung der Wörter durch die Sprachspiele bedingt ist, in
deren Zusammenhang sie gelernt wurden, dann muß es für Begriffe nicht
immer präzise Verwendungsregeln geben, so daß auch Begriffe mit
unscharfen Rändern zulässig sind. (Vgl. PU §§ 77, 68, 71) Damit entfällt ein
wichtiges Motiv der Annahme von Wesenheiten (Essenzen). Die Vertreter
des Essentialismus seit Plato haben argumentiert, daß ein Begriff nur gebildet werden könne, wenn es ein allgemeines Wesen gibt, an dem die unter
den Begriff fallenden Gegenstände teilhaben. Demgegenüber wies Wittgenstein auf Fälle hin, in denen einem allgemeinen Ausdruck nichts Gemeinsames entspricht. Zum Beispiel umfaßt der Begriff «Spiel» so verschiedene
Dinge wie Kinderspiele, Kartenspiele, Kampfspiele usw. Zwischen dem
Spiel des Säuglings mit einer Klapper und dem Schachspiel lassen sich
schwerlich Gemeinsamkeiten finden; daß man dennoch in diesen Fällen den
Ausdruck «Spiel» verwenden kann, erklärt sich daraus, daß die verschiedenen Spiele durch ein «Netz von Ähnlichkeiten» verbunden sind. (Zum Beispiel sind Brettspiele in gewisser Hinsicht den Kartenspielen ähnlich, und
diese ähneln Ballspielen usw., bis hin zur Ähnlichkeit zwischen Kleinkin-
derspielen und dem Spiel des Säuglings.) Zwischen den Spielen an den
Enden des Spektrums ist keine Ähnlichkeit zu entdecken, es gibt aber eine
Reihe von Spielen, die zwischen ihnen vermitteln. Es verhält sich hier wie
bei Ähnlichkeitsbeziehungen innerhalb einer Familie, wo die Urahne der
Ahne, diese der Mutter und die Mutter dem Kind ähnlich sein können,
während man vielleicht keine Ähnlichkeit zwischen Urahne und Kind mehr
findet. Wegen dieser Analogie sprach Wittgenstein in Fällen, wie sie durch
das Beispiel der Spiele veranschaulicht wurden, von «Familienähnlichkeit».
(PU §§ 66–67) Die klassische Rechtfertigung des Universalienrealismus ist
damit hinfällig geworden; der Nominalismus, der sich aus Wittgensteins
späterer Bedeutungstheorie ergibt, wird in seinen Augen durch die Widerlegung der Gegenposition gestützt, die er geleistet zu haben glaubte.

(3) Die Kritik am Gewißheitspostulat

Seit Aristoteles wurde vorausgesetzt, daß eine Wissenschaft auf sicheren
Grundsätzen beruhen müsse. Auf die Frage, warum ein Satz die Funktion
eines Grundsatzes habe, wurde mit dem Hinweis auf seine Evidenz geant-

wortet. Als Grundsatz galt ein Satz, dessen Wahrheit unmittelbar erkannt, somit nicht aus anderen Sätzen gefolgert wird. Daß es Grundsätze geben müsse, wurde damit begründet, daß andernfalls der Rückgang in der Reihe der Begründungen nicht zum Abschluß gelangen könne. Wittgenstein nahm diesen Gedanken auf, gab ihm aber eine Wendung, die von der herkömmlichen Auffassung abweicht: «Die Begründung ... kommt zu einem Ende; – das Ende aber ist nicht, daß uns gewisse Sätze unmittelbar als wahr einleuchten, also eine Art *Sehen* unsererseits, sondern unser *Handeln*, welches am Grunde des Sprachspiels liegt.»[66] Das heißt, daß es bei jedem Sprachspiel Voraussetzungen gibt, die nicht mehr bezweifelt werden, weil ohne sie das Sprachspiel nicht funktionieren würde; auf diese Voraussetzungen legt man sich fest, wenn man in das Sprachspiel eintritt. Die Unbezweifelbarkeit ist daher relativ auf das Sprachspiel; was im Rahmen eines Sprachspiels dem Zweifel entzogen ist, kann jedoch innerhalb eines anderen durchaus bezweifelt werden.

Wittgenstein nahm somit mit Aristoteles an, daß es Sätze geben müsse, die nicht in Frage gestellt werden, er dachte dabei aber, anders als Aristoteles, nicht an Sätze, die auf Grund ihrer Einsichtigkeit unbezweifelbar sind. In anderer Hinsicht ähnelt seine Ablehnung evidenter Axiome der Hegelschen Kritik an der Idee einer axiomatisch aufgebauten Wissenschaft. Hegel hielt es für unmöglich, gewisse Sätze als evidente Axiome auszuzeichnen, weil er meinte, daß sich Sätze immer nur innerhalb eines Systems als gültig erweisen lassen. Wittgenstein kam zu einem ähnlichen Ergebnis, allerdings von einem völlig anderen Ausgangspunkt her. Wenn er erklärte: «Nicht einzelne Axiome leuchten mir ein, sondern ein System, worin sich Folgen und Prämissen *gegenseitig* stützen»,[67] dachte er an einen Zusammenhang praktisch bedingter Überzeugungen, so daß seine Auffassung als pragmatistisch bezeichnet werden kann.

Wittgensteins Auffassung steht auch im Gegensatz zur Common-Sense-Philosophie Edward Moores. Nach Wittgenstein ist z.B. die Überzeugung, daß die Welt seit Millionen Jahren existiere, nicht deshalb unbezweifelbar, weil sie dem Common Sense entspricht, sondern deshalb, weil wir das naturwissenschaftliche Weltbild, das sie nahelegt, akzeptieren. Man kann sich aber, wie er meinte, jemanden vorstellen, der in einem gänzlich andersartigen Weltbild aufgewachsen ist, z.B. einen König, dem von seinen Erziehern die Überzeugung eingeimpft wurde, daß die Welt erst seit seiner Geburt existiere.[68] Daß dieses oder jenes Sprachspiel gespielt und daß diese oder jene Weltanschauung vorausgesetzt wird, läßt sich nicht mehr begründen und nicht mehr angreifen; es kann nur zur Kenntnis genommen werden.

Der Relativismus, in den die Sprachspieltheorie mündet, ist die Konsequenz der Forderung, sich auf die Beschreibung von Sprachspielen als Lebensformen zu beschränken und alles zu lassen, wie es ist. Daß sich Russell und Popper von Wittgensteins Spätphilosophie distanzierten, erklärt sich daraus, daß sie nicht bereit waren, die angedeutete Beschränkung hinzunehmen und sich mit dem aus ihr ergebenden Relativismus abzufinden.

Wittgenstein kritisierte nicht nur zentrale Annahmen der herkömmlichen Philosophie – z.B. daß es absolute Gewißheit gebe, daß im Selbstbewußtsein ein unerschütterliches Fundament der Erkenntnis zu finden sei, daß Ausdrücke auf Grund ihrer Beziehung zu Gegenständen Bedeutung hätten –, sondern er wies der Philosophie die Aufgabe zu, das Denken von diesen vermeintlich falschen Annahmen zu befreien: Die Philosophie hat eine therapeutische Funktion, und das Mittel der Therapie ist die Sprachanalyse. Gleichzeitig läuft Wittgensteins Auffassung darauf hinaus, Fragen, die bisher als philosophische galten, mit einzelwissenschaftlichen Mitteln zu beantworten. Wenn die Probleme, die die Philosophie beschäftigten, durch die Analyse von Sprachspielen zu lösen sind und wenn Sprachspiele als Verhaltensweisen aufgefaßt werden, die, wie das menschliche Verhalten im allgemeinen, mit naturwissenschaftlichen Mitteln zu beschreiben sind, dann hören sie auf, genuin philosophische Probleme zu sein. Wittgenstein folgte in dieser Hinsicht der von Hume (siehe Teil IV, Kap. II, 2b) gewiesenen Richtung, jedoch mit dem Unterschied, daß er sich nicht mehr auf eine mentalistische, sondern auf die behavioristische Psychologie und auf die Soziologie stützte. Seine Auffassung mündet in einen Naturalismus, der wegen seiner Subtilität viel wirkungsvoller war als der ältere naturwissenschaftliche Materialismus oder der Dialektische Materialismus eines Engels oder Lenin.

Die vom späteren Wittgenstein ausgehende sprachanalytische Richtung – die Ordinary Language Philosophy – spielte seit der Mitte des 20. Jahrhunderts vor allem in den angelsächsischen Ländern eine wichtige Rolle. Der von Wittgenstein gewiesenenen antimentalistischen Richtung folgte u.a. Gilbert Ryle (1900–1976), der in seinem Werk «Der Begriff des Geistes» (The Concept of Mind, 1949) die behavioristische Einstellung zur Geltung brachte.

V.

Pragmatismus, Neopositivismus und Kritischer Rationalismus

> Unanfechtbare Wahrheiten gibt es überhaupt
> nicht, und wenn es welche gibt, so sind sie
> langweilig.
>
> *(Theodor Fontane)*

Die philosophischen Richtungen, die in diesem abschließenden Kapitel besprochen werden, sind, bei allen Unterschieden im einzelnen, durch die Überzeugung verbunden, daß die Philosophie vor allem auf die empirischen Wissenschaften bezogen sei. Während Frege, Russell und Wittgenstein von der mathematischen Logik ausgingen, tendierten die im Folgenden zu behandelnden Philosophen dazu, entweder – wie die Vertreter des Pragmatismus – die Philosophie als Einzelwissenschaft zu verstehen oder – wie die Neopositivisten und Kritischen Rationalisten – sie als Theorie der einzelwissenschaftlichen Forschung aufzufassen. Die mit der Orientierung an den Wissenschaften gegebene Gemeinsamkeit bleibt allerdings formal, da zwischen einer Philosophie, die sich als Einzelwissenschaft versteht, und einer Philosophie, die auf die Einzelwissenschaften reflektiert, ein prinzipieller Unterschied besteht, und auch in bezug auf die letztere Auffassung ist eine Differenzierung nötig: Zwischen dem Neopositivismus, in dessen Mittelpunkt wissenschaftstheoretische, die methodologischen Untersuchungen der älteren Positivisten fortsetzende Analysen stehen, und Poppers Kritischem Rationalismus, bei dem es im Anschluß an Kant und Fries (siehe Teil V, Kap. I und II) um die Bedingungen geht, unter denen objektive Erkenntnis als möglich begriffen werden kann, gibt es beträchtliche Unterschiede. Die genannten Positionen gemeinsam zu erörtern ist aber nicht nur wegen der angedeuteten formalen Gemeinsamkeit gerechtfertigt, sondern auch auf Grund der sie verbindenden Ablehnung anderer philosophischer Richtungen, namentlich der spekulativen Metaphysik (einschließlich der Dialektischen Philosophie), der Hermeneutik und der Existenzphilosophie.

1. Der amerikanische Pragmatismus

a) Peirce als Begründer des Pragmatismus

Bei der Darstellung des Pragmatismus ist, wie früher schon bei der Erörterung der Existenzphilosophie, von Auffassungen auszugehen, die bereits im späteren 19. Jahrhundert entwickelt wurden.[1] Wegen der starken Wirkung, die der pragmatistische Ansatz im gesamten 20. Jahrhundert ausübte, ist es aber gerechtfertigt, ihn an dieser Stelle zu behandeln.

Obwohl sich Ansätze pragmatistischen Denkens schon bei Francis Bacon, bei Hume, in gewissem Sinne auch bei Kant feststellen lassen, entstand der Pragmatismus als philosophische Schule, die die Unterwerfung der Theorie unter praktische Kriterien proklamiert, in Amerika, wo er von Ch. S. Peirce, W. James und J. Dewey repräsentiert wurde. In Europa wurden pragmatistische Auffassungen von Ferdinand Canning Scott Schiller (1864–1937), Wilhelm Jerusalem (1854–1923) und Wilhelm Ostwald (1853–1932) vertreten, die aber nicht so stark wirkten wie die vorher Genannten. Deutlich ist der Einfluß pragmatistischer Auffassungen beim späteren Ludwig Wittgenstein, obwohl dieser gewöhnlich nicht als Vertreter des Pragmatismus gilt.[2]

Charles Sanders Peirce (geb. 1839 in Cambridge/Mass., gest. 1914 in Milford, Pennsylvanien) studierte Chemie, interessierte sich aber schon früh auch für Mathematik und Philosophie. Mit zwanzig Jahren wurde er Mitarbeiter am Coast Survey Office der Vereinigten Staaten, in dessen Auftrag er geodätische und astronomische Forschungen betrieb. Er lehrte als Lecturer für Logik in Harvard und später an der Johns-Hopkins-Universität in Baltimore, wurde aber 1884 nicht mehr weiterbeschäftigt, vermutlich weil er sich als Geschiedener wiederverheiratet hatte. Er schrieb Aufsätze über Mathematik, Logik, Geodäsie, Astronomie, veröffentlichte aber zu Lebzeiten nur wenig Philosophisches. Bahnbrechend waren seine Studien über Zeichenlehre (Semiotik) im Zusammenhang mit der Bedeutungs- und Erkenntnislehre.[3] Da er seine Philosophie nicht in geschlossener Form veröffentlichte, war es seinen Zeitgenossen zunächst nicht möglich, seine Leistungen angemessen zu würdigen. William James und John Dewey war es zu verdanken, daß Peirce später jene Anerkennung fand, die ihm in seiner früheren Zeit versagt geblieben war. Erst in den dreißiger Jahren des 20. Jahrhunderts wurden seine Untersuchungen gesammelt herausgegeben.[4]

(1) Die Klärung unserer Ideen

Richtungweisend für die pragmatistische Philosophie war Peirces Essay «Wie unsere Ideen zu klären sind» («How to Make Our Ideas Clear», 1878), der, ähnlich wie eine Reihe anderer Arbeiten aus den Jahren 1877 und 1878, aus Diskussionen in einem Gesprächskreis, dem Metaphysical Club, hervorgegangen ist. Peirce schlug vor, den Erkenntnisprozeß als Bewegung zu deuten, die von einem nicht in Frage gestellten Verhalten zu einem durch Mißerfolge hervorgerufenen Zustand der Unsicherheit und von diesem – durch Überwindung der Verunsicherung – wieder zur Ruhe ungestörten Verhaltens führt. Dem ersten Schritt entspricht auf der Seite des Erkennens der Zweifel (doubt), dem zweiten die Überzeugung (belief).[5]

Die Klärung von Begriffen galt seit der griechischen Sophistik als wichtige Aufgabe der Philosophie. In der Neuzeit stellte vor allem Descartes die Forderung auf, nur klare und distinkte Ideen zuzulassen. Als Mittel zum Ausschluß dunkler und verworrener Ideen setzte er den methodischen Zweifel ein, der der Maxime untersteht, nur das gelten zu lassen, was auch den stärksten Zweifelsgründen standhält (siehe Teil IV, Kap. I, 1 d). Peirce hielt jedoch Descartes' methodischen Zweifel – oder vielmehr das, was er für seinen Kern hielt, nämlich die Forderung, an allem zu zweifeln – für verfehlt; an allem zu zweifeln ist unmöglich, da stets gewisse Überzeugungen vom Zweifel ausgenommen bleiben müssen. Damit wollte er aber keinen dogmatischen Standpunkt empfehlen; er betonte im Gegenteil, daß auch faktisch unbezweifelte Überzeugungen Annahmen sind, die sich eines Tages als korrekturbedürftig erweisen können. Durch diese Einstellung – den Fallibilismus – unterschied er sich von Descartes, der zwar radikal zweifelte, aber durch den Zweifel zu definitiven Einsichten gelangen zu können meinte, während Peirce grundsätzlich bestritt, daß es definitives Wissen geben könne. Obwohl nach Peirce jede Überzeugung als fehlbar zu gelten hat, hielt er Erkenntnisfortschritt für möglich, nämlich durch Berichtigung fehlerhafter Annahmen. Seine vorsichtig optimistische Einstellung stützte er auf die Tatsache, daß sich in den letzten drei Jahrhunderten die empirische Methode in den Naturwissenschaften bewährt hat, weshalb er damit rechnen zu können glaubte, daß wir uns der definitiven Wahrheit annähern, freilich ohne sie je zu erreichen.

Der Zweifel hat ebenso wie die feste Überzeugung eine positive Funktion, wie Peirce in dem Aufsatz «Die Festlegung einer Überzeugung» («The Fixation of Belief», 1877) ausführte: Er regt zur Suche nach besseren Annahmen an und verhindert zugleich deren Dogmatisierung; die Überzeugung (der «Glaube») – als Verhaltensweise bzw. Disposition, in bestimmter Weise zu handeln – überwindet die Unruhe, die mit dem Zweifel verbunden ist. Nicht jede Art, zu Überzeugungen zu gelangen, ist aber zu billigen. Die freiwillige oder durch autoritären Druck herbeigeführte Unterwerfung unter gewisse Auffassungen ist ebensowenig gutzuheißen wie die Orientierung an vorgeblichen Einsichten der reinen Vernunft; nur die mit Hilfe der wissenschaftlichen Methode erreichte Anpassung von Überzeugungen an beobachtbare Tatsachen ist legitim, weil nur sie die Überzeugungen der Kontrolle einer Instanz jenseits des menschlichen Bereichs unterwirft – nämlich der Realität selbst.

Peirce bekannte sich zu einer realistischen Auffassung, von der er meinte, daß sie mit der wissenschaftlichen Methode zusammenhänge; sie kommt zum Vorschein, wenn er feststellt: «Es gibt reale Dinge, deren Eigenschaften völlig unabhängig von unseren Meinungen über sie sind; dieses Reale wirkt auf unsere Sinne nach regelmäßigen Gesetzen ein, und obwohl unsere Sinnesempfindungen so verschieden sind wie unsere Beziehungen zu den Gegenständen, können wir doch, indem wir uns auf die Gesetze der Wahrnehmung stützen, durch schlußfolgerndes Denken mit Sicherheit feststellen, wie die Dinge wirklich und in Wahrheit sind; und jeder, wenn er hinreichende Erfahrung hätte und genug darüber nachdächte, wird zu der einen einzig wahren Konklusion geführt werden.»[6] Zugunsten des Realismus spricht auch, daß das Unbehagen angesichts von Zweifeln nicht zu verstehen wäre, wenn es keine von unserem Denken unabhängige Wirklichkeit gäbe, und daß wir nicht, wie es in der Wissenschaft ständig geschieht, auf Wahrscheinlichkeitsüberlegungen gestützte Vorhersagen machen könnten, wenn die Wirklichkeit völlig chaotisch wäre.

Die herkömmliche (namentlich Cartesianische) Forderung, daß Ideen klar und distinkt sein müßten, um wissenschaftlich brauchbar zu sein, hielt Peirce für ungenügend, weil sich mit distinkten Ideen noch keine Überzeugungen verbinden müssen, Überzeugungen aber das sind, worauf es letzten Endes ankommt. Eine Überzeugung ist durch drei Merkmale bestimmt: Sie ist erstens eine Bewußtseinsweise, zweitens bringt sie den Zweifel zur Ruhe, und drittens enthält sie eine Handlungsregel.[7] Mit dem Entstehen einer Überzeugung wird aber nur ein bestimmter Zweifel überwunden, nicht der Zweifel überhaupt, weil eine Überzeugung sogleich neue Zweifel hervorzurufen pflegt, die durch neue Überzeugungen besiegt werden müssen usw.

Diese Auffassung des Verhältnisses von Zweifel und Überzeugung unterscheidet sich von ähnlichen Ansichten früherer Philosophen durch die (behavioristische) Annahme, daß Überzeugungen Verhaltensdispositionen seien. Nach Peirce mündet die Auseinandersetzung mit dem Zweifel in ein Handeln, und in den Konsequenzen, die Ideen und Überzeugungen für das Handeln haben, besteht deren Bedeutung. Ideen und die mit ihnen verbundenen Überzeugungen sind nur insofern verschieden, als sie verschiedene Verhaltensweisen auslösen: «Um die Bedeutung eines Gedankens zu entwickeln, haben wir ... einfach nur zu bestimmen, welche Verhaltensweise er erzeugt, denn was ein Gegenstand bedeutet, besteht einfach in den Verhaltensweisen, die er involviert.»[8] Der Begriff der Wirkungen, die wir ihrem Gegenstand zuschreiben, ist der Begriff des Gegenstands.[9] Dabei sind nicht faktische, sondern denkbare Wirkungen gemeint: Um die Bedeutung von Begriffen zu bestimmen, muß man feststellen, welche Handlungsweisen sich ergeben würden, wenn die angenommenen Wirkungen einträten.

Die These, daß die Bedeutung eines Begriffs mit den Wirkungen, die wir seinem Gegenstand zuschreiben, gegeben ist, klingt plausibel, wenn man einen Begriff wie «hart» betrachtet. Wir nennen z.B. einen Diamanten hart, weil man mit ihm andere Mineralien ritzen kann, während er selbst von diesen nicht geritzt wird. Bei einem Begriff wie «hart» handelt es sich um einen Dispositionsbegriff, der als solcher nicht mit Hilfe einfacherer Begriffe definiert, sondern nur dadurch bestimmt werden kann, daß man die Bedingungen angibt, unter denen sich Härte konstatieren läßt. Um festzustellen, ob ein Ding hart ist, muß man es also auf die Probe stellen, und in diesem Sinne kommen tatsächlich praktische Zusammenhänge ins Spiel.

Das heißt aber nicht, daß es sich bei allen Begriffen so verhalten muß. Was für Dispositionsbegriffe wie «hart», «wasserlöslich», «zerbrechlich» usw. gilt, muß nicht für Begriffe wie «Einheit» und «Vielheit», «Gleichheit», «Verschiedenheit» und ähnliche gelten.

Peirces Auffassung läuft auf die Ablehnung des Essentialismus (der Annahme von Wesenheiten) und des Innatismus (der Annahme eingeborener Ideen) hinaus. Wenn sich die Bedeutung von Ideen aus ihren praktischen Konsequenzen ergibt, dann braucht man sie nicht mit abstrakten Bedeutungsgehalten, z.B. mit Ideen im Sinne Platos oder mit eingeborenen Ideen im Sinne Descartes' in Verbindung zu bringen.

Peirce hat den Pragmatismus in erster Linie als Bedeutungstheorie aufgefaßt, nicht primär als eine Theorie der Wahrheit, nach der die Wahrheit von Sätzen in deren Brauchbarkeit besteht. Von der pragmatistischen Wahrheitstheorie, wie sie William James (siehe Abschn. b) vertrat, hat sich Peirce im Verlauf der Jahre immer deutlicher distanziert und es vorgezogen, seine Auffassung zum Zweck der Abgrenzung als «Pragmatizismus» zu bezeichnen.

(2) Zeichen- und Kategorienlehre

Von größter Bedeutung für das philosophische Denken der Folgezeit war Peirces These, daß es ohne Zeichen, d.h. ohne eine Art von Sprache, keine Erkenntnis geben könne; wo sie übernommen wurde, kam es zu der für verschiedene Strömungen der neuesten Zeit charakteristischen linguistischen Wende (linguistic turn) in der Philosophie.

In der Lehre von den Zeichen (Semiotik), die nach Peirce innerhalb der Philosophie eine zentrale Rolle spielt, muß zunächst der Begriff des Zeichens geklärt werden. Ein Zeichen, das etwas für ein Subjekt repräsentiert, muß gewisse materielle Eigenschaften haben (z.B. eine gewisse Farbe und Gestalt, wenn es sich um ein gedrucktes Wort handelt); es muß ferner eine Beziehung zum bezeichneten Ding haben, und es muß schließlich in einem Bedeutungszusammenhang als Zeichen verstanden sein. Den Kontext, innerhalb dessen ein Zeichen verstanden ist und zu dem auch praktische Beziehungen, näherhin die Verhaltensweisen gehören, die das Zeichen hervorrufen kann, nannte Peirce «Interpretant». Mit diesem Ausdruck ist somit nicht der konkrete Mensch als Interpret gemeint. Peirce unterschied mehrere Aspekte von Interpretanten, nämlich den emotionalen Aspekt (der z.B. bei der Interpretation eines Musikstücks im Vordergrund steht), den energetischen (bei dem eine physische oder geistige Anstrengung die entscheidende Rolle spielt) und den logisch-begrifflichen. Da die Bedeutung eines Begriffs die Menge seiner möglichen Wirkungen auf das Verhalten ist, spielt der Einfluß auf das Verhalten bei der Interpretation eine wesentliche Rolle.[10]

Im Rahmen der Semiotik ist auch der Begriff der Erkenntnis zu bestimmen. Erkenntnis ist nach Peirce stets Erkenntnis von etwas, das *als etwas* bestimmt ist, d.h. Erkenntnis eines Gegenstands, der als Gegenstand bestimmter Art interpretiert ist. (Zum Beispiel sagt man, ein Baum werde als Eiche erkannt; solange ein Ding nicht als Ding bestimmter Art interpretiert ist, mögen wir Kenntnis von ihm haben, von einer Erkenntnis können wir nicht sprechen.) Mit dieser Auffassung folgte er Kant, der betont hatte, daß etwas nur Gegenstand der Erfahrung sein könne, wenn es unter Begriffe – letztlich unter Kategorien – gebracht und damit als etwas Bestimmtes gedeutet werde. Peirce tat aber insofern einen Schritt über Kant hinaus, als er annahm, daß etwas nur mit Hilfe von Zeichen als etwas bestimmt werden kann. Nach Peirce ist somit die Zeichenrelation dreigliedrig: Ein Zeichen ist etwas, durch das etwas als etwas bezeichnet wird. Die Zeichenrelation ist nicht schon damit gegeben, daß eine Qualität vorliegt: ein «Icon» (wörtlich: Bild) ist noch kein Zeichen; sie ist auch noch nicht dadurch gegeben, daß etwas «Index» eines Objekts ist; erst wenn etwas als Symbol ein Objekt vermittelt, handelt es sich um ein Zeichen. Mit Bezug auf das Vorliegen eines «Icon» sprach Peirce von «Erstheit» (Firstness); der Beziehung zwischen Zeichen und bezeichnetem Objekt, durch die das Vorhandensein eines realen Gegenstands angezeigt wird – der Indexfunktion –, entspricht die Kategorie der «Zweitheit» (Secondness), auf Grund deren es möglich ist, sich durch Pronomina (wie «dieses») oder Adverbien («hier», «jetzt») auf Gegenstände zu beziehen. Der Symbolfunktion ist die Kategorie der «Drittheit» (Thirdness) zugeordnet. Auf ein Icon bezieht man sich mit einem einstelligen Prädikat (z.B. «a ist rot»), auf einen Index mit einem zweistelligen Prädikat (z.B. «a wird hervorgerufen von b»), und auf ein Symbol mit einem dreistelligen Prädikat («a ist b in bezug auf c»). Ein Icon ist etwas Gegebenes, ein Index entsteht durch Beziehung des Gegebenen auf einen Gegenstand, und ein Symbol setzt voraus, daß etwas innerhalb eines Kontextes als etwas interpretiert ist.

Peirce bezeichnete Erstheit, Zweitheit und Drittheit als Kategorien, wobei er nicht so sehr an die Kantische, als vielmehr an die Hegelsche Kategorienlehre anknüpfte. Der Erstheit entspricht die Thesis (die Position) der dialektischen Triade, der Zweitheit die Antithesis (die Negation) und der Drittheit die Synthesis. Während Hegel aber von dem Abstractum «Sein» ausging, fallen unter Peirces Kategorie der Erstheit konkrete gegenwärtige Inhalte. Auch «das Element des Streits», das mit der Kategorie der Zweitheit ins Spiel kommt, betrifft nicht das Verhältnis zwischen allgemeinen Begriffen, sondern die Tatsache, daß auf gegebene Inhalte reagiert und entsprechend gehandelt wird. Damit kommt der aktive Aspekt der Erfahrung zur Geltung; Peirce sprach ausdrücklich von einer «Tätigkeit der Erfahrung». Mit der Kategorie der Drittheit werden das Gegebensein von Inhalten und ihre Beziehung auf ein Objekt in einer Synthese verbunden, sofern der Inhalt nicht mehr nur als Zeichen des Vorhandenseins eines Objekts, sondern als dessen Darstellung aufgefaßt wird.[11]

Kants Auffassung, nach der Begriffe ohne Anschauungen leer, Anschauungen ohne Begriffe aber blind sind, findet bei Peirce eine Entsprechung auf der semiotischen Ebene: Symbole ohne die Icon- und Indexfunktion sind leer, und diese bleiben ohne die Symbolfunktion blind. Im Gegensatz zu Kant hielt Peirce die Wirklichkeit selbst aber für prinzipiell erkennbar, weil er annahm, daß man andernfalls nicht zwischen Wahrheit und Schein unterscheiden könnte. Das heißt nicht, daß die Wirklichkeit auch faktisch erkannt sein muß, und selbst wenn sie erkannt ist, handelt es sich nach Peirce niemals um definitive Erkenntnis. Auch mit der These, daß etwas nur auf Grund von Interpretationen zu einem Gegenstand der Erfahrung werden kann, knüpfte Peirce an Kant an, nahm aber im Gegensatz zu diesem an, daß der Interpretation etwas Uninterpretiertes, d.h. etwas deutungsfrei Gegebenes, zugrunde liege. Wenn er erklärte, beim Erfassen des Gegebenen (der «Phänomenologie») komme es auf die Fähigkeit an, «das zu sehen, was einem in die Augen springt, und zwar genau so, wie es sich einem darstellt, unverfälscht durch jede Rücksichtnahme auf diesen oder jenen modifizierenden Umstand, den man annehmen könnte»,[12] zeigt sich seine Abhängigkeit vom Empirismus.

Der wichtigste Unterschied zwischen Peirces Pragmatismus und Kants Kritizismus besteht darin, daß an die Stelle des reinen Bewußtseins der Transzendentalphilosophie das Subjekt als Mitglied einer unbegrenzt erweiterungsfähigen Gemeinschaft tritt. Gleichzeitig wird die Korrespondenzauffassung der Wahrheit fallengelassen: Die Wahrheit von Urteilen wird nicht mehr in ihrer Übereinstimmung mit den beurteilten Tatsachen erblickt, sondern in ihrer Übereinstimmung mit den innerhalb einer Gemeinschaft geltenden Überzeugungen: Wahr ist eine Überzeugung, wenn in bezug auf sie Konsens besteht. Diese Ansicht wäre höchst befremdlich, wenn ein Konsens innerhalb bestimmter Gruppen gemeint wäre, so daß z.B. eine Wahrheit der Deutschen von einer Wahrheit der Franzosen oder eine Wahrheit der Theologen von einer Wahrheit der Physiker unterschieden werden könnte. Peirce dachte jedoch an einen Konsens innerhalb einer idealen Gemeinschaft, die nicht wirklich besteht und die alle Wesen einschließt, zu denen wir geistig in Verbindung treten können.[13] Überzeugungen sind wahr, wenn angenommen werden kann, daß in bezug auf sie in dieser gedachten Gemeinschaft Konsens besteht. Das, worauf sich die Überzeugungen dieser Gemeinschaft richten, heißt die Wirklichkeit.[14]

Im Licht der Idee einer idealen Kommunikationsgemeinschaft läßt sich auch Peirces oben erwähnte optimistische Einschätzung des Erkenntnisfortschritts verstehen. Obwohl er überzeugt war, daß sich alle unsere Überzeugungen als falsch erweisen könnten, rechnete er doch mit immer größerer Konvergenz der wissenschaftlichen Auffassungen, weil er im Forschungsprozeß Faktoren wirksam sah, die der Willkür der Forschenden entzogen sind. Selbst wenn die Menschheit ausgestorben und an ihre Stelle eine andere Art von denkenden Wesen getreten sein sollte, würde sich, wie er glaubte, die Annäherung an die Wahrheit fortsetzen. Der gedachte End-

punkt der Erkenntnisentwicklung ist ein Zustand, in dem es keine unbeant-
worteten Fragen mehr gibt.

Das Projekt der Semiotik wurde von anderen aufgenommen und weiter-
geführt, z. B. von Charles W. Morris (1901–1979), der, auf Peirce aufbauend,
drei Bereiche der Semiotik unterschied: Die Syntaktik, die es mit den Beziehungen der Zeichen untereinander in einem Zeichensystem zu tun hat, die
Semantik, die die Beziehung zwischen Zeichen und bezeichneten Gegenständen untersucht, und die Pragmatik, die die Zeichen in ihrer Relation zu
den Zeichenbenutzern ins Auge faßt.[15]

(3) Pragmatismus und Metaphysik

Peirce stand zunächst der Metaphysik kritisch gegenüber; er wollte sie
durch den Nachweis entkräften, daß metaphysische Begriffe und Sätze
keine beobachtbaren Folgen haben und daher praktisch folgenlos bleiben.
Später vertrat er selbst ausgesprochen metaphysische Ansichten: Er war
überzeugt, daß es eine ideale Struktur der Wirklichkeit gebe und daß diese
in einem göttlichen Wesen fundiert sei.

Der Zusammenhang von Semiotik und Metaphysik ergibt sich unter
Peirces Bedingungen daraus, daß nicht nur Begriffe, sondern auch allgemeine Sätze, einschließlich der Naturgesetze, Symbole sind und als solche
etwas symbolisieren. So drückt ein Naturgesetz wie das Fallgesetz nicht
nur die subjektive Erwartung aus, daß jeder schwere Körper, dem kein
Hindernis entgegensteht, in bestimmter Weise fallen wird, sondern es entspricht einer objektiven Gesetzmäßigkeit, einem Zug des Wesens der Wirklichkeit. Peirce bekannte sich zum Universalienrealismus: Er nahm an, daß
es ein Wesen der Dinge gibt, in dem die Regelmäßigkeiten des Naturgeschehens fundiert sind. Die Vorgänge in der Natur sind somit nicht, wie die
Nominalisten meinten, rein zufällig, sondern in ihnen drücken sich objektive Zusammenhänge aus.[16]

Die objektiven naturgesetzlichen Prinzipien verhalten sich zur materiellen Wirklichkeit ähnlich wie das Bewußtsein zum Körper. So wie wir feststellen können, daß das Denken körperliche Vorgänge beeinflußt, ohne daß
wir wüßten, wie dies geschieht, so können wir auch annehmen, daß in der
Natur ideelle Prinzipien wirksam sind, obwohl wir nicht wissen, wie sie
wirken. Auf Grund dieser Analogie deutete er die Naturprinzipien als
Ideen eines allgemeinen Bewußtseins, das er mit Gott identifizierte.[17] Die in
Gott fundierte Ordnung der Natur betrachtete er als Zweckordnung und
meinte, «daß die Existenz Gottes, soweit wir sie uns vorstellen können,
darin besteht, daß eine Tendenz auf Ziele hin ein so notwendiger Bestandteil des Universums ist, daß die bloße Aktion des Zufalls auf unzählbare
Atome ein unvermeidbares teleologisches Resultat hat.»[18] Gelegentlich
beurteilte er den Gottesglauben jedoch auch im Hinblick auf seine Folgen:
Gott galt ihm insofern als wirklich, als die Gottesidee – als Idee von etwas,
das alle bewundern, verehren und lieben – praktisch wirksam ist.

Das Geschehen in der Welt ist nicht durchweg notwendig, sondern es gibt auch Zufall im objektiven Sinn bzw. spontanes Werden. Diese Auffassung bezeichnete Peirce als Tychismus (von griech. «tyche» = «Zufall»). Er nahm an, daß aus zufälligem Geschehen Ordnung hervorgehen könne und bezeichnete die Lehre vom Zusammenhang von Zufall und Gesetzmäßigkeit als «Synechismus» (von griech. «synechein» = «zusammenhängen»). Letztlich beruht der Zusammenhang aller Wesen auf Liebe, und auf diesen Aspekt seiner Konzeption wies Peirce mit dem Ausdruck «Agapismus» hin (von griech. «agápe» = «Liebe»). Peirce war überzeugt, «daß die Logik auf die Ethik gegründet sein muß ... [und] daß die Ethik in gleicher Weise auf dem Fundament der Ästhetik beruht ...»[19] Angesichts seiner Ablehnung des mechanistisch-deterministischen Weltbildes und seines Glaubens an die Möglichkeit spontanen Wirkens in der Natur ist es verständlich, wenn ihn William James mit Bergson (siehe Teiln VI, Kap. IV, 3) verglich. Peirce verwahrte sich jedoch entschieden gegen diesen Vergleich: Mit einem Autor, dem es nicht, wie ihm, vor allem um Klarheit gegangen sei, wollte er nichts zu tun haben.

Ungeachtet des metaphysischen Charakters seiner Ansichten hielt Peirce daran fest, daß eine Kritik der Metaphysik nötig sei, da nicht jede Art von Metaphysik zu billigen ist, sondern nur eine rein philosophische; metaphysische Konzeptionen, die durch Vermengung philosophischer mit religiösen Vorstellungen entstehen, lehnte er ab. Mit der Hinwendung zu metaphysischen Überlegungen verband sich beim späteren Peirce eine Modifikation der pragmatistischen Maxime. Das letzte Ziel kann, wie er nun einräumte, nicht im Handeln bestehen, da jedes Handeln auf allgemeine Ziele, d. h. auf Ideen, gerichtet ist. Die Bedeutung von Begriffen liegt demnach nicht so sehr in ihren praktischen Konsequenzen, als vielmehr in ihrem Beitrag zur Entwicklung der Vernunft, verstanden als objektive Vernunft.

Peirce unterscheidet sich von den anderen bedeutenden Vertretern des amerikanischen Pragmatismus durch seine Hochschätzung Kants, mit dessen Philosophie er früh in Berührung gekommen war und in dem er einen Vorläufer des Pragmatismus sehen zu können glaubte. Ob Kant in irgendeinem Sinne Pragmatist war, darf hier dahingestellt bleiben, zumal es wichtigere Übereinstimmungen zwischen ihm und Peirce gibt, nämlich vor allem im Hinblick auf die These der Deutungsabhängigkeit der Gegenstände des Erkennens. Peirce kann man aber schwerlich der Transzendentalphilosophie zurechnen, und das nicht nur deshalb, weil er im Unterschied zu Kant annahm, daß der Gegenstand außer von Anschauungs- und Denkformen auch von sprachlichen Zeichensystemen und praktischen Faktoren abhängig sei; wichtiger sind die Meinungsdifferenzen in bezug auf die Kategorien, in denen Peirce nicht gegenstandskonstitutive Denkformen, sondern Aspekte der Zeichenfunktion erblickte, und auf die transzendentale Deduktion der Kategorien, der Peirce verständnislos gegenüberstand.[20] Auch zu Peirces Fallibilismus scheint es auf den ersten Blick bei Kant keine

Entsprechung zu geben. Tatsächlich liegt hier aber kein Gegensatz vor, da Kant Aussagen über partikuläre Gegenstände ebenfalls nicht für notwendig wahr hielt; als notwendig betrachtete er nur Urteile über die Bedingungen der Möglichkeit von Erfahrung, und Sätze über die Kategorien dürfte auch Peirce nicht für fallibel gehalten haben. Obwohl Peirce nicht als genuiner Transzendentalphilosoph gelten kann, läßt sich nicht übersehen, daß es bei ihm Auffassungen gibt, an die eine die transzendentalphilosophischen Züge seines Denkens akzentuierende Deutung anknüpfen konnte, wie sie vor allem Karl-Otto Apel[21] unter dem Titel der Transzendentalpragmatik vorgetragen hat.

b) William James

Der zweite Begründer des amerikanischen Pragmatismus war der 1842 in New York geborene William James, der Medizin studierte, sich bald auch der Philosophie zuwandte und 1885 an der Harvard-Universität eine Professur für Philosophie erhielt. Obwohl er mit Peirce in der pragmatistischen Grundauffassung übereinstimmte, unterschied er sich von diesem doch durch den stärker ausgeprägten empiristischen Charakter seines Denkens. Seine Hinwendung zu einem radikalen Empirismus, der kein Apriori kennt, erklärt sich daraus, daß er sich in erster Linie an der Psychologie orientierte, während Peirce von der mathematischen Logik ausgegangen war. Ungeachtet seines Bekenntnisses zum radikalen Empirismus war er nicht nur, wie Peirce, gegenüber metaphysischen Gedanken aufgeschlossen, sondern er vertrat auch religiöse Ideen, die er in «The Will to Believe and Other Essays in Popular Philosophy» (1908) pragmatistisch zu rechtfertigen suchte. Seine metaphysischen Ansichten legte er in «A Pluralistic Universe» (1909) dar, und Grundfragen des Pragmatismus behandelte er in den Werken «Pragmatism» (1907) und «The Meaning of Truth» (1909). James starb im Jahre 1910.

(1) Die Auffassung der Wahrheit

James verstand den Pragmatismus als Gegensatz zum Rationalismus, zum Teil aber auch als Gegenposition zum klassischen Empirismus. Während die rationalistischen Philosophen die Wirklichkeit monistisch zu begreifen suchten, Erkenntnis allgemeiner Wesenheiten bzw. Ganzheiten erstrebten und zum Dogmatismus tendierten, denkt der Empirist nach James pluralistisch; er erkennt keine Universalien an und vertritt eine undogmatische, zum Skeptizismus neigende Haltung. Dem Intellektualismus der Rationalisten setzen die Empiristen den Sensualismus entgegen; während der Rationalist an Willensfreiheit glaubt, zu einer optimistischen Sicht der Wirklichkeit neigt und der Religion positiv gegenübersteht, nimmt der Empirist eine fatalistische Grundhaltung in Verbindung mit einer kritischen Sicht der Religion ein.

James stellte diese beiden konträren philosophischen Positionen vom Standpunkt der Psychologie aus als Ausdruck unterschiedlicher Temperamente dar. So wie sich in Literatur und Kunst Klassiker und Romantiker und in der Politik Autoritäre und Anarchisten durch ihr Temperament unterscheiden, so macht sich auch in der Philosophie der Unterschied zwischen einem empiristischen und einem rationalistischen Temperament bemerkbar.[22] James ließ es bei dieser Gegenüberstellung nicht bewenden, sondern suchte nach einer Synthese, die er im Pragmatismus gefunden zu haben glaubte. Die pragmatistische Philosophie ist, wie der Empirismus, tatsachenorientiert, aber frei von materialistischen Tendenzen, sie erkennt kein Apriori an, hegt aber auch keine Vorurteile gegenüber der Religion und der Theologie. Wenn religiöse Ideen im Leben eine positive Rolle spielen, sind sie vom pragmatistischen Standpunkt aus berechtigt bzw. «wahr»; wenn dagegen eine Idee, wie die Idee des Absoluten im Sinne des spekulativen Idealismus, keine Beziehung zum Leben hat, ist sie unwahr.[23] Weil James den Monismus mit seinem Absolutheitsanspruch ablehnte, optierte er für den Pluralismus, d.h. die Ansicht, daß die Wirklichkeit keine All-Einheit, sondern immer und überall vieles ist.[24] Während nach monistischer Auffassung alle Dinge wesensmäßig zusammenhängen bzw. der Begriff eines jeden Dings die Begriffe aller anderen Dinge einschließt, sind vom Standpunkt des Pluralismus aus die Dinge selbständig, so daß die Beziehungen, in die sie eintreten können, ihnen äußerlich sind. Das pluralistische Universum läßt sich einem Bundesstaat vergleichen, während das monistische Universum einer absoluten Monarchie gleicht. Vom pluralistischen Standpunkt aus wäre daher das Universum richtiger «Multiversum» zu nennen.

Im Pragmatismus erblickte James eine Philosophie, die dem empiristischen Temperament entspricht, weil sie ebenso wie der Empirismus bzw. der Positivismus nicht nach grundlegenden Dingen und ersten Prinzipien fragt, sondern nach Tatsachen und deren beobachtbaren Folgen. Mit dem Utilitarismus stimmt der Pragmatismus insofern überein, als er die Bedeutung praktischer Folgen von Ideen untersucht, und mit dem Nominalismus erkennt er außer besonderen Tatsachen nichts Wirkliches an. Er unterscheidet sich zugleich von allen diesen Richtungen dadurch, daß er jede Dogmatisierung abwehrt; er ist, wie James betonte, nicht so sehr eine Doktrin, als vielmehr eine Methode. Schließlich ist James' radikaler Empirismus auch (erkenntnistheoretischer) Realismus, da er eine unabhängig von uns bestehende Wirklichkeit, näherhin eine Vielheit voneinander unabhängiger, in realen Beziehungen stehender Dinge, anerkennt. Auf die Frage, was «real» bedeutet, ist zu antworten: das, wovon unsere Wahrheiten Rechenschaft geben.[25] Da unsere «Wahrheiten» nicht endgültig sind, ist auch der Glaube, daß dies oder jenes real sei, provisorisch: Auch Erkenntnistheoretiker sind Sterbliche, die fehlen können (fallible mortals).[26] James wollte nicht leugnen, daß es Wissen gebe, aber er leugnete, daß wir je sicher wissen könnten, ob wir wissen: «Zu wissen ist eine Sache, und sicher zu wissen, daß man weiß, eine andere.»[27] Es gibt mit anderen Worten kein zuverlässiges Kriterium der Wahrheit, namentlich keine Evidenz.

Nicht nur religiöse Vorstellungen, sondern alle Begriffe und Annahmen sind im Licht ihrer praktischen Folgen zu beurteilen, und zwar nicht nur, wie bei Peirce, im Hinblick auf ihre Bedeutung, sondern mit Bezug auf ihre Wahrheit: Sie sind nach James wahr, wenn sie positive Folgen haben. Wenn James erklärte: «Man muß den praktischen Barwert [cash-value] jedes Wortes herausfinden, es innerhalb des Stroms der Erfahrung wirksam werden lassen»,[28] dann ist das mißverständlich, weil der Eindruck entstehen kann, es handle sich um eine rein utilitaristische Denkweise im Einklang mit der kapitalistischen Einstellung. Eine solche Deutung ist aber ebensowenig gerechtfertigt wie die Ansicht, James mache die Wahrheit von Annahmen von den materiellen Vorteilen abhängig, die sie nach sich ziehen. Die bekannte Formulierung: «›Das Wahre‹ ... ist nur das, was auf dem Weg des Denkens förderlich ist, so wie ›das Richtige‹ nur das ist, was auf dem Weg des Verhaltens förderlich ist»[29] würde mißverstanden, wenn man «förderlich» auf «materiell nützlich» reduzierte; gemeint ist vielmehr Förderlichkeit im weitesten Sinn, einschließlich der positiven Funktion von Ideen und Annahmen im Erkenntnisprozeß. So heißen Ideen wahr, wenn sie zwischen neuen Annahmen und gewohnten, in der Regel nicht mehr bezweifelten Ansichten vermitteln bzw. wenn sie der Zusammenfassung einer Menge von Erfahrungen dienen und es uns ersparen, die Reihe der einzelnen Erfahrungen immer wieder von neuem durchzugehen. Analoges gilt für Theorien, die wahr heißen, sofern sie brauchbare Instrumente der Erklärung und der Vorhersage sind. Da sie nach James in ihrer Funktion als Instrumente aufgehen, dürfen sie nicht als Beschreibungen von Strukturen der Wirklichkeit aufgefaßt werden, so wie sie nicht als notwendig wahr betrachtet werden können.

Diese Ansicht läuft auf die Preisgabe der Auffassung hinaus, daß Wahrheit in der Übereinstimmung von Urteilen und Tatsachen bestehe. Wenn Ideen und Sätze wahr heißen, sofern sie es erlauben, neue Ansichten in das bisherige Wissen so einzubeziehen, daß an den akzeptierten Auffassungen möglichst wenig geändert werden muß – James sprach in anschaulicher Weise von einer Vermählung neuer mit alten Meinungen –, dann entscheidet über ihre Wahrheit nicht ihr Verhältnis zu den Tatsachen, sondern ihre Eignung, ein Höchstmaß an Kontinuität mit einem Mindestmaß an Änderungen zu verbinden. Die Wahrheit einer Theorie hängt somit von ihrer Rolle bei der (approximativen) Lösung eines Problems der Maxima und Minima ab.[30] Theorien sind mit einem Wort Mittel, um die Kohärenz unseres Wissens zu bewahren, und «wahr» heißt eine Annahme, wenn sie die Kohärenz in möglichst befriedigender Weise gewährleistet. Was als befriedigend gilt, hängt aber von unseren Wertungen ab, und diese sind weder konstant, noch müssen sie sich mit den Wertungen anderer decken. Hier ist alles «plastisch», wie James sagte. Das gilt nicht nur für neue Auffassungen, sondern auch für die ältesten Schichten unseres Wissens, an denen wir festzuhalten suchen, die aber grundsätzlich ebenfalls variabel sind. So wie es kein perfektes Wissen gibt, so gibt es auch keine allgemeinverbindliche Methode; jeder Weg, der zum gewünschten Ziel führt, kann beschritten werden.

Mit der Auffassung der Wahrheit als Kohärenz verbindet sich die Auffassung, daß nicht isolierte Sätze, sondern nur Sätze innerhalb ganzheitlicher Kontexte als wahr oder falsch beurteilt werden können. Diese Ansicht – der Holismus (von griech. «hólos» = «ganz») – steht im Gegensatz zur positivistischen Annahme einer durch besondere Sätze (wie die Protokollsätze, von denen im Wiener Kreis die Rede war; siehe unten Abschn. 3 c) gebildeten Basis des Wissens.

Philosophen, die an der Korrespondenzauffassung der Wahrheit festhielten, erblickten in der Annahme, daß Theorien bloße Mittel zur Erzeugung von Kohärenz seien – dem Instrumentalismus –, ein Mißverständnis des Wesens von Theorien. So vertrat Karl R. Popper (siehe Abschn. 4) die Ansicht, daß der Instrumentalismus auf der ungerechtfertigten Angleichung reiner an angewandte Theorien beruhe. Reine Theorien werden durch das Scheitern von Widerlegungsversuchen bestätigt, während es bei angewandten Theorien nur auf Brauchbarkeit ankommt und Widerlegungsversuche gar nicht möglich sind. Erkennt man an, daß zwischen Theorien und ihrer Anwendung ein wesentlicher Unterschied besteht, dann bricht nach Popper der Instrumentalismus zusammen.[31]

(2) *Pragmatismus als Weltanschauung*

Mit dem Instrumentalismus steht James' Ablehnung des Dualismus von Wahrheit und Wert in engem Zusammenhang. Wenn «wahr» als «förderlich» bestimmt wird, dann müssen Werte angenommen werden, in bezug auf welche von Förderlichkeit gesprochen wird. Tatsächlich betrachtete James die Wahrheit als eine Art des Guten und stellte fest: «Das Wahre bezeichnet alles, was in der Weise des Glaubens gut ist bzw. gut aus bestimmten, angebbaren Gründen.»[32] Die Bewertung erfolgt innerhalb eines Zusammenhangs, der nicht rein theoretisch ist, sondern praktische Stellungnahmen, traditionelle Vorurteile, ideologische Einstellungen einschließt, kurz: im Rahmen einer Weltanschauung.

Die Förderlichkeit, auf die James die Wahrheit zu reduzieren suchte, schließt die Förderlichkeit für die Lebensgestaltung im weiten Sinne ein. Von diesem Gesichtspunkt aus beurteilte James auch religiöse Ideen, namentlich die Idee Gottes. Nicht nur wissenschaftliche Hypothesen haben als wahr zu gelten, wenn sie befriedigende Ergebnisse liefern, sondern auch religiöse Annahmen. Obwohl sich viele religiöse Lehren schlecht ausgewirkt haben, gibt es andere, die sich bewähren und die daher lebendig bleiben sollten. Hier gilt der Grundsatz vom Überleben des Tauglichsten.

James war überzeugt, daß sich jene religiösen Vorstellungen am besten behaupten würden, die sich am leichtesten mit naturwissenschaftlichen Theorien in Einklang bringen lassen.[33]

Nach James gibt es Fragen, die sich nicht in rationaler Weise beantworten lassen und die dennoch nach einer Antwort verlangen. Bei solchen Fragen – und nur bei ihnen – sind emotionale Entscheidungen gerechtfertigt, ja sie sind nötig, weil der Verzicht auf Stellungnahme selbst eine emotionale Entscheidung wäre.[34] Um Fragen dieser Art geht es in der Moral und in der Religion, wo somit nicht mehr der Verstand, sondern das «Herz» entscheidet (vgl. die verwandte Ansicht Pascals, Teil IV, Kap. I, 2 d). Wir nehmen Optionen vor, hinter denen nicht nur unser Kopf, sondern unsere ganze Natur steht. Der religiöse Glaube, daß es etwas Ewiges gibt und daß wir besser fahren, wenn wir an es glauben, ist ein Glaube von der Art, der Tatsachen schafft, ähnlich wie z. B. der Glaube an die Solidarität von Mitmenschen diese veranlassen kann, tatsächlich solidarisch zu sein. Die Entscheidung für den religiösen Glauben ist eine Entscheidung von jener Art, die Pascal durch das Beispiel von der Wette nahelegte. Setzt man darauf, daß der religiöse Glaube wahr ist, dann hat man Aussicht auf Gewinn; weicht man dem Einsatz aus, weil man zu irren fürchtet, dann gibt man jede Aussicht auf einen Gewinn auf. Der Verzicht auf eine Entscheidung für den religiösen Glauben ist also nicht Verzicht auf Entscheidung überhaupt, sondern eine Entscheidung gegen die mit dem Glauben verbundenen möglichen Vorteile. Nach James ist die Ansicht zurückzuweisen, daß es ein Gebot der Vernunft sei, Entscheidungen so lange zurückzuhalten, bis hinreichende Gründe für die eine oder die andere Seite verfügbar sind. Demgegenüber betonte er, «daß eine Denkregel, die uns hinderte, gewisse Arten von Wahrheiten anzuerkennen, auch wenn es diese Arten von Wahrheiten wirklich gibt, eine unvernünftige Regel wäre».[35] Vorbehalte gegen diese Ansicht sind, wie er meinte, nur mit dem Blick auf spezielle religiöse Lehren möglich; sie entfallen, wenn es um die religiöse Einstellung im allgemeinen geht. Die Aussicht, die der religiöse Glaube, wie er ihn verstand, eröffnet, ist nicht mit der Hoffnung auf ewiges Leben oder auf jenseitigen Lohn zu verwechseln; es handelt sich vielmehr um die Aussicht, die Stellung des Menschen im All so bestimmen zu können, daß das All nicht mehr als unpersönliches *Es*, sondern als *Du* erscheint und der Mensch sich als selbständigen, tätigen Teil des Alls zu sehen vermag.

Nach pluralistischer Ansicht ist Gott nicht mit dem All identisch, sondern er stellt sich als Teil des Alls dar, so wie auch der Mensch ein Teil des Alls – wenn auch ein sehr geringer Teil – ist. Gott ist nach James nicht als absolut vollkommen, allwissend und allmächtig zu denken, sondern als endliches Wesen, mit dem der Mensch in Verbindung steht; er ist, wie der Mensch, der Zeit unterworfen und wirkt geschichtlich. Für eine pluralistische Religion spricht nicht zuletzt der Umstand, daß sie ein Gefühl der Vertrautheit mit Gott bzw. dem All entstehen läßt.

Das Universum erschöpft sich nicht in dem, was die Naturwissenschaften über es aussagen; es hat einen nicht-mechanischen, seelischen Aspekt. James ging schließlich so weit, das philosophische Denken als Selbstbewußtsein des Alls zu deuten.[36] Ein solcher Gedanke – und ähnliches gilt für verwandte Ansichten – ist in seinen Augen keineswegs leere Spekulation, da es Erfahrungen gibt, die eine solche Sicht der Wirklichkeit stützen, allerdings nicht Erfahrungen im naturwissenschaftlichen Sinne, vielmehr einerseits genuin religiöse, andererseits parapsychologische Erfahrungen. Zu den ersteren gehört die Erfahrung des Scheiterns, des Versagens aller natürlichen Kräfte, die z.B. Martin Luther veranlaßte, dem Menschen die Fähigkeit abzusprechen, von sich aus zum Heil zu gelangen. Angesichts dieser Erfahrung vermag man den eigenen Willen geringzuachten und etwas Höheres in sich wirken zu lassen. Erfahrungen der zweiten Art sind zum Beispiel jene, die Fechner (siehe Teil VI, Kap. II, 3) zu der Annahme einer Weltseele veranlaßten. Es ist bemerkenswert, daß James, der seine Auffassung als radikalen Empirismus bezeichnete, schließlich Gedanken entwickelte, die ihn in die Nähe von Fechner und Bergson führten.

c) John Dewey

Die von Peirce und James begründete Richtung fand in der nachfolgenden Generation in John Dewey (1859–1952) einen Fortsetzer, der den pragmatistischen Ansatz nicht nur in der Philosophie, sondern auch in der Pädagogik und der Soziologie zur Geltung brachte. Er lehrte an Universitäten in Chicago und New York (Columbia University). Durch seine zahlreichen philosophischen, psychologischen, pädagogischen und sozialphilosophischen Schriften verschaffte er den pragmatistischen Ideen in breiteren Kreisen Resonanz. Von seinen im engeren Sinne philosophischen Werken seien hier genannt «Reconstruction in Philosophy» (1920), «Experience and Nature» (1925) und «The Quest for Certainty» (1929).[37]

Dewey erblickte in den praktischen und theoretischen Bemühungen der Menschen Versuche, die Unsicherheit, von der sie sich bedroht sehen, zu überwinden. Handlungen, die diesem Ziel dienen, sind aber selbst unsicher. Daher neigten die Vertreter der traditionellen Metaphysik dazu, der reinen Vernunft die Fähigkeit zuzuschreiben, zu vollkommen sicheren Resultaten zu gelangen, die die Grundlage sicheren Handelns bilden sollten. Demgegenüber bestritt Dewey, daß das Denken als reine Schau des Seins gelten könne, ja er sprach dem Denken im allgemeinen den Charakter der Anschauung ab. Die Zuschauer-Theorie des Erkennens,[38] der zufolge der Gegenstand an sich bestimmt ist und lediglich in unterschiedlicher Weise wahrgenommen wird, ist in seinen Augen unhaltbar, da es keine von der Erkenntistätigkeit unabhängigen Gegenstände gibt: Erkennen und Handeln bzw. Theorie und Praxis lassen sich nicht trennen. Die von Dewey kritisierte Auffassung des Erkennens hat ihren Grund in einer unberechtigten

Analogie: Man deutet das Erkennen nach Art des Sehens und meint, daß hier wie dort nur die Art verschieden sei, in der die Gegenstände erfaßt werden, während diese an sich bestimmte Realitäten seien. Den Grund dieser verfehlten Ansicht meinte Dewey im Verlangen nach absoluter Sicherheit zu finden, das zur Trennung von Wissen und Handeln bzw. von Theorie und Praxis veranlaßt.

Nach Dewey ist das Erkennen, nicht anders als das Handeln, eine Reaktion auf Reize und muß daher innerhalb des Reiz-Reaktions-Schemas – somit behavioristisch – erklärt werden. Die Besonderheit menschlicher Reaktionen kommt daher, daß der menschliche Organismus besonders kompliziert ist und daß zu seiner Umgebung auch kulturelle bzw. soziale Faktoren gehören. Nach dieser Ansicht hat die Philosophie von der Tatsache auszugehen, daß zwischen dem Organismus und seiner Umgebung Wechselwirkungen bestehen, zu denen auch das Erkennen gehört, das als Aspekt des Strebens nach Erhaltung und Entwicklung des Lebens zu sehen ist. Dabei spielen die Sinneseindrücke eine wichtige Rolle, allerdings nicht als Erkenntnisquellen, sondern als Handlungsimpulse; sie sind in der (behavioristischen) Psychologie, nicht in der Erkenntnistheorie zu erörtern.[39] Obwohl sie nicht Erkenntnischarakter haben, leiten sie Überlegungen über die beste Art der Anpassung an die Umgebung ein und können in diesem Sinne als Anfang der Erkenntnis gelten. Im Erkenntnisprozeß werden Erfahrungsinhalte so rekonstruiert, daß auf sie möglichst angemessen reagiert werden kann. Die Erkenntnis besteht mit einem Wort in der optimalen Rekonstruktion der Daten.

In bezug auf die Logik vertrat Dewey die Ansicht, daß die logischen Prinzipien empirischen Charakter hätten; sie geben an, in welcher Weise die Erfahrung möglichst ökonomisch und wirksam rekonstruiert werden kann. Die Formen der Logik gelten nicht a priori, sondern sie entspringen der praktischen Forschungstätigkeit, formen aber ihrerseits, wenn sie erst einmal aufgestellt sind, die Forschungsgegenstände. Es verhält sich mit ihnen ähnlich wie mit Begriffen des Rechts, die aus praktischen Beziehungen hervorgehen, diese aber regulieren, sobald sie sich gebildet haben. Derartige Begriffe sind wesentlich operational, das heißt, sie entstehen im Zusammenhang mit Tätigkeiten und legen Standards in bezug auf Tätigkeiten fest, jedoch nicht in absoluter Weise, sondern auf Grund bisheriger Erfahrungen, die zeigen, welche Vorgangsweisen am besten geeignet sind, gegebene Ziele zu erreichen. Zugunsten der pragmatistischen Auffassung der Logik spricht nach Dewey, daß in ihrem Rahmen die logischen Formen einerseits nicht auf Bewußtseinszustände und -vorgänge bezogen werden müssen und andererseits nicht aus transzendenten Prinzipien erklärt zu werden brauchen.

Die Beziehung zwischen Denken und Handeln ist offensichtlich nicht immer direkt. So führt das Forschen in vielen Fällen nicht zu Handlungen, sondern zu neuen Theorien oder zur Modifikation vorhandener Theorien. Letzten Endes werden aber Theorien an ihren praktischen Folgen gemessen und haben daher stets mindestens einen mittelbaren Bezug zur Praxis, wobei Dewey nicht so sehr an die individuelle, als an die soziale Praxis dachte. So wie das Erkennen im allgemeinen ist auch die Philosophie im Grunde immer auf Werte bezogen, die in gesellschaftliche Traditionen eingebettet sind, und sie setzt sich mit Konflikten zwischen traditionellen Verhältnissen und aktuellen Aufgaben auseinander; in der Vergangenheit war diese Beziehung meist unbewußt, die Philosophie der Zukunft soll diese Aufgabe jedoch bewußt in Angriff nehmen.[40] Zu diesem Zweck muß die Philosophie rekonstruiert, d. h. von unhaltbaren überlieferten Auffassungen befreit werden. Das Ergebnis der Rekonstruktion soll eine Philosophie sein, in der nicht mehr vom Geist, sondern von der Intelligenz als Tätigkeit die Rede ist, die die Umgestaltung der Natur und der Gesellschaft im Interesse des allgemeinen Wohls bezweckt und in der das Individuum nicht mehr als selbstgenügsames Ego mit der unbegreiflichen Fähigkeit, die Welt zu erschaffen, sondern als Handelnder betrachtet wird, der in intelligenter und verantwortlicher Weise die Verhältnisse zu verändern sucht. Dewey bekannte sich zu der von Francis Bacon der Philosophie gestellten Aufgabe, hielt sie aber nur unter der Bedingung für lösbar, daß der Gegensatz von Erfahrung und Vernunft, von Realität und Idealität überwunden wird.[41]

In der Ethik lehnte Dewey alle Konzeptionen ab, die auf der Annahme eines letzten Ziels oder einer obersten Norm beruhen. Dabei dachte er nicht nur an die metaphysische Ethik mit ihrer Idee eines höchsten Guts, sondern auch an den Utilitarismus, der im Glück das endgültige Ziel des moralischen Handelns erblickt. Die Schwäche des Utilitarismus zeigt sich seiner Ansicht nach darin, daß er außerstande ist, dem ökonomischen Materialismus entgegenzutreten. Auch im Bereich der Pädagogik ist es verfehlt, sich an gegebenen Zielen zu orientieren. Die Erziehung soll sich nicht darauf beschränken, bestimmte Kenntnisse und Fertigkeiten zu vermitteln, sondern sie soll die Selbsttätigkeit fördern, so daß sich das Individuum seine eigenen Ziele setzen kann. Die so verstandene Erziehung ist nicht auf die Jugendzeit beschränkt, sondern sie dient dem Zweck, die Menschen in jedem Lebensalter lernbereit zu machen. Die Staatsform, die dieser Auffassung der Erziehung entspricht, ist die Demokratie, deren Erhaltung daher moralisch wertvoll ist. Als Sozialphilosoph kritisierte Dewey die Beschränkung auf Fragen in bezug auf *den* Staat, auf *das* Individuum und auf die Möglichkeiten, beide aufeinander zu beziehen. Eine solche abstrakt-allgemeine Betrachtungsweise verstellt den Blick auf die Probleme bestimmter Menschen und bestimmter Gruppen, auf die es nach Dewey in erster Linie ankommt. Daher forderte er eine Methode, die es erlaubt, besondere Situationen zum Zweck der Verbesserung zu rekonstruieren.

Deweys Pragmatismus ist ausgeprägt naturalistisch und daher antimetaphysisch. Dies mag ihn für alle jene attraktiv gemacht haben, die metaphysische Fragen für überholt halten und der Philosophie nur unter der Bedingung Daseinsberechtigung zugestehen, daß sie empirisch, und damit metaphysikfrei, vorgeht. Die definitive Beschränkung auf den empirischen Bereich bedeutet aber das Ende der Philosophie, die nur sein kann, was sie seit ihren Anfängen war, wenn sie Antworten auf Fragen sucht, die über den Bereich der Erfahrung hinausgehen.

2. M. Schlick als Wegbereiter des Neopositivismus

Der Positivismus der Zeit zwischen den Weltkriegen unterschied sich von früheren Formen positivistischen Denkens dadurch, daß er Sätze nach Möglichkeit mit Hilfe der mathematischen Logik formulierte, weshalb der Neopositivismus auch «Logischer Empirismus» heißt. Der Übergang zu dieser Form des Positivismus wurde vorbereitet durch den Physiker und Philosophen Moritz Schlick, der 1882 in Berlin geboren wurde und 1922 den seinerzeit für Mach geschaffenen Wiener Lehrstuhl für Philosophie der induktiven Wissenschaften erhielt. Durch seine Initiative entstand ein aus Philosophen, Naturwissenschaftlern und Mathematikern bestehender Diskussionszirkel, dessen Mitglieder sich regelmäßig trafen und der unter dem Namen «Wiener Kreis» berühmt wurde (siehe Abschn. 3 a). 1936 fiel Schlick einem (nicht politisch motivierten) Attentat zum Opfer. Noch vor Beginn seiner Tätigkeit in Wien veröffentlichte er die «Allgemeine Erkenntnislehre» (1918, zweite, erweiterte Auflage 1925); 1930 erschienen die «Fragen der Ethik» und 1938 kamen posthum seine «Gesammelten Aufsätze» heraus.

a) Erkenntnislehre

Die Philosophie hat nach Schlick die Aufgabe, die Prinzipien zu formulieren, auf denen unsere Erkenntnisse beruhen, womit nicht Grundsätze gemeint sind, aus denen Sätze speziellerer (wissenschaftlicher) Theorien abzuleiten wären, sondern formale Bedingungen des Erkennens. Sie soll z.B. die Bedeutung von «Erkenntnis» und «Wahrheit» klären und untersuchen, unter welchen Voraussetzungen wir Urteile als wahr bezeichnen.

Wie die älteren Erkenntnistheoretiker erörterte auch Schlick die Frage, welchen Charakter Begriffe, Urteile und Schlüsse hätten, ging dabei aber in manchen Punkten entschieden über die traditionellen Auffassungen hinaus. So wies er im Gegensatz zu den älteren Empiristen die Ansicht zurück, daß Begriffe psychische Phänomene, näherhin eine bestimmte Art von Vorstellungen, seien, und schlug vor, anstatt von Begriffen von begrifflichen Funktionen zu sprechen, durch die eine Zuordnung von Zeichen (die nicht Vorstellungen sein müssen) und bezeichneten Gegenständen zustande kommt. Die Begriffszergliederung ist, wie er im Unterschied zu früheren Erkenntnistheoretikern betonte, kein geeignetes Mittel der Präzisierung von Begriffen, da die Elemente, zu denen man dabei gelangt, anschaulich und daher, wie alles Anschauliche, unpräzis sind. Im Alltag mag man sich zwar damit trösten, daß die Gefahr des Irrtums bei einfachen Anschauungen gering ist; in der Erkenntnistheorie, wo es um Prinzipielles geht, kann man sich damit jedoch nicht abfinden. Als Alternative bietet sich die Einführung von Begriffen durch implizite Definition an, wie sie aus der Mathematik bekannt ist. Begriffe, die durch implizite Definition eingeführt werden, sind präzis, weil sie unabhängig von Anschauungen sind, aber implizite Definitionen sind nur im Rahmen von Kalkülen möglich; in den Realwissenschaften, die nicht formale Kalküle sind, muß eine Brücke zwischen den Begriffen und der Wirklichkeit geschlagen werden. Dies geschieht im Urteil, weshalb der Urteilslehre besondere Bedeutung zukommt. Ein Urteil ist, ebenso wie ein Begriff, kein psychischer Inhalt, sondern Zeichen des Bestehens einer Beziehung, näherhin Zeichen der Tatsache, daß eine Reihe von Merkmalen zusammen vorhanden ist (z.B. daß in dem Stück Papier, auf dem ich schreibe, die Merkmale «glatt» und «weiß» zusammen anwesend sind). Den Bestandteilen einer Tatsache – zwei oder mehr Gegenständen und der zwischen ihnen bestehenden Beziehung – sind Begriffe zuzuordnen, die im Urteil (als Subjektbegriff und Prädikat durch die Kopula) verbunden sind. Es ist aber nicht so, daß zunächst Begriffe gebildet und diese dann zu Urteilen verbunden würden, da Begriffe nur als Bestandteile von Urteilen «ein Leben im lebendigen Denken» führen.[42] Die Urteile sind ihrerseits in größere Zusammenhänge eingebettet, was sich besonders deutlich bei wissenschaftlichen Urteilen zeigt. Eine Wissenschaft läßt sich einem Netz vergleichen, dessen Fäden die Beziehungen und dessen Knoten die Begriffe entsprechen.

Diese Erörterungen laufen auf die Frage hinaus, was Erkenntnis sei. Schlick wies (ähnlich wie Peirce) darauf hin, daß die Erkenntnisbeziehung dreistellig sei: Im Erkennen wird etwas *als etwas* identifiziert (a erkennt b als c). Wenn ich z.B. in größerem Abstand ein Tier sehe und es beim Näherkommen als Hund identifiziere, kann ich sagen, ich hätte das Tier als Hund erkannt. Demnach ist es nicht richtig zu sagen, man erkenne einen Gegenstand, sondern es muß heißen, man erkenne einen Gegenstand als das und das. In der Wissenschaft sind jene Erkenntnisse besonders wichtig, in denen Vorgänge als Fälle von Gesetzmäßigkeiten identifiziert werden (wenn man z.B. gelbes Licht von der Farbe der D-Linie des Spektrums als einen elektrischen Wellenvorgang von etwa 509 Billionen Schwingungen pro Sekunde erkennt, d.h. im Phänomen des gelben Lichts die Gesetzmäßigkeiten einer bestimmten Art von Wellenvorgang wiederfindet).[43] Das Erkennen ist nach Schlick immer ein Wiederfinden bzw. ein Wiedererkennen. Die Auffassung der Erkenntnis als Einswerden mit dem Erkannten (wie in der Mystik) oder als Anschauung von Wesenheiten (wie bei Bergson oder Husserl) ist damit zurückgewiesen.[44] Auch die Berufung auf Evidenz ist im Rahmen von Schlicks Erkenntnislehre unzulässig.

Die Auffassung der Erkenntnis als wahres Urteil – wobei Wahrheit als

Übereinstimmung (genauer: als eindeutige Zuordnung) von Urteil und beurteiltem Sachverhalt verstanden wird – hielt Schlick für ungenügend, weil die Wahrheit nur notwendige, nicht zugleich hinreichende Bedingung der Erkenntnis ist. Von «Erkenntnis» sprechen wir nicht schon dann, wenn eine eindeutige Zuordnung zwischen den im Urteil verbundenen Zeichen und dem Sachverhalt vorliegt, sondern erst dann, wenn die Zuordnung mit Hilfe von Zeichen geschieht, die einem bereits bekannten Zusammenhang angehören und durch ihn bestimmt sind. (Ich kann z.B. ein Tier erst dann als Hund identifizieren, wenn ich die Merkmale von Hunden kenne.) Allem Wissen liegen Urteile zugrunde, die Tatsachen betreffen, also empirisch sind. Schlicks positivistische Einstellung kommt zum Vorschein, wenn er erklärt: «Das Gegebene ist das schlechthin Wirkliche, welches allen unseren Annahmen vorausgeht. Annahmen sind nur zulässig über das Unbekannte. Es hat überhaupt keinen Sinn, Annahmen zu machen über die Beschaffenheit des schlechthin Bekannten; es ist kein Platz für sie da.»[45] Gleichzeitig enthält seine Auffassung auch Elemente, die auf Kant zurückweisen, zum Beispiel die These, daß die Einheit des Bewußtseins letzte Bedingung aller Erfahrung sei. Die Bewußtseinseinheit ist zwar undefinierbar, sie erweist sich jedoch als unaufhebbar, da sich Empfindungen, Vorstellungen usw. ohne Einheit des Bewußtseins nicht denken lassen, wie Schlick sah: «Wo die Einheit des Bewußtseins fehlt, da fehlt auch der Tatbestand des Bewußtseins selber. Mit anderen Worten: Wo überhaupt Bewußtsein ist, da ist auch Einheit des Bewußtseins.»[46] Er lehnte es jedoch ab, die Bewußtseinseinheit auf die Spontaneität des Ich zu beziehen, wie Kant es getan hatte.

Als innerhalb des Wiener Kreises die Frage erörtert wurde, welchen Charakter die sogenannten Protokollsätze (d.h. Sätze der Form «N.N. hat am Ort a im Zeitpunkt t das und das beobachtet») hätten (siehe 3c), sah sich Schlick genötigt, seine Auffassung von der Verbindung zwischen Urteilen bzw. Urteilssystemen und der Wirklichkeit zu präzisieren. Einerseits trat er der Ansicht entgegen, daß es Sätze geben könne, die – wie von den Protokollsätzen beansprucht wurde – die sichere Grundlage der wissenschaftlichen Erkenntnis bildeten, andererseits wollte er sich auch nicht damit abfinden, die als Basis der Wissenschaft fungierenden Sätze als Festsetzungen aufzufassen, auf die sich Wissenschaftler verständigt hätten. Demgegenüber hielt er daran fast, daß man sich letzten Endes auf Beobachtungen beziehen müsse, meinte jedoch, daß das nicht in Form von Sätzen, sondern durch momentane *Konstatierungen* geschehe, in denen das Zutreffen einer Vorhersage festgestellt wird. Die Konstatierungen bilden nicht die Basis der Erkenntnis, sondern sie zünden gleichsam den Erkenntnisvorgang und verbrennen in dem Augenblick, wo sie das tun.[47] Sie sind die Punkte, an denen Erkennen und Wirklichkeit sich berühren. Sie stehen nicht am Anfang des Erkenntnisprozesses, sondern an dessen Ende. In dem Augenblick, in dem eine Konstatierung erfolgt, kann sie nicht bezweifelt werden; ist sie vergangen, kann nur noch über sie berichtet werden, und ein solcher Bericht ist hypothetisch.

Später machte sich in Schlicks Denken immer stärker der Einfluß Wittgensteins bemerkbar. Das zeigt sich z.B. in seiner Auffassung vom Charakter der Philosophie, in der er, wie Wittgenstein, nicht mehr eine Theorie, sondern die Tätigkeit der Klärung von Sätzen verstand.

b) Ethik

Als Moralphilosoph setzte Schlick die von Hume ausgehende Tradition einer beschreibenden Ethik fort.[48] Die Ethik hat, wie Schlick überzeugt war, nicht die Aufgabe, Normen aufzustellen oder zu begründen, sondern sie kann nur angeben, was als moralisch richtig gilt und versuchen, vorhandene Wertungen zu erklären. Folgerichtig gliederte Schlick die Ethik aus der Philosophie aus; sie ist eine Realwissenschaft, nämlich ein Teil der Psychologie. Ihren ersten, vorbereitenden Teil bildet die Normenlehre, die Wertungen beschreibt und klassifiziert, wobei sich herausstellt, daß es keine für alle Kulturen aller Zeiten gültigen Wertvoraussetzungen gibt. Trotzdem soll man versuchen, so allgemeine moralische Sätze zu finden, daß sie auf möglichst viele – wenn nicht gar auf alle – geltenden und in der Vergangenheit gültig gewesenen Wertvoraussetzungen anwendbar sind. Daß es solche Sätze gibt, steht nicht von vornherein fest. Auf der Normenlehre als dem beschreibenden Teil der Ethik baut der erklärende Teil auf, in dem mit psychologischen Mitteln gezeigt werden soll, warum in bestimmter Weise gewertet wird. Nach Schlick kann von «Wert» immer nur mit Bezug auf ein wertendes Subjekt gesprochen werden. Der Sinn einer Aussage über den Wert eines Gegenstands muß durch die Angabe der Lust- und Unlustgefühle bestimmt werden, die durch diesen Gegenstand hervorgerufen werden.[49] Moralische Wertungen sind also mit Bezug auf Gefühle zu erklären.

Die allgemeinsten Sätze der ethischen Theorie sind das Motivations- und das Angleichungsgesetz. Das erste Gesetz besagt, daß sich von mehreren als Motive wirkenden Vorstellungen stets die am stärksten lustbetonte durchsetzt. Da die Motive die Willensentscheidungen eindeutig determinieren, ist die Annahme der Willensfreiheit hinfällig. Wenn es nicht möglich ist, gegen die Neigungen zu handeln, dann beruht die Kantische Ethik auf einer falschen Voraussetzung. An die Stelle der Pflichtethik hat nach Schlick die Lust-Ethik (der Hedonismus bzw. Eudämonismus) zu treten. Nach dem zweiten Grundgesetz haben Motivgefühle die Tendenz, sich den Erfolgsgefühlen anzugleichen. Wenn zum Beispiel eine mit momentaner Lust verbundene Handlung später starke Unlust mit sich bringt, dann wird die Erinnerung an sie im Wiederholungsfall die Motivation beeinflussen und unter Umständen dazu führen, daß man die Handlung unterläßt.

Die letzten Fragen der Ethik – z.B. die Frage, warum der Mensch überhaupt moralisch handelt – hielt Schlick, wenigstens bei dem gegebenen Stand des Wissens, für unbeantwortbar; anstatt über derartige Fragen nachzudenken, sollte man vielmehr überlegen, wie man zu einem besseren Menschen werden könne. Definitive Antworten lassen sich hier nicht geben, sondern man muß sich mit Ratschlägen begnügen, die die Lebensklugheit nahelegt. Obwohl Schlick eine hedonistische Ethik vor Augen hatte, erblickte er das eigentliche Ziel nicht in einem Höchstmaß an Lust, sondern in der Glücksbereitschaft: «Gut» ist, was die Glücksbereitschaft erhöht.[50] Dies mutet wie eine Rückzugsposition an und wirkt nicht überzeugend: Die Bereitschaft zum Glück herbeizuführen hat nur Sinn, wenn sie zum Glück führt. Es genügt ja auch nicht, einen Hungrigen eßbereit zu machen; man muß ihm etwas zu essen geben.

In Schlicks Ethik wird nichts vorgeschrieben; auch die Ratschläge im Hinblick auf das Glück – oder die Glücksbereitschaft – sind nicht eigentlich Empfehlungen, sondern dienen nur dazu, den Weg zu einem vorausgesetzten Ziel zu weisen. Dieses Ziel wird, wie Schlick überzeugt war, von den Menschen faktisch erstrebt; im Rahmen seiner Theorie läßt sich nicht sagen, daß sie dies auch tun sollen. Mit der Ansicht, daß die Ethik Teil der Psychologie sei, folgte Schlick der von Hume gewiesenen Richtung. Mit Hume war er überzeugt, daß inhaltlich bestimmte Erkenntnis – also auch die Erkenntnis von Akten des Wertens – nur in den Einzelwissenschaften gewonnen werden kann, nicht in der Philosophie, deren Aufgabe die Klärung von Aussagen ist.[51] Den Rahmen seiner Erklärung moralischer Wertungen bildete bei ihm, wie bei Hume, die herkömmliche Assoziationspsychologie. Die erklärende Ethik ist aber nicht ein für allemal an diese Art von Psychologie gebunden, sondern sie kann auch auf behavioristische Grundlagen gestellt werden, wie es in der zweiten Hälfte des 20. Jahrhunderts W. van Quine tat, der seine ethischen Auffassungen ausdrücklich als Weiterführung des Schlickschen (und mittelbar des Humeschen) Ansatzes vortrug.

3. Der Wiener Kreis und verwandte Richtungen

a) Die Entstehung des Wiener Kreises

Während der ältere Positivismus dazu tendierte, philosophische Fragen in psychologische und soziologische aufzulösen oder, wenn dies nicht gelang, sie als sinnlos zu verwerfen, entstand in den zwanziger und dreißiger Jahren des 20. Jahrhunderts eine Richtung des Positivismus, in der die psychologische und soziologische durch die logische Analyse philosophischer Begriffe und Sätze ersetzt wurde. Wichtigstes Zentrum dieser Richtung war Wien, wo sich um Moritz Schlick (siehe Abschn. 2) ein Kreis von Wissenschaftlern gebildet hatte, der gegen Ende der zwanziger Jahre im «Verein Ernst Mach» seine organisatorische Form erhielt und dessen Programm in der Schrift «Wissenschaftliche Weltauffassung»[52] formuliert war. Ähnliche

Ziele verfolgte die Gesellschaft für empirische Philosophie in Berlin, deren bekanntestes Mitglied Hans Reichenbach (geb. 1891 in Hamburg, gest. 1953 in Los Angeles) war.[53] Der Verbreitung neopositivistischer Auffassungen diente seit 1930 die Zeitschrift «Erkenntnis»; außerdem erschienen Arbeiten von Mitgliedern des Kreises in der Reihe «Einheitswissenschaft». Tagungen in Prag (1929), später in Paris, Kopenhagen, Cambridge (England) und Cambridge (Mass.) festigten den internationalen Zusammenhalt der Vertreter der neopositivistischen Denkweise.[54]

Der Neopositivismus heißt auch «Logischer Empirismus», weil er durch die Auffassung geprägt ist, daß als Erkenntnis nur gelten kann, was sich durch Empirie und mit Hilfe der Logik rechtfertigen läßt;[55] weil das bei metaphysischen Sätzen nicht möglich ist, wird die Metaphysik abgelehnt. Mit der antimetaphysischen Einstellung verbindet sich die Forderung einer Synthese von wissenschaftlichem Denken und Praxis bzw. Leben. In diesem Sinne heißt es in der erwähnten Programmschrift: «Wir erleben, wie der Geist wissenschaftlicher Weltauffassung in steigendem Maße die Formen persönlichen und öffentlichen Lebens, des Unterrichts, der Erziehung, der Baukunst durchdringt, die Gestaltung des wirtschaftlichen und sozialen Lebens nach rationalen Grundsätzen leiten hilft. *Die wissenschaftliche Weltauffassung dient dem Leben und das Leben nimmt sie auf.*»[56] Die hier erhobene Aufforderung zum sozialen Engagement wurde von manchen, nicht von allen Angehörigen des Kreises im sozialistischen Sinne gedeutet, was dazu führte, daß der Verein Ernst Mach 1934 durch die Regierung Dollfuß aufgelöst wurde. Die politischen Überzeugungen der Mitglieder des Kreises lassen sich aber nicht auf einen gemeinsamen Nenner bringen; manche dem Kreis nahestehenden Theoretiker distanzierten sich von der Programmschrift, und Schlick selbst war nicht bereit, allen ihren Gedanken zuzustimmen.

Außer Schlick gehörten zum Wiener Kreis Rudolf Carnap[57] (geb. in Wuppertal 1891, 1931 Prof. in Prag, seit 1936 Prof. in Chicago, gest. 1970), Otto Neurath (geb. in Wien 1882, gest. in Oxford 1945), Herbert Feigl (1902–1988) und Viktor Kraft (geb. 1880 in Wien, dort als einziges Mitglied des ehemaligen Wiener Kreises in der Nachkriegszeit Professor, gest. 1975). In Verbindung mit dem Kreis standen die Mathematiker Kurt Gödel (geb. 1906, gest. 1978 in Princeton) und Hans Hahn (1878–1934); Ludwig Wittgenstein gehörte dem Kreis nicht an, übte aber starken Einfluß auf seine Entwicklung aus. Fast alle Vertreter der logisch-empiristischen Richtung mußten in den dreißiger Jahren emigrieren; die meisten fanden in den Vereinigten Staaten ein neues Tätigkeitsfeld. In England setzte sich Alfred Jules Ayer, der eine Zeitlang an den Sitzungen des Kreises teilgenommen hatte, wirksam für den Neopositivismus ein.[58] In Frankreich versuchte Louis Rougier ähnliches, ohne jedoch stärkere Wirkung zu erzielen.[59] Im deutschen Sprachraum wurde der Neopositivismus nach dem zweiten Weltkrieg, als hier die Existenzphilosophie klar dominierte, von Wolfgang Stegmüller (geb. 1923 bei Innsbruck, gest. 1991 in München) aus der Vergessenheit hervorgeholt.

Die Angehörigen des Wiener Kreises waren in Übereinstimmung mit Wittgenstein der Ansicht, daß nur einzelwissenschaftliche Sätze als sinnvoll gelten könnten; traditionelle philosophische Fragen betrachteten sie als Scheinprobleme. Schlick übernahm Wittgensteins Auffassung, daß die Philosophie mit logischen Mitteln Gedanken zu klären habe und daher eine Tätigkeit sei;[60] in diesem Sinne schrieb er: «Jede Wissenschaft (...) ist ein System von Erkenntnissen ...; und die Gesamtheit der Wissenschaften ... ist das System der Erkenntnisse; es gibt nicht außerhalb seiner noch ein Gebiet ›philosophischer‹ Wahrheiten, die Philosophie ist nicht ein System von Sätzen, sie ist keine Wissenschaft... Wir erkennen jetzt in ihr ... anstatt eines Systems von Erkenntnissen ein System von *Akten*; sie ist nämlich diejenige Tätigkeit, durch welche der *Sinn* der Aussagen festgestellt oder aufgedeckt wird. Durch die Philosophie werden Sätze geklärt, durch die Wissenschaften verifiziert...»[61] Von dieser Auffassung rückten die Mitglieder des Wiener Kreises jedoch bald wieder ab. Nachdrücklich vertrat Carnap, der zunächst die von Wittgenstein und Schlick vertretene Ansicht geteilt hatte,[62] später die Auffassung, daß die Philosophie als Theorie zu verstehen sei, nämlich als Theorie der Einzelwissenschaften (insbesondere der Mathematik und der Naturwissenschaften), d. h. als Wissenschaftstheorie (bzw. Wissenschaftsphilosophie). Im Verlauf der weiteren Entwicklung wurde die Wissenschaftstheorie zu einem immer selbständigeren Forschungsbereich, so daß es fraglich erscheinen konnte, ob sie noch zur Philosophie zu rechnen sei.

Der Neopositivismus entfaltete seine stärkste Wirkung in der Zeit zwischen den Weltkriegen; nach der Mitte des 20. Jahrhunderts stießen wesentliche seiner Voraussetzungen auf Kritik,[63] unter deren Eindruck immer weniger Vertreter der fraglichen Richtung bereit waren, sich als Positivisten zu deklarieren, und dazu übergingen, ihre Position als «Analytische Philosophie» zu bezeichnen. Entscheidend bei dieser Entwicklung war die Einsicht, daß sich die Annahme von Daten, die unabhängig von Deutungen einfach zu registrieren seien, nicht aufrechterhalten ließ. Während die Analytische Philosophie in der zweiten Hälfte des 20. Jahrhunderts großen Einfluß erlangte, nahm sie auf weite Strecken hin eklektische Züge an,[64] so daß man von einer Scholastisierung dieser Denkrichtung sprechen kann, wozu auch die unermüdlichen Bemühungen um immer größere begriffliche Präzision passen.

b) Die Suche nach einem Sinnkriterium

Ungeachtet aller Differenzen in Einzelfragen stimmten die Positivisten von Comte über Mach bis zu den Neopositivisten in der Ablehnung der Metaphysik überein, wobei in erster Linie die spezielle Metaphysik als Disziplin gemeint war, die Gott, die immaterielle Seele und das All der Dinge unabhängig von der Erfahrung erkennen zu können beansprucht. Versuche, etwas Erfahrungsjenseitiges erkennen zu können, sind jedoch nach positivistischer Ansicht zum Scheitern verurteilt. Die Vertreter des Neopositivismus begnügten sich nicht mit diesem Verdikt, sondern sie wollten metaphysische Äußerungen als sinnlos erweisen, wozu sie eines Sinnkriteriums bedurften. Ihre Bemühungen, ein solches Kriterium zu formulieren und mit seiner Hilfe scharf zwischen sinnvollen wissenschaftlichen Aussagen und sinnlosen metaphysischen Wortverbindungen zu unterscheiden, führten jedoch nicht zu einem auf Dauer befriedigenden Ergebnis. Dazu kam, daß sich die Kritik gegen eine Art von Metaphysik richtete, die im 20. Jahrhundert gar nicht mehr aktuell war. Die Schwierigkeiten, auf die man bei der Auseinandersetzung mit der Metaphysik stieß, bewirkten, daß sich im Verlauf der Zeit eine tolerantere Einstellung durchsetzte. Die szientistische Tendenz des Neopositivismus wirkte jedoch weiter, namentlich in der (sprach-)analytischen Philosophie der zweiten Hälfte 20. Jahrhunderts, die das Erbe des Logischen Empirismus antrat.

Als Sinnkriterium wurde zunächst die Verifizierbarkeit von Sätzen ins Auge gefaßt und angenommen, daß der Sinn von Sätzen – d. h. von Äußerungen, die den in der Logik formulierten Regeln der Bildung von Aussagen entsprechen – in der Methode ihrer Verifikation bestehe. Metaphysische Äußerungen sind demnach sinnlos, weil sie sich prinzipiell nicht verifizieren lassen.[65] (Zum Beispiel ist im Licht dieses Kriteriums die Behauptung, die Welt sei von Gott erschaffen, sinnlos, weil sie nicht durch Beobachtungen als wahr erwiesen werden kann.) Die Frage nach der Verifizierbarkeit betrifft nur synthetische Sätze, da sich die Wahrheit analytischer Sätze mit rein logischen Mitteln, also unabhängig von der Erfahrung, ermitteln läßt. Dabei wurde angenommen, daß scharf zwischen analytischen und synthetischen Sätzen unterschieden werden könne (was später von Willard van Orman Quine in Frage gestellte wurde[66]). Synthetische Urteile a priori gibt es nach positivistischer Ansicht nicht: Alle nicht-analytischen Sätze sind empirische Annahmen. Mathematische Sätze sind, wie die Sätze der Logik, Tautologien, die keine Tatsache ausschließen und daher mit beliebigen Tatsachen verträglich sind. Da sie nichts über die Wirklichkeit aussagen, können sie auch nicht an der Wirklichkeit gemessen werden.

Die unter Berufung auf die Sprache der mathematischen Logik oder die Sprache der Naturwissenschaften geübte Kritik an der Metaphysik – von der Art der oben angedeuteten Kritik Carnaps an Heidegger (siehe Kap. III, 2 a) – ist auf diese bestimmten Sprachen zu relativieren, und daß nur diese Sprachen zulässig sind, steht nicht fest.[67] Außerdem ist die neopositivistische Metaphysikkritik insofern beschränkt, als sie sich nur auf eine bestimmte Art von Metaphysik bezog, nämlich die spezielle Metaphysik, die beansprucht, erfahrungsjenseitige Tatsachen erkennen zu können. Jene Art von Metaphysik, die nach Kant allein als Wissenschaft wird auftreten können,[68] scheint auf einer Ebene zu liegen, die von dieser Kritik nicht erreicht wird. Schließlich hat sich herausgestellt, daß auch ontologische Fragen, die seit jeher zur Metaphysik gerechnet wurden, nicht unterdrückt werden können.

Das Kriterium der Verifizierbarkeit erwies sich bald als zu eng. Läßt man nur Sätze als sinnvoll gelten, die durch Erfahrung als wahr erwiesen (verifiziert) werden können, dann sieht man sich gezwungen, auch Naturgesetze, die als allgemeine Sätze nicht aus endlich vielen Beobachtungsaussagen folgen, als sinnlos zu betrachten und sie damit auf dieselbe Stufe wie die Sätze der spekulativen Metaphysik zu stellen. Das ist für eine Richtung, die sich als wissenschaftlich versteht und insbesondere an den Gesetzeswissenschaften orientiert, kaum akzeptabel. Um nicht, wie es Schlick tat, Naturgesetze als sinnlos bezeichnen zu müssen, wurde erwogen, sie nicht als Aussagen, sondern als Regeln aufzufassen, die als solche weder wahr noch falsch sind. Daß dies der Intention entspricht, die Naturwissenschaftler bei der Formulierung von Gesetzesannahmen leitet, muß man allerdings bezweifeln. In dieser Situation schien Poppers Vorschlag einen Ausweg zu weisen, Aussagen als wissenschaftlich zu betrachten, wenn sie sich widerlegen (falsifizieren) lassen, und sie andernfalls der Metaphysik zuzuweisen. Naturgesetze, die sich nicht auf einen beschränkten Gegenstandsbereich beziehen, sondern auf alle Gegenstände einer bestimmten Art – z.B. das Galileische Fallgesetz – , können zwar nicht verifiziert werden, weil sie nicht aus endlich vielen Beobachtungssätzen ableitbar sind, aber sie sie sind falsifizierbar. Um den eben angeführten Satz als falsch zu erweisen, würde es genügen, einen einzigen Körper aufzuweisen, der sich nicht nach dem von Galilei formulierten Gesetz bewegt. Popper betrachtete das Falsifikationsprinzip jedoch nur als Abgrenzungs-, nicht als Sinnkriterium, so daß Sätze, die nicht falsifizierbar sind (wie metaphysische Sätze), zwar als unwissenschaftlich, nicht aber als sinnlos zu gelten hätten. Aber auch wenn man annimmt, daß Aussagen sinnvoll sind, wenn die Möglichkeit der Falsifikation besteht, stößt man auf Schwierigkeiten. Das Falsifikationsprinzip versagt nämlich bei Existentialsätzen wie «Es gibt mindestens einen Körper, der nicht Galileis Gesetz unterworfen ist». Daraus, daß alle beobachteten Körper nach diesem Gesetz fallen, folgt nicht, daß es keinen Körper gibt, bei dem dies nicht der Fall ist. Der Satz «Es gibt keinen Körper, für den das Fallgesetz nicht gilt» ist äquivalent dem Satz «Für alle Körper gilt das Fallgesetz», und dieser Satz folgt, wie gesagt, nicht aus endlich vielen Beobachtungssätzen. Angesichts dieser Schwierigkeiten konnte es naheliegend erscheinen, die Forderungen der Verifizierbarkeit und der Falsifizierbarkeit miteinander zu verbinden und zu sagen, Sätze seien sinnvoll, wenn sie entweder verifizierbar oder falsifizierbar sind. Allerdings erhebt sich auch gegen diesen Vorschlag ein Einwand: Es gibt kombinierte All- und Existenzsätze («Für alle x gibt es ein y, so daß ...»), die sich wegen des «alle» nicht verifizieren und wegen des «es gibt» nicht falsizifieren lassen. Daher zog man sich auf die schwächere Forderung zurück, daß sich ein Satz empirisch bewähren müsse, wenn er als sinnvoll gelten solle. Schließlich setzte sich die Einsicht durch, daß die Sinnfrage gar nicht in bezug auf isolierte Sätze entschieden werden könne.[69] In der Rückschau kann festgestellt werden, daß der Gegensatz zwischen wissenschaftlichem und metaphysischem Denken, den die damaligen Kritiker zu sehen meinten, in der angenommenen Weise nicht besteht. Daher spricht vieles für eine Auffassung, wie sie Popper vertrat, der Sätze als sinnvoll zuzulassen empfahl, wenn sie im Licht ihrer Konsequenzen rational diskutiert werden können. Da dies bei metaphysischen Sätzen durchaus der Fall sein kann, ist die Metaphysik vom pauschalen Vorwurf der Sinnlosigkeit freizusprechen. Mit dem Ziel einer eindeutigen und endgültigen Abgrenzung des Bereichs der Wissenschaft gegenüber der Metaphysik wurde auch das positivistische Ideal einer Einheitswissenschaft fragwürdig.

c) Das reduktionistische Programm

Ursprünglicher positivistischer Meinung nach können Aussagen nur dann als Erkenntnisse gelten, wenn sie ausschließlich Erfahrungsbegriffe enthalten. Dieser Ansicht war Mach, wenn er schrieb: «Für mich ist jede wissenschaftliche Arbeit verloren, die nicht das unmittelbar Gegebene festhält und die, statt die Beziehungen der Merkmale des Gegebenen zu ermitteln, irgendwo im Leeren fischt.»[70] Demgemäß wollte er alle Fragen, die nicht auf der Grundlage von Empfindungen bzw. einfachen Daten beantwortet werden können, als Scheinprobleme ausschalten.[71] Carnap übernahm diese Auffassung und forderte, nur Begriffe zuzulassen, die auf einfache empirische Begriffe zurückgeführt werden können. Komplexe Begriffe sollen sich aus einfachen Erlebnissen, von denen wir durch Selbstbeobachtung wissen, und mit Hilfe der Ähnlichkeitserinnerung aufbauen lassen;[72] umgekehrt muß es möglich sein, die komplexen Begriffe auf einfachere und letztlich auf die Grundelemente des Systems zurückzuführen. Man möchte meinen, daß dies auf Grund von Definitionen der fraglichen Begriffe geschehen könnte; tatsächlich ist dies jedoch nicht der Fall: Bereits Begriffe wie «wasserlöslich», die auf den ersten Blick keine Schwierigkeiten zu bieten scheinen, lassen sich nicht definitorisch auf einfache Erfahrungsbegriffe zurückführen. Noch weniger gelingt das bei Begriffen wie «Masse» oder «Gravitation».

War Carnap zunächst von Begriffen ausgegangen, die der Selbsterfahrung entstammen, so zog er es später mit Otto Neurath (1882–1945)[73] vor, Begriffe der äußeren Erfahrung zur Grundlage zu machen. Die Wissenschaft im umfassenden Sinne – die Einheitswissenschaft – bedarf einer allgemeinen, intersubjektiven Sprache, und als solche schien nur die Sprache der Physik in Betracht zu kommen. Vertritt man diese Auffassung – den sogenannten Physikalismus –, dann hat das zur Folge, daß auch Aussagen über Gedanken, Affekte, Willensakte usw. in der Sprache der Physik (oder mindestens in der Ding-Sprache) ausgedrückt werden müssen. Eine Aussage wie «Peter ist zornig» hätte als Abkürzung von Aussagen über Peters Verhalten zu gelten. Der Physikalismus weist mit einem Wort in die Richtung des Behaviorismus.

Um den Aussagen, mit deren Hilfe synthetische Aussagen zu überprüfen sind, objektiven Charakter zu geben, wurde gefordert, sie als Beobachtungsprotokolle zu formulieren. Anstatt zu sagen «Ich nehme hier und jetzt dies oder jenes wahr» soll gesagt werden «Die Person N.N. hat an dem und dem Datum zu der und der Uhrzeit an diesem bestimmten Ort das oder jenes wahrgenommen».[74] Carnap meinte, daß Protokollsätze «das Gegebene» unabhängig von Deutungen festhielten, so daß sie ein sicheres Fundament der Erkenntnis bildeten. Demgegenüber wies Neurath auf ihren konventionellen bzw. provisorischen Charakter hin. Seiner Ansicht nach gibt es kein definitives Fundament der Wissenschaft: Wir sind in der Lage von Schiffern, die ihr Schiff auf hoher See reparieren müssen, weil sie das Trockendock nicht erreichen können.[75] Carnap hat sich dieser Auffassung angeschlossen: «Es gibt keine absoluten Anfangssätze für den Aufbau der Wissenschaft.»[76]

Mit der Annahme von Protokollsätzen verband sich der Anspruch, von Aussagen über besondere Tatsachen auf dem Wege der Induktion zu Gesetzesaussagen übergehen zu können. Dieser Auffassung widersprach Popper, nach dessen Ansicht der Versuch, induktiv zu Gesetzesaussagen zu gelangen, scheitert: Die Induktion ist kein logisches Verfahren. Nach Popper werden allgemeine Sätze vielmehr vermutungsweise angenommen. Ob eine Annahme akzeptabel ist, zeigt sich, wenn wir sie empirisch auf die Probe stellen, d. h. prüfen, ob die sich aus ihr ergebenden Vorhersagen eintreffen. Die der Überprüfung dienenden Beobachtungssätze (die Basissätze) sind ihrerseits hypothetisch; sie werden nicht der Überprüfung zugrunde gelegt, weil sie auf unzweifelhaften Beobachtungen beruhen, sondern weil man sich für sie entscheidet. Man kommt überein, sie zugrunde zu legen, und daher gelten sie nur so lange, als die Übereinkunft beibehalten wird. Da Theorien mit Hilfe von Basissätzen überprüft werden und da Basissätze Beobachtungen betreffen, die ihrerseits von der Theorie geprägt sind, lassen sich Theorien nicht abschließend rechtfertigen. Der Anspruch, der hinter der neopositivistischen Konzeption der Protokollsätze stand, ist nach Popper hinfällig. (Siehe auch Abschn. 4)

d) Von der Ethik zur Metaethik

Im Bereich der praktischen Philosophie konzentrierten sich die Vertreter des Neopositivismus auf Fragen nach dem Charakter ethischer Begriffe, Sätze und Argumente. Ihnen ging es nicht um die Aufstellung oder Rechtfertigung moralischer Gebote, sondern um die Analyse der Form der Ethik. Auf diese Forschungsrichtung weist der Name «Metaethik» hin.[77] Im Vordergrund stand zunächst die Kritik der Ansicht, daß «gut» und «böse» erkennbare Verhältnisse betreffen bzw. daß normative Sätze Einsichten ausdrücken. Dieser Auffassung – dem Kognitivismus – wurde die These entgegengesetzt, daß moralische Äußerungen lediglich emotionale Einstellungen ausdrückten (somit nicht Aussagen seien). Von diesem Standpunkt aus – dem Emotivismus – betrachtete Alfred J. Ayer zum Beispiel «Stehlen ist unrecht» nicht als Satz mit einer objektiven Bedeutung, sondern als Ausdruck der Mißbilligung des Stehlens. Hätte jemand angesichts des Diebstahls andere Empfindungen, könnte er nicht widerlegt werden. Derartige Äußerungen haben, über ihre Ausdrucksfunktion hinaus, den Charakter von Appellen; sie dienen dazu, im Hörer ähnliche Empfindungen angesichts einer Handlung hervorzurufen, wie sie der Sprecher hat, z.B. Widerwillen gegen den Diebstahl.[78]

Diese radikal subjektivistische und irrationalistische Deutung moralischer Äußerungen wurde später abgeschwächt. So hat Charles L. Stevenson darauf hingewiesen, daß moralische Äußerungen neben der wertenden Einstellung auch Überzeugungen in bezug auf Tatsachen zum Ausdruck bringen, die wahr oder falsch sein können.[79] Da emotionale Einstellungen mit Annahmen über bestimmte Tatsachen verbunden sind, lassen sie sich wie diese zum Gegenstand von Argumenten machen, die allerdings nicht zwingend sind. Im weiteren Verlauf der Diskussion setzte sich immer mehr die Ansicht durch, daß moralische Sätze zwar eine emotionale Komponente hätten, jedoch nicht auf diese reduziert werden könnten.

4. Poppers Kritischer Rationalismus

a) Leben und Werke

Eine gegenüber dem Neopositivismus selbständige, zu diesem in entscheidenden Punkten im Gegensatz stehende wissenschaftsphilosophische Auffassung entwickelte Karl Raimund Popper (geb. in Wien 1902, gest. in England 1994), dessen Denken jedoch weit über den Bereich der Wissenschaftsphilosophie hinausging.[80] Als Sechzehnjähriger wechselte Popper unter dem Eindruck des Zusammenbruchs der Mittelmächte vom Gymnasium zur Werkbank und wurde Marxist. Die gewaltsame politische Konfrontation, die er erlebte, ließ ihn jedoch am Sozialismus irrewerden; er holte die Reifeprüfung nach und absolvierte ein mathematisch-physikalisches Studium mit dem Ziel, Lehrer zu werden.

Sein Erstlingswerk, «Die beiden Grundprobleme der Erkenntnistheorie», blieb zunächst unveröffentlicht; es erschien erst sechsundvierzig Jahre nach seiner Niederschrift.[81] Aus dem Gedankenkreis dieses Werkes entstand die «Logik der Forschung» (Wien 1935, tatsächlich 1934). 1937 folgte Popper einem Ruf an die Universität Christchurch in Neuseeland, und 1946 erhielt er eine Professur an der London School of Economics, die er bis zu seiner Emeritierung im Jahre 1969 innehatte. Prinzipielle Fragen der Geschichtsphilosophie erörterte er in der Schrift «The Poverty of Historicism» (1944)[82] und stützte seine Kritik an Versuchen, Wesensgesetze geschichtlicher Abläufe einzusehen, in dem historischen Werk «The Open Society and Its Ennemies» (1945),[83] in dem er Plato und Hegel als Gegner der Demokratie darstellte. In «Conjectures and Refutations» (London 1963)[84] faßte er eine Reihe wichtiger Arbeiten zusammen, darunter eine Rekonstruktion der Entwicklung der frühgriechischen Philosophie («Zurück zu den Vorsokratikern») und eine Kritik der dialektischen Deutung des wissenschaftlichen Fortschritts. In «Objective Knowledge» (Oxford 1972)[85] entwarf er eine Erkenntnisauffassung im Rahmen der Evolutionstheorie und eine Drei-Welten-Ontologie, nach der es neben der physischen und der psychischen auch eine Welt der theoretischen Inhalte («Welt 3») gibt. Autobiographischen Charakter hat das Buch «Ausgangspunkte. Meine intellektuelle Entwicklung» (Hamburg 1979). Zusammen mit John C. Eccles schrieb er «The Self and Its Brain» (Berlin 1977)[86]. Sein letztes Werk «Alles Leben ist Problemlösen» (München 1994) erschien posthum.

Popper ist einer der wenigen Philosophen des 20. Jahrhunderts, die über den Kreis der Fachleute und der fachlich Interessierten hinaus Beachtung gefunden und im weiteren kulturellen Bereich Einfluß ausgeübt haben. Der (schon bei Peirce anzutreffende) Gedanke, daß es keine absolut sicheren Erkenntnisse gebe, sondern alle Urteile als möglicherweise falsch (fallibel) zu gelten hätten, wurde durch ihn so eindrucksvoll vertreten, daß er nicht nur im wissenschaftstheoretischen, sondern auch im einzelwissenschaftlichen und im praktischen Bereich, namentlich in der Politik, vielfach akzeptiert wurde. Poppers Ablehnung des theoretischen Dogmatismus entspricht seine Kritik am politisch-ideologischen Fundamentalismus. In methodologischer Hinsicht fand seine Ansicht, daß Erkenntnisfortschritt darin besteht, Vermutungen anzustellen, sie empirisch auf die Probe zu stellen und nötigenfalls zu berichtigen – die Methode von Versuch und Irrtumsberichtigung –, starke Resonanz. Mit der Forderung, auch im sozialen bzw. politischen Bereich nach dieser Methode zu verfahren, erteilte er allen Ideologien, zu deren Programm die revolutionäre Umgestaltung der Gesellschaft gehört, eine entschiedene Absage; Bemühungen um die Verbesserung der sozialen Verhältnisse sind nötig, sie sollen aber nicht global, sondern Schritt für Schritt vorgenommen werden, damit die Möglichkeit der Korrektur besteht, falls sie sich als verfehlt erweisen sollten.

b) Popper und die Tradition des Kritizismus

Popper knüpfte an die Tradition des Kritizismus an, die nicht zuletzt durch ihn wieder verstärkt zur Geltung kam. Mit allen Formen des Kritizismus verband ihn die Überzeugung, daß Erfahrungsgegenstände nicht einfach vorgefunden werden, sondern in bezug auf ihre Form durch das Subjekt bedingt sind. Dabei folgte er nicht nur Kant, sondern auch Fries und seiner Schule (siehe Teil V, Kap. II, 2 a–b), deren Einfluß erkennbar ist, wenn er das Problem der Erkenntnis mit anthropologischen Mitteln zu lösen suchte, freilich mit Hilfe der Evolutionstheorie, die bei Fries noch keine Rolle spielte. Dennoch kann er nicht der Friesschen Schule zugeordnet werden, weil er in scharfem Gegensatz zu Fries die Forderung eines letzten Fundaments der Erkenntnis zurückwies. Fries hatte gemeint, definitive Erkenntnisse postulieren zu müssen, weil andernfalls die Kette der Begründungen kein letztes Glied hätte oder die Begründung im Kreis verliefe. Popper war zwar mit Fries der Ansicht, daß der unendliche Begründungsregreß ebenso vermieden werden müsse wie der Begründungszirkel, lehnte es jedoch ab, bestimmte Urteile als endgültig wahr auszuzeichnen, weil er im Abbruch des Begründungsverfahrens eine unzulässige Konzession an den Dogmatismus erblickte. Seine Lösung des von Fries aufgeworfenen Problems besteht vielmehr darin, die Forderung, nur definitiv begründete Sätze zuzulassen – das Begründungspostulat –, aufzugeben.[87]

Dies läuft auf die Preisgabe der Ansicht, daß Wissen stets endgültig begründetes Wissen sein müsse, hinaus: Was wir «Wissen» nennen, ist immer Vermutungswissen (konjekturales Wissen), so daß von allen unseren Überzeugungen einzuräumen ist, daß sie sich möglicherweise als falsch erweisen können. Es gibt daher kein Wissen, das prinzipiell gegen Kritik immun wäre. Bei jedem Wissen ist damit zu rechnen, daß es sich eines Tages als korrekturbedürftig erweisen könnte.

Poppers Philosophie ist nicht nur Kritizismus, sondern auch Rationalismus, allerdings nicht Rationalismus herkömmlicher, durch die Annahme perfekten Wissens charakterisierter Art. Die Kennzeichnung seines Denkens als Rationalismus weist vielmehr auf deren Gegensatz zum Empirismus hin, vor allem auf die Ablehnung der empiristischen Annahme einfacher, als sicheres Erkenntnisfundament fungierender Daten und des empiristischen Glaubens an die Möglichkeit, durch Induktion zu Gesetzesaussagen gelangen zu können.

Popper vertrat, wie Oswald Külpe (1862–1915)[88] oder August Messer (1867–1937),[89] einen kritischen Realismus, nach dem eine denkunabhängige Wirklichkeit existiert, aber nicht so erfahren wird, wie sie unabhängig von uns ist. Wie die meisten älteren Erkenntnistheoretiker nahm er an, daß uns unmittelbar nur Vorstellungsinhalte gegeben sind, weshalb der idealistische Standpunkt nicht widerspruchsvoll ist; er ist aber, gemessen an der realistischen Auffassung, so unplausibel, daß alles für die letztere spricht. Obwohl uns nur Bewußtseinsinhalte gegenwärtig sind, können wir uns auf eine äußere Wirklichkeit beziehen, weil wir die vorgestellten Inhalte als Fälle von Gesetzmäßigkeiten auffassen können. Da objektiv ist, was allgemeinen Gesetzen unterworfen ist und damit nicht nur vom jeweiligen Subjekt, sondern prinzipiell auch von jedem anderen überprüft werden kann, sind im

Rahmen von Gesetzmäßigkeiten interpretierte Vorstellungen objektiv: «*Objektivität*» bedeutet nach Popper «*intersubjektive Nachprüfbarkeit*», und diese ist möglich, wenn Erfahrungen wiederholt werden können. Wiederholbarkeit setzt aber Gleichförmigkeit des Naturgeschehens bzw. Regelmäßigkeit voraus: «das, was das *Objekt* der Naturwissenschaft ist – die ›Natur‹ – wird überhaupt nur durch diese Regelmäßigkeiten, nur durch gesetzmäßige Abhängigkeiten objektiv bestimmbar.»[90] Weil Gesetzmäßigkeiten nicht gegeben sind, geht die Gegenstandserfahrung stets über das Gegebene hinaus, worauf Popper mit der Bezeichnung «Transzendenz der Darstellung» hinwies.

Wie die Vertreter der älteren rationalistischen Philosophie hielt auch Popper den Glauben an die Induktion für verfehlt. Der Induktivist, der aus einer Menge von Einzelbeobachtungen Gesetzesaussagen gewinnen zu können meint, geht wie ein Kind vor, das mit Hilfe eines Eimerchens aus Sand Kuchen formt. Theorien entstehen aber nicht dadurch, daß Einzelerkenntnisse gleichsam in einen Eimer gefüllt werden. Die Eimertheorie scheitert, weil es unabhängig von Theorien für uns keine Tatsachen gibt; Tatsachen zeigen sich erst im Licht von Theorien, so wie sich in der Dunkelheit Dinge erst im Lichtkegel eines Scheinwerfers zeigen. An die Stelle der (induktivistischen) Eimertheorie muß daher die Scheinwerfertheorie treten. Die Kritik an der empiristischen Deutung der Gesetzeserkenntnis beruht letztlich auf dem Gedanken, daß etwas nur im Zusammenhang einer Theorie als Gegenstand erfahren werden kann.

Wegen der Theoriebedingtheit von Beobachtungsaussagen gibt es keine deutungsfreien Beobachtungen, und wegen des unaufhebbar hypothetischen Charakters aller Theorien gibt es keine endgültige Deutung von Beobachtungen. Daher ist die Idee einer definitiven Basis der wissenschaftlichen Erkenntnis hinfällig. Nach Popper «ist die empirische Basis der objektiven Wissenschaft nichts ›Absolutes‹; die Wissenschaft baut nicht auf Felsengrund. Es ist eher ein Sumpfland, über dem sich die kühne Konstruktion ihrer Theorien erhebt; sie ist ein Pfeilerbau, dessen Pfeiler sich von oben her in den Sumpf senken – aber nicht bis zu einem natürlichen, ›gegebenen‹ Grund. Denn nicht deshalb hört man auf, die Pfeiler tiefer hineinzutreiben, weil man auf eine feste Schicht gestoßen ist: wenn man hofft, daß sie das Gebäude tragen werden, beschließt man, sich vorläufig mit der Festigkeit der Pfeiler zu begnügen».[91]

c) Die Grundlagen der Erkenntnis

Popper hat in Übereinstimmung mit verschiedenen Neukantianern (z.B. mit Alois Riehl; siehe Teil VI, Kap. III, 4) die Ansicht vertreten, daß die Philosophie in erster Linie Theorie der naturwissenschaftlichen Erkenntnis zu sein habe. Wenn er sich zugunsten dieser Ansicht auf Kant berief, verkannte er allerdings dessen eigentliches Anliegen. Zwar hielt Kant die Analyse der naturwissenschaftlichen Erfahrung für wichtig, aber im Grunde ging es ihm um die Möglichkeit von Erfahrung im allgemeinen, nicht nur um die Möglichkeit der naturwissenschaftlichen Erfahrung. Da Popper die Philosophie als Theorie der naturwissenschaftlichen Erkenntnis auffaßte, stellte sie sich ihm im wesentlichen als *Logik der Forschung* dar, wie es im Titel von Poppers Erstveröffentlichung zum Ausdruck kommt. Sie soll nach Antworten auf die Fragen suchen, was unter «Erkenntnis» zu verstehen ist, welchen Charakter die Sätze haben, die die empirische Grundlage der Einzelwissenschaften bilden, wie man zu Gesetzeshypothesen kommt und wie sich diese überprüfen lassen. Sie erörtert nicht einzelwissenschaftliche Probleme, sondern Fragen in bezug auf die Möglichkeit solcher Erkenntnis. Sofern sie nicht Gegenstände zu erkennen sucht, sondern fragt, wie objektive Erkenntnis als möglich begriffen werden kann, ist sie kritische Philosophie.

Kant hat nach Popper eingesehen, daß Erfahrung ohne Gesetzmäßigkeiten nicht möglich ist; er hat aber geirrt, wenn er meinte, es gebe definitive Erkenntnis von Gesetzen. Gesetze sind, wie Popper betonte, Hypothesen, und sie bleiben, auch wenn sie noch so gut bestätigt sind, immer hypothetisch. Wir müssen uns zwar so verhalten, *als ob* es Gesetzmäßigkeiten gäbe, wir müssen aber immer mit der Möglichkeit rechnen, daß unsere Annahmen über Gesetzmäßigkeiten an den Tatsachen scheitern, in welchem Falle sie zu berichtigen sind. «Erkennen» heißt nach Popper «Gesetzmäßigkeiten suchen; genauer: Gesetze aufstellen und methodisch überprüfen (ohne Rücksicht auf die Frage, ob es streng allgemeine Gesetzmäßigkeiten überhaupt gibt)».[92] Ohne Gesetzmäßigkeiten könnte es, wie oben ausgeführt, keine objektiven – d.h. intersubjektiv nachprüfbaren – Erfahrungen geben. Wenn Gesetzesaussagen der Erfahrung zugrunde liegen, können sie nicht (durch Induktion) aus der Erfahrung gewonnen sein; sie sind in diesem Sinne a priori, was aber nicht heißt, daß sie notwendig und allgemeingültig wären. Wir müssen uns mit Als-ob-Gesetzmäßigkeiten begnügen, ohne unsere Annahmen je als definitiv wahr erweisen zu können.

Nicht nur Gesetzesaussagen, sondern auch Aussagen über besondere Tatsachen gelten immer nur provisorisch. Da Tatsachenaussagen von Deutungen im Rahmen von Theorien abhängig sind und da die Theorien aus Hypothesen bestehen, sind auch Aussagen über Tatsachen hypothetisch. Es gibt mit einem Wort keine Sätze, die als vollkommen sichere Basis unseres Wissens gelten könnten. Basissätze, die bei der Überprüfung von Annahmen eine Rolle spielen, beruhen auf Konventionen und sind daher nicht unabänderlich. Auf Grund dieser Auffassung könnte man meinen, Popper habe die Auffassung der Wahrheit als Übereinstimmung eines Urteils mit dem beurteilten Gegenstand (die Adäquations- oder Korrespondenzkonzeption) aufgegeben; dies war jedoch nicht der Fall, sondern er bekannte sich – bestärkt durch die Wahrheitstheorie des polnisch-amerikanischen Logikers Alfred Tarski (1902–1983)[93] – zur Korrespondenzauffassung der

Wahrheit. Zwar läßt sich wegen der Unmöglichkeit der Verifikation von Gesetzesaussagen nicht feststellen, ob solche Aussagen mit der Wirklichkeit übereinstimmen, aber wir dürfen damit rechnen, daß unsere Theorien im Verlauf der Zeit der Wahrheit immer näher kommen. Wenn nämlich die Elemente einer Theorie, die an der Erfahrung scheitern, eliminiert werden, wird die Theorie der Wahrheit ähnlicher.[94] (So scheiterte die von Kopernikus gemachte Annahme, daß sich die Planeten auf Kreisbahnen um die Sonne bewegen, weil sie mit den später verfügbaren genaueren astronomischen Beobachtungen nicht in Einklang zu bringen war. Dies veranlaßte Kepler zu der Annahme, daß die Planetenbahnen Ellipsen seien, und auf Grund dieser Annahme waren Vorhersagen möglich, die besser zu den Tatsachen paßten als die der älteren Theorie. Sofern die Keplersche die Fehler der Kopernikanischen Auffassung vermeidet, ist sie der Wahrheit ähnlicher als diese.) Der Begriff der Wahrheitsähnlichkeit gehört allerdings zu den umstrittensten Elementen von Poppers Philosophie.

Von Annäherung an die Wahrheit durch Beseitigung von Fehlern läßt sich offensichtlich nur unter der Voraussetzung sprechen, daß Wahrheit als Übereinstimmung von Aussagen mit der Wirklichkeit möglich ist. Das heißt im Falle von allgemeinen Aussagen (wie Gesetzesaussagen), daß es etwas Allgemeines geben muß, mit dem diese Aussagen übereinstimmen, d.h. ein *Wesen* der Wirklichkeit. Popper hat sich zwar immer wieder gegen den Essentialismus gewandt, seine Konzeption der Wahrheitsähnlichkeit läßt aber erkennen, daß er nicht die Annahme allgemeiner Zusammenhänge in der Wirklichkeit selbst kritisieren wollte, sondern nur den rationalistischen Anspruch, diese Zusammenhänge mit absoluter Sicherheit einsehen zu können.

In seiner Spätzeit entwickelte Popper eine Auffassung, die er als «Erkenntnistheorie ohne erkennendes Subjekt» bezeichnete;[95] sie hat es nicht mit Akten des erkennenden Bewußtseins zu tun, sondern mit Inhalten, die sich gegenüber dem psychischen Bereich verselbständigen und die erst recht vom Bereich der materiellen Dinge unabhängig sind. Bezeichnet man die materielle Realität als erste Welt und nennt man die psychische Wirklichkeit die zweite Welt, dann kann der Bereich der Erkenntnisinhalte «die dritte Welt» (oder *Welt 3*) heißen. Zur Dritten Welt – die dem «Dritten Reich» entspricht, von dem bei Frege die Rede war – gehören Probleme, Theorien, Hypothesen, Argumente usw. Die *Welt 3* ist aber kein überhimmlischer Ort im Sinne Platos, sondern sie wird durch Akte des Denkens erzeugt und wirkt ihrerseits unter Umständen auf die *Welt 2* und durch deren Vermittlung auf die *Welt 1* – die materielle Welt – zurück. Als Beispiel für Strukturen, die durch Denkakte erzeugt wurden, jedoch gegenüber dem Subjekt selbständig sind, nannte Popper die Theorie der natürlichen Zahlen. Obwohl Zahlen vom Subjekt konstruiert werden, gibt es zwischen ihnen Beziehungen, die unabhängig davon bestehen, ob sie gedacht werden oder nicht. Daß z.B. $a^n + b^n = c^n$ nur gilt, wenn $n = 2$, ist eine Tatsache, die wir zu beweisen versuchen können, die aber nicht erst durch den Beweis entsteht. Mit der Lehre von der Welt 3 schlug Popper eine Richtung ein, die ihn in die Nähe des wegen seiner politischen Ansichten vehement kritisierten Plato führte, den er ausdrücklich als Entdecker der dritten Welt bezeichnete.[96]

d) Erkenntnis und Evolution

Die Frage, wie Wahrheit als Übereinstimmung von Denken und Wirklichkeit möglich sei, hat die Philosophie seit ihrer Frühzeit beschäftigt. Die Vertreter des klassischen Rationalismus suchten eine Antwort mit Hilfe der Annahme, daß die Ordnung der Dinge und die Ordnung des Denkens (der Begriffe) auf ihrer Abhängigkeit von einem gemeinsamen Prinzip (Gott, der Urmonade, der absolut unendlichen Substanz) beruhe. Gegen diesen Lösungsversuch läßt sich einwenden, daß jenes angenommene Prinzip unerkennbar sei, weshalb für Popper wie für Kant die rationalistische Konzeption inakzeptabel ist. Kant suchte die Übereinstimmung von Denken und Wirklichkeit mit Hilfe der Annahme begreiflich zu machen, daß die Formen der Gegenstände mit den Formen der Gegenstandserkenntnis identisch seien, so daß Denken und Gedachtes im Hinblick auf die Form übereinstimmen. Popper schloß sich dieser Auffassung nicht an, weil er im Rahmen der Evolutionstheorie eine plausiblere Erklärung der Subjekt-Objekt-Übereinstimmung geben zu können meinte.

Kant hatte drei Wege unterschieden, auf denen man versuchen kann, die Übereinstimmung von Denk- und Gegenstandsformen begreiflich zu machen. Der erste Weg wurde von den Empiristen eingeschlagen, die annahmen, daß alle Begriffe, also auch die Begriffe, auf denen die Erkenntnis beruht, der Beobachtung entspringen. Gegen diese Ansicht wandte Kant ein, daß Gegenstandserkenntnis nur als möglich zu begreifen ist, wenn es beobachtungsunabhängige Begriffe (Kategorien) gibt. Der zweite ist Kants eigener Weg. Einen dritten Weg bezeichnete Kant als «Mittelweg». Ihm entspricht die Annahme, daß die Kategorien unserem Denken von Gott in Übereinstimmung mit den Gesetzen der Natur eingepflanzt worden seien, so daß Denk- und Gegenstandsstrukturen auf Grund von Präformation im Einklang stehen. Die Präformationstheorie scheitert nach Kant, weil sie nicht begreiflich machen kann, daß wir gerade über diese und nicht irgendwelche anderen Kategorien verfügen. Fehlt aber den Kategorien die Notwendigkeit, dann können sie auch nicht Objektivität verbürgen.[97]

Für Poppers philosophische Einstellung ist es aufschlußreich, daß er gerade den von Kant zurückgewiesenen Mittelweg (das Präformationssystem) wählte. Die Präformation beruht aber seiner Ansicht nach nicht darauf, daß dem menschlichen Geist von Gott Ideen eingepflanzt wurden (in der Art der *ideae innatae*), sondern darauf, daß sich im Verlauf der Artentwicklung Dispositionen herausbildeten, die dem Individuum angeboren sind, allerdings unter Umständen erst durch Einwirkungen der Umgebung zur Entfaltung kommen (wie z.B. bei der Disposition zum Erlernen einer Sprache).[98] Nach Popper sind nicht nur die Anschauungsformen Raum und Zeit, sondern auch gewisse intellektuelle Dispositionen angeboren, die uns zur Lösung von Problemen befähigen. Die Frage, wie Erkenntnis (als Übereinstimmung subjektiver Denkformen mit Strukturen der Wirklichkeit) möglich sei, ist nach Popper daher nicht in der Erkenntnistheorie, sondern in der Erkenntnispsychologie bzw. in der Biologie zu erörtern. Das Problem, wie es zur Übereinstimmung der (subjektiven) Bedingungen unseres Erkenntnisapparates – der Funktionsgesetze unseres Intellekts – mit den (objektiven) Verhältnissen unserer Umwelt kam,[99] ist ein Sonderfall des allgemeinen biologischen Problems, wie es zur Anpassung von Organismen an Umweltbedingungen kommt. Diese Frage hat rein naturwissenschaftlichen Charakter.

Wenn Popper von Bedingungen der Möglichkeit der Erfahrung sprach und diese als «a priori» bezeichnete, stimmte er dem Wortlaut nach mit Kant überein, war aber in Wirklichkeit weit von ihm entfernt, weil sein Apriorismus der intellektuellen Grundfunktionen *genetischer* Apriorismus ist.[100] So wollte er die Fähigkeit, nach Regelmäßigkeiten des Ereignisablaufs zu suchen, genetisch als Ergebnis von Anpassungsvorgängen erklären, die selbst nicht intellektuellen Charakter haben. Mit dieser Auffassung stand er einem Spencer (siehe Teil VI, Kap. II, 2b) viel näher als einem Kant. Dennoch distanzierte er sich auch von Herbert Spencer und von Konrad Lorenz (1903–1989),[101] weil diese meinten, die dem Individuum angeborenen Prinzipien seien ursprünglich aposteriorische Urteile gewesen und wären im Verlauf der Artentwicklung erblich geworden. Demgegenüber beharrte Popper darauf, daß keineswegs alles Wissen ursprünglich Wahrnehmungswissen gewesen sei, weil Wahrnehmungen schon apriorisches Wissen voraussetzen, das allerdings nicht notwendiges Wissen ist.

Mit seiner evolutionistischen Erklärung (für die sich die Bezeichnung «Evolutionäre Erkenntnistheorie» durchgesetzt hat) folgte Popper der für verschiedene Richtungen der Philosophie des 20. Jahrhunderts kennzeichnenden Tendenz zur Umwandlung philosophischer Probleme in einzelwissenschaftliche Fragen. Gleichzeitig hielt er aber an gewissen metaphysischen Auffassungen fest, zum Beispiel an der dualistischen Deutung des Verhältnisses von Physischem und Psychischem. In bezug auf das Leib-Seele-Problem sprach er sich für die Wechselwirkungstheorie aus, wie sie im 17. Jahrhundert von Descartes (Siehe Teil IV, Kap. I, 1f) vertreten worden war. Diese Theorie trägt der Tatsache Rechnung, daß geistige Vorgänge, die sich nicht auf Prozesse im Gehirn zurückführen lassen, körperliche Vorgänge beeinflussen und von diesen beeinflußt werden. Die ältere Theorie der psychophysischen Wechselwirkung war gescheitert, weil sie mit der Voraussetzung, daß Ursache und Wirkung gleichartig sein müßten, unverträglich war; da Popper diese Voraussetzung fallenließ, gab es in seinen Augen keinen Grund, die Annahme einer Interaktion von Geist und Körper zurückzuweisen.[102]

e) *Philosophie- und Wissenschaftsgeschichte*

(1) *Das Denken in der offenen und in der geschlossenen Gesellschaft*

Popper verband seine systematischen Gedanken in eindrucksvoller Weise mit historischen Untersuchungen, in deren Zusammenhang sich ihm auch die (von Fries und seinen Anhängern diskutierte) Frage nach Fortschritt und Rückschritt in der Geschichte der Philosophie stellte. Den Motor des philosophischen Fortschritts erblickte er in der kritischen Einstellung, d. h. in der Bereitschaft zur rationalen Diskussion, verbunden mit der Bereitschaft, erfolgreich kritisierte Ansichten preiszugeben. Diese Einstellung bewirkte die raschen Fortschritte in der frühgriechischen Philosophie.[103] Ebenso wichtig war die Konzentration auf Fragen der Erkenntnis und der Kosmologie. Plato verriet die kritische Tradition, verschrieb sich dem Dogmatismus und wurde gleichzeitig zum Verfechter des politischen Totalitarismus. Beides hängt nach Popper eng zusammen: Das undogmatische, offene Denken bildet die Grundlage einer offenen Gesellschaft, namentlich der Demokratie, während der Dogmatismus für geschlossene Gesellschaften typisch ist und eine antidemokratische Gesinnung fördert. In der geschlossenen Gesellschaft bewirken traditionelle soziale Bindungen, daß jeder einzelne seinen Platz in der Gemeinschaft kennt und daß klare Verhältnisse der Über- und Unterordnung bestehen. Da es in der offenen Gesellschaft solche Bindungen nicht oder kaum mehr gibt, kann es dazu kommen, daß sich die Menschen orientierungslos fühlen und sich nach verläßlichen Bindungen sehnen. In dieser Situation kann das Bedürfnis nach der geschlossenen Gesellschaft übermächtig werden und im gedanklichen Bereich zur Preisgabe der offenen, auf Kritik angelegten Einstellung führen. Ein solcher Rückfall trat, wie Popper meinte, nicht nur mit Plato ein, sondern auch mit der nachkantischen idealistischen Philosophie. Während Kant eine kritische Philosophie aus dem Geist der Aufklärung entwickelt hatte, wandten sich Hegel und, unter dessen Einfluß, Marx dem Dogmatismus zu, dem in der Geschichtsphilosophie der Historizismus – d. h. der Glaube an vernünftig erkennbare Wesensgesetze des Geschehens – entspricht. Der Historizismus eignet sich als ideologisches Fundament des Totalitarismus, weil er den Anspruch einzelner oder kleiner Gruppen rechtfertigt, die Gesetze der Entwicklung zu kennen und daher zur Führung der Massen berufen zu sein.

Popper ging es nicht um eine neutrale Darstellung überlieferter philosophischer Positionen, sondern um deren Rekonstruktion mit dem Blick auf praktische Ziele. Weil er den totalitaristischen Ideologien des Jahrhunderts – dem Kommunismus, dem Faschismus, dem Nationalsozialismus – entgegentreten wollte, konnte er nicht unvoreingenommen und wertfrei urteilen. «Die offene Gesellschaft und ihre Feinde» ist ein kämpferisches Buch, das aber eine Fülle philosophisch bzw. philosophiehistorisch interessanter Gedanken enthält, nicht zuletzt in den Anmerkungen, die Popper von Auflage zu Auflage vermehrt hat.

In formaler Hinsicht fällt bei Poppers Geschichtsphilosophie auf, daß Fortschritte grundsätzlich anders erklärt werden als Rückschritte. Die ersteren werden auf den Einfluß des kritischen Denkens zurückgeführt, also aus geistigen Faktoren erklärt; die letzteren haben dagegen nach Popper ihre Ursache in sozialen Faktoren, insbesondere in den Spannungen, die die Öffnung der Gesellschaft unweigerlich mit sich bringt. Popper glaubte nicht, daß eine dieser Tendenzen je die andere endgültig überwinden könne. Die Tendenz zur Verfestigung sozialer Strukturen und zur Unterwerfung unter die Macht von Traditionen und politischen Autoritäten wird immer mit der Tendenz zur Flexibilisierung gesellschaftlicher Strukturen und somit der Schaffung von Freiheitsräumen für die Individuen konkurrieren. Nach dieser «manichäischen» Auffassung der Geschichte ist der einzelne vor die Entscheidung für die eine oder die andere Seite gestellt. Popper appellierte unermüdlich an seine Zeitgenossen, sich für die offene Gesellschaft einzusetzen.

(2) Kritik der dialektischen Geschichtsdeutung

Poppers Annahme, daß sich Theorien auf Grund von Versuch und Irrtumsberichtigung – also auf Grund einer Eliminationsmethode, durch die weniger taugliche zugunsten der tauglicheren Theorien ausgeschieden werden – entwickelten, stellt eine Alternative zu der Ansicht dar, die Hegel vertreten hatte.[104] Nach Hegel entwickelt sich das Wissen dialektisch in Form des Fortschreitens von einer These (Position) über eine Antithese (Negation) zu einer Synthese (Negation der Negation), die ihrerseits zur Ausgangsposition eines neuen Dreischritts wird (siehe Teil V, Kap. VI, 3–4). Diese Deutung ist nach Popper nicht schlechthin verfehlt, sie erweist sich aber als einseitig und beschränkt, da keineswegs immer eine einzige Theorie als Ausgangsposition vorhanden ist, sondern oft mehrere Theorien miteinander konkurrieren, und weil die Auseinandersetzung in der Regel nicht in eine Synthese mündet, die die Elemente der konkurrierenden Theorien, und nur sie, enthält. Tatsächlich enthalten Theorien, die an die Stelle von Vorgängertheorien treten, neue Ideen. Die Wissenschaftsentwicklung besteht wesentlich im Konzipieren neuer Gedanken.

Gegen Poppers Auffassung der Wissenschaftsgeschichte wurde eingewandt, daß es in Wirklichkeit nicht so vernünftig zugehe, wie Popper annahm. Theorien, die mit den Tatsachen nicht übereinstimmen, würden meist nicht aufgegeben, sondern man versuche, sie durch Zusatzannahmen mit den Tatsachen in Einklang zu bringen. Erst wenn sich eine ganze Forschergeneration von der Denkweise, der eine Art von Theorien entsprungen ist, abwendet, würden neue Wege der theoretischen Erklärung eingeschlagen. Die Preisgabe einer Denkweise, die nicht nur einzelwissenschaftliche Voraussetzungen enthält, sondern auch methodologische Postulate sowie naturphilosophische und metaphysische Prämissen – eines sogenannten wissenschaftlichen Paradigmas –, zugunsten einer anderen, ja andersartigen Denkweise läßt sich nach dieser Ansicht nicht mehr wissenschaftslogisch erklären; der Paradigmenwechsel ist nach Thomas S. Kuhn, mit dessen Namen sich die angedeutete Betrachtungsweise verbindet, im wesentlichen ein irrationaler Vorgang.[105] Die Entwicklung vollzieht sich nach dieser Ansicht nicht kontinuierlich, sondern Phasen des Ausbaus eines Paradigmas werden durch Revolutionen unterbrochen, in denen das alte durch ein neues Paradigma verdrängt wird.

Diese Debatte betrifft die Interpretation der Wissenschaftsentwicklung. Philosophisch wichtig ist die Frage, ob Popper der Dialektik gerecht geworden ist, wenn er sie als Methode der Rekonstruktion der Dynamik einzelwissenschaftlicher Theorien auffaßte. Dies ist mindestens in bezug auf die Hegelsche Dialektik zu verneinen, da diese es nicht mit naturwissenschaftlichen Begriffen oder Sätzen, sondern ausschließlich mit metaphysischen Begriffen zu tun hatte. Poppers Kritik kann daher nicht gegen die Dialektik im allgemeinen, namentlich nicht die Hegelsche Dialektik, gerichtet sein, sondern nur gegen Versuche, die Entwicklung der Einzelwissenschaften als dialektischen Prozeß zu deuten.

Ungeachtet aller Einwände, die sich gegen einzelne Thesen Poppers vorbringen lassen mögen, muß anerkannt werden, daß Popper der Philosophie des 20. Jahrhunderts wichtige Anstöße gegeben hat. Seine Bedeutung beruht, allgemein gesehen, auf seinem Eintreten für die Idee einer kritischen, auf Argumente gestützten und Gegenargumente berücksichtigenden Philosophie, die keinen Anspruch auf Endgültigkeit erhebt, sondern ihre Aufgabe darin erblickt, das Verhältnis des Subjekts zu den Gegenständen immer angemessener zu begreifen. Dabei berief sich Popper nicht auf eine unmittelbare Schau, sondern er stützte sich auf Argumente; er wollte nicht nur nacherlebend verstehen, sondern kritisch begreifen und sich mit den begriffenen Ansichten auseinandersetzen. Wo er zu Entscheidungen aufrief, tat er das nicht in beschwörender Weise, sondern auf Grund rationaler Abwägung der Folgen.

Nachwort

Versetzt man sich in die Situation um die Mitte des zwanzigsten Jahrhunderts, bis zu der die vorliegende Darstellung reicht, und fragt, ob die Philosophie auf ihrem Weg seit dem 17. Jahrhundert Fortschritte erzielt habe und wenn ja, worin sie bestehen, dann stößt der Versuch einer Antwort auf die Schwierigkeit, daß von einem einheitlichen Weg um so weniger die Rede sein kann, je näher man jenem Zeitpunkt kommt. Kant, der in dem späten Entwurf einer Preisschrift über die Fortschritte der Philosophie die Entwicklung des Denkens als Weg mit mehreren Etappen dargestellt hatte, glaubte noch von einem linearen Fortschritt sprechen zu können, der von der dogmatischen Metaphysik eines Leibniz über den Humeschen Skeptizismus zu seiner eigenen Position führt. Eine solche Auffassung läßt sich nicht mehr aufrechterhalten, ja sie war schon zu Kants Zeit einseitig, da sie die naturalistischen Tendenzen vernachlässigte, die damals schon vorhanden waren und Einfluß ausübten. Inzwischen ist noch deutlicher zu sehen, daß sich in der neuzeitlichen Philosophie nicht von einer einzigen Entwicklungslinie sprechen läßt, da mehrere philosophische Strömungen nebeneinander herlaufen, sich gelegentlich berühren oder gar verbinden, meist aber voneinander unabhängig sind, ja oft divergieren. Die Kantische Metapher vom Weg der Philosophie, die auch dem Titel des vorliegenden Werkes zugrunde liegt, muß also modifiziert werden: Es gibt nicht *den* Weg der Philosophie, sondern eine Mehrzahl von Wegen; allenfalls kann von einem Hauptweg gesprochen werden, im Vergleich mit dem alle anderen Wege als Nebenwege erscheinen.

Manche seinerzeit einflußreiche Auffassungen sind inzwischen weitgehend verdrängt worden, wie die spiritualistische Metaphysik, die kaum noch vertreten wird, während sie noch bis zur ersten Hälfte des 19. Jahrhunderts großen Einfluß ausübte. Auf Kosten des Idealismus erstarkten naturalistische bzw. materialistische Strömungen in der Erkenntnislehre, der Psychologie, der Ethik und der Sozialphilosophie. Durch die linguistische Wende im 20. Jahrhundert, die vielfach eine Hinwendung zum Behaviorismus war, wurden die naturalistischen Tendenzen beträchtlich verstärkt. Daneben traten auch neue Richtungen auf, wie die hermeneutische Philosophie, die Lebensphilosophie und die Existenzphilosophie, die nicht nur den eben genannten Positionen, sondern auch der Transzendentalphilosophie entgegentraten. Nichtsdestoweniger blieb die von Kant ausgehende philosophische Strömung in unterschiedlicher Weise wirksam, insbesondere im Neukantianismus (bzw. im Neokritizismus im allgemeinen), in der Husserlschen Phänomenologie und im Kritischen Rationalismus.

Angesichts dieser verschiedenen Richtungen, die hier ohne Anspruch auf Vollständigkeit erwähnt wurden, hebt sich ein Gegensatz zweier Einstellungen ab, der es erlaubt, die philosophischen Positionen der neuen und neuesten Zeit zwei großen Lagern zuzuordnen, nämlich der Gegensatz zwischen einer szientistischen Haltung, die dazu tendiert, Probleme, die herkömmlicherweise als genuin philosophisch galten, mit einzelwissenschaftlichen Mitteln zu lösen, und einer Einstellung, die durch das Beharren auf der Wesensverschiedenheit von philosophischen und einzelwissenschaftlichen Problemen charakterisiert ist. Nach der zweiten Auffassung ist die Philosophie eine Meta-Disziplin, das heißt, sie gehört nicht der Ebene wie auch immer gearteter Gegenstanderkenntnis an, sondern sieht ihre Aufgabe darin, auf die Bedingungen zu reflektieren, unter denen Erfahrung von Gegenständen und sittliche Verpflichtung als möglich begriffen werden können. Hinter vielen prinzipiellen philosophischen Auseinandersetzungen steht letzten Endes die Frage nach dem Verhältnis von Philosophie und Einzelwissenschaften.

Ein anderer Gegensatz prinzipieller Natur, der im Verlauf der Entwicklung des neuzeitlichen Denkens immer deutlicher zutage trat, ist der Gegensatz zwischen einer Philosophie, die Thesen aufstellt und diese auf Argumente stützt, und einer Philosophie, die sich auf unmittelbare Einsichten oder eine geistige Schau beruft und ihre Aufgabe darin erblickt, das vermeintlich Geschaute zu verkünden. Nennt man beide Richtungen des Denkens «Philosophie», dann wird dieser Ausdruck mehrdeutig. Obwohl nicht dekretiert werden kann, in welchem Sinne von «Philosophie» zu sprechen ist, darf doch festgestellt werden, daß die Abwendung vom argumentativen Denken einen Bruch mit jener Denkweise bedeutet, die seit den Vorsokratikern «Philosophie» heißt.

Angesichts der Aufspaltung des Wegs der Philosophie in eine Mehrheit von Teilwegen könnte vielleicht die Meinung aufkommen, es handle sich insofern um eine positive Entwicklung, als der Pluralismus der Auffassungen eine Bereicherung der Kultur darstelle. Tatsächlich birgt diese Entwicklung jedoch die Gefahr, daß der Name der Philosophie immer weniger bedeutet, so daß es mehr und mehr ins Belieben des Einzelnen gestellt erscheint, was er mit diesem Namen bezeichnen will.

Bei der vorliegenden Darstellung des Wegs der Philosophie war die Überzeugung leitend – und dem aufmerksamen Leser wird sie nicht entgangen sein –, daß es unter den verschiedenen Wegen der Philosophie einen Hauptweg gibt, nämlich den Weg des kritischen, auf die Formulierung von argumentativ gestützten Theorien gerichteten Denkens. Mit dem Schritt zur kritischen Philosophie bzw. zur Transzendentalphilosophie wurden Versuche obsolet, mit den Mitteln der Philosophie etwas von der Wirklichkeit zu erkennen. Die Philosophie hat nach kritizistischer Ansicht weder die Aufgabe, die Existenz Gottes und der substantiellen Seele zu beweisen und deren Wesen zu bestimmen, noch verfolgt sie das Ziel, allgemeinste

Prinzipien der Einzelwissenschaften aufzustellen und zu begründen. Ihre Aufgabe besteht vielmehr darin, einen theoretischen Rahmen zu entwerfen, innerhalb dessen Gegenstandserkenntnis und moralische Verpflichtung als möglich begriffen werden können. Die zu diesem Rahmen gehörenden Begriffe sind Kategorien, die nicht Erfahrungsbegriffe, aber auch nicht eingeborene Ideen sind. Auch im Hinblick auf die Grundsätze zeigt sich ein wesentlicher Unterschied gegenüber der traditionellen Metaphysik. Hatten deren Vertreter Sätze als Grundsätze betrachtet, sofern sie unmittelbar einsichtig zu sein schienen, so sind vom Standpunkt der Transzendentalphilosophie aus Prinzipien nicht auf Grund vorgeblicher Evidenz, sondern auf Grund der Funktion zu akzeptieren, die sie innerhalb philosophischer Theorien haben. Sobald der Schritt zu dieser Auffassung erfolgt war, mußte eine Philosophie, die sich auf eingeborene Begriffe und auf unmittelbare Einsichten in Wesenszusammenhänge beruft, als überholt erscheinen.

Auf diesen Schritt, der sich vor allem mit dem Namen Kants verbindet, folgte ein zweiter, der für den Weg der Philosophie nicht weniger wichtig ist: Während Kant noch gemeint hatte, das endgültige System der Kategorien und Grundsätze des reinen Verstandes aufgestellt zu haben, zeigte sich später, daß er nur eines von mehreren möglichen solchen Systemen konzipiert hatte. Grundsätze sind, wie immer klarer wurde, nicht apodiktische, sondern problematische Sätze; zu ihnen gibt es Alternativen, und es kommt darauf an, die jeweils brauchbarste Alternative zu wählen. Keine Wahl kann aber als definitiv gelten, sondern man muß immer damit rechnen, sie unter dem Eindruck neuer Argumente revidieren zu müssen. Philosophische Konzeptionen sind mit einem Wort als fallibel zu betrachten.

Damit eröffnet sich die Aussicht auf eine Metaphysik als prinzipiell revidierbare Theorie, die nicht mehr dem Vorwurf ausgesetzt ist, dogmatisch und fundamentalistisch zu sein. Die Philosophie des 20. Jahrhunderts ist nur zum Teil der Richtung einer so verstandenen Metaphysik gefolgt, die geeignet erscheint, der Aufspaltung in eine Vielzahl von Einzelwegen entgegenzuwirken. Tatsächlich ist nach der Mitte des 20. Jahrhunderts die Lage der Philosophie eher unübersichtlicher geworden, so daß es noch weniger möglich ist als früher, von *dem* Weg der Philosophie zu sprechen. Zu zeigen, daß trotzdem in der Vielfalt der einzelnen Wege, die das Denken einschlug, ein Weg den Vorzug verdient, wäre jedoch Aufgabe eines neuen Buches.

ANHANG

Werke in Auswahl

(Wichtige Editionen und leicht erreichbare Ausgaben bzw. Übersetzungen; auf
Ausgaben der Philosophischen Bibliothek des Meiner Verlags, Hamburg, wird mit
«PhB» und Bandnummer hingewiesen.)

Zum vierten Teil

Berkeley, George: The Works of George Berkeley, I–IX. Hrsg. von A. A. Luce und
   T. E. Jessop. London 1948–1957; Nachdruck Nendeln 1979.
–: Eine Abhandlung über die Prinzipien der menschlichen Erkenntnis. Hamburg 1979,
   PhB 20.
–: Drei Dialoge zwischen Hylas und Philonous. Hamburg 1980, PhB 102.
Condillac, Étienne Bonnot de: Oeuvres philosophiques, I–III. Hrsg. von G. LeRoy. Paris
   1947-1951.
–: Abhandlung über die Empfindungen. Hamburg 1983, PhB 25.
Descartes, René: Oevres, I–XI. Hrsg. von Ch. Adam und P. Tannery. Paris 1897ff., Neu-
   ausgabe 1964.
–: Abhandlung über die Methode. Hamburg 1978, PhB 26a; bzw. franz.-dt. Hamburg
   1969, PhB 261.
–: Die Leidenschaften der Seele. Franz.-dt. Hamburg 1984, PhB 345.
–: Meditationen. Lat.-dt. Hamburg 1977, PhB 250.
–: Die Prinzipien der Philosophie. Hamburg 1965, PhB 28.
Diderot, Oeuvres complètes, hrsg. von J. Varloot. Paris 1975 ff.
Fourier, Charles: Oeuvres complètes, I–VI. Paris ²1841–1845.
–: Ökonomisch-philosophische Schriften. Berlin 1980.
Gassendi, Pierre: Opera omnia, I–VI (1658); Neudruck Stuttgart-Bad Cannstatt 1964.
Geulincx, Arnold: Opera philosophica. Hrsg. von J. P. N. Land. Den Haag 1891–1893;
   Neudruck Stuttgart-Bad Cannstatt 1965 ff.
Hobbes, Thomas: Opera philosophica, I–V. London 1839 ff.; The English Works, I–XI.
   London 1839ff. Nachdruck Aalen 1961 und 1962.
–: Elemente der Philosophie, I: Vom Körper. Hamburg 1967, PhB 157; II: Vom Men-
   schen. Vom Bürger. Hamburg 1977, PhB 158.
–: Leviathan oder Stoff, Form und Gewalt eines bürgerlichen und kirchlichen Staates.
   Hrsg. von I. Fetscher. Neuwied und Berlin 1966.
Holbach, Paul Henri Thiry d': System der Natur. Frankfurt a.M. 1978.
–: Système de la nature [1770]. Neuausg. Paris 1821; Neudr. Hildesheim 1966.
Hume, David: The Philosophical Works of David Hume, I–IV. Hrsg. von T. H. Green
   und T. T. Grose. New York und Bombay 1874 [Nachdr. Aalen 1964].
–: Ein Traktat über die menschliche Natur, Buch I–III. Hamburg 1973, PhB 283.
–: Eine Untersuchung über den menschlichen Verstand. Hamburg 1984, PhB 35.
–: Untersuchung über die Prinzipien der Moral. Hamburg 1972, PhB 199.
–: Dialoge über natürliche Religion. Hamburg 1968, PhB 36.
–: Dialoge über natürliche Religion. Stuttgart 1981 [Reclams Universal-Bibliothek, 7692].
–: Die Naturgeschichte der Religion. Hamburg 1984, PhB 341.
Leibniz, Gottfried Wilhelm: Sämtliche Schriften und Briefe. Hrsg. von der Deutschen
   Akademie der Wissenschaften. Reihe 1: Allgemeiner, politischer und historischer

Schriftwechsel; Reihe 2: Philosophischer Schriftwechsel; Reihe 3: Mathematischer, naturwissenschaftlicher und technischer Briefwechsel; Reihe 4: Politische Schriften; Reihe 5: Historische Schriften; Reihe 6: Philosophische Schriften; Reihe 7: Mathematische Schriften.

–: Philosophische Werke. Hrsg. von A. Buchenau u.a. Leipzig 1916ff., PhB 69, 71, 107, 108, 161, 162. (Verschiedene neuere Einzelausgaben in der Philosophischen Bibliothek.)

–: Philosophische Schriften. Hrsg. von W. v. Engelhardt und H. H. Holz. Wiesbaden 1959ff. (auch Wiss. Buchgesellschaft Darmstadt).

Locke, John: Works. Clarendon Edition. Oxford 1975ff.

–: Versuch über den menschlichen Verstand. Hamburg 1981, PhB 75 und 76.

–: Ein Brief über Toleranz. Englisch-deutsch. Hamburg 1975, PhB 289.

–: Zwei Abhandlungen über die Regierung. Hrsg. von W. Euchner. Frankfurt a.M. 1977.

Malebranche, Nicolas: Oeuvres complètes. Hrsg. von A. Robinet. Paris 1958–1970.

–: Abhandlung von der Natur und der Gnade. Hrsg. von St. Ehrenberg. Hamburg 1993, PhB 449.

Pascal, Blaise: Oeuvres de Pascal, hrsg. von L. Brunschvicg und anderen, 14 Bände. Paris 1904ff. (Neudruck Vaduz 1965).

–: Oeuvres complètes, hrsg. von F. Strowski, 3 Bände. Paris 1923–1931.

–: Oeuvres complètes, hrsg. von J. Mesnard, 2 Bände. Paris 1964/1970.

–: Oeuvres complètes, hrsg. von L. Lafuma. Paris 1963 u.ö.

–: Gedanken. Nach der endgültigen Ausgabe übertragen von W. Rüttenauer. Einführung von Romano Guardini. Bremen ⁶1964 bzw. Darmstadt 1964 (¹1937 [Sammlung Dieterich, Band 7]).

–: Über die Religion und über einige andere Gegenstände. Übers. von E. Wasmuth. Berlin 1937 (²1940). Neuaufl. Heidelberg 1954 u.ö.

–: Gedanken. Hrsg. von J. R. Armogathe. Leipzig 1987 [Reclams UB 1211].

–: Reflexionen über die Geometrie im allgemeinen: «De l'esprit géométrique» und «De l'art de persuader». Mit deutscher Übersetzung und Kommentar von Jean-Pierre Schobinger. Basel und Stuttgart 1974.

Proudhon, Pierre Joseph: Oeuvres complètes. Oeuvres posthumes. Nouvelle édition. Paris 1867ff.

Rousseau, Jean-Jacques: Oeuvres complètes, hrsg. von B. Gagnebin und M. Raymond. Paris 1959ff.

–: Diskurs über die Ungleichheit/Discours sur l'inégalité. Kritische Ausgabe von H. Meier. Paderborn usw. ³1984 [UTB, 725].

–: Schriften zur Kulturkritik. Hamburg 1983, PhB 243.

Saint-Simon, Claude Henri: Oeuvres, 47 Bände. Paris ²1865ff. [Nachdruck Aalen 1964].

Shaftesbury, Anthony: Complete Works/Sämtliche Werke, hrsg., übers. und kommentiert von W. Benda u.a.. Stuttgart-Bad Cannstatt 1981ff.

Spinoza, Benedictus: Opera, I–V. Hrsg. von C. Gebhardt. Heidelberg 1925; Neudruck 1972, Bd. V: 1987.

–: Sämtliche Werke in sieben Bänden und einem Erg.-band. Hamburg 1965–1982, PhB 91–96b und 350.

Vico, Giambattista: Prinzipien einer neuen Wissenschaft über die gemeinsame Natur der Völker. Übers. und hrsg. von V. Hösle und Chr. Jermann, Hamburg 1992, PhB 418a–b.

Voltaire, François Marie: Ouevres complètes, hrsg. von Th. Besterman (später von W. H. Barber), Genf 1968ff.

Wolff, Christian: Gesammelte Schriften. Hrsg. von J. Ecole u.a. Hildesheim 1962ff. (I: Deutsche Schriften; II: Lateinische Schriften).

Zum fünften Teil

Beneke, Friedrich Eduard: Erfahrungsseelenlehre als Grundlage alles Wissens. Berlin 1820 [Nachdruck Amsterdam 1965].

Fichte, Johann Gottlieb: Werke. Hrsg. von I. H. Fichte. Berlin 1971 [Nachdruck der Sämmtlichen Werke in acht Bänden. Berlin 1845 f., und der Nachgelassenen Werke in drei Bänden. Bonn 1834 f.

–: Gesamtausgabe der Bayerischen Akademie der Wissenschaften. Hrsg. von R. Lauth u. a. Stuttgart-Bad Cannstatt 1962 ff.

Fries, Jakob Friedrich: Sämtliche Schriften, nach den Ausgaben letzter Hand zusammengestellt, eingeleitet und mit einem Fries-Lexikon versehen von Gert König und Lutz Geldsetzer, 25 Bände (26. Band: Fries-Lexikon). Aalen 1967 ff.

Hartmann, Eduard v.: Philosophie des Unbewußten. Versuch einer Weltanschauung. Berlin 1869 (Nachdruck dieser Ausgabe: Hildesheim 1989).

Hegel, Georg Wilhelm Friedrich: Gesammelte Werke. Im Auftrag der Deutschen Forschungsgemeinschaft hrsg. von F. Nicolin und O. Pöggeler. Hamburg 1968 ff.

–: Sämtliche Werke (Jubiläumsausgabe). Hrsg. auf der Grundlage der Sämtlichen Werke (Berlin 1832 ff.) von H. Glockner. Stuttgart 1927 ff.; Neudruck 1964.

–: Werke in 20 Bänden. Hrsg. von E. Moldenhauer u. K. M. Michel. Frankfurt a. M. 1968–1971 [auch stw 601–621, 1968].

Herbart, Johann Friedrich: Sämtliche Werke, hrsg. von G. Hartenstein, I–XII. Leipzig 1850–1852.

Jacobi, Friedrich Heinrich: Werke. Leipzig 1812–1825.

–: Werke. Gesamtausgabe hrsg. von K. Hammacher und W. Jaeschke. Hamburg und Stuttgart – Bad Cannstatt 1998 ff.; Briefwechsel. Hrsg. von M. Brüggen u. a. Stuttgart – Bad Cannstatt 1981 ff. (Text- und Kommentarbände).

Kant, Immanuel: Gesammelte Schriften. Hrsg. von der Preußischen (später Deutschen) Akademie der Wissenschaften. Berlin 1902 ff.

–: Kants Werke. Akademie-Textausgabe, I–IX. Berlin 1968.

–: Werke in 6 Bänden. Hrsg. von W. Weischedel. Frankfurt a. M. 1956–1964 (dasselbe, Paperback-Ausg. in 10 Bänden. Darmstadt ⁵1983).

Maimon, Salomon: Gesammelte Werke. Hrsg. von Valerio Verra. Hildesheim und New York 1965–1976.

Reinhold, Karl Leonhard: Versuch einer neuen Theorie des menschlichen Vorstellungsvermögens. Darmstadt 1963.

–: Über das Fundament des philosophischen Wissens. Über die Möglichkeit der Philosophie. Hamburg 1978, PhB 299.

Schelling, Friedrich Wilhelm Joseph: Sämtliche Werke. Hrsg. von K. Fr. A. Schelling. Stuttgart und Augsburg 1856 ff.

–: Historisch-kritischen Ausgabe von Schellings Werken. Im Auftrag der Bayerischen Akademie der Wissenschaften hrsg. von H.-M. Baumgartner usw. Stuttgart 1976 ff.

–: Werke in 6 Haupt- und 6 Ergänzungsbänden. Hrsg. von M. Schröter. München 1927 ff. (Nachdr. 1962 ff.)

–: Ausgewählte Schriften, I–VI. Hrsg. von M. Frank. Frankfurt a. M. 1985 [stw 521–526].

Schopenhauer, Arthur: Sämtliche Werke, I–VII. Hrsg. A. Hübscher. Wiesbaden ³1972].

–: Schopenhauers handschriftlicher Nachlaß, I–V. Hrsg. A. Hübscher. Frankfurt a. M. 1966 ff. [Nachdruck München 1985, dtv Klassik].

–: Sämtliche Werke. Hrsg. von W. v. Löhneysen, I–V. Frankfurt a. M. 1960–65 u. ö.

–: Werke in 10 Bänden (Zürcher Ausgabe) 1993 (detebe 22670).

–: Werke in 5 Bänden, mit Beibuch. Hrsg. von L. Lütkehaus. Zürich 1988 f. (Taschenbuch-Ausg. 1991, Hoffmans Taschenbücher 121–126).

Zum sechsten Teil

Bergson, Henri: Zeit und Freiheit (Essai sur les données immédiates de la conscience, deutsch). Meisenheim 1949.

–: Materie und Gedächtnis und andere Schriften. Frankfurt a. M. 1964.

–: Materie und Gedächtnis. Eine Abhandlung über die Beziehung zwischen Körper und Geist. Hamburg 1991, PhB 441.

–: Denken und schöpferisches Werden. Aufsätze und Vorträge. Meisenheim am Glan 1948.

Bolzano, Bernard: Gesamtausgabe. Hrsg. von E. Winter usw. Stuttgart-Bad Cannstatt 1969 ff.

–: Grundlegung der Logik. Ausgewählte Paragraphen aus der Wissenschaftslehre, Band I und II. Hamburg 1978, PhB 259.

–: Paradoxien des Unendlichen. Hamburg 1975, PhB 99.

Brentano, Franz v.: Vom Ursprung sittlicher Erkenntnis. Hamburg 1955, PhB 55.

–: Kategorienlehre. Hamburg 1985, PhB 203.

–: Wahrheit und Evidenz. Hamburg 1974, PhB 201.

Büchner, Ludwig: Kraft und Stoff. Leipzig [10]1869.

Cassirer, Ernst: Philosophie der symbolischen Formen, I–III. Berlin 1923, 1925 und 1929 (2. Aufl. Oxford 1954).

–: Substanzbegriff und Funktionsbegriff. Berlin 1910.

–: Das Erkenntnisproblem in der Philosophie und Wissenschaft der neueren Zeit, I–III. Berlin 1906 f.; Nachdruck der 3. Aufl. Darmstadt 1971.

Cohen, Hermann: Werke. Hrsg. vom Hermann-Cohen-Archiv Zürich. Hildesheim und New York 1977 ff.

Comte, Auguste: Oeuvres, I–XII (Introduction von S. Pérignon). Paris 1968–1971 [Werke in Nachdrucken].

–: Rede über den Geist des Positivismus. Hrsg. von I. Fetscher. Hamburg 1979, PhB 179.

Dilthey, Wilhelm: Gesammelte Schriften, I ff. Berlin und Leipzig 1914 ff. (Neuauflagen Stuttgart und Göttingen seit 1958).

Engels, Friedrich: Siehe Marx und Engels.

Feuerbach, Ludwig: Gesammelte Werke, I–XII. Hrsg. von W. Schuffenhauer. Berlin 1976 ff.

–: Sämtliche Werke, hrsg. von W. Bolin und Fr. Jodl. Stuttgart 1903 ff. [Neuausgabe von K. Löwith mit drei H.-M. Saß hrsg. Ergänzungsbänden. Stuttgart 1959–1964].

Fichte, Immanuel Hermann: Grundzüge zum System der Philosophie, I–III. Heidelberg 1833–1846.

–: System der Ethik, I–II. Leipzig 1850–1853.

Haeckel, Ernst: Die Welträtsel (1899). Eingel. von I. Fetscher. Stuttgart 1984 (KTA 1).

Lange, Friedrich Albert: Geschichte des Materialismus und Kritik seiner Bedeutung in der Gegenwart. Iserlohn 1866 u. ö. (als stw 70, hrsg. von A. Schmidt, Frankfurt a. M. 1974).

Liebmann, Otto: Kant und die Epigonen. Berlin 1912 [Neudruck der Ausgabe Stuttgart 1865].

Mach, Ernst: Analyse der Empfindungen. Jena [6]1911.

–: Erkenntnis und Irrtum. Skizzen zur Psychologie der Forschung. Darmstadt 1968 [Nachdruck der 5. Aufl. Leipzig 1926].

Marx, Karl und Engels, Friedrich: Werke und Briefe [MEW]. Berlin 1960 ff.

Mill, John Stuart: Collected Works of John Stuart Mill. Hrsg. von J. M. Robson. London und Toronto 1963 ff.

–: Gesammelte Werke, I–XII. Hrsg. von Th. Gomperz. Leipzig 1869 ff. (Nachdruck Aalen 1968).

Natorp, Paul: Platos Ideenlehre. Eine Einführung in den Idealismus. [Leipzig 1903, 2. Aufl. 1922 mit einem metakritischen Anhang.] Nachdruck Hamburg 1961 und Darmstadt 1961.
–: Die logischen Grundlagen der exakten Wissenschaften. Leipzig und Berlin ³1923.
–: Philosophische Systematik. Hrsg. von H. Natorp. Hamburg 1958.
Nietzsche, Friedrich: Frühe Schriften, I–V. München 1994 [auch bei dtv].
–: Kritische Gesamtausgabe. Werke, hrsg. von G. Colli und M. Montinari. Berlin und New York 1967ff.
–: Kritische Gesamtausgabe. Briefe, hrsg. von G. Colli und M. Montinari. Berlin und New York 1975ff.
–: Sämtliche Werke. Kritische Studienausgabe, I–XV. Hrsg. von G. Colli und W. Montinari. München usw. 1980.
–: Sämtliche Briefe. Kritische Studienausgabe, I–VIII. München 1986.
–: Werke in 3 Bänden. Hrsg. von K. Schlechta. München 1966 u.ö. Mit Nietzsche-Index zu den Werken in drei Bänden. München 1965 u.ö.
Rickert, Heinrich: System der Philosophie, Teil I: Allgemeine Grundlegung. Tübingen 1921. (Mehr nicht erschienen.)
–: Die Grenzen der naturwissenschaftlichen Begriffsbildung. 3./4. Aufl. 1921.
Riehl, Alois: Der philosophische Kritizismus, I–III. Leipzig ²1908, ²1925 und ²1926.
Spencer, Herbert: Works, I–XXI. London 1884–1904; Nachdruck Osnabrück 1966f.
Trendelenburg, Adolf: Logische Untersuchungen. Berlin 1840.
Windelband, Wilhelm: Präludien. Freiburg 1884 (7./8. Aufl. Tübingen 1921).

Zum siebten Teil

Ayer, Alfred J.: Language, Truth and Logic. London 1936.
–: Sprache, Wahrheit und Logik. Stuttgart 1970 [Reclams Universal-Bibliothek 7919–22].
Bradley, Francis Herbert: Appearance and Reality. London 1920 [7. Aufl. der Ausgabe von 1897].
Carnap, Rudolf: Der logische Aufbau der Welt. Berlin 1928.
–: Scheinprobleme in der Philosophie. Berlin 1928 (2. Aufl. Hamburg 1961, zusammen mit «Der logische Aufbau der Welt»).
–: Die Aufgabe der Wissenschaftslogik. Wien 1934.
–: Logische Syntax der Sprache. Wien 1934.
Croce, Benedetto: Estetica come scienza dell'espressione e linguistica generale. Palermo 1902.
–: Logica come scienza del concetto puro. Neapel 1905.
–: Filosofia della pratica. Economica ed etica. Bari 1908.
–: Gesammelte philosophische Schriften, I–VII. Hrsg. von H. Feist. Tübingen 1927–1930.
Dewey, John: The Quest for Certainty. New York 1929.
–: Reconstruction in Philosophy. Boston ²1957.
–: Experience and Nature. Chicago und London 1925 bzw. LaSalle 1965 [dt.: Erfahrung und Natur, Frankfurt a.M. 1994].
Frege, Gottlob: Logische Untersuchungen. Göttingen 1966 [Kleine Vandenhoek-Reihe, 219–221].
–: Funktion, Begriff, Bedeutung. Göttingen ²1966 [Kleine Vandenhoek-Reihe, 144–145].
–: Nachgelassene Schriften. Hrsg. von H. Hermes usw. Hamburg ²1982.
–: Schriften zur Logik und Sprachphilosophie. Hrsg. von G. Gabriel. Hamburg ³1990, PhB 277.

Gentile, Giovanni: Teoria generale dello spirito come atto puro. Opere, vol. III. Florenz 1944 (urspr. Pisa 1916).

Hartmann, Nicolai: Grundzüge einer Metaphysik der Erkenntnis. Berlin ³1941 [1. Aufl. 1921].

–: Der Aufbau der realen Welt. Grundriß der allgemeinen Kategorienlehre. Berlin ³1964.

–: Ethik. Berlin ⁴1962.

Heidegger, Martin: Gesamtausgabe. Ausgabe letzter Hand in vier Abteilungen (I. Veröffentlichte Schriften, II. Vorlesungen, III. Unveröffentlichte Abhandlungen, IV. Aufzeichnungen und Hinweise). Frankfurt am Main 1975 ff.

Horkheimer, Max und Adorno, Theodor W.: Dialektik der Aufklärung. Frankfurt a.M. 1969 (zuerst New York 1944, sodann Amsterdam 1947).

Husserl, Edmund: Husserliana, I ff. Gesammelte Werke, auf Grund des Nachlasses veröffentlicht in Gemeinschaft mit dem Husserl-Archiv Köln vom Husserl-Archiv Löwen unter Leitung von H. L. van Breda. Den Haag (später Dordrecht) 1950 ff.

–: Gesammelte Schriften, I–VIII und Zusatzband. Hrsg. von E. Ströker. Hamburg 1992 u. ö.

James, William: Pragmatism. A new name for some old ways of thinking. Popular lectures on philosophy. London usw. 1908 [erstmals 1907].

–: A Pluralistic Universe. New York usw. 1928.

–: The Will to Believe and Other Essays in Popular Philosophy. London 1908.

–: Das pluralistische Universum. Vorlesungen über die gegenwärtige Lage der Philosophie. Hrsg. von K. Schubert und U. Wilkesmann. Darmstadt 1994.

–: Der Pragmatismus. Hamburg 1977 (²1994) [PhB 297].

Jaspers, Karl: Philosophie. Berlin usw. 1932 (⁴1973).

–: Von der Wahrheit. Philosophische Logik, Bd. I. München 1947. (Mehr zu Lebzeiten nicht erschienen. Vgl. Nachlaß zur Philosophischen Logik. Hrsg. von H. Saner und M. Hänggi. München und Zürich 1991.)

–: Der philosophische Glaube angesichts der Offenbarung. München 1962.

Kierkegaard, Søren: Samlede Værker, I–XIV. Hrsg. von A. B. Drachmann u. a. Kopenhagen 1901 ff. (²1920 ff.).

–: Gesammelte Werke. Übers. von E. Hirsch, I–XXXVI. Düsseldorf und Köln 1950 ff. (Auch Gütersloh 1982)

Lenin, Vladimir I.: Werke. Berlin 1955 ff.

Lukács, Georg v. (György): Werke. Neuwied 1962 ff.

Moore, George Edward: Philosophical Studies. London 1922 u. ö.

–: Philosophical Papers 1919–1953. London 1959 u. ö.

–: Principia Ethica. Stuttgart 1970 [Reclam 8375–78].

–: Grundprobleme der Ethik. München 1975 [Beck'sche Schwarze Reihe, 126].

Peirce, Charles S.: Collected Papers, 8 Bände. Hrsg. von Ch. Hartshorne u.a. Cambridge (Mass.) 1931 ff. u. ö.

–: Writings of Ch. S. Peirce. A chronological edition, Bd.I ff. Bloomington/Indiana 1982 ff.

–: Schriften I. Zur Entstehung des Pragmatismus. Frankfurt a.M. 1967; Schriften II: Vom Pragmatismus zum Pragmatizismus. Mit einer Einf. hrsg. von K.-O. Apel. Frankfurt a.M. 1970 [Suhrkamp Theorie].

–: Schriften zum Pragmatismus und Pragmatizismus. Hrsg. von K.-O. Apel. Frankfurt a.M. 1976 [1991 als stw 945].

Popper, Karl R.: Die beiden Grundprobleme der Erkenntnistheorie. Tübingen 1979.

–: Das Elend des Historizismus. Tübingen 1965.

–: Die offene Gesellschaft und ihre Feinde, I–II. Bern 1957/1958; 7.Aufl. Tübingen 1992.

–: Objektive Erkenntnis. Hamburg 1973 (rev. Übers. Hamburg 1984).

–: Logik der Forschung. Tübingen ³1968 (1. Aufl. Wien 1934).

Russell, Bertrand: Principles of Mathematics. Cambridge 1903 (²1938).

–: Probleme der Philosophie. Frankfurt a.M. 1967 [edition suhrkamp, 207].

–: Philosophie. Die Entwicklung meines Denkens. München 1973.

– und Whitehead, Alfred North: Principia mathematica, I–III. Cambridge 1910–1913 (²1925–27).

Sartre, Jean-Paul: Das Sein und das Nichts. Reinbek 1991.

–: Kritik der dialektischen Vernunft. Reinbek 1967.

Scheler, Max: Gesammelte Werke, I–XIII. Bern und München 1954ff.

Schlick, Moritz: Allgemeine Erkenntnislehre. Berlin ²1925 (Neuausgabe Frankfurt a.M. 1979 [Suhrkamp TB Wissenschaft, 269]).

–: Gesammelte Aufsätze 1926–1938. Wien 1938 (Nachdr. Hildesheim 1969).

–: Fragen der Ethik. Berlin 1930. (Neuausgabe Frankfurt a.M. 1984 [Suhrkamp TB Wissenschaft, 477]).

–: Philosophische Logik. Hrsg. von B. Philippi. Frankfurt a.M. 1986 [stw 598].

Wittgenstein, Ludwig: Schriften, I–VIII. Frankfurt a.M. 1967–1980 [Werkausgabe 1989, auch als stw 501–508].

–: Gesamtwerk (Wiener Ausgabe). Hrsg. von Michael Nedo. Wien und New York 1993ff.

Einführungs- und Übersichtsliteratur in Auswahl

Bibliographisches Nachschlagewerk:

Wilhelm Totok: Handbuch der Geschichte der Philosophie, Band IV: Frühe Neuzeit. Frankfurt a. M. 1981; Band V: 18. und 19. Jahrhundert. Frankfurt a. M. 1986; Band VI: 20. Jahrhundert. Frankfurt a. M. 1990.
(Gesamtdarstellungen und allgemeine Nachschlagewerke siehe Band I!)

Zum vierten Teil

1. Allgemeine Darstellungen:

Buchdahl, Gerd: Metaphysics and the Philosophy of Science. Oxford 1969.
Cassirer, Ernst: Das Erkenntnisproblem in der Philosophie und Wissenschaft der neueren Zeit, I–II. Darmstadt 1971.
–: Die Philosophie der Aufklärung. Tübingen 1932.
Friedrich Ueberwegs Grundriss der Geschichte der Philosophie, III: Die Philosophie der Neuzeit bis zum Ende des 18. Jahrhunderts. Hrsg. von M. Frischeisen-Köhler und W. Moog. Basel 1953.
Grundriss der Geschichte der Philosophie, begründet von Fr. Ueberweg. Die Philosophie des 17. Jahrhunderts. Hrsg. von J.-P. Schobinger. Bd. II. Basel 1993; Bd. III. Basel 1988.
Leyden, Wolfgang von: Seventeenth Century Metaphysics. London 1968.
Santinello, Giovanni. Storia delle storie generali della filosofia, Iff. Brescia 1979ff.

2. Werke zu einzelnen Philosophen und philosophischen Richtungen:

Allison, Henry E.: Benedict de Spinoza. An introduction. New Haven und London [2]1987.
Alquié, Ferdinand: La découverte métaphysique de l'homme chez Descartes. Paris 1950.
–: Le Cartésianisme de Malebranche. Paris 1974.
Armogathe, Jean-Robert: Theologia Cartesiana. Den Haag 1977.
Ayer, Alfred J.: Voltaire. Eine intellektuelle Biographie. Neuausgabe, Weinheim 1994.
Bartuschat, Wolfgang: Theorie des Menschen: Spinoza. Hamburg 1992.
Berman, David: George Berkeley. Idealism and the Man. Oxford University Press 1994.
Beyssade, Jean-Marie: La philosophie première de Descartes. Paris 1979.
Boros, Gábor: Heilsfragment. Rekonstruktion der Spinozanischen Ethik. Budapest 1990 [Doxa Library].
Brandt, Reinhard: Rousseaus Philosophie der Gesellschaft. Stuttgart-Bad Cannstatt 1973 [Problemata, 16].
–: Eigentumstheorien von Grotius bis Kant. Stuttgart-Bad Cannstatt 1974 [Problemata, 31].
Breidert, Wolfgang: George Berkeley 1685–1753. Basel 1989.
Cassirer, Ernst: Leibniz' System in seinen wissenschaftlichen Grundlagen. Marburg 1902 (Nachdruck Darmstadt 1962).

Cristofolini, Paolo: La scienza intuitiva di Spinoza. Napoli 1987 [Collana di filosofia, n.s., 11].

De Deugd, Cornelius (Hrsg.): Spinoza's Political and Theological Thought. Amsterdam 1984.

Deleuze, Gilles: Spinoza. Praktische Philosophie. Berlin 1988.

Dunin-Borkowski, Stanislaus: Spinoza, 4 Bände. Münster 1933 ff.

Euchner, Walter: Naturrecht und Politik bei John Locke. Frankfurt a.M. ²1979.

Flew, Anthony: Hume's Philosophy of Belief. London ⁴1980.

–: David Hume. Philosopher of Moral Science. Oxford 1986.

Forschner, Maximilian: Rousseau. Freiburg und München 1977 [Kolleg Philosophie].

Freudenthal, Jakob: Spinoza. Sein Leben und seine Lehre. Stuttgart 1904 (²1927).

Gouhier, Henri: Blaise Pascal. Paris 1966.

–: La pensée métaphysique de Descartes. Paris 1962.

–: Les méditations métaphysiques de Rousseau. Paris 1980.

Gueroult, Martial: Descartes selon l'ordre des raisons, I–II. Paris 1953.

–: Spinoza. I: Dieu; II: L'âme. Hildesheim und New York 1968 bzw. 1974.

Günther, Horst: Voltaire. Leben und Werk in Texten und Bildern. Frankfurt a.M. 1994 [Insel-Taschenbuch].

Gurwitsch, Aaron: Leibniz. Philosophie des Panlogismus. Berlin 1974.

Heinekamp, Albert: Das Problem des Guten bei Leibniz. Bonn 1969.

Hereth, Michael: Montesquieu. Zur Einführung. Hannover 1995.

Hinske, Norbert (Hrsg.): Was ist Aufklärung. Darmstadt ²1977

Hubbeling, H. G.: Spinoza. Freiburg und München 1978.

Hüning, Dieter: Freiheit und Herrschaft in der Rechtsphilosophie des Thomas Hobbes. Berlin 1998.

Kammerer, Armin: Die Frage nach dem (Selbst-)Bewußtsein Gottes im System Spinozas. Innsbruck 1992 [Innsbrucker Beiträge zur Kulturwissenschaft, Sonderheft 81].

Kondylis, Panajotis: Die Aufklärung im Rahmen des neuzeitlichen Rationalismus. Stuttgart 1981.

Kreimendahl, Lothar: Freiheitsgesetz und höchstes Gut in Spinozas TTP. Hildesheim 1983.

–: Humes verborgener Rationalismus. Berlin 1982.

Krüger, Lorenz: Der Begriff des Empirismus. Erkenntnistheoretische Studien am Beispiel John Lockes. Berlin und New York 1973.

Kulenkampff, Arend: George Berkeley. München 1987.

Kulenkampff, Jens: David Hume. München 1989.

Kummer, Irène Elisabeth: Blaise Pascal. Das Heil im Widerspruch – Studien zu den Pensées. Berlin und New York 1978.

Lauener, Henri: Hume und Kant. Systematische Gegenüberstellung einiger ihrer Lehren. Bern 1969.

Lorenz, Ulrich: Das Projekt der Ideologie. Studien zur Konzeption einer Ersten Philosophie bei Destutt de Tracy. Stuttgart-Bad Cannstatt 1994 [Quaestiones. Themen und Gestalten der Philosophie, 6].

Ludwig, Bernd: Die Wiederentdeckung des Epikureischen Naturrechts. Zu Thomas Hobbes' philosophischer Entwicklung von «De cive» zum «Leviathan». Frankfurt a. M. 1998 (Philos. Abh., Bd. 75).

Lüthe, Rudolf: David Hume. Historiker und Philosoph. Freiburg und München 1991.

Marion, Jean-Luc: Sur l'ontologie grise de Descartes. Paris 1975.

–: Sur la théologie blanche de Descartes. Paris 1981.

–: Sur le prisme métaphysique de Descartes. Paris 1986.

–: Questions cartésiennes. Paris 1991.

Martin, Gottfried: Leibniz. Logik und Metaphysik. Berlin ²1967.

Mignini, Filippo: Introduzione a Spinoza. Bari 1983.

Mittelstraß, Jürgen: Neuzeit und Aufklärung. Studien zur Entstehung der neuzeitlichen Wissenschaft und Philosophie. Berlin und New York 1970.

Parkinson, G. H. R.: Spinoza. Reason and Experience. London 1983.

Pitcher, George: Berkeley. London usw. 1977.

Pomeau, René: L'europe des lumières. Paris 1960.

–: Voltaire. Bern 1994.

Pütz, Peter: Die deutsche Aufklärung. Darmstadt [4]1991.

Ramm, Thilo: Die großen Sozialisten als Rechts- und Sozialphilosophen, I–II. Stuttgart 1955.

Recktenwald, Horst C.: Adam Smith. Sein Leben und sein Werk. München 1976.

Rescher, Nicholas: Leibniz. An introduction to his philosophy. Oxford 1979.

Ritzel, Wolfgang: Jean Jacques Rousseau. Stuttgart 1959 [Urban-Bücher, 37].

Röd, Wolfgang: Descartes. Die Genese des Cartesianischen Rationalismus. München [3]1995.

–: Geometrischer Geist und Naturrecht. München 1970 (Abhandlungen der Bayerischen Akademie der Wissenschaften, Phil.-hist. Klasse, Neue Folge, Heft 70).

Rodis-Lewis, Geneviève: L'oeuvre de Descartes, I–II. Paris 1971.

Schneiders, Werner: Hoffnung auf Vernunft. Aufklärungsphilosophie in Deutschland. Hamburg 1990.

– (Hrsg.): Christian Wolff. Interpretationen zu seiner Philosophie und deren Wirkung. Hamburg 1986 [Studien zum achtzehnten Jahrhundert, Bd. 4].

Schobinger, Jean-Pierre: Blaise Pascals Reflexionen über die Geometrie im allgemeinen: «De l'esprit géométrique» und «De l'art de persuader». Mit deutscher Übersetzung und Kommentar. Basel und Stuttgart 1974.

Specht, Rainer: Commercium mentis et corporis. Über Kausalvorstellungen im Cartesianismus. Stuttgart-Bad Cannstatt 1966.

–: John Locke. München 1989 [Beck'sche Reihe, 518; Große Denker].

Starobinski, Jean: Montesquieu. Übers. von U. Raulff. Frankfurt 1995 [Fischer TB 12774].

–: Rousseau. Eine Welt von Widerständen. München 1991.

Streminger, Gerhard: David Hume. Sein Leben und sein Werk. Paderborn usw. 1994 (3. Aufl. Paderborn usw. 1995 [UTB 1897].

–: Der natürliche Lauf der Dinge. Essays zu Adam Smith und David Hume. Marburg 1995.

Walther, Manfred: Metaphysik als Anti-Theologie. Die Philosophie Spinozas im Zusammenhang der religionsphilosophischen Problematik. Hamburg 1971.

Watkins, J. W. N.: Hobbes's System of Ideas. London 1965.

Weiß, Ulrich: Das philosophische System von Thomas Hobbes. Stuttgart-Bad Cannstatt 1980.

Williams, Bernard: Descartes. Das Vorhaben der reinen philosophischen Untersuchung. Königstein 1981.

Willms, Bernard: Die Antwort des Leviathan. Th. Hobbes' politische Theorie. Neuwied und Berlin 1970.

–: Thomas Hobbes. Das Reich des Leviathan. München und Zürich 1987.

Wundt, Max: Die deutsche Schulphilosophie im Zeitalter der Aufklärung. Tübingen 1945 [Heidelberger Abhandlungen zur Philosophie und ihrer Geschichte, 32]; Nachdruck: Hildesheim 1991 [Olms Paperbacks, 4].

Yolton, John W.: Locke. An Introduction. Oxford 1985.

Zum fünften Teil

1. Allgemeine Darstellungen:

Cassirer, Ernst: Das Erkenntnisproblem in der Philosophie und Wissenschaft der neueren Zeit, II. Darmstadt 1971.

Cesa, Claudio: Le origini dell'idealismo tra Kant e Hegel. Turin 1981.

Delbos, Victor: De Kant aux postkantiens. Paris 1940.

Hartmann, Nicolai: Die Philosophie des deutschen Idealismus. Berlin ²1960.

Hogrebe, Wolfram: Deutsche Philosophie im XIX. Jahrhundert. Kritik der idealistischen Vernunft. München 1987 [UTB 1432].

Kroner, Richard: Von Kant bis Hegel. Zwei Bände in einem Band. Tübingen ²1961.

Maréchal, Joseph: Le point de départ de la métaphysique, IV: Le système idéaliste et les postkantiens. Paris 1947.

Popper, Karl R.: Die offene Gesellschaft und ihre Feinde, II: Falsche Propheten. Hegel, Marx und die Folgen. Bern 1958 u. ö.

Rosenkranz, Karl: Geschichte der Kant'schen Philosophie. Leipzig 1840; Neuausgabe Berlin 1987. [Philosophiehistorische Texte].

Verra, Valerio: Dopo Kant. Turin 1957 [Studi e ricerche di storia della filosofia, 5].

2. Werke zu einzelnen Philosophen und philosophischen Richtungen:

Allison, Henry A.: Kant's Transcendental Idealism. New Haven und London 1983.

Avineri, Shlomo: Hegels Theorie des modernen Staates. Frankfurt a. M. 1976 [suhrkamp taschenbuch wissenschaft, 146].

Baumanns, Peter: J. G. Fichte. Kritische Darstellung seiner Philosophie. Freiburg i. Br. und München 1990.

Beck, Lewis W.: Kants Kritik der praktischen Vernunft. Ein Kommentar. München 1974 [A Commentary on Kant's Critique of Practical Reason. Chicago ⁴1966].

Becker, Werner: Hegels Begriff der Dialektik und das Prinzip des Idealismus. Stuttgart usw. 1969.

–: Hegels Phänomenologie des Geistes. Stuttgart usw. 1971.

–: Idee und Weltwille. Schopenhauer als Kritiker Hegels. München und Wien 1988.

Beiser, F. C. (Hrsg.): The Cambridge Companion to Hegel. Cambridge UP 1993.

Bencivenga, Ermanno: Kant's Copernican Revolution. New York und Oxford 1987.

Bickmann, Claudia: Differenz oder das Denken des Denkens. Hamburg 1996 [Schriften zur Transzendentalphilosophie, Bd. 11].

Cassirer, Ernst: Kants Leben und Lehre. Berlin 1921 [Nachdruck Darmstadt 1977].

Cesa, Claudio: Introduzione a Fichte. Bari 1994 [I filosofi, 61].

–: J. G. Fichte e l'idealismo trascendentale. Bologna 1992.

Funke, Gerhard: Immanuel Kant. Zur Person. Bonn 1975.

Graeser, Andreas: Einleitung zur Phänomenologie des Geistes. Kommentar. Stuttgart 1988.

Gueroult, Martial: L'évolution et la structure de la doctrine de la science chez Fichte, I–II. Paris 1930 [Nachdr. Hildesheim 1982].

Haym, Rudolf: Hegel und seine Zeit. Darmstadt 1974 [Nachdruck der 1. Auflage von 1857].

Höffe, Otfried: Immanuel Kant. München 1983 [Beck'sche Schwarze Reihe, 506; Große Denker].

Hösle, Vittorio: Hegels System. Der Idealismus der Subjektivität und das Problem der Intersubjektivität, I–II. Hamburg 1987.

Hossenfelder, Malte: Kants Konstitutionstheorie und die Transzendentale Deduktion. Berlin und New York 1978.

Hübscher, A. und Fleiter, M. (Hrsg.): Arthur Schopenhauer. Leben und Werk in Briefen, I–II. Neuausg. Frankfurt a.M. 1992.

Jacobs, Wilhelm G.: J. G. Fichte. Reinbek 1984.

Jaspers, Karl: Schelling. Größe und Verhängnis. München 1955.

Klemmt, Alfred: Karl Leonhard Reinholds Elementarphilosophie. Studie über den Ursprung des spekulativen deutschen Idealismus. Hamburg 1958.

Kojève, Alexandre: Hegel. Kommentar zur Phänomenologie des Geistes. Frankfurt a.M. 1975 [suhrkamp taschenbuch wissenschaft, 97].

Korfmacher, Wolfgang: Schopenhauer zur Einführung. Hamburg 1994.

Körner, Stephan: Kant. Göttingen 1967 ([2]1980) [Kleine Vandenhoeck-Reihe, 252 S].

Lauth, Reinhard: Philosophie aus einem Prinzip. Karl Leonhard Reinhold. Bonn 1974 [Conscientia. Studien zur Bewußtseinsphilosophie, Bd. 6].

Paton, Herbert J.: Der Kategorische Imperativ. Eine Untersuchung über Kants Moralphilosophie. Berlin 1962.

Philonenko, Alexandre: L'oeuvre de Fichte. Paris 1984.

Prauss, Gerold: Erscheinung bei Kant. Berlin 1971.

–: Kant und das Problem der Dinge an sich. Bonn 1974.

Pupi, Angelo: Johann Georg Hamann, I: Experimentum mundi 1730–1759. Milano 1988 [Pubblicazioni del Centro di ricerche di Metafisica, sez. «Fontes», 1].

Röd, Wolfgang: Dialektische Philosophie der Neuzeit. München [2]1986.

Rohs, Peter: Johann Gottlieb Fichte. München 1991 [Beck'sche Reihe; Große Denker].

Safranski, Rüdiger: Schopenhauer und die wilden Jahre der Philosophie. München 1987.

Schmidt, Alfred: Die Wahrheit im Gewande der Lüge. Schopenhauers Religionsphilosophie. München und Zürich 1986.

Schurr, Adolf: Philosophie als System bei Fichte, Schelling und Hegel. Stuttgart-Bad Cannstatt 1974.

Strawson, Peter F.: Die Grenzen des Sinns. Ein Kommentar zu Kants Kritik der reinen Vernunft. Übers. von E. M. Lange. Königstein 1992.

Taylor, Charles: Hegel. Frankfurt a.M. 1983 [urspr. Cambridge UP 1975].

Tilliette, Xavier: Schelling. Une philosophie en devenir, I–II. Paris 1970.

Verra, Valerio: F. H. Jacobi. Dall'illuminismo all'idealismo. Torino 1963 [Studi e ricerche di storia della filosofia, 52].

Vorländer, Karl: Immanuel Kants Leben. Neu hrsg. von Rudolf Malter. Hamburg 1974.

Wolff, Robert P.: The Autonomy of Reason. A Commentary on Kant's Groundwork of the Metaphysic of Morals. Gloucester [2]1986.

Wundt, Max: Kant als Metaphysiker. Stuttgart 1924.

Zum sechsten Teil

1. Allgemeine Darstellungen

Köhnke, Klaus Christian: Entstehung und Aufstieg des Neukantianismus. Frankfurt a.M. 1986.

Löwith, Karl: Von Hegel zu Nietzsche. Der revolutionäre Bruch im Denken des neunzehnten Jahrhunderts. Stuttgart [4]1958.

Poggi, Stefano und Röd, Wolfgang: Geschichte der Philosophie, hrsg. von W. Röd, Band X: Die Philosophie der Neuzeit, 4: Positivismus, Sozialismus und Spiritualismus im 19. Jahrhundert. München 1989.

Sachs-Hombach, Klaus: Philosophische Psychologie im 19. Jahrhundert. Freiburg und München 1993.

2. Werke zu einzelnen Philosophen und philosophischen Richtungen:

Becker, Werner: Kritik der Marxschen Wertlehre. Hamburg 1972.
Biser, Eugen: Gott ist tot. Nietzsches Destruktion des christlichen Bewußtseins. München 1962.
Bollnow, Otto Friedrich: Dilthey. Eine Einführung in seine Philosophie. Stuttgart usw. ^{3}1967.
Cesa, Claudio: Introduzione a Feuerbach. Bari 1978.
Cornu, Auguste: Karl Marx und Friedrich Engels, 1 ff. Berlin 1954 ff.
Deleuze, Gilles: Le bergsonisme. Paris 1966.
–: Nietzsche und die Philosophie. Hamburg 1991 [eva-Taschenbuch, 70].
Euchner, Walter: Karl Marx. München 1983 [Beck'sche Reihe, 505: Große Denker].
Fleischer, Helmut: Marx und Engels. Freiburg und München ^{2}1974.
Frede, Dorothea und Schmücker, R. (Hrsg.): Ernst Cassirers Werk und Wirkung. Darmstadt 1997.
Gerhardt, Volker : Friedrich Nietzsche. München 1992 [Beck'sche Reihe, 522: Große Denker].
–: Pathos und Distanz. Studien zur Philosophie Friedrich Nietzsches. Stuttgart 1988.
Graeser, Andreas : Ernst Cassirer. München 1994. [Beck'sche Reihe, 527; Große Denker].
Grau, Gerd-Günther: Ideologie und Wille zur Macht. Zeitgemäße Betrachtungen über Nietzsche. Berlin und New York 1984.
Haller, Rudolf: Studien zur österreichischen Philosophie. Amsterdam 1979.
Hartmann, Klaus: Die Marxsche Theorie. Eine philosophische Untersuchung zu den Hauptschriften. Berlin 1970.
Hoerster, Norbert: Utilitaristische Ethik und Verallgemeinerung. Freiburg und München 1971.
Höffe, Otfried: Einführung in die utilitaristische Ethik. Klassische und zeitgenössische Ethik. München 1975.
Holzhey, Helmut: Ethischer Sozialismus. Zur politischen Philosophie des Neukantianismus. Frankfurt a.M. 1994 [Suhrkamp TB Wissenschaft, 949].
–: Hermann Cohen. Bern 1994 [Auslegungen, Bd. 4].
Ineichen, Hans: Erkenntnistheorie und geschichtlich-gesellschaftliche Welt. Diltheys Logik der Geisteswissenschaften. Frankfurt a.M. 1975.
Janz, Curt Paul: Friedrich Nietzsche, I–III. München ^{3}1977.
Jaspers, Karl: Nietzsche. Einführung in das Verständnis seines Philosophierens. Berlin und New York 1981 [1. Aufl. 1936].
Kamitz, Reinhard: Positivismus. Befreiung vom Dogma. München und Wien 1973.
Kastil, Alfred: Die Philosophie Franz Brentanos. Eine Einführung in seine Lehre. Bern 1951.
Kaufmann, Walter: Nietzsche. Philosoph, Psychologe, Antichrist. Übers. von J. Salaquarda. Darmstadt ^{2}1988 [zuerst engl. 1950].
Kolakowski, Leszek: Die Hauptströmungen des Marxismus, I–III. München und Zürich 1978.
Kraus, Oskar: Franz Brentano. München 1919.
Löwith, Karl: Die Hegelsche Linke. Stuttgart-Bad Cannstatt ^{2}1988.
–: Nietzsches Philosophie der ewigen Wiederkehr des Gleichen. Stuttgart 1956.
Lübbe, Hermann (Hrsg.): Die Hegelsche Rechte. Texte. Stuttgart-Bad Cannstatt 1962.
Lukács, Georg: Die Zerstörung der Vernunft. Werke, Band IX. Neuwied 1962.
Makkreel, Rudolf A.: Dilthey. Philosoph der Geisteswissenschaften. Übers. von B. Kehm. Frankfurt 1991.
McCloskey, H. J.: John Stuart Mill. A critical study. London 1971.

McLellan, David: The Thought of Karl Marx. London ²1980.

Paetzold, Heinz. Ernst Cassirer. Von Marburg nach New York. Darmstadt 1995.

Penzo, Giorgio: Der Mythos vom Übermenschen. Nietzsche und der Nationalsozialismus. Frankfurt a.M. usw. 1992.

Philonenko, Alexis: L'école de Marbourg. Cohen, Natorp, Cassirer. Paris 1989.

Plamenatz, John: Man and Society, Band II. London und Harlow ⁵1969.

–: The English Utilitarians. Neuausg. Oxford 1958.

Podach, Erich Friedrich: Ein Blick in Notizbücher Nietzsches. Ewige Wiederkunft, Wille zur Macht, Ariadne. Eine schaffensanalytische Studie. Heidelberg 1963.

Rawidowicz, Simon: Ludwigs Feuerbachs Philosophie. Berlin ²1965.

Rodi, F. und Lessing, U. (Hrsg.): Materialien zur Philosophie Wilhelm Diltheys. Frankfurt a.M. 1984 [stw 439].

Ross, Werner: Der ängstliche Adler. Friedrich Nietzsches Leben. Stuttgart 1990.

Schmidt, Alfred: Der Begriff der Natur in der Lehre von Marx. Frankfurt a.M. 1962 (überarbeitete Neuausgabe 1971).

–: Emanzipatorische Sinnlichkeit. München 1973.

Schobinger, Jean-Pierre: Miszellen zu Nietzsche. Basel 1992.

Sieg, Ulrich: Aufstieg und Niedergang des Marburger Neukantianismus. Die Geschichte einer philosophischen Schulgemeinschaft. Würzburg 1994 [Studien und Materialien zum Neukantianismus, 4].

Smith, Barry: Austrian Philosophy. The Legacy of Franz Brentano. Chicago und La Salle (Ill.) 1994.

Turner, J. H.: Herbert Spencer. A Renewed appreciation. Beverly Hills 1985.

Zum siebten Teil

1. Allgemeine Darstellungen:

Bocheński, Innocent (Joseph) Maria: Die eruopäische Philosophie der Gegenwart. Bern und München ²1951.

–: Die zeitgenössischen Denkmethoden. Bern 1954 u.ö.

Dummett, Michael: Ursprünge der analytischen Philosophie. Frankfurt a.M. 1988 (1992 als stw 1003).

Heinemann, Fritz (Hrsg.): Die Philosophie im XX. Jahrhundert. Eine enzyklopädische Darstellung ihrer Geschichte, Disziplinen und Aufgaben. Stuttgart 1959 (²1963).

Hennigfeld, Jochen: Die Sprachphilosophie des 20. Jahrhunderts. Grundprinzipien und -probleme. Berlin und New York 1982.

Hügli, Anton und Lübcke, Poul (Hrsg.): Philosophie im 20. Jahrhundert, I–II. Reinbek 1992 [rowohlts enzyklopädie, 455–456].

Passmore, John: A Hundred Years of Philosophy. London ²1968 [seit 1968 als Pelican Book bei Penguin Books, Harmondsworth].

Schnädelbach, Herbert: Philosophie in Deutschland 1831–1933. Frankfurt a.M. 1983 [stw 401].

Stegmüller, Wolfgang: Hauptströmungen der Gegenwartsphilosophie. Wien 1952 (ab der 3. Aufl. Stuttgart 1965 als Kröner TA 308; ab der 5. Aufl. 1975: Band I).

2. Werke zu einzelnen Philosophen und philosophischen Richtungen:

Apel, Karl-Otto: Die Transformation der Philosophie, I–II. Frankfurt a.M. 1973.

Ayer, Alfred J.: Russell and Moore. The Analytical Heritage. London 1971.

Bocheński, Joseph M.: Der sowjetrussische Materialismus (Diamat). Bern 1950 u.ö.

Bollnow, Otto Friedrich: Existenzphilosophie. Stuttgart 1960.

Brandes, Georg: Søren Kierkegaard. Ein literarisches Charakterbild [1879]. Hildesheim und New York 1975.

Buch, Alois Joh.: Nicolai Hartmann 1882–1982. Bonn 1982.

Carl, Wolfgang: Sinn und Bedeutung. Studien zu Frege und Wittgenstein. Meisenheim a.G. 1982.

Dummett, Michael: Frege - Philosophy of Language. London ²1981.

Farias, Victor: Heidegger und der Nationalsozialismus. Frankfurt a.M. 1988.

Fetscher, Iring: Von Marx zur Sowjetideologie. Frankfurt a.M. ¹⁰1963.

Figal, Günter: Heidegger zur Einführung. Hamburg 1992.

–: Martin Heidegger – Phänomenologie der Freiheit. Frankfurt a.M. 1988.

Findlay, John Niemeyer: Wittgenstein. A Critique. London usw. 1984.

Fink, Eugen: Studien zur Phänomenologie 1930–1939. Den Haag 1966.

Gethmann, Carl Friedrich (Hrsg.): Lebenswelt und Wissenschaft. Studien zum Verhältnis von Phänomenologie und Wissenschaftstheorie. Bonn 1991 [Neuzeit und Gegenwart, Bd. I].

Haller, Rudolf: Neopositivismus. Eine historische Einführung in die Philosophie des Wiener Kreises. Darmstadt 1993.

Haller, R. und Stadler, Fr. (Hrsg.): Wien – Berlin – Prag. Der Aufstieg der wissenschaftlichen Philosophie. Wien 1993 [Veröffentlichungen des Instituts Wiener Kreis, Bd. 2].

Hartmann, Klaus: Grundzüge der Ontologie Sartres in ihrem Verhältnis zu Hegels Logik. Berlin 1963.

–: Sartres Sozialphilosophie. Eine Untersuchung zur «Critique de la raison dialectique». Berlin 1966.

Heimsoeth, H. und Heiß, R. (Hrsg.): Nicolai Hartmann. Der Denker und sein Werk. Göttingen 1952.

Hermann, Friedrich-Wilhelm v.: Hermeneutische Phänomenologie des Daseins. Eine Erläuterung von «Sein und Zeit», I. Frankfurt a.M. 1987.

Hersch, Jeanne: Karl Jaspers. Eine Einführung in sein Werk. München 1980.

Hirsch, Emanuel: Kierkegaard Studien, I–II. Vaduz 1978.

Janke, Wolfgang: Existenzphilosophie. Berlin 1982.

Kenny, Anthony: The Legacy of Wittgenstein. Oxford 1984 u.ö. [dt. Frankfurt a.M., stw 69].

Kilmister, C. W.: Russell. Brighton 1984 [Philosophers in context].

Kisiel, Theodore: The Genesis of Heidegger's «Being and Time». Berkeley usw. 1993.

Kraft, Victor: Der Wiener Kreis. Der Ursprung des Neopositivismus. Wien und New York ²1968.

Kutschera, Franz v.: Gottlob Frege. Eine Einführung in sein Werk. Berlin 1989 [de Gruyter Studienbuch].

Landgrebe, Ludwig: Der Weg der Phänomenologie. Gütersloh 1963.

Löwith, Karl: Heidegger. Denker in dürftiger Zeit. Göttingen ²1960 [Kleine Vandenhoek-Reihe, 98/99].

Magee, Bryan: Karl Popper. Tübingen 1986 [UTB 1393].

Marcuse, Ludwig: Amerikanisches Philosophieren. Pragmatisten, Polytheisten, Tragiker. Zürich 1994 [detebe, 22623].

McGuinness, Brian: Wittgensteins frühe Jahre. Frankfurt a.M. 1988 [auch Suhrkamp TB Wissenschaft, 1014 (1992)].

Müller, Max: Existenzphilosophie im geistigen Leben der Gegenwart. Heidelberg [4]1986.
Oehler, Klaus: Charles Sanders Peirce. München 1993 [Beck'sche Reihe, Bd. 523].
Ott, Hugo: Martin Heidegger. Unterwegs zu seiner Biographie. Frankfurt a.M. und New York 1988.
Pöggeler, Otto: Der Denkweg Martin Heideggers. Pfullingen [3]1990 [1. Aufl. 1963].
Putnam, Hilary: Pragmatismus. Eine offene Frage. Frankfurt a.M. und New York 1995 [Edition Pandora, Band 28].
Putnam, Ruth Anna (Hrsg.): The Cambridge Companion to William James. Cambridge UP 1997.
Safranski, Rüdiger: Ein Meister aus Deutschland. München 1994.
Salamun, Kurt: Karl Jaspers. München 1985 [Beck'sche Reihe, 508: Große Denker].
Schäfer, Lothar: Karl R. Popper. München 1988 [Beck'sche Reihe, 516; Große Denker].
Schilpp, Paul A. (Hrsg.): The Philosophy of Bertrand Russell. Evanston (Illinois) 1945 u.ö. [The Library of Living Philosophers].
–: (Hrsg.): The Philosophy of G. E. Moore. La Salle/Ill. [3]1968 [The Library of Living Philosophers].
–: (Hrsg.): The Philosophy of Karl Jaspers. Stuttgart 1957.
–: (Hrsg.): The Philosophy of Rudolf Carnap. La Salle/Ill. 1963. [The Library of Living Philosophers].
Stegmüller, Wolfgang: Metaphysik, Skepsis, Wissenschaft. Berlin usw. [2]1969.
–: Hauptströmungen der Gegenwartsphilosophie, I. Stuttgart [7]1989 [KTA 308].
Stenius, Erik: Wittgenstein's «Tractatus». Oxford 1964 [dt. Frankfurt a.M. 1969].
Ströker, Elisabeth: Husserls transzendentale Phänomenologie. Frankfurt a.M. 1987.
–: (Hrsg.): Karl Jaspers. Zur Aktualität seines Denkens. München und Zürich 1991.
Thiel, Christian: Sinn und Bedeutung in der Logik Gottlob Freges. Meisenheim a.G. 1965.
Wetter, Gustav A.: Der dialektische Materialismus. Seine Geschichte und sein System in der Sowjetunion. Freiburg 1952 u.ö.
–: Dialektischer und historischer Materialismus. Frankfurt a.M. 1962 [Sowjetideologie heute, 1].
Wright, Georg Henrik v.: Wittgenstein. Frankfurt a.M. 1986.

Anmerkungen

In den Zitaten wurde die Rechtschreibung durchgehend modernisiert. Wenn bei Zitaten aus fremdsprachigen Werken keine Übersetzungen angegeben sind, stammt die Übersetzung vom Verfasser.

Vierter Teil
DIE PHILOSOPHIE DER NEUZEIT VOR KANT

I. Die Philosophie des 17. Jahrhunderts

1 Zur Philosophie der Neuzeit im allgemeinen: Ernst Cassirer: Das Erkenntnisproblem in der Philosophie und Wissenschaft der neueren Zeit, I–III. Berlin 1906, 1907, 1920; Nachdruck der 3. Aufl. von 1922 Darmstadt 1971; Fr. Ueberweg: Grundriß der Geschichte der Philosophie. Die Philosophie des 17. Jahrhunderts, Bände II und III. Hrsg. von J.-P. Schobinger. Basel 1988 und 1993 [wird fortgesetzt]; Wolfgang von Leyden: Seventeenth-Century Metaphysics. An Examination of Some Main Concepts and Theories. London 1968; Heinz Heimsoeth: Metaphysik der Neuzeit. München und Berlin 1934 [Nachdruck München 1967]. Zur Bibliographie vgl. Wilhelm Totok: Handbuch der Geschichte der Philosophie, IV, V und VI. Frankfurt a.M. 1981, 1986 und 1990.

2 Descartes: Abhandlung über die Methode [Discours de la méthode], Teil I, hier, wie auch im folgenden, zitiert in Anlehnung an die Übersetzungen in der Philosophischen Bibliothek, in der auch die «Meditationen», die «Regeln zur Leitung der zur Leitung des Geistes» (in der Neuausgabe von L. Gäbe unter dem Titel «Regeln zur Ausrichtung der Erkenntniskraft»), die «Prinzipien der Philosophie», die «Leidenschaften der Seele» sowie das «Gespräch mit Burman» erschienen sind (auch in doppelsprachigen Ausgaben). Die maßgebliche Ausgabe von Descartes' Werken sind die von Ch. Adam und P. Tannery herausgegebenen Oeuvres in 11 Bänden, Paris 1897ff. (Neuausgabe 1964), auf die mit der Sigel «AT» nebst Band- und Seitenzahl verwiesen wird. Die Literatur zu Descartes bis 1960 und z.T. darüber hinaus bei Gregor Sebba: Bibliographia Cartesiana. A critical guide to the Descartes literature 1800–1960. Den Haag 1964. Jüngere Literatur im jährlich in den Archives de Philosophie seit 1972 erscheinenden Bulletin cartésien. Aus der kaum mehr zu überblickenden Literatur zur Cartesianischen Philosophie seien folgende Werke genannt: Ferdinand Alquié: La découverte métaphysique de l'homme chez Descartes. Paris 1950; Jean-Robert Argmogathe: Theologia Cartesiana. Den Haag 1977; Jean-Marie Beyssade: La philosophie première de Descartes. Paris 1979; Ernst Cassirer: Descartes. Lehre, Persönlichkeit, Wirkung. Stockholm 1939; Hiram Caton: The Origin of Subjectivity. New Haven und London 1973; Daniel Garber: Descartes' Metaphysical Physics. Chicago 1992; Stephen Gaukroger: Cartesian Logic. Oxford 1989; Henri Gouhier: La pensée métaphysique de Descartes. Paris 1962; Martial Gueroult: Descartes selon l'ordre des raisons, I–II. Paris 1953; Gisela Loeck: Der cartesianische Materialismus. Maschine, Gesetz und Simulation. Frankfurt a.M.

1986; Jean-Luc Marion: Sur l'ontologie grise de Descartes. Paris 1975; ders.: Sur la théologie blanche de Descartes. Paris 1981; ders.: Sur le prisme métaphysique de Descartes. Paris 1986; ders.: Questions cartésiennes. Méthode et métaphysique. Paris 1991; Julián Pacho: Ontologie und Erkenntnistheorie. Eine Erörterung ihres Verhältnisses am Beispiel des Cartesianischen Systems. München 1980; Wolfgang Röd: Descartes. Die Genese des Cartesianischen Rationalismus. München ³1995; Geneviève Rodis-Lewis: L'oeuvre de Descartes. Paris 1971; dies.: L'anthropologie cartésienne. Paris 1990; Rainer Specht: Commercium mentis et corporis. Über Kausalvorstellungen im Cartesianismus. Stuttgart-Bad Cannstatt 1966; Bernard Williams: Descartes. Das Vorhaben der reinen philosophischen Untersuchung. Königstein 1981;

2a Der Ausdruck «Meteore» bezeichnet hier dem älteren Sprachgebrauch gemäß Luft- und Himmelserscheinungen.

3 Descartes: Regeln zur Leitung des Geistes, Regel I (Überschrift); AT X, 359,

4 Descartes, a.a.O., Regel II; AT X, 362.

5 Descartes: Abhandlung über die Methode, Teil VI; AT VI, 76.

6 Descartes: Meditationen über die Erste Philosophie, Med. I; AT VII, 18.

7 Descartes, a.a.O.; AT VII, 21.

8 Descartes: Abhandlung über die Methode, Teil IV; AT VI, 32.

9 Descartes, a.a.O.; AT VI, 33: pour penser, il faut être.

10 Descartes, Med. V; AT VII, 65.

11 Zu den Cartesianischen Gottesbeweisen vgl. W. Röd: Der Gott der reinen Vernunft. München 1992.

12 Descartes an seinen Schwager Clerselier am 23. 4. 1649; AT V, 356; zum Vorrang der Idee des Unendlichen bzw. Gottes vgl. Med. III; AT VII, 45.

13 Descartes, Med. III; AT VII, 40.

14 Hierzu und zum Folgenden vgl. Descartes: Prinzipien der Philosophie, Teil II.

15 Descartes, a.a.O., Teil VI; AT VI, 62.

16 Hierzu vgl. Descartes' Vorwort zur französischen Ausgabe der «Prinzipien»; AT IX/2, 14.

17 Descartes: Abhandlung über die Methode, Teil III; AT VI, 23–26.

18 Descartes: Die Leidenschaften der Seele, I, § 27; AT XI, 349.

19 Vgl. W. Röd: Erfahrung und Reflexion. Theorien der Erfahrung in transzendentalphilosophischer Sicht. München 1991, S. 17f.

20 Hobbes: Dritte Einwände gegen die Meditationen; vierter und fünfter Einwand; AT IX, 138f.

21 Wichtige Werke Gassendis sind: Exercitationes paradoxicae adversus Aristoteleos (1624); Disquisitio metaphysica (1644, gegen Descartes); Commentarius de vita, moribus et placitis Epicuri (1649); Syntagma philosophiae Epicuri (1659); außerdem verschiedene naturphilosophische Untersuchungen. Gesamtausgabe: Opera omnia, I–VI (1658); Neudruck Stuttgart-Bad Cannstatt 1964.

22 Zur Entwicklung des Atomistik vgl. Kurd Laßwitz: Geschichte der Atomistik vom Mittelalter bis zu Newton, I–II. Hamburg 1889f.; ²1926. Zur Entwicklung des Materialismus vgl. Friedrich Albert Lange: Geschichte des Materialismus. Iserlohn 1866 u.ö.; zu Gassendi: Buch I, Abschn. 3, 1; zu Gassendis Einfluß auf den Empirismus vgl. Rolf W. Puster: Britische Gassendi-Rezeption am Beispiel John Lockes. Stuttgart-Bad Cannstatt 1991 [Quaestiones. Themen und Gestalten der Philosophie, 3].

23 Gesamtausgabe von Hobbes' Werken: Opera philosophica, I–V. London 1839ff.; The English Works, I–XI. London 1839ff. Nachdruck Aalen 1961 und 1962. Die wichtigsten philosophischen Werke liegen in deutscher Übersetzung vor, nämlich die «Elements of Law» unter dem Titel «Naturrecht und allgemeine Staatslehre in den Anfangsgründen». Berlin 1926; die «Elemente der Philosophie» mit den drei Teilen

«Lehre vom Körper» [in Auswahl], «Lehre vom Menschen» und «Lehre vom Bürger» in der Philosophischen Bibliothek, Nr. 157 und Nr. 158. Hamburg 1967 bzw. 1977; Leviathan oder Stoff, Form und Gewalt eines bürgerlichen und kirchlichen Staates. Übersetzt von W. Euchner, hrsg. und eingeleitet von Iring Fetscher. Neuwied und Berlin 1966 [Politica, 22]. Zu Hobbes' Philosophie vgl. Michael Oakeshott: Hobbes on Civil Association. Oxford 1975; Leo Strauss: Hobbes' politische Wissenschaft. Neuwied und Berlin 1965; Ferdinand Tönnies: Thomas Hobbes. Leben und Lehre. Hrsg. und eingel. von K. H. Ilting. [3]1971; Howard Warrender: The Political Philosophy of Hobbes. Oxford 1957; J. W. N. Watkins: Hobbes's System of Ideas. London 1965; Ulrich Weiß: Das philosophische System von Thomas Hobbes. Stuttgart-Bad Cannstatt 1980; Bernard Willms: Die Antwort des Leviathan. Th. Hobbes' politische Theorie. Neuwied und Berlin 1970; ders.: Der Weg des Leviathan. Die Hobbes-Forschung von 1968–1978. Berlin 1979; ders.: Thomas Hobbes. Das Reich des Leviathan. München und Zürich 1987;

24 Hobbes: Lehre vom Körper, Teil I, Kap. 1; Opera, Bd. I, S. 9.

25 Vgl. Hobbes: Lehre vom Körper, Teil I: Logik.

26 Hobbes: Lehre vom Körper, Teil IV, Kap. 25.

27 Hobbes: Lehre vom Bürger, Kap. 1.

28 Dies veranlaßte A. E. Taylor: «The Ethical Doctrine of Hobbes». In: Philosophy 8 (1938), Hobbes die Annahme eines selbständigen Sollens zuzuschreiben, welcher Deutung später mehrere Autoren folgen. Dieser Auffassung widersprach überzeugend J. W. N. Watkins: Hobbes's System of Ideas. London 1965.

29 Hobbes: Lehre vom Bürger, Kap. 2.

30 Hobbes, a. a. O., Kap. 3.

31 Hobbes, a. a. O., Kap. 6.

32 Hobbes, a. a. O., Kap. 13.

33 Hobbes, a. a. O., Kap. 14.

34 Ausgaben von Pascals Werken aus jüngerer Zeit sind u. a.: Oeuvres de Pascal, hrsg. von L. Brunschvicg und anderen, 14 Bände. Paris 1904 ff. (Neudruck Vaduz 1965), in chronologischer Ordnung; Oeuvres complètes, hrsg. von F. Strowski, 3 Bände. Paris 1923–1931; Oeuvres complètes, hrsg. von J. Mesnard, Band 1 ff. Paris 1964 ff. (geplant sind 9 Bände). Oeuvres complètes, hrsg. von L. Lafuma. Paris 1963 u. ö. Die Anordnung der Aphorismen variiert in den verschiedenen Ausgaben. Deutsche Übersetzungen der «Pensées»: Blaise Pascal: Gedanken. Nach der endgültigen Ausgabe übertr. von W. Rüttenauer. Einführung von Romano Guardini. Bremen [6]1964 bzw. Darmstadt 1964 ([1]1937 [Sammlung Dieterich, Band 7]), sowie: Über die Religion und über einige andere Gegenstände. Übers. von E. Wasmuth. Berlin 1937 u. ö.; Neuaufl. Heidelberg 1954 u. ö.; Gedanken. Übers. von U. Kunzmann, hrsg. von J.-R. Armogathe. Leipzig 1987 [Reclams UB 1211]. Daneben gibt es verschiedene Auswahlausgaben der «Pensées» unter wechselnden Titeln. Zu Pascals Denken im allg. vgl. Henri Gouhier: Blaise Pascal. Paris 1966; Irène Elisabeth Kummer: Blaise Pascal. Das Heil im Widerspruch – Studien zu den Pensées. Berlin und New York 1978; Jean Mesnard: Pascal. L'homme et l'oeuvre. Paris [4]1964; Romano Guardini: Christliches Bewußtsein. Versuche über Pascal. Leipzig 1935 [nach 1945: München; 1962 auch als dtv 38].

35 Vgl. die Biographie von F. Strowski im ersten Band seiner in der vorhergehenden Anm. genannten Ausgabe der Werke.

36 Vgl. die kommentierte Ausgabe von Jean-Pierre Schobinger: Blaise Pascals Reflexionen über die Geometrie im allgemeinen: «De l'esprit géométrique» und «De l'art de persuader». Mit deutscher Übersetzung und Kommentar. Basel/Stuttgart 1974.

37 Galileo Galilei: Unterredungen und mathematische Demonstrationen über zwei neue Wissenszweige, die Mechanik und die Fallgesetze betreffend. Darmstadt 1964. Der

«geometrischen» Darstellungsweise folgt Galilei in den Erörterungen des dritten und vierten Tags.

38 Siehe z. B. unten bei Spinoza und Chr. Wolff. Auch Hobbes bediente sich in physikalischen Abhandlungen gelegentlich der geometrischen Methode, und auch Juristen wie Leibniz und Pufendorf verwendeten sie.

39 Pascal: Gedanken, Fragment 337 (nach Strowski bzw. nach der deutschen Übersetzung von Rüttenauer) = Frg. 422 (nach Brunschvicg)

40 Ebda., Frg. 43 (Strowski bzw. Rüttenauer) = Frg. 245 (Brunschvicg).

41 Ebda., Frg. 83 (Strowski bzw. Rüttenauer) = Frg. 233 (Brunschvicg).

42 Ebda., Frg. 124 (Strowski bzw. Rüttenauer) = Frg. 416 (Brunschvicg).

43 Ebda., Frg. 131 (Strowski bzw. Rüttenauer) = Frg. 365 (Brunschvicg).

44 Claude Lancelot: Grammaire générale et raisonnée. Paris 1660.

45 Geulincx hat dieses Prinzip in verschiedenen Varianten immer wieder verwendet; vgl. Opera philosophica. Hrsg. von J. P. N. Land. Den Haag 1891 ff. Neudruck Stuttgart–Bad Cannstatt 1965 ff. II, 205; II, 268; III, 32.

46 Andere Vertreter dieser Richtung waren Johannes Clauberg (gest. 1665), Louis de la Forge (gest. 1666) und Gerauld de Cordemoy (gest. 1684); zu diesen vgl. Röd: Geschichte der Philosophie, VII, S. 112–119.

47 Vgl. H. J. de Vleeschauwer: «Les antécédants du transcendentalisme. Geulincx et Kant». In: Kant-Studien 45 (1953–54), S. 245–273; ders: «L'Ethique de Geulincx et l'Ethique de Kant. Leurs analogies». In: Akten des 4. Internat. Kant-Kongresses, Mainz 1974, Teil II, S. 81–90.

48 Geulincx' metaphysische und erkenntnistheoretische Gedanken sind enthalten in der «Metaphysica vera et Metaphysica ad mentem peripateticam» (posthum 1691 erschienen).

49 Der erste Teil der Ethik erschien in Leyden 1665; nach Geulincx' Tod wurden weitere ethische Schriften und das Werk «Erkenne dich selbst» («Gnothi seautón») posthum veröffentlicht. Deutsche Übersetzung des ersten Teils unter dem Titel «Ethik oder Über die Kardinaltugenden». Übers. und eingel. von G. Schmitz. Hamburg 1948 [Neue Philosophische Bibliothek, 2].

50 Opera philosophica, Bd. II, S. 269.

51 Malebranches Werke wurden herausgegeben von A. Robinet: Oeuvres complètes. Paris 1958–1970. (Die folgenden Anm. verweisen auf die Oeuvres.) Die ersten drei Bände umfassen das philosophische Hauptwerk «Von der Erforschung der Wahrheit», dessen drittes Buch in der Übersetzung von A. Klemmt in der Philosophischen Bibliothek, Nr. 272, Hamburg 1968, erschienen ist. Zu Malebranche vgl. Ferdinand Alquié: Le Cartésianisme de Malebranche. Paris 1974; Stuart Brown (Hrsg.): Nicolas Malebranche. His Philosophical Critics and Successors. Assen 1991; André Robinet: Système et existence dans l'oeuvre de Malebranche. Paris 1965.

52 Malebranche: Von der Erforschung der Wahrheit; Oeuvres, Bd. I, S. 437.

53 Malebranche: Entretiens sur la métaphysique et sur la religion. Oeuvres, Bd. XII, S. 182.

54 Zu Spinozas Biographie vgl. Lebensbeschreibungen und Dokumente. Auf der Grundlage der Ausgabe von C. Gebhardt erweitert und mit einer Bibliographie hrsg. v. M. Walther. Hamburg 1977 (Spinoza: Die sämtlichen Werke, Band 7 = Philosophische Bibliothek, 96 b). Von den jüngeren Biographien sind hervorzuheben J. Freudenthal: Spinoza. Sein Leben und seine Lehre. Stuttgart 1904 (^{2}1927); St. Dunin-Borkowski: Spinoza, 4 Bände. Münster 1933 ff.; Steven Nadler: Spinoza. A Life. Cambridge 1999.

55 Vgl. A. M. Vaz Dias und W. G. Van der Tak: Spinoza, mercator et autodidactus. Den Haag 1932 (engl. Übers.: Spinoza, Merchant & Autodidact. Hrsg. von der Gesellschaft Het Spinozahuis, o. O., o. J.).

56 Kritische Ausgabe der Opera von C. Gebhardt. Bände I–IV, Heidelberg 1925 ff.,
   Nachdruck 1972; Band V, hrsg. von N. Altwicker, Heidelberg 1987. Auf diese Ausgabe wird in den folgenden Zitaten verwiesen. Deutsche Gesamtausgabe: Sämtliche
   Werke in sieben Bänden und einem Ergänzungsband. Hamburg 1976 ff. [Philosophi-
   sche Bibliothek 91–96 a/b]; zweisprachige Studienausgabe: Opera/Werke. Lateinisch
   und deutsch, Bde. I und II. Darmstadt 1989 (Bände III und IV noch nicht erschienen).
   Zu Spinozas Denken vgl. Henry E. Allison: Benedict de Spinoza. An introduction.
   New Haven und London 1987; Wolfgang Bartuschat: Theorie des Menschen: Spinoza. Hamburg 1992; Gábor Boros: Heilsfragment. Rekonstruktion der Spinozanischen Ethik. Budapest 1990 [Doxa Library]; Paolo Cristofolini: La scienza intuitiva di
   Spinoza. Napoli 1987 [Collana di filosofia, n.s., 11]; Cornelius de Deugd (Hrsg.): Spi-
   noza's Political and Theological Thought. Amsterdam 1984; Gilles Deleuze: Spinoza.
   Praktische Philosophie. Berlin 1988; Martial Gueroult: Spinoza, I–II. Hildesheim
   1969 bzw. 1974; H. G. Hubbeling: Spinoza. Freiburg und München 1978; Armin
   Kammerer: Die Frage nach dem (Selbst-)Bewußtsein Gottes im System Spinozas.
   Innsbruck 1992 [Innsbrucker Beiträge zur Kulturwissenschaft, Sonderheft 81]; Lothar
   Kreimendahl: Freiheitsgesetz und höchstes Gut in Spinozas theologisch-politischem
   Traktat. Hildesheim 1983; G. H. R. Parkinson: Spinoza. Reason and Experience. Lon-
   don 1983; Filippo Mignini: Introduzione a Spinoza. Bari 1983; Manfred Walther:
   Metaphysik als Anti-Theologie. Die Philosophie Spinozas im Zusammenhang der reli-
   gionsphilosophischen Problematik. Hamburg 1971.

57 Zum Versuch, mindestens einem Begriff – der Idee Gottes – ein Seiendes zuzuordnen
   vgl. W. Röd: Der Gott der reinen Vernunft. München 1992.

58 Spinoza: Ethik, Teil V, Vorrede; Opera, Bd. II, S. 279.

59 Vgl. Berhard Rensch: Biophilosophie auf erkenntnistheoretischer Grundlage (Panpsy-
   chistischer Identismus). Stuttgart 1968.

60 Ethik, Teil IV, Einl.; Opera, Bd. II, S. 206. (Auch «Deus sive natura»; z. B. Teil IV,
   Lehrsatz IV, Beweis; Opera, Bd. II, S. 213.)

61 Ethik, Teil I, Lehrsatz 15; Opera, Bd. II, S. 56.

62 Ebenda, Definition VI; Opera, Bd. II, S. 45.

63 Ebenda, Definition III; Opera, Bd. II, S. 45.

64 Vgl. Spinoza: Kurze Abhandlung von Gott, dem Menschen und dessen Glückseligkeit
   [Korte Verhandeling], Teil I, Kap. 2; Opera, Bd. I, S. 24 (mit Anm.).

65 Ethik, Teil I, Anhang; Opera, Bd. II, S. 81 f.

66 Ethik, Teil III, Einl.; Opera, Bd. II, S. 138.

67 Traktat über die Verbesserung des Intellekts, § 100; Opera, Bd. II, S. 36.

68 Ethik, Teil II, Lehrsatz 7; Opera, Bd. II, S. 89.

69 Traktat über die Verbesserung des Intellekts, § 44; Opera, Bd. II, S. 17.

70 Ethik, Teil II, Lehrsatz 43, Anm.; Opera, Bd. II, S. 124.

71 Traktat über die Verbesserung des Intellekts, § 73; Opera, Bd. II, S. 28.

72 Ethik, Teil II, Lehrsatz 3; Opera, Bd. II, S. 98.

73 Ethik, Teil III, Vorwort; Opera, Bd. II, S. 137.

74 Ethik, Teil IV, Lehrsatz 20; Opera, Bd. II, S. 224.

75 Ethik, Teil I, Definition 7; Opera, Bd. II, S. 46.

76 Ethik, Teil IV, Lehrsatz 67; Opera, Bd. II, S. 261.

77 Ebenda, Lehrsatz 73; Opera, Bd. II, S. 264.

78 Theologisch-politischer Traktat, Kap. XX; Opera, Bd. III, S. 240 f.

79 Theologisch-politischer Traktat, Kap. V; Opera, Bd. III, S. 74.

80 Vgl. Lewis S. Feuer: Spinoza and the Rise of Liberalism. Boston 1958.

81 Theologisch-politischer Traktat, Vorrede; Opera, Bd. III, S. 10.

82 Theologisch-politischer Traktat, Kap. V; Opera, Bd. III, S. 73.

83 Ethik, Teil IV; Opera, Bd. II, S. 229.

84 Zum Leben vgl. vor allem M. Cranston: John Locke. A biography. London usw. 1957.

85 Vgl. Locke: Essays on the Law of Nature. The Latin Text with a Translation, Intro-
duction and Notes ... edited by Wolfgang von Leyden. Oxford 1954. Um 1660 hatte
Locke die Frage erörtert, ob die Regierung den religiösen Kultus zu reglementieren
berechtigt sei, und dies unter Berufung auf den Willen Gottes bejaht. Vgl. J. Locke:
Scritti editi e inediti sulla tolleranza. Hrsg. von C. A. Viano. Torino 1961. Eine
Gesamtausgabe – die Clarendon Edition of Locke's Works. Oxford 1975 ff. – ist im
Entstehen. Deutsche Ausgaben: Versuch über den menschlichen Verstand. Hamburg
1981 [Philos. Bibliothek, Bde. 75 und 76]; Ein Brief über Toleranz. Englisch-deutsch.
Hamburg 1975 [Philos. Bibliothek, Bd. 289]; Zwei Abhandlungen über die Regierung.
Hrsg. von W. Euchner. Frankfurt a.M. 1977. Zu Locke vgl. Lorenz Krüger: Der
Begriff des Empirismus. Erkenntnistheoretische Studien am Beispiel John Lockes.
Berlin und New York 1973; Rainer Specht: John Locke. München 1989 [Beck'sche
Reihe, 518; Große Denker]; John W. Yolton: Locke. An Introduction. Oxford 1985.
Zu Lockes politischer Philosophie vgl. Walter Euchner: Naturrecht und Politik bei
John Locke. Frankfurt a.M. ²1979.

86 Vgl. den «Brief an den Leser» , der dem «Versuch über den menschlichen Verstand»
vorangestellt ist.

87 Locke: Essay concerning Human Understanding. Hrsg. von P. H. Nidditch. Oxford
1975 [Clarendon Edition of Locke's Works].

88 John Locke: Zwei Abhandlungen über die Regierung. Hrsg. und eingel. von W. Euchner. Frankfurt am Main 1977 [suhrkamp taschenbuch wissenschaft, 213].

89 Locke: The Reasonableness of Christianity. London 1695.

90 Newton: Principia mathematica philosophiae naturalis. London 1687. Deutsche Übersetzung: Mathematische Prinzipien der Naturlehre. Mit Bemerkungen und Erläute-
rungen hrsg. von J. Ph. Wolfers. Berlin 1872 [Nachdr. Darmstadt 1963].

91 Newton: Mathematische Prinzipien der Naturlehre, S. 381.

92 A. a. O., Drittes Buch, Allgemeine Anmerkung, S. 511.

93 A. a. O., S. 510.

94 Locke: Versuch über den menschlichen Verstand, Buch I, Kap. I, § 8.

95 Ebenda, Buch III, Kap. II, § 8.

96 Ebenda, Kap. X: Der Mißbrauch der Wörter.

97 Ebenda, Buch IV, Kap. IX, § 3.

98 Locke: Die Vernünftigkeit des Christentums, Vorrede.

99 Zur Biographie siehe G. E. Guhrauer: Gottfried Wilhelm Frhr. von Leibnitz, I–II.
Breslau 1842 (1846) [mit Autobiographie: Vita a seipso breviter delineata]; Wilhelm
Totok und C. Haase: Leibniz. Sein Leben, sein Wirken, seine Welt. Hannover 1966;
Kurt Müller und G. Krönert: Leben und Werk von G. W. Leibniz. Frankfurt a.M.
1969; Aiton, Eric J.: Gottfried Wilhelm Leibniz. Eine Biographie. Frankfurt a.M.
1991 (Leibniz. A biography. Bristol u.a. 1985). Leibniz wird zitiert nach den Philoso-
phischen Schriften, 7 Bände, hrsg. von C. I. Gerhardt. Berlin 1875 [Nachdruck Hil-
desheim 1960f.]; ferner: Mathematische Schriften, 7 Bände, hrsg. von C. I. Gerhardt.
Berlin 1849 ff.; die Akademieausgabe der Sämtlichen Schriften und Briefe, hrsg. von
der Deutschen Akademie der Wissenschaften, kommt nur langsam voran. (Reihe 1:
Allgemeiner, politischer und historischer Schriftwechsel; Reihe 2: Philosophischer
Schriftwechsel; Reihe 3: Mathematischer, naturwissenschaftlicher und technischer
Briefwechsel; Reihe 4: Politische Schriften; Reihe 5: Historische Schriften; Reihe 6:
Philosophische Schriften; Reihe 7: Mathematische Schriften.) Zu Leibnizens Philoso-
phie vgl. Ernst Cassirer: Leibniz' System in seinen wissenschaftlichen Grundlagen.
Darmstadt 1962 [zuerst Marburg 1902]; Bertrand Russell: A Critical Exposition of the

Philosophy of Leibniz. Cambridge 1900 u. ö.; Louis Couturat: La logique de Leibniz d'après des documents inédits. Paris 1901 [Nachdr. Hildesheim 1969]; Aaron Gurwitsch: Leibniz. Philosophie des Panlogismus. Berlin 1974; K. E. Kaehler: Leibniz' Position der Rationalität. Die Logik im metaphysischen Wissen der ‹natürlichen Vernunft› . Freiburg und München 1989; Nicholas Rescher: Leibniz. An introduction to his Philosophy. Oxford 1979; The Cambridge Companion to Leibniz. Cambridge 1995. Zur Orientierung über das Schrifttum vgl.: Leibniz-Bibliographie, I: Die Literatur über Leibniz bis 1980. Frankfurt a. M. ²1984; II: Die Literatur über Leibniz 1981–1990. Frankfurt a. M. 1995 [Veröffentlichungen des Leibniz-Archivs].

100 Leibniz an Remond, 10. I. 1714; Phil. Schriften, Bd. III, S. 606.

101 Leibniz an de Volder, 21. I. 1704; Phil. Schriften, Bd. II, S. 261.

102 Leibniz an des Bosses, 1716; Phil. Schriften, Bd. II, S. 517.

103 Philosophische Schriften, Bd. VII, S. 200.

104 Textauswahl: Fragmente zur Logik. Ausgewählt, übers. und erläutert von Franz Schmidt. Berlin 1960 [Phil. Studientexte]

105 Hier sind vor allem Louis Couturat und Bertrand Russell zu nennen; zum letzteren siehe Teil VII, Kap. IV,2.

106 Monadologie, § 33; Phil. Schriften, Bd. VI, S. 612.

107 An Arnauld, Juni (Juli?) 1686; Phil. Schriften, Bd. II, S. 55.

108 Neue Versuche über den menschlichen Verstand, Buch IV, Kap. XI, § 13; Phil. Schriften, Bd. V, S. 429.

109 Dialogus [1677]. Phil. Schriften, Bd. VII, S. 191. (Der zitierte Satz ist eine Randbemerkung Leibnizens.)

110 Zum Theodizee-Problem vgl. Gerhard Streminger: Gottes Güte und die Übel der Welt. Tübingen 1992.

111 Theodizee, § 360; Phil. Schriften, Bd. VI, S. 329.

112 Leibniz an Coste, 19. XII. 1707; Phil. Schriften, Bd. III, S. 400.

113 Ebenda, S. 401.

114 G. E. Lessing: Leibniz, von den ewigen Strafen (1773). Sämtliche Werke, hrsg. von K. Lachmann und F. Muncker. Berlin und New York 1979 [Ndr.], Bd. XI, S. 473.

115 Vgl. H. Scholz: Metaphysik als strenge Wissenschaft. Köln 1941 [Nachdruck Darmstadt 1965].

II. Das Zeitalter der Aufklärung

1 Zur Aufklärungsphilosophie vgl. Ernst Cassirer: Die Philosophie der Aufklärung. Tübingen 1932; Norbert Hinske (Hrsg.): Was ist Aufklärung. Darmstadt ²1977; Max Horkheimer und Theodor W. Adorno: Dialektik der Aufklärung [1944]. Frankfurt am Main 1969; Ulrich Im Hof: Das Europa der Aufklärung. München 1993; Panajotis Kondylis: Die Aufklärung im Rahmen des neuzeitlichen Rationalismus. Stuttgart 1981; Jürgen Mittelstraß: Neuzeit und Aufklärung. Studien zur Entstehung der neuzeitlichen Wissenschaft und Philosophie. Berlin und New York 1970; W. Röd: Geschichte der Philosophie, Bd. VIII: Von Newton bis Rousseau. München 1984; René Pomeau: L'europe des lumières. Paris 1960; Peter Pütz: Die deutsche Aufklärung. Darmstadt ⁴1991; Werner Schneiders: Die wahre Aufklärung. Zum Selbstverständnis der deutschen Aufklärung. Freiburg und München 1974; Jean Starobinski: Das Rettende in der Gefahr. Kunstgriffe der Aufklärung. Übers. und eingel. von G. Gawlick. Frankfurt a. M. 1990 [urspr.: Le remède dans le mal. Paris 1989. Periodicum zur Aufklärung: G. Birtsch u. a. (Hrsg.): Aufklärung. Interdisziplinäre Halbjahresschrift zur Erforschung des 18. Jhdts. und seiner Wirkungsgeschichte. Hamburg 1986 ff. Zur

Rechtsphilosophie vgl. R. Brandt (Hrsg.): Rechtsphilosophie der Aufklärung. Berlin und New York 1982.

2 Bayles «Dictionnaire» erschien zuerst in zwei Bänden in Rotterdam 1695 und 1697, 1702 in erweiterter Auflage [Neudruck Genf 1969; dt. Ausgabe: Historisches und Critisches Wörterbuch. Übers. von J. Chr. Gottsched. 4 Bde., Leipzig 1741–1744 [Repr. Hildesheim 1973–1978]. 4 Bände «Oeuvres diverses» wurden 1727–1731 veröffentlicht [Nachdruck Hildesheim 1964–1968].

3 Cassirer, a.a.O., Kap. I.

4 Condorcet nannte im «Entwurf einer historischen Darstellung der Fortschritte des menschlichen Geistes» (siehe Abschn. 6a) als Philosophen, die den Fortschritt trugen, Descartes, Locke und Leibniz, während Bayle, Montesquieu, Voltaire und andere für die Verbreitung der von jenen vertretenen Auffassungen sorgten.

5 Ausgabe von Shaftesburys Werken: Standard Edition. Complete Works/Sämtliche Werke, hrsg., übers. und komm. von W. Benda u.a. Stuttgart – Bad Cannstatt 1981ff. (etwa 21 Bände geplant). Insbesondere sind zu nennen: An Inquiry concerning Virtue. London 1699; The Moralists. London 1709; Sensus Communis. London 1709.

6 Hutcheson entwickelte seine Moralphilosophie in den Werken: Inquiry into the Original of Our Ideas of Beauty and Virtue (1725); Essay on the Nature and Conduct of the Passions and Affections, with Illustrations on the Moral Sense (1728); Philosophiae moralis institutio compendiaria; nach seinem Tode erschien: A System of Moral Philosophy (1755).

7 Außer Predigten veröffentlichte Butler: The Analogy of Religion, Natural and Revealed. London 1736.

8 Weitere Vertreter der englischen Moralphilosophie der Zeit waren Samuel Clarke (gest. 1729, der Newton gegen Leibniz verteidigte, William Wollaston (gest. 1724) und William Paley (gest. 1805).

9 Vgl. Hermann Samuel Reimarus: Apologie oder Schutzschrift für die vernünftigen Verehrer Gottes; vgl. ders.: Die vornehmsten Wahrheiten der natürlichen Religion, I–II. Mit einer Einleitung unter Mitarbeit von M. Emsbach und W. Schröder hrsg. von G. Gawlick. Göttingen 1985 [Veröffentliungen der Joachim Jungius-Gesellschaft der Wissenschaften Hamburg, Nr. 53].

10 A. A. Luce: The Life of George Berkeley. Edinburgh 1949 [Ndr. New York 1968].

11 Gesamtausgabe: A. A. Luce und T. E. Jessop (Hrsg.): The Works of George Berkeley, I–IX. London 1948–1957; Nachdruck Nendeln 1979. Zu Berkeley vgl. David Berman: George Berkeley. Idealism and the Man. Oxford UP 1994; Wolfgang Breidert: «George Berkeley. Wahrnehmung und Wirklichkeit». In: J. Speck (Hrsg.): Grundprobleme der großen Philosophen. Philosophie der Neuzeit, I. Göttingen 1979, S. 211–239; ders.: George Berkeley 1885–1753. Basel 1989; Arend Kulenkampff: George Berkeley. München 1987; Rudolf Metz: George Berkeley. Leben und Lehre. Stuttgart 1925 [Nachdr. 1968]; George Pitcher: Berkeley. London usw. 1977.

12 Berkeley: A Treatise concerning the Principles of Human Knowledge. Dublin 1710; deutsche Ausgabe: Abhandlung über die Prinzipien der menschlichen Erkenntnis. Nach der Übersetzung von Fr. Überweg mit Einl., Anm. und Registern neu hrsg. von A. Klemmt. Hamburg 1957 u.ö. [Philosophische Bibliothek, 20]

13 Berkeley: Works, Bd. VIII, S. 31. Dieselbe Intention kommt im Untertitel der «Drei Dialoge zwischen Hylas und Philonous» zum Ausdruck: «Deren Absicht es ist, die Wirklichkeit und Vollkommenheit der menschlichen Erkenntnis, die unkörperliche Natur der Seele und die unmittelbare Vorsehung einer Gottheit klar darzutun: zur Bekämpfung von Skeptikern und Atheisten, zugleich um ein Verfahren einzuführen, die Wissenschaften leichter, nützlicher und knapper zu gestalten.» (Wiedergegeben in der Ausgabe der Philosophischen Bibliothek, Bd. 102, S. 1; vgl. Works, Bd. II, S. 147)

14 Deutsche Ausgabe, übers. und hrsg. von W. Breidert. Hamburg 1988 [Philosophische Bibliothek, 397].

15 Philosophisches Tagebuch (Philosophical Commentaries), Ziffer 478a. Works I, S.60.

16 Gesamtausgabe von Humes Werken: The Philosophical Works of David Hume, I–IV. Hrsg. von T. H. Green und T. T. Grose. New York und Bombay 1874 [Nachdr. Aalen 1964]. Deutsche Ausgaben in der Philosophischen Bibliothek: Ein Traktat über die menschliche Natur, Buch I–III. Deutsch von Th. Lipps. Mit einer Einführung neu hrsg. von R. Brandt. Hamburg 1973 [Phil. Bibl., 283]; Eine Untersuchung über den menschlichen Verstand. Übers. von R. Richter. Mit einer Einl. hrsg. von J. Kulenkampff. Hamburg 1984 [Phil. Bibl., 35]; Untersuchung über die Prinzipien der Moral. Übers., mit Einl. u. Register versehen von C. Winckler. Hamburg 1972 [Phil. Bibl., 199]; Dialoge über natürliche Religion. Ins Deutsche übers. u. mit einer Einl. versehen von Fr. Paulsen, neu bearb. von G. Gawlick. Hamburg 1968 [Phil. Bibl., 36]; Dialoge über natürliche Religion. Übers. u. hrsg. von N. Hoerster. Stuttgart 1981 [Reclams Universal-Bibliothek, 7692]; Die Naturgeschichte der Religion (usw.). Übers. u. hrsg. von L. Kreimendahl. Hamburg 1984 [Phil. Bibl., 341]. Zu Humes Philosophie im allgemeinen: Anthony Flew: Hume's Philosophy of Belief. London [4]1980; ders.: David Hume. Philosopher of Moral Science. Oxford 1986; Lothar Kreimendahl: Humes verborgener Rationalismus. Berlin 1982; Jens Kulenkampff: David Hume. München 1989; Henri Lauener: Hume und Kant. Systematische Gegenüberstellung einiger ihrer Lehren. Bern 1969; Rudolf Lüthe: David Hume. Historiker und Philosoph. Freiburg und München 1991; Rudolf Metz: David Hume. Leben und Philosophie. Stuttgart-Bad Cannstatt 1968 [zuerst 1929]; Gerhard Streminger: David Hume. Sein Leben und sein Werk. Paderborn usw. 1994.

17 Zum Folgenden vgl.«Untersuchung über den menschlichen Verstand» («An Enquiry Concerning Human Understanding»), Abschnitt XII.

18 Zum Skeptiker Pyrrho siehe Teil I, Kap. V, 4a.

19 Siehe Teil I, Kap. V, 4b.

20 Hume: Eine Untersuchung über den menschlichen Verstand, Abschnitt XII/3. The Philosophical Works. Hrsg. von Green und Grose. Aalen 1964 [Nachdruck der Ausgabe London 1882], Bd. IV, S. 135.

21 An Abstract of a Book lately Published, entituled, A Treatise of Human Nature, etc. London 1740, S. 11 f. (Deutsche Übersetzung: Abriß eines neuen Buches, betitelt: Ein Traktat über die menschliche Natur, etc. Übers. u. mit einer Einl. hrsg. von J. Kulenkampff. Hamburg 1980 [Phil. Bibl., 320]).

22 Hume: An Enquiry concerning Human Understanding; Abschn. VII/I; Works, Band IV, S. 60., Anm.

23 Ebenda, S. 61.

24 Hume: Essays, Moral and Political, Essay 12; Works, Band III, S. 449 ff.

25 Essays Moral and Political, Essay V; Works, Bd. III, S. 116.

26 Zur Humeschen Religionsphilosophie vgl. Josef Buchegger: David Humes Argumente gegen das Christentum. Frankfurt am Main usw. 1987; Norbert Hoerster: «Existenz und Eigenschaften Gottes». In: J. Speck (Hrsg.): Grundprobleme der großen Philosophen. Philosophie der Neuzeit, I. Göttingen [2]1986, S. 240–275.

27 Dialogues concerning Natural Religion, Teil 10; Works II, insb. S. 443.

28 Ebenda, Teil 9: Die Religion entspringt anderen Quellen als dem apriorischen Raisonnement; Vgl. Teil 10, Anfang: Das Gefühl der Schwäche und des Elends der Menschen führt zur Religion.

29 The Natural History of Religion, Abschn. II; Works IV, S. 315 f.

30 Von Reids Werken sind vor allem wichtig: An Inquiry into the Human Mind (1764); Essays on the Intellectual Powers of Man (1785) und Essays on the Active Powers of

Human Mind (1788). Gesamtausgabe: Philosophical Works, hrsg. von W. Hamilton. Edinburgh 1846 u. ö. [Nachdruck Hildesheim 1967]. Zur Rolle des Common Sense in seiner Philosophie siehe Daniel Schulthess: Philosophie et sens commun chez Thomas Reid. Bern 1983 [mit Bibliographie].

31 Zur «ideistischen Annahme» vgl. W. Röd: Erfahrung und Reflexion. München 1991, wo eine modifizierte Form dieser Annahme verteidigt wird. Vgl. ferner Alan Musgrave: Alltagswissen, Wissenschaft und Skeptizismus. Tübingen 1993, wo die fragliche Konzeption als «Ideismus» bezeichnet wird.

32 Beattie: Versuch über die Natur und Unveränderlichkeit der Wahrheit. Leipzig und Kopenhagen 1772, S. 155 [Essay on the Nature and Immutability of Truth in Opposition to Sophistry and Scepticism. Edinburgh 1770].

33 Gesamtausgabe von Montesquieus Werken: Oeuvres complètes, I–III. Hrsg. von A. Masson. Paris 1950–1955. Zur Biographie vgl. Paul Barrière: Un grand provencial. Charles Louis Secondat, baron de la Brède et de Montesquieu. Bordeaux 1946. Zu seinem Denken vgl. Michael Hereth: Montesquieu. Zur Einführung. Hannover 1995; Jean Starobinski: Montesquieu. Übers. von U. Raulff. Frankfurt 1995 [Fischer TB 12774].

34 Montesquieu: L'esprit des lois. Oeuvres, Bd. I/1, S. 8. (Vom Geist der Gesetze. Übers. und hrsg. von E. Forsthoff. Tübingen 1951 [Nachdruck 1992, UTB 1710–1711].

35 A. a. O., S. 205.

36 Gesamtausgabe von Voltaires Werken: Ouevres complètes, hrsg. von Th. Besterman (später von W. H. Barber), Genf 1968 ff.; ersetzt die ältere Ausgabe, hrsg. von L. Moland, Paris 1877 ff. [Nachdruck Nendeln 1976]. Zur Biographie vgl. Horst Günther: Voltaire. Leben und Werk in Texten und Bildern. Frankfurt a. M. 1994 [Insel-Taschenbuch]. Zu Voltaires Philosophie vgl. Alfred J. Ayer: Voltaire. Eine intellektuelle Biographie. Neuausgabe, Weinheim 1994; René Pomeau: Voltaire. Bern 1994.

37 Gesamtausgabe von Diderots Werken: Oeuvres complètes, hrsg. von J. Varloot. Paris 1975 ff.

38 Diderot: De l'interpretation de la nature; Oeuvres complètes, Bd. IX, S. 26 ff.

39 Ebenda, S. 82.

40 D'Alembert: Discours Préliminaire de l'Encyclopédie (1751)/Einleitung zur Enzyklopädie von 1751. Hrsg. und eingel. von E. Köhler. Hamburg 1955 (²1975) [Philos. Bibliothek, 242]. Gesamtausgabe: Oeuvres philosophiques, historiques et littéraires. Paris 1805 (Nachdruck Hildesheim 1965).

41 Vgl. Ulrich Lorenz: Das Projekt der Ideologie. Studien zur Konzeption einer Ersten Philosophie bei Destutt de Tracy. Stuttgart-Bad Cannstatt 1994 [Quaestiones. Themen und Gestalten der Philosophie, 6].

42 Vgl. Friedrich Albert Lange: Geschichte des Materialismus. Iserlohn 1866 (zahlreiche weitere Auflagen); ferner Arno Baruzzi (Hrsg.): Aufklärung und Materialismus im Frankreich des 18. Jahrhunderts. München 1968.

43 Vgl. zur materialistischen Richtung der Aufklärung Friedrich Albert Lange: Geschichte des Materialismus. Leipzig 1905, I. Buch, 4. Abschnitt: Der Materialismus des 18. Jahrhunderts, insb. S. 432 ff.

44 La Mettrie veröffentlichte seine Auffassung 1745 in einem Werk mit dem Titel «Naturgeschichte der Seele». Gesamtausgabe: Oeuvres philosophiques, I–III. Berlin 1797 (1. Aufl. 1751).

45 Deutsche Ausgaben: Die Maschine Mensch. Franz.-deutsch, hrsg. von C. Becker. Hamburg 1994 [Phil. Bibl., 407].

46 Gesamtausgabe der Werke von Helvetius: Oeuvres complètes, I–XIV. Paris 1795 [Nachdruck Hildesheim 1967 ff.]. Bände I–VI: De l'esprit; Bände VII–XII: De

l'homme. [Dt. Ausgabe: Philosophische Schriften, I–II. Hrsg. von W. Krauss, Berlin 1973 u. 1976].

47 De l'esprit; Oeuvres, Bd. I, S. 210f.; vgl. De l'homme; Oeuvres, Bd. VII, S. 183.

48 De l'esprit; Oeuvres, Bd. II, S. 249.

49 Holbachs wichtigste Schriften außer dem «System der Natur»: Le christianisme dévoilé (1766); Théologie portative (1767; Nachdruck Hildesheim und New York 1977); Lettres à Eugénie (1768); La politique naturelle (1773); La morale universelle (1776; Nachdruck Stuttgart-Bad Cannstatt 1970).

50 Johann Wolfgang Goethe: Dichtung und Wahrheit. Hamburger Ausgabe, Bd. IX. München ⁷1974, S. 490.

51 Zur Physiokratie vgl. Karl Pribram: Geschichte des ökonomischen Denkens, I. Übers. von H. Brühmann. Frankfurt a. M. 1992 [A History of Economic Reasoning, 1983]. Kap. VII: Cartesianische Wirtschaftslehre.

52 A. Smith: An Inquiry into the Nature and Causes of the Wealth of Nations. Gesamtausgaben: The Works of Adam Smith. With an account of his life and writings bei D. Stewart, 5 Bände. London 1811 ff. [Nachdruck Aalen 1963]; ferner: The Glasgow Edition of the Works and Correspondence of Adam Smith. Oxford 1975 ff. Zu Smith vgl. Karl Pribram, a.a.O., Kap. 9–11; Horst C. Recktenwald: Adam Smith. Sein Leben und sein Werk. München 1976; Gerhard Streminger: Adam Smith mit Selbstzeugnissen … dargestellt. Reinbek 1989; ders.: Der natürliche Lauf der Dinge. Essays zu Adam Smith und David Hume. Marburg 1995.

53 The Wealth of Nations. The Works of Adam Smith, Bd. III, S. 181. (Vgl. auch die doppelsprachige Ausgabe: The Wealth of Nations/Der Wohlstand der Nationen. München 1983.)

54 B. de Mandeville: The Grumbling Hive (1705); später unter dem Titel: The Fable of the Bees or Private Vices Public Benefits (1714).

55 The Wealth of Nations. Works, Bd. III, S. 181.

56 Vgl. A. Smith: Die Theorie der ethischen Gefühle. Hamburg 1994 [PhB 200 a/b].

57 Vgl. Max Wundt: Die deutsche Schulphilosophie im Zeitalter der Aufklärung. Tübingen 1945 [Heidelberger Abhandlungen zur Philosophie und ihrer Geschichte, 32]; Nachdruck: Hildesheim 1991 [Olms Paperbacks, 4]; Werner Schneiders: Hoffnung auf Vernunft. Aufklärungsphilosophie in Deutschland. Hamburg 1990.

58 Wolffs Gesammelte Schriften, hrsg. von J. Ecole u.a. Hildesheim 1962ff., enthalten I. Deutsche Schriften; II. Lateinische Schriften. Zu Wolff vgl. Werner Schneiders (Hrsg.): Christian Wolff. Interpretationen zu seiner Philosophie und deren Wirkung. Hamburg 1986 [Studien zum achtzehnten Jahrhundert, Bd. 4].

59 Zu Thomasius vgl. Werner Schneiders (Hrsg.): Christian Thomasius. Interpretationen zu Werk und Wirkung. Mit einer Bibliographie der neueren Thomasius-Literatur. Hamburg 1989 [Studien zum achtzehnten Jahrhundert, Bd. 11].

60 Vgl. W. Röd: Geometrischer Geist und Naturrecht. München 1970 (Abhandlungen der Bayerischen Akademie der Wissenschaften, Phil.-hist. Klasse, Neue Folge, Heft 70).

61 Crusius: Entwurf der notwendigen Vernunft-Wahrheiten. Leipzig 1745, § 16.

62 Ebenda, §§ 449 ff.

63 G. E. Lessing: Sämtliche Werke. Unveränderter photomech. Abdruck der von K. Lachmann und F. Muncker 1886 bis 1924 hrsg. Ausgabe von Lessings sämtlichen Schriften, 16 Bände, 1 Nachtragsband. Berlin und New York 1979; Bd. XIII, S. 24.

64 Nathan der Weise; Sämtliche Werke, Bd. III, S. 95.

65 Vgl. Sylvain Zac: Spinoza en Allemagne. Mendelssohn, Lessing, Jacobi. Paris 1989.

66 Fr. H. Jacobi: Über die Lehre des Spinoza. In: Werke. Leipzig 1812–1825, Bd. IV/1 und IV/2 (Beilagen).

67 Gesamtausgabe der Werke: Gesammelte Schriften, Jubiläumsausgabe, hrsg. von I. Elbogen u.a., 23 Bände (in 36 Teilen). Stuttgart-Bad Cannstatt 1972 ff. Zum Charakter seines Denkens vgl. Anton Hütter: Moses Mendelssohn. Cuxhaven 1990.

68 Mendelssohn: Morgenstunden oder Vorlesungen über das Dasein Gottes. Berlin 1785, 15. Vorlesung.

69 Vicos «Principi di una scienza nuova d'intorno alla natura delle nazioni» erschien 1730 in neuer Fassung; seine endgültige Form erhielt das Werk erst in der dritten Fassung von 1744. Kritische Ausgabe der 2. Aufl., hrsg. von F. Nicolini. Bari 1911–1916; deutsche Ausgabe: Prinzipien einer neuen Wissenschaft über die gemeinsame Natur der Völker. Übers. und hrsg. von V. Hösle und Chr. Jermann, Hamburg 1992 [Philos. Bibliothek, Bd. 418 a–b]. Gesamtausgabe der Opere, I–VIII. Hrsg. von B. Croce u.a. Bari 1914–1941. Zu Vico vgl. Benedetto Croce: La filosofia die G. B. Vico. Bari 1965 [¹1911]; Peter Burke: Vico. Philosoph, Historiker, Denker einer neuen Wissenschaft. Aus dem Englischen von W. Heuss. Frankfurt a.M. 1990 [Fischer TB Wissenschaft, 10284]; Stephan Otto: Giambattista Vico. Grundzüge seiner Philosophie. Köln 1989 [Kohlhammer TB 410].

70 Vgl. Karl Löwith: Vicos Grundsatz: Verum et factum convertuntur. Seine theologische Prämisse und deren säkulare Konsequenzen. Heidelberg 1968 [Sitzungsberichte der Heidelberger Akademie der Wissenschaften, 1968/1].

71 Rousseau: Abhandlung über die Ungleichheit; Oeuvres III, 138.

72 Faust I, Verse 1830 ff.

73 Dritter Brief an Malesherbes, 26. Januar 1762.

74 Zur Biographie vgl. F. Brockerhoff: Jean Jacques Rousseau. Sein Leben und seine Werke, I–III. Leipzig 1863–1874; C.J. Courtoi: Chronologie. In: Annales de la Société J.-J. Rousseau 15 (1923) [Nachdruck New York 1973]; Jean Starobinski: Rousseau. Eine Welt von Widerständen. München 1991.

75 Rousseaus Werke werden zitiert nach den Oeuvres complètes, hrsg. von B. Gagnebin und M. Raymond. Paris 1959 ff. Deutsche Übersetzungen: Diskurs über die Ungleichheit/Discours sur l'inégalité. Kritische Ausgabe von H. Meier. Paderborn usw. ³1984 [UTB, 725]; Politische Schriften, I–II. Einf. und Übers. von L. Schmidts. Paderborn 1977; Sozialphilosophische und Politische Schriften. München 1981.

76 Zu Rousseaus Geisteskrankheit siehe Paul J. Möbius: J.J. Rousseau. Leipzig ²1903.

77 Gesamtdarstellungen: Maximilian Forschner: Rousseau. Freiburg und München 1977 [Kolleg Philosophie]; Henri Gouhier: Les méditations métaphysiques de Rousseau. Paris 1980; Wolfgang Ritzel: Jean Jacques Rousseau. Stuttgart 1959 [Urban-Bücher, 37].

78 Zu Rousseaus Sozialphilosophie vgl. Reinhard Brandt: Rousseaus Philosophie der Gesellschaft. Stuttgart-Bad Cannstatt 1973 [Problemata, 16].

79 Discours sur l'inégalité; Oeuvres, Bd. II, S. 164.

80 Contrat social, II, 3; Oeuvres, Bd. II, S. 371 f.; vgl. IV, 1; Oeuvres, Bd. II, S. 437.

81 Fragments politiques, II, Nr. 2; Oeuvres, Bd. II, S. 475.

82 Deutsche Übersetzung von Condorcets «Esquisse d'un tableau historique des progrès de l'esprit humain», hrsg. von W. Alff. Frankfurt am Main 1963. Gesamtausgabe: Oeuvres de Condorcet, hrsg. von A. Condorcet-O'Connor und M. F. Arago in 12 Bänden. Paris 1847–1849.

83 Condorcet: Esquisse; Oeuvres, Bd. VI, S. 13.

84 Condorcet: Aux citoyens français, sur la nouvelle constitution; Oeuvres, Bd. XII, S. 651–675.

85 Vgl. M. F. Arago: Biographie de Condorcet; Oeuvres, Bd. I, S. I–CLXXI.

86 Siéyès: Qu'est-ce que le tiers-état? [Was ist der Dritte Stand?] Paris ³1789, S. 5 f.

87 Condorcet: Plan de déclaration des droits naturels, civils et politiques des hommes. Oeuvres, Bd. XII, S. 417–422.

88 Zu diesen und anderen sozialistischen Autoren vgl. Hans Girsberger: Der utopische Sozialismus des 18. Jahrhunderts in Frankreich. Wiesbaden 1974.

89 Morelly: Code de la nature ou Le véritable esprit des lois. Deutsche Übers. hrsg. von W. Krauss. Berlin 1964.

90 Ebenda, S. 96.

91 Zu den Auffassungen des Eigentums der damaligen Zeit vgl. Reinhard Brandt: Eigentumstheorien von Grotius bis Kant. Stuttgart-Bad Cannstatt 1974 [Problemata, 31].

92 Gesamtausgabe: Oeuvres, hrsg. von den Mitgliedern des von Enfantin eingesetzten Ausschusses, 47 Bände. Paris ²1865 ff. [Nachdruck Aalen 1964].

93 Sammlung von Texten mit Einführungen: Die frühen Sozialisten, hrsg. von F. Kool und W. Krause. München 1972 [dtv, wissenschaftliche Reihe, 4102–4103; uspr. Olten 1967]. Zur Lehre vgl. Thilo Ramm: Die großen Sozialisten als Rechts- und Sozialphilosophen, I: Die Vorläufer. Stuttgart 1955.

94 H. Heine: Lutezia II, Anhang: Communismus, Philosophie und Clerisey, I (1843); Historisch-kritische Gesamtausgabe, hrsg. von Manfred Windfuhr, Bd. XIV/1. Hamburg 1990, S. 106.

95 Oeuvres complètes / Oeuvres postumes. Paris 1867, Bd. XI. [Andere Ausgabe: Oeuvres complètes, hrsg. von C. Bouglé. Paris 1923 ff.] Vgl. Johannes Hilmer und Lutz Roemheld: Proudhon-Bibliographie. Bern 1989 [Europäische Hochschulschriften, Reihe 31, Band 131].

96 Proudhon: Was ist Eigentum? Erstes Memorandum, Kap. IV, Satz 10.

97 Proudhon: L'idée générale de la révolution au 19ème siècle, ²1851.

Fünfter Teil
KANT UND DER DEUTSCHE IDEALISMUS

I. Die Philosophie Kants

1 Von der umfangreichen Literatur zur idealistischen Philosophie im allgemeinen seien genannt Ernst Cassirer: Das Erkenntnisproblem in der Philosophie und Wissenschaft der neueren Zeit, Bd. II und III. Darmstadt 1971 [1. Aufl. 1907 bzw. 1920]; Nicolai Hartmann: Die Philosophie des deutschen Idealismus. Berlin ²1960 [Zwei Teile in einem Band; 1. Aufl. 1923]; Richard Kroner: Von Kant bis Hegel. Tübingen ²1961. [Zwei Bände in einem Band; 1. Aufl. 1921/1924]; Karl Rosenkranz: Geschichte der Kant'schen Philosophie. Hrsg. von St. Dietzsch. Berlin 1987.

2 Zur Biographie vgl. Ernst Cassirer: Kants Leben und Lehre. Berlin 1921 [Nachdruck Darmstadt 1977]; Gerhard Funke: Immanuel Kant. Zur Person. Bonn 1975; F. Groß (Hrsg.): Immanuel Kant. Sein Leben in Darstellungen von Zeitgenossen. Die Biographien von L. E. Borowski, R. B. Jachmann und A. Chr. Wasianski. Berlin 1912 [Nachdr. Darmstadt 1968 und 1993]; Karl Vorländer: Immanuel Kants Leben. Neu hrsg. von Rudolf Malter. Hamburg 1974 (zuerst Leipzig 1911, ²1921); ders.: Immanuel Kant. Der Mann und das Werk, I–II. Leipzig 1924.

3 Kants Werke werden zitiert nach den Gesammelten Schriften, hrsg. von der Preußischen (später Deutschen) Akademie der Wissenschaften. Berlin 1902 ff. Diese Ausgabe wird erschlossen durch Norbert Hinske: Kant-Index, 35 Bände. Stuttgart-Bad Cannstatt 1986 ff.; zur Orientierung immer noch nützlich ist Rudolf Eisler: Kant-Lexikon. 6. Nachdruck Hildesheim 1994 [Olms Paperback, Bd. 2]. – Zu Kants Phi-

losophie vgl. außer den oben angeführten Werken Henry A. Allison: Kant's Transcendental Idealism. New Haven und London 1983; Ermanno Bencivegna: Kant's
Copernican Revolution. New York und Oxford 1987; Claudia Bickmann: Differenz
oder das Denken des Denkens. Hamburg 1995 [Schriften zur Transzendentalphilo-
sophie, Bd. 11]; Ernst Cassirer: Kants Leben und Lehre. Darmstadt 1977 [Nach-
druck]; Paul Guyer: Kant and the Claims of Knowledge. Cambridge usw. 1987;
Malte Hossenfelder: Kants Konstitutionstheorie und die Transzendentale Deduktion.
Berlin und New York 1978; Stephan Körner: Kant. Göttingen 1967 (^{2}1980) [Kleine
Vandenhoeck-Reihe, 252 S]; Henri Lauener: Hume und Kant. Eine systematische
Gegenüberstellung einiger Hauptpunkte ihrer Lehren. Bern und München 1969;
Gottfried Martin: Immanuel Kant: Köln 1951; Henry J. Paton: Kant's Metaphysic of
Experience. A Commentary of the first half of the Kritik der reinen Vernunft. Lon-
don und New York 1936; Gerold Prauss: Erscheinung bei Kant. Berlin 1971; ders.:
Kant und das Problem der Dinge an sich. Bonn 1974; Peter F. Strawson: Die Gren-
zen des Sinns. Ein Kommentar zu Kants Kritik der reinen Vernunft. Übers. von
E. M. Lange. Königstein 1982 bzw. 1992 [The Bounds of Sense. An Essay on Kant's
Critique of Pure Reason. London 1966]; Ernst Topitsch: Die Voraussetzungen
der Transzendentalphilosophie. Kant in weltanschauungsanalytischer Beleuchtung.
Tübingen ^{2}1992; Hans Wagner: Kritische Philosophie. Systematische und historische
Abhandlungen. Würzburg 1980; ders.: Die Würde des Menschen. Würzburg 1992.
(Beide Werke enthalten wichtige Arbeiten zu Kant.)

4 An Moses Mendelssohn, 16. 8. 1783; Bd. X, S. 323.

5 Prolegomena, Vorwort; Bd. IV, S. 263.

6 Prolegomena, § 5; Bd. IV, S. 276, Anm.

7 Vgl. Max Wundt: Kant als Metaphysiker. Stuttgart 1924.

8 Immanuel Kant über die von der Königl. Akademie der Wissenschaften zu Berlin für
das Jahr 1791 ausgesetzte Preisfrage: Welches sind die wirklichen Fortschritte, die die
Metaphysik seit Leibnitzens und Wolf's Zeiten in Deutschland gemacht hat? Kants
Gesammelte Schriften, Bd. XX, S. 259 ff. [Erstmals hrsg. von Fr. Th. Rink. Königsberg
1804.]

9 Zu Kants Denken zwischen 1755 und 1765 vgl. Josef Schmucker: «Die Ontotheologie
des vorkritischen Kant.» In: Kant-Studien, Erg.-Heft 112. Berlin und New York 1980;
Christian Kanzian: Originalität und Krise. Ansätze zur Interpretation der Frühschriften Immanuel Kants. Frankfurt a. M. 1994 [Europäische Hochschulschriften,
Reihe XX, Bd. 415].

10 Der einzig mögliche Beweisgrund zu einer Demonstration des Daseins Gottes, I. Abt.,
3. Betrachtung, § 1; Bd. II, S. 82.

11 Untersuchung über die Deutlichkeit der Grundsätze der natürlichen Theologie und
der Moral. Einleitung; Bd. II, S. 275.

12 Untersuchung über die Deutlichkeit der Grundsätze, 2. Betrachtung; Bd. II, S. 286.

13 Träume eines Geistersehers, II. Teil, 1. Hauptstück; Bd. II, S. 354.

14 Ebenda, 2. Hauptstück; Bd. II, S. 367 f.

15 Reflexion 5037; Bd. XVIII, S. 69: «Das Jahr 69 gab mir großes Licht.» Vgl. Lothar
Kreimendahl: Kant – Der Durchbruch von 1769. Köln 1990.

16 Kritik der reinen Vernunft, B 833; Bd. III, 522; vgl. Logik, hrsg. von G. B. Jäsche;
Bd. IX, S. 25, wo diese Fragen durch eine vierte ergänzt werden, nämlich: Was ist der
Mensch?

17 Kritik der reinen Vernunft, B 25; Bd. III, S. 43.

18 Vgl. Peter Sachta: Die Theorie der Kausalität in Kants «Kritik der reinen Vernunft».
Meisenheim am Glan 1975 [Monographien zur philosophischen Forschung, Bd. 131].

19 Kritik der reinen Vernunft, B 15 f.; Bd. III, S. 37.

20 Vgl. Henri Poincaré: Wissenschaft und Hypothese. Leipzig 1906, S. 38 ff., wo die Auffassung von Bernhard Riemann dargestellt wird.

21 Kritik der reinen Vernunft, B 268; Bd. III, S. 187.

22 Vgl. Herbert Meschkowski: Wandlungen des mathematischen Denkens. Braunschweig
[4]1969 [bzw. seitenidentisch München [5]1985], Kap. VIII, S. 53–61: Der Intuitionismus,
wo die Auffassung von Vertretern dieser Richtung (L. E. J. Brouwer, H. Weyl, A. Heyting u. a.) charakterisiert wird. Die Mengenbildung beruht auf dem Zählen und dieses
setzt eine «Urintuition» voraus.

23 Kritik der reinen Vernunft, B 1; Bd. III, S. 27.

24 Ebenda, B 75; Bd. III, S. 75.

25 Ebenda, B 185; Bd. III, S. 138.

26 Ebenda, B 149; Bd. III, S. 118.

27 Ebenda, B 108; Bd. III, S. 94.

28 Ebenda, B 94; Bd. III, S. 86. (Vgl. Logik, § 17; Bd. IX, S. 101: «Ein Urteil ist die Vorstellung der Einheit des Bewußtseins verschiedener Vorstellungen …»).

29 Die transzendentale Deduktion wird in A und B unterschiedlich dargestellt. Zu ihrer
Form in A vgl. Wolfgang Carl: Die Transzendentale Deduktion der Kategorien in der
ersten Auflage der Kritik der reinen Vernunft. Frankfurt a. M. 1992; zur Diskussion
über ihre Deutung vgl. Kants transzendentale Deduktion und die Möglichkeit von
Transzendentalphilosophie. Hrsg. vom Forum für Philosophie, Bad Homburg. Frankfurt a. M. 1988.

30 Kritik der reinen Vernunft, A 189; Bd. IV, S. 128.

31 Kritik der reinen Vernunft, B 240; Bd. III, S. 171.

32 Von einem neuerdings erhobenen vornehmen Ton in der Philosophie; Bd. VIII, S. 404.

33 Kritik der reinen Vernunft, B 82; Bd. III, S. 79.

34 Ebenda, B 592; Bd. III, S. 380.

35 Vgl. Wolfgang Röd: Der Gott der reinen Vernunft. München 1992.

36 Vereinfacht dargestellt nach: Kritik der reinen Vernunft, B 410 f.; Bd. III, S. 269.

37 Vgl. Heinz Heimsoeth: Transzendentale Dialektik. Ein Kommentar zu Kants Kritik
der reinen Vernunft, I–IV. Berlin 1966–1971.

38 Kritik der reinen Vernunft, B 675; Bd. III, S. 429. Vgl. Manfred Pascher: Kants Begriff
«Vernunftinteresse». Innsbruck 1991 [Innsbrucker Beiträge zur Kulturwissenschaft,
Sonderheft 74].

39 Ebenda, B 355; Bd. III, S. 237.

40 Kritik der reinen Vernunft, A 114; Bd. IV, S. 85.

41 Ebenda, B 446 f.; Bd. III, S. 289; vgl. Kritik der praktischen Vernunft; Bd. V, S. 43.

42 Kritik der praktischen Vernunft; Bd. V, S. 43; vgl. Prolegomena, § 14; Bd. IV, S. 294:
«*Natur* ist das *Dasein* der Dinge, sofern es nach allgemeinen Gesetzen bestimmt ist.»

43 Zur Kantischen Naturphilosophie, die insbesondere in den «Metaphysischen Anfangsgründen der Naturwissenschaft» (1786) entworfen wird, aber auch im Opus
postumum eine wichtige Rolle spielt, vgl. Lothar Schäfer: Kants Metaphysik der
Natur. Berlin 1966; Karen Gloy: Die Kantische Theorie der Naturwissenschaft. Eine
Strukturanalyse ihrer Möglichkeit, ihres Umfangs und ihrer Grenzen. Berlin und New
York 1976.

44 Kritik der reinen Vernunft B 370 f.; Bd. III, S. 246.

45 Grundlegung zur Metaphysik der Sitten; Bd. V, S. 433.

46 Kritik der praktischen Vernunft; Bd. V, S. 43.

47 Vgl. Josef Schmucker: Die Ursprünge der Ethik Kants in seinen vorkritischen Schriften und Reflexionen. Meisenheim am Glan 1961; E. de Rezende Martins: Studien zu
Kants Freiheitsauffassung in der vorkritischen Periode 1747–1770. Diss. München
1976.

48 Beobachtungen über das Gefühl des Schönen und Erhabenen, 2. Abschnitt; Bd. II, S. 217.

49 Ebenda, S. 216.

50 Ebenda, S. 218.

51 Untersuchung über die Deutlichkeit der Grundsätze, 4. Betrachtung, § 2; Bd. II, S. 299f. Hier wird Francis Hutcheson namentlich erwähnt.

52 Nachricht von der Einrichtung seiner Vorlesungen in dem Winterhalbjahre von 1765–1766; Bd. II, S. 311.

53 Träume eines Geistersehers, I. Teil, 2. Hauptstück; Bd. II, S. 334f.

54 Grundlegung zur Metaphysik der Sitten, Abschn. I; Bd. IV, S. 393. Zur «Grundlegung» vgl. Otfried Höffe (Hrsg.): Grundlegung zur Metaphysik der Sitten. Ein kooperativer Kommentar. Frankfurt a. M. 1989; Jürg Freudiger: Kants Begründung der praktischen Philosophie. Bern usw. 1993 [Berner Reihe philosophischer Studien, 14]; Robert P. Wolff: The Autonomy of Reason. A Commentary of Kant's Groundwork of the Metaphysic of Morals. Gloucester ²1986.

55 Grundlegung zur Metaphysik der Sitten, Abschn. II; Bd. IV, S. 414ff.

56 Daß die formale Analyse nicht ausreicht, hat gezeigt Günther Patzig: Ethik ohne Metaphysik. Göttingen 1971, 101–126 («Die logischen Formen praktischer Sätze in Kants Ethik»). Vgl. Herbert J. Paton: Der Kategorische Imperativ. Eine Untersuchung über Kants Moralphilosophie. Berlin 1962; Julius Ebbinghaus: «Die Formeln des Kategorischen Imperativs und die Ableitung inhaltlich bestimmter Pflichten». In: Ders.: Gesammelte Aufsätze, Vorträge und Reden. Hildesheim 1968.

57 Grundlegung zur Metaphysik der Sitten, Abschn. II; Bd. IV, S. 417.

58 Ebenda; Bd. IV, S. 421.

59 Ebenda; vgl. Kritik der praktischen Vernunft; Bd. V, S. 30; vgl. auch Metaphysik der Sitten; Bd. VI, S. 225 und S. 389.

60 Grundlegung zur Metaphysik der Sitten, Abschn. II; Bd. IV, S. 423.

61 Ebenda, S. 428.

62 Ebenda, S. 429.

63 Ebenda, Abschn. III; Bd. IV, S. 446.

64 Zu Kants Lehre von der Freiheit vgl. Henry E. Allison: Kant's Theory of Freedom. Cambridge 1990; Andreas Gunkel: Spontaneität und moralische Autonomie. Kants Philosophie der Freiheit. Bern und Stuttgart 1989 [Berner Reihe philosophischer Studien, 9]. Zur «Kritik der praktischen Vernunft» vgl. Lewis W. Beck: Kants Kritik der praktischen Vernunft. Ein Kommentar. München 1974 [A Commentary on Kant's Critique of Practical Reason. Chicago ⁴1966].

65 Kritik der praktischen Vernunft; Bd. V, S. 113ff. Zum Postulat der Existenz Gottes vgl. Giovanni Sala: Kant und die Frage nach Gott. Gottesbeweise und Gottesbeweiskritik in den Schriften Kants. Berlin und New York 1990 [Kant-Studien, Erg.-Heft 122], insb. Teil IV; ders.: Kant über menschliche Vernunft. Die Kritik der reinen Vernunft und die Erkennbarkeit Gottes durch die praktische Vernunft. Weilheim-Bierbronn 1993.

66 Kritik der praktischen Vernunft; Bd. V, S. 121.

67 Opus postumum; Bd. XXI, S. 153: «Die Idee Gott (nicht *von* Gott) denn das wäre ein Objekt, was als existierend gedacht würde.»

68 Metaphysik der Sitten, Tugendlehre § 38; Bd. VI, S. 462: «Die Menschheit selbst ist seine Würde; denn der Mensch kann von keinem Menschen (weder von anderen noch sogar von sich selbst) bloß als Mittel, sondern muß jederzeit zugleich als Zweck gebraucht werden, und darin besteht eben seine Würde (die Persönlichkeit), dadurch er sich über alle andern Weltwesen, die nicht Menschen sind und doch gebraucht werden können, mithin über alle Sachen erhebt.»

69 Ebenda, Bd. VI, S. 462.

70 Metaphysik der Sitten, Rechtslehre, § 47; Bd. VI, 315 f.
71 Ebenda, § 46; Bd. VI, 313 f.
72 Ebenda, § 52; Bd. VI, 341.
73 Idee zu einer allgemeinen Geschichte; Bd. VIII, S. 30.
74 Mutmaßlicher Anfang der Menschengeschichte; Bd. VIII, S. 109.
75 Idee zu einer allgemeinen Geschichte; Bd. VIII, S. 20.
76 Ebenda, S. 23.
77 Kritik der Urteilskraft, § 66; Bd. V, S. 376.
78 Ebenda.
79 Ebenda, § 68; Bd. V, S. 383.
80 Ebenda, § 72; Bd. V, S. 390 f.
81 Ebenda, § 17; Bd. V, S. 236.
82 Ebenda, § 49; Bd. V, S. 316.
83 Ebenda, § 28; Bd. V, S. 264.
84 Die Religion innerhalb der Grenzen der bloßen Vernunft, II; Bd. VI, S. 83.
85 Siehe Kants Darstellung in der Vorrede zum «Streit der Fakultäten»; Bd. VII, S. 5 ff.
86 Die Religion innerhalb der Grenzen der bloßen Vernunft, I; Bd. VI, S. 37.
87 Ebenda, IV; Bd. VI, S. 153.
88 Ebenda, S. 170.
89 Der Streit der Fakultäten; Bd. VII, 41.
90 Für die Durchführung dieses Prinzips unter den Bedingungen des ausgehenden 20. Jahrhunderts vgl. W. Röd: Erfahrung und Reflexion. Theorien der Erfahrung in transzendentalphilosophischer Sicht. München 1991; vgl. ferner Günter Abel: Interpretationswelten. Gegenwartsphilosophie jenseits von Essentialismus und Relativismus. Frankfurt a. M. 1993; Friedrich Kaulbach: Philosophie des Perspektivismus, I. Tübingen 1990; Hans Lenk: Interpretation und Realität. Frankfurt a. M. 1995 [Suhrkamp TB Wissenschaft, 1179]; ders.: Interpretationskonstrukte. Zur Kritik der interpretatorischen Vernunft. Frankfurt a. M. 1993; Gerold Prauss: Die Welt und wir, I ff. Stuttgart 1990 ff.

II. Metaphysische und psychologische Deutungen des Kritizismus

1 Heinrich v. Kleist an Wilhelmine v. Zenge, 22. März 1801. Briefe, hrsg. von Siegfried Streller, Bd. IV. Frankfurt am Main 1986 [insel taschenbuch 984], S. 200, und ähnlich an Ulrike v. Kleist, 23. 3. 1801; a. a. O., S. 202 f.
2 Vgl. Karl Rosenkranz: Geschichte der Kant'schen Philosophie. Leipzig 1840. [Neuausgabe von St. Dietzsch, Berlin 1987]; ferner Norbert Hinske usw. (Hrsg.): Der Aufbruch in den Kantianismus. Der Frühkantianismus an der Universität Jena 1785–1800. Stuttgart-Bad Cannstatt 1994 [Forschungen und Materialien zur deutschen Aufklärung, Abt. II, Bd. 6].
3 Herbarts Werke liegen in zwei Ausgaben vor: Sämtliche Werke, hrsg. von G. Hartenstein, I–XII. Leipzig 1850–1852 [nach dieser Ausgabe wird im folgenden zitiert]; Sämtliche Werke, hrsg. von K. Kehrbach und O. Flügel, I ff. Langensalza 1887 ff. Außer den genannten Schriften sind noch zu erwähnen: Psychologie als Wissenschaft. Königsberg 1824–1825; Allgemeine Metaphysik nebst den Anfängen der philosophischen Naturlehre. Königsberg 1828–1829. Zu Herbart vgl. Rudolf Koschnitzke: Herbart und die Herbartschule. Hamburg 1989.
4 Herbart: Lehrbuch zur Einleitung in die Philosophie, § 144. Werke I, S. 241 f.
5 Herbart: Allgemeine Metaphysik nebst Anfängen der philosophischen Naturlehre, § 164. Werke IV, S. 16.
6 Vgl. z. B. Hauptpunkte der Metaphysik; Werke III, S. 7.

7 Herbart: Lehrbuch zur Einleitung in die Philosophie, § 135; Werke I, S. 220.

8 Herbart: Lehrbuch zur Einleitung in die Philosophie, § 132; Werke I, S. 216.

9 Herbart: Hauptpunkte der Metaphysik; Werke III, S. 14.

10 Zu Herbarts Psychologie vgl. Klaus Sachs-Hombach: Philosophische Psychologie im 19. Jahrhundert, Freiburg und München 1993, S. 43 ff.; Stefano Poggi, in W. Röd (Hrsg.): Geschichte der Philosophie, Bd. X. München 1989, S. 54 ff.

11 Gesamtausgabe von Fries' Werken: Sämtliche Schriften, nach den Ausgaben letzter Hand zusammengestellt, eingeleitet und mit einem Fries-Lexikon versehen von Gert König und Lutz Geldsetzer, 25 Bände (26. Band: Fries-Lexikon). Aalen 1967 ff.

12 Fries: Neue oder anthropologische Kritik der Vernunft, 2. Aufl., Bd. I, S. 37.

13 Ebenda, S. 88.

14 Ebenda, S. 75.

15 Ebenda, S. 90.

16 Fries: Neue oder anthropologische Kritik der Vernunft, 2. Aufl., Bd. II, S. 187.

17 Fries: Neue oder anthropologische Kritik der Vernunft, 2. Aufl., Bd. I, , S. 54.

18 Ebenda, S. 53.

19 Ebenda, S. 58. Vgl. auch Fries: Wissen, Glauben und Ahndung. Jena 1805.

20 Fries: Neue oder anthropologische Kritik der Vernunft, 2. Aufl., Bd. II, S. 204.

21 Fries: Geschichte der Philosophie, I–II (1837); Sämtliche Schriften, Bde. 18–19. Zur Friesschen Deutung der Philosophiegeschichte vgl. Bruno Bianco: «Jakob Friedrich Fries». In: G. Santinello und G. Piaia (Hrsg.): Storia delle storie generali della filosofia, 4: L'età Hegeliana, I. Padua 1995, S. 135 ff.

22 Apelt: Metaphysik. Leipzig 1857; ders.: Die Epochen der Geschichte der Menschheit, I–II. Jena 1845 f.

23 Apelt: Metaphysik. Leipzig 1857, S. 137.

24 Ebenda, S. 401.

25 Ebenda, S. 418 f.

26 Organ der Richtung waren die «Abhandlungen der Friesschen Schule», 1847 ff., Neue Folge, 1904 ff.

27 Zu Nelson vgl. Minna Specht und Willi Eichler (Hrsg.): Leonard Nelson zum Gedächtnis. Frankfurt a. M. und Göttingen 1953.

28 Vgl. L. Nelson: Die Unmöglichkeit der Erkenntnistheorie. In: Gesammelte Schriften in 9 Bänden. Hamburg 1970–1972, Bd. II, S. 459 ff. (Auch in: L. Nelson: Vom Selbstvertrauen der Vernunft. Hrsg. von Grete Henry-Hermann, Hamburg 1975 [Philos. Bibl., Bd. 288]).

29 Vgl. Reinhard Kleinknecht: «Leonard Nelsons Theorie der Begründung». In: Reinhard Kleinknecht und Barbara Neiße (Hrsg.): Leonard Nelson in der Diskussion. Frankfurt a. M. 1994, S. 26–37, wo auf die Konfusion in der Lehre von den unmittelbaren Erkenntnissen hingewiesen wird.

30 Zur Kritik am Begründungspostulat vgl. Hans Albert: Traktat über kritische Vernunft. Tübingen 1968 (und öfter), S. 11 ff., namentlich das sogenannte Münchhausen-Trilemma. Fries und seine Nachfolger wollten dem Dilemma von unendlichem Begründungsregreß und Begründungszirkel dadurch entgehen, daß sie unmittelbare Erkenntnisse annahmen. Nach Albert ist auch dieser Ausweg versperrt, da ein willkürlicher Abbruch des Begründungsverfahrens unzulässig ist. Das Trilemma von Regreß, Zirkel und Abbruch des Begründungsverfahrens läßt sich nur vermeiden, wenn man das Begründungspostulat aufgibt.

31 R. Otto: Das Heilige. Über das Irrationale in der Idee des Göttlichen und sein Verhältnis zum Rationalen. 10. Aufl. Breslau 1923 [1. Aufl. 1917], S. 140.

32 Beneke: Erfahrungsseelenlehre als Grundlage alles Wissens. Berlin 1820 [Nachdruck Amsterdam 1965], S. 7 f.

33 Beneke: Das Verhältnis von Leib und Seele. Göttingen 1826 [Nachdruck Amsterdam 1965], S. VII.

34 Schopenhauer an J. Frauenstädt, 9.4.1854; Gesammelte Briefe, hrsg. von A. Hübscher. Bonn 1987, S. 338.

35 Benekes wichtigste philosophische Werke sind: Erkenntnislehre nach dem Bewußtsein der reinen Vernunft (Jena 1820); Grundlegung zur Physik der Sitten (Berlin 1822); Kant und die philosophische Aufgabe unserer Zeit (Berlin usw. 1832); Erfahrungsseelenlehre als Grundlage alles Wissens in ihren Hauptzügen dargestellt (Berlin 1820); System der Metaphysik und Religionsphilosophie aus den natürlichen Grundverhältnissen des menschlichen Geistes abgeleitet (Berlin 1840). Aus dem Bereich der Psychologie sind neben anderen Schriften zu erwähnen: Psychologische Skizzen, I–II. Göttingen 1825–1827; Lehrbuch der Psychologie als Naturwissenschaft. Berlin 1832 (^{2}1845).

36 Beneke: System der Logik als Kunstlehre des Denkens, I. Berlin 1842, S. 38 ff.

37 Nach Beneke erfolgt die induktive Verallgemeinerung, ähnlich wie die Begriffsbildung, durch psychische Mechanismen; sie setzt keine nicht-empirischen Begriffe voraus, wie William Whewell (1794–1866) gemeint hatte. Die von diesem als Voraussetzungen der Induktion angenommenen «fundamental ideas», die den reinen Anschauungsformen und Kategorien bei Kant entsprechen, stammen nach Beneke durchweg aus der Wahrnehmung; vgl. System der Logik als Kunstlehre des Denkens, II. Berlin 1842, S. 19 ff.

38 Vgl. Beneke: System der praktischen Philosophie, I: Allgemeine Sittenlehre. Berlin 1837; ders.: System der Metaphysik und Religionsphilosophie, aus den natürlichen Grundverhältnissen des menschlichen Geistes abgeleitet. Berlin 1840. Zur Moral vgl. auch Erfahrungsseelenlehre, S. 147 ff., wo die Tugend mit dem Gefühl des Schönen und Erhabenen unter Leitung eines Ideals der menschlichen Natur in Verbindung gebracht wird.

39 O. Liebmann: Kant und die Epigonen. Berlin 1912 [Nachdruck der Ausgabe von 1865], S. 150.

40 Herder: Verstand und Erfahrung, Vernunft und Sprache. Eine Metakritik zur Kritik der reinen Vernunft; Werke, hrsg. von B. Suphan. Berlin 1877 ff., Bd. XXI, S. 88.

41 Ebenda, S. 112.

42 Ebenda, S. 199 ff.

43 Ebenda, S. 294.

44 Kant: Rezension von J. G. Herders Ideen zur Philosophie der Geschichte der Menschheit; Kants gesammelte Schriften, hrsg. von der Preußischen Akademie der Wissenschaften, Bd. VIII, S. 54.

45 Zur kulturellen Bedeutung Jenas in dieser Zeit vgl. Friedrich Strack (Hrsg.): Evolution des Geistes. Jena um 1800. Stuttgart 1994 [Deutscher Idealismus, Bd. 17].

46 J. G. Hamann: Sämtliche Werke, I–VI. Hrsg. von J. Nadler. Wien 1949–1953; Briefwechsel, I–V. Hrsg. von W. Ziesemer und A. Henkel. Wiesbaden (später Frankfurt) 1955–1964. Zu seinem Denken vgl. Isaiah Berlin: Der Magus im Norden. J. G. Hamann und der Ursprung des modernen Irrationalismus. Berlin 1995; Angelo Pupi: Johann Georg Hamann, I: Experimentum mundi 1730–1759. Milano 1988 [Pubblicazioni del Centro di ricerche di Metafisica, sez. «Fontes», I]; ders. (Hrsg.): Johann Georg Hamann. Lettere, I: 1751–1759. Milano 1989 [Pubblicazioni del Centro di ricerche di Metafisica, sez. «Fontes», 2]; Valerio Verra: Dopo Kant. Il criticismo nell'età preromantica. Torino 1957 [Studi e ricerche di storia della filosofia, 5].

47 Hamanns Schrift in Friedrich Theodor Rink: Mancherley zur Geschichte der metacritischen Invasion. Königsberg 1800, S. 120 ff.

III. Vom Kritizismus zum Idealismus

1 Eine sechsbändige Ausgabe von Jacobis Werken erschien in Leipzig 1812–1825; auf diese Ausgabe wird in den Zitaten verwiesen. [Nachdruck, hrsg. von F. Roth und F. Köppen, 1980]. Eine neue Gesamtausgabe: Werke – Briefwechsel – Dokumente, hrsg. von M. Brüggen usw., Stuttgart-Bad Cannstatt 1981 ff., ist im Entstehen. Jacobis Philosophie wurde umfassend dargestellt von Valerio Verra: F. H. Jacobi. Dall'illuminismo all'idealismo. Torino 1963 [Studi e ricerche di storia della filosofia, 52].

2 Jacobi: Beilage an den Herrn Moses Mendelssohn, über desselben mir zugeschickte Erinnerungen; Werke IV/2, S. 135 ff.

3 Herders Schrift trägt in der erweiterten zweiten Auflage von 1800 den Titel «Gott, einige Gespräche über Spinozas System». Gesamtausgabe: J. G. Herders sämtliche Werke, hrsg. von B. Suphan, 33 Bände. Berlin 1877–1913. Zu Herder vgl. Theodor Litt: Kant und Herder als Deuter der geistigen Welt. Heidelberg [2]1949; Valerio Verra: Dopo Kant. Il criticismo nell'età preromantica. Torino 1957, Kap. V.

4 Herder: Gott; Fünftes Gespräch; Werke, hrsg. von B. Suphan, Bd. XVI (Berlin 1887), S. 541 (im Original gesperrt).

5 Ebenda, S. 543 f.

6 Ebenda, S. 546.

7 Ebenda, S. 574.

8 Schelling: Denkmal der Schrift von den göttlichen Dingen; Werke, hrsg. von K. Fr. A. Schelling. Stuttgart und Augsburg 1856 ff., Bd. VIII, S. 42.

9 Ebenda, S. 47.

10 Jacobi: David Hume über den Glauben oder Idealismus und Realismus; Werke, Bd. II, S. 303 f.

11 Ebenda, S. 35.

12 Ebenda, S. 55.

13 Hegel: Vorlesungen über die Geschichte der Philosophie, III; Werke, hrsg. von H. Glockner (3. Aufl. der Jubiläumsausgabe), Bd. XIX (1959), S. 549.

14 Jacobi: Vorbericht zu den Spinoza-Briefen; Werke, Bd. IV/1, S. XVII.

15 Ebenda, S. XVI.

16 Ebenda, S. XXIII.

17 Gesamtausgabe: Sämtliche Werke. Berlin 1835; ferner Werke. Auswahl in vier Bänden. Leipzig 1911 ff. Im einzelnen seien genannt: Über die Religion. Reden an die Gebildeten unter ihren Verächtern. Berlin 1799; Monologen. Eine Neujahrsgabe. Berlin 1800; Der christliche Glaube, nach den Grundsätzen der evangelischen Kirche im Zusammenhange dargestellt, I–II. Berlin 1821 f.

18 Maimon: Versuch über die Transzendentalphilosophie. Mit einem Anhang über die symbolische Erkenntnis und Anmerkungen. Berlin 1790 [Nachdruck Darmstadt 1963], nunmehr in Maimons Gesammelten Werken, hrsg. von Valerio Verra. Hildesheim und New York 1965–1976, Bd. II (mit der Paginierung der Erstausgabe]. Weitere Werke Maimons: Versuch einer neuen Logik oder Theorie des Denkens (Berlin 1794). Gesammelte Werke, Bd. V; Kritische Untersuchungen über den menschlichen Geist (Leipzig 1797). Gesammelte Werke, Bd. VII. Zu Maimons philosophischer Position, auch im Verhältnis zu anderen zeitgenössischen Auffassungen, vgl. Valerio Verra: Nachwort zu den Gesammelten Werken, Bd. VII, S. 681–719; dort Literaturhinweise; ferner Ernst Cassirer: Das Erkenntnisproblem in der Philosophie und Wissenschaft der neueren Zeit, Bd. III. Darmstadt 1971 [Nachdr. der 2. Aufl. 1923], Kap. I, 5.

19 Versuch über die Transzendentalphilosophie; Gesammelte Werke, Bd. II, S. 9.

20 Versuch einer neuen Logik oder Theorie des Denkens (Berlin 1794, S. 136). Gesammelte Werke, Bd. V, S. 194.

21 Versuch über die Transzendentalphilosophie; Gesammelte Werke, Bd. II, S. 205 f.
22 Ebenda, S. 195.
23 Diesen Punkt hob Kant hervor; vgl. an Marcus Herz, 26. 5. 1789; Gesammelte Schriften, Bd. XI/2, S. 49 f.
24 Versuch einer neuen Logik oder Theorie des Denkens; Gesammelte Werke, Bd. V, S. 78.
25 Ebenda; S. 197.
26 Maimons Interesse an der Psychologie fand einen Niederschlag in einer Reihe von Beiträgen zum «Magazin zur Erfahrungsseelenkunde» (vgl. Gesammelte Werke, Bd. III). Zu dessen Herausgeber Karl Philipp Moritz (1757–1793) vgl. Klaus Sachs-Hombach: Philosophische Psychologie im 19. Jahrhundert. Freiburg und München 1993, S. 33 ff.
27 Zu Reinhold vgl. Alfred Klemmt: Karl Leonhard Reinholds Elementarphilosophie. Studie über den Ursprung des spekulativen deutschen Idealismus. Hamburg 1958; Reinhard Lauth: Philosophie aus einem Prinzip. Karl Leonhard Reinhold. Bonn 1974 [Conscientia. Studien zur Bewußtseinsphilosophie, Bd. 6].
28 Reinholds «Versuch» erschien in Prag und Jena 1789; Nachdruck Darmstadt 1963. Von seinen späteren Schriften seien die wichtigsten der noch ins 18. Jhdt. fallenden genannt: Beiträge zur Berichtigung bisheriger Mißverständnisse der Philosophie. Jena 1790–1794; Über das Fundament des philosophischen Wissens. Jena 1791; Über die Paradoxien der neuesten Philosophie. Hamburg 1799. Im Verlauf der Zeit entfernte sich Reinhold immer weiter von Kant. Die Korrespondenz wird im Auftrag der Österreichischen Akademie der Wissenschaften herausgegeben von R. Lauth, Stuttgart-Bad Cannstatt und Wien 1983 ff. Vgl. auch Alexander v. Schönborn: Karl Leonhard Reinhold. Eine annotierte Bibliographie. Stuttgart-Bad Cannstatt 1991.
29 Versuch einer neuen Theorie des menschlichen Vorstellungsvermögens. Darmstadt 1963, S. 66.
30 Beiträge zur Berichtigung bisheriger Mißverständnisse der Philosophen, I (1790), S. 144.
31 Ebenda, S. X.
32 G. E. Schulze: Aenesidemus. Ohne Ort [Helmstedt] 1792, S. 69.
33 Ebenda, S. 24.
34 Ebenda, S. 266.

IV. Fichte

1 Im folgenden wird zitiert nach: Fichtes Werke, hrsg. von I. H. Fichte. Berlin 1971 [Nachdruck der Sämmtlichen Werke in acht Bänden. Berlin 1845 f., und der Nachgelassenen Werke in drei Bänden. Bonn 1834 f.; der Nachdruck zählt die Bände durchgehend von I bis XI]; seit 1962 erscheinen die Bände der im Auftrag der Bayer. Akad. d. Wiss. von R. Lauth u.a. hrsg. Gesamtausgabe von Fichtes Werken, auf die, soweit erschienen, mit GA nebst Angabe der Reihe und des Bandes in Klammern verwiesen wird; ferner: Werke. Auswahl in sechs Bänden. Hrsg. von Fr. Medicus. Leipzig 1908–1912; ⁴1922 ff. [Phil. Bibl., 127–132]; außerdem Einzelausgaben der wichtigsten Schriften Fichtes in der Philosophischen Bibliothek. Zur Biographie: Immanuel Hermann Fichte: J. G. Fichtes Leben und litterarischer Briefwechsel, I–II; Sulzbach 1830–1831 (Leipzig ²1862); Fritz Medicus: Fichtes Leben. Leipzig 1911 (²1922). Gesamtdarstellungen: Peter Baumanns: J. G. Fichte. Kritische Darstellung seiner Philosophie. Freiburg i.Br. und München 1990; Claudio Cesa: Introduzione a Fichte. Bari 1994 [I filosofi, 61]; ders.: J. G. Fichte e l'idealismo trascendentale. Bologna 1992; Mar-

tial Gueroult: L'évolution et la structure de la doctrine de la science chez Fichte,
I–II. Paris 1930 [Nachdr. Hildesheim 1982, mit einem Vorwort von R. Lauth]; Heinz
Heimsoeth: Fichte. München 1923 [Nachdr. 1970]; Wilhelm G. Jacobs: J. G. Fichte.
Reinbek 1984; Alexis Philonenko: L'œuvre de Fichte. Paris 1984; Peter Rohs: Johann
Gottlieb Fichte. München 1991 [Beck'sche Reihe; Große Denker]; Max Wundt:
Fichte-Forschungen. Stuttgart 1927. Zu Fichtes leitenden Ideen vgl. Dieter Henrich:
Fichtes ursprüngliche Einsicht. Frankfurt a.M. 1967 [zuerst in: Subjektivität und
Metaphysik, Festschrift für W. Cramer, 1966]; Peter Baumanns: Fichtes ursprüngliches
System. Sein Standort zwischen Kant und Hegel. Stuttgart-Bad Cannstatt 1972.

2 Karl R. Popper: The Open Society and Its Ennemies, Bd. II. London ⁴1962, S. 54.
3 Vgl. W. Hogrebe (Hrsg.): Fichtes Wissenschaftslehre 1794. Philosophische Resonanzen. Frankfurt a.M. 1995 [Suhrkamp TB Wissenschaft, 1201].
4 Fichte: Über den Grund unseres Glaubens an eine göttliche Weltordnung. In: Philosophisches Journal, Bd. VIII (1798), S. 1-20 (GA I.5, S. 347–357).
5 Reden an die deutsche Nation; dritte Rede; Werke, Bd. VII, S. 298.
6 Ebenda; vierte Rede; Werke, Bd. VII, S. 314f.
7 Ebenda, siebente Rede; Werke, Bd. VII, S. 362.
8 Ebenda; siebente Rede; Werke, Bd. VII, S. 374.
9 Versuch einer neuen Darstellung der Wissenschaftslehre, Einleitung, § 5; Werke, Bd. I, S. 434 (GA I.4, S. 195).
10 Ebenda, S. 433 (GA I.4, S. 194).
11 Ebenda, § 1; Werke, Bd. I, S. 422 (GA I.4, S. 186).
12 Kap. I, 2; Werke, Bd. I, S. 526 (GA I.4, S. 274f.).
13 Ebenda, Einleitung, § 1; Werke, Bd. I, S. 423 (GA I.4, S. 186).
14 Versuch einer neuen Darstellung der Wissenschaftslehre, zweite Einleitung, § 5; Werke, Bd. I, S. 465 (GA I.4, S. 218).
15 Grundlage der gesamten Wissenschaftslehre, § 1; Werke, Bd. I, S. 95 (GA I.2, S. 258).
16 Versuch einer neuen Darstellung der Wissenschaftslehre, zweite Einleitung, § 3; Werke, Bd. I, S. 457 (GA I.4, S. 212).
17 Grundlage der gesamten Wissenschaftslehre, §§ 1–3; Werke, Bd. I, S. 91ff. (GA I.2, S. 255ff.).
18 Zur idealistischen Dialektik vgl. W. Röd: Dialektische Philosophie der Neuzeit. München ²1986; zu Fichte siehe Kap. III, 1.
19 Grundlage der gesamten Wissenschaftslehre, § 3; Werke, Bd. I, S. 119 (GA I.2, S. 279).
20 Ebenda, § 4; Werke, Bd. I, S. 221 (GA I.2, S. 364).
21 Ebenda, § 8; Werke, Bd. I, S. 294 (GA I.2, S. 424).
22 Ebenda, § 10; Werke, Bd. I, S. 301 (GA I.2, S. 429).
23 Wissenschaftslehre nova methodo, GA IV.2, S. 19.
24 Zu Fichtes späterer Philosophie vgl. Wolfgang Janke: Vom Bilde des Absoluten. Grundzüge der Phänomenologie Fichtes. Berlin und New York 1993.
25 Die Bestimmung des Menschen, 2. Buch; Werke, Bd. II, S. 245 (GA I.6, S. 251).
26 Ebenda; Werke, Bd. II, S. 287 (GA I.6, S. 283).
27 Ebenda; Werke, Bd. II, S. 301ff. (GA I.6, S. 294ff.)
28 Ebenda; Werke, Bd. II, S. 303 (GA I.6, S. 296).
29 Ebenda; Werke, Bd. II, S. 319 (GA I.6, S. 308f.).
30 Darstellung der Wissenschaftslehre aus dem Jahre 1801; Werke, Bd. II, S. 66 (GA II.6, S. 198).
31 Ebenda, § 17; Werke, Bd. II, S. 35 (GA II.6, S. 146).
32 Wissenschaftslehre, zweiter Vortrag im Jahre 1804; Werke, Bd. X, S. 98 (GA II.8, S. 20).
33 Ebenda; Werke, Bd. X, S. 115 (GA II.8, S. 54).
34 Ebenda; Werke, Bd. X, S. 106 (GA II.8, S. 36).

35 Ebenda; Werke, Bd. X, S. 117 (GA II.8, S. 58).
36 Darstellung der Wissenschaftslehre aus dem Jahre 1801; Werke, Bd. II, S. 157 (GA II.6, S. 320).
37 Wissenschaftslehre, zweiter Vortrag im Jahre 1804; Werke, Bd. X, S. 245 f. (GA II.8, S. 300).
38 Ebenda; Werke, Bd. X, S. 245 (GA II.8, S. 300).
39 Die Wissenschaftslehre in ihrem allgemeinen Umrisse, § 1; Werke, Bd. II, S. 696.
40 Wissenschaftslehre, zweiter Vortrag im Jahre 1804; Werke, Bd. X, S. 93 (GA II/8, S. 8).
41 System der Sittenlehre, § 3; Werke, Bd. IV, S. 59 (GA I.5, S. 69).
42 Ebenda, § 20; Werke, Bd. IV, S. 259 (GA I.5, S. 233).
43 Ebenda, § 22; Werke, Bd. IV, S. 275 (GA I.5, S. 246).
44 Zurückforderung der Denkfreiheit von den Fürsten Europens; ferner Beiträge zur Berichtigung der Urteile des Publikums über die Französische Revolution; Werke, Bd. VI, S. 1–35 und S. 37–288 (GA I.1, S. 163 ff.).
45 Zurückforderung der Denkfreiheit; Werke, Bd. VI, S. 11 f (GA I.1, S. 173 f.).
46 System der Rechtslehre, II. Teil, 3. Kap.; Werke, Bd. X, S. 583 f.
47 Der geschlossene Handelsstaat, I. Buch, 1. Kap., 1; Werke, Bd. III, S. 400 (GA I.7, S. 54).
48 Grundlage des Naturrechts nach Prinzipien der Wissenschaftslehre, § 18; Werke, Bd. III, S. 212 (GA I.4, S. 22). Ähnlich in der «Rechtslehre» (1812); Werke, Bd. X, S. 531 f.
49 Der geschlossene Handelsstaat, I. Buch, 1. Kap., 1; Werke, Bd. III, S. 401 (GA I.7, S. 54 f.).
50 System der Rechtslehre, II. Teil, 3. Kap.; Werke, Bd. X, S. 535.

V. Schelling

1 Zu Schellings Persönlichkeit und Werk vgl. Kuno Fischer: Schellings Leben, Werke und Lehre. Heidelberg ⁴1923 [Geschichte der neuern Philosophie, VII]; Karl Jaspers: Schelling. Größe und Verhängnis. München 1955; Xavier Tilliette: Schelling. Une philosophie en devenir, I–II. Paris 1970. Zu Schellings Spätphilosophie vgl. Horst Fuhrmans: Schellings letzte Philosophie. Die negative und positive Philosophie im Einsatz des Spätidealismus. Berlin 1940; Walter Schulz: Die Vollendung des Deutschen Idealismus in der Spätphilosophie Schellings. Stuttgart und Köln 1955; Karl Heinz Volkmann-Schluck: Mythos und Logos. Interpretationen zu Schellings Philosophie der Mythologie. Berlin 1969. Zur idealistischen Philosophie im allgemeinen vgl. auch Wolfram Hogrebe: Deutsche Philosophie im XIX. Jahrhundert. Kritik der idealistischen Vernunft. München 1987 [UTB 1432].
2 Zur damaligen Situation im Tübinger Stift siehe Wilhelm Jacobs: Zwischen Revolution und Orthodoxie. Schelling und seine Freunde im Stift an der Universität Tübingen. Texte und Untersuchungen. Stuttgart-Bad Cannstatt 1989 [Spekulation und Erfahrung, Abt. 2, Bd. 12].
3 System des transzendentalen Idealismus (1800), Sämtliche Werke, hrsg. von K. Fr. A. Schelling. Stuttgart und Augsburg 1856 ff., Bd. III, 340 ff. Nach den Sämtlichen Werken wird im Folgenden zitiert, wobei die Bände I–IV der zweiten Abteilung im Anschluß an die zehn Bände der ersten Abteilung wie üblich als Bände XI ff. bezeichnet werden. In neuer Anordnung wurden die Werke herausgegeben von M. Schröter in 6 Haupt- und 6 Ergänzungsbänden, München 1927 ff. (Nachdr. 1962 ff.). Ausgewählte Werke sind erschienen Darmstadt 1967 ff.; ferner: Ausgewählte Schriften, I–VI. Hrsg. von M. Frank. Frankfurt a. M. 1985 [stw 521–526]. Von der Historisch-kritischen

Ausgabe von Schellings Werken, im Auftrag der Bayerischen Akademie der Wissenschaften hrsg. von H.-M. Baumgartner usw. Stuttgart 1976 ff., liegen erst wenige Bände vor. Zu Schelling vgl. Hans-Michael Baumgartner (Hrsg.): Schelling. Eine Einführung in seine Philosophie. Freiburg und München 1975; Manfred Frank: Eine Einführung in Schellings Philosophie. Frankfurt a.M. 1985 [stw 520]; ders. (Hrsg.): Materialien zu Schellings philosophischen Anfängen. Frankfurt a.M. 1975 [stw 139]; Hermann Zeltner: Schelling. Stuttgart 1954 [Klassiker der Philosophie, Bd. 33].

4 Eine Auswahl aus dem «Kritischen Journal der Philosophie, 1802/1803» wurde hrsg. von St. Dietzsch. Leipzig 1981 [Reclams UB, Bd. 898]. 1800–1801 hatte Schelling die «Zeitschrift für spekulative Physik» herausgegeben und in ihr u.a. die «Allgemeine Deduktion des dynamischen Prozesses» veröffentlicht.

5 Gesamtausgabe: Fr. v. Baader: Sämtliche Werke, I–XVI. Hrsg. von Fr. Hoffmann usw. Leipzig 1850–1860 [Nachdrucke Aalen 1963 und 1988]; Textauswahl von Hans Grassl (Hrsg.): Liebe, Ehe und Kunst. München 1953, und Gesellschaftslehre. München 1957; zur Literatur vgl. Lidia Procesi Xella: Baader. Rassegna storica degli studi (1786–1977). Bologna 1977 [Pubblicazioni del centro di studio per la storia della storiografia filosofica, 5].

6 Schelling: Vom Ich als Prinzip der Philosophie; Sämtliche Werke, Bd. I, S. 166.

7 Vom Ich als Prinzip der Philosophie; Sämtliche Werke, Bd. I, S. 192.

8 Spinoza: Ethica, I, Prop. 15; Opera, Bd. II, S. 56.

9 Schelling: Vom Ich als Prinzip der Philosophie, Vorrede; Sämtliche Werke, Bd. I, S. 159.

10 Ideen zu einer Philosophie der Natur; Sämtliche Werke, Bd. II, S. 41.

11 Ebenda, S. 42.

12 Von der Weltseele, Sämtliche Werke, Bd. I, S. 376.

13 Ideen zu einer Philosophie der Natur; Sämtliche Werke, Bd. II, S. 47.

14 Von der Weltseele; Sämtliche Werke, Bd. II, S. 459.

15 Von der Weltseele; Sämtliche Werke, Bd. II, S. 390.

16 Siehe hierzu Bernulf Kanitscheider: «Über Schellings ‹spekulative Physik› und einige Elemente einer idealistischen Epistemologie in der gegenwärtigen Kosmologie». In R. Heckmann u.a.: Natur und Subjektivität. II. Internationale Schelling-Tagung Zürich 1983. Stuttgart-Bad Cannstatt 1985, S. 239 ff.

17 Ideen zu einer Philosophie der Natur; Sämtliche Werke, Bd. II, S. 47 f.

18 Vgl. Erster Entwurf eines Systems der Naturphilosophie (1799); Sämtliche Werke, Bd. III, S. 11 ff.

19 Zur Identitätsphilosophie vgl. Reinhard Lauth: Die Entstehung von Schellings Identitätsphilosophie in der Auseinandersetzung mit Fichtes Wissenschaftslehre 1795–1801. Freiburg und München 1975; Adolf Schurr: Philosophie als System bei Fichte, Schelling und Hegel. Stuttgart-Bad Cannstatt 1974.

20 System des transzendentalen Idealismus; Sämtliche Werke, Bd. III, S. 634.

21 Ebenda, S. 628.

22 Ebenda, S. 629.

23 Darstellung meines Systems der Philosophie; Sämtliche Werke, Bd. IV, S. 114.

24 Ebenda, S. 115.

25 Darstellung meines Systems der Philosophie; Sämtliche Werke, Bd. IV, S. 107 ff..

26 Bruno; Sämtliche Werke, Bd. IV, S. 327.

27 Darstellung meines Systems der Philosophie; Sämtliche Werke, Bd. IV, S. 207.

28 Das Wesen der menschlichen Freiheit (1809); Sämtliche Werke, Bd. VII, S. 359.

29 Philosophie der Religion (1804); Sämtliche Werke, Bd. VI, S. 28.

30 Zu diesem Werk vgl. O. Höffe und A. Pieper (Hrsg.): F. W. J. Schelling: Über das Wesen der menschlichen Freiheit. Berlin 1995 [Klassiker auslegen, 3].

31 Das Wesen der menschlichen Freiheit (1809); Sämtliche Werke, Bd. VII, S. 359.
32 Ebenda, S. 360.
33 Ebenda, S. 361.
34 Ebenda, S. 413 f.
35 Ebenda, S. 384.
36 Ebenda, S. 385 f.
37 Stuttgarter Privatvorlesung; Sämtliche Werke, Bd. VII, S. 432 ff.
38 Zur Auffassung der Geschichte bei Schelling vgl. Wilhelm G. Jacobs: Gottesbegriff und Geschichtsphilosophie in der Sicht Schellings. Stuttgart-Bad Cannstatt 1993 [Spekulation und Erfahrung, Abt. II, Bd. 29], insb. Kap. 8 ff.
39 Philosophie der Offenbarung, I; Sämtliche Werke, Bd. XIII, S. 186. (Die vier Bände der zweiten Abteilung der Sämtlichen Werke, welche die Philosophie der Mythologie und der Offenbarung enthalten, werden hier, wie bereits angemerkt, als Bände XI–XIV gezählt.)
40 Philosophie der Offenbarung, III; Sämtliche Werke, Bd. XIV, S. 19.
41 Philosophie der Offenbarung, I; Sämtliche Werke, Bd. XIII, S. 191.
42 Ebenda, S. 95.
43 Andere Deduktion der Prinzipien der positiven Philosophie; Sämtliche Werke, Bd. XIV, S. 337.
44 Philosophie der Offenbarung, I; Sämtliche Werke, Bd. XIII, S. 7.
45 Ebenda, S. 80 f.
46 Ebenda, S. 151 f. Zur Auffassung der Dialektik bei Schelling vgl. W. Röd: Dialektische Philosophie der Neuzeit. München ²1986, S. 100 ff.
47 Die Weltalter. Fragmente. Hrsg. von M. Schröter. München 1946, S. 8. Vgl. hierzu Horst Fuhrmans: Schellings Philosophie der Weltalter. Düsseldorf 1954; Wolfgang Wieland: Schellings Lehre von der Zeit. Grundlagen und Voraussetzungen der Weltalterphilosophie. Heidelberg 1956.

VI. Hegel

1 Zu Hegels Philosophie vgl. F. C. Beiser (Hrsg.): The Cambridge Companion to Hegel. Cambridge UP 1993; Kuno Fischer: Hegels Leben, Werke und Lehre. Heidelberg 1901 u. ö. [Nachdr. Darmstadt 1963]; Iring Fetscher: Hegel – Größe und Grenzen. Stuttgart usw. 1971 [Urban-Taschenbücher, 820]; Hermann Glockner: Hegel, I–II. Stuttgart ³1954/1958; Richard Kroner: Von Kant bis Hegel. Tübingen ²1961 [zwei Bände in einem Band]; Theodor Haering: Hegel. Sein Wollen und sein Werk, I–II. Leipzig und Berlin 1929 und 1938 [Nachdr. Aalen 1963]; Charles Taylor: Hegel. Frankfurt a. M. 1983 [urspr. Cambridge UP 1975]; Valerio Verra: Introduzione a Hegel. Bari 1988 [I filosofi, 49]. Hegel wird im folgenden in der Regel und in moderner Orthographie zitiert nach der Jubiläumsausgabe, hrsg. auf der Grundlage der Sämtlichen Werke (Berlin 1832 ff.) von H. Glockner. Stuttgart 1927 ff. [Neudruck 1964]; weitere Ausgaben: Sämtliche Werke, hrsg. von G. Lasson. Leipzig 1897 ff.; Werke, auf der Grundlage der Werke von 1832–1845 neuediert von E. Moldenhauer und K. M. Michel. Frankfurt a. M. 1969–1971; Historisch-kritische Gesamtausgabe. Im Auftrag der Deutschen Forschungsgemeinschaft hrsg. von F. Nicolin und O. Pöggeler. Hamburg 1968 ff. [noch nicht vollständig]. Korrespondenz: Briefe von und an Hegel. Hrsg. von J. Hoffmeister (bzw. R. Flechsig). Hamburg 1952 ff. Forschungsbeiträge im Hegel-Jahrbuch. München bzw. Meisenheim a. Gl. 1961 ff., und in den Hegel-Studien. Bonn 1962 ff.
2 Zur Biographie siehe Karl Rosenkranz: Georg Wilhelm Friedrich Hegels Leben. Berlin 1844; Rudolf Haym: Hegel und seine Zeit. Vorlesungen über Entstehung und Ent-

wickelung, Wesen und Wert der Hegelschen Philosophie. Berlin 1857; Kuno Fischer: Hegels Leben, Werke und Lehre, I–II. Heidelberg 1901 u.ö.; Wilhelm Dilthey: Die Jugendgeschichte Hegels. Gesammelte Schriften IV. Göttingen ²1959; Horst Althaus: Hegel und die heroischen Jahre der Philosophie. Eine Biographie. München 1992.

3 An Niethammer, 13.10.1806.

4 Zu diesem vgl. Norbert Waszek: Eduard Gans. Hegelianer – Jude – Europäer. Bern 1991 [Hegeliana, Bd. I].

5 Zur Literatur zu diesem Werk vgl. K. Gloy und R. Lambrecht (Hrsg.): Bibliographie zu Hegels Enzyklopädie der philosophischen Wissenschaften im Grundrisse. Primär- und Sekundärliteratur 1817–1993. Stuttgart-Bad Cannstatt 1994.

6 Vgl. Hermann Nohl (Hrsg.): Hegels theologische Jugendschriften. Tübingen 1907. Ferner: W. Hamacher (Hrsg.): Jugendschriften (1793–1800). Frankfurt a.M. 1977. Vgl. Auch Wilhelm Dilthey: Die Jugendgeschichte Hegels. Gesammelte Schriften, Bd. IV, insb. S. 18 ff.

7 Hegel: Systemfragment von 1800. In: Hegels theologische Jugendschriften, hrsg. von Nohl, S. 345 ff.

8 Zur Phänomenologie vgl. Werner Becker: Hegels Phänomenologie des Geistes. Stuttgart usw. 1971; ders.: Hegels Begriff der Dialektik und das Prinzip des Idealismus. Stuttgart usw. 1969; ders.: Idealistische und materialistische Dialektik. Das Verhältnis von ‹Herrschaft und Knechtschaft› bei Hegel und Marx. Stuttgart usw. 1970; Andreas Graeser: Einleitung zur Phänomenologie des Geistes. Kommentar. Stuttgart 1988; Alexandre Kojève: Hegel. Kommentar zur Phänomenologie des Geistes. Frankfurt a.M. 1975 [suhrkamp taschenbuch wissenschaft, 97; urspr. Introduction à la lecture de Hegel. Paris 1947].

9 Phänomenologie des Geistes, Einleitung; Jub.-Ausg., Bd. II, S. 67 ff.

10 System der Philosophie [Enzyklopädie], Erster Teil; Jub.-Ausg. Bd. VIII, S. 54.

11 Phänomenologie, Einleitung; Jub.-Ausg. Bd. II, S. 68.

12 Phänomenologie; Jub.-Ausg. Bd. II, S. 138.

13 Zu Hegels Auffassung der Zeit vgl. Stephan Majetschak: Die Logik des Absoluten. Spekulation und Zeitlichkeit in der Philosophie Hegels. Berlin 1992.

14 Phänomenologie, S. 155.

15 Ebenda, S. 166.

16 Ebenda, S. 183.

17 Vgl. Vittorio Hösle: Hegels System. Der Idealismus der Subjektivität und das Problem der Intersubjektivität, I–II. Hamburg 1987.

18 Wissenschaft der Logik, Einleitung; Jub.-Ausg. Bd. IV, S. 46.

19 System der Philosophie, I, § 244; Jub.-Ausg. Bd. VIII, S. 451 f.; vgl. Heidelberger Enzyklopädie, A, § 191; Jub.-Ausg. Bd. VI, S. 144.

20 System der Philosophie, II, § 247; Jub.-Ausg. Bd. IX, S. 49; vgl. Heidelberger Enzyklopädie, B, § 192; Jub.-Ausg. Bd. VI, S. 147.

21 System der Philosophie, II, § 249; Jub.-Ausg. Bd. IX, S. 58.

22 System der Philosophie, III, § 553; Jub.-Ausg., Bd. X, S. 446.

23 Zur Rechtsphilosophie vgl. Joachim Ritter: Hegel und die französische Revolution. Frankfurt a.M. 1965 [edition suhrkamp, 114]; Manfred Riedel: Studien zu Hegels Rechtsphilosophie. Frankfurt a.M. 1969 [edition suhrkamp, 355], Shlomo Avineri: Hegels Theorie des modernen Staates. Frankfurt a.M. 1976 [suhrkamp taschenbuch wissenschaft, 146; ursprünglich: Hegel's Theory of the Modern State. Cambridge 1972].

24 In der Abhandlung «Über die wissenschaftlichen Behandlungsarten des Naturrechts» (1802). Jub.-Ausg., Bd. I, S. 486, nennt Hegel «die absolute sittliche Totalität» bzw. das «absolut Sittliche» noch «Volk» (im Sinne von «Volksgeist» bzw. «Volksseele»). Er zitiert zustimmend Aristoteles (Politik I 2, 1253 a): «Das Volk ist eher der Natur nach

als der Einzelne.» (Bei Aristoteles ist von der Polis die Rede.) Die Polis ist konkrete, gelebte Sittlichkeit; der Geist eines Volkes ist hypostasierte Sittlichkeit.

25 Hegel: Philosophie des Rechts, Vorrede. Jub.-Ausg., Bd. VII, S. 33. In Hegels Vorlesungen in Heidelberg und Berlin vor der Veröffentlichung des Werkes kündigt sich dieser Gedanke bereits an. Siehe Hegels Vorlesungen über Rechtsphilosophie 1818–1831. 4 Bände, hrsg. von Karl-Heinz Ilting. Stuttgart-Bad Cannstatt 1973f.

26 Hegel: Philosophie des Rechts, Vorrede. Jub.-Ausgabe, Bd. VII, S. 33.

27 Zitiert von Karl Rosenkranz: G. W. F. Hegels Leben. Darmstadt 1971 [Nachdr. der Ausgabe von 1844], S. 337.

28 Rudolf Haym: Hegel und seine Zeit. Darmstadt 1974 [Nachdruck der 1. Auflage von 1857], S. 357.

29 Hegel: Philosophie des Rechts, Vorrede. Jub.-Ausg., Bd. VII, S. 27.

30 Ebenda, S. 33.

31 Hegel: System der Philosophie [Große Enzyklopädie], Teil III, § 485. Jub.-Ausg., Bd. X, S. 382f.

32 Ebenda, § 507. Jub.-Ausg., Bd. X, S. 394.

33 Hegel: Philosophie des Rechts, § 21. Jub.-Ausg., Bd. VII, S. 72.

34 Hegel: Philosophie der Geschichte. Werke, hrsg. von Lasson, Bd. VIII/1, S. 94.

35 Philosophie des Rechts, § 258. Jub.-Ausg., Bd. VII, S. 330.

36 Ebenda, § 4. Jub.-Ausg., Bd. VII, S. 50.

37 Ebenda, § 29. Jub.-Ausg., Bd. VII, S. 79.

38 Der von W. I. Walsh: Hegelian Ethics. London usw. 1969, erhobene Vorwurf, Hegel habe der Sittlichkeit durch deren Bindung an ein Volk die Allgemeinheit genommen, dürfte sich daher nicht aufrechterhalten lassen.

39 Philosophie des Rechts, § 158 und Zusatz. Jub.-Ausg., Bd. VII, S. 237f.

40 Ebenda, § 270. Jub.-Ausg., Bd. VII, S. 348.

41 Ebenda, § 261, Zusatz. Jub.-Ausg., Bd. VII, S. 341.

42 Ebenda, § 257. Jub.-Ausg., Bd. VII, S. 328.

43 Ebenda, § 258. Jub.-Ausg., Bd. VII, S. 329.

44 Hegel: Vorlesungen über die Ästhetik, I; Einleitung. Jub.-Ausg. Bd. XII, S. 30.

45 Ebenda, S. 89.

46 Ebenda, S. 29f.

47 Ebenda, S. 32.

48 Vgl. Hegel: Vorlesungen über die Philosophie der Religion, I. Jub.-Ausg. Bd. XV, S. 20: In der Religion verhält sich der Geist nicht mehr zu etwas anderem und ist daher frei.

49 Vgl. F. D. E. Schleiermacher: Über die Religion. Reden an die Gebildeten unter ihren Verächtern. Berlin 1800 u. ö. [auch in der Phil. Bibl., Nr. 3255. Hrsg. von H.-J. Rothert. Hamburg 1958 u. ö.], bzw. hrsg. von R. Otto. Göttingen ⁷1991 [UTB 1655]; ders.: Der christliche Glaube nach den Grundsätzen der evangelischen Kirche im Zusammenhange dargestellt, I–II. Berlin 1821–1822.

50 Vgl. Hegel: Vorlesungen über die Philosophie der Religion, I. Jub.-Ausg. Bd. XV, S. 140. Würde die Religionswissenschaft auf die gefühlsmäßige Gewißheit beschränkt, wäre nicht einzusehen, wozu es noch eine Theologie geben soll; vgl. ebenda, S. 131.

51 Hegel: Vorlesungen über die Philosophie der Religion, II. Jub.-Ausg. Bd. XVI, S. 191f.

52 Zu Hegels Auffassung der Philosophiegeschichte vgl. Giovanni Santinello: «Storia della filosofia e dialettica: Hegel». In: G. Santinello und G. Piaia (Hrsg.): Storia delle storie generali della filosofia, 4: L'età Hegeliana, I. Padua 1995, S. 413ff.

53 Vgl. Hegel: Vorlesungen über die Geschichte der Philosophie, I. Jub.-Ausgabe, Bd. XVII, S. 35.

54 Ebenda, S. 71.

55 Ebenda, S. 66.

56 Vgl. W. Röd: Dialektische Philosophie der Neuzeit. München ²1986. Kap. V.

VII. Schopenhauer

1 Gesamtausgaben: Sämtliche Werke, I–VII, nach der ersten, von Julius Frauenstädt besorgten Gesamtausgabe neu bearbeitet und hrsg. von A. Hübscher. Wiesbaden 1948 ff. [1. Aufl. 1937 ff., 3. Aufl. 1972] (Zitate im Folgenden nach dieser Ausgabe); auf dieser Ausgabe beruht die zehnbändige Zürcher Ausgabe, Zürich 1977; ferner Sämtliche Werke, hrsg. von Paul Deussen, I ff. München 1911–1942 (unvollständig); Schopenhauers handschriftlicher Nachlaß, I–V. Hrsg. A. Hübscher. Frankfurt a. M. 1966 ff. [Nachdruck München 1985, dtv Klassik]; Gesammelte Briefe. Hrsg. von A. Hübscher. Bonn 1978; Vorlesungen. Hrsg. und eingeleitet von V. Spierling. München und Zürich 1984 ff. [Serie Piper, 415, 463,498; nach der Ausgabe der Vorlesungen in den Sämtlichen Werken, hrsg. von P. Deussen, Bde. IX ff.]. Zur Biographie vgl. A. Hübscher und M. Fleiter (Hrsg.): Arthur Schopenhauer. Leben und Werk in Briefen, I–II. Neuausg. Frankfurt a. M. 1992; Rüdiger Safranski: Schopenhauer und die wilden Jahre der Philosophie. München 1987; Walther Schneider: Schopenhauer. Eine Biographie. Wien 1937. Zu Schopenhauers Denken vgl. Wolfgang Korfmacher: Schopenhauer zur Einführung. Hamburg 1994; Rudolf Malter: Arthur Schopenhauer. Transzendentalphilosophie und Metaphysik des Willens. Stuttgart-Bad Cannstatt 1991 [Quaestiones, 2]; Alfred Schmidt: Die Wahrheit im Gewande der Lüge. Schopenhauers Religionsphilosophie. München und Zürich 1986; ders.: Idee und Weltwille. Schopenhauer als Kritiker Hegels. München und Wien 1988. Seit 1912 erscheint das Jahrbuch der Schopenhauer-Gesellschaft. Zum Schrifttum vgl. Arthur Hübscher: Schopenhauer-Bibliographie. Stuttgart-Bad Cannstatt 1981.

2 Parerga und Paralipomena, II; Werke, Band VI, S. 264.

3 Ebenda, § 4; Werke, Band II, S. 13.

4 Schopenhauer: Die Welt als Wille und Vorstellung, I, § 5; Werke, Band II, S. 15.

5 Ebenda, § 5, S. 19.

6 Ebenda, II, Kap. 1; Werke, Band III, S. 20–22.

7 Ebenda, S. 22.

8 Ebenda, Anhang; Werke, Band II, S. 496.

9 Ebenda, § 18; Werke, Band II, S. 120.

10 Ebenda, § 21; Werke, Band II, S. 130.

11 Die Welt als Wille und Vorstellung, II, Kap. 18; Werke, Band III, S. 218 f.

12 Die Welt als Wille und Vorstellung, I, § 20; Werke, Band II, S. 127.

13 Ebenda, S. 129.

14 Ebenda, § 24; Werke, Band II, S. 149.

15 Parerga und Paralipomena, I. Fragmente zur Geschichte der Philosophie, § 3; Werke, Band VI, S. 46.

16 Die Welt als Wille und Vorstellung, I, § 26; Werke, Band II, S. 159.

17 Die Welt als Wille und Vorstellung, II, Kap. 17; Werke, Band III, S. 203 ff. Vgl. I, § 24; Werke II, 149 f.

18 Arthur Schopenhauer: Der handschriftliche Nachlaß. Hrsg. von A. Hübscher, I–V. Frankfurt a. M. 1966 ff. Zitierte Stelle: Bd. I, S. 422.

19 Die Welt als Wille und Vorstellung, II, Kap. 17; Werke, Band III, S. 198.

20 Schopenhauer: Die beiden Grundprobleme der Ethik, behandelt in zwei Preisschriften. I: Über die Freiheit des menschlichen Willens, Abschn. III; Werke, Band IV/2.

21 Über die Freiheit des Willens, Abschn. V; Werke, Band IV/2, S. 94.
22 Über die Grundlage der Moral, § 13; Werke, Band IV/2, S. 195.
23 Ebenda, § 15; S. 204.
24 Ebenda, § 16; S. 208.
25 Ebenda, S. 209.
26 Die Welt als Wille und Vorstellung, I, § 36; Werke, Band II, S. 217.
27 Ebenda, § 38; Werke, Band II, S. 230.
28 Ebenda, § 38; Werke, Band II, S. 234.
29 Ebenda, § 45; Werke, Band II, S. 261. Zu Schopenhauers Philosophie der Kunst vgl. Wolfgang Schirmacher: Schopenhauer, Nietzsche und die Kunst. Wien 1990.
30 Die Welt als Wille und Vorstellung, I, § 42; Werke, Band II, S. 250.
31 Zu Schopenhauers Einstellung gegenüber Hegel vgl. Alfred Schmidt: Idee und Weltwille. Schopenhauer als Kritiker Hegels. München und Wien 1988.
32 Die Welt als Wille und Vorstellung, I, § 56; Werke, Band II, S. 365.
33 Zu Schopenhauers Religionsphilosophie vgl. Alfred Schmidt: Die Wahrheit im Gewand der Lüge. München und Zürich 1986.
34 Die Welt als Wille und Vorstellung, II, Kap. 41; Werke, Band III, S. 528f.
35 Ebenda; Werke, Bd. III, S. 583.
36 Ebenda; Werke, Band III, S. 201.
37 E. v. Hartmann: Philosophie des Unbewußten. Versuch einer Weltanschauung. Berlin 1869, S. 10. (Nachdruck dieser Ausgabe: Hildesheim 1989)
38 Ebenda, S. 462. – Außer dem Werk, das Hartmann bekannt machte, veröffentlichte er Werke zur Phänomenologie des sittlichen Bewußtseins, zur Ästhetik, zur Erkenntnistheorie und zur Kategorienlehre sowie ein System der Metaphysik. Die «Kategorienlehre», ursprünglich Halle 1896, erschien in 2. Auflage in drei Teilen Leipzig 1923 [Phil. Bibl., 72 a–c]. Hartmanns spätere Werke fanden nicht annähernd soviel Beachtung wie die «Philosophie des Unbewußten».

Sechster Teil

DIE PHILOSOPHIE DES 19. JAHRHUNDERTS UND DER KRISE DES IDEALISMUS

I. Die materialistische Umdeutung des Hegelianismus

1 Vgl. Die Hegelsche Rechte. Texte, ausgewählt und eingeleitet von H. Lübbe. Stuttgart-Bad Cannstatt 1962; Karl Löwith: Von Hegel zu Nietzsche. Stuttgart ⁴1958 [auch in der Philosophischen Bibliothek, Bd. 480. Hamburg 1994], S. 65–78 («Die Bewahrung der Hegelschen Philosophie durch die Althegelianer»).
2 Vgl. Die Hegelsche Linke. Texte, ausgewählt und eingeleitet von K. Löwith. Stuttgart-Bad Cannstatt 1962; Karl Löwith: Von Hegel zu Nietzsche, S. 78ff. («Der Umsturz der Hegelschen Philosophie durch die Junghegelianer»); W. Eßbach: Die Junghegelianer. Soziologie einer Intellektuellengruppe. München 1988 [Übergänge, Bd. 16].
3 Gesamtausgabe der Werke von Strauß: Gesammelte Schriften. Hrsg. von E. Zeller in 12 Bänden. Bonn 1876–1881.
4 Strauß: Das Leben Jesu, Band II. Tübingen 1936, S. 735.
5 Zur Biographie vgl. Wilhelm Bolin: Ausgewählte Briefe von und an Feuerbach; Biographische Einleitung. Leipzig 1904. [Nachdruck in den Sämtlichen Werken,

hrsg. von W. Bolin und Fr. Jodl. Stuttgart 1903 ff., Bände XII und XIII = Erg.-Bde. II und III].

6 Feuerbach selbst veröffentlichte seine Sämtlichen Werke. Leipzig 1846–1866; ferner: Sämtliche Werke, hrsg. von W. Bolin und Fr. Jodl. Stuttgart 1903 ff. [Neuausgabe von K. Löwith mit drei von H.-M. Saß hrsg. Ergänzungsbänden. Stuttgart 1959–1964]; beste Ausgabe: Gesammelte Werke, I–XII. Hrsg. von W. Schuffenhauer. Berlin 1976 ff. Zu Feuerbach vgl. Claudio Cesa: Introduzione a Feuerbach. Bari 1978; Friedrich Jodl: Ludwig Feuerbach. Stuttgart ²1921; S. Rawidowicz: Ludwigs Feuerbachs Philosophie. Berlin ²1965; Alfred Schmidt: Emanzipatorische Sinnlichkeit. München 1973; E. Thies (Hrsg.): Ludwig Feuerbach. Darmstadt 1975 [Wege der Forschung].

7 Feuerbach: Das Wesen des Christentums, Kap. VII. Gesammelte Werke, Band V, S. 143.

8 Ebenda, Kap. V. Gesammelte Werke, Band V, S. 105 f.

9 Ebenda, Kap. VI. Gesammelte Werke, Band V. S. 127 [im Original gesperrt].

10 Ebenda, Kap. XIII. Gesammelte Werke, Band V, S. 220.

11 Ebenda, Kap. XVI. Gesammelte Werke, Band V. S. 249.

12 Ebenda, Kap. XXI. Gesammelte Werke, Band V, S. 334 f.

13 Ebenda, Kap. 23. Gesammelte Werke, Band V, S. 359.

14 Feuerbach: Zur Kritik der Hegelschen Philosophie. Gesammelte Werke, Band IX, S. 61.

15 Feuerbach: Grundsätze der Philosophie der Zukunft, § 32; Gesammelte Werke, Band IX, S. 316.

16 Ebenda, § 44; Gesammelte Werke, Band IX, S. 326.

17 Feuerbach: Vorläufige Thesen zur Reformation der Philosophie; Gesammelte Werke, Band IX, S. 244.

18 Zur Biographie vgl. Isaiah Berlin: Karl Marx. Sein Leben und sein Werk. Aus dem Englischen übers. von C. Meyer-Clason. München 1959. [Auch als Ullstein Buch Nr. 4003].

19 Die «Grundrisse» erschienen erstmals Moskau 1939/1941; Nachdruck Europäische Verlagsanstalt Frankfurt o. J. Ferner in Marx und Engels: Werke und Briefe [MEW]. Berlin 1960 ff., Bd. 42, sowie separat Berlin 1953 (²1974).

20 Vgl. Eberhard Braun: Aufhebung der Philosophie. Marx und die Folgen. Stuttgart 1992.

21 Zu diesem und dem folgenden Abschnitt vgl. Auguste Cornu: Karl Marx und Friedrich Engels, 1 ff. Berlin 1954 ff.; Walter Euchner: Karl Marx. München 1983 [Beck'sche Reihe, 505: Große Denker]; Helmut Fleischer: Marx und Engels. Freiburg und München ²1974 (1. Aufl. 1970); Klaus Hartmann: Die Marxsche Theorie. Eine philosophische Untersuchung zu den Hauptschriften. Berlin 1970; David McLellan: The Thought of Karl Marx. London ²1980; Alfred Schmidt: Der Begriff der Natur in der Lehre von Marx. Frankfurt a. M. 1962 (überarbeitete Neuausgabe 1971).

22 Marx: Ökonomisch-philosophische Manuskripte. Marx und Engels: Werke und Briefe [MEW]. Berlin 1960 ff., Erg.-Band I, S. 538. Außer der genannten Ausgabe liegt vor Karl Marx: Werke, Schriften, Briefe in 8 Bänden. Hrsg. von H.-J. Lieber. Stuttgart 1960 ff. Nachdem die Marx-Engels-Gesamtausgabe. Berlin und Moskau 1927 ff. [MEGA] in den Anfängen steckenblieb, wurde eine neue Gesamtausgabe in Angriff genommen, deren Abschluß jedoch in weiter Ferne liegt.

23 Zur Marxschen Naturauffassung vgl. Alfred Schmidt: Der Begriff der Natur in der Lehre von Marx. Frankfurt a. M. ²1971.

24 Marx: Ökonomisch-philosophische Manuskripte; MEW, Erg.-Band I, S. 587.

25 Marx: Deutsche Ideologie, I: Feuerbach; MEW, Band 3, S. 70 Anm. [im Manuskript gestrichene Stelle],

26 Das Kapital, I; MEW, Band 23, S. 16.

27 Ebenda, S. 208.
28 Vgl. Karl Löwith: Weltgeschichte und Heilsgeschehen. Stuttgart ²1953, Kap. II.
29 Zur Biographie vgl. Hans Peter Bleuel: Friedrich Engels. Bürger und Revolutionär. Bern und München 1981.
30 MEW, Band 2, S. 229 ff.
31 MEW, Band 1, S. 499 ff.
32 Engels: Anti-Dühring, Kap. VI; MEW, Band 20, S. 55 [im Original gesperrt].
33 Ebenda, Kap. XII, S. 112: «Die Bewegung selbst ist ein Widerspruch.»
34 Ebenda, S. 119.
35 Dialektik der Natur; MEW, Band 20, S. 348.
36 Anti-Dühring, Kap. I, MEW, Band 20, S. 21.
37 Die ideologischen Elemente des Marxismus wurden u. a. kritisiert von Karl R. Popper: Die offene Gesellschaft und ihre Feinde, II: Falsche Propheten. Hegel, Marx und die Folgen. München 1958 u. ö.; Ernst Topitsch: Vom Ursprung und Ende der Metaphysik. Wien 1958, S. 252 ff.; Werner Becker: Kritik der Marxschen Wertlehre. Hamburg 1972.

II. Naturalistische und antimaterialistische Strömungen im 19. Jahrhundert

1 Zu Comtes Frühzeit vgl. Henri Gouhier: La jeunesse d'Auguste Comte et la formation du positivisme, I–III. Paris 1933–1967; Ausgabe der Frühschriften: Ecrits de jeunesse 1816–1828, I–V. Hrsg. von P. E. Berrêdo-Carneiro und P. Arnaud. Paris und La Haye 1973–1983.
2 Werkausgabe: Oeuvres, I–XII (Introduction von S. Pérignon). Paris 1968–1971 [Werke in Nachdrucken]; In deutscher Übersetzung: Rede über den Geist des Positivismus. Hrsg. von I. Fetscher. Hamburg 1956 u. ö. [Philos. Bibl., Bd. 244]. Auszüge in deutscher Übersetzung mit kurzer Biographie und Einleitung von Jürgen v. Kempski: Auguste Comte. Die Soziologie. Hrsg. von Fr. Blaschke. Stuttgart ²1974 (Kröner TA).
3 Zur Biographie vgl. Henri Gouhier: Le vie d'Auguste Comte. Paris ²1965; Boris Sokoloff: The ‹Mad› Philosopher: Auguste Comte. New York 1964; Paul Arbousse-Bastide: A. Comte. Paris 1968. Zur Einführung vgl. Wilhelm Ostwald: A. Comte und sein Werk. Leipzig 1914.
4 John Stuart Mill: August Comte und der Positivismus. Werke, übers. von Gomperz, Band IX, S. 99 f.
5 J. St. Mill: «Auguste Comte and Positivism» und «An Examination of Sir William Hamilton's Philosophy», beide 1865; Gesamtausgabe: Collected Works of John Stuart Mill. Hrsg. von J. M. Robson. London und Toronto 1963 ff.; deutsche Ausgabe: Gesammelte Werke, I–XII. Hrsg. von Th. Gomperz. Leipzig 1869 ff. (Nachdruck Aalen 1968).
6 J. St. Mill: System der deduktiven und induktiven Logik, Buch III, Kap. V, § 1; Gesammelte Werke, Bd. III, S. 4.
7 Ebenda, Kap. VIII, § 2.
8 J. St. Mill: Principles of Political Economy, I–II. London ²1849, Band I, Buch I, Kap. 4, § 1; S. 67.
9 Ebenda, Buch II, Kap. 15, § 1; S. 493.
10 W. Whewell: The Philosophy of the Inductive Sciences, I–II. London 1840 u. ö.; ders.: On the Philosophy of Discovery. London 1860; ders.: Selected Writings on the History of Science. Hrsg. von Yehuda Elkana. Chicago 1984.
11 J. Bentham: Introduction to the Principles of Morals and Legislation (1789). Hrsg. von W. Harrison. Oxford 1948.
12 J. St. Mill: Utilitarianism, Kap. IV: Of what sort of proof the principle of utility is sus-

ceptible. Vgl. Jean-Claude Wolf: John Stuart Mills «Utilitarianism». Ein kritischer Kommentar. Freiburg und München 1992.

13 Vgl. Otfried Höffe: Einführung in die utilitaristische Ethik. Klassische und zeitgenössische Ethik. München 1975; Norbert Hoerster: Utilitaristische Ethik und Verallgemeinerung. Freiburg und München 1971; John Plamenatz: The English Utilitarians. Neuausg. Oxford 1958; ders.: Man and Society, Band II. London und Harlow [5]1969 (insb. Kap. I: Bentham and His School).

14 J. St. Mill: Betrachtungen über Repräsentativregierung. Gesammelte Schriften, Bd. VIII, S. 1.

15 Ebenda, S. 11.

16 Ebenda, Kap. II, S. 21 f.

17 J. St. Mill: Alexis de Tocqueville über die Demokratie in Amerika. Gesammelte Werke, Bd. XI, S. 3.

18 J. St. Mill: Über Freiheit, Kap. I.

19 L. Büchner: Kraft und Stoff. Leipzig [10]1869, S. 150.

20 H. Spencer: Works, I–XXI. London 1884–1904; Nachdruck Osnabrück 1966f. Zu Spencer vgl. J. H. Turner: Herbert Spencer. A Renewed appreciation. Beverly Hills 1985.

21 H. Spencer: First Principles, 6. Aufl., S. 119.

22 H. Spencer: Epitome, S. 418.

23 H. Spencer: Epitome, S. 667.

24 Im deutschen Sprachraum vertrat Ludwig Gumplowicz (1838–1909) sozialdarwinistische Ideen.

25 Werke I. H. Fichtes: Grundzüge zum System der Philosophie, I–III. Heidelberg 1833–1846; System der Ethik, I–II. Leipzig 1850–1853; Anthropologie. Leipzig 1856; Psychologie, I–II. Leipzig 1864–1873; Die theistische Weltansicht und ihre Berechtigung. Leipzig 1873.

26 Fichte: Vermischte Schriften. Leipzig 1896, Band I, S. 257.

27 Vgl. Weiße: Philosophische Dogmatik oder Philosophie des Christentums, I–III. Leipzig 1855–1862.

28 Vgl. Lutz Herrschaft: Theoretische Geltung. Zur Geschichte eines philosophischen Paradigmas. Würzburg 1995 [Epistemata Philosophie, Bd. 167].

29 Lotze: Mikrokosmos, Band III, S. 481.

30 Ebenda, Band II, S. 160.

31 Fr. A. Lange: Geschichte des Materialismus. Leipzig 1905, Band II, S. 474.

32 Zu Fechner vgl. Kurd Laßwitz: Gustav Theodor Fechner ([3]1910). Nachdruck Eschborn 1992.
Zu Fechner und zur Entwicklung der Psychologie im fraglichen Zeitraum im allgemeinen Klaus Sachs-Hombach: Philosophische Psychologie im 19. Jahrhundert. Freiburg und München 1993. Nachdrucke von Werken Fechners, u. a.: Über die Seelenfrage. Eschborn 1992; Zend-Avesta oder Über die Dinge des Himmels und des Jenseits, I–III. Eschborn 1992.

33 Fechner: Die Tagesansicht gegenüber der Nachtansicht. Leipzig 1879. (Nachdruck Eschborn 1994)

34 V. Gioberti: Il primato morale e civile degli Italiani, I–II. Brüssel 1843.

35 A. Rosmini: Nuovo saggio sull'origine delle idee (1830). Eine kritische Gesamtausgabe – die Edizione nazionale – erscheint Rom 1975 ff.; gekürzte englische Ausgaben einzelner Werke Rosminis publiziert «Rosmini House», Durham, seit 1987, u. a. das angeführte Werk unter dem Titel «The Origin of Thought» (1987).

36 B. Bolzano: Wissenschaftslehre, I–IV. Sulzbach 1837; 2. Aufl. Leipzig 1929–1931 (Teilausgabe der Bände I und II in der Philosophischen Bibliothek Bd. 259 unter dem

Titel «Grundlegung der Logik», eingel. von Fr. Kambartel. Hamburg 1963; ²1978); Paradoxien des Unendlichen. Leipzig 1851 (auch Phil. Bibl. Bd.99. Leipzig 1920; Nachdr. Hamburg 1955; Neuaufl. hrsg. von B. van Rootselaar, Hamburg 1975). Von den theologischen Schriften seien genannt: Athanasia oder Gründe für die Unsterblichkeit der Seele. Sulzbach 1827; Lehrbuch der Religionswissenschaft, I–IV. Sulzbach 1834; Erbauungsreden an die akademische Jugend, I–IV. Prag 1849–1852. (Auf die zahlreichen mathematischen Untersuchungen ist hier nicht einzugehen.) Gesamtausgabe der Werke von B. Bolzano, hrsg. von E. Winter, J. Berg und Fr. Kambartel. Stuttgart-Bad Cannstatt 1969ff. Zu Bolzano vgl. W. L. Gombocz u.a. (Hrsg.): Internationale Bibliographie zur österreichischen Philosophie. Amsterdam 1986.

37 Zu Bolzanos Lehre von den Sätzen an sich und den Wahrheiten an sich vgl. Wissenschaftslehre, Band I, §§ 19ff.; über Vorstellungen an sich vgl. ebda., §§ 48ff.

38 A. a. O., Band I, § 19 bzw. § 48.

39 A. a. O., Band II, § 142.

40 A. a. O., Band I, § 44.

41 A. Trendelenburg: Logische Untersuchungen. Berlin 1840 u.ö.; Ders.: Naturrecht auf dem Grund der Ethik. Leipzig 1860 (²1868).

42 Logische Untersuchungen, Band II. Leipzig ³1870, S. 500ff.

43 Logische Untersuchungen, Bd. I, S. 39ff. Zur Rolle der Abstraktion als dem «Geheimnis der dialektischen Methode» vgl. a.a.O., S. 95.

44 A. a. O., S. 99.

45 Fr. Brentano: Meine letzten Wünsche für Österreich. Stuttgart 1895.

46 Zu Brentano vgl. Oskar Kraus: Franz Brentano. München 1919; Alfred Kastil: Die Philosophie Franz Brentanos. Eine Einführung in seine Lehre. Bern 1951; Wolfgang Stegmüller: «Philosophie der Evidenz: Franz Brentano». In: Ders.: Hauptströmungen der Gegenwartsphilosophie. Eine kritische Einführung. Stuttgart ⁷1989 [Kröners Taschenausgabe, Bd. 308]

47 Vgl. Rudolf Haller: Studien zur österreichischen Philosophie. Amsterdam 1979; János Christoph Nyíri (Hrsg.): From Bolzano to Wittgenstein. The tradition of Austrian Philosophy/Von Bolzano zu Wittgenstein. Zur Tradition der österreichischen Philosophie. Wien 1986; Barry Smith: Austrian Philosophy. The Legacy of Franz Brentano. Chicago und La Salle (Ill.) 1994.

48 Brentano beeinflußte auch verschiedene polnische Philosophen, z.B. Tadeusz Kotarbiński (1886–1981) und Stanisław Leśniewski (1886–1939).

49 Vgl. Brentano: Von der mannigfachen Bedeutung des Seienden nach Aristoteles. Freiburg i.Br. 1862; Die Psychologie des Aristoteles, insb. seine Lehre vom noûs poietikós. Mainz 1867; Aristoteles und seine Weltanschauung. Leipzig 1911 (in E. v. Aster [Hrsg.]: Große Denker; neu hrsg. von R. M. Chisholm in der Phil. Bibl. 303. Hamburg 1977; Aristoteles' Lehre vom Ursprung des menschlichen Geistes. Leipzig 1911 (neu hrsg. von R. George in der Phil. Bibl. 304. Hamburg 1980).

50 Vgl. Brentano: Vom Ursprung sittlicher Erkenntnis. Leipzig 1889 (neu hrsg. von O. Kraus in der Phil. Bibl. 55. Leipzig 1921 u.ö.)

51 Vgl. Brentano: Die vier Phasen der Philosophie. Stuttgart 1895 (Neuausgaben in der Phil. Bibl. 195 von O. Kraus. Leipzig 1926, und von Franziska Mayer-Hillebrand. Hamburg 1968). Auf Grund von Vorlesungen bzw. aus dem Nachlaß erschienen: Geschichte der griechischen Philosophie. Hrsg. von Fr. Mayer-Hillebrand. Bern und München 1963 [nun Phil. Bibl. 313]; Geschichte der mittelalterlichen Philosophie. Hrsg. von K. Hedwig. Hamburg 1980 [Phil. Bibl. 323]. (Inhaltlich in vielen Punkten überholt.) Unter den verschiedenen Veröffentlichungen aus dem Nachlaß ist besonders zu erwähnen: Wahrheit und Evidenz. Hrsg. von O. Kraus, Leipzig 1930 u.ö. [Phil. Bibl. 201].

52 Band I erschien 1874 in Wien. Neuausgabe in der Philosophischen Bibliothek Nr. 192, hrsg. von O. Kraus. Leipzig 1924 u. ö.; Band II (posthum), hrsg. v. O. Kraus. Leipzig 1925 [Phil. Bibl. 193]; als Band III: Vom sinnlichen und noetischen Bewußtsein. Leipzig 1928 u. ö. [Phil. Bibl. 207].

53 Vgl. Brentano: Vom Ursprung sittlicher Erkenntnis, § 19, wo die Rede ist von einer «intentionalen Beziehung zu etwas, was vielleicht nicht wirklich, aber doch innerlich gegenständlich gegeben ist».

54 Brentano: «Über den Begriff der Wahrheit». In: Wahrheit und Evidenz, S. 3-29.

55 Brentano: «Von der Evidenz». In: Wahrheit und Evidenz, S. 61–69; vgl. S. 148–150.

56 Zum Problem der Evidenz vgl. Wolfgang Stegmüller: Metaphysik, Skepsis, Wissenschaft. Berlin ²1969.

57 Brentano: Vom Ursprung sittlicher Erkenntnis, § 23.

58 A. a. O., § 27.

59 A. a. O., § 31.

60 Brentano: Geschichte der griechischen Philosophie. Nach den Vorlesungen über Geschichte der Philosophie aus dem Nachlaß hrsg. von Franziska Mayer-Hillebrand. Bern und München 1963 [auch in der Phil. Bibl. Nr. 313], Einleitung.

61 Brentano: Die vier Phasen der Philosophie und ihr augenblicklicher Stand. Hrsg. von O. Kraus. Leipzig 1926; Neuauflage mit Einleitung von Franziska Mayer-Hillebrand. Hamburg 1968 [Phil. Bibl. Nr. 195], S. 23.

62 Meinong schrieb u. a.: Psychologisch-ethische Untersuchungen zur Werttheorie. Graz 1894; Über Gegenstände höherer Ordnung. Graz 1899; Über Annahmen. Leipzig 1902; Über Möglichkeit und Wahrscheinlichkeit. Leipzig 1915; Gesamtausgabe, hrsg. von R. Haller und R. Kindinger, Bd. 1 ff. Graz 1968 ff.

63 Philosophische Werke Wundts: Logik. Eine Untersuchung der Prinzipien der Erkenntnis und der Methoden wissenschaftlicher Forschung, I–III. Stuttgart ³1906 ff. (1. Aufl. 1880 f.) Ethik. Eine Untersuchung der Tatsachen und der Gesetze des sittlichen Lebens. Stuttgart 1886; System der Philosophie. Leipzig 1889 u. ö.; Einleitung in die Philosophie. Leipzig 1901 u. ö. Zu seiner Philosophie vgl. Wolfram Meischner und Erhard Eschler: Wilhelm Wundt. Köln 1979; W. Meischner und Anneros Metge (Hrsg.): Wilhelm Wundt – progressive Wissenschaftsentwicklung und Gegenwart. Internationales Symposium Leipzig 1979. Leipzig 1980.

64 Sein bedeutendster Schüler war Friedrich Paulsen (1846–1908), der auch als Kant-Interpret hervortrat. Dessen Schüler war wiederum der bedeutende Kant-Forscher Erich Adickes (1866–1928).

65 Mach: Erkenntnis und Irrtum. Skizzen zur Psychologie der Forschung. Darmstadt 1968 [Nachdruck der 5. Aufl. Leipzig 1926], S. VII.

66 Mach: Die Mechanik in ihrer Entwicklung, historisch-kritisch dargestellt. Darmstadt 1963, S. 459. Jüngere Ausgabe, hrsg. von R. Wahsner und H.-H. v. Borzeszkowski. Berlin 1988 [Philosophische Texte].

67 Mach: Analyse der Empfindungen. Jena ⁶1911, S. 23.

68 Ebenda, S. 18.

69 Ebenda, S. 18 f.

70 Die Mechanik, S. 457.

71 Ebenda, S. 461.

72 Erkenntnis und Irrtum, S. 456.

73 Die Mechanik, S. 465.

74 Die Analyse der Empfindungen, S. 73 f.

75 Erkenntnis und Irrtum, S. 455.

76 Die Mechanik, S. 466 f., S. 486 f.

77 Die Mechanik, S. 465.

III. Der Neukantianismus

1 Weitere Werke Liebmanns: Über den objektiven Anblick (1869); Klimax der Theorien (1884); Gedanken und Tatsachen (1899 ff.)

2 Liebmann: Kant und die Epigonen. Berlin 1912 [Neudruck der Ausgabe Stuttgart 1865], S. 208.

3 Liebmann: Zur Analysis der Wirklichkeit. Straßburg 1876, S. 68.

4 Zur Geschichte des Neukantianismus vgl. Klaus Christian Köhnke: Entstehung und Aufstieg des Neukantianismus. Die deutsche Universitätsphilosophie zwischen Idealismus und Positivismus. Frankfurt a. M. 1986; Hans-Ludwig Ollig: Der Neukantianismus. Stuttgart 1979 [Sammlung Metzler]; Alexis Philonenko: L'école de Marbourg. Cohen, Natorp, Cassirer. Paris 1989; Ulrich Sieg: Aufstieg und Niedergang des Marburger Neukantianismus. Die Geschichte einer philosophischen Schulgemeinschaft. Würzburg 1994 [Studien und Materialien zum Neukantianismus, 4].

5 Zur Rolle Langes vgl. das Anm. 4 genannte Werk von Ulrich Sieg.

6 Posthum erschien Langes Werk: Logische Studien. Iserlohn 1877. In diesem Werk macht sich der Einfluß von Hermann Cohen, der auch das Vorwort schrieb, bemerkbar. Der geplante zweite Teil kam nicht zustande.

7 Lange: Geschichte des Materialismus und Kritik seiner Bedeutung in der Gegenwart, I–II. Hrsg. von D. A. Ellissen. Leipzig 1905 [Reclams Universalbibliothek], Bd. II, 474. Zu Langes Auffassung der Psychologie vgl. Klaus Sachs-Hombach: Philosophische Psychologie im 19. Jahrhundert. Entstehung und Problemgeschichte. Freiburg und München 1993, S. 268 ff.

8 Geschichte des Materialismus, Bd. II, S. 466.

9 Ebenda, S. 467.

10 Ebenda, S. 61.

11 Ebenda, S. 88 f.

12 Lange: Die Arbeiterfrage. Duisburg 1865. Zur Sozialphilosophie des Neukantianismus vgl. Helmut Holzhey: Ethischer Sozialismus. Zur politischen Philosophie des Neukantianismus. Frankfurt a. M. 1994 [Suhrkamp TB Wissenschaft, 949].

13 Geschichte des Materialismus, Bd. II, S. 58.

14 Helmholtz: Die Tatsachen der Wahrnehmung. Berlin 1879; Schriften zur Erkenntnistheorie. Hrsg. von P. Hertz und M. Schlick. Berlin 1921. Zur Biographie vgl. Helmut Rechenberg: Hermann von Helmholtz. Bilder seines Lebens und Wirkens. Weinheim 1994; zum Werk vgl. Lorenz Krüger (Hrsg.): Universalgenie Helmholtz. Rückblick nach hundert Jahren. Berlin 1994.

15 Vgl. das Anm. 4 genannte Werk von Ulrich Sieg.

16 Vgl. z. B. Hermann Cohen: Kants Theorie der reinen Erfahrung. Berlin 1871; ders.: Das Prinzip der Infinitesimaltheorie und seine Geschichte. Berlin 1883; Paul Natorp: Platos Ideenlehre. Leipzig 1903; Ernst Cassirer: Leibniz' System in seinen wissenschaftlichen Grundlagen. Marburg 1902; ders.: Das Erkenntnisproblem in der Philosophie und Wissenschaft der neueren Zeit, I–IV. Berlin 1906 ff.; Bd. I: ²1910 [Nachdruck aller vier Bände Darmstadt 1994]; Karl Vorländer: Geschichte der Philosophie, I–II. Leipzig 1903 [Philosophische Bibliothek 105–106].

17 Neuausgabe der Werke, I–X. Hrsg. Hermann-Cohen-Archiv Zürich unter der Leitung von Helmut Holzhey. Hildesheim und New York 1977 ff. (mit Einleitungen und Variantenverzeichnissen auf Grund der Ausgaben letzter Hand). Zu Cohens Denken vgl. Helmut Holzhey: Hermann Cohen. Bern 1994 [Auslegungen, Bd. 4].

18 Cohen: Kants Theorie der Erfahrung. Berlin 1871, S. 246.

19 Cohen: Logik der reinen Erkenntnis. Berlin ²1914, S. 13. [Diese Auflage ist in der genannten Neuausgabe der Werke, Bd. VI, nachgedruckt.]

20 Cohen: Kants Theorie der Erfahrung, S. 34.

21 Ebenda, S. 74.

22 Ebenda, S. 77. Vgl. Claudius Müller: Die Rechtsphilosophie des Marburger Neukantianismus. Naturrecht und Rechtspositivismus in der Auseinandersetzung zwischen Hermann Cohen, Rudolf Stammler und Paul Natorp. Tübingen 1994 [Tübinger rechtswissenschaftliche Abhandlungen, 75].

23 Cohen: Ethik des reinen Willens. Berlin ³1921, S. 28.

24 Cohen: Der Begriff der Religion im System der Philosophie. Gießen 1915, S. 58.

25 Natorp: Platos Ideenlehre. Eine Einführung in den Idealismus. [Leipzig 1903, 2. Aufl. 1922 mit einem metakritischen Anhang.] Nachdruck Hamburg 1961 und Sonderausgabe Darmstadt 1961, S. 15.

26 Philosophische Systematik. Hrsg. von H. Natorp, mit einer Gedenkrede zum 100. Geburtstag von H.-G. Gadamer sowie mit Einl. von H. Knittermeyer. Hamburg 1958.

27 Ebenda, S. 10.

28 Die logischen Grundlagen der exakten Wissenschaften. Leipzig und Berlin ³1923, S. 27.

29 Ebenda, S. 72.

30 Philosophische Systematik. Hamburg 1958 [siehe Anm. 26].

31 Ebenda, S. 10.

32 Hinrich Knittermeyer: «Zur Entstehungsgeschichte der ‹Philosophischen Systematik›». In Natorp: Philosophische Systematik, S. XVIII.

33 Natorp: Philosophische Systematik, S. 23.

34 Zu Leben und Werk vgl. Andreas Graeser: Ernst Cassirer. München 1994. [Beck'sche Reihe, 527; Große Denker]; zur Biographie vgl. Heinz Paetzold. Ernst Cassirer. Von Marburg nach New York. Darmstadt 1995; zur Kulturphilosophie vgl. ders.: Die Realität der symbolischen Formen. Die Kulturphilosophie Ernst Cassirers im Kontext. Darmstadt 1994.

35 In zweiter Auflage im Verlag Bruno Cassirer, Oxford 1954. Neuausgaben anderer wichtiger Werke in der Wissenschaftlichen Buchgesellschaft Darmstadt. Vgl. auch Cassirer: Nachgelassene Manuskripte und Texte, I ff. (geplant sind 20 Bände und ein Ergänzungsband). Hamburg 1995 ff.

36 Cassirer: Philosophie der symbolischen Formen, Bd. III. Oxford ²1954, S. 369.

37 Substanzbegriff und Funktionsbegriff. Berlin 1910, S. 32 f.

38 Philosophie der symbolischen Formen, Bd. III, S. 367.

39 Ebenda, S. 17 f. Zu Cassirers systematischem Hauptwerk vgl. H.-J. Braun u. a. (Hrsg.): Über Ernst Cassirers Philosophie der symbolischen Formen. Frankfurt a. M. 1988 [Suhrkamp-TB Wissenschaft, 705].

40 Vgl. Martin Heidegger: Gesamtausgabe, I. Abt., Bd. 3: Kant und das Problem der Metaphysik. Anhang IV: Davoser Disputation, S. 274 ff. Zu Cassirers Davoser Vorträgen und zur Disputation vgl. Karlfried Gründer: «Cassirer und Heidegger in Davos 1929». In: H.-J. Braun u. a. (Hrsg.): Ernst Cassirers Philosophie der symbolischen Formen. Frankfurt a. M. 1988, S. 290–302.

41 Vgl. auch Windelband: Geschichte der neueren Philosophie, I–II. Leipzig 1878 und 1880; Geschichte der abendländischen Philosophie im Altertum. München ⁴1923; Nachdruck München 1963.

42 Vgl. Ernst Troeltsch: Der Historismus und seine Probleme. Tübingen 1922, S. 552 ff.

43 Windelband: Die Prinzipien der Logik. Tübingen 1912, S. 2.

44 Ebenda, S. 13.

45 Weitere Werke von Rickert: Der Gegenstand der Erkenntnis. Einführung in die Transzendentalphilosophie. Tübingen ⁶1928 [Rickerts Habilitationsschrift, ursprünglich 1892]; Kulturwissenschaft und Naturwissenschaft. Tübingen ⁶1926.

46 Die Grenzen der naturwissenschaftlichen Begriffsbildung. Tübingen und Leipzig 1902, S. 242.
47 Riehl: Der philosophische Kritizismus, I–III. Leipzig ²1908, ²1925, ²1926; weitere Werke: Realistische Grundzüge. Eine philosophische Abhandlung der allgemeinen und notwendigen Erfahrungsbegriffe. Graz 1870; Moral und Dogma. Wien 1871; Zur Einführung in die Philosophie der Gegenwart. Leipzig 1903 u.ö.; Philosophische Studien aus vier Jahrzehnten. Leipzig 1925. Zu Riehls Philosophie vgl. Günther Lehmann: Die grundwissenschaftliche Kritik des Phänomenalismus, erörtert am kritischen Realismus Riehls. Berlin 1913; Carl Siegel: Alois Riehl. Ein Beitrag zur Geschichte des Neukantianismus. Graz 1932; Mathias Jung: Der neukantianische Realismus von Alois Riehl. Konstanz 1973 [Diss. phil.].
48 Der philosophische Kritizismus, Bd. II/2, S. 128.
49 Zur Einführung in die Philosophie der Gegenwart. Leipzig und Berlin ⁶1921, S. 97.
50 Der philosophische Kritizismus, Bd. II/2, S. 169 f. (im Orig. gesperrt).
51 Ebenda, S. 173.
52 Ebenda, S. 132.
53 Ebenda, Bd. II/1, S. 26.
54 Zur Einführung in die Philosophie der Gegenwart, S. 92.
55 Ebenda, S. 93 f.
56 Realistische Grundzüge, S. 1 f.
57 Zur Einführung in die Philosophie der Gegenwart, S. 47.
58 Vgl. Bernhard Rensch: Biophilosophie auf erkenntnistheoretischer Grundlage. Stuttgart 1968.
59 Riehl brieflich im Jahre 1891.
60 Vgl. Hans Lenk: Interpretationskonstrukte. Frankfurt a. M. 1993; Günter Abel: Interpretationswelten. Frankfurt a. M. 1993; Friedrich Kaulbach: Philosophie des Perspektivismus. Tübingen 1990; Gerold Prauss: Einführung in die Erkenntnistheorie. Darmstadt 1980.

IV. Die Lebensphilosophie

1 Zur Biographie vgl. Curt Paul Janz: Friedrich Nietzsche, I–III. München ³1977; Werner Ross: Der ängstliche Adler. Friedrich Nietzsches Leben. Stuttgart 1990.
2 Zum Verhältnis Nietzsches zu Wagner vgl. Dieter Borchmeyer und Jörg Salaquarda (Hrsg.): Nietzsche und Wagner. Stationen einer epochalen Begegnung, I–II. Frankfurt a. M. und Leipzig 1994.
3 Ausgaben der Werke: Historisch-kritische Gesamtausgabe. Hrsg. von H. J. Mette. München 1933 ff. [Nur 5 Bände, enthaltend die Jugendschriften vor der «Geburt der Tragödie», erschienen, die in die Ausgabe von Colli und Montinari nicht aufgenommen wurden]; Nachdruck dieser Ausgabe: Frühe Schriften, I–V München 1994 [auch bei dtv]; Werke in 3 Bänden, hrsg. von K. Schlechta. München 1966 u.ö. (Registerband zu dieser Ausgabe von K. Schlechta: Nietzsche-Index zu den Werken in drei Bänden. München 1965 u.ö.); Kritische Gesamtausgabe. Werke, hrsg. von G. Colli und M. Montinari. Berlin und New York 1967 ff.; Kritische Gesamtausgabe. Briefe, hrsg. von G. Colli und M. Montinari. Berlin und New York 1975 ff.; Sämtliche Werke. Kritische Studienausgabe, I–XV. Hrsg. von G. Colli und W. Montinari. München usw. 1980 [nach der Kritischen Gesamtausgabe]; Sämtliche Briefe. Kritische Studienausgabe, I–VIII. München 1986. (Die Stellenangaben beziehen sich auf die Studienausgabe der Werke und Briefe.) – Zu Nietzsches Denken vgl. Eugen Fink: Nietzsches Philosophie. Stuttgart usw. ⁵1986 [Urban Taschenbuch, 45]; Volker Gerhardt: Fried-

rich Nietzsche. München 1992 [Beck'sche Reihe, 522: Große Denker]; ders.: Pathos und Distanz. Studien zur Philosophie Friedrich Nietzsches. Stuttgart 1988; Karl Jaspers: Nietzsche. Einführung in das Verständnis seines Philosophierens. Berlin und New York 1981 [1. Aufl. 1936]; Walter Kaufmann: Nietzsche. Philosoph, Psychologe, Antichrist. Übers. von J. Salaquarda. Darmstadt ²1988 [zuerst engl. 1950]; Kurt Leider: Friedrich Nietzsche. Leben und Werk. Lübeck 1994 [Lübecker Akademie-Ausgabe]; Richard Schacht: Nietzsche. London usw. 1983; ders.: Making Sense of Nietzsche. Reflections Timely and Untimely. Urbana und Chicago 1995. Zu Nietzsches Stellung in der Philosophie des 19. Jahrhunderts vgl. Karl Löwith: Von Hegel zu Nietzsche. Der revolutionäre Bruch im Denken des neunzehnten Jahrhunderts. Stuttgart ⁴1958 [1. Aufl. 1941]; zu den Spannungen in Nietzsches Denken vgl. Wolfgang Müller-Lauter: Nietzsche. Seine Philosophie der Gegensätze und die Gegensätze seiner Philosophie. Berlin und New York 1971; Margot Fleischer: Der ‹Sinn der Erde› und die Entzauberung des Übermenschen. Eine Auseinandersetzung mit Nietzsche. Darmstadt 1993.

4 Vgl. z. B. Paul Rée: Der Ursprung der moralischen Empfindungen. Chemnitz 1877.

5 Lou von Salomé heiratete später den Orientalisten Andreas, wurde Rilkes Freundin und hatte Kontakt zu Freud. Ihre Nietzsche-Darstellung: Friedrich Nietzsche in seinen Werken. Wien 1894; Frankfurt a. M. ³1983, ist immer noch lesenswert. Nietzsche hat sich später brieflich äußerst negativ über sie geäußert.

6 Vgl. Erich Friedrich Podach: Ein Blick in Notizbücher Nietzsches. Ewige Wiederkunft, Wille zur Macht, Ariadne. Eine schaffensanalytische Studie. Heidelberg 1963.

7 Nietzsche an Overbeck, 7. April 1884; Briefe, Studienausgabe, Bd. VI, S. 496: «... ich habe mich nunmehr entschlossen, die nächsten fünf Jahre zur Ausarbeitung meiner ‹Philosophie› zu verwenden, für welche ich mir, durch meinen Zarathustra, die Vorhalle gebaut habe».

8 Vgl. Karl Schlechta: Philologischer Nachbericht zu Nietzsche: Werke in drei Bänden, Bd. III, S. 1393 ff.; Mazzino Montinari: «Nietzsches Nachlaß von 1885 bis 1888 oder Textkritik und Wille zur Macht». In: Nietzsche lesen. Berlin und New York 1982, S. 92–119.

9 Giorgio Colli: Nachwort zu Bd. XIII der Kritischen Studienausgabe der Werke, S. 651 f., vermutete, daß in den nachgelassenen Fragmenten eine esoterische Auffassung niedergelegt sei, während die veröffentlichten Schriften nur exoterischen Charakter gehabt hätten.

10 Vgl. Erich Friedrich Podach: Der kranke Nietzsche. Wien 1937; ders.: Nietzsches Zusammenbruch. Heidelberg 1930; ders: Ein Blick in Notizbücher Nietzsches. Heidelberg 1963 (siehe Anm. 6).

11 Nietzsche: Die Geburt der Tragödie, § 3; Werke, Kritische Studienausgabe, Bd. I, S. 35.

12 Als Gegner der Sokratischen, aber auch der Hegelschen Dialektik versuchte Nietzsche erscheinen zu lassen Gilles Deleuze: Nietzsche und die Philosophie. Hamburg 1991 [eva-Taschenbuch, 70; urspr.: Nietzsche et la philosophie, 1962].

13 Nietzsche: Die Geburt der Tragödie, § 15; S. 99.

14 Die fröhliche Wissenschaft, § 37; Werke, Studienausgabe, Bd. III, S. 405 f.

15 Ebenda, § 344; S. 577.

16 Nachlaß Herbst 1887, 9[102]; Werke, Studienausgabe, Bd. XII, S. 393. .

17 Nietzsche contra Wagner. Wo ich Einwände mache; Werke, Studienausgabe, Bd. VI, S. 418.

18 Götzen-Dämmerung. Streifzüge eines Unzeitgemäßen, § 24; Werke, Studienausgabe, Bd. VI, S. 127.

19 Menschliches, Allzumenschliches, I, § 1; Werke, Studienausgabe, Bd. II, S. 23.

20 Morgenröte, § 95; Werke, Studienausgabe, Bd. III, S. 86.

21 Die fröhliche Wissenschaft, § 354; Werke, Studienausgabe, Bd. III, S. 593. An Gedanken wie diese knüpft der Perspektivismus an; vgl. Friedrich Kaulbach: Philosophie des Perspektivismus, I: Wahrheit und Perspektive bei Kant, Hegel und Nietzsche. Tübingen 1990; Günter Abel: Nietzsche. Die Dynamik der Willen zur Macht und die ewige Wiederkehr. Berlin und New York 1984; ders.: Interpretationswelten. Gegenwartsphilosophie jenseits von Essentialismus und Relativismus. Frankfurt a. M. 1993; Hans Lenk: Philosophie und Interpretation. Frankfurt a. M. 1993 [suhrkamp taschenbuch wissenschaft, 1060]; ders: Interpretationskonstrukte. Zur Kritik der interpretatorischen Vernunft. Frankfurt a. M. 1993.

22 Götzen-Dämmerung. Die Vernunft in der Philosophie, § 5; Werke, Studienausgabe, Bd. VI, S. 78.

23 Ecce homo. Also sprach Zarathustra, § 1; Werke, Studienausgabe, Bd. VI, S. 335.

24 Zum Wiederkunftsgedanken vgl. Karl Löwith: Nietzsches Philosophie der ewigen Wiederkehr des Gleichen. Stuttgart 1956; ferner Jean-Pierre Schobinger: Miszellen zu Nietzsche. Basel 1992, S. 69ff.

25 Die fröhliche Wissenschaft, § 341; Werke, Studienausgabe, Bd. III, S. 570.

26 Nachlaß Sommer 86 – Herbst 87, 5[71]; Werke, Studienausgabe, Bd. XII, S. 213.

27 Also sprach Zarathustra, Teil III. Vom Gesicht und Rätsel, § 1; Werke, Studienausgabe, Bd. IV, S. 199.

28 Vgl. Alois Riehl: Zur Einführung in die Philosophie der Gegenwart. Leipzig und Berlin [6]1921, S. 197ff.

29 Also sprach Zarathustra, Teil III. Vom Gesicht und Rätsel, § 2; Werke, Kritische Studienausgabe, Bd. IV, S. 200, heißt es zwar, «die Zeit selber ist ein Kreis», aber gemeint sein dürfte das Geschehen in der Zeit.

30 Nachlaß 1888, 14[188]; Kritische Studienausgabe, Bd. XIII, S. 376.

31 Nachlaß Ende 1886 – Frühjahr 1887; 7[54]; Werke, Kritische Studienausgabe, Bd. XII, S. 313.

32 Nachlaß Mai-Juni 1888, 17[8]; Werke, Studienausgabe, Bd. XIII, S. 529.

33 Zur Genealogie der Moral; Vorrede, § 5; Werke, Studienausgabe, Bd. V, S. 252.

34 Nachlaß Nov. 87 – März 88, 11[119]; Werke, Studienausgabe, Bd. XIII, S. 56.

35 Nachlaß Nov. 87 – März 88, 11[411]; Werke, Studienausgabe, Bd. XIII, S. 190.

36 Vgl. zu diesem Aspekt seines Denkens Gerd-Günther Grau: Ideologie und Wille zur Macht. Zeitgemäße Betrachtungen über Nietzsche. Berlin und New York 1984.

37 Also sprach Zarathustra, III; Von alten und neuen Tafeln, 30; Werke, Studienausgabe, Bd. IV, S. 264.

38 Ebenda, Zarathustras Vorrede, § 3; Werke, Studienausgabe, Bd. IV, S. 14.

39 Ebenda, § 7; S. 23.

40 Zu Nietzsches Moralphilosophie vgl. Peter Berkowitz: The Ethics of an Immoralist. Cambridge (Mass.) und London 1995.

41 Nachlaß Mai-Juni 1888, 17[4]; Werke, Studienausgabe, Bd. XIII, S. 525 f.

42 An Burckhardt, 6. 1. 89; Briefe, Studienausgabe, Bd. VIII, S. 577ff.

43 Vgl. Giorgio Penzo: Der Mythos vom Übermenschen. Nietzsche und der Nationalsozialismus. Frankfurt a. M. usw. 1992; ders.: Nietzsche allo specchio. Rom [2]1995.

44 Vgl. Eugen Biser: Nietzsche für Christen. Freiburg 1983 [Herderbücherei], wo die These vertreten wird, Nietzsche habe sich mit dem, was er bekämpfte, schließlich identifiziert; vgl. ders.: Gott ist tot. Nietzsches Destruktion des christlichen Bewußtseins. München 1962, wo Nietzsche die Idee eines überseienden Gottes zugeschrieben wird.

45 Zu Nietzsches Auffassung der Gesellschaft vgl. Jyung-Hyun Kim: Nietzsches Sozialphilosophie. Würzburg 1995; Mark Warren: Nietzsche and Political Thought. Cambridge (Mass.) und London 1992.

46 Martin Heidegger: Nietzsche, I–II. Pfullingen 1962.

47 Georg Lukács: Die Zerstörung der Vernunft. Werke, Band IX. Neuwied 1962 [zuerst 1953], S. 270–350.

48 Gesamtausgabe von Diltheys Werken: Gesammelte Schriften, I ff. Berlin und Leipzig 1914 ff. (Neuauflagen Stuttgart und Göttingen seit 1958). Zu Dilthey vgl. Otto Friedrich Bollnow: Dilthey. Eine Einführung in seine Philosophie. Stuttgart usw. ³1967 [1. A. 1936]; Ilse N. Bulhof: Wilhelm Dilthey. A hermeneutic approach to the study of history and culture. Den Haag usw. 1980; Hans Ineichen: Erkenntnistheorie und geschichtlich-gesellschaftliche Welt. Diltheys Logik der Geisteswissenschaften. Frankfurt a. M. 1975; Rudolf A. Makkreel: Dilthey. Philosoph der Geisteswissenschaften. Übers. von B. Kehm. Frankfurt 1991. Theodore Plantinga: Historical Understanding in the Thougth of Wilhelm Dilthey. Toronto usw. 1980; Frithjof Rodi: Morphologie und Hermeneutik. Zur Methode von Diltheys Ästhetik. Stuttgart 1969; F. Rodi und U. Lessing (Hrsg.): Materialien zur Philosophie Wilhelm Diltheys. Frankfurt a. M. 1984 [stw 439]. Seit 1983 erscheint das Dilthey-Jahrbuch für Philosophie und Geschichte der Geisteswissenschaften, hrsg. von Frithjof Rodi. Bd. I ff. (Göttingen 1983 ff.).

49 Dilthey: Ideen über eine beschreibende und zergliedernde Psychologie. In: Die geistige Welt. Erste Hälfte: Abhandlungen zur Grundlegung. Gesammelte Schriften, Bd. V, S. 152.

50 Der Aufbau der geschichtlichen Welt in den Geisteswissenschaften. Gesammelte Schriften, Bd. VII, S. 262.

51 Der Aufbau der geschichtlichen Welt in den Geisteswissenschaften; Gesammelte Schriften, Bd. VII, S. 151.

52 Ebenda, S. 265.

53 Ebenda, S. 143.

54 Weltanschauungslehre. Abhandlungen zur Philosophie der Philosophie; Gesammelte Schriften, Bd. VIII.

55 G. Simmel: Lebensanschauung. München und Leipzig ²1922 (1. Aufl. 1918, 3. Aufl. Berlin 1994), S. 20.

56 Max Weber: Gesammelte Schriften zur Wissenschaftslehre. Tübingen 1922, S. 178.

57 Ebenda, S. 189.

58 Ebenda, S. 190.

59 Bergson: Essai sur les données immédiates de la conscience. Paris 1889. Deutsch unter dem Titel «Zeit und Freiheit». Meisenheim 1949.

60 Vgl. z. B. Bergson: Materie und Gedächtnis und andere Schriften. Frankfurt a. M. 1964, S. 56. (Vgl. auch die Ausgabe in der Philosophischen Bibliothek, Bd. 441, hrsg. von E. Oger. Hamburg 1991.)

61 Vgl. Milič Čapek: Bergson and Modern Physics. A reinterpretation an re-evaluation. Dordrecht 1971 (Boston Studies in the Philosophy of Science, 7), S. XII.

62 Einführung in die Metaphysik. In: Denken und schöpferisches Werden. Aufsätze und Vorträge. Übers. von Leonore Kottje. Meisenheim am Glan 1948, S. 187. [Die «Introduction à la métaphysique» erschien zuerst 1903 in der Revue de métaphysique et de morale.]

63 Vgl. Günther Schiwy: Teilhard de Chardin. Sein Leben und seine Zeit, I–II. München 1981 f.

Siebenter Teil

DIE PHILOSOPHIE DER ERSTEN HÄLFTE
DES 20. JAHRHUNDERTS

I. Weiterwirken älterer Strömungen

1 Vgl. B. Russell: Philosophie. Die Entwicklung meines Denkens. München 1973 [urspr.: My Philosophical Development. London 1959], Kap. IV, S. 36 ff. Russell wies namentlich auf den Einfluß hin, den John McTaggart (1866–1925) auf ihn ausgeübt hatte.

2 Vgl. Frederick Copleston: A History of Philosophy, VIII/1: British Empiricism and the Idealist Movement in Great Britain. Garden City, New York 1967.

3 Vgl. zu Bradley sowie den im nächsten Abschnitt behandelten italienischen Neuhegelianern W. Röd: Dialektische Philosophie der Neuzeit. München ²1986, Kap. VII.

4 Bradley: Appearance and Reality. London 1920 [7. Aufl. der Fassung von 1897], S. 37. [Übers. des Zitats vom Verf.]. Vgl. die Auswahlausgabe aus Schriften Bradleys: Writings on Logic and Metaphysics. Oxford UP 1994.

5 Vgl. Alfred J. Ayer: Metaphysics and Common Sense. London 1969, S. 66.

6 Bradley: Appearance and Reality, S. 132.

7 Bradley: The Principles of Logic, I. London ²1922, S. 145.

8 Bradley: Essays on Truth and Reality. Oxford 1914, S. 203 ff.

9 The Principles of Logic, I, S. 409.

10 Croce: Estetica come scienza dell'espressione e linguistica generale (1902); Logica come scienza del concetto puro (1905); Filosofia della pratica. Economica ed etica (1908). Diese Werke bilden die Teile der «Filosofia dello spirito». Zu Croce (und zu Gentile) vgl. E. Paolo Lamanna und Vittorio Mathieu: Storia della filosofia. La Filosofia del Novecento, I: La filosofia italiana. Florenz 1971; Michele Federico Sciacca: Storia della filosofia italiana. Il secolo XX. I/1. Mailand ²1947, S. 311 ff. .

11 Croce: Ciò che è vivo e ciò che è morto nella filosofia di Hegel. Bari 1907; Neuausgabe 1951 unter dem Titel «Saggio sullo Hegel».

12 Croce: La storia come pensiero e come azione. Bari 1938. Ins Deutsche übers. von Fr. Bondy. Bern 1944 [Mensch und Gesellschaft, 1]. Vgl. Croce: Die Geschichte auf den allgemeinen Begriff der Kunst gebracht. Eingel. von F. Fellmann. Hamburg 1984 [PhB 371].

13 Filosofia dello spirito, I: Estetica, S. 15.

14 Ebenda, S. 35 [Übers. vom Verf.]

15 Filosofia dello spirito, II: Logica, S. 46.

16 Ebenda, S. 22.

17 Filosofia della pratica. Bari 1909, S. 23.

18 Ebenda, S. 311.

19 Ebenda, S. 297 ff.

20 Estetica, S. 3 u. ö.

21 Logica, S. 69.

22 Filosofia della pratica, S. 171 ff.

23 Gentile: La Riforma della dialettica hegeliana. Opere, hrsg. von der Fondazione per gli studi filosofici, vol. XXVII. Florenz 1954.

24 Gentile: Teoria generale dello spirito come atto puro. Opere, vol. III. Florenz 1944, S. 18 ff.

25 Ebenda, S. 33.

26 Ebenda, S. 122. (Übers. vom Verf.)

27 Ebenda, S. 99 f.

28 Ebenda, S. 243 f. (Übers. vom Verf.)

29 Vgl. Gustav A. Wetter: Der dialektische Materialismus. Seine Geschichte und sein System in der Sowjetunion. Freiburg 1952 u.ö.; ders.: Dialektischer und historischer Materialismus. Frankfurt a. M. 1962 [Sowjetideologie heute, 1]; Iring Fetscher: Von Marx zur Sowjetideologie. Frankfurt a. M. [10]1963; Joseph M. Bocheński: Der sowjetrussische Materialismus (Diamat). Bern 1950 u.ö.; Helmut Ogiermann: Materialistische Dialektik. Ein Diskussionsbeitrag. München usw. 1958; Helmut Seiffert: Einführung in die Wissenschaftstheorie, II. München [9]1991 [Becks Schwarze Reihe, 61], III. Teil: Die Dialektik; ders.: Marxismus und bürgerliche Wissenschaft. München [3]1977 [Becks Schwarze Reihe, 75].

30 Lenin: Materialismus und Empiriokritizismus. Werke (deutsch), Berlin 1955 ff., Bd. 14, S. 141 f.

31 Ebenda, S. 340.

32 Ebenda, S. 129.

33 Lenin: Philosophische Hefte. Werke, Bd. 38, S. 100.

34 Gesamtausgabe der Werke. Neuwied 1962 ff. Darin «Geschichte und Klassenbewußtsein» als Band II (1968).

35 Von Lukács, wie von dem Literatur- bzw. Kunstphilosophen Walter Benjamin (1892–1940), empfing auch der junge Theodor W. Adorno (siehe Abschn. 2 b) Anregungen.

36 Lukács: Geschichte und Klassenbewußtsein. Werke, Bd. II, S. 62.

37 Ebenda, S. 114.

38 Marx: Das Elend der Philosophie, Kap. II, § 1, sechste Bemerkung. MEW, Bd. 4, S. 136.

39 Vgl. A. Gramsci: Philosophie der Praxis. Übersetzt und mit einer Einleitung versehen von W. F. Haug. Hamburg 1995: ders.: Gefängnisbriefe, I. Hamburg 1995.

40 Zur Situation des Marxismus in der ersten Hälfte des 20. Jahrhunderts vgl. Helmut Fleischer: Epochenphänomen Marxismus. Hannover und Frankfurt a. M. 1993.

41 Vgl. Manfred Riedel: Tradition und Utopie. Ernst Blochs Philosophie im Lichte der geschichtlichen Erfahrung. Frankfurt a. M. 1993 [Suhrkamp TB Wissenschaft, Bd. 1063].

42 Werkausgabe: Max Horkheimer: Gesammelte Schriften, I ff. Frankfurt a. M. 1987 ff. [Fischer-TB, Bd. 7375 ff.].

43 Werkausgabe: Th. W. Adorno: Gesammelte Schriften, I ff. Hrsg. von R. Tiedemann. Frankfurt a. M. 1970 ff.

44 Neuausgabe der «Dialektik der Aufklärung. Philosophische Fragmente». Frankfurt a. M. 1969. (Zitate nach dieser Ausgabe)

45 Vgl. Emerich Coreth u. a. (Hrsg.): Christliche Philosophie im katholischen Denken des 19. und 20. Jahrhunderts, Bd. II: Rückgriff auf scholastisches Erbe. Graz usw. 1988. (Darin Heinrich M. Schmidinger: «‹Scholastik› und ‹Neuscholastik› – Geschichte zweier Begriffe».)

46 J. Maréchal: Le point de départ de la métaphysique. Löwen 1922 ff.; vgl. auch Otto Muck: Die transzendentale Methode und die scholastische Philosophie der Gegenwart. Innsbruck 1964; Emerich Coreth: Metaphysik. Eine methodisch-systematische Grundlegung. Innsbruck 1961.

47 E. Gilson: L'Etre et l'essence. Paris [2]1972 (1. Aufl. 1948).

48 E. Gilson: Index scolastico-cartésien. Paris 1913; ders.: Etudes sur le rôle de la pensée médiévale dans la formation du système cartésien. Paris 1930 (Nachdruck 1951).

49 J. Geyser: Erkenntnistheorie. Münster 1922.

II. Die Phänomenologie

1 Gesamtausgabe: Husserliana, I ff. Gesammelte Werke, auf Grund des Nachlasses ver-öffentlicht in Gemeinschaft mit dem Husserl-Archiv Köln vom Husserl-Archiv Löwen unter Leitung von H. L. van Breda. Den Haag (später Dordrecht) 1950 ff.

2 Vgl. verschiedene Beiträge in Carl Friedrich Gethmann (Hrsg.): Lebenswelt und Wis-senschaft. Studien zum Verhältnis von Phänomenologie und Wissenschaftstheorie. Bonn 1991 [Neuzeit und Gegenwart, Bd. I].

3 Husserl: Logische Untersuchungen, I, § 26. Husserliana, Bd. XVIII, S. 92 f.

4 Von «Phänomenologie» hatten schon Johann Heinrich Lambert (1728–1777) und Hegel gesprochen; Husserl gab diesem Namen jedoch eine neue Bedeutung.

5 Logische Untersuchungen, I, § 62. Husserliana, Bd. XVIII, S. 230.

6 Ebenda, § 63. Husserliana, Bd. XVIII, S. 233.

7 Philosophie als strenge Wissenschaft. Husserliana, Bd. XXV, S. 4 [zuerst in: Logos I (1911)].

8 Ebenda, S. 61.

9 Ebenda, S. 10.

10 Ideen zu einer reinen Phänomenologie und phänomenologischen Philosophie. Hus-serliana, Bd. III, S. 49.

11 Erste Philosophie, 1. Teil. Husserliana, Bd. VII, S. 6.

12 Erfahrung und Urteil. Untersuchungen zur Genealogie der Logik. Redigiert und hrsg. von L. Landgrebe. Hamburg 1954 [zuerst Prag 1938]. Zu Landgrebes Anteil an der Darstellung vgl. dessen Vorwort.

13 Die Krisis der europäischen Wissenschaft und die transzendentale Phänomenologie. Husserliana, Bd. VI, S. 127.

14 Husserliana, Bd. VI, Beilage XXVIII, S. 508.

15 Die Idee der Phänomenologie. Fünf Vorlesungen [1907]. Husserliana, Bd. II (1950).

16 Ideen zu einer reinen Phänomenologie und phänomenologischen Philosophie, Buch I. Husserliana, Bd. III, S. 52.

17 Ebenda, S. 135.

18 Ebenda, S. 141 f.

19 Ebenda, S. 177.

20 Erste Philosophie, 2. Teil. Husserliana, Bd. VIII, S. 39.

21 Erste Philosophie, 1. Teil. Husserliana, Bd. VII, S. 61 ff.

22 Cartesianische Meditationen und Pariser Vorträge. Husserliana, Bd. I, S. 9 f.; vgl. S. 63.

23 Ideen zu einer reinen Phänomenologie und phänomenologischen Philosophie, Buch I. Husserliana, Bd. III, S. 171.

24 Die Krisis der europäischen Wissenschaft. Husserliana, Bd. VI, S. 115.

25 Ding und Raum. Husserliana, Bd. XVI.

26 Zur Phänomenologie des inneren Zeitbewußtseins. Husserliana, Bd. X, S. 36. Vgl. Phä-nomenologische Psychologie. Husserliana, Bd. IX.

27 Gesamtausgabe: Gesammelte Werke, I–XIII. Bern und München 1954 ff.; zu Schelers Werk und Wirkung vgl. Wilfried Hartmann (Hrsg.): Max Scheler. Bibliographie. Stutt-gart-Bad Cannstatt 1963; Paul Good (Hrsg.): Max Scheler im Gegenwartsgeschehen der Philosophie. Bern und München 1975.

28 Der katholisierenden Phase Schelers gehört an: Vom Ewigen im Menschen (1921). Gesammelte Werke, Band V.

29 Scheler: Die deutsche Philosophie der Gegenwart (1922). Gesammelte Werke, Bd. VII, S. 259 ff.

30 Spengler: Der Untergang des Abendlandes. München 1990 [Sonderausgabe in einem Band; auch als Taschenbuch: dtv 838. München 1972 u. ö.].

31 Vgl. z.B. Manfred Schröter: Der Streit um Spengler. München 1922.

32 Zur Wertphilosophie vgl. John N. Findlay: Axiological Ethics. London und Basingstoke 1970 [New Studies in Ethics].

33 Vgl. Scheler: Der Formalismus in der Ethik und die materiale Wertethik. Vierte durchgesehene Auflage, hrsg. mit einem neuen Sachregister von Maria Scheler. Gesammelte Werke, Bd. II. Bern 1954, S. 189f., wo von der Selbständigkeit der Werte die Rede ist.

34 Ebenda, S. 85f.

35 Vgl. K. Mannheim: «Das Problem einer Soziologie des Wissens». In: Archiv für Sozialwissenschaft und Sozialpolitik 53 (1925), S. 577–652. Auch in K. Mannheim: Wissenssoziologie. Auswahl aus dem Werk. Eingel. und hrsg. von K. H. Wolff. Berlin und Neuwied 1964, S. 308ff.

36 Scheler: Die Wissensformen und die Gesellschaft. Gesammelte Werke, Band VIII, S. 58.

37 Ebenda, S. 241.

38 Vgl. die deutsche Auswahlausgabe von V. Paretos «Trattato di sociologia generale» (1916, ²1923): Allgemeine Soziologie. Ausgewählt, eingel. und Übers. von C. Brinkmann. Tübingen 1955 [Civitas Gentium. Schriften zur Soziologie und Kulturphilosophie].

39 Scheler: Der Mensch im Weltalter des Ausgleichs (entstanden 1927, erstmals posthum veröffentlicht 1929). Gesammelte Werke, Band IX, S. 146.

40 Zuerst veröffentlicht in der von Keyserling herausgegebenen Zeitschrift «Der Leuchter», Darmstadt 1927; Sonderausgabe 1928; jetzt in: Gesammelte Werke, Band IX: Späte Schriften. Bern und München 1976.

41 Ebenda, S. 39.

42 Ebenda, S. 68.

43 Ebenda, S. 44.

44 Ebenda, S. 31.

45 Bibliographien finden sich in H. Heimsoeth und R. Heiß (Hrsg.): Nicolai Hartmann. Der Denker und sein Werk. Göttingen 1952, S. 286–312 (zusammengestellt von Theodor Ballauf); Ingeborg Wirth: Realismus und Apriorismus in Nicolai Hartmanns Erkenntnistheorie. Berlin 1965, S. 141–148 [Quellen und Studien zur Geschichte der Philosophie, VIII]; Alois Joh. Buch: Nicolai Hartmann 1882–1982. Bonn 1982, S. 326–344 (Das Werk enthält Aufsätze zu verschiedenen Aspekten von Hartmanns Denken); zur Einführung vgl. H. Heimsoeth und R. Heiß (Hrsg.): Nicolai Hartmann. Der Denker und sein Werk. 15 Abh. mit einer Biographie. Göttingen 1952. Zu Hartmanns Ethik vgl. Hans Michael Baumgartner: Die Unbedingtheit des Sittlichen. Eine Auseinandersetzung mit Nicolai Hartmann. München 1962.

46 N. Hartmann: «Alte und neue Ontologie». In: Kleinere Schriften, Bd. III. Berlin 1958, S. 333f.

47 Grundzüge einer Metaphysik der Erkenntnis. Berlin ³1941 [1. Aufl. 1921], S. 36.

48 Kant: Kritik der reinen Vernunft, B 303; Gesammelte Schriften (vgl. Teil V, Kap. I, Anm. 3), Bd. III, S. 207.

49 N. Hartmann: «Diesseits von Idealismus und Realismus» (1924). In: Kleinere Schriften, Bd. II. Berlin 1957, S. 285f.

50 Ebenda, S. 289.

51 Zur Aporetik der Erkenntnis siehe Hartmann: Grundzüge einer Metaphysik der Erkenntnis, S. 59ff.

52 Ebenda, S. 429ff.

53 Ebenda, S. 197ff.

54 Der Aufbau der realen Welt. Grundriß der allgemeinen Kategorienlehre. Berlin [3]1964. Vgl. die Zusammenfassung in Hartmann: «Alte und neue Ontologie». In: Kleinere Schriften, Bd. III, S. 335 f.

55 Ethik. Berlin [4]1962 (1. A. 1926), S. 767.

56 Vgl. H. Driesch: Wirklichkeitslehre. Ein metaphysischer Versuch. Leipzig 1917.

III. Die Existenzphilosophie

1 Zur Existenzphilosophie im allgemeinen vgl. Otto Friedrich Bollnow: Existenzphilosophie. Stuttgart 1960; Leo Gabriel: Existenzphilosophie. Von Kierkegaard bis Sartre. Wien 1951; Fritz Heinemann: Existenzphilosophie, lebendig oder tot? Stuttgart [3]1963 [Urban-Bücher, 10]; ders.: Jenseits des Existenzialismus. Stuttgart 1957 [Urban-Bücher, 24]; Wolfgang Janke: Existenzphilosophie. Berlin 1982; Max Müller: Existenzphilosophie im geistigen Leben der Gegenwart. Heidelberg [4]1986.

2 Gesamtausgaben: Samlede Værker, I–XIV. Hrsg. von A. B. Drachmann u. a. Kopenhagen 1901 ff. (1920 ff.); Übersetzungen: Gesammelte Werke, I–XII. Übers. von H. Gottsched und Chr. Schrempf. Jena 1909 ff. (1922 ff.); Gesammelte Werke. Übers. von E. Hirsch, I–XXXVI. Düsseldorf und Köln 1950 ff. Diese Übersetzung auch broschiert: Gütersloh 1982 [Gütersloher Taschenbücher Siebenstern, 600–631]. Zur Einführung in Kierkegaards Denken vgl. Georg Brandes: Søren Kierkegaard. Ein literarisches Charakterbild. Hildesheim und New York 1975 [Nachdruck der Leipzig 1879 erschienenen Übersetzung aus dem Dänischen.] (jüngere Ausgabe, bearbeitet und mit Anm. versehen von G. Perlet. Leipzig 1992 [Reclams UB, 1428]; Emanuel Hirsch: Kierkegaard Studien, I–II. Vaduz 1978; Heinz-Horst Schrey (Hrsg.): Søren Kierkegaard. Darmstadt 1971 [Wege der Forschung, 179] Heinrich Schmidinger: Das Problem des Interesses und die Philosophie Søren Kierkegaards. Freiburg u. München 1983.

3 Kierkegaard: Philosophische Brocken. Werke, hrsg. von E. Hirsch, 10. Abt., S. 6.

4 Kierkegaard: Johannes Climacus oder De omnibus dubitandum est. (Posthum 1872 veröffentlicht).

5 Ebenda, Werke, 10. Abt., S. 133.

6 Ebenda, S. 161.

7 Philosophische Brocken. Werke, 10. Abt., S. 12 ff.

8 Die Krankheit zum Tode. Werke, Abt. 26, S. 127 ff.

9 Philosophische Brocken. Werke, 10. Abt., S. 44 f.

10 Die Krankheit zum Tode. Werke, Abt. 26, S. 133.

11 Ebenda, S. 10.

12 Werke, Abt. 26, S. 167, Anm. +4, unter Berufung auf: Papirer VIII B 170,2.

13 Die Krankheit zum Tode. Werke, Abt. 26, S. 93.

14 Kierkegaard: Abschließende unwissenschaftliche Nachschrift, I. Band. Werke, 16. Abt., S. 179.

15 Ebenda, S. 188.

16 Ebenda, S. 190.

17 Vgl. Heidegger: Sein und Zeit. Tübingen [7]1953, S. 43.

18 Zur Biographie vgl. Rüdiger Safranski: Ein Meister aus Deutschland. München 1994; Hugo Ott: Martin Heidegger. Unterwegs zu seiner Biographie. Frankfurt a. M. und New York 1988.

19 Martin Heidegger: Gesamtausgabe. Ausgabe letzter Hand in vier Abteilungen (I. Veröffentlichte Schriften, II. Vorlesungen, III. Unveröffentlichte Abhandlungen, IV. Aufzeichnungen und Hinweise). Frankfurt am Main 1975 ff. Zur Bibliographie siehe

Hans-Martin Saß: Heidegger-Bibliographie. Meisenheim am Glan ²1968; Ergänzungen in: O. Pöggeler (Hrsg.): Heidegger. Perspektiven zur Deutung seines Werks. Köln und Berlin 1969 [Neue Wissenschaftliche Bibliothek, 34], S. 397. Zu Heideggers Philosophie vgl. Michael Benedikt: Heideggers Halbwelt. Vom Expressionismus der Lebenswelt zum Postmodernismus des Ereignisses. Wien und Berlin 1991; Günter Figal: Heidegger zur Einführung. Hamburg 1992; ders.: Martin Heidegger – Phänomenologie der Freiheit. Frankfurt a. M. 1988; Kurt Fischer: Abschied. Die Denkbewegung Martin Heideggers. Würzburg 1990 [Epistemata: Reihe Philosophie, Bd. 74]; Winfried Franzen: Martin Heidegger. Stuttgart 1976 [Sammlung Metzler, Bd. 141]; Friedrich-Wilhelm v. Herrmann: Die Selbstinterpretation Martin Heideggers. Meisenheim am Glan 1964; ders.: Hermeneutische Phänomenologie des Daseins. Eine Erläuterung von «Sein und Zeit», I. Frankfurt a. M. 1987; Theodore Kisiel: The Genesis of Heidegger's «Being and Time». Berkeley usw. 1993; Karl Löwith: Heidegger. Denker in dürftiger Zeit. Göttingen ²1960 [Kleine Vandenhoeck-Reihe, 98/99]; Otto Pöggeler: Der Denkweg Martin Heideggers. Pfullingen ³1990 [1. Aufl. 1963]; Gerold Prauss: Erkennen und Handeln in Heideggers «Sein und Zeit». Freiburg und München 1977; George Steiner: Martin Heidegger. Eine Einführung. München und Wien 1989 [urspr. New York 1978]; Rainer Thurnher: Gott und Ereignis. Heideggers Gegenparadigma zur Onto-Theologie. In: Heidegger Studies VIII (1992).
20 Heidegger: Sein und Zeit. Tübingen ⁷1953, S. 27.
21 Ebenda, S. 35.
22 Ebenda, S. 135 (im Original gesperrt).
23 Ebenda, S. 134 ff.
24 Ebenda, S. 142.
25 Ebenda, S. 183.
26 Heidegger: Was ist Metaphysik? Frankfurt a. M. ⁷1955 [zuerst 1929], S. 35.
27 Ebenda, S. 30 f.
28 Vgl. z. B. Rudolf Carnap: Überwindung der Metaphysik durch logische Analyse der Sprache. In: Erkenntnis II (1932).
29 Ebenda, S. 33.
30 Heidegger: Was ist Metaphysik? S. 38.
31 Sein und Zeit, §§ 47 ff.
32 Ebenda, S. 298.
33 Was ist Metaphysik? S. 37.
34 Vgl. Heidegger: Kant und das Problem der Metaphysik. Frankfurt a. M. ²1951 (1. Aufl. 1929); Die Frage nach dem Ding. Tübingen 1962; Kants These über das Sein. Frankfurt a. M. 1963 [zuerst 1962 in: Existenz und Ordnung. Festschrift für Erik Wolf. Frankfurt a. M. 1962.]
35 Die Der Davoser Disputation ist abgedruckt in Heidegger: Gesamtausgabe, Abt. I, Band 3, S. 274 ff.
36 Vgl. Kant: Kritik der reinen Vernunft, B 873. Gesammelte Schriften (siehe Teil V, Kap. I, Anm. 3), Bd. III, S. 546.
37 Heidegger: Kant und das Problem der Metaphysik. Frankfurt a. M. ²1951, S. 20.
38 Ebenda, S. 29.
39 Ebenda, S. 30.
40 Ebenda, S. 42.
41 Vgl. Kant: Kritik der reinen Vernunft, B 29 und B 863; Gesammelte Schriften, Bd. III, S. 46 und S. 540.
42 Immanuel Kants Logik. Hrsg. von G. B. Jäsche. Gesammelte Schriften, Bd. IX, S. 25.
43 Heidegger: Kant und das Problem der Metaphysik, S. 188.
44 Ebenda, S. 27.

45 Vgl. Plessners Hauptwerk: Die Stufen des Organischen und der Mensch. Berlin 1928. Plessners Gesammelte Schriften, I–X, erschienen Frankfurt a. M. 1980 ff.

46 Vgl. Gehlen: Der Mensch. Seine Natur und seine Stellung in der Welt. Bonn 1940 u. ö.; Urmensch und Spätkultur. Philosophische Ergebnisse und Aussagen. Frankfurt a. M. ²1963; Gesamtausgabe, I ff. Frankfurt a. M. 1976 ff.

47 Heidegger: Die Frage nach dem Ding. Tübingen 1962.

48 Sein und Zeit, S. 34.

49 Ebenda, S. 37.

50 Ebenda, S. 31.

51 Vgl. hierzu Victor Farias: Heidegger und der Nationalsozialismus. Frankfurt a. M. 1988 [Heidegger et le nazisme, 1987]. Zu Heideggers Einstellung gegenüber der Politik vgl. auch Alexander Schwan: Politische Philosophie im Denken Heideggers. Opladen 1965.

52 Heidegger: Die Selbstbehauptung der deutschen Universität. Breslau o. J. [1933], S. 22.

53 Ebenda, S. 10.

54 Ebenda, S. 15.

55 Ebenda, S. 17.

56 Ebenda, S. 13.

57 Ebenda, S. 22.

58 «Nur noch ein Gott kann uns retten». Spiegel-Gespräch mit Martin Heidegger am 23. September 1966. In: Der Spiegel, Nr. 323/1976, S. 193 ff.

59 Heidegger: Die Selbstbehauptung der deutschen Universität, S. 14.

60 Ebenda, S. 21.

61 Spiegel-Gespräch mit Martin Heidegger, S. 209.

62 Vgl. Domenico Losurdo: Die Gemeinschaft, der Tod, das Abendland. Heidegger und die Kriegsideologie. Stuttgart 1995.

63 Brief über den Humanismus. Frankfurt a. M. 1951.

64 Ebenda, S. 29.

65 Was ist Metaphysik? Frankfurt a. M. ⁷1955. Einleitung von 1949, S. 8.

66 Ebenda, S. 13.

67 Was heißt denken? In: Vorträge und Aufsätze. Pfullingen 1954, S. 142.

68 Die Zeit des Weltbildes. In: Holzwege. Frankfurt a. M. ³1957, S. 83: «... daß überhaupt die Welt zum Bild wird, zeichnet das Wesen der Neuzeit aus».

69 Zur Sache des Denkens. Tübingen 1969, S. 77.

70 Was ist Metaphysik? Einleitung (1949), S. 16.

71 Vgl. Wolfgang Röd: Erfahrung und Reflexion. Theorien der Erfahrung in transzendentalphilosophischer Sicht. München 1991.

72 Heidegger: Was heißt denken? In: Vorträge und Aufsätze, S. 133.

73 Heidegger: Nietzsche, I–II. Pfullingen 1961; hier Bd. I, S. 366 ff. Vgl. Bd. II, S. 258, sowie Holzwege. Frankfurt a. M. ³1957, S, 193.

74 Vgl. Andreas Graeser: Philosophie in *Sein und Zeit*. Kritische Erwägungen zu Heidegger. Sankt Augustin 1994.

75 Zur Einführung vgl. Jeanne Hersch: Karl Jaspers. Eine Einführung in sein Werk. München 1980 [urspr. Lausanne 1978]; Kurt Salamun: Karl Jaspers. München 1985 [Beck'sche Reihe, 508: Große Denker]; ders. (Hrsg.): Karl Jaspers. Zur Aktualität seines Denkens. München und Zürich 1991; Hans Saner: Karl Jaspers in Selbstzeugnissen und Bilddokumenten. Hamburg 1980, Paul Arthur Schilpp (Hrsg.): Karl Jaspers. Stuttgart 1957 [urspr. New York 1957; The Library of Living Philosophers]; Giorgio Penzo: Karl Jaspers. Esistenza e trascendenza. Rom 1985.

76 Jaspers: Philosophie. Berlin usw. ³1956, Bd. I, S. 101.

77 Vgl. ebenda, S. 94 f.

78 Ebenda, Bd. II, S. 53.

79 Ebenda, S. 204.

80 Ebenda, S. 242.

81 Vgl. F. Tönnies (1855–1936): Gemeinschaft und Gesellschaft. Grundbegriffe der reinen Soziologie. Leipzig 1887 [Nachdruck der 8. Aufl. (1935), Darmstadt 1963 und 1979].

82 Jaspers: Philosophie, Bd. II, S. 53.

83 Ebenda, S. 65.

84 Ebenda, S. 113.

85 Ebenda, S. 117.

86 Ebenda, Bd. III, S. 205 f.

87 Ebenda, S. 234.

88 Posthum ist erschienen Karl Jaspers: Nachlaß zur Philosophischen Logik. Hrsg. von H. Saner und M. Hänggi. München und Zürich 1991.

89 Jaspers: Von der Wahrheit. Philosophische Logik, Bd. I. München 1947, S. 85.

90 Jaspers: Der philosophische Glaube angesichts der Offenbarung. München 1962, S. 166 ff.

91 Jaspers: Philosophie, Bd. II, S. 198.

92 Sartre: Die Transzendenz des Ego. Versuch einer phänomenologischen Beschreibung. Übers. von H. Schmitt. In: Die Transzendenz des Ego. Drei Essays. Reinbek 1964. [Enthält auch: Über die Einbildungskraft (1936) und Entwurf einer Theorie der Emotionen (1939)]. Weitere philosophische Werke Sartres: Das Sein und das Nichts. Versuch einer phänomenologischen Ontologie. Hrsg. von T. König. Reinbek 1991 [L'Etre et le Néant. Essai d'ontologie phénoménologique. Paris 1943]; Kritik der dialektischen Vernunft, I: Theorie der gesellschaftlichen Praxis. Reinbek 1967 [Critique de la raison dialectique, I: Précédé de Question de méthode. Paris 1960; II: L'intelligibilité de l'histoire. Posthum hrsg. von A. Elkaim-Sartre. Paris 1985]. Zu Sartres Philosophie vgl. Walter Biemel: Jean-Paul Sartre in Selbstzeugnissen und Bilddokumenten. Reinbek 1979; Thomas Damast: Jean-Paul Sartre und das Problem des Idealismus. Berlin 1994; Klaus Hartmann: Die Philosophie Jean-Paul Sartres. Zwei Untersuchungen zu L'Etre et le néant und zur Critique de la raison dialectique. Berlin und New York 1983; Jürgen Hengelbrock: Jean-Paul Sartre. Freiheit und Notwendigkeit. Einführung in das philosophische Werk. Freiburg i.Br. 1989; Gerhard Seel: Sartres Dialektik. Zur Methode und Begründung seiner Philosophie usw. Bonn 1971 [Abh. zur Phil., Psychol. und Pädagogik, 68]; Justus Streller: Zur Freiheit verurteilt. Ein Grundriß der Philosophie Jean-Paul Sartres. Hamburg 1952. Zur Ästhetik vgl. Christoph König: Dialektik und ästhetische Kommunikation. Frankfurt a.M und Bern 1982 [Europäische Hochschulschriften, Reihe XX, Bd. 78].

93 Zu den dialektischen Aspekten von Sartres Denken vgl. W. Röd: Dialektische Philosophie der Neuzeit. München 1986, S. 283 ff. und S. 308 ff.

94 Sartre: Das Sein und das Nichts. Reinbek 1991, S. 763 f.

95 Ebenda, S. 529.

96 Ebenda, S. 770.

97 Vgl. Sartre: Marxismus und Existentialismus. Reinbek 1964 [rowohlts deutsche enzyklopädie, 196], S. 8 [urspr.: Question de méthode. In: Critique de la raison dialectique. Paris 1960]. Zu Sartres Position von 1960 vgl. Klaus Hartmann: Sartres Sozialphilosophie. Eine Untersuchung zur «Critique de la raison dialectique». Berlin 1966.

98 Zu Camus vgl. Jürgen Hengelbrock: Ursprünglichkeit der Empfindung und Krisis des Denkens. Freiburg i.Br. 1982.

99 Vgl. Jürg Altwegg und Aurel Schmidt: Französische Denker der Gegenwart. Zwanzig Porträts. München 1987; Luc Ferry und Alain Renaut: La pensée 68. Essai sur l'antihumanisme contemporain. Paris 1988.

IV. Die Anfänge der Analytischen Philosophie

1 Zu den wenigen, den Leibnizschen Ansatz weiterführenden Logikern gehören Gottfried Plouquet: Sammlung der Schriften, welche den logischen Calcul ... betreffen. Tübingen 1773, und Johann Heinrich Lambert: «De universaliori calculi idea». In: Nova acta eruditorum, 1767. Der englische Mathematiker George Boole (1815–1864) entwickelte eine Algebra, die sich als Aussagenlogik deuten läßt; an sie knüpfte Ernst Schröder (1842–1902) in seinen Arbeiten zur mathematischen Logik an. Vgl. Heinrich Scholz: Abriß der Geschichte der Logik. Freiburg ²1959.

2 Als Nachdrucke liegen vor: Begriffsschrift und andere Aufsätze. Darmstadt und Hildesheim 1964; Kleine Schriften. Hrsg. von Ignacio Angelelli. Darmstadt 1967; Die Grundlagen der Arithmetik, ebenda 1961; Die Grundgesetze der Arithmetik, ebenda 1962. Auswahlausgaben: Logische Untersuchungen. Göttingen ³1986 [Kleine Vandenhoeck-Reihe, 1219]; Funktion, Begriff, Bedeutung. Göttingen ⁶1986 [Kleine Vandenhoeck-Reihe, 144–145], beide hrsg. von G. Patzig. Ferner: Nachgelassene Schriften. Hrsg. von H. Hermes u.a. Hamburg ²1978; Schriften zur Logik und Sprachphilosophie. Hamburg ³1990 [Philosophische Bibliothek, 277]. Zu Freges Denken vgl. Michael Dummett: Frege – Philosophy of Language. London ²1981; Franz v. Kutschera: Gottlob Frege. Eine Einführung in sein Werk. Berlin 1989 [de Gruyter Studienbuch]; Günther Patzig: «Gottlob Frege». In: O. Höffe (Hrsg.): Klassiker der Philosophie, II. München 1981 u.ö., S. 251–273; Christian Thiel: «G. Frege. Die Abstraktion». In: J. Speck (Hrsg.): Grundprobleme der großen Philosophen. Philosophie der Gegenwart, I. Göttingen 1972 [UTB 147], S. 9–44; vgl. ders.: Sinn und Bedeutung in der Logik Gottlob Freges. Meisenheim a. G. 1965.

3 Günther Patzig: «Gottlob Frege», a.a.O., S. 270.

4 Vgl. Andreas Graeser: «Sinne, Beleuchtungen und Vorstellungen». In: Allgemeine Zeitschrift für Philosophie, 20 (1995), S. 49 ff.; Wolfgang Carl: Sinn und Bedeutung. Studien zu Frege und Wittgenstein. Königstein 1982; Günther Patzig: Gottlob Frege und die logische Analyse der Sprache. In: ders.: Sprache und Logik. Göttingen ²1981 [Kleine Vandenhoeck-Reihe 1281].

5 Frege: «Über Sinn und Bedeutung». In: Zeitschrift für Philosophie und philosophische Kritik, Neue Folge 100 (1892). Auch in: Funktion, Begriff, Bedeutung. Fünf logische Studien. Hrsg. und eingel. von G. Patzig. Göttingen ²1966, S. 45.

6 Ebenda, S. 56. Zur Theorie der Kennzeichnungen vgl. Reinhard Kleinknecht: «Theory of Description and Truth-Set Semantics». In G. Meggle und U. Wessels (Hrsg.): Analyomen 1. Proceedings of the 1st Conference «Perspectives in Analytical Philosophy». Berlin und New York 1994, S. 68 ff.

7 Frege: «Der Gedanke. Eine logische Untersuchung». In: Logische Untersuchungen. Hrsg. und eingel. von G. Patzig. Göttingen 1966, S. 30 ff.

8 Über Sinn und Bedeutung, S. 46, Anm.

9 Der Gedanke, S. 50.

10 Ebenda, S. 53.

11 Vgl. Gottfried Gabriel: «Freges ‹verborgene› Erkenntnistheorie». In: V. Gerhardt und N. Herold (Hrsg.): Perspektiven des Perspektivismus. Würzburg 1993 [Gedenkband für Fr. Kaulbach], S. 94 ff.

12 Deutsche Ausgabe, übersetzt und mit einem Nachwort versehen von E. Bubser, Frankfurt a.M. 1967 [edition suhrkamp, 207]

13 Die Philosophie des Logischen Atomismus. Aufsätze zur Logik und Erkenntnistheorie 1908–1918. Ausgewählt, übers. und eingel. von J. Sinnreich. München 1976.

14 Ebenda, S. 178.

15 «Analysis of Mind» (1921), «Analysis of Matter» (1927), «An Inquiry into Meaning

and Truth» (1940) und «Human Knowledge» (1948) [Das letztere Werk deutsch unter dem Titel: Das menschliche Wissen. Übers. von W. Bloch. Darmstadt 1952].

16 Russell: Philosophie. Die Entwicklung meines Denkens. Übers. von E. Bubser [My Philosophical Development. London 1959]. München 1973.

17 Russell: Autobiography, I–III. London 1967–1969; deutsche Übersetzung Zürich 1967–69; Taschenbuchausgabe Frankfurt a. M. 1972–74 u. ö.

18 Philosophie des Abendlandes. Ihr Zusammenhang mit der politischen und der sozialen Entwicklung. Wien und Zürich ²1992 (auch bei dtv).

19 Zu Russells Philosophie vgl. Paul A. Schilpp (Hrsg.): The Philosophy of Bertrand Russell. Evanston (Illinois) 1945 u. ö. [The Library of Living Philosophers]; C. W. Kilmister: Russell. Brighton 1984 [Philosophers in context]; Alfred Jules Ayer: Bertrand Russell. London 1972 [dt. München 1973].

20 Russell: Probleme der Philosophie. Frankfurt a. M. 1967, S. 38 f.

21 Ebenda, S. 24.

22 Philosophie. Die Entwicklung meines Denkens, S. 86.

23 Die Theorie der Kennzeichnungen entwickelte Russell zunächst in «On Denoting», in: Mind 1905, später in den Principia Mathematica. Vgl. C. W. Kilmister: Russell. Brighton 1984 [Philosophers in context, 4], S. 105 ff.

24 Probleme der Philosophie, S. 53.

25 Vgl. Philosophie. Die Entwicklung meines Denkens. München 1973, S. 77.

26 Ebenda, S. 75.

27 Vgl. C. W. Kilmister, a. a. O., S. 152.

28 Probleme der Philosophie, S. 180.

29 Ebenda, S. 181.

30 Die Philosophie des Logischen Atomismus, S. 276.

31 Ebenda, S. 276 f.

32 John B. Watson: «Psychologie, wie sie der Behaviorist sieht» [engl. erstmals 1913]. In: Behaviorismus. Köln und Berlin 1968, S. 20.

33 Russell: An Inquiry into Meaning and Truth. London 1940 u. ö., S. 227.

34 Ebenda, S. 188 ff. Zu «belief» vgl. auch Russell: Human Knowledge. Its Scope and Limits. London 1948 u. ö., S. 160 ff.

35 Russell: Philosophie. Die Entwicklung meines Denkens, S. 215.

36 Ebenda, S. 221.

37 Alan Wood: «Die Philosophie Betrand Russells. Fragmente zu einer Studie über ihre Entwicklung.» In: Russell: Philosophie. Die Entwicklung meines Denkens, S. 266–286; zitierte Stelle S. 269.

38 Zur Biographie vgl. William Warren Bartley III: Wittgenstein. Philadelphia und New York 1973; Alan Janik und Stephen Toulmin: Wittgensteins Wien. Übers. von R. Merkel. München 1986 [urspr.: Wittgenstein's Vienna. New York 1973]; Brian McGuinness: Wittgensteins frühe Jahre. Übers. von J. Schulte. Frankfurt a. M. 1988 [auch Suhrkamp TB Wissenschaft, 1014 (1992); urspr.: Wittgenstein. A Life. Young Ludwig 1889–1921. London 1988]; Ray Monk: Ludwig Wittgenstein. Das Handwerk des Genius. Übers. von H. G. Holl und E. Rathgeb [urspr.: Ludwig Wittgenstein. The Duty of Genius. London 1990]. Stuttgart 1992; Georg Henrik v. Wright: Wittgenstein. Frankfurt a. M. 1986; Kurt Wuchterl und Adolf Hübner: Ludwig Wittgenstein in Selbstzeugnissen und Bilddokumenten. Reinbek 1979.

39 Gesamtausgaben: Schriften, I–VIII. Frankfurt a. M. 1984; Gesamtwerk (Wiener Ausgabe), hrsg. von Michael Nedo. Wien und New York 1993 ff. (vorgesehen zunächst 15 Textbände, enthaltend den Nachlaß der Jahre 1929–1933, Fortsetzung geplant). Zur Bibliographie vgl. Guido Frongia und Brian F. McGuinness: Wittgenstein. A Bibliographical Guide. Oxford 1990. Aus der kaum mehr zu übersehenden Literatur seien

erwähnt Alfred J. Ayer: Ludwig Wittgenstein. Harmondsworth 1985 [Penguin Books]; Dieter Birnbacher und Armin Burkhardt (Hrsg.): Sprachspiele und Methode. Zum Stand der Wittgenstein-Diskussion. Berlin und New York 1985; Rudolf Haller: Fragen zu Wittgenstein und Aufsätze zur österreichischen Philosophie. Amsterdam 1986 [Studien zur österreichischen Philosophie, Band 10); Merrill B. Hintikka und Jaakko Hintikka: Untersuchungen zu Wittgenstein. Übers. von J. Schulte [urspr.: Investigating Wittgenstein. Oxford 1986]. Frankfurt a.M. 1990; Peter Kampits: Ludwig Wittgenstein. Wege und Umwege zu seinem Denken. Graz usw. 1985; Anthony Kenny: Wittgenstein. Frankfurt a.M. [Suhrkamp Taschenbuch Wissenschaft, Bd. 69; urspr. London 1973]; János Chr. Nyíri: Gefühl und Gefüge. Studien zur Entstehung der Philosophie Wittgensteins. Amsterdam 1986 [Studien zur österreichischen Philosophie, Band 11]; George Pitcher: Die Philosophie Wittgensteins. Eine kritische Einführung in den Tractatus und die Spätschriften. Freiburg und München 1967 [aus dem Englischen übers. von E. v. Savigny]; Joachim Schulte: Wittgenstein. Eine Einführung. Stuttgart 1992 [Reclams UB 8564]; Susanne Thiele: Die Verwicklungen im Denken Wittgensteins. Freiburg und München 1983; Wilhelm Vossenkuhl: Ludwig Wittgenstein. München 1995 [Beck'sche Reihe; 532: Denker]; Georg Henrik v. Wright: Wittgenstein. Frankfurt a.M. 1986 [aus dem Englischen übers. von J. Schulte].

40 Hier wie im Folgenden wird, wie üblich, nach Wittgensteins Numerierung zitiert, und zwar der Kürze halber im Text mit der Sigel «T» für «Tractatus».

41 An L. v. Ficker, Okt./Nov. 1919. Briefe, hrsg. von B. F. McGuiness und G. H. von Wright. Frankfurt a.M. 1980, S. 96.

42 Wittgenstein: Lecture on Ethics (1029/30). In: The Philosophical Review 1965, S. 8 [deutsche Übersetzung in J. Schulte (Hrsg.): Vortrag über Ethik und andere kleine Schriften. Frankfurt a.M. 1991].

43 Gespräch vom 30.12.1929. Schriften, Band III, S. 68.

44 Wittgenstein: Philosophische Untersuchungen, § 126.

45 Ebenda, § 124.

46 Zum «Tractatus» vgl. Erik Stenius: Wittgenstein's ‹Tractatus›. A Critical Exposition of the Main Lines of Thought. Oxford 1960 [dt. Frankfurt a.M. 1969]; Wolfgang Stegmüller: Hauptströmungen der Gegenwartsphilosophie. Stuttgart ³1965, Kap. XI, S. 526ff.

47 Wittgenstein: Tagebücher 1914–1916. Eintrag vom 14.6.1915. Schriften, Band I, S. 151.

48 Nach Norman Malcolm: Ludwig Wittgenstein. A Memoir. London 1958, S. 86.

49 Vgl. Kant: Der einzig mögliche Beweisgrund zu einer Demonstration des Daseins Gottes (1762). Kants Gesammelte Schriften, Band II, S. 77ff.

50 Vgl. Wittgenstein: Das Blaue Buch. Schriften, Band V. Frankfurt a.M. 1970, S. 57

51 Wittgenstein: Prototractatus, Nr. 4.1001. Hrsg. von Brian F. McGuiness u.a. London 1971, S. 98.

52 Zu Moore vgl. Alfred J. Ayer: Russell and Moore. The Analytical Heritage. London 1971; Paul A. Schilpp (Hrsg.): The Philosophy of G. E. Moore. La Salle/Ill. ³1968 [The Library of Living Philosophers].

53 Diese Arbeiten auch in Moore: Philosophical Studies. London 1922 u.ö.; sowie ders.: Philosophical Papers 1919–1953. London 1959 u.ö.

54 G. E. Moore: The Refutation of Idealism (1903). In: Philosophical Studies, S. 1–30.

55 Philosophical Studies. London 1922, S. 25.

56 «Is Existence a Predicate?» In: Proceedings of the Aristotelian Society, suppl. vol. 15 (1936).

57 Deutsche Ausgaben: Principia Ethica. Übers. und hrsg. von B. Wisser. Stuttgart 1970 [Reclam 8375–78]; Grundprobleme der Ethik. Übers. von Annemarie Pieper, Vorwort von N. Hoerster. München 1975 [Beck'sche Schwarze Reihe, 126].

58 Principia ethica. Stuttgart 1970, S. 39 f.
59 A. a. O., S. 53.
60 A. a. O., S. 258.
61 Grundprobleme der Ethik. München 1975, S. 48.
62 Es handelt sich um die «Philosophische Grammatik», das «Blaue Buch», das «Braune Buch», die «Philosophischen Bemerkungen», die «Bemerkungen über die Grundlagen der Mathematik». Vgl. Georg Henrik v. Wright: Wittgenstein. Übers. von J. Schulte. Frankfurt a. M. 1986 (darin: Die Entstehung und Gestaltung der *Philosophischen Untersuchungen*).
63 Hier und im Folgenden werden die «Philosophischen Untersuchungen» mit «PU» zitiert. Zur Interpretation des Werkes vgl. Eike v. Savigny: Wittgensteins Philosophische Untersuchungen, I–II. Frankfurt a. M. 1988 (²1993) und 1989.
64 Wittgenstein: Über Gewißheit. Frankfurt a. M. 1970, § 64.
65 Edmund Husserl: Logische Untersuchungen, Bd. II/1. Halle ³1922, S. 92.
66 Über Gewißheit, § 204.
67 Ebenda, § 142.
68 Ebenda, § 92.

V. *Pragmatismus, Neopositivismus und Kritischer Rationalismus*

1 Zum Pragmatismus vgl. Ludwig Marcuse: Amerikanisches Philosophieren. Pragmatisten, Polytheisten, Tragiker. Hamburg 1959 [Rowohlts deutsche Enzyklopädie, 86] (Nachdruck Zürich 1994 [detebe, 22623]; Ekkehard Martens (Hrsg.): Pragmatismus. Ausgewählte Texte von Charles Sanders Peirce, William James, Ferdinand Canning Scott Schiller und John Dewey. Stuttgart 1975 u. ö. [Reclams UB, 9799].
2 Anders Hilary Putnam: Pragmatismus. Eine offene Frage. Frankfurt a. M. und New York 1995 [Edition Pandora, Band 28].
3 Vgl. Klaus Oehler: Charles Sanders Peirce. München 1993 [Beck'sche Reihe, Bd. 523]; derselbe: Sachen und Zeichen. Zur Philosophie des Pragmanismus. Frankfurt a. M. 1995; Elisabeth Walther: Charles Sanders Peirce. Leben und Werk. Baden-Baden 1989.
4 Ch. S. Peirce: Collected Papers, 8 Bände, hrsg. von Ch. Hartshorne und P. Weiss (später A. W. Burks). Cambridge (Mass.) 1931 ff. (mehrere Neuauflagen); Writings of Ch. S. Peirce. A chronological edition, Bd. I ff., hrsg. von Max H. Fisch u. a. Bloomington/Indiana 1982 ff.; Deutsche Auswahlausgaben: Schriften I. Zur Entstehung des Pragmatismus. Frankfurt a. M. 1967; Schriften II: Vom Pragmatismus zum Pragmatizismus. Mit einer Einf. hrsg. von K.-O. Apel. Frankfurt a. M. 1970 [Suhrkamp Theorie] (Zitate im Text nach dieser Ausgabe mit Hinzufügung von Band- und Abschnittsnummer der Collected Papers); Semiotische Schriften. Hrsg. und übers. von Chr. Kloesel und H. Pape, I–III. Frankfurt a. M. 1986, 1990, 1993; Religionsphilosophische Schriften. Hrsg. von H. Deuser. Hamburg 1995 [Philos. Bibliothek, Bd. 478]. Einzelausgaben in deutscher Übersetzung: Lectures on Pragmatism/Vorlesungen über Pragmatismus, hrsg. von E. Walther. Hamburg 1973 [Philos. Bibl., 281]; Phänomen und Logik der Zeichen, hrsg. von H. Pape. Frankfurt a. M. 1983 [suhrkamp taschenbuch wissenschaft]. Zur Religionsphilosophie siehe James: Die Vielfalt religiöser Erfahrung. Eine Studie über die menschliche Natur. Übers. von E. Herms und Chr. Stahlhut. Frankfurt a. M. 1997.
5 Vgl. Karl-Otto Apel: Einführung in Peirce: Schriften I, S. 114 ff., wo die erwähnte Auffassung Nicholas St. John Green zugeschrieben wird, der sie Alexander Bain (1818–1903) verdankte.
6 Peirce: Die Festlegung einer Überzeugung; Schriften I, S. 310 f. (5.384).

7 Peirce: Wie unsere Ideen zu klären sind; Schriften I, S. 334 (5.397).
8 Ebenda, S. 337 (5.400).
9 Ebenda, S. 339 (5.402).
10 Peirce: Ein Überblick über den Pragmatizismus (vermutlich 1907); Schriften II, S. 475 (5.476). Vgl. ebenda, S. 489 (5.491): «Die überlegt gebildete, sich selbst analysierende Verhaltensgewohnheit ... ist die lebendige Definition, der wahrhafte und endgültige logische Interpretant.»
11 Peirce: Pragmatismus-Vorlesungen (1903), zweite Vorlesung; Schriften II, S. 306 ff. (5.43–5.59).
12 Ebenda, zweite Vorlesung; Schriften II, S. 306 (5.42).
13 Peirce: Die Lehre vom Zufall; Schriften I, S. 362 (2.654)
14 Peirce: Wie unsere Ideen zu klären sind; Schriften I, S. 349 f. (5.407 f.).
15 Ch. W. Morris: Pragmatische Semiotik und Handlungstheorie. Frankfurt a.M 1977.
16 Peirce: Pragmatismus-Vorlesungen, vierte Vorlesung; Schriften II, S. 340 f. (5.100 f.).
17 Ebenda, S. 344 (5.107).
18 Peirce: Rezension von Josiah Royces «The Religious Aspect of Philosophy»; Schriften II, S. 225 (8.43).
19 An W. James, 10.XI.1900; Schriften II, S. 505 (8.255).
20 Vgl. Jürgen v. Kempski: Ch. S. Peirce und der Pragmatismus. Stuttgart 1952 (jetzt auch in ders: Schriften, III: Prinzipien der Wirklichkeit. Frankfurt a. M. 1992 [Suhrkamp TB Wissenschaft, 924].
21 Vgl. Karl-Otto Apel: Die Transformation der Philosophie, I–II. Frankfurt a.M. 1973, insbes. Bd. II, S. 157 ff.; vgl. ders.: «Der philosophische Hintergrund der Entstehung des Pragmatismus» und «Peirces Denkweg vom Pragmatismus zum Pragmatizismus», in Ch. S. Peirce: Schriften, I–II. Frankfurt a.M. 1967 und 1970; ferner Wolfgang Kuhlmann: Reflexive Letztbegründung. Untersuchungen zur Transzendentalpragmatik. Freiburg i.Br. und München 1985.
22 W. James: Pragmatism. A new name for some old ways of thinking. Popular lectures on philosophy. London usw. 1908 [erstmals 1907], S. 9 ff. [Der Pragmatismus. Hamburg 1977; ²1994, Philos. Bibliothek 297].
23 Pragmatism, S. 72.
24 A Pluralistic Universe. New York usw. 1928. [Das pluralistische Universum. Vorlesungen über die gegenwärtige Lage der Philosophie. Hrsg. von K. Schubert und U. Wilkesmann. Darmstadt 1994].
25 Pragmatism, S. 244.
26 The Meaning of Truth. A sequel to «Pragmatism». New York 1968 [Nachdruck der Ausgabe von 1911], S. 7.
27 The Will to Believe and Other Essays in Popular Philosophy. London 1908 (zuerst 1876), S, 12.
28 Ebenda, S. 53.
29 Ebenda, S. 222: «‹The true› ... is only the expedient in the way of our thinking, just as ‹the right‹ ist only the expedient in the way of our behaving.» (Im Original kursiv)
30 Pragmatism, S. 61.
31 K. R. Popper: Conjectures and Refutations. The Growth of Scientific Knowledge. London 1963, Kap. 3: Three Views Concerning Human Knowledge.
32 Pragmatism, S. 76 (im Original kursiv).
33 The Will to Believe, S. XII.
34 Ebenda, S. 11.
35 Ebenda, S. 28.
36 A Pluralistic Universe, insb. S. 311 ff.
37 Eine umfangreiche Textauswahl unter thematischen Gesichtspunkten mit ausführli-

cher Einleitung bietet Joseph Ratner (Hrsg.): Intelligence in the Modern World. John Dewey's Philosophy. New York 1939. Zu Deweys Philosophie vgl. Paul A. Schilpp (Hrsg.): The Philosophy of John Dewey. Evanston 1951 [The Library of Living Philosophers].

38 Dewey: The Quest for Certainty. New York 1929, S. 23.

39 Reconstruction in Philosophy. Boston ²1957, S. 87.

40 Ebenda, S. 26.

41 Ebenda, S. 51 f.

42 M. Schlick: Allgemeine Erkenntnislehre. Berlin ²1925 (1. Aufl. 1918; Neuausgabe der 2. Aufl. Frankfurt a. M. 1979 [Suhrkamp TB Wissenschaft, 269]), S. 43.

43 Ebenda, S. 51.

44 Ebenda, S. 75 f.

45 Ebenda, S. 142 f.

46 Ebenda, S. 115.

47 M. Schlick: «Über das Fundament der Erkenntnis». In: Erkenntnis 4 (1934); auch in: Gesammelte Aufsätze 1926–1938. Wien 1938 (Nachdr. Hildesheim 1969), S. 289–310.

48 Zu Schlicks Ethik vgl. Nelson G. Gomes: Zur Erkenntnistheorie und Ethik von Moritz Schlick. München 1975 (Diss.).

49 M. Schlick: Fragen der Ethik. Berlin 1930, S. 88. (Dieses Werk wurde neu hrsg. und eingel. von R. Hegselmann. Frankfurt a. M. 1984 [Suhrkamp TB Wissenschaft, 477].)

50 Ebenda, S. 113 f.

51 Schlick: Fragen der Ethik, Vorwort, S. III.

52 Wissenschaftliche Weltauffassung. Der Wiener Kreis. Hrsg. vom Verein Ernst Mach. Wien 1929. (Abgedruckt in Otto Neurath: Wissenschaftliche Weltauffassung, Sozialismus und Logischer Empirismus. Hrsg. von R. Hegselmann. Frankfurt a. M. 1979 [suhrkamp taschenbuch wissenschaft, 281], S. 81–101.

53 H. Reichenbach: Philosophie der Raum-Zeit-Lehre. Berlin und Leipzig 1928; Ziele und Wege der heutigen Naturphilosophie. Leipzig 1931; Wahrscheinlichkeitslehre. Leiden 1935; Der Aufstieg der wissenschaftlichen Philosophie. Berlin 1953 [zuerst englisch: The Rise of Scientific Philosophy. Berkeley and Los Angeles 1951].

54 Zum Wiener Kreis vgl. Manfred Geier: Der Wiener Kreis. Mit Selbstzeugnissen und Bilddokumenten. Reinbek 1992; Rudolf Haller: Neopositivismus. Eine historische Einführung in die Philosophie des Wiener Kreises. Darmstadt 1993; Victor Kraft: Der Wiener Kreis. Der Ursprung des Neopositivismus. Wien und New York ²1968; Alfred J. Ayer (Hrsg.): Logical Positivism. Glencoe 1959; Rudolf Haller und Friedrich Stadler (Hrsg.): Wien – Berlin – Prag. Der Aufstieg der wissenschaftlichen Philosophie. Wien 1993 [Veröffentlichungen des Instituts Wiener Kreis, Bd. 2]; Zum Positivismus i. a., einschließlich des Neopositivismus vgl. Reinhard Kamitz: Positivismus. Befreiung vom Dogma. Wien und München 1973.

55 Wissenschaftliche Weltanschauung, S. 19.

56 Wissenschaftliche Weltanschauung, S. 30.

57 Rudolf Carnap: Der logische Aufbau der Welt. Berlin 1928; Scheinprobleme in der Phiolosophie. Berlin 1928 (2. Aufl. Hamburg 1961, zusammen mit «Der logische Aufbau der Welt»; Einzelausgabe, mit Nachwort von G. Patzig. Frankfurt a. M. 1966 [Reihe «Theorie»]); Die Aufgabe der Wissenschaftslogik. Wien 1934; Logische Syntax der Sprache. Wien 1934; Testability and Meaning. In: Philosophy and Science, 3 (1936) und 4 (1937). Zu Carnap vgl. Jaakko Hintikka (Hrsg.): Rudolf Carnap. Logical Empiricist. Dordrecht 1975; Lothar Krauth: Die Philosophie Carnaps. Wien und New York 1970; Paul A. Schilpp (Hrsg.): The Philosophy of Rudolf Carnap. La Salle/Ill. 1963. [The Library of Living Philosophers]

58 Für die Verbreitung neopositivistischer Gedanken in England wurde wichtig Alfred J.

Ayer: Language, Truth and Logic. London 1936; deutsche Übersetzung: Sprache, Wahrheit und Logik. Stuttgart 1970 [Reclams Universal-Bibliothek 7919–22]; wichtige Arbeiten zum Logischen Positivismus enthält A. J. Ayer (Hrsg.): Logical Positivism. Glencoe (Illinois) 1959.

59 Vgl. L. Rougier: La métaphysique et le langage. Paris 1960.

60 Wittgenstein: Tractatus 4.112.

61 M. Schlick: «Die Wende der Philosophie». In: Erkenntnis I (1930/31), S. 7 f.

62 Carnap: «Überwindung der Metaphysik durch logische Analyse der Sprache». In: Erkenntnis I (1930/31), S. 237.

63 Vgl. Willard van Orman Quine: «Two Dogmas of Empiricism». In: Philosophical Review 60 (1951); deutsche Übers. in Quine: Von einem logischen Standpunkt. Berlin 1979 [Ullstein-Buch, 35010]), S. 20–43.

64 Vgl. Georg Henrik von Wright: «Analytische Philosophie – eine historisch-kritische Betrachtung». In: G. Meggle und U. Wessels (Hrsg.): Analyomen 1. Proceedings of the 1st Conference «Perspectives in Analytical Philosophy». Berlin und New York 1994, S. 3–30.

65 So z. B. M. Schlick: «Meaning and Verification». In: Gesammelte Aufsätze. Hildesheim 1969 [Nachdr. der Ausgabe von 1938], S. 337 ff.

66 W. v. Quine, a. a. O.

67 Vgl. Wolfgang Stegmüller: Metaphysik, Skepsis, Wissenschaft. Berlin usw. ²1969, S. 114 ff.

68 Vgl. Kant: Prolegomena zu einer jeden künftigen Metaphysik, die als Wissenschaft wird auftreten können (1783). Akademie-Ausgabe, Band IV, S. 253 ff.

69 Zu dieser Diskussion vgl. Arthur Pap: Analytische Erkenntnistheorie. Wien 1955, S. 1 ff.

70 E. Mach: Erkenntnis und Irrtum. Darmstadt 1968 [Nachdr. der 3. Aufl. von 1926], S. 13, Anm.

71 So schon E. Mach, a. a. O., S. 12, Anm.; vgl. R. Carnap: Scheinprobleme in der Philosophie. Berlin 1928.

72 Carnap: Der logische Aufbau der Welt. Berlin 1928.

73 Vgl. O. Neurath: Gesammelte philosophische und methodologische Schriften, I–II. Hrsg. von R. Haller und H. Rutte. Wien 1981; ders.: Wissenschaftliche Weltauffassung, Sozialismus und Logischer Empirismus. Hrsg. von R. Hegselmann. Frankfurt a. M. 1979 [stw 281].

74 Vgl. Carnap: «Die physikalische Sprache als Universalsprache der Wissenschaft». In: Erkenntnis II (1931/32), S. 432 ff.; O. Neurath: «Protokollsätze». In: Erkenntnis III (1932/33).

75 O. Neurath: «Über Protokollsätze». In: Erkenntnis III (1932–1933).

76 Carnap: «Über Protokollsätze». In: Erkenntnis III (1932/33), S. 224.

77 Vgl. Hans Albert: «Ethik und Meta-Ethik». In: Archiv für Philosophie XI (1961); auch in ders.: Konstruktion und Kritik. Hamburg 1973, S. 127 ff.; Friedrich Kaulbach: Ethik und Metaethik. Darstellung und Kritik metaethischer Argumente. Darmstadt 1974 [Impulse der Forschung, 14]; Annemarie Pieper: Sprachanalytische Ethik und praktische Freiheit. Stuttgart 1973.

78 Alfred J. Ayer: Sprache, Wahrheit und Logik. Stuttgart 1970 [Reclams UB 7919–22; ursprünglich: Language, Truth and Logic, 1936], S. 141 ff.

79 C. L. Stevenson: Ethics and Language. New Haven 1944.

80 Zu Poppers Philosophie im allgemeinen siehe Lothar Schäfer: Karl R. Popper. München 1988 [Beck'sche Reihe, 516; Große Denker]; Bryan Magee: Karl Popper. Tübingen 1986 [UTB 1393]; Manfred Geier: Karl Popper. Reinbek 1994.

81 K. R. Popper: Die beiden Grundprobleme der Erkenntnistheorie. Hrsg. von T. Eggers

Hansen. Tübingen 1979; siehe dort die Bemerkung auf S. XIII, wo auch von den Anregungen die Rede ist, die Popper von Herbert Feigl und R. Carnap erfuhr.

82 Deutsch unter dem Titel: Das Elend des Historizismus. Tübingen 1965.

83 Deutsch unter dem Titel: Die offene Gesellschaft und ihre Feinde, I–II. Bern 1957/1958; 7. Aufl. Tübingen 1992 (auch UTB 1724–1725).

84 Deutsch unter dem Titel: Vermutungen und Widerlegungen. Das Wachstum der wissenschaftlichen Erkenntnis. Teil I: Vermutungen. Tübingen 1994; Teil II: Widerlegungen. Tübingen 1996.

85 Deutsch unter dem Titel: Objektive Erkenntnis. Hamburg 1973 (rev. Übers. Hamburg 1984).

86 Deutsch unter dem Titel: Das Ich und sein Gehirn. München und Zürich ^{5}1985.

87 Hans Albert: Traktat über kritische Vernunft. München 1968, S. 13.

88 Vgl. O. Külpe: Die Realisierung, I–III. Leipzig 1912, 1920 und 1922.

89 Vgl. A. Messer: Der kritische Realismus. Karlsruhe 1923.

90 Popper: Die beiden Grundprobleme der Erkenntnistheorie. Tübingen 1979, S. 67f.

91 Popper: Logik der Forschung. Tübingen ^{3}1968 (1. Aufl. Wien 1934), S. 75f.

92 Ebenda, S. 78.

93 Vgl. insbesondere A. Tarski: «Der Wahrheitsbegriff in den formalisierten Sprachen». In: Studia Philosophica, Bd. I (1935), S. 261–405; vgl. ders.: Die semantische Konzeption der Wahrheit und die Grundlagen der Semantik [1944]; in G. Skirbekk (Hrsg.): Wahrheitstheorien. Frankfurt a. M. 1977, S. 140–188. Zu Tarski vgl. Wolfgang Stegmüller: Das Wahrheitsproblem und die Idee der Semantik. Wien 1957.

94 Vgl. Popper: Objektive Erkenntnis. Hamburg 1973, S. 65 ff.

95 Vgl. Popper: Objektive Erkenntnis, Teile III und IV.

96 Ebenda, S. 140.

97 Kant: Kritik der reinen Vernunft, B 166–168; Gesammelte Schriften, hrsg. von der Preußischen Akad. d. Wiss., Bd. III, S. 128f.

98 Popper: Objektive Erkenntnis, S. 80.

99 Popper: Die beiden Grundprobleme der Erkenntnistheorie, S. 87.

100 Ebenda, S. 89.

101 Vgl. Konrad Lorenz: Die Rückseite des Spiegels. Versuch einer Naturgeschichte menschlichen Verhaltens. München und Zürich ^{4}1983 (zuerst 1973).

102 Vgl. Popper: «Language and the Body-Mind Problem». In: Conjectures and Refutation, S. 293–298; Popper und Eccles: Das Ich und sein Gehirn.

103 Popper: «Back to the Presocratics». In: Conjectures and Refutations. London ^{2}1965, S. 136ff.

104 Popper: «Was ist Dialektik?» In: E. Topitsch (Hrsg.): Logik der Sozialwissenschaften. Köln und Berlin ^{2}1965, S. 262–290 [urspr. in: Conjectures and Refutations, S. 312ff.]

105 Vgl. Thomas S. Kuhn: Die Struktur wissenschaftlicher Revolutionen. Frankfurt a. M. 1967 [urspr.: The Structure of Scientific Revolutions. Chicago 1962; um ein Postskript 1969 erweitert als Suhrkamp TB Wissenschaft, 25. Frankfurt a. M. 1976].

Zeittafel

Berücksichtigt wurden nur Namen von Philosophen, deren Auffassungen dargestellt wurden; Autoren, die lediglich gestreift oder bloß erwähnt wurden, sind nicht erfaßt. Die Zuordnung zu einer Epoche erfolgte vor allem mit Bezug auf das Schaffen eines Denkers.

17. Jh.	Descartes (1596–1650)
	Hobbes (1588–1679)
	Gassendi (1592–1655)
	Pascal (1623–1662)
	Spinoza (1632–1677)
	Geulincx (1624–1669)
	Locke (1632–1704)
17./18. Jh.	Leibniz (1646–1716)
	Malebranche (1638–1715)
	Deisten (z. B. Toland, 1670–1722)
	Shaftesbury (1671–1713)
	Chr. Thomasius (1655–1728)
	Vico (1668–1744)
18. Jh.	Berkeley (1685–1753)
	Montesquieu (1689–1755)
	Chr. Wolff (1679–1754)
	Voltaire (1694–1778)
	Diderot (1713–1784)
	d'Alembert (1717–1783)
	Hume (1711–1776)
	Reid (1710–1796)
	Crusius (1715–1775)
	Rousseau (1712–1778)
	Condillac (1715–1780)
	Lamettrie (1709–1751)
	Holbach (1723–1789)
	Helvetius (1715–1771)
	Condorcet (1743–1794)
	E. Burke (1729–1797)
	J. de Maistre (1753–1821)
	A. G. Baumgarten (1714–1762)
	M. Mendelssohn (1729–1786)
	Lessing (1729–1781)
	A. Smith (1723–1790)
	Kant (1724–1804)
18./19. Jh.	Saint-Simon (1760–1825)
	Fourier (1772–1837)
	Lamennais (1782–1854)
	R. Owen (1771–1858)

J. Mill (1773–1836)
J. Bentham (1748–1832)
Lamarck (1744–1829)
Reinhold (1758–1823)
Jacobi (1743–1819)
Maimon (1753–1800)
J. G. Fichte (1762–1814)
Fries (1773–1843)
Herbart (1776–1841)
Schelling (1775–1854)
Maine de Biran (1766–1824)

19. Jh.   Hegel (1770–1831)
Schopenhauer (1788–1860)
Bolzano (1781–1848)
Gioberti (1801–1852)
Rosmini (1797–1855)
Proudhon (1809–1865)
Feuerbach (1804–1872)
Marx (1818–1883)
Engels (1820–1895)
Comte (1798–1857)
Ch. Darwin (1809–1882)
J. St. Mill (1806–1873)
I. H. Fichte (1796–1879)
Chr. H. Weiße (1801–1866)
Lotze (1817–1881)
Fechner (1801–1887)
Fr. A. Trendelenburg (1802–1872)
Kierkegaard (1813–1855)
Nietzsche (1844–1900)
E. v. Hartmann (1842–1906)
H. Spencer; (1820–1903)
Fr. A. Lange (1828–1875)
Helmholtz (1821–1894)
Liebmann (1840–1912)

19./20. Jh.   Fr. Brentano (1838–1917)
W. Wundt (1832–1920)
Haeckel (1834–1919)
Mach (1838–1916)
H. Cohen (1842–1918)
Natorp (1854–1924)
Windelband (1848–1915)
Rickert (1863–1936)
Riehl (1844–1924)
Dilthey (1833–1911)
Frege (1848–1925)
Peirce (1839–1914)
W. James (1842–1910)
Dewey (1859–1952)

20. Jh.   Bradley (1846–1924)
Lenin (1870–1924)

Bergson (1859–1941)
Croce (1866–1952)
G. Gentile (1875–1944)
Cassirer (1874–1945)
Husserl (1859–1938)
Scheler (1874–1928)
N. Hartmann (1882–1950)
Schlick (1882–1936)
B. Russell (1872–1970)
Wittgenstein (1889–1951)
G. E. Moore (1973–1958)
Jaspers (1883–1969)
Heidegger (1889–1976)
Lukács (1885–1971)
Adorno (1903–1969)
Sartre (1905–1980)
Neurath (1882–1945)
Carnap (1891–1970)
Popper (1902–1994)

Namenregister

Die Namen von Herausgebern und Übersetzern sowie Namen, die im Literaturverzeichnis angeführt sind, bleiben unberücksichtigt.

Philosophie und Geistesgeschichte

Karen Gloy
Das Verständnis der Natur
Band 1: Die Geschichte des wissenschaftlichen Denkens
1995. 354 Seiten. Leinen
Band 2: Die Geschichte des ganzheitlichen Denkens
1996. 274 Seiten. Leinen

Otfried Höffe
Demokratie im Zeitalter der Globalisierung
1999. 476 Seiten. Leinen

Nora Kreft/Vittorio Hösle
Das Café der toten Philosophen
Ein philosophischer Briefwechsel für Kinder und Erwachsene
3. Auflage. 1997. 256 Seiten mit 1 Abbildung. Gebunden

Vittorio Hösle
Moral und Politik
Grundlagen einer politischen Ehtik für das 21. Jahrhundert
1997. 1216 Seiten. Leinen

Hubert Schleichert
Wie man mit Fundamentalisten diskutiert, ohne den
Verstand zu verlieren
Anleitung zum subversiven Denken
14. Tausend. 1999. 196 Seiten. Broschiert

Verlag C. H. Beck

Philosophie und Geistesgeschichte

Alan Sokal/Jean Bricmont
Eleganter Unsinn
Wie die Denker der Postmoderne die Wissenschaften mißbrauchen
Ins Deutsche übertragen von Johannes Schwab und Dietmar Zimmer
1999. 350 Seiten. Broschiert

Friedhelm Moser
Keine Philosophie für Nichtphilosophen
2. Auflage. 2000. 219 Seiten. Broschiert

Arthur Schopenhauer
Die Kunst, glücklich zu sein
Dargestellt in fünfzig Lebensregeln
Herausgegeben von Franco Volpi
2., völlig unveränderter Nachdruck 1999. 106 Seiten. Klappenbroschur

Wolfgang Röd
Descartes
Die Genese des Cartesianischen Rationalismus
3., ergänzte Auflage. 1995. 221 Seiten. Broschiert

Wolfgang Röd
Der Gott der reinen Vernunft
Die Auseinandersetzung um den ontologischen Gottesbeweis
von Anselm bis Hegel
1992. 239 Seiten. Leinen

Verlag C.H.Beck